MEYERS GROSSES TASCHEN LEXIKON

Band 3

MEYERS GROSSES TASCHEN LEXIKON

in 24 Bänden

Herausgegeben und bearbeitet
von Meyers Lexikonredaktion
3., aktualisierte Auflage

Band 3:
Bahr – Box

B.I.-Taschenbuchverlag
Mannheim/Wien/Zürich

Chefredaktion:
Werner Digel und Gerhard Kwiatkowski

Redaktionelle Leitung der 3. Auflage:
Dr. Gerd Grill M.A.

Redaktion:
Eberhard Anger M.A., Dipl.-Geogr. Ellen Astor,
Dipl.-Math. Hermann Engesser, Reinhard Fresow, Ines Groh,
Bernd Hartmann, Jutta Hassemer-Jersch, Waltrud Heinemann,
Heinrich Kordecki M.A., Ellen Kromphardt, Wolf Kugler,
Klaus M. Lange, Dipl.-Biol. Franziska Liebisch, Mathias Münter,
Dr. Rudolf Ohlig, Heike Pfersdorff M.A., Ingo Platz,
Joachim Pöhls, Dr. Erika Retzlaff,
Hans-Peter Scherer, Ulrike Schollmeier, Elmar Schreck,
Kurt Dieter Solf, Klaus Thome, Jutta Wedemeyer, Dr. Hans Wißmann,
Dr. Hans-Werner Wittenberg

CIP-Titelaufnahme der Deutschen Bibliothek
Meyers Großes Taschenlexikon: in 24 Bänden/hrsg. u. bearb.
von Meyers Lexikonred. [Chefred.: Werner Digel
u. Gerhard Kwiatkowski].
Mannheim; Wien; Zürich: BI-Taschenbuch-Verl.
  Früher im Bibliograph. Inst., Mannheim, Wien, Zürich.
  ISBN 3-411-11003-1 kart. in Kassette
  ISBN 3-411-02900-5 (2., neu bearb. Aufl.)
  ISBN 3-411-02100-4 (Aktualisierte Neuausg.)
  ISBN 3-411-01920-4 (Ausg. 1981)
  NE: Digel, Werner [Red.]
  Bd. 3. Bahr – Box. – 3., aktualisierte Aufl. – 1990
  ISBN 3-411-11033-3

Als Warenzeichen geschützte Namen
sind durch das Zeichen Ⓦ kenntlich gemacht
Etwaiges Fehlen dieses Zeichens bietet keine Gewähr dafür,
daß es sich um einen nicht geschützten Namen handelt,
der von jedermann benutzt werden darf

Das Wort MEYER ist für
Bücher aller Art für den Verlag
Bibliographisches Institut & F.A. Brockhaus AG
als Warenzeichen geschützt

Lizenzausgabe mit Genehmigung
von Meyers Lexikonverlag, Mannheim

Alle Rechte vorbehalten
Nachdruck, auch auszugsweise, verboten
© Bibliographisches Institut & F.A. Brockhaus AG, Mannheim 1990
Druck: Druckhaus Kaufmann, Lahr
Einband: Wilhelm Röck GmbH, Weinsberg
Printed in Germany
Gesamtwerk: ISBN 3-411-11003-1
Band 3: ISBN 3-411-11033-3

Bahr

Bahr, Egon [Karlheinz], * Treffurt 18. März 1922, dt. Journalist und Politiker (SPD). - Berater von W. Brandt als Regierendem Bürgermeister von Berlin; arbeitete an der Neukonzeption der dt. Ostpolitik mit („Wandel durch Annäherung"), wurde 1966 Sonderbotschafter, 1969 Staatssekretär im Bundeskanzleramt, im Okt. 1969 außerdem Bundesbevollmächtigter für Berlin; erarbeitete einen für die Verhandlungen über ein Gewaltverzichtsabkommen mit der UdSSR grundlegenden Vertragsentwurf; Bundesmin. für bes. Aufgaben 1972–74, für wirtsch. Zusammenarbeit 1974–76; MdB seit 1972; 1976–1981 Bundesgeschäftsführer der SPD. Seit 1984 Direktor des Instituts für Friedens- und Sicherheitspolitik.

B., Hermann, * Linz 19. Juli 1863, † München 15. Jan. 1934, östr. Schriftsteller. - Vielseitiger, immer avantgardist. Essayist und Theaterkritiker, Mitherausgeber der liberalen Zeitschrift „Die Zeit", Regisseur bei M. Reinhardt in Berlin, Dramaturg am Wiener Burgtheater, lebte seit 1922 in München; seit 1916 engagierter Katholik. Seine psycholog. Dramen (Gesellschaftskomödien) zeigen eine glänzende Dialogführung.
Werke: Die Überwindung des Naturalismus (Essays, 1891), Die Mutter (Dr., 1891), Theater (R., 1897), Das Konzert (Lustspiel, 1909), Expressionismus (Essays, 1916), Himmelfahrt (R., 1916), Die Rotte Korahs (R., 1919), Selbstbildnis (Autobiogr., 1923).

Bähr (Baehr), George, * Fürstenwalde (Landkr. Dippoldiswalde) 15. März 1666, † Dresden 16. März 1738, dt. Baumeister. - Ursprüngl. Zimmermeister; erbaute im Erzgebirge mehrere Predigtkirchen, u.a. in Schmiedeberg (1713–16) und in Forchheim bei Marienberg (1719–26) und als Hauptwerk die Frauenkirche in Dresden; sie hatte einen quadrat. Grundriß für die äußere Schale (an den vier Ecken diagonal gestellte Treppentürme) mit einem ovalen Innenraum und daran angefügtem Altarraum (1726 2. Entwurf und Baubeginn; vollendet 1738; 1945 weitgehend zerstört).

Bahrain

(amtl. Vollform: Maschjaka Al Bahrain), Emirat im Pers. Golf vor den Küsten Saudi-Arabiens und Katars an der Einfahrt in den 180 km langen *Golf von B.* **Staatsgebiet:** Umfaßt 33 Inseln, die größten sind die Insel B. (563 km²), die ihr nö. vorgelagerten Inseln *Al Muharrak* (14 km²) und *Sitra* (9,5 km²), die nw. vorgelagerte Insel *Umm Nasan* (19 km²) und die Insel *Hawar* (41 km²) vor der W-Küste Katars. **Fläche:** 669 km². **Bevölkerung:** 384 000 E (1983), 574,3 E/km². **Hauptstadt:** Al Manama. **Verwaltung:** 4 Städte und 2 Landbez. **Amtssprache:** Arabisch. **Nationalfeiertag:** 14. August (Unabhängigkeitstag). **Währung:** Bahrain-Dinar (BD) = 1 000 Fils. **Internat. Mitgliedschaften:** UN, Arab. Liga. **Zeitzone:** Baku-Zeit, d.i. MEZ +3 Std.

Landesnatur: Die Inselgruppe ist im N von einem Korallenriff umgeben. Die Küsten sind flach; im S breiten sich große Salztonebenen aus. Karstquellen, artes. Brunnen und Meerwasserentsalzungsanlagen ermöglichen im N Oasenwirtschaft (Gemüse, Reis, Luzerne, daneben Zitruskulturen und Dattelpalmenhaine).
Klima: Das Wüstenklima ist durch die Insellage gemildert. Es gibt kaum Niederschläge (etwa 10 mm/Jahr, verteilt auf rd. 80 Tage). Wasserversorgung durch Karstquellen, die vom Festland gespeist werden, und Meerwasserentsalzungsanlagen.
Bevölkerung: 82% der Bev. sind Bahraini (Araber), außer ihnen leben Omani, Inder, Pakistani, Iraner, Briten und Jemeniten im Emirat. 96% sind Muslime, 3% Christen. 78% leben in städt. Siedlungen. Die meisten Beschäftigten arbeiten in Behörden, Banken, Handel u.ä., in der Landw. 4,5%, in der Fischerei (auch Perlenfischerei) 2,2%. Neben staatl. und privaten Grund- und weiterführenden Schulen gibt es drei Berufsschulen, zwei Lehrerbildungsanstalten, das Gulf Technical College (gegr. 1968) eine Univ. (gegr. 1978).
Wirtschaft: Rückgrat ist das Erdölfeld im Zentrum der Insel B. Die Erdölraffinerie erhält auch über eine Unterwasserpipeline auch Rohöl aus Saudi-Arabien. Eine Aluminiumhütte verarbeitet Tonerde aus Australien, ein Trockendock für Supertanker wurde von sieben OPEC-Ländern gebaut. Die Bed. von B. als Bankenplatz nimmt zu; wachsender Fremdenverkehr.
Außenhandel: Erdölderivate sind die bedeutendsten Ausfuhrgüter, gefolgt von Aluminium. Die wichtigsten Handelspartner sind

Großbrit., Saudi-Arabien, USA, China und die Niederlande. Aus der BR Deutschland werden v. a. Maschinen, Kraftfahrzeuge, keram. Baumaterial, elektr. Geräte sowie Möbel eingeführt.
Verkehr: 450 km Straßen sind asphaltiert. Wichtigster Hafen ist Mina Sulman. B. ist Teilhaber (25 %) und Verwaltungssitz der Gulf Air, die 24 große Flugzeuge besitzt. Der internat. ✈ auf Al Muharrak wird von 18 Gesellschaften angeflogen.
Geschichte: Die Inseln waren seit vorgeschichtl. Zeit besiedelt, im 3. Jt. (Tilmun) wichtiger Umschlagplatz zw. Babylonien und dem Industal, seit dem 3. Jh. n. Chr. unter sassanid. Herrschaft, im 7. Jh. von den Arabern erobert. 900–1075, im 13./14. Jh. und 1602–1783 unter pers. Herrschaft; Staat der Karmaten; 1515–1602 portugies. besetzt; seit 1783 Teil des Scheichtums Bahrain, das 1867 mit den Briten einen Protektoratsvertrag schloß. Bei Ausbruch des 1. Weltkriegs ganz brit. Schutz unterstellt; war 1935–58 wichtigster brit. Stützpunkt im Pers. Golf; erklärte sich 1971 für unabhängig und souverän.
Politisches System: B. ist ein unabhängiges Ft. (Emirat), das vom *Staatsoberhaupt*, Scheich Isa Ibn Salman Al Chalifa, mittels eines Kabinetts absolut regiert wird, nachdem die *Legislative*, das nach der Verfassung von 1973 vorgesehene und gewählte Parlament (30 Mgl.), Mitte 1975 (wegen „Linkstendenzen") wieder aufgelöst worden war. *Parteien* sind nicht zugelassen. Es gilt islam. *Recht*, für Nichtmuslime brit. Recht. Die *Streitkräfte* sind rd. 2 800 Mann stark.
📖 *Die Golfstaaten*. Hg. v. F. Scholz. Braunschweig 1985.

Bahr Azoum, Oberlauf des †Bahr Salamat.

Bahrdt, Hans Paul, * Dresden 3. Dez. 1918, dt. Sozialwissenschaftler. - Prof. in Göttingen; Hauptforschungsgebiet: Ind.-, Planungs- und Wohnungssoziologie (u. a. „Industriebürokratie", 1958; „Die moderne Großstadt", 1961; „Umwelterfahrung", 1974).

Bahr Erguig [frz. baɛrˈgig], Nebenlauf des †Schari.

Bahrfeldt, Max Ferdinand von (seit 1913), * Willmine bei Brenzlau, 6. Febr. 1856, † Halle/Saale 11. April 1936, dt. Numismatiker. - Prof. in Halle seit 1922; besaß als Verfasser zahlr. Arbeiten zur röm. und niedersächs. Numismatik internat. Ruf.

Bahr-Mildenburg, Anna, * Wien 29. Nov. 1872, † ebd. 27. Jan. 1947, östr. Sängerin. - Bed. Wagner-Interpretin (dramat. Sopran).

Bahro, Rudolf, * Bad Flinsberg (Schlesien) 18. Nov. 1935, dt. Journalist und Wirtschaftsfunktionär. - 1965–67 stellv. Chefredakteur des FDJ-Organs „Forum", ab 1967 wiss. Arbeitsorganisator in einem Gummikombinat; faßte nach intensiver Beschäftigung mit dem polit. und wirtsch. System der DDR (und anderer kommunist. Staaten) seine Kritik (vom marxist.-kommunist. Standpunkt aus) in dem Buch „Die Alternative. Zur Kritik des real existierenden Sozialismus" (1977) zusammen; 1977 verhaftet, 1978 wegen Geheimnis- und Landesverrats zu 8 Jahren Freiheitsentzug verurteilt, Ende 1979 freigelassen; übersiedelte in die BR Deutschland und wurde polit. der „Grünen") sowie publizist. aktiv: „Logik der Rettung" (1986).

Bahrprobe †Gottesurteil.

Bahr Salamat (im Oberlauf Bahr Azoum), rechter Nebenfluß des Schari, entspringt im Hochland von Dafur, mündet 50 km nw. von Fort-Archambault, über 800 km lang; bed. Fischfang.

Baht, Abk. B, Währungseinheit in Thailand; 1 B = 100 Stangs (St., Stg.).

Bahuwrihi [Sanskrit „viel Reis (habend)"], Zusammensetzung, deren einer Begriff, der außerhalb der beiden Kompositionsglieder liegt, nach einem charakterist. Merkmal bezeichnet, z. B. Rotkehlchen: „Vogel, der eine rote Kehle hat".

Bai [niederl.], Meeresbucht.

Baia, Ortsteil der italien. Stadt B. e Latina (2 100 E), an der W-Küste des Golfes von Pozzuoli, 110 m ü. d. M. - In der Antike Hafen von Cumae (**Baiae**), dank heißer Quellen vornehmster Villen- und Badeort der späten röm. Republik und in der Kaiserzeit. - Ausgrabungen legten Gebäude des 1.–4. Jh. frei, v. a. mehrere Thermen.

Baia Mare, Hauptstadt des rumän. Verw.-Geb. Maramureș, 230 m ü. d. M., 127 000 E. Musikhochschule, Staatstheater; Maschinenbau, Nahrungsmittelind., ✈. - Schon in der Altsteinzeit besiedelt, im 3. Jh. v. Chr. von dak. Stämmen; 1327 urkundl. erwähnt; Entwicklung in enger Verbindung mit der Erzforderung dieser Gegend. - Got. Stephansturm (1347–15. Jh.), barocke Kirche der hl. Dreifaltigkeit (1717–20).

Baiao [portugies.], Bez. für einen lateinamerikan. Gesellschaftstanz im $^2/_4$-Takt.

Baibars I., * 1233, † Damaskus 1277, Mamelukensultan (seit 1260). - Kiptschaktürke; kam als Sklave an den Aijubidenhof; ermordete 1260 den Mamelukensultan Kutus; beseitigte die Herrschaft der Aijubiden in Syrien; eroberte 1265–71 den größten Teil der Kreuzfahrerstaaten; konnte die Bedrohung durch die Mongolen abwehren.

Baida, Al, Provinzhauptstadt in NO-Libyen, 164 m ü. d. M., 60 000 E. Religiöses Zentrum der Senussi; muslim. Univ. - Moderne Stadtanlage seit 1963; Kloster (gegr. 1843) nahe dem Grab Sidi Rafas († 675, erster muslim. Herrscher der Cyrenaika).

B., Al (Beidha), prähistor. Fundplatz in S-Jordanien, etwa 7 km nördl. von Petra. Ausgrabungen seit 1958: über einer Natufian-Siedlung mit Lehmziegelbauten (etwa 9./8. Jt.)

6 präkeram., neolith. Siedlungsschichten (eng mit Jericho verwandt) der 1. Hälfte des 7. Jt. v. Chr.; z. T. mehrgeschossige Gebäude, vornehml. aus Stein.

Baier (Bair, Bayer), Melchior, * um 1495, † Nürnberg 3. Aug. 1577, dt. Goldschmied. - 1525 Bürger und Meister in Nürnberg. Silberaltar (nach Entwurf P. Flötners) für König Sigismund I. von Polen von 1538 (Krakauer Dom) u. a. Renaissancearbeiten.

Baiern (Bajuwaren, Bayern), dt. Volksstamm, der sich etwa 480–550 in Rätien, Noricum, Pannonien und nördl. der Donau aus Teilen german. Stämme und keltoroman. Vorbev. bildete. Seit den Anfängen lag bei dem Geschlecht der Agilolfinger die Führung des bayr. Stammes, der – zunächst arian. – im 7./8. Jh. durch iroschott., angelsächs. und fränk. Missionare kath. wurde. Nach 591 in Abhängigkeit von den Franken geraten, konnten sich die B. aber im 7. Jh. zu selbständiger Macht entwickeln. Zwei Vorstöße Karl Martells 725 und 728 brachten wieder engeren Anschluß an das Frankenreich, bis schließl. Karl d. Gr. 788 die bayr. Selbständigkeit beendete.

Baiersbronn, Luftkurort im Schwarzwald, Bad.-Württ., 584–1 150 m ü. d. M., 14 000 E. Streusiedlung mit einer Gemarkung von 140 km² (Hauptort B. und 8 Gemeindeteile); Wintersport.

Baïf, Jean Antoine de, * Venedig 19. Febr. 1532, † Paris Ende Okt. 1589, frz. Dichter und Gelehrter. - Gehörte zum Kreis der †Pléiade; Gedichte, Übersetzungen (Plautuskomödien, Psalmen). Versuchte, Orthographie und Metrik zu reformieren, gründete eine Akademie für Poesie und Musik.

Baikal-Amur-Magistrale, Abk. BAM, 3 200 km lange, z. T. noch in Bau befindl. Eisenbahnlinie in Sibirien, verläuft 400–600 km nördl. der Transsibir. Eisenbahn, wird Ust-Kut an der Lena mit Komsomolsk-na-Amure im Fernen Osten verbinden.

Baikalsee, tiefster See der Erde, in S-Sibirien, bis 1 620 m tief, 636 km lang, bis 80 km breit; liegt 456 m ü. d. M., von hohen Gebirgen umgeben; 336 Zuflüsse, einziger Abfluß ist die Angara; von Ende Dez. bis Anfang Mai zugefroren. Der fischreiche See hat eine Restfauna dem Tertiär.

Baikonur, sowjet. Kosmodrom, nö. des Aralsees, 300 m ü. d. M.; Raumfahrt-Startplatz der UdSSR für bemannte und unbemannte Raumflüge.

Baile Átha Cliath [ir. blɑːˈkliːə], irisch für †Dublin.

Bailey [engl. ˈbeɪlɪ], Sir Harold Walter, * Devizes (Wiltshire) 16. Dez. 1899, engl. Iranist und Indologe. - 1936–67 Prof. für Sanskrit in Cambridge; bed. iranist. Studien, v. a. zum Sakischen. - *Werke:* Khotanese texts (6 Bde., 1945–67), Corpus Inscriptionum Iranicarum, Saka documents (1960–68).

B., William C. („Buster"), * Memphis (Tenn.) 19. Juli 1902, † New York 13. April 1967, amerikan. Jazzmusiker. - Gilt als einer der bedeutendsten älteren Swingklarinettisten.

Bailli [frz. baˈji; zu lat. baiulus „Lastträger"] (mittellat. Ballivus, engl. Bailiff), im MA Bez. für meist untergeordneten Amtsträger: in England seit der normann. Eroberung Vorsteher einer Hundertschaft mit gerichtl. Befugnissen; später Bez. für den Vollstreckungsbeamten im Gericht des Sheriffs sowie für Vorsteher einiger Städte, z. T. noch heute. Übertragung als Verwaltungstitel ins stauf. Unteritalien und Übernahme in Ritterorden (†Ballei). Im nördl. Frankr. seit Ende 12. Jh. Amtsträger der frz. Krone für die richterl., finanzielle und militär. Verwaltung eines bestimmten Bezirks (**Bailliage**) und zur Aufsicht über die Prévôts; verlor seit dem 14. Jh. seine Befugnisse; im 17. Jh. bloßer Titel.

Bailly, Jean Sylvain [frz. baˈji], * Paris 15. Sept. 1736, † ebd. 11. Nov. 1793 (hingerichtet), frz. Gelehrter und Politiker. - 1763 Mgl. der Académie française; 1789–91 Bürgermeister von Paris.

Baini, Giuseppe, * Rom 21. Okt. 1775, † ebd. 21. Mai 1844, italien. Komponist und Musikforscher. - 1798 Priester; seit 1818 Camerlengo der Sixtin. Kapelle; Kompositionen im Stil der Renaissance. Seine Biographie Palestrinas zählt zu den ersten großen, auf quellenkundl. Forschungen beruhenden Musikerbiographien des 19. Jahrhunderts.

Bains-les-Bains [frz. bɛlɛˈbɛ̃], frz. Heilbad in den Vogesen, Dep. Vosges, 308 m ü. d. M., 1 500 E. 16 radioaktive, 31–53 °C warme Mineralquellen (Arterienkrankheiten und Kreislaufbeschwerden).

Bainville, Jacques [frz. bɛ̃ˈvil], * Vincennes 9. Febr. 1879, † Paris 9. Febr. 1936, frz. Historiker und Politiker. - Führendes Mgl. der Action française; übte durch seine Bücher v. a. über Themen der dt.-frz. Geschichte nachhaltigen Einfluß auf den frz. Nationalismus aus.

Bairam (Bayram) [türk.], Bez. zweier großer Feste des Islams: 1. der kleine B., im Anschluß an den Fastenmonat Ramadan; 2. der große B., wird 70 Tage später während der Wallfahrt (Haddsch) in Mekka gefeiert.

Baird, John [Logie] [engl. bɛəd], * Helensburgh (Schottland) 13. Aug. 1888, † Bexhill (Sussex) 14. Juni 1946, brit. Fernsehtechniker. - Führte 1926 in London die erste Fernsehübertragung eines Halbtonbildes sowie ein mit Infrarotstrahlen arbeitendes Fernsehgerät zum Sehen bei Nacht („Noctovisor") vor. 1928 gelang ihm die erste transatlant. Fernsehübertragung (London–New York).

B., Tadeusz [poln. bɛrt], * Grodzisk Mazowiecki 26. Juli 1928, † Warschau 2. Sept. 1981, poln. Komponist. - Werke in serieller Technik für Orchester, Klavier- und Kammermusik, Lieder und Chorwerke, Hörspiel- und

Bairisch

Filmmusiken sowie die Oper „Jutro" (1965/66).

Bairisch, oberdt. Mundart, ↑deutsche Mundarten.

Baiser [bɛˈzeː; lat.-frz. „Kuß"], Schaumgebäck aus geschlagenem Eiweiß und Zucker. - ↑auch Meringe.

Baisse [ˈbɛːsə, frz.], Zustand sinkender oder niedriger Kurse an der Börse. - Ggs. ↑Hausse.

Bait Dschala ↑Bethlehem.

Baitin, jordan. Ort (z. Z. von Israel besetzt), 17 km nördl. von Jerusalem, der bibl. Ort ↑Bethel. - Schon seit etwa 2200 v. Chr. besiedelt, im 13. Jh. eingeäschert, erneut besiedelt um 550 v. Chr. - Reste der immer wieder rekonstruierten Stadtmauer; nahebei Ruinen einer frühchristl. Basilika zur Erinnerung an den Traum Jakobs.

Bait Sahur ↑Bethlehem.

Baixa Cassanje [portugies. ˈbaiʃɐ kɐˈsɐ̃ʒɪ], Landschaft in N-Angola, Ausraumzone des Cuango, etwa 800 m ü. d. M.; bedeutendstes Baumwollanbaugebiet des Landes.

Baixo Alentejo [portugies. ˈbaiʃu ɐlentˈɐʒu] ↑Alentejo.

Baja California [span. ˈbaxa kaliˈfɔrnja] ↑Niederkalifornien, Halbinsel.

Bajadere [frz.; zu portugies. bailar (spätlat. ballare) „tanzen"], Tänzerin eines ind. Tempels (Dewadasi „Sklavin des Gottes") oder einer Tanzgruppe, oft zugleich Tempelprostituierte.

Bajasid (türk. Bayezit, auch: Bayazit; Bajezid, Bajesid, Bajazet, Bayazet), Name osman. Sultane:

B. I. Yıldırım („der Blitz"), * 1360, † 10. März 1403, Sultan (seit 1389). - Sohn Murads I.; brachte Bulgarien 1393 endgültig unter türk. Herrschaft, machte die Walachei nach 1395 tributpflichtig und gliederte die Dobrudscha seinem Reich ein; nach seinem Sieg über das abendländ. Kreuzfahrerheer 1396 drangen die Osmanen in Griechenland bis Morea vor; 1402 von Timur-Leng besiegt; starb in mongol. Gefangenschaft.

B. II. Wali (türk. Veli; „der Heilige"), * Demotika (= Didymotichon) im Jan. 1448, † bei Demotika 26. Mai 1512, Sultan (seit 1481). - Sohn Muhammads II.; erfolgreiche Feldzüge gegen Bosnien und die Moldau; erste Einfälle in Österreich und Siebenbürgen; in Ägypten den Mamelucken unterlegen; 1512 zur Abdankung gezwungen, kurz darauf vergiftet; Bauherr der berühmten Bajasid-Moschee in Istanbul.

Bajer, Frederick, * Vester Egede 21. April 1837, † Kopenhagen 22. Jan. 1922, dän. Politiker. - Gründete 1891 das Internat. Friedensbüro in Bern, dessen Präs. bis 1907; erhielt 1908 mit K. P. Arnoldson den Friedensnobelpreis.

Bajesid, osman. Sultane, ↑Bajasid.

Bajonett [frz.; nach dem Herstellungsort Bayonne], auf den Gewehrlauf aufgesetzte Stoßwaffe für den Nahkampf; urspr. ständig am Gewehr; später wurde nur im Bedarfsfall das Seitengewehr als B. aufgepflanzt.

Bajonettpflanze (Schwertsansevierie, Sansevieria trifasciata), Art der Gatt. Bogenhanf aus dem trop. Afrika; mit etwa 1,5 m langen, bis 7 cm breiten, steif hochstehenden Blättern und weißlichgrünen Blüten in einer Rispe. Bei einigen Kulturformen sind die Blätter weißlichgelb gesäumt und quer gebändert.

Bajonettverschluß, leicht lösbare Verbindung von Rohren, Stangen, Hülsen u. a., ähnl. der Verbindung eines Bajonetts mit dem Gewehrlauf. Die beiden Teile werden durch Ineinanderstecken und gegenseitiges Verdrehen verbunden. Bajonettverschlüsse werden in sog. **Bajonettfassungen** bei Kameras mit Wechselobjektiven und bei Glühlampen, ferner in Schlauchkupplungen für Druckluftbremsen, Feuerwehrschläuchen u. ä. verwendet.

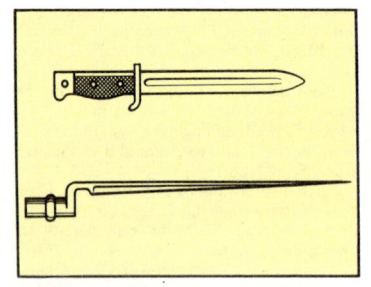

Bajonett. Säbelbajonett (seit Mitte des 19. Jh.; oben), das das Stichbajonett (unten) verdrängt hat

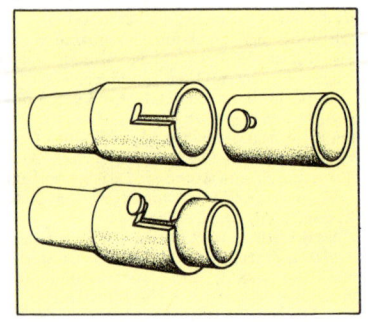

Bajonettverschluß

Bajuwaren, älterer Name der ↑Baiern.

BAK, Abk. für: **B**undesaufsichts**a**mt für das **K**reditwesen.

Bakal, sowjet. Stadt am W-Abfall des Südl. Ural, RSFSR, 27 000 E. Bergbautechnikum; bed. Eisenerzbergbau (seit 1750), Erzanreicherungskombinat. - Im 17. Jh. gegr.

Bakchiaden, korinth. Herrschergeschlecht, das sich von den Herakliden herleitet und unter dem Korinth zu einer der ersten Mächte Griechenlands aufstieg; 657/620 gestürzt.

Bakchylides von Keos, * Iulis auf Keos, griech. Lyriker der 1. Hälfte des 5. Jh. v. Chr. - Erst seit 1896 sind 14 Epinikien und 6 Dithyramben sowie einige Fragmente von Trink- und Liebesliedern bekannt. Soll als Rivale Pindars Götterhymnen geschrieben haben.

Bake [niederdt.], ein weithin erkennbares Orientierungs-, Begrenzungs-, Ankündigungs- oder Warnzeichen.

◆ im *Straßenverkehr:* 1. ein beiderseits der Straße vor einem schienengleichen Übergang über Gleisanlagen aufgestelltes Warnzeichen; hochgestellte Rechtecktafel mit 3 bis 1 roten Schrägstrichen auf weißem Grund, die im Abstand von 240, 160 bzw. 80 m vor dem Warnkreuz am Bahnübergang aufgestellt ist (sog. **Warnbake**). 2. Blaue Hinweistafeln (Rechtecktafel) mit 3 bis 1 weißen Schrägstreifen, im Abstand von 300, 200 und 100 m vor dem Ausfahrtschild an einer Anschlußstelle der Bundesautobahnen.

◆ (Vorsignalbake) im *Eisenbahnsicherungswesen* Nebensignal zur Ankündigung eines Vorsignals.

◆ in der *See-* und *Binnenschiffahrt* auf dem Land oder im Flachwasser stehendes, meist gerüstartiges festes Seezeichen, das zur Kennzeichnung des Fahrwassers und seiner Abzweigungen, einer Untiefe oder Klippe, eines Wracks u. a. dient. Die **Leuchtbake** und die **Richtfeuerbake** tragen in ihrem oberen Teil ein Leuchtfeuer; sog. **Rettungsbaken** enthalten eine Unterkunft.

◆ in der *Luftfahrt:* Leuchtfeuer (**Leuchtbake**) bzw. Funkfeuer (**Funkbake**) zur bodenseitigen Kennzeichnung von Luftstraßen und Einflugschneisen sowie zur Lande- oder Startbahnbefeuerung.

Bakelit ⓦ [nach L. H. Baekeland], Handelsname für Kunstharze der Bakelite-Gesellschaft; allg. Bez. für Preßmasse aus Phenolharzen.

Bakema, Jacob Berent, niederl. Architekt, Kompagnon von van den †Broek.

Baker [engl. 'beɪkə], James Addison, * Houston 28. April 1930, amerikan. Politiker (Republikaner). 1981–85 Stabschef im Weißen Haus; 1985–88 Finanzmin.; seit 1989 Außenminister.

B., Janet, verh. Shelley, * Hatfield (Yorkshire) 21. Aug. 1933, engl. Sängerin (Mezzosopran). - Fand internat. Anerkennung als Konzert-, Lied- und Opernsängerin (v. a. in Opern Händels).

B., Joséphine, * Saint Louis (Mo.) 3. Juni 1906, † Paris 12. April 1975, frz. Tänzerin und Sängerin. - Tochter eines Spaniers und einer Negerin; wurde 1925 berühmt durch ihre Auftritte im Rahmen der Tanztruppe „Blackbirds" in Paris; sie drehte mehrere Filme, dann Chansonsängerin; im 2. Weltkrieg Mitglied der Résistance.

B., Philip John †Noel-Baker, Philip John.

B., Sir Samuel White, * London 8. Juni 1821, † Sanford Orleigh (Devonshire) 30. Dez. 1893, brit. Reisender. - Lebte 1844–46 auf Mauritius, 1847–55 auf Ceylon; reiste 1861–64 in NO- und O-Afrika auf der Suche nach den Nilquellen, entdeckte 1864 den Albertsee.

Baker-Eddy, Mary [engl. 'beɪkə 'ɛdɪ] †Eddy, Mary.

Baker-Nunn-Kamera [engl. 'beɪkə 'nʌn], eine um drei Achsen bewegl. montierte Kamera zur photograph. Verfolgung von Satelliten; sie liefert scharfe Bilder über ein Gesichtsfeld von 30°.

Bakkalaureus (Baccalarius) [mittellat.], im MA Inhaber einer **Baccalaria**, eines kleinen Lehn- oder Pachtgrundstückes; Vasall niederen Ranges. Übertragen z. B. auf Geistliche niederer Würden. Seit dem 13. Jh. niedrigster akadem. Grad der †Artistenfakultät. In Großbrit. und den USA sind die niedrigsten akadem. Grade noch heute **Bachelorgrade** (Bachelor of Arts, of Sience usw.); in Frankr. ist der **Bachelier** heute der Inhaber des Abschlusses weiterführender Schulen, des **Bakkalaureats**.

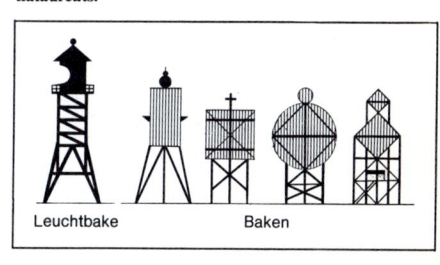

Leuchtbake | Baken

Baken. Verschiedene in der Seeschiffahrt verwendete Formen

Bakkarat [...'ra; frz.], Kartenglücksspiel, das in der Öffentlichkeit (mit Ausnahme von Kasinos und Spielbanken) verboten ist. Aktiv beteiligt sind drei Spieler, der Bankhalter und zwei Mitspieler, von denen jeder beliebig viele Partner mit Einsätzen beteiligen darf; gespielt wird mit 104 frz. Karten.

Bakken [norweg.], Sprunghügel, Sprungschanze (Skisport).

Bakony [ungar. 'bokɔnj], Gebirge in Ungarn, westl. Teil des Transdanub. Mittelgebirges, etwa 100 km lang, 50 km breit, höchste Erhebung Kőris-hegy (719 m hoch); ein südl. Ausläufer des B. grenzt an den Plattensee; Kohle-, Bauxit- und Manganerzvorkommen.

Bakr, Al, Ahmad Hasan [al'bakər], * Tikrit 1912, † Bagdad 4. Okt. 1982, irak. Offizier und Politiker. - 1958 am Sturz der Monarchie beteiligt; Mgl. der Bath-Partei (gemäßigter Flügel); nach 1963 zweimal Min.präs. und bis 1964 Vizepräs.; 1968 vom Revolutionsrat zum Staatspräsidenten gewählt (bis 1979 zugleich Regierungschef).

Bakschisch [pers.], Geschenk, Almosen; Trinkgeld.

Bakst, Léon, eigtl. Lew Samoilowitsch Rosenberg, * Petersburg 10. Mai 1866, † Paris 28. Dez. 1924, russ.-frz. Zeichner. - Ging 1893 nach Paris; epochemachender Bühnenbildner und Kostümentwerfer der Frühzeit der „Ballets Russes" Diaghilews; Illustrationen zu Gogol.

bakteriell [griech.], Bakterien betreffend, durch Bakterien hervorgerufen.

Bakterien [zu griech. baktērion „Stäbchen, Stöckchen"] (Schizomyzeten, Schizomycetes), einzellige Mikroorganismen (nachweisbar seit $2^1/_2$ bis 3 Milliarden Jahren), die zus. mit den Blaualgen als ↑Prokaryonten den Pflanzen und Tieren als selbständige systemat. Einheit gegenüberstehen. Sie haben gewöhnl. eine mittlere Größe von 0,5 bis 5 μm. Das Zellinnere der B. weist nur eine geringe Differenzierung auf: Das Kernmaterial bildet einen feinfibrillären Körper (keinen Zellkern) von unregelmäßiger Gestalt. Die DNS ist in der Zelle ringförmig aufgewickelt und an einer Stelle mit der Zellmembran verbunden. Im Zytoplasma sind Ribosomen, Reservestoffeinschlüsse, und bei B., die zur Photosynthese befähigt sind, Membranstapel zu finden, die Chlorophylle und Karotinoide tragen. Viele B. sind begeißelt; manche tragen feine haarartige Bildungen (Fimbrien, Pili). Die **Vermehrung** der B. erfolgt stets durch Querteilung; die Teilungsgeschwindigkeit (Generationszeit) beträgt meist 15 (minimal 9) bis 40 Minuten (maximal viele Stunden). Ein Austausch genet. Information ist mögl., und zwar entweder durch direkte Genübertragung (Konjugation), durch Aufnahme freigesetzter DNS (Transformation) oder durch Übertragung von Bakteriengenen mit Hilfe von ↑Bakteriophagen (Transduktion). - Von prakt. Bed. ist auch die Übertragung von Resistenzfaktoren gegenüber Antibiotika. Einige B. bilden widerstandsfähige Dauerzellen. Die **Systematik** kennt bisher rd. 2 500 Arten. Die wichtigsten Gruppen sind: ↑Milchsäurebakterien, ↑Enterobakterien, ↑Pseudomonaden, ↑Spirillen und sporenbildende Bazillen (↑Vibrionen), ↑phototrophen Bakterien, ↑Spirochäten, ferner die als intrazelluläre Parasiten mit z. T. stark reduziertem Stoffwechsel fungierenden Gruppen der ↑Mykoplasmen und ↑Rickettsien.

In der **Physiologie** zeigen die B. eine außerordentl. Vielfalt. Die Energiegewinnung erfolgt *organotroph* (durch Oxidation organ. Moleküle), *chemolithotroph* (durch Oxidation anorgan. Moleküle) oder *phototroph* (aus Licht). Chemolithotrophe und phototrophe B. vermögen Kohlendioxid zu organ. Molekülen zu reduzieren (Autotrophie). - Manche B. benötigen Sauerstoff zum Leben *(aerobe B.)*, andere leben ganz oder teilweise ohne Sauerstoff (obligate bzw. fakultative *anaerobe B.*). Die letzteren gewinnen ihre Energie ausschließl. oder z. T. durch Gärung.

Die B. bewohnen in unermeßl. großer Zahl den Boden, die Gewässer und den Luftraum. - Oft sind sie lebensnotwendige Symbionten bei Mensch, Tier und Pflanze (z. B. Darmbakterien beim Mensch und Wiederkäuer, Knöllchen-B. bei Hülsenfrüchtlern), seltener als extra- oder intrazelluläre ↑Parasiten. - In der Natur spielen die B. eine wichtige Rolle als Primärproduzenten (Synthese von organ. Stoffen aus CO_2 und Luftstickstoff), ferner im Kohlenstoff-Stickstoff-Schwefel-Kreislauf und Energieumsatz (z. B. bei der Humusbildung). Die B. können als Erreger von Infektionskrankheiten für den Menschen (Pest, Cholera, Typhus, Lepra, Tuberkulose, Syphilis, Tripper, Meningitis, Lungenentzündung u. a., auch Verursacher von Lebensmittelvergiftungen wie ↑Salmonellose und ↑Botulismus) für Tiere und Pflanzen gefährl. werden. - *Wirtsch. Bedeutung* haben sie für die Lebens- und Futtermittelkonservierung (Sauerkrautherstellung, Silage), in der Milchwirtschaft (Herstellung von Käse, Sauermilch und Joghurt), in der Ind. (Herstellung von Antibiotika, Vitamin B_{12}, Aminosäuren, Insektiziden, Essig, Alkoholen, Aceton, bei der Fermentation), ferner bei der Abwasseraufbereitung (Belebtschlamm). B. werden erfolgreich durch Desinfektion, Pasteurisierung, Sterilisation, in der Medizin durch Anwendung von Antiseren und Chemotherapeutika, vorbeugend durch Immunisierung (Impfung) bekämpft.

Geschichte: B. wurden erstmals 1676 von A. van Leeuwenhoek unter seinem selbstgebauten Mikroskop beobachtet. 1874 wies G. H. A. Hansen mit dem Lepraerreger zum erstenmal ein Bakterium nach, das eine spezifische Krankheit verursacht. R. Koch entdeckte 1882 die Tuberkel-B. und 1883 die Cholera-B. 1905 wurde die Syphilisspirochäte entdeckt. E. von Behring fand 1890 Antitoxine im Blut von Tieren, die mit Bakterientoxinen vorbehandelt waren. Seine Entdeckung wurde zur Grundlage der Serumtherapie.

⌑ *Nicolet, J.:* Kompendium der veterinärmedizin. Bakteriologie. Hamb. 1985. - Bergey's manual of systematic bacteriology. Hg. v. J. G. Holt u. N. R. Krieg. Baltimore (Md.) ⁹1984 ff. - *Fey, H.:* Kompendium der allg. medizin. B. Bln. 1978.

Bakterienkultur, auf einem Nährboden gezüchteter reiner Bakterienstamm.

Bakterienringfäule (Ringfäule, Ringbakteriose), eine äußerl. nicht sichtbare ↑Weichfäule der Kartoffelknolle, verursacht durch ein Bakterium; unter der Rinde zeigt sich eine ringförmig umlaufende, gelbl.-glasig

Bakteriophagen

verfärbte Zone. Auf Druck tritt hier eine breiige Faulmasse aus.

Bakterienruhr, meist im Sommer und Herbst epidem. auftretende, akute, fieberhafte Durchfallerkrankung des Menschen nach Infektion mit Ruhrbakterien, die durch Trinkwasser, Nahrungsmittel, Fliegen, aber auch von Mensch zu Mensch übertragen werden können.

Bakteriologe [griech.], Mediziner oder Biologe mit speziellen Kenntnissen auf dem Gebiet der ↑ Bakteriologie.

Bakteriologie [griech.], Bakterienkunde; Teilgebiet der ↑ Mikrobiologie; Lehre von den Bakterien, ihrer systemat. Einteilung, ihren Lebensbedingungen, ihrer Züchtung, ihrer Nützlichkeit oder Schädlichkeit und ihrer Bekämpfung.

bakteriologische Kriegführung, die Anwendung und Verwendung von Krankheitserregern im Kriegsfalle zu militär. Zwecken. Seit dem Genfer Protokoll vom 17. 6. 1925 verboten.

bakteriologische Waffen ↑ ABC-Waffen.

Bakteriolysine [griech.], spezif. Antikörper, die im Verlauf einer Infektionskrankheit im Blut auftreten und auch später noch als Träger der Immunität die betreffenden Krankheitserreger auflösen.

Bakteriophagen [griech.] (Phagen), 20–70 nm große ↑ Viren. Die Erbsubstanz der meisten B. ist DNS. Die Vermehrung der B. erfolgt in Bakterien, wo ihre Erbsubstanz eine völlige Umsteuerung des Bakterienstoffwechsels bewirkt. B. sind nicht aktiv bewegl., sie werden vielmehr auf Grund ihrer geringen Größe durch die Brownsche Molekularbewegung hin- und hergestoßen. B. sind kugelförmig bis stiftförmig. Die besterforsch-

Bakterien. 1 Micrococcus (2 µm), 2 Diplococcus (1 µm),
3 Staphylococcus (2 µm), 4 Streptococcus (1 µm), 5 Sarcina (2 µm),
6 Lampropedia (1 µm; Zellen in Gallerttafel), 7 Proteus (0,8 × 3 µm;
peritrich begeißelt), 8 Pseudomonas (1 × 2 µm; polar begeißelt),
9 Chromatium (2 × 6 µm; mit Schwefelkörnchen und polarem Geißelschopf),
10 Vibrio (0,5 × 2,5 µm; nierenförmig, polar begeißelt),
11 Nitrosolobus (Einzelzelle), 12 Bacillus (verschiedene Formen,
mit Endosporen), 13 Bacillus megaterium (1,5 × 3 µm; mit Schleimkapsel),
14 Caryophanon (Zellfaden, über 2 µm dick, peritrich begeißelt),
15 Sphaerotilus (1 × 4 µm; fadenförmig, mit Schleimscheide),
16 Gallionella (0,5 × 1,5 µm; Zellen auf bandförmigen, spiralig gedrehten
Schleimstielen), 17 Cystobacter (0,8 × 7 µm; mit 0,5 × 2,5 µm großen
Myxosporen), 18 Rhodomicrobium (1 × 2,5 µm; bildet Stolonen)

ten B. sind die sog. T-Phagen. Sie sind in einen sechseckigen Kopf, einen Schwanz, an dessen Ende sich eine Endplatte befindet, und 6 lange, von der Endplatte ausgehende, geknickte Fäden gegliedert. Der Kopf besteht aus einer Eiweißhülle, die einen DNS-Strang umhüllt. Bei Berührung der Fäden mit einem Bakterium wird die Endplatte des B. durch elektr. Anziehungskräfte an die Bakterienwand gezogen. Mittels einer chem. Substanz löst der Phage ein kleines Stück der Bakterienmembran auf. Durch Schrumpfung der Eiweißhülle kann dessen entblößter Zentralstab durch diese Öffnung in das Bakterium eindringen. Auf diesem Weg gelangt der DNS-Faden aus dem Phagenkopf in das Bakterium, und die Bildung neuer Phagen im Bakterieninnern beginnt. Die alte Eiweißhülle bleibt als sog. *Ghost* zurück. Innerhalb einiger Minuten können im Bakterieninnern neue B. entstehen, bis schließl. die Bakterienmembran platzt und die Phagen ins umgebende Medium gelangen, wo sich durch Infektion weiterer Bakterien in einer Stunde über eine Million neuer B. bilden. – Werden Bakterien von 2 Bakteriophagenarten infiziert, so können durch Mischung der Erbsubstanzen B. mit neuen Eigenschaften entstehen. Auch durch Mutationen können die B. im Innern der Bakterien ihre Eigenschaften ändern. Es ist gelungen, aus B. isolierte DNS in Bakterien einzuführen und so künstl. B. zu erzeugen. Man unterscheidet virulente bzw. lyt. Phagen von gemäßigten bzw. temperierten Phagen. Erstere lösen nach ihrer Vermehrung die befallenen Bakterien auf und infizieren neue, letztere verbleiben nach der Infektion als sog. inaktive Prophagen im Bakterieninnern und werden bei der Teilung der Bakterienzelle auf die Tochterzellen verteilt.
B. sind wie Bakterien in der Natur überall verbreitet. In der Medizin ist es bis heute noch nicht gelungen, B. in einem größeren Ausmaß gegen krankheitserregende Bakterien einzusetzen. – Die Virusnatur der B. wurde erst 1940 elektronenopt. nachgewiesen.
📖 Birge, E. A.: *Bakterien- und Phagengenetik.* Dt. Übers. Bln. u. a. 1984.

Bakteriosen [griech.], durch Bakterien verursachte Krankheiten.

Bakteriostatika [griech.], Chemotherapeutika und Desinfektionsmittel, die Wachstum und Vermehrung von Bakterien hemmen, ohne diese unmittelbar abzutöten. Bei Infektionskrankheiten genügen dann u. U. die körpereigenen Abwehrkräfte zur endgültigen Vernichtung der Erreger. Zu den B. gehören die Sulfonamide, manche Antibiotika sowie Benzoesäure.

bakterizid [griech./lat.], bakterienvernichtend, keimtötend. B. wirken neben den weißen Blutkörperchen und neben spezif. Antikörpern im Blutserum auch Chemotherapeutika und viele Desinfektionsmittel.

Bakterizid [griech./lat.], bakterienvernichtender körpereigener Stoff; keimtötendes chem. Mittel.

Baktrien, histor. Landschaft im NO des alten Iran, Hauptstadt Baktra (heute Balkh). Seit Anfang des 1. Jt. v. Chr. von den Baktrern besiedelt; geriet im 7. Jh. unter med. Oberhoheit, in der 2. Hälfte des 6. Jh. dem Perserreich einverleibt; von Alexander d. Gr. 329–327 erobert; später seleukid. Wohl 239/238 nahm der baktr. Satrap Diodotos I. den Königstitel an, nach 230 Entstehung des gräkobaktr. (hellenobaktr.) Reichs, unter Demetrios um 180 nach Vorderindien erweitert, wurde 129/128 zerstört, fiel in die Hände der iran. Tocharer; schließl. seit 642 arabisch.

Baku, Hauptstadt der Aserbaidschan. SSR, UdSSR, an einer Bucht der Halbinsel Apscheron, 13 m ü. d. M., 1,1 Mill. E. Univ. (1919 gegr.), Konservatorium und 8 weitere Hochschulen, Akad. der Wiss. der Aserbaidschan. SSR. Bed. Zentrum der Erdölind. auf der Halbinsel Apscheron und im Kasp. Meer; 822 km lange Erdölleitung nach Batumi. Einer der wichtigsten Umschlaghäfen der UdSSR; Eisenbahnfähre über das Kasp. Meer, Untergrundbahn, ✈. – Bereits in der Bronzezeit besiedelt; zw. 6. und 7. Jh. n. Chr. Entwicklung zur Stadt, wirtsch. und kultureller Mittelpunkt der Prov. Schirwan. 1550 von den Safawiden erobert; 1583–1606 osman.; 1722 nahm Peter I. die Stadt ein, 1735 wieder pers.; nach 1806 endgültig russ. Die Ausbeutung der seit dem Altertum bekannten Erdölfelder machte B. im 19. Jh. zu einer der größten Ind.städte Rußlands. – Minarett von Synyk-Kala (1078–79), Stadtmauer mit zahlr. Türmen (13. Jh.), Großer Khanspalast (14.–15. Jh.; im Mittelpunkt der „Rat der Khane", ein Kuppelbau auf quadrat., von Wandelgang umgebenem Unterbau), Türbe der Khane von Schirwan (um 1435).

Bakuba, irak. Stadt, 50 km nnö. von Bag-

Bakteriophagen.
Elektronenmikroskopische
Aufnahme mehrerer T-Phagen, deren
Kopfteile zum Teil den DNS-Faden
bereits abgestoßen haben

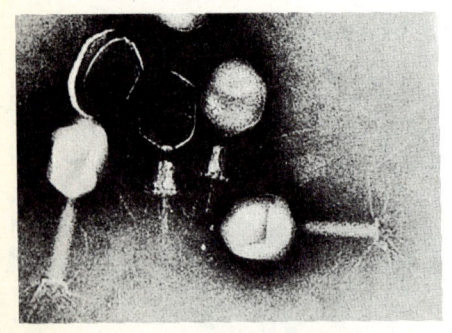

Balatonfüred

dad, 45 m ü. d. M., 39 000 E. Hauptstadt des Verw.-Geb. Dijala; Handelszentrum eines der wichtigsten Bewässerungsgebiete Iraks, mit Palmgärten und Zitruskulturen; Straßenknotenpunkt, liegt an der Bahnlinie Bagdad-Arbil. - Seit 4000 v. Chr. ununterbrochen besiedelt (Ausgrabungen).

Bakunin, Michail Alexandrowitsch, * Prjamuchino (Gouv. Twer, heute Gebiet Kalinin) 30. Mai 1814, † Bern 1. Juli 1876, russ. Revolutionär. - Aus altadliger Familie; Offizierslaufbahn, Studium der Philosophie Fichtes und v. a. Hegels. 1848 Teilnehmer am Prager Slawenkongreß; wegen aktiver Beteiligung am Dresdner Aufstand 1849 in Sachsen und Österreich inhaftiert und zum Tode verurteilt, 1851 an Rußland ausgeliefert und in 6jähriger Einzelhaft festgehalten; floh 1861 aus der sibir. Verbannung über Japan und die USA nach London, beteiligte sich u. a. an der Gründung der 1. Internationale (1864; nach Bruch mit Marx und wegen zunehmender Hinwendung zum Anarchismus 1872 ausgeschlossen); 1871-74 in Italien konspirativ tätig; Vorkämpfer eines kollektivist.-kommunist. ↑Anarchismus.

Baky, Josef von ['ba:ki], * Zombor 23. März 1902, † München 30. Juli 1966, dt. Filmregisseur ungar. Herkunft. - Seit 1936 als Regisseur beim Film tätig; zu seinen bekanntesten Filmen gehören „Münchhausen" (1943), „Das doppelte Lottchen" (1950), „Robinson soll nicht sterben" (1957), „Sturm im Wasserglas" (1960).

Balafrej, Ahmed [frz. balaˈfrɛːj] (Belfaradj), * Rabat 1908, marokkan. Politiker. - 1944 Mitbegr. und (bis 1963) Generalsekretär der Istiklal-Partei; 1956-58 und 1961-63 Außenmin.; 1958 auch Min.präs., 1963-72 persönl. Berater des Königs.

Balaghat Range [engl. ˈreɪndʒ], flaches Tafelland im ind. B.staat Maharashtra, zw. den Flüssen Godavari und Bhima, durchschnittl. 600-900 m ü. d. M. Anbau von Hirse und Hülsenfrüchten.

Balaguer [span. balaˈɣɛr], Joaquín Videla, * Santiago de los Caballeros 1. Sept. 1907, dominikan. Politiker. - Erziehungs- (1949-54, 1955), Außenmin. (1954), Vizepräs. (1957-60); 1960/61 Präs. der Republik; 1962-65 im Exil; 1966-78 und seit 1986 Präsident.

B., Victor, * Barcelona 11. Dez. 1824, † Madrid 14. Jan. 1901, span.-katalan. Dichter. - Prominenter Vertreter der katalan. literar. Renaissance; Dramen, Lyrik („Montserrat", 1857, dt. 1860), literarhistor. Werke.

Balakirew, Mili Alexejewitsch, * Nischni Nowgorod 2. Jan. 1837, † Petersburg 29. Mai 1910, russ. Komponist. - Gehörte mit Mussorgski, Kjui, Rimski-Korsakow und Borodin zur „Gruppe der 5", deren Ziel eine Erneuerung der russ. Kunstmusik durch starke Einbeziehung der russ. Folklore war. Komponierte 2 Sinfonien, 2 Ouvertüren über russ. Themen, 1 Orchestersuite nach Themen von Chopin, 2 Klavierkonzerte, eine größere Anzahl von Klavierkompositionen und Lieder.

Balaklawa, kleiner Hafen an der SW-Küste der Krim, Ortsteil von Sewastopol. - Skyth. Festung, griech. Kolonie, seit 1365 genues. Niederlassung, seit 1475 osman., seit 1783 russ.; im Krimkrieg von brit. Truppen besetzt, 1854 Schlacht („Totenritt von B.").

Balalaika [russ.], russ. Volksmusikinstrument mit meist dreieckigem Schallkörper und gebauchtem Boden, langem Hals mit Darmbünden und meist 3 Saiten, die mit einem Plektron oder mit der Hand angeschlagen werden; in 6 Größen gebaut.

Bala Lake [engl. ˈbælə ˈleɪk] ↑ Llyn Tegid.

Balance of power [engl. ˈbæləns əv ˈpaʊə] ↑Gleichgewicht der europäischen Mächte.

Balanchine, George [engl. ˈbæləntʃiːn], eigtl. Georgi Melitinowitsch Balantschiwadse, * Petersburg 22. Jan. 1904, † New York 30. April 1983, amerikan. Choreograph russ. Herkunft. - 1924 Ballettmeister und Choreograph an Diaghilews „Ballets Russes". 1933 ging er in die USA, wo er die American School of Ballet gründete, aus der 1948 das New York City Ballet hervorging. B. entwickelte in Amerika einen neoklass. Ballettstil durch Rückkehr zur einfachen Linie, zum reinen Tanz.

Balandier, Georges [frz. balãˈdje], * Aillevillers-et-Lyaumont (Haute-Saône) 21. Dez. 1920, frz. Soziologe und Ethnologe. - Prof. an der Pariser Sorbonne; Hauptforschungsgebiet: die gesellschaftl. Veränderung in Afrika durch die Einflüsse moderner Zivilisation.

Balanitis [griech.], oberflächl. Entzündung der Eichel und, meistens damit einhergehend, des inneren Vorhautblattes am männl. Glied (**Balanoposthitis**). Als Ursache kommen verschiedene Infektionen, mechan. Reizung und Stoffwechselstörungen sowie mangelnde Hygiene in Frage.

Balanoposthitis [griech.] ↑ Balanitis.

Balantidiose [griech.] (Balantidiasis, Balantidienruhr), Darmerkrankung des Menschen durch Infektion mit dem einzelligen Dickdarmparasiten (Balantidium coli) des Schweines.

Balaschicha, sowjet. Stadt mit Datschavierteln, 10 km östl. von Moskau, RSFSR, 127 000 E. Textilindustrie.

Balassi (Balassa), Bálint Baron [ungar. ˈbɔlɔʃʃi], * Zólyom 20. Okt. 1554, ✕ Esztergom 30. Mai 1594, ungar. Dichter. - Abenteuerl. Leben, meist als Soldat; schrieb religiöse und patriot. Lyrik sowie Liebesgedichte.

Balata [ˈbalata, baˈlaːta; indian.], kautschukähnl. Stoff aus dem Milchsaft der Mimusops balata, vulkanisierbar; er ist weniger elast. als Naturkautschuk, und härter als Gummi.

Balaton [ungar. ˈbɔlɔton] ↑ Plattensee.

Balatonfüred [ungar. ˈbɔlɔtonfyrɛd],

Balawat

Kurort am N-Ufer des Plattensees, 3 000 E. Kohlensäurehaltige Thermen (Herz- und Kreislauferkrankungen).

Balawat, Ruinenstätte der assyr. Stadt **Imgur-Enlil,** im heutigen N-Irak, 25 km sö. Mosul, unweit Kalach. Berühmt die Bronzebeschläge (Höhe der doppelstreifigen Reliefbänder mit Nagelleisten 27 cm, der Bildzonen etwa 9,2 cm) von den Toren des Sommerpalastes der assyr. Könige Assurnasirpal II. und Salmanassar III. (9. Jh. v. Chr.).

Balázs, Béla [ungar. ˈbɔlaːʒ], eigtl. Herbert Bauer, * Szeged 4. Aug. 1884, † Budapest 17. Mai 1949, ungar. Dichter. - Emigrierte 1919 nach Wien, dann bis 1931 in Berlin. Neben Libretti für Bartók („Herzog Blaubarts Burg", 1922) schrieb er u. a. bed. filmtheoret. Arbeiten, u. a. „Der sichtbare Mensch" (1924, erweitert 1926), „Der Film. Werden und Wesen einer neuen Kunst" (1949) sowie das Drehbuch des Films „Die Dreigroschenoper" (1931).

Balbiani-Ringe ↑Puffs.

Balbo, Cesare Graf, * Turin 21. Nov. 1789, † ebd. 3. Juni 1853, piemontes. Politiker und Historiker. - Nach Erlaß der Verfassung (Febr. 1848) März-Juli 1848 Min.präs. des Kgr. Sardinien.

B., Italo, * Quartesana (Prov. Ferrara) 5. Juni 1896, † Tobruk 28. Juni 1940, italien. Politiker. - 1922 militär. Organisator des „Marsches auf Rom"; 1923 General der Faschist. Miliz; organisierte seit 1926 (als Min. 1929–33) die italien. Luftfahrt; seit 1934 Generalgouverneur von Libyen und Marschall.

Balboa, Vasco Núñez de, * Jerez de los Caballeros (Estremadura) um 1475, † Acla (Panama) Jan. 1519 (enthauptet), span. Konquistador und Entdecker. - Nach 1510 Generalkapitän u. Gouverneur in Darién; überquerte 1513 den Isthmus von Panama und stieß am 29. Sept. 1513 auf den Pazifik, den er Südsee nannte.

Balboa, planmäßig angelegte Hafenstadt in der Panamakanalzone, 2 500 E. Wichtiger Hafen für den Außenhandel Panamas, Bahnlinie nach Cristobal; 1 653 m lange Brücke über den Kanal (Carretera Interamericana); oberhalb von B. **Balboa Heights,** der Sitz des Gouverneurs der Kanalzone, 230 E.

Balboa, Abk. B/., Währungseinheit in Panama; 1 B/. = 100 Centésimos (c, cts).

Balbuena, Bernardo de, * Valdepeñas (Prov. Ciudad Real) 1568, † Puerto Rico 11. Okt. 1627, span. Dichter. - 1619 Bischof in Puerto Rico; Verf. des episodenreichen Stanzenepos' „El Bernardo o victoria de Roncesvalles" (1624).

Bălcescu, Nicolae [rumän. bəlˈtʃesku], * Bukarest 29. Juni 1819, † Palermo 29. Nov. 1852, rumän. Schriftsteller und Politiker. - Wurde 1848 zur führenden Gestalt der nationalrevolutionären Bewegung in der Walachei. Emigrierte nach Paris, wo er mit histor. Schriften für den ↑Dakoromanismus warb.

Balch, Emily Greene [engl. bɔːltʃ], * Jamaica Plain (Mass.) 8. Jan. 1867, † Cambridge (Mass.) 9. Jan. 1961, amerikan. Sozialpolitikerin und Pazifistin. - Aktiv in der ↑Settlementbewegung tätig; 1897–1918 Prof.; Mitbegr. von „The Women's International League for Peace and Freedom"; erhielt 1946 zus. mit John R. Mott den Friedensnobelpreis.

Balchasch, sowjet. Stadt am N-Ufer des B.sees, 423 m ü. d. M., Kasach. SSR, 78 000 E. Technikum für Metallurgie; botan. Garten der Akad. der Wiss. der Kasach. SSR; Kupferhüttenkombinat, Fischverarbeitung. - 1937 gegr.

Balchaschsee, abflußloser See mit schwankendem Wasserstand, zw. der Kasach. Schwelle, dem Siebenstromland und der Hungersteppe, 339 m ü. d. M., 17 500–22 000 km²; durch eine starke Einengung zweigeteilt, der W-Teil enthält Süßwasser, der O-Teil ist bereits salzhaltig (5‰); von Nov.–Mitte April zugefroren.

Balchin, Nigel [engl. ˈbɔːltʃin], eigtl. Mark Spade, * Potterne (Wiltshire) 3. Dez. 1908, † London 17. Mai 1970, engl. Schriftsteller. - Erfolgreich zuerst mit dem psycholog. Roman aus der Kriegszeit „Das kleine Hinterzimmer" (1943, dt. 1947, 1951 u. d. T. „Abteilung II C"), später mit psychoanalyt. Romanen und Studien, u. a. über das Böse.

Hans Baldung, genannt Grien,
Die Wetterhexen (1523). Frankfurt
am Main, Städel

Baldung

Baldachin [italien.; nach Baldacco, einer älteren italien. Namensform von Bagdad], 1. Prunkhimmel aus kostbarem Stoff (aus Bagdad) über Altar, Thron, Bett; 2. Traghimmel bei Prozessionen; 3. Zierdach aus Stein (seltener aus Holz) über Statuen (v. a. in der Gotik), Altären, Grabmälern, Kanzeln.

Balde, Jakob, * Ensisheim (Elsaß) 4. Jan. 1604, † Neuburg a. d. Donau 9. Aug. 1668, dt. Dichter. - Jesuit; u. a. 1638 Hofprediger und Erzieher am kurfürstl. Hof Maximilians I. Seine bed. religiöse und zeitkrit. Lyrik in neulat. Sprache wurde von Gryphius und Herder übersetzt bzw. wiederentdeckt.

Balden, Theo, * Blumenau (Brasilien) 6. Febr. 1904, dt. Bildhauer. - Emigrierte 1935 nach Prag und 1939 nach London, lebt seit 1947 in Berlin (Ost). Beeinflußt von E. Barlach; (Bronze)plastiken; Graphik; Themen: Elend, Leid und Verfolgung.

Baldeneysee [ˈbaldənaɪzeː] ↑ Stauseen (Übersicht).

Baldensperger, Fernand [frz. baldɛ̃spɛrˈʒe], * Saint-Dié (Vosges) 4. Mai 1871, † Paris 24. Febr. 1958, frz. Literarhistoriker. - Prof. u. a. an der Sorbonne; mit P. Hazard 1921 Gründer der „Revue de Littérature comparée"; umfangr. Veröffentlichungen.

Baldewin von Luxemburg ↑ Balduin von Luxemburg.

Baldinger, Kurt, * Binningen (Schweiz), 17. Nov. 1919, schweizer. Sprachwissenschaftler. - Prof. für roman. Philologie an der Humboldt-Univ. in Berlin (Ost), seit 1957 in Heidelberg.
Werke: Die Semasiologie (1957), Die Herausbildung der Sprachräume auf der Pyrenäenhalbinsel (1958), Dictionnaire étymologique de l'ancien français (seit 1971, auf 4 Bde. berechnet).

Baldovinetti, Alessio (Alesso), * Florenz 1425, † ebd. 29. Aug. 1499, italien. Maler. - Einfluß Piero della Francescas; „Madonna mit Heiligen" (etwa 1454; heute Uffizien), „Madonna" (Louvre), „Verkündigung" (1470; Uffizien); Freskenfragmente.

Baldower [Rotwelsch], Auskundschafter oder Anführer bei Diebesunternehmungen; **baldowern, ausbaldowern,** auskundschaften.

Baldr [ˈbaldər] (Baldur) in der nord. Mythologie Sohn Wodans und Friggs, Gott des Lichtes und der Fruchtbarkeit, Verkörperung alles Guten und Gerechten. Durch List des bösen Loki von seinem ahnungslosen Bruder Hödr getötet. Mit B. Tod beginnt die Götterdämmerung, in der sich das Schicksal der Asen vollendet.

Baldrian [mittellat.] (Valeriana), Gatt. der Baldriangewächse mit über 200 Arten auf der Nordhalbkugel und in S-Amerika; Kräuter, Sträucher und Lianen mit meist fiederteiligen Blättern und weißen oder rosa Blüten in oft rispigen Blütenständen. - Am wichtigsten ist der **Gemeine Baldrian** (Valeriana officinalis); wächst in Eurasien an feuchten Standorten (oft auch angebaut), wird über 1 m hoch und liefert die in der Pharmazie u. a. für ↑ Baldriantropfen verwendete **Baldrianwurzel.**

Baldriangewächse (Valerianaceae), Pflanzenfam. mit 13 Gatt. und etwa 360 Arten auf der Nordhalbkugel und in S-Amerika (v. a. in den Anden). Die bekanntesten Gatt. sind ↑ Baldrian, ↑ Feldsalat, ↑ Spornblume.

Baldriantropfen (Tinctura valerianae), alkohol. Auszug aus Baldrianwurzeln, wirkt durch seinen Gehalt an Borneol und Isovaleriansäure als Beruhigungs- und Schlafmittel.

Balduin, alter dt. männl. Vorname (althochdt. bald „kühn" und althochdt. wini „Freund"); engl. Form: Baldwin, frz. Form: Baudouin.

Balduin, Name von Herrschern:
Belgien:
B. ↑ Baudouin I., König der Belgier.
Jerusalem:
B. I., Graf von Boulogne, * 1058, † Al Arisch 2. April 1118, König. - Nahm am 1. Kreuzzug teil, wurde 1098 Graf von Edessa, nach dem Tod seines Bruders Gottfried von Bouillon 1100 König des Kreuzfahrerstaats Jerusalem; gewann u. a. Tripolis, Beirut und Sidon.
Konstantinopel:
B. I., * 1171, † 1205, lat. Kaiser (1204/05), Graf von Flandern (als B. IX.) und Hennegau (als B. VI.). - Nach der Eroberung Konstantinopels durch die Kreuzfahrer zum Souverän des neugeschaffenen Lat. Kaiserreichs gekrönt; 1205 von den Bulgaren besiegt, starb in Gefangenschaft.
Trier:
B. (Baldewin) **von Luxemburg,** * 1285, † Trier 21. Jan. 1354, Erzbischof und Kurfürst (seit 1307). - Bewirkte 1308 die Wahl seines Bruders Heinrich (VII.) zum dt. König; unterstützte 1314 die Wahl Ludwigs des Bayern, war führend am ↑ Kurverein von Rhense (1338) beteiligt; betrieb 1346 die Wahl seines Großneffen Karl (IV.).

Baldung, Hans, gen. Grien, * Schwäbisch Gmünd 1484 oder 1485, † Straßburg Sept. 1545, dt. Maler, Zeichner, Holzschnittmeister und Kupferstecher. - Geselle Dürers in Nürnberg; 1509 Bürger von Straßburg. Noch über 100 Gemälde, über 250 Handzeichnungen und zahlr. Einblattdrucke erhalten. Mytholog., allegor. und bibl. Themen, Porträts. Sein Hauptwerk, der Hochaltar im Freiburger Münster (1512-16) ist der Spätgotik stark verpflichtet, spannungsreich, voller Leidenschaftl. Farbgebung, voller Bewegung. Aus derselben Zeit stammt in zwei Fassungen die „Ruhe auf der Flucht" (Wien, Gemäldegalerie der Akad. der Bildenden Künste, und Nürnberg, German. National-Museum). Nach 1517, wieder in Straßburg, kennzeichnen v. a. plast. Renaissancefiguren seinen Stil. Ein frühes Beispiel sind „Die Wetterhexen" (1523;

Baldur

Städel, Frankfurt). In seinen Spätwerken, nach 1530, nahm B. Elemente des Manierismus auf.

Baldur, aus dem Nord. übernommener männl. Vorname, der auf den Götternamen † Baldr zurückgeht.

Baldur, nord. Gott, † Baldr.

Baldus de Ubaldis (italien. Baldo degli Ubaldi), * Perugia um 1320, † Pavia 28. April 1400, italien. Jurist. - Als Schüler von Bartolus de Sassoferrato nach ihm der bedeutendste Vertreter der Kommentatoren; beeinflußte stark die dt. Rechtsentwicklung im 15.-17. Jh.

Baldwin [engl. 'bɔːldwɪn], James, * New York 2. Aug. 1924, amerikan. Schriftsteller. - Wuchs in Harlem auf; 1948-58 in Frankr. Romane, Erzählungen, Dramen und Essays zur Rassenproblematik in den USA.
Werke: Gehe hin und verkünde es vom Berge (R. 1953), Schwarz und Weiß (Essays, 1955), Giovannis Zimmer (R., 1956), Hundert Jahre Freiheit ohne Gleichberechtigung (Essays, 1963), Sag mir, wie lange ist der Zug schon fort (R., 1968), Eine Straße und kein Name (Essays, 1972), Rassenkampf-Klassenkampf (mit M. Mead, 1972), Beale Street Blues (R., 1974), Teufelswerk. Betrachtungen zur Rolle der Farbigen im Film (1976). - † 1. Dez. 1987.

B., James Mark, * Columbia (South Carolina) 12. Jan. 1861, † Paris 8. Nov. 1934, amerikan. Psychologe u. Philosoph. - Prof. in Toronto, Princeton und Baltimore; arbeitete über Probleme der allg. und individuellen psycholog. Entwicklung, mit bes. Interesse an der Kinderpsychologie.

B., Stanley, Earl B. of Bewdley (seit 1937), * Bewdley (Worcester) 3. Aug. 1867, † Stourport on Severn (Worcester) 14. Dez. 1947, brit. Politiker. - Sohn und Erbe eines bed. Stahlindustriellen; 1908-37 konservatives Mgl. des Unterhauses, danach des Oberhauses; trug 1922 mit zum Sturz Lloyd Georges bei; 1922/23 Schatzkanzler, 1923/24 Premiermin., erneut 1924-29; 1931 Lordpräs.; hatte als Führer der stärksten Fraktion den bestimmenden Einfluß in der Regierung; 1935-37 erneut Premiermin.

Balearen, Inselgruppe im westl. Mittelmeer und span. Prov., umfaßt Mallorca, Menorca, Cabrera und die auch *Pityusen* bezeichneten Inseln Ibiza und Formentera sowie zahlr. Felseilande. Verwaltungssitz Palma auf Mallorca. Das Klima ist mediterran. Weit verbreitet sind Macchien und Garriguen; zu den Charakterpflanzen zählen Aleppokiefer, Steineiche, Pinie und Zwergpalme. Neben Landw. und Viehzucht Fischerei, Seesalzgewinnung, Abbau von Braunkohle (auf Mallorca), Bekleidungs-, Schuh- und Nahrungsmittelind., wichtigster Wirtschaftsfaktor ist der Fremdenverkehr.

Von den bronze- und eisenzeitl. B.kultur, die erst in röm. Zeit endete, zeugen die Talayots, massive Türme. Die B. wurden häufig von Phönikern und Griechen besucht; vom 6. Jh.- 201 v. Chr. unter der Herrschaft Karthagos, 123 v. Chr. von Rom erobert. In der Zeit der Völkerwanderung waren Vandalen, Westgoten, Oströmer und Franken auf den B., die 798 von den Arabern erobert und im 13. Jh. von Aragonien zurückerobert wurden. Das seit 1262 zunächst selbständige Kgr. Mallorca, zu dem auch die Cerdaña, das Roussillon und Montpellier gehörten, wurde 1348/49 endgültig mit der Krone Aragonien vereinigt. Menorca war 1708-1802 mit Unterbrechungen unter brit. Herrschaft; im span. Bürgerkrieg republikanisch.

Bales, Robert F[reed] [engl. beɪlz], * Ellington (Miss.) 9. April 1916, amerikan. Soziologe und Sozialpsychologe. - Prof. an der Harvard University seit 1957; beeinflußte nachhaltig die Kleingruppenforschung durch Studien zur Interaktionsstruktur von Entscheidungsgruppen.

Balewa, Alhaji, Sir Abubakar Tafawa, * Bauchi (= Tafawa Balewa) Dez. 1912, † Jan. 1966 (ermordet), nigerian. Politiker. - Seit 1951 Abg. und Min., 1957-60 Min.präs. Nigerias; 1960-66 Premier- und Außenmin. einer Föderationsregierung des unabhängigen Nigeria.

Balfour, Arthur James, Earl of B. (1922) [engl. 'bælfə], * Whittingehame (East Lothian) 25. Juli 1848, † Woking (Surrey) 19. März 1930, brit. Politiker. - 1874-1922 konservativer Unterhausabg., 1887 Min. für Irland. Leitete als Premiermin. (1902-07) 1904 die außenpolit. Neuorientierung Großbrit. durch den Abschluß der Entente cordiale mit Frankr. und mit der Education Act (Schulgesetz, 1902) eine für England und Wales dauerhafte Lösung des nat. Bildungswesens ein; 1907-11 Oppositionsführer. 1915 Marine-, 1916-19 Außenmin.; vertrat 1919 Großbrit. auf der Pariser Friedenskonferenz; definierte 1926 den seither gültigen Status der Dominions in ihrem Verhältnis zu Großbrit. im Begriff „Commonwealth of Nations", der Ausgangspunkt des Statuts von Westminster (1931) wurde.

BALEAREN

Balfour-Deklaration [engl. 'bælfə], Erklärung des brit. Außenmin. A. J. Balfour in einem Brief an den Zionistenführer Lord Rothschild 1917, in dem brit. Hilfe für die Gründung einer "nat. Heimstätte" der Juden in Palästina zugesagt wurde.

Balg, das abgezogene Fell von Hasen, Kaninchen, Haarraubwild (ausgenommen Bär und Dachs), Kleinsäugetieren und das abgezogene Federkleid der Vögel.
◆ (Balgen) Verbindungsteil aus Leder, Gummi u. a., das sich auseinanderziehen und zusammendrücken (falten) läßt, z. B. beim Akkordeon, Blasebalg.

Balgdrüsen, svw. Haarbalgdrüsen († Talgdrüsen).
◆ (Zungenbalgdrüsen) dicht unter dem Epithel gelagerte, von einer bindegewebigen Hülle umgebene Lymphfollikel in der Zungenschleimhaut der Säugetiere; beim Menschen als höckerartige Erhebungen am hintersten Teil der Zunge.

Balge (Balje) [frz.-niederdt.], tiefe Stelle im Watt, oft hinter einem Sandriff, aus der das Wasser bei Ebbe nicht vollständig abläuft; häufig als Fahrrinne genutzt.
◆ Bottich, Faß.

Balgengerät (Balgennaheinstellgerät), Zusatzvorrichtung an einäugigen Spiegelreflexkameras, mit deren Hilfe der Abstand zw. Objektiv und Film kontinuierl. auf das Mehrfache der Brennweite vergrößert werden kann (v. a. bei der Makrophotographie).

Balgfrucht, Frucht, die nur aus einem Fruchtblatt besteht und sich an der Verwachsungsnaht (Bauchnaht) des Fruchtblattes öffnet; z. B. die Frucht des Rittersporns.

Balhorn (Ballhorn), Johann, † 1573, dt. Buchdrucker. - Druckte in Lübeck zahlr. Werke der Reformation. Auf B. wird der Ausdruck „verballhornen" zurückgeführt (nach einer fehlerhaften Ausgabe des lüb. Rechts).

Bali, eine der Kleinen Sundainseln, Indonesien, zw. Java und Lombok, bildet zus. mit einigen Inseln die Prov. B., 2,5 Mill. E (1980), Hauptstadt Singaraja. Den N der Insel durchzieht ein vulkan. Bergland, in dessen östl. Teil zahlr. Vulkane liegen, u. a. der Agung (höchste Erhebung der Insel, 3 142 m hoch). Nach S Übergang in eine breite Aufschüttungsebene, der ein kleines Kalkvorgebirge als Halbinsel angegliedert ist. - Die islam. Bev. lebt überwiegend an der N-Küste, die hinduist. Bev. konzentriert sich im klima- und bodenbegünstigten S. Die intensive Landnutzung dient überwiegend dem Eigenbedarf. Reisanbau auf häufig terrassenförmig angeordneten, bewässerbaren Feldern. Der S besitzt vielbesuchte tourist. Anziehungspunkte und ein relativ gut ausgebautes Straßennetz. Der W, N und NO der Insel ist dünnbesiedelt, verkehrsmäßig schlecht erschlossen, niederschlagsarm. In meist staatl. Plantagen werden Kokospalmen, Kaffee und Kautschukbäume angebaut. - Außer dem Feldbau ist die Viehhaltung von Bed., die Schweinezucht der Hindus dient dem Export. Gold- und Silberschmiedearbeiten, Holzschnitzerei, Malerei sowie Hausweberei und Flechterei sind wichtige, überwiegend fremdenverkehrsorientierte Erwerbszweige.

Die *Kultur* der Balinesen besitzt eine Sonderstellung innerhalb Indonesiens; zahlr. Tempel mit verschwender. Reichtum der Dekoration, u. a. der Pura Besalik (der Reichstempel von Gelgel; 14. Jh.) und der Panataran Sasih von Pejeng (14. Jh.). - Die Dörfer sind auch heute noch weitgehend von einer Mauer umschlossen, mit Dorftempel, Hahnenkampfarena, Votivhäuschen für den Ahnenkult zw. den Lehm- oder Steinhäusern; der Totentempel liegt außerhalb des Dorfes. - Neben dem Kunsthandwerk wird die traditionelle Schauspiel- und Tanzkunst sowie die Musik (Gamelanorchester) gepflegt.

Geschichte: Seit Ende des 1. Jt. v. Chr. im Bereich der bronzezeitl. Dong-son-Kultur; im 9. Jh. n. Chr. hinduisiert; 1284 vom ostjavan. Reich Singhasari, 1343 von Madjapahit unterworfen; im 16. Jh. wieder unabhängig, Rückzugsgebiet des Hinduismus; herrschte im 17. Jh. auch über Lombok und die O-Spitze Javas; seit 1839/49 niederl. Oberhoheit; seit 1908 unter direkter niederl. Verwaltung; 1942–45 jap. besetzt, 1946 autonomes Gebiet; 1949 indones.; 1950 Auflösung der 1938 wiederhergestellten Fürstentümer.

📖 *Leemann, A.:* B. Ffm. 1979. - *Uhlig, H.:* B. Insel der lebenden Götter. Mchn. 1979.

Bali, Piek van † Agung.

Balikpapan, Hafenstadt an der O-Küste Borneos, 281 000 E. Hauptzentrum der Erdölgewinnung im indones. Teil Borneos; auch Verschiffung von Kohle, Edelhölzern, Kautschuk und Palmöl; ✈.

Bali. Der Taman-Ajun-Tempel

Balilla

Balilla (Opera Nazionale B.), italien. faschist. Jugendorganisation; umfaßte seit 1926 die gesamte faschist. Staatsjugend.

Balinesen, Volk auf ↑Bali.

Balingen, Stadt am Austritt der Eyach aus der Schwäb. Alb, Bad.-Württ., 517 m ü. d. M., 29 900 E. Verwaltungssitz des Zollernalbkr.; Leder- und Textilind., Metallverarbeitung, Waagenbau u. a. - Besiedlung seit der Jungsteinzeit; im 13. Jh. bei einem 863 erwähnten Dorf B. gegr.; Stadtrechte 1255; Neuplanung nach dem Stadtbrand von 1809. - Stadtkirche (15. Jh.).

Balint, Michael, * Budapest 3. Dez. 1896, † London 31. Dez. 1970, engl. Psychotherapeut. - Arbeitete in London; versuchte prakt. Ärzten psychotherapeut. Denk- und Arbeitsweisen als Teil ihrer Behandlung darzustellen, um Symptome der Patienten nicht nur als physische Krankheitszeichen, sondern auch als psychische Anzeichen persönl. Konflikte zu erkennen und zu behandeln.

Baliol (Balliol) [engl. 'beɪljəl], angloschott. Adelsfamilie, aus Bailleul (Somme) in der Normandie stammend. *John de B.* (* 1249 [?], † 1314) war 1292–96, sein ältester Sohn, *Edward de B.* († 1364) 1332–56 schott. König.

Balisee, Teil des Australasiat. Mittelmeeres zw. den Kangeaninseln, Bali, Java und Madura.

Balistraße, 3–20 km breite Meeresstraße zw. Java und Bali.

Balje ↑Balge.

Balk, Hermann, † Würzburg (?) 5. März 1239, erster Landmeister des Dt. Ordens in Preußen (seit 1230). - Errichtete die Burgen Thorn, Culm, Marienwerder, Rheden und Elbing; vermittelte 1235 die Vereinigung des Dt. Ordens mit dem Dobriziner Ritterorden, führte 1237 den Anschluß des livländ. Schwertbrüderordens durch.

Balkan, Kurzbez. für ↑Balkanhalbinsel.

B., aus mehreren parallelen Ketten bestehendes Faltengebirge in Bulgarien, Verlängerung des Südkarpatenbogens; über 600 km lang, zw. 30 und 50 km breit, im Botew 2 376 m hoch. Der B. war nie vergletschert und hat daher Mittelgebirgscharakter. - Er wirkt als Klimascheide zw. dem kontinentalen Donaubecken im N und dem stärker mediterran beeinflußten Maritzabecken im S. - Baumgrenze bei 1 900 m ü. d. M. Die kuppigen Gipfelflächen werden von Grasfluren eingenommen, Landw., transhumante Weidewirtschaft, Obst- und Weinbau, Lagerstätten von Steinkohle, Eisenerz, Baryt; Nutzung der Wasserkräfte.

B., polit.-histor. Begriff im Zusammenhang mit der Entstehung der B.frage v. a. im 19. und beginnenden 20. Jh.; erfaßt im allg. die bis 1878 unter osman. Hoheit stehenden Territorien (Serbien, Bosnien-Herzegowina, Montenegro, Albanien, Makedonien, Bulgarien, Griechenland und die europ. Türkei).

Balkanbund, System von vier zweiseitigen Kriegsbündnisverträgen 1912 zw. Bulgarien und Serbien bzw. Griechenland, Montenegro und Bulgarien bzw. Serbien zur Beseitigung der osman. Herrschaft auf dem Balkan und der Annexion Makedoniens, Thrakiens und Albaniens.

Balkanentente, Vertrag zw. Griechenland, Jugoslawien, Rumänien und der Türkei 1934 zur Garantie der bestehenden Grenzen auf dem Balkan; wurde durch Italiens militär. Eingreifen in Griechenland (1940) gegenstandslos.

Balkangrippe (Balkanfieber, Siebentagefieber), durch Rickettsien verursachte fieberhafte Infektionskrankheit mit grippeähnl. Verlauf und primär-atyp. Lungenentzündung.

Balkanhalbinsel, ins Mittelmeer ragende Halbinsel SO-Europas, umfaßt Griechenland, Albanien, Bulgarien, die europ. Türkei und große Teile von Jugoslawien; N-S-Erstreckung etwa 1 300 km, W-O-Erstreckung etwa 1 000 km (im N) bzw. 300 km (im S). Die Linie Save–Donau gilt als N-Grenze. Der äußerste S (Peloponnes) ist rings vom Meer umgeben und nur bei Korinth von dem Festland verbunden. Der B. sind zahlr. Inseln vorgelagert. Sie ist ein stark gekammertes Gebirgsland; im W liegen, als Fortsetzung der Julischen Alpen, die sich in mehrere Ketten auffächernden Dinariden, die in Albanien in die Helleniden übergehen. Dieses Gebirgssystem wird durch die Vardar-Morava-Talung abgegrenzt gegen die Thrak. Masse, zu der Rhodopen, Rila, Pirin und İstranca dağları gehören. Der Gipfel des Mussala, in der Rila, ist mit 2 925 m die höchste Erhebung. Zw. Balkan und der Thrak. Masse liegt die Senkungszone des Maritzabeckens.

Das Innere liegt im kontinentalen Klimabereich, Griechenland und die dalmatin. Küste haben mediterranes Klima; im Winter tritt die Bora auf, ein kalter, zur Adria wehender Fallwind, während der Übergangszeiten der nach NO wehende feuchtwarme Schirokko. Die noch zu röm. Zeit ausgedehnten Waldungen im Inneren der B. wurden durch Rodung zerstört; Bodentrockenheit, Erosion und Viehverbiß verhinderten einen Wiederaufwuchs. Im mediterranen Gebiet ist die immergrüne Macchie verbreitet.

Zur *Geschichte* ↑auch Griechenland, ↑Albanien, ↑Bulgarien, ↑Türkei, ↑Jugoslawien.

Balkanisierung, polit. Schlagwort für ungerechtfertigte Zersplitterung, v. a. für polit.-territoriale Aufspaltung mit dadurch bewirkter polit. Instabilität; urspr. auf den Zerfall der osman. Herrschaft auf dem Balkan im 19. Jh. bezogen.

Balkankriege, Erster Balkankrieg (1912/13): Krieg der Staaten des Balkanbundes gegen das zerfallende Osman. Reich; dessen militär. Niederlage führte zur Befreiung Makedoniens und zur staatl. Selbständigkeit Albaniens. **Zweiter Balkankrieg** (1913): Krieg zw. Bulgarien und den übrigen Mgl. des Balkanbundes sowie Rumänien um die Aufteilung Makedoniens; nach rascher Niederlage Bulgariens Frieden von Bukarest: Serbien und Griechenland teilten den größten Teil Makedoniens unter sich auf, Bulgarien mußte sich mit dessen NO-Zipfel sowie einem schmalen Zugang zur Ägäis begnügen, zudem die S-Dobrudscha an Rumänien abtreten.

Balkanpakt, zw. Jugoslawien, Griechenland und der Türkei 1953 vereinbarter Freundschaftsvertrag, durch den Vertrag von Bled 1954 zu einem militär. Beistandspakt (auf zwanzig Jahre) erweitert; verlor seit 1955 an Bedeutung.

Balkansprachen, die (sog.) B. gehören histor.-genet. unterschiedl. indogerman. Sprachfamilien an: Griechisch (Neugriechisch), Albanisch (Toskisch, Gegisch), Romanisch (Dakorumänisch, Aromunisch, Meglenorumänisch, Istrorumänisch) und Slawisch (Bulgarisch, Makedonisch, z. T. Serbokroatisch [Torlakisch]). Auf Grund von histor. Ereignissen sind seit der Gräzisierung bzw. Romanisierung des Balkans bis zur Türkenherrschaft zw. diesen Idiomen so enge Kontakte eingetreten, daß sich zahlr. sprachl. Gemeinsamkeiten ausgebildet haben, die die Zusammenfassung dieser Sprachen und Dialekte zu einem balkan. Sprachbund erlauben. Die B. gelten als hervorragendes Beispiel für die Existenz von Sprachbünden († Sprachbundtheorie).

Balkaren (Bergtataren), Volk in der † Kabardinisch-Balkarischen ASSR.

Balke, Siegfried, * Bochum 1. Juni 1902, dt. Chemiker und Politiker. - Seit 1956 Prof. in München; 1953–62 mehrfach Min. (u. a. 1953–56 für das Post- und Fernmeldewesen; 1957–62 für Atomenergie und Wasserwirtschaft); 1957–69 MdB (CSU); 1964–69 Präs. der Bundesvereinigung der Dt. Arbeitgeberverbände.

Balken, in der techn. Mechanik und Elastizitätstheorie Bez. für einen auf Biegung und Schub beanspruchten Stab von quadrat. oder rechteckigem Querschnitt sowie großer Biegefestigkeit.

◆ in der *Heraldik:* † Wappenkunde.

◆ (Corpus callosum) in der *Anatomie* Bez. für den Teil des Kommissurensystems, der die beiden Großhirnhälften verbindet und sich über das Dach des 3. Ventrikels schiebt.

Balkenschröter (Zwerghirschkäfer, Dorcus parallelopipedus), 2–3 cm lange, mattschwarze Art der Fam. Hirschkäfer in Europa; nicht so stark entwickelte (geweihartige) Oberkiefer wie der eigtl. Hirschkäfer.

Balkenspirale, bes. Form eines Spiralnebels; sie besitzt im Zentrum einen langgestreckten Kern, einen geraden „Balken", von dessen Enden je ein Spiralarm ausgeht.

Balkh, Oase in N-Afghanistan, 386 m ü. d. M.; liegt in den Ruinen des alten **Baktra,** der Hauptstadt † Baktriens.

Balkon [bal'kõː, bal'koːn; italien.-frz.; eigtl. „Balkengerüst"], im Außenbau unbedeckter Gebäudevorbau, der frei auf Auskragungen, Balken- oder Trägervorsprüngen ruht. Der im Festungsbau verwendete B. wurde erst allmähl. auch an Wohnhäusern und Palästen übl. (die frühesten im 13. Jh. in Italien). Er wurde im Barock zu einem wesentl. Gliederungselement der Fassade. Im Innenbau in Festsälen und Theatern.

Ball, Hugo, * Pirmasens 22. Febr. 1886, † Gentilino bei Lugano 14. Sept. 1927, dt. Dichter und Kulturkritiker. - Begann als Dramaturg; emigrierte 1915 mit E. Hennings (* 1885, † 1948), die er 1920 heiratete (E. **Ball-Hennings**), in die Schweiz. Führender Dadaist in Zürich (1916/17) mit Programmschriften, provozierenden Manifesten und „Lautgedichten", die er in den Dada-Veranstaltungen im „Cabaret Voltaire" vortrug. In der Streitschrift „Zur Kritik der dt. Intelligenz" (1919) wendete B. jegl. Tradition ab und strebte eine freie „Internationale der Weltintelligenz" an. Lebtl. nach seiner Rückkehr zum Katholizismus zurückgezogen. - *Werke:* Der Henker von Brescia (Dr., 1914), Flametti oder vom Dandysmus der Armen (1918), Byzantin. Christentum (Essays, 1923), Hermann Hesse (Biogr., 1927), Die Flucht aus der Zeit (Tageb., 1927), Tenderenda der Phantast (R., hg. 1967).

Ball, meist rundes, auch eiförmiges Sport- und Spielgerät unterschiedl. Gewichts und unterschiedl. Größe. - † auch Ballspiele.

Balla, Giacomo, * Turin 18. Juli 1871, † Rom 1. März 1958, italien. Maler. - In Rom Kontakte mit dem Kreis um F. T. Marinetti. Mit U. Boccioni, G. Severini, C. Carrà und L. Russolo unterschrieb er das erste Manifest der futurist. Malerei (1910). Seine futurist. Bilder gelangen bei der Übertragung des zeitl. Nacheinanders einer Bewegung in ein Nebeneinander im Bildraum oft zu sehr abstrakten Formen. Malte seit 1930 in akadem. Stil. - Abb. S. 20.

Ballade [eigtl. „Tanzlied" (zu spätlat. ballare „tanzen")], die urspr. Form der europ. B. ist vermutl. das *Tanzlied* der roman. Länder, gesungen zum Reihen- und Kettentanz (2–4versige Strophen, durchgereimt mit Refrain). Die kunstvolle Ballata (italien.) bzw. Balada (frz.) (13.–15. Jh.) besteht in der Regel aus drei gleichgebauten Strophen und einem „Geleit" („envoi") mit 4 oder 7 Zeilen (G. Cavalcanti, Dante, Petrarca, Boccaccio, F. Sacchetti; E. Deschamps, F. Villon). Mit Ausbreitung der ritterl. Kultur gelangte der höf. Reihen- und Kettentanz nach Norden.

Im nördl. Europa wurde die lyr. Form des Tanzliedes mit ep.-dramat. Inhalten gefüllt, wie sie das ältere Heldenlied hat. Es entstand

Ballade

die B. als (gesungenes) *Erzähllied*, das als **Volksballade** weite Verbreitung fand. Die altertümlichste Gestalt zeigen die *skandinav. B.* des MA (zwei- und vierzeilige Strophen), Blütezeit 13./14. Jh. Sie wurden (auf den Färöern z. T. bis heute) zum Gruppentanz chor. gesungen. Stoffl. lassen sich unterscheiden: 1. Götter-B., 2. Helden-B., 3. naturmag. und Geister-B. (numinose B.), 4. Legenden-B., 5. literar. [Ritter-]B. und 6. histor. B. Bei den *engl.-schott.* und *dt.* Volks-B. des Spät-MA ist Aufführung zum Tanz nicht nachgewiesen, vielmehr ist mit Einzelvortrag zu rechnen: der Kehrreim fehlt häufig; die Strophenformen entsprechen jedoch denen der skand. B.; bei den dt. Volks-B. kommen typ. ep. Strophenformen (Abwandlungen der †Nibelungenstrophe) hinzu. Die Stoffkreise decken sich weitgehend mit denen der skand. B. - Die systemat. *Sammlung der alten Volks-B.* erfolgte im letzten Drittel des 18. Jh. (in England T. Percy, „Reliques of ancient English poetry", 1765; in Deutschland J. G. von Herder, „Volkslieder", 1778/79, mit Nachdichtungen engl.-schott. und dän. Volks-B.) und in der Romantik (A. von Arnim und C. von Brentano, „Des Knaben Wunderhorn", 1806–08; W. Grimm, „Altdän. Heldenlieder, B. und Märchen", 1811). Die Bez. „B." im Sinne von „Erzähllied" findet sich zuerst in Percys Sammlung; das Wort „B." ist im Dt. etwa seit 1770 nachweisbar.

Diese Sammlungen geben den Anstoß zur Entstehung der neuzeitl. (dt.) **Kunstballade**, die wesentl. Stilmerkmale der Volks-B. übernimmt. Höltys B. sind noch in schäferl. Milieu angesiedelt, epochemachend ist G. A. Bürgers „Lenore" (1774), die den Ton der alten numinosen B. trifft. In Bürgers Nachfolge wurde die naturmag. und Geister-B. zum vorherrschenden B.typ des Sturm und Drangs (Goethe „Der Erlkönig". Im sog. „B.jahr" 1797 entwickelten Goethe und Schiller den klass. Typus der „Ideenballade", die sich inhaltl. und formal erhebl. von der Volks-B. unterscheidet (Goethe: „Die Braut von Korinth", „Der Gott und die Bajadere", Schiller: „Der Ring des Polykrates", „Der Taucher", „Die Kraniche des Ibykus"; 1799: „Die Bürgschaft"). - Die Romantiker kehrten zu volksliedhaften Formen zurück. Das 19. Jh. setzte z. T. die Tradition der numinosen B. fort (Mörike, „Die Geister am Mummelsee", „Der Feuerreiter"; A. von Droste-Hülshoff, „Der Knabe im Moor"; zum charakterist. B.typ wurde jedoch die histor. B. mit vorwiegend dem MA entnommenen Themen (L. Uhland, M. von Strachwitz, Fontane, C. F. Meyer; neu waren bibl. (Heine, „Belsazar") und soziale Themen (Chamisso, „Das Riesenspielzeug"; Heine, „Die schles. Weber") und die Einbeziehung der modernen techn. Welt (Fontane, „John Maynard", „Die Brück' am Tay"). Die vermeintl. „Erneuerung" der dt. Kunst-B. in der Neuromantik zeigte im wesentl. epigonale Züge. Der Expressionismus erschloß der histor. B. neue, z. T. stark subjektivierte Themenkreise (G. Heym, „Robespierre", E. Lasker-Schüler, „Hebräische Balladen"). An die Form des Bänkelliedes knüpfte B. Brecht an; er wird zum Schöpfer der polit. B., die in der dt. Literatur nach 1945 den Platz der herkömml. histor. B. einnimmt (H. Bienek, W. Biermann, P. Hacks, P. Huchel, G. Kunert, C. Reinig u. a.).

📖 *Freund, W.: Die dt. B. Paderborn 1978. - Köpf, G.: Die B. Kronberg/Ts. 1976.*

◆ in der *Musik* zunächst als stroph. Tanzlied (Refrainform) des MA vertreten, eine der Hauptformen der einstimmigen Troubadour- und Trouvèrekunst wie auch im 14. Jh. der mehrstimmigen Musik der †Ars nova (Hauptvertreter Guillaume de Machault). Hier ist die B. ein solist. vorgetragenes Lied mit Melodie in der Oberstimme und zwei oder drei instrumentalen Begleitstimmen (Kantilenensatz). Die Entstehung der Kunst-B. führt zu zahlr. solist. Vertonungen der neu gedichteten B.texte sowohl in stroph., als auch in durchkomponierter Form. Neben J. R. Zumsteeg sind J. F. Reichardt, C. F. Zelter, F. Schubert und C. Loewe, der Hauptmeister der Gattung, zu nennen. Die Dichter der Romantik und die an sie anschließenden Komponisten führten die B. sowohl als klavierbegleitendes Sololied wie auch (seit R. Schumann) in der Ausweitung zur Chor-B. weiter. In der *Instrumen-*

Giacomo Balla, Merkurdurchgang vor der Sonne (1914). Paris, Musée national d'Art moderne

Ballett

talmusik wurde im 19. Jh. als eine Art „Lied ohne Worte" seit Chopin die Klavier-B. gepflegt.

Ballad-opera [engl. 'bæləd,ɔpərə], Bez. für satir. „Antiopern", die Ende des 17., Anfang des 18. Jh. in England als Reaktion gegen die Vorherrschaft der italien. Opera seria (Hauptvertreter Händel) entstanden. Die B.-o. greift einfache Komödienstoffe auf. In oft possenhaft derbe Prosadialoge sind Tanzszenen, z. T. auch parodierte Arien eingestreut. Berühmteste B.-o. ist „Die Bettleroper" von J. Gay und J. C. Pepusch.

Ballas [portugies.] (Bort), Diamantenvarietät; dichte schwarze, radialfaserige Masse; oft rein kugelige Gestalt; Mohshärte bis 10; Fundort Brasilien.

Ballast [niederdt.], schwere, aber geringwertige Last *(tote Last)*, die bei Schiffen und Luftfahrzeugen als Gewichtsausgleich bei gewissen Belastungszuständen aufgenommen wird, um eine ausreichende Stabilität und günstige Schwimmlagen (erhöhter Tiefgang) oder einen geringeren Auftrieb zu erzielen. Als B. eignen sich v. a. Wasser, Sand, Kies. Ständige ungünstige Gewichtsverteilung bzw. Schwerpunktlage wird durch B. aus Schwerbeton, Gußeisen u. a. (z. B. im Kiel von Segelbooten) korrigiert.

Balläster, svw. † Balliste.

Ballaststoffe, vom Menschen infolge fehlender Enzyme nicht oder nur teilweise verwertbare Nahrungsbestandteile. Zu den B. zählen v. a. Polysaccharide wie Dextrane, Zellulose, Pentosane sowie Pektine und Lignin. B. sind notwendig zur Anregung der Darmperistaltik und zur Förderung der Absonderung von Verdauungssäften. Bes. reich an B. sind Schwarzbrot, Gemüse und Obst.

Ballauff, Theodor, * Magdeburg 14. Jan. 1911, dt. Pädagoge und Philosoph. - Prof. in Köln, seit 1955 in Mainz.
Werke: Die Idee der Paideia (1952), Systemat. Pädagogik. Eine Grundlegung (1962), Pädagogik. Eine Geschichte der Bildung und Erziehung (Bd. 1 1969, Bd. 2, zus. mit K. Schaller, 1970), Skept. Didaktik (1970).

Ballei [mittellat.; zu bal(l)ivus „Verwalter, Vogt"], im MA ein Verwaltungs- oder Amtsbezirk, v. a. die Prov. eines Ritterordens (v. a. des Johanniterordens und des Dt. Ordens).

Balleisen, Stemmeisen mit schräger, spitz zulaufender Schneide zum Abschneiden vorstehender Teile.

Ballempfang, Empfang einer Funksendung durch eine Relaisstation **(Ballempfänger)** zur direkten Wiederaussendung.

Ballen, zusammengeschnürtes, oft in Leinwand, Jute u. a. verpacktes größeres Bündel (Frachtstück) gleichartigen Materials, häufig gepreßt.
♦ kissenartige Bildungen auf der Lauffläche der Pfoten und Tatzen von Säugetieren (z. B. Katzen).

Ballenberg † Ravenstein.

Ballenstedt, Stadt im Bez. Halle, DDR, am NO-Rand des Unterharzes, 220 m ü. d. M., 9 400 E. Gummiind., Herstellung von Präzisionsinstrumenten. - Entstand wohl im 10. Jh.; die Burg B. war ab 1046 (?) Stift, von 1123–1525 Abtei des Benediktinerordens, danach Schloß der anhalt. Askanier, 1765–1863 Residenz der Linie Anhalt-Bernburg.

Ballerina [italien.], Ballettänzerin.

Ballets Russes [frz. balɛ'rys], von S. Diaghilew gegründete Ballettkompanie, die, aus Mitgliedern des Petersburger und Moskauer Hofballetts gebildet, 1909 in Paris erstmals auftrat. Die in Zusammenarbeit mit berühmten Tänzern, Choreographen (M. M. Fokin, W. Nijinski, L. Massine, B. Nijinska, G. Balanchine), Komponisten und Ausstattern entstandenen Produktionen hatten für das moderne Ballett große Bedeutung.

Ballett [italien.; zu spätlat. ballare „tanzen"], Bez. für eine szen. und choreograph. Komposition wie auch für die Truppe, die diese Komposition vorträgt, dann auch für den künstler. Bühnentanz. Ursprung des B. ist Italien. Dort wurden während der Renaissance allegor. Darbietungen gezeigt, die meist pantomim. Maskentänze mit Anlehnung an das ma. Turnierspiel, an Aufzüge und Prozessionen waren. Die Choreographie basierte auf dem Schrittmaterial der Gesellschaftstänze. Von Italien kam diese Art der Unterhaltung nach Frankreich, wo 1581 das erste abendfüllende, als Gesamtkunstwerk konzipierte B. aufgeführt wurde. Die Blütezeit des B. begann unter Ludwig XIV. in Frankreich, das eine führende Rolle in Europa gewann und behauptete dank der maßgebenden Kompositionen von J.-B. Lully, A. Campra u. J.-P. Rameau sowie einer Reihe hervorragender Tänzer, die zunächst auch Frauenrollen übernahmen. Die erste Primaballerina war Mademoiselle de La Fontaine (1681). Seit der Mitte des 18. Jh. wurden in Paris die ersten Handlungsballette aufgeführt, für die sich J. G. Noverre bes. einsetzte. Seine endgültige Gestalt nahm das B. in der Romantik an. Der Spitzentanz setzte sich durch. Einen neuen Höhepunkt erlebte das B. in Petersburg v. a. dank der spätroman. Ballette Tschaikowskis (u. a. „Schwanensee"). Die russ. Tradition setzte sich am Bolschoi-Theater fort. Eine weitere Neubelebung in West-Europa brachte S. Diaghilew, der 1909 erstmals mit seinen „Ballets Russes" in Paris auftrat. Alle neuen großen B.kompanien wurden von ehemaligen Mitgliedern der „Ballets Russes" geschaffen: 1. 1926 gründete N. de Valois eine Schule in London, aus der unter ständigem Wechsel der Namen schließl. das engl. Royal Ballet hervorging. Das Royal Ballet ist vielfach Vorbild geworden, u. a. auch für das B. in Stuttgart unter J. Cranko und M. Haydée. 2. 1933 gründete der gebürtige Russe G.

21

Ballettmusik

Ballett. Coppélia (Choreographie: Werner Ulbrich); Der sterbende Schwan (Galina Ulanowa unter Michail Fokin; rechts)

Balanchine in den USA die American School of Ballet, aus der nach mehrfachem Namenswechsel 1948 das New York City Ballet hervorging. Balanchine und M. Graham beeinflußten gemeinsam den Stil aller jüngeren amerikan. Choreographen. 3. 1932 übernahm S. Lifar, ebenfalls gebürtiger Russe, die Leitung des B. der Pariser Oper. Seine Aktivität führte nach 1945 zu einer neuen Blüte des frz. Balletts.
📖 Reclams B.führer. Hg. v. O. F. Regner u.a. Stg. ⁹1985. - Waganowa, A.: Grundll. des klass. Tanzes. Wilhelmshaven ⁷1984.

Ballettmusik, Komposition, die als Grundlage für ein Ballett dient; sie nahm ihren Ausgang von den Gesellschaftstänzen des 15., 16. und 17. Jh. Eng verbunden war sie der frz. Oper des 17. Jh. (Lully) und 18. Jh. (Rameau), deren getanzte Stücke als Ballettsuiten herausgelöst werden konnten. Zu einer autonomen Gattung wurde die B. erst seit den Handlungsballetten von J. G. Noverre und S. Viganò. Zu den hervortretenden Komponisten von B. gehören A. Adam, P. Tschaikowski, I. Strawinski, C. Debussy, B. Bartók, S. Prokowjew, P. Hindemith, L. Bernstein.

Ballhaus, seit dem 15. Jh. Gebäude für Ballspiele (Jeu de paume, Vorläufer des Tennisspiels). Das B. in Versailles wurde dadurch berühmt, daß dort (im Rahmen der Frz. Revolution) am 20. Juni 1789 die Abgeordneten des 3. Standes schworen, nicht auseinanderzugehen, ehe sie sich eine Verfassung gegeben hätten.

Ballhausplatz, Platz in Wien, ben. nach dem hier 1740–1880 befindl. Hofballhaus, mit dem Gebäude des östr. Bundeskanzleramts und dem Bundesministerium für Auswärtige Angelegenheiten; auch Bez. für das Außenministerium sowie die östr. Außenpolitik.

Ball-Hennings, Emmy, dt. Schriftstellerin, † Ball, Hugo.

Ballif, Claude [frz. ba'jif], * Paris 22. Mai 1924, frz. Komponist. - Versucht, Tonalität und Atonalität in Einklang zu bringen und nennt das Ergebnis „Metatonalität". Komponierte u.a. „Solfeggietto" (Solo für Flöte, Englischhorn, Violine oder Klarinette, 1961), „Requiem" (für 5 Chöre, 8 Solisten und Orchester, 1953–68).

Ballin, Albert [...li:n], * Hamburg 15. Aug. 1857, † ebd. 9. Nov. 1918 (Selbstmord), dt. Reeder. - Seit 1899 Generaldirektor der Hamburg-Amerika Linie (HAPAG), die sich unter seiner Führung zur größten Reederei der Welt entwickelte. B. trat für eine enge polit. und wirtschaftl. Zusammenarbeit mit Großbritannien ein und unternahm zu Beginn des 1. Weltkrieges einen [erfolglosen] Friedensvermittlungsversuch.

Balliol [engl. 'beɪljəl] † Baliol.

Balliste (Balläster) [griech.-lat.], Wurfgeschütz der Griechen und Römer.

Ballistik [zu griech. bállein „werfen"], die Lehre vom Verhalten und von der Bewegung geworfener oder geschossener Körper. Während sich die *innere* B. mit den Vorgängen im Inneren des Gewehrlaufes oder Geschützrohres beschäftigt, befaßt sich die *äußere* B. mit der mathemat. Untersuchung der Bewegung von Körpern, die mit einer bestimmten Anfangsgeschwindigkeit in eine bestimmte Richtung geworfen oder abgeschossen werden. Das grundlegende Problem der äußeren B. ist die Bestimmung der Flugbahn. Während des Fluges wirken auf den Körper neben der Schwerkraft eine Anzahl verschiedener Kräfte ein. Die Luft (auch das Wasser bei Unterwasserwaffen) setzt der durch Anfangsgeschwindigkeit und Schwerkrafteinwirkung bestimmten Bewegung eine Kraft entgegen, die mit der Geschwindigkeit des Körpers und der Dichte des umgebenden Mediums wächst. Auch die Form, die Masse und das Trägheitsmoment des Geschosses müssen in Betracht gezogen werden. Weiterhin spielen die Bewegung des Mediums selbst (Wind, Strömung) eine wesentl. Rolle, ferner Kräfte und Drehmomente, die bei einer Rotation des Geschosses um seine Längsachse auftreten (Drallgeschosse; ↑auch Magnus-Effekt), u. a. - Bes. Probleme ergeben sich bei der B. der Raketen, bei denen zeitweise eine Zusatzkraft (Schub) wirkt, und v. a. bei ferngelenkten Raketen, bei denen durch Ruderausschläge oder Zündung von Steuerdüsen zusätzl. Drehmomente auf die Rakete ausgeübt werden (↑auch Raumflugbahnen).

📖 *Farrar, C. L./Leeming, D. W.: Military ballistics.* Elmsford (N. Y.) 1983. - *Wolff, W.: Einf. in die B.* Bln. $^{1-3}$1961-68. 2 Tle.

ballistische Kurve ↑Geschoßbahn.

ballistische Rakete, eine Rakete, die sich nach Brennschluß auf einer ballist. Kurve bewegt; dies gilt nicht für größere Höhen.

ballistisches Galvanometer ↑Galvanometer.

ballistisches Pendel, eine auf dem Satz von der Erhaltung des Impulses beruhende Pendelvorrichtung zur Bestimmung von Geschoßgeschwindigkeiten.

Ballon [ba'lɔŋ; frz.], aus leichtem Material (B.stoff, Gummi) hergestellter Hohlkörper, der mit einem Gas gefüllt wird, das spezif. leichter als Luft ist, z. B. Wasserstoff, Helium, Leuchtgas oder Heißluft. Ist das Eigengewicht des B. gleich dem Auftrieb (Gewicht der von ihm verdrängten Luftmenge), dann schwebt er, ist es kleiner, dann steigt er, ist es größer, dann sinkt er zu Boden. Der *Freiballon* ist ein Luftfahrzeug, das von der Luftströmung weggetragen wird. Der die Mannschaft aufnehmende B.korb hängt unter Korbleinen an einem Netz, das den B.körper größtenteils umhüllt. Über den Füllansatz findet Druckausgleich zw. Traggas und Umgebungsluft

Freiballon

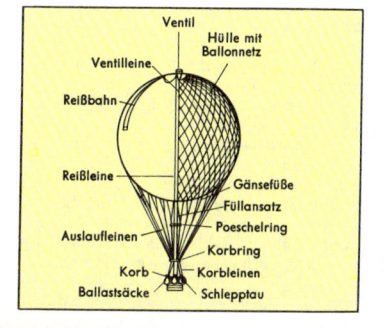

statt. Durch Abwurf von Ballast kann der B. zum Steigen, durch Ablassen von Traggas zum Sinken gebracht werden.

◆ bauchiger Glasbehälter mit kurzem Hals.

Ballon d'Alsace [frz. balɔdal'zas] ↑Elsässer Belchen.

Ballon de Guebwiller [frz. balɔdgebvi'lɛːr] ↑Großer Belchen.

Ballonleinen [ba'lɔŋ...], sehr feines, batistartiges Gewebe mit Seidenglanz; Einbandstoff für Bücher.

Ballonreifen [ba'lɔŋ...] ↑Reifen.

Ballonsatelliten [ba'lɔŋ...], Bez. für künstl. Satelliten, die dadurch entstehen, daß durch chem. Gasentwicklung eine urspr. fest zusammengelegte dünnwandige Mylarhülle in einer Erdumlaufbahn zu einem Ballon aufgeblasen wird. Sie werden v. a. als passive Reflektoren zur Funksignalübermittlung erprobt. Der erste Ballonsatellit, Echo 1, wurde 1960 gestartet; wegen seiner Helligkeit am Himmel konnte er leicht beobachtet werden.

Ballonsegel [ba'lɔŋ...] ↑Spinnaker.

Ballonteleskop [ba'lɔŋ...], in der extraterrestr. Forschung benutztes astronom. Instrument, das mit Hilfe von großen Stratosphärenballons in Höhen bis zu 40 km getragen wird, um störende Einflüsse der Erdatmosphäre weitgehend auszuschalten.

Ballot [engl. 'bælət, eigtl. „kleine Kugel" (zum Abstimmen)], angloamerikan. Bez. für geheime Abstimmung.

Ballot [ba'loː; german.-frz.], kleiner Warenballen.

◆ Stückzählmaß im Glashandel; bei farblosem Glas entspricht 1 B. 25 Bund zu je 6 Tafeln, bei farbigem Glas 12 $^1/_2$ Bund zu je 3 Tafeln.

Ballota [griech.], svw. ↑Stinkandorn.

Ballotade [frz.], Sprung der ↑Hohen Schule.

Ballotage [balɔ'taːʒə; frz.; zu *ballotte* „kleine Kugel" (zum Abstimmen)], in Frankr. Bez. für die Stichwahl zw. den beiden Kandidaten, die im vorangegangenen Wahlgang die meisten Stimmen erhalten hatten.

Ballspiele, auf der ganzen Erde verbreitete Spiele, bei denen ein Ball im Mittelpunkt des Geschehens steht. Die B., die urspr. kult. Züge trugen, haben im Laufe der Zeit mehr und mehr sportl. Charakter angenommen.

Ballungsraum ↑Agglomeration.

Bally, Charles [frz. ba'ji], *Genf 4. Febr. 1865, †ebd. 10. April 1947, schweizer. Sprachwissenschaftler. - Schüler F. de Saussures, dessen Werk „Cours de linguistique générale" er 1916 zus. mit A. Sechehaye herausgab; 1913-40 Prof. für vergleichende Grammatik und allg. Sprachwiss. in Genf.

Balm, schweizer. Bez. für: ↑Abri.

Balmaceda, José Manuel [span. balma'seða], *Santiago de Chile 1838, †ebd. 19. Sept. 1891 (Selbstmord), chilen. Politiker. - Seit 1870 einer der führenden Liberalen;

Balmain

1882 Innen- und Kultusmin., 1886–91 Staatspräs., praktizierte insbes. eine Politik antiklerikaler Schulreform; unterlag im Bürgerkrieg und trat zurück.

Balmain, Pierre [frz. bal'mɛ̃], * Saint-Jean-de-Maurienne (Savoie) 18. Mai 1914, † Neuilly-sur-Seine 29. Juni 1982, frz. Modeschöpfer. - Eröffnete 1945 sein eigenes Haus in Paris (1951–55 mit einer Filiale in New York, seit 1954 mit einer Filiale in Caracas).

Balmer, Johann Jakob, * Lausen (Basel-Landschaft) 1. Mai 1825, † Basel 12. März 1898, schweizer. Mathematiker und Physiker. - Entdeckte 1885, daß sich die Wellenlängen der damals bekannten Wasserstoff-Spektrallinien († Balmer-Serie) durch eine Serienformel († Balmer-Formel) wiedergeben lassen.

Balmer-Formel, von J. J. Balmer 1885 aufgestellte Formel für die Wellenzahlen $\tilde{v} = 1/\lambda$ der Spektrallinien der später nach ihm benannten † Balmer-Serie. Sie lautet in der heute übl. Schreibweise:

$$\tilde{v} = R_\mathrm{H}\left(\frac{1}{2^2} - \frac{1}{n^2}\right); (n = 3, 4, 5, ...)$$

R_H ist die † Rydberg-Konstante des Wasserstoffs (H), n die sog. Laufzahl.

Balmer-Serie [nach J. J. Balmer], Spektralserie, die beim Übergang des Wasserstoffatoms von einem höheren zum zweittiefsten Energieniveau emittiert (im umgekehrten Fall absorbiert) wird. Die größte dabei auftretende Wellenlänge λ beträgt etwa 656,2 nm, die zugehörige Spektrallinie wird mit H_α bezeichnet. Es folgen die Linien H_β ($\lambda \approx 486,2$ nm), H_γ ($\lambda \approx 434,1$ nm) usw. bis zur kürzesten Wellenlänge $\lambda \approx 365$ nm, die als *Seriengrenze (Balmer-Grenze)* bezeichnet wird. Die Wellenlänge der einzelnen Spektrallinien genügen der † Balmer-Formel.

Balmont, Konstantin Dmitrijewitsch, * Gumnischtschi (Gouv. Wladimir) 15. Juni 1867, † Paris 24. Dez. 1942, russ. Dichter. - Emigrierte nach der Revolution von 1905 nach Paris; 1913–21 wieder in Rußland. Bed. Dichter des Symbolismus.

Balmoral Castle [engl. bæl'mɔrəl ˈkɑːsl], schott. Sommerresidenz der brit. Königsfamilie am Dee, etwa 15 km östl. von Braemar; erbaut 1853–56.

Balneologie [griech.] (Bäderkunde, Heilquellenkunde), Lehre von der therapeut. Anwendung und Heilwirkung des Wassers (speziell der natürl. Quellwässer), von Schlamm und Moor, i. w. S. auch von Licht, Luft und Klima.

Bal paré [frz. balpaˈre], frz. Bez. für einen bes. festl. Ball.

Balsa [span.], ein leichtes indian. Wasserfahrzeug (meist aus Binsenrollen, auch aus Balken) mit viereckigem Segel; schon bei den Inkas bekannt, heute hauptsächl. auf dem Titicacasee.

◆ (Balsaholz) † Hölzer (Übersicht).

Balsabaum (Balsa, Ochroma), Gatt. der Wollbaumgewächse mit nur wenigen Arten im trop. S- und M-Amerika (einschließl. der Westind. Inseln); raschwüchsige Bäume mit dickem Stamm, glatter, heller Rinde, ungeteilten, bis 50 cm langen Blättern, malvenähnl. Blüten und längl. Kapselfrüchten. Bekannt sind **Ochroma lagopus** (15–25 m hoher Baum) und **Ochroma pyramidale** (bis 15 m hoher Baum); beide liefern Balsaholz.

Balsaholz † Hölzer (Übersicht).

Balsam [hebr.], in der poet. oder gehobenen Sprache: Linderung, Labsal.

◆ † Balsame.

Balsamapfel (Springkürbis, Momordica balsamina), von Afrika bis NW-Indien wild vorkommendes, in allen trop. und subtrop. Ländern angebautes einjähriges Kürbisgewächs mit 0,5–1,5 m hohem Stengel, 3–5lappigen Blättern, gelbl. Blüten und orangegelben, eiförmigen, rotfleischigen Früchten.

Balsambäume, Bez. für Holzgewächse, die † Balsame liefern.

Balsambaumgewächse (Weihrauchbaumgewächse, Burseraceae), Fam. zweikeimblättriger trop. Bäume und Sträucher mit 20 Gatt. und etwa 600 Arten; Rinde immer harzführend, Pflanzen oft mit Sproßdornen, Blätter meist gefiedert oder dreiteilig; Blüten klein, in Rispen; Steinfrüchte.

Balsambirne (Momordica charantia), in den Tropen und Subtropen verbreitetes, bis zu 2 m hoch kletterndes Kürbisgewächs mit Früchten mit scharlachrotem Fruchtfleisch.

Balsame [hebr.], angenehm riechende, flüssige bis harzige Sekrete aus den Stämmen von Balsambaumgewächsen und Balsampflanzen, im allg. Lösungen von Harzen in Terpentinöl und anderen äther. Ölen. An der Luft erhärten die B. durch Verdunsten der äther. Öle allmähl. und bilden zähe, plast. Massen. Bekannt sind † Kanadabalsam, † Kopaivabalsam, † Tolubalsam u. a. Verwendung finden sie u. a. in der Parfümind. und in der Medizin als Zusätze zu Kosmetika und Salben, der Mikroskopiertechnik auch als Einschluß mikroskop. Präparate (v. a. Kanadabalsam).

Balsamine [hebr.], svw. † Springkraut.

Balsaminengewächse (Springkrautgewächse, Balsaminaceae), Fam. zweikeimblättriger, krautiger Pflanzen mit 2 Gatt.: **Hydrocera** mit einer Art in Indien, **Impatiens** mit etwa 450 Arten, v. a. in den Tropen der Alten Welt, wenige (u. a. † Springkraut) in. N-Amerika und Europa.

Balsamo, Giuseppe † Cagliostro, Alessandro Graf von.

Balsampflanzen, allg. Bez. für Pflanzen, die † Balsame liefern (z. B. Myrrhenstrauch, Benzoebaum, Kanaribaum, Kopaivabaum).

◆ (Terebinthales) Pflanzenordnung, die vorwiegend Holzgewächse der Tropen und Subtropen umfaßt. Zahlr. Fam. zeichnen sich durch das Vorhandensein von Öldrüsen, Ölzellen oder Harzgängen aus und liefern Balsame, Öle, auch Drogen und Gewürze.

Balsampflaume (Spondias), Gatt. der Anakardiengewächse mit 6 Arten in den Tropen; Bäume mit unpaarig gefiederten Blättern, kleinen gelben Blüten in Rispen und saftigen, angenehm schmeckenden, pflaumenförmigen Früchten. Einige Arten werden als Obstbäume kultiviert.

Balsamtanne (Abies balsamea), bis 25 m hohe nordamerikan. Tannenart mit glatter, schwarzer Rinde, 1–3 cm langen, dünnen, beim Zerreiben stark würzig duftenden Nadeln und stark verharzten Knospen; in Gärten oft Zuchtformen von strauchförmigem oder halbkugeligem Wuchs. - Die B. liefert †Kanadabalsam.

Balsas, Río, Zufluß zum Pazifik im südl. Mexiko, entspringt in der Cordillera Volcánica, im Oberlauf *Río Atoyac*, im oberen Teil des Mittellaufs *Río Mexcala* genannt, mündet (hier auch *Río Zacatula*) in einem Delta; 770 km lang; zahlr. Stromschnellen, nur auf dem Unterlauf für Flöße (span. balsas) befahrbar.

Balsemão, Francisco †Pinto Balsemão, Francisco.

Balser, Ewald, * Elberfeld 5. Okt. 1898. † Wien 17. April 1978, dt. Schauspieler. - Charakterdarsteller; am Wiener Burgtheater seit 1928. Spielte auch an den Münchner Kammerspielen, seit 1935 am Dt. Theater in Berlin, bei den Salzburger Festspielen und in zahlr. Filmen. - Abb. S. 26.

BALTAP †NATO (Tafel).

Baltard, Victor [frz. bal'ta:r], * Paris 10. Juni 1805, † ebd. 13. Jan. 1874, frz. Architekt. - Nach seinen Plänen wurden die Pariser Markthallen (Halles centrales) 1851 errichtet, die erste größere Stahlarchitektur Frankreichs (1971 abgerissen).

Balten, indogerman. Völkergruppe: Altpreußen, Letten und Litauer.

Balthasar, männl. Vorname babylon. Ursprungs, eigtl. „Schütze sein Leben", in hebr. Form.

Balthasar, Hans Urs von, * Luzern 12. Aug. 1905, schweizer. kath. Theologe. - 1940–1948 Studentenpfarrer in Basel; dann freier Wissenschaftler und Verleger. - *Werke:* Karl Barth. Darstellung und Deutung seiner Theologie (1951), Herrlichkeit. Eine theolog. Ästhetik (3 Bde., 1961–67). - †26. Juni 1988.

Balthen [got. „die Tapferen"], westgot. Adelsgeschlecht; gelangte 396 mit Alarich I. zur Herrschaft; endete mit Amalarich († 531).

Balthus [frz. bal'tys], eigtl. Balthasar (Baltusz) Klossowski [de Rola], * Paris 29. Febr. 1908, frz. Maler. - Bruder von P. Klossowski. Sein bevorzugtes Thema sind Interieurs oder Straßenszenen mit halbwüchsigen Mädchen; auch Landschaften.

Baltikum [zu mittellat. Mare Balticum „Balt. Meer" (Ostsee), nach Baltia, dem lat. Namen für ein Bernsteingebiet im Ostseeraum], seit Ende 19. Jh. Bez. für die histor. Landschaften Livland, Estland und Kurland als Prov. des Russ. Reiches, später Bez. für das Gebiet der balt. Staaten Lettland und Estland, vielfach auch unter Einbeziehung Litauens.

Baltimore, David [engl. 'bɔ:ltɪmɔ:], * New York 7. März 1938, amerikan. Mikrobiologe. - Seit 1972 Prof. am Massachusetts Institute of Technology in Cambridge (Mass.). B. wies das Vorhandensein eines spezif. Enzyms in den im wesentlichen aus Ribonukleinsäure (RNS) und einer Schutzhülle aus Proteinen bestehenden Viruspartikeln nach, das die Virus-RNS in die Desoxyribonukleinsäure (DNS) des genet. Materials einer Zelle „transkribiert" und dadurch den Einbau der umgewandelten Virus-RNS in das Zellgenom und die Entwicklung der Zelle zu einer sich von nun ab unaufhörlich teilenden Krebszelle ermöglicht. Erhielt (zus. mit H. M. Temin und R. Dulbecco) 1975 den Nobelpreis für Physiologie oder Medizin. - Abb. S. 26.

Baltimore [engl. 'bɔ:ltɪmɔ:], Stadt in N-Maryland, 60 km nö. von Washington. 787 000 E. Sitz eines kath. Erzbischofs und eines anglikan. Bischofs; Univ. (gegr. 1876), Teile der University of Maryland. Einer der bedeutendsten Häfen der USA, Kailänge 60 km. Schiff-, Flugzeug- und Fahrzeugbau; daneben Kupfergewinnung, Eisen-, Stahl-, chem., Elektro-, elektron., Textil- und Bekleidungs-, Nahrungs- und Genußmittelind., Raketenbau, Erdölraffinerie. Verkehrsknotenpunkt. - 1729 auf einem Gelände des Lord Baltimore gegr., 1776/77 Tagungsort des 2. Kontinentalkongresses.

baltische Religion †lettische Religion, †litauische Religion, †preußische Religion.

Baltischer Höhenrücken (Balt. Landrücken), das Küstengebiet der Ostsee umrahmender Höhenzug, bis zu 200 km breit, im S vom Thorn–Eberswalder Urstromtal begrenzt; eine End- und Grundmoränenlandschaft mit zahlr. Seen.

Baltischer Schild, Festlandskern aus präkambr. Gesteinen, umfaßt O-Skandinavien, Finnland und die Halbinsel Kola.

baltische Sprachen, Zweig der indogerman. Sprachfamilie mit den Sprachen Litauisch, Lettisch (Ostbalt.) und dem ausgestorbenen Altpreußisch (Westbalt.). Die ältesten Aufzeichnungen balt. Dialekte stammen aus dem 15./16. Jahrhundert.

baltische Staaten, Sammelbez. für Estland, Lettland und Litauen in der Zeit ihrer staatl. Selbständigkeit vom Ende des 1. bis Anfang des 2. Weltkrieges; im Aug. 1940 als Sowjetrepubliken in die UdSSR eingegliedert.

Baltistan (Little Tibet), pakistan. Gebirgslandschaft; reicht im N bis in den Karakorum, im S bis zum Himalajahauptkamm, im K 2 8611 m hoch.

Baltrum, eine der Ostfries. Inseln, zw.

Baltschik

E. Balser (1964)

D. Baltimore (1975)

Honoré de Balzac (Gemälde; 1836)

Norderney (im W) und Langeoog (im O), Nds., 9 km² groß, 850 E; Fremdenverkehr.

Baltschik, Stadt und Seebad an der bulgar. Schwarzmeerküste, 35 km nö. von Warna, 9 200 E. Fremdenverkehr, Fischerei, Getreide- und Weinbau. - Geht auf das griech. **Dionysopolis** zurück.

Baluschek, Hans, * Breslau 9. Mai 1870, † Berlin 27. Sept. 1935, dt. Maler und Graphiker. - Schildert in dunklen Farben (Ölkreiden auf Aquarell) u. a. realist. Szenen aus dem Berliner Vorstadtmilieu.

Baluster [italien.-frz.] (Docke) ↑ Balustrade.

Balustrade [italien.-frz.], Brüstung oder Geländer mit *Balustern* (kleine, meist gedrungene, stark profilierte Säulen). - ↑ auch Alkoven.

Balutschestan ↑ Belutschistan.

Balve [ˈbalvə], Stadt im nördl. Sauerland, NRW, 230 m ü. d. M., 10 900 E. Chem., Eisen- und Kalkindustrie; 1 km nördl. die *Balver Höhle*. - Roman. Pfarrkirche mit Resten von Wandmalereien.

Balver Höhle ↑ Höhlen (Übersicht).

Balz, Liebesspiele der Vögel und Fische während der Paarungszeit; bei ♂♂ gekennzeichnet durch Verhaltensweisen, die dem (oder den) auserwählten ♀♀ imponieren sollen (Gesang, Flugspiele, Imponiergehabe, gesteigerter Kampftrieb u. a.). Die B. ist hormonell bedingt. Der B. entspricht die ↑ Brunst der Säugetiere.

Balzac, Honoré de [frz. balˈzak], * Tours 20. Mai 1799, † Paris 18. Aug. 1850, frz. Romancier. - Nach Bankrott als Verleger und Druckereiunternehmer in den Jahren 1825–27 bis kurz vor seinem Tod ständig in Schulden. Arbeitete rastlos, lange unter dem Einfluß der mütterl. Geliebten Madame de Berny. B. errang seinen ersten literar. Erfolg 1829 mit dem Roman „Die Chouans ...". Sein Hauptwerk ist die „Comédie humaine" („Menschl. Komödie"; erschienen 1829–54), ein großangelegtes Werk, das mit 91 Romanen und Novellen nur etwa ²/₃ des geplanten Umfanges erreichte. B. gilt als Begründer des „soziolog. Realismus". Glänzende Milieuschilderungen und lebensechte Porträts trotz Typisierung (Motivierung durch Machtstreben). Zu den bekanntesten Erzählungen und Romanen gehören: „Oberst Chabert" (1832), „Die Frau von 30 Jahren" (1831–44), „Eugénie Grandet" (1833), „Der Landarzt" (1833), „Vater Goriot" (1835), „Glanz und Elend der Kurtisanen" (1839–47), „Tante Lisbeth" (1846), „Vetter Pons" (1847), „Tolldreiste Geschichten" (erschienen 1832–53). Die Übersetzungen ins Dt. erfolgten z. T. erst Jahrzehnte später.

BAM, Abk. für: ↑ Baikal-Amur-Magistrale.

Bamako, Hauptstadt der Republik Mali, am Niger, 330 m ü. d. M., 404 000 E. Sitz eines kath. Erzbischofs; mehrere Hochschulen und Forschungsinst.; im nw. Vorort **Koulouba** das Regierungsviertel; Wirtschaftszentrum des Landes in einem dichtbesiedelten Agrargebiet; bed. Ind.standort; Verkehrsknotenpunkt, Nigerhafen, internat. ✈. - 1650 gegr., seit 1908 Verwaltungszentrum.

Bambara, Volk der Sudaniden, am oberen Niger und Baoulé; bed. Kunsthandwerk.

Bamberg, Stadt an der Regnitz, Bay., 262 m ü. d. M., 69 900 E. Sitz eines Erzbischofs, Univ. (gegr. 1648 als theolog. Hochschule), Priesterseminar, Astronom. Inst. und Sternwarte der Univ. Erlangen-Nürnberg, Staatsbibliothek; Theater und Sinfonieorchester. - Textil-, Elektroind., Brauereien, Malzfabriken, Lederind. u. a. Günstige Lage am Rhein-Main-Donau-Großschiffahrtsweg; Fremdenverkehr. - 973 von Kaiser Otto II. dem Hzg. Heinrich II. von Bayern geschenkt; Bistum und Domschule verliehen B. im 11./12. Jh. große polit. und geistige Bed.; 1088 Ummauerung den Domburg. Die Marktsiedlung auf der Regnitzinsel erhielt nach 1260 Mauern. Im 15. Jh. ein Zentrum des Humanismus, 1648 gründete Bischof Otto von Salzburg die Akad. (1773–1802 Univ.). - B. ist eine Stadt auf sieben Hügeln. Das Stadtbild beherrscht der †Bamberger Dom. Zahlr. Kirchen, u. a. Sankt Michael (1117–21) mit spätgot. Chor (1475ff.) und Barockfassade (1697–1703); got. Obere Pfarrkirche (14. Jh.); barokke Sankt-Martins-Kirche (1686–91). Alte Hofhaltung auf dem Domberg (1571–76 anstelle der Babenberger Burg und der Kaiserpfalz als Bischofssitz erbaut); Neue Residenz (1605–11 und 1697–1703); Domherrenhöfe (16. Jh.); zw. zwei Brücken steht das barocke Alte Rathaus, im Kern ein Brückenturm des 14. Jh., außen mit Fresken bemalt. Zahlr. barocke Bürgerhäuser.

B., Landkr. in Bayern.

B., ehem. Bistum und Hochstift; 1007 von Kaiser Heinrich II. gegr., mit weitreichenden Grundherrschaften zw. Kärnten und der Wetterau ausgestattet; seit 1120 unter päpstl. Schutz; erreichte im 13. Jh. die Unabhängigkeit von Mainz; bildete bald als Fürstbistum einen polit. und, mit dem Kloster Michelsberg, auch geistigen Mittelpunkt des Reiches, stand in enger Verbindung zur königl. Kanzlei; wuchs seit dem 12. Jh. zu einem mächtigen Territorium zusammen; verlor in der Reformation $^2/_3$ aller Pfarreien; fiel im Zuge der Säkularisation 1803 an Kurbayern.

B., Erzbistum †katholische Kirche (Übersicht).

Bamberger, Ludwig, * Mainz 22. Juli 1823, † Berlin 14. März 1899, dt. Politiker. - Nach Mitwirkung an der pfälz. Erhebung 1849 verurteilt, bis 1866 im Exil; 1868 nat.-liberaler Abg. im Zollparlament, 1871–93 MdR; finanzpolit. Berater Bismarcks, opponierte als Verfechter des Freihandels gegen dessen Schutzzoll- und Kolonialpolitik; wurde einer der Hauptsprecher der linksliberalen Opposition; 1880 maßgebl. an der nat.-liberalen Sezession, 1884 an der Gründung der Dt.-Freisinnigen Partei beteiligt, von der er sich 1893 trennte.

Bamberger Dom, spätroman.-frühgot. Dom, Bischofskirche der Diözese Bamberg. Beginn des Baus des heutigen Doms nach Brand des Vorläuferbaus („Heinrichsdom") 1185, die Weihe war 1237. Man baute von O nach W, zunehmend gotischer. Im und am Dom befinden sich berühmte Bildwerke zweier Bildhauergruppen, einer älteren Werkstatt („spätroman." im Stil) und einer jüngeren (zeitlich aber kaum zu unterscheidenden) Werkstatt („got."), die Anregungen von der Reimser Bauhütte empfing. Von der jüngeren stammt u. a. das Tympanon mit dem Jüngsten Gericht über dem Hauptportal, die Figuren der Ecclesia und der Synagoge, jetzt im Inneren des Doms, ebd. Maria und Elisabeth (sog. Sibylle), der lachende Engel und der **Bamberger Reiter,** das früheste Reiterstandbild seit der Antike, sowie das Grab Papst Klemens' II. im Westchor. Aus späterer Zeit zu erwähnen sind v. a. das Grabmal des Bischofs Friedrich von Hohenlohe († 1352), ein Werk des „Wolfskehlmeisters", das Hochgrab für Kaiser Heinrich II. und Kaiserin Kunigunde von Riemenschneider (1499–1513) und der Flügelaltar von Veit Stoß (1523; seit 1937 im Dom).

Bambergische Halsgerichtsordnung, 1507 verfaßte Strafgerichtsordnung für das Fürstbistum Bamberg; geringfügig abgeändert 1516 als **Brandenburgische Halsgerichtsordnung** in den zollerschen Ft. in Franken, Ansbach und Kulmbach eingeführt; mehrfach überarbeitet von Kaiser Karl V. als **Carolina** 1532 zum Reichsgesetz erhoben.

Bambi, Rehkitz, Figur einer Erzählung von F. Salten (1923) und, Weltruhm begründend, eines Trickfilms W. Disneys (1942).
◆ jährl. Filmpreis, dessen Träger durch Publikumsbefragung in einer Fernsehzeitschrift ermittelt werden; 1948 von der Burda Druck und Verlags GmbH gestiftet.

Bambocciade [bambɔˈtʃaːdə; italien.], Genremalerei mit derb-kom. Darstellungen des Volkslebens (17. Jh.), bes. Kirmes- und Jahrmarktszenen. Ben. nach dem Spitznamen Bamboccio („Knirps") des niederl. Malers P. van Laer (* 1582, † 1642).

Bambule [zu Bantu-frz. bamboula „Negertrommel, Negertanz"], zerstörer. Protesthandlungen aufgebrachter Häftlinge oder Heiminsassen.

Bamberger Dom. Der Bamberger Reiter (vor 1237)

Bambus

Bambus [malai.-niederl.], allg. Bez. für die zu den ↑Bambusgewächsen zählenden Grasarten.

Bambusbär (Großer Panda, Riesenpanda, Ailuropoda melanoleuca), seltene Art scheuer, etwa 1,5 m großer Kleinbären in den nebeligen Bambuswäldern Z-Chinas; Fell weiß bis gelblichweiß mit schwarzen Ohren und ebensolcher Augenpartie, schwarzem (sich vom Rücken auf die Brust erstreckenden) Gürtel und schwarzen Gliedmaßen. Die Zucht des B. gelang erstmals 1963 im Pekinger Zoo.

Bambusgewächse (Bambusaceae), Pflanzenfam. meist trop. und subtrop. Gräser, etwa 200 (ausdauernde) Arten, die z. T. waldartige Bestände bilden. Der stammartige Halm verholzt, ist knotig und hohl, von unten bis oben gleich dick und verzweigt sich erst nach der Spitze zu. Bei einigen Arten wird er bis 40 m hoch. Die Blätter sind in eine geschlossene Scheide und eine kurz gestielte, lanzettförmig flache, später abfallende Spreite gegliedert. Die Blüten mit einer von 2 Spelzen gebildeten Hülle stehen in Rispen oder Trauben. Die Früchte sind Karyopsen, selten steinfrucht- bis beerenartig. - Die apfelgroßen, orangeroten Früchte der ind. Art *Melocanna bambusoides* und ihre Samen werden wie die vieler anderer B. gegessen. Junge *Bambussprosse* liefern ein geschätztes Gemüse.

bambutide Rasse, Rasse in Z-Afrika; helle Hautfarbe, kleine zierl. Hände, lange Arme, kurze Beine, hohe und steile Stirn, Knopfnase ohne Rücken, schnauzenartig vorgetriebene Mundpartie, mittellanger Kopf, Lanugohaar (↑Haarwechsel), große Augen. Zur b. R. gehören die ↑Pygmäen.

Bamenda, Hauptstadt der Nordwestprov., Kamerun, in den Kamerunbergen, 1615 m ü. d. M., 48000 E. Missionsschulen; landw. Handelszentrum; Weidewirtschaft; ✈.

Bamendahochland, Teil der Kamerunberge um Bamenda; bis etwa 2400 m ü. d. M.

Bamian, Ort in Afghanistan, in einem Hochtal im Hindukusch, 2500 m ü. d. M.; 7400 E. Hauptort des Verw.-Geb. B.; intensive Bewässerungslandw. (Kartoffeln, Getreide, Melonen). - Vom 2.–7. Jh. buddhist. Klostersiedlung, von der die etwa 60 m hohe Felswand mit hunderten von künstl. kleinen Höhlen (Mönchszellen) und zwei riesige Buddhastatuen stark beschädigt erhalten sind.

Bamingui [frz. bamɪŋˈgi] ↑Schari.

Bamm, Peter, eigtl. Curt Emmrich, * Hochneukirch bei Grevenbroich 20. Okt. 1897, † Zollikon 30. März 1975, dt. Schriftsteller. - Zahlr. Feuilletons. Zahlr. Vortragsreihen entstanden die beiden Erfolgsbücher „Die unsichtbare Flagge", ein Bericht des Stabsarztes B. im 2. Weltkrieg an der Ostfront (1952), und „Frühe Stätten der Christenheit" (1955), ein Reisebericht.

Weitere Werke: An den Küsten des Lichts (Reisebericht, 1961), Alexander oder Die Verwandlung der Welt (Biogr., 1965), Adam und der Affe (Essays, 1969).

Bamum, Volk der Sudaniden in W-Kamerun, Savannenpflanzer mit Viehhaltung; sprechen eine Bantusprache; hochentwickeltes Kunsthandwerk. König Njoya hatte um die Wende 19./20. Jh. eine eigene **Bamumschrift** mit urspr. wohl 465 (510) Zeichen entwickelt, die er mehrfach vereinfachte (7. Schrift von 1918 mit 72 Zeichen).

Ban [serbokroat. „Herr"] (latinisiert Banus), zunächst Name des obersten Würdenträgers nach dem altkroat. Fürsten; nach 1102 Bez. für den obersten Amtsträger der Stephanskrone in Kroatien-Slawonien-Dalmatien, danach auch für die Befehlshaber der südl. ungar. Grenzmarken (Banate) wie für die bosn. Herrscher. Die Bez. B. (Banat) wurde für Verw.-Bez. Jugoslawiens übernommen.

Banach, Stefan, * Krakau 30. März 1892, † Lemberg 31. August 1945, poln. Mathematiker. - Legte die Grundlagen zur Funktionalanalysis und lieferte wichtige Beiträge zur Theorie der reellen Funktionen, der Orthogonalreihen, der Maßtheorie und zur Theorie normierter linearer Räume (Banach-Räume).

banal [frz., eigtl. Bez. für Sachen, die allen in einem Gerichtsbezirk gehören (zu altfrz. ban „Bann")], alltägl., abgedroschen; flach, schal, geistlos; **Banalität,** Alltäglichkeit; Plattheit; Selbstverständlichkeit.

Banane [afrikan.-portugies.], die bis etwa 20 cm lange, bis etwa 4 cm dicke, leicht gebogene, gelbschalige Frucht der ↑Bananenstaude, bes. der Kultursorten (andere Arten haben auch ledrige Früchte). Wegen ihrer leichten Verderblichkeit werden die Bündel in mehr oder weniger unreifem Zustand geerntet. Die Ernte erfolgt das ganze Jahr hindurch, bes. intensiv während der Monate Oktober bis Dezember und Februar bis März. - Das Fruchtfleisch (Mesokarp) der **Obstbanane** (bekannteste Sortengruppe *Gros Michel*: bis etwa 7 m hoher Scheinstamm, bis 6 m lange Blätter u. große, dickschalige, weniger empfindl. Früchte) ist von aromat. Geschmack, leicht verdaul., von hohem Kaloriengehalt, reich an Mineralien, vitaminhaltig. Mit der Mehl-B. zus. wird sie in den Anbaugebieten als Grundnahrungsmittel verwendet. Sie kommt auch getrocknet als B.mehl (*Banania*; meist aus grünen Früchten), B.sirup, ferner zu Marmelade verarbeitet oder zu Alkohol vergoren in den Handel. - Bei der bis 50 cm langen, bis armdicken, v. a. Vitamin-D-haltigen **Mehl- oder Kochbanane** ist die Stärke (bes. bei den unreif geernteten Früchten) noch kaum in Zucker umgesetzt. Sie wird (in den Anbauländern) nur gekocht, gebraten oder getrocknet verwendet.

Bananenfresser, svw. ↑Turakos.

Bananengewächse (Musaceae), trop. und subtrop. Fam. einkeimblättriger Pflanzen

Banater Schwaben

mit 6 Gatt. und etwa 220 Arten; große Stauden mit einfachen, sehr großen Blättern, deren Basen Scheinstämme bilden können. Die Blüten stehen in langgestielten Blütenständen und werden meist von Vögeln bestäubt. Viele wichtige Nutz- und Zierpflanzen: ↑ Bananenstaude, ↑ Heliconia, ↑ Ravenala, ↑ Strelitzie.

Bananenstaude (Banane, Pisang), Bez. für verschiedene trop. Pflanzen aus der Fam. Bananengewächse; gewaltige Stauden; Blätter einfach, gestielt, bis etwa 3,5 m lang und 0,5 m breit, meist vom Wind zerschlitzt. Die scheidenartigen Blattbasen bilden bis 5 m hohe Scheinstämme, die den Pflanzen ein beinahe palmenartiges Aussehen geben. Die Blüten stehen meist zu mehreren in Doppelreihen mit großen, meist rostroten Deckblättern in Blütenständen. Die Früchte mehrerer Arten sind als ↑ Bananen genießbar. - B. werden heute überall in den Tropen, z. T. auch in subtrop. Gebieten, angebaut. Die oberird. Bananen„pflanze" stirbt nach der Fruchtreife ab, der sich aus dem Wurzelstock neu entwickelnde Sproß kann schon nach 9 Monaten wieder fruchten. Die Pflanzen verlangen ein gleichmäßig feuchtwarmes Klima. Die Samen (der Wildformen) sind 5-20 mm groß. Die Früchte der Kulturformen entwickeln sich ohne Befruchtung und sind daher samenlos.

Die wichtigste Art ist **Musa paradisiaca**, urspr. aus S-Asien, heute in zwei Varietäten überall in den Tropen angebaut: **Mehl- oder Kochbanane** (Plantain, Musa paradisiaca var. normalis) und **Obstbanane** (Musa paradisiaca var. sapientum). - Die nur 2-3 m hohe **Zwergbanane** (Musa nana) aus S-China ist unempfindlicher, sie wird für den Export als Obstbanane z. B. auf den Kanarischen Inseln angebaut. Aus den Blattscheiden der **Faserbanane** (Hanfbanane, Musa textilis) von den Philippinen wird die Manilafaser gewonnen.

Bereits in vorgeschichtl. Zeit war die B. als Kulturpflanze über die gesamten Tropen verbreitet. Am Indus fanden die Soldaten Alexanders d. Gr. Bananenpflanzungen vor. Bei der Entdeckung Amerikas wurden B.kulturen im Westen von M-Amerika und in Peru vorgefunden.

Bananenstecker, in der Elektrotechnik Bez. für einen einpoligen Stecker mit federnden Kontaktflächen.

Banankoro ↑ Kérouané.

Banat, histor. Landschaft, an der Rumänien, Jugoslawien und Ungarn Anteil haben: im W extrem eben (südl. Ausläufer des Großen Ungar. Tieflandes), nach O Übergang in ein Hügelland, im SO Mittelgebirgscharakter (Banater Gebirge). - Die Bev. weist einen hohen Prozentsatz an nat. Minderheiten auf, Nachkommen der in der Mitte des 18. Jh. zur Kolonisation angesiedelten Deutschen, Franzosen, Italiener und Spanier. Größte Stadt und Zentrum des B. (heute nur noch des rumän. Teils) ist Temesvar. Die Bev. lebt überwiegend in Dörfern, die als Folge der Kolonisation meist planmäßig angelegt sind.

Geschichte: Das Gebiet des B. gehörte in der Römerzeit zur Prov. Dakien. Das im 10. Jh. hier bestehende Ft. Csanád gliederte König Stephan I. um 1028 seinem Reich ein. War Anfang 18. Jh. nach Verlust des wesentl. Teils der madjar. Bev. durch die Türkeneinfälle im 15./16. Jh. nur schwach von Rumänen und Serben besiedelt; 1718 unter unmittelbare östr. Militärverwaltung gestellt, setzte der Wiederaufbau des Landes mit mehreren großen Einwanderungswellen v. a. dt. Siedler (↑ Banater Schwaben) ein. 1742 wurde im S und O die B. Militärgrenze (bis 1872) eingerichtet, die übrigen Gebiete wurden 1778/79 mit Ungarn vereinigt. 1848/49-60 mit angrenzenden Gebieten nochmals als Kronland Wien direkt unterstellt. Nach dem 1. Weltkrieg fiel der W an Jugoslawien, der (größere) O an Rumänien.

Banater Gebirge, westl. Ausläufer der Südkarpaten in Rumänien und Jugoslawien.

Banater Schwaben, Bez. für die im Banat lebenden Deutschen. Die im wesentl. aus W- und SW-Deutschland stammenden Siedler bei der seit 1716/18 von der kaiserl. Reg. begonnenen Neubesiedlung der in der Türkenzeit größtenteils entvölkerten Gebiete

Bananenstaude. Blütenstand. Während an der Basis schon Früchte heranreifen, sitzen an der Spitze zwischen den bräunlichroten Hüllblättern noch die männlichen Blüten

kamen v. a. 1722–26, 1736/37; 1744–52, 1763–71; und 1782–87. In der Folge des 2. Weltkriegs verschwanden im jugoslaw. Banat die dt. Siedlungen völlig. Im rumän. Banat leben heute noch etwa 200 000 Deutsche.

Banause [zu griech. bánausos „Handwerker"], kleinl. denkender, nur auf das Nützl. bedachter Mensch.

Banchieri, Adriano [italien. baŋˈkjɛːri], * Bologna 3. Sept. 1568, † ebd. 1634, italien. Komponist, Organist und Musiktheoretiker. - Seine Kompositionen (u. a. „Concerti ecclesiastici", 1595, Messen, Vespern, Motetten, Madrigale) zeigen frühe Ansätze der Generalbaßpraxis.

Bancroft, George [engl. ˈbænkrɔft], * Worcester (Mass.) 3. Okt. 1800, † Washington 17. Jan. 1891, amerikan. Historiker und Diplomat. - Demokrat; 1845/46 Marinemin.; 1846–49 Gesandter in London, 1867–74 in Berlin, wo er die **Bancroft-Verträge** zw. den USA und dem Norddt. Bund bzw. den süddt. Staaten zur Regelung der Auswanderung und zur Bestimmung des Staatsangehörigkeitsstatus der in die USA Eingewanderten durchsetzte (1868); schrieb u. a. eine 10bändige idealisierende Geschichte der USA (dt. 1845–75).

Band, Bez. für das einzelne Buch, insbes. als Teil einer mehrbändigen Ausgabe eines Werkes oder einer Schriftenreihe.

◆ in der *Bautechnik:* 1. Bez. für Beschläge aus Stahl, Leichtmetall, Messing, neuerdings auch aus Kunststoffen, an Türen und Fenstern mit denen die Flügel an den Rahmen drehbar befestigt werden. Sie haben entweder ein Scharnier (**Scharnierbänder**) oder sie enden in einer zylindr. Öse (**Aushebebänder**), die jeweils in einem mit einem Stift versehenen, am festen Teil befestigten B. eingehängt werden. 2. ist zum Verbinden und Zusammenhalten zweier paralleler oder in einem Winkel zusammenstoßender Hölzer dienender aufgesetzter metall. Beschlag.

◆ (Frequenzband) in der *Nachrichtentechnik* Bez. für einen Frequenzbereich der elektromagnet. Strahlung zw. einer oberen und einer unteren Grenzfrequenz († auch Kanal).

◆ Schmalgewebe, die entweder mit beidseitig festen Kanten auf der B.webmaschine gewebt (**Webband**) oder aus Breitgeweben geschnitten werden (**Schnittband**).

◆ (Ligament, Ligamentum) in der *Anatomie:* aus Bindegewebe bestehende, strang- oder plattenförmige Verbindung zw. Skelettelementen des Körpers, z. B. an den Enden der Gelenke.

Band [engl. bænd], Bez. für eine Gruppe von Musikern.

Banda, H[astings] Kamuzu, * Distrikt Kasungu 1905, malaw. Politiker und Arzt. - Seit 1960 Leiter der „Malawi Congress Party" (MCP); seit 1961 mehrfach Min.; seit 1963 Premiermin. Njassalands; seit 1964 Staatschef Malawis; führte 1966 das Einparteiensystem ein und übernahm alle Exekutivvollmachten; ließ sich 1971 zum Präs. auf Lebenszeit wählen.

Banda Aceh [indones. ˈbanda ˈatʃɛh] (früher Kutaradja), Stadt in NW-Sumatra, Indonesien, nahe der Mündung des Aceh in die Andamanensee, 54 000 E. Hauptstadt der Sonderregion Aceh; ✈.

Bandagen [banˈdaːʒən; frz.], Verbände aus elast. oder halbsteifen Materialien (Leinen, Stoff, Leder). Die B. dienen der Stützung (Stützverband) und dem Schutz schwacher oder verletzter Gewebe oder Körperteile (z. B. Knöchel- oder Knie-B., Bruchband), auch zu Heilzwecken (z. B. Wärmeleibbinde).

◆ von den Boxern zum Schutz der Hände um die Fäuste gewickelte weiche Bänder.

Band (Bautechnik). Bänder in verschiedenen Formen: a Scharnierband, b Langband, c Winkelband, d Kreuzband, e Fischband, f Stangenscharnierband (Klavierband), g Türband, h Kistenband, i Aushebescharnierband

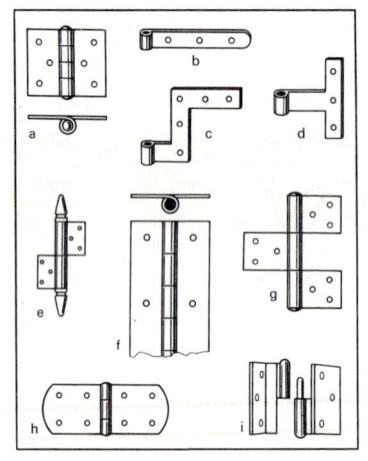

Bandainseln, zum vulkan. Innenbogen der S-Molukken gehörende Inselgruppe im NO der Bandasee, Indonesien, etwa 180 km², Hauptort und -hafen ist **Bandaneira** auf der gleichnamigen Insel, die größte Insel, **Bandalontar,** ist 30 km lang und 18 km breit. Trop. Regenwald überwiegt. Die Bev. lebt von Landw. (Muskatnüsse, Gewürznelken, Kokosnüsse, Kopra, Sago) und Fischerei. Handel betreiben v. a. Araber und Chinesen. - Wegen der Muskatnußproduktion und des Nelkenhandels zw. den Molukken und Java bed.; 1512 von Portugiesen entdeckt, bis 1621 von den Niederländern erobert, wobei die gesamte aus Alfuren bestehende Bev. umkam; 1942–45 jap. besetzt; 1949 zu Indonesien.

Bandelier National Monument

Bandama, Fluß in der Republik Elfenbeinküste, entsteht durch Zusammenfluß von Rotem B. und Weißem B., mündet bei Grand-Lahou in den Golf von Guinea, mit Weißem B., der vor dem Zusammenfluß gestaut ist, etwa 720 km lang; im Unterlauf schiffbar.

Bandar, Stadt in Indien, ↑ Machilipatnam.

Bandar Abbas, Hafenstadt in S-Iran, 88 000 E. Textilgewerbe, Fischerei; ⚓.

Bandaranaike, Sirimawo, * Balangoda auf Ceylon 17. April 1916, ceylones. Politikerin. - Übernahm an Stelle ihres 1959 ermordeten Mannes Solomon B. die Führung der sozialist. „Sri Lanka Freedom Party"; 1960–65 Premiermin., Außen- und Verteidigungsmin.; verstaatlichte die großen Tee- und Kautschukplantagen, Banken und Ölgesellschaften Ceylons; erneut 1970–77 Premierminister.

B., Solomon, * Colombo 8. Jan. 1899, † ebd. 26. Sept. 1959 (ermordet), ceylones. Politiker. - ∞ mit Sirimawo B., mehrfach Min. und Präs. des Abg.hauses; Mitbegr. der sozialist. Freiheitspartei („Sri Lanka Freedom Party"); 1956 Premiermin., Verteidigungs- und Außenmin. mit sozialist. und neutralist. Programm.

Bandar e Ansali, iran. Hafenstadt auf einer 35 km langen und 4–12 km breiten Nehrung am Kasp. Meer, 42 000 E. Fischereizentrum (Kaviargewinnung); über B. e P. läuft ein Großteil des iran. Handels mit der UdSSR.

Bandar Chomaini (früher Bandar e Schahpur), iran. Hafenort am Ende des Pers. Golfs, 6 000 E; zwei petrochem. Werke, bed. Handelshafen mit Containerterminal.

Bandar e Maschahr, iran. Hafenstadt an einer Bucht im Innern des Pers. Golfes, 17 000 E. Exporthafen für die in der Raffinerie von Abadan gewonnenen Erdölprodukte.

Bandar e Schahpur, früherer Name von ↑ Bandar Chomaini.

Bandar Seri Begawan (bis 1972 Brunei), Hauptstadt des Sultanats Brunei, 15 km oberhalb der Mündung des Brunei in das Südchines. Meer, 58 000 E. Nationalmuseum, Staatsbibliothek; Handelszentrum; Hafen; ⚓. - Mit dem polit. Niedergang des Sultanats (16. Jh.) verlor die Stadt an Bed.; erst der Erdölboom brachte einen neuen Aufschwung. Im 2. Weltkrieg zerstört, nach 1945 wiederaufgebaut.

Bandasee, Teil des Australasiat. Mittelmeeres im O des Malaiischen Archipels.

Bandblume (Ligularia), Gatt. der Korbblütler mit etwa 100 Arten in Asien sowie einigen Arten in Europa; Stauden mit gelben und orangeroten Blütenköpfchen in Blütenständen; Blätter nierenförmig bis längl.-herzförmig, ungeteilt oder fiederschnittig.

Bandbreite, die Differenz zw. größter und kleinster Frequenz in einem zusammenhängenden Bereich von Schwingungen unterschiedl. Frequenzen. - In der Nachrichtentechnik bezeichnet man als B. im allg. die Breite eines Frequenzbandes zw. zwei Grenzfrequenzen, für die die übertragene oder von einem Bandfilter hindurchgelassene Leistung auf die Hälfte, die Spannung um den Faktor $1/\sqrt{2}$ absinkt.

◆ in der *Währungspolitik* der Spielraum innerhalb der Grenzen, zw. denen die Währungskurse schwanken können. Für IWF-Mgl. gelten B. von ± 1 % für Devisenkassageschäfte.

Bandbremse, eine v. a. in der Fördertechnik verwendete Bremse, bei der die Bremswirkung durch Spannen eines eine zylinderförmige Fläche umschlingenden Stahlbandes [mit Bremsbelag] erzielt wird.

Bande [frz.], plündernder Haufen, v. a. Söldnerhaufen im MA; auch Bez. für Zusammenschlüsse von Franktireurs, Heckenschützen und Guerillakämpfern u. ä.; **Bandenkrieg,** früher Bez. für Partisanentätigkeit.

◆ Bez. für eine Gruppe mit meist wenigen Mgl., die sich durch bes., von den allg. gesellschaftl. Normen abweichendes Gruppenverhalten auszeichnen. Die **Jugendbande** ist eine relativ häufige Form der Gruppenbildung, die nicht – wie die **Erwachsenenbande** – prinzipiell aus kriminellen Motiven erfolgt. Der Typ der gewalttätigen B. ist heute die vorherrschende B.form, v. a. in den Slums der Großstädte verbreitet und dort zu einem kriminolog. und soziolog. Problem geworden.

◆ vom *Strafrecht* wird erfaßt: 1. Wer unbefugt einen bewaffneten Haufen bildet oder befehligt, wird mit Freiheitsstrafe oder Geldstrafe bestraft (**Bandenbildung,** § 127 StGB). 2. Die B. als Verbindung mindestens zweier Personen zu Diebstahl und/oder Raub oder mindestens dreier Personen zum Schmuggel (↑ Bandenschmuggel), ohne daß dabei im einzelnen Zahl, Ort und Ausführungsart der späteren Taten schon festliegen.

Bande [frz.], in der *Physik* eine Vielzahl eng benachbarter Spektrallinien (**Bandenlinien**), die nach einer Seite des Spektrums zur Bandenkante hin dicht zusammengedrängt sind. - ↑ auch Bandenspektrum.

◆ elast. Umrandung der Billardtafel; Holzeinfassung u. a. der Reitbahn, der Kegelbahn und des Eishockeyspielfeldes.

Bandeira, Pico da [brasilian. 'piku da bɐn'dejrɐ], höchster Berg der Serra da Mantiqueira, 2 890 m hoch; galt bis 1962 als höchster Berg Brasiliens (↑ Neblina, Pico la).

Bandel, Ernst von, * Ansbach 17. Mai 1800, † Neudeck bei Donauwörth 25. Sept. 1876, dt. Bildhauer. - Schöpfer des Hermannsdenkmals im Teutoburger Wald (1836–75).

Bandelier National Monument [engl. bændə'lɪə 'næʃənəl 'mɔnjʊmənt], 1916 zum Nationaldenkmal erklärtes Gebiet in New Mexico, USA, am rechten Ufer des oberen Rio Grande mit Ruinen und Fundamenten

Bandello

zahlr., vom 13.–16. Jh. angelegter Pueblos.

Bandello, Matteo, * Castelnuovo Scrivia um 1485, † Bassens b. Bordeaux 13. Sept. 1562, italien. Schriftsteller. - Lebte seit 1541 in Frankr.; 1550–55 Bischof von Agen. Seine Sammlung „Novellen" (1554–73, dt. 1920) mit 214 Erzählungen gilt als schönste Novellensammlung des 16. Jh.

Bandelwerk, Ornamentik aus verschlungenen schmalen Bändern, verbunden mit Blatt- und Rankenwerk; v. a. in Deutschland 1715–40 weit verbreitet.

Bandenbildung ↑Bande (Strafrecht).
Bandendiebstahl ↑Diebstahl.
Bandenraub ↑Raub.

Bandenschmuggel, Zollhinterziehung oder Bannbruch, gemeinsam begangen von wenigstens drei Personen, die sich zu häufiger Begehung dieser Delikte verbunden haben; nach § 373 Abgabenordnung mit Freiheitsstrafe von 3 Monaten bis 5 Jahren bedroht.

Bandenspektrum (Viellinienspektrum), durch ↑Banden charakterisiertes Spektrum das – im Ggs. zum Linienspektrum, einem Atomspektrum – bei Übergängen zwischen den Energiezuständen von Molekülen emittiert bzw. absorbiert wird.

Bandera de la raza

Bandera de la raza [span. ban'dera ðe la 'rrasa „Flagge der Rasse"], Flagge der lateinamerikan. Nationen als übernat. Einheits- und rass. Verbrüderungssymbol.

Bänderfallschirm, Fallschirm, dessen Kappe aus einzelnen Bändern besteht; bes. Bez. für aus textilen und Drahtgeflechtbändern hergestellte Bremsfallschirme für hohe Geschwindigkeiten (bisher bis Mach 3,3 und 90 km Höhe) in Luft- und Raumfahrt.

Banderilla [...'rilja; span.], mit Bändern, Fähnchen u. a. geschmückter Spieß, den im Stierkampf der **Banderillero** dem Stier in den Nacken stößt.

Bändermodell, svw. ↑Energiebändermodell.

Banderole [frz.], Steuerzeichen in Form eines Papierbandes, bes. für Tabakwaren. Die **Banderolensteuer** (Streifensteuer, Zeichensteuer) ist eine vom Hersteller abgeführte Verbrauchssteuer auf verpackte Konsumgüter, bes. auf Tabakwaren.

Bänderton, geschichteter Ton, abgelagert in Schmelzwasserbecken vor Gletschern. Helle, gröbere Schichten wurden z. Z. der Schneeschmelze, dunkle, feinere im Frühwinter abgelagert. Je eine helle und eine dunkle Schicht (sog. **Warwe**) sind das Sedimentationsergebnis eines Jahres und ermöglichen durch Zählung eine absolute Zeitrechnung.

Bänderzerrung, schmerzhafte Schädigung eines Gelenkbandes (z. B. durch Faserriß). - ↑auch Verstauchung.

Bandfilter, stetig arbeitender Filterapparat, dessen Filtertuch aus einem endlosen Band besteht und von einem Gummituch gestützt wird; dient zur Trocknung empfindl. Substanzen.

Bandfink (Amadina fasciata), etwa 12 cm

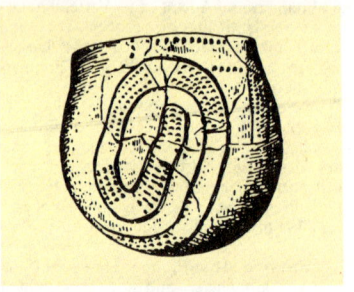

Bandkeramische Kultur. Kumpf (ausgegraben bei Rüdesheim; 1953)

Bandgenerator (H Hohlkugel, Ab Spitzenkamm zum Absaugen der Ladung, Tb Ladungstransportband, Au Spitzenkamm zum Aufsprühen der Ladung)

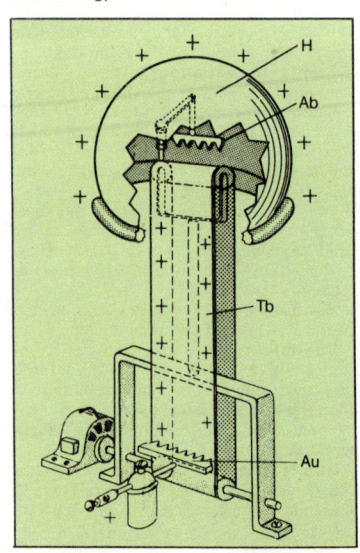

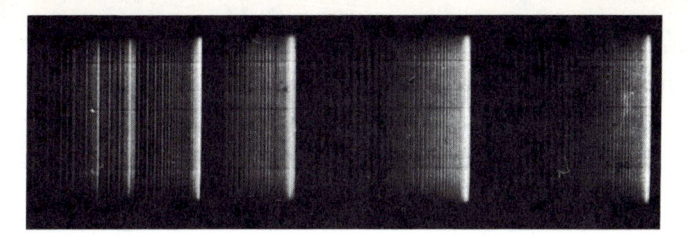

Bandenspektrum zweiatomiger Stickstoffmoleküle

großer Prachtfink in afrikan. Trockensavannen; hellbraun gesprenkelt, ♂ mit leuchtend rotem Kehlband und braunem Bauchfleck, ♀ ohne Kehlband, Bauchfleck blasser.

Bandfische (Lumpenus), Gatt. extrem langgestreckter, bandförmiger, bis über 40 cm großer ↑Schleimfische mit sehr stark verlängerter Rücken- und Afterflosse, überwiegend in arkt. Gewässern. Bis in die Nord- und Ostsee kommt der **Spitzschwänzige Bandfisch** (Lumpenus lampetraeformis) vor: blaßbraun mit blauem Schimmer und graubraunen Flecken; wichtige Nahrung des Kabeljaus.

Bandförderer, Sammelbez. für alle Fördermittel, mit denen Schütt- oder Stückgut auf einem über Stütz- oder Tragrollen laufenden, von einem Motor angetriebenen endlosen Förderband transportiert werden kann. Sind mehrere B. hintereinander angeordnet, spricht man von einer **Bandstraße.**

Bandgefrierer, Apparat zum kontinuierl. Gefrieren von losen oder verpackten Lebensmitteln. Das Gut wird auf einem Transportband befördert und mit kalter Luft von etwa −40°C angeblasen.

Bandgenerator (Van-de-Graaff-Generator), von dem amerikan. Physiker R. Van de Graaff 1931 entwickeltes Gerät zur Erzeugung elektr. Hochspannung (Gleichspannung) bis zu einigen Mill. Volt. Ein endloses, elektr. nicht leitendes Band läuft mit etwa 50 Umläufen pro Sekunde über zwei Metallwalzen, von denen sich die eine auf Erdpotential, die andere im Innern einer sehr gut isolierten metall. Hohlkugel befindet. Das Band (aus Gummi oder Nylon) nimmt durch Kontakt mit einem Stahlbesen, der mit einer Spannungsquelle von mehreren 10 000 Volt verbunden ist, elektr. Ladung auf, die im Innern der Kugel durch einen zweiten Stahlbesen wieder abgestreift wird und sich auf der äußeren Fläche verteilt. Der B. wird vor allem in der Kernphysik zur Beschleunigung schwerer geladener Teilchen beim Studium von Kernreaktionen benutzt.

Bandgeschwindigkeit, Aufnahme- oder Wiedergabegeschwindigkeit des Magnetbandes bei Ton- oder Bildaufzeichnungen. Übl. B. sind 4,75, 9,5 und 19 cm/s.

Band-i-Amir, Seenkette in Z-Afghanistan, im westl. Hindukusch; 7 Seen unterschiedl. Größe und Wasserfarbe. Die einzelnen Seen sind durch Sinterterrassen voneinander getrennt.

Banditen [italien.], zunächst Bez. für Menschen, die durch den über sie verhängten Bann außerhalb des Gesetzes standen, dann Bez. der bes. in Italien z. T. für polit. Zwecke gedungenen gewerbsmäßigen Verbrecher, im 17. Jh. dt. Lehnwort mit der Bed. „Straßenräuber, Gauner".

Bandjarmasin ↑Banjarmasin.

Bandkabel, svw. ↑Bandleitung.

bandkeramische Kultur (Bandkeramik), nach der bänderartigen Ornamentik ihrer Tongefäße ben. älteste neolith. Kultur M-Europas (Ende 5. Jt. bis Ende 4. Jt.). Kerngebiete: Niederösterreich, Mähren, Böhmen; man unterscheidet Linien- oder Linearbandkeramik und jüngere Stichbandkeramik (v. a. in M-Deutschland, Böhmen, Mähren, Schlesien); teilweise befestigte Dörfer; Anbau von Weizen, Emmer, Gerste, Hülsenfrüchten, Haltung von Rind, Schaf oder Ziege, Schwein, Hund; meist Hockerbestattung in kleinen Gräberfeldern; Kultplätze mit Menschen- und Tieropfern; steinerne Holzbearbeitungswerkzeuge (Schuhleistenkeile).

Bandleader [engl. 'bænd,li:də], Leiter einer ↑Band.

Bandleitung (Bandkabel), eine Doppelleitung (Wellenleiter) aus zwei Litzen oder Drähten, die parallel in einem relativ großen Abstand in eine bandförmige flexible Kunstharzmasse eingebettet sind. Sie dient zum unmittelbaren Anschließen von Empfängern an UKW- und Fernsehempfangsantennen.

Bandmaß, mit einer in Längeneinheiten geteilten Skala versehenes, zusammenrollbares Meßband.

Bandol (Bondolf), Jan [frz. bã'dɔl], frz. Maler, ↑Hennequin de Bruges.

Bandoneon (Bandonion) [nach dem dt. Erfinder H. Band, *1821, †1860], ein um 1845 gebautes Harmonikainstrument.

Bandpaß ↑Filter.

Bandsäge, Sägemaschine mit einem umlaufenden, endlosen Sägeblatt, das auf Rollen geführt wird.

Bandscheibe (Zwischenwirbelscheibe), elastische, knorpelige Scheibe zw. je 2 Wirbeln

Bandscheibenvorfall

der Wirbelsäule; mit den Wirbelkörpern fest verbunden, dient als Polster dem Druckausgleich. **Bandscheibenvorfall** (Bandscheibenprolaps), Sammelbez. für verschiedene Formen des Austretens oder der Ausladung von Bandscheibengewebe der Wirbelsäule in die Umgebung. **Echter Bandscheibenvorfall:** (selten vorkommender) Austritt von Anteilen des äußeren Faserrings der Zwischenwirbelscheibe. - **Nucleus-pulposus-Prolaps:** Vorfall des inneren Gallertkerns der Zwischenwirbelschei-

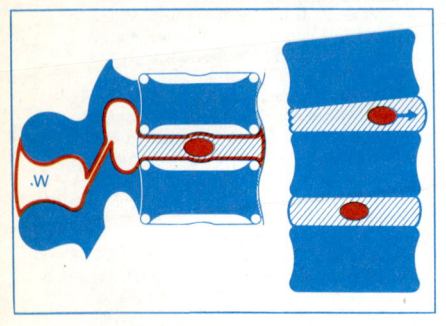

Bandscheibe. Links: Gesamtgelenk zwischen zwei Nachbarwirbeln (W Wirbelbogengelenk), Bandscheibe von der Seite gesehen mit Gallertkern und Faserring; rechts: Ausweichen der Bandscheibe bei Verbiegungen der Wirbelsäule. Der Kern der oberen Bandscheibe weicht zur gedehnten Seite hin aus, die untere verharrt in Ruhestellung

be infolge Schrumpfung, Riß- und Splitterbildung im Bereich des äußeren Faserrings. Der Gallertkern kann bei Belastung oder ungeschickten Bewegungen leicht aus seiner Umhüllung springen und „vorfallen" (zu 90 % im Bereich der Lendenwirbelsäule). - **Bandscheibenvorfall nach oben oder unten** (in den angrenzenden Wirbelkörper) führt zu örtl. Knochenabbau. Das eingedrungene Fremdmaterial verknorpelt oder verkalkt, es entstehen *Knorpelknötchen*, die zur Bewegungseinschränkung und Verkrümmung der Wirbelsäule führen. - **Horizontaler Vorfall des Gallertkerns nach vorn** (auf das Rückenmark zu) ist selten, häufiger ist der **seitliche Vorfall** in Richtung auf die Nervenwurzeln. Druck auf das Rückenmark führt in diesem Fall v. a. zu Schmerzempfindungen in den unteren Körperregionen. Gelegentl. treten auch Lähmungserscheinungen im Bereich der Beine, der Blase und des Mastdarms auf.

Bandscheider, Förderband mit Magnetscheider auf der Abwurfseite; zur Trennung magnet. und unmagnet. Materials.

Bandschleifmaschine, Schleifmaschine mit einem endlosen, meist über zwei parallelen Rollen geführten Schleifband.

Bändsel, Seilabbindung aus Draht oder Litze zur Sicherung eines Drahtseilendes.
♦ *seemänn.* Bez. für eine dünne Leine oder ein Band zum Festzurren.

Bandstadt, Stadtanlage längs eines Transportweges (Straße, Wasserweg), mit unbegrenzter Länge, aber geringer Breite.

Bandstahl, Stahl in Bandform, warm oder kalt gewalzt; zum Transport aufgerollt.

Bandstraße ↑ Bandförderer.

Bandundu, Hauptstadt der gleichnamigen Prov. in Zaïre, an der Mündung des Kwilu in den Kwango, 75 000 E. Handelsplatz eines Gebietes mit Reisanbau und Ölpalmnutzung.

Bandung, Stadt in W-Java, Indonesien, 715 m ü. d. M., 1,5 Mill. E. Verw.-Sitz einer Prov.; Univ. (gegr. 1957), technolog. Inst. (gegr. 1959), 3 private Univ., Lehrerseminar; mehrere Forschungsinst., Goethe-Inst., Radiostation; bed. Handels- und Ind.zentrum; ✈. - Im 17. Jh. gegr., nach dem Bau der Eisenbahnlinie von Bogor (1880) wirtschaftl. Aufschwung; 1942–45 jap. besetzt. - Weitläufig angelegte Gartenstadt mit überwiegend europ. Gepräge in gesundem Höhenklima.

Bandungkonferenz, 1955 in Bandung unter Teilnahme von 29 afrikan. und asiat.

Bandura

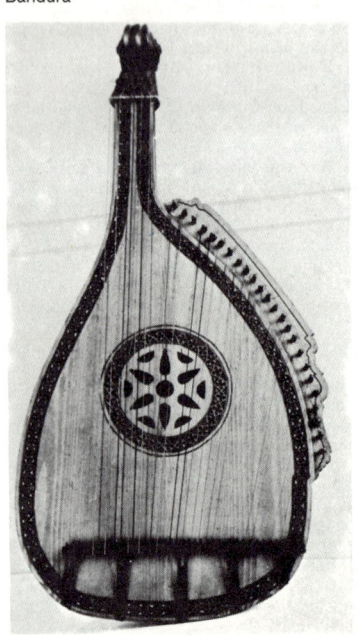

Staaten (u. a. VR China) abgehaltene Konferenz mit dem Zweck, einheitl. ideolog. Ziele für den Kampf gegen die „Ausbeutung der unterentwickelten Länder durch den Kolonialismus" auszuarbeiten.

Bandura [griech.-russ.], russ. Lauteninstrument mit ovalem Korpus, 6–8 Melodiesaiten und bis zu 40 weiteren unverkürzbaren Freisaiten.

Bandurria [griech.-span.], span. Diskantcister (↑ Cister) mit doppelchörigem Bezug und 12–14 Bünden; wird mit Plektron gespielt.

Bandwürmer (Cestoda), Klasse der Plattwürmer mit über 2 000, etwa 5 mm bis über 15 m langen Arten; flachgedrückt, mehr oder weniger farblos, meist in ein Vorderende (*Scolex*) mit Haftorganen und (je nach Art) in 3 bis über 4 000, durch Querfurchen geteilte Abschnitte (*Proglottiden*) gegliedert, die von einer Sprossungszone hinter dem Vorderende gebildet werden, stark heranwachsen und sich am Hinterende nach und nach ablösen; meist in jeder Proglottide ein vollständiges, zwittriges Geschlechtssystem; ohne Mundöffnung und Darm, Nahrungsstoffe werden osmot. durch die Körperwand aufgenommen; mit ausgeprägtem Wirtswechsel: erwachsen ausschließl. Darmparasiten, meist in Wirbeltieren (Endwirt), Larven in den verschiedensten Organen auch von Wirbellosen (Zwischenwirt). - Für den Menschen gefährl. sind v. a. der Schweinebandwurm, Rinderbandwurm, Fischbandwurm und der Blasenwurm. Die Infektion erfolgt v. a. durch Genuß von rohem oder ungenügend gebratenem finnigem Fleisch (↑ Finne). Der Entzug von Nahrung ist für den Wirtsorganismus weniger schädl. als die giftigen Exkretstoffe, die der Parasit ausscheidet und die zu einem Abbau des roten Blutfarbstoff, zu einer Anämie führen können.

Bandy [engl. 'bændı], dem ↑ Eishockey ähnl. Spiel, das mit einem kleinen, harten Ball (6 cm Durchmesser und 58 bis 62 g schwer) von zwei Mannschaften zu je 11 Mann gespielt wird.

Banér, Johan [schwed. ba'ne:r], * Schloß Djursholm bei Stockholm 23. Juni 1596, † Halberstadt 10. Mai 1641, schwed. Feldmarschall (seit 1634). - Trug 1631/32 erhebl. zu den Erfolgen im Schwed. Krieg bei; 1634 schwed. Oberbefehlshaber; Generalgouverneur Pommerns ab 1638.

Báñez, Domingo [span. 'baɲεθ], * Valladolid 29. Febr. 1528, † Medina del Campo 21. Okt. 1604, span. Dominikanertheologe. - Lehrte 1577–1600 an der Univ. Salamanca Theologie; kommentierte v. a. die „Summa theologiae" des Thomas von Aquin.

Banff [engl. bæmf], nordostschott. Hafen- und Ind.stadt an der Mündung des Deveron in die Nordsee, 3 700 E. Verwaltungssitz der Region Highland; Fischerei; Gießerei, Gerberei und Whiskydestillerie. - 1163 Stadtrecht.

Banff National Park [engl. 'bæmf 'næʃənəl 'pɑ:k], bereits seit 1885 bestehender kanad. Nationalpark in den Rocky Mountains, 6 640 km²; Zentren des Fremdenverkehrs sind **Banff** und **Lake Louise.**

Bang, Herman Joachim, * Asserballe (Alsen) 20. April 1857, † Ogden (Utah) 29. Jan. 1912, dän. Schriftsteller. - Schöpfer und glänzender Vertreter des dän. Impressionismus, v. a. Novellen von sprachl. und rhythm. Feinheit. Einfühlsame Schilderungen unscheinbarer Frauengestalten, auch stark autobiograph. Romane („Michael", 1904, „Die Vaterlandslosen", 1906), Essays, Kritiken, Porträts zeitgenöss. Schriftsteller. - *Weitere Werke:* Exzentr. Novellen (1885), Am Wege (Nov., 1886), Tine (R., 1889), Ludwigshöhe (R., 1896), Das graue Haus (R., 1901).

Bangali, Name der Staatsbürger von Bangladesch.

Bangalore [engl. bæŋgə'lɔ:], Hauptstadt des ind. Bundesstaates Karnataka auf dem Hochland von Dekhan, 916 m ü. d. M., 2,5 Mill. E. Univ. (gegr. 1964), Indian Institute of Science, Indian Academy of Science, 14 Colleges; Goethe-Inst.; Handels- und Wirtschaftszentrum von Karnataka, Standort der staatl. Telefon- und Flugzeugwerke, Eisen- und Stahlherstellung, Textilind., chem., elektron. u. a. Ind.; ✈.

Bangassou, Ort im SO der Zentralafrikan. Republik, 520 m ü. d. M., 19 000 E. Verwaltungssitz einer Präfektur mit Justiz-, Landw.- und Gesundheitsbehörden, Zollstation und Sitz eines kath. Bischofs; Museum; Fähre über den Bomu, ✈.

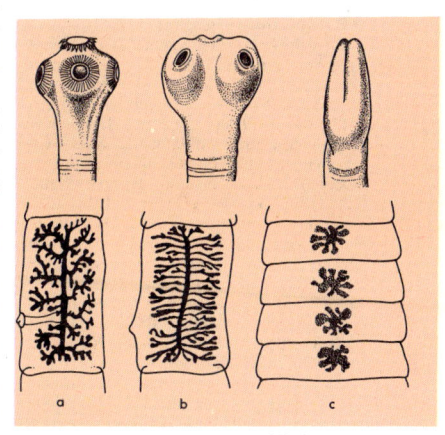

Bandwürmer. Köpfe und reife Glieder von Bandwürmern
(a Schweinebandwurm,
b Rinderbandwurm,
c Fischbandwurm)

Bangemann

Bangemann, Martin, * Wanzleben 15. Nov. 1934, dt. Politiker (FDP). - Seit 1969 im Bundesvorstand der FDP; 1972–80 MdB, 1973–84 Mitglied des Europ. Parlaments; 1974–78 baden-württemberg. Landesvors., 1974/75 Generalsekretär der FDP; 1984–88 Bundesmin. für Wirtschaft, 1985–88 Parteivors.; seit 1989 Mgl. der EG-Kommission.

Banggaiinseln, indones. Inselgruppe in der Molukkensee, vor der O-Küste von Celebes, 3 165 km², bestehend aus den Inseln **Peleng, Banggai** (290 km², mit dem gleichnamigen Hauptort und -hafen der B.) und zahlr. kleineren Inseln. Landwirtschaft (Reis, Sago), Fischerei (u. a. auch Seegurken), Salzgewinnung.

Banghasi † Bengasi.

Bangka (Banka), Insel in der Javasee, Indonesien, durch die B.straße von der O-Küste Sumatras getrennt, 220 km lang, bis 100 km breit, Hauptort Pangkalpinang. Bed. Zinnerzbergbau (Abbau der untermeer. Lagerstätten durch Schwimmbagger). - Seit 1668 in niederl. Einflußbereich, stand unter der Herrschaft des Sultanats Palembang; 1710 Entdeckung der Zinnerzvorkommen. 1812 an die Briten abgetreten, 1816 niederl., 1942–45 jap. besetzt, 1949 zu Indonesien.

Bangkahulu † Bengkulu.

Bangkok (offiziell Krung Thep), Hauptstadt Thailands, am linken Ufer des Menam. 5,15 Mill. E (Verw.-Geb. B. Metropolis). Sitz eines kath. Erzbischofs; zwei Univ. (gegr.) 1917 bzw. 1933), medizin. Hochschule Kunsthochschule, Militärakad., wiss. Gesellschaften und Forschungseinrichtungen, Goethe-Inst. u. a.; mehrere Theater; Nationalmuseum. Sitz der ECAFE und (bis 1977) des Hauptquartiers der SEATO. Wichtigstes Handels- und Ind.zentrum des Landes; Fremdenverkehr. Der Hafen kann von Seeschiffen bis 10 000 t und 8,5 m Tiefgang angelaufen werden; internat. ✈. - Bis 1767 nur militär. Außenposten zum Schutz der alten Hauptstadt **Ayutthaya.** Ab 1782 erbaute König Rama I. seine neue Residenz, um die herum B. als neue Hauptstadt entstand. - Der in einer Flußschlinge gelegene ältere Teil der Stadt enthält den königl. Palast (1876–80 in europ.-siames. Mischstil), Ministerien, die Tempel Wat Phra Kaeo (1785 im klass. siames. Stil), Wat Pho (1789–1801; mit 45 m großer, liegender Buddhafigur), Pagoden (bes. die Goldene Pagode Phra Chedi; 1785), den als „Pantheon" bekannten Maha Prang Prasat, Klöster und Gartenanlagen. In dem östl. anschließenden Stadtviertel befinden sich im N die Paläste der Prinzen, während die Geschäftsstraßen im S zu dem Geschäftszentrum der Stadt überleiten; Dusitpark mit ehem. Thronhalle (seit 1933 Sitz der Regierung). - Abb. S. 38.

Bang-Krankheit [nach dem dän. Tierarzt B. Bang, * 1848, † 1932], wie das † Maltafieber zu den † Brucellosen zählende fieberhafte infektiöse Berufskrankheit des Menschen, verursacht durch das Bacterium Brucella abortus, das bei Kühen und anderen Tieren zum seuchenhaften Verwerfen führt. - Die Infektion erfolgt durch direkte Übertragung vom Tier oder durch den Genuß von infizierter Milch, nicht aber von Mensch zu Mensch. Nach einer Inkubationszeit von 1–4 Wochen kommt es zu einem langwierigen, uncharakterist. Krankheitsverlauf mit unregelmäßigem, wellenförmigem Fieberverlauf bei langsamem Herzschlag, leichten Blutbildveränderungen, Milz- und Leberschwellung, Muskelschmerzen u. a.; anzeigepflichtig. Diagnost. wichtig ist der Erregernachweis.

Bangladesch

(amtl. Vollform: Ghana Praja Tantri Bangla Desh), VR in S-Asien, zw. 21° 05' und 26° 40' n. Br. sowie 88° 05' und 92° 50' ö. L. **Staatsgebiet:** Umfaßt den östl. Teil Bengalens, das ehem. Ost-Pakistan; fast allseits von ind. Staatsgebiet umgeben, nur im SO an Birma, im S an den Golf von Bengalen grenzend. **Fläche:** 143 998 km² (Landfläche: 134 475 km²). **Bevölkerung:** 98,7 Mill. E (1981), 604 E/km². **Hauptstadt:** Dacca. **Verwaltungsgliederung:** 4 Verw.-Geb. (untergliedert in 19 Distrikte). **Amtssprache:** Bengali. **Nationalfeiertag:** 26. März (Unabhängigkeitstag). **Währung:** Taka (Tk.) = 100 Poisha (Ps.). **Internat. Mitgliedschaften:** Commonwealth, GATT. **Zeitzone:** MEZ + 5 Std.

Landesnatur: Überwiegend Tiefland (meist unter 50 m ü. d. M.), eine von zahlr. Flüssen und Altwasserarmen durchzogene Schwemmlandebene an unterem Ganges und Brahmaputra bzw. deren Hauptmündungsarmen. Gegen den Golf von Bengalen geht die Deltalandschaft über Mangrovesumpfwälder (sog. Sundarbans) in eine Seichtwasserküste über. Nur im O und SO erheben sich Bergzüge, im NW zw. Ganges und Brahmaputra Hügelketten.

Klima: Es herrscht subtrop.-trop. Monsunklima. In der heiß-feuchten sommerl. Monsunzeit (Juni–Sept.) fallen rd. 75 % der Jahresniederschläge; in der Vormonsunzeit Wirbelstürme. April/Mai sind mit durchschnittl. 32,8–35,6 °C die heißesten Monate des Jahres. Der Winter von Ende Nov. bis Mitte Febr. ist kühl und trocken. Die relative Luftfeuchte ist während des ganzen Jahres hoch.

Vegetation: Im Tiefland herrschen halbimmergrüne trop. Regenwälder vor, in den Chittagong Hill Tracts findet sich auch immergrüner trop. Regenwald.

Bevölkerung: 98 % der Bev. sind Bengalen; zu den Minderheiten zählen u. a. die Bihari (1947 aus dem benachbarten ind. B.staat Bihar ausgewandert) und Bergstämme (in den

Bangladesch

Grenzgebieten gegen Birma). 80,4 % sind Muslime, 18,5 % Hindus. 83 % der Bev. sind Analphabeten, allg. Schulpflicht besteht seit 1972, jedoch besuchen nur 50 % der Kinder eine Grundschule. In B. gibt es sechs Hochschulen, u. a. die Univ. in Dacca (gegr. 1921). B. ist eines der dichtest bevölkerten Länder der Erde, die Zuwachsraten seiner Bev. von jährl. 3,0 % zählen zu den höchsten in der Welt. Wirtschafts- und Sozialstruktur sind diesem Wachstum nicht angepaßt (Nahrungsmittelmangel, unzureichendes Angebot an Arbeitsplätzen, mangelhafte Gesundheitsfürsorge).

Wirtschaft: Das Rückgrat der Wirtschaft ist die Landw. Eine dringendsten Aufgaben ist die Schließung der Ernährungslücke, v. a. eine Ertragssteigerung bei den Hauptanbauprodukten Reis und Weizen. Zum Streitobjekt zw. B. und Indien wurde der Farakka-Damm, mit dessen Hilfe Indien seit 1975 einen Teil des Gangeswassers nach Kalkutta ableitet; B. fürchtet, daß sich daraus Schäden für seine Landw. im Gangesdelta ergeben. Zus. mit Indien besitzt B. in der Juteerzeugung das Weltmonopol. - Die Erzeugung tier. Produkte zur Versorgung der Bev. ist unzureichend. - Neben der Juteind. besteht noch Baumwollverarbeitung, Nahrungsmittel-, holzverarbeitende, chem. und Zementind. Außerdem ein Stahlwerk, eine Erdölraffinerie und eine Kunstdüngerfabrik, die auf der Basis von Erdgasvorkommen bei Sylhet arbeitet. Im Golf von Bengalen wird nach Erdöl gesucht. B. gilt als ärmstes Land Asiens (auf Grund des Krieges 1971, der Dürre 1972 und der Überschwemmungskatastrophe 1974).

Außenhandel: Ausgeführt werden Jute und Jutewaren, Leder, Tee und Fische, eingeführt Getreide, Maschinen, Erdöl, Kunstdünger, Wasserfahrzeuge u. a. Haupthandelspartner sind Indien, die Sowjetunion, die USA, Großbrit., die BR Deutschland u. a.

Verkehr: Das Streckennetz der Eisenbahn ist 2 883 km lang, die Straßennetz 11 072 km, zum größten Teil unbefestigt; das Binnenstraßenwassernetz ist bed. (8 000 km); wichtigste Seehäfen sind Chittagong und Chalna. Die nat. Luftfahrtgesellschaft Bangladesh Biman befliegt In- und Auslandsstrecken. Internat. ✈ in Dacca und Chittagong.

Geschichte: Als Indien seine Unabhängigkeit erlangte, wurde Bengalen aufgeteilt: W-Bengalen fiel der Ind. Union zu (West Bengal), das vorwiegend muslim. O-Bengalen wurde östl. Landesteil Pakistans. Autonomiewünsche der Bengalen wurden von der pakistan. Reg. nur unzureichend berücksichtigt. Bei den ersten direkten Parlamentswahlen seit Erlangung der Unabhängigkeit Pakistans 1970/71 entschied sich die überwiegende Mehrheit der Wahlberechtigten O-Pakistans für das Autonomieprogramm der Awami-Liga unter Scheich Mujibur Rahman, der am 26. 3. 1971 die unabhängige VR B. ausrief; nach einem Bürgerkrieg und einem ·ind.-pakistan. Krieg bildete er im Jan. 1972 ein Kabinett. Nach Verhängung des Ausnahmezustands Ende 1974 ließ sich Premiermin. Mujibur Rahman am 21. 1. 1975 weitgehende Sondervollmachten übertragen; er wurde jedoch am 15. Aug. mit seiner Familie und zahlreichen Anhängern von putschenden Truppen ermordet. Das Land wurde unter Kriegsrecht gestellt. Nach einem weiteren Putsch wurde im Nov. 1975 der Vors. des Obersten Gerichts Abu Sadat Mohammad Sayem Präs. und Oberster Kriegsrechtsadministrator. Die eigtl. Macht lag bei den Oberkommandierenden der 3 Waffengattungen, unter denen der Generalstabschef Ziaur Rahman den Vorrang hatte. Das Parlament wurde aufgelöst. Ziaur Rahman, seit Dez. 1976 Oberster Kriegsrechtsadministrator, seit April 1977 Präs., kündigte eine schrittweise Rückkehr zu demokrat. Normen an. In der ersten direkten Präsidentschaftswahl im Juni 1978 errang Ziaur Rahman als „Zivilpolitiker" 76,63 % der Stimmen und bildete ein reguläres Kabinett vorwiegend aus Zivilisten. Die Parlamentswahlen vom Febr. 1979 brachten Ziaur Rahmans Bangladesh Nationalist Party 207 von 300 Mandaten. Im April 1979 wurde das Kriegsrecht nach Zusammentritt des Parlaments aufgehoben. Nach einem fehlgeschlagenen Putsch am 30. Mai 1981, bei dem Ziaur Rahman ermordet wurde, übernahm Vizepräs. Abdus Sattar die Amtsgeschäfte und wurde als Kandidat der Bangladesh Nationalist Party vom Volk zum Präs. gewählt. Im März 1982 übernahm das Militär unter Hussain Mohammad Ershad (*1930) die Macht und verhängte erneut das Kriegsrecht (bis 1986). Im Okt. 1986 wurde der bisherige Kriegsrechtsadministrator und Staatspräs. Ershad als Staatspräs. bestätigt. 1988 konnte er mit seiner Partei Jatiya-Dal die Parlamentswahlen gewinnen.
1988/89 wurde B. von schweren Flutkatastrophen heimgesucht, bei denen über 30 Mill. Menschen obdachlos wurden.

Politisches System: B. ist nach der Verfassung von 1972 (suspendiert 1982–86) eine präsidiale Republik. *Staatsoberhaupt* und oberster Inhaber der *Exekutivgewalt* ist der Präs., er wird für 5 Jahre gewählt. *Legislativorgan* ist das Einkammerparlament (Jatiya Sangsad), dessen 300 Mgl. in allg. Wahlen für 5 Jahre gewählt werden. Die 300 Abg. wählen zusätzl. 30 weibl. Mitglieder hinzu. Wichtigste *Partei* und Regierungspartei ist die Jatiya-Dal; stärkste Oppositionspartei im Parlament ist die Combined Opposition Group (COG), in der 76 kleinere Parteien zusammengefaßt sind. Um die *Verwaltung* zu dezentralisieren, wurde B. auf lokaler Ebene in 493 Upazillas gegliedert. An der Spitze des *Gerichtswesens* steht der Oberste Gerichtshof. Die *Streitkräfte* haben eine Stärke von rd. 101 500 Mann.

Bangui

📖 *Johnson, B. L. C.: Bangladesh. London ²1982. - Kapp, K. W., u. a.: Neue Wege f. Bangladesh. Sozio-ökonom. Analyse der Entwicklungsaufgaben u. -möglichkeiten des neuen Staates. Hamb. 1975.*

Bangui [frz. baṅ'gi], Hauptstadt der Zentralafrikan. Republik, am rechten Ufer des Ubangi, 387 000 E. Sitz eines kath. Erzbischofs; Univ.; Diamantenbörse, Zollstation. In B. ist fast die gesamte Ind. des Landes konzentriert. Über den Flußhafen von B. wird der Seeverkehr der Zentralafrikan. Republik und der Republik Tschad abgewickelt; internat. ✈. - 1889 als frz. Verwaltungs- u. Militärposten gegründet.

Banihalpaß, Paß in der Pir Panjal Range, einzige verkehrstechn. bed. Straßenverbindung zw. Indien und dem Tal von Kaschmir, 2832 m hoch; ganzjährig befahrbar durch Straßentunnel (2,5 km lang; 2196 m ü. d. M., 1955–60 gebaut).

Bani Hasan (Beni Hasan), ägypt. Dorf auf dem O-Ufer des Nils, nahebei die Felsgräber der Gaufürsten des 16. oberägypt. Gaus aus dem Mittleren Reich (um 2000 v. Chr.) mit berühmten Malereien. Etwa 5 km südl. liegt der Felsentempel der Königin Hatschepsut.

Banijas, syr. Hafenstadt am Mittelmeer, 14 000 E. Seit 1952 Endpunkt zweier Pipelines, wichtiger Exporthafen für irak. Erdöl. - Von Phönikern gegr. (**Balanea**); im 7. Jh. von den Arabern erobert, 1176–1285 in Besitz des Johanniterordens, 1516 osman., seit 1920 zu Syrien.

Banisadr, Abol Hassan, * 1933 bei Hamadan, iran. Politiker. - Sohn eines Ajatollah; studierte Soziologie und Wirtschaftswiss.; Gegner des Schahs, lebte 1964–79 im frz. Exil. Mit R. Chomaini, dessen Wirtschaftsberater er war, im Febr. 1979 nach Iran zurückgekehrt, wurde B. Mgl. des Revolutionsrats. Im Nov. 1979 übernahm er das Wirtschafts- und Finanzministerium, für kurze Zeit auch das Außenministerium; 1980–81 (abgesetzt) Staatspräs.; floh nach Frankreich.

Bani Suwaif, oberägypt. Gouvernementshauptstadt am linken Nilufer, 118 000 E. Baumwollentkörnung, Zuckerfabrik u. a.

Banjakinseln, Inselgruppe auf dem Schelf vor der SW-Küste Sumatras, Indonesien.

Banja Luka, jugoslaw. Stadt, 125 km sö. von Zagreb, 124 000 E. Sitz eines röm.-kath. und eines orth. Bischofs, Univ.; Handelszentrum; Braunkohlenbergbau. - Erstmals 1494 genannt, 1528 von den Osmanen erobert. - Verwinkelte Altstadt mit 40 Moscheen, z. T. durch Erdbeben 1969 zerstört (wiederaufgebaut).

Banjarmasin [indones. bandʒar'masɪn] (Bandjarmasin), Stadt in SO-Borneo, Indonesien, in der sumpfigen Küstenebene am Martapura, 381 000 E. Verwaltungssitz einer Prov.; Univ. (gegr. 1960); für Seeschiffe erreichbarer Hafen; ✈. Wegen des sumpfigen Geländes ist die Stadt überwiegend auf Pfählen errichtet. - Im 14. und 15. Jh. unter der Herrschaft des hinduist. Reiches Madjapahit auf Java. Vom islamisierten Java aus entstand im 16. Jh. das Sultanat B.; 1942–45 jap. besetzt, 1949 zu Indonesien.

Banjo ['bɛndʒo; engl.; letztl. zu ↑Bandura], 5- bis 9saitige Schlaggitarre der nordamerikan. Schwarzen; hat einen langen Hals und einen tamburinartigen Korpus.

Banjul (1816–1973 Bathurst), Hauptstadt von Gambia, am linken Ufer der Gambiamündung, 45 000 E. Sitz eines anglikan. und eines kath. Bischofs sowie eines Imams; Hafen; internat. ✈. - 1816 gegründet.

Bank, Sitzmöbel für mehrere Personen, auch zum Schlafen, ursprüngl. als **Wandbank.** Im späten MA war die B. ein fester Bestandteil der Bauten (am Ofen, um den Ecktisch). Die ältesten freistehenden Bänke, die erhalten sind, stammen aus dem 12./13. Jh. (roman. Chorbänke in Alpirsbach). In der Renaissance findet sich v. a. in Italien die **Truhenbank,** die auch im Bauernhaus (in Deutschland und Siebenbürgen) weite Verbreitung fand.

◆ feste Gesteinsschicht, die von Schichtfugen begrenzt wird.

◆ Untiefe in einem fließenden Gewässer, auch Erhebung des Meeresbodens bis nahe unter den Meeresspiegel.

◆ ↑Banken.

Banka ↑Bangka.

Bankakte (engl. Bank Act, Kurzbez. für: Bank Charter Act), von Robert Peel 1844 geschaffenes Gesetz zur Reform der Bank von England. In der B. werden die Funktionen, die mit der Ausgabe von Banknoten zusammenhängen, vom allg. Bankgeschäft getrennt.

Bankaktien, zum Börsenhandel zugelas-

Bangkok. Buddhistischer Tempel

Banken

sene Aktien der Kreditinstitute und Hypothekenbanken.

Bankakzept, ein auf eine Bank gezogener und von dieser akzeptierter Wechsel. Die Bank erklärt sich z. B. einem Kunden gegenüber bereit, ihr Akzept zur Verfügung zu stellen (Kreditleihe). Wenn die Bank den von ihr akzeptierten Wechsel diskontiert, gewährt sie dem Kunden neben der Kreditleihe einen Geldkredit.

Bankanleihen ↑Bankobligationen.

Bankausweis, von einer Notenbank meist wöchentl. veröffentlichte Bilanz. Die Dt. Bundesbank muß einen B. jeweils nach dem Stand vom 7., 15., 23. und Letzten jeden Monats veröffentlichen. Er enthält u. a. folgende Angaben: *Aktiva:* Gold, Auslandsguthaben und -forderungen, Inlandswechsel, Kassenkredite, Wertpapiere und Ausgleichsforderungen. *Passiva:* Banknotenumlauf, Einlagen, Auslandsverbindlichkeiten, Grundkapital und Rücklagen.

Bankavis ↑Avis.

Bankbilanz, die dem Bundesaufsichtsamt für das Kreditwesen und der Dt. Bundesbank vorzulegende Bilanz eines Kreditinstituts, insbes. die Jahresbilanz.

Bankbuchhaltung, Buchhaltung der Kreditinstitute; nimmt im Bankbetrieb eine zentrale Stellung ein, da sämtl. Geschäftsvorfälle am gleichen Tag verbucht sein müssen. In der Tagesbilanz zusammengefaßte Umsätze zeigen die veränderte Liquiditätslage der Bank und bestimmen die kurzfristigen Gelddispositionen; durch Standardisierung und Schematisierung gekennzeichnet.

Bank deutscher Länder, Abk. BdL, am 1. 3. 1948 durch das MilitärregierungsG Nr. 60 geschaffene unabhängige Notenbank für die brit., amerikan. und frz. Besatzungszone mit einem Grundkapital von 100 Mill. DM, das im Besitz der Landeszentralbanken (LZB) war, mit denen zus. sie das dt. Zentralbanksystem bildete; Sitz: Frankfurt am Main. Die BdL wurde von einem Direktorium geleitet; oberstes Organ war der Zentralbankrat. Am 1. 8. 1957 trat die Dt. Bundesbank die Rechtsnachfolge der BdL an.

Bankeisen, gelochtes Flacheisen mit Spitze zum Verankern von Tür- und Fensterrahmen im Mauerwerk.

Bänkelsang [nach dem Bänkel, auf der die Bänkelsänger standen], Vortrag von ↑Moritaten (häufig Bluttaten), der Liedtext wurde unter Hinweis auf Bildtafeln vorgesungen. Während und nach der Darbietung wurden Drucke (fliegende Blätter) zum Verkauf angeboten, sie enthielten den Liedtext sowie Prosaerläuterungen. Verbreitet auf den Jahrmärkten des 17.–19. Jh. Infolge der Genehmigungspflicht durch die Landes- und Stadtherren waren krit. Themen ausgeschlossen. Der Bänkelsängerton (formelhaftes Sprechen bzw. Singen; moralisierende Tendenz [Bestrafung des Bösewichts am Schluß]) fand im 18./19. Jh. und erneut im 20. Jh. (Brecht) literar. Interesse.

Banken [zu italien. banco „Tisch des Geldwechslers"] (Kreditinstitute), gemäß § 1 des Gesetzes über das Kreditwesen vom 10. 7. 1961 i. d. F. vom 3. 5. 1976 (KWG) Unternehmen, die Bankgeschäfte betreiben, wenn der Umfang dieser Geschäfte einen in kaufmänn. Weise eingerichteten Geschäftsbetrieb erfordert. Das dt. Bankwesen ist durch das sog. *Universalbanksystem* gekennzeichnet, d. h., B. können alle Arten von Bankgeschäften mit Ausnahme des Notenemissions-, Pfandbrief- und Hypothekengeschäftes durchführen. Nach § 1 KWG sind Bankgeschäfte die Annahme fremder Gelder als Einlagen ohne Rücksicht darauf, ob Zinsen vergütet werden *(Einlagengeschäft);* die Gewährung von Gelddarlehen und Akzeptkrediten *(Kreditgeschäft);* der Ankauf von Wechseln und Schecks *(Diskontgeschäft);* die Anschaffung und die Veräußerung von Wertpapieren für andere *(Effektengeschäft);* die Verwahrung und die Verwaltung von Wertpapieren für andere *(Depotgeschäft);* die Anlage von eingelegtem Geld im eigenen Namen für gemeinschaftl. Rechnung der Einleger nach dem Grundsatz der Risikomischung in Wertpapieren oder Grundstücken sowie Erbbaurechten, gesondert von dem eigenen Vermögen, und die Ausstellung von Urkunden über die hieraus sich ergebenden Rechte der Einleger *(Investmentgeschäft);* die Eingehung der Verpflichtung, Darlehnsforderungen vor Fälligkeit zu erwerben; die Übernahme von Bürgschaften, Garantien und sonstigen Gewährleistungen für andere *(Garantiegeschäft);* die Durchführung des bargeldlosen Zahlungsverkehrs und des Abrechnungsverkehrs *(Girogeschäft).*

Innerhalb des Kreditgeschäfts unterscheidet man zw. *Aktivgeschäften,* bei denen die Bank Kreditgeber ist, und *Passivgeschäften,* bei denen die Bank Kreditnehmer ist. Zum Girogeschäft zählen auch das Inkasso von Schecks und Wechseln, das Dokumentengeschäft sowie der Handel mit Sorten und Devisen. Das Dienstleistungsgeschäft der B. umfaßt ferner die Beratung ihrer Kunden sowie Treuhänderaufgaben.

Die verschiedenen Bankgeschäfte zusammenfassend, werden von den B. im wesentl. drei Funktionen wahrgenommen: 1. Sie wickeln den Zahlungsverkehr ihrer Kunden ab (Girogeschäft) und vereinfachen dadurch deren Forderungs- und Verbindlichkeitsbeziehungen; 2. sie bieten eine Vielfalt von Finanzierungsmöglichkeiten an (Diskont-, Kredit- und Investmentgeschäft) und sind damit wesentl. an der Geldversorgung anderer Unternehmen sowie der privaten und öff. Haushalte beteiligt; 3. sie eröffnen Geldanlagemöglichkeiten durch Vermittlung von Be-

Banken

teiligungen an und Forderungen gegen andere Unternehmen und die Gebietskörperschaften (Effektengeschäft) sowie durch das Eingehen eigener Verbindlichkeiten mit der Ausgabe von Schuldverschreibungen und der Annahme von Depositen unterschiedl. Fristigkeit. Das B.system in der *BR Deutschland* besteht aus dem Zentralbanksektor (Dt. Bundesbank und Landeszentralbanken) und den Geschäftsbanken. Zu den Geschäfts-B. zählen: 1. Kredit-B., 2. Kreditinst. des Sparkassenwesens, 3. Kreditinst. des Genossenschaftswesens, 4. Realkreditinst., 5. Kreditinst. mit Sonderaufgaben, 6. Teilzahlungskreditinst., 7. sonstige Kreditinstitute.

Zu den **Kreditbanken** gehören: die Groß-B., die Staats-, Regional- und Lokal-B., die Privat-B. und die Spezial-, Haus- und Branchebanken. Unter der Bez. *Groß-B.* werden die Deutsche Bank AG, die Dresdner Bank AG und die Commerzbank AG einschließl. ihrer Berliner Tochterinst. verstanden. Die Groß-B. sind typ. Universal-B. und führen ihre Geschäfte mit Hilfe eines weitverzweigten Filialnetzes durch. Im Kreditgeschäft mit der gewerbl. Wirtschaft (insbes. mit Großunternehmen), im Emissionsgeschäft und im Auslandsgeschäft nehmen sie eine führende Stellung ein. Die Gruppe der *Staats-, Regional- und Lokal-B.* umfaßt Kreditinst. mit räuml. begrenztem Geschäftsbereich. Die Staats-B. sind öffentl.-rechtl. Bankinst., die als Hausbank des jeweiligen Staates tätig sind, daneben aber auch alle bankübl. Geschäfte mit der Privatwirtschaft betreiben (z. B. Bayer. Staatsbank). Als *Privatbankiers* werden diejenigen B. bezeichnet, die in der Rechtsform der Einzelfirma, der OHG oder der KG geführt werden. Sie betreiben grundsätzl. alle bankübl. Geschäfte. *Spezial-, Haus- und Branche-B.* beschränken ihre Aktivität auf bestimmte Gewerbe, Handelszweige oder Personenkreise (z. B. Beamtenbank, Holzwirtschaftsbank). Zu den **Kreditinstituten des Sparkassenwesens** gehören die öff.-rechtl. und die freien Sparkassen, die Girozentralen und die Dt. Girozentrale–Dt. Kommunalbank. Die **Kreditinstitute des Genossenschaftswesens** umfassen die gewerbl. (Volks-B.) und die ländl. Kreditgenossenschaften (Spar- und Darlehenskassen). Die **Realkreditinstitute** gewähren vorwiegend langfristige Kredite an Private und Kommunen gegen bes. Sicherheiten. Die Mittel beschaffen sie sich durch die Ausgabe von Pfandbriefen und Kommunalobligationen. **Kreditinstitute mit Sonderaufgaben** erfüllen selbstgewählte oder ihnen vom Staat zugewiesene Aufgaben (z. B. die Lastenausgleichsbank, die Kreditanstalt für Wiederaufbau oder die Ausfuhrkreditbank AG).

DDR: Die „Staatsbank der DDR" ist Notenbank und zentrales Kontrollorgan des Ministerrates der DDR für den B.bereich. Außer der Staatsbank gibt es folgende Kreditinstitute: 1. Dt. Außenhandelsbank AG, die alle bankmäßigen Geschäfte im Zusammenhang mit dem Einfuhr-, Ausfuhr- und Transithandel der DDR durchführt. 2. Dt. Investitionsbank; ihre Aufgaben sind Finanzierung und Kontrolle der Investitionen in den volkseigenen Betrieben. 3. Landwirtschaftsbank; ihr obliegt die zentrale Planung und Verteilung der Kreditmittel an die landwirtsch. Genossenschaften. 4. Volkseigene Sparkassen; ihre Hauptaufgabe besteht darin, die freien Geldmittel der Bev. zu sammeln und zu verwalten. 5. B. für Handwerk und Gewerbe (gewerbl. Genossenschafts-B.); sie sammeln Einlagen von Handwerk, Handel und sonstigen Kleingewerbetreibenden und gewähren Kredite an ihre Mitglieder.

Österreich: Zentralnotenbank ist die *Östr. Nationalbank*. Das östr. Geschäftsbankensystem setzt sich aus folgenden Gruppen zusammen: *Aktien-B. und bed. Regional-B.*) (Groß-B. und bed. Regional-B.); *Privatbanken; Sparkassen; Landeshypothekenanstalten* (öff.-rechtl., von den einzelnen Bundesländern geschaffene Realkreditinst.); gewerbl. und ländl. *Kreditgenossenschaften*.

Schweiz: Zentrales Noteninst. ist die *Schweizer. Nationalbank*. Die Schweizer B. haben vorwiegend Universalbankcharakter. Folgende B.gruppen sind zu unterscheiden: Groß-B., Kantonal-B., Lokal-B., Sparkassen, Darlehenskassen und übrige Banken. Darüber hinaus gibt es eine Reihe von Privatbankiers, die sich vorwiegend mit dem Wertpapiergeschäft und der Vermögensverwaltung befassen. Von bes. Bed. sind die fünf *Groß-B.* (Schweizer. Kreditanstalt, Schweizer. Bankverein, Schweizer. Bankgesellschaft, Schweizer. Volksbank, Bank Leu & Co. AG), die ein ausgedehntes Filialnetz im Inland und Niederlassungen im Ausland unterhalten. Die Tätigkeit der durch kantonale Gesetze errichteten *Kantonal-B.* ist regional begrenzt. Zu den Lokal-B. gehören 94 Bodenkredit-B., d. h. Inst., deren Bilanzsumme mindestens zu 60 % aus inländ. Grundpfandforderungen besteht. Die *schweizer. Sparkassen* betreiben vorwiegend das Spar- und Hypothekengeschäft. Die *Darlehenskassen* sind nach dem Raiffeisen-System organisiert. Die Gruppe der *übrigen B.* umfaßt: Inst. für Kleinkredite und Konsumfinanzierung und B., die auf das Effektengeschäft und die Vermögensverwaltung spezialisiert sind.

Großbritannien: Charakterist. für das engl. Geschäftsbankensystem ist eine Spezialisierung auf jeweils eng begrenzte Geschäftsbereiche. Neben der *Bank von England* (Zentralnotenbank) gibt es folgende B.gruppen: 1. *Depositen-B.* (Deposit banks); ihre Geschäftstätigkeit erstreckt sich vorwiegend auf das Depositengeschäft, die Gewährung kurzfristiger Kredite und die Durchführung des bargeldlosen Zahlungsverkehrs. 2. Zu den *Handels-B.*

Banken

(Commercial banks) gehören die Merchant banks u. die Overseas banks; ihnen obliegt die Finanzierung der großen in- und ausländ. Wechsel- und Geldgeschäfte. 3. *Diskonthäuser* (Bill brokers); sie diskontieren Schatz- und Handelswechsel sowie Bankakzepte, die sie bis zur Fälligkeit im Depot halten oder an Depositen-B. weiterverkaufen.

Frankreich: Neben der *Bank von Frankreich* (Zentralnotenbank) und den verstaatlichten großen Depositenbanken (Crédit Lyonnais, Société Générale, Banque Nationale de Paris) besteht folgende Gliederung der B.: 1. *Depositen-B.* (Banques de dépôts), die Sicht- und Termineinlagen bis zu zwei Jahren entgegennehmen sowie kurzfristige Kredite, v. a. auf der Basis von Handelswechseln, gewähren. 2. *Beteiligungs-B.* (Banques d'affaires), die das Gründungs- und Emissionsgeschäft pflegen. 3. *B. für mittel- und langfristige Investitionskreditgewährung.* Daneben gibt es Sparkassen, Genossenschafts-B. und Agrarkreditinstitute. Von Bed. sind außerdem einige öff.-rechtl. und halböff. Spezialinstitute.

USA: Das amerikan. Bankwesen weist folgende charakterist. Merkmale auf: 1. Die zweistufige Organisation des Notenbankwesens, ↑ Federal Reserve System. 2. Die Unterscheidung in National banks (Konzession von der Bundesregierung) und State banks (Konzession von einem Bundesstaat). Ihre Zugehörigkeit zum Federal Reserve System ergibt sich gesetzmäßig (National bank) oder ist freiwillig (State bank). 3. Die scharfe Trennung von Depositen- und Effektengeschäft. 4. Die Depositenversicherung „Federal Deposit Insurance Corporation", bei der rd. 98 % der B. der USA etwa 99 % ihrer Depositen versichert haben. 5. Das Überwiegen der filiallosen B. (Unit banks), da die Entwicklung von Filialbankensystemen durch die einzelstaatl. Gesetzgebung erschwert ist. Zum Geschäftsbankensystem gehören die *Commercial banks,* deren Geschäftsbereich v. a. die Annahme von Depositen, Gewährung von Krediten, Abwicklung des bargeldlosen Zahlungsverkehrs umfaßt. Ihnen stehen die *Investment banks* gegenüber, die das Investment Banking (Anlage eigener und fremder Mittel in Wertpapieren) betreiben, und die *Investment trusts,* die die durch Ausgabe von Zertifikaten beschafften Mittel in Effekten anlegen. Außerdem sind noch die *Mutual saving banks* zu nennen, die dt. Sparkassen ähnl. Institutionen.

Internationale Geldinstitute erfüllen Aufgaben von übernat. Bed. Derartige Institutionen wurden errichtet, um u. a. die Zusammenarbeit der einzelnen Noten-B. zu fördern, den internat. Zahlungs- und Verrechnungsverkehr zu erleichtern, zur Sicherung der Währungsstabilität beizutragen und die Investitionstätigkeit insbes. beim Wiederaufbau kriegszerstörter Gebiete und in Entwicklungsländern zu fördern. Die wichtigsten internat. Geldinstitute sind: Bank für Internat. Zahlungsausgleich (BIZ), Internat. Währungsfonds (IWF), Europ. Investitionsbank (EIB), Internat. Bank für Wiederaufbau und Entwicklung (Weltbank) sowie die zur Weltbankgruppe gehörenden Internat. Finanz-Corporation (IFC) und Internat. Entwicklungs-Organisation (IDA).

Geschichte: Im alten *Ägypten* erfolgte über Staatsspeicher, bei denen Kaufleute und Grundbesitzer Konten unterhielten, durch Last- und Gutschriften ein bargeldloser Zahlungsverkehr. - Im antiken *Griechenland* übten zuerst vielfach Priester bankierähnl. Funktionen aus: sie nahmen Einlagen zur Aufbewahrung entgegen und gewährten Darlehen gegen Entgelt. Mit der Entstehung des Münzwesens in ganz Griechenland entwickelte sich ein neuer Beruf, der Trapeziten, die sich vorwiegend mit der Münzprüfung und dem Geldwechsel befaßten. - Im alten *Rom* gab es Berufsbankiers (argentarii, mensarii), die ähnl. Funktionen wie der Trapeziten ausübten. - Als Ursprung der *modernen europ. Bank* kann die Geschäftstätigkeit der Geldwechsler im ma. Italien angesehen werden. V. a. waren es Lombarden, die an großen Messe- und Handelsplätzen ihren Tisch aufschlugen, Münzen und Metalle abwogen, prüften und umtauschten. Aus dem Geldwechselgeschäft entwickelte sich bald auch ein Depositen- und Wechselgeschäft sowie ein Giroverkehr. Die techn. Voraussetzungen für diese Geschäfte wurden durch die Entwicklung der doppelten Buchführung, des Wechsels und des Depositenscheins (Banknote) geschaffen. Große Bed. erlangten Bankiers, die mit der Kirche zusammenarbeiteten. Neben Geldwechslern, privaten Bankiers und Finanziers entstanden im 15., 16. und 17. Jh. schon öff. und halböff. Banken (z. B. 1401 in Barcelona, eine öff. Wechsel-, Depositen- und Girobank, 1609 in Amsterdam, 1619 in Hamburg). Bes. Bed. kommt der Gründung der Bank von England 1694 zu, die auch als erste moderne Kreditbank bezeichnet worden ist. Der im 19. Jh. einsetzende Industrialisierungsprozeß führte zu Kreditanforderungen, die die Kapitalkraft der Privatbankiers überstiegen. Durch die z. T. auf ihre Initiative gegründeten Aktien-B. erwuchsen ihnen mächtige Konkurrenten. Entsprechend den differenzierten Anlage- und Finanzierungsbedürfnissen der öff. und der privat. Wirtschaft sowie breiter Bev.kreise entstanden verschiedene B.gruppen (in Deutschland z. B. Filialgroß-B., Sparkassen, Kreditgenossenschaften, Hypotheken-B.), unter währungsschutzpolit. Zielsetzungen wurde mit dem Aufbau eines zentralen Notenbankwesens begonnen (in Deutschland mit Gründung der ↑ Reichsbank 1875).

📖 *Gabler Banklex. Hdwb. für das Bank- u. Sparkassenwesen mit Bankenverz. Hg. v. R. K.*

Bankenaufsicht

Grosjean. Wsb. ⁹*1984. 3 Bde. - Obst, G./Hintner, O.: Geld-, Bank- u. Börsenwesen. Stg.* ³⁷*1980. - Kreditwesen in der BR Deutschland. In: Hdwb. der Wirtschaftswiss. Hg. v. W. Albers u. a. Bd. 4. Stg. u. New York; Tüb.; Gött. u. Zürich 1978. S. 609.*

Bankenaufsicht, staatl. Beaufsichtigung der Kreditinst.; in der BR Deutschland durchgeführt durch das Bundesaufsichtsamt für das Kreditwesen (Berlin [West]) nach den Vorschriften des Kreditwesengesetzes (KWG) vom 10. 7. 1961 (i. d. F. vom 3. 5. 1976). Ziel dieser gesetzl. Vorschriften ist es: 1. die Gläubiger der Kreditinstitute vor Verlusten zu schützen; 2. die Ordnung und Funktionsfähigkeit des Kreditwesens zu gewährleisten. Diese Ziele sollen erreicht werden durch: 1. den Konzessionszwang (Errichtung der Kreditinst. nur mit staatl. Erlaubnis), 2. die verbindl. Bestimmungen über das Eigenkapital, die Liquidität, das Kreditgeschäft und den Sparverkehr, 3. die Publizitäts- und Prüfungsvorschriften (Monatsausweise, Jahresabschlüsse, Depotgeschäft), 4. die Überwachung der Einhaltung der gesetzl. Bestimmungen durch das Bundesaufsichtsamt.

Bankenstatistik, statist. Erhebungen der Dt. Bundesbank, die ihr als Grundlage für die Währungspolitik dienen sollen. Wichtig sind v. a. die halbmonatl. B. (kurzfristige Kredite, Geldmarktpapiere, Einlagen), die monatl. Bilanzstatistik (Kapital- und Vermögensbestände sowie Umsatzzahlen) und die Zahlenübersichten zur Kennzeichnung der gesamtwirtschaftl. Situation.

Bankert [eigtl. „auf der Schlafbank der Magd gezeugtes Kind"], umgangssprachl. veraltend für unehel. Kind; landschaftl. Schimpfwort für ungezogenes Kind.

Bankett [italien.], Festmahl, Festessen; urspr. Bez. für die bei einem festl. Diner um die Tafel herum aufgestellten kleinen Beisetztische; im 15./16. Jh. auf das gesamte Festmahl übertragen.

Bankett [frz.], unbefestigter Seitenstreifen einer Straße.
◆ unterster Teil eines Gebäudefundaments.

Bank für Gemeinwirtschaft AG, Abk. BfG, Sitz Frankfurt am Main; entstand 1958 durch Verschmelzung mehrerer regionaler Gemeinwirtschaftsbanken. Ursprüngl. im Gewerkschaftsbesitz ist die BfG seit 1986/87 mehrheitl. im Besitz der Aachen und Münchener Versicherungsgruppe (Anteil 50 % plus 1 Aktie).

Bank für Internationalen Zahlungsausgleich, Abk. BIZ, internat. Bank, als AG geführt, Sitz Basel, gegr. 1930 durch die Präs. der Notenbanken von Belgien, Deutschland, Frankr., Großbrit., Italien und Japan und die Vertreter einer amerikan. Bankengruppe. Zweck der BIZ ist, die Zusammenarbeit der Zentralbanken zu fördern, neue Möglichkeiten für internat. Finanzgeschäfte zu schaffen und als Treuhänder oder Agent bei den ihr auf Grund von Verträgen mit den beteiligten Parteien übertragenen internat. Zahlungsgeschäften zu wirken. Genehmigtes Kapital: 1,5 Mrd. Goldfranken (ein Goldfranken entspricht etwa 0,29 g Feingold).

Bankgarantie, im Auftrag eines Kunden übernommenes abstraktes Versprechen eines Kreditinst., innerhalb eines festgelegten Zeitraums bei Nichteintritt eines garantierten Erfolgs oder Eintritt eines Schadens Zahlung in vereinbarter Höhe zu leisten; häufig im Auslandsgeschäft gefordert.

Bankgeheimnis, Verpflichtung der Bank, keine Auskünfte über die Konten und alle ihr aus der Geschäftsverbindung bekanntgewordenen Tatsachen zu geben. Das B. umfaßt mit der Geheimhaltungspflicht auch das Recht, Auskünfte zu verweigern. Die Schweigepflicht wird nach herrschender Lehrmeinung und Rechtsprechung durch die vertragl. Beziehungen zw. der Bank und dem Kunden begründet. Sofern das öff. Interesse dieses erfordert, wird das B. durchbrochen (z. B. bei der Anzeige von Großkrediten, durch Gerichtsbeschluß, durch Finanzbehörden).
In *Österreich* bestehen ähnl. rechtl. Regelungen.
In der *Schweiz* steht eine Verletzung des B. unter Strafandrohung. Die Strafprozeßordnungen sehen in der allg. eine Zeugnispflicht vor. Gegenüber den Steuerbehörden besteht ein nahezu uneingeschränktes Zeugnisverweigerungsrecht.

Bankleitzahlen, Abk. BLZ, achtstellige Schlüsselzahlen zur numer. Kennzeichnung der Bankstellen (Kreditinst., Filialen und Zweigstellen) nach einem einheitl. System im unbaren Zahlungsverkehr des Kreditgewerbes und der Dt. Bundesbank.

Banknote, von einer Notenbank ausgegebener Geldschein, der auf einen runden Betrag lautet; einziges unbeschränktes gesetzl. Zahlungsmittel.

Banknotenfälschung ↑ Münzdelikte.

Banknotenpapier, dauerhaftes, griff- und falzfestes, für Mehrfarbendruck geeignetes Sicherheitspapier mit Wasserzeichen.

Bank of England [engl. 'bæŋk əv 'ɪŋglənd] ↑ Bank von England.

Bankplatz, i. w. S.: jeder Ort, an dem ein Kreditinst. eine Haupt- oder Nebenstelle unterhält; i. e. S.: ein Ort, an dem die Dt. Bundesbank mit einer Hauptverwaltung (Landeszentralbank) oder einer Zweigstelle vertreten ist; an B. gelten höhere Mindestreservesätze.

Bankrate, Diskontsatz der Notenbank.

Bankrott (Bankerott) [zu italien. banco rotto, eigtl. „zerbrochener Tisch" (des Geldwechslers)], Zahlungsunfähigkeit eines Schuldners gegenüber seinen Gläubigern. **Betrüger. Bankrott** liegt vor, wenn ein in Konkurs geratener Schuldner die Konkursmasse absichtl. durch in § 239 Konkursordnung genannten Handlungen zum Nachteil seiner Gläubiger verringert (Verheimlichen oder Beiseiteschaffen von Vermögenswerten), **einfacher Bankrott,** wenn der Schuldner durch übermäßigen persönl. Aufwand oder unkaufmänn. Verhalten den Konkurs herbeigeführt hat.

Banks Island [engl. 'bæŋks 'aɪlənd], die westlichste Insel des Kanad.-Arkt. Archipels, 400 km lang, 180–290 km breit, hügeliges Plateau.

B. I., nördl., vulkan. Inselgruppe der Neuen Hebriden, im Pazifik. - 1793 entdeckt.

Banks Peninsula [engl. 'bæŋks pɪ'nɪnsjʊlə], Halbinsel an der O-Küste der Südinsel von Neuseeland, vulkan. Bergland, im Herbert Peak 919 m hoch.

Bank von England (Bank of England), Zentralnotenbank Großbrit., Sitz London, 8 Zweigstellen; gegr. 1694 als Privatbank. Im Lauf des 18. Jh. übernahm sie die Verwaltung der Staatsschulden und später auch die Führung der Staatskasse. 1834 wurden die Banknoten der B. v. E. gesetzl. Zahlungsmittel; 1928 erhielt die B. v. E. das alleinige Notenprivileg. Bed. für die Entwicklung der Bank wurde die Peelsche Bankakte, die zur Aufteilung in die Emissions- (Ausgabe von Banknoten) und die Bankenabteilung (Issue department und Banking department) führte. 1946 wurde die B. v. E. verstaatlicht; an ihre Spitze trat ein Direktorium (Board of Directors), bestehend aus 18 Mgl.

Bank von Frankreich (Banque de France), Zentralnotenbank Frankr., Sitz Paris, etwa 260 Zweiganstalten und Nebenstellen. 1800 auf Veranlassung von Napoleon als private AG gegr.; 1848 erhielt sie das alleinige Notenprivileg für ganz Frankr. 1946 wurde die B. v. F. verstaatlicht. Die Geschäfte leitet ein vom Staatspräs. ernannter Präs. („gouverneur").

Banlieue [frz. bã'ljø], frz. Bez. für den engeren und weiteren Einflußbereich einer Stadt; entspricht dem dt. Begriff ↑Bannmeile.

Bann, im dt. MA die königl. Regierungsgewalt (**Königsbann**), die in **Heerbann** (Einberufung des Heeres), in **Friedensbann** (der König nahm bestimmte Personen oder Sachen in seinen Schutz und verbot Angriffe auf sie), **Blutbann** (Ausübung der peinl. Gerichtsbarkeit), **Verordnungsbann** (Befugnis zum Erlaß von Rechtsnormen) und **Verwaltungsbann** (Exekutivgewalt) zerfiel. Unter B. wurde auch das entsprechende Ge- und Verbot (z. B. die gerichtl. Ladung, bannitio) sowie die auf deren Nichtbefolgung hin verhängte Strafe (B.buße, Verbannung) bezeichnet. **Bannleihe** war die Übertragung des Blut-B. auf Grafen, Klostervögte u. ä.
♦ im *kath. Kirchenrecht* ↑Exkommunikation, ↑Kirchenbann.

Bannbruch, Steuerstraftat desjenigen, der verbotswidrig Gegenstände *(Banngut)* einführt, ausführt oder durchführt, ohne sie den Zollbehörden zu stellen (§ 372 Abgabenordnung). Der B. wird mit Freiheitsstrafe nicht unter drei Monaten bestraft.

Banner [frz., eigtl. „Ort, wo die Fahne aufgestellt wird"], Fahne [mit Feld-, Hoheitszeichen, Wappen], die durch eine waagerecht hängende Querstange mit dem Fahnenschaft verbunden ist.

Bannforsten (Bannwald), Waldgebiete, die dem ausschließl. Jagdrecht des Königs oder eines von ihm Privilegierten unterstanden, nachdem sie durch Bannspruch des Königs (**Wildbann**) der allg. Jagdfreiheit bei Androhung hoher Bannstrafen entzogen worden waren. Entsprechende rechtl. Regelungen galten auch für Gewässer (**Bannwässer**), i. d. R. jedoch nur in bezug auf Edelfische. Im 13. Jh. zogen die Landesfürsten diese Bannrechte an sich.

Banngerechtigkeit, svw. ↑Bannrecht.
Banngewässer ↑Bannforsten.
Banngut ↑Bannbruch, ↑Konterbande.
Bannkreisverletzung ↑Bannmeile.
Bannleihe ↑Bann.

Bannmeile, 1. im MA Gebiet von einer Meile um eine Stadt, innerhalb dessen dem städt. Gewerbe keine Konkurrenz gemacht werden durfte; 2. in den sog. B.gesetzen genau umschriebenes Gebiet um den Sitz der Gesetzgebungsorgane des Bundes und der Länder sowie des Bundesverfassungsgerichts (sog. befriedeter Bannkreis). Innerhalb des befriedeten Bannkreises sind öff. Versammlungen unter freiem Himmel und Aufzüge mit Ausnahme von religiösen Veranstaltungen und Volksfesten verboten; **Bannkreisverletzung** wird nach § 106a StGB mit Freiheits- oder Geldstrafe bestraft.

Bannrecht (Banngerechtigkeit), die i. d. R. mit dem Besitz eines Grundstücks verbundene Berechtigung, zu verlangen, daß die Einwohner eines Bezirks (Bannbezirk) Bedürfnisse einer bestimmten Art nur bei dem Bannberechtigten befriedigen; 1873 meist aufgehoben.

Bannwald, 1. svw. ↑Bannforsten; 2. in Bad.-Württ. Bez. für ↑Naturwaldreservat.

Baños [span. 'baɲɔs] ↑Tungurahua.

Banque de France [frz. bãk də 'frã:s] ↑Bank von Frankreich.

Bansin (Seebad B.), Seebad auf Usedom, DDR, an der Ostbucht (Ostsee), 2 800 E.

Banská Bystrica ['bistritsa] (dt. Neusohl), Stadt am Mittellauf des Gran, in der ČSSR, 73 000 E. Hauptstadt des Mittelslowak. Gebiets; Bischofssitz, pädagog. Fakultät; Textilind., Maschinenbau, Holzverarbeitung.

Bantam, Ort in Indonesien, ↑Banten.
Bantamgewicht ↑Sport (Gewichtsklassen, Übersicht).

Banten (Bantam), Ort in W-Java, Indone-

Banting

sien, 70 km westl. von Jakarta. - Seit dem 14. Jh. Zentrum des hinduist. Reiches Padjadjaran, um 1525 vom Sultanat Demak erobert und islamisiert; bald unabhängig, dehnte sich im 16. Jh. bis S-Sumatra aus; 1808 niederl., vorübergehend brit., 1816 endgültig in niederl. Besitz.

Banting, Sir (seit 1934) Frederick Grant [engl. 'bæntɪŋ], * Alliston (Ontario, Kanada) 14. Nov. 1891, † Musgrave Harbour (Neufundland) 21. Febr. 1941 (Flugzeugabsturz), kanad. Mediziner. - Entdeckte 1921 gemeinsam mit C. H. Best das †Insulin. Gemeinsam mit J. †Macleod erhielt B. 1923 den Nobelpreis für Physiologie oder Medizin.

Bantu, Bez. der großen Gruppe von Stämmen und Völkern, die B. sprechen, rass. überwiegend zu den Bantuiden († Afrika [Bevölkerung]) gehörend.

Bantu [zu Bantu ba-ntu „Menschen"], Sprachengruppe, deren Sprachgebiet den gesamten afrikan. Kontinent südl. einer von Duala über den Nordrand des Victoriasees zum Ind. Ozean zu denkenden Linie ausschließl. des Khoi-San-Gebietes in S- und SW-Afrika einnimmt. Die Zahl der B.sprachen Sprechenden beträgt ungefähr 90 Millionen. Typolog. Charakteristika dieser Sprachen sind: 1. Ein gemeinsamer Grundwortschatz, der sich lautgesetzl. aus einer hypothet. Protosprache herleitet (Urbantu); 2. das nominale Klassensystem, d. h., die Substantive werden durch Präfixe in verschiedene - meist zw. 12 und 15 -, urspr. nach bedeutungsmäßig bestimmte Untergruppen eingeteilt; z. B. Swahili: m-Swahili – wa-Swahili („Swahili-Mann – Swahili-Männer"), ki-Swahili („Swahili-Sprache"), u-Swahili („Swahili-Land"); 3. eine große Zahl von Verbalableitungen, die die Grundbed. eines Verbs modifizieren und in charakterist. Weise einschränken. Innerhalb der afrikan. Sprachen bilden die B.sprachen mit einer Anzahl von Sprachen in Kamerun und Nigeria die bantoide Untergruppe innerhalb der Benue-Kongo-Gruppe. Diese ist ein Zweig der Niger-Kongo-Familie.

Banz. Klostertrakte der
ehemaligen Benediktinerabtei

Bekannte B.sprachen sind u. a. die Swahili-, Zulu-, Hererosprache.

Bantuheimatländer (engl. Bantu homelands; auch Bantustans, Autonomstaaten), Gebiete in der Rep. Südafrika (Gazankulu, Kangwane, Kwandebele, KwaZulu, Lebowa, Qwaqwa) und in Namibia, in denen im Rahmen der Apartheidpolitik Stammesgruppen der Bantubevölkerung leben und sich bis zu einem gewissen Grade selbst verwalten. Von den südafrikan. B. wurden 1976 die Transkei, 1977 Bophuthatswana, 1979 Venda und 1981 Ciskei unabhängig; von keinem Staat - außer der Rep. Südafrika - anerkannt.

Banville, Théodore de [frz. bã'vil], * Moulins (Allier) 14. März 1823, † Paris 13. März 1891, frz. Dichter. - Theaterkritiker. Wegbereiter der †Parnassiens mit virtuoser Formkunst (Gedichtbände „Les cariatides", 1842, „Les stalactites", 1846, „Odes funambulesques", 1857, u. a.).

Banyanbaum [Hindi/dt.], Bez. für einige südasiat. Feigenbaumarten mit mächtigem Wuchs, hauptsächl. für den [Bengal.] **Banyanbaum** (Ficus bengalensis): immergrüner Urwaldbaum, angepflanzt in ganz Indien. Höhe 20–30 m, Stammdurchmesser bis etwa 1,5 m, Krone weit ausladend (bis 90 m Durchmesser), Äste durch zahlr. starke Luftwurzeln abgestützt; oft als Epiphyt auskeimend, kann später den Wirtsbaum zum Absterben bringen (Würgfeige).

Banyuls-sur-Mer [frz. banjulssyr'mɛːr], frz. Seebad, Winterkurort und Fischereihafen an der Côte Vermeille, Dep. Pyrénées Orientales, 4 100 E. Unterwassersport, Jachthafen. Laboratorium für Meeresbiologie; Weinbau, Orangen- und Mimosenkulturen.

Banz, Schloß und ehem. Benediktinerabtei 2,5 km sw. von Lichtenfels, Bay., über dem rechten Ufer des Mains, 416 m ü. d. M. Die heutigen barocken Klosterbauten wurden 1698 ff. erbaut. J. L. Dientzenhofer erbaute Konvent und Altbau, sein Bruder J. Dientzenhofer die Klosterkirche (1710-19) mit einer mächtigen Doppelturmfassade. Der Innenraum ist eine spätbarocke Wandpfeilerkirche. Der Ehrenhof wurde nach Plänen B. Neumanns gestaltet (um 1752).

Banzer Suárez, Hugo [span. banˈsɛr ˈsu̯ares], * Tarija 1927, bolivian. Offizier und Politiker. - 1969/70 Kommandeur der Kriegsakademie in La Paz. Ging nach einem mißglückten Putschversuch im Jan. 1971 nach Argentinien ins Exil; entmachtete nach Rückkehr durch Militärputsch im Aug. 1971 Präs. J. J. Torres; bis 1978 selbst Präsident.

Bao-Dai [vietnames. bau̯ dai], * Hue 22. Okt. 1913, Kaiser von Annam (1925–45). - Von den Vietminh zur Abdankung gezwungen; wurde 1949 mit frz. Unterstützung „Staatschef" der „Republik Vietnam"; 1955 abgesetzt; lebt seitdem in Frankreich.

Baptist, männl. Vorname griech. Ursprungs, eigtl. „der Täufer" (Beiname Johannes' des Täufers), kommt gewöhnl. in dem Doppelnamen Johann Baptist vor; frz. Form: Baptiste, italien. Form: Battista.

Baptisten [zu griech. baptistés „Täufer"], ehem. Spottname für eine auf dem Hintergrund des engl. Puritanismus im 17. Jh. entstandene, am Modell der christl. Urgemeinde ausgerichtete Gemeindebewegung, deren auffallendes Merkmal die Erwachsenentaufe ist (daher der Name). Infolge der Auswanderung breiteten sich die B. zunächst in Amerika aus. Ihre Unterstützung der amerikan. Unabhängigkeit wie ihr Einsatz für die Freiheit des Gemeindelebens verschafften ihnen Ansehen und Einfluß. - Die Ausbreitung der B. auf dem europ. Kontinent begann erst im 19. Jh. Die meisten B.gemeinden sind in der 1905 in London gegr. *Baptist World Alliance* (Sitz Washington) zusammengeschlossen. Ein einheitl. baptist. *Glaubensbekenntnis* gibt es nicht. Die Bibel, die jeder Gläubige auslegen kann, gilt als die alleinige Richtschnur für Glaube, Gemeindeordnung und Leben.

Baptisterium [griech.], seit dem 3. Jh. 1. Taufbecken, 2. Taufkirche (Anbau oder Nebenbau einer Kirche; bis ins 12. bzw. in Italien 15. Jh. errichtet). Das vertiefte Taufbecken lag meist in der Mitte des Raums, deshalb wurde als Bautyp der Zentralbau bevorzugt.

bar, bei Zahlungen: in Geldscheinen oder Münzen.

Bar, Hafenstadt an der jugoslaw. Adriaküste, 5 000 E. Endpunkt der Bahnlinie von Belgrad; Fähre nach Bari (Italien). 4 km östl. die Vorläufersiedlung **Stari Bar** mit den Ruinen (11.–16. Jh.) von **Antibari,** deren Ummauerung erhalten ist. Seit 1089 war Antibari Sitz eines Erzbischofs; seit 1878 zu Montenegro.

B., sowjet. Stadt 60 km sw. von Winniza, Ukrain SSR, 14 000 E. Maschinenbau, Nahrungsmittelind. - Die **Adelskonföderation von Bar** (1768) löste den russ.-türk. Krieg von 1768–74 aus.

Bar [engl., eigtl. „Schranke, die Gastraum und Schankraum trennt"], Schanktisch; auch Schankraum in Hotels oder kleine Gaststätte; meist zur Einnahme von alkohol. Getränken, i. d. R. mit erhöhter Theke und B.hockern.

Bar [zu griech. báros „Schwere, Gewicht"], physikal. Einheit des Drucks; Einheitenzeichen bar. 1 bar entspricht ungefähr 1 at (Atmosphäre). Der 1 000. Teil eines B. ist das Millibar (mbar).

Bär (Großer B. und Kleiner B.) ↑ Sternbilder (Übersicht).

Bär ↑ Bären.

Bär, Fallgewicht der Ramme *(Fall-B.).*

Barabasteppe, Landschaft im S des Westsibir. Tieflands mit abflußlosen Salz- und Süßwasserseen, u. a. der Tschanysee (2 500 – 3 600 km²).

Barabbas, der Gefangene, den Pilatus anläßl. der Passahamnestie den Juden neben Jesus zur Wahl stellte (Mark. 15, 6–11).

Baracke [span.-frz.; zu span. barro „Lehm"], behelfsmäßiges Gebäude zur vorübergehenden Unterbringung von Personen (z. B. Soldaten, Arbeitskräften); häufig auch als Dauerunterkunft in Elendsvierteln (Slums).

Barák, Rudolf [tschech. ˈbaraːk], * Blansko 11. Mai 1915, tschechoslowak. kommunist. Politiker. - 1954–62 Mgl. des Politbüros und des ZK der KPČ; 1953–61 Innenmin.; 1959–62 stellv. Min.präs.; 1962–68 in Haft.

Barakkreditiv ↑ Akkreditiv.

Baranof Island [engl. ˈbærənɔf ˈailənd] (Sitka Island), Insel im Alexander Archipelago, an der SO-Küste Alaskas, USA, 160 km lang, bis 50 km breit. - 1799–1867 Zentrum der russ. Besitzungen in Nordamerika.

Bárány, Róbert [ˈbaːraːni], * Wien 22. April 1876, † Uppsala 8. April 1936, östr. Mediziner östr. Abstammung. - Erarbeitete neue diagnost. und chirurg. Methoden in der Ohrenheilkunde; erhielt 1914 den Nobelpreis für Physiologie oder Medizin.

Baranya [ungar. ˈbɔrɔɲɔ] (dt. früher Schwäb. Türkei), fruchtbares Hügelland, zu etwa 80 % zu Ungarn, zu 20 % zu Jugoslawien; ungar. Hauptort ist Pécs, jugoslaw. Osijek. Ackerbau, Rinderzucht, Weinbau. Im ungar. Teil Kohlen- und Uranerzbergbau. - Urspr. von Madjaren und Kroaten besiedelt, später von orth. Serben; 1718 Ansiedlung von Deutschen.

Barbados

Staat im Bereich der Westind. Inseln, bei 59° 37' w. L. und 13° 4' n. Br. **Staatsgebiet:** Umfaßt die gleichnamige Insel. **Fläche:** 431 km². **Bevölkerung:** 252 000 E (1983), 584 E/km². **Hauptstadt:** Bridgetown. **Amtssprache:** Englisch. **Nationalfeiertag:** 30. Nov. **Währung:** Barbados-Dollar (BDS$) = 100 Cents. **Internat. Mitgliedschaften:** UN, Commonwealth, OAS, CARICOM, SELA, der EWG assoziiert (AKP-Staat), GATT. **Zeitzone:** Atlantikzeit, d. i. MEZ −5 Std.

Barbadoskirschen

Landesnatur: B. ist die östlichste Insel der Kleinen Antillen und sitzt dem submarinen B.rücken auf, umsäumt von Korallenriffen. B. besteht weitgehend aus einer flachen Tafel verkarsteter Korallenkalke; nur unterhalb einer markanten Schichtstufe (im Mount Hillaby bis 340 m hoch) treten Sande und Tone zutage.
Klima: Das Klima ist trop.-ozean. unter dem Einfluß des ganzjährig wehenden NO-Passats (Regenzeit: Juli–Nov.) und Temperaturen von 22–30 °C. Hurrikane können gelegentl. große Schäden verursachen. Bald nach der europ. Kolonisation wurde die natürl. Vegetation (teils halbimmergrüne Regenwälder, teils von xerophyt. Charakter) weitgehend vernichtet, mit ihr die urspr. Tierwelt.
Bevölkerung: 80 % der Bev. sind Neger, 16 % Mulatten, 4 % Weiße (meist brit. Herkunft), daneben einige Hundert Inder. B. hat die höchste Siedlungsdichte der Westind. Inseln. Der Lebensstil der Bev. ist weitgehend engl. geprägt. Es bestehen rd. 90 christl. Glaubensgemeinschaften, unter denen die Anglikaner die stärkste Gruppe bilden. Der Anteil der Analphabeten an der Gesamtbev. liegt bei 2 %. Schulpflicht besteht vom 5.–14. Lebensjahr. Neben Grund-, Gesamt- und höheren Schulen bestehen ein Lehrerseminar, ein theolog. Seminar und ein College der University of the West Indies (gegr. 1963).
Wirtschaft: Die Wirtschaft wird durch die Zuckerrohrmonokultur geprägt. - Die wichtigsten Ind.betriebe sind Zucker- und Sirupfabriken und Rumdestillerien; Erdgas- und Erdölförderung, Erdölraffinerie in Bridgetown. Einen wichtigen Beitrag zum Ausgleich der negativen Handelsbilanz liefert der Fremdenverkehr.
Außenhandel: Melasse, Rum, Krebse und Muscheln werden ausgeführt, eingeführt Maschinen, Fahrzeuge, Erdöl, Textilien, Fleisch, pharmazeut. Erzeugnisse. Haupthandelspartner sind die USA, Großbrit. und die Westind. Assoziierten Staaten.
Verkehr: B. verfügt über ein gutes Straßennetz von 1529 km Länge. Der 1961 ausgebaute Hafen von Bridgetown wird von 14 Schiffahrtslinien regelmäßig angelaufen, der internat. Seawell Airport wird von 10 ausländ. Fluggesellschaften angeflogen.
Geschichte: Spätestens seit 1511 bekannt; ab 1536 von Portugiesen besucht. Ab 1627 von Engländern besiedelt, nachdem die archäolog. nachgewiesene Aruakbev. im 16. Jh. durch span. Sklavenjäger und Kariben verschleppt worden war. Seit 1652 bis ins 19. Jh. als Kronkolonie fest in brit. Hand. 1834/38 wurden die Sklaven befreit. In der Folgezeit wiederholt wirtsch. begr. Aufstände bzw. Unruhen (1876, 1937). Seit 1937 polit., wirtsch. und soziale Reformen; 1950 Einführung des allg. und gleichen Wahlrechts. 1958–61/62 Mgl. der Westind. Föderation. Erhielt am 30. Nov. 1966 die volle Unabhängigkeit und wurde Mgl. des Commonwealth.
Politisches System: B. ist eine parlamentar. Monarchie. *Staatsoberhaupt* ist Königin Elisabeth II., vertreten durch den Generalgouverneur, der den Premiermin. (seit 1987: E. Sandiford) und auf dessen Vorschlag die Min. des Kabinetts ernennt. Die *Exekutive* liegt beim Kabinett. Die *Legislative* besteht aus Senat (21 vom Generalgouverneur auf Vorschläge ernannte Senatoren) und Abg.haus (27 vom Volk auf 5 Jahre gewählte Abg.). In B. gilt brit. *Recht*.
📖 *Hoyos, F. A.:* B. A history from the Amerindians to independence. London 1978. - *Hunte, G.:* B. London 1974.

Barbadoskirschen, Bez. für die eßbaren Früchte verschiedener westind. Malpighiaarten, z. B. von Malpighia urens (**Puerto-Rico-Kirschen**) und von Malpighia punicifolia (**Antillenkirschen**).

Barbadostachelbeere ↑ Pereskie.

Barbakane [roman.], Brückenkopf, dem Festungstor vorgelagertes Außenwerk bei ma. Befestigungsanlagen.

Barbar [griech.], bei den Griechen jeder nicht Grieche. Sprechende, also jeder „Fremde". Seit den Perserkriegen verbanden die Griechen damit den Begriff des Ungebildeten, Rohen und Grausamen. Die Römer bezeichneten alle Völker außerhalb der griech.-röm. Kultur als Barbaren.
♦ roher, ungesitteter und ungebildeter Mensch, Wüstling, Rohling.

Barbara, aus dem Lat. übernommener weibl. Vorname griech. Ursprungs, eigtl. „die Fremde"; frz. Form: Barbe, frz. Koseform: Babette, schwed. Form: Barbro, russ. Form: Warwara.

Barbara, hl., histor. nicht faßbare Märtyrerin, die nach der Legende von ihrem heidn. Vater in einen Turm gesperrt, 306 als Christin hingerichtet wurde. - B. zählt zu den 14 Nothelfern, sie wird angerufen bei Feuersnot, Gewitter, Fieber, Pest und gegen einen jähen Tod. Dargestellt wird sie mit einem dreifenstrigen Turm oder mit Kelch und Hostie. An ihrem Tag schneidet man Zweige von Obstbäumen, bes. Kirschen, und stellt sie als **Barbarazweige** in Wasser, damit sie an Weihnachten blühen. - Fest: 4. Dez. (im *Calendarium Romanum* von 1969 als nicht histor. gestrichen).

Barbarakraut (Barbenkraut, Barbarea), Gatt. der Kreuzblütler mit 12 Arten in Europa (bes. Mittelmeergebiet), Asien und N-Amerika; meist zweijährige Kräuter mit gefiederten oder fiederschnittigen Blättern, gelben Blüten in Trauben, Schotenfrüchten. Das **Echte Barbarakraut** (Winterkresse, Barbarea vulgaris) ist in Deutschland ein verbreitetes Unkraut.

Barbarazweige ↑ Barbara.

Barbareta ↑ Bahía, Islas de la.

Barbari, Iacopo de' (Jakob Walch), * zw.

Barbitursäure

1440 und 1450, † Brüssel (?) vor 1516, italien. Maler und Kupferstecher. - U. a. im Dienste Kaiser Maximilians I., seit 1510/11 der Statthalterin der Niederlande, Margarete von Österreich, in Brüssel. Malte eins der frühsten „Stilleben" (1504; Alte Pinakothek, München). Seine Kupferstiche signierte B. mit dem Merkurstab (daher auch „Meister mit dem Caduceus" gen.), u. a. „Apollo und Diana" (vor 1502).

Barbaro, Francesco, * Venedig um 1395, † vor dem 17. Jan. 1454, venezian. Humanist. - Sein Werk „De re uxoria" (1416) bildet den Auftakt der humanist. Hochzeitsschriften und betont die staatspolit. Bed. von Ehe und Familie.

Barbarossa [italien. „Rotbart"], Beiname Kaiser † Friedrichs I.

B., Chair Ad Din † Chair Ad Din.

Barbarossa (Fall B.), Deckname des dt. Feldzugsplans gegen die UdSSR im 2. Weltkrieg.

Barbe [zu lat. barba „Bart" (mit Bezug auf die Barteln)] (Flußbarbe, Barbus barbus), bis 90 cm langer und 8,5 kg schwerer Karpfenfisch in M- und O-Europa, im östl. England und auf der Pyrenäenhalbinsel; langgestreckt, schlank, mit 4 Barteln an der Oberlippe; Charakterfisch der † Barbenregion; Speisefisch.

Barbecue ['bɑ:bɪkju:; indian.-span.-amerikan.], Gartenfest, bei dem Fleisch am Spieß oder auf dem Rost gebraten wird. Auch der beim Braten verwendete Rost sowie das geröstete Fleisch; verzehrt mit *B.sauce* (Tomatenwürztunke).

Bärbel, weibl. Vorname, Verkleinerungs- oder Koseform von Barbara.

Barben [† Barbe], Bez. für eine sehr artenreiche Gruppe der Karpfenfische; Körper langgestreckt schlank bis hochrückig, mit starker seitl.; Schuppen meist relativ groß, oft stark silberglänzend, auch (bes. zur Laichzeit) bunt; überwiegend Schwarmfische. Zur Gatt. Barbus zählt die einheim. Barbe, zur Gatt. Puntius Aquarienfische wie Prachtbarbe, Sumatrabarbe, Purpurkopfbarbe.

Barbenkraut, svw. † Barbarakraut.

Barbenregion, zw. † Äschenregion und † Brachsenregion gelegener Flußabschnitt; in M-Europa finden sich neben der Barbe als Leitfisch v. a. der Flußbarsch und Karpfenfische wie Rotauge, Rotfeder und Rapfen.

Barber [engl. 'bɑ:bə], Chris, eigtl. Donald Christopher B., * London 17. April 1930, brit. Posaunist und Orchesterleiter. - Seine Band war in den 50er Jahren die populärste New-Orleans-Gruppe in Europa.

B., Samuel, * West Chester (Pa.) 9. März 1910, † New York 23. Jan. 1981, amerikan. Komponist. - Vertritt eine vitalist., klassizist. geglättete amerikan. Musik. Komponierte Orchester- und Kammermusik, 2 Opern („Vanessa", 1958; „Anthony and Cleopatra", 1966).

Barberina, eigtl. Barbara Campanini, * Parma 1721, † Barschau (Landkr. Lüben) 7. Juni 1799, italien. Tänzerin. - Hatte an der Pariser Oper große Erfolge, die sie in London, Venedig und Berlin (1744–48) fortsetzte. Friedrich d. Gr. holte sie an sein Theater; 1789 zur Gräfin erhoben.

Barberini, Maffeo † Urban VIII., Papst.

Barbey d'Aurevilly, Jules Amédée [frz. barbɛdorvi'ji], * Saint-Sauveur-le-Vicomte (Manche) 2. Nov. 1808, † Paris 23. April 1889, frz. Schriftsteller. - Exzentr. Dandy, Kritiker, überzeugter Katholik; vom Bösen faszinierter erster Vertreter des psycholog. christl. Romans (Wirkung auf Bloy und Bernanos). - *Werke:* Die Gebannte (R., 1854), Die Teuflischen (Nov., 1874), Ein verheirateter Priester (R., 1881).

Barbi, Michele, * Sambuca Pistoiese 19. Febr. 1867, † Florenz 23. Sept. 1941, italien. Literaturhistoriker. - Prof. in Messina und Florenz. Bed. Danteforscher.

Barbier, Jules [frz. bar'bje], * Paris 8. März 1825, † ebd. 16. Jan. 1901, frz. Dramatiker. - Neben Dramen, Lustspielen, Vaudevilles bes. (mit M. Carré) Opernlibretti (für Gounod, G. Meyerbeer, A. Thomas, V. Massé).

Barbier [roman.; zu lat. barba „Bart"], scherzhaft für Herrenfriseur („Bartscherer").

Barbirolli, Sir (seit 1949) John, eigtl. Giovanni Battista B., * London 2. Dez. 1899, † ebd. 28. Juli 1970, engl. Dirigent italien.-frz. Abkunft. - 1937 als Nachfolger Toscaninis Chefdirigent des New York Philharmonic Orchestra; 1943–68 Leiter des Hallé Orchestra in Manchester, 1962–67 auch Leiter des Houston Symphony Orchestra.

Barbitalum [nlat.], Bez. für Derivate der † Barbitursäure, die als Medikament verwendet werden; rezeptpflichtig; z. B. Veronal ⓌⓏ.

Barbitos (Barbiton) [griech.], altgriech. Musikinstrument, eine der Lyra ähnl. schlanke Leier.

Barbiturate [Kw.] † Barbitursäure.

Barbitursäure [Kw.] (Hexahydropyrimidin-2,4,6-trion), cycl. † Ureid, das sowohl in einer Keto- als auch in einer Enolform auftritt.

$$\text{Keto-Form} \rightleftharpoons \text{Enol-Form}$$

B. bildet in reinem Zustand weiße, in heißem Wasser lösl. Kristalle. Sie wird durch Kondensation von Malonsäurediäthylester mit Harnstoff gewonnen. - Von medizin. Bed. sind die unter Verwendung von C-mono- oder C-disubstituierten Malonsäureestern und Harnstoff (auch N-substituierten Harnstoffderivaten oder Thioharnstoff) hergestellten B.derivate, die **Barbiturate** (bzw. **Thiobarbiturate**). Diese haben im Ggs. zur unsubstituierten B. beruhigende, einschläfernde und narkot.

47

Barbizon, Schule von

Wirkung, die jedoch erst auftritt, wenn mindestens zwei Äthylreste, R und R'=C_2H_5, in das Molekül eingebaut worden sind; durch Variieren der Substituenten R, R' und R'' mit den verschiedensten aliphat. und aromat. Resten lassen sich Schlafdauer und -tiefe weitgehend beeinflussen. Barbiturate werden v. a.

Strukturformel der Barbiturate (X ≙ O) und Thiobarbiturate (X ≙ S)

als Beruhigungsmittel, Schlafmittel und [intravenöse] Narkosemittel verwendet. Bei unkontrollierter Einnahme besteht Suchtgefahr. Bei übergroßen Dosen tritt Tod durch Lähmung des Atemzentrums ein. Als Lang- und Durchschlafmittel bekannt sind Veronal®, Luminal®; ein Schlafmittel mit mittlerer Wirkungsdauer ist Medomin®.

Barbizon, Schule von [frz. barbi'zõ], frz. Malerschule der Mitte des 19. Jh., benannt nach dem Dorf **Barbizon** (Dep. Seine et Marne), 1 200 E, am Rand des Waldes von Fontainebleau, etwa 50 km sö. von Paris. Hier ließen sich 1847 Th. Rousseau und 1849 J. F. Millet nieder, dazu stießen u. a. Ch. F. Daubigny, J. Dupré, C. Troyon, Corot (gelegentlich). Die S. v. B. entdeckte das heim., schlichte Motiv (Paysage intime) und schuf eine der Voraussetzungen des frz. Impressionismus.

Bärblinge (Danioninae), Unterfam. 1,5–200 cm langer, meist recht bunter Karpfenfische in den Süßgewässern Afrikas und S-Asiens. Viele Arten sind beliebte Warmwasseraquarienfische.

Barbosa du Bocage, Manuel Maria [portugies. bɐr'bozɐ ðu βu'kaʒɪ] ↑Bocage, Manuel Maria Barbosa du.

Barbour (Barber), John [engl. 'bɑːbə], * bei Aberdeen um 1316, † Aberdeen 13. März 1395, schott. Dichter. - Schöpfer des schott. Nationalepos „The Bruce" (um 1375).

Barbus [lat. (↑Barbe)], Gatt. der Karpfenfische mit rund 10, etwa 30–120 cm langen, schlanken, teilweise wirtsch. bed. Arten in den Bächen, Flüssen und Seen Europas; bekannteste Art ↑Barbe.

Barbusse, Henri [frz. bar'bys], * Asnières bei Paris 17. Mai 1873, † Moskau 30. Aug. 1935, frz. Schriftsteller. - Sein Kriegsbuch „Das Feuer" (1916) schildert Brutalität und Sinnlosigkeit des Krieges.

Barcelona [bartse'loːna; span. barθe'lona], nordostspan. Hafenstadt am Mittelmeer, 1,75 Mill. E. Verkehrsgeograph., wirtsch. und kulturelle Mittelpunkt Kataloniens; Verwaltungssitz der Prov. B., Erzbischofssitz; zwei Univ. (gegr. 1450 und 1968), techn. Hochschulen, Akademien, Konservatorium, Observatorium; Oper; zahlr. Museen; im Montjuich-Park Grand-Prix-Rennstrecke (3,79 km lang). - Bed. Handels- und Umschlagplatz, führendes Ind.zentrum des Landes; neben traditioneller Baumwoll-, Woll-, Seiden- und Papierind. Automobilwerke, Bau von Lokomotiven, Flugzeugmotoren und Maschinen, Schiffsbau und -reparaturen, Elektro- und chem. Industrie. Der Hafen ist durch eine über 4 km lange Mole geschützt; Fischereiflotte; Linienverkehr zu den Balearen und den Kanar. Inseln; Badestrände. Internat. ✈.

Geschichte: Schon in vorröm. Zeit gegr., hieß in röm. Zeit **Barcino**; 415 von den Westgoten, 713 von den Arabern erobert; 801 Rückeroberung durch Ludwig den Frommen; wurde Hauptstadt der Span. Mark, aus der im 10. Jh. die unabhängige Gft. B. hervorging. Die Stadt, 914–986 nochmals in maur. Hand, wurde nach der Vereinigung der Gft. B. mit Aragonien (1137) wirtsch. Zentrum dieses Reiches und einer der bedeutendsten Handelsplätze im Mittelmeerraum. 1714 von Philipp V. erobert. 1808–13 frz. besetzt; 1834–40 und 1873–76 Parteigänger der Karlisten in den Karlistenkriegen. Ende 19. Jh. bedeutendste Ind.stadt Spaniens; wiederholt Schauplatz anarchist. Attentate und des sozialist.-anarchist. Aufstandes von 1909; im Span. Bürgerkrieg (1936–39) als Hauptstadt des autonomen Katalonien auf seiten der Republik. - Reste eines röm. Stadtwalls; Kathedrale (1298–1448; katalan. Gotik) mit neugot. Fassade (1892) und got. Kreuzgang (14./15. Jh.), vorroman. Kirche San Pedro de las Puellas (10. Jh., im 20. Jh. restauriert), roman. Kirche San Pablo del Campo (10. Jh., 1120 ausgebaut), „Templo de la Sagrada Familia" (1884 begonnen; unvollendet); Rathaus (14. Jh., Hauptfassade 1847), Börse (1392; 1763 umgestaltet), Hospital de Santa Creu (Anfang 15. Jh.; jetzt Zentralbibliothek), Casa Milá (1905–10 von A. Gaudí). Am Fuße des Montjuich liegt das für die Weltausstellung 1929 angelegte Span. Dorf. - Abb. S. 50.
📖 *Cianetti, F., u. a.: B. Freib. 1968.*

B., Hauptstadt des Staates Anzoátegui im nö. Venezuela, 76 000 E. Bischofssitz, Handelszentrum eines Agrargebietes, internat. ✈; Eisenbahnverbindung zum Hafen Guanta und zum Kohlenbergbauzentrum Naricual.

Barcelona, Golf von [span. barθe'lona], 200 km breite Bucht des Karib. Meeres.

Barcelonnette [frz. barsələ'nɛt], Stadt in den frz. S-Alpen, im Ubayetal, Dep. Basses-Alpes, 1 131 m ü. d. M., 2 700 E. Markt- und Luftkurort; Aluminiumindustrie.

Barchan ↑Dünen.

Barchent [arab.], Sammelbez. für dichte, köper- oder atlasbindige Gewebe aus Baumwolle oder Zellwolle.

Barcino ↑Barcelona.

Barclay, John [engl. 'bɑːklɪ], Pseud. Euphormio, *Pont-à-Mousson bei Nancy 28. Jan. 1582, † Rom 12. Aug. 1621, engl. nlat. Dichter. - Antijesuit. Tendenz in „Satyricon" (1603-07, dt. 1901); der Roman „Argenis" (1621, dt. von Opitz 1644) gibt ein Sittenbild des zeitgenöss. Frankreich.

Barclay de Tolly, Michail Bogdanowitsch Fürst (seit 1815) [russ. bar'klajdɛ'tɔlli], *Luhde-Großhoff (Livland) 27. Dez. 1761, † bei Insterburg 26. Mai 1818, russ. Feldmarschall (1814). - Aus livländ. Adelsgeschlecht schott. Herkunft; 1810-12 Kriegsmin. 1812 Oberbefehlshaber der russ. Hauptarmee gegen die Große Armee Napoleons I., nach der Schlacht von Smolensk durch Kutusow ersetzt; 1813 erneut Oberbefehlshaber.

Barcode, svw. ↑Strichcode.

Barczewo [poln. bart'ʃɛvɔ] ↑Wartenburg i. Ostpr.

Bardeen, John [engl. bɑː'diːn], *Madison (Wis.) 23. Mai 1908, amerikan. Physiker. - Entdeckte zus. mit W. H. Brattain und W. Shockley den Transistoreffekt und war an der Entwicklung der Spitzentransistors beteiligt; bahnbrechende Arbeiten zur phänomenolog. und mikroskop. Theorie der Supraleitung. 1956 erhielt er mit W. H. Brattain und W. Shockley den Nobelpreis für Physik, seinen 2. Nobelpreis für Physik 1972 (zus. mit L. N. Cooper und J. R. Schrieffer).

Barden [kelt.], kelt. Sänger und Dichter, als Hofsänger privilegierter Stand. Sie begleiteten ihre Lieder auf dem „crwth", einem leierartigen Instrument. In Gallien bereits von klass. Autoren wie Poseidonius, Diodor, Strabon erwähnt; in Wales, Irland und Schottland fanden sie sich bis ins 17./18. Jh. Diese kelt. Hofsänger wurden im 17./18. Jh. einfach dem altnord. „scáld" (Skalde) und dem südgerman. „scop" gleichgesetzt und ihre Kunst durch eine dt. ↑Bardendichtung aufgegriffen. Die Gleichsetzung stützte sich auf Tacitus' Begriff ↑Barditus.

Bardendichtung, lyr.-ep. Gedichte dt. Dichter aus der Zeit 1766-75, die im Sinne altgerman. Skalden bzw. der ↑Barden dichten wollten. Am Anfang steht W. v. Gerstenberg („Gedicht eines Skalden", 1766); es folgen Klopstock (↑Bardiet) und K. F. Kretschmann („Gesang Ringulphs des Barden. Als Varus geschlagen war", 1768).

Bardengau, früh-ma. Gau in [Nieder]sachsen zw. Unterelbe und Lüneburger Heide beiderseits der Ilmenau (Hauptort Bardowick).

Bardenhewer, Otto [...həvər], *Mönchengladbach 16. März 1851, † München 23. März 1935, dt. kath. Theologe. - 1886 Prof. in Münster, 1886 in München; Hauptwerk „Geschichte der altkirchl. Literatur" (5 Bde., 1902-32; Nachdr. 1962).

bardieren [frz.], Fleisch vor dem Braten mit Speck belegen oder umwickeln.

Bardiet, Bez. Klopstocks für seine vaterländ. Oden und Dramen („Hermanns Schlacht", 1769, „Hermann und die Fürsten", 1784 und „Hermanns Tod", 1789), gebildet in Anlehnung an ↑Barditus.

Barditus [lat.], ungeklärter Begriff bei Tacitus („Germania", Kap. 3); Vortragsart des german. Schlachtgesangs oder -geschreis (hinter den hochgehaltenen Schildern) oder literar. Gattung („Bardengesang").

Bardo, Le, Vorort von Tunis, mit Palästen der Hafsiden und der Beis, in denen das tunes. Parlament, das archäolog. und das arab. Museum untergebracht sind.

Bárdossy, László [ungar. 'baːrdoʃi], *Szombathely 10. Dez. 1890, † Budapest 10. Jan. 1949, ungar. Politiker. - April 1941-März 1942 Min.präs.; Kriegserklärungen gegenüber der UdSSR und den USA; 1946 als Kriegsverbrecher verurteilt und hingerichtet.

Bardot, Brigitte [frz. bar'do], *Paris 28. Sept. 1934, frz. Filmschauspielerin. - 1952 heiratete sie in erster Ehe Roger Vadim, der mit ihr zahlr. Filme drehte; wurde zum typbildenden frz. Filmstar ihrer Zeit („kindl.-naiv, blond, sexuell-attraktiv"). U. a. „Das Gänseblümchen wird entblättert" (1956), „Babette zieht in den Krieg" (1959), „Die Wahrheit" (1960), „Viva Maria" (1965), „Shalako" (1968).

Brigitte Bardot (1964)

Bardowick [bardo'viːk, '---], Flecken nördl. von Lüneburg, Nds., 4300 E. - 782 (?) erstmals erwähnt. Umschlagplatz für den Handel mit den Slawen, 965 Münzstätte, großzügige ma. Stadtanlage. Nach 1160 Niedergang. - Got. dreischiffiger Dom (vor 1380-Ende 15. Jh.).

Barea, Arturo, *Madrid 1897, † London 1957, span. Schriftsteller. - Floh nach dem Span. Bürgerkrieg nach England. Sein Hauptwerk ist die autobiograph. Romantrilogie „Hammer oder Amboß sein" (engl. 1941, span. 1951; dt. 1955).

Barelli, Agostino, *Bologna 1627, † ebd. um 1687, italien. Baumeister. - Erbaute 1663ff. die Theatinerkirche in München nach der Mutterkirche des Ordens, Sant' Andrea della Valle, in Rom. Dieser erste Bau des italien. Barock in Süddeutschland wirkte bahnbrechend. 1664 begann B. mit dem Bau des Nymphenburger Schlosses (1674 von E. Zuccalli abgelöst).

Bären [zu althochdt. bero, eigtl. „der Braune"] (Ursidae), Raubtierfam. mit etwa 8 Arten in Europa, Asien und Amerika; Körperlänge etwa 1 m bis nahezu 3 m, ♀ kleiner als ♂; Körper massig, Beine relativ kurz und sehr kräftig, Schwanz sehr kurz und kaum sichtbar; Augen und Ohren klein, Fell meist lang und zottig; Sohlengänger; Allesfresser; in kalten Gebieten öfter unterbrochene Winterruhe; Tragzeit etwa 6–9 Monate, Neugeborene sehr klein (etwa 230–450 Gramm schwer). - Zu den B. gehören Braunbär, Höhlenbär, Schwarzbär, Eisbär, Brillenbär, Malaienbär, Kragenbär und Lippenbär. - Die ↑Kleinbären bilden eine eigene Familie.
Die eiszeitl. Höhlen- und Braun-B. bevorzugten Höhlen als Schlaf- und Sterbeplätze. Sie wurden schon im Mittelpaläolithikum von Menschen gejagt. - Bereits im 3. Jt. v. Chr. wurden in Mesopotamien B. gehalten. Aus Syrien wurden um 2500 v. Chr. B. nach Ägypten gebracht. In röm. Theatern wurden B. bei Tierspielen und Gladiatorenkämpfen vorgeführt und getötet. - Im alten China, bei den Griechen und Römern (die diese Sitte in ihren Provinzen nördl. der Alpen einführten) wurden B. von Gauklern mitgeführt. Im gesamten zirkumpolaren Raum ist ein **Bärenkult** seit alters belegt, bei dem B. als Götter oder als in anderer Weise religiös ausgezeichnete Wesen verehrt wurden.

Barenboim, Daniel, *Buenos Aires 15. Nov. 1942, israel. Pianist und Dirigent russ. Abkunft. - V. a. Mozart- und Beethoven-Interpret.

Bärendreck, svw. Lakritze.

Bäreneisen, schweres Tellereisen zum Fang von Bären und anderen Raubtieren.

Bärenhäuter, Nichtstuer, Faulenzer; im 16. Jh. als Schimpfwort auf die Landsknechte entstanden aus der Redensart „auf der Bärenhaut liegen" (d. h. faulenzen).
◆ (Bärenhäuter) Märchengestalt, ein Landsknecht, der auf Grund eines Paktes mit dem Teufel 7 Jahre die Haut eines Bären trägt.

Bärenhöhle, zus. mit der **Karlshöhle** 271 m lange Tropfsteinhöhle 15 km südl. von Reutlingen, Bad.-Württ.; versinterte Knochen von Höhlenbären u. a. Tieren.

Bärenhüter ↑Sternbilder (Übersicht).

Bäreninsel, norweg. Insel mit Steilküste in der Barentssee, 178 km². - Wohl schon den Normannen bekannt, 1596 von W. Barentsz wiederentdeckt; ehem. ein Zentrum der Wal- und Walroßjagd.

Bärenklau, (Acanthus) Gatt. der Akanthusgewächse mit etwa 30 Arten, v. a. Steppen- und Wüstenpflanzen Afrikas, Asiens und des Mittelmeergebietes; Kräuter oder Sträucher mit gegenständigen, buchtig-gezähnten oder fiederspaltigen Blättern und mit Dornen in den Blattachseln. Die weißen, blaßvioletten oder bläul. Blüten sind in endständigen Ähren vereinigt. Einige Arten sind Zierpflanzen. - ↑auch Stachelbärenklau.
◆ (Herkuleskraut, Heracleum) Gatt. der Doldengewächse mit etwa 60 Arten in Eurasien und N-Amerika; kräftige Stauden. In Deutschland am häufigsten ist der **Wiesenbärenklau** (Heracleum sphondylium), eine bis 1,5 m hohe Staude mit großen, einfach gefiederten Blättern, weißen Blüten und borstigrauher Behaarung, auf Wiesen, an Rainen und Waldrändern. Das über 3 m hoch werdende **Heracleum mantegazzianum** mit seinen großen Blättern wird oft in Gärten gepflanzt.

Bärenkrebse (Scyllaridae), Fam. der Panzerkrebse; Rückenpanzer abgeplattet, mit scharfer Seitenkante, das zweite Antennenpaar stark verkürzt und zu einem derben Schild verbreitert. - Im Mittelmeer 2 Arten: **Großer Bärenkrebs** (Scyllarides latus), 30–40 cm lang, bis 5 kg schwer; Rücken rostbraun; **Kleiner Bärenkrebs** (Scyllarus arctus), etwa 10 cm lang, Oberseite rötlichbraun bis schwärzl.-olivgrün; beide Arten eßbar.

Bärenlauch (Allium ursinum), stark nach Knoblauch riechende Lauchart in Eurasien. Die kleine Zwiebel des B. entwickelt im Frühjahr 2 längl.-eiförmige Blätter und eine Dolde mit bis zu 20 weißen, sternförmigen Blüten. Der B. bildet in feuchten Laubwäldern oft Massenbestände.

Barcelona. Templo de la Sagrada Familia

Bärenmarder, svw. ↑Binturong.
Bärenreiter-Verlag Karl Vötterle KG ↑Verlage (Übersicht).
Bärenrobbe (Seebär, Callorhinus ursinus), etwa 1,5 m (♀)–2,1 m (♂) lange Pelzrobbe im nördl. Pazifik; alte ♂♂ oberseits grau bis braun, Flossen und Unterseite rötlichbraun; ♀♀ mit graubrauner Oberseite und rotbrauner oder grauer Bauchseite; wegen ihres Pelzes (↑Seal) zu Beginn des 20. Jh. nahezu ausgerottet; Bestand heute durch strenge Abschußüberwachung gesichert.
Bärenschote (Astragalus glycyphyllos), häufigste einheim. Tragantart; Staude mit bis über 1 m langen Stengeln, unpaarig gefiederten Blättern und grünlichgelben Blüten in seitl. Trauben; wächst auf Steppenrasen, Kahlschlägen und in lichten Wäldern.
Bärenspinner (Arctiidae), weltweit, jedoch bes. in S-Amerika und Afrika verbreitete, fast 8 000 Arten umfassende Schmetterlingsfam.; meist leuchtend bunt; Flügelspannweite unter 1 cm bis über 10 cm. In M-Europa etwa 50 Arten, z. B. Brauner Bär und Purpurbär.
Bärentatze (Hahnenkamm, Ramaria botrytis), korallenartig verzweigter Speisepilz aus der Gruppe der Ziegenbärte; gerötete Zweigspitzen; bes. unter Buchen wachsend.
Bärentierchen, svw. ↑Bärtierchen.
Bärentraube (Arctostaphylos), Gatt. der Heidekrautgewächse mit etwa 40 Arten (in Deutschland 2 Arten) auf der N-Hemisphäre, v. a. in N- und M-Amerika; meist eiförmigen, meist ledrigen Blättern, glockigen oder krugförmigen Blüten und beerenartigen Steinfrüchten; bekannte Art: Immergrüne Bärentraube.
Barentsburg, sowjet. Bergbausiedlung auf Spitzbergen, Norwegen, am O-Ufer des Grønfjords; Wetterstation; Kohlenbergbau. - 1912 von Norwegern errichtet, 1920 von den Niederlanden gekauft und nach W. Barentsz umbenannt; 1932 von einer sowjet. Gesellschaft erworben, 1943 zerstört, 1949 wieder errichtet.
Barentsinsel ↑Spitzbergen.
Barentssee, Teil des Nordpolarmeeres, zw. der N-Küste Europas, Spitzbergen, Franz-Joseph-Land und Nowaja Semlja. Durch einen Ausläufer des Golfstroms ist der Hafen von Murmansk ständig eisfrei; nw. von Murmansk das erste sowjet. Gezeitenkraftwerk. Benannt nach W. Barentsz.
Barentsz, Willem [niederl. 'ba:rənts], *auf Terschelling um 1550, † 20. Juni 1597 vor Nowaja Semlja, niederl. Seefahrer und Kartograph. - Gelangte bei der Suche nach der Nordöstl. Durchfahrt 1594 bis zur O-Küste von Nowaja Semlja, mußte 1595 umkehren; entdeckte 1596 die Bäreninsel und Spitzbergen wieder; starb bei dem Versuch, bewohntes Festland zu erreichen.
Barett [mittellat.], seit Ende des 15. Jh. eine flache Kopfbedeckung für Männer und Frauen, die rund oder viereckig sein konnte. Oft reich verziert. Aufrechter Rand, anfängl. mit [meist aufgeschlagener] Krempe. Hielt sich v. a. in Amtstrachten (z. B. Birett).
Baretti, Guiseppe, * Turin 24. April 1719, † London 5. Mai 1789, italien. Schriftsteller und Kritiker. - 1751–60 in London, wo er ein „Dictionary of the English and Italian language" (1760) herausgab. In Venedig (1763–65) wandte er sich u. a. gegen den Akademismus der Accademia dell' Arcadia; setzte sich für Shakespeare (gegen Voltaire) ein.
Barfüßerorden, Bez. für jene Ordensgemeinschaften, deren Mitglieder barfüßig in Sandalen gehen (Franziskaner, reformierte [„unbeschuhte"] Karmeliten u. a.).
Barga, Grassteppengebiet um den See Dalai Nor (539 m ü. d. M.), in der Autonomen Region Innere Mongolei, China.
Barge Carrier [engl. 'bɑːdʒ 'kærɪə] ↑Behälterschiff.
Bargeld, i. e. S.: gültige Münzen und Banknoten in einheim. Währung; i. w. S.: alle sofort verfügbaren Mittel ersten Grades, also auch Guthaben auf Girokonten (einschließl. Postscheckkonten) und diskontfähige Wechsel.
bargeldloser Zahlungsverkehr, System von Zahlungsmöglichkeiten durch Schecks, Überweisungen und durch den Lastschriftenverkehr.
Bargello [italien. barˈdʒɛllo], ehem. Palast des Podesta von Florenz, 1574–1859 Sitz der Gerichtsbehörde (daher der Name: bargello früher „Polizeihauptmann", heute Nationalmuseum (Plastik). 1255 ff. erbaut, im 16. Jh. restauriert.
Bargheer, Eduard [barˈgeːr], *auf Finkenwärder (= Hamburg-Finkenwerder) 25. Dez. 1901, † Hamburg 1. Juli 1979, dt. Maler. - Lebte seit 1939 auf Ischia; südl. Landschaften (Aquarelle).
Barhebraeus (latinisiert für hebr. Bar-Ebraja bzw. arab. Ibn Al Ibri, auch: Abul Faradsch), * Melitene (= Malatya) 1226, † Al Maragha 30. Juli 1286, syr.-jakobit. Bischof, Schriftsteller. - 1264 zum zweithöchsten Geistlichen der jakobit. Kirche ernannt. Bes. bekannt ist neben seinen bed. dogmat., eth., asket. und kanonist. Werken ein großes Geschichtswerk und eine Darstellung der aristotel. Philosophie.
Bar Hillel, Yehoshua, * Wien 8. Sept. 1915, israel. Wissenschafts- und Sprachphilosoph. - Seit 1954 Prof. in Jerusalem. Bed. Vertreter einer auf der Grundlage der formalen Logik und neueren Wissenschaftstheorie betriebenen Linguistik.
Bari, Hauptstadt und wichtigster Hafen der italien. Region Apulien, am Adriat. Meer, 368 000 E. Erzbischofssitz; Univ. (gegr. 1924); nach Neapel wichtigstes wirtsch. Zentrum Süditaliens; jährl. Messe „Fiera del Levante";

Barinas

Autofähren nach Dubrovnik und Bar (Jugoslawien); ⚓. - Das antike **Barium** war Hafenstadt der Peuketier, im 1. Jh. v. Chr. röm. Munizipium. 841-876 fiel die byzantin. Stadt an die Sarazenen; 1071 von den Normannen erobert, 1156 von Wilhelm II. fast ganz zerstört. Unter den Staufern große wirtsch., strateg. und kulturelle Bed. 16.-18. Jh. span. - Stauf. Kastell (1233-40), roman. Kathedrale (nach 1156); Basilika San Nicola (um 1087-1196; Reliquien des hl. Nikolaus von B.); 1813 Anlage der Neustadt.

Barinas, Hauptstadt des venezolan. Staates B., am Fuß der Cordillera de Mérida, 180 m ü. d. M., 64 000 E. Bischofssitz; verkehrsgünstig gelegenes Handelszentrum; ⚓.
B., B.staat in W-Venezuela, 35 200 km², 326 000 E (1981), Hauptstadt Barinas; erstreckt sich von der Cordillera de Mérida im W über die Llanos del Orinoco bis zum Río Apure. Rinderzucht, Holzwirtschaft; Erdöl- und Erdgasgewinnung.

Baring [engl. 'bɛərɪŋ], aus Bremen stammende, seit dem späten 18. Jh. in brit. Finanz- und Handelswesen bed. Familie:
B., Evelyn, Earl of Cromer, †Cromer, Evelyn Baring, Earl of.
B., Sir Francis, 1. Baronet (seit 1793), * Larkbear bei Exeter 18. April 1740, † Lee (Kent) 11. Sept. 1810, Bankier. - Gründete 1770 zusammen mit seinem Bruder John B. (* 1730, † 1816) in London das Bankhaus **Baring Brothers & Co.** (Name seit 1806), das im 19. Jh. eines der größten Bankhäuser Europas war.
B., Thomas George, Earl of Northbrook

Bari. Hafen mit der Kathedrale
im Hintergrund

†Northbrook, Thomas George Baring, Earl of.

Bariolage [bario'la:ʒe; frz.; eigtl. „Farbengemisch"], beim Violinspiel bes. Effekt durch wechselndes Spiel auf verschiedenen Saiten (höherer Ton auf tieferer Saite).

barisches Windgesetz [griech./dt.], Gesetz über die Beziehung zw. Windrichtung und Luftdruckverteilung: auf der Nordhalbkugel strömt der Wind im Uhrzeigersinn um ein Hochdruckgebiet, gegen den Uhrzeigersinn um ein Tiefdruckgebiet. Das b. W. gilt erst ab rund 1 000 m Höhe.

Barischnikow, Michail Nikolajewitsch, * Riga 27. Jan. 1948, sowjet. Tänzer. - Mgl. des Kirow-Balletts, das er 1974 auf einer Tournee in den Westen verließ; heute einer der gefeiertsten Tänzer in der westl. Welt.

Barito, Fluß in S-Borneo, entspringt im S des zentralen Gebirgslandes, mündet in 2 breiten Armen, im östl. unterhalb von Banjarmasin, im westl. zus. mit dem Kapuas; etwa 900 km lang.

Bariton [italien.; zu griech. barýtonos „voll tönend"], musikal. Stimmlagenbez. für den Bereich zw. Tenor und Baß (Umfang $A - e^1/g^1$). - †auch Baryton.

Baritonschlüssel, Bez. für den F-Schlüssel auf der 3. Notenlinie: und den C-Schlüssel auf der 5. Notenlinie:

Barium, antike Stadt, †Bari.

Barium [griech.; nach dem Mineral Baryt], chem. Symbol Ba, metall. Element aus der zweiten Hauptgruppe des Periodensystems der chem. Elemente. Ordnungszahl 56, mittlere Atommasse 137,33. - B. ist ein silber-

Barlaam und Josaphat

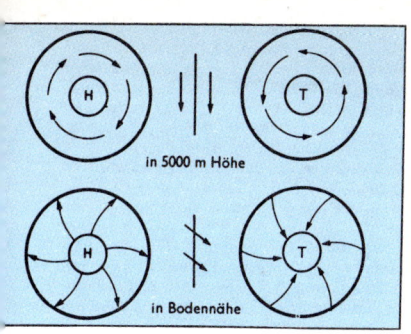

Barisches Windgesetz. Luftströmung um ein Hoch- und ein Tiefdruckgebiet auf der Nordhalbkugel

weißes, dehnbares, sehr reaktionsfähiges Leichtmetall; Dichte bei 15 °C 3,75 g/cm^3, Schmelzpunkt bei 725 °C, der Siedepunkt bei 1 640 °C. Wie alle Elemente aus der Gruppe der Erdalkalimetalle überzieht sich B. an Luft rasch mit einer schwarzen bis grauen Oxidschicht; in der Natur findet es sich in Form des Minerals ↑Baryt. In Form von B.legierungen wird das Element als Lagermetall (Blei-Barium-Legierungen) verwendet.

Bariumcarbonat, $BaCO_3$, Bariumsalz der Kohlensäure; in der analyt. Chemie wird die Fällung von B. zum Bariumnachweis verwendet. In der Technik verwendet zur Herstellung bariumhaltiger Gläser (Barytgläser), in der Pyrotechnik zur Flammenfärbung.

Bariumchlorat, $Ba(ClO_3)_2$, Bariumsalz der Chlorsäure; Verwendung in der Sprengstoffind. und (wegen der grünen Flammenfärbung) in der Pyrotechnik.

Bariumchlorid, $BaCl_2$, Bariumsalz der Salzsäure; wird in der Technik zur Holzimprägnierung gegen Insektenbefall und zum Anlassen bei der Stahlhärtung verwendet.

Bariumferrit, ferromagnet. Sinterwerkstoff für Dauermagnete.

Bariumhydroxid (Ätzbaryt), dient in der analyt. Chemie als Reagenz auf Kohlendioxid (bzw. Carbonationen) und Sulfationen (Fällung von schwer lösl. Bariumcarbonat bzw. -sulfat); in Wasser nur schwer lösl., die wäßrige Lösung reagiert als starke Base (**Barytwasser**).

Bariumoxide, Verbindungen des Bariums mit Sauerstoff. **Bariumoxid** (Baryterde), BaO, findet Verwendung als Zusatz zu Glasschmelzen (Barytgläser) und zur Herstellung von ↑Oxidkathoden. **Bariumperoxid (Bariumdioxid),** BaO_2, dient zur Herstellung von Wasserstoffperoxid und als Bestandteil von Zündkirschen bei der Aluminothermie.

Bariumsulfat, $BaSO_4$, schwer lösl. Bariumsalz der Schwefelsäure; kommt in der Natur in Form von ↑Baryt vor. Es dient als Röntgenkontrastmittel für Magen und Darm, als Pigment (**Barytweiß, Permanentweiß, Blanc fixe**) und als Füllstoff für Papiere, Druckfarben und Kautschuk.

Bark [niederl.], drei- oder viermastiges Segelschiff.

Barkarole [italien.; zu barca „Boot"], vokales oder instrumentales Musikstück vorwiegend im $^6/_8$-Takt, ursprüngl. Bez. für die Gesänge des venezian. Gondolieri; in Oper, Lied und Instrumentalmusik übernommen (Schumann, Chopin u. a.).

Barkasse [niederl.], Motorboot zur Personenbeförderung im Hafen und als Beiboot auf Fahrgast- und Kriegsschiffen.

Barke [niederl.], v. a. im Mittelmeergebiet verbreitetes, kleines Boot ohne Mast.

Barkhausen, Heinrich [Georg], * Bremen 2. Dez. 1881, † Dresden 20. Febr. 1956, dt. Physiker. - Gründete das erste Institut für Schwachstromtechnik; grundlegende Arbeiten über elektr. Schwingungen und Elektronenröhren.

Barkiden, angesehene, aristokrat. Familie im 3. Jh. v. Chr. in Karthago; Nachkommen des Hamilkar Barkas, namentl. dessen Söhne Hannibal, Hasdrubal und Mago.

Barkla, Charles Glover [engl. ˈbɑːklə], * Widnes (Lancashire) 7. Juni 1877, † Edinburgh 23. Okt. 1944, brit. Physiker. - Prof. in London und Edingburgh; entdeckte, daß die beim Auftreffen von schnellen Elektronen auf Metalle entstehende Röntgenstrahlung aus zwei Anteilen besteht, der ↑Bremsstrahlung und der für die betreffende Substanz charakterist. Röntgeneigenstrahlung. Mit der Analyse der Eigenstrahlung begründete er (zus. mit H. Moseley) die Röntgenspektroskopie; Nobelpreis für Physik 1917.

Barkley, Alben William [engl. ˈbɑːklɪ], * Graves County (Ky.) 24. Nov. 1877, † Lexington (Va.) 30. April 1956, amerikan. Politiker. - 1937–49 Fraktionsführer der Demokraten im Senat, in dem er Roosevelts New-Deal-Gesetzgebung durchsetzte; 1949–53 Vizepräsident.

Barklytafelland [engl. bɑːklɪ], Plateau in N-Australien, südl. des Carpentariagolfes, Trockensavanne mit ausgedehnter Viehzucht.

Bar Kochba (hebr. Simon Bar Kosiba), ✗ Beth-Ter 135 n. Chr., jüd. Freiheitskämpfer. - Führer des Aufstandes gegen die Römer 132; sein messian. Anspruch wurde vom Volk und den Rabbinen bereitwillig anerkannt; erst mit rd. 50 000 Mann gelang den Römern die Eroberung und Zerstörung Jerusalems (134); fand den Tod, als die Festung Beth-Ter durch Verrat fiel; Tausende wurden hingerichtet, als Sklaven verkauft oder nach Ägypten deportiert.

Barkune [niederl.], Klappdavit.

Barlaam und Josaphat (B. und Joasaph), im MA weit verbreitetes Volksbuch, eine verchristlichte Darstellung der Buddha-

Barlach

legende, in der die Bekehrung eines Königssohnes J. durch den Einsiedler B. geschildert wird. In griech. Sprache zuerst von Johannes von Damaskus im 7. Jh. veröffentlicht.

Barlach, Ernst, * Wedel (Holstein) 2. Jan. 1870, † Rostock 24. Okt. 1938, dt. Bildhauer, Graphiker und Dichter. - Seine expressionist. Plastiken, v. a. Einzelfiguren oder Zweiergruppen, zeigen einen Menschentyp, der von einer höheren Wirklichkeit angerührt ist, „sehnsüchtige Mittelstücke zw. einem Woher und einem Wohin". Vorwiegend schnitzte er in Holz, machte aber auch selbst Bronzegüsse, z. T. nach Modellen in Gips, die er vor dem Schnitzen anfertigte (meistens erhalten). Häufig existieren mehrere eigenhändige sowie spätere Güsse. Seinen Plastiken liegt eine Blockform zugrunde, die in eine große Bewegungskurve aufgelöst wird. Es handelt sich v. a. um „Mantelfiguren". Ein Großteil seiner Werke befindet sich im E.-B.-Haus in Hamburg. Erhielt auch kirchl. Aufträge, u. a. Ehrenmal für den Dom zu Güstrow (Bronze, 1927; vernichtet 1938, Neuguß; ein 1942 in Auftrag gegebener Neuguß in der Kölner Antoniterkirche). B. schuf auch graph. Blätter (Lithographien und Holzschnitte), z. T. Illustrationen seiner Dramen. *Literar.* wird B. dem Expressionismus zugerechnet. In dem Drama „Der blaue Boll" (1926) wird das

Ernst Barlach, Ruhe auf der Flucht (1924). Privatbesitz

„Werden" umkreist, als ein Brückenschlag in ekstat. erahnte metaphys. Bereiche. - *Weitere Werke:* Der tote Tag (Dr., 1912), Der arme Vetter (Dr., 1918), Der Findling (Dr., 1922), Ein selbsterzähltes Leben (1928), Die Sündflut (Dr., 1924), Der gestohlene Mond (R., hg. 1948), Seespeck (R., hg. 1948).

▭ *Heukäufer, M.:* Sprache u. Gesellschaft im dramat. Werk E. B.s Hdbg. 1985. - *Carls, C. D.:* E. B. Das plast., graph. u. dichter. Werk. Bln. ⁸1968.

Bärlapp (Lycopodium), Gatt. der Bärlappgewächse mit etwa 400 weltweit verbreiteten Arten (etwa 8 Arten in Europa); krautige, immergrüne Pflanzen ohne sekundäres Dickenwachstum; z. B. † Keulenbärlapp.

Bärlappe (Lycopsida), Klasse der Farnpflanzen mit den Ordnungen Bärlapppflanzen, Moosfarne, Brachsenkräuter und den ausschließl. fossilen Urbärlappen, ferner den Schuppenbäumen. Die B. sind gekennzeichnet durch gabelig verzweigte Sprosse und nadelförmige Blätter. Heute krautige Pflanzen, die fossilen Arten waren dagegen z. T. baumförmig (Schuppen-, Siegelbäume) und bildeten im Karbon Wälder, aus denen sich durch Inkohlung zum großen Teil die heutigen Steinkohlenvorkommen bildeten.

Bärlappgewächse (Lycopodiaceae), einzige Familie der Bärlapppflanzen mit den beiden Gatt. Zungenblatt und Bärlapp.

Bärlapppflanzen (Lycopodiales), Ordnung der Bärlappe mit der einzigen Fam. Bärlappgewächse.

Barlauf [zu altfrz.-mittelhochdt. barre „Schranke"], altes dt. Lauf- und Fangspiel zweier Mannschaften (bis zu 60 Spielern) auf einem 25–30 m langen und 20–25 m breiten, in zwei Hälften geteilten Spielfeld. Ziel des Spieles ist es, einen in das gegner. Spielfeld gelaufenen Gegner abzuschlagen.

Bar-le-Duc [frz. barlə'dyk], frz. Stadt, 75 km westl. von Nancy, 186 m ü. d. M., 18 500 E. Verwaltungssitz des Dep. Meuse; Uhren-, Textil-, Gummi- u. a. Ind. - Im 10. Jh. Residenz der Grafen von Bar, 1234 Stadtrecht; seit 1766 zur frz. Krone. - Spätgot. Kirche Saint-Pierre (Ende des 15. Jh.), Renaissancehäuser.

Barleistungen, in der dt., östr. und schweizer. Sozialversicherung die in Geld zu erbringenden Leistungen; Ggs.: **Sachleistungen** (Arzneien und Krankenhauspflege).

Barletta, italien. Hafenstadt in Apulien, 83 000 E. Bischofssitz; Wirtsch.- und Handelsplatz, chem. Ind., Weinbrennereien, Meersalzgewinnung, Küstenfischerei und Fremdenverkehr. - Das röm. **Barduli** fiel an die Ostgoten, Byzantiner und Langobarden; 1190 normann. Stadt; Ende des 17. Jh. verfallen, im 18. Jh. wiedererstanden. - 15 km westl. das Schlachtfeld von † Cannae. - Roman.-got. Dom (vor 1150 begonnen), frühgot. Basilika San Sepolcro (13. Jh.). Vor ihr steht der sog.

Koloß von Barletta (bronzene Panzerstatue eines röm. Kaisers); normann.-stauf. Kastell, Porta Marina (1751).

Barlog, Boleslaw [Stanislaus], * Breslau 28. März 1906, dt. Regisseur. - Wurde 1945 Intendant und Regisseur am Schloßparktheater in Berlin und übernahm 1951 ebd. die Leitung des Schillertheaters (seitdem firmierte das Schloßparktheater als Kammerspiele), wozu 1959 das Studio kam; gab 1972 die Generalintendanz ab. B. gab dem Theater durch z. T. eigenwillige Inszenierungen neue Impulse. Seine Vorliebe galt bes. dem modernen Drama und den Komödien Shakespeares. - Autobiogr. „Theater lebenslänglich" (1984).

Barmekiden (Barmakiden; arab. Al Baramika, auch: Al Barmak), Familie iran. Herkunft, deren Mgl. hohe Ämter unter den ersten Abbasidenkalifen innehatten; 803 entmachtet.

Barmen, Stadtteil von ↑Wuppertal.

Barmer Bekenntnissynode, von der ↑Bekennenden Kirche zum 30./31. Mai 1934 nach Barmen einberufene Synode; verabschiedete die kirchengeschichtl. bed. ↑Barmer Theologische Erklärung.

Barmer Ersatzkasse, Abk. BEK, dt. Ersatzkrankenkasse mit Sitz in Wuppertal-Barmen; gegr. 1904.

Barmer Theologische Erklärung, von der Barmer Bekenntnissynode einstimmig am 31. Mai 1934 angenommene theolog. Erklärung, deren sechs Sätze vorwiegend von K. Barth stammen. Sie ist Bekenntnis gegenüber der vom Nationalsozialismus geprägten Verfälschung christl. Lehren durch die ↑Deutschen Christen. Die B. T. E. gilt in der EKD, v. a. in unierten Kirchen, als Bekenntnisschrift. Sie hat große theolog. und kirchenpolit. Bed. auch über den dt. Bereich hinaus.

Barmherzige Brüder, Name mehrerer Orden und Kongregationen der kath. Kirche, die Krankenpflege betreiben. Der wichtigste ist der **Hospitalorden der Barmherzigen Brüder vom hl. Johannes von Gott** (lat. Ordo Hospitalarius Sancti Joannis de Deo, Abk.: OSJdD), 1537 als Verein gegr., 1571 zum Orden umgebildet.

Barmherzige Schwestern, i. e. S. Bez. für die Mgl. der kath. Schwesternkongregationen, in deren Namen das Wort „Barmherzigkeit" (lat. misericordia) oder „Liebe" (lat. caritas) vorkommt; i. w. S. auch andere Schwesternkongregationen, die in der Kranken- und Armenpflege tätig sind.

Barmherzigkeit, der Antrieb und das Verhalten, des Leides anderer, v. a. fremder Menschen gewahr zu werden und sich seiner durch solidar. Hilfe anzunehmen. In der Bibel oft als Grundeigenschaft (bedeutungsgleich mit Gnade, Erbarmen) Gottes dargestellt (2. Mos. 34, 6; Ps. 25, 6; 2. Kor. 1, 3). Im N. T. wird B. v. a. als das Verhalten gekennzeichnet, das das wahre christl. Leben auszeichnet.

Bar-Mizwa [aram. „Sohn der Verpflichtung"], bezeichnet 1. den jüd. Jungen, der das 13. Lebensjahr vollendet hat, 2. den Akt der Einführung des Jungen in die jüd. Glaubensgemeinschaft. - Eine entsprechende Feier (**Bat-Mizwa** „Tochter der Verpflichtung") wird auch bei zwölfjährigen Mädchen durchgeführt.

Barn [engl.] (Einheitenzeichen barn oder b), bei der Angabe von Wirkungsquerschnitten in der Kernphysik verwendete Flächeneinheit; 1 barn = 10^{-24} cm^2.

Barnabas, aus der Bibel übernommener männl. Vorname aram. Ursprungs, eigtl. „Sohn des Trostes".

Barnabas, von den Aposteln verliehener Beiname des Leviten Joseph aus Zypern. B. wirkte in der Gemeinde von Antiochia neben Paulus als Prophet oder Lehrer (Apg. 13, 1). Begleitete Paulus auf seiner 1. Missionsreise.

Barnabasbrief, fälschl. dem Barnabas zugeschriebene erbaul.-lehrhafte christl. Schrift des 1. Jh.

Barnabiten [nach dem Mutterhaus St. Barnabas in Mailand] (Regularkleriker vom hl. Paulus, auch Paulaner), 1530 von A. M. Zaccaria gegr. kath. Orden, der sich seit dem 17. Jh. bes. der Jugenderziehung widmet; zählte 1977 500 Mitglieder.

Barnack, Oskar, * Lynow (Brandenburg) 1. Nov. 1879, † Bad Nauheim 16. Jan. 1936, dt. Feinmechaniker. - Entwickelte bei der Firma Leitz in Wetzlar die erste Kleinbildkamera, die „Leica" (1914).

Barnard [engl. 'ba:nəd], Christiaan N[eethling], * Beaufort West (Kapprovinz) 8. Nov. 1922, südafrikan. Chirurg. - Ihm gelang die erste erfolgreiche Operation am offenen Herzen in S-Afrika und am 3. Dez. 1967 am Groote-Schur-Hospital in Kapstadt die erste erfolgreiche Herztransplantation.

B., Edward Emerson, * Nashville (Tenn.) 16. Dez. 1857, † Williams Bay (Wis.) 6. Febr. 1923, amerikan. Astronom. - Prof. in Chicago; verbesserte die Methoden der Himmelsphotographie, mit deren Hilfe ihm eine Reihe von Entdeckungen gelangen: 5. Jupitermond (1892), später vier weitere lichtschwache Satelliten des Jupiters und galakt. Dunkelwolken; bestimmte die Dicke des Saturnringes.

B., Henry, * Hartford (Conn.) 24. Jan. 1811, † ebd. 5. Juli 1900, amerikan. Pädagoge. - Begann viele Schulreformen in Connecticut; reformierte das Volksschul- und Lehrerbildungswesen der USA von Grund auf.

Barnaul, Hauptstadt der sowjet. Region Altai, RSFSR, in W-Sibirien, 568 000 E. Mehrere Hochschulen, 2 Theater; Metall- u. a. Ind. - 1730 gegr., seit 1771 Stadt.

Barnay, Ludwig, * Pest (= Budapest) 7. Febr. 1842, † Hannover 1. Febr. 1924, dt. Schauspieler und Theaterleiter. - Helden- und Charakterdarsteller der Meiningertruppe. 1871 Mitbegründer der „Genossenschaft Dt.

Il Barocci, Geburt Christi (um 1597). Madrid, Prado

Bühnen-Angehörigen" und 1883 des Dt. Theaters in Berlin.

Barnes [engl. bɑːnz], Djuna, * Cornwall-on-the-Hudson (N.Y.) 12. Juni 1892, † New York 18. Juni 1982, amerikan. Schriftstellerin. - Sie gestaltet in witziger, lyr. Prosa Probleme menschl. Zusammenlebens. Bed. ihr psychoanalyt. Roman „Nachtgewächs" (1936).

B., Harry Elmer, * Auburn (N.Y.) 15. Juni 1889, amerikan. Soziologe und Kulturhistoriker. - In seinen zahlr. soziolog. und geschichtsphilosoph. Schriften um eine histor.-soziolog. Darstellung von Genese und Fortentwicklung der westl. Kultur bemüht.

Barnett-Effekt [engl. ˈbɑːnɪt; nach dem amerikan. Physiker S. J. Barnett, * 1873, † 1956], im Jahre 1914 erstmals nachgewiesene Magnetisierung eines Eisenstabes durch schnelle Rotation um seine Längsachse. - ↑ auch Einstein-de-Haas-Effekt.

Barnevelt, Johan van [niederl. ˈbarnəvɛlt], ↑ Oldenbarnevelt, Johan van.

Barnim, Name pommerscher Herzöge: **B. I.,** * um 1218/19, † 13. oder 14. Nov. 1278, Herzog von Pommern (seit 1220). - Regierte seit 1233 selbständig, vereinigte 1264 ganz Pommern, baute sein Hzgt. zu einem lebenskräftigen Territorium aus; Städtegründungen.

Barnim, Moränenlandschaft nö. von Berlin mit Wäldern, weiten Ackerflächen und Seen. Die Raseneisenerze um Eberswalde und die Wasserkraft der Finow ermöglichten eine frühe Industrialisierung im 17. Jh.

Barnum, Phineas Taylor [engl. bɑːnəm], * Bethel (Conn.) 5. Juli 1810, † Philadelphia 7. April 1891, amerikan. Unternehmer im Showbusineß. - Führte seit 1841 das Amerikan. Museum in New York durch Kuriosa zu weltweiter Berühmtheit; engagierte Jenny Lind für eine Tournee durch die USA; eröffnete 1871 einen Zirkus, der als „die größte Schau der Welt" galt.

baro..., Baro... [griech.], Bestimmungswort in Zusammensetzungen mit der Bed. „Schwere..., Luftdruck...", z. B. Barometer.

Barocci, il [italien. il baˈrɔttʃi], eigtl. Federico Fiori, * Urbino um 1528 (oder um 1535), † ebd. 1. Okt. 1612, italien. Maler. - Beeinflußt von Correggio; großer Bewegungsreichtum der Bilder. „Madonna del Popolo" (1579; Uffizien), ein Hauptwerk der Frühzeit, „Kreuzigung Christi" (1596; Dom in Genua), „Geburt Christi" (Prado); Skizzen.

barock, zum Barock gehörend, im Stile des Barocks; verschnörkelt, überladen, schwülstig.

Barock [italien.-frz.; zu portugies. barroco „unregelmäßig" (urspr. von der Perlenoberfläche gesagt)], auf Renaissance und Manierismus um 1600 folgender Kunststil, der sich über Europa und seine Kolonien verbreitet. In den bildenden Künsten stirbt er im allgemeinen um 1770 ab (1720–70 wird auch als Rokoko abgegrenzt). Der B.begriff, anfangs auf Italien und seine Einflußgebiete beschränkt, benennt heute die Gesamtepoche (B.zeit, B.kultur), und in das Phänomen des B.stils wird auch die klassizist. Stilkomponente bes. Englands (Palladianismus) und Frankreichs („style classique") einbegriffen. Den Stilbegriff B. überträgt erstmals F. Strich auf die Literatur. Das Ende des literar. B. ist mit dem Eindringen der Aufklärung in die Literatur seit dem 2. Jahrzehnt des 18. Jh. gegeben (z. T. unter erhebl. Verzögerung). In der Musik wird um 1750 eine Zäsur gesetzt. Seine Internationalität, die ständige Synthese seiner Elemente, bedingen die Stilentwicklung des Barock.

Barockzeitalter, Barockkultur: In der Zeit der Gegenreformation wird der Glanz der Welt, den die Renaissance entdeckte, den das B. schmerzhaft empfindet, von der Vorstellung des Todes überschattet („Memento mori!"). Der Tod enthüllt die Welt als Schein und Trug, nichts hat Bestand, Wirklichkeit hat nur das Jenseits. Die B.kunst sucht die Transzendenz überall sichtbar zu machen. Im Drama sind die himml. Mächte mit im Spiel, in der Baukunst öffnet sich – zum Schein – der Raum ins Unendliche (der Himmel offenbart sich). Plastik und Malerei huldigen der beziehungsvollen Allegorie. Der Barockmensch steht in der Spannung von Weltflucht und Weltlust. Keine Zeit liebte glanzvolle Feste

BAROCK

Anthonis van Dyck,
Susanna im Bade (vor 1627).
München, Alte Pinakothek

Rembrandt, Der Segen Jakobs (1656).
Kassel, Staatl. Kunstsammlungen

Gian Lorenzo Bernini, Die selige Ludovica
Albertona (1671). Rom, San Francesco a Ripa

Peter Paul Rubens, Le chapeau de paille
(um 1630) London, National Gallery

Johann Bernhard Fischer von Erlach, Fassade der
Dreifaltigkeitskirche in Salzburg (1694–1702)

Barock

und Aufzüge mehr. Der Palastbau zentrierte sich um die Festräume, außen hat er eine breite repräsentative Fassade. Spielt auch jeder Mensch nur eine kurze unwirkl. Rolle auf der Bühne des Lebens, will er möglichst viel, will er bedeutend scheinen (Allongeperücke, Reifröcke, hohe Absätze tragen das ihre bei). Aus allem Dasein spricht die Transzendenz, die Sitte neigt zum beziehungsvollen Ritual. Hieraus entspringt die alles durchdringende Trieb- und Formkraft der Kunst.

Bildende Kunst: Im 19. Jh. wird in der Kunstgeschichte als erstes das Malerische als Grundprinzip der barocken Architektur erkannt. Alle klaren Abgrenzungen, die tastbare Plastizität von Körper und Raum, werden im B. verwischt. Dann tritt die Bewegung der Massen, die Bewegung der ganzen Formwelt, ins Blickfeld. Mit dieser Bewegung erfolgt eine Unterordnung der Teile unter das Ganze. Es entsteht ein einheitl., zugleich dynam. Raum (ein fließender Raum) und ein illusionist., ins Unendliche sich öffnender Raum. Ihm dienen Stukkatur, Freskierung, Plastik. Auch in der Malerei werden diese Prinzipien deutlich (z. B. der raumverbindende Schlagschatten, das raumschaffende Helldunkel Caravaggios). Ausbreitung der B.kunst: Die künstler. Gesamtentwicklung setzt in Rom unter Mithilfe v. a. oberitalien. Kräfte ein. Die Hochstufe umspannt etwa 1630 ganz Italien; Ende des 17.Jh. tritt Rom gegen Neapel, Piemont, Venedig zurück. In den Niederlanden und in Spanien entsteht eine realist. Malerei; die span. (Churrigueristmus) und engl. (palladian.) Bauart überzieht S- und N-Amerika. Nach 1680 wird der B. durch die Habsburger zum „Reichsstil" und auch ein osteurop. B. (Böhmen, Polen, Rußland) entfaltet sich. B.architektur: Im *Kirchenbau* verfolgen Vignolas Il Gesù in Rom die Kuppelbasilika als Typus der kath. Gemeindekirche. Das Thema der Raumverschmelzung (Synthese von Lang- und Zentralbau) verfolgen Bernini, Borromini und Guarini, Longhena, Iuvara u. a. italien. Baumeister weiter. Die prot. zentralräuml. Kirche gewinnt in der Dresdner Frauenkirche (Bähr, 1726ff.) Monumentalität. Fischer von Erlach erfüllt die röm. Modelle mit der Reichssymbolik (Karlskirche, Wien 1716–22). Der Spätstil gipfelt im süddt. Kircheninnenraum (Weltenburg, 1718ff., Brüder Asam; Vierzehnheiligen, 1754ff., B. Neumann; Rott am Inn, 1758ff., M. Fischer). Der *B.palast* findet in Frankreich seinen Höhepunkt in Versailles (Le Vau). Er dominiert Stadt und Parkgelände mit seinen Achsenstrahlen. Den dt. Palastbau zeichnen die Treppenhäuser aus (in Pommersfelden nach Plänen von J. L. Hildebrandt, in der Residenz Würzburg von B. Neumann), ebenso seine Festbauten wie der Dresdner Zwinger (1711 ff.), der aus Pöppelmanns Bau und Permosers Skulptur als Einheit hervorgeht. Beherrschende Akzente in der Landschaft setzen Stifts- und Klosteranlagen wie Melk (1702 ff., Prandtauer) oder Banz (1698 ff., die Dientzenhofer). Die Skulptur erneuert Bernini als Schaubild, das sich im Raumverbande zu szen. Wirkung steigert („Vision der hl. Therese", 1645), fortgebildet in Weltenburg (1712–1721, Brüder Asam), durch den Südfranzosen P. Puget und A. Schlüter in Berlin. Die bemalte Holzskulptur vertieft sich in Spanien zur myst. Entrückung, in Süddeutschland gipfelt sie in der lyr. Anmut I. Günthers (um 1760). Zur Kleinplastik tritt im 18. Jh. das Porzellan hinzu (Bustelli). Der B.malerei weisen um 1600 der Naturalismus Caravaggios und sein raumbildendes Helldunkel sowie die Carracci den Weg. Von neuem entfaltet Italien Altarbild, Historie, Porträt, dazu die ideale Landschaft und eine mächtige, dekorativ-illusionist. Freskomalerei (il Baciccia, A. Pozzo, Tiepolo). In den bürgerl. Niederlanden bändigt Rubens den gesamten Darstellungsstoff der Zeit, Rembrandt durchdringt ihn innerlich. Im Bildnis (Hals), Sittenstück (Brouwer), Interieur (Vermeer), in Landschaft (Ruisdael) und Vanitas-Stilleben schildern die Niederländer eine tief empfundene Wirklichkeit. Spaniens Realismus reißt die Kluft zw. Diesseits und Jenseits auf (El Greco, Zurbarán, Murillo, Velázquez, Goya). Frankreich leiht auch den erhabenen Vorwürfen humanes Maß (La Tour, L. Le Nain, Poussin, Claude Lorrain sowie die Rokokokünstler Watteau, Boucher, Chardin). Die engl. Rokokogesellschaft setzt sich (seit 1730) in der Bildniskunst (Reynolds, Gainsborough) ein Denkmal. Venedig erlebt eine große Blüte der Malerei (G. B. Piazzetta, Canaletto, Guardi, Tiepolo). In Süddeutschland, nachdem der bed. erste Ansatz (A. Elsheimer, J. Liß) um 1630 abgebrochen war, entfalten sich auf der Spätstufe die Visionen der Altar- und Deckenmalerei (M. Günther, Maulpertsch, Tiepolo), assistiert von der Freskierungskunst (die Feuchtmayer, F. de Cuvilliés d. Ä., die Wessobrunner Schule).

Literatur: Der literar. Barockbegriff ist zweifach definierbar: 1. Histor. benennt er jenes nat. Grenzen sprengende Phänomen, das sich im polit., sozialen und kulturellen Umfeld des Jesuitenordens und der Gegenreformation in der 2. Hälfte des 16. Jh. in Spanien ausbildet und durch die Vermittlung Italiens epochale Bedeutung im Europa (und Lateinamerika) des 16. und 17. Jh. gewinnt. 2. Phänomenolog. dient er zur Charakterisierung solcher Literaturen oder literar. Formen, die bestimmte, mit B.begriff und -vorstellung verbundene Kriterien erfüllen. In den roman. Ländern entwickelt sich der literar. B. mit unterschiedl. Dauer und Intensität und begleitet tendenziell auch entgegengesetzte Strömungen wie die Klassik in Frankreich. Reichtum und Innovationskraft des literar. B. in Spanien bezeugen so verschiedene Autoren

Barock

wie Cervantes, Quevedo, Mateo Alemán, Lope de Vega, Calderón und Gracián. Vor dem histor. Hintergrund eines verfolgbaren polit. Machtverfalls entlarven sie die Brüchigkeit von Illusionen, enthüllen die Fragwürdigkeit ständ. Ordnungsvorstellungen. Italien hat mit Tasso und Marino seine herausragendsten Vertreter des literar. B. vorzuweisen, die zugleich dessen Spannweite andeuten. Die Gestaltung barocker Thematik in der Literatur Frankreichs beginnt um 1580 mit Montaignes Betonung der Wechselhaftigkeit des Individuellen und endet um 1665, als Racine und Molière mit ihren Werken Verwandlung und Überwindung einer Epoche signalisieren. In dem genannten Zeitraum indessen waren Lyrik (Saint-Amant, Théophile de Viau und Tristan l'Hermite und Drama (P. Corneille, Cyrano de Bergerac, Sorel u. a.) intensiv vom Genie des Barock geprägt worden. Die Epik dagegen – die Romane d'Urfés, Scudérys und La Calprenèdes – unterliegt sozialgeschichtl., geistig und formal stärker den Einflüssen von Salonkultur und Preziösentum. Den Beginn der B.literatur in Deutschland markiert das „Buch von der dt. Poeterey" (1624) von M. Opitz, der sich stark an frz., italien. und antiken Vorbildern ausrichtet. Bed. Poetiken stammen auch von Harsdörffer (1647–53) und D. G. Morhof (1682). Auf artist. Disziplinierung der Begabung kommt es an. Ein bed. dt. Beitrag zum Barock ist die Lyrik. An erster Stelle steht das Lied. Neben Geistlichen (J. Rist, P. Gerhardt u. a.) dichten Opitz, S. Dach, P. Fleming, Gryphius religiöse Lieder. Das weltl. Lied hat seine Zentren in Leipzig und Königsberg (S. Dach). Frisch u. echt klingen die Lieder C. Stielers („Geharnschte Venus", 1660). Daneben wird das Sonett gepflegt, der Ansatz geht wieder von Opitz aus, Fleming und Gryphius greifen es auf. Gryphius versteht auch die Großform der dreiteiligen „Pindar. Ode" zu meistern und steht an der Spitze der dt. Barocktragödie (z. T. Einfluß der frz. Klassik und v. a. von J. van den Vondel). Die Spruchdichtung in Alexandrinerreimpaaren vertreten F. Logau und Angelus Silesius mit seinem berühmten „Cherubin. Wandersmann". Der Roman setzt früh ein, die derbe Schelmenmanier erreicht in Grimmelshausens „Simplicissimus" (1669) ihren Höhepunkt. Größten Anklang findet die „Asiat. Banise" (1689) von H. A. von Zigler und Kliphausen. Den abenteuerl. Reiseroman wandeln C. Weise und C. Reuter ins Satir. ab. Als Traumgeschichte hat Moscherosch seine von Quevedos „Sueños" angeregte Satire „... Gesichte Philanders von Sittewald" (1640 ff.) eingekleidet. Belehrend sind die „Monatsgespräche" (1663–68) von J. Rist und die „Frauenzimmer-Gesprechsspiele" (1641–49) von G. P. Harsdörffer.

Musik: Als B.musik wird die Musik vom Ende des 16. Jh. bis zur Mitte des 18. Jh. bezeichnet. für die zwei Merkmale durchgängig charakterist. sind: der Generalbaß (die einer Komposition zugrundeliegende durchlaufende Baßstimme, zu der auf einem Tasteninstrument eine mehrstimmige Begleitung ausgeführt wird) und das Concerto-Prinzip (das Zusammenwirken gegensätzl. Klangträger; daher auch als Musik des Generalbaßzeitalters oder des konzertierenden Stils bezeichnet). Innerhalb des gesamten Zeitraums lassen sich mehrere Phasen unterscheiden: *Frühbarock* (etwa 1580–1620) mit den Komponisten G. Gabrieli, Peri, Caccini, Monteverdi, M. Praetorius; *Hochbarock* (etwa 1620–1680) mit Frescobaldi, Carissimi, Cavalli, Cesti, Schein, Scheidt, Schütz, Lully; *Spätbarock* (etwa 1680–1750) mit Corelli, A. und D. Scarlatti, Vivaldi, Buxtehude, Pachelbel, J. S. Bach, Händel, Telemann, F. Couperin, Rameau, Purcell. Während die Mehrchörigkeit der Venezian. Schule (ab etwa 1560) unmittelbar aus der frankofläm. Schule hervorging, bedeutet die Monodie (instrumentalbegleiteter Sologesang) der Florentiner ↑ Camerata (um 1600) einen Neubeginn. Auf der Grundlage dieses neuen, sprach- und affektbezogenen Sologesangs entstand die Oper als repräsentative Gattung der B.musik, daneben Oratorium und Kantate. Auch das instrumentale Musizieren wird weitgehend von dem Kontrast solist. führender Oberstimmen zum selbständigen Baßfundament bestimmt. Hier stehen Kanzone, Suite, Sinfonia, Concerto und Sonata im Vordergrund, mit denen die bislang nachgeordnete Instrumentalmusik ihre für die weitere Musikgeschichte entscheidende Autonomie gewinnt. Der harmon. Zusammenhang wird zunehmend bestimmt von einer klaren Dur-Moll-Tonalität, in der alle Akkorde aufeinander beziehbar sind. In diesem Zusammenhang bildete sich der moderne Takt unter dem Einfluß der Betonungsrhythmik damaliger Tänze heraus. Die wesentl. von der komplexen Großform getragene B.musik erfährt ihre Aushöhlung und Auflösung durch den urspr. der kleinen Form (Cembalomusik) verbundenen Geschmackswandel, der in individueller Orientierung sowohl des Komponisten als auch des Hörers ästhet. (d. h. zugleich auch irrationalen) Ausdrucksgehalten den Weg öffnet. Aus der Verbindung frz., italien. und dt. Elemente gelangt in S-Deutschland der kosmopolit. vermischte Geschmack der galanten Musik (↑ galanter Stil) zum Durchbruch, die als musikal. Äußerung des noch höf. ausgerichteten Rokoko sowohl Ende der B.musik als auch Beginn der Wiener Vorklassik ist. In der prot. mittel- und norddt. Musik wird dagegen eine nat. intendierte Richtung vorangetrieben, die unter dem Eindruck von (v. a. über die Poesie wirkenden) Einflüssen aus England zu eigenen Ergebnissen gelangt und mit Werken des empfindsamen Stils und des musikal. Sturm und Drang eine weitere Kom-

Barockscholastik

ponente der Vorklassik beisteuert.
📖 *Alexander, R.: Das dt. B.drama. Stg. 1984. - Foerster, R. H.: Das B.-Schloß. Köln 1981.- Blunt, A./Swaan, W.: Kunst u. Kultur des B. u. Rokoko. Dt. Übers. Freib. 1979. - Kindler Kulturgesch. des Abendlandes. Hg. v. F. Heer. Bd. 13 / Ashley, M.: Das Zeitalter des B. Mchn. 1978. - Schoeps, H.-J.: Dt. Geistesgesch. der Neuzeit. Bd. 2: Das Zeitalter des B. Mainz 1978. - Dt. B.literatur u. europ. Kultur. Hg. v. M. Bircher. Hamb. 1977. - Flemming, W.: Einblicke in den dt. Lit.-B. Königstein/Ts. 1975. - Szyrocki, M.: Die dt. Lit. des B. Eine Einf. Rbk. ²1970. - Hager, W.: B. Skulptur u. Malerei. Baden-Baden 1969. Neudr. 1980. - Hager, W.: B. Architektur. Baden-Baden 1968. Neudr. 1979. - Dammann, R.: Der Musikbegriff im dt. B. Köln 1967. - Eggebrecht, H. H.: B. als musikgeschichtl. Epoche. In: Aus der Welt des B. Hg. v. R. Alewyn u. a. Stg. 1957. - Haas, R.: Musik des B. Wildpark-Potsdam 1928. Nachdr. New York 1973.*

Barockscholastik, Bez. für die in der Zeit des Barocks vorherrschende Richtung der Schulphilosophie und Schultheologie. Am Beginn der B. steht der span. Dominikaner F. de Vitoria und die von ihm begründete Schule von Salamanca. Hauptvertreter sind die span. Jesuiten F. Suárez und G. Vázquez. Die geistige Grundlage der B. bildete eine Renaissance der aristotel.-thomist. Tradition der ma. Scholastik mit Einflüssen aus Humanismus und Reformation.

Barograph, mit einer Schreibvorrichtung versehenes ↑Barometer, das den zeitl. Verlauf des Luftdrucks auf einer sich drehenden Trommel aufzeichnet (**Barogramm**).

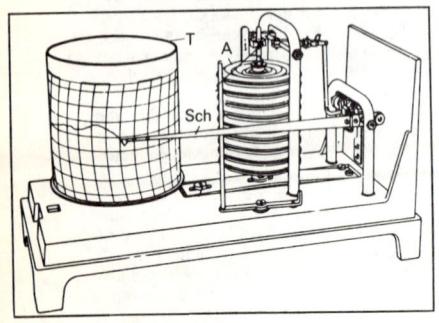

Aneroidbarograph
(A Aneroiddosensatz,
T Schreibtrommel, Sch Schreibarm)

Baroja y Nessi, Pío [span. ba'rɔxa i 'nesi], *San Sebastián 28. Dez. 1872, † Madrid 30. Okt. 1956, span. Schriftsteller. - In seinem umfangreichen Romanwerk gelangen ihm lebensvolle Gestalten (Abenteurer, Vagabunden). Seine Grundhaltung ist pessimist., antiklerikal, sozialkritisch. Die Romanserie „Memorias de un hombre de acción" (1913–35) spielt in den span. Karlistenkriegen; außerdem Essays, Memoiren. - *Weitere Romane:* Jahrmarkt der Gescheiten (1905), London, die Stadt des Nebels (1909), Der Baum der Erkenntnis (1911).

baroklin [griech.], Bez. für ein Medium (speziell die Atmosphäre), in dem die Dichte nicht vom Druck allein abhängig ist, in dem also die Flächen gleichen Drucks und gleicher Dichte nicht parallel zueinander verlaufen (Ggs. **barotrop**). Nur in einem b. Medium können Wirbel oder Zirkulationen entstehen und vergehen.

Barometer, Gerät zur Messung des Luftdruckes. Bei den *Flüssigkeits-B.* wird die auf die Flächeneinheit bezogene Gewichtskraft einer Flüssigkeitssäule (meist Quecksilber), die dem Luftdruck das Gleichgewicht hält, gemessen (↑Quecksilberbarometer); bei den ↑Aneroidbarometern ist die elast. Verformung von metall. Hohlkörpern ein Maß für den auf diese wirkenden Luftdruck; bei den ↑Hypsometern wird der Luftdruck durch die Bestimmung des Siedepunktes von Flüssigkeiten (meist destilliertem Wasser) gemessen.

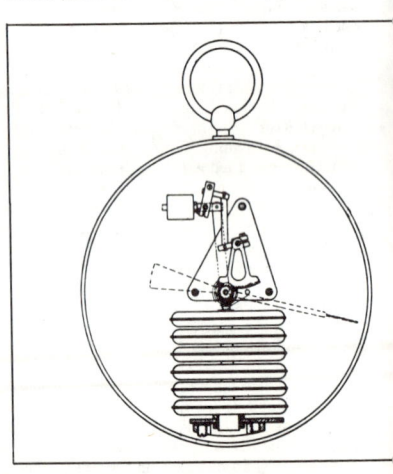

Barometer. Schematische Darstellung eines Aneroidbarometers

barometrische Höhenformel (Barometerformel), physikal. Formel, die den Zusammenhang zw. Luftdruck p und Höhe h beschreibt. Unter Annahme konstanter Temperatur in der Atmosphäre und Verwendung dekad. Logarithmen gilt:

$$h = 18,4 \text{ km} \cdot \lg p_0/p$$

(p_0 = Luftdruck in der Höhe $h = 0$ [Bezugshöhe], p = Luftdruck in der Höhe h).

Baron [frz. ba'rõ, engl. 'bærən; german.-

frz.; urspr. „Lehnsmann, streitbarer Mann"], in *Frankr.* und *England* seit dem 12. Jh. einer der unmittelbar der Krone unterstehenden hohen Lehnsleute (Kronvasallen, Pairs, Lords), in England auch Angehöriger des Parlamentsadels; wurde in Frankr. seit dem 13. Jh. zum niederen Adelstitel, in England heute niedrigster Titel des Hochadels. In *Deutschland* Ende 16. Jh. aus Frankr. übernommene Anrede für einen Freiherrn (**Baronin:** Freifrau; **Baronesse:** Freiin). In Rußland als Adelstitel durch Peter d. Gr. eingeführt.
Baronet [engl. 'bærənıt], engl. Adelstitel seit 1611; zw. „baron" und „knight" (Ritter) stehend; berechtigt zur Führung des Titels Sir. Die Frau führt eigtl. den Titel Dame, wird jedoch zumeist Lady genannt.
Barostat [griech.] (Druckregler), Vorrichtung zum Konstanthalten des Druckes in einem Gefäß.
Barozzi, Iacopo, italien. Baumeister, ↑ Vignola.
Barquisimeto [span. barkisi'meto], Hauptstadt des venezolan. B.staates Lara, 564 m ü. d. M., 422 000 E. Sitz eines Erzbischofs; Polytechnikum, pädagog. Seminar; wichtiges Handelszentrum. - Gegr. 1552 (**Nueva Segovia de B.**).
Barrakudas [span.], svw. ↑ Pfeilhechte.
Barramundi (Barramunda) [austral.], (Scleropages leichhardtii) bis etwa 1 m lange, Knochenzünglerart, trop. Süßwasserfisch in O-Australien und S-Neuguinea; seitl. stark abgeflacht, Bauch gekielt; mit großen, harten Knochenschuppen; Barteln sehr kurz; räuber. lebend.
◆ svw. ↑ Plakapong.
Barranco [span. „Schlucht"], Bez. für eine scharf eingerissene Erosionsschlucht in den Hängen von Vulkankegeln.
Barranquilla [span. barraŋ'kija], Hauptstadt des kolumbian. Dep. Atlántico, Hafen am Río Magdalena, 900 000 E. Bischofssitz; zwei Univ. (gegr. 1941 bzw. 1956), dt. Schule; bed. Ind.stadt (u. a. Pharma-, chem., Elektroind.); Werft; internat. ✈.
Barras, Paul Vicomte de, * Fox-Amphoux (Var) 30. Juni 1755, † Chaillot bei Paris 29. Jan. 1829, frz. Politiker. - Als Oberbefehlshaber in Paris an Robespierres Sturz maßgebl. beteiligt (1794); dann Präs. des Konvents; schlug mit Hilfe Bonapartes den royalist. Aufstand nieder (1795); verschaffte als führendes Mgl. des Direktoriums Bonaparte den Oberbefehl in Italien; 1799 aber selbst gestürzt und aus Paris verbannt.
Barras [vielleicht zu jidd. baras „Fladenbrot" oder nach Vicomte de ↑ Barras], in der Soldatensprache für: Kommiß, Heerwesen, Militär; urspr. Bez. für Kommißbrot.
Barrault, Jean-Louis [frz. ba'ro], * Le Vésinet (Yvelines) 8. Sept. 1910, frz. Schauspieler und Regisseur. - 1940–47 Mgl. der Comédie-Française. 1947 gründete er mit seiner Frau Madeleine Renaud die Compagnie Madeleine Renaud–Jean-Louis Barrault, die er bis 1956 im Théâtre Marigny führte. 1959–68 war er Direktor des Théâtre de France (Théâtre de l'Odéon), 1965–67 gleichzeitig Direktor des Théâtre des Nations, das er nach Wiedereröffnung (1972) erneut übernahm. Spielte seit 1937 in mehr als 25 Filmen. Schrieb u. a. „Erinnerungen für morgen" (1972).
Barre, Raymond [frz. ba:r], * Saint-Denis (auf Réunion) 12. April 1924, frz. Politiker. - Ab Jan. 1976 Außenhandelsmin.; 1976–1981 Premiermin. und (bis 1978) zugleich Finanz- und Wirtschaftsminister.
Barre [frz.], Riegel, Querstange, Schlagbaum; Gerichtsschranke; Sand- oder Schlammbank, die sich im Meer oder an der Mündung eines Flusses ausbildet.
Barré [ba're:; frz.], Quergriff eines Fingers über mehrere Saiten beim Lauten- und Gitarrenspiel.
◆ querstreifiges Gewebe in Leinwandbindung.
Barreiro [portugies. bɐ'rrɐjru], portugies. Hafenstadt am Tejomündungstrichter, gegenüber von Lissabon, 51 000 E. Zentrum der chem. Ind. in Portugal, Schiffbau. - Stadtrecht seit dem 16. Jh.
Barrel [engl. 'bærəl], in Großbritannien und in den USA verwendetes **Hohlmaß** (= 163,565 bzw. [dry barrel] 115,628 dm³); für Erdöl, Benzin u. a. wird das *Petroleum-B.* verwendet: 1 ptr. barrel = 158,987 dm³.
Barrême, François [frz. ba'rɛm], * Tarascon um 1638 (nicht Lyon 1640), † Paris 1703, frz. Rechenmeister. - Sein Name wurde sprichwörtl. wie der von A. Ries in Deutschland.
Barren [frz.], in verschiedener Weise geformtes, unbearbeitetes Metall (v. a. Edelmetall). - Die B. wurden seit der Antike mit einem Herkunftszeichen und seit dem MA mit einem Hüttenstempel versehen. Die ältesten B. sind in ihrer Form oft kaum vom Nutzgeld (z. B. Beilgeld) zu unterscheiden. Heutige B. sind meist flache Quader. Im MA war bes. der Silber-B. als Hauptzahlungsmittel weit verbreitet.
◆ von F. L. Jahn erfundenes Turngerät mit zwei durch Stützen gehaltenen, parallel verlaufenden Holmen (Holzstangen), die auch auf unterschiedl. Höhe eingestellt werden können (**Stufenbarren**).
Barren Grounds [engl. 'bærən 'graʊndz „unfruchtbares Gebiet"], Bez. für das von Tundrenvegetation bedeckte subarkt. Gebiet Kanadas.
Barrès, Maurice [frz. ba'rɛs], * Charmes (Vosges) 17. Sept. 1862, † Neuilly-sur-Seine 4. Dez. 1923, frz. Schriftsteller. - Faschist, Antisemit, Nationalist, Vertreter der Revancheidee. Gelangte als Literat vom ästhet. und aristokrat. Kult des Ich zum Nationalismus

Barrett Browning

und Traditionalismus als notwendige irrationale Bindung des Menschen. Schrieb Romane, Essays, Tagebücher in brillantem Stil. In dt. Übers.: „Vom Blute, von der Wollust und vom Tode" (Prosa, 1894).

Barrett Browning, Elizabeth [engl. 'bærət 'braʊnɪŋ] ↑Browning, Elizabeth Barrett.

Barrętteranordnung (Bolometer), Brückenschaltung zur Messung kleiner Hochfrequenzströme unter Verwendung temperaturabhängiger Widerstände (Barretter).

Barrie, Sir (seit 1913) James Matthew [engl. 'bærɪ], * Kirriemuir 9. Mai 1860, † London 19. Juni 1937, schott. Schriftsteller. - V. a. Dramatiker (Gesellschaftskomödien und Phantasiestücke). Am bekanntesten ist sein Märchendrama „Peter Pan oder der Junge, der nicht groß werden wollte" (1904).

Barrientos Ortuño, René [span. ba'rrientos or'tuɲo], * Tarata bei Cochabamba 30. Mai 1919, † bei Cochabamba 27. April 1969 (Flugzeugabsturz), bolivian. General und Politiker. - 1964/65 Vors. der Militärjunta, 1966–69 Staatspräsident.

Barrière [frz.], Schranke, Schlagbaum, Sperre.

Barrięreriff, Großes ↑Großes Barriereriff.

Barrikade [frz.; zu barrique „Faß" (mit dem oft Barrikaden errichtet werden)], behelfsmäßige Sperre zur Verteidigung von engen Stellen, Hohlwegen, Brücken, auch Straßen (Straßensperre).

Barrios, Eduardo, * Valparaíso 25. Okt. 1884, † Santiago de Chile 13. Sept. 1963, chilen. Schriftsteller. - Psycholog. Romane mit sozialem Gespür; glänzende Charakterstudien, u. a. des chilen. Großgrundbesitzers: „Der Huaso" (1948).

Charles Barry, Parlamentsgebäude in London

B., Justo Rufino, * San Lorenzo 17. Juli 1835, ✕ Chalchuapa (El Salvador) 2. April 1885, guatemaltek. Politiker. - 1873–85 Präs.; wollte die mittelamerikan. Republiken zu einem Bundesstaat vereinigen; fiel im Krieg gegen El Salvador.

Barrister ['bɛrɪstər; engl. 'bærɪstə; zu bar „Schranke" (des Gerichts)], in der engl. Rechtspraxis ein Anwalt, der zur mündl. Verhandlung vor den Gerichten zugelassen ist.

Barr-Körper [nach dem kanad. Anatomen M. L. Barr, * 1908], svw. ↑Geschlechtschromatin.

Barrois [frz. ba'rwa], histor. Gebiet in Lothringen, um Bar-le-Duc, ein stark bewaldetes, 300–400 m ü. d. M. gelegenes Kalkplateau. - Zur Zeit Cäsars von kelt. Leukern bewohnt; gehörte als **Pagus Barrensis** unter den Merowingern zu Austrien; seit 8. Jh. Gft.; kam 843 zu Lotharingien, 925 zum Reich. Die Grafen von Bar (ab 951) mußten 1301 das Gebiet des B. links der Maas vom frz. König zu Lehen nehmen. 1354 Hzgt.; kam 1419 an die Anjou, 1431 mit Lothringen vereinigt; 1474–77 burgund.; 1634 frz. besetzt, kam 1659 ganz unter frz. Lehnsherrschaft; 1661 an Lothringen vergeben, kam mit diesem 1766 zur frz. Krone.

Barros, João de [portugies. 'barruʃ], * Viseu (Beira Alta) (?) 1496, † Ribeira bei Pombal 20. Okt. 1570, portugies. Schriftsteller und Geschichtsschreiber. - Neben einem Ritterroman, theolog., sprachwiss. u. a. Abhandlungen schrieb er eine portugies. Kolonialgeschichte, von der 4 Bde. erschienen: „Ásia" ([d. h. Ostindien] 1552, 1553, 1563, 1615).

Barros, Tierra de [span. 'tjɛrra ðe 'βarrɔs], Landschaft im südl. Guadianabekken, Spanien, eine von 250 m (im N) auf 600 m (im S) ansteigende Ebene, die zu den fruchtbarsten Landstrichen der Iber. Halbinsel („Kornkammer von Estremadura") zählt.

Barrow [engl. 'bæroʊ], Ort in N-Alaska,

nahe Point Barrow, 2100 E. Größte und nördlichste Eskimosiedlung in Alaska; Labor für arkt. Forschung, 🗺.

Barrow [engl. 'bærou], engl. Bez. für vorgeschichtl. Grabhügel.

Barrow, Point [engl. 'pɔɪnt 'bærou], nördlichster Punkt der USA, an der N-Küste Alaskas, entdeckt 1826 von F. W. Beechey, ben. nach dem brit. Reisenden Sir John Barrow (* 1764, † 1848).

Barrow-in-Furness [engl. 'bærou ɪn 'fɔːnɪs], engl. Stadt an der SW-Küste der Halbinsel Furness, Gft. Cumbria, 62 000 E. Bed. Schwerindustrie.

Barry, Sir (seit 1852) Charles [engl. 'bærɪ], * London 23. Mai 1795, † ebd. 12. Mai 1860, engl. Architekt. - Prägte den engl. Historismus mit dem Traveller's Club (1829–32) in italien. Renaissancestil, ihm folgten Reform Club (1837–41) und Bridgewater House (1845–49; alle London) und in neugot. Stil 1840–60 das Parlamentsgebäude (New Palace of Westminster).

Barrymore [engl. 'bærɪmɔː], amerikan. Schauspielerfamilie engl. Abkunft. *Maurice B.* (* 1847, † 1905) schrieb Stücke und spielte die unterschiedlichsten Rollen, zuletzt v. a. in Vaudevilles. Sein Sohn *John H.* (* 1882, † 1942) war ein berühmter Hamletdarsteller und war wie auch sein Bruder *Lionel B.* (* 1878, † 1954) und ihre Schwester *Ethel B.* (* 1879, † 1959) ein vielseitiger Theater- und Filmschauspieler.

Barsani, Al, Mulla Mustafa (Barzani), * Barsan (NO-Irak) 14. Mai 1903, † Washington (D. C.) 2. März 1979, irak. Politiker. - Kämpfte seit 1920 für die Autonomie der Kurden; 1932–43 inhaftiert; 1947–58 im Exil in der UdSSR; führte seit 1961 den kurd. Guerillakrieg gegen die Regierung des Irak; seit 1970 einer der irak. Vizepräs.; flüchtete nach erneutem Ausbruch der Kampfhandlungen mit der irak. Armee seit 1972 im Frühjahr 1975 nach Iran und erklärte Anfang Mai das Ende des bewaffneten kurd. Kampfes für größere Autonomie.

Barschartige (Barschartige Fische, Perciformes), Ordnung der Stachelflosser mit über 6000, etwa 3–300 cm langen, außerordentl. vielgestaltigen Arten im Süßwasser, Brackwasser und im Meer; Rückenflosse meist zweiteilig, vorderer Abschnitt mit Stachelstrahlen; Körper häufig seitl. abgeflacht, meist von Kammschuppen bedeckt; meist werden etwa 20 Unterordnungen unterschieden, darunter ↑Barschfische, ↑Meeräschen, ↑Lippfische, ↑Schleimfischartige, ↑Grundelartige, ↑Makrelenartige, ↑Labyrinthfische.

Barsche (Echte B., Percidae), Fam. der Barschartigen im Süßwasser der gemäßigten Breiten N-Amerikas und Eurasiens. Körper meist gestreckt, seitl. abgeflacht, mit bestachelten Kiemendeckeln und bruststandigen Bauchflossen; Kopf meist groß, mit tief gespaltener Mundöffnung; leben räuberisch.

Barscheck, Inhaber- oder Orderscheck, den die bezogene Bank auf Verlangen des Überbringers bzw. Berechtigten bar auszahlen muß.

Barschel, Uwe, * Glienicke (Berlin) 13. Mai 1944, dt. Politiker (CDU). - Jurist und Politologe; seit 1971 MdL in Schleswig-Holstein; wurde 1979 Finanz- und Innenmin., 1982 bis 2. Okt. 1987 Min.präs. von Schleswig-Holstein. - † 11. Okt. 1987.

Barschfische (Percoidei), Unterordnung der Barschartigen mit über 90 Fam.; im Meer, Brack- und Süßwasser weltweit verbreitet, jedoch überwiegend in trop. und subtrop. Breiten. Zahlr. B. sind wichtige Speisefische, andere werden im Aquarium gehalten. Bekannte Fam. sind u. a. ↑Glasbarsche, ↑Zakkenbarsche, ↑Sonnenbarsche, ↑Echte Barsche, ↑Meerbarben, ↑Brassen, ↑Borstenzähner, ↑Buntbarsche, ↑Lippfische, ↑Papageifische.

Barsinghausen, Stadt am N-Fuß des Deister, Nds., 110–140 m ü. d. M., 32500 E. Sportschule; Keksfabrik, Herstellung von Krawatten, Kleidung und Transformatoren. - 991 erwähnt, um 1193 Bau eines Augustiner-Doppelklosters (im 15. Jh. auf Chorfrauen beschränkt), 1543 nach Einführung der Reformation ev. Damenstift.

Barsoi [russ.] (Russischer Windhund), Rasse sehr schlanker, etwa 75 cm schulterhoher Haushunde mit sehr schmalem Kopf und langer Schnauze; Fell lang, seidig und gewellt, weiß, oft mit gelben und braunen Flecken.

Barsortiment, Buchhandelsbetrieb zw. Verlag und Buchhandlung.

Bart, Jean [frz. baːr] (Baert), * Dünkirchen 21. Okt. 1650, † ebd. 27. April 1702, frz. Seeheld. - Wurde durch seine Kaperfahrten, seine abenteuerl. Flucht aus England und die Durchbrechung einer Blockade von Dünkirchen mit einer Getreideflotte einer der volkstümlichsten frz. Seefahrer.

B., Jean [rumän. bart], eigtl. Eugeniu P. Botez, * Burdujeni (Kreis Suceava) 28. Nov. 1874, † Bukarest 12. Mai 1933, rumän. Schriftsteller. - Marineoffizier; neben Reisebüchern sozialkrit. Novellen und Romane, u. a. „Europolis" (1962).

Bart, gegenüber der übrigen Körperbehaarung bes. auffallende Haarbildung im Bereich des Kinns (**Kinnbart**), der Kehle (**Kehlbart**), der Oberlippe (**Lippenbart, Schnurrbart**) und der Wangen (**Backenbart**); bei Menschen und manchen Säugetieren ein sekundäres Geschlechtsmerkmal der ♂♂, das sich bei beginnender Geschlechtsreife entwickelt. - Beim Menschen gibt es ausgesprochen haararme Rassen mit nur spärl. B.wuchs beim Manne (z. B. Indianer, Mongolide). - Bei Störungen des Hormonhaushaltes (z. B. Ausfall der Geschlechtshormone nach dem Klimakterium) kann es auch bei der Frau zu einer B.bildung

Bartaffe

kommen (**Frauenbart, Damenbart**).
Jungpaläolith. Höhlenmalereien deuten an, daß bereits in früher Zeit B.pflege und Rasieren übl. waren. In bronzezeitl. Kulturen wurden Rasiermesser gefunden. Assyrer, Babylonier, Meder und Perser kräuselten den B. Bei den Juden war das Stutzen oder Rasieren des B. verboten. Die Ägypter, die Kopfhaar und Kinnhaar zu scheren pflegten (Schnurrbart war häufig), trugen künstl. B., wobei sich Götter, Könige und Beamte durch die B.form unterschieden. Bei den Griechen herrschte der kurzgeschorene B. vor, z. Z. Alexanders d. Gr. wurde der B. vollständig geschoren. Die röm. Bildnisse sind bis Hadrian durchweg bartlos. Bei den Germanen galt Abscheren des B. als Zeichen der Unfreiheit und des Ehrverlustes. Z. Z. Karls d. Gr. trugen die Vornehmen höchstens einen Schnurr-B.; Voll-B., den das Volk trug, kam vom 10. bis 12.Jh. wieder in Mode. Danach setzte sich bis um 1500 die B.losigkeit durch. Zu Beginn des 16.Jh. wurde der B. unter dem Kinn in gerader Linie gestutzt; in der 2. Hälfte des 16.Jh. wurden nach span. Mode Spitz-B. und kleiner Schnurr-B. getragen. Mit dem Aufkommen der Perücke blieb ein schmales Bärtchen auf der Oberlippe, auch eine kleine „Fliege" auf dem Kinn, später größer als „Knebel". Um 1800 kamen in England Koteletten auf, die länger wurden (Backen-B.), und schließl. die B.krause, die das Gesicht umrandete. Mitte des 19.Jh. wurde der Voll-B. wieder häufiger, anfangs als Zeichen demokrat. Gesinnung. Um 1900 trug man den hochgezwirbelten Schnurr-B., der dann zur „Bürste" gestutzt wurde. Seit dem Ende des 1. Weltkrieges ist B.losigkeit modern. In neuester Zeit werden B. oder Koteletten bes. von jüngeren Männern gern getragen.

◆ (**Schlüsselbart**) das geschweifte oder mit Nuten versehene Ende eines Schlüssels, mit dem durch Drehen im Türschloß die Verriegelung betätigt wird.

Bartaffe (Macaca silenus), etwa 60 cm körperlange Makakenart in Gebirgswäldern SW-Indiens; Fell seidig, schwarz bis dunkelbraun; Gesicht von graubraunem, seitl. abstehendem Bart umgeben.

Bartagame (Amphibolurus barbatus), bis 50 cm lange Agamenart in Australien; graubraun mit dunklerer Zeichnung, oft mit schwarzen, gelbbraunen, gelben und weißen Flecken, Streifen oder Ringen; rauhschuppig; Terrarientier.

Bartas, Guillaume de Salluste, Seigneur Du ↑Du Bartas, Guillaume de Salluste, Seigneur.

Barteln, zipfelige, lappige oder fadenförmige Anhänge in Nähe des Mundes bei vielen Fischen (z. B. Welsen, Schmerlen).

Bartels, Adolf, * Wesselburen 15. Nov. 1862, † Weimar 7. März 1945, dt. Literarhistoriker. - Antisemit, wertete die Literatur hauptsächl. nach deutschvölk. Gesichtspunkt; schrieb auch Dramen.

Barten, von der Oberhaut des Gaumens gebildete, meist langgestreckt-dreieckige Hornplatten, die vom Gaumen der ↑Bartenwale in die Mundhöhle herabhängen; in je einer Längsreihe zu etwa 130–400 an beiden Oberkieferhälften; dienen als Seihvorrichtung bei der Nahrungsaufnahme; liefern das früher begehrte Fischbein.

Bartenstein, Johann Christoph Frhr. von (seit 1733), * Straßburg 23. Okt. 1689, † Wien 6. Aug. 1767, östr. Staatsmann. - Vertrauter Kaiser Karls VI.; seit 1733 Sekretär der Geheimen Staatskonferenz und damit eigtl. Leiter der Außenpolitik; trat für die Sicherung der Pragmat. Sanktion ein; befürwortete im Östr. Erbfolgekrieg ein Zusammengehen mit Frankr.; 1753 von Kaunitz in die Innenpolitik verdrängt.

Bartensteiner Vertrag ↑Bartenstein (Ostpr.).

Bartenstein (Ostpr.) (poln. Bartoszyce), Stadt in Ostpreußen, Polen▾; 15 000 E. - Bei der Deutschordensburg B. (1241; 1454 zerstört) Entwicklung der 1326 erwähnten Stadt (Stadtrecht 1332); 1618 zu Brandenburg. Im 2. Weltkrieg zu 90 % zerstört, aber wiederaufgebaut. - Der **Bartensteiner Vertrag**, ein gegen Napoleon I. und den Rheinbund gerichtetes russ.-preuß. Kriegsbündnis vom 26. April 1807, wurde durch den Tilsiter Frieden vom 7. Juli 1807 rasch hinfällig.

Bartenwale (Mystacoceti, Mysticeti), Unterordnung der Wale mit 12, etwa 5 bis über 30 m langen Arten in allen Meeren; Gestalt fischähnl., mit oder ohne Rückenfinne; am Gaumen zwei Längsreihen quergestellter ↑Barten. Die B. verständigen sich unter Wasser durch helle, singende Laute, die mindestens einige 100 km weit registrierbar sind.

Bartflechte (Bartkrätze, Sykose), 1. durch Eiterbakterien, vorwiegend Staphylokokken, verursachte chron. Entzündung der Haarbälge und Haarbalgdrüsen (**gemeine Bartflechte**), mit Rötung und knotiger Schwellung der Haut, manchmal auch mit Bildung von Eiterbläschen und eitrigen Krusten. - 2. Durch Fadenpilze hervorgerufene, leicht übertragbare Erkrankung der Haut und Barthaare (**Bartpilzflechte**), anfangs mit scharf umgrenzten, von Eiterbläschen und Schuppen bedeckten, geröteten Herden, später mit derben, tiefen entzündl. Verhärtungen; Behandlung erfolgt durch Salben und jeweils spezif. Antibiotika.

Bartflechten (Usneaceae), Fam. der Flechten mit rd. 780 Arten in 10 Gatt.; mit strauchig aufrechtem oder bartförmig von Bäumen herabhängendem Thallus. Die B. i. e. S. gehören zur Gatt. **Usnea**, die mit etwa 450, überwiegend graugrünen Arten bes. in den Nebellagen der Gebirge verbreitet ist und bis in die Arktis und Antarktis vordringt.

Bartgeier (Lämmergeier, Gypaetus barbatus), bis 115 cm großer Altweltgeier mit einer Flügelspannweite bis nahezu 3 m, in S-Europa, großen Teilen Asiens, N-Afrika, vereinzelt im östl. und südl. Afrika.

Bartgras, Sammelbez. für mehrere nahe verwandte Gatt. der Süßgräser mit einblütigen Ährchen; 1. Bothriochloa, trop. und subtrop. Gatt. mit 20 Arten; einheim., v. a. auf sandigen Böden ist das 0,6–1 m hohe **Gemeine Bartgras** (Bothriochloa ischaemum); 2. Andropogon, formenreiche Gatt. mit über 150 Arten v. a. in den Tropen und Subtropen; mit Ölzellen in den Blättern und Spelzen; einige Arten liefern Parfümerieöle (Lemongrasöl, Zitronellöl).

Bartgrundel †Schmerlen.

Barth, Emil, * Haan bei Düsseldorf 6. Juli 1900, † Düsseldorf 14. Juli 1958, dt. Schriftsteller. - Traditionsverbundener, kultivierter Lyriker, Erzähler und Essayist.
Werke: Totenfeier (Ged., 1928), Das verlorene Haus (R., 1936), Der Wandelstern (R., 1939), Das Lorbeerufer (R., 1943), Xantener Hymnen (Ged., 1948), Enkel des Odysseus (E., 1951), Tigermuschel (Ged., 1956).

B., Heinrich, * Hamburg 16. Febr. 1821, † Berlin 25. Nov. 1865, dt. Afrikareisender. - Bereiste 1845–47 die afrikan. (ohne Marokko) und vorderasiat. Küstenländer des Mittelmeers; erforschte 1850–55 den Aïr, und das Gebiet um den Tschadsee, entdeckte den Benue, drang in den Adamaua und nach Bagirmi vor, erforschte den Niger bis Timbuktu; sammelte grundlegendes histor. und linguist. Material über die Sudanvölker; seit 1863 Prof. in Berlin.

B., Heinrich, * Bern 3. Febr. 1890, † Basel 22. Mai 1965, schweizer. Philosoph. - Bruder von Karl B.; 1928 Prof. in Basel, entwickelte, beeinflußt durch die dialekt. Theologie, eine von christl. Elementen durchsetzte Existenzphilosophie, die grundsätzl. die Unterscheidung von philosoph. Erkenntnis und Glauben beibehält.

B., John [Simmons] [engl. ba:θ], * Cambridge (Md.) 27. Mai 1930, amerikan. Schriftsteller. - Intellektueller Erzähler; parodiert den Schelmen- und Abenteuerroman in „Der Tabakhändler" (1965), experimentiert in „Ambrose im Juxhaus". Fiktionen für den Druck, das Tonband und die menschl. Stimme" (1968).

B., Karl, * Basel 10. Mai 1886, † ebd. 10. Dez. 1968, schweizer. ref. Theologe. - 1911 Pfarrer in Safenwil (Aargau), 1921 Prof. in Göttingen, 1925 in Münster, 1930 in Bonn, wo er 1935 wegen seiner Gegnerschaft zum Nationalsozialismus entlassen wurde; dann Prof. in Basel. 1946/47 Gastvorlesungen in Bonn, 1961 emeritiert, eingeschränkte Lehrtätigkeit bis 1968. B. war Schüler von Harnack, W. Herrmann und Natorp. - Sein Denken bedeutet eine Wende der bis dahin unter dem Einfluß Schleiermachers stehenden prot. Theologie. Mit dem Kommentar zum Römerbrief (1919; stark veränderte Bearbeitung 1922), der den „qualitativ unendl. Abstand" (Kierkegaard) zw. Himmel und Erde, Zeit und Ewigkeit, Gott und Mensch betont, sagte er der anthropozentr. ausgerichteten neuprot. Theologie den Kampf an. Als Ansatzpunkt gilt nicht mehr der Mensch mit seinem religiösen Bewußtsein, sondern die Offenbarung Gottes in seinem „Wort"; zu Gottes Majestät und Transzendenz führt vom Menschen aus kein Weg, allein in Christus gibt sich Gott zu erkennen. B. wurde zum Begründer der †dialektischen Theologie. Mit dieser Theologie hat B. die Synthesen zw. Gott und Mensch, Kirche und Welt, Christentum und Kultur (wie im 19. Jh.) zerstört. Sie führte in den dreißiger Jahren notwendig zum Konflikt mit der „deutschchristl." Ideologie und zum †Kirchenkampf. Unter dem Einfluß B. kam es zum Widerstand der †Bekennenden Kirche und 1934 zur †Barmer Theologischen Erklärung. B., der schon früh zu den Religiösen Sozialisten gestoßen und Mgl. der Sozialdemokrat. Partei war, hat sich zeitlebens polit. engagiert.
Weitere Werke: Das Wort Gottes und die Theologie (1925), Fides quaerens intellectum (1931), Credo (1935), Evangelium und Gesetz (1935), Die kirchl. Lehre von der Taufe (1947), Die kirchl. Dogmatik, I,1–IV,4 (1932–67). - Abb. S. 67.

📖 *Jüngel, E.: B.-Studien. Köln 1982.* - *Kupisch, K.: K. B. in Selbstzeugnissen u. Bilddokumenten. Rbk. 1977.*

Barthel, männl. Vorname, Kurzform von Bartholomäus; **wissen, wo B. den Most holt;** alle Schliche kennen: wahrscheinl. aus der Gaunersprache für: wo B. („das Brecheisen") das Moos („Geld") holt.

Barthel, Kurt, dt. Schriftsteller, †Kuba.

B., Max, * Loschwitz (= Dresden-Loschwitz) 17. Nov. 1893, † Waldbröl 17. Juni 1975, dt. Schriftsteller. - Gab in den „Versen aus den Argonnen" (1916) und frühen Gedichtsammlungen („Arbeiterseele", 1920) seinen kommunist. und pazifist. Ideen packenden Ausdruck. Später v. a. landschaftsverbundene Gedichte, Erzählungen und Romane.

Barthelme, Donald [engl. ˈbɑ:θəlmɛɪ], * Philadelphia 7. April 1931, amerikan. Schriftsteller. - Pointierter zeitkrit. Stil, v. a. Kurzgeschichten („Unsägl. Praktiken, unnatürl. Akte"; 1968; „City life. Stadtleben", 1970). - † 23. Juli 1989.

Barthes, Roland [frz. bart], * Cherbourg 12. Nov. 1915, † Paris 26. März 1980, frz. Kritiker. - Vom Strukturalismus ausgehender Literaturwissenschaftler. - *Werke:* Am Nullpunkt der Literatur (Essays, 1953), Sur Racine (Essay, 1963), Mythen des Alltags (1964), Kritik und Wahrheit (Essay, 1966), Système de la mode (Essay, 1967), L'empire des signes

(1970), S/Z (1970), Sade, Fourier, Loyola (1971), Et la Chine? (1976).

Bartholdi, Frédéric Auguste, * Colmar 2. April 1834, † Paris 4. Okt. 1904, frz. Bildhauer. - Schöpfer der „Freiheitsstatue" am Hafen von New York (Kupferstatue, 1886).

Bartholin-Drüsen [nach dem dän. Anatomen C. Bartholin, * 1655, † 1738], zwei etwa erbsgroße, beiderseits des Scheideneingangs gelegene, auf der Innenseite der kleinen Schamlippen mündende Drüsen, die bei geschlechtl. Erregung Schleim absondern.

Bartholomäus, aus der Bibel übernommener männl. Vorname aram. Ursprungs.

Bartholomäus, einer der zwölf Apostel, nur aus den Apostellisten bekannt (Mark. 3, 18 und Parallelen; Apg. 1, 13). Gilt in der kath. Kirche als Heiliger. - Fest: 24. Aug.

Bartholomäusnacht (Pariser Bluthochzeit), die Nacht zum 24. Aug. (Bartholomäustag) 1572, in der die Anführer des hugenott. Adels, die anläßl. der Hochzeit Heinrichs von Navarra mit Margarete von Valois in der Hauptstadt versammelt waren, mit Tausenden von Glaubensgenossen ermordet wurden (in Paris mindestens 3 000, auf dem Lande wohl 10 000). Nach mißlungenem Anschlag auf den Admiral Coligny, den Führer der Hugenotten, gab Katharina von Medici, die Königinmutter, mit Zustimmung Karls IX. den Befehl zum Überfall. Heinrich von Navarra und Henri I. Condé konnten sich nur durch Abschwörung ihres Glaubens retten.

Barthou, Louis [frz. bar'tu], * Oloron-Sainte-Marie (Basses-Pyrénées) 25. Aug. 1862, † Marseille 9. Okt. 1934, frz. Advokat und Politiker. - Seit 1889 Abg., 1922 Senator; als Vertreter der „rechten Mitte" wiederholt Min.; Min.präs. 1913; vertrat als Präs. der Reparationskommission 1922–26 Poincarés harten Kurs gegenüber dem Dt. Reich; bemühte sich als Außenmin. 1934 um diplomat. Isolierung des NS-Regimes; Opfer eines Attentats auf König Alexander I. von Jugoslawien.

Bärtierchen (Tardigrada), zu den Gliedertieren zählender Unterstamm mit rd. 200, etwa 0,1–1 mm langen Arten, v. a. im Sandlükkensystem des Süß- und Salzwassers, an Land bes. in regelmäßig austrocknenden Moospolstern; Körper walzenförmig, bauchseits abgeplattet, mit 4 Paar kurzen Extremitäten.

Bartmeise (Panurus biarmicus), etwa 6 cm körperlange Art der † Timalien in ausgedehnten Schilfbeständen großer Teile Eurasiens; Oberseite und der 10 cm lange Schwanz zimtbraun, Unterseite rötlichgrau bis weißl., ♂ mit aschgrauem Kopf und breitem, schwarzem Bartstreifen; Teilzieher.

Bartnelke (Dianthus barbatus), etwa 20–50 cm hohe Nelkenart in den Gebirgen S-Europas, einschließl. S-Alpen; Blätter breitlanzettförmig, Blüten kurzgestielt, in Büscheln stehend; beliebte Gartenpflanze in verschiedenen Sorten.

Bartning, Otto, * Karlsruhe 12. April 1883, † Darmstadt 20. Febr. 1959, dt. Architekt. - Erneuerer des ev. Kirchenbaus; wurde bekannt durch ein Sternkirchenmodell für Essen (1922) und die Stahlkirche auf der Pressa in Köln (1928). Baute die Auferstehungskirche in Essen (1930), die Gustav-Adolf-Kirche in Berlin (1934), nach dem Krieg Zeltkirchen (Notkirchen) und die zeltartige Christuskirche in Bonn-Bad Godesberg (1953).

Bartók, Béla [ˈbartok, ungar. ˈbɔrtoːk], * Nagyszentmiklós (= Sînnicolau Mare, Rumänien) 25. März 1881, † New York 26. Sept. 1945, ungar. Komponist und Pianist. - Ausgedehnte Konzerttätigkeit als Pianist, 1907–34 Prof. für Klavier an der Musikhochschule Budapest, 1940 Übersiedelung nach den USA, wo sein Wirken als Pianist und gelegentl. wiss. Tätigkeit nicht ausreichten, um ihn vor wirtschaftl. Not zu bewahren. - In seinen frühen Werken bes. an Brahms orientiert, suchte B. zunächst Anregung bei Wagner, R. Strauss und Liszt, später bei Debussy. Entscheidend war die Begegnung mit der ungar. Volksmusik (seit 1905 sammelte er mit seinem Freund Z. Kodály Volkslieder). Das Werk B. umfaßt Orchestermusik, Konzerte, Kammermusik, Bühnenwerke, Klaviermusik und Vokalmusik (bes. für Chor). Die sechs Streichquartette verteilen sich über die gesamte Schaffenszeit. Der früheren Zeit

Otto Bartning, Entwurf der Sternkirche in Essen (Schnitt; 1921)

gehört die einzige Oper an, „Herzog Blaubarts Burg" (1911). In stilist. Nähe dazu steht die Pantomime „Der wunderbare Mandarin" (1918/19). Die heute am meisten gespielten Werke stammen aus B. späterer Schaffenszeit: „Musik für Saiteninstrumente, Schlagzeug und Celesta" (1936), „Sonate für zwei Klaviere und Schlagzeug" (1937) und das „Divertimento für Streichorchester" (1939) sowie das „Konzert für Orchester" (1943), weiterhin das 3. Klavierkonzert (1945) und das Bratschenkonzert (1945).

Bartolini, Luigi, * Cupramontana (Prov. Ancona) 8. Febr. 1892, † Rom 16. Mai 1963, italien. Radierer und Schriftsteller. - Schriften zu Kunst und Literatur, Romane, Erzählungen und Gedichte, u. a. „Fahrraddiebe" (1946, erweitert 1948; Vorlage zu De Sicas Film); alptraumhafte Radierungen.

Bartolo da Sassoferrato ↑ Bartolus de Sassoferrato.

Bartolomeo, Fra ↑ Fra Bartolomeo.

Bartolus de Sassoferrato (italien. Bartolo da S.), * Venatura bei Sassoferrato (Prov. Ancona) 1313 oder 1314, † Perugia im Juli 1357, italien. Jurist. - Lehrte seit 1338 in Pisa, seit 1343 in Perugia; v. a. Kommentare zum Corpus Juris Civilis.

Barton, Derek Harold Richard [engl. bɑːtn], * Gravesend (Kent) 8. Sept. 1918, brit. Chemiker. - Prof. u. a. in London; stellte als erster gesetzmäßige Zusammenhänge zw. den ↑ Konformationen und der Reaktivität organ. Verbindungen fest. Er erhielt für seine stereochem. Untersuchungen zus. mit O. Hassel den Nobelpreis für Chemie 1969.

Bartonellen (Bartonellaceae) [nach dem peruan. Arzt A. L. Barton, der sie 1909 beschrieb], Bakterienfam. der ↑ Rickettsien mit 4 Gatt. und zahlr. Arten, die v. a. in roten Blutkörperchen von Wirbeltieren (einschließl. Mensch) parasitieren. Einige Arten sind Erreger von **Bartonellosen** (v. a. ↑ Oroyafieber).

Bartoszewski, Władysław [poln. bartoˈʃɛfski], * Warschau 19. Febr. 1922, poln. Publizist. - Ab 1942 Redakteur bei verschiedenen Zeitschriften und Zeitungen in Warschau und Krakau, 1969 Vorstandmitglied des poln. P.E.N.-Zentrums (1972–82 dessen Generalsekretär), 1980/81 Mitglied der Gewerkschaft „Solidarität"; mehrmals in Haft; seit 1984 Vizepräs. des „Institute for Polish-Jewish Studies" in Oxford; zahlreiche Publikationen, speziell zur Verfolgung von Minderheiten (Juden, Gewerkschafter) in Polen; erhielt 1986 den Friedenspreis des Börsenvereins des Dt. Buchhandels. - *Hauptwerke:* Herbst der Hoffnungen (1983, ²1984), Das Warschauer Ghetto - wie es wirklich war (1983).

Bartoszyce [poln. bartɔˈʃitsɛ] ↑ Bartenstein (Ostpr.).

Bartvögel (Capitonidae), Fam. der Spechtartigen mit rund 75, etwa 10 bis über 20 cm großen Arten in den Tropen S- und M-Amerikas, Afrikas und Asiens; häufig sehr bunt, mit kurzem Schwanz und kräftigem, dickem Schnabel, an dessen Grund haarförmige Federborsten stehen. Bekannere Arten: Blauwangenbartvogel, Rotkopfbartvogel, Tukanbartvogel.

Karl Barth — Béla Bartók — Władysław Bartoszewski

Baruch, Gefährte und Schreiber des Propheten ↑ Jeremia.

Baruch, Bernard Mannes [engl. bəˈruːk, ˈbɑːruːk], * Camden (S. C.) 19. Aug. 1870, † New York 20. Juni 1965, amerikan. Wirtschafts- und Börsenfachmann. - Wirtsch. Berater zahlr. amerikan. Präs.; beeinflußte in den 1930er Jahren maßgebl. Roosevelts Programm zur Überwindung der Wirtschaftskrise (New Deal). Als Vertreter der USA im Atomenergieausschuß der UN seit 1946 legte er seinen Plan zur internat. Kontrolle der Atomenergie vor, den **Baruchplan,** der jedoch 1948 am Veto der UdSSR scheiterte.

Baruchschriften, dem ↑ Baruch zugeschriebene Schriften: 1. Eine Apokryphe (deuterokanon. Buch der kath. Bibel) des A. T., das „Buch Baruch"; um 100 v. Chr. entstanden, Zusammenstellung u. a. von Buß- und Klageliedern und Hymnen. - 2. Ein Pseudepigraph des A. T., die „syr. Apokalypse des Baruch"; um 100 n. Chr. entstanden, berichtet von der Zerstörung Jerusalems. - 3. Die „griech. Apokalypse des Baruch" beschreibt die Reise Baruchs durch die Himmel, später christl. überarbeitet. - 4. Hinzu kommen gnost. und christl. B., z. T. nur in Fragmenten und Zitaten erhalten.

Bärwalde Nm. (Neumark; poln. Mieszkowice), Stadt im Verw.-Geb. Stettin, Polen▾, 72 km südl. von Stettin. - Vor 1295 gegr., reichsunmittelbare Stadt. - Im Dreißigjährigen Krieg schlossen hier 1631 Schweden (König Gustav II. Adolf) und Frankr. eine 1638 und 1641-48 verlängerte Allianz.

Bärwinde (Calystegia), Gatt. der Windengewächse mit etwa 25 Arten in Europa, Asien und Äthiopien; 4 m hoch windende Stauden mit meist großen, trichterförmigen Blüten. Als Zierpflanzen für Zäune und Wände v. a. *Calystegia dahurica* mit hellrosaroten, dunkel gestreiften Blüten und *Calystegia japonica* in einer Zuchtform mit gefüllten, leuchtendrosa gefärbten Blüten kultiviert; einheim. Arten sind Meeresstrandwinde und Zaunwinde.

Barwon [engl. 'bɑ:wən] ↑Darling.

Bärwurz (Meum), Gatt. der Doldengewächse mit der einzigen, auf Wiesen und Weiden der west- und mitteleurop. Gebirge wachsenden Art *Meum athamanticum*; bis über 30 cm hohe Stauden mit fiederschnittigen Blättern und gelblichweißen bis rötl. Blüten in mittelgroßen Dolden.

Bary, Anton Heinrich de [frz. dəba'ri], * Frankfurt am Main 26. Jan. 1831, † Straßburg 19. Jan. 1888, dt. Botaniker. - Prof. in Straßburg; entdeckte die lange Zeit nicht erkannte Sexualität der Pilze und erkannte erstmals die Flechtensymbiose.

bary..., Bary... [griech.], Bestimmungswort in Zusammensetzungen mit der Bed. „schwer..., Schwer...".

Barye, Antoine Louis [frz. ba'ri], * Paris 24. Sept. 1796, † ebd. 25. Juni 1875, frz. Bildhauer. - Schöpfer von Tierbronzen, vorzügl. Studien (Zeichnungen und Aquarelle).

Baryonen [griech.], Sammelbez. für ↑Neutronen, ↑Protonen und ↑Hyperonen; zwar besitzen alle B. die B.zahl $B = 1$ (ihre Antiteilchen [**Antibaryonen**] $B = -1$), sie unterscheiden sich aber in den anderen ladungsartigen Quantenzahlen und den damit verbundenen physikal. Größen und Eigenschaften (elektr. Ladung, magnet. Moment u. a.); ihre Leptonenzahl ist Null.

Baryonenzahl, ganzzahlige Quantenzahl B, die für Baryonen den Wert $+1$, für ihre Antiteilchen den Wert -1 hat, während sie für Mesonen, Leptonen und Photonen Null ist. Die Gesamt-B. bleibt in allen Wechselwirkungsprozessen erhalten.

Barysphäre, der Erdkern.

Baryt [zu griech. barýs „schwer"] (Schwerspat), in reinem Zustand farbloses Mineral (↑Bariumsulfat); Dichte 4,3 bis 4,7 g/cm³, Mohshärte 3-3,5. Verwendet wird das B. für weiße Malerfarben.

Baryton [griech. (↑Bariton)] (italien. Viola di bordone), im 17./18. Jh. beliebtes und vereinzelt bis ins 19. Jh. gebrauchtes Streichinstrument mit 6 oder 7 Griffsaiten und einer größeren Zahl unter diesen geführter Resonanzsaiten, die mit dem Daumen der linken Hand zur Begleitung der Melodie angerissen werden.

Barytwasser ↑Bariumhydroxid.

baryzentrisch, auf den Schwerpunkt bezogen.

Barzel, Rainer, * Braunsberg (Ostpr.) 20. Juni 1924, dt. Politiker. - 1957-87 MdB (CDU), seit 1960 Mgl. des Bundesvorstands der CDU; 1962/63 Bundesmin. für gesamtdt. Fragen; 1964-73 Vors. der CDU/CSU-Fraktion im Bundestag (1969-73 Oppositionsführer); 1971-73 CDU-Parteivors.; Okt. 1982-März 1983 Bundesmin. für innerdt. Beziehungen, danach bis Okt. 1984 Bundestagspräsident.

basal [griech.], unten; an der Grundfläche gelegen.

Basaldella ↑Afro, ↑Mirko.

Basalganglien, svw. ↑Streifenhügel.

Basalt [zu lat. basaltes von griech. básanos „Probierstein"], Gruppe dunkler Ergußgesteine tertiären oder quartären Alters. Hauptbestandteile sind im allg. Plagioklas, Augit und Olivin. Neben der überwiegend dichten Form kommen auch schlackige, blasige und Mandelsteinausbildungen vor. B. bil-

Baseball. Schema des Spielfelds

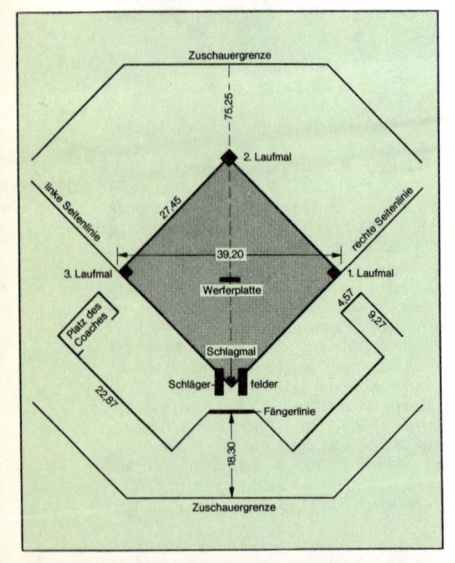

det Lavadecken und -ströme, Kuppen, Gänge, Tuffe und Aschen. Häufig säulenförmige Absonderung, senkrecht zur Abkühlungsfläche.

Basaltemperatur, morgendl. Körpertemperatur der Frau, die unmittelbar vor dem Aufstehen im Mund oder After gemessen wird. - ↑ auch Empfängnisverhütung.

Basanavičius, Jonas [lit. basa'na:vɪtʃʊs], *Ožkabaliai (SW-Litauen) 23. Nov. 1851, † Wilna 16. Febr. 1927, lit. Publizist und Politiker. - Rief mit der von ihm 1883 mitbegr. Zeitschrift „Aušra" („Morgenröte") eine nat.-lit. Publizistik ins Leben; setzte sich im 1. Weltkrieg für einen unabhängigen lit. Staat ein.

Basar [pers.] (arab. Suk), 1. Geschäfts- und Gewerbestraße bzw. -viertel in oriental. Städten, meist nahe der Hauptmoschee gelegen; komplexes Gebilde mit intensiver räuml. (Branchensortierung) und funktionaler Verflechtung von Einzel- und Großhandel sowie Produktion. 2. Im europ.-nordamerikan. Bereich früher Bez. für ein Warenhaus, heute auch für den Verkauf von Waren auf Wohltätigkeits- oder anderen Veranstaltungen.

Baschenis, Evaristo [italien. bas'kɛ:nis], *Bergamo 4. Dez. 1617 (oder 1607), † ebd. 5. März 1677, italien. Maler. - Stilleben, u. a. mit Instrumenten der Amati.

Baschenowo ↑ Asbest.

Baschkiren, Turkvolk im S-Ural, in der Baschkir. ASSR, UdSSR; 1,37 Mill. B. (1979); urspr. nomad. Viehzüchter, wohl schon im 10. Jh. islamisiert; gehörten zur Goldenen Horde, im 17./18. Jh. Aufstände gegen Moskau, dem sie seit 1554 tributpflichtig waren.

Baschkirische ASSR (Baschkirien), autonome Sowjetrepublik innerhalb der RSFSR, am Südl. Ural, 143 600 km², 3,85 Mill. E (1984, v. a. Baschkiren, ferner Tataren, Russen, Mari u. a.), Hauptstadt Ufa. - Westl. der Ufa schwach hügeliges Gelände mit überwiegend tiefgründigen Schwarzerdeböden. Östl. davon zahlr. Bergrücken des sich fächerförmig nach S verbreiternden Ural. Verhältnismäßig trockenes Kontinentalklima. Erdöl- und Erdgasvorkommen; Chrom-, Eisenerz-, Kupferkies-Zinkblende-, Manganerz- und Steinsalzlagerstätten als Grundlage für die Ind., dazu Holzverarbeitung. Angebaut werden Roggen, Hafer, auch Weizen im W und S; in Steppe und Waldsteppe Schafhaltung. - Erstmalige Erwähnung der Baschkiren im 10. Jh.; der W Baschkiriens war von bulgar. Khanat bis 1236 abhängig, stellte sich 1554 freiwillig unter russ. Oberhoheit; Ausrufung der Baschkir. ASSR 1919.

Base, wahrscheinl. ein Lallwort aus der Kindersprache; urspr. Bez. für die Schwester des Vaters, seit dem 15. Jh. auch für die Schwester der Mutter, dann für alle entfernten weibl. Verwandten, bes. für ↑ Kusine.

Baseball ['be:sbɔ:l; engl. 'bɛɪsbɔ:l], amerikan. Schlagballspiel; wird auf einem 175 m langen und 125 m breiten Feld gespielt (darin das auf der Spitze stehende B.quadrat, 27,45 m × 27,45 m, in der Mitte das erhöhte Wurfmal). An der unteren Spitze des Quadrats befindet sich das Schlagmal, an den anderen drei Spitzen sind drei weitere Male angebracht. Im Spiel stehen sich zwei Mannschaften von je neun Mann gegenüber. Die angreifende Mannschaft wird Schlagpartei, die andere Fang- oder Feldpartei genannt. Während von der Schlagpartei nur der Schlagmann im Spiel ist, hat die Fangpartei alle neun Spieler auf dem Feld. Der *Werfer* steht am Wurfmal in der Mitte des Quadrates und wirft den Ball (Umfang 22,86 bis 23,50 cm, Gewicht 142 bis 149 Gramm) gegen den Schlagmann der Schlagpartei. Kann dieser den Ball zurückschlagen, wird er zum *Läufer* und darf einmal um das Quadrat laufen. Gelingt ihm das, hat seine Partei einen Punkt gewonnen. Während des Laufes versuchen die an den drei Malen stehenden Spieler der Fangpartei mit dem Ball in der Hand den Läufer zu berühren. Falls dies glückt, muß der Läufer für diesen Durchgang ausscheiden. Wenn drei Spieler der Schlagpartei vor Erreichung des Schlagmals ausgeschieden sind, erfolgt Malwechsel, d. h., die Schlagpartei wird Fangpartei und umgekehrt. Das Spiel ist zu Ende, wenn jede Partei im Wechsel neunmal verteidigt hat.

Basedow, Johannes Bernhard ['ba:zədo], eigtl. Johan Berend Bassedau, ≈ Hamburg 11. Sept. 1724, † Magdeburg 25. Juli 1790, dt. Pädagoge. - Führender Vertreter des Philanthropismus und der Pädagogik der Aufklärung. Nach Dessau berufen, errichtete er dort 1774 das „Philanthropin" für Zöglinge vom 6. bis zum 18. Lebensjahr, das er bis 1778 selbst leitete und dem in Deutschland und in der Schweiz bald zahlr. ähnl. Anstalten folgten. Seine „vernünftige", praxisbezogene Erziehung hatte die „Glückseligkeit" des einzelnen und dessen „Gemeinnützigkeit" zum Ziel. - *Werke:* Philalethie (2 Bde., 1763/64), Vorstellung an Menschenfreunde... (1768), Methodenbuch für Väter und Mütter der Familien und Völker (1770; erweitert zum Elementarwerk, 4 Bde., 1774).

Basedow-Krankheit ['ba:zədo], zuerst 1840 von dem dt. Arzt Karl von Basedow (*1799, †1854) beschriebene Form der Schilddrüsenüberfunktion mit krankhaft gesteigerter Tätigkeit der gesamten Schilddrüse und vermehrter Hormonabgabe; tritt bevorzugt im 3.-4. Lebensjahrzehnt bei Frauen auf. Symptome: zunehmende Nervosität, Abnahme der Leistungsfähigkeit, Wärmeempfindlichkeit, Gewichtsabnahme, Durchfall (der mit Verstopfung abwechselt), Haarausfall, ständiges Angstgefühl, Glotzaugen, Kropf und Herzjagen. - Behandlung mit Medika-

Basel

menten, Bestrahlungen mit radioaktivem Jod oder teilweise operative Entfernung der Schilddrüse.

Basel (frz. Bâle), Hauptstadt des schweizer. Halbkantons B.-Stadt, beiderseits des Rheins, am Dreiländereck zw. der Schweiz, Frankr. und der BR Deutschland, 248–300 m ü. d. M., 176 000 E, städt. Agglomeration 363 000 E. Sitz eines kath. Bischofs, Univ. (gegr. 1460), Musikakad.; Sitz wiss. Gesellschaften; Schweizer. Tropeninst.; Bibliotheken, u. a. Schweizer. Wirtschaftsarchiv; zahlr. Museen (u. a. Kunstsammlung); Theater; jährl. Mustermesse im Frühjahr; Zoo; traditionelle Fastnacht. - Günstige Verkehrslage; Zentralbahnhof im linksrhein. Groß-B., im rechtsrhein. Klein-B. der Bad. Bahnhof; internat. ⚓ B.-Mülhausen auf frz. Gebiet. Endpunkt der Großschiffahrt auf dem Rhein. Neben der traditionellen Textilind. entstand im 19. Jh. die Farbenherstellung, aus der sich die chem.-pharmazeut. Ind. entwickelte.

Geschichte: Erste kelt. Siedlung Robur. Das röm. *Basilea* wird 374 n. Chr. erstmals erwähnt. Im 7. Jh. Verlegung des Bischofssitzes von Augst nach B.; 917 durch die Ungarn zerstört, wiederaufgebaut und befestigt. 1386 löste der Rat die Verpfändung der Stadt durch den Bischof an die Herzöge von Österreich. 1392 Erwerb des rechtsrhein. Klein-B. durch die Bürgerschaft, mit Groß-B. vereinigt; im Kampf zw. Bischof und Bürgerschaft siegten um 1450 die Zünfte, die fortan die Stadt regierten. In der 2. Hälfte des 15. Jh. erwarb B. den größten Teil seines Untertanengebietes. Stand im 15. Jh. in enger Bundesgemeinschaft mit den elsäss. Reichsstädten; 1501 Aufnahme in die Eidgenossenschaft. 1529 Einführung der Reformation. 1803 entstand aus dem ehem. städt. Untertanengebiet und einem Teil des säkularisierten Bistums B. (Bez. Arlesheim) der Kanton B., der sich 1832/33 in die beiden Halbkantone B.-Stadt und B.-Landschaft trennte.

Bauten: Münster (1185–1225; im 14. und 15. Jh. im got. Stil erneuert), Barfüßer- und Franziskanerkirche (14. Jh.; heute Histor. Museum), Kirche Sankt Leonhard (15. und 16. Jh.), spätgot. Pfarrkirche Sankt Peter (15.–15. Jh.); Rathaus (Anfang 16. Jh.; im 19. Jh. erweitert), zahlr. Zunfthäuser (Spätgotik, Renaissance, Barock), Brunnen und Stadttore.
📖 *Laschinger, W./Lötscher, L.: B. als urbaner Lebensraum. Basel 1978.*

B., Bistum, in röm. Zeit in Augusta Raurica († Augst) gegr., im 7. Jh. nach B. verlegt. In der Reformation wurden Stadt und Landschaft B. prot.; die Residenz des Bischofs wurde nach Pruntrut verlegt, das Domkapitel ging nach Freiburg im Breisgau (seit 1679 in Arlesheim). - 1828 wurde das heutige unmittelbare Bistum B. mit Sitz in Solothurn errichtet († katholische Kirche [Übersicht]).

Baseler... † Basler...

Basel-Landschaft (Basel-Land), Halbkanton in der NW-Schweiz, 428 km², 223 000 E (1985), Hauptstadt Liestal, umfaßt im wesentl. Teile des nördl. Tafeljura, greift nach W auf den Sundgau über; der Hochrhein bildet im N die Kantons- und Staatsgrenze.

Geschichte: Nach Wiederherstellung der alten Vorherrschaft der Stadt Basel über die Landschaft, das ehem. Untertanengebiet, 1815 blieben die Forderungen nach polit. Gleichberechtigung für Stadt und Land bestehen. Nach Ablehnung der Trennung in einer Volksabstimmung 1831 schloß der Große Rat 1832 jedoch 46 Gemeinden aus dem basler. Staatsverband aus; diese konstituierten sich als eigener Kt.; 1833 bestätigte die eidgenöss. Tagsatzung die Trennung in zwei Halbkantone.

Verfassung: Nach der Verfassung des Halbkantons vom 4. April 1892 liegt die Exekutive beim vom Volk auf 4 Jahre gewählten Regierungsrat (5 Mgl.). Die Legislative bilden der vom Volk auf 4 Jahre gewählte Landtag (84 Mgl.) und das Volk selbst (obligator. Referendum).

Basel-Stadt, nordschweizer. Halbkanton, mit 37 km² kleinster Kt. der Schweiz, 197 000 E (1985), Hauptort Basel; umfaßt außer der Stadt Basel den schweizer. Anteil am rechtsrhein. Wiesental mit den Gemeinden Riehin und Bettingen.

Geschichte: Der 1832/33 durch die Aufteilung des Kt. Basel entstandene Halbkanton umfaßt neben der Stadt Basel die Gemeinden Riehen und Bettingen; Kleinhüningen wurde 1893 in Basel eingemeindet.

Verfassung: Nach der Verfassung des Halbkantons vom 12. Dez. 1889 liegt die Exekutive beim vom Volk auf 4 Jahre gewählten Regierungsrat (7 Mgl.). Die Legislative bilden der vom Volk auf 4 Jahre gewählte Große Rat (130 Mgl.) und das Volk selbst (fakultatives Referendum); seit 1966 haben die Frauen aktives und passives Wahlrecht.

Basement [engl. ˈbeɪsmənt], Tiefparterre, Souterrain.

Basen [griech.], alle Verbindungen, die mit Säuren durch † Neutralisation Salze bilden bzw. in wäßriger Lösung OH-Ionen abspalten, z. B. Natriumhydroxid (NaOH). Nach der allgemeineren Definition von Brønsted sind B. Moleküle oder Ionen, die Protonen (H^+) aufnehmen können; Ammoniak, z. B. ist eine Brønstedbase. Zu den B. gehören im wesentl. die † Hydroxide der I. und II. Hauptgruppe des Periodensystems der Elemente sowie die Oxide der Basenbildner, die in Wasser in deren Hydroxide übergehen, und die Salze, die bei † Hydrolyse im Überschuß OH-Ionen bilden, z. B. Natriumcarbonat (Na_2CO_3). - † Säure-Base-Theorie, † pH-Wert.

Basenaustauscher † Ionenaustauscher.

Basenbildner, Sammelbez. für die chem.

Elemente (v. a. der I. und II. Hauptgruppe des Periodensystems der chem. Elemente), deren Oxide mit Wasser Hydroxide bilden und deren wäßrige Lösungen daher alkal. reagieren.

Basenji [engl. bəˈsɛndʒɪ; Bantu], kurzhaarige, terrierähnl. Hunderasse; Rute aufsteigend und zur Seite umgerollt, Ohren hochstehend, Pfoten, Brust und Schwanzspitze weiß, übriger Körper kastanienbraun oder schwarz; Heimat Z-Afrika.

basenüberschüssige Lebensmittel, Nahrungsmittel, bei denen der Anteil basenbildender Mineralstoffe den Anteil säurebildender überwiegt, so daß bei der Verbrennung im Stoffwechsel ein Überschuß an bas. reagierenden Produkten entsteht. Zu den b. L. gehören v. a. kalium- und natriumreiche pflanzl. Nahrungsmittel, z. B. Kartoffeln, Bohnen, Tomaten und das meiste Obst, unter den tier. Nahrungsmitteln bes. die Milch.

BASF AG (bis 1973: **B**adische **A**nilin- & **S**oda-**F**abrik AG), bed. dt. Chemieunternehmen, Sitz Ludwigshafen am Rhein; 1865 in Mannheim gegr., stellte hauptsächl. Teerfarben und deren Vorprodukte her; gehörte 1925–45 zur I. G. Farbenindustrie AG; stand danach bis 1951 unter frz. Kontrolle; 1952 Neugründung; Schwerpunkt in der Erzeugung von Produkten, für die der Einsatz großtechn. Synthesen notwendig ist: Kunststoffe, Fasern und Faservorprodukte, Dispersionen und Leimharze, Lacke und Lackrohstoffe, Produkte für die Landw., Pharmazeutika, BASF-Magnetträger, Katalysatoren, Chemikalien und Grundprodukte; daneben auch im Öl-, Gas- und Kaligeschäft tätig; viele Tochter- und Beteiligungsgesellschaften im In- und Ausland, u. a.: Glasurit-Werke M. Winkelmann GmbH, Hamburg; Nordmark-Werke GmbH, Hamburg; Wintershall AG, Celle/Kassel.

BASIC [engl. ˈbeɪsɪk; Abk. für engl.: **b**eginner's **a**ll-purpose **s**ymbolic **i**nstruction **c**ode], eine einfache, leicht erlernbare Programmiersprache (↑ Datenverarbeitung).

Basic English [engl. ˈbeɪsɪk ˈɪŋɡlɪʃ „Grundenglisch"] (Kurzform: Basic), Bez. für eine vereinfachte Form der engl. Sprache, 1930 von C. K. Ogden geschaffen, mit geringem Wortschatz (850 Wörter) und weniger Grammatikregeln; soll als internat. Hilfssprache dienen.

Basidie [griech.], verschiedengestaltiger Hyphenteil der Ständerpilze, der meist vier Basidiosporen abgliedert.

Basidiomyzeten [griech.], svw. ↑ Ständerpilze.

Basidiosporen [griech.], aus einer Basidie sich entwickelnde Exosporen.

Basie, William („Bill" oder „Count") [engl. ˈbeɪsɪ], * Red Bank (N.J.) 21. Aug. 1904, † Hollywood (Fla.) 26. April 1984, amerikan. Jazzpianist und Bandleader. - Gründer einer berühmten Big-Band, die in ihren „orchestrierten" Swing auch Elemente des neueren Jazz integrierte und bed. Solisten besaß.

basieren [griech.], auf etwas beruhen, fußen, sich auf etwas gründen, stützen.

Basil [ˈbɑːziːl, baˈziːl], männl. Vorname, ↑ Basilius.

Basilan, philippin. Insel vor der S-Spitze von Mindanao, 1 280 km², über 20 Vulkane (höchster 1 010 m); Kautschukplantagen, Holzwirtschaft.

Basildon [engl. ˈbæzldən], engl. Stadt (New Town), 50 km östl. von London, 152 000 E. - Gegr. 1949, gliedert in 10 Nachbarschaften; mehrere Ind.zonen.

Basile, Giambattista, * Neapel 1575, † Giugliano in Campania (Prov. Neapel) 23. Febr. 1632, italien. Dichter. - Bed. seine in neapolitan. Dialekt geschriebenen Märchen; erschienen, zusammengefaßt durch eine Rahmenerzählung, 1634–36, als „Pentamerone" 1674 (dt. 1846).

Basileios [baziˈlaɪɔs, baˈziːlaɪɔs], Name byzantin. Kaiser der makedon. Dynastie:
B. I. Makedon, * um 812, † 29. Aug. 886, Kaiser (seit 867). - Gelangte durch die Ermordung seines Gönners, Kaiser Michaels III., auf den Thron; festigte die byzantin. Herrschaft und erweiterte das byzantin. Reichsgebiet; erwarb sich große Verdienste durch den Versuch der bereinigten Sammlung der überkommenen Gesetze.
B. II. Bulgaroktonos („Bulgarentöter"), * um 956, † 15. Dez. 1025, Kaiser (seit 976). - Brachte in lang andauerndem Kampf mit dem makedon.-bulgar. Reich die gesamte Balkanhalbinsel wieder in byzantin. Besitz (1018); Rückeroberung weiter Gebiete Syriens; hatte entscheidenden Anteil an der Christianisierung Rußlands (Ende des 10. Jh.).

Basileus [griech.], Bez. für den Herrscher seit der frühesten Zeit der griech. Geschichte; in Athen nach der Zeit der Monarchie Attribut des vorwiegend mit religiösen Aufgaben betrauten Archonten (Archon B.). - Bez. auch für den pers. Großkönig, ebenso den röm. Kaiser. Im MA offizielle Bez. der oström. Kaiser (und Mitkaiser) nach 610 (↑ auch Autokrator), ab 812 erweiterte Titulatur „B. ton Rhomaion" („Herrscher der Römer").

Basilianer, i. w. S. Mönche der Ostkirche, die sämtl. nach den Regeln des griech. Kirchenlehrers Basilius d. Gr. leben; i. e. S. griech. Mönche, die im MA in Italien und Spanien zu einem Orden im strengen Sinn verbunden wurden. Das einzige Kloster dieser Art befindet sich heute in Grottaferrata bei Rom.

Basilicata, siedlungs- und verkehrsarme Region im Lukan. Apennin und seinem östl. Hügelland, 9 992 km², 617 000 E; Hauptstadt Potenza; zählt zu den wirtschaftsschwächsten Gebieten Italiens.
Geschichte: Funde lassen auf frühe Besiedlung schließen; gehörte zu den von den

Basilienkraut

Lukanern besiedelten Gebieten; kam Mitte 9. Jh. fast ganz zum neuen Ft. Salerno; unter den Normannen geteilt, erneut nach 1130 zusammengefaßt; erhielt im 12. Jh. den Namen B.; unter stauf. Herrschaft, dann der Anjou; teilte schließl. die Geschicke des Kgr. Neapel.

Basilienkraut [griech./dt.] (Ocimum), Gatt. der Lippenblütler mit etwa 60 Arten, v. a. in den Tropen; Kräuter und Halbsträucher, darunter die als Gewürz-, Heil- und Zierpflanze schon seit langer Zeit in M-Europa angebaute, auch verwilderte **Basilie** (Basilienkraut, Basilikum, Ocimum basilicum): 20–40 cm hohes, einjähriges, buschig verzweigtes, würzig duftendes Kraut mit gegenständigen, gestielten, spitz-ovalen, z. T. schwach unregelmäßig gezähnten, zuweilen krausen Blättern und weißen, auch lila Blüten in einer Traube.

Basilika (Basiliken), von Kaiser Leon VI. (886–912) in den ersten Jahren seiner Regierung veranlaßte Rechtskodifikation, eine bereinigte Sammlung aller bis dahin gültigen Gesetze des Oström. Reiches.

Basilika [griech.-lat.; zu griech. basilikós „königlich"], 1. ein *röm. Gebäudetypus*, dessen Name im antiken Wortgebrauch weder auf eine bestimmte Form noch auf einen bestimmten Zweck des Gebäudes festgelegt ist. Die meist am Forum gelegenen großen Basiliken dienten als Geschäftsräume für Händler und Geldwechsler, als Gerichtslokale sowie als Amtslokale verschiedener Behörden; die Basiliken der Kaiserpaläste dienten als Thronsäle. Die großen Marktbasiliken sind meist drei- oder mehrschiffige Gebäude von rechteckigem Grundriß. Der Innenraum ist durch Pfeiler- oder Säulenreihen aufgeteilt, wobei das Mittelschiff i. d. R. breiter ist als die Seitenschiffe. 2. Im *christl. Kirchenbau* eine Kirche mit breiterem Mittel- und zwei, bei großen Kirchen vier Seitenschiffen, die durch Säulen oder Pfeiler mit Architrav oder (häufiger) Arkaden getrennt werden. Das Mittelschiff überragt die Pultdächer der Seitenschiffe, seine Obermauern haben Fenster (Lichtgaden), es mündet in eine (oder zwei) Apsiden. Die *frühchristl. B.* (4.–7. Jh.): Sie entsteht mit mehreren Varianten z. Z. Konstantins d. Gr. Meist liegt vor der B. ein von Säulenhallen umgebener Hof (Atrium), dessen an die B. stoßende Seite als Vorhalle (Narthex) in die B. einbezogen sein kann. Emporen sind seit dem 5. Jh. nachweisbar. Einen Normaltyp der frühchristl. B. gab es nicht, nur in Rom ist seit dem 5. Jh. die dreischiffige B. ohne Querschiff, Emporen und Pastophorien bevorzugt (sog. röm. Normalbasilika). Die *ma. B.*: Seit

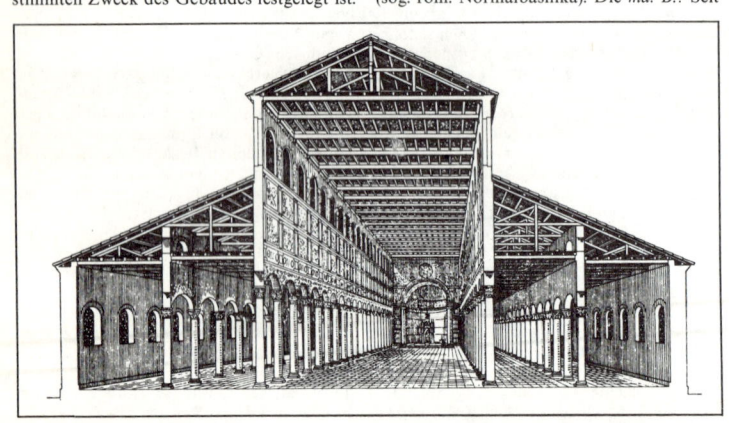

Basilika. Rekonstruktion der Pilgerkirche San Paolo fuori le mura in Rom im perspektivischen Schnitt

Basilika. Grundriß der von Konstantin dem Großen 326–335 erbauten fünfschiffigen Kirche der Geburt Christi in Bethlehem (unten)

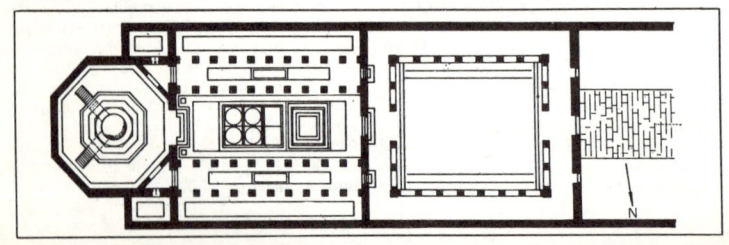

basische Farbstoffe

karoling. Zeit nahm die Verbreitung der B. verstärkt zu, bes. in Deutschland. Das Querhaus wird die Regel, die Vierung (Durchdringung von Mittel- und Querschiff) wird für den roman. Bau entscheidend (↑ gebundenes System). Damit wird auch der Vierungsturm vorherrschend. Ein- und Zweiturmfassaden akzentuieren den Eingang. Die Außenhaut wird zum Träger figuralen oder ornamentalen Schmuckes. Auch die früh- und hochgot. Kirchen folgen dem Bautyp der B., bereichern ihn durch neue Wölbesysteme, neue Wandgliederung, reichen Schmuck der Außenhaut, bes. an der Eingangsseite, Verlegung des Chors aus der Vierung (14. Jh.). Nur in Italien blieb die B. bis zur Renaissance in ihrer frühchristl. Gestalt übl. Seit der Renaissance trat der Bautyp der B. in den Hintergrund, erst im 19. Jh. wurde er historisierend wieder belebt. - ↑ auch Patriarchalbasiliken.

Brandenburg, H.: Roms frühchristl. Basiliken des 4. Jh. Mchn. 1979.

Basilikum [griech.] ↑ Basilienkraut.

Basilisk [zu griech. basilískos „kleiner König"], ein ma. phantast. Fabelwesen: Hahn mit Eidechsen- oder Schlangenschwanz. Sein Blick galt als tödl. Noch im 17. Jh. war der Glaube an die Existenz eines solchen Tieres weit verbreitet. In der Symbolik stand der B. für Tod, Teufel und Antichrist.

Basilisken (Basiliscus) [griech.], Gatt. der Leguane im trop. Amerika; bis etwa 80 cm lange Echsen mit Hautkämmen über Schwanz und Rücken und mit Hautlappen am Kopf; ein beliebtes Terrarientier ist der ↑ Helmbasilisk.

Basilius [ba'zi:lius, bazi'li:ʊs] (Basil), männl. Vorname griech. Ursprungs, eigtl. „der Königliche"; engl. Form: Basil, russ. Form: Wassili.

Basilius der Große [ba'zi:lius, bazi'li:ʊs], hl., * Caesarea Mazaca um 330, † ebd. 1. Jan. 379, griech. Kirchenlehrer, Bischof von Caesarea Mazaca. - 356 getauft, wurde 370 Bischof und Metropolit von Kappadokien. In der Auseinandersetzung mit dem arian. Kaiser Valens erwies er sich als geschickter Kirchenpolitiker, als Theologe deutete er zusammen mit Gregor von Nazianz und Gregor von Nyssa das nizän. Glaubensbekenntnis (↑ Nizänum). Neben grundlegenden Werken zur zeitgenöss. Theologie sind zahlr. Predigten und Briefe kirchenrechtl. und pastoralen Inhalts, eine Anweisung „über den fruchtbaren Gebrauch der heidn. Schriften", die den Wert der antiken Literatur anerkennt, und asket. Schriften erhalten. - Fest: 2. Jan. (kath. Kirche), 1. und 20. Jan. (Ostkirchen).

Basiliusregel [ba'zi:lius, bazi'li:ʊs], Bez. für die Vorschriften Basilius' d. Gr. für das Mönchsleben.

Basin and Range Province [engl. 'beɪsn ənd 'reɪndʒ 'prɒvɪns], Bez. für den zentralen Bereich der inneren Plateaus und Bekken der nordamerikan. Kordilleren.

basipetal [griech./lat.], abwärts gerichtet; in der Botanik für eine Verzweigungsbzw. Entwicklungsfolge, bei der die tieferstehenden Auszweigungen bzw. Organe die jüngeren sind (bei Tannen- und Fichtenarten).

Basis [griech.], allg. svw. Grundlage, Ausgangspunkt, Ausgangslinie, Bezugslinie.

♦ in der *Bautechnik* der untere Teil einer Säule oder eines Pfeilers, über den der Druck auf eine größere Fläche übertragen wird.

Basilisk. Gravur auf dem Elisabethschrein (13. Jh.). Elisabethkirche in Marburg

♦ in der *Mathematik:* 1. die Grundzahl einer Potenz, Grundzahl des Logarithmus, Grundzahl einer Zahlendarstellung; 2. die Grundseite einer geometr. Figur (insbes. eines gleichschenkligen Dreiecks), Grundfläche eines geometr. Körpers; 3. ein System von n linear unabhängigen Vektoren $e_1, e_2, e_3 \ldots, e_n$, den *Basisvektoren* eines n-dimensionalen Vektorraumes V, mit denen sich alle Vektoren $v \in V$ eindeutig in der Form $v = \sum a_\nu e_\nu$ darstellen lassen; die skalaren Größen a_ν sind die Koordinaten des Vektors v in bezug auf diese B.

♦ in der *Geodäsie* svw. Grundlinie, geodät. Linie, die einer ↑ Triangulierung zugrunde liegt.

♦ (Basiszone) in der *Halbleiterphysik* der mittlere Teil eines ↑ Transistors, der die Steuerung des Kollektorstromes ermöglicht (entspricht dem Gitter einer Elektronenröhre).

♦ in der *Stereophonie* die Strecke, an deren Endpunkten die äußeren Mikrophone bzw. Lautsprecher aufgestellt werden.

♦ im *Militärwesen* Versorgungsstützpunkt für die Truppe bzw. Einsatzstützpunkt für militär. Operationen.

basische Farbstoffe, Farbkörper von geringer Lichtechtheit und hoher Leuchtkraft, die meist die bas. NH_2-Gruppe enthalten; dienen v. a. zum Färben von Papier,

basische Salze

Spielwaren, Tinte, Stempelfarben, z. B. Fuchsin, Methylviolett, Methylenblau, Malachitgrün.

basische Salze, Salze von zwei- oder mehrsäurigen Basen, deren Hydroxylgruppen nicht alle durch Säurereste ersetzt sind.

Basiseinheiten (Ausgangseinheiten), diejenigen frei wählbaren und unabhängig voneinander festzulegenden Einheiten eines Einheitensystems, aus denen sich alle übrigen Einheiten in Form von *Potenzprodukten* ableiten lassen. Die B. des *SI-Systems* (Système International d'Unités), das durch das Gesetz über Einheiten im Meßwesen vom 2. Juli 1969 als verbindl. vorgeschrieben wurde, sind:

Basis-einheit	Einheiten-zeichen	Basisgröße
Meter	m	Länge
Kilogramm	kg	Masse
Sekunde	s	Zeit
Ampere	A	elektr. Stromstärke
Kelvin	K	thermodynam. Temperatur
Mol	mol	Stoffmenge
Candela	cd	Lichtstärke

Basisfraktur, svw. Schädelbasisbruch (↑ Schädelbruch).

Basisgruppen, im Zusammenhang mit der Studentenbewegung Ende der 1960er Jahre entstandene, v. a. student., polit. linksorientierte Arbeitskreise zur gemeinsamen (hochschul-)polit. Arbeit im Institutsbereich bzw. zur allg. polit. Überzeugungsarbeit im Rahmen prakt. Hilfe (z. B. Nachhilfeunterricht) für sozial schwache Bev.gruppen.

Basisjahr, in der Statistik die Bezugsgröße einer Indexreihe; wenn eine Zeitreihe mit Jahreszahlen in eine Indexreihe transformiert wird, setzt man einen Wert (als Bezugsgrundlage; das B.) gleich 100 und dividiert die vorherliegenden und die nachfolgenden Zahlen durch diese Zahl.

Basislatte, 2 m lange Latte, die bei der opt. Entfernungsmessung verwendet wird (Geodäsie).

Basissatz, in der Wissenschaftstheorie einer der beim Aufbau der Sprache einer empir. Wiss. an den Anfang gestellten, ein beobachtbares Ereignis beschreibenden Sätze (↑ Protokollsatz).

Basis und Überbau, Begriffspaar im Marxismus zur Kennzeichnung der Wechselwirkung von soziokulturellen [Überbau]phänomenen (z. B. Recht, Bildungswesen, polit. Institutionen) und sozioökonom. [Basis]faktoren, bei der den letztgenannten (z. B. Produktionsverhältnisse) eine primär bestimmende Rolle zugewiesen wird.

Basiswinkel, der Basis eines gleichschenkligen Dreiecks anliegenden Dreieckswinkel; B. sind einander gleich.

Basizität [griech.], Maß für die Konzentration der Hydroxidionen einer Lösung, die normalerweise durch den sog. pH-Wert ausgedrückt wird; allg. Bez. für die Fähigkeit eines Stoffes, Protonen (H^+) zu binden.

Basken (span. Vascos, frz. basques; Eigenbez. Euskaldunak), vorindogerman. Volk in den W-Pyrenäen und im B.land (Frankr. und Spanien); Pflege von traditionellem Brauchtum (rhythm. Volksmusik, Schwert- und Stocktänze, Pelota).

Baskenland (Bask. Provinzen, span. Vascongadas, bask. Euzkadi), nordspan. Region am Golf von Biskaya; eigenständiger Raum mit eigener wirtsch. Struktur, Sprache, Kultur, eigenem Volkstum u. polit. Sonderinteressen. Das **Baskische Bergland,** das sich von der span.-frz. Grenze bis zum oberen Ebro erstreckt, verbindet das Kantabr. Gebirge mit den Pyrenäen. Es erreicht nur selten Höhen über 1 400 m; kliffreiche Küste mit tief eingreifenden Rias. Ozean. geprägtes Klima, im S bereits Übergang zur sommertrockenen Nordmeseta; entsprechend die landw. Nutzung: in den Küsten-Prov. Guipúzcoa und Vizcaya Rinder- und Schweinehaltung, Wiesennutzung, Anbau von Gemüse, Futterrüben, Luzerne und Obst; im S der Prov. Álava dagegen winterl. Trockenfeldbau (Weizen und Gerste), im Gebiet des oberen Ebro Bewässerungsfeldbau, Ölbaumkulturen und Weinbau; im Gebirgsinnern Schafweiden. Wichtige Wirtschaftszweige sind Fischerei, Fremdenverkehr (Seebäder), v. a. aber die Schwerind. im Raum Bilbao.

Geschichte: Die Bewohner des von den Römern *Vasconia* gen. Landes bewahrten ihre Eigenständigkeit gegenüber Römern, Westgoten, Mauren und Franken; Teile wanderten seit 587 in das Frankenreich ab und ließen sich in der Gascogne nieder; das im 10. Jh. entstandene Kgr. Navarra deckte sich weitgehend mit dem bask. Siedlungsgebiet. Die span. Basken, die im Span. Bürgerkrieg im Streben nach größerer Autonomie auf seiten der Republik kämpften, verloren ihre Privilegien 1939. Verstärkte Aktivität des bask. Nationalismus in Spanien seit den 1960er Jahren, insbes. terrorist. Aktionen der Untergrundorganisation ETA. 1979 wurde das bask. Autonomiestatut in einer Volksabstimmung im B. und vom span. Parlament gebilligt. Daraufhin wurde im März 1980 ein bask. Regionalparlament gewählt, im April 1980 eine bask. Regionalregierung gebildet.

📖 *Ortots: Die Basken - Vergangenheit u. Zukunft eines freien Volkes. Mchn. 1979.*

Baskenmütze, urspr. bask. schirmlose Wollfilzmütze.

Baskerville, John [engl. 'bæskəvil], * Wolverley (Worcestershire) 28. Jan. 1706, † Birmingham 8. Jan. 1775, engl. Buchdrucker und Schriftkünstler. - Schuf künstler. Antiqua- und Kursivschriften; berühmte Drucke von Vergil (1757), Horaz (1762) und Milton (1758).

Basketball [zu engl. basket „Korb"], von zwei Mannschaften (je fünf Spieler und sieben Auswechselspieler) durchgeführtes Spiel. Ziel ist es, einen Ball (Umfang zw. 75 und 78 cm, Gewicht zw. 600 und 650 g) möglichst oft in den an den Schmalseiten des Spielfeldes (26 × 14 m) in 3,05 m Höhe an einem Spielbrett (1,20 × 1,80 m) angebrachten gegner. „Korb" (ein Eisenring, an dem ein unten offenes Netz befestigt ist) zu werfen. Die Spielzeit beträgt zweimal 20 Minuten.

Basketmaker [engl. 'bɑːskɪt,meɪkə „Korbmacher"], Phasen der ↑ Anasazitradition in den USA.

Baskine ↑ Basquine.

baskische Literatur, aus dem 15. Jh. sind Versdichtungen überliefert. Im 16. und 17. Jh. lag das Schwergewicht im frz. Baskenland, ausgelöst durch die Reformation. 1571 erschien die Übersetzung des N. T. durch I. Leiçarraga. Im 18. Jh. gab der Jesuitenpater M. de Larramendi den Anstoß zu einem umfangreichen Schrifttum in guipuzkoan. Mundart. Im 19. Jh. blühte die Lyrik in Guipúzcoa und im frz. Baskenland, hier bes. in Sare. Die große Epoche war die Zeit nach der Beendigung der Karlistenkriege (1876), mit bed. Leistungen in allen Gattungen. Bed. als moderner Lyriker der Vizcayer S. de Arana y Goiri (* 1865, † 1903), D. de Aguirre (* 1865, † 1920) mit regionalist. Romanen.

Baskische Provinzen ↑ Baskenland.
Baskisches Bergland ↑ Baskenland.

baskische Sprache, das Baskische wird heute am Golf von Biskaya beiderseits der Pyrenäen gesprochen. In S-Amerika gibt es bask. Kolonien in Montevideo, Buenos Aires und der argentin. Prov. Entre Ríos. Der Ursprung der Sprache ist ungeklärt. Ein Teil des Wortschatzes läßt sich mit den Kaukasischen verbinden, ohne daß eine nähere Verwandtschaft erwiesen wäre. - Im Nov. 1975 wurde die b. S. als span. Regionalsprache (Kulturveranstaltungen, lokale Verwaltung, Wahlfach in Schulen) zugelassen.

Basküle [frz.], Treibriegelverschluß für Fenster und Türen, der zugleich seitl., oben und unten schließt.

Basler Friede, 1795 zw. der frz. Republik und Preußen geschlossener Friede; dem revolutionären Frankr. gelang die fakt. völkerrechtl. Anerkennung, die Durchsetzung seiner geforderten „natürl. Grenzen" und die entscheidende Schwächung der europ. Koalition sowie des Reiches; Preußen erreichte eine von ihm selbst zu garantierende Neutralisierung des Reiches nördl. der „Mainlinie" unter Preisgabe seiner linksrhein. Territorien bis zum allg. Friedensschluß.

Basler Konfession (Confessio Basiliensis, erste Basler Konfession), Bekenntnis einer ref. Kirche, am 21. Jan. 1534 vom Rat als Bekenntnis der Basler Kirche vorgelegt, 1537 auch in Mülhausen (Confessio Muelhusana) angenommen. Die B. K. behandelte in 12 Artikeln die Hauptfragen des Glaubens, bes. die Abendmahlslehre im Sinne Zwinglis, bis 1872 in Basel bei der Verpflichtung der Geistlichen benutzt.

Basler Konzil (Konzil Basel, Ferrara-Florenz), das 17. der ↑ ökumenischen Konzile, 1431 von Papst Eugen IV. eröffnet. Es stellte sich zunächst die folgenden Aufgaben: 1. Bekämpfung der Hussiten, 2. den Frieden unter den christl. Fürsten, 3. die Reform der Kirche. Die Konzilväter erließen verschiedene Reformdekrete. Die 1433 geführten Verhandlungen mit den ↑ Hussiten (**Prager/Basler Kompaktaten**) führten zu einer Übereinkunft, in der u. a. der ↑ Laienkelch zugestanden wurde. Papst Eugen verlegte das Konzil nach Ferrara, dann nach Florenz, wo 1439 am 6. Juli die Unionsbulle, in der der päpstl. Primat anerkannt wurde, unterzeichnet werden konnte. Die Basler Konzilsväter, die der Verlegung nach Ferrara keine Folge geleistet hatten, setzten am 25. Juli 1439 Eugen IV. ab und wählten am 5. Nov. Felix V. zum Nachfolger. Da dieser von den europ. Mächten nicht anerkannt wurde, löste sich das Konzil der Basler Konzilsväter schließl. 1449 auf, das von Florenz tagte seit 1443 in Rom.

Basler Zeitung, schweizer. Zeitung, ↑ Zeitungen (Übersicht).

Basommatophora, wiss. Name der ↑ Wasserlungenschnecken.

basophil [griech.], in der *Medizin* und *Biologie:* mit bas. Farbstoffen leicht färbbar;

Basketball. Spielszene am „Korb"

Eigenschaft bestimmter Gewebe, Zellen oder Zellteile.
◆ zur Reaktion mit Basen neigend (z. B. Säuren).

Basra, irak. Stadt am Schatt Al Arab, 854 000 E (städt. Agglomeration), Hauptstadt des Verw.-Geb. B.; Univ. (gegr. 1967), Bibliotheken; Handelszentrum; Erdölraffinerie; wichtigste Hafenstadt des Landes; der neue Hafen **Umm Kasr** liegt 60 km ssö. von B.; ✈, Endpunkt der Bagdadbahn. - Im ma. Europa als **Balsora** oder **Bassora** bekannt; 638 als arab. Militärlager an der Stelle einer pers. Siedlung gegr.; Entwicklung zur Stadt mit Höhepunkt im 8. und Anfang 9. Jh. (200 000 bis 600 000 E). Nach der mongol. Eroberung 1258 Niedergang. Zunehmende Bed. ab Mitte des 17. Jh.; 1914 brit. besetzt, Ausbau des Hafens.

Bas-Rhin [frz. bɑˈrɛ̃], Dep. in Frankr.

Baß [italien.; zu vulgärlat. bassus „niedrig"], in der Musik: 1. Stimmlagenbez. (Umfang E-d¹[f¹]; beim tiefen B. Abstieg bis zum C); 2. in der Komposition seit dem 15./16. Jh. die die Harmonie tragende, vom 17. bis zum beginnenden 20. Jh. die die Harmonie bestimmende Vokal- oder Instrumentalstimme (↑Generalbaß); 3. bei Musikinstrumenten Bez. für die tiefsten Vertreter von Instrumentenfamilien (z. B. B.geige).

Bassa ↑Pascha.

Bassai (Bassae, neugriech. Wassä), antikes Bergdorf im Innern der Peloponnes, 6 km nördl. von Phigaleia (neugriech. Figalia). In der Nähe liegt der weitgehend erhaltene berühmte Tempel des Apollon Epikurios, um 420/10 erbaut, wohl von ↑Iktinos. In seiner Form ist er ein dor. Peripteros, die Längswände der Cella sind durch Zungenmauern (mit ion. Dreiviertelsäulen) gegliedert. Fund eines Frieses in der Cella (London, Brit. Museum).

Bassenheimer Reiter

Baßanhebung, in der Elektroakustik die zur Erzielung einer naturgetreuen Tonwiedergabe beabsichtigte Verstärkung tiefer Tonfrequenzen, wodurch die schwächere Abstrahlung tiefer Töne durch den Lautsprecher ausgeglichen wird.

Bassani, Giorgio, * Bologna 4. März 1916, italien. Schriftsteller. - Psycholog. Romane und Erzählungen über Juden aus Ferrara; Essays. - *Werke:* Ein Arzt aus Ferrara (R., 1958), Ferrareser Geschichten (En., 1960), Die Gärten der Finzi-Contini (R., 1962), Hinter der Tür (R., 1964), Der Reiher (R., 1968), Der Geruch von Heu (En., 1972).

Bassano, Iacopo (Giacomo), eigtl. I. da Ponte, * Bassano del Grappa um 1517/18, † ebd. 13. Febr. 1592, italien. Maler. - Sein Werk zeigt seit 1540 manierist. Tendenzen. In seinen religiösen und mytholog. Bildern spielen ländl. Genreszenen, Tierdarstellungen sowie Landschaften eine große Rolle. In seinen Spätwerken bevorzugte B. nächtl. Stimmungen und gleißende Helligkeiten („Anbetung der Hirten", 1592; Venedig, San Giorgio Maggiore). In seiner Werkstatt arbeiteten seine vier Söhne mit.

Bassano del Grappa, italien. Stadt, Region Venetien, in strateg. wichtiger Lage auf dem linken Hochufer der Brenta, 129 m ü. d. M., 38 000 E. Woll-, Seiden- und Lederverarbeitung, keram. Ind., Handel mit Wein, Gemüse, Tabak. - Erstmals im 10. Jh. erwähnt, 1404–1797 zur Republik Venedig, 1760 Stadt. 1797–1805 öster., dann bis 1813 zum Napoleon. Kgr. Italien, dort seit 1815 wieder öster. (Kgr. Lombardo-Venetien), 1866 an Italien. - Dom (16. und 18. Jh.), San Francesco (13. Jh.), Renaissance- und Barockbauten, u. a. das Rathaus. Wahrzeichen der Stadt ist der „Ponte Coperto", eine gedeckte Brücke (1209 erwähnt).

Baßbuffo, Sänger mit einer Stimme, die sich bes. für kom. Baßrollen eignet.

Basse danse [frz. bɑs dɑ̃:s] (italien. bassa danza), Bez. für einen gravität. Schreit- oder Gleittanz, im 15. und am Anfang des 16. Jh. bes. in Frankr. und Italien.

Bassenheimer Reiter, frühgot. Relief aus Sandstein in der Pfarrkirche in Bassenheim bei Koblenz mit der Darstellung des hl. Martin. Wahrscheinl. ein Werk des Naumburger Meisters (um 1240) für den Mainzer Dom.

Basse-Normandie [frz. bɑsnɔrmɑ̃ˈdi], Region in N-Frankreich, umfaßt die Dep. Calvados, Manche und Orne, 17 589 km², 1,4 Mill. E (1982), Regionshauptstadt Caen.

Bassermann, Albert, * Mannheim 7. Sept. 1867, † Zürich 15. Mai 1952, dt. Schauspieler. - Spielte u. a. in Berlin am Dt. Theater unter Max Reinhardt und machte zahlr. Gastspielreisen. Emigration 1933. Seit 1913 spielte er auch in vielen Stumm- und Tonfilmen in Deutschland und Hollywood. Dank seiner psycholog.-naturalist. Auffassung der Rollen bed. Ibsen-Spieler, spielte auch Hauptmann und Schnitzler sowie klass. Rollen.

Basses-Alpes [frz. bɑsə'zalp], Dep. in Frankreich.

Basseterre [frz. bɑs'tɛːr], Hafenstadt an der SW-Küste von Saint Christopher, Kleine Antillen, 14 700 E. Hauptstadt von Saint Christopher and Nevis; Handelszentrum; ✈.

Basse-Terre [frz. bɑs'tɛːr], Hauptstadt von Guadeloupe, Kleine Antillen, 13 800 E. Mittelpunkt eines fruchtbaren, durch intensive Landw. geprägten Gebietes und Ausfuhrhafen für dessen Hauptprodukte (Kaffee, Kakao, Vanille, Lorbeerblätter, Bananen). - 1643 von Franzosen gegründet.

Bassets [frz. bɑ'sɛ], aus ↑ Bracken gezüchtete frz. Jagdhunde; Körper kräftig und langgestreckt, Kopf sehr ausgeprägt, Hängeohren, Rute lang; werden zur Niederjagd eingesetzt.

Bassetthorn [italien./dt.] (italien. corno di bassetto), eine um 1770 erstmals gebaute Altklarinette in F, deren obere Schallröhre zunächst halbmondförmig gebogen, später geknickt verlief; heute in gerader Form, meist mit aufgebogenem Schalltrichter.

Baßgeige, populäre Bez. für: ↑ Kontrabaß.

Bassiafette, aus dem Samen einiger Seifenbaumgewächsarten gewonnene Fette, die hauptsächl. zur Seifen- und Kerzenherstellung verwendet werden.

Baßklarinette ↑ Klarinette.

Basso continuo [italien. „ununterbrochener Baß"], Abk. B. c., Kurzform Continuo, ↑ Generalbaß.

Basso ostinato [italien.] ↑ Ostinato.

Bassow, Nikolai Gennadijewitsch, * Usman bei Woronesch 14. Dez. 1922, sowjet. Physiker. - Arbeiten über Festkörperphysik und Quantenelektronik; trug wesentl. zur Entwicklung von Maser und Laser bei. 1964 erhielt er mit A. M. Prochorow und C. Townes den Nobelpreis für Physik. Seit Okt. 1982

Bassano del Grappa.
Ponte Coperto

Mgl. des Präsidiums des Obersten Sowjet.

Baßposaune ↑ Posaune.

Baßschlüssel ↑ F-Schlüssel.

Bass-Straße [engl. bæs], 200–250 km breite Meeresstraße zw. dem austral. Festland und Tasmanien.

Baßtölpel [nach der Felseninsel Bass Rock im Firth of Forth (Schottland)] (Morus bassanus), etwa gänsegroßer, weißer Tölpel, v. a. an den Küstenregionen Großbrit., Islands, S-Norwegens und Neufundlands; Flügel lang und schmal, an den Spitzen schwarz (Spannweite etwa 1,8 m), Schwanz spitz auslaufend. Während der Brutzeit (März bis Juni) sind Kopf und Halsoberseite gelb getönt; brütet in Kolonien.

Bast, svw. sekundäre ↑ Rinde.
◆ (Binde-B.) Bindematerial im Garten- und Obstbau, auch für kunstgewerbl. Arbeiten: hauptsächl. die Blattfasern der Raphiapalme, auch der in Streifen abgezogene Hartbastanteil der sekundären Rinde von jungen Linden- und Weidenpflanzen.
◆ (Flocken-B.) durch chem. oder mechan. Aufbereitung von Flachs- oder Hanffasern gewonnener pflanzl. Faserstoff.
◆ (Seiden-B.) der Seidenleim (Sericin), der um das Rohseidenfaden liegt und durch Abkochen in mildem Seifenbad entfernt wird.
◆ weidmänn. Begriff für die Haut des noch wachsenden Gehörns bzw. Geweihs, die in getrocknetem Zustand von dem Tier „abgefegt" wird.

basta! [italien.], genug!

Bastard, Lucien [frz. bas'taːr] ↑ Estang, Luc.

Bastard [frz.] (Hybride), das aus einer ↑ Bastardierung (z. B. zw. verschiedenen Arten, ↑ Artbastard, bzw. verschiedenen Rassen, Rassen-B., auch Blendling genannt) hervorgegangene Tochterindividuum.
◆ ↑ Pfropfbastard.

Bastarda [frz.-italien.], im 14. Jh. entstandene Mischschrift aus der spätma. Kursive und der got. Buchschrift; im 15. Jh. zahlr. B.druckschriften. - ↑ auch Bastardschriften.

Bastardella, La ↑ Agujari, Lucrezia.

Bastardfaden ↑ Wappenkunde.

Bastardierung

Bastardierung [frz.], Kreuzung zw. erbmäßig unterschiedl. Partnern, v. a. zw. verschiedenen Unterarten bzw. Rassen oder zw. Arten.

Bastardschriften, seit um 1900 Bez. für Druckschriften, die Züge gegensätzl. Schrifttypen vereinen (z. B. Antiqua und Fraktur). - ↑ auch Bastarda.

Bastarner (Bastarnen, Basternen; lat. Bastarnae, Basternae), wohl stark mit fremden Elementen durchsetztes ostgerman. Volk, trat Anfang des 2. Jh. v. Chr. im Gebiet von Donaumündung bis zum Bug auf; von Philipp V. von Makedonien im Zuge seiner antiröm. Politik an die N-Grenze seines Reiches gezogen (179 v. Chr. Einfall in Thrakien); 88 Verbündete Mithridates' VI. von Pontus in dessen 1. Krieg gegen Rom; von den Römern 29/28 über die Donau nach NO abgedrängt; siedelten Ende 3. Jh. n. Chr. in Thrakien.

Bastei, Felsgruppe im Elbsandsteingebirge bei Wehlen, Bez. Dresden, DDR, 317 m hoch; bekanntes Touristenziel. - Abb. S. 80.

Bastei, svw. ↑ Bastion.

Baster [afrikaans], Mischlingsbev. um Rehoboth, Namibia, stammen von bur. Männern und Hottentottenfrauen ab.

Bastet, ägypt. Göttin, Gestalt einer Frau mit Katzenkopf, Halskragen mit Löwenkopf und ↑ Sistrum sowie Henkelkorb. Sie steht in der ägypt. Theologie als milde, gütige, gnädige Göttin der gefährl. Löwengöttin ↑ Sachmet gegenüber. Hauptkultort ↑ Bubastis.

Bastia [italien. bas'ti:a, bas'tja], Hafenstadt an der NO-Küste Korsikas, 44 000 E. Verwaltungssitz des frz. Dep. Haute-Corse; Wirtschafts- und Handelszentrum; Haupthafen der Insel; Fremdenverkehr, ✈. - Die Genuesen bauten Ende 14. Jh. Festung und Stadt **Bastida** als Sitz ihrer Behörden auf Korsika.

Bastian, Adolf, * Bremen 26. Juni 1826, † Port of Spain (Trinidad) 2. Sept. 1905, dt. Völkerkundler. - Begründer der modernen Völkerkunde; bereiste die ganze Welt; 1868 1. Direktor des Berliner Museums für Völkerkunde, 1869 begr. er die Zeitschrift für Ethnologie.

Bastiat, [Claude] Frédéric [frz. bas'tja], * Mugren (Landes) 30. Juni 1801, † Rom 24. Dez. 1850, frz. Nationalökonom. - Als Verfechter des Laissez-faire-Gedankens hatte er großen Einfluß auf die Verbreitung der Freihandelslehre auf dem europ. Festland.

Bastille [frz. bas'tij], urspr. Bez. für eine schloßähnl. Befestigungsanlage, dann nur noch die achttürmige Festung im O von Paris am Tor Saint-Antoine; diente seit dem 17. Jh. als Staatsgefängnis; seit 1784 erwog man den Abbruch; am 14. Juli 1789 (frz. Nationalfeiertag) als Symbol des königl. Despotismus erstürmt (Beginn der Frz. Revolution) und kurze Zeit später zerstört.

Bastion (Bastei) [italien.], vorspringender Teil von Festungsbauten.

Bastnäsit [nach dem Fundort Bastnäs (Schweden)], gelbl.-rötliches, trigonal kristallisierendes Mineral, Ce[FeO$_3$]; Dichte 5,0 g/cm^3; Mohshärte 4 bis 4,5.

Bastonade [frz.; zu italien. bastone „Stock"], Prügelstrafe mit Stöcken und Riemen auf die Fußsohlen und den Rücken; bis ins 19. Jh. im Orient übl.; vereinzelt noch heute vollstreckt.

Bastpalme, svw. ↑ Raphiapalme.

Bastseide, nicht entbastete Rohseide.

Bastteil, svw. ↑ Phloem.

Basutoland ↑ Lesotho.

BAT, Abk. für: **B**undes-**A**ngestelltentarifvertrag.

Bata, Hauptort des festländ. Teiles (Mbini, früher Rio Muni) von Äquatorialguinea, am Golf von Biafra, 27 000 E. Hafen, Küstenfischerei; internat. ✈.

Bat'a, Tomáš [tschech. 'batja], * Zlín 3. April 1876, † Otrokovice 12. Juli 1932 (Flugzeugabsturz), tschechoslowak. Schuhfabrikant. - Gründete 1894 zus. mit seinem Bruder Antonín B. ein bed. Großunternehmen der Schuhindustrie.

Bataille [frz. ba'ta:j], Gabriel, * um 1575, † Paris 17. Dez. 1630, frz. Lautenist und Komponist. - Bed. für die Ausbildung der Monodie in Frankreich.

B., Georges, * Billom (Puy-de-Dôme) 10. Sept. 1897, † Paris 9. Juli 1962, frz. Schriftsteller. - Stand dem Surrealismus und dem Kommunismus nahe, Einfluß Nietzsches; vitalist. und myst. Ideen.

Werke: Abbé C. (R., 1950), Der hl. Eros (Essay, 1957), Das Blau des Himmels (R., 1957), Gilles de Rais, die Biographie eines Kindermörders (hg. 1965); 1972 und 1974 Sammlungen in dt. Übers.: Das obszöne Werk (En.), Das theoret. Werk (Essays).

Bataille [ba'ta:jə; frz.], veraltet für: Schlacht, Kampf.

Bataillon [batal'jo:n; frz.; zu italien. battaglia „Schlacht"], kleinste Form des Verbandes bei den Streitkräften.

Batak, altmalaiischer Volksstamm in N-Sumatra, Pfahlbauten mit hohen, oben weit überstehenden und in der Mitte eingesattelten Giebeldächern, bed. Kunstgewerbe; eigenes Schriftsystem; Zauberbücher und Wahrsagekalender sind wichtige Quellen der alten Religion vor der christl. Missionierung.

Batakkirche (Huria Kristen Batak Protestant), im 19. Jh. auf Sumatra entstandene ev.-luth. Kirche unter den ↑ Batak. Die älteste der sog. ↑ Jungen Kirchen; 1861 gegr.; sie zählt heute über 700 000 Mitglieder.

Batalha [portugies. bɐˈtɐʎɐ], portugies. Dorf 10 km südl. von Leiria, 6 700 E. Berühmt durch das 1388 nach der Schlacht von Aljubarrota (1385) von König Johann I. von Portugal gegr. Kloster Santa Maria da Vitória; fast 200 Jahre im Bau, seit 1840 portugies. Nationaldenkmal; bed. got. Kirche, Kreuz-

Bathyscaph

gang und Portal der „Unvollendeten Kapellen" im Emanuelstil. - Abb. S. 82.

Batangas, philippin. Hafenstadt auf Luzon, 95 km südl. von Manila, 144 000 E. Handelszentrum der sw. Küstenregion Luzons.

Batate [indian.-span.] (Süßkartoffel, Ipomoea batatas), Windengewächsart; Stengel meist niederliegend; mit 3–4 trichterförmigen, weißen oder roten Blüten in einem Blütenstand; an der Blattansatzstelle der verschiedengestaltigen, tiefeingeschnittenen Blätter mehrere sproßbürtige Wurzeln, die sich zu spindelförmigen, rettichartigen, gelbl. bis rötl., 1–2 kg schweren, süßschmeckenden Wurzelknollen entwickeln; Anbau in allen Tropenländern (dort Kartoffelersatz).

Batava Castra ↑ Passau.

Bataver [ba'ta:vər, 'ba:tavər] (lat. Batavi), german. Volksstamm in der Gegend der Rheinmündung (heute Betuwe) und auf den Inseln im Rheindelta; seit Ende 1. Jh. v. Chr. unter röm. Oberhoheit; 69/70 vergebl. Aufstand der B. und Kannenefaten; seit dem 4. Jh. unter fränk. Herrschaft.

Batavia ↑ Jakarta.

Batavis (Batava Castra) ↑ Passau.

Batavische Republik [nach Batavia, dem lat. Namen der Niederlande], 1795–1806 Name der von Frankr. abhängigen Republik der Vereinigten Niederlande.

Batch-Verfahren [engl. bætʃ; = Schub], in der Datenverarbeitung und in der chem. Technik übl. Bez. für Verfahren, bei denen alle mit einem bestimmten Programm zu verarbeitenden Daten bzw. die bei einem Produktionsprozeß anfallenden Produkte zunächst gesammelt und dann in einem „Schub" bzw. einer „Charge" verarbeitet werden.

Bates, Henry Walter [engl. beɪts], * Leicester 18. Febr. 1825, † London 16. Febr. 1892, brit. Naturforscher. - Bereiste 1848–59 das brasilian. Amazonasgebiet und sammelte dort 14 712 Insektenarten, von denen 8 000 der Wissenschaft unbekannt waren. Schrieb Reiseberichte.

Bath [engl. bɑ:θ], engl. Heilbad in der Gft. Avon, 20 m ü. d. M., 80 000 E. Anglikan. Bischofssitz; Univ. (gegr. 1856 als TH); jährl. Musikfest; heiße Quellen; Forschungszentrum für Rheumaerkrankungen, Heilgymnastikschulen. - Erste Bäder 54 n. Chr. von Römern erbaut (**Aquae Sulis**); 973 wurde ein Kloster gegr.; 1189 Stadtrecht. Entwicklung als Badeort seit dem 17. Jh. - Reste von röm. Tempeln und Thermen; planmäßige Stadterweiterung im 18. Jh. in georgian.-klassizist. Architektur.

Batho..., Bathy... [griech.], Vorsilbe mit der Bed. „Tiefen..., Höhen...".

Bathometer (Bathymeter), Tiefseelot; Gerät zur Messung der Tiefe von Gewässern; ein einfaches Lot (Senkblei) oder Echolot.

Bathorden [engl. bɑ:θ] (The Most Honourable Order of the Bath), von König Heinrich IV. von England 1399 gestifteter Ritterorden, dessen Bez. („Orden vom Bade") vielleicht auf die Aufnahmezeremonie zurückzuführen ist; geriet im 17. Jh. in Vergessenheit, 1725 von König Georg I. als Verdienstorden erneuert; hat eine militär. und eine zivile Abteilung, seit 1815 zu je 3 Klassen.

Báthory (Báthori) [ungar. 'ba:tori], ungar. Magnatengeschlecht, Fürsten von Siebenbürgen; 1250 erstmals erwähnt, im 17. Jh. ausgestorben; Stephan IV. B. war 1575–86 König von Polen.

Bath-Partei (Hisb Al Bat Al Arabi Al Ischtschiraki „sozialist. Partei der arab. Auferstehung"), arab. polit. Partei, die den föderativen Zusammenschluß der arab. Staaten auf der Grundlage einer sozialist. Gesellschaftsordnung anstrebt. 1942 als Untergrundpartei gegr., vereinigte sich 1952 mit der Arab. Sozialist. Partei; in Syrien und Irak an der Macht.

Bathseba (Bathscheba, in der Vulgata: Bethsabee), bibl. Gestalt, Frau des ↑ Uria, die König David verführte und später heiratete.

Bathurst [engl. 'bæθə:st] ↑ Banjul (Hauptstadt von Gambia).

B., austral. Stadt, 160 km nw. von Sydney, 656 m ü. d. M., 24 000 E. Kath. Bischofssitz; Zentrum für Handel und Verarbeitung von Agrarprodukten; ✈. In der Umgebung wird Gold (seit 1853), Silber und Kupfer gewonnen. - 1819 als erste Siedlung westl. der Ostaustral. Kordilleren gegr.; seit 1885 Stadt.

Bathurst Island [engl. 'bæθə:st 'aɪlənd], austral. Insel in der Timorsee, 2 036 km²; Reservat für rd. 1 000 Eingeborene.

Bathyal [griech.], Bodenregion der Meere, erstreckt sich von etwa 200–3 000 m Tiefe über den Kontinentalabhang; lichtlos, ohne autotrophen Pflanzenwuchs.

Bathymetrie [griech.], die Messung der Tiefen von Gewässern, insbes. von Meeren.

Bathyscaph (Bathyscaphe, Bathyskaph) [griech.], ein von A. ↑ Piccard entwickeltes und erbautes Tiefseetauchgerät für For-

Bathyscaph „Trieste"
mit kugelförmiger Stahlkabine

Bathysphäre

Bastei

schungszwecke, bestehend aus einem 15 m langen unterseebootförmigen Tragkörper und einer an der Unterseite angebrachten hohlen, druckfesten Stahlkugel (Innendurchmesser 2 m, Wandstärke 9 cm). 1953 erreichte A. Piccard mit einem B. im Tyrrhen. Meer eine Tiefe von 3 150 m, 1960 kamen J. Piccard und D. Walsh mit dem B. „Trieste" im Marianengraben (Pazif. Ozean) bis auf eine Tiefe von 10 916 m (Trieste-Tiefe genannt).

Bathysphäre, tiefste Schicht des Weltmeeres.

◆ Bez. für stählerne Tauchkugeln.

Batik [malai.], aus SO-Asien stammendes Verfahren zur Herstellung gemusterter Stoffe. Die Formen der Muster werden durch flüssiges Wachs mit einem Pinsel oder einem Auslaufgefäß oder Stempel auf das hellfarbige Gewebe übertragen; nach dem Erstarren des Wachses wird der Stoff in die Färbelösung getaucht, wobei die durch das Wachs abgedeckten Stellen ungefärbt bleiben. Ledigl. durch die beim Trocknen entstandenen feinen Risse in der Wachsschicht, die durch zusätzl. Knittern vor dem Färben noch verstärkt werden können, dringt etwas Farbe auf das Gewebe und ergibt feine, reizvolle Verästelungen; Vorgang muß für jede Farbe gesondert vorgenommen werden.

Batiniden † Batinijja, Al.

Batinijja, Al [arab. „innerlich, esoterisch"], theolog. Richtung im Islam, deren Anhänger, die **Batiniden,** den Koran nicht seinem Wortsinn nach verstehen, sondern in ihm einen tieferen, verborgenen Sinn zu erkennen glauben. Zur Al B. gehören verschiedene schiit. Sekten, insbes. die †Ismailiten.

Batist [frz.; wahrscheinl. nach dem Leinweber Jean Baptiste aus Cambrai (13. Jh.)], sehr feinfädige, meist dichtgewebte, leichte Gewebe aus Baumwolle, auch Leinen, Zellwolle, Seide (Toile) oder Chemiefasern.

Batista y Zaldívar, Fulgenico [span. ba'tista i sal'diβar], * Banes (Oriente) 16. Jan. 1901, † Guadalmina bei Marbella (Málaga) 6. Aug. 1973, kuban. Diktator. - 1940–44 Staatspräs.; 1944–52 im Exil in den USA; kam 1952 durch Staatsstreich wieder an die Macht; 1959 von F. Castro gestürzt.

Batlle y Ordóñez, José [span. 'batje i ɔr'ðoɲes], * Montevideo 1. Mai 1856, † ebd. 21. Okt. 1929, uruguayischer Politiker. - Präs. der Republik 1903–07 und 1911–17, Vertreter eines laizist., toleranten Rechtsstaates.

Batman, türk. Ort, 80 km östl. von Diyarbakır, 86 000 E. Zentrum eines großen Erdölgebiets.

Batman [engl. 'bætmən „Fledermausmann"], Superheld einer 1937 begr. Comicstrip-Serie; setzt in seinem Kampf gegen Verbrecher und Schurken größtes akrobat. Können und kriminalist. Wissen ein; auch Hörfunk-, Fernsehserien und Filme.

Batna, alger. Departementshauptstadt im nördl. Aurès, 1 040 m ü. d. M., 115 000 E. Landw. Handelszentrum; Textilind., Straßenknotenpunkt, an der Bahnlinie Constantine-Biskra. Sö., in **Lambèse** (10 km) und **Timgad** (25 km) Ruinen röm. Garnisonstädte.

Baton Rouge [engl. 'bætn 'ru:ʒ], Hauptstadt des B.staats Louisiana, USA, am linken Ufer des Mississippi, 219 000 E. Kath. Bischofssitz; zwei Univ. (gegr. 1845 bzw. 1880); wichtiger Ausfuhrhafen; bed. Zentrum der Erdölverarbeitung mit petrochem. Ind.; Verkehrsknotenpunkt, ✈. - 1719 Bau eines frz. Forts; 1763–79 brit., bis 1810 span.; 1849, 1861 und wieder seit 1882 Hauptstadt von Louisiana. - Old State Capitol (1847–50; neugot.), State Capitol (1931/32).

Batra, Ruinenstätte in Jordanien, † Petra.

Batrachomyomachia [griech. „Froschmäusekrieg"], lange Zeit fälschl. Homer zugeschriebenes Kleinepos; entstanden im 6./5. oder 3. Jh.; Parodie der „Ilias".

Batrachospermum [griech.], svw. † Froschlaichalge.

Batschka, Tiefland in Jugoslawien, zw. Donau, Theiß und ungar. Grenze. Abgesehen von den Auen von Donau und Theiß im N fruchtbare, aber auch wasserarme und baumlose Ackerbauebene mit Ziehbrunnen; der S-Teil im Mündungswinkel von Donau und Theiß leidet unter Frühjahrsüberschwemmungen. Zur Entwässerung wurden bereits in ungar. Zeit große Kanäle angelegt.

Battaglia Terme [italien. bat'taʎʎa

Batumi

'tɛrme], italien. Thermalbad am O-Fuß der Euganeen, 11 m ü. d. M., 4 300 E. Kochsalz-, brom- und jodhaltige Quellen (58–71 °C), traditionelles Kunsthandwerk.

Battambang, Stadt in Kambodscha, am B., 43 000 E. Zentrum eines Agrargebietes mit Anbau von Reis, Obst, Gemüse, Kardamom u. a.; an Bahnlinie und Fernstraße Phnom Penh–Bangkok, ✈. - Gehörte 1795–1907 und 1941–46 zu Thailand.

Battani, Al, arab. Astronom, ↑ Albatenius.

Battelle Memorial Institute [engl. bəˈtɛl mɪˈmɔːrɪəl ˈɪnstɪtjuːt], eine nach dem amerikan. Industriellen Gordon Battelle (* 1883, † 1923) ben., 1925 gegr. Einrichtung für Vertragsforschung auf dem Gebiete der Physik und Chemie, der Metallurgie, Werkstoffkunde u. a. Ingenieurwiss. sowie der Biologie, der Sozial- und Betriebswiss. und der Erziehungswissenschaften. Auftraggeber sind Ind.unternehmen, Regierungsstellen, Behörden, Verbände u. a. Das Hauptlaboratorium befindet sich in Columbus (Ohio), weitere größere Laboratorien sind in Richland (Wash.), Frankfurt am Main (Battelle-Institut e. V.) und Genf.

Battement [frz. batˈmã „Schlagen, Klopfen"], musikal. Verzierung des 17./18. Jh., ein sich dem Triller näherndes Vibrato.
◆ in der *Ballettechnik* Bez. für die schlagende Bewegung des gestreckten Spielbeins.

Battenberg, Name eines 1314 erloschenen hess. Grafengeschlechts, dessen Titel seit 1858 die morganat. Nachkommen des Prinzen *Alexander von Hessen* (* 1823, † 1888) führen. **Ludwig Alexander von B.** (* 1854, † 1921), brit. Admiral und 1912–14 Erster Seelord, legte 1917 den hess. Titel ab und nahm den Namen **Mountbatten** an (für sich und alle in Großbrit. naturalisierten Mgl. des Hauses).

Battenbergaffäre, polit. Spannung auf dem Balkan 1883–85 und innerdt. Krise 1888 (Konflikt zw. Bismarck und Kaiser Friedrich III. sowie dessen Gattin) wegen des Plans einer Heirat von Alexander von Battenberg, 1879–86 Fürst von Bulgarien, mit der preuß. Prinzessin Viktoria, Tochter Friedrichs III.; aus Sorge vor einer Belastung des dt.-russ. Verhältnisses von Bismarck vereitelt.

Battenberg (Eder), hess. Stadt im oberen Edertal, 380 m ü. d. M., 5 100 E. Metallind., Kesselwerk im 2 km nö. gelegenen **Allendorf (Eder)** (4 400 E). - Das Ackerbürgerstädtchen kam 1234 an die Mainzer Erzbischöfe, 1583 an Hessen. - Frühgot. Pfarrkirche (13. Jh.), Schloß (1732); Fachwerkbauten, u. a. das Rathaus (17. Jh.).

Batterie [frz.], Zusammenschaltung mehrerer gleichartiger techn. Geräte (Stromquellen, Kondensatoren), Industrieeinrichtungen (Dampfkessel, Koksöfen) u. a. I. e. S. die Zusammenschaltung mehrerer ↑ elektrochemischer Elemente (Akkumulatoren, Trockenelemente).
◆ frz. Bez. für Schlagzeug sowie für Trommelwirbel und -signale.
◆ im *Militärwesen* die der Kompanie entsprechende Einheit bei der Artillerie und der Heeresflugabwehrtruppe.

Battersea [engl. ˈbætəsɪ], Ortsteil von London.

Batteux, Abbé Charles [frz. baˈtø], * Alland'Huyet-Sausseuil (Ardennes) 6. Mai 1713, † Paris 14. Juli 1780, frz. Ästhetiker. - In seinem Hauptwerk „Die schönen Künste, aus einem Grundsatz hergeleitet" (1746) wendet B. das Prinzip der Nachahmung der schönen Natur auf Poesie und bildende Künste an. Bed. Einfluß auf Gottsched, Schlegel, Lessing.

Batthyány [ungar. ˈbɒtjaːnji], eines der ältesten und angesehensten ungar. Magnatengeschlechter; urkundl. 1398 genannt; 1628 ungar. Barone, 1630 ungar. Grafen, 1645 niederöstr. Herrenstand. Die jüngere Linie **Battyány-Strattmann** wurde 1764 in den Reichsfürstenstand erhoben; bed.: **B., Lajos (Ludwig)** Graf, * Preßburg 14. Febr. 1806, † Pest 6. Okt. 1849 (hingerichtet), ungar. Reformpolitiker. - 1848 Min.präs. im ersten ungar. Parlament, bemühte sich (vergebl.) um einen Ausgleich zw. dem östr. Kaiser und Ungarn; 1849 wegen Hochverrats zum Tode verurteilt.

Battistello, eigtl. Giovanni Battista Caracciolo, * Neapel um 1570, † ebd. 1637, italien. Maler. - Von Caravaggio beeinflußt; in Neapel in der Kirche Pio Monte della Misericordia das Altarbild „Befreiung Petri" (zw. 1607/15), in der Chiesa della Pietà dei Turchini ein „Hl. Familie" (um 1617) und bed. Spätwerke in der Kirche der Certosa di San Martino, u. a. Fresken mit dem Marienleben (1631).

Battle Creek [engl. ˈbætl kriːk], Stadt und Kurort im südl. Michigan, USA, am rechten Ufer des Kalamazoo River, 270 m ü. d. M., 39 000 E. Sitz der W.-K.-Kellogg-Stiftung, College, Handelszentrum eines Agrargebiets; Herstellung von Diätnahrungsmitteln. - Gegr. 1831 als **Milton.** 1833 umbenannt.

Battuta [italien. „Schlag"], in der Musik zunächst der Taktschlag („tactus"), später der Takt; **a battuta,** Spielanweisung zur Wiederaufnahme des vorübergehend verlassenen strengen Taktmaßes (z. B. nach *ad libitum*).
◆ im *Fechtsport* Bez. für den Schlag mit der eigenen auf die gegner. Klinge, um sie aus der Linie zu bringen.

Batu Khan, * um 1205, † Sarai 1255, Mongolenfürst. - Enkel Dschingis-Khans; herrschte seit 1227 über das sog. Kiptschak; überrannte 1237–40 ganz Rußland, 1241/42 weite Teile Polens, Schlesiens und Ungarns; errichtete das Khanat der Goldenen Horde.

Batumi, Hauptstadt der Adschar. ASSR, UdSSR, am Schwarzen Meer, nahe der türk. Grenze, 3 m ü. d. M., 130 000 E. PH; botan.

Bat Yam

Garten der Akad. der Wiss. der Grusin. SSR; erdölverarbeitende Ind.; Endpunkt der Pipeline sowie der Bahnlinie von Baku, Fernstraßen nach Tiflis und Suchumi, ⚓, gut ausgebauter Hafen. Ganzjähriger Fremdenverkehr; zahlr. Sanatorien. - Geht auf die griech. Gründung **Bathys** zurück; seit dem 6. Jh. zum byzantin. Reich, im 12. Jh. als **Wati** zum georg. Kgr.; Zerstörung durch die Mongolen nach 1221; 1878 russ.: April 1918 türk., Dez. 1918-Juli 1920 brit. besetzt, 1921 zog die Rote Armee ein.

Bat Yam, israel. Stadt am Mittelmeer, 127 000 E. Wohnstadt für Tel Aviv-Jaffa, Ind.standort; Badeort. - 1926 gegründet.

Batzen, die seit Ende 15. Jh. in der Schweiz und in Süddeutschland als Mittelsorte zw. Gulden und Kreuzer geprägten Münzen im Wert von 4 Kreuzern (mit - nach Güte und Feingehalt - sehr unterschied. Arten); durch die Reichsmünzordnung von 1559 zugunsten neuer Geldsorten endgültig beseitigt; blieb als Bez. für kleinere Münzen jedoch erhalten († auch Rollbatzen).

Bau, *allgemein:* Gebäude, Baustelle; Gestalt, Gefüge.

◆ im *Jagdwesen* unterird. Wohnung von Röhrenwild (Dachs, Fuchs, Kaninchen, Hamster, Biber), die durch eine Röhre (Gang) erreichbar ist.

◆ in der *Soldatensprache* svw. Arrest, Arrestzelle.

Bauabnahme, 1. bei genehmigungspflichtigen baul. Anlagen die Überprüfung durch die Bauaufsichtsbehörde, ob die Anlage entsprechend der Baugenehmigung und den öff.-rechtl. Vorschriften errichtet oder geändert wurde. 2. Beim Werkvertrag über Bauleistungen die körperl. Entgegennahme des Werkes und die damit verbundene Anerkennung vertragsmäßiger Herstellung durch den Besteller (§ 640 BGB).

Bauaufsicht, die den Bauaufsichtsbehörden *(Baupolizei)* obliegende Aufgabe, bei der Errichtung, der Änderung, dem Abbruch und der Unterhaltung baul. Anlagen darüber zu wachen, daß die öff.-rechtl. Vorschriften (z. B. die Bauordnung des jeweiligen Landes) und die auf Grund dieser Vorschriften erlassenen Anordnungen eingehalten werden.

Baubehörden † Bauverwaltung.

Baubetreuung, zusammenfassende Bez. für die gewerbsmäßige treuhänder. Errichtung und Betreuung (in finanzieller und organisator. Hinsicht) eines Bauwerkes. Die Voraussetzungen der B. sind in der Gewerbeordnung und in der Makler- und BauträgerVO vom 11. 6. 1975 geregelt.

Bauch, Bruno, * Groß-Nossen (Schlesien) 19. Jan. 1877, † Jena 27. Febr. 1942, dt. Philosoph. - Einer der Hauptvertreter des † Neukantianismus.
Werke: Luther und Kant (1904), Immanuel Kant (1911), Grundzüge der Ethik (1935; Neudruck 1968).

Bauch (Abdomen, Unterleib), weicher, nicht von den Rippen geschützter, ventraler Abschnitt der hinteren bzw. unteren Rumpfregion bei Wirbeltieren und beim Menschen. Der B. wird beim Menschen oben durch das Zwerchfell, unten durch den Beckenboden, vorn und seitl. durch die B.decken abgeschlossen und enthält in seinem Innern, der B.höhle,

Batalha. Klosterkirche

die Verdauungs-, Harn- und inneren Geschlechtsorgane, ferner Leber, Milz und B.speicheldrüse. Die B.organe und die innere B.wand sind von einer dünnen, serösen Haut, dem ↑ Bauchfell, bedeckt. - Die B.muskeln, wesentl. Bestandteil der B.decken, beugen den Rumpf und dienen bei verstärkter Atemtätigkeit (auch beim Niesen und Husten) der aktiven bzw. plötzl. Ausatmung. Äußerl. teilt man die B.gegend des Menschen in drei Abschnitte ein: **Oberbauch, Mittelbauch** und **Unterbauch.**

Bauchant, André [frz. boˈʃã], * Château-Renault (Indre-et-Loire) 24. April 1873, † Montoire-sur-le-Loir (Loir-et-Cher) 12. Aug. 1958, frz. Laienmaler. - Malte in Landschaften eingebettete poet.-myth. Visionen, die histor. Szenen wandeln sich in Legenden; daneben u. a. kleine Landschaften aus der Touraine, Blumen- und Vogelbilder.

Bauchatmung, ungenaue Bez. für die ↑ Zwerchfellatmung.

Bauchfell (Peritonaeum, Peritonäum, Peritoneum), seröse Membran, die mit einem äußeren Blatt die Innenwand der Bauchhöhle und, in direkter Fortsetzung, mit einem inneren Blatt die verschiedenen Baucheingeweide einkleidet. Zw. den beiden B.blättern befindet sich die spaltförmige, mit einer geringen Menge seröser Flüssigkeit gefüllte **Bauchfellhöhle** *(Peritonäalhöhle).* Die im Bauchraum befindl. Anteile des Verdauungskanals sind zum größten Teil vollständig mit B. ausgekleidet. Jene Falten des B., die von der hinteren Bauchwand in doppelter Lage zu den vom B. bedeckten Eingeweiden ziehen, nennt man **Gekröse** *(Mesenterium).* Andere (straffere) B.falten haben die Eigenschaften von Aufhängebändern oder Ligamenten, z. B. zw. Milz und Magen oder Leber und Zwölffingerdarm. Das Gekröse hat nicht nur Haltefunktionen; es dient außerdem den Nerven, Blut- und Lymphgefäßen, die zw. den beiden B.blättern zu den betreffenden Organen ziehen, als Durchtrittspforte oder Leitschiene.

Bauchfellentzündung (Peritonitis), durch offene Bauchdeckenverletzung oder Entzündung eines Bauchorgans verursachte bzw. über die Lymph-, seltener über die Blutbahn fortgeleitete bakterielle Entzündung des Bauchfells. Bei der *abgekapselten* B. verklebt das Bauchfell unter Abscheidung von Fibrin mit den Organen und kapselt auf diese Weise der Entzündungsherd ab. Wenn die Abkapselung durch die Bauchfellkapsel durchbricht, kommt es zu einer *akut fortschreitenden* B., die meist in eine *allg. lebensbedrohl.* B. übergeht. Zu den typ. Krankheitszeichen der B. gehören neben dem Bauchdeckenschmerz Erbrechen, Stuhl- und Windverhaltung, schneller, kaum tastbarer Puls und ein blasses, schweißbedecktes Gesicht.

Bauchflossen ↑ Flossen.

Bauchhöhlenschwangerschaft (Abdominalgravidität, Abdominalschwangerschaft), Form der ↑ Extrauterinschwangerschaft, bei der sich das befruchtete Ei in der Bauchhöhle auf dem Bauchfell einnistet und entwickelt; meist stirbt die Frucht innerhalb der ersten Monate ab.

Bauchi [engl. ˈbaʊtʃiː], Hauptstadt des nigerian. Bundesstaates B., 120 km nö. von Jos, 689 m ü. d. M., 47 000 E. Anbau von Hirse, Baumwolle. - Seit 1809 Sitz eines Fulbeemirats, 1902 brit. besetzt.

Bauchlandung, Notlandung eines Flugzeugs bei Ausfall des Fahrwerks, wobei die Rumpfunterseite über die Landebahn gleitet.

Bauchmark (Bauchganglienkette, Strickleiternervensystem), Zentralnervensystem der Ringelwürmer und Gliederfüßer, das im Grundschema aus segmental angeordneten, paarigen Nervenknoten (Ganglien) besteht, die durch Brücken miteinander verbunden sind und dadurch das Bild einer Strickleiter ergeben. Die Ganglien des B. liegen frei in der Leibeshöhle.

Bauchnabel ↑ Nabelschnur.

Bauchpilze (Gastromycetidae), vielgestaltige Unterklasse der ↑ Ständerpilze; umfaßt zahlr. Arten mit knollenförmigem Fruchtkörper (wie Kartoffelbofist, Eierbofist) oder solche mit sternförmig aufreißender Hülle (z. B. beim Erdstern, Wetterstern). Manche Arten zeigen sehr auffällige Formen („Pilzblumen"), die aus der eiförmigen Fruchtkörperanlage („Hexenei") absondern, z. T. intensiv gefärbte Pilzformen hervorgehen, z. B. Gitterpilz, Laternenpilz, Tinten-

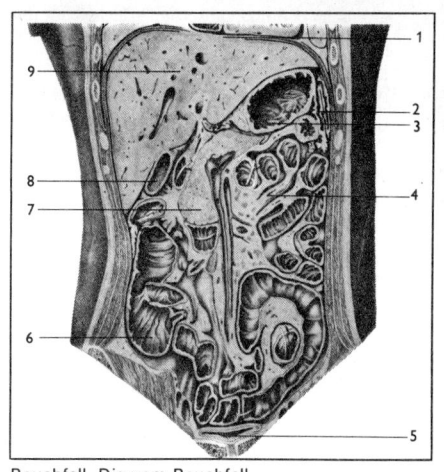

Bauchfell. Die vom Bauchfell umhüllten Bauchorgane (1 Zwerchfell, 2 großes Netz, 3 Magen, 4 Gekröse, 5 Harnblase, 6 Dickdarm, 7 Bauchspeicheldrüse, 8 Gallenblase, 9 Leber)

fischpilz, Stinkmorchel und Schleierdame. Im reifen Zustand zerfällt die innere Hüllschicht des Fruchtkörpers zu einer pulverigen Masse (z. B. bei der Stinkmorchel).

Bauchreden, Sprechen ohne Mund- und Lippenbewegung mit veränderter Stimme, die scheinbar aus der Umgebung oder aus dem Bauchraum kommt. Der **Bauchredner** (Ventriloquist) verstellt seine Stimme durch Verengung des (aus Gaumenbögen, Gaumensegel und Nasenraum bestehenden) Ansatzrohrs.

Bauchschmerzen, svw. ↑Leibschmerzen.

Bauchspeicheldrüse (Pankreas), Hauptverdauungsdrüse bei fast allen Wirbeltieren und beim Menschen, als Hormondrüse Ursprungsort von Insulin und Glucagon. - Die B. ist beim erwachsenen Menschen ein im Durchschnitt 15 cm langes und 70–110 g schweres Organ aus locker zusammengefügten Läppchen. Sie liegt hinter dem Magen quer vor der Wirbelsäule und mündet mit ihrem Ausführungsgang in den Zwölffingerdarm. Die B. produziert zahlr. Verdauungsenzyme und gibt diese mit dem Pankreassekret (beim Menschen normalerweise tägl. etwa 1 l, bei Hunger nur $^1/_5$ l) in den Darmtrakt ab, wo durch den hohen Bicarbonatgehalt des Pankreassaftes die Magensäure neutralisiert wird. Die im Bauchspeichel enthaltenen Enzyme spalten Stärke (Amylasen) in Dextrin und Malzzucker und die vom Gallensaft zu Tröpfchen zerteilten Fette in Glyzerin und Fettsäuren (Lipasen). Außerdem sondert die B. inaktive Vorstufen eiweißspaltender Enzyme ab (Trypsinogene und Chymotrypsinogene). In das Drüsengewebe der B. sind sehr gut durchblutete Zellgruppen, die Langerhans-Inseln, eingelagert. In ihnen werden Insulin und Glucagon produziert. Diese den ins Blut abgegebenen Hormone beeinflussen den Kohlenhydratstoffwechsel der verschiedenen Körperzellen. - ↑auch Diabetes. - Abb. S. 86.

Bauchspiegelung (Laparoskopie), Untersuchung der Bauchhöhle (v. a. von Leber, Gallenblase und Magen) mit einem Spezialinstrument, dem Laparoskop (↑Endoskope).

Bauchtanz, urspr. Fruchtbarkeitstanz, heute Schautanz von Tänzerinnen, v. a. im Orient und S-Asien.

Bauchwassersucht (Aszites), krankhafte Ansammlung von Flüssigkeit in der freien Bauchhöhle; tritt als Begleitsymptom bei Nierenerkrankungen, Herzinsuffizienz und vermindertem Eiweißgehalt des Blutes (etwa im Verlauf einer chron. Leberentzündung) im Rahmen einer allg. Wassersucht (↑Ödem) auf. Bei entzündl. Prozessen findet sich eine eiweiß- und zellreiche trübe Flüssigkeit, der bei Tuberkulose und Krebs auch Blut beigemengt sein kann. In den übrigen Fällen handelt es sich um den Austritt einer eiweißarmen, klaren Flüssigkeit in den Bauchraum.

Die im Bauchraum angesammelte Flüssigkeit (u. U. 10–20 Liter) drängt die Bauch- und Brusteingeweide zus. und verursacht oft starke Beschwerden mit Atembehinderung, Verstopfung, Harndrang und starkem Völlegefühl. Die Behandlung richtet sich im wesentl. nach dem Grundleiden.

Baucis, Gestalt der phryg. Volkssage, Gattin des ↑Philemon.

Baud [baut; bo:t; nach dem frz. Ingenieur É. Baudot, * 1845, † 1903], Einheitenzeichen Bd, Einheit der Schrittgeschwindigkeit in der Fernschreib- und Datenübertragung; 1 Bd entspricht 1 Schritt/s bzw. (bei binären Werten) 1 bit/s.

Baude [mittelhochdt.-tschech.], abgelegene Hütte im Riesengebirge, auch Berggasthof.

Baudelaire, Charles [frz. bo'dlɛ:r], * Paris 9. April 1821, † ebd. 31. Aug. 1867, frz. Dichter. - Mit seiner berühmten Gedichtsammlung „Les Fleurs du mal" (1857; dt. von S. George 1901 u. d. T. „Die Blumen des Bösen") begründete B. den Symbolismus. Die Form untadeliger Schönheit der Gedichte erzeugt ein Spannungsverhältnis eigener Art zum ruhelosen, dissonanten Inhalt: der Faszination durch Tod und Vergänglichkeit, das esoter. Böse bes. des Ästhetentums), die Morbidität des Großstadtlebens. In den ästhet.-theoret. Schriften versteht B. sich als Dichter der „modernité"; Zentralbegriffe sind die „imagination", die die geheimen Beziehungen der Dinge zu erfassen befähigt, das Schöne, das immer bizarr sei, und das Lachen. *Weitere Werke:* Die künstl. Paradiese (1860), Kleine Prosagedichte (1869), L'art romantique (Aufsätze, 1869), Journaux intimes (hg. 1909).

Bauding, svw. ↑Bauergericht.

Baudissin, Adelsgeschlecht aus der Oberlausitz; erstmals erwähnt 1326; Erhebung in den Reichsgrafenstand 1741; Ende 18. Jh. Trennung in die Linien *Knoop* und *Rantzau,* beide in Holstein, letztere mit der Linie *B.-Zinzendorf;* bed.:

B., Wolf Heinrich Graf von, * Kopenhagen 30. Jan. 1789, † Dresden 4. April 1878, dt. Schriftsteller. - Übertrug mit Tiecks Tochter Dorothea 13 Stücke der „Schlegel-Tieck-Übersetzung" der Werke Shakespeares. Übersetzte auch „Molières sämtl. Lustspiele" (4 Bde., 1865–67).

B., Wolf Stefan Traugott Graf von, * Trier 8. Mai 1907, dt. Generalleutnant. - Arbeitete seit 1951 am Reformkonzept der Bundeswehr mit und prägte den Begriff „Staatsbürger in Uniform"; 1961–67 Funktionen in der NATO; danach Lehrtätigkeit an der Univ. Hamburg (1971–84 Direktor des Inst. für Friedensforschung und Sicherheitspolitik.

Baudock, Trockendock, ausgerüstet mit Portalkränen und Wippkränen für die Durchführung von Schiffsneubauten. - ↑auch Dock.

Baudouin [frz. bo'dwɛ̃], männl. Vorname, ↑Balduin.

Baudouin I. [frz. bo'dwɛ̃] (niederl. Boudewijn I.), * Schloß Stuyvenberg bei Brüssel 7. Sept. 1930, König der Belgier (seit 1951). - Ältester Sohn König Leopolds III.; seit 1960 ∞ mit Doña Fabiola de Mora y Aragón.

Bauelemente, vorgefertigte Teile, die auf der Baustelle in kurzer Zeit und mit geringen Zupaßarbeiten zusammengebaut werden.

♦ Einzelteile eines elektr. Geräts, z. B. Widerstände, Kondensatoren, Spulen, Dioden, Schaltelemente u. a. *(passive B.).* Elektronenröhren, Transistoren u. a. sind sog. *aktive B.*, die zur Verstärkung oder Steuerung von Strömen oder Spannungen dienen.

Bauen, das Ausführen von baul. Anlagen, d. h. von Anlagen des Hoch- und Tiefbaus; i. e. S. das Errichten von Gebäuden. Vor dem eigentl. Baubeginn wird vom Bauherrn und vom Architekten das **Bauprogramm** aufgestellt. Auf Grund dieses Bauprogramms wird ein **Vorentwurf** erstellt. Stimmt der Bauherr dem Vorentwurf zu, so erstellt der Architekt den **Bauentwurf,** d. h. die endgültige zeichner. Lösung der Bauaufgabe. Von einem Baustatiker werden die **Standsicherheitsnachweise** (stat. Berechnungen) und Konstruktionszeichnungen erarbeitet. Die Bauzeichnungen, die Konstruktionszeichnungen und die stat. Berechnungen werden zusammen mit Plänen für die Grundstücksentwässerung den Bauaufsichtsbehörden zur Erteilung der **Baugenehmigung** vorgelegt. Nach abgeschlossener Bauvorbereitung wird die Ausführung des Bauwerkes durch die beauftragten Bauunternehmer ausgeführt. Die Überwachung der Bauausführung obliegt dabei der Bauleitung. Verstöße gegen die Regeln der Baukunst bei der Leitung oder Führung des Bauwerks, durch die Gefahren für andere entstehen, werden nach § 330 StGB mit Geldstrafe oder Freiheitsstrafe bis zu 5 Jahren bestraft.

Bauensemble [...ã'sã:bəl], Begriff der Denkmalpflege für gewachsene Ganzheiten wie Häusergruppen oder -plätze, die heute über einzelne Bauwerke hinaus erhalten werden sollen.

Bauer, Bruno, * Eisenberg (Thür.) 6. Sept. 1809, † Berlin 15. April 1882, dt. ev. Theologe, Philosoph und polit. Schriftsteller. - 1834 Privatdozent für Theologie in Berlin, 1839 in Bonn. Wegen seiner Evangelienkritik 1842 Entzug der Lehrerlaubnis. Diese Kritik zielte durch Bestreitung der Historizität Jesu auf Beseitigung der Religion überhaupt und der auf ihr basierenden Lebens- und Gesellschaftsformen. In „Christus und die Cäsaren" (1877) führte B. die Entstehung des Christentums auf die Gedankenwelt Philos und Senecas zurück. Dieses Werk erhielt autoritative Bedeutung für den Marxismus und hatte u. a. auch nachhaltigen Einfluß auf Nietzsches Religionskritik.

Weitere Werke: Geschichte der Politik, Kultur und Aufklärung des 18. Jh. (1843–45), Kritik der paulin. Briefe (1850–52), Zur Orientierung über die Bismarcksche Ära (1880).

B., Georg, dt. Naturforscher, † Agricola, Georgius.

B., Gustav, * Darkehmen 6. Jan. 1870, † Berlin 16. Sept. 1944, dt. Politiker. - 1912–25 MdR (SPD), 1919 Arbeitsmin.; unter seiner Reichskanzlerschaft (1919/20) wurde der Versailler Vertrag unterzeichnet und die Verfassung der Weimarer Republik verabschiedet. 1920 und 1921/22 Reichsschatzmin.; 1925 aus der Partei ausgestoßen.

B., Josef Martin, * Taufkirchen (Vils) 11. März 1901, † Dorfen 15. März 1970, dt. Schriftsteller. - Bes. Erfolg hatte der Roman „So weit die Füße tragen" (1955), in dem B. Erlebnisse aus dem 2. Weltkrieg schildert.

B., Karl Heinrich, * Schwärzdorf (Landkreis Kronach) 26. Sept. 1890, † Heidelberg 7. Juli 1978, dt. Krebsforscher. - 1943 Prof. in Heidelberg; einer der führenden Chirurgen Deutschlands; war maßgebl. an der Gründung des Dt. Krebsforschungszentrums in Heidelberg beteiligt.

B., Otto, * Wien 5. Sept. 1881, † Paris 4. Juli 1938, östr. Politiker und Publizist. - Einer der Wortführer und Haupttheoretiker des Austromarxismus, plädierte als Staatssekretär im Außenministerium 1918/19 für die Auflösung Österreich-Ungarns und den Anschluß Deutschösterreichs an das Dt. Reich; 1920 maßgebl. an der Ausarbeitung der östr. Verfassung beteiligt; floh 1934 in die ČSR und 1938 weiter nach Frankreich.

B., Paul, * Kusel 29. Dez. 1896, dt. Alpinist. - Leitete zwei Expeditionen (1929 und 1931) zur Besteigung des Kangchendzönga (Himalaja) sowie zwei weitere (1937 und 1938) zum Nanga Parbat.

B., Stephan, * Wien 20. Mai 1865, † Basel 15. Nov. 1934, schweizer. Sozialpolitiker. - 1901–25 Generalsekretär der Internat. Vereinigung für Gesetzl. Arbeiterschutz und zugleich (bis 1920) Direktor des Internat. Arbeitsamtes in Basel.

B., Walter, * Merseburg/Saale 4. Nov. 1904, † Toronto 22. Dez. 1976, dt. Schriftsteller. - 1952 Auswanderung nach Kanada. Schrieb Gedichte, Arbeiterromane, Reise- und Kriegstagebücher, Entdecker- und Künstlerbiographien, Erzählungen.

B., Wilhelm [Sebastian Valentin], * Dillingen a. d. Donau 23. Dez. 1822, † München 20. Juni 1875, dt. Ingenieur. - Einer der ersten Erbauer von Unterseebooten; entwickelte u. a. Pläne für ein Unterwassergeschütz und ein halbstarres Luftschiff; baute eine Hebevorrichtung für gesunkene Schiffe.

Bauer [zu althochdt. giburo, mittelhochdt. bure, gebure, eigtl. „Mitbewohner, Dorfgenosse"], urspr. Bez. für den Nachbarn, heute für den Eigentümer oder Pächter eines landw. Betriebs. - Seit der sog. „neolith. Revolution" (6./5. Jt. v. Chr.) bildeten Landbebauung und Viehzucht zunächst neben, dann vor der Jagd einen immer entscheidenderen Faktor für die Deckung des Nahrungsbedarfs. In den ersten großen Agrargesellschaften (Flußtalkulturen: Niltal, Zweistromland, Industal, Jangtsetal) wurden durch zentrale Wasserbewirschaftung hohe Erträge erzielt, wobei die meisten B. für Staat, Stadt oder Tempelbetriebe arbeiteten. Privater Landbesitz entstand seit dem 3. Jt. v. Chr. Auch in der Antike war Ackerbau der wichtigste Wirtschaftsfaktor. Sowohl in Griechenland (etwa seit dem 5. Jh. v. Chr.) als auch in Rom (schon in republikan. Zeit) ist eine Entwicklung von der kleinbäuerl. Wirtschaft zum Großgrundbesitz festzustellen. Die röm. Wirtschaftsform der Latifundien (bewirtschaftet durch Sklaven) wurde für das ganze Imperium charakteristisch.

Die Germanen der Völkerwanderungszeit kannten neben dem freien großbäuerl. Grundbesitz bereits die Grundherrschaft mit einer großen Zahl abhängiger B. In der Agrarverfassung der Karolingerzeit ist zu differenzieren zw. Unfreien, die das Land des Domänenherrn bewirtschafteten, halbfreien Pacht-B. und freien B. (häufig Wehr- und Rodungs-B.). Durch den wachsenden Einfluß des Adels, der freie Klein-B. als Gefolgsleute in seine Abhängigkeit bringen konnte, kam es zu einer Nivellierung innerhalb des ma. B.tums. Andererseits jedoch gab es auch für Unfreie Möglichkeiten sozialen Aufstiegs als Verwalter (Meier) grundherrl. Besitzes. Neben der Grundherrschaft kannte das ma. B.tum auch das genossenschaftl. Element von Markgenossenschaft und Dorfgemeinde. - Bev.zuwachs, steigender Getreidepreis und das Ausbleiben von Hungersnöten bis ins 14. Jh. waren der Erfolg verbesserter Anbaumethoden (Aufkommen der Hülsenfrüchte, verbesserter Einsatz von Zugtieren und Pflug, Einführung der Dreifelderwirtschaft). - Im Spät-MA verschlechterte sich allg. die Position der B.; Hungersnöte, Seuchen (Pest) und Geldverfall führten im 14. Jh. zu Landflucht und Verödung; in Aufständen wehrten sich die B. bis ins 16. Jh. v. a. gegen ihre soziale Deklassierung (Höhepunkt in Deutschland 1524/25 der Bauernkrieg). - Teils unberührt hiervon entstand seit dem 15. Jh. in O-Deutschland und im östl. Mitteleuropa (v.a. in Polen, Litauen und Ungarn) die ↑Gutsherrschaft mit einer weiteren Form der bäuerl. Erbuntertänigkeit.

Die Verwüstungen und Bev.verluste des Dreißigjährigen Krieges zwangen den modernen Fürstenstaat, sich mit Nachdruck den wirtsch. und sozialen Problemen zuzuwenden. Im Mittelpunkt seiner Wirtschaftspolitik stand die Lenkung der Landw.: Neben staatl. Förderung für Wiederaufbaumaßnahmen (Steuerfreijahre, Schuldentilgung, Investitionshilfen), Arbeitszwang und Zwangsansiedlung förderte er den Handel mit Agrarprodukten. Das 18. Jh. brachte umwälzende Neuerungen in der Agrartechnik, die mit anderen Faktoren zur ↑Bauernbefreiung beitrugen. In Rußland verlief die Geschichte des B.tums wesentl. anders: Die urspr. überwiegend freien ostslaw. B. waren seit der Zeit der Tatarenherrschaft in immer stärkere Abhängigkeit von geistl. und weltl. Grundherren geraten und von der Moskauer Autokratie im 16. Jh. an ihre Dorfgemeinde gebunden (↑Mir, ↑Obschtschina) und bis zum 18. Jh. der völligen Verfügungsgewalt des Adels als Gegenleistung für dessen Dienstpflicht gegenüber dem Staat überantwortet worden. Die B.befreiung begann in Rußland erst 1861 mit der Aufhebung der Leibeigenschaft. Die von Stalin 1929-37 durchgeführte Zwangskollektivierung wurde nach dem 2. Weltkrieg zum Vorbild für die Landw. im osteurop. Einflußbereich der Sowjetunion.

Der entscheidende Wandel der gesellschaftl. Stellung der B. vollzog sich mit der industriellen Revolution: Sie brachte eine Landflucht mit sich, die zur Auflösung der Gesindearbeitsverfassung und zum Zusammenbruch der großbäuerl. Lebensweise führte. Auch sank der Bedarf an bäuerl. Arbeitskräften durch die starke Produktionssteigerung infolge der wiss.-techn. Neuerungen in der Landw. (künstl. Düngung, Pflanzen- und Tierzucht, Mechanisierung). Im MA tragendes wirtsch. Element und weitaus größter Bev.teil, sind die B. heute eine Minderheit geworden, deren Lebensstil auf Grund der Erschließung des ländl. Raumes durch Verkehr und Massenkommunikationsmittel dem der Städter weitgehend angeglichen ist.

📖 *Dt. Agrargesch.* Hg. v. G. Franz. Stg. *1-3*1967-84. 6 Bde. - *Die bäuerl. Welt. Gesch. u. Kultur in 7 Jh.* Hg. v. J. Blum. Dt. Übers. Mchn. 1982.

◆ Figur beim Schachspiel.

Bauchspeicheldrüse des Menschen. Ihr Ausführungsgang (A) mündet zusammen mit dem Gallengang (G) in den Zwölffingerdarm (Z)

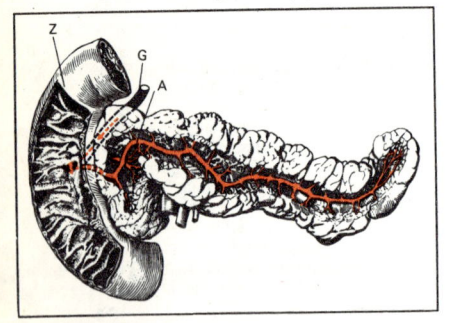

Bauergericht (Bauersprache, Bauding, Heimgericht, Hagensprache), ma. Dorfgericht, das unter dem Vorsitz eines gewählten Vorstehers (Bauermeisters oder Heimbürgen) insbes. über Flurangelegenheiten zu entscheiden hatte.

Bäuerle, Adolf, eigtl. Johann Andreas B., * Wien 9. April 1786, † Basel 20. Sept. 1859, östr. Dramatiker. - Vertreter der Altwiener Volkskomödie, Vorläufer Raimunds. Das Stück „Die Bürger in Wien" (1813) brachte die Figur des Staberl auf die Bühne.

Bauernbefreiung, Bez. für Agrarreformen des 18. und 19. Jh. zur Beseitigung der bäuerl. Erbuntertänigkeitsverhältnisse. Sie umfaßte neben der Beseitigung der persönl. Unfreiheit und der damit verbundenen persönl. und dingl. Lasten die Übertragung des von den Bauern bewirtschafteten Bodens in ihr volles Eigentum (meist bei Entschädigung der Grundherren), die Aufhebung der grund- und gutsherrl. Patrimonialgerichtsbarkeit sowie die Aufteilung der Allmenden und die Beseitigung des Flurzwangs. In Brandenburg-Preußen versuchte schon Friedrich Wilhelm I. 1718/19, die Leibeigenschaft auf den landesherrl. Domänen aufzuheben. In Baden hob Markgraf Karl Friedrich 1783 die Leibeigenschaft auf. In Österreich setzte Joseph II. die unter Maria Theresia 1776-78 begonnenen Reformen mit dem „Leibeigenschaftsaufhebungspatent" von 1781 fort, doch wurden nach seinem Tod (1790) diese Gesetze teilweise wieder rückgängig gemacht. Die erste eigentl. B. wurde 1761/71 in Savoyen durchgeführt. In Frankr., wo die Leibeigenschaft auf den königl. Domänen 1779 beseitigt worden war, wurden die persönl. Lasten im Zuge der Frz. Revolution 1789 ohne Ablösung aufgehoben. In den dt. Territorialstaaten vollzog sich die B. auf dem Weg staatl. Reformen bis zur Mitte des 19. Jh.: In Preußen wurde die Gutsuntertänigkeit 1807 im Rahmen der preuß. Reform für alle Bauern beseitigt, doch führte die in der Folgezeit uneinheitl. geregelte Ablösungspflicht der Bauern zur Vermehrung des Großgrundbesitzes und zur Entstehung einer dem Industrieproletariat vergleichbaren Schicht besitzloser Landarbeiter, da die meisten Bauern wegen Fehlens von Darlehenskassen ein Drittel oder die Hälfte des bisherigen Hoflandes an den Gutsherrn abtreten mußten und dadurch vielfach die Existenzgrundlage verloren. Vorbildl. lösten Sachsen (1832) und Hannover (1833) die B. durch einheitl. Gesetzgebungswerke. Im Unterschied zu Großbrit., wo eine B. infolge des Bauernlegens gegenstandslos wurde, war sie ein Zentralproblem in Osteuropa, insbes. in Rußland. In den russ. Kerngebieten brachte die Aufhebung der Leibeigenschaft (1861) den Bauern nur die rechtl.-persönl. Freiheit. Den Weg zur Begründung lebensfähiger bäuerl. Eigentumswirtschaften machten erst die Agrarreformen Stolypins seit 1906 frei; sie verschärften freilich auch das Problem der Dorfarmut.

📖 Dipper, C.: Die B. in Deutschland. Stg. 1980. - Conze, W.: Quellen zur Gesch. der dt. B. Gött. u. a. 1957.

Bauernbund ↑ Deutscher Bauernbund.

Bauerndichtung, dichter. Gestaltung der bäuerl. Welt, v. a. in Romanen. Nur bedingt B. sind die Lieder Neidharts von Reuenthal (13. Jh.) und seiner Nachahmer oder die Verserzählung „Meier Helmbrecht" (um 1250) von Wernher dem Gartenaere und Wittenwilers kom. Epos „Der Ring" (um 1400). Erst mit der Aufklärung entstand die eigentl. B., die bäuerl. Lebensformen realist. darstellt, im bewußten Gegensatz zur „sentimental." Bauernwelt der Idyllen des 18. Jh. Bed. Vertreter der dt.sprachigen B. waren J. H. Pestalozzi, K. L. Immermann, J. Gotthelf, P. Rosegger, L. Anzengruber, L. Thoma, H. Stehr, E. Strittmater. - ↑ auch Bauerntheater.

Bauernfängerei, plumper, leicht durchschaubarer Betrug.

Bauern-, Gewerbe- und Bürgerpartei (Abk. BGB) ↑ Schweizerische Volkspartei.

Bauernhaus, die Haus- oder Hofanlage zum Wohnen und Wirtschaften des Bauern. Soweit Wald vorhanden war, überwog die Holzbauweise als Vollschichtung (Blockbau), Vollreihung (Palisaden- bzw. Stabbau) oder als Pfosten- oder Ständerhaus mit Flechtwerkfüllung. Die Hauswand wurde in niederschlagsarmen Gegenden aus Stampflehm oder luftgetrockneten Ziegeln geschichtet, im Mittelmeerraum aus Bruchsteinen. Abgesehen von den Trockenzonen der Erde herrscht das B. mit Flachdach (charakterist. z. B. für den Mittelmeerraum) oder steilem Satteldach vor. Der ↑ Fachwerkbau findet sich bes. in den mittel- und westeurop. Laubwaldgebieten, er entwickelte sich vom 7. Jh. aus dem Pfosten- oder Ständerbau. - Gehöfte können als Haufen- oder Streuhöfe oder als geregelte Hofanlagen ausgebildet sein. Für den mitteldt. Raum bis in das Oberrhein. Tiefland ist das gewöhnl. dreiseitig umbaute Gehöft kennzeichnend, das der Straße zu durch ein Tor abgeschlossen sein kann. Das Haupthaus der geregelten Hofanlage kann Wohnräume und Speicher (Wohnspeicherhaus) oder Wohnräume und Stallung (Wohnstallhaus) unter einem Dach umfassen. Das Einheitshaus ist unterschiedl. Herkunft. Beim gestelzten Haus (seit dem 16. Jh.) ist ein Fachwerk- auf einem Steinuntergeschoß mit dem Viehstall oder dem Keller (etwa beim Rebbau) errichtet. Im mediterranen Bereich ist es allg. übl., Stall-, Wohn- und Bergeräume stockwerkweise übereinanderzuordnen. Beim mitteleurop. quergeteilten Einhaus liegen unter einem First Wohnteil, Stallung und Scheune nebeneinander. Längsgeteilte Einhäuser gibt es heute noch u. a. in den Alpenländern und im nie-

Bauernjörg

Niedersächsisches Bauernhaus im Alten Land

derdt. Bereich. Beim niederdt. dreischiffigen Hallenhaus steht in den Kübbungen zw. den Wänden und den Ständern das Vieh. Als *Durchgangshaus* hat es eine sich von Giebel zu Giebel erstreckende Halle oder Deele, in Mecklenburg und Holstein erscheint es als *Durchfahrtshaus*, als *Flettdeelenhaus* ist am Ende der Deele als Herd- und Wohnteil das Flett ausgebildet; die mittlere Deele ist anstelle der Kübbungen um seitl. Nebenräume, die Luchten, erweitert. Ausgehend von den Städten des oberen Wesergebietes, entwickelte sich im 16. Jh. aus dem Zweiständerbau ein Vierständerbau, indem die Wände der Kübbungen mit Hilfe von weiteren Ständern hochgezogen wurden (v. a. in Westfalen und dem südöstl. Niedersachsen). In den niederl. und niederdt. Marschen erfolgte im 16. Jh. auf Grund der Intensivierung des Getreideanbaus eine Umgestaltung des Hallenhauses zum großbäuerl. *Gulfhaus*: Zw. den Ständern, im Gulf, wird die Ernte gestapelt, während Wohnteil und Stallung getrennt um diesen Kern gruppiert sind.

Bauernjörg ↑Waldburg, Georg Truchseß von.

Bauernkarpfen, svw. ↑Karausche.

Bauernkrieg, gewaltsame Erhebung der Bauern und einiger Städte in S- und M-Deutschland 1524/25, in Tirol 1526; Höhepunkt der Bauernaufstände in W- und M-Europa seit dem 14. Jh. und größte polit.-soziale Massenbewegung der dt. Geschichte. Die Bauern wehrten sich hauptsächl. gegen die Ausdehnung der landesherrl. Gerichtsherrschaft und ihre Auswirkungen auf die rechtl. und polit. Stellung der Bauern, erst in 2. Linie gegen die Ausdehnung der Grund- und Leibherrschaft und deren sozioökonom. Konsequenzen (Fronen, Abgaben). Sie richteten ihre Hoffnung auf den Kaiser (gegen die Landesherren) und erwarteten von der reformator. Bewegung die Unterstützung ihrer Forderungen nach Wiederherstellung des „alten Rechts". Der B. begann im Juni 1524 in der Landgft. Stühlingen (südl. Schwarzwald) und griff Ende des Jahres auf Oberschwaben, Bodenseegebiet und Donaukreis über. Die Zwölf Artikel der schwäb. Bauernschaft (Febr. 1525) wurden zum Manifest der Bauernbewegung. Inzwischen breitete sich über Oberdeutschland (ausgenommen Bayern), vom Elsaß bis in die Steiermark und nach Tirol (M. Gaismair) aus, griff nach Franken (W. Hipler, F. Weigandt, F. Geyer, G. von Berlichingen), Thüringen (T. Müntzer) und ins sächs. Erzgebirge über. Nach anfängl. großen Erfolgen der Bauern (u. a. Zerstörung von Klöstern und Burgen) gelang es seit Mai 1525 in Oberdeutschland dem Schwäb. Bund unter Georg Truchseß von Waldburg, im Elsaß Herzog Anton von Lothringen, in Thüringen Landgraf Philipp I. von Hessen, die Erhebung niederzuwerfen (Schlachten bei Böblingen, Königshofen, Zabern, Frankenhausen u. a.). Mit dem Sieg der Landesherren schied das Bauerntum für Jh. aus dem polit. Leben der Nation aus.

📖 *Franz, G.: Der deutsche B. Darmst.* [12]*1984. - Der deutsche B. Hg. v. H. Buszello. Paderborn 1984.*

Bauernlegen, Bez. für die Einziehung von Bauernstellen mit scheinbar unsicheren Besitztiteln durch Auskaufen oder Vertreibung (Abmeierung, Eviktion). Das Land wurde dem Grund- oder Gutsherrenbesitz zugeschlagen; zuerst in England im 15. und 16. Jh. praktiziert, als die Grundherren ihr Weideland wegen des steigenden Wollbedarfs durch Einhegungen vergrößerten; in den dt. Territorien v. a. nach dem Dreißigjährigen Krieg, Höhepunkt im 17. und 18. Jh.; das Verbot in Preußen ab 1709 hatte nur geringen Erfolg.

Bauernmalerei, zur ↑Volkskunst gehörende Möbelmalerei (↑Bauernmöbel), figürl. Bemalung von Häusern (↑Lüftelmalerei), Votivbilder. Motive aus der Bergbauernwelt beherrschen die schweizer. Senntummalerei des 19. Jh., vorwiegend bibl. Motive hat die Dalarnamalerei des 18. und 19. Jh. in Schweden gemeinsam mit der gleichzeitigen B. in Süddeutschland.

Bauernmöbel, für die Möbel der bäuerl. Stube ist v. a. die Auszier, die als Schnitzerei, Einlegearbeit oder Bemalung erscheint, bedeutend. Während in Gebieten mit überwiegender Hartholzbearbeitung (Rheinland, Niederdeutschland u. a.) Schnitzdekor vorherrscht, findet sich beim Weichholz (Österreich, Bayern, Schwaben, Franken u. a.) flächige, leuchtende bunte Bemalung. Die Blütezeit der Möbelmalerei liegt um 1770; bevorzugtes,

Baugewerbe

oft durch Generationen tradiertes Dekor sind Blumen als Strauß in einer Vase, als Gehänge, Säulen usw.; im 19. Jh. auch Landschaften. Seltener ist Figürliches.

Bauernregeln, Merksprüche (vornehml. gereimt) für die Landbevölkerung, bes. über das Wetter und dessen Auswirkung auf das Gedeihen der Feldfrüchte; auch Regeln über bäuerl. Arbeitstermine sowie Aderlaß- und Gesundheitsregeln. Die frühesten dt.sprachigen Sammlungen von B. finden sich in der „Bauernpraktik" (von 1508) und im Wetterbüchlein von L. Reynmann (1505).

Bauernrose, svw. Echte ↑ Pfingstrose.

Bauerntheater, die von bäuerl. Laienspielern gestalteten Mundartaufführungen stehen z. T. in den Traditionen des ↑ Volksschauspiels, die aber durch die Kommerzialisierung im Rahmen des modernen Tourismus oft nicht mehr zum Tragen kommen; dies gilt selbst für die von bäuerl. Gemeinschaften seit dem 17. Jh. gepflegten Passionsspiele (Erl, Oberammergau). B. i. e. S. sind Unterhaltungsstücke, die im heimatl. Milieu spielen und oft am Rande des Schwanks angesiedelt sind. B. sind bes. im südt., bayr.-östr. Raum verbreitet, z. B. das älteste, „Kiefersfeldener B.", oder das weltberühmte „Schlierseer Bauerntheater".

Bauersfeld, Walther, * Berlin 23. Jan. 1879, † Heidenheim an der Brenz 28. Okt. 1959, dt. Ingenieur und techn. Physiker. - Prof. in Jena und Stuttgart; entwickelte das Zeiss-Projektionsplanetarium und machte eine Reihe von Erfindungen auf den Gebieten der Kinotechnik, Photogrammetrie und angewandten Mechanik.

Baufluchtlinie ↑ Baulinie.

Baufreiheit, das Recht des Grundstückseigentümers auf Bebauung seines Grundstücks bzw. das Recht eines Bauherrn auf Erteilung der Baugenehmigung im Rahmen der gesetzl. Bestimmungen.

Baugenehmigung (Bauerlaubnis), die Erklärung der Bauaufsichtsbehörde, daß dem beabsichtigten Bauvorhaben Hindernisse aus dem geltenden öff. Recht nicht entgegenstehen. Die B. kann durch Auflagen und Bedingungen eingeschränkt werden. Bei Verletzung nachbarschützender öff.-rechtl. Bestimmungen kann der betroffene Nachbar die B. mit Widerspruch und verwaltungsgerichtl. Anfechtungsklage angreifen. Die B. wird unwirksam, wenn der Bau nicht innerhalb bestimmter Fristen begonnen wird. Das Bauen ohne B. ist nach Landesrecht strafbar.

Baugenossenschaften ↑ Wohnungsbaugenossenschaften.

Baugestaltung, die äußere Gestaltung von baul. Anlagen. Nach den Bauordnungen der Länder sind baul. Anlagen nach den anerkannten Regeln der Baukunst durchzubilden und so zu gestalten, daß sie nach dem Empfinden des für Fragen der Gestaltung aufgeschlossenen, urteilsfähigen durchschnittl. Betrachters in Form, Maßstab, Werkstoff und Farbe nicht verunstaltend wirken und das Straßen-, Orts- oder Landschaftsbild nicht stören.

Baugewerbe, Gewerbezweig, zu dem Industrie- und Handwerksbetriebe des Bauhaupt- und des Ausbau- und Bauhilfsgewerbes zählen. Das **Bauhauptgewerbe** umfaßt alle Institutionen, deren wirtsch. Tätigkeit überwiegend auf dem Gebiet des Hoch-, Tief- und

Bauernmöbel.
Schrank aus Oberbayern (um 1800; links) und Bett von der Schwäbischen Alb (19. Jh.)

Straßenbaus liegt; außerdem: das Abbruch-, Spreng- und Enttrümmerungsgewerbe, das Stukkateurgewerbe sowie Zimmerei und Dachdeckerei. Das **Ausbau-** und **Bauhilfsgewerbe** umfaßt Installationsbetriebe (Klempnerei, Gas-, Wasser- und Elektroinstallation), das Glaser-, Maler- und Lackierergewerbe, die Fußboden-, Fliesen- und Plattenlegerei, die Ofen- und Herdsetzerei sowie (als Bauhilfsgewerbe) den Gerüstbau, die Fassadenreinigung und die Gebäudetrocknung. Die Anzahl der Betriebe im Bauhauptgewerbe der BR Deutschland betrug 1985 59 478, die Zahl der Beschäftigten lag bei 1 026 000.

Baugin, Lubin [frz. boˈʒɛ̃], * Pithiviers (Loiret) zw. 1610 und 1612, † Paris im Juli 1663, frz. Maler. - Bed. seine Stilleben, deren Zuschreibung an B. sich erst allmähl. durchsetzte.

Baugrenze ↑ Baulinie.

Baugrundstücke, Grundstücke, die nach den öff.-rechtl. Vorschriften mit Gebäuden bebaubar oder bereits bebaut sind.

Baugruppen, Zusammenfassung mehrerer Einzelteile eines Fertigungsobjektes; z. B. vorgefertigte Bauteile eines Flugzeugs, die in der Endmontage zusammengesetzt werden.

Bauhauptgewerbe ↑ Baugewerbe.

Bauhaus (Staatl. B.), 1919 von W. Gropius in Weimar gegr. Hochschule für Gestaltung (Name seit 1925). Als Mitarbeiter berief Gropius 1919 L. Feininger, G. Marcks, A. Meyer, 1920 G. Muche, 1921 P. Klee, O. Schlemmer, 1922 W. Kandinsky, 1923 L. Moholy-Nagy. 1925 wurde das B. nach Dessau verlegt, wo Gropius das Schulgebäude erbaute. 1928 übernahm H. Meyer, 1930 L. Mies van der Rohe die Leitung; 1932 geschlossen, kam das B. noch kurze Zeit in einer Berliner Fabrik unter (1933 aufgelöst). Das B. wollte die Trennung von Handwerker und Künstler überwinden. Handwerk und Technik werden nicht als unvereinbare Gegensätze angesehen; die handwerkl.-künstler. Arbeit gilt dem Modell für die industrielle Produktion. Grundprinzipien des Gestaltens sind Funktionalität und Materialgerechtigkeit, die auch Schönheit und Stil des Produkts bzw. des Bauwerks bedingen. Die Ideen des B., von Gropius, Mies van der Rohe, Moholy-Nagy, J. Albers u. a. in den USA verbreitet, sind heute stilbildendes Element für modernes Bauen, modernes Industriedesign und moderne Kunstschulpädagogik überhaupt.

📖 Wingler, H. M.: Das B. 1919-33; Weimar, Dessau, Berlin u. die Nachfolge in Chicago seit 1937. Bramsche; Köln ³1975.

Bauherr, natürl. oder jurist. Person der Personengemeinschaft, die für sich (privater B.) oder für Dritte mit einem Bauunternehmer einen Vertrag über die Durchführung von Bauleistungen abschließt. Der B. entscheidet als Besteller über die Gestaltung des Bauvorhabens, trägt die Risiken der Bauvorbereitung und -durchführung und beschafft die Finanzierungsmittel.

Bauherrenmodell, Modell zur Kapitalanlage im privaten Wohnungsbau zum Zweck der Steuerersparnis. - Minderten Abschreibungen und Werbungskosten bis 1984 noch *vor* der Fertigstellung von Wohnungen das steuerpflichtige Einkommen eines Bauherrn, so sind seither Steuerminderungen vor Fertigstellung der Objekte ausgeschlossen, während Verluste aus Vermietung oder Verpachtung nur noch im Anschluß an die Fertigstellung (oder Anschaffung) steuermindernd bei den Einkommensteuervorauszahlungen geltend gemacht werden können (wodurch die bisher erforderl. Vorprüfung durch die Finanzbehörden entfällt).

Bauhin, Gaspard [ˈbaʊhiːn, frz. boˈɛ̃], * Basel 17. Jan. 1560, † ebd. 5. Dez. 1624, schweizer. Anatom und Botaniker. - Prof. in Basel. Als Anatom beschrieb er die nach ihm ben. B.-Klappe und vereinheitlichte die Benennung der Muskeln (nach Ursprung und Ansatz). Bes. verdient machte er sich um die Botanik, indem er eine natürl. Ordnung des gesamten Pflanzenreichs fast ausschließl. auf Grund botan. Merkmale erstellte und die binäre Nomenklatur einführte. Seine Zusammenstellung von Pflanzensynonymen ermöglichte die erste umfassendere Identifizierung der damals bekannten Pflanzen.

Bauhinia [nach G. Bauhin und seinem Bruder Jean, schweizer. Arzt und Botaniker, * 1541, † 1613], Gatt. der Caesalpiniengewächse mit 250 trop. Arten; häufig Lianen mit zerklüfteten, geflügelten oder abgeflachten, bandartigen Stämmen; Blätter oft zweilappig; Blüten weiß oder rot, in Trauben; von einigen Arten werden die Rindenfasern zur Herstellung von Geweben und Seilen verwendet, das Holz ist wertvoll, die Samen von B. esculenta sind eßbar.

Bauhin-Klappe [nach G. Bauhin] (Valva ileocaecalis), Schleimhautfalte am Übergang vom Dünndarm in den Dickdarm; verhindert ein Zurückgleiten des Darminhaltes.

Bauhütte, der Werkstattverband der an den Sakralbauten des späteren MA tätigen Bauleute. Blütezeit der B. im 13. und 14. Jh. Die Hüttenordnungen (15. Jh.) regelten das Verhältnis der Hütten zueinander, die Pflichten der Hüttenangehörigen, die Lehrzeit, Gebühren, Löhne usw. Die B. kannten z. T. sogar eine Art Sozialschutz ihrer Mgl. und schlichteten Streitigkeiten selbst. In den B. wurden techn. Erfahrungen, Praktiken und Proportionsgrundsätze vermittelt, jedoch als Hüttengeheimnisse streng gehütet. Die Hüttenleute unterschieden sich durch Tracht und Brauchtum von den in Zünften organisierten städt. Steinmetzen. Der Haupthütte von Straßburg unterstanden die Hütten von Köln, Wien und Bern, später auch die von Zürich, denen wiederum eine Reihe von regionalen Hütten un-

tergeordnet war. Niedergang der B. im 16. Jh.
♦ heute noch gelegentl. gebrauchte Bez. für Freimaurerloge.
♦ (Baubude) im Baugewerbe eine auf einer Baustelle errichtete Baracke mit Aufenthaltsraum für die Bauarbeiter sowie zur Geräte- und Materialaufbewahrung.

Baukalk, Baustoff aus Kalk, Magnesia, Kieselsäure, Tonerde, Eisenoxid zur Bereitung von Mauer- und Putzmörtel.

Baukastensystem, Bez. für ein produktionstechn. wie auch organisator. Konzept, komplizierte und verschiedenartige techn. Anlagen oder Geräte aus wenigen, möglichst universal verwendbaren Grund- und Bauelementen zusammenzusetzen.

Baukeramik, Arbeitsgebiet der Grobkeramik; auch Bez. für grobkeram. Erzeugnisse aus Ziegel- oder Klinkermassen, die ästhet. Ansprüchen genügen sollen, insbes. Keramik, die am Innen- u. am Außenbau als Schmuckelement verwendet wird. Das Material dieser B. können unglasierte und glasierte Ziegel, Fayence, Terrakotta, Steinzeug und Porzellan sein.

Bauklammer (Mauerklammer), aus Rund- oder Flachstahl geschmiedete Klammer mit U-förmig abgewinkelten spitzen Enden zum Verbinden hölzerner Bauteile.

Baukosten, zusammenfassende Bez. für die Kosten, die bei der Errichtung eines Bauwerks, für Außenanlagen, Baunebenkosten, für Baugeräte u. a. entstehen. Die Entwicklung der B. zeigt der **Baukostenindex:**

Jahr (Durchschnitt)	1980 = 100 Index
1950	19,1
1960	30,0
1970	52,0
1980	100
1981	105,9
1982	108,9
1983	112,2
1984	114,0

Quelle: Statist. Jb. für die BR Deutschland.

Baukosten. Preisindex für Wohngebäude (Bauleistungen am Bauwerk)

Baukostenzuschuß, eine Geld- oder Sachleistung, die der Mieter zugunsten des Vermieters zum Neubau, Wiederaufbau, Ausbau, zur Erweiterung, Wiederherstellung oder Instandsetzung von Räumen erbringt. Wird der B. nicht zurückerstattet, liegt ein sog. **verlorener Baukostenzuschuß** vor (rechtl. umstritten). Wird die Leistung auf den künftig anfallenden Mietzins angerechnet, dann spricht man von einem sog. **abwohnbaren Baukostenzuschuß,** der wie eine Mietvorauszahlung behandelt wird; Vereinbarungen über einen B. sind im freien Wohnungsbau zulässig.

Baukran ↑ Krane.

Baukunst (Architektur), Hochbau und – i. w. S. – Städtebau mit der Orts- sowie Regionalplanung. Der Ingenieurbau wird erst seit der Frz. Revolution von der B. abgegrenzt. - Die eigtl. B. beginnt, wo der Bauwille über primitive Erfordernisse und reine Nütz-

Bauhaus in Dessau

Bauland

lichkeitserwägungen hinausgeht. Material, Konstruktion und Aufgabenstellung bestimmen weitgehend die schöpfer. B. Neben dem Mauermassenbau tritt seit vorgeschichtl. Zeit der Pfeiler- oder Stützbau, der in zwei getrennten Arbeitsgängen, der Errichtung der raumtragenden und der raumabschließenden Konstruktionen, ausgeführt wird. Empir. aus den Eigenschaften der Baustoffe gewonnene Erkenntnisse bestimmen von der griech. Antike bis zur italien. Renaissance die Konstruktionsmethoden. Seit der Renaissance (L. B. Alberti) gewinnt die Architekturtheorie zunehmend Einfluß auf das Bauschaffen. Von einer Baustatik im heutigen Sinn kann man erst seit der Mitte des 18. Jh. sprechen. Zu diesem Zeitpunkt setzte auch die Trennung der bis dahin vorherrschenden Personalunion vom künstler. entwerfenden Architekten mit dem rechnend konstruierenden Ingenieur ein, der im Verlauf der 2. Hälfte des 19. Jh. statt des damals historisierend bauenden Architekten zum schöpfer. Formgeber der B. wurde. Ebenfalls in der Renaissance beginnt die Städtebautheorie, und v. a. der Barock schafft dann Platzanlagen sowie Repräsentativbauten, die zugleich Träger städtebaul. Akzentuierung sind. Darüber hinaus sind Bauten und Bauensembles zu jeder Zeit Ausdruck der gesellschaftl. Verhältnisse und damit auch der Ideologien, Staats- und Regierungsformen. Eine Bindung von der B. als der „Mutter aller Künste" zu den anderen bildenden Künsten und zu den Kunsthandwerken bestand zu allen Zeiten, wenn auch im Verlauf der einzelnen Stilperioden von unterschiedl. Intensität. In der Geschichte der B. wurden je nach Stilempfinden Baukeramik, farbiger Anstrich, Wand- und Gewölbemalereien, Bauplastik und -ornamentik sowie Stuckierung als Mittel der B. eingesetzt.

Bauland, Landschaft zw. Odenwald und Tauberland, Bad.-Württ.

Bauland, Grundstück, das nach Maßgabe der öff.-rechtl. Vorschriften bebaubar ist.

Baulandbeschaffung, die Bereitstellung von Bauland, das der öff. Hand gehört, für den (sozialen) Wohnungsbau zu angemessenen Preisen; geregelt v. a. im BundesbauG.

Baulanderschließung ↑ Erschließung.

Baulandsachen, bestimmte Streitigkeiten (z. B. bei Baulandumlegung, bei Enteignungen) nach dem BundesbauG, für die ein bes. Verfahren vor den ordentl. Gerichten vorgesehen ist.

Baulandumlegung, die im Geltungsbereich eines Bebauungsplanes zur Erschließung oder Neugestaltung bestimmter Gebiete vorgenommene Neuordnung bebauter und unbebauter Grundstücke, so daß zweckmäßig gestaltete Grundstücke entstehen. Rechtsgrundlage sind die §§ 45–79 des BundesbauG.

Baulast, 1. die in einigen Ländern der BR Deutschland von einem Grundstückseigentümer durch Erklärung gegenüber der Bauaufsichtsbehörde übernommene *öff.-rechtl. Verpflichtung* zu einem sein Grundstück betreffenden Handeln, Dulden oder Unterlassen. Sie wird in das **Baulastenverzeichnis** eingetragen. 2. Im Straßen- und Wegerecht die Verpflichtung, Straßen und Wege zu bauen und zu unterhalten. 3. Im Kirchenrecht die Verpflichtung zur Erhaltung, Erweiterung, Verbesserung und Instandsetzung von Kirchengebäuden (**Kirchenbaulast**) durch Kirche, öff. Hand oder Patron.

Baule, Stamm der Akangruppe im O der Republik Elfenbeinküste; eine Mischung aus Aschanti-Emigranten und autochthoner Bev.

Bauleistungen, Arbeiten, die von Unternehmen des Baugewerbes oder der Bauind. auf einer Baustelle ausgeführt werden. Die B. werden nach Gewerken gegliedert.

Bauleitpläne, von den Gemeinden aufzustellende Pläne zur Ordnung der städtebaul. Entwicklung (§§ 1–13 BundesbauG). B. sind die Flächennutzungspläne (vorbereitende B.) und die Bebauungspläne (verbindl. B.).

Bauleitung, Teil der Architektenleistungen bei Ausführung eines Bauwerkes, gegliedert in Ober-B. (künstler. sowie techn. und geschäftl. Oberleitung und Überwachung der Einzelheiten der Gestaltung) und örtl. **Bauaufsicht** (Bauleitung; fortlaufende tägl. Überwachung der Bauausführung, Kontrolle der Einhaltung der Verträge, Bauzeichnungen und künstler., techn. und gesetzl. Vorschriften durch die Ausführenden).

Baulinie (früher: Baufluchtlinie), im Bebauungsplan der Gemeinde festgesetzte Linie, auf der gebaut werden muß. Ist eine **Baugrenze** festgesetzt, so dürfen Gebäude und Gebäudeteile diese nicht überschreiten, während ein Zurücktreten erlaubt ist. Entsprechendes gilt, wenn im Bebauungsplan die *Bebauungstiefe* von der Straßengrenze ab festgesetzt ist.

Baum, Gerhart Rudolf, * Dresden 28. Okt. 1932, dt. Politiker (FDP). - MdB seit 1972; 1972–78 parlamentar. Staatssekretär im Bundesministerium des Innern; 8. Juni 1978–17. Sept. 1982 Bundesinnenminister.

B., Vicki, * Wien 24. Jan. 1888, † Los Angeles-Hollywood 29. Aug. 1960, östr. Schriftstellerin. - Spannende Unterhaltungsromane mit treffsicherer Milieuschilderung. Ihr größter Erfolg war „Menschen im Hotel" (R., 1929).

Baum, Holzgewächs mit ausgeprägtem Stamm und bevorzugtem Längenwachstum und an den Spitzen des Sproßsystems (↑ Akrotonie). Nach der Wuchsform unterscheidet man *Kronen-* oder *Wipfelbäume* mit mehr oder weniger hohem, unterwärts meist astlos werdendem Stamm, der oberwärts die aus mehrfach verzweigten Ästen gebildete, belaubte Krone trägt. Stamm und Äste zeigen während der gesamten Lebensdauer sekundäres ↑ Dickenwachstum aus einem Kambiumring zw. Holz und Rinde. *Schopf-* oder *Rosettenbäume* ha-

ben einen meist unverzweigten Stamm, der an der Spitze einen dichtgedrängten Schopf von Blättern trägt. Sekundäres Dickenwachstum fehlt meist. Die endgültige Stammdicke wird bereits durch Vergrößerung des Umfanges des Vegetationskegels an der Sproßspitze erzielt. Nach der Dauer der Beblätterung unterscheidet man *laubwerfende Bäume* (Arten, die sämtl. Blätter bzw. Nadeln zu Beginn der Vegetationsperiode neu bilden und sie an deren Ende abwerfen) und *immergrüne Bäume* (Arten, deren jährl. neu gebildete Blätter - häufig Lederblätter oder Nadeln - mehrere Vegetationsperioden überdauern, so daß es bei Abfall nie zu völliger Kahlstellung des B. kommt). Der B. erweist sich als die überlegenste pflanzl. Lebensform und bildet daher in vielen Gebieten der Erde unter natürl. Bedingungen die beherrschende Vegetationsform. Im Verlauf der Erdgeschichte traten Bäume erstmals in den „Steinkohlenwäldern" des Karbons auf. Als höchstes Lebensalter aus der gegenwärtigen Pflanzenwelt sind für Grannenkiefern (Pinus aristata) in der Sierra Nevada Kaliforniens etwa 4 600 Jahre nachgewiesen. - Hinsichtl. der wirtsch. Bed. der Bäume überwiegt die Holzerzeugung. Daneben erfolgt die Nutzung von Früchten und Samen sowie die Gewinnung von Harzen, Kautschuk, Gerb-, Farb- und Bitterstoffen. In der gärtner. Praxis werden als Kulturformen von Obstbäumen Hoch- und Halbstamm, Buschbaum und Spalierformen gezogen.
Religion, Brauchtum: B.kult, die Verehrung göttl. Mächte in Gestalt von Bäumen (B.gottheiten) wurde bei allen indogerman. Völkern geübt. Die ägypt. Göttinnen Hathor und Neith wurden in einem B. stehend dargestellt. Die griech. Dryaden waren weibl. B.gottheiten. Bäume wurden mit dem Fruchtbarkeitskult in Verbindung gebracht (Maibaum). Sie wurden auch als Orakel benutzt: Aus dem Rauschen der Zeuseiche in Dodona ertönte den griech. Priestern die göttl. Stimme. Unter dem Bodhibaum kam die Erleuchtung (bodhi) über Buddha. Der *Lebensbaum* spielt in mehreren Religionen eine Rolle. In der christl. Symbolistik steht der B. des Paradieses in Beziehung zum „B. des Kreuzes" als dem Sinnbild der Erlösung. Als Symbol kosm. Geschehens galt der Weltenbaum (Yggdrasil, Aschwattha-B.).
⌨ *Johnson, H.: Das große Buch der Wälder und Bäume. Dt. Übers. Stg. 1983. - Amann, G.: Bäume u. Sträucher des Waldes. Melsungen u. a. ¹²1976. - Mannhardt, W.: Wald- u. Feldkulte. Bln. ²1904 bis 1905. 2 Bde.*
♦ *seemänn.* Bez. für unterschiedl. starke Rundhölzer (Spieren) der Takelage, z. B. der am Mast befestigte Großbaum; auch Kurzbez. für den Ladebaum.
Baumann, Hans, * Amberg 22. April 1914, dt. Schriftsteller. - Schrieb zahlr. Lieder für die Hitlerjugend, Abenteuer- und Sachbücher für die Jugend. - † 7. Nov. 1988.
B., Oskar, * Wien 25. Juni 1864, † ebd. 12. Okt. 1899, östr. Afrikareisender. - War 1885 am Kongo und auf Fernando Póo, 1888 in O-Afrika; zog 1892/93 zum Ostafrikan. Graben, wo er u. a. dem Kagera bis zur Quelle folgte.
Baumaschinen, die Gesamtheit der auf Baustellen eingesetzten maschinellen Hilfsmittel. Verwendung finden Maschinen u. a. zur Erdbewegung (Bagger, Schaufellader, Planierraupe, Straßenhobel, Grader, Seilschrapper), zum Erdtransport (Muldenkipper, Bandförderer), zur Bodenverdichtung (Stampfer, Rüttler, Walzen), zum Transport von Frischbeton (Betonmischer, Betonpumpen), zur Materialförderung (Kräne, Bauaufzüge, Förderbänder). - ↑ auch Straßenbaumaschinen, ↑ Hebezeuge, ↑ Fördermittel.
Baumasse, der nach den Außenmaßen ermittelte Rauminhalt eines Gebäudes, gemessen vom Fußboden des untersten Vollgeschoßes bis zur Decke des obersten Vollgeschoßes. Die **Baumassenzahl** (BMZ) gibt an, wieviel Kubikmeter B. je Quadratmeter Grundstücksfläche zulässig sind.
Baumberge, in drei Züge gegliedertes Schichtstufenplateau aus Sandsteinen und Mergeln (Kreide) im NW des Münsterlandes, NRW; im Wester Berg 186 m ü. d. M.
Baumchirurg, Spezialist für die Erhaltung von Bäumen; beseitigt u. a. durch Eingriffe am Baum Schadstellen und sichert die Standfestigkeit der Bäume durch Verankerung, überprüft den allg. Gesundheitszustand der Bäume.
Baum des Lebens, nach 1. Mos. 2, 9 einer der mit Namen benannten Bäume im Garten ↑ Eden, der Unsterblichkeit verleihen soll (1. Mos. 3, 22).
Baumeister, Willi, * Stuttgart 22. Jan. 1889, † ebd. 31. Aug. 1955, dt. Maler. - Prominenter Vertreter der abstrakten Kunst in Deutschland. Arbeitete in Serien, in der Spätzeit große amorphe Schwarzformen, an deren Rand kleine Farb- und Formelemente existieren. - Abb. S. 95.
Baumeister, für histor. Architekten gebräuchl. Bez. (bis zum 19. Jh., solange noch techn. und künstler. Bauleiter in einer Person vereint waren); darf als Berufs-Bez. heute nur noch führen, wer den Abschluß als Bautechniker oder eine Entsprechung besitzt und mindestens 2 Jahre als solcher tätig war.
Bäumer, Gertrud, * Hohenlimburg 12. Sept. 1873, † Gadderbaum bei Bielefeld 25. März 1954, dt. Frauenrechtlerin und Schriftstellerin. - Setzte sich zus. mit H. Lange und F. Naumann für die Gleichberechtigung der Frau ein; Mitarbeit an den Zeitschriften „Die Hilfe" und „Die Frau"; 1919–33 MdR (DDP); 1920–33 Ministerialrätin. 1933 aller Ämter enthoben. Schrieb histor. Romane („Adelheid,

Mutter der Königreiche", 1936) und Biographien (Dante, Otto III., Goethes Mutter, R. Huch u. a.). Autobiographie „Im Lichte der Erinnerung" (1953); Briefe.

Baumé-Skala [frz. bo'me; nach dem frz. Pharmazeuten A. Baumé, * 1728, † 1804], auf †Aräometern verwendete Skala, heute nur noch zur Bestimmung der Dichte (bzw. Wichte) von Schwefelsäure und galvan. Bädern.

Baumfarne, zusammenfassende Bez. für trop. und subtrop. baumförmige Farne; bis 20 m hoch, mit riesigen, gefiederten Blättern am Ende des holzigen, meist unverzweigten Stamms.

Baumfreund, svw. †Philodendron.

Baumgart, Fritz, * Berlin 5. Nov. 1902, † Padenghe sul Garda 28. April 1983, dt. Kunsthistoriker. - U. a. Prof. an der TU Berlin; zahlr. Werke insbes. zur abendländ. Malerei und Baukunst.

B., Reinhard, * Breslau-Lissa 7. Juli 1929, dt. Schriftsteller. - Schreibt in knapper und iron. pointierter Sprache; u. a. „Der Löwengarten" (R., 1961), „Hausmusik" (1962, R. in Erzählungen) sowie Essays („Die verdrängte Phantasie", 1974).

Baumgarten, Alexander Gottlieb, * Berlin 17. Juli 1714, † Frankfurt/Oder 26. Mai 1762, dt. Philosoph. - Seit 1738 Prof. in Halle, 1740 in Frankfurt/Oder. Schüler von C. Wolff. In der theoret. Philosophie erlangte sein Werk „Metaphysica" (1739) große Bed. B. begr. die Ästhetik in Deutschland als selbständige wiss. Disziplin und führte sie neben der „Logik" als neue propädeut. Disziplin der Philosophie im Rahmen der Erkenntnistheorie (Gnoseologie) ein. - *Werke:* Ethica philosophica (1740, Nachdr. 1969), Aesthetica (2 Bde., 1750, 1758, Nachdr. 1961).

Baumgartner (Paumgartner, Baumgärtner), dt. Patriziergeschlecht; stammt wohl aus dem niederen Adel Oberfrankens, kam im 13. oder 14. Jh. nach Nürnberg, seit 1396 in Rat und Patriziat nachweisbar; im 15. Jh. später als Gelehrte und in der städt. Verwaltung tätig. Mgl. der Nürnberger Familie (1726 erloschen) übersiedelten um 1480 nach Augsburg (seit 1538 im Patriziat), wo sie eine bed. Handelsfirma gründeten. Der Augsburger Zweig starb im 17. Jh. aus.

Baumgartner, Rudolf, * Zürich 14. Sept. 1917, schweizer. Violinist. - 1955 zus. mit W. Schneiderhan Begründer der †Festival Strings Lucerne, deren Leitung er innehat, seit 1960 Leiter des Konservatoriums in Luzern.

Baumgrenze, klimabedingte äußerste Grenzzone, bis zu der normaler Baumwuchs noch mögl. ist.

Baumhaus, menschl. Behausung in den Kronen von Bäumen, auf den Philippinen und in Teilen Z-Afrikas.

Baumheide (Erica arborea), v. a. im Mittelmeergebiet vorkommendes, 1–6 m hohes Heidekrautgewächs mit weißen, wohlriechenden, in Trauben stehenden Blüten; liefert das Bruyèreholz.

Baumholder, Stadt im Nordpfälzer Bergland, Rhld.-Pf., 391 m ü. d. M., 4100 E. - Truppenübungsplatz in unmittelbarer Nähe (seit 1937).

Baumhörnchen (Sciurini), Gattungsgruppe von auf Bäumen lebenden Hörnchen; bekannteste Arten: †Eichhörnchen und †Grauhörnchen.

Baumkänguruhs (Dendrolagus), Gatt. der Känguruhs mit etwa 9 waldbewohnenden Arten auf Neuguinea und im äußersten NO Australiens; Körperlänge rd. 50–80 cm, Schwanz etwa 40–95 cm lang, nicht als Stützorgan dienend, dicht behaart; Vorder- und Hinterbeine etwa gleich lang, mit starken Krallen; überwiegend Blattfresser.

Baumkuchen, hoher, zylindr., in der Mitte hohler Kuchen; wird auf einer über dem Feuer liegenden und beständig gedrehten Holzwalze durch allmähl. Aufgießen des Teiges (Rührteig) hergestellt; überzogen mit Zuckerguß oder Kuvertüre.

Baumläufer (Certhiidae), Fam. der Singvögel mit der einzigen Gatt. *Certhia*, mit fünf, etwa 12–14 cm langen Arten in Europa, Asien, im westl. N-Afrika, N- und M-Amerika; Oberseite bräunl. mit hellerer Zeichnung, Unterseite weiß bis bräunlichweiß, ♂ und ♀ gleich gefärbt; Schwanzfedern verstärkt, beim Klettern als Stütze dienend; einheim. Arten sind †Gartenbaumläufer und †Waldbaumläufer.

Baumodul, Kurzzeichen M, [festgelegtes] Grundmaß im Bauwesen, aus dem durch Vervielfachung andere Maße zusammengesetzt werden können.

Baumpieper (Anthus trivialis), etwa 15 cm lange Stelze v. a. an Waldrändern, in Lichtungen und parkartigen Landschaften Europas, Kleinasiens und eines Großteils von Asien; Oberseite braun, schwärzl. gestreift, mit gelbl. Augenstreif; Unterseite rahmfarben mit kräftiger Längsstreifung.

Baumsarg, Sarg aus einem längsgespaltenen und ausgehöhlten, meist eichenen Baumstamm; erstmals in der bandkeram. Kultur nachgewiesen, häufig in der frühen Bronzezeit Europas.

Baumschläfer (Dryomys nitedula), etwa 8–12 cm körperlange Art der Bilche im östl. Europa und in Asien; Oberseite bräunlichgrau, Unterseite weiß, Augen mit schwarzen Streifen; Schwanz knapp körperlang, lebt v. a. in Laubwäldern; nachtaktiv; hält Winterschlaf.

Baumschliefer, svw. †Waldschliefer.

Baumschule (Pflanzschule), garten- oder forstwirtsch. Anlage, in der Junggehölze und Sträucher (Obstbäume und Ziergehölze) aus Sämlingen, Ablegern und Stecklingen, auch für Veredelungszwecke gezogen werden.

Baumwolle

Baumstachler (Baumstachelschweine, Erethizontidae), heute meist zu den ↑Meerschweinchenartigen gestellte Fam. der Nagetiere mit etwa 10 rd. 30–80 cm körperlangen Arten in N-, M- und S-Amerika; Kopf plump, Schnauze meist abgestumpft, Augen zieml. klein; Extremitäten zieml. kurz und kräftig. Die Haare sind teilweise zu kurzen, spitzen Stacheln umgebildet. Die B. sind hauptsächl. nachtaktive Baumbewohner.

Baumstendel (Dendrobium), Orchideengatt. mit etwa 1 500 Arten im trop. Asien, in Polynesien und Australien; vielgestaltige epiphyt. Orchideen; Blüten meist in Trauben. Einige Arten werden wegen ihrer schönen Blüten kultiviert.

Baumsteppe, von einzelnen Baumgruppen belebte, hohe Grasflur; Grundtyp der Savanne, der Vegetationsform der wechselfeuchten Tropen.

Baumwachs, Mittel aus Harzen, Leinöl, Wachsen und anderen Stoffen zum Verschluß von Wunden und Veredelungsstellen an Holzgewächsen.

Baumwachteln (Colinus), Gatt. kleiner ↑Zahnwachteln mit 4 Arten, v.a. im nördl. S-Amerika, in M-Amerika und im SO der USA; bekanntester Vertreter ist die ↑Virginiawachtel.

Baumweichsel, svw. Glaskirsche (↑Sauerkirsche).

Baumwollbaum, svw. ↑Kapokbaum.
◆ svw. ↑Seidenwollbaum.

Baumwollbaumgewächse, svw. ↑Wollbaumgewächse.

Baumwolle, die Samenhaare von [kultivierten] Arten der ↑Baumwollpflanze; bedeutendster Textilrohstoff (50–60 % Anteil). Bei der Reife (etwa 25–30 Tage nach der Bestäubung) platzen die nahezu walnußgroßen Kapselfrüchte auf, die weiße oder gelbl. bis bräunl. Samenwolle quillt heraus und bildet etwa faustgroße Bäusche. Neben den bis 5 cm langen, verspinnbaren Fasern (Langfasern, Lint) tragen die fünf bis zehn dunkelbraunen, kaffeebohnengroßen Samen oft noch eine wenige mm lange, kurzfaserige, dicht anliegende Grundwolle (Filz, Virgofasern, Linters), die zu Zellstoff, Watte und Papier verarbeitet wird. Geerntet wird meist noch durch Handpflücken der Kapseln oder der B. direkt, doch werden auch Baumwollpflückmaschinen eingesetzt. Die Samen (Weiterverarbeitung zu Öl) werden durch Entkörnungsmaschinen von der Wolle getrennt, diese wird mit dem Lintergin (sehr eng stehende Sägeblätter) in den Lint (kommt zu Ballen gepreßt in den Handel) und die Lintersfasern aufgeteilt. Die Rohwolle kann gebleicht und gefärbt werden; der meist matte Ton kann durch Merzerisieren dauerhaften seidigen Glanz erhalten. Zusammensetzung: 84–91 % Zellulose, Rest Wasser, Hemizellulosen, Pektine, Eiweiß, Wachs.

Baumwollpflanze. Blühender Zweig (a), unreife (b) und reife, geöffnete Kapsel (c)

Baumwollerzeugung (1983): 43,99 Mill. t; Haupterzeugungsländer (Erntemenge 1983 in Mill. t): China (13,91), Sowjetunion (9,2), USA (4,5), Indien (3,8), Brasilien (1,62), Pakistan (1,56), Türkei (1,40), Ägypten (1,10), Mexiko (0,57).

Geschichte: Die älteste Baumwollkultur wurde in Indien für das 3. Jt. v. Chr. nachgewiesen. Von Indien aus gelangte die B. nach China (seit dem 11.–13. Jh. nachgewiesen). Gleichzeitig wurde B. auch von den Inkas in M-Amerika angebaut. Im 8.–10. Jh. führten die Araber die Kultur der B. von Persien aus in N-Afrika, Sizilien und S-Spanien ein. Die dt. Bez. B. wird in das 12. Jh. datiert, als die B. den Kreuzfahrern bekannt wurde. Vom 14.–17. Jh. war Venedig führend im Handel mit levantin. B.; danach versorgten die Nie-

Willi Baumeister, Zwei Laternen (1955). Köln, Sammlung Gutbrod

derlande Europa mit ostind. B. - Im 18. Jh. entstanden große Kattunfabriken in Großbrit. und in der Schweiz. Mit der Erfindung der Spinnmaschine und des mechan. Webstuhls nahm die Baumwollproduktion großen Aufschwung. Im 19. Jh. drängte die B. Flachs und Schafwolle zurück. In neuester Zeit wurde sie z. T. durch Chemiefasern ersetzt.
📖 *American cotton handbook. Hg. v. D. S. Hamby. New York* ³1965–66. 2 Bde.

Baumwollgürtel, Baumwollanbaugebiet in den USA, ↑Cotton Belt.

Baumwollpflanze (Gossypium), Gatt. der Malvengewächse mit mehreren Arten in den Tropen und Subtropen; bis 6 m hohe, meist strauchige, mitunter auch krautige oder fast baumförmige Pflanzen mit langgestielten, handförmig gelappten Blättern, meist großen, weißen, gelben oder rosa- bis purpurfarbenen Blüten und rundl. bis längl., zugespitzten Fruchtkapseln. Die angebauten Sorten unterscheiden sich durch Ausbildung langer Samenhaare von den Wildarten. Die Samenhaare entstehen durch frühzeitiges und starkes Längenwachstum von Oberhautzellen der Samenanlage und sitzen daher auch der Samenschale an (↑Baumwollsaat). – Abb. S. 95.

Baumwollpflückmaschine (Picker), Erntemaschine für die Samenkapseln der Baumwollpflanze; schnell rotierende Trommeln werden rechtwinklig in die Pflanzenbestände eingeführt und streifen die Kapseln mit ihren feinen Samenhaaren ruckartig ab.

Baumwollsaat (Baumwollsamen), die früher nur als Saatgut, heute zur Ölgewinnung auch wirtsch. genutzten Samen der Baumwollpflanze; etwa eigroß, enthalten 20–30 % fettes Öl, etwa 30 % Eiweiß. B. ist nach der Sojabohne und neben der Erdnuß heute einer der wichtigsten Lieferanten natürl. Öle. - Das durch Auspressen der B. gewonnene **Baumwollsaatöl** (Baumwollsamenöl, Cottonöl) ist ein halbtrocknendes Öl mit einem Linolsäuregehalt von 53–55 %; durch Reinigung und Härtung kann es in gutes Speisefett verwandelt werden. Gereinigtes B.öl wird zur Seifenherstellung und für pharmazeut. sowie kosmet. Zwecke verwendet, ungereinigtes als Schmieröl und zur Kerzenherstellung. Die Preßkuchen (Ölkuchen), die als Rückstand verbleiben, sind ein eiweißreiches Viehfutter.

Baumwollsamt, Schußsamt, dessen Flor aus Baumwolle besteht. Der Flor entsteht durch Aufschneiden in bes. Bindetechnik eingewebten Schußfäden. Durch bes. Bindung kann man erreichen, daß Florbüschel in Reihen stehen und Rippen bilden (**Kordsamt**).

Baumwürger, Bez. für verschiedene Pflanzen aus der Gatt. Feige. Die B. keimen auf Bäumen, entwickeln sich zunächst zu einem stattl. Epiphyten und senden dann viele Wurzeln zum Erdboden, die sich zu Stämmen verdicken. Der Epiphyt wird zu einem auf vielen Stämmen ruhenden Baum, der die Unterlage erstickt (Mörder- oder Würgefeige).

Baunatal, Stadt am S-Rand des Kasseler Beckens, Hessen, 22 100 E; Zweigwerk des Volkswagenwerkes. - 1964 gebildet aus mehreren Orten, Stadt seit 1966.

Baunennmaße, die Maße, die Bauten und ihre Teile theoret. haben sollen (deshalb auch Soll-Maße genannt); sie werden in der Regel in die Ausführungszeichnungen eingetragen.

Baunormen, in der BR Deutschland die vom Fachnormenausschuß Bauwesen im Dt. Normenausschuß erarbeiteten und aufeinander abgestimmten Baumaße (v. a. des Hochbaus), Konstruktions-, Typ-, Stoff- und Gütenormen u. a. sowie einheitl. techn. Bau-, Vermessungs- und Planungsbestimmungen.

Baunutzungsverordnung, Kurzbez. für: VO über die baul. Nutzung der Grundstücke i. d. F. vom 15. 9. 1977, die v. a. Vorschriften über die Art und das Maß der baul. Nutzung und deren Berechnung enthält.

Bauopfer, der Brauch, bei Errichtung eines Bauwerkes ein Opfer mit einzumauern; früher Menschenopfer, bes. Kinder, später Tiere, Münzen oder geweihte Gegenstände. Urspr. wohl Sühneopfer für den durch die menschl. Tätigkeit gestörten Geist des Ortes (Genius loci), außerdem als Abwehrzauber oder zur Gewinnung eines Schutzgeistes gedacht.

Bauorden ↑Internationaler Bauorden.
Bauordnungen ↑Bauordnungsrecht.
Bauordnungsrecht, die Gesamtheit der öff.-rechtl. Vorschriften, die die Errichtung, Änderung und den Abbruch baul. Anlagen regeln. Die Begriffe *B., Bauaufsichtsrecht* und *Baupolizeirecht* decken sich im wesentl. Das der Gesetzgebungskompetenz der Länder unterliegende B. ist in den **Bauordnungen** der Länder und deren Durchführungsvorschriften geregelt, sein Vollzug obliegt den *Bauaufsichtsbehörden.*

Bauphysik, Arbeitsgebiet der Physik, das sich mit den physikal. Eigenschaften von Baustoffen und Baukonstruktionen bes. im Hinblick auf das Durchdringen von Wärme, Schall, Feuchtigkeit und Luft und den dabei auftretenden Gesetzmäßigkeiten befaßt.

Bauplan (Bauzeichnung), maßstabgerechte Zeichnung eines Bauwerks im Aufriß, Grundriß und Seitenriß.

Bauplastik (Architekturplastik), die im Zusammenhang mit einem Bauwerk geschaffene Plastik figuraler Art, im allg. aus Stein; z. T. auch Teil der Bauornamentik zuzurechnen. Die B. kann rein dekorativen Zwecken dienen (Schmuckfriese, Masken und dgl.) oder dem gegebenen architekton. System einordnen (anstelle tragender Teile wie Säulen und Pfeilern Säulen- oder Pfeilerfiguren, Atlanten oder Karyatiden; Giebelfelder, Portale). In der außereurop. Baukunst ist die B. nicht so stark an architekton. Glieder gebunden wie in der europ. Baukunst; oft scheint die B. das konstruktive Element des Bauwerks zu überspielen.

Baupolizei ↑ Bauaufsicht.

Baur, Erwin, * Ichenheim (Landkr. Lahr) 16. April 1875, † Müncheberg 2. Dez. 1933, dt. Botaniker. - Prof. in Berlin; seit 1927 Direktor des Kaiser Wilhelm-Institutes für Züchtungsforschung in Müncheberg. Durch seine Bastardforschungen förderte B. die Pflanzengenetik.

B., Ferdinand Christian, * Schmiden bei Stuttgart 21. Juni 1792, † Tübingen 2. Dez. 1860, dt. ev. Theologe. - Seit 1826 Prof. für Kirchen- und Dogmengeschichte in Tübingen. Er interpretierte die Geschichte der Alten Kirche im Anschluß an Hegels Geschichtsphilosophie als dialekt. Prozeß. In seiner Literarkritik kam er zu dem Ergebnis, daß die meisten neutestamentl. Schriften nicht authent. seien. - *Werke:* Die christl. Lehre von der Dreieinigkeit und der Menschwerdung Gottes (3 Bde., 1841–43), Die christl. Kirche der ersten drei Jh. (1853).

B., Franz, * München 14. Febr. 1887, † Bad Homburg v. d. H. (vor der Höhe) 20. Nov. 1977, dt. Meteorologe. - Seit 1930 Prof. in Frankfurt; Begründer der Großwetterkunde und der langfristigen Wettervorhersage.

B., Jürg, * Düsseldorf 11. Nov. 1918, dt. Komponist. - 1965–72 Direktor des Robert-Schumann-Konservatoriums in Düsseldorf; seit 1971 Prof. an der Kölner Musikhochschule; komponiert hauptsächl. Orchester- und Kammermusik.

Baurecht, 1. die Gesamtheit der das Bauen betreffenden öff.-rechtl. Vorschriften. Das B. besteht v. a. aus dem Recht der städtebaul. *Planung* (Bauleitpläne), aus dem Recht der *Baulandumlegung,* des *Bodenverkehrs* und der *Erschließung* (Bund besitzt konkurrierende Gesetzgebungskompetenz) und aus dem *Bauordnungsrecht* (Zuständigkeit der Länder). 2. Das subjektive Recht des Staatsbürgers zu bauen (Grundsatz der Baufreiheit). In *Österreich* ist das B. als die Gesamtheit aller Rechtsvorschriften, die sich mit der Errichtung, Abänderung oder Demolierung von Baulichkeiten befassen, in Gesetzgebung und Vollziehung Landessache. In der *Schweiz* bestehen bislang nur kantonale Regelungen.

Bauschein, Form der Baugenehmigung, die an Bau- und Betriebsstellen bereitliegen muß.

Bausparkassen, bes. Kreditinstitute, deren Hauptgeschäftstätigkeit darin besteht, einen Fonds zu unterhalten, in dem ihre Kunden Spargutachten ansammeln und aus dem dieselben Kunden nach Eintritt der Zuteilungsreife ein Darlehen, insbes. für die Errichtung, Beschaffung, Erhaltung und Verbesserung von Wohnraum sowie für den Erwerb von Bauland, erhalten. Beim Bausparen sind die Sparzinsen mit 2,5–3 % jährl. i. d. R. geringer als bei einem normalen Sparkonto, dafür betragen die jährl. Darlehenszinsen nur 4 bis 5 %. Der Bausparer erhält das durch einen **Bausparvertrag** zw. ihm und der B. vereinbarte Baudarlehen auf Antrag dann, wenn er eine bestimmte Punktzahl erreicht hat, die aus der Ansparsumme und der Ansparzeit ermittelt wird. Außerdem müssen beim Regelspartarif mit monatl. Pflichtbeiträgen mindestens 20 %, beim Tarif mit einer Grundspareinlage und beliebigen Sparbeiträgen mindestens 50 % der Vertragssumme angesammelt sein. Die je nach Sparerleistungen und Fondsvermögen der Bausparkasse heute ein- bis etwa zehnjährige Wartezeit kann aber durch einen Zwischenkredit verkürzt werden. Die Darlehenssumme ist schon innerhalb von sieben bis zwölf Jahren zurückzuzahlen, um neue Darlehen zuteilen zu können. Der wesentl. Vorteil des B.darlehens besteht darin, daß es nur durch ein nachrangiges Grundpfandrecht gesichert werden muß und der erste Rang im Grundbuch dadurch für zusätzl. Hypotheken- oder Grundschuldkredite anderer Kreditinstitute offenbleibt. Der Bausparer kann entweder die Sparbeiträge von der Einkommensteuer als Sonderausgaben absetzen oder eine *Wohnungsbauprämie* (**Bausparprämie**) geltend machen. Außerdem können von Arbeitnehmern die Bausparleistungen bis zur Höhe von derzeit 624 DM jährl. als zulagebegünstigte vermögenswirksame Leistungen erbracht werden. Das Bauspargeschäft als einzig zulässige Art des Zwecksparens überhaupt ist erlaubnispflichtig und darf nur von B. betrieben werden; deren Bez. ist gesetzl. geschützt. Andererseits dürfen die B. außer dem Bauspargeschäft nur ganz eng umgrenzte Hilfs- und Nebengeschäfte betreiben. Die Bausparmittel (Fondsmasse) sind für Baudarlehen zweckgebunden. Wie bei allen Kreditinstituten unterliegt der Jahresabschluß der B. einer Pflichtprüfung. Über die Einhaltung der für die B. geltenden Vorschriften wacht das Bundesaufsichtsamt für das Kreditwesen. Nach dem Gesetz über B. vom 16. 11. 1972 können *private B.* seit dem 1. 1. 1973 nur noch als AG errichtet werden; die bis dahin bestehenden drei Gesellschaften mit beschränkter Haftung und drei Genossenschaften durften ihre Rechtsform behalten. Von den *öffentl. B.* sind nur drei selbständige rechtsfähige Anstalten. Die übrigen sind unselbständige Abteilungen der Landesbanken, die die Bausparmittel getrennt von ihrem anderen Vermögen verwalten haben.

Die **Geschichte** der B. reicht bis in das Jahr 1775 zurück, als in Birmingham „Ketley's Building Society" gegr. wurde, der 1831 die „Oxford Provident Building Association" in Frankfort, Pa., als erste B. der USA folgte. In Deutschland faßte die Bausparbewegung

Bausparprämie

erst 1885 mit der Gründung der Bielefelder „B. für Jedermann" Fuß.
▫ *Lehmann, Werner: Die B. Ffm.* ⁵*1977.*

Bausparprämie ↑ Bausparkassen.
Bausparvertrag ↑ Bausparkassen.
Bausperre ↑ Veränderungssperre.
Baustahl, Massenstahl mit meist geringem Anteil an Legierungselementen zur Verwendung im Baugewerbe.
Bausteine, zum Bauen geeignete natürl. oder künstl. Steine. Natursteine sind z. B. Granit, Porphyr, Kalk-, Sandstein. Künstl. hergestellte B. sind gebrannte Ziegel und kalt gebundene Steine (z. B. Betonsteine, Hüttensteine und Kalksandsteine).
Baustoffe, Sammelbezeichnung für alle im Bauwesen verwendeten Stoffe. Die nichtmetall. anorgan. B. werden in natürl. und künstl. B. eingeteilt. Die Gruppe der *natürlichen B.* umfaßt die verschiedenartigen Natursteine. Die *künstlichen B.* werden hergestellt unter Verwendung der Bindemittel Zement, Kalk und Gips. Außerdem gibt es keram. B., insbes. Erzeugnisse der Ziegelind. (Mauerziegel und Klinker) sowie die sog. Baukeramiken und Terrakotten.
Baustoffwechsel ↑ Stoffwechsel.
Bautasteine [altnord.], in Skandinavien freistehende Gedenksteine – z. T. auf Hügelgräbern – aus nacheiszeitl. und frühma. Zeit; im Ggs. zu Runensteinen inschriftlos.
Bautechnik, Teilgebiet der Technik, das sich mit dem Bauen auf der Grundlage angewandter Naturwissenschaft, insbes. der Baustatik und Baustoffkunde, befaßt.
Bautenschutzmittel, Isoliermittel für Bauwerke zum Schutz gegen Grundwasser und durchschlagende Feuchtigkeit, z. B. Bitumen, Fluate.
Bautzen, Krst. an der Spree, Bez. Dresden, DDR, 219 m ü. d. M., 51 200 E. Kath. Bischofssitz; Inst. für sorb. Volksforschung, Inst. für sorb. Lehrerbildung, Ingenieurschule für Fördertechnik; Stadtbibliothek, Stadt-

Bautzen. Michaeliskirche (15. Jh.; links) und der Turm der Alten Wasserkunst (erbaut nach 1558)

theater, sorb. Volkstheater; wirtsch. und kultureller Mittelpunkt der Oberlausitz. Waggon- und Autobau, Eisengießereien, Bau von Papiermaschinen, Nachrichtengeräten, Förderanlagen, Kränen u. a. - Schon in der Spätbronzezeit besiedelt; 1002 erstmals erwähnt (**Budis[s]in**); entstand aus teils sorb., teils dt. Siedlungen; Stadtrecht wohl 1213; seit 1256 zu Brandenburg, 1319 zu Böhmen; 1635 zu Kursachsen. - Got. Dom (vollendet 1497; heute simultan), spätgot. Michaeliskirche (15. Jh.), spätgot. Ortenburg; Teile der Stadtbefestigung, u. a. die Alte Wasserkunst, sind erhalten.

B., Landkr. im Bez. Dresden, DDR.
Bauüberwachung, in den Bauordnungen der Länder geregelte Überwachung der Ausführung genehmigungspflichtiger Bauvorhaben durch die Bauaufsichtsbehörde. Die B. erstreckt sich v. a. darauf, ob das Bauausführung der Baugenehmigung entspricht und ob die öff.-rechtl. Vorschriften sowie die Bestimmungen zum Schutze der Bauarbeiter und der Öffentlichkeit eingehalten werden, ferner auf die Brauchbarkeit der Baustoffe, der Bauteile sowie der Gerüste.
Bauvorlagen, im Hochbau die vom Architekten anzufertigenden und der Bauaufsichtsbehörde zur Genehmigung vorzulegenden Unterlagen: 1. Lageplan des Bauobjekts (mindestens im Maßstab 1 : 500); 2. Bauzeichnungen im Maßstab 1 : 100; 3. Baubeschreibung; 4. Standsicherheitsnachweis (stat. Berechnungen) und andere bautechn. Nachweise; 5. Darstellung der Grundstücksentwässerung.
Bauweise, 1. in der Städte- und Siedlungsplanung die Art der Bebauungsanordnung in einem Gelände; 2. im Hoch- und Tiefbau die Art der Bauausführung. Bei der Errichtung von Bauwerken unterscheidet man nach Art der verwendeten Baustoffe, nach der konstruktiven Gliederung und dem stat. System (Längs-B., Querwand-, Scheiben- oder Schotten-B.; Stahlskelettbauweise, Betonschütt-B., Schalenbauweise, Verbund-B.), nach der Art der Ausführung (monolith. B., wie z. B. die Ziegel-B., bei der infolge des Mörtelverbundes die einzelnen Teile als Ganzes erscheinen; Montage-B., wie z. B. die Raumzellen-B.) und nach der Art der verwendeten Bauelemente (z. B. Block-B., Platten-B., Masten-B.; Montageskelett-B.; Leicht-B.).
Bauwich [zu *weichen*], Abstand eines Gebäudes von der Nachbargrenze.
Bauxit [nach dem Fundort *Les Baux-de-Provence*], erdiges Sedimentgestein unterschiedl. Färbung (weiß bis rötl.) aus verunreinigten Aluminiumhydroxiden mit verschiedenen Beimengungen, z. B. SiO_2, Fe_2O_3 und TiO_2. B. ist der wichtigste Rohstoff für die Gewinnung von ↑ Aluminium. Die größten B.lagerstätten befinden sich auf Jamaica, in Guyana, Indien, Malaysia und in der UdSSR.

Bayerische Staatsbibliothek

Bavaria, lat. Name für Bayern, zugleich Personifikation Bayerns.

Bavink, Bernhard [ˈbaːfɪŋk], * Leer (Ostfriesland) 30. Juni 1879, † Bielefeld 26. Juni 1947, dt. Naturphilosoph. - Gymnasiallehrer; setzte sich didakt. und erkenntnistheoret. mit Problemen der Naturwissenschaften auseinander („Ergebnisse und Probleme der Naturwissenschaften", 1913).

Bax, Sir (seit 1937) Arnold Edward Trevor [engl. bæks], * London 8. Nov. 1883, † Cork (Irland) 3. Okt. 1953, engl. Komponist. - Spätromant. Kompositionen, u. a. 7 Sinfonien, mehrere sinfon. Dichtungen, Krönungsmarsch für Elisabeth II. (1953).

Baxter, Richard [engl. ˈbækstə], * Rowton (Shropshire) 12. Nov. 1615, † London 8. Dez. 1691, engl. presbyterian. Theologe. - Trennte sich 1662 von der Staatskirche und wandte sich einem gemäßigten Puritanismus zu. Seine Erbauungsschriften beeinflußten auch den dt. Pietismus.

Bayar, Mahmut Celâl, * Umurbey bei Bursa 15. Mai 1883, † Istanbul 22. Aug. 1986, türk. Politiker. - Bankfachmann; 1021-24 mehrmals Min., hatte als Wirtschaftsmin. 1932-37 maßgebl. Anteil an der Erfüllung des 1. türk. Fünfjahresplanes 1933; 1937-39 Min.-präs.; Mitbegr. der Demokrat. Partei 1946; als deren Vors. seit 1950 Staatspräs.; durch Militärputsch 1960 gestürzt und verhaftet; 1961 zu lebenslängl. Haft verurteilt, 1966 begnadigt.

Bayard, Pierre du Terrail, Seigneur de [frz. baˈjaːr], * Schloß Bayard bei Grenoble 1476, † bei Romagnano Sesia bei Novara 30. April 1524, frz. Heerführer. - Erwies sich in den italien. Feldzügen Karls VIII., Ludwigs XII. und Franz' I. als einer der besten Heerführer seiner Zeit; verkörperte noch das ideale Rittertum („Ritter ohne Furcht und Tadel").

Bayazit, Name osman. Sultan, † Bajasid.

Bayer, Herbert [engl. ˈbeɪə], * Haag 5. April 1900, † Montecito (Calif.) 30. Sept. 1985, amerikan. Designer und Maler östr. Herkunft. - Schüler und Meister am Bauhaus; lebte seit 1938 als Werbegraphiker in den USA; zeitweise surrealist. beeinflußt, seit den 60er Jahren präzise, klare Formgebung; auch Architekt.

B., Johann [ˈ--], * Rain (Bayern) 1572, † Augsburg 7. März 1625, dt. Astronom. - Stellte einen Sternatlas zusammen („Uranometria", 1603), dessen Karten erstmals auch den südl. Himmel korrekt darstellten.

B., Konrad [ˈ--], * Wien 17. Dez. 1932, † ebd. 10. Okt. 1964 (Selbstmord), östr. Schriftsteller. - Sprachexperimente, u. a. „der stein der weisen" (1963), „der kopf des vitus bering" (1965), „der sechste sinn" (1966).

Bayer AG (bis 30. 6. 1972: Farbenfabriken Bayer AG), bed. dt. Unternehmen der chem. Industrie, Sitz Leverkusen. Gegr. 1863 als Friedrich Bayer und comp.; 1925 Fusion zur † IG-Farbenindustrie AG, Neugründung 1951. Das Produktionsprogramm umfaßt rund 6 000 Produkte aus den Sparten anorgan. Chemikalien, organ. Chemikalien, Kautschuk, Kunststoffe und Lack, Polyurethane, Farben, Fasern, Pharma und Pflanzenschutz.

Bayerische Motoren Werke AG, Abk. BMW, dt. Unternehmen der Automobilind., Sitz München, gegr. 1916 als „Bayer. Flugzeugwerke AG", seit 1922 heutige Firma. 1968 Eingliederung der „Hans Glas GmbH Isaria Maschinenfabrik", Dingolfing; Produktion von Pkw und Motorrädern.

Bayerischer Erbfolgekrieg, Auseinandersetzung zw. Österreich und Preußen 1778/79 nach dem Erlöschen der älteren Linie der Wittelsbacher 1777 und dem Versuch Kaiser Josephs II., die bevorstehende wittelsbach. Ländermassierung infolge der Vereinigung Bayerns mit der Kurpfalz unter Kurfürst Karl Theodor durch eigene dynast. und Reichslehensansprüche zu verhindern bzw. durch den Gewinn eines bayr. Teilgebiets die habsburg. Machtposition im Reich nach den schles. Verlusten wieder auszugleichen; 1779 durch den Frieden von Teschen beendet.

Bayerischer Reichskreis † Reichskreise.

Bayerischer Rundfunk † Rundfunkanstalten (Übersicht).

Bayerischer Verdienstorden, 1957 gestifteter Orden für die Anerkennung „hervorragender Verdienste um den Freistaat Bayern und das bayer. Volk"; eine Klasse.

Bayerischer Wald, von Donau, unterem Regen, der Cham-Further Senke sowie der Staatsgrenze gegen die ČSSR und Österreich umschlossenes dt. Mittelgebirge. Der *Pfahl* trennt den B. W. in den nördl. *Hinteren B. W.* (Großer Arber 1 457 m, Rachel 1 452 m) und den südl. *Vorderen B. W.* (Einödriegel 1 121 m, Hirschenstein 1 090 m). Ausschließl. von kristallinem Grundgebirge aufgebaut; typ. sind weite, breitkuppige Höhen mit Blockhalden und Grusdecken, Waldsümpfe im Übergang zw. Moorwäldern und Hochmooren. Die Besiedlung erfolgte vom Hoch-MA bis ins 19. Jh. Überregionale Bed. besitzen die Glashütten bei Zwiesel; zur Strukturverbesserung Neuansiedlung von elektrotechn. und feinmechan. Betrieben und Bekleidungsind. Starker Ausbau des Fremdenverkehrs (Nationalpark seit 1970).

Bayerisches Nationalmuseum † Museen (Übersicht).

Bayerisches Oberstes Landesgericht, Abk. BayObLG, höchstes bayer. Gericht der ordentl. Gerichtsbarkeit, Sitz München. Das BayObLG tritt gemäß Art. 21 ff. des bayr. Ausführungsgesetzes zum GerichtsverfassungsG in einer Reihe von Fällen an die Stelle der im bundesrechtl. Vorschriften vorgesehenen Gerichte.

Bayerische Staatsbibliothek † Bibliotheken (Übersicht).

Bayerische Volkspartei

Bayerische Volkspartei, Abk. BVP, Nachfolge- bzw. in der Rheinpfalz Konkurrenzpartei des bayr. Zentrums; 1918 gegr.; antisozialist. und streng föderalist.; unterstützte die Politik der „Ordnungszelle Bayern" und schuf damit trotz Gegnerschaft gegen den völk. Nationalismus wesentl. Voraussetzungen für den Hitlerputsch 1923. Verfolgte 1924–33 eine gemäßigtere Linie; im Dt. Reich 1922–32 Regierungspartei; 1933 zwangsweise Selbstauflösung.

Bayerische Voralpen, Gebirgszone der Alpen zw. Lech und Salzach.

Bayern ↑ Baiern.

Bayern, größtes Land der BR Deutschland, 70 553 km², 10,97 Mill. E. (1988), 155 E/km², Hauptstadt München. B. erstreckt sich von Rhön und Spessart im NW bzw. der DDR im N nach S bis in die Alpen; im W grenzt es an Hessen und Bad.-Württ., im NO an die ČSSR, im SO und S an Österreich.

Landesnatur: Der Anteil von B. an den Nördl. Kalkalpen weist schroffe Gipfel und Grate auf, steil abfallende Felswände mit mächtigen Schuttkegeln; die Höhen der Gipfel liegen weit über 2 000 m (Zugspitze 2 962 m hoch). Davor liegen die Voralpen; im nördl. Bayern bilden die stärker gerundeten waldbedeckten Flyschvorberge. Deutl. abgesetzt schließt das Alpenvorland an, das sich bis zur Donau erstreckt. Der Bayerische Wald und der ihn nach N jenseits der Cham-Further Senke fortsetzende Oberpfälzer Wald bilden das ostbayr. Grenzgebirge. Das über 1 000 m hoch aufragende Fichtelgebirge bildet einen Gebirgsknoten zw. Oberpfälzer Wald, Frankenwald und Erzgebirge. Den Übergang zum Frankenwald bildet die Münchberger Hochfläche mit Höhen von durchschnittl. 600 m. Die Fränk. Alb umgibt halbkreisförmig das Mittelfränk. Becken. An der Nahtstelle von Mittelfränk. Becken, Fränk. und Schwäb. Alb liegt das Ries. Als allmähl. Übergänge schließen sich im W an das Mittelfränk. Becken die N-S-gestreckten Keuperstufenlandschaften der Frankenhöhe, des Steigerwaldes und – nördl. des Mains – der Haßberge an. Vor dem westl. Steilabfall der Keuperbergländer dehnen sich die flachwelligen Gäuflächen der Mainfränk. Platten aus, durchschnittl. 300 m ü. d. M. (Uffenheimer und Ochsenfurter Gäu, Teile vom Grabfeld); Südrhön und Spessart bilden die waldbedeckte Umrandung. Einen bes. Charakter hat das 100 m tief in die Gäuflächen eingeschnittene und klimatisch begünstigte mittlere Maintal.

Bevölkerung: Das Land ist aus dem Siedlungsgebiet dreier Volksstämme entstanden, der Baiern im S und O, der Franken im Maingebiet und der Schwaben im Alpenvorland westl. des Lech und im Ries. Während und nach dem 2. Weltkrieg hat B. über 2 Mill. Flüchtlinge und Heimatvertriebene aufgenommen; seit Mitte der 50er Jahre Zuwanderung aus anderen Ländern, v. a. in die großen Städte. Bev.abnahme haben einige bes. verkehrsungünstig gelegene Gegenden aufzuweisen. 70 % der Bev. sind kath., 23 % ev. Die ev. Christen gehören zur Ev.-Luth. Kirche in Bayern, die kath. zu den Erzbistümern München und Freising (mit den Bistümern Augsburg, Passau, Regensburg) und Bamberg (mit den Bistümern Eichstätt und Würzburg). Neben 9 Univ. und einer TU verfügt B. über zwei Gesamthochschulen, eine theolog. und eine philosoph. Hochschule, zwei Akad. der Bildenden Künste, eine Hochschule für Fernsehen und Film, eine Hochschule der Bundeswehr und eine Musikhochschule.

Wirtschaft: Der Anteil der in der Landw. Tätigen ist bes. hoch in Niederbayern, in der Oberpfalz, in Unterfranken und in Schwaben. Die Erwerbstätigen im produzierenden Gewerbe haben in Franken die höchsten Anteile. Der tertiäre Sektor ist in Oberbayern (München und Fremdenverkehrsorte) überdurchschnittl. stark vertreten. Hauptkornkammern sind die fränk. Gäulandschaften, der Dungau und das niederbayr. Tertiärhügelland. In Unter- und im westl. Oberfranken wird Braugerste erzeugt. Der Anbau von Hopfen konzentriert sich auf Hallertau, Spalt und Hersbruck. Weinbau wird im unterfränk. Maintal, im Tal der Fränk. Saale sowie an der westl. Abdachung des Steigerwaldes betrieben. Im Maintal kommt dem Gemüsebau eine große Bed. zu. In den Grünlandgebieten des Alpenvorlandes liegt das Schwergewicht der Landw. ganz auf der Milchwirtschaft. Das Alpengebiet, die ostbayr. Grenzgebirge und der Spessart haben große geschlossene Waldgebiete. – Braunkohle und Eisenerz werden in der Oberpfalz abgebaut, Graphit bei Passau, Steinsalz in Berchtesgaden, in den Mittelgebirgen verschiedentl. Flußspat und Schwerspat. Erdöl- und Erdgasfelder um Ampfing, Mühldorf a. Inn, Aßling und Höhenrain. Der Solnhofer Plattenkalk ist ein ausgezeichneter Lithographiestein. - Die Energieversorgung ist durch die ab 1963 erbauten Raffinerien (mit Pipelines vom Mittelmeer) grundlegend gewandelt worden. Die Herstellung von Textilien, Porzellan-, Glas- und Metallwaren erfolgt insbes. im oberfränk. Ind.revier. Die Elektroind. hat ihre Schwerpunkte in München und Erlangen, der Maschinenbau in Augsburg, München, Nürnberg und Schweinfurt. Die Textilind. hat bes. Geltung in Oberfranken, in Schwaben und in der Gegend von Rosenheim, die feinkeram. Ind. in Oberfranken und in der nö. Oberpfalz, die chem. Ind. im Chemiedreieck an den Flüssen Inn, Alz und Salzach, die holzverarbeitende Ind. im nördl. Franken und am Alpenrand, die Papier- und Zellstoffherstellung in Aschaffenburg und Augsburg. Außerdem bed. Fremdenverkehr.

Verkehr: Wichtigster Verkehrsträger ist die Bundesbahn; trotz Ausbau des Autobahnnet-

Bayern

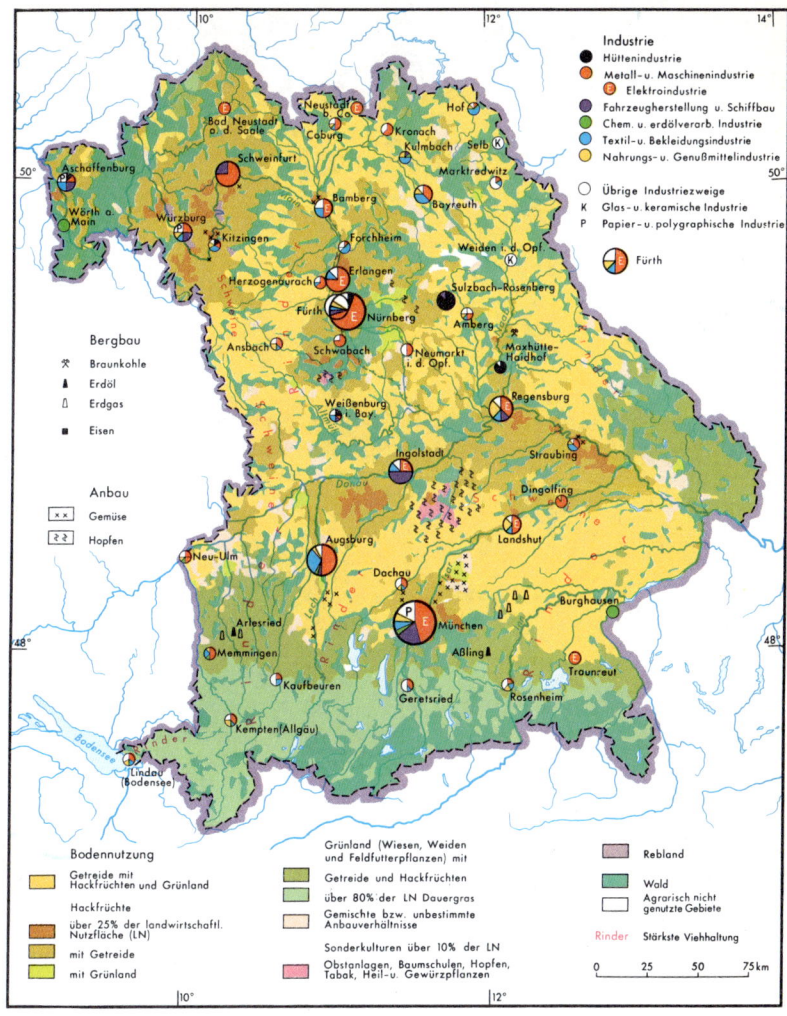

Bayern. Wirtschaftskarte

zes gibt es noch verkehrsmäßig benachteiligte Gebiete (im O von B., im südl. Schwaben, im westl. Mittelfranken). Neue wirtsch. Impulse werden von der Fertigstellung des Main-Donau-Kanals erwartet, der bereits im N bis Nürnberg in Betrieb ist. Bed. Häfen sind Regensburg und Würzburg; internat. ✈ in München.

Geschichte: Seit dem Altpaläolithikum ist menschl. Tätigkeit in B. durch Funde belegt. In der 1. Hälfte des 6. Jh. war die Landnahme der Bajuwaren im Gebiet zw. Lech, Donau und Alpen bereits vollzogen; später dehnten sie sich auch nördl. der Donau aus (bayr. Nordgau). Unter der Führung des Herzogsgeschlechts der Agilolfinger entstand ein kraftvoller Stamm, der allerdings 591 in Abhängigkeit vom Fränk. Reich geriet. Mit der Absetzung Hzg. Tassilos III. 788 durch Karl d. Gr. endete das ältere bayr. Stammeshzgt., das nun karoling. Teilreich wurde. Markgraf Luitpold und sein Sohn Arnulf stellten im Kampf gegen die Ungarn (seit 900) das Stammeshzgt. wieder her, das jedoch 938/47 dem Reich fest

VERWALTUNGSGLIEDERUNG

	Fläche km²	Einwohner (in 1 000)
Oberbayern		
Kreisfreie Städte		
Ingolstadt	133	90,4
München	310	1 283,5
Rosenheim	37	52,0
Landkreise		
Altötting	569	92,4
Bad Tölz-Wolfratshausen	1 111	92,0
Berchtesgadener Land	840	98,3
Dachau	578	103,4
Ebersberg	549	97,3
Eichstätt	1 214	95,7
Erding	871	87,7
Freising	801	118,6
Fürstenfeldbruck	435	174,7
Garmisch-Partenkirchen	1 012	82,5
Landsberg a. Lech	804	81,0
Miesbach	864	81,3
Mühldorf a. Inn	805	91,4
München	668	257,9
Neuburg-Schrobenhausen	740	74,6
Pfaffenhofen a. d. Ilm	759	85,2
Rosenheim	1 435	189,2
Starnberg	488	109,2
Traunstein	1 538	142,6
Weilheim-Schongau	996	106,6
Niederbayern		
Kreisfreie Städte		
Landshut	66	56,4
Passau	70	52,0
Straubing	68	42,1
Landkreise		
Deggendorf	860	100,8
Dingolfing-Landau	878	72,8
Freyung-Grafenau	984	86,5
Kehlheim	1 067	111,9
Landshut	1 348	156,8
Passau	1 530	74,7
Regen	977	100,5
Rottal-Inn	1 281	79,0
Straubing-Bogen	1 203	73,0
Oberpfalz		
Kreisfreie Städte		
Amberg	50	43,6
Regensburg	81	132,0
Weiden i. d. Opf.	68	42,5
Landkreise		
Amberg-Sulzbach	1 256	93,0
Cham	1 510	115,7
Neumarkt i. d. Opf.	1 342	101,3
Neustadt a. d. Waldnaab	1 429	90,2
Regensburg	1 397	141,6
Schwandorf	1 473	129,4
Tirschenreuth	1 086	76,9

	Fläche km²	Einwohner (in 1 000)
Oberfranken		
Kreisfreie Städte		
Bamberg	54	70,5
Bayreuth	67	71,5
Coburg	47	44,8
Hof	58	52,5
Landkreise		
Bamberg	1 169	117,4
Bayreuth	1 274	96,1
Coburg	592	82,1
Forchheim	643	96,7
Hof	892	108,1
Kronach	652	74,9
Kulmbach	656	74,4
Lichtenfels	522	65,3
Wunsiedel i. Fichtelgebirge	606	90,6
Mittelfranken		
Kreisfreie Städte		
Ansbach	100	37,9
Erlangen	77	101,7
Fürth	63	98,9
Nürnberg	186	474,3
Schwabach	41	35,3
Landkreise		
Ansbach	1 973	155,7
Erlangen-Höchstadt	565	103,9
Fürth	308	92,8
Neustadt a. d. Aisch-Bad Windsheim	1 268	147,9
Nürnberger Land	801	84,1
Roth	895	104,2
Weißenburg-Gunzenhausen	969	84,0
Unterfranken		
Kreisfreie Städte		
Aschaffenburg	63	59,6
Schweinfurt	36	51,6
Würzburg	88	130,2
Landkreise		
Aschaffenburg	699	149,3
Bad Kissingen	1 139	102,0
Haßberge	957	77,8
Kitzingen	684	77,5
Main-Spessart	1 321	79,8
Miltenberg	716	111,2
Rhön-Grabfeld	1 020	120,4
Schweinfurt	841	102,7
Würzburg	968	138,0
Schwaben		
Kreisfreie Städte		
Augsburg	147	246,7
Kaufbeuren	40	41,7
Kempten (Allgäu)	63	57,3
Memmingen	70	37,8

Bayernpartei

	Fläche km²	Einwohner (in 1 000)
Landkreise		
Aichach-Friedberg	764	98,6
Augsburg	1 093	188,3
Dillingen a. d. Donau	791	79,0
Donau-Ries	1 276	109,3
Günzburg	759	142,7
Lindau (Bodensee)	323	69,4
Neu-Ulm	515	111,2
Oberallgäu	1 527	114,8
Ostallgäu	1 395	115,6
Unterallgäu	1 230	130,6

eingegliedert und nunmehr von den Ottonen beherrscht wurde. Nach der Abwehr der Ungarn (Lechfeld 955) begann die zweite bayr. Ostsiedlung (Bildung der bayr. Ostmark). Der Aufstand Hzg. Heinrichs II. gegen Kaiser Otto II. scheiterte 976, Kärnten wurde von B. abgetrennt. Unter den Welfenherzögen (seit 1070) gewann B. wieder polit. Eigengewicht und innere Geschlossenheit. Heinrich der Stolze (1126–39) erbte 1137 das Hzgt. Sachsen; aus dieser Machtstellung ergab sich der stauf.-welf. Gegensatz. 1139 enthob der Staufer König Konrad III. den Welfen das bayr. Hzgt. und gab dieses den Babenbergern, die, nach Rückgabe von B. an den Welfen Heinrich den Löwen (1156), das von B. abgetrennte Österreich behielten. Der erneuerte welf.-stauf. Konflikt führte 1180 zur Abtrennung der Steiermark und zur Vergabe des verbliebenen Hzgt. an die Wittelsbacher. Auf der Teilung von 1255 in Nieder-B. und Ober-B. (mit der Rheinpfalz) folgte weitere Aufsplitterung. Im 14. Jh. zum Ständestaat geworden, erwarb B. unter Ludwig IV. Brandenburg, Tirol sowie die Niederlande, wurde aber 1329 geteilt. Pfalz (mit der Kurwürde) und die Oberpfalz fiel in das restl., seit 1340 wieder vereinigte B., das 1349 erneut geteilt und erst 1505 wieder vereinigt wurde. Im 16. Jh. wurde B. zur Vormacht der Gegenreformation in Deutschland. Hzg. Maximilian I. (1597–1651), der in B. einen frühabsolutist. Staat aufbaute, spielte eine zentrale Rolle im Dreißigjährigen Krieg und erwarb 1623–48 die Kurwürde und die Oberpfalz. Die folgenden 100 Jahre seit 1648 waren vom (vergebl.) Streben der bayr. Kurfürsten nach europ. Großmachtstellung geprägt.
Der moderne Staat B. wurde maßgebl. durch den Min. Montgelas geschaffen. Im Bündnis mit Napoleon I. wurde B. 1806 Kgr. und konnte zw. 1803 und 1815 sein Gebiet von 40 000 km² auf 75 000 km² vergrößern, v. a. durch den Gewinn der geistl. Territorien und der Reichsstädte. Die heterogenen Gebiete wurden in zentralist.-absolutist. Geist zu einem straff verwalteten Staat zusammengeschweißt. Seit 1815 Mgl. des Dt. Bundes, erhielt B. 1818 eine Verfassung mit einem aus zwei Kammern bestehenden Landtag und trat 1834 dem Dt. Zollverein bei. Die heute noch bestehende Einteilung in Reg.-Bez. wurde 1837 geschaffen. König Ludwig I. (ab 1825), der München zu einem Zentrum der Künste und Wiss. machte, dankte in der Märzrevolution 1848 ab. Maximilian II. (1848–64) begünstigte liberale und soziale Reformen. Im Dt. Bund strebte B. ein Zusammengehen der Mittelstaaten (Triaspolitik) unter bayr. Führung an. Im Dt. Krieg 1866 auf östr. Seite, näherte sich B. danach Preußen und trat gegen die Zusicherung von Sonderrechten 1870/71 dem Dt. Reich bei. Die Liberalen mußten ihre Parlamentsmehrheit 1869 an die Patriotenpartei (seit 1887 Bayr. Zentrum) abgeben. Im Nov. 1918 rief K. Eisner (USPD) die Republik aus. Die im April 1919 proklamierte Räterepublik wurde im Mai von Reg.truppen beseitigt. Auf SPD-geführte Regierungen (1919/20) folgten ausschließl. rechtsgerichtete Reg., meist unter Führung der Bayer. Volkspartei (ehem. Bayr. Zentrum). In den 1920er Jahren Zentrum rechter Opposition gegen die Weimarer Republik, wurde auch B. nach der NS-Machtergreifung (1933) gleichgeschaltet. Unter amerikan. Besatzung wurde B. (ohne die Pfalz) 1945 als Land wiederhergestellt. Als einziges westdt. Parlament lehnte der bayr. Landtag 1949 das GG ab, akzeptierte jedoch die Gründung der BR Deutschland unter Einschluß Bayerns. Stärkste Partei ist seit den ersten Landtagswahlen von 1946 die CSU, die 1946–54 und seit 1957 in unterschiedl. zusammengesetzten Koalitionen, seit 1966 in der Alleinreg., den Min.präs. gestellt hat; 1946–56 und 1960–62 H. Ehard, 1957–1960 H. Seidel, 1962–78 A. Goppel, 1978–88 F. J. Strauß, seit 1988 M. Streibl. 1954–57 war W. Hoegner (SPD) Min.präs. einer SPD-BP-FDP-BHE-Koalition.
Verfassung: Die Verfassung des Freistaates B. stammt vom 1. 12. 1946. Wichtigstes Organ der Gesetzgebung ist der nach modifiziertem Verhältniswahlrecht auf vier Jahre gewählte Landtag, der den Min.präs. zum Leiter der Staatsreg. wählt. Der Senat nimmt beratend an der Gesetzgebung teil; dieser, eine bayr. Eigentümlichkeit, setzt sich aus 60 Mgl. zusammen, die von den sozialen, wirtsch., kulturellen und kommunalen Körperschaften entsandt werden. Durch Volksbegehren und Volksentscheid kann die Bev. direkt an der Gesetzgebung teilnehmen. Jede Verfassungsänderung muß vom Volk gebilligt werden. - Karte auch S. 104.
📖 *Zorn, W.: B. Gesch. im 20. Jh. Mchn. 1986. - Kraus, A.: Gesch. B. Mchn. 1983. - Hubensteiner, B.: Bayer. Gesch. Mchn. ⁶1977. - Hdb. der bayer. Gesch. Hg. v. M. Spindler. Mchn. ²1976–80. 4 Bde.*

Bayernpartei, Abk. BP, bayr. polit. Partei mit extrem föderalist. Zielsetzung; stark

Bayer-Verfahren

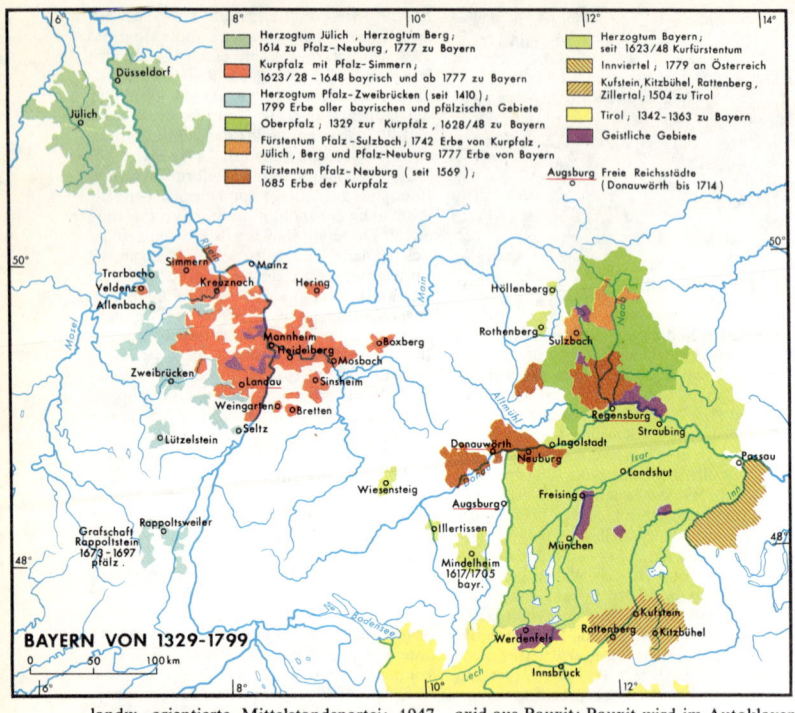

BAYERN VON 1329–1799

Legende:
- Herzogtum Jülich, Herzogtum Berg; 1614 zu Pfalz-Neuburg, 1777 zu Bayern
- Kurpfalz mit Pfalz-Simmern; 1623/28–1648 bayrisch und ab 1777 zu Bayern
- Herzogtum Pfalz-Zweibrücken (seit 1410); 1799 Erbe aller bayrischen und pfälzischen Gebiete
- Oberpfalz; 1329 zur Kurpfalz, 1628/48 zu Bayern
- Fürstentum Pfalz-Sulzbach; 1742 Erbe von Kurpfalz, Jülich, Berg und Pfalz-Neuburg 1777 Erbe von Bayern
- Fürstentum Pfalz-Neuburg (seit 1569); 1685 Erbe der Kurpfalz
- Herzogtum Bayern; seit 1623/48 Kurfürstentum
- Innviertel; 1779 an Österreich
- Kufstein, Kitzbühel, Rottenberg, Zillertal, 1504 zu Tirol
- Tirol; 1342–1363 zu Bayern
- Geistliche Gebiete
- Augsburg Freie Reichsstädte (Donauwörth bis 1714)

landw. orientierte Mittelstandspartei; 1947 gegr.; bis 1966 im bayr. Landtag vertreten (1949 auch im Dt. Bundestag).

Bayer-Verfahren [nach dem östr. Chemiker K. J. Bayer, *1847, †1904], wichtigstes Verfahren zur Gewinnung von Aluminiumoxid aus Bauxit; Bauxit wird im Autoklaven mit Natronlauge behandelt. Dabei geht das Aluminium als Natriumaluminat in Lösung. Nach dem Filtrieren wird aus der Lauge das Aluminium als Aluminiumhydroxid ausgefällt. Dieses wird abfiltriert und durch Glühen in Drehrohröfen oder Wirbelschichtöfen bei 1 200–1 300 °C zu Al_2O_3 kalziniert.

Bayer-Verfahren (schematisch)

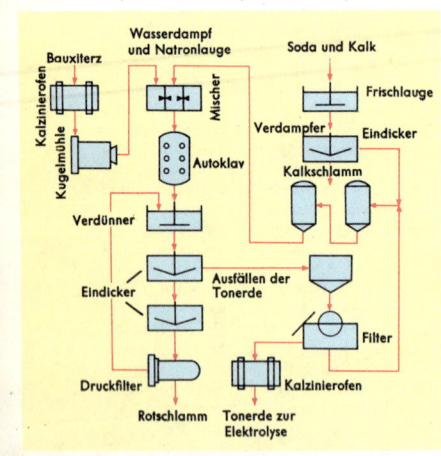

Schema mit Beschriftungen: Bauxiterz, Kalzinierofen, Kugelmühle, Verdünner, Eindicker, Druckfilter, Rotschlamm, Wasserdampf und Natronlauge, Mischer, Autoklav, Ausfällen der Tonerde, Kalzinierofen, Tonerde zur Elektrolyse, Soda und Kalk, Frischlauge, Verdampfer, Eindicker, Kalkschlamm, Filter.

Bayes, Thomas [engl. bɛɪz], *1702, †Royal Tunbridge Wells (Kent) 17. April 1761, brit. Mathematiker und Statistiker, anglikan. Geistlicher. – Untersuchte erstmals, wie aus empir. gewonnenen Daten auf eine zugrundeliegende „Wahrscheinlichkeit von Ursachen" zurückgeschlossen werden kann.

Bayessche Regel [engl. bɛɪz; nach T. Bayes], Regel zur Berechnung der (bedingten) Wahrscheinlichkeit für das Eintreten eines Ereignisses A unter der Voraussetzung, daß ein Ereignis B schon eingetreten ist [z. B. Wahrscheinlichkeit Lungenkrebs zu bekommen (A), wenn man Raucher ist (B)].

Bayeux [frz. ba'jø], frz. Stadt in der Normandie, Dep. Calvados, 15 000 E. Bischofssitz; Museum. – In kelt. Zeit Hauptort der Baiokassen; das galloröm. **Augustodurum** war seit dem 4. Jh. Bischofssitz; im 5. Jh. von Sachsen beherrscht; wurde Anfang 6. Jh. fränk. – Kathedrale (11.–13. Jh.; normann.

Gotik) mit 80 m hohem Vierungsturm (15. Jh.).

Bayeux-Teppich [frz. ba'jø], gestickter langer (70,34 m) schmaler (0,50 m) Wandteppich, angefertigt für die 1077 geweihte Kathedrale. Er stellt in friesartig aneinandergereihten Szenen den Auszug der Normannen und ihre Eroberung Englands dar. - Abb. S. 106.

Bayezit, Name osman. Sultane, ↑Bajasid.

Bayle, Pierre [frz. bɛl], * Carlat-Bayle (Ariège) 18. Nov. 1647, † Rotterdam 28. Dez. 1706, frz. Philosoph. - Trat 1669 unter jesuit. Einfluß zum Katholizismus über; 1670 Rückkehr zum ref. Protestantismus; 1676 Prof. in Sedan, 1681 in Rotterdam, 1693 Verlust der Professur auf Betreiben des orth. Theologen P. Jurieu. B. Skepsis, sein Eintreten für Toleranz und Atheismus als moral. Alternative zur religiös begr. Sittlichkeit machte ihn zum Vorbild der in der Aufklärung verfolgten vernünftigen Selbständigkeit. Sein „Dictionnaire historique et critique" (1696–97, endgültige Fassung 1702, dt. 4 Bde. 1741–44) hatte großen Einfluß auf Aufklärung und neuzeitl. Denken.

Bayonne [frz. ba'jɔn], frz. Hafenstadt am Zusammenfluß des Adour mit der Nive, Dep. Pyrénées-Atlantiques, 5 m ü. d. M., 41 000 E. Bischofssitz (wohl seit dem 6. Jh.); Bask. Museum; Export- und Fischereihafen; Flugzeugwerk, Schiffsreparaturen, chem. und Nahrungsmittelind.; ✠. - In galloröm. Zeit **Lapurdum**; 567 erstmals genannt, 1152 an die Plantagenets, 1451 endgültig frz. - Kathedrale (13.–16. Jh.) mit got. Kreuzgang.

B. [engl. bɛr'joʊn], Ind.stadt im sw. Vortbereich von New York, New Jersey, 65 000 E. Trockendocks, Werften. Versorgungslager der Marine. - Seit etwa 1650 Niederlassung niederl. Händler; engl. seit 1664.

Bayreuth, Stadt am Roten Main, Bay., 341 m ü. d. M., 71 800 E. Verwaltungssitz des Reg.-Bez. Oberfranken und des Landkr. B.; Univ. (gegr. 1972); Kirchenmusikschule der Ev.-Luth. Kirche in Bayern; Gemäldegalerie, Richard-Wagner-Gedenkstätte; Theater; u. a. Textilind., Maschinenbau, Verlage; Fremdenverkehr; jährl. stattfindende Sommerfestspiele, 1872 von Richard Wagner begr. für die Aufführung seiner Musikdramen. - 1194 als **Baierrute** urkundl. erwähnt, als Stadt 1231 erstmals gen., 1430 durch Hussiten zerstört, seit 1603 Residenz der Markgrafen von Brandenburg-Kulmbach; im 18. Jh. Hauptstadt des Ft. B.; 1769 an Ansbach, 1791 an Preußen, 1807 an Frankr., 1810 an Bayern. - R.-Wagner-Festspielhaus (1872–76); Haus Wahnfried (1873); got. ev. Stadtkirche, Spitalkirche (1748–50). Vom Vorgängerbau des Alten Schlosses ist der Achteckturm (1565/66) erhalten. Neues Schloß (1753/54; 1759 erweitert), Reitbahn (1744 ff.; zum Schloßplatz umgestaltet); Opernhaus (1744–48). Im NO der Stadt liegt das Lustschloß Eremitage (erbaut 1715–18 bzw. 1749–53).

B., Landkr. in Bayern.

B., Ft., ↑Ansbach-Bayreuth.

bayrische Trachten ↑Volkstrachten (Tafel).

Bayrischkraut, feingeschnittenes, mit Zutaten (Speck, Zucker, Essig, Kümmel) gedämpftes Weißkraut.

Bazaine [frz. ba'zɛn], François Achille, * Versailles 13. Febr. 1811, † Madrid 24. Sept. 1888, frz. Marschall (seit 1864). - Befehligte die frz. Expedition in Mexiko (1863–67), erstrebte ein frz. Protektorat über Mexiko unter seiner Führung; 1870 an der Spitze der Rheinarmee; kapitulierte schließl. in Metz; 1873 von einem Kriegsgericht deshalb zum Tode verurteilt, in 20 Jahren Festungshaft begnadigt; floh 1874 nach Spanien.

B., Jean, * Paris 21. Dez. 1904, frz. Maler. - Seine abstrakten Bilder sind von [Schatten]gerüsten überlagert. Glasfenster in den Kirchen von Assy (1944–46) und Audincourt (1948–51), Mosaike im UNESCO-Gebäude in Paris (1958).

Bazille, Frédéric [frz. ba'zij], * Montpellier 6. Dez. 1841, ✠ bei Beaune-la-Rolande (Loiret) 28. Nov. 1870, frz. Maler und Zeichner. - Befreundet mit Renoir, Manet, Sisley; Wegbereiter des Impressionismus; u. a. „Familientreffen" (1867; Louvre).

Bazillen [zu spätlat. bacillus „Stäbchen"], umgangssprachl. Bez. für ↑Bakterien.

◆ (Bacillus) Bakteriengatt.; Endosporen bildende, grampositive, aerobe, meist beweglt. Stäbchen, hauptsächl. Bodenbewohner; Vertreter sind u. a. ↑Milzbrandbazillus und ↑Heubazillus. Einige Arten liefern Antibiotika.

Bazillenträger, svw. ↑Dauerausscheider.

Bazin [frz. ba'zɛ̃], Germain, * Suresnes (Hauts-de-Seine) 24. Sept. 1901, frz. Kunsthistoriker. - 1965–70 Hauptkonservator der frz. Museen; Prof. am Louvre. Verfaßte u. a. „Histoire générale de l'art" (1953), „Baroque et Rococo" (1965), „Histoire de l'avant-garde en peinture" (1969), „Le langage des styles" (1976).

B., Hervé, eigtl. Jean-Pierre-Hervé-B., * Angers 17. April 1911, frz. Dichter. - Schrieb Romane, u. a. „Viper im Würgegriff" (1947), „Mit dem Kopf durch die Wand" (R., 1949) und Lyrik.

bB, Abk. für: **bezahlt, Brief** (↑ bez. B.).

BB (Münzbuchstaben) ↑Münzstätte.

BBC, Abk. für: **B**rown, **B**overi & **C**ie. AG.

BBC [engl. biːbiːˈsiː], Abk. für: ↑British Broadcasting Corporation.

B. c., Abk. für: **B**asso **c**ontinuo (↑Generalbaß).

B. C. [engl. biːˈsiː], Abk. für engl.: **b**efore **C**hrist (vor Christus).

BCG, Abk. für frz.: **b**acille **C**almette-**G**uérin [nach A. Calmette und dem frz. Arzt C.

BCS-Theorie

Bayeux-Teppich. Wilhelm der Eroberer setzt nach England über (Ausschnitt; um 1077). Bayeux, Musée de la Reine-Mathilde

Guérin, * 1872, † 1961], Rindertuberkelbakterien, die auf Grund ihrer bedingt immunisierenden Eigenschaft zur vorbeugenden Tuberkuloseschutzimpfung beim Menschen, bes. bei Säuglingen und Kleinkindern, wenn bei diesen zwei ↑Tuberkulinproben negativ sind, verwendet werden.

BCS-Theorie [engl. biːsiːˈɛs], die von den amerikan. Physikern J. **B**ardeen, L. **C**ooper und J. R. **S**chrieffer 1957 entwickelte mikroskop. Theorie der Supraleitung.

Bd, Einheitenzeichen für: ↑Baud.

BD, Abk. für: ↑Bonner Durchmusterung.

BDA, Abk. für: Bundesvereinigung der Deutschen Arbeitgeberverbände.
◆ Bund Deutscher Architekten.

BdD, Abk. für: Bund der Deutschen.

BDI, Abk. für: Bundesverband der Deutschen Industrie e. V.

BdL, Abk. für: Bank deutscher Länder.

BDM, Abk. für: Bund Deutscher Mädel (↑Hitlerjugend).

BdV, Abk. für: Bund der Vertriebenen, Vereinigte Landsmannschaften und Landesverbände.

BDZV, Abk. für: Bundesverband Deutscher Zeitungsverleger e. V.

Be, chem. Symbol für: ↑Beryllium.

BE, Abk. für ↑Broteinheit.

Bea, Augustin, * Riedböhringen bei Donaueschingen 28. Mai 1881, † Rom 16. Nov. 1968, dt. kath. Theologe, Jesuit (seit 1902), Kurienkardinal (seit 1959). - 1921 Provinzial der oberdt. Jesuitenprov.; 1930–49 Rektor des Päpstl. Bibelinstituts in Rom; Beichtvater Pius' XII.; erlangte Bedeutung als 1. Leiter des „Sekretariats für die Einheit der Christen" (gegr. 1960).

Beach Boys, The [engl. ðə biːtʃ bɔɪs „Die Strandjungen"], 1961 gegr. Rockmusik-Gruppe; nach erfolgreichen Jahren bis 1967 v. a. mit problemlosen Songs über das kaliforn. Strandleben; mehrfaches Comeback.

Beaconsfield, Earl of [engl. ˈbiːkənzfiːld] ↑Disraeli, Benjamin, Earl of Beaconsfield.

Beadle, George Wells [engl. biːdl], * Wahoo (Nebr.) 22. Okt. 1903, amerikan. Biologe. - Ab 1937 Prof. in Palo Alto (Calif.), 1949–61 in Pasadena. In Zusammenarbeit mit E. L. Tatum entdeckte B., daß die Gene bestimmte chem. Prozesse beim Aufbau der Zelle steuern. Dafür erhielten beide Forscher mit J. Lederberg 1958 den Nobelpreis für Physiologie oder Medizin. - † 9. Juni 1989.

Beagle [engl. biːgl], in Großbrit. gezüchtete Rasse bis 40 cm schulterhoher Niederlaufhunde; relativ kurzbeiniger, meist weiß, schwarz und braun gescheckter Jagdhund mit mäßig langem Kopf, stumpfer Schnauze, herabhängenden Lefzen, Schlappohren und mittellanger, schräg nach oben stehender Rute.

Beagle, Canal [engl. biːgl; nach dem brit. Schiff Beagle, das 1831–36 die Welt umsegelte], Meeresstraße zw. der Insel Feuerland und den ihr südl. vorgelagerten Inseln Isla Hoste und Isla Navarino, etwa 5–13 km breit.

Beamte, diejenigen Angehörigen des öff. Dienstes, die in einem öff.-rechtl. Dienst- und Treueverhältnis stehen. In ein *B.verhältnis* kann nur berufen werden, wer Deutscher ist, die Gewähr dafür bietet, daß er jederzeit für die freiheitl. demokrat. Grundordnung im Sinne des Grundgesetzes eintritt, und eine entsprechende - im einzelnen geregelte - Vorbildung und Befähigung besitzt. Die Berufung in das B.verhältnis ist ferner nur zulässig zur Wahrnehmung hoheitl. Aufgaben oder zur Wahrnehmung solcher Aufgaben, die aus Gründen der Sicherung des Staates oder des öffentl. Lebens nicht ausschließl. Personen übertragen werden dürfen, die in einem privatrechtl. Arbeitsverhältnis stehen. Zur Begründung des B.verhältnisses bedarf es einer Ernennung. Sie erfolgt unter Beachtung bestimmter Formvorschriften durch Aushändigung einer Ernennungsurkunde. Das B.verhältnis endet durch Tod, Entlassung, Verlust der B.rechte und Entfernung aus dem Dienst in einem Disziplinarverfahren sowie - in gewissem Umfang - durch Eintritt in den Ruhestand.

Der Bund besitzt für die Rechtsverhältnisse seiner B. (**Beamtenrecht**) die ausschließl. und hinsichtl. Besoldung und Versorgung für die Landes-B. die konkurrierende Gesetzgebungszuständigkeit. Im übrigen kann er für die im Dienst der Länder, Gemeinden und sonstigen Körperschaften des öff. Rechts stehenden Personen Rahmenvorschriften erlassen, die durch ergänzende Vorschriften der Länder ausgefüllt werden. In Wahrnehmung dieser Kompetenzen hat der Bund für seine B. das Bundesbeamtengesetz, das Bundesbesoldungsgesetz (das teilweise auch für die

Beamte

Landes-B. gilt), die Bundeslaufbahnverordnung, die Bundesdisziplinarordnung und eine Vielzahl weiterer Gesetze und Rechtsverordnungen erlassen. Für die B. der Länder, Gemeinden und sonstigen landesunmittelbaren Körperschaften, Anstalten und Stiftungen des öff. Rechts gelten das Beamtenrechtsrahmengesetz des Bundes und die Landesbeamtengesetze. Die Pflichten und Rechte der B. werden wesentl. durch die „hergebrachten Grundsätze des Berufsbeamtentums" (Art. 33 Abs. 5 GG) bestimmt. Der B. ist dem Allgemeinwohl verpflichtet. Soweit die öff. Aufgaben es unbedingt erfordern, ist die Geltung der Grundrechte im B.verhältnis in gewissem Umfang eingeschränkt. Ein Streikrecht zur Durchsetzung von Gehaltsansprüchen oder Standesinteressen steht dem B. nicht zu, bei polit. Betätigung hat er sich zurückzuhalten. Für die Rechtmäßigkeit seiner dienstl. Handlungen trägt er die volle persönl. Verantwortung. Der B. begeht ein Dienstvergehen, wenn er schuldhaft die ihm obliegenden Pflichten verletzt. Dazu gehört in gewissem Umfang auch das Verhalten des B. außerhalb des Dienstes. Dienstvergehen werden disziplinarrechtl. geahndet. Ferner hat der B. dem Dienstherrn den aus einem Dienstvergehen erwachsenen Schaden zu ersetzen, wobei die Haftung in bestimmten Fällen auf Vorsatz und grobe Fahrlässigkeit beschränkt ist. Andererseits haftet er Dritten gegenüber regelmäßig nicht persönlich. Diese Haftung übernimmt sein Diensttherr. Den bes. Pflichten des B. stehen bes. *Rechte* gegenüber. Dazu gehören insbes. Unkündbarkeit bei B. auf Lebenszeit, der Anspruch auf Schutz und Fürsorge durch den Dienstherrn, das Recht auf Führung einer Amtsbez. und das Recht auf Dienst- und Versorgungsbezüge. Das Recht der Personalvertretung entspricht in den Grundzügen dem Recht der Betriebsverfassung in den privaten Betrieben.

Im *staatsrechtl.* Sinn unterscheidet man *Bundes-*, *Landes-* und *Kommunalbeamte*. Ferner unterscheidet man zw. *Berufs-B.* und *Ehren-B.*, die ohne Besoldung und Versorgungsansprüche ein Amt im öff. Dienst neben ihrem eigtl. Beruf wahrnehmen. Neben den *B. auf Lebenszeit* gibt es B. auf Zeit *(Wahl-B.)*, auf Probe, auf Widerruf. Als *Teilzeitbeamtinnen* bezeichnet man solche Beamtinnen, deren Arbeitszeit wegen ihrer Sorgepflicht für minderjährige Kinder herabgesetzt ist. *Polit. B.* nennt man diejenigen B., die ein Amt bekleiden, bei dessen Ausübung sie in fortwährender Übereinstimmung mit den grundsätzl. Ansichten und Zielen der Regierung stehen müssen, wie z. B. Staatssekretäre, Ministerialdirektoren und Regierungspräsidenten. Sie können jederzeit in den einstweiligen Ruhestand versetzt werden. - Unter hierarch. Gesichtspunkten unterscheidet man B. des höheren, des gehobenen, des mittleren und des einfachen Dienstes. Für den Zugang zu diesen vier Laufbahngruppen sind unterschiedl. Vorbildungs- und Ausbildungsvoraussetzungen festgesetzt. B. im *haftungsrechtl.* Sinne sind alle Personen, denen die Ausübung eines öff. Amtes anvertraut ist (Art. 34 GG, § 839 BGB) ohne Rücksicht darauf, ob sie B. im staatsrechtl. Sinne sind. B. im *strafrechtl.* Sinne sind alle im unmittelbaren oder mittelbaren inländ. Staatsdienst auf Lebenszeit, auf Zeit oder nur vorläufig angestellte Personen, ohne Unterschied, ob sie einen Diensteid geleistet haben oder nicht, ferner Notare, nicht aber Anwälte.

In *Österreich* üben Bundes- und Landes-B. auf Grund eines Verwaltungsaktes als Organwalter die Funktion eines öff. Organs gegen Besoldung aus. Allg. Voraussetzung für die Begründung der B.eigenschaft ist u. a. östr. Staatsbürgerschaft, ehrenhaftes Vorleben, volle Handlungsfähigkeit und Eignung. Daneben gibt es noch eine Reihe von bes. Anstellungserfordernissen, so z. B. die Ablegung von Dienstprüfungen. Der Begriff des *polit. B.* ist dem östr. Recht fremd. Innerhalb der B.schaft erfolgt die Einteilung nach sachl. Gesichtspunkten.

In der *Schweiz* sind nach Art. 1 des BG über das Dienstverhältnis des Bundes-B. vom 20. 6. 1927 Bundes-B. diejenigen Personen, die als solche vom Bundesrat, von einer dem Bundesrat untergeordneten Dienststelle, vom Bundesgericht oder vom Eidgenöss. Versicherungsgericht ernannt werden. Außerdem muß der Bundes-B. eine Funktion ausüben, die im Ämterverzeichnis festgelegt worden ist und die schweizer. Staatsangehörigkeit besitzen. Außer Bundes-B. gibt es Kantons- und Gemeinde-B., die icht auf Lebenszeit ernannt werden.

Geschichte: In der griech.-röm. Antike entwickelten sich B. im Zuge der Schwächung der Königsherrschaft durch die Aristokratie (Griechenland 8. Jh., Rom 6. Jh. v. Chr.). Sie setzte neben den König oder an die Stelle des Königs durch Wahl oder Losung Beauftragte aus ihrem Kreis zur Erledigung der Staatsgeschäfte, machte es dem Rat oder der Volksversammlung gegenüber verantwortl. und rechenschaftspflichtig und begrenzte ihre Amtszeit meist auf ein Jahr. In der späten röm. Kaiserzeit (seit Diokletian) entstand ein allein vom Herrscher abhängiges und ihm allein verantwortl. differenziertes B.tum. Ein B.tum entwickelte sich im Hoch-MA, aufbauend auf einer verbeamteten Ministerialität und Hofgeistlichkeit mit lehnsrechtl. Einschlag, aber auch die Geldwirtschaft nutzend, die westeurop. Staaten, v. a. die Normannen in England und Sizilien, nach deren Vorbild Frankr. und ansatzweise die Staufer. In den fürstl. Territorien, ihrem Steuerwesen und Kammergut, wurden Administration, Finanzen und Justiz Amtsträgern

Beamtenbund

übertragen, deren Unterhalt weitgehend noch in der Nutzung der von ihnen verwalteten Rechte bestand. Schritte zur Herausbildung moderner B. erfolgten v. a. in den Städten des MA, deren vielfältige Ämter meist nur nebenberufl. oder ehrenamtl. wahrgenommen wurden. Die zunehmende Bildung des Bürgertums ermöglichte danach insbes. den fürstl. Landesherrn, rechts- und sachkundige B., bürgerl. und kleinadlige Räte zum Aufbau fürstl. Behörden, in Verwaltung und Landesregierung in Dienst zu nehmen (**Fürstendiener**). Über Jh. nur in zeitweiliger außerordentl. Auftragsverwaltung fungierend, wurden sie seit dem 17. Jh. gemeineurop. mit der beginnenden Errichtung zentralgelenkter, dauernd funktionierender Bürokratien als wirkungsvollstes Herrschaftsinstrument des Absolutismus als dauernde Institution zum Prototyp des modernen B., des **Staatsdieners**, der sich bes. in Preußen im 18. und 19. Jh. in einem langdauernden Prozeß entwickelte.

⌑ *Jung, J.*: Die Zweispurigkeit des öff. Dienstes. Bln. 1971. - Hdwb. zur dt. Rechtsgesch. Hg. v. A. Erler u. E. Kaufmann. Lfg. 2. Bln. u. a. 1965. S. 339. - *Hartung, F.*: Zur Gesch. des B.tums im 19. u. 20. Jh. Bln. 1948.

Beamtenbund ↑Deutscher Beamtenbund.

Aubrey Vincent Beardsley,
Illustration zu „Salome"
von Oscar Wilde (1894)

Beamtenrecht ↑Beamte.

Beard, Charles Austin [engl. bɪəd], * Knightstown (Ind.) 27. Nov. 1874, † New Haven (Conn.) 1. Sept. 1948, amerikan. Historiker und Politikwissenschaftler. - Einer der geistigen Führer des amerikan. Liberalismus; befaßte sich zunächst v. a. mit ökonom. und sozialen Problemen, später mit Fragen der amerikan. Außenpolitik.

B., George Miller, * Montville (Conn.) 8. Mai 1839, † New York 23. Jan. 1883, amerikan. Neurologe. - Forschungen auf dem Gebiet der therapeut. Hypnose; schrieb die erste bed. Arbeit über Neurasthenie.

Beardsley, Aubrey Vincent [engl. 'bɪədzlɪ], * Brighton 21. od. 24. Aug. 1872, † Menton 16. März 1898, engl. Zeichner. - Elegante, schattenlose, scharfkonturierte Darstellungen, häufig erot. Inhalts. Prototyp des „Fin de siècle" und des engl. Jugendstils. Zeichnete für Zeitschriften und illustrierte T. Malorys „Morte d'Arthur" (1893/94), Wildes „Salome" (1894), Aristophanes' „Lysistrate" (1896), Popes „Lockenraub" (1896) u. a. - B. schrieb auch Gedichte und Prosa, u. a. „Unter dem Hügel" (1904).

Béarn [frz. be'arn], histor. Gebiet in SW-Frankr., umfaßt die östl. W-Pyrenäen und ihr Vorland, Zentrum Pau. - Seit dem 10. Jh. Vize-Gft. im Hzgt. Gascogne, aus dessen Lehnsabhängigkeit es sich Anfang des 11. Jh. lösen konnte; kam 1290 nach Lösung von Aragonien in den Besitz der Grafen von Foix und über das Haus Albret (1472) zum Kgr. Navarra (1484); fiel 1589 an die frz. Krone, wurde aber erst 1620 Frankr. als Teil der Prov. Navarra eingegliedert.

Beat [biːt; engl. „Schlag"], im Jazz und in der Popmusik Bez. für den durchgehenden gleichmäßigen Grundschlag der Rhythmusgruppe, der das meist vierzeitige Grundmetrum des Jazz deutl. herausstellt. Das Akzentuieren der Melodiegruppe gegen die Norm des B. wird ↑Off-Beat genannt.
◆ Kurzbez. für Beatmusik (↑Popmusik).

Beata Maria Virgo [lat. „selige Jungfrau Maria"], Abk. B. M. V., kath. Bez. für die Mutter Jesu.

Beate (Beata), weibl. Vorname lat. Ursprungs, eigtl. „die Glückliche".

Beatenberg, schweizer. Luftkurort und Wintersportplatz, 5 km westl. von Interlaken, Kt. Bern, 1 153 m ü. d. M., 1 250 E. Unterhalb von B. liegen die Beatushöhlen (Tropfsteinhöhle, in der der hl. Beatus verehrt wurde; etwa 2 km begehbar).

Beat generation [engl. 'biːt dʒɛnə'reɪʃən], Bez. für eine Gruppe amerikan. Schriftsteller (**Beatniks,** meist geboren zw. 1920 und 1930), die in den Jahren 1956–60 literar. Bed. gewann. Verbindend ist die radikale Ablehnung aller Form und aller Werte der amerikan. organisierten Gesellschaft. Programmat. wurde Allen Ginsbergs Sammlung

„Das Geheul u. a. Gedichte" (1956). Weitere Vertreter waren L. Ferlinghetti, G. Corso, M. Rumaker, Gary Snyder, Phil Whalen, M. McClure, bedingt W. Burroughs und v. a. Jack Kerouac („Unterwegs", 1956).

Beatifikation [lat.], Seligsprechung.

beati possidentes [lat.], „glücklich sind die Besitzenden", lat. Sprichwort.

Beatles [engl. 'biːtlz], erfolgreiches Quartett der Popmusik aus Liverpool (seit Beginn der 1960er Jahre bis 1970): **Paul McCartney** (*1942), Baßgitarrist; **Ringo Starr** (*1940), Schlagzeuger; **John Lennon** (*1940, †1980), Rhythmusgitarrist; **George Harrison** (*1943), Melodiegitarrist. Sie schrieben, komponierten und arrangierten ihre Songs selbst und drehten Filme. Die B. gelten als eine der stärksten schöpfer. Kräfte der Popkultur der 1960er Jahre und beeinflußten mit ihren Songs darüber hinaus die Musikkultur der 2. Hälfte des 20. Jh. nachhaltig. Von ihren Schallplatten wurden fast 250 Mill. verkauft. - Abb. S. 110.

Beatmungsgeräte ↑künstliche Beatmung.

Beatmusik [engl. biːt...] ↑Popmusik.

Beatnik [engl. 'biːtnɪk], Vertreter der Beat generation.

Beatrice [bea'triːsə; italien. bea'triːtʃe, frz. bea'tris, engl. 'bɪətrɪs], aus dem Italien. übernommener weibl. Vorname, der auf mittelalt. Beatrix zurückgeht.

Beatrix, weibl. Vorname lat. Ursprungs, eigtl. „die Beglückende, die Glücklichmachende".

Beatrix, Name von Herrscherinnen:
Hl. Röm. Reich:
B. von Burgund, *um 1144, †15. Nov. 1184, Kaiserin. - Als Alleinerbin der Gft. Burgund seit 1156 2. Gemahlin Kaiser Friedrichs I.; regierte in Burgund zeitweise selbständig; bed. Einfluß auf die burgund. Kultur.
Niederlande:
B., *Schloß Soestdijk bei Baarn 31. Jan. 1938, Königin der Niederlande (seit 1980). - Älteste Tochter Königin Julianas und Prinz Bernhards; seit 1956 offizielle Thronerbin und Mgl. des niederl. Staatsrats; seit 1966 ∞ mit Claus von Amsberg; am 30. April 1980 in ihr Amt als Königin eingeführt.
Ungarn:
B., *Neapel 14. Nov. 1457, †Ischia 13. Sept. 1508, Königin. - Natürl. Tochter König Ferdinands I. von Neapel; seit 1475 2. Gemahlin von König Matthias Corvinus von Ungarn; förderte die Ausbreitung der italien. Renaissancekultur am ungar. Hofe.

Beatty, David, Earl B. of the North Sea and of Brooksby (Irland) [engl. 'biːtɪ], *Borodale (Irland) 17. Jan. 1871, †London 11. März 1936, brit. Admiral. - Im 1. Weltkrieg Befehlshaber des brit. Schlachtkreuzergeschwaders in den Seegefechten bei Helgoland (1914), an der Doggerbank (1915) und in der Seeschlacht vor dem Skagerrak (1916); 1916-19 Oberbefehlshaber der „Grand fleet", 1919-27 Erster Seelord.

Beatus, hl., angebl. erster christl. Glaubensbote der Schweiz. - Nach der Legende (10. Jh.) vom Apostel Petrus an den Thuner See zur Missionierung der Helveter gesandt; hier soll er 112 gestorben sein. Im Dorf ↑Beatenberg wurde er seit dem 13. Jh. verehrt.

Beatus Rhenanus, eigtl. Beat Bild, *Schlettstadt 22. Aug. 1485, †Straßburg 20. Juli 1547, Humanist. - Studierte in Paris, Straßburg und Basel. Seit 1526 in Schlettstadt. Seine Freundschaft mit Erasmus von Rotterdam (seit 1515) war bedeutsam für seine Editionstätigkeit (antike Autoren, Kirchenväter; mit Vorreden) wie die Freundschaft mit K. Peutinger für seine Historiograph. Arbeiten zur german. Frühgeschichte und zur dt. Geschichte des MA („Rerum Germanicarum libri tres", 1531). Besorgte die Gesamtausgabe von Erasmus' Werken (1540/41).

Beau [frz. boː], abwertend für: eleganter, schöner Mann, Stutzer.

Beauce [frz. boːs], Landschaft im zentralen Pariser Becken, zw. Paris im N und dem Loirebogen bei Orléans im S.

Beauchamp [engl. 'biːtʃəm], Name engl. Adelsgeschlechter, ↑Warwick.
B. (Beauchamps), Pierre (oder Charles-Louis?) [frz. bo'ʃã], *Versailles 1636, †Paris (?) 1705 oder um 1719, frz. Tänzer, Ballettmeister und Choreograph. - Ihm wird die Kodifizierung der Ballettschritte mit den bis heute gültigen 5 Positionen zugeschrieben sowie die Erfindung eines Systems zur Aufzeichnung von Tänzen.

Beaufort-Skala [engl. 'boʊfət; nach dem brit. Admiral und Hydrographen Sir F. Beaufort, *1774, †1857], Skala zur Abschätzung der Windstärke nach beobachteten Wirkungen.

beauftragter Richter, Mgl. eines Kollegialgerichts, das anstelle des zuständigen Kollegiums mit einzelnen richterl. Maßnahmen, i. d. R. einer Zeugenvernehmung oder Augenscheinseinnahme, betraut ist.

Beauharnais [frz. boar'nɛ], frz. Adelsgeschlecht, seit dem 15. Jh. in der Gegend von Orléans ansässig, spaltete sich Ende des 18. Jh. in zwei Linien, von denen sich die jüngere mit der Familie Bonaparte verband; bed. Vertreter:
B., Alexandre Vicomte de, *Fort-Royal (Martinique) 28. März 1760, †Paris 23. Juli 1794, frz. General. - 1791 in zwei Sitzungen Präs. der Nationalversammlung; verurteilt und hingerichtet, weil er als Kommandant der Rheinarmee angebl. die Übergabe von Mainz 1793 mitverschuldet hatte; Napoleon I. heiratete seine Witwe Joséphine.
B., Eugène de ↑Leuchtenberg, Eugène de Beauharnais, Herzog von.
B., Hortense de ↑Hortense, Königin von Holland.

Beauharnais

Beatles. Paul McCartney, George Harrison, John Lennon, Ringo Starr (von links) nach einer Ordensverleihung durch Königin Elisabeth II. (1965)

B., Joséphine de ↑Joséphine, Kaiserin der Franzosen.
B., Stéphanie de ↑Stephanie, Großherzogin von Baden.
Beaujolais [frz. boʒɔ'lɛ], histor. Gebiet in M-Frankr., zw. Saône und Loire. Gehörte nach der röm. Eroberung zur Prov. Lugdunensis; seit 443 unter burgund., 532 unter fränk. Herrschaft; fiel 1400 an Bourbon, 1527/32 an die frz. Krone.
Beaujolais [frz. boʒɔ'lɛ] ↑Burgunderweine.
Beaujolais, Monts du [frz. mõdyboʒɔ'lɛ], Bergmassiv am NO-Rand des frz. Zentralmassivs; im Mont Saint Rigaud 1012 m hoch. Die O-Flanke ist eines der berühmten Weinbaugebiete Burgunds.
Beaumarchais, Pierre Augustin Caron de [frz. bomar'ʃɛ], * Paris 24. Jan. 1732, † 18. Mai 1799, frz. Dramatiker. - B. war Abenteurer, Erfinder, Geschäftemacher und Intrigant. Seine Komödien „Der Barbier von Sevilla" (1775, u. a. von Rossini 1816 vertont) und „Der tolle Tag oder Figaros Hochzeit" (1785, von Mozart 1786 vertont) verkörpern den neuen Geist der Auflehnung, der zur Frz. Revolution führte.
Beaumont [engl. 'boʊmənt], Stadt in SO-Texas, USA, 130 km nö. von Houston, 118 000 E. Sitz eines kath. Bischofs; TH (gegr. 1923); Zentrum eines Erdölfeldes; Erdölraffinerien; petrochem. Ind., Schwefelgewinnung, Herstellung von Ausrüstungen zur Erdölgewinnung u. a. - Entstand um 1825.
Beaune [frz. bo:n], frz. Stadt an der Côted'Or, Dep. Côte-d'Or, 20 000 E. Weinbauschule; Burgund. Weinmuseum; Fremdenverkehr; ⚔. - In vorröm. Zeit Zentrum der kelt. Äduer; röm. Lager **Belna** oder **Belno Castrum.** Sitz der gleichnamigen Gft.; erhielt 1203 Stadtrecht. - Zahlr. ma. und Renaissancebauten, u. a. Kirche Notre-Dame (12.-15. Jh.), Hospital Hôtel-Dieu (1443-51), Rathaus (17. Jh.).
Beaune [frz. bo:n] ↑Burgunderweine.
Beauneveu, André [frz. bon'vø], * Valenciennes um 1330, † zw. 1403 und 1413, frz. Bildhauer und Buchmaler. - Schuf 1364 Grabmäler für König Karl V. von Frankr. (nur die liegende Figur erhalten) und dessen Vorgänger Johann II. und Philipp VI. in Saint-Denis und 1374 für Louis de Mâle in Courtrai. Für den Herzog Jean I. von Berry malte B. u. a. Grisaillen (Propheten und Apostel) für den Psalter für Bourges (um 1380-85; Paris, Bibliothèque Nationale).
Beauvais [frz. bo'vɛ], frz. Stadt in der Picardie, 52 000 E. Verwaltungssitz des Dep. Oise; Bischofssitz seit dem 4. Jh.; Teppich- und Deckenherstellung, Flugzeugind., Landmaschinen- und Traktorenbau. - In kelt. Zeit (**Bratuspantium**) Hauptort der Bellovaker, nach der röm. Eroberung **Civitas Bellovacorum,** auch **Caesaromagus;** um 434 fränk. Die 822 erwähnte Gft. B. kam 1015 in den Besitz des Bischofs. Anfang 12. Jh. Stadtrecht. - Got. Kathedrale (unvollendet), roman.-got. Kirche Saint-Étienne (12.-13. Jh.).
Beauvoir, Simone de [frz. bo'vwa:r], * Paris 9. Jan. 1908, † ebd. 14. April 1986, frz. Schriftstellerin. - Lebensgefährtin von J.-P. Sartre, vertrat als dessen Schülerin einen materialist.-atheist. Existenzialismus. Engagierte Vertreterin der Emanzipation („Das andere Geschlecht", 1949). Weitere wichtige, z. T. autobiograph. bestimmte Werke sind „Die Mandarins von Paris" (1954), ihre vierbändige Autobiographie („Memoiren einer Tochter aus gutem Hause", 1958; „In den besten Jahren", 1960; „Der Lauf der Dinge", 1963; „Alles in allem", 1972), das Reisebuch „China. Das weitgesteckte Ziel" (1957), die Erzählungssammlung „Eine gebrochene Frau" (1967), der Essay „Das Alter" (1970) sowie die Prosa „Die Zeremonie des Abschieds" (1983).
Beaverbrook, William Maxwell Aitken, Baron (1916) [engl. 'bi:vəbrʊk], * Maple (Ontario, Kanada) 25. Mai 1879, † Mickleham (Surrey) 9. Juni 1965, brit. Politiker und Zeitungsverleger. - Konservatives Mgl. des Unterhauses (ab 1910) und des Oberhauses (ab 1916); 1918 kurze Zeit Informations- und Propagandamin.; 1940-42 Min. für Luftwaffenbzw. Materialbeschaffung; machte den „Daily Express" zur auflagenstärksten Zeitung der Welt; kontrollierte ein Viertel der brit. Zeitungsauflage; Vertreter eines mächtigen brit. Empire ohne Bindungen an Europa; gab 1954

die Aktienmehrheit seines Zeitungskonzerns auf.

Bebauungsplan, sog. verbindl. Bauleitplan; er wird aus dem Flächennutzungsplan (vorbereitender Bauleitplan) entwickelt. Der B. setzt das Bauland fest und für das Bauland die Art und das Maß der baul. Nutzung, die Bauweise, die überbaubaren und die nicht überbaubaren Grundstücksflächen, Stellung und Höhenlage baul. Anlagen, die Mindestgröße der Baugrundstücke, die Flächen für Stellplätze und Garagen und die Baugrundstücke für den Gemeinbedarf; ferner die Grundstücke, die von der Bebauung freizuhalten sind, und ihre Nutzung, die Verkehrs- und Grünflächen, die Flächen für Gemeinschaftsanlagen u. a. Die Gemeinde beschließt den B. als Satzung. Mit der Bekanntmachung wird der B. rechtsverbindlich.

Bebauungstiefe ↑ Baulinie.

Bebel, August, * Köln-Deutz 22. Febr. 1840, † Passugg (Schweiz) 13. Aug. 1913, dt. Politiker. - Drechslermeister; schloß sich 1861 der dt. Arbeiterbewegung an; wurde 1867 Vors. des Verbandes Dt. Arbeitervereine; begr. 1867 mit W. Liebknecht die Sächs. Volkspartei, seitdem MdR (Unterbrechung 1881-83), 1881-91 sächs. MdL; 1869 maßgebl. an der Gründung der Sozialdemokrat. Arbeiterpartei beteiligt, bald deren Vors.; 1872 mit W. Liebknecht wegen Hochverrats und kurz darauf auch wegen Majestätsbeleidigung zu Festungshaft verurteilt; 1891 maßgebl. an der Ausarbeitung des Erfurter Programms beteiligt; baute die Partei in den 1890er Jahren zu einer Massenpartei mit zentralist. Organisation aus. B. fand in der wechselseitigen Abhängigkeit von polit. Praxis und theoret. Übernahme des Marxismus eine polit. Mittellinie, die er gegen den Revisionismus E. Bernsteins wie gegen die linken Radikalisten in der SPD verteidigte. Schrieb u. a. „Unsere Ziele" (1870), „Die Frau und der Sozialismus" (1883, ^{55}1946), „Aus meinem Leben" (3 Bde., 1910-14).
📖 *Hirsch, H.: A. B. Rbk. 1973.*

Bebenhausen, Ortsteil von Tübingen, im Schönbuch, Bad.-Württ. Das von Pfalzgraf Rudolf I. von Tübingen kurz vor 1187 gegr. Kloster B. übernahmen 1190-1560 die Zisterzienser; heute u. a. Sitz des Hölderlin-Archivs der Württemberg. Landesbibliothek. Die ehem. Klosterkirche (1188-1227) ist eine flachgedeckte Pfeilerbasilika mit geradem Chorschluß; u. a. Kapitelsaal (13. Jh.) in burgund.-frühgot.-zisterziens. Form; hochgot. Chorfenster, spätgot. Kreuzgang. Von der doppelten Ringmauer ist die innere Mauer (1281-1303) erhalten.

Bebington [engl. 'bɛbɪŋtən], engl. Stadt, mit Birkenhead baul. verwachsen, 64 000 E. Im Metropolitan County Merseyside, umfaßt **Bromborough** und **Port Sunlight,** eine 1887 von Lord Lever für die Arbeiter seiner Seifenfabrik gegr. Gartenstadt; heute Hauptforschungszentrum des Unilever-Konzerns. Im S in **Eastham** Tankerterminal.

Bebop ['biːbɔp; amerikan.] (Bop), anfangs der 1940er Jahre ausgeprägter Jazzstil (D. Gillespie, T. Monk, C. Parker); gekennzeichnet durch hekt.-nervöse Rhythmik und Melodik bei durchlaufendem Achtelnoten-Beat.

Bebra, hess. Stadt an der Fulda, 200 m ü. d. M., 15 400 E. Bundesbahnfachschule; einer der wichtigsten Bahnknotenpunkte Deutschlands. - 786 erstmals erwähnt.

Bebung, Bez. für eine Verzierung in der Klavichordmusik des 18. Jh., bei der durch wiederholtes Druckgeben des Fingers auf der Taste eine Art Vibrato entsteht.

Bec [frz. bɛk], frz.- Benediktinerabtei in der Normandie, im heutigen **Le Bec-Hellouin** (470 E). 1034 bei Bonneville gegr., 1039 nach B. verlegt. Bed. Theologen im 11. Jh.: Anselm von Canterbury (2. Abt von B. 1078-93), Papst ↑ Alexander II., ↑ Ivo von Chartres. Die Abtei wurde 1790 aufgehoben. 1948 von Benediktinern (Olivetanern) wieder besiedelt.

Bécaud, Gilbert [frz. be'ko], eigtl. François Silly, * Toulon 24. Okt. 1927, frz. Chansonnier und Komponist. - Erfolgreicher Interpret eigener Chansons.

Beccafumi, Domenico, gen. Mecherino („kleiner Krummer"), * Valdibiena (Siena) um 1486, † Siena 18. Mai 1551, italien. Maler. - Gehört zur ersten Generation der Manieristen in Florenz; „Stigmatisation der hl. Katharina" (etwa 1515; Siena, Pinacoteca), „Der Sturz der Engel" (um 1528; ebd.); Fresken (1529-35) im Palazzo Comunale in Siena.

Beccaria, Cesare Bonesana, Graf von, * Mailand 15. März 1738, † ebd. 28. Nov. 1794, italien. Jurist. - Prof. in Mailand seit 1768; Vorkämpfer eines modernen Strafrechts; Gegner von Todesstrafe, Inquisitionsprozeß und Folter.

Bečej [serbokroat. ˌbɛtʃɛːj] (dt. Altbetsche), jugoslaw. Stadt in der Batschka, 27 000 E. Zentrum eines Agrargebiets; Heilquelle.

Bech, Joseph, * Diekirch 17. Febr. 1887, † Luxemburg 8. März 1975, luxemburg. Politiker (christl.-sozial). - 1926-37 und 1953-58 Min.präs.; 1926-58 Außenmin. (1940-44 im Exil), 1959-64 Präs. der Abg.kammer.

Béchamelsoße [frz. beʃa'mɛl], weiße Rahmsoße (aus Butter, Mehl und Milch), ben. nach dem Marquis de Béchamel, dem Haushofmeister Ludwigs XIV.

Béchar [frz. be'ʃaːr] (früher Colomb-Béchar), alger. Hauptstadt im NW der Sahara-Dep., 780 m ü. M., 73 000 E. Kreuzungspunkt der Bahnlinien Oujda-Abadla und Arzew-Kenadsa, ✈. Eisenind.

Bêche-de-mer [frz. bɛʃdə'mɛːr], vereinfachte Verkehrssprache zw. Eingeborenen und Europäern im westl. Stillen Ozean. Ihre

Becher

Grundelemente sind Engl. und Malaiisch.

Becher, Erich, * Rheinshagen bei Remscheid 1. Sept. 1882, † München 5. Jan. 1929, dt. Philosoph und Psychologe. - Prof. in Münster und München. Vertreter des Vitalismus (Psychovitalismus), mit der Annahme eines „überindividuellen Seelischen", das sich in den Organismen verteilt. - *Werke:* Die fremddienl. Zweckmäßigkeit der Pflanzengallen und die Hypothese eines überindividuellen Seelischen (1917), Geisteswiss. und Naturwiss. (1921).

B., Johannes R[obert], * München 22. Mai 1891, † Berlin 11. Okt. 1958, dt. Schriftsteller. - 1919 Mgl. der KPD; emigrierte nach Moskau, dort 1935-45 Chefredakteur der „Internat. Literatur. Dt. Blätter"; 1945 Rückkehr nach Berlin, seit 1954 Min. für Kultur der DDR. Der Doppelband mit Gedichten und Prosa „Verfall und Triumph" (1914) machte ihn berühmt und stellte ihn in die Reihe der führenden Expressionisten. Schrieb später zunehmend polit. Zweckdichtung.

B., Johann Joachim, ≈ Speyer 6. Mai 1635, † London Okt. 1682, dt. Kameralist, Arzt und Chemiker. - Wirtsch. und alchimist. Berater Kaiser Leopolds I. in Wien; lebte später in Holland und England; beteiligte sich an zahlr. wirtsch. Unternehmen, gewann als erster Leuchtgas aus Steinkohle und war Mitbegr. der ↑Phlogistontheorie; trat in der Wirtschaftspolitik für die staatl. Lenkung der Binnen- und Außenwirtschaft ein (Forderung eines „Reichsmerkantilismus").

B., Ulrich, * Berlin 2. Jan. 1910, dt. Schriftsteller. - Schreibt abenteuererfüllte, realist., auch zeitsatir. Romane, u. a. „Das Herz des Hais" (1960), „Murmeljagd" (1969), „Das Profil" (1973), „Williams Ex-Casino" (1973), „Kurz nach 4" (1975) und Erzählungen; auch Bühnenstücke („Feuerwasser"; Trag., 1951).

Becher ↑Sternbilder (Übersicht).

Becher [mittellat.; zu griech. bíkos „Gefäß"], seit dem Neolithikum vorkommende einfache Form des Trinkgefäßes, höher als breit, in zylindr. Form, meist ohne Absatz; kann mit Henkeln oder Deckel versehen sein.
◆ (Schallbecher) Bez. für becherförmige Aufsätze der Zungenpfeifen in der Orgel und für den Schalltrichter von Holzblasinstrumenten (bes. Klarinetten), im Ggs. zur Stürze der Blechblasinstrumente.

Becherfarn (Cyathea), Gatt. der Baumfarne mit etwa 300 Arten, typ. für die feuchten Bergwälder der Tropen und Subtropen, v. a. auf der südl. Erdhalbkugel; Stamm schlank, unverzweigt, bis 12 m hoch, Blattwedel groß, meist dreifach gefiedert. Der **Silberbaumfarn** (*Cyathea dealbata*) wird häufig in Gewächshäusern kultiviert.

Becherflechten (Cladonia), fast über die ganze Erde verbreitete Flechtengatt. mit etwa 300 Arten. Aus einem krustigen bis laubartigen Thallus wachsen hohle, oft becherförmige Fruchtstiele, auf denen die Fruchtkörper sitzen; bekannteste und wichtigste Art in den Tundren ist die ↑Rentierflechte.

Becherglas, im chem. Laboratorium vielseitig verwendetes becherartiges, zylindr., dünnwandiges Glasgefäß.

Becherglocke, svw. ↑Schellenblume.

Becherkeim, svw. ↑Gastrula.

Becherkulturen, Sammelbez. für verschiedene Kulturen des ausgehenden europ. Neolithikums (um 2000 v. Chr.), die durch Becher als regelmäßige Grabbeigabe in den Einzelbestattungen gekennzeichnet sind (z. B. Glockenbecherkultur).

Becherpilze (Becherlinge, Pezizaceae), Fam. der Schlauchpilze mit becherförmigen, z. T. handtellergroßen Fruchtkörpern von bräunl. oder violetter Farbe (z. B. der giftige Kronenbecherpilz). Zu den B. i. w. S. können auch die Morcheln und Lorcheln gerechnet werden.

Bechet, Sidney [engl. ˈbɛʃɛɪ], * New Orleans 14. Mai 1897, † Garches bei Paris 14. Mai 1959, amerikan. Jazzmusiker. - Klarinettist und Sopransaxophonist u. a. des New-Orleans-Stils mit stark ausgeprägtem Vibrato.

Bechstein, Carl, * Gotha 1. Juni 1826, † Berlin 6. März 1900, dt. Klavierfabrikant. - Gründete 1853 eine Klavierfabrik in Berlin; seine Flügel fanden schnell die Anerkennung der großen Pianisten seiner Zeit (v. a. Liszt, Bülow, Rubinstein).

B., Ludwig, * Weimar 24. Nov. 1801, † Meiningen 14. Mai 1860, dt. Schriftsteller. - Bed. als Sammler und Hg. von Sagen und Märchen, u. a. „Dt. Märchenbuch" (1846).

Bechterew, Wladimir Michailowitsch, * Sorali (Gouv. Wjatka) 1. Febr. 1857, † Moskau 24. Dez. 1927, russ. Psychiater und Neuropathologe. - Prof. in Petersburg; führte neben I. P. ↑Pawlow den Begriff des ↑bedingten Reflexes in die Physiologie ein; beschrieb 1892 die ↑Bechterew-Krankheit.

Bechterew-Krankheit [nach W. M. Bechterew], chron.-entzündl., rheumaähnl. Erkrankung der Wirbelsäule. Zunächst werden die kleinen Gelenke der Wirbelsäule befallen, die in aufsteigender Reihenfolge versteifen und anschließend verknöchern, so daß es schließl. zur Versteifung der ganzen Wirbelsäule kommt. Charakterist. ist die weit nach vorn gebeugte Haltung der Kranken mit krummem Rücken und gleichzeitiger Überstreckung der Halswirbelsäule. Bewegung erfolgt nur noch durch kleine trippelnde Schritte. Behandlung: Operation bzw. Medikamente zur Eindämmung der Entzündung (Salicylate, Kortikosteroide). Durch die Versteifung des Brustkorbs ist das Atemvolumen eingeschränkt, die Atmung flach und schnell.

Bechtle Verlag ↑Verlage (Übersicht).

Beck, Béatrix, * Villars-sur-Ollon (Schweiz) 30. Juli 1914, frz. Schriftstellerin. - 1950/51 Sekretärin A. Gides; schrieb u. a. den

Arbeiterpriesterroman „Léon Morin, Priester" (1952).

B., Conrad, *Lohn (SH) 16. Juni 1901, schweizer. Komponist. - Schuf u. a. größere Vokalwerke („Der Tod zu Basel", 1952). - †31. Okt. 1989.

B., Józef, *Warschau 4. Okt. 1894, † Stănești (Rumänien) 5. Juni 1944, poln. Politiker. - Enger Mitarbeiter Piłsudskis; unterzeichnete als Außenmin. (1932–39) die Nichtangriffsverträge mit der UdSSR (1932) und Deutschland (1934); verfolgte als außenpolit. Erbschaftsverwalter Piłsudskis (schließl. erfolglos) den Plan der Schaffung eines ostmitteleurop. Staatenblocks in Gestalt des „Dritten Europas" unter poln. Führung.

B., Leonhard, *Augsburg um 1480, † ebd. 1542, dt. Maler und Zeichner für den Holzschnitt. - Im Auftrag Kaiser Maximilians I. schuf B. 127 Holzschnitte zum „Weißkunig" (zw. 1513 und 1518), 77 zum „Theuerdank" (1512–16) und alle (89) zu den „Heiligen aus der Sipp-, Mag- und Schwägerschaft des Kaisers Maximilian I." sowie einige zum „Triumphzug". Zugeschrieben werden ihm bed. Bildniszeichnungen sowie Gemälde.

B., Ludwig, *Biebrich (= Wiesbaden) 29. Juni 1880, † Berlin 20. Juli 1944, dt. General. - Seit 1911 im Generalstab tätig, 1935 an die Spitze des Generalstabs des Heeres berufen; widersetzte sich Hitlers Plänen zur völligen Zerschlagung der Tschechoslowakei, trat während der Sudetenkrise im Aug. 1938 zurück; wurde nach seiner Entlassung aus der Wehrmacht immer stärker Mittelpunkt der militär. und nichtkommunist.-zivilen dt. Widerstandsbewegung; an den Vorbereitungen zum 20. Juli 1944 maßgebl. beteiligt; nach gescheitertem Selbstmordversuch erschossen.

B., Max Wladimir Freiherr von, *Wien 6. Sept. 1854, † ebd. 20. Jan. 1943, östr. Politiker. - 1906–08 östr. Min.präs.: Ausgleichserneuerung mit Ungarn, Einführung des allg. Wahlrechts (1906/07), umfassende Sozialpolitik zur Gewinnung der Sozialdemokraten; 1915–34 Präs. des obersten östr. Rechnungshofes.

Becher aus dem Grab Thutmosis' III. (um 1450 v. Chr.). München, Staatliche Sammlung Ägyptischer Kunst

Bẹcke, Friedrich, *Prag 31. Dez. 1855, † Wien 18. Juni 1931, östr. Mineraloge. - Seine Forschungen erstreckten sich u. a. auf Kristallsymmetriebestimmungen durch Ätzversuche, Identifikation von Mineralen durch Lichtrefraktion und die Systematik der 32 Symmetrieklassen, in die sich die Kristalle einordnen lassen.

Becken, (B.gürtel, Pelvis) in der Anatomie Bez. für den der Aufhängung der hinteren Extremitäten dienenden, ausschließl. aus †Ersatzknochen hervorgegangenen Teil des Skeletts des Menschen und der Wirbeltiere (mit Ausnahme der Kieferlosen). Der B.gürtel des Menschen besteht aus drei paarigen, deutl. unterscheidbaren Teilen, dem ventralen **Schambein** (Os pubis) und **Sitzbein** (Ischium) sowie dem dorsalen **Darmbein** (Ilium), und bildet den unteren Abschluß des Rumpfes. Das **knöcherne Becken** besteht aus dem **Kreuzbein** (Os sacrum) und den beiden Hüftbeinen (Ossa coxae), die zus. den **Beckenring** bilden. Im **Hüftbein** sind Darmbein, Sitzbein und Schambein, die seitl. in der Gegend der Gelenkpfanne des Hüftgelenks zusammenstoßen, miteinander verschmolzen. Die beiden

Becken. Das knöcherne Becken des Menschen

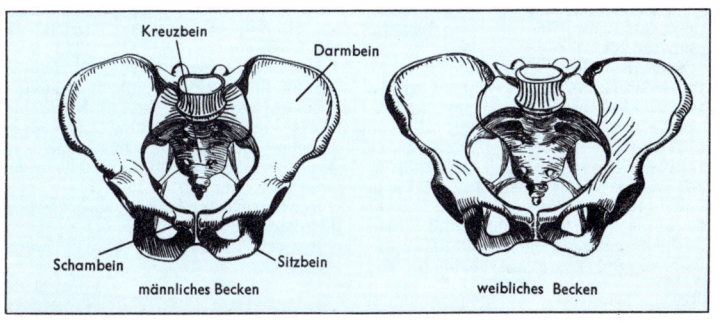

männliches Becken — weibliches Becken

Beckenbauer

Hüftbeine werden vorn durch die **Scham[bein]fuge (Symphyse)** miteinander und hinten mit dem Kreuzbein durch die Kreuz-Hüftbein-Gelenke verbunden. Die Beweglichkeit dieser Gelenke ist durch feste Bänder stark eingeschränkt; nur während der Schwangerschaft findet unter hormonalem Einfluß eine gewisse Lockerung statt, die den Geburtsakt, v. a. den Durchtritt des kindl. Kopfes, erleichtert. Das knöcherne B. wird durch eine Grenzlinie (Linea terminalis) in das oberhalb dieser Linie gelegene große B. und in das unterhalb gelegene kleine B. geteilt. Das **große Becken** hilft die Baucheingeweide tragen. Im **kleinen Becken** liegen die B.eingeweide, u. a.: Mastdarm und Harnblase, beim Mann die Prostata, bei der Frau die Eierstöcke, Eileiter, Gebärmutter und Scheide. Die geschlechtsspezif. Unterschiede des B. bilden sich während der Pubertät unter dem Einfluß der Keimdrüsen aus. Das männl. B. ist höher und schmaler, das weibl. B. niedriger, breiter und innen insgesamt geräumiger. Der B.boden verschließt den B.ausgang (Öffnungen für Darm, Harn- und Geschlechtswege).

♦ musikal. Schlaginstrument asiat. Herkunft, besteht aus einem runden gebuckelten Metallteller (Messing, früher Bronze); einzeln aufgehängt mit Filzschlegeln, Stöcken oder Besen angeschlagen oder durch paarweises Gegeneinanderschlagen von Hand zum Klingen gebracht. – ↑ auch Charlestonmaschine.

♦ in der *Geomorphologie* geschlossene, teilweise abflußlose Einmuldung (Kessel, Wanne oder Grabensenke).

♦ in der *Geologie* ein größerer Sedimentationsraum mit meist schüsselförmig gelagerten Gesteinsschichten.

Beckenbauer, Franz, * München 11. Sept. 1945, dt. Fußballspieler. - Spielte 1965–1977 103mal für die Mannschaft der BR Deutschland, mit der er 1966 Vizeweltmeister, 1972 Europa- und 1974 Weltmeister wurde; mit seinem Verein, Bayern München, wurde er 1969, 1972–74 dt. Meister, 1966, 1967, 1969, 1971 dt. Pokalsieger, 1967 Gewinner des Europapokals der Pokalsieger, 1974–76 des Europapokals der Landesmeister und 1976 des Weltpokals; 1977–80 bei Cosmos New York, 1980–82 beim Hamburger Sportverein (HSV), seit 1984 Teamchef der Mannschaft der BR Deutschland, die 1986 in Mexiko Vizeweltmeister wurde.

Beckenendlage, Lage des Kindes (in der Gebärmutter), bei der während der Geburt das Beckenende des Kindes vorangeht (bei 3% aller Geburten).

Becker, Boris, * Leimen 22. Nov. 1967, dt. Tennisspieler. - Gewann als erster Deutscher und jüngster Spieler in Wimbledon 1985 das Einzel gegen K. Curren, 1986 gegen I. Lendl.

B., Enno, * Oldenburg (Oldenburg) 17. Mai 1869, † München 31. Jan. 1940, dt. Jurist. - Verfaßte 1918/19 die Reichsabgabenordnung, beeinflußte maßgebl. die Ausbildung des Steuerrechts.

B., Günter, * Forbach (Baden) 1. April 1924, dt. Komponist. - 1956–68 in Griechenland als Musikerzieher tätig; gründete 1969 die „Gruppe MHz", die ausschließl. mit elektron. gesteuerten und modulierten Instrumenten arbeitet. Kompositionen, u. a. „Correspondances I–III" (1966–69), „Attitude" für großes Orchester (1972/73), „Magnum mysterium" für Sprecher, Chor, Orgel, Instrumentalensemble und Tonband (1980).

B., Hellmut, * Hamburg 17. Mai 1913, dt. Jurist und Kulturpolitiker. - Sohn von Carl Heinrich B.; Prof. für Soziologie des Bildungswesens an der FU Berlin, seit 1956 Präs. des Dt. Volkshochschulverbandes, seit 1963 Direktor des Instituts für Bildungsforschung in der Max-Planck-Gesellschaft.

B., Jacques [frz. bɛˈkɛːr], * Paris 15. Sept. 1906, † ebd. 20. Febr. 1960, frz. Filmregisseur. - Drehte u. a. „Zwei in Paris" (1947), „Goldhelm" (1952), „Wenn es Nacht wird in Paris" (1954), „Das Loch" (1960).

B., Jurek, * Łódź 30. Sept. 1937, dt. Schriftsteller. - Lebte als Kind im Getto und KZ; schrieb und drehte fürs Fernsehen der DDR; trat dann mit großen Romanen hervor; lebt z. Z. in der BR Deutschland. „Jakob der Lügner" (1968) schildert einen Dulder im Getto, der seine Menschlichkeit bewahrt. Es folgten „Irreführung der Behörden" (1974), „Der Boxer" (1976), „Schlaflose Tage" (1978), „Nach der ersten Zukunft" (1980), „Aller Welt Freund" (1982).

B., Jürgen, * Köln 10. Juli 1932, dt. Schriftsteller. - Verzichtet in seinen Prosawerken weitgehend auf traditionelle literar. Formen (u. a. „Felder", 1964; „Ränder", 1968; „Umgebungen", 1970; „Die Tür zum Meer", 1983); auch Gedichte („Das Ende der Landschaftsmalerei", 1974), Hörspiele, ein Drama.

B., Philipp August, * Mülhausen (Elsaß) 1. Juni 1862, † Leipzig 21. Nov. 1947, dt. Romanist. - Prof. in Budapest, Wien und 1917–30 in Leipzig; Verfasser grundlegender Arbeiten zur frz. Literatur des MA und der Renaissance sowie zur Verslehre.

B., Richard, * Hamburg 3. Dez. 1887, † Göttingen 16. März 1955, dt. Physiker. - Prof. in Berlin und Göttingen. Arbeiten über Ferromagnetismus, Quantentheorie, Thermodynamik, Plastizität u. a.

Beckerath, Hermann von, * Krefeld 13. Dez. 1801, † ebd. 12. Mai 1870, dt. Politiker. - Einer der Führer des rhein. Liberalismus; 1848/49 Mgl. der Frankfurter Nationalversammlung und Reichsfinanzmin.; spielte als „Erbkaiserlicher" eine führende Rolle im Erfurter Parlament 1850.

Becker-Modersohn, Paula ↑ Modersohn-Becker, Paula.

Becket, Thomas [engl. ˈbɛkɪt] ↑ Thomas Becket.

Beckett, Samuel [engl. 'bɛkɪt], * Dublin 13. April 1906, ir.-frz. Schriftsteller. - Ließ sich 1937 in Frankr. nieder. Er ist stark von J. Joyce beeinflußt, dessen Freund er war und dessen Werk er ins Frz. übersetzte. B. hebt auf die Absurdität des menschl. Daseins ab; Vertreter eines absoluten Nihilismus. Sein bekanntestes Werk, „Warten auf Godot" (Dr., 1953), hat keine Fabel, keine Handlung im gewohnten Sinn. Das „Endspiel" (Dr., 1956) ist die bis in die letzte Konsequenz durchgespielte Vorführung des Sterbens als Erlöschen aller menschl. Funktionen. 1969 Nobelpreis. *Weitere Werke:* Malone stirbt (R., 1951), Der Namenlose (R., 1953), Das letzte Band (Stück, 1959), Glückl. Tage (Stück, 1962), Residua (Prosadichtungen, 1970), Nicht ich (Dr., 1972), Mal vu, mal dit = Schlecht gesehen, Schlecht gesagt (Prosa, frz. und dt. 1983), Was Wo (Stück, 1983, dt. 1984). - †22. Dez. 1989.

Beckmann, Johann, * Hoya 4. Juni 1739, † Göttingen 3. Febr. 1811, dt. Technologe und Ökonom. - Seit 1766 Prof. in Göttingen. B. schuf die theoret. Grundlagen für die wiss. Beschäftigung mit Problemen der Landw. und des Gewerbewesens und gilt als Begr. der allg. Technologie.
B., Max, * Leipzig 12. Febr. 1884, † New York 27. Dez. 1950, dt. Maler und Graphiker. - 1914/15 Sanitätssoldat; in dieser Zeit begann er sich mit den künstler. Mitteln des Expressionismus und themat. mit Zerstörung und Gewalt, Brutalität, Verführung und zivilisator. Verderbtheit des 20. Jh. auseinanderzusetzen. 1925–33 Prof. an der Städelschule in Frankfurt am Main; emigrierte nach Amsterdam und ging 1947 in die USA. B. schuf u. a. 9 myth., gleichnishafte, oft iron. Triptychen mit Themen bes. aus Mythologie und Zirkuswelt, Selbstbildnisse, Bildnisse, Stilleben, Landschaften. Die Figuren und Gegenstände sind vielfach mit schwarzen, harten Konturen umrissen, der Bildraum ist oft eng und verstellt, die Farben grell. Auch Buchillustrationen, u. a. zu Goethes „Faust II", sowie Graphikmappen und -blätter. 4 Theaterstücke. „Briefe im Kriege" (1955), „Tagebücher 1940–50" (1955). In dt. Museen u. a.: „Die Nacht" (1918/19; Düsseldorf, Kunstsammlung NRW), „Der Zirkuswagen" (1940, Städel, Frankfurt), „Odysseus und Kalypso" (1943; Hamburg, Kunsthalle. - Abb. S. 116.

Beckmannsche Umlagerung [nach dem dt. Chemiker E. Beckmann, * 1853, † 1923], Reaktionsmechanismus zur Umwandlung eines Ketoxims in ein substituiertes Amid unter dem katalyt. Einfluß von Säuren.

Beckmann-Thermometer [nach dem dt. Chemiker E. Beckmann * 1853, † 1923] (Einstellthermometer), ein Quecksilberthermometer mit kleinem Meßbereich, aber sehr hoher Ablesegenauigkeit.

Beckmesser (Peckmesser, Bekmeserer), Sixtus, * um 1500, † vor 1539 (?), Nürnberger Meistersinger. - Einer der von H. Sachs erwähnten 12 älteren Meistersinger. Die Gestalt des B. in Wagners „Meistersingern" ist kein Porträt der histor. Person.

Beckmesserei [nach Sixtus Beckmesser aus Wagners Oper „Die Meistersinger von Nürnberg"], kleinl. Kritik.

Beck'sche Verlagsbuchhandlung, C. H. ↑ Verlage (Übersicht).

Beckum, Stadt 40 km sö. von Münster, NRW, 110 m ü. d. M., 37 100 E. Bed. Kalk- und Zementind. - Gräberfelder des 6.–8. Jh.; 1134 erstmals gen.; Mgl. der Hanse. - Propsteikirche (14.–16. Jh.) mit roman. W-Turm.

Beckumer Berge, Schichtstufenplateau im SO des Münsterlandes, NRW, im Mackenberg 173 m hoch.

Bécquer, Gustavo Adolfo [span. 'bekɛr], eigtl. G. A. Domínguez Bastida, * Sevilla 17. Febr. 1836, † Madrid 22. Dez. 1870, span. Dichter. - Spätromant. Lyriker und Novellist mit Anklängen an die altspan. Romanzendichtung, Heine und E. T. A. Hoffmann. „Leyendas" (lyr. Prosa, 1860–65; dt. Auswahl 1946 und 1954), „Rimas" (1871).

Becquerel [frz. bɛˈkrɛl], Alexandre Edmond, * Paris 24. März 1820, † ebd. 11. Mai 1891, frz. Physiker. - Prof. in Paris; untersuchte v. a. die Einwirkung von Licht auf elektrochem. Vorgänge und auf Materie und entdeckte den photoelektr. sowie den photograph. ↑Becquerel-Effekt.
B., Antoine Henri, * Paris 15. Dez. 1852, † Le Croisic (Loire-Atlantique) 25. Aug. 1908, frz. Physiker. - Sohn von Alexandre Edmond B.; Prof. in Paris; untersuchte die Drehung der Polarisationsebene des Lichtes in einem Magnetfeld. Bei der Untersuchung der Phosphoreszenz von Uranmineralen fand er 1896 eine bis dahin unbekannte, vom Uran ausgehende Strahlung; 1899 wies er die magnet. Ablenkbarkeit der Betastrahlen, eines Teils dieser Strahlung, photograph. nach. Erhielt mit dem Ehepaar P. und M. Curie für die Entdeckung der spontanen Radioaktivität 1903 den Nobelpreis für Physik.

Becquerel [frz. bɛˈkrɛl; nach A. H. Becquerel], Einheitenzeichen Bq, Einheit der Aktivität einer radioaktiven Substanz; 1 Bq entspricht 1 Zerfall pro Sekunde, $1\,\text{Bq} = 1\,\text{s}^{-1}$.

Becquerel-Effekt [frz. bɛˈkrɛl; nach A. E. Becquerel], ein photoelektr. Effekt; das Auftreten einer Spannung zw. zwei in einen Elektrolyten eintauchenden Elektroden, von denen die eine mit Licht, Ultraviolett- oder Röntgenstrahlen bestrahlt wird.
◆ ein photograph. Effekt; unsensibilisiertes Silberhalogenid wird durch eine diffuse Vorbelichtung mit sichtbarem Licht auch für den längerwelligen (normalerweise photograph. unwirksamen) Spektralbereich empfindlich.

Beda (Baeda), gen. B. Venerabilis [lat. „der Ehrwürdige"], hl., * auf dem Territorium des späteren Klosters Wearmouth (gegr. 674, heu-

Bedarf

Max Beckmann, Die Nacht (1918/19). Düsseldorf, Kunstsammlung Nordrhein-Westfalen

te in Sunderland, Durham) 672/673, † Kloster Jarrow bei Newcastle upon Tyne 26. Mai 735, angelsächs. Theologe und Geschichtsschreiber. - Wurde seit früher Jugend im Kloster Wearmouth erzogen, wechselte später in das Kloster Jarrow über, dort als Lehrer und Schriftsteller tätig. B. schrieb für den Schulgebrauch Abhandlungen über Metrik, Rhetorik, Orthographie und Naturlehre. Zwei Handbücher über Chronologie, denen eine Chronik angehängt ist, waren grundlegend für die ma. Zeitrechnung. Sein Hauptwerk „Historia ecclesiastica gentis Anglorum" behandelt die Geschichte Englands von der Eroberung durch Cäsar bis zum Jahre 731. Auf ihm basiert die gesamte engl. Chronistik des MA. Seine theolog. Werke (Bibelkommentare) beruhen auf der allegor.-moralisierenden Methode. B., der zu den geistigen Vätern der karoling. Renaissance gehört, wurde 1899 zum Kirchenlehrer erklärt. - Fest: 27. Mai.

Bedarf, mit Kaufkraft ausgestattetes Bedürfnis, das am Markt als Nachfrage auftritt (auch effektive Nachfrage genannt).

Bedarfsdeckungswirtschaft, Wirtschaftseinheit, deren Aktivität nicht auf die Gewinnmaximierung, sondern auf die Bedarfsdeckung gerichtet ist. Ein Sonderfall der B. ist das Bedarfsdeckungsmonopol (z. B. öff. Verkehrs- oder Versorgungsbetriebe).

Bede [niederdt.] (Bete, Gewerf, Schatzung, Schloß, lat. collecta, petitio, precaria, tallia), in Geld zu entrichtende, direkte Vermögensteuer des MA; seit dem 13. Jh. von den Landesherren entsprechend dem landständ. Steuerbewilligungsrecht von Fall zu Fall „erbeten", seit dem 16. Jh. vielfach als feste Steuer gefordert; von den Grundherren in Umlage v. a. auf die Bauern erbracht (geistl. und ritterl. Besitz waren grundsätzl. ausge-

nommen), verfiel in der Zeit absolutist. Staatsbildung.

Bedecktsamer (Magnoliophytina, Angiospermae), mit etwa 250000 Arten weltweit verbreitete Unterabteilung der Samenpflanzen; Holzpflanzen oder krautige Gewächse; Samenanlagen (im Ggs. zu den Nacktsamern) im Fruchtknoten eingeschlossen, der ein aus einem oder mehreren Fruchtblättern gebildetes Gehäuse darstellt und sich zur Frucht umwandelt, während die Samen reifen; Blüten meist zwittrig und mit einer Blütenhülle. Man unterscheidet zwei Klassen: ↑ Einkeimblättrige und ↑ Zweikeimblättrige. Die B. bilden seit der mittleren Kreide den Hauptteil der Landpflanzen.

Bedeckung, in der Astronomie Bez. für das partielle oder vollständige Verschwinden eines Himmelskörpers hinter einem anderen, der in die Visierrichtung Erde–Himmelskörper eintritt. Die Festlegung der Zeitpunkte des Verschwindens von Fixsternen hinter dem Mond und ihres Wiedersichtbarwerdens erlaubt eine genauere Untersuchung der Mondbewegung sowie der Unregelmäßigkeiten der Erdrotation. Die B. von Radioquellen durch den Mond ermöglicht ihre genaue Ortsbestimmung.
♦ in der *Meteorologie* ↑ Bewölkung.

Bedeckungsveränderliche (photometr. Doppelsterne, opt. Veränderliche), Gruppe von Doppelsternen, deren Bahnebene so im Raum liegt, daß, von der Erde aus gesehen, periodisch Bedeckungen der einen durch die andere Komponente des Systems eintreten.

Bedeutung, in der *Philosophie* im traditionellen Verständnis das benannte Einzelding. Im bis heute nicht beendeten ↑ Universalienstreit wird eine neue Lösung zur Definition von B. in der Beantwortung der folgenden Fragen gesucht: 1. Worüber verfügt derjenige, der die B. eines Ausdrucks kennt? 2. Wann sind zwei Ausdrücke gleichbedeutend? 3. Wann ist ein Ausdruck bedeutungsvoll? Auch in der *Sprachwiss.* ist B. einer der am stärksten umstrittenen Begriffe. Bis heute ist es zu keiner Verständigung darüber gekommen, ob man unter B. „das Bedeuten", d. h. eine Beziehung zw. Wortkörper und Begriff bzw. Inhalt, oder „das Bedeutete", d. h. den mit einem bestimmten Wortkörper verbundenen Inhalt, zu verstehen habe. In einem allgemeinsprachl., vorwiss. Verständnis ist B. ident. mit dem, was ein Wort bezeichnet.

Bedeutungsübertragung ↑ Metapher.

Bedeutungswandel, in der Sprachwiss. Bez. für die Änderung in der Wortbedeutung, hervorgerufen durch Sachwandel oder durch vom einzelnen Sprecher ausgehenden Vorstellungswandel, z. B. *greis* „sehr alt, bejahrt" entwickelt aus „grau; grauhaarig". Die Ursachen des B. können sprachl., histor., sozialer oder psych. Art sein.

Bedford [engl. 'bɛdfəd], engl. Adelstitel; 1414–35 Herzogstitel im Haus Lancaster; seit 1550 Earls-, seit 1694 auch Herzogstitel in der Familie Russell; bed.:
B., John Plantagenet Herzog von (seit 1414), * 20. Juni 1389, † Rouen 14. Sept. 1435, Feldherr und Staatsmann. - Sohn Heinrichs IV. von England; 1422 Regent in Frankr.; 1429 durch Jeanne d'Arc zur Aufgabe der Belagerung von Orléans gezwungen.

Bedford [engl. 'bɛdfəd], engl. Stadt, 80 km nnw. von London, 74 000 E. Verwaltungssitz der Gft. B.; Schulstadt (Schulen z. T. im 16. Jh. gegr.); staatl. Forschungsinst. für Luftfahrt; Museum; Bibliothek; Automobilwerke, Landmaschinen- und Elektromaschinenbau.

Bedfordshire [engl. 'bɛdfədʃɪə] (Beds), engl. Grafschaft.

bedingte Entlassung ↑Strafaussetzung.

bedingter Reflex (konditionierter Reflex, bedingte Reaktion), zeitweilig auslösbare reflexähnl. Reaktion, die nicht (wie der unbedingte Reflex) angeboren, sondern während des Lebens erworben worden ist (u. a. durch Dressur, Gewöhnung) und daher wieder erlöschen kann.

bedingte Strafaussetzung ↑Strafaussetzung.

Bedingung, allg. svw. Voraussetzung, ohne die etwas anderes nicht ist oder nicht gedacht werden kann. Dabei werden traditionell hinreichende B. (conditio per quam) und notwendige B. (conditio sine qua non) unterschieden. In der Logik, präzisiert durch G. Frege, werden B. als ↑Subjunktionen einerseits und als ↑hypothetische Sätze andererseits unterschieden.
◆ im *Recht* Nebenbestimmungen eines Rechtsgeschäfts (auch eines Verwaltungsakts), durch die die Rechtswirkung des Geschäfts von einem zukünftigen ungewissen Ereignis abhängig gemacht werden kann (§§ 158 ff. BGB). Eine B. im Rechtssinn liegt sowohl dann vor, wenn der Eintritt des Ereignisses vom Willen eines Dritten oder eines Beteiligten (**Potestativbedingung**) abhängt, als auch dann, wenn es allein auf den zufälligen Lauf der Dinge ankommt (**kasuelle Bedingung**). Hängt der *Eintritt der Wirkung* eines Rechtsgeschäfts von einer B. ab, so wird sie als **aufschiebend** (suspensiv), hängt die *Beendigung der Wirkung* eines Rechtsgeschäfts von einer B. ab, so wird sie als **auflösend** (resolutiv) bezeichnet. Einseitige Rechtsgeschäfte, die in die Rechtssphäre eines Dritten eingreifen (z. B. Kündigung, Anfechtung), können i. d. R. nicht unter einer B. vorgenommen werden. Wird der Eintritt einer B. von der Partei, zu deren Nachteil (Vorteil) er gereichen würde, wider Treu und Glauben vereitelt (oder herbeigeführt), so gilt die B. im Falle der Vereitelung als eingetreten und im anderen Fall als nicht eingetreten (§ 162 BGB).

bedingungslose Kapitulation ↑Kapitulation.

Bedingungssatz ↑Konditionalsatz.

Bednorz, Johannes Georg, * Neuenkirchen 16. Mai 1950, dt. Physiker. - Erhielt 1987 zus. mit K. A. Müller den Nobelpreis für Physik für die Entdeckung einer neuen Klasse von Supraleitern.

Bédos de Celles, François [frz. bedosdə'sɛl], * Caux bei Béziers 24. Jan. 1709, † Saint-Denis 25. Nov. 1779, frz. Benediktiner und Orgelbauer. - Von großer Bed. ist seine Arbeit „L'Art du facteur d'orgues" (4 Bde., 1766–78).

Bedretto, Val, oberster Talabschnitt des Tessin, Schweiz.

Bedrohung, im Strafrecht das Inaussichtstellen eines Verbrechens; wird mit Freiheitsstrafe bis zu einem Jahr oder mit Geldstrafe bestraft (§ 241 StGB).

Beduinen [arab.-frz.], Bez. für die in den Steppen und Wüsten Vorderasiens und N-Afrikas lebenden Hirtennomaden.

Bedürfnis, in der *Wirtschaftstheorie* die Empfindung eines Mangels, verbunden mit dem Wunsch, ihn zu beheben (H. von Stackelberg). Es werden unterschieden: 1. existentielle B. (Nahrung, Kleidung, Wohnung, Bildung) von Wohlfahrts-, Luxus- und Prestigebedürfnissen; 2. individuelle von kollektiven B. (wie öff. Ordnung).
◆ in der *Psychologie* das infolge von Bedarfs- und Mangelzuständen auftretende psych. Spannungsgefälle (*B.spannung*), das die Aktivität des Individuums stimuliert und zu konkreten Zielvorstellungen führt, die auf die Beseitigung des zugrundeliegenden Mangels gerichtet sind. *Primäre (angeborene)* B. (Trieb- bzw. Vital-B.) sind z. B. Hunger, Durst, Schutz vor Gefahr, *sekundäre (erworbene)* B. sind u. a. die geistig-kulturellen und zivilisator. Interessenbestrebungen.

Będzin [poln. 'bɛndzin], Stadt in Polen, 20 km nö. von Kattowitz, 77 000 E. Abbau von Steinkohlen und Zinkerz; Stahlwerke, Nahrungsmittelind. - Das Schloß (14. Jh.) wurde 1635 von Schweden zerstört, 1834 wiederaufgebaut.

Beecham, Sir (seit 1916) Thomas [engl. 'bi:tʃəm], * Saint Helens bei Liverpool 29. April 1879, † London 8. März 1961, engl. Dirigent. - Gründete 1932 das London Philharmonic Orchestra, 1946 das Royal Philharmonic Orchestra; gab dem engl. Musikleben wesentl. Impulse.

Beecher-Stowe, Harriet [engl. 'bi:tʃə-'stoʊ] ↑Stowe, Harriet [Elizabeth] Beecher.

Beeckman, Isaac, * Middelburg 10. Dez. 1588, † Dordrecht 19. Mai 1637, niederl. Physiker und Naturphilosoph. - Formulierte als erster ein Trägheitsprinzip für Translations- und Rotationsbewegungen sowie die Gesetze für den elast. und unelast. Stoß und fand durch eine Infinitesimalbetrachtung eine Begründung für den Zusammenhang von Weg und Zeit beim freien Fall im Vakuum.

Beef [engl. bi:f], engl. Bez. für Rindfleisch.

Beefeaters [engl. ˈbiːfˌiːtəz „Rindfleischesser"], volkstüml. Bez. für die engl. königl. Leibwache, bes. für die Wachmannschaft des Londoner Towers.

Beefsteak [ˈbiːfsteːk; engl.], Scheibe Rindfleisch vom Rinderrücken, gebraten oder gegrillt; **Beefsteak à la Tatare**, gehacktes rohes Rindfleisch mit Ei und Gewürz.

Bee Gees, The [engl. ðə ˈbiːdʒiːs] (Abk. für: **The Brothers Gibb** „Die Brüder Gibb"), 1967 gegr. Rockmusik-Gruppe; mit ihrem Soft-Rock sehr erfolgreich; erlebte, z. T. als „Gibb-Trio", seit 1970 ein Comeback.

Beeidigung, nach dem [uneinheitl.] gesetzl. Sprachgebrauch die Bekräftigung der Richtigkeit einer Aussage durch Eid und das Verfahren, bei dem jemandem [durch ein Gericht] der Eid abgenommen wird.

Beel, Louis, * Roermond 12. April 1902, † Utrecht 11. Febr. 1977, niederl. Politiker (Katholieke Volkspartij). - 1946–48 Min.-präs., 1948/49 Hoher Kommissar in Indonesien; 1951–56 Innenmin.; 1958/59 erneut Min.präs.; seit 1959 Vizepräs. des Staatsrates.

Beelzebub [beˈɛltsə..., ˈbeːltsə...], Gott der phönik. Stadt Ekron (2. Kön. 1, 2–16), dort als „Götterfürst" („Baal Sebul") verehrt. Im A. T. wurde B. zum Dämon abgewertet und durch Entstellung seiner urspr. Namensform als „Herr der Fliegen" verspottet, im N. T. wird „B." ein Name für den Teufel. Die Redensart „Den Teufel durch B. austreiben" (im Sinne von „ein altes Übel durch ein neues Übel ersetzen") leitet sich her von Matth. 12, 24.

Beemster, Poldergebiet in den nördl. Niederlanden, nördl. von Amsterdam, 1608–1612 trockengelegt.

Beenhase ↑ Bönhase.

Beer, August, * Trier 31. Juni 1825, † Bonn 18. Nov. 1863, dt. Physiker. - Prof. in Bonn; Arbeiten über Photometrie (↑ Beersches Gesetz), Elektrostatik, Elastomechanik und Kapillarität.

B., Jakob Liebmann Meyer, dt. Komponist, ↑ Meyerbeer.

B., Johann, * Sankt Georgen im Attergau (Oberösterreich) 28. Febr. 1655, † Weißenfels 6. Aug. 1700 (Jagdunfall), östr. Dichter und Komponist. - Seit 1676 als Hofmusikus, Konzertmeister und Bibliothekar im Dienst des Herzogs von Sachsen-Weißenfels. Sein Hauptwerk, „Die Teutschen Winter-Nächte" (1682) mit der Forts. „Die kurtzweiligen Sommer-Täge" (1683), zeigt Einflüsse von Grimmelshausen.

Beerberg ↑ Großer Beerberg.

Beerbohm, Sir (seit 1939) Max [engl. ˈbɪəboʊm], * London 24. Aug. 1872, † Rapallo (Italien) 20. Mai 1956, engl. Schriftsteller. - Theaterkritiker, Karikaturist, Essayist; „Zuleika Dobson" (R., 1911) spielt unter Oxforder Studenten der 1890er Jahre.

Beerdigung ↑ Bestattung.

Beere, Fruchtform (bei bedecktsamigen Pflanzen) mit fleischiger, saftiger, seltener austrocknender (↑ Trockenbeere) Fruchtwand und einem oder mehreren Samen; z. B. Dattel, Johannisbeere, Tomate, Paprika, Kürbis, Zitrone, Banane.

Beerenauslese, Prädikatswein aus ausgelesenen, edelfaulen, voll- oder überreifen Beeren.

Beerentang (Sargassum), Gatt. der Braunalgen mit etwa 250, oft meterlangen Arten, bes. in den wärmeren Meeren.

Beerenwanze (Dolycoris baccarum), Schildwanzenart, die von Pflanzensäften lebt; überträgt ihr Stinkdrüsensekret auf Beeren.

Beerenwein ↑ Obstwein.

Beerenzapfen, bes. Ausbildungsform der weibl. Blütenstände einiger nacktsamiger Pflanzen zur Zeit der Fruchtreife; beerenartiger Zapfen, dessen paarig oder zu dreien quirlig angeordnete Deckschuppen fleischig geworden sind und die Samen umhüllen; z. B. bei Wacholderarten.

Beerfelden, Stadt im südl. Odenwald, Hessen, 6 800 E. Metallverarbeitende u. a. Ind., Fremdenverkehr. - 1032 erstmals genannt. 1328 Stadtrechte. - Galgen von 1597.

Beer-Hofmann, Richard, * Wien 11. Juli 1866, † New York 26. Sept. 1945, östr. Schriftsteller. - Freund Hofmannsthals; 1938 Emigration in die Schweiz, dann in die USA. Entnahm seine Dramenstoffe v. a. aus der Bibel („Jaákovs Traum", 1918, „Der junge David", 1933). Bekannt wurde er mit „Schlaflied für Mirjam" (Ged., 1919).

Beernaert, Auguste Marie François [niederl. ˈbeːrnaːrt], * Ostende 26. Juli 1829, † Luzern 6. Okt. 1912, belg. Politiker. - 1884–94 Min.präs.; führte 1893 eine Verfassungs- und Wahlrechtsreform durch; Chef der belg. Delegation bei den Haager Friedenskonferenzen 1899 und 1907; erhielt 1909 den Friedensnobelpreis (zus. mit P. Estournelles).

Beersches Gesetz [nach A. Beer], physikal. Gesetz, das die Schwächung von Licht beim Durchgang durch Flüssigkeiten beschreibt: Die ↑ Extinktion E ist dem Produkt aus der Konzentration c des absorbierenden Stoffes im flüssigen Lösungsmittel (gemessen in mol/l) und der Dicke d (gemessen in cm) der durchstrahlten Schicht proportional: $E = \varepsilon \cdot c \cdot d$ (ε molarer Extinktionskoeffizient). Bei hohen Konzentrationen können Abweichungen auftreten.

Beer Sheva [hebr. bˈɛrʃəˈva], Stadt 80 km ssw. von Jerusalem, Israel, 111 000 E. Verwaltungszentrum des Negev; Negev-Inst. zur Erforschung arider Zonen, Technikum, Konservatorium, Negev-Museum. - Alte kanaanit. Kultstätte (**Beerscheba**; 1. Mos. 21, 22–33; 26, 23–33; 28, 10; 46, 5); verfiel seit dem 7. Jh. zu einer Karawanserei mit Beduinenmarkt. Anfang 20. Jh. türk.; nach 1948 israel. Neugründung.

Beeskow [ˈbeːsko], Krst. an der Spree, Bez. Frankfurt, DDR, 8400 E. Maschinenbau, Holzind. - Entstand im 13. Jh. Stadtrecht vor 1272; 1571 an Brandenburg. - Stadtmauer weitgehend erhalten.

B., Landkr. im Bez. Frankfurt, DDR.

Beet [urspr. ident. mit mittelhochdt. bette „Bett"], durch gärtner. Bearbeitung aufgelokkertes und leicht erhöhtes Bodenareal mit regelmäßiger Begrenzung, das mit Blumen, Gemüse oder Jungpflanzen bepflanzt wird.

Ludwig van Beethoven (1819)

Beethoven, Ludwig van, * Bonn 17. Dez. 1770, † Wien 26. März 1827, dt. Komponist. - Entstammte väterlicherseits einer aus Mecheln eingewanderten Musikerfamilie. Er wurde bereits 1784 Mgl. der kurfürstl. Hofkapelle in Bonn. 1792 wurde er in Wien Schüler von J. Haydn. Adelsbekanntschaften aus Bonn erleichterten ihm den Zugang zu den Häusern des Wiener Adels, wo er sich als Pianist und Komponist schnell einen Namen machte. Ein sich ständig verschlimmerndes Gehörleiden, dessen erste Anzeichen schon vor 1796 aufgetreten waren, führte 1802 zu einer Krise, die in dem „Heiligenstädter Testament" (6. und 10. Okt. 1802) ihren Ausdruck fand. - B. Schaffen gewinnt in erster Linie den instrumentalen Gattungen Sinfonie, Streichquartett und Solosonate. In seinen Kompositionen gewinnt die Gesamtkonzeption bestimmenden Einfluß auf die Gestaltung jedes Details. Die Teile haben nur eine beschränkte Eigenbedeutung und sind erst vom Ganzen her begreifbar. Anders als seine Vorgänger hat B. nicht mehr von verbindl. Gattungsvorstellungen gearbeitet. Seine Werke sind ausgeprägte Individualitäten von unverwechselbarer Charakteristik. - B. Entwicklung verlief relativ kontinuierlich. Von den Zeitgenossen wurden schon die bed. Werke seiner früheren Jahren als kühn, neuartig, oft auch als bizarr empfunden. Die unverwechselbare Künstlerpersönlichkeit ist von den Ideen des dt. Idealismus bestimmt. Seine Musik strebt über das Individuelle hinaus zur Allgemeingültigkeit. In dieser Bed. verwendet B. in seinen letzten Werken einen kontrapunkt. Stil, der in seiner für die Zeit unerhörten Ausprägung die Überwindung der früheren dualist. Gestaltungsformen darstellt. Dieser „objektive" Stil bleibt letztl. persönl. Aussage des von der sinnl. Erscheinungsform seiner Kunst und von der Welt isolierten Musikers.

Werke: Instrumentalwerke: *Orchesterwerke:* 9 Sinfonien: 1. C-Dur op. 21 (1800), 2. D-Dur op. 36 (1801/02), 3. Es-Dur op. 55, „Eroica" (1804), 4. B-Dur op. 60 (1806), 5. c-Moll op. 67 (1804–08), 6. F-Dur op. 68, „Pastorale" (1807/08), 7. A-Dur op. 92 (1811/12), 8. F-Dur op. 93 (1811/12), 9. d-Moll op. 125 (mit Schlußchor aus Schillers Ode „An die Freude", 1822–24); „Wellingtons Sieg oder Die Schlacht bei Vittoria" op. 91 (1813); Ballett „Die Geschöpfe des Prometheus" op. 43 (1800/01); Ouvertüren, u.a. „Coriolan" op. 62 (1807), „Zur Namensfeier" op. 115 (1814/15), „Die Weihe des Hauses" op. 124 (1822), 3 Leonorenouvertüren (1805/06). - *Konzerte:* Violinkonzert D-Dur op. 61 (1806), 5 Klavierkonzerte: 1. C-Dur op. 15 (1795–98), 2. B-Dur op. 19 (1794–1801), 3. c-Moll op. 37 (1800), 4. G-Dur op. 58 (1805/06), 5. Es-Dur op. 73 (1809). - *Kammermusik:* 16 Streichquartette: op. 18, 1–6 (1798–1800), op. 59, 1–3 „Rasumowski-Quartette" (1805/06), Es-Dur op. 74 (1809), f-Moll op. 95 (1810), Es-Dur op. 127 (1822–25), B-Dur op. 130 (1825/26), cis-Moll op. 131 (1826), a-Moll op. 132 (1825), F-Dur op. 135 (1826); 6 Klaviertrios; 10 Violinsonaten; 5 Cellosonaten. - *Klaviermusik:* 32 Klaviersonaten; Bagatellen op. 33 (1802), op. 119 (1820–22), op. 126 (1823/24); 22 Variationswerke, darunter op. 35 „Eroica-Variationen" (1802), op. 120 „Diabelli-Variationen" (1819–23). - Vokalwerke: 2 Messen, C-Dur op. 86 (1807), D-Dur „Missa solemnis" op. 123 (1819–23); Oratorium „Christus am Ölberge" op. 85 (1803); Musik zu „Egmont" op. 84 (1809/10); Oper „Fidelio" (urspr. „Leonore", op. 72 [1804/05], 2. Fassung 1806, 3. Fassung 1814); Klavierlieder; Volksliedbearbeitungen.

📖 *Dahlhaus, C.: L. van B. u. seine Zeit. Laaber 1986. - Rexroth, D.: B. Mainz 1983. - Riezler, W.: B. Zürich ¹²1983. - B. Das Problem der Interpretation. Hg. v. H. K. Metzger u. R. Riehn. Mchn. 1979.*

Befähigungsnachweis, subjektive Zulassungsvoraussetzung in Form der Meisterprüfung (sog. **großer Befähigungsnachweis**), von der Handwerksordnung (HwO) der Berechtigung zum selbständigen Betrieb eines Handwerks, zum Führen des Meistertitels und zur Lehrlingsausbildung abhängig macht.

Befangenheit, Parteilichkeit eines

Befehl

Beamten oder Richters hinsichtl. einer von ihm zu treffenden Entscheidung; bei berechtigtem Mißtrauen gegen die Unparteilichkeit eines Richters, z. B. wegen verwandtschaftl. oder freundschaftl. Beziehungen, ehrverletzender Äußerungen über den Beschuldigten usw., kann der Richter wegen **Besorgnis der B.** abgelehnt werden (§24 Abs. 2 StPO).

Befehl, *militärisch:* Anweisung zu einem bestimmten Verhalten, die ein militär. Vorgesetzter einem Untergebenen schriftl., mündl. oder in anderer Weise mit dem Anspruch auf Gehorsam erteilt; der B. darf unter bes. Umständen verweigert werden.

◆ bei *Rechenanlagen* Anweisung zur Ausführung einer einzelnen, in der betreffenden Rechenanlage fest vorgesehenen Operation; besteht aus Operationsteilen und Adressen.

Befehlscode, bei Rechenanlagen Verschlüsselung der Befehle durch Maschinenworte (**Interncode**) oder Abkürzungen.

Befehlsform ↑Imperativ.

Befehlshaber, Führer eines militär. Großverbandes.

Befehlsnotstand ↑Notstand.

Befehlsstab, bei der Eisenbahn ein Stab mit einer runden weißen Scheibe mit grünem Rand oder grünem Licht in der Mitte, mit dem der Aufsichtsbeamte eines Bahnhofs einem Zug den Abfahrauftrag erteilt.

Befehls- und Kommandogewalt, die auf Art. 65 a GG gestützte Befugnis des Bundesministers für Verteidigung, an Soldaten militär. Befehle zu erteilen und Gehorsam zu verlangen; geht im Verteidigungsfall auf den Bundeskanzler über.

Befehlsverweigerung ↑Gehorsamspflicht.

Befestigung, Anlage zum Schutz von Menschen und ihres Eigentums vor äußerer Bedrohung; seit dem Mesolithikum nachweisbar.

Befeuchter ↑Klimatechnik.

Befeuerung, in der *Schiffahrt* die Leuchtfeuer, die der Kennzeichnung von Fahrwasser, Hafeneinfahrten, Untiefen und Hindernissen dienen; in der *Luftfahrt* die auf der Erdoberfläche installierten Sichthilfen, die dem Flugzeugführer die Orientierung bei Start, Anflug und Landung erleichtern sollen (z. B. Anflug-B., Landebahn-B., Rollbahn-B.).

Beffchen (Bäffchen) [niederdt.], zweiteiliger, weißer Laschenkragen, der über dem Amtstracht bes. von prot. Geistlichen seit dem 18. Jh. getragen wird.

Beffroi [frz. bɛˈfrwa] ↑Belfried.

Beförderung, eine Ernennung, durch die dem Beamten oder Richter ein anderes Amt mit höherem Endgrundgehalt, dem Soldaten ein höherer Dienstgrad verliehen wird.

◆ die Verbringung von Personen oder Gütern von Platz zu Platz.

Beförderungspflicht, Pflicht der Eisen- und Straßenbahnen, Linienbusse und Taxis sowie der Fluggesellschaften im Rahmen der entgeltl. Beförderung Personen und Sachen zu befördern.

Beförderungsvertrag, Werkvertrag über die Beförderung von Personen und Gütern; kommt häufig durch ↑konkludentes Handeln (z. B. Einsteigen in öff. Verkehrsmittel) zustande.

Befrachter, im Seefrachtgeschäft derjenige, demgegenüber der Verfrachter auf Grund des Seefrachtvertrags zur Beförderung des Transportguts verpflichtet ist und der die Fracht schuldet.

Befreiungsbewegungen, Sammelbegriff für den organisierten Widerstand, der meist auf Ablösung einer Kolonialherrschaft zielt, sich gegen nat. diktator. Regime richtet oder die Loslösung eines Teilgebietes aus einem Gesamtstaat anstrebt. Der Widerstand kann gewaltfrei sein oder gewaltsam unter dem Vorzeichen der Gegengewalt geführt werden, wobei seine Mittel vom verdeckten Kampf (Guerilla) bis zum offenen Befreiungskrieg reichen können. Die B. entstanden in der Zeit der Entkolonisation der Länder der Dritten Welt nach dem 2. Weltkrieg, zunächst v. a. im Widerstand gegen Frankr. (Algerien, Indochina). Eine große Bed. kam den Vietcong als B. im Vietnamkrieg gegen die halbkoloniale, von den USA abhängige südvietnames. Regierung bis 1973 zu. In den 1970er Jahren wurde die portugies. Herrschaft in Moçambique und Angola durch B. gebrochen. Eine Sonderstellung nimmt die Bewegung der Palästinenser ein, die ihren Kampf gegen Israel von außen und durch Terroranschläge im Ausland führt.

Befreiungskriege (Freiheitskriege), die Kriege der Koalition europ. Mächte 1813–15 zur Beseitigung der Hegemonie und Fremdherrschaft Napoleons I. in Europa; nach Anfängen des Widerstandes in Preußen seit 1806/07, nach dem span. Unabhängigkeitskrieg (seit 1808) und der östr. Erhebung 1809 erst aus der Katastrophe der frz. Rußlandfeldzuges (1812) entstanden. Im *Frühjahrsfeldzug* 1813 führte Napoleon I. erneut ein den preuß. und russ. Armeen zahlenmäßig überlegenes Heer nach Deutschland und zwang die Alliierten zum Rückzug nach Schlesien. Österreich erklärte am 12. Aug. Frankr. den Krieg. Der *Herbstfeldzug* 1813 vereinigte unter östr. Oberkommando östr., preuß., russ. und schwed. Verbände. Doch der alliierte Vorstoß gegen die Napoleon. Hauptarmee scheiterte bei Dresden Ende August. Die unterdessen zw. Rußland, Preußen und Österreich festgelegten polit. Kriegsziele umfaßten die volle Wiederherstellung Preußens und Österreichs, die Auflösung des Rheinbundes bei Anerkennung der Rheinbundfürsten und Unabhängigkeit aller dt. Staaten. Zusätzl. konnte Metternich Bayern für die Koalition gewinnen. - Ende Sept. ergriff die schles. Armee unter

Befruchtung

Blücher die Initiative. In der *Völkerschlacht bei Leipzig* (16.–19. Okt.), wo Napoleon mittlerweile seine Hauptkräfte zusammengezogen hatte, siegte das Koalitionsheer; Napoleon entkam. Die Napoleon. Herrschaft in Deutschland brach zusammen, in den Niederlanden wurde sie im Nov. beseitigt. Anfang 1814 schloß Dänemark Frieden mit Großbrit., das Kgr. Neapel ging zur Koalition über. - Da Napoleon Verhandlungen ablehnte, begann der *Feldzug 1814* mit dem weiteren Vormarsch der Alliierten nach Frankr. Nach der Einnahme von Paris (31. März) mußte Napoleon kapitulieren und abdanken. Er wurde auf die Insel Elba verbannt. - *Feldzug 1815*: Die Rückkehr Napoleons nach Frankr. im März 1815 (während des Wiener Kongresses) vereinigte die Siegermächte zu sofortiger Gegenaktion. Napoleon wurde trotz anfängl. Erfolge am 18. Juni bei Belle-Alliance von den beiden Koalitionsarmeen unter Wellington und Blücher besiegt und nunmehr nach Sankt Helena verbannt.

📖 Ritter, G.: *Staatskunst u. Kriegshandwerk. Bd. 1*. Mchn. [4]1970. - Kleßmann, E.: *Die B. in Augenzeugenberichten*. Gütersloh [2]1966.

Befreiungstheologie, Lehrmeinung in der kath. Kirche Lateinamerikas, die eine „Kirche der Armen" fordert, die sich für die gewaltlose Befreiung der Armen und politisch Unterdrückten einsetzen soll (Leonardo Boff, Gustavo Gutiérrez). Kritiker sehen darin den Einfluß marxist. Gedankenguts und eine Politisierung der Kirche.

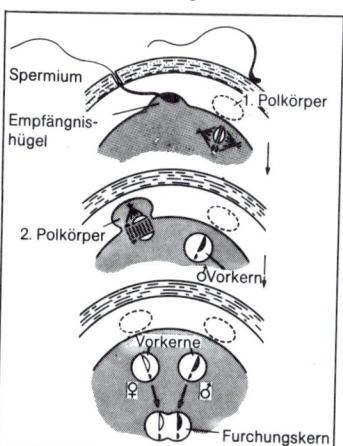

Befriedung, Herbeiführung des Friedenszustands in einem Land oder Gebiet; in der Kolonialgeschichtsschreibung oft euphemist. für Unterwerfung gebraucht.

befristetes Arbeitsverhältnis, ein Arbeitsverhältnis, das zum Zeitablauf (nicht durch Kündigung) endet.

Befruchtung, Verschmelzung zweier sexuell unterschiedl. Geschlechtszellen (**Gametogamie**) oder Zellkerne (**Karyogamie**). Das Produkt dieser Verschmelzung ist eine diploide Zelle, die **Zygote** genannt wird. Die Bedeutung der B. liegt in einer Neuverteilung des elterl. Erbgutes in den Nachkommen. Dadurch wird eine große Variabilität erreicht, die die Anpassung der Art an die Umwelt erleichtert. Die Verschmelzung eines männl. Kerns mit einem weibl. würde in jeder Generation zur Verdoppelung der Chromosomenzahl führen. Deshalb muß vor jeder B. bei der Bildung der Gameten bzw. Geschlechtskerne der doppelte (diploide) Chromosomensatz auf einen einfachen (haploiden) reduziert werden. Dies geschieht während der Reduktionsteilung (↑ Meiose). Am häufigsten erfolgt die B. durch Vereinigung spezieller bewegl. Geschlechtszellen (Gameten). Unterscheiden sich männl. und weibl. Geschlechtszellen in ihrer äußeren Form nicht, so spricht man von **Isogamie**. Ist ein Gamet wesentl. kleiner als der andere, spricht man von **Anisogamie**. Einen Sonderfall stellt die **Oogamie** dar, die bei allen höheren Pflanzen und Tieren vorkommt. Hier sind nicht mehr beide Gameten frei beweglich, sondern die weibl. Keimzelle (Eizelle) ist bewegungsunfähig geworden, und die männl. Keimzelle (Samenzelle, Spermium) muß aktiv zu ihr vordringen. Normalerweise finden B.vorgänge nur zw. verschiedenen Individuen statt (**Fremd-B., Amphimixis**). Bei einigen zwittrigen Pflanzen und Tieren (nicht bei allen) kommt es jedoch regelmäßig zur Selbstbefruchtung (**Automixis**), indem entweder Gameten desselben Individuums

Befruchtung beim Menschen (schematisch). Eindringen des Spermiums durch die Eihülle in das Ei, Aufwölbung des Empfängnishügels, Verschmelzung des männlichen und weiblichen Vorkerns zum Furchungskern

Befruchtung beim Menschen. Weg der Eizelle vom Eierstock über den Eileiter (Befruchtung und Furchung) bis zur Gebärmutter und Einbettung des Keims in die Gebärmutterschleimhaut

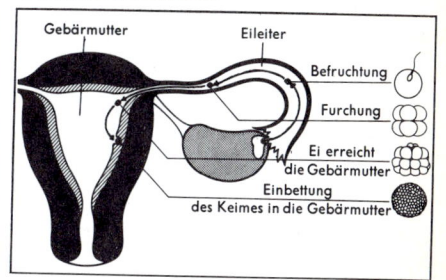

Befruchtungsoptimum

kopulieren oder nur die Kerne paarweise verschmelzen.
Bei den Säugetieren (einschließl. Mensch) verläuft die B. nach dem Muster der oben beschriebenen Oogamie. Sie wird durch das Eindringen des Spermiums in die Eizelle eingeleitet. Sobald das erste Spermium eingedrungen ist, beginnt die sog. Eiaktivierung. Während dieser Aktivierung wird dafür gesorgt, daß kein weiteres Spermium in die Eizelle gelangt. Außerdem hebt und verhärtet sich die Eimembran. Die Eioberfläche wölbt sich dem eingedrungenen Spermium entgegen (**Empfängnishügel**) und nimmt es auf. Der Schwanzfaden des Spermiums löst sich dabei ab. Der Spermienkopf schwillt an und wird zum männl. Vorkern, der dann auf den aktiven weibl. Vorkern stößt, sich dort kappenartig anlegt und mit ihm zu einem diploiden Furchungskern verschmilzt.
📖 *Danzer, A.: Fortpflanzung, Entwicklung, Entwicklungsphysiologie. Wsb.* ⁵*1983.* - *Menschl. Fortpflanzung. Hg. v. R. Kaiser und G. F. B. Schuhmacher. Stg. 1981.*

Befruchtungsoptimum, svw. ↑Konzeptionsoptimum.

Befruchtungspessimum, svw. ↑Konzeptionspessimum.

Befund, in der Medizin die Aufzeichnung aller durch ärztl. Untersuchung eines Patienten gewonnenen diagnost. Ergebnisse.

Beg ↑Bei.

Begabtenförderung, sozial- und bildungspolit. Bemühungen, befähigten jungen Menschen Ausbildungsmöglichkeiten zu verschaffen. Sie ist heute geregelt im Bundesausbildungsförderungsgesetz. Daneben bestehen Hochbegabtenförderungen: ↑Studienstiftung des deutschen Volkes, ↑Friedrich-Ebert-Stiftung.

Begabung, Begriff zur Kennzeichnung der Befähigung eines Individuums, eine Leistung bestimmten Grades zu erbringen; dabei wird von der Voraussetzung ausgegangen, daß das Niveau der Leistung von der angeborenen Anlage oder Disposition zu Leistungen (Leistungsdisposition) und von den Umwelteinflüssen, die die Entfaltung von Anlagen fördern oder auch hemmen können, bestimmt wird. B. wird einmal als *Gesamt-B.* eines Individuums, einer Gruppe von Menschen, von Sippen und Völkern verstanden, zum andern v. a. als *Einzel-B.*, z. B. mathemat., künstler. Begabung. - ↑auch Intelligenz.

Begas, Karl, d. Ä., * Heinsberg (Rhld.) 30. Sept. 1794, † Berlin 24. Nov. 1854, dt. Maler. - Vater von Reinhold B.; malte in Rom nazaren. Bilder; übertrug den romant. Stil der Düsseldorfer Schule nach Berlin (1824).

B., Reinhold, * Berlin 15. Juli 1831, † ebd. 3. Aug. 1911, dt. Bildhauer. - Sohn von Karl B. d. Ä.; Schüler von Ch. D. Rauch. Schuf neubarocke Porträtbüsten und Denkmäler.

Begasung, Bekämpfung von Schädlingen und Krankheitserregern mit Gasen (z. B. Methylbromid, Blausäure) bei Einhaltung bestimmter gesetzl. Bestimmungen.

Begattung, beim Menschen ↑Geschlechtsverkehr; bei Tieren ↑Kopulation.

Begattungsorgane (Kopulationsorgane, Zeugungsorgane), der Teil der Geschlechtsorgane, der zur Übertragung der männl. Keimzellen in den weibl. Organismus dient und meist eine Verlängerung des Samenleiters darstellt (↑Penis).

begeben, Wertpapiere (insbes. Aktien) erstmals ausgeben.

Begga, hl., † Andenne 17. Dez. 693 oder 695, Tochter Pippins I. - ∞ mit Ansegisel, dem Sohn Arnulfs von Metz. Als Mutter Pippins II. Stammutter der Karolinger.

Beggar-my-neighbour-policy [engl. ˈbɛɡə maɪ ˈneɪbə ˈpɒlɪsɪ „Politik, die den Nachbarn zum Bettler macht"], eine Form der Außenpolitik in einer Phase der Unterbeschäftigung, in der versucht wird, durch gezielte Exportförderung die inländ. Beschäftigung auf Kosten des Auslands zu vergrößern. Die Unterbeschäftigung wird z. B. durch Einfuhrbeschränkung und Abwertung exportiert und der Nachbar „zum Bettler" gemacht.

Beggiatoa [bɛdʒa...; nach dem italien. Botaniker F. S. Beggiato, * 1806, † 1883], Gatt. der Blaualgen; farblose, fädige Organismen, die kreisende Bewegungen ausführen. Die sechs bekannten Arten leben chemoautotroph in schwefelhaltigen, auch (organ.) verunreinigten Gewässern und gewinnen die Energie zur Reduktion des Kohlendioxids durch Oxidation des Schwefelwasserstoffs zu Schwefel oder weiter zu Sulfaten.

Begichtung, Beschicken des Hochofens mit Möllerstoffen mit Hilfe einer B.anlage.

Begierde, (Begierlichkeit) Begriff der *kath. Theologie* (↑Konkupiszenz, ↑Erbsünde). ◆ in der *Psychologie* ein durch Vorstellung des angestrebten Ziels verstärkter und gerichteter Antrieb.

Begierdetaufe, in der kath. Theologie das ausdrückl. oder erschlossene Verlangen nach der Taufe, das deren Heilwirkung (Rechtfertigung) ersetzen kann.

Begin, Menachem, * Brest-Litowsk 16. Aug. 1913, israel. Politiker. - Rechtsanwalt; 1939 Führer einer radikalen zionist. Jugendorganisation 1940/41 nach Sibirien verbannt; 1942 nach Palästina eingewandert; ab 1942 Führer der terrorist. Untergrundorganisation Irgun Zwai Leumi; 1948 Gründer und seitdem Vors. der rechtsgerichteten Cherut-Partei; 1967-70 Min. ohne Geschäftsbereich; nach dem Wahlsieg des nat.-konservativen Likud-Blocks 1977(-83) Premiermin.; unterzeichnete 1979 den ägypt.-israel. Friedensvertrag; erhielt zus. mit M. A. As Sadat 1978 den Friedensnobelpreis.

Beginen (Beguinae, begginae) [niederl.], Jungfrauen und Witwen, die sich aus religiösen oder wirtschaftl. Gründen zu klosterähnl. Gemeinschaften zusammengeschlossen haben. In den Niederlanden entstanden, später auch in Frankr. und Deutschland. Bekannteste deutsche B. war Mechthild von Magdeburg. - B. ohne deutl. Bindung an einen alten Orden wurden von der Kirche unterdrückt (Konzil von Vienne 1311). Von der kath. Kirche anerkannte B. leben in Belgien und den Niederlanden.

Beginenhöfe, die geschlossenen Wohnsiedlungen der †Beginen. Bekannte B. im dt. MA: Köln, Münster, Hildesheim, Worms, Frankfurt am Main, Straßburg; heute v. a. in Brügge, Gent, Amsterdam, Breda.

beglaubigte Abschrift, Abschrift eines Schriftstücks, auf der durch den sog. (amtl.) Beglaubigungsvermerk bestätigt wird, daß sie mit der Urschrift übereinstimmt (durch Urkundsbeamten, Gerichtsvollzieher u. a.).

beglaubigte Auflage, die von der Informationsstelle zur Feststellung der Verbreitung von Werbeträgern (IVW) bestätigte Auflagenhöhe von Presseorganen; bes. für die Werbewirtschaft wichtig.

Beglaubigung, im *Recht* †Form.

Beglaubigungsschreiben †Akkreditiv.

Beglaubigungsvermerk †beglaubigte Abschrift.

Begleiter (Begleitpflanzen), Bez. für Pflanzen, die nicht zu den charakterist. Arten einer Pflanzengesellschaft gehören.

Begleitpapiere, Papiere, die im Frachtgeschäft zur Erfüllung von Zoll-, Steuer- oder Polizeivorschriften dienen. Sie sind dem Frachtführer vom Absender vor Ausführung des Frachtgeschäftes zu übergeben.

Begleitpflanzen, svw. †Begleiter.

Begleitschiff, svw. †Tender.

Begleitung (Akkompagnement), in der Musik das unterstützende und harmon. ergänzende Mitgehen eines Tasteninstrumentes oder einer Instrumentalgruppe mit einer solist. Vokal- oder Instrumentalstimme.

Beglerbeg †Bei.

Begnadigung, gänzl. oder teilweiser Verzicht des Staates auf Vollstreckung eines rechtskräftigen Strafurteils im Einzelfall (Ggs. Amnestie). In der BR Deutschland übt der Bundespräsident das *B.recht* des Bundes aus (Art. 60 Abs. 2 GG, § 452 StPO), in den Ländern steht das B.recht den jeweiligen gesetzl. berufenen Organen zu.

Nach *östr. Recht* umfaßt die B. sowohl den Verzicht auf eine Strafverfolgung überhaupt (†Niederschlagung) als auch die gnadenweise Nachsicht der Folgen einer strafgerichtl. Verurteilung. Das B.recht steht im Einzelfall dem Bundespräsidenten auf Antrag des Bundesministers für Justiz zu. Im *schweizer. Recht* wird die B. durch die Bundesversammlung oder durch das Kantonsparlament ausgeübt.

Begonie [nach M. Bégon, dem Generalgouverneur von San Domingo, 17. Jh.], svw. †Schiefblatt.

Begoniengewächse, svw. †Schiefblattgewächse.

Begräbnis †Bestattung.

Begram †Bagram.

Begriff, im allg. Sprachgebrauch und innerhalb der philosoph. Tradition versteht man unter B. die von den Sprechern einer Sprache aus der Bedeutung herausgebildete Vorstellung von den Dingen, eine Abstraktion, die das Wesentliche enthält, im Ggs. zur empir. Anschauung, die Konkretes (Einzeldinge) zum Gegenstand hat. - †auch Universalienstreit.

Begriffsjurisprudenz, positivist. Methode der Rechtsanwendung, die davon ausgeht, daß die Rechtsordnung ein vollständiges, geschlossenes Begriffssystem sei, das lediglich der formallog. Auslegung bedürfe. Die Anwendung der Rechtsbegriffe in der Fallentscheidung soll unbeeinflußt durch Erwägungen wirtsch., polit., eth. oder sonstiger Art erfolgen. Aus der B. entwickelte sich die *reine Rechtslehre* (H. Kelsen), die auf mathemat. Denken basiert. Kritisiert wird die B. durch die **Problemjurisprudenz,** die **Freirechtslehre** und die **Interessenjurisprudenz.** Erstere übt eine prinzipielle Kritik an der begriffsjurist. Methode. Ihr zufolge ist unsere Rechtsordnung kein einheitl. log. System, in dem sich Rechtssätze aus Axiomen ableiten lassen, sondern eher eine unbestimmte Vielzahl von Systemen. Die Kritik der Freirechtslehre und der Interessenjurisprudenz zielt v. a. gegen die Hypothese der Geschlossenheit der positiven Rechtsordnung (Lückenhaftigkeit des Begriffssystems). Die Freirechtslehre hält den Richter für berechtigt, den Einzelfall frei von den Bindungen an allgemeine Vorschriften nach seinen Besonderheiten zu entscheiden. Wegen der Gefahr willkürl. Rechtsanwendung folgte ihr die Rechtsprechung nicht. Sie wurde vielmehr durch die Interessenjurisprudenz (Ihering, Heck, Rümelin) beeinflußt. Ihr zufolge ist bei der Entscheidung des Einzelfalles sowohl den Absichten des Gesetzgebers und seinen in den Rechtssätzen niedergelegten Wertungen als auch der bes. Interessenlage der Beteiligten Rechnung zu tragen.

Begründung, begründet heißt eine theoret. Behauptung (Aussage) oder prakt. (normative) Orientierung genau dann, wenn sie gegenüber allen vernünftig argumentierenden Gesprächspartnern verteidigt werden kann. Die Einsicht, daß ein begründeter (theoret. oder prakt.) Satz vorliegt, wird demnach durch Ausarbeitung einer *Verteidigungsstrategie* für rationale Dialoge, der sog. B. gewonnen. Als *Beweis* wird v. a. die B. von Aussagen, insbes. von mathemat. Ausdrücken bezeichnet. Dagegen spricht man bei Normen und Zielen von *Rechtfertigung.* Insofern sich Beweisverfahren gerechtfertigter method. Nor-

Begründungsangabe

men bedienen sollen, sind auch sie auf prakt. Rechtfertigungsschritte angewiesen.

♦ im *Recht* notwendiger Bestandteil von: 1. gerichtl. Urteilen; 2. gerichtl. Beschlüssen, soweit sie entweder rechtsmittelfähig sind oder durch sie über ein Rechtsmittel entschieden oder ein Antrag abgelehnt wird. Die B. erfolgt schriftl.; darüber hinaus werden Urteile zumeist bei ihrer Verkündung durch den Vorsitzenden mündl. kurz begründet.

Begründungsangabe, Umstandsangabe, adverbiale Bestimmung des Grundes, z. B.: Er tat es *aus Eifersucht*.

Begründungssatz ↑ Kausalsatz.

Begum ↑ Bei.

Begünstigung, im Strafrecht die nach begangener rechtswidriger Tat erfolgende Unterstützung des Täters in der Absicht, diesem die Vorteile der Tat zu sichern; wird nach § 257 Abs. 1 StGB mit Geld- oder Freiheitsstrafe bis zu fünf Jahren bestraft. Im *östr.* und *schweizer. Strafrecht* gilt Entsprechendes.

Behaarte Alpenrose (Rauhblättriger Almrausch, Rhododendron hirsutum), Alpenrosenart in den Alpen und im Alpenvorland; bis 1 m hoher Strauch mit eiförmigen, ledrigen, immergrünen, langhaarig bewimperten Blättern sowie hellroten, trichterförmigen Blüten; steht unter Naturschutz.

Behaarter Ginster (Genista pilosa), sehr früh blühende einheim. Ginsterart in lichten Kiefernwäldern und Heiden; Zwergstrauch, Blätter 5–12 mm lang, Blüten gelb.

Behaghel, Otto, * Karlsruhe 3. Mai 1854, † München 9. Okt. 1936, dt. Germanist. - Prof. in Heidelberg, Basel und Gießen; arbeitete v. a. über dt. Sprachgeschichte und Syntax („Die dt. Sprache", 1886; „Dt. Syntax", 1923–1932); auch Hg. ma. Literatur.

Behaglichkeit, klimatechn. der Zustand des Wohlbefindens, der sich in bezug auf das Klima eines Raumes bei einer der Raum benutzenden Person einstellt. Die auf die B. einwirkenden Faktoren sind einerseits physikal. erfaß- bzw. meßbar (Temperatur, Feuchtigkeit, Bewegung der Luft, Beleuchtung usw.), andererseits aber auch von der Betätigung des Menschen abhängig. Von großer Bed. ist nicht nur die Lufttemperatur für die B. in einem Raum, sondern auch die Temperatur der den Raum umgebenden Flächen. Da auch ein Teil der Wärmeabgabe des menschl. Körpers durch Verdunstung von Flüssigkeitsmengen durch die Haut erfolgt, darf die relative Luftfeuchtigkeit im Raum nicht zu hoch sein.

Behaim, Hans, * Nürnberg (?) um 1465, † Nürnberg vor dem 26. Aug. 1538, Nürnberger Steinmetz. - Als Stadtbaumeister (vor 1500) prägte er mit seinen spätgot. Quaderbauten das Stadtbild Nürnbergs mit, u. a. mit der Maut (1489–1502).
B., Martin, * Nürnberg 6. Okt. 1459, † Lissabon 29. Juli 1506 (1507?), dt. Reisender. - Kaufmann aus alter Nürnberger Patrizierfamilie; vollendete 1492 in Nürnberg den ältesten erhaltenen Erdglobus.
B., Michael ↑ Beheim, Michael.

Behälterschiff, (Barge Carrier) Schiff zum Transport von Schwimmbehältern (Bargen, Leichter) nach dem amerikan. Lash-System (Lighter aboard ship). Die Schiffsaufbauten sind ausschließl. am Bug; ein Portalkran fährt auf dem Oberdeck, nimmt die Bargen am Heck des Schiffes aus dem Wasser und belädt die Laderäume vertikal durch extrem große Luken. Die Bargen haben bis zu 500 t Bruttogewicht, werden im Binnenland beladen, zum Verladehafen geschleppt, auf dem B. zum Bestimmungsland transportiert, dort im Seehafen entladen und über die Binnenwasserstraßen direkt zum Empfänger geschleppt.

♦ svw. Containerschiff (↑ Container).

Beham, Barthel, * Nürnberg 1502, † in Italien 1540, dt. Maler und Kupferstecher. - Bruder von Hans Sebald B., mit ihm 1525 als religiöser Sektierer aus Nürnberg verbannt; trat in München in herzogl. Dienst; bed. sowohl die Porträts, u. a. „Pfalzgraf Ottheinrich" (1535; Alte Pinakothek, München) wie sein renaissancehaftes Stichwerk (religiöse und mytholog. Themen, Genreszenen und Porträts) in der Dürer-Nachfolge.
B., Hans Sebald, * Nürnberg 1500, † Frankfurt am Main 22. Nov. 1550, dt. Kupferstecher und Zeichner für den Holzschnitt. - Bruder von Barthel B.; seit 1532 in Frankfurt am Main tätig. Sein Werk von über 1 000 Holzschnitten und nahezu 300 Stichen steht in der Dürer-Nachfolge; v. a. Buchillustration.

Behan, Brendan [engl. ˈbi:ən], eigtl. Breandan O'Beachain, * Dublin 9. Febr. 1923, † ebd. 20. März 1964, ir. Schriftsteller. - Schrieb aggressiv zeitkrit. Stücke, in deren Mittelpunkt Asoziale und Verbrecher stehen, u. a. „Der Mann von morgen früh" (1956), „Die Geisel" (1959); Autobiographie „Borstal boy" (1958).

Beharrungsgesetz, svw. ↑ Trägheitsgesetz.

Beharrungstendenz ↑ Erhaltungsneigung.

Beharrungsvermögen, svw. ↑ Trägheit.

Behauptung, Äußerung eines Urteils über die Geltung oder Wahrheit einer Aussage.

Behauptungslast, im Zivilprozeß, soweit der Verhandlungsgrundsatz gilt, die sich für jede Partei ergebende Notwendigkeit, alle die Tatsachen darzulegen, die zum Erfolg ihres Prozeßbegehrens führen.

Behaviorismus [biheviɔˈrɪsmʊs; zu engl. behavio(u)r „Verhalten"], eine von J. B. Watson 1913 begr. Forschungsrichtung der amerikan. Psychologie. Der B. fordert, sich die Psychologie als Wissenschaft nur dem objektiv beobachtbaren und meßbaren Ver-

halten (behavior) von Lebewesen (Tier und Mensch) unter wechselnden Umweltbedingungen, d. h. den Reaktionen des Organismus auf Reize zuzuwenden habe, wobei als Mittel der Beschreibung nur der naturwissenschaftl. Kategorienapparat erlaubt ist (nicht: Denken, Fühlen, Wollen usw.). Bes. fruchtbar hat sich der B. in der Lernpsychologie entfalten können, da auf diesem Gebiet die Voraussetzungen für kontrolliertes Experimentieren wie auch für die objektive Verhaltensbeobachtung und -messung verhältnismäßig günstig sind. Experimentiert wurde auf diesem Gebiet hauptsächl. mit Tieren. Während der frühe B. als reine Reiz-Reaktions-Psychologie aufzufassen ist, die die „dazwischen" im Organismus ablaufenden, nicht beobachtbaren Vorgänge unberücksichtigt ließ, haben die späteren Vertreter des B. (Neobehavioristen) das Konzept der „dazwischentretenden Variablen" (intervening variables) benutzt, um nicht direkt beobachtbare Vorgänge in den theoret. Ansatz miteinzubeziehen.
📖 *Watson, J. B.: B. Dt. Übers. Ffm. ³1984. - Sanders, C.: Die behaviorist. Revolution in der Psychologie. Salzburg 1978.*

behavioristische Sprachforschung [bihevi̇əˈrıs...], vom Behaviorismus ausgehende Forschungsrichtung, die sich mit sprachl. Verhaltensweisen (Sprache als Sonderfall innerhalb des menschl. Verhaltens) befaßt und für eine mechanist. Sprachauffassung eintritt. Von der b. S. werden alle Aussagen über die Sprache, die nicht unmittelbar verifizierbar sind (z. B. Aussagen über die *Bedeutung* von Lautfolgen) abgelehnt. Hauptvertreter L. †Bloomfield.

Beheim (Behaim), Michael, *Sülzbach bei Heilbronn 27. Sept. 1416, † ebd. um 1474 (ermordet), dt. Dichter. - Söldner im Dienst verschiedener Fürsten; schrieb das „Buch von den Wienern", eine Reimchronik, ferner Meisterlieder, Lobsprüche, geistl. Lieder.

Beheim-Schwarzbach, Martin, * London 27. April 1900, dt. Schriftsteller. - Neben einfach erzählten Alltagsgeschichten und märchenhaften sowie abenteuerl. Romanen stehen Werke, in denen er sich in nüchterner Berichtssprache mit religiösen Gestalten auseinandersetzt: „Geschichten der Bibel" (1952). - †7. Juni 1985.

Behemoth [hebr. „Riesentier"], im A. T. (Hiob 40, 15–24) gen. großes Tier, vermutl. das Flußpferd.

Beherbergungsgewerbe, zum Gastgewerbe gehörender Gewerbezweig, der Hotels, Gasthöfe, Fremdenheime und Pensionen umfaßt.

Beherbergungsvertrag, Vertrag über die Aufnahme von Fremden zur Beherbergung; unterliegt den Bestimmungen des Mietrechts; bes. die Haftung bei Gewerbsmäßigkeit (Gastwirt) nach § 701 BGB für Verlust oder Beschädigung eingebrachter Sachen.

Beherrschungsvertrag, Unternehmensvertrag, durch den eine AG oder eine KG auf Aktien die Leitung ihrer Gesellschaft einem anderen Unternehmen unterstellt. Durch einen B. entsteht ein Konzern.

Behindertensport †Versehrtensport.

Behinderungswettbewerb, Form des unlauteren Wettbewerbs, bei der ein Konkurrent (z. B. durch Boykott) bei der Entfaltung seiner wirtschaftl. Tätigkeit behindert wird.

Behistun (erschlossene Form, belegt ist ma. Bahistun, heute pers. Bisutun), Felsmassiv im Sagrosgebirge, Iran, etwa 30 km nö. von Kermanschah, an der alten Karawanenstraße aus dem mesopotam. Tiefland ins Hochland von Iran (nach Ekbatana, heute Hamadan); an der fast senkrecht aufsteigenden Ostwand des Felsmassivs in über 60 m Höhe ein bed. Denkmal des Darius I.: Relief (etwa 3 × 5,5 m) und dreisprachige altpers.-elam.-babylon. Inschrift. Das Relief zeigt links in Überlebensgröße den Großkönig, seinen linken Fuß auf den unter ihm liegenden Usurpator †Gaumata stellend, vor ihm neun gefangene Aufständische sowie den Gott Ahura Masda als geflügelte Sonnenscheibe. Die altpers. Keilschrift wurde offenbar erst während der Entstehung des Reliefs geschaffen. Die Inschrift verhalf der von G. F. Grotefend eingeleiteten Entzifferung der altpers. Schrift zum Abschluß und lieferte den Schlüssel zur Entzifferung der babylon. Keilschrift.

Behmer, Marcus, * Weimar 1. Oktober 1879, † Berlin 16. Sept. 1958, dt. Zeichner und Graphiker. - Von Beardsley beeinflußter Künstler des Münchner Jungendstils; schuf Vignetten, Exlibris, Buchillustrationen; arbeitete u. a. auch für den „Simplicissimus".

Behnisch, Günter, Dresden 12. Juni 1922, dt. Architekt. - Leitete den Bau der Anlagen für die Olymp. Spiele in München 1972 (mit Partnern); bes. bekannte Zeltdachkonstruktionen; vorbildl. Ensemble des Alten- und Pflegeheims in Reutlingen (1977).

Behörde [urspr. „das Zugehörige", dann „die Stelle, wohin etwas zuständigkeitshalber gehört"], Organ einer jurist. Person des öff. Rechts, das keine eigene Rechtsfähigkeit besitzt, aber befugt ist, seinen Rechtsträger in konkreten, gesetzl. abgegrenzten Fällen nach außen hin zu vertreten. B. können monokrat. oder kollegial organisiert sein (†Amt, †Kollegialprinzip). Man unterscheidet: 1. Verwaltungs- und Gerichts-B.; 2. Bundes-, Landes-, Gemeinde-, Kreis-B.; 3. oberste B., Mittel- und Unter-B.; 4. allg. B. mit umfassender Zuständigkeit und Sonderbehörden.

Behrens, Peter, * Hamburg 14. April 1868, † Berlin 27. Febr. 1940, dt. Architekt und Designer. - Mitbegr. der Münchner Sezession (1893); 1899 in die Darmstädter Künstlerkolonie berufen, wo er sein Wohnhaus mit Jugendstil-Innenausstattung errichtete; 1903–07 Leiter der Kunstgewerbeschule

Behring

in Düsseldorf, 1907–11 künstler. Berater der AEG, für die er mehrere Fabriken in Stahl-Glas-Konstruktion baute (bes. die Turbinen-Montagehalle in Berlin, 1909); sie wirkten bahnbrechend für die europ. Architektur. Außerdem Designer der AEG-Produkte. Es folgten Monumentalbauten in neoklassizist. Stil, z. T. mit expressionist. Zügen: Verwaltungsgebäude für Mannesmann in Düsseldorf (1911/12), Continental in Hannover (1913–1920), Farbwerke Hoechst in Frankfurt am Main (1920–25). Lehrte in Wien (ab 1922) und Berlin (seit 1936).

Behring, Emil von (seit 1901), * Hansdorf (Westpreußen) 15. März 1854, † Marburg a. d. Lahn 31. März 1917, dt. Bakteriologe. - Seit 1893 Prof. in Halle, seit 1895 in Marburg; Begründer der Serumheilkunde und Mitbegründer der Immunitätslehre; stellte als erster Seren gegen Diphtherie und Tetanus her, nachdem er 1890 die Fähigkeit des (tier. und menschl.) Organismus zur Bildung von Antikörpern gegen die Erreger von Infektionskrankheiten entdeckt hatte.

Bei (Beg, Bej, Bey) [türk. bey, beğ; pers. bek; arab. bak], im Orient verbreiteter Titel mit verschiedener Bed. (**Begum** für die Frau des Titelträgers); im Osman. Reich für den 2. Sohn eines Sultans verwendet; seit etwa 1450 Bez. für die Sultansstellvertreter an der Spitze der einzelnen Sandschaks (Kreise); **Beglerbeg:** Verwalter und v. a. in Kriegszeiten Heerführer einer Provinz, schließl. in der Umgangssprache svw. „Herr".

Beichte [zu althochdt. bijiht „Aussage" von jehan „bekennen"], nach christl. Auffassung ein persönl. Schuldbekenntnis; nach volkstüml. kath. Sprachgebrauch das † Bußsakrament. Eine allgemeine B. im Gottesdienst als Sündenbekenntnis und vor der Abendmahlsfeier kennen die ev. Kirchen bis heute.

Beichtgeheimnis (Beichtsiegel), absolute Schweigepflicht des Beichtvaters über das von ihm in der Beichte († Bußsakrament) Erfahrene. Das kath. Kirchenrecht ahndet Verletzung des B. mit der † Exkommunikation.

Beichtspiegel, heute meist in Frageform abgefaßtes, nach den 10 Geboten aufgebautes Sündenverzeichnis für die Gewissenserforschung vor der Beichte.

Beichtstuhl, ein dreiteiliges Gehäuse. Vergitterte Öffnungen mit Schiebetüren in den Zwischenwänden stellen die Verbindung zw. Beichtvater, dessen Platz der Mittelteil ist, und Beichtenden her. Erst seit der Gegenreformation bildete sich der typ. Form des B. heraus. Die künstler. reichste Ausgestaltung erfuhr er im 17./18. Jh.

Beichtvater (lat. confessionarius), in der kath. Kirche der Geistliche, der das † Bußsakrament verwaltet und spendet. Die Wahl des B. durch den Beichtenden ist frei.

Beiderbecke, Leon Bismarck („Bix"), * Davenport (Iowa) 10. März 1903, † New York-Long Island (N. Y.) 7. Aug. 1931, amerikan. Jazzmusiker dt. Abstammung. - Als Kornettist bed. Vertreter des Chicago-Stils, an dessen Umwandlung zum Swing-Stil er beteiligt war.

Beiersdorf AG, dt. Chemieunternehmen, Sitz Hamburg; gegr. 1882, seit 1922 AG; hergestellt werden v. a. Pflaster, Körperpflegemittel, Arzneimittel, Kosmetika und techn. Klebebänder.

Beifische, svw. † Nebenfische.

Beifügung † Apposition, † Attribut.

Beifuß (Artemisia), Korbblütlergatt. mit etwa 250 Arten, v. a. auf der nördl. Halbkugel; Kräuter, Halbsträucher oder Sträucher mit ganzrandigen, eingeschnittenen oder gefiederten Blättern, oft aromat. duftend; Köpfchen klein, mit wenigen gelben, grünlichweißen oder rötl. Röhrenblüten in Blütenständen zusammenstehend; mehrere Gewürz- und Heilpflanzen (z. B. † Eberraute, † Estragon, † Echter Wermut); in M-Europa etwa 10 Wildarten (z. B. † Gemeiner Beifuß, † Echte Edelraute).

beige [beːʃ, ˈbɛːʒə; frz. bɛːʒ], sandfarben, naturfarben.

Beigeordneter, ein von einer Gemeindevertretung (Stadtrat, Stadtverordnetenversammlung usw.) gewählter oder bestellter Beamter, der je nach Funktion ehrenamtl. oder hauptamtl. tätig ist.

Beignet [bɛnˈjeː; frz.], Schmalzgebackenes mit Füllung, Krapfen.

Beihilfe, vorsätzl. Hilfe bei der vorsätzl. Begehung einer rechtswidrigen Tat (§ 27 StGB); ist nach dem für die Haupttat geltenden Gesetz zu bestrafen.

Im *östr.* und *schweizer.* Strafrecht gilt Entsprechendes.

Beihilfen, vermögenswerte Zuwendungen der öffentl. Hand an Privatpersonen für bestimmte Zwecke, z. B. bei Arbeitnehmern im öff. Dienst zum Ausgleich der bes. Aufwendungen, die ihnen durch Geburt, Krankheit oder Tod entstehen.

Beil, Werkzeug zum Behauen und Glätten von Holz, Zerschlagen von Knochen, Zerteilen von Fleisch u. a., früher auch Hiebwaffe. Das B. unterscheidet sich von der Axt durch den kürzeren, einhändig geführten Stiel, die breitere, meist einseitig geschliffene Schneide (rechtes, linkes B.) und das einseitig angesetzte Öhr. - In der vor- und frühgeschichtl. Forschung Bez. für alle (im Ggs. zur Axt) nicht senkrecht zur Schneidenachse durchlochten schneidenden Schlagwerkzeuge.

Beilager, Eheschließungsakt im MA: Besteigen des Ehebettes unter Zeugen.

Beilgeld † Gerätgeld.

Beilngries, Stadt an der unteren Altmühl, Bay., 6 600 E. Fremdenverkehr. - 1007 erwähnt, 1016 an das Bistum Eichstätt, 1053 Markt- und Zollrecht. Zw. 1482 und 1498 Stadt; 1805/06 an Bayern. - Veste Hirschberg (12., 17. und 18. Jh.) in beherrschender Lage;

barocke ehem. Franziskanerkirche (1723–1736); z. T. erhaltene Stadtummauerung.

Be**ilsteinsche Probe** [nach dem russ. Chemiker F. Beilstein, * 1838, † 1906], Nachweismethode von Halogen in organ. Verbindungen. Ein vorher ausgeglühter und mit der zu untersuchenden Substanz befeuchteter Kupferdraht gibt in der reduzierenden Bunsenflamme eine grüne Färbung, die auf der Bildung flüchtiger Kupferhalogenide beruht.

Bein, Bez. für die paarige, v. a. der Fortbewegung auf dem Boden dienende Gliedmaße der Gliederfüßer, Wirbeltiere (mit Ausnahme der Fische) und des Menschen. Stützender Teil des menschl. **Oberschenkels** ist der **Oberschenkelknochen (Femur),** der längste und stärkste Röhrenknochen des Körpers. Sein (beim stehenden Menschen) mehr oder weniger senkrecht gestellter Schaft biegt oben stumpfwinklig ab, bevor er in den Oberschenkelhals übergeht. Dieser bildet am unteren Ende einen großen halbkugeligen Gelenkkopf, mit dem der Knochen die Gelenkverbindung zum Becken bildet (Hüftgelenk). Das untere Ende des Oberschenkelknochens verbreitert sich etwas und endet in zwei Gelenkrollen, die zus. mit den sehr schwachen Gelenkpfannen des Schienbeins das Kniegelenk bilden.

Im Unterschied zum Oberschenkel wird der **Unterschenkel** von zwei Knochen (Schien-B., Waden-B.) gestützt. Von ihnen ist das **Schienbein (Tibia)** der stärkste und wichtigste Knochen. Sein mehr oder weniger dreikantiger Schaft läuft am unteren Ende auf der Fußinnenseite in einen starken Fortsatz aus (Schienbeinknöchel). Das dem Schien-B. spangenförmig lateral anliegende **Wadenbein (Fibula)** hat (mit Ausnahme des unteren verbreiterten Endes) keine wesentl. Bed. Letzteres bildet durch einen Fortsatz auf der Fußaußenseite mit dem sog. Wadenbeinknöchel, der zusammen mit dem Schienbeinknöchel dem ↑ Sprungbein im oberen Sprunggelenk seitl. Halt gibt.

Die Verbindung zw. Unterschenkel und Fuß erfolgt durch das obere Sprunggelenk. Seine funktionelle Bed. liegt in der Hebung und Senkung des Fußes. - Die das B. versorgenden Blutgefäße entstammen der großen Schenkelschlagader (Arteria femoralis), die durch den Leistenkanal aus der Bauchhöhle hervortritt und sich in die Kniekehle in die vordere und hintere Schienbeinarterie teilt. - Die das B. durchziehenden Nerven kommen von der Lenden- und Sakralregion.

Beinbrech (Ährenlilie, Narthecium), Gatt. der Liliengewächse mit 8 Arten in den nördl. gemäßigten Breiten. Einheim. auf Heide- und Hochmooren in N- und W-Deutschland ist **Narthecium ossifragum:** 30 cm hoch, mit schmalen, schwertförmigen, zweizeilig angeordneten Blättern und außen grünl., innen gelben Blüten in einer Traube.

Beingeschwür, svw. ↑ offenes Bein.

Beinhaus (Karner, Ossarium), ein vom MA bis ins 19. Jh. gebräuchl. Friedhofsbau zur Aufbewahrung ausgegrabener Gebeine, bes. in Gebirgsgegenden.

Be**inhorn,** Elly, * Hannover 30. Mai 1907, dt. Sportfliegerin. - War seit 1936 mit dem 1938 verunglückten Rennfahrer Bernd Rosemeyer verheiratet; zahlr. Flugrekorde und Weltflüge.

Beinschienen ↑ Rüstung.

Beinum, Eduard van [niederl. ˈbɛjnəm], * Arnheim 3. Sept. 1901, † Amsterdam 13. April 1959, niederl. Dirigent. - Seit 1945 Chefdirigent des Amsterdamer Concertgebouw-Orchesters; Interpret Bruckners und gemäßigt moderner Musik.

Beinwell (Symphytum), Gatt. der Rauhblattgewächse mit etwa 20 Arten in Europa, Sibirien und W-Asien; zwei Arten in Deutschland einheim.; Kräuter oder Stauden mit Wurzelstock und meist fleischigen, verdickten Wurzeln, steifhaarigen, oft am Sproß herablaufenden Blättern und zylindr., glockigen Blüten in Wickeln; bekannte Arten: ↑ Gemeiner Beinwell und Comfrey.

Beinzeug ↑ Rüstung.

Be**ira,** Distriktshauptstadt in Moçambique, an der Mündung des Púnguè in den Ind. Ozean, 90 000 E. Kath. Bischofssitz; holzverarbeitende Ind., Kabelwerk, Webereien, Herstellung von Jutesäcken, Kunststoffartikeln u. a. Über den Hafen verläuft ein großer Teil des Außenhandels Simbabwes und Malawis; Erdölpipeline nach Simbabwe; internat. ⚓.

Be**ira Alta,** histor. Prov. in Hochportugal, erstreckt sich südl. des Douro bis zur Serra da Estrêla, wichtigste Stadt ist Guarda.

Be**ira Baixa** [portugies. ˈβajʃɐ], histor. Prov. in M-Portugal, umschließt im N einen Teil des Portugies. Scheidegebirges und der sich bis zum Tejo erstreckenden Rumpfflächen.

Be**ira Litoral** [portugies. lituˈral], histor. Prov. in M-Portugal, ein etwa 120 km langer und bis 50 km breiter Küstenstreifen; Zentrum ist Coimbra.

Be**irat,** aus Fachleuten und Interessenvertretern zusammengesetztes unabhängiges Organ, das einer Verwaltungsbehörde (meist Ministerium) beratend zur Seite gestellt wird.

Be**irut,** Hauptstadt des Libanon, auf einer 8 km langen Halbinsel an der O-Küste des Mittelmeeres, 702 000 E, Sitz eines armen., melchit. und maronit. Erzbischofs sowie eines chaldäischen Bischofs; fünf Univ. (gegr. 1866, 1881, 1950, 1953 und 1960); Near East School of Technology, Kunstakad., Colleges, Forschungsinstitute; Nationalbibliothek, Nationalmuseum. Bed. Handelsstadt, Leder-, Textil- und Nahrungsmittelind. Wichtiger Hafen an der Levanteküste, Eisenbahnlinien nach Homs und Damaskus; internat.

Beisassen

🕌; Fremdenverkehr. – Die phönik. Hafenstadt **Beruta** ist seit dem 14. Jh. v. Chr. belegt. Um 140 von den Syrern zerstört, unter Augustus wieder aufgebaut (ab 14 v. Chr.: **Colonia Julia Augusta Felix Berytos**). Wirtschafts- und Verwaltungszentrum, seit Mitte des 3. Jh. Sitz einer Rechtsschule. Ende des 5. Jh. eine der bedeutendsten Städte Phöniziens, 551 durch ein Erdbeben zerstört. Seit 635 (mit Unterbrechungen) arab., 1110 von den Kreuzfahrern erobert. 1291 unter mameluck., 1516 unter osman. Hoheit. Aufstieg seit dem 19. Jh. als bevorzugter Niederlassungsort westl. Missionen und Handelsniederlassungen; 1920 Sitz des Hochkommissars für die frz. Mandatsgebiete; seit 1943 Hauptstadt der Republik Libanon. – Große Moschee (urspr. Kirche, 1291 umgebaut), griech.-orth. Sankt-Georgs-Kathedrale. Das Stadtbild beherrschen Hochhäuser, die City mit einem Basar als Kern schließt sich unmittelbar südl. an den Hafen an; starke Schäden im Bürgerkrieg seit 1975/76.

Beisassen, svw. ↑Schutzverwandte.
Beisatz ↑Apposition.
Beischlaf, svw. ↑Geschlechtsverkehr.
Beischlaf zwischen Verwandten (Blutschande), bei Verwandten absteigender Linie mit Freiheitsstrafe bis zu drei Jahren oder Geldstrafe, bei Verwandten aufsteigender Linie und Geschwistern mit Freiheitsstrafe bis zu zwei Jahren oder Geldstrafe bedrohte Tat, falls Verwandte bzw. Geschwister über 18 Jahre alt sind.

Beischlag, seit dem Ende des 14. Jh. im norddt. und im Ostseeraum nachweisbarer Wohnhausvorplatz mit Freitreppe. In der Renaissance, v. a. in Danzig, zu einer Terrasse erweitert.

♦ in der *Numismatik* die unberechtigte Nachprägung von Münzen mit dem Münzfuß und dem Bild offizieller Prägungen.

Beisel (Beisl) [jidd.], in Österreich und Bayern umgangssprachl. für: Kneipe, einfaches Gasthaus.

Beisetzung ↑Bestattung.

bei Sicht, Vermerk auf einem Wechsel; bei Vorlage zahlbar.

Beisitzer, die berufsrichterl. oder ehrenamtl. Richter eines Kollegialgerichts, die nicht den Vorsitz führen.

Beißner, Friedrich, * Hameln 26. Dez. 1905, † Tübingen 29. Dez. 1977, dt. Literarhistoriker. – Seit 1945 Prof. in Tübingen; Hg. der Stuttgarter Hölderlin-Ausgabe (1943ff.).

Beistand, *zivilrechtlich:* vom Vormundschaftsgericht auf Antrag eines Elternteils zur Hilfe bei der Ausübung der elterl. Gewalt bestellter Helfer, der im wesentl. die Stellung eines Gegenvormunds (§§ 1685, 1686, 1691 BGB) oder Pflegers (§ 1690 BGB) hat. *Prozeßrechtlich:* der neben der Partei in der mündl. Verhandlung Auftretende, der für die Partei den Vortrag führt, jedoch nicht Prozeßbevollmächtigter ist. Im Jugendstrafverfahren können dem B. die Rechte eines Verteidigers zustehen.

Beistrich ↑Komma.
Beit [arab.] ↑Ghasel.
Beitel [niederdt.] (Stecheisen, Stemmeisen), meißelartiges Werkzeug zur Holzbearbeitung, insbes. zum Ausarbeiten von Löchern, Zapfen und Nuten.

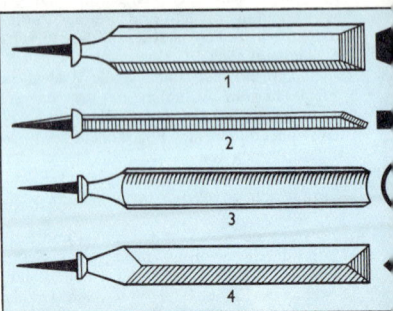

Beirut. Blick auf Hafen und City

Beitel mit ihren Querschnitten.
1 Stechbeitel, 2 Lochbeitel,
3 Hohlbeitel, 4 Kantbeitel

Beiträge, 1. im öff. Recht hoheitl. auferlegte Geldleistungen, die zur Verringerung oder Deckung der Kosten einer öff. Einrichtung von denjenigen erhoben werden, denen sie primär zugute kommt (z. B. Erschließungs-B., Kurtaxen). 2. Finanzierungsumlagen bei öff. Körperschaften, privaten Vereinen oder privaten Versicherungen.

♦ Geldleistungen der Arbeitgeber und Arbeitnehmer an die ↑Sozialversicherung.

Bekehrung

Beitragsbemessungsgrenze, diejenige Grenze, bis zu der Löhne und Gehälter der in der gesetzl. Sozialversicherung Pflichtversicherten zur Beitragsberechnung herangezogen werden. Sie wird für die Rentenversicherung jährl., im übrigen nach Bedarf neu festgesetzt.

Beitragserstattung, Rückzahlung von Rentenversicherungsbeiträgen, wenn die Versicherungspflicht endet und freiwillige Weiterversicherung nicht mögl. ist oder wenn bei Erwerbsunfähigkeit die Wartezeit für das Altersruhegeld bzw. für die Witwenrente nicht erfüllt werden kann. Die B. umfaßt die Hälfte der Beträge, die nach dem 20. (in Berlin: 24.) Juni 1948 entrichtet worden sind, bei der Höherversicherung die ganzen Beträge.

Beitragssatz, der prozentuale Anteil des Arbeitsentgelts, der als Beitrag zur Deckung der Aufwendungen der Versicherungsträger zu zahlen ist. Der B. zur Krankenversicherung wird durch die Organe der Versicherungsträger, der B. zur Renten- und Arbeitslosenversicherung durch den Gesetzgeber bestimmt. Den B. zahlen Arbeitgeber und Arbeitnehmer je zur Hälfte.

Beitreibung, zwangsweise Einziehung von öff.-rechtl. Geldforderungen durch Behörden.

Beitrittsklausel, die in einem völkerrechtl. Vertrag enthaltene Bestimmung, daß andere Staaten dem Vertrag durch bloße Abgabe einer einfachen Erklärung beitreten können.

Beitz, Berthold, * Demmin 26. Sept. 1913, dt. Manager. - 1953–67 Generalbevollmächtigter der Firma Fried. Krupp, seit 1967 Vorsitzender des Kuratoriums der Alfried-Krupp-von-Bohlen-und-Halbach-Stiftung, seit 1970 Aufsichtsratsvorsitzender der Fried. Krupp GmbH; seit 1972 Mgl. des Internat. Olymp. Komitees.

Beitzger, svw. ↑Schlammpeitzger.
Beiwagen, svw. ↑Seitenwagen.
Beiwort ↑Adjektiv.
Beize, svw. ↑Beizjagd.
◆ svw. ↑Marinade.

Beizeichen (Brüche, Brisuren), in der *Heraldik* ↑Wappenkunde.

beizen, Oberflächen mit einer *Beize* (feste, flüssige oder auch gasförmige Stoffe, die auf chem. Wege die Oberfläche verändern) behandeln; Holz wird farbstärker, Leder wird in seinem Fasergefüge lockerer, Metall verliert unerwünschte Oberflächenschichten und bildet Schutz- und Effektschichten; in der Landwirtschaft werden Saatgut (zur Bekämpfung von tier. und pflanzl. Schädlingen) und Tabak (zur Gärungsanregung) gebeizt.
◆ ↑Marinade.

Beizenfarbstoffe, bas. oder saure synthet. Farbstoffe, die mit auf Textilfasern haftenden Metallhydroxiden (von Al, Fe, Cr) gefärbte Komplexverbindungen (Farblacke) bilden. Die Faser wird vor der Färbung mit einem Beizmittel (Aluminium-, Chromsalze, Tannin) behandelt.

Beizjagd (Beize), Jagd auf Vögel und Kleinwild mit abgerichteten Raubvögeln, meist Falken (**Falkenbeize**). Der Beizvogel, dem eine die Augen bedeckende Haube über den Kopf gestülpt wird, wird auf der von einem dicken Handschuh geschützten Faust getragen. Erst wenn er Wild jagen soll, wird ihm die Kappe abgenommen. - Zur *Geschichte der B.* ↑Jagd.

Beizprobe, svw. ↑Ätzprobe.

Beja [portugies. 'bɐʒɐ], portugies. Stadt, 130 km sö. von Lissabon, 20 000 E. Verwaltungssitz des Distrikts B.; Bischofssitz; Textil-, Leder- und Korkind. - 715 maur., 1162 endgültig wieder christl.; seit 1517 Stadt.

Béja [frz. be'ʒa], tunes. Stadt, 90 km wsw. von Tunis, 39 000 E. Verwaltungssitz des Gouvernements B., Zentrum des Agrargebiets **Béjaoua.** - Das phönik. **Vaga** wurde 109 v. Chr. von den Römern erobert (**Vacca**) und 197 n. Chr. Kolonie. - Zahlr. Moscheen; Reste einer Kasba; im Vorort Mzara Höhlenwohnungen.

Bejaia [frz. beʒa'ja], alger. Hafenstadt, 180 km östl. von Algier, 90 000 E. Hauptstadt des Verw.-Geb. B.; chem., Eisen-, Leder-, Textilind.; Endpunkt der 730 km langen Erdölpipeline von Hassi-Messaoud; Erdölexport. - In röm. Zeit **Saldae**; im 5. Jh. n. Chr. zeitweise Residenz des Vandalenkönigs Geiserich. Vom 15. Jh. - 1833 Seeräubernest; unter frz. Verwaltung neuer Aufschwung.

Béjart, Maurice [frz. be'ʒa:r], eigtl. M. J. Berger, * Marseille 1. Jan. 1927, frz. Tänzer und Choreograph. - Ab 1960 Ballettdirektor in Brüssel, leitet seit 1981 ein Choreographiezentrum, eine Schule und eine Ballettkompanie in Paris. Seine ausdrucksstarken Ballette basieren auf klass. Schrittmaterial, gemischt mit modernen, myst. und Jazzelementen. U. a. „Le sacre du printemps" (1959) und „Messe pour les temps présents" (1967).

Bekanntmachung (Bekanntgabe), für Gesetze und VO gilt die bes. B.form der Verkündung in den Gesetzblättern; gesetzl. vorgeschrieben ist der B., z. B. bei Aufgebot, öff. Zustellung, Zwangsversteigerung. Handelsgesellschaften sind zur B. gewisser die Gesellschaft betreffender Angelegenheiten in den Gesellschaftsblättern verpflichtet.

Bekassine [frz.; zu bec „Schnabel"] (Sumpfschnepfe, Gallinago gallinago), mit Schwanz etwa 28 cm langer Schnepfenvogel, v. a. auf Sümpfen und feuchten Wiesen (weidmänn. Riedschnepfe) in großen Teilen Eurasiens sowie N- und S-Amerika mit sehr langem, geradem Schnabel, schwarzem bis rötlichbraunem, gelbl. längsgestreiftem Rücken.

Bekehrung, die Annahme eines neuen Glaubens durch Zwang weltl. Gewalt oder durch eine innere Entscheidung.

Bekennende Kirche

Bekennende Kirche, aus dem 1933 von dem dt. ev. Theologen M. Niemöller organisierten „Pfarrernotbund" hervorgegangene kirchl. Oppositionspartei gegen die nationalsozialist. geprägten †Deutschen Christen sowie gegen die Unterdrückung der Kirche durch den nationalsozialist. Staat. Die B. K. formulierte ihre theolog. Grundsätze in der †Barmer Theologischen Erklärung auf der *Barmer Bekenntnissynode* (29.–31. Mai 1934). Sie bildete einen Reichsbruderrat und Landesbruderräte, die die Funktionen einer Kirchenleitung übernahmen. Nach dem 2. Weltkrieg wurden zahlr. Führer der B. K. beim kirchl. Neuaufbau mit leitenden Funktionen betraut.

Bekenner (lat. confessor), in der Kirche der Märtyrerzeit der Christ, der vor dem Richter seinen Glauben bekannte, dafür Strafen, aber nicht den Tod erlitt. In der heutigen kath. Kirchensprache ist es der Titel aller männl. Heiligen, die nicht Märtyrer sind.

Bekenntnis, 1. prägnante, für die Anhänger einer Religion verpflichtende Formulierung ihrer Glaubensinhalte und zugleich Abgrenzung gegenüber davon abweichenden Glaubensaussagen (Häresien). Im *Christentum:* Das N. T. überliefert eine große Zahl geprägter Formulierungen, die größtenteils auf den urchristl. Gottesdienst zurückgehen. Sie bezeichnen Jesus als den Christus, den Sohn Gottes (Mark. 8, 29), bestimmen sein Geschick und seinen Tod als Heilsgeschehen (1. Kor. 15, 3 ff.), setzen es in Verbindung mit dem B. zu dem einen Gott, dem Schöpfer (1. Kor. 12, 6). In den dogmat. Streitigkeiten der werdenden Großkirche wird das B. dann zur Norm der reinen Lehre. In der Reformation gewinnt das B. grundlegende Bedeutung. Im 20. Jh. kommt es durch die Auseinandersetzung mit antichristl. Ideologien (Kirchenkampf) zu neuen B.formulierungen (Barmer Theologische Erklärung, 1934). - 2. Bez. für die B.- bzw. Glaubensgemeinschaft innerhalb des Christentums, svw. *Konfession.*
📖 Leeuw, G. van der: *Phänomenologie der Religion.* Tüb. ⁴1977. - Dörries, H.: *Das B. in der Gesch. der Kirche.* Gött. ²1947.

Bekenntnisfreiheit, durch Art. 4 Abs. 1 GG verbürgtes Recht jedes Menschen, seine Überzeugung in religiösen und weltanschaul. Fragen offen zu bekennen, aber auch zu verschweigen (**negative Bekenntnisfreiheit**), ohne Nachteile zu erleiden. Gemäß der negativen B. dürfen die Behörden nicht die innere Überzeugung der Bürger erforschen und die äußere Überzeugung nur dann, wenn davon Rechte oder Pflichten abhängen oder eine gesetzl. angeordnete statist. Erhebung dies erfordert. Im *östr. Recht* entspricht der B. die Glaubens- und Gewissensfreiheit. Diese hat nach Art. 14 des Staatsgrundgesetzes vom Jahre 1867 nur Religionsbekenntnisse, nicht aber allg. Weltanschauungen zum Gegenstand. Nach *schweizer. Recht* ist die Glaubens- und Gewissensfreiheit unverletzlich (Art. 49 BV).

Bekenntnisschriften, schriftl. Zusammenfassung von †Bekenntnissen, die die Norm für die Lehre darstellen und von kirchl. bzw. theolog. Instanzen autorisiert worden sind. - Dazu gehören in der *alten Kirche* das Apostolische Glaubensbekenntnis in seinen verschiedenen Fassungen (Konzil von Nizäa, von Konstantinopel), Glaubensentscheidungen der allgemeinen Konzilien (z. B. Chalkedon) sowie deren disziplinäre Festlegungen, auch päpstl. Lehrschreiben und Synodalbeschlüsse. - In spezif. Weise haben *die reformator. Kirchen* die Normen des Glaubens in B. festgestellt. Im Luthertum sind es v. a. das †Augsburger Bekenntnis (1530) und die Katechismen Luthers. In der ref. Kirche findet sich eine weitaus größere Mannigfaltigkeit von B. (Confessio Belgica, Confessio Bohemica, Confessio Gallicana, Confessio Helvetica, Confessio tetrapolitana, Genfer Katechismus, Heidelberger Katechismus).
📖 Mildenberger, F.: *Theologie der Lutherischen B.* Stg. 1983.

Bekenntnisschule †Gemeinschaftsschule.

Békésy, Georg von [ungar. 'be:ke:ʃi], * Budapest 3. Juni 1899, † Honolulu 13. Juni 1972, amerikan. Biophysiker ungar. Herkunft. - Seit 1947 in den USA; 1949–61 Prof. an der Harvard University, seit 1966 an der Univ. von Hawaii. Bed. Forschungsarbeiten und Entdeckungen zum Unterscheidungs- und Selektionsvermögen des Ohrs; erhielt 1961 den Nobelpreis für Physiologie oder Medizin.

Beklagter, im Zivilprozeß der Prozeßgegner, auf den sich die prozeßbegründenden Erklärungen beziehen.

Bekmeserer, Sixtus †Beckmesser, Sixtus.

Bektaschi-Orden, türk. Derwischorden, entstanden im 13. Jh. unter den Anhängern des Haddschi Baktasch. Er erhielt 1515 durch Balim Sultan seine endgültige Organisationsform. 1925 wurden alle Derwischorden in der Türkei verboten; in Albanien bestehen die Bektaschis noch heute. - Die Bektaschis bekennen sich zu den zwölf Imamen der †Schia. In ihren geheimen Lehren und Riten finden sich christl. Elemente, z. B. Beichte und Absolution, ein rituelles Mahl mit Wein, Brot und Käse, Teilnahme der Frauen am Gottesdienst ohne Schleier.

Bel [bɛl, beːl; nach A. G. Bell], Kurzzeichen B, Hinweiswort bei dimensionslosen Größen, die durch den dekad. Logarithmus des Quotienten zweier physikal. Größen gleicher Größenart definiert sind:

$$M = \lg(P_1/P_0) \text{ Bel},$$

z. B. $M = 3$ Bel, wenn $P_1 = 1000\ P_0$. In der Praxis wird meist das **Dezibel** (Kurzzeichen dB) verwendet; dabei gilt:

$$M = 10 \lg(P_1/P_0) \text{ dB.}$$

Béla, Name ungar. Könige aus der Dynastie der Arpaden.

Belafonte, Harry [engl. bɛləˈfɔntɪ], *New York 1. März 1927, amerikan. Sänger und Filmschauspieler. - Machte den Calypso populär („Banana boat", „Coconut woman"). Bekannt durch den Film „Carmen Jones" (1955).

Belagerung, Einschließung einer befestigten Anlage, um sie mit Hilfe von B.geräten oder durch Aushungern zur Übergabe zu zwingen.

Belagerungszustand, bei Krieg oder Kriegsgefahr oder bei dringender, durch Aufruhr verursachter Gefahr für die öff. Sicherheit verhängte äußerste Notmaßnahme des Staates für einzelne Staatsteile oder das gesamte Staatsgebiet († Ausnahmezustand); führt regelmäßig zu einer Konzentration der Exekutivgewalt (insbes. bei den militär. Behörden), Einschränkung der Freiheitsrechte und Verschärfung des Strafrechts.

Belaja [russ. bjɛlʌjɐ], linker Nebenfluß der Kama, entspringt im Südl. Ural, UdSSR, mündet an der NO-Grenze der Tatar. ASSR, 1 430 km lang, schiffbar ab Ufa.

Belaja Zerkow [russ. ˈbjɛlʌjɐ ˈtsɛrkɐfj], sowjet. Stadt. 70 km ssw. von Kiew, Ukrain. SSR, 176 000 E. Landwirtschaftshochschule, Theater; Werk für Traktoreneinzelteile, Betonwerke, Nahrungsmittelind. - Urkundl. erstmals im 14. Jh. erwähnt; seit Mitte des 16. Jh. - 1793 einer der wichtigsten Stützpunkte der Kosaken gegen die Polen.

Béla Kun † Kun, Béla.

Belalcázar, Sebastián de, span. Konquistador, † Benalcázar, Sebastián de.

Belami [frz. „schöner Freund"], urspr. Herzensfreund, Vertrauter; dann auch svw. Frauenliebling.

Belastung, Beanspruchung eines Körpers durch äußere Einflüsse (z. B. Wärme, Korrosion, Strahlung); in der *techn. Mechanik* Gesamtheit der auf einen Körper wirkenden äußeren Kräfte und Momente, die ihn auf Zug, Druck, Biegung, Scherung, Verdrehung beanspruchen († Beanspruchung).

♦ (Last) in der *Technik* von einer Maschine, z. B. von einer Turbine oder einem Elektromotor abgegebene Leistung. Bei Antriebsmaschinen versteht man unter B. auch das zu überwindende Drehmoment der anzutreibenden Maschine.

♦ in der *Wasserwirtschaft* die Menge eines verschmutzenden Stoffes, die einem Gewässer in der Zeiteinheit (Stunde oder Tag) zugeführt wird.

♦ im *Recht* Beschränkung des Eigentums oder sonstiger Rechte durch Rechte Dritter.

Belau (Palauinseln) † Karolinen.

Belaúnde Terry, Fernando [span. beˈlaunde ˈtɛrri], *Lima 7. Okt. 1912, peruan. Politiker. - Seit 1956 Führer der Partei „Acción Popular", 1963-68 (durch Militärputsch gestürzt) Staatspräs.; verwirklichte Reformen in Wirtschaft, Erziehung und Sozialwesen; kehrte 1976 aus dem Exil in den USA zurück; 1980-85 erneut Staatspräsident.

Belcanto [italien. „schöner Gesang"], Gesangstil v. a. der italien. (bzw. italien. orientierten) Oper des 17.-19. Jh., der um klangsinnl. Schönheit in Tongebung und Stimmführung bemüht ist.

Belchen, Berg im südl. Schwarzwald, Bad.-Württ., 1 414 m hoch.

B. † Elsässer Belchen.

B. (Großer B., Grand Ballon) † Großer Belchen.

Belebtschlamm, an Mikroorganismen reicher Schlamm, der bei der biolog. Abwasserreinigung († Abwasser) den Abwassertanks (unter kräftiger Belüftung) zugesetzt wird, damit (über die Mikroorganismen) organ. Abwasserstoffe abgebaut werden.

Belebungsbecken † Kläranlage.

Belecke, Ortsteil von † Warstein.

Beleg, die für jeden Geschäftsvorfall vorhandene bzw. anzufertigende und zur Erfassung in der Buchhaltung vorgesehene Unterlage. Arten: 1. **externe Belege,** z. B. Ein- oder Ausgangsrechnungen, Zahlungs-B., 2. **interne Belege,** z. B. Lohnzettel, Materialentnahmescheine usw., 3. **künstl. Belege** für Umbuchungen, Storni usw.

belegen, svw. † decken.

♦ sich zu Semesterbeginn in die Vorlesungs- und Seminarlisten einer Hochschule eintragen.

♦ *seemänn.:* ein Seil kreuzweise um einen Poller schlingen, so daß es sich bei Zug selbst einklemmt (festlegt).

Belegenheit, Zugehörigkeit einer unbewegl. Sache (Grundstück) zu einem Verwaltungs- oder Gerichtsbezirk.

Belegschaft, die Gesamtheit aller in einem Unternehmen beschäftigten Arbeitnehmer.

Belegschaftsaktien (Arbeit[nehm]eraktien), Aktien, die an Belegschaftsmitglieder zu bes. günstigen Bedingungen ausgegeben werden, um die Beschäftigten am Unternehmen zu beteiligen.

Belehnung † Lehnswesen.

Beleidigung, die rechtswidrige Verletzung der Ehre eines Lebenden durch vorsätzl. Kundgebung der Mißachtung oder Nichtachtung, wobei unter Ehre sowohl die Würde als auch die Geltung in den Augen der anderen zu verstehen ist. Beleidigt werden kann der einzelne nicht nur unmittelbar, sondern auch durch die B. naher Verwandter oder durch B. einer Mehrzahl von Personen unter einer Kollektivbezeichnung („alle dt. Ärzte"). Selbständig beleidigungsfähig sind Gemeinschaften, wie z. B. das Dt. Rote Kreuz, und

Beleihung

jurist. Personen. Eine B. kann wörtl., schriftl., bildl. oder durch Tätlichkeiten erfolgen. Sie liegt auch dann vor, wenn die Äußerung wahr ist, sich jedoch aus der Form der Behauptung oder den Umständen das Vorhandensein einer B. ergibt (**Formalbeleidigung**). Die B. wird nach § 185 StGB mit Geldstrafe oder Freiheitsstrafe bis zu einem Jahr oder, wenn die B. durch eine Tätlichkeit begangen worden ist, bis zu zwei Jahren bestraft. Verfolgt wird die B. nur auf Antrag des Verletzten oder - bei der Beamtenbeleidigung - des Vorgesetzten des Beamten. Formen der B. sind die **üble Nachrede** (Behauptung und Verbreitung von unwahren, verächtlichmachenden oder herabwürdigenden Tatsachen; § 186 StGB), die **Verleumdung** (Behauptung und Verbreitung von unwahren, verächtlichmachenden oder herabwürdigenden Tatsachen wider besseres Wissen; § 187 StGB) und die **Verunglimpfung des Andenkens Verstorbener** (§ 189 StGB).
Im *östr. Recht* und *schweiz. Recht* gilt Entsprechendes.

Beleihung, Gewährung eines Kredits, der durch ein Pfand gesichert wird.

Belém [portugies. bə'lẽi], Stadtteil von Lissabon.
B. [brasilian. be'lẽi] (offiziell Nossa Senhora de B. do Pará), Hauptstadt des brasilian. Bundesstaates Pará, am S-Rand der Baía de Marajó, 756 000 E. Sitz eines Erzbischofs; Univ. (gegr. 1957), Chemie-Ingenieurschule; Hauptexporthafen für die Produkte des Amazonasgebietes; ✈. - Gegr. 1616 von Portugiesen; Aufschwung durch Freigabe der Amazonasschiffahrt für alle Nationen (1867) und durch den Kautschukboom. - Kolonialzeitl. Altstadt, moderne Neustadt.

Belemniten [zu griech. bélemnos „Geschoß" (weil man früher die versteinerten Skeletteile für „Geschosse" hielt)], Ordnung fossiler, 1–2 m langer Kopffüßer; Blütezeit Jura und Kreide; ähnelten den heutigen Tintenfischen; hinter dem gekammerten Gehäuse lag das massive Rostrum (Donnerkeil).

Beletage [bɛlɛ'taːʒə; frz.], veraltet für Ober-, Hauptgeschoß, erster Stock.

Beleuchtung, die Erhellung von Räumlichkeiten, Straßen u. a. durch direkte oder indirekte Bestrahlung mit natürl. oder künstl. Licht. Auch die Ausstattung von Räumen, Straßen oder Verkehrsmitteln mit Lichtquellen.
Geschichte: Eine der ältesten Lichtquellen ist der Kienspan, bes. harzreiches Kiefernholz, das mit hell leuchtender Flamme abbrennt. Aus vorgeschichtl. Fundstellen in Hallstatt und aus Wikingerfunden in Dänemark ist ferner als eines der ältesten B.geräte die Fakkel bekannt. Sie gilt als Vorläufer der Kerze, durch die sie im MA in der Innen-B. verdrängt wurde. Neben diesen aus festem Material bestehenden B.quellen kannte man schon im Paläolithikum Lampen in Form ausgehöhlter Steinschalen, die mit tier. oder pflanzl. Ölen, mancherorts auch mit Erdöl gefüllt wurden. Als Docht diente zusammengedrehter Faserstoff. Den mehrfach verbesserten und häufig künstler. reich ausgestalteten Öllampen traten vom Ende des 18. Jh. an allmählich auch Gaslampen zur Seite, wobei zumeist Steinkohlengas verwendet wurde. Den nächsten großen techn. Fortschritt in der Entwicklung der B. stellt die Entwicklung der elektr. Glühlampe durch T. A. Edison dar. In neuester Zeit werden v. a. die techn. verbesserten Glühlampen und die diesen in vieler Hinsicht überlegenen Leuchtstoffröhren zur B. verwendet.

Beleuchtungsstärke, Formelzeichen E, Quotient aus dem senkrecht auf eine Ebene fallenden Lichtstrom Φ und der Größe A dieser Fläche: $E = \Phi/A$.
Einheit der B. ist das ↑ Lux (lx).

Beleuchtungsstärken:	
Vollmond	ca. 0,20 lx
Autoscheinwerfer in 25 m Entfernung	10–15 lx
Straßenbeleuchtung	20 lx
Wohnraumbeleuchtung	100–200 lx
Beleuchtung zum Lesen	300 lx
Arbeitsplatzbeleuchtung für sehr feine Arbeiten	1 000–4 000 lx
Beleuchtung durch Sonne im Schatten	2 000–10 000 lx
direkte Beleuchtung durch Sonne	70 000–100 000 lx

Belfast, Hauptstadt von Nordirland, an der NO-Küste der Insel, beiderseits der Mündung des Lagan in den B. Lough, 323 000 E. Verwaltungssitz des Distrikts B.; anglikan. und kath. Bischofssitz; Univ. (seit 1908), Fachhochschulen, Presbyterianer-College, Forschungseinrichtungen; Motorradrennstrecke „Dundrod-Kurs" (12 km lang). - Der Raum B. ist das einzige hochindustrialisierte Gebiet Nordirlands; bed. Schiffbau; Flugzeug-, Elektro-, Reifen- und Nahrungsmittelind., Erdölraffinerie. Der Hafen kann von Schiffen bis 32 000 t angelaufen werden; Containerverkehr mit England und Kontinentaleuropa; ✈ Aldergrove. - 1177 Bau einer anglonormann. Burg; Burg und Siedlung mehrfach zerstört. 1613 Stadtrecht; Aufstieg nach Brückenbau 1688 und Ansiedlung frz. Hugenotten (nach 1685); wurde Zentrum von Leinenherstellung und -handel und des Schiffbaus; 1888 City. - Albert Memorial (1870; Uhrturm), Kathedrale (1899; unvollendet), City Hall (1906; Neorenaissance).

Belfort [frz. bɛl'fɔːr], frz. Stadt im nördl. Teil der Burgund. Pforte, 51 000 E. Verwaltungssitz des Dep. Territoire de B.; Elektro-, Textil-, Farben- und Möbelind. - Burg wohl 11. Jh., 1307 Stadtrecht; 1636 von Frankr. besetzt, 1686 Bau einer von Vauban entworfe-

Belgien

nen Festung, immer wieder modernisiert. - An die Belagerung von 1870/71 erinnert der in Sandstein gehauene „Löwe von B." (22 m lang, 11 m hoch) von F. A. Bartholdi.

B. (amtl. Territoire de B.), Dep. in Frankr.

Belfried (Beffroi), städt. Glockenturm (Spät-MA und Renaissance) in Flandern.

Belgard (Persante) (poln. Białogard), Stadt in Pommern, an der Persante, Polen▼, 22 000 E. Holzindustrie. - Got. Marienkirche (14. Jh.; 1950 restauriert), Altes Rathaus (18. Jh.), ehem. Wehranlagen (14. Jh.).

Belgen (lat. Belgae), Sammelbez. für die im Altertum das nördl. Gallien zw. Seine, Marne, Rhein und Nordsee bewohnenden, aus Kelten und Germanen bestehenden Stämme (u. a. Aduatuker, Ambianer, Atrebaten, Bellovaker, Eburonen, Kondrusen, Menapier, Moriner, Nervier, Remer, Suessionen, Veliokassen, Viromanduer), die sich im 3. Jh. v. Chr. aus den kelt. Trägern der Marnekultur und zuwandernden Germanen bildeten; 51 v. Chr. von Cäsar unterworfen.

Belgica (Gallia Belgica) [lat.], röm. Provinz.

Belgien

(amtl. Vollform: Koninkrijk België, Royaume de Belgique), parlamentar. Monarchie in W-Europa, zw. 49° 30′ und 51° 30′ n. Br. sowie 2° 32′ und 6° 24′ ö. L. **Staatsgebiet:** Erstreckt sich von der Kanalküste bis zu den Ardennen; gemeinsame Grenzen bestehen mit den Niederlanden im N und NO, mit der BR Deutschland im O, mit Luxemburg im SO und mit Frankr. im S; im W stößt Belgien an den Atlantik. **Fläche:** 30 518 km². **Bevölkerung:** 9,86 Mill. E (1985), 323 E/km². **Hauptstadt:** Brüssel. **Verwaltungsgliederung:** 9 Prov. **Amtssprachen:** Niederländisch, Französisch. **Nationalfeiertag:** 21. Juli (Unabhängigkeitstag). **Währung:** Belg. Franc (bfr) = 100 Centimes (c). **Internat. Mitgliedschaften:** UN, NATO, EG, Europarat, OECD, Benelux, GATT, WEU. **Zeitzone:** MEZ (mit Sommerzeit).

Landesnatur: B. hat Anteil an drei großen Landschaftsräumen: Hinter der rd. 65 km langen Nordseeküste erstreckt sich das flandr. Tiefland (Nieder-B.); hier folgt einem Dünensaum landeinwärts ein etwa 15 km breiter, eingepolderter Marschenstreifen sowie die von Sanden oder Löß bedeckte Geest, ein welliges bis hügeliges Gelände. In Mittel-B. schließen sich die von der Schelde und ihren Nebenflüssen entwässerten Lößlandschaften an (Brabant, Haspengau, Hennegau). Das Gebiet südl. von Sambre und Maas (Hoch-B.) wird von den Ardennen (Botrange 694 m ü. d. M.) und ihrem Vorland eingenommen. Steile Schichtstufen leiten am S-Rand der Ardennen zum Pariser Becken über.

Klima: Das Klima ist ozean., im NO (Kempenland) machen sich kontinentale Züge bemerkbar.

Vegetation: Soweit die natürl. Pflanzenwelt erhalten ist, bestimmen Dünengräser und Heide die Küstenvegetation. Im Binnenland treten im Geestbereich Kiefernwälder und Heideflächen auf, im übrigen B. Laub- und Mischwälder, in den Ardennen verbreitet Hochmoore.

Bevölkerung: Etwa 55 % der Bev. sind Flamen (mit niederl. Sprache), 44 % Wallonen (mit frz. Sprache), 0,6 % Deutsche (in Eupen-Malmedy). Die Sprachgrenze verläuft knapp südl. der Städtelinie Kortrijk–Ronse–Halle–Brüssel–Löwen–Tongern. Brüssel selbst ist zweisprachig. Seit 1971 gibt es.drei Kulturalamente für die drei Sprachregionen. Die Bev. ist überwiegend röm.-kath. Schulpflicht besteht von 6–15 Jahren; B. verfügt über acht Univ. (die älteste wurde 1426 in Löwen gegr.), mehrere Einzelfakultäten für verschiedene Wiss.bereiche, Fachhochschulen, Musikkonservatorien und wiss. Akademien.

Wirtschaft: Die Landw., in der Kleinbetriebe vorherrschen, deckt rd. ⁴/₅ des Inlandbedarfs. B. ist arm an Bodenschätzen, abgesehen von Steinkohle. Sie war die Grundlage der wallon. Ind.gebiete, die sich von Lüttich über Charleroi bis zur frz. Grenze hinziehen; die Förderung geht seit 1973 zurück; in Wallonien ist sie 1981 ausgelaufen, nicht aber im Kempenland. Bedingt durch den Rückgang im Bergbau sowie durch den Trend, Erdölraffinerien, chem. und petrochem. Ind. v. a. in Küstengebieten anzusiedeln, ist die wallon. Wirtschaft gegenüber derjenigen Flanderns ins Hintertreffen geraten. So erlebt z. Z. v. a. der Raum Antwerpen einen beachtl. Wirtschaftsaufschwung.

Außenhandel: Die stark exportorientierte belg. Ind. führt v. a. Eisen und Stahl, chem. Erzeugnisse, Maschinen und Fahrzeuge aus. Seit 1922 besteht eine Handelsunion mit Luxemburg. Zur Energieversorgung wird v. a. Erdgas eingeführt. Die wichtigsten Handelspartner sind die BR Deutschland, Frankr., die Niederlande, USA, Großbrit. und Italien.

Verkehr: Das Schienennetz ist 3 842 km lang, das Straßennetz 13 297 km, darunter 1 388 km Autobahnen. Die Wasserstraßen selbst sind eine Länge von 1 560 km. Wichtigster Seehafen (einer der größten Europas) ist Antwerpen, neben Ostende Ausgangspunkt des Fährverkehrs mit Großbritannien. Neben der nat. Luftfahrtgesellschaft SABENA bestehen mehrere Chartergesellschaften. Die internat. ✈ von Brüssel, Antwerpen und Ostende werden von über 40 ausländ. Gesellschaften angeflogen.

Geschichte: Der Name B. geht zurück auf die Bez. der röm. Prov. (Gallia) *Belgica*. Die heute noch polit. relevante Sprachgrenze zw. Wallonen und Flamen entstand während der

Belgien

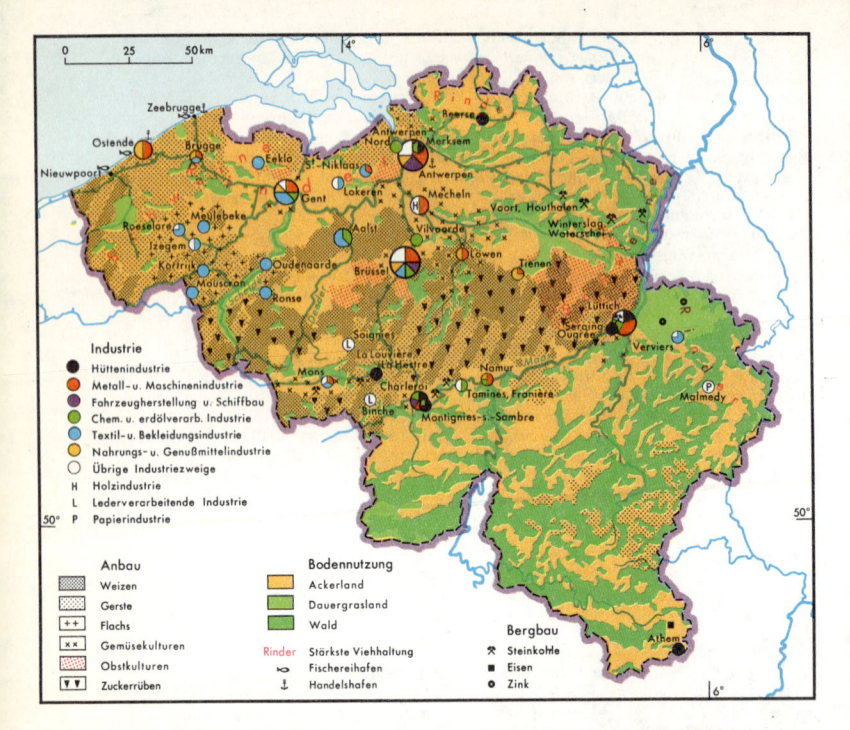

Belgien, Wirtschaftskarte

Völkerwanderung durch die Niederlassung erst der sal., dann der ripuar. Franken im N der Prov. Belgica II. Der größere östl. Teil des seit dem 5. Jh. zum Frankenreich gehörenden Gebietes fiel 880 an das Ostfränk., der kleinere westl. Teil an das Westfränk. Reich. Seit 1385 gelangte das Gebiet des heutigen B. nach und nach an das sich ausbildende Burgund. 1477 kamen die gesamten Niederlande an die Habsburger. Die Unabhängigkeit der Vereinigten Niederlande 1648 führte zur Ausbildung der N-Grenze des heutigen B. Aus dem Anfang des 18. Jh. resultiert die heutige S-Grenze zu Frankr. 1790 kam es zur kurzfristigen Unabhängigkeitserklärung der „vereinigten belg. Staaten". Nach Besetzung durch Frankr. (1794) wurde B. von frz. Rechts- und Verwaltungsnormen überzogen. Begünstigt durch die Kontinentalsperre entwickelte sich B. in der 1. Hälfte des 19. Jh. zum am stärksten industrialisierten Staat nach Großbritannien. Auf Betreiben der Großmächte waren B. und die Niederlande 1815 auf dem Wiener Kongreß zum Kgr. der Vereinigten Niederlande zusammengefaßt worden. 1828 schlossen liberale und kath. Gruppen ein Bündnis gegen den Einheitsstaat. Im Aug. 1830 entluden sich in einem von Brüssel ausgehenden, von Frankr. unterstützten Aufstand die Spannungen, der zur Unabhängigkeitserklärung B. am 4. Okt. 1830 führte. Die 5 Großmächte erkannten auf der Londoner Konferenz 1830/31 die Unabhängigkeit des neuen Staates an, den sie für permanent neutral erklärten. Als brit.-frz. Kompromißkandidat wurde Leopold I. aus dem Hause Sachsen-Coburg zum König der Belgier gewählt. Nach 1839 traten Spannungen zw. liberaler und kath. Bewegung auf, und bis 1857 löste eine Regierung der Mehrheitspartei die Koalitionsregierung ab. In der 2. Hälfte des 19. Jh. kamen die Auseinandersetzungen v. a. auf dem Schulsektor zum Austrag, als zunächst noch nebenrangiges Problem tauchte seit 1840 die Sprachenfrage auf. Eine indirekte Bestätigung, schließl. jedoch eine Bedrohung der belg. Neutralität, v. a. von seiten Deutschlands, resultierte aus dem Erwerb des belg. Kongo († auch Zaïre, Geschichte). Dieses Gebiet, fakt. Privatbesitz des belg. Königs, ging 1908 auf Grund der v. a. von Großbrit. angeprangerten Mißstände im Verwaltungssystem an den belg. Staat über. Durch den Einmarsch dt. Truppen 1914 wurde die Neutralität B. verletzt, der äußerste W des Landes war während des 1. Weltkrieges

Belgier

Frontgebiet. Die dt. Militärverwaltung versuchte eine Spaltungspolitik zw. dem wallon. und fläm. Bevölkerungsteil zu betreiben. Die Friedensregelung von 1918/19 brachte neben dem Gewinn des dt.-sprachigen Gebietes von Eupen und Malmedy das Ende der Neutralitätsbestrebungen und eine Anlehnung v. a. an Frankr. Im 2. Weltkrieg wurde B. erneut von dt. Truppen besetzt. Während sich die Regierung ins Exil nach London begab, blieb König Leopold III. als Kriegsgefangener in Belgien. Unter dem Vorwurf der Kollaboration mit den Deutschen mußte Leopold III. nach der Befreiung 1944 sein Amt seinem Bruder Karl überlassen. Als eine kath. Regierung Leopold III. 1950 nach einer Volksabstimmung zurückrief, zwangen ihn die Sozialisten durch einen Generalstreik zur Abdankung zugunsten seines Sohnes Baudouin I. - Außenpolit. engagierte sich B. nach dem 2. Weltkrieg bei gleichzeitiger Aufgabe seiner Neutralität im westl. Bündnissystem. Das aus dem Verlust der Kolonie Belg.-Kongo (1960 Unabhängigkeit) sowie aus einer Strukturkrise im techn. veralteten Kohlenbergbau resultierende Sparprogramm der Regierung (1961) führte zu einer Verschärfung des Sprachenkampfes zw. Wallonen und Flamen in den 1960er Jahren. Das von den großen Parteien seit Anfang der 1960er Jahren gemeinsam verfolgte Ziel einer Regionalisierung von B. wurde mit der Verfassungsreform von 1970 nur vorläufig erreicht. B. wurde in die 3 Regionen Flandern, Wallonien und Brüssel aufgeteilt. Doch bereiteten die Durchführungsgesetze große Schwierigkeiten. Mehrere Reg. sind darüber bis heute gestürzt. Nach dem Rücktritt des christdemokrat. Min.präs. L. Tindemans (1974–78) und Parlamentswahlen im Dez. 1978 bildete W. Martens (PSC/CVP) im April 1979 eine Koalitionsreg. mit Sozialisten und der Front Démocratique des Francophones (FDF). Im Kabinett wurden Teilreg. mit Zuständigkeit für regionale Wirtschaft und Kultur gebildet. Am 5. Aug. 1980 billigte die Abg.kammer mit großer Mehrheit eine Verfassungsänderung, die - unter vorläufiger Ausklammerung des Status von Brüssel - eine weitgehende Föderalisierung von B. vorsieht. Über die Frage eines Wirtschaftssanierungsprogramms kam es im Okt. 1980 zu einer Reg.neubildung ohne die FDF, im März 1981 zum Rücktritt von Min.-präs. Martens. Der Christdemokrat G. Eyskens bildete daraufhin im April 1981 erneut eine Koalitionsreg. mit den Sozialisten, wurde jedoch bereits im Dez. 1981 nach vorgezogenen Wahlen durch W. Martens mit einem Mitte-Rechts-Bündnis abgelöst (1985 bestätigt). Seit Mai 1988 regiert eine Koalition aus CVP, PSC, PS, SP und VU unter W. Martens.
Politisches System: Nach der mehrfach, zuletzt 1980 geänderten Verfassung von 1831 ist B. eine parlamentar. Monarchie, erbl. in direkter männl. Linie des Hauses Sachsen-Coburg.

Trotz weitgehender verfassungsmäßiger Rechte besitzt der König als *Staatsoberhaupt* fakt. nur Repräsentationsbefugnisse. In Übereinstimmung mit der Mehrheit im Senat und in der Abg.kammer ernennt er die Reg., bei der die *Exekutive* liegt. Min.präs. und Min. sind dem König (nur formell) und dem Parlament verantwortl.; seit 1946 besteht daneben ein gleichfalls an der Exekutive beteiligter Staatsrat mit Gesetzgebungs- und Verwaltungsabteilung. Die *Legislative* liegt beim Parlament. Es besteht aus der Abg.kammer (z. Z. 212 Abg.), die bei allg. Wahlpflicht (ab 18 Jahren) alle 4 Jahre gewählt wird, und dem Senat, der auch alle 4 Jahre neu gewählt wird, wobei die 181 Senatoren auf unterschiedl. Weise bestimmt werden.
Aufgrund des Sprachenstreits ist das belg. *Parteiwesen* relativ kompliziert. Die ursprüngl. fläm. und wallon. Flügel der großen Parteien sind in den 1970er Jahren zu selbständigen Parteien geworden. Die wichtigsten sind die christlich-demokrat. Christelijke Volkspartij (CVP) und Parti Social Chrétien (PSC), die beiden sozialist. Parteien Socialistische Partij (SP) und Parti Socialiste (PS), die liberalen Parteien Partij voor Vrijheid en Vooruitgang (PVV) und Parti Réformateur Libéral (PRL). Von den sog. Sprachenparteien ist die fläm. Volksunie (VU) die wichtigste. Rd. 2,4 Mill. Arbeitnehmer sind in den beiden *Gewerkschaftsverbänden* Fédération Générale du Travail de Belgique/Algemeen Belgisch Vakverbond (sozialist.) und Confédération des Syndicats Chrétiens (christl.) organisiert.
Die regionale und kommunale *Verwaltung* wird von den jeweiligen Vertretern des Königs (9 Prov.gouverneure und die vom König ernannten Bürgermeister) wahrgenommen. Für die Regionen Flandern, Wallonien und Brüssel bestehen ebenso wie für die Sprachengemeinschaften der Flamen, Wallonen und Deutschsprachigen eigene Parlamente und Exekutivorgane. Die Sprachengemeinschaften sind u. a. zuständig für Kultur, Gesundheits- und Sozialwesen, die regionalen Zuständigkeiten umfassen u. a. Bodennutzung, Umweltschutz, Städtebau sowie Energieversorgung.
Die *Rechts*prechung wird nach frz. Vorbild von ordentl. Gerichten und Sondergerichten ausgeübt. Als Sondergerichte sind die „Tribunaux d'exception" zuständig für Zivil- und Handelsangelegenheiten, die „Juridictions spéciales" für Strafsachen, der Oberste Kassationsgerichtshof für die Ministeranklage.
Die *Streitkräfte* umfassen bei allg. Wehrpflicht rd. 88 300 Mann.
📖 *Cossart, A. v.: B., Königreich. Eine Landesgesch. in 12 Epochen. Bln. 1985. - Dumont, G. H.: Histoire de la Belgique. Paris 1977. - Hambloch, H.: Die Beneluxstaaten. Eine geograph. Länderkunde. Darmst. 1977.*

Belgier (Brabanter), massiges, kräftiges

belgische Kunst

Kaltblut-Arbeitspferd; bäuerl. Zuchtrasse aus Belgien, bes. Brabant; in NRW als **Rheinisch-Deutsches Kaltblut** in Zucht.

belgische Kunst, auf Grund der polit. Geschichte spricht man erst nach 1830 von b. K. (die Kunst der südl. Niederlande der vorangehenden Zeit wird als fläm. Kunst abgegrenzt, ↑niederländische Kunst). Künstlergemeinschaften kennzeichnen die Entwicklung der bildenden Künste in Belgien, die trotz der herrschenden Historienmalerei Realismus und Symbolismus vorantrieben. In der 2. Hälfte des Jh. malen Realisten wie H. de Braekeleer, J. Stobbaerts, sie stehen neben sozial engagierten Künstlern wie dem Maler E. Laerman und dem Bildhauer C. ↑Meunier. In Sint-Martens-Latem sammelt sich um 1900 eine symbolist. Gruppe (u. a. G. van de Woestijne), weitere Vertreter des Symbolismus sind F. ↑Rops, F. ↑Khnopff, J. ↑Ensor, der sich einer impressionist. Technik bedient, Hauptvertreter des Impressionismus ist R. Wouters. Der Jugendstil weist bed. Namen auf: der Bildhauer G. ↑Minne, die Architekten V. ↑Horta, P. ↑Hankar, H. van de ↑Velde, den Expressionismus vertreten neben C. ↑Permeke, der ebenfalls in Sint-Martens-Latem arbeitet, J. Brusselmans, F. Masereel u. a., den Surrealismus R. ↑Magritte und P. ↑Delvaux. Der Beitrag Belgiens zur abstrakten Malerei setzt mit G. Vantongerloo ein, nach dem 2. Weltkrieg machte sich die Gruppe ↑Cobra einen Namen.

belgische Literatur ↑niederländische Literatur, ↑französische Literatur (in Belgien).

Belgischer Riese, in Belgien gezüchtete Rasse bis 70 cm langer und 8 kg schwerer, meist wildfarbig grauer Hauskaninchen, aus denen verschiedene andere „Riesenrassen" (z. B. der Deutsche Riese) gezüchtet wurden.

Belgorod [russ. 'bjɛlgɐrʊt], sowjet. Gebietshauptstadt in der RSFSR, am oberen Donez, 274 000 E. TH, PH; Kessel-, Konserven-, Bekleidungsfabrik, Baustoffind.; Bahnknotenpunkt. - Gegr. im 13. Jh.; seit dem 17. Jh. Ausbau zur Grenzfestung.

Belgorod-Dnestrowski [russ. 'bjɛlgɐrɐdnɨs'trofskij] (im Altertum **Tyras**), sowjet. Stadt in Bessarabien, 40 km ssw. von Odessa, Ukrain. SSR, 33 000 E. Fischind.- und Landw.technikum, Kartonagen-, Bekleidungsfabrik, Baustoffkombinat, Weinkellerei; Bahnstation. - Bereits im 6. Jh. v. Chr. besiedelt; im 9. Jh. Handelszentrum an der Fernhandelsstraße von Europa nach Asien; 1484 osman., durch den Vertrag von Bukarest (1812) Rußland zugesprochen; 1918–1940 und 1941–44 rumän.

Belgrad (serbokroat. Beograd), Hauptstadt Jugoslawiens und der jugoslaw. Republik Serbien, an der Mündung der Save in die Donau, 122 m ü. d. M., 1,471 Mill. E. Sitz eines kath. Erzbischofs und eines Patriarchen der Serb.-Orth. Kirche; zwei Univ., Kunstakad., Akad. für Theater, Film und Fernsehen, Außenhandelsschule; Serb. Akad. der Wiss., landw. Forschungsinst., Kernforschungsinst., seismolog., meteorolog. Inst. u. a.; Nationalbibliothek, Staatsarchiv, Nationalmuseum; Nationaltheater; botan. Garten. Festung und Altstadt liegen auf einem 50 m hoch aufragenden Sporn im Mündungswinkel von Save und Donau. Wohn- und Villenviertel v. a. im SO, große Neubaugebiete westl. der Save. - Maschinen-, Fahrzeug- und Schiffbau, Herstellung von Elektromotoren, chem. Ind., internat. Messen; verkehrsgünstige Lage als Brückenstadt; ⚓.

Geschichte: B. liegt an der Stelle des von Kelten gegr. **Singidunum;** schon unter Augustus befestigtes röm. Legionslager; nach Zerstörung durch Hunnen und Goten neu aufgebaut; im MA zw. Bulgaren, Byzanz, Ungarn und Serben umkämpft; diente den Kreuzfahrern als Station auf dem Weg in den Orient; Anfang des 15. Jh. erstmals Residenz serb. Fürsten, 1427–1521 wichtige ungar. Grenzfestung gegen die Osmanen; nach Eroberung durch die Osmanen deren Hauptlager und Versorgungsbasis für Feldzüge nach N und W; bis 1867 osman. (bei kurzen Unterbrechungen östr. Besetzungen), wurde im 19. Jh. polit. und kulturelles Zentrum Serbiens. Der **Friede von Belgrad** am 18. Sept. 1739 beendete den Türkenkrieg Rußlands und Österreichs 1735–39.

Bauten: Sog. Röm. Brunnen (15. Jh.), Barjak-Moschee (17. Jh.), ortierte Erzengel-Michael-Kathedrale (1837–45) mit Fürstengräbern und Ikonensammlung, ehem. Königl. Schloß (1882), Festung Kalemegdan (1717–1739).

Belgrader Konferenz, Konferenz der blockfreien Staaten in Belgrad 1961 unter Teilnahme der meisten unabhängigen Länder Afrikas und Asiens, dazu Jugoslawien; auf der B. K. wurde versucht, angesichts der Berlinkrise und des Laoskonfliktes eine gemeinsame polit. Linie für alle blockfreien Länder zu finden.

Belgrader Nachfolgekonferenz ↑Konferenz über Sicherheit und Zusammenarbeit in Europa.

Belial [hebr.], im A. T. Begriff für Bosheit und Verderben, im N. T. (2. Kor. 6, 15) der Widersacher Christi, in den Kumran-Texten Begriff für „Schlechtigkeit" und z. T. Name eines Dämons.

Belichtung (Exposition), in der Photographie der bilderzeugende Vorgang. In der photograph. Sensitometrie wird auch das quantitative Maß dieser Lichteinwirkung als B. bezeichnet: Produkt aus Beleuchtungsstärke und Belichtungsdauer.

Belichtungsautomatik (automatische Belichtungssteuerung), automat. Übertragung des von einem in die photograph. Kamera eingebauten Belichtungsmesser ermittelten

Meßwerte auf Blende und Verschluß. Als **halbautomat. Systeme** bezeichnet man diejenigen, bei denen einer der Belichtungsfaktoren (Blende oder Verschlußzeit) vorgewählt, d. h. schon vor der Messung von Hand eingestellt werden kann. Der Belichtungsmesser ermittelt dann für den jeweiligen anderen Faktor unter Berücksichtigung der Filmempfindlichkeit einen Sollwert. Die Einstellung des anderen Faktors auf den Sollwert erfolgt mechan. oder elektronisch. Bei **vollautomat. Kameras** erfolgt die Einstellung von Blende und Zeit automatisch.

Belichtungsinnenmessung (Belichtungsmessung durch das Objektiv, TTL-Messung), Prinzip der Belichtungsmessung bei einäugigen Spiegelreflexkameras: Im Kamerainnern befindl. Photowiderstände oder -dioden messen die Helligkeit des vom Objektiv erzeugten Belichtungsbildes.

Belichtungsmesser, Meßgerät zur Bestimmung der bei einer photograph. Aufnahme erforderl. Belichtung: im Prinzip ein Photometer, das die Beleuchtungsstärke des in das Instrument bzw. die photograph. Schicht einfallenden Lichtes mißt und die erforderl. Belichtungsdauer bzw. den Lichtwert durch die Skalenanzeige festlegt. Die heute fast ausschließl. verwendeten *elektr. B.* sind Drehspulinstrumente, die den von einer Meßzelle (Photoelement oder Photowiderstand) erzeugten, der Beleuchtungsstärke proportionalen Strom messen. Bei *elektron. B.* ist die Drehspule durch eine Meßbrückenschaltung mit Transistorverstärker ersetzt.

Belichtungszeit, Zeitspanne, in der der Verschluß einer photograph. Kamera Licht auf die photograph. Schicht fallen läßt. Die Belichtungszeiten sind so abgestuft, daß jede Stufe einer Halbierung der vorhergehenden entspricht: ... 1, $1/2$, $1/4$, $1/8$, $1/15$, $1/30$, $1/60$, $1/125$, $1/250$, ... Sekunde.

Belinski, Wissarion Grigorjewitsch, * Sveaborg (Suomenlinna, Finnland) 11. Juni 1811, † Petersburg 7. Juni 1848, russ. Literaturkritiker. - Begründer der soziolog. Literaturkritik, Vorkämpfer einer sozialbewußten, realist. Dichtkunst; entdeckte junge Talente (Puschkin, Gogol).

Belisar, * Germaneia (thrak.-illyr. Grenze), um 500, † Konstantinopel 565, oström. Feldherr. - Berühmtester Feldherr Kaiser Justinians I.; unterdrückte 532 den Nikaaufstand in Konstantinopel; eroberte 533/34 das Vandalenreich in N-Afrika, kämpfte 535-40 und 544-49 gegen die Ostgoten in Italien und Dalmatien, 541 gegen die Perser; rettete 559 Konstantinopel vor dem Ansturm der Hunnen.

Belitung (Billiton), indones. Insel zw. Sumatra und Borneo, 4833 km², 164 000 E; Hauptort und Haupthafen Tanjungpandan; Zinnerzbergbau.

Belize

[engl. bɛˈliːz] (früher Britisch-Honduras), Republik in Zentralamerika, zwischen 18° 29′ und 15° 53′ n. Br. sowie 87° 45′ und 89° 15′ w. L. **Staatsgebiet:** B. grenzt im O an das Karibische Meer, im N an Mexiko, im W und S an Guatemala. **Fläche:** 22 965 km². **Bevölkerung:** 157 000 E (1983), 6,8 E/km². **Hauptstadt:** Belmopan. **Verwaltungsgliederung:** 6 Distrikte. **Amtssprache:** Englisch. **Nationalfeiertag:** 21. Sept. (Unabhängigkeitstag). **Währung:** Belize-Dollar (Bz$) = 100 Cents (c). **Internat. Mitgliedschaften:** UN, Commonwealth. **Zeitzone:** Central Standard Time, d. i. MEZ -7 Std.

Landesnatur: B. hat Anteil am karib. Küstentiefland, das im N 75 km Breite erreicht und von Sümpfen durchsetzt ist; der lagunenreichen Küste sind zahlr. Inseln und Korallenriffe vorgelagert. Im zentralen S reichen mit den Maya Mountains (im Victoria Peak 1 122 m hoch) Ausläufer des zentralamerikan. Grundgebirges herein, im NW die Kalkhügellandschaft der Halbinsel Yucatán.
Klima: Das trop. Klima steht unter dem Einfluß des NO-Passats.
Vegetation: Neben teils immergrünen, teils laubabwerfenden Wäldern gibt es ausgedehnte lichte Bestände an Kiefern.
Bevölkerung: 50 % der Bev. sind Neger und Mulatten (Creoles), sie sprechen Englisch bzw. Kreolisch auf engl. Grundlage. An der südl. Küste leben von den Antillen stammende Indianer-Neger-Mischlinge. Die Indianer (mit eigenen Sprachen) zählen überwiegend zu den Maya. Außerdem sind spanischspra-

Belichtungsmesser mit Siliciummeßzelle (silicon blue cell). Man erkennt das Drehspulmeßwerk im Innern, das Gehäuse (links) mit Einstellscheibe und Meßwertskala sowie darunter die Batterie zur Stromversorgung

Belize

chige Mestizen aus Guatemala und Mexiko eingewandert. Unter den Weißen, früher überwiegend Engländer, sind v. a. aus dem nördl. Mexiko eingewanderte Mennoniten zu nennen. 60% sind Katholiken, 20% Anglikaner, 15% Methodisten. Schulpflicht besteht zw. 6 und 14 Jahren.

Wirtschaft: Für den Export von bes. Bed. ist die Land- und Forstwirtschaft, v. a. die auf Plantagen (meist ausländ. Großunternehmen) angebauten Produkte Zuckerrohr, Zitrusfrüchte, Bananen. Die etwa 8 000 Klein- und Kleinstbetriebe pflanzen für den Eigenbedarf an. Alle wichtigen Verbrauchsgüter müssen eingeführt werden.

Verkehr: B. verfügt über ein Allwetterstraßennetz von rd. 1 600 km Länge mit Anschluß an Mexiko und Guatemala. Internat. ⚓ Belize.

Geschichte: Das Land gehörte zum Kerngebiet der Maya; 1638 von brit. Schiffbrüchigen besiedelt, seit 1782 unter brit. Schutz; 1862 Kolonie, seit 1871 Kronkolonie, seit 1884 unter eigenem Gouverneur; erhielt 1964 die volle innere Autonomie; 1973 wurde das frühere Brit.-Honduras in B. umbenannt. Seit 1964 fanden Unabhängigkeitsverhandlungen statt, die sich u. a. wegen territorialer, von den Spaniern geerbter Ansprüche Guatemalas langwierig gestalteten. Ein Abkommen zw. Großbrit., B. und Guatemala ermöglichte B. am 21. Sept. 1981 die Unabhängigkeit.

Politisches System: Die *Exekutive* liegt beim Premiermin. - jeweils der Führer der stärksten Partei - und beim Kabinett. Als *Legislative* fungieren der Senat (8 Mgl.) und das Repräsentantenhaus (18 vom Volk direkt gewählte Mgl.). Stärkste *Partei*, die auch die Reg. stellt, ist die People's United Party (PUP). Wichtigste Oppositionspartei ist die United Democratic Party (UDP). An der Spitze der 6 *Verwaltungs*distrikte steht je ein ernannter Distriktkommissar. Das *Recht* fußt auf dem brit. Recht. B. unterhält eigene *Streitkräfte* in einer Stärke von 600 Mann; zusätzl. unterhält Großbritannien ein Kontingent von 1 800 Mann.

📖 *Helfritz, H.:* Guatemala, Honduras, B. Die versunkene Welt der Maya. Köln ²1978. - *Dobson, N.:* A. history of B. Port of Spain 1973.

B., Hafenstadt am Golf von Honduras des Karib. Meeres, Belize, 40 000 E. Handelszentrum, v. a. für Agrarprodukte, Überseehafen, internat. ⚓. - Gegr. im 17. Jh. als Holzfällersiedlung; 1961 durch einen Hurrikan zerstört; bis Aug. 1970 Hauptstadt von Brit.-Honduras.

Belkassem Krim, * in der Kabylei 1922, † Frankfurt am Main 18. Okt. 1970 (?; ermordet), alger. Politiker. - Mgl. des Revolutionsrats der FLN; 1956-62 stellv. Min.präs. und 1960-62 Außenmin. der Exilregierung; wegen Differenzen mit Ben Bella im Exil.

Bell, Alexander Graham, * Edinburgh 3. März 1847, † Baddeck (Nova Scotia, Kanada) 1. Aug. 1922, amerikan. Physiologe und Erfinder schott. Herkunft. - Zunächst Taubstummenlehrer; später beschäftigte sich B. bes. mit der Umwandlung von Schallschwingungen in elektr. Spannungs- bzw. Stromschwankungen und umgekehrt. Der dazu entwickelte Apparat stellt das erste brauchbare Telephon dar (1876 öff. vorgeführt und patentiert).

B., Andrew, * Saint Andrews 27. März 1753, † Cheltenham 27. Jan. 1832, engl. Geistlicher und Pädagoge. - Entwickelte in Madras (Südindien) eine Methode gegenseitigen Unterrichtens durch die Schüler selbst, die dann als B.-Lancastersche Unterrichtsmethode sehr großen Anklang fand.

B., George, * Hayling Island (Hampshire) 4. Febr. 1883, † Canterbury 3. Okt. 1958, engl. anglikan. Theologe, Bischof von Chichester (seit 1929). - Seit 1937 Mgl. des Oberhauses, kämpfte gegen den Bombenkrieg, traf 1942 mit Mgl. der dt. Widerstandsbewegung (D. Bonhoeffer) zusammen, führend in der ökumen. Bewegung.

Bella, aus dem Italien. oder Span. übernommener weibl. Vorname, eigtl. „die Schöne"; auch Kurzform von weibl. Vornamen, die mit -bella gebildet sind.

Belladonna [italien.] ↑ Tollkirsche.

Belladonnalilie, svw. ↑ Amaryllis.

Bella gerant alii, tu, felix Austria nube! [lat. „Andere mögen Kriege führen, du, glückl. Österreich, heirate!"], humanist. Distichon auf die Heiratspolitik des Hauses Österreich; fälschl. Matthias Corvinus zugeschrieben.

Bellamy, Edward [engl. 'bɛləmɪ], * Chicopee Falls (Mass.) 26. März 1850, † ebd. 22. Mai 1898, amerikan. Schriftsteller. - Vertrat als Journalist, Erzähler und Essayist sozialutop. Ideen; u. a. „Ein Rückblick aus dem Jahre 2000 auf das Jahr 1887" (R., 1888).

Bellarmino, Roberto, hl., * Montepulciano (Toskana) 4. Okt. 1542, † Rom 17. Sept. 1621, italien. Theologe der Gegenreformation, Jesuit (seit 1560), Kardinal (seit 1599). - 1570 Priester und Prof. in Löwen, 1602-05 Erzbischof von Capua. Sein Hauptwerk, „Disputationes de controversiis christianae fidei..." (3 Bde., 1586-93) ist eine Synthese der kath. Kontroverstheologie des 16. Jh. Sein „Kleiner Katechismus" (1597) erlebte zahlr. Auflagen bis ins 20. Jh., der „Große Katechismus" (1598) war als Handbuch für Katecheten gedacht. 1930 heiliggesprochen, 1931 zum Kirchenlehrer erhoben. - Fest: 17. Sept.

Belle-Alliance [frz. bɛla'ljã:s], Gehöft südl. von Brüssel, Belgien, nach dem Blücher die erfolgreiche Entscheidungsschlacht vom 18. Juni im Feldzug 1815 gegen Napoleon I. benannte, während Wellington die Bez. nach seinem Hauptquartier Waterloo vorzog.

Belleau, Rémy (Remi) [frz. bɛ'lo], * Nogent-le-Rotrou (Eure-et-Loir) 1528, † Paris 6. März 1577, frz. Dichter. - Mgl. der Pléiade, übersetzte Anakreons „Liebeslieder" („Odes d'Anacréon", 1556), schuf die Hirtendichtung „Bergerie" (1565) und „Les amours ..." (1576).

Bellechose, Henri [frz. bɛl'ʃoːz], † Dijon zw. 1440 und 1444, brabant. Maler. - Seit 1415 Hofmaler am burgund. Hof. Er vollendete das Retabel J. Malouels, die „Kreuzigung Christi mit dem Martyrium des hl. Dionysius" für die Kartause von Champmol bei Dijon (um 1416; heute im Louvre).

Belle époque [frz. bɛle'pɔk „schöne Epoche"], Bez. für die durch eine allg. Hochstimmung gekennzeichneten Jahre zu Beginn des 20. Jh. in Frankreich.

Belle-Île [frz. bɛ'lil], frz. Insel vor der S-Küste der Bretagne, südl. von Quiberon, 17 km lang, 5–10 km breit, bis 63 m ü. d. M.

Belle Isle, Strait of [engl. strɛɪt əv 'bɛ'laɪl], Meeresstraße an der O-Küste Kanadas, zw. der N-Spitze Neufundlands und dem Festland, etwa 150 km lang, 20–30 km breit.

Bellerophon (Bellerophontes), Heros der griech. Mythologie. Sohn des korinth. Königs Glaukos (oder des Poseidon). B. wird den gefährlichsten Abenteuern ausgesetzt, die er jedoch mit Hilfe seines göttl. Flügelrosses Pegasus meistert. Bei dem Versuch, mit Pegasus auf den Olymp zu fliegen, wird er von Zeus herabgeschleudert und mit Wahnsinn geschlagen.

Belletristik [zu frz. belles-lettres „schöne Wissenschaften"], im Ggs. zu Fach- und wiss. Literatur „schöngeistige" Literatur; heute auch eingeengt für gehobene Unterhaltungsliteratur. Die Bez. entstand im 18. Jh. **Belletristisch,** schöngeistig, literar., unterhaltend.

Belling, Rudolf, * Berlin 26. August 1886, † München 9. Juni 1972, dt. Bildhauer. - Emigrierte 1937, lehrte in Istanbul (1951–65); bewegt sich zw. Expressionismus (1914–21; „Dreiklang", 1919, Original zerstört), Konstruktivismus (1922–26; „Skulptur 23", 1923; Messingguß, u.a. in Wien, Museum des 20. Jh.), Neuer Sachlichkeit (1927–49) und abstrakten Gestaltungen (seit 1950), in denen der „Plastikkörper" dialekt. auf den „Raumkörper" bezogen wird.

Bellingen, Bad ↑ Bad Bellingen.

Bellingshausen, Fabian Gottlieb von (russ. Faddei Faddejewitsch Bellingsgausen), * auf Ösel 20. Sept. 1778, † Kronstadt 25. Jan. 1852, russ. Seeoffizier und Südpolarforscher. - Leitete 1819–21 die 1. russ. Antarktisexpedition, in deren Verlauf die Antarktis vollständig umfahren wurde; entdeckte 1821 mit der Alexander-I.-Insel und der Peter-I.-Insel als erster zur Antarktis gehörendes Land.

Bellingshausenmeer [nach F. G. von Bellingshausen], Teil des südpolaren Pazifiks, Schelfmeer vor der Küste Antarktikas.

Bellini, venezian. Malerfamilie:
B., Gentile, * Venedig 1429, † ebd. 23. Febr. 1507. - Sohn und Schüler von Iacopo B. und Bruder von Giovanni B.; Porträts, u.a. Sultan Muhammad II. Fatih (zw. 1479/81; London, National Gallery), vielfigurige strenge Kompositionen venezian. zeremonialer Feste.

B., Giovanni, gen. Giambellino, * Venedig um 1430, † ebd. 29. Nov. 1516. - Schüler seines Vaters Iacopo B.; nahm Einflüsse von A. Mantegna und um 1475 von Antonello da Messina (das weiche, warme Kolorit und die Öltechnik) auf. Begründer der venezian. Malerei der Hochrenaissance, mit reicher Abstufung von Licht und Atmosphäre, wodurch auch die Landschaft eine neue Betonung erhält. B. malte liebl. Madonnen (u. a. „Maria mit Kind in einer Landschaft", 1510; Mailand, Pinacoteca di Brera), bes. in Form der ↑ Sacra conversazione (z. B. in San Zaccaria in Venedig, 1505), einige Bilder der Pietà (u. a. um 1500; Venedig, Gallerie dell'Accademia) u.a. Altarbilder sowie Triptychen. B. war auch ein bed. Porträtist. - Abb. S. 140.

B., Iacopo, * Venedig um 1400, † ebd. 1470 oder 1471. - Vater von Gentile und Giovanni B.; Schüler von Gentile da Fabriano, beeinflußt von Pisanello. Von seinen Werken ist nur wenig erhalten. Berühmt sind die beiden Skizzenbücher (im Louvre und im Brit. Museum, London), die die Anfänge der venezian. Frührenaissance dokumentieren.

Bellini, Vincenzo, * Catania 3. Nov. 1801, † Puteaux bei Paris 23. Sept. 1835, italien. Komponist. - Bed. v.a. durch seine Opern, in denen er gegenüber dem noch bei Rossini herrschenden Belcanto-Stil eine lyr.-dramat. Richtung vertritt, deren Einfluß bis zu Verdi und Wagner reicht; u.a. „Die Nachtwandlerin", „Norma" (beide 1831), „Die Puritaner" (1835).

Bellin, Ländchen ↑ Ländchen Bellin.

Bellinzona, Hauptstadt des schweizer. Kt. Tessin, 237 m ü. d. M., 16 800 E. Bibliothek, Staatsarchiv, Theater. Graph. Gewerbe, holzverarbeitende und Papierind., Fremdenverkehr. - 1422 von Mailand erobert, später von Franzosen besetzt, 1503 an die Orte Uri, Schwyz und Nidwalden abgetreten; 1798 Hauptstadt des helvet. Kt. B., 1803 des Kt. Tessin. - Drei hoch gelegene Burgen; Kirchen Santa Maria delle Grazie (16. Jh.) und San Biagio (13. Jh.) mit bed. Fresken.

Bellis [lat.], svw. ↑ Gänseblümchen.

Bellman, Carl Michael, * Stockholm 4. Febr. 1740, † ebd. 11. Febr. 1795, schwed. Dichter. - War Hofsekretär König Gustavs III.; als Bohemien ständig in wirtsch. Schwierigkeiten; zu seiner Zeit der gefeiertste Dichter Schwedens. Seine Lieder, die er z. T. selbst vertonte, waren sehr populär. Unersättl. Daseinsfreude bestimmt sein Werk; hinter dem Lebensgenuß wird jedoch das Wissen um Tod und Elend deutlich. Seine Hauptwerke nannte B. (der „schwed. Anakreon") „Fredmans epistlar" (Ged., 1790) und „Fredmans sånger" (Ged., 1791).

Bellmer, Hans, * Kattowitz 13. März

Bello

1902, † Paris 23. Febr. 1975, dt.-frz. Zeichner und Kupferstecher. - Virtuoser Darsteller erot. Themen unter surrealist. Verfremdung des weibl. Körpers.

Bello, Andrés [span. 'bejo], * Caracas 29. Nov. 1781, † Santiago de Chile 15. Okt. 1865, venezolan. Schriftsteller. - Bis 1810 in Venezuela, dann in London und ab 1829 in Chile; Freund A. von Humboldts; vielseitige und einflußreiche Persönlichkeit (Gründungsrektor der chilen. Univ.); als Dichter fand er den Übergang zur Romantik; auch Übersetzer (Byron, Hugo u. a.).

Belloc, Hilaire [engl. 'bɛlək], * La Celle-Saint-Cloud bei Paris 27. Juli 1870, † Guildford (Surrey) 16. Juli 1953, engl. Schriftsteller. - Seine Lyrik ist voll Lebensfreude, Zartheit und Ironie; seine Essays zeichnen sich durch scharfen Intellekt aus („The silence of the sea", 1906; „Hills and the sea", 1941); schrieb u. a. auch histor. Werke.

Bellona (Duellona), röm. Kriegsgöttin.

Bellotto, Bernardo, * Venedig 30. Jan. 1720, † Warschau 17. Okt. 1780, italien. Maler. - Neffe und Schüler von Canaletto, wie er sich auch nannte. Lebte als Hofmaler in Dresden (1746-66) und Warschau (seit 1768). 1758-61 in Wien, 1761 in München. Bed. Vedutenmaler.

Bellovaker (lat. Bellovaci), Stamm der Belgen im Gebiet um das heutige Beauvais.

Bellow, Saul [engl. 'bɛloʊ], * Lachine bei Montreal 10. Juli 1915, amerikan. Schriftsteller. - Schildert Menschen (Juden in der amerikan. Großstadt), die an ihrem Intellekt leiden, auf der Suche nach einem festen Standort in einer ihnen fremden Welt sind und vom Glauben an die Würde des Lebens getragen sind. Seine Hauptwerke sind „Herzog" (1964), „Mr. Sammlers Planet" (1969) und „Humboldts Vermächtnis" (1975). Nobelpreis 1976. *Weitere Werke:* Die Abenteuer des Augie March (1953), Der Regenkönig (1959), Mosbys Memoiren und andere Erzählungen (1968), Nach Jerusalem und zurück (1976).

Bellsund, etwa 20 km breiter Fjord im S der Insel Westspitzbergen, Norwegen.

Bell Telephone Company [engl. 'bɛl 'tɛləfoʊn 'kʌmpəni] † American Telephone & Telegraph Company.

Bellum iustum [lat. „gerechter Krieg"], von der Naturrechtslehre (Augustinus, Thomas von Aquin u. a.) entwickelter moraltheolog. Begriff, der die Kriterien eines nach christl. Vorstellung sittl. gerechtfertigten Krieges zusammenfaßt; im modernen Völkerrecht ohne Bedeutung.

Belluno, italien. Stadt in den Ostalpen, Venetien, 36 000 E. Hauptstadt der Prov. B.; Bischofssitz; Staatsarchiv, Handelskammer; Textil- und Möbelind.; Fremdenverkehr; ✈. - *Bellunum* war Stadt der Veneter, dann röm. Munizipium. Im frühen MA langobard., im 12. Jh. freie Kommune, Anschluß an den Lombardenbund. 1404-1797 zur Republik Venedig, dann österr., 1805-13 beim Kgr. Italien, seit 1815 wieder österr., 1866 an Italien. - Dom (16. Jh.), Palazzo dei Rettori (1491 ff.), Palazzo dei Giuristi (17. Jh.).

Belmondo, Jean-Paul [frz. bɛlmõ'do], * Neuilly-sur-Seine 9. April 1933, frz. Filmschauspieler. - Spielte in zahlr. Filmen der „Neuen Welle"; u. a. „Außer Atem" (1960), „Eine Frau ist eine Frau" (1961), „Der Dieb von Paris" (1967), „Le Magnifique" (1975).

Belmopan [span. bɛl'mopan, engl. bɛl'moʊpɑːn], Hauptstadt von Belize, am Belize River; 2 900 E. 1966-70 erbaut.

Belohnung, Entgelt für eine bes. Leistung, meist für die Herbeiführung eines [rechtl.] nicht oder nur schwer erzielbaren Erfolges.

Belo Horizonte [brasilian. bɛlori'zonti], Hauptstadt des brasilian. B.staates Minas Gerais, 350 km nnw. von Rio de Janeiro, 830-1 000 m ü. d. M., 1,44 Mill. E. Erzbischofssitz, wiss. Akad., Univ. (gegr. 1927), kath. Univ. (gegr. 1959), Kunsthochschule, Bibliothek; Eisen- und Stahl-, Textil-, Zement-, Nahrungsmittel-, Tabakind., Schmucksteinschleifereien, Versuchskernreaktor; ✈. - Seit 1897 planmäßig errichtet (schachbrettartiger Grundriß); moderne Villenvororte.

Belorezk [russ. bɪla'rjetsk], sowjet. Stadt im Südl. Ural, RSFSR, 72 000 E. Hochschule und Technikum für Hüttenwesen, Eisen- und Stahlkombinat. - Gegr. 1762, 1773/74 Zentrum der Bauern- und Bergarbeiteraufstände.

Belorussen † Weißrussen.

Giovanni Bellini, Madonna mit Kind (undatiert). Venedig, Galleria dell' Accademia

Belorussische SSR ↑ Weißrussische SSR.

Belorußland ↑ Weißrussische SSR.

Below, Georg von ['beːlo], * Königsberg (Pr) 19. Jan. 1858, † Badenweiler 20. Okt. 1927, dt. Historiker. - Prof. in Königsberg (Pr), Münster, Marburg, Tübingen und 1905–24 in Freiburg im Breisgau; befaßte sich v. a. mit Verfassungs- und Wirtschaftsgeschichte; schrieb u. a. „Der dt. Staat des MA" (1. Bd. 1914), „Probleme der Wirtschaftsgeschichte" (1920).

Belsazar (Belsassar, Belsazer; akkad. Bel-Schar(ra)-Usur; lat. Baltassar), † vermutl. 539 v. Chr., babylon. Kronprinz. - Ältester Sohn des letzten Chaldäerkönigs ↑ Nabonid; führte seit 551 die Regierungsgeschäfte; wohl im Kampf um Babylon gegen den Perserkönig Kyros II. gefallen; gilt im A. T. (Daniel 5) als Sohn Nebukadnezars II. und als letzter König von Babylon, der nach einer Gotteslästerung ermordet wird.

Belt, Großer ↑ Großer Belt.

Belt, Kleiner ↑ Kleiner Belt.

Beltsche Körperchen [nach dem brit. Naturforscher T. Belt, * 1832, † 1878], birnenförmige Gebilde an den Enden der Blattfiedern von Akazien und Mimosen; Ameisennahrung.

Beltsee, Übergangsbereich zw. dem Kattegat und der eigtl. Ostsee.

Beltz, Verlag Julius ↑ Verlage (Übersicht).

Belucha, höchster Berg (Doppelgipfel) des Altai, UdSSR, der östl. Gipfel ist 4 506 m, der westl. 4 440 m hoch; vergletschert; Erstbesteigung 1933.

Belüftung ↑ Lüftungstechnik.

Beluga [russ.], ältere Bez. für den Weißwal.
◆ russ. Name für den Europ. Hausen († Hausen).
◆ ↑ Kaviar.

Belutsch ↑ Orientteppiche (Übersicht).

Belutschen, iran. Volk in Pakistan, Iran, Afghanistan und Oman; v. a. Viehzüchter; Gliederung in Sippen und Stämme; überwiegend Anhänger des orth. Islams (Sunniten).

Belutschisch, nordwestiran. Sprache, die heute von etwa 2 Mill. in Pakistanisch-Belutschistan, Iranisch-Balutschestan, Sistan, S-Afghanistan, aber auch in Chorasan und der Turkmen. SSR (Merw) gesprochen wird. Sie steht in engem Kontakt mit dem drawid. ↑ Brahui, das dem B. zahlr. Wörter entlehnte. Es besteht eine reiche volkstüml. Literatur (Balladen, Epen, Erzählungen).

Belutschistan (pers. Balutschestan), östl. Teil des Hochlandes von Iran, im äußersten SO von Iran und in Pakistan, reicht vom Gumal River im N bis zur Küste des Arab. Meeres im S und ist gegen die Indusebene durch die Sulaiman Range und Kirthar Range abgesetzt, im Gebirgsknoten von Quetta über 3 400 m ü. d. M. Schneereiche Winter, überhitzte, trockene Sommer. Die Pflanzenwelt ist weithin durch Überweidung zerstört. Das trockene Klima zwingt zum Nomadismus, außerdem Transhumanz zw. dem Gebirge im Sommer und der Indusebene im Winter. Ackerbau ist nur in Oasen möglich. *Geschichte:* Die wohl seit dem 11. Jh. in das in seleukid. Zeit **Gedrosien,** in sassanid. und arab. Zeit **Makran** gen. Gebiet einwandernden westiran. Belutschen blieben unter loser pers. Abhängigkeit; 1595–1638 zum Mogulreich; die von den Belutschen verdrängten Brahui gewannen im 17. Jh. die Oberherrschaft über ganz B., konnten in der 2. Hälfte des 18. Jh. die fakt. Unabhängigkeit erringen; danach bemächtigte sich Persien des westl. Teils; seit Mitte des 19. Jh. brit. Einfluß, 1876 Schutzvertrag mit den Briten, in den 1890er Jahren dem Vizekgr. Indien eingegliedert.

Belvedere [bɛlve'deːrə, frz. bɛlve'dɛːr; italien. „Schönblick"], Name schöner Aussichtspunkte und an solchen Stellen errichteter Schlösser; das berühmteste B. ist das Lustschloß des Prinzen Eugen von Savoyen in Wien (Hauptwerk J. L. v. Hildebrandts, Oberes B. 1721–23, Unteres B. 1714–16).

Bely, Andrei, eigtl. Boris Nikolajewitsch Bugajew, * Moskau 26. Okt. 1880, † ebd. 8. Jan. 1934, russ.-sowjet. Dichter. - Einer der bedeutendsten russ. Symbolisten. Seine Prosa steht z. T. in der Nachfolge der mit rhetor. Figuren geschmückten Prosa Gogols. - *Werke:* Die silberne Taube (R., 1909), Petersburg (R., 1913/14), Moskva (R., 1926).

Belzig, Krst. am N-Rand des Hohen Fläming, Bez. Potsdam, DDR, 90 m ü. d. M., 7 300 E. - Entstand im 13. Jh. als Marktsiedlung bei einer Burg; erst 1702 volles Stadtrecht.

B., Landkr. im Bez. Potsdam, DDR.

Belzner, Emil, * Bruchsal 13. Juni 1901, † Heidelberg 8. Aug. 1979, dt. Schriftsteller. - Begann mit Versepen (u. a. „Iwan, der Pelzhändler", 1929), außerdem Romane („Der Safranfresser", 1953).

bemaltkeramische Kulturen, Gruppe archäol. Kulturen, für die zwei- und mehrfarbig verzierte Tongefäße (Buntkeramik) kennzeichnend sind; Kernbereich vom 6. bis 4. Jt. Griechenland, S-Kleinasien, das Hochland von Iran und N-Mesopotamien; Randzonen: im W bis Sizilien und Unteritalien, im N über die Balkanhalbinsel bis Mähren und S-Rußland, im O bis ins südl. Z-Asien und nach Westpakistan.

Bembix (Bembex) [griech.], v. a. in den Tropen und Subtropen verbreitete Gatt. der Grabwespen mit 6 etwa 15–20 mm großen Arten in M-Europa, davon 2 in Deutschland; plump, mit wespenähnl., gelber Bindenzeichnung; Nester an Sandböden; bekannte Art Europäische ↑ Kreiselwespe.

Bembo, Pietro, * Venedig 20. Mai 1470,

Bemessungsgrundlage

† Rom 18. Jan. 1547, italien. Humanist und Dichter. - Stand als Lyriker in der Nachfolge Petrarcas, verdient um die Wiederherstellung eines reinen Lateins; verschaffte dem Toskan. in der italien. Sprache Geltung.

Bemessungsgrundlage ↑ Rentenbemessungsgrundlage.
♦ ↑ Steuerbemessungsgrundlage.

Ben, männl. Vorname, Kurzform von ↑ Benjamin, vermutl. aus dem Englischen.

Ben [hebr.], „Sohn" oder „Enkel"; bildet im Hebr. und Arab. mit dem Vaternamen oft den meistgebräuchl. Namen, der auch zum Familiennamen werden kann.

Benacerraf, Baruj [engl. bənəˈsɛrəf], * Caracas 29. Okt. 1920, amerikan. Mediziner venezolan. Herkunft. - Seit 1943 amerikan. Staatsbürger; 1958-68 Prof. in New York, seit 1970 an der Harvard University in Cambridge (Mass.); erhielt 1980 zus. mit G. Snell und J. Dausset den Nobelpreis für Physiologie oder Medizin für grundlegende Forschungsarbeiten auf dem Gebiet der Immungenetik.

Benachteiligungsverbot, im Arbeitsrecht Verbot, jemanden (z. B. ein Betriebsratsmgl.) wegen einer von ihm ausgeübten Tätigkeit zu benachteiligen.

Benaco, See in Italien, ↑ Gardasee.

Benalcázar, Sebastián de [span. benalˈkaθar] (Belalcázar), eigtl. Moyano, * Belalcázar (Prov. Córdoba) 1495, † Cartagena (Kolumbien) 1551, span. Konquistador. - Eroberte 1524 Nicaragua, beteiligte sich 1532 an Pizarros Zug nach Peru; gründete Quito Guayaquil; unternahm einen Zug nach dem heutigen Kolumbien; 1550 Statthalter und Adelantado in dem von ihm gegr. Popayán.

Ben Ali, Zine Al Abidine, * Hamman Sousse 3. Sept. 1936, tunes. General und Politiker (PSD). Ab 1984 Innenmin., ab 1987 auch Min.-Präs.; übernahm im Nov. 1987 das Amt des Staatspräsidenten.

Benares ↑ Varanasi.

Ben Ascher [hebr.], Name einer jüd. Gelehrtenfamilie in Tiberias im 9. und 10. Jh. Letzter und berühmtester Vertreter:
B. A., Aaron Ben Mosche, lebte in der ersten Hälfte des 10. Jh. - Er gab dem Text des A. T. die endgültige Form, die noch heute als verbindl. gilt. Er war wie sein gleichnamiger Vater ↑ Karäer.

Benatzky, Ralph (Rudolph), * Mährisch-Budwitz 5. Juni 1884, † Zürich 16. Okt. 1957, östr. Komponist. - Komponierte v. a. Operetten, u. a. „Casanova" (1928), „Im weißen Rößl" (1930), „Meine Schwester und ich" (1930) und Chansons.

Benavente, Jacinto [span. benaˈβente], * Madrid 12. Aug. 1866, † ebd. 14. Juli 1954, span. Dramatiker. - Sein umfangreiches Werk (rd. 200 Dramen) reicht vom satir. Lustspiel bis zum philosoph. vertieften Drama; u. a. „Der tugendhafte Glücksritter oder ..." (1907), „Die frohe Stadt des Leichtsinns" (1916), „Die Schule der Prinzessinnen" (1909). 1922 Nobelpreis für Literatur.

Ben Barka, Mehdi (arab. Ibn Baraka, Muhammad), * Rabat 1920, † 1965 (?), marokkan. Politiker. - Mitbegr. der Istiklal-Partei, Führer ihres sozialist. Flügels; seit 1961 im frz. Exil; 1963 von einem marokkan. Militärgericht in Abwesenheit zum Tode verurteilt; 1965 in Paris entführt und vermutl. ermordet.

Ben Bella, Mohammed Ahmed (arab. Ibn Balla, Muhammad), * Marnia 25. Dez. 1916, alger. Politiker. - Floh 1952 nach Kairo und schloß sich dort der FLN an; 1956-62 in frz. Haft; seit Aug. 1962 Min.präs., seit Sept. Staatspräs. mit ausgedehnten Vollmachten und Generalsekretär der FLN; 1965 durch Militärputsch gestürzt; bis 1979 unter Hausarrest.

Benckendorff ↑ Benkendorf.

Benda, Ernst, * Berlin 15. Jan. 1925, dt. Jurist und Politiker (CDU). - Rechtsanwalt; 1957-71 MdB; 1967 parlamentar. Staatssekretär beim Bundesmin. des Innern; 1968/69 Bundesinnenminister; 1971-83 Richter am Bundesverfassungsgericht sowie dessen Präsident.

B., Franz (František), * Altbenatek (= Benátky nad Jizerou), ≈ Neubenatek 22. Nov. 1709, † Nowawes (= Potsdam) 7. März 1786, böhm. Violinist und Komponist. - Bruder von Georg Anton B.; seit 1733 in der Kapelle des Kronprinzen Friedrich von Preußen; seine Kompositionen zeichnen sich durch eine von seiner böhm. Herkunft geprägte Melodik aus.

B., Georg Anton (Jiří Antonín), * Altbenatek (= Benátky nad Jizerou), ≈ Neubenatek 30. Juni 1722, † Köstritz 6. Nov. 1795, böhm. Komponist. - Bruder von Franz B.; 1750-78 Hofkapellmeister in Gotha; B. schrieb u. a. Melodramen und Singspiele, die für die Entwicklung der dt. Oper bedeutsam sind.

B., Julien [frz. bɛ̃ˈda], * Paris 26. Dez. 1867, † Fontenay-aux-Roses bei Paris 7. Juni 1956, frz. Philosoph und Schriftsteller. - Verfocht gegenüber den Strömungen von Bergsonismus, Vitalismus, Intuitionismus und pathet. Philosophie einen absoluten Intellektualismus und gegenüber gefühlsbetontem Nationalismus das rationale Prinzip der Demokratie. Zahlr. philosoph. Abhandlungen und Essays.

Bender, Hans, * Freiburg im Breisgau 5. Febr. 1907, dt. Psychologe. - Prof. in Freiburg im Breisgau und Leiter des Instituts für Grenzgebiete der Psychologie und Psychohygiene; sieht in der positiven Kritik des Aberglaubens eine der Hauptaufgaben der Parapsychologie; schrieb u. a. „Parapsychologie. Ihre Ergebnisse und Probleme" (1953).

B., Hans, * Mühlhausen (Kraichgau) 1. Juli 1919, dt. Schriftsteller. - Hg. der Zeitschrift „Akzente"; stellt in seinen Romanen die Nachkriegszeit dar, u. a. „Eine Sache wie die

Liebe" (1952), „Wunschkost" (1959); außerdem unpathet. Lyrik, u. a. „Fremde soll vorüber sein"(1951).

Bendery, sowjet. Stadt am Dnjestr, Moldauische SSR, 101 000 E. Technika für die Mechanisierung in der Landw., für Finanz- und Kreditwesen; Theater; Elektroapparatebau, Schuhfabrik, Textil- und Nahrungsmittelind. - Erstmals im 12. Jh. erwähnt; im 13. und 14.Jh. Sitz einer Genueser Handelsniederlassung; nach 1484 türk. Festung, 1812 russ., 1918–40 rumänisch.

Bendigo [engl. 'bendɪgou], austral. Stadt in S-Victoria, 53 000 E. Sitz eines anglikan. und eines kath. Bischofs; Bergbauschule; botan. Garten; Mittelpunkt eines Obst- und Weizenanbaugebietes; Viehmarkt. Nahebei (seit 1851) Goldgewinnung.

Bendis, thrak. Jagdgöttin, deren Kult 430 v. Chr. in Athen eingeführt wurde; der Artemis, Hekate und Persephone gleichgesetzt.

Bendix, Reinhard, * Berlin 25. Febr. 1916, amerikan. Soziologe dt. Herkunft. - Emigrierte 1933 in die USA; seit 1956 Prof. in Berkeley; Industrie- und betriebssoziolog. Studien; verdient um die Rezeption der Werke Max Webers in der amerikan. Soziologie.

Bendl (Bendel), Ehrgott Bernhard, * Pfarrkirchen (Niederbayern) um 1660, † Augsburg 31. Jan. 1738, dt. Bildhauer. - Bed. Vertreter der Bildhauerkunst des späten Barock. Sein Hauptwerk sind die lebensgroßen Holzfiguren der Evangelisten und Apostel in Sankt Georg in Augsburg (1697; die Evangelisten und der Apostel Paulus heute in Nürnberg, German. Nationalmuseum).

Bendzin ↑Będzin.

bene! [lat.], gut!

Bene Beraq [hebr. bə'ne 'brak], nö. Nachbarstadt von Tel Aviv-Jaffa, 87 000 E. Bed. Ind.standort u. a. Nahrungsmittel- und metallverarbeitende Ind., Textilwerk).

Beneckendorff, seit Anfang 15. Jh. nachgewiesenes neumärk. Adelsgeschlecht; seit 1789 mit Namen und Wappen der ausgestorbenen Familie Hindenburg vereinigt (B. und Hindenburg).

benedeien [lat.], segnen, seligpreisen.

Benedek, Ludwig August Ritter von, * Ödenburg 14. Juli 1804, † Graz 27. April 1881, östr. Heerführer. - Wurde 1860 Generalstabschef, Gouverneur in Ungarn und Oberkommandierender in Venetien; übernahm 1866 widerstrebend das Kommando der ungenügend ausgerüsteten Nordarmee gegen Preußen; eine kriegsgerichtl. Untersuchung nach der Niederlage bei Königgrätz wurde auf Intervention des Kaisers eingestellt.

Benedetti, Vincent Graf (seit 1869), * Bastia 29. April 1817, † Paris 28. März 1900, frz. Diplomat. - Botschafter in Berlin 1864–1870; seine Mission in Bad Ems im Juli 1870 gab Bismarck den Anlaß zur ↑Emser Depesche.

Benedictus

Benedetti Michelangeli, Arturo [italien. bene'dettimike'landʒeli], * Brescia 5. Jan. 1920, italien. Pianist. - V. a. Interpret der Werke Debussys und Ravels.

Benedetto da Maiano, * Maiano 1442, † Florenz 27. Mai 1497, italien. Bildhauer und Baumeister. - Bruder von ↑Giuliano da Maiano. Schuf die reich skulptierte Marmorkanzel in Santa Croce in Florenz (1474–76) und bed. Bildnisbüsten.

Benedicamus Domino [lat. „laßt uns den Herrn preisen"], Entlassungsformel der kath. Liturgie am Schluß der Messe. Nach der Liturgiereform des 2. Vatikan. Konzils wird mit diesen Worten nur diejenige Messe beendet, an die sich eine weitere gottesdienstl. Handlung anschließt.

Benedicite [lat. „segnet"], in der kath. Liturgie die Bitte um Segen. Ferner Bez. des „Canticum trium puerorum" („der Gesang der drei Jünglinge" [im Feuerofen]) nach dem A. T. (Daniel 3, 51 ff.).

Benedict, Ruth [engl. 'bɛnɪdɪkt], * New York 5. Juni 1887, † ebd. 17. Sept. 1948, amerikan. Kulturanthropologin. - Beschrieb in ihren völkerkundl.-psycholog. Studien die kulturbedingten Grundmuster menschl. Verhaltens. Bed. sind v. a.: „Zuni mythology" (1935), „Urformen der Kultur" (1955).

Benedictis, Jacobus de, italien. Dichter, ↑Iacopone da Todi.

Benedictus [lat. „gepriesen"], Lobgesang des Zacharias (Luk. 1, 67–79); in der kath. Liturgie verwendet.

Benediktbeuern. Klosterkirche und die von Johann Michael Fischer 1751–58 erbaute Anastasiakapelle

Benedictus, qui venit

Benedictus, qui venit [lat. „gepriesen sei, der da kommt"], zweiter Teil des ↑Sanctus.

Benedikt (Benediktus), männl. Vorname lat. Ursprungs, eigtl. „der Gesegnete"; italien. Form: Benedetto, Benito; frz. Form: Benoît; schwed. Form: Bengt.

Benedikt, Name von Päpsten:
B. VIII., † Rom 9. April 1024, vorher Theophylakt, Papst (seit 21. [?] Mai 1012). - Aus dem Geschlecht der Grafen von Tusculum; B. regierte in stetem Einvernehmen mit Kaiser Heinrich II., den er 1014 krönte. Im Zusammenwirken von Papst und Kaiser wurden Synoden in Rom 1014 und Pavia 1022 abgehalten, die Priesterehe und Simonie verworfen, wobei die Erhaltung des Kirchengutes eine wesentl. Rolle spielte.

B. IX., † Grottaferrata (?) um die Jahreswende 1055/56, vorher Theophylakt, Papst (27. Aug./3. Sept. [?] 1032–1. Mai 1045). - 3. Tuskulanerpapst, Neffe seiner Vorgänger Benedikt VIII. und Johannes XIX. Im Sept. 1044 wurde B. durch einen Aufstand der Römer vertrieben, konnte aber im März 1045 den Gegenpapst Silvester III. wieder verdrängen. B. trat die Papstwürde an Gregor VI. gegen eine erhebl. Geldsumme ab. 1046 förml. abgesetzt, konnte er 1047 erneut das Papsttum gewinnen, 1048 endgültig vertrieben.

B. XII., * Saverdun (Languedoc), † Avignon 25. April 1342, vorher Jakob Fournier, Papst (seit 20. Dez. 1334). - Zisterzienser; durch Baubeginn des Papstpalastes in Avignon fiel die folgenschwere Entscheidung gegen eine Rückkehr nach Rom. B. blieb von Frankr. abhängig. Es kam zum Bruch mit Kaiser Ludwig dem Bayern und zum Anwachsen der antikurialen Stimmung in Deutschland.

B. XIII., † Peñíscola bei Valencia 23. Mai 1423, vorher Pedro de Luna, Papst/Gegenpapst (28. Sept. 1394–26. Juli 1417). - Im Abendländ. Schisma wirkte er erfolgreich für Klemens VII.; hielt als dessen Nachfolger an der alleinigen Legitimität seines Pontifikates fest. Nach Gefangenschaft in Avignon (1399–1403) floh er in die Provence; erlangte Anerkennung Kastiliens und Frankr., vom Konzil von Pisa am 5. Juni 1409 abgesetzt, erneut durch das Konstanzer Konzil 1417 als Häretiker und Schismatiker; gab aber seinen Anspruch nicht auf; erhielt noch zwei Nachfolger: Klemens VIII. (1423–29) und einen Benedikt XIV. (1425), der jedoch nie in Erscheinung trat.

B. XIV., * Bologna 31. März 1675, † Rom 3. Mai 1758, vorher Prospero Lambertini, Papst (seit 17. Juli 1740). - Erzbischof von Ancona, Kardinal (1726), Erzbischof von Bologna. Als Papst erfolgreich auf Vergleich mit den Mächten bedacht; Übereinkommen mit Neapel 1741, Spanien 1753, Österreich für Mailand 1757; Anerkennung der preuß. Königswürde. Als verfehlt erwies sich seine Entscheidung im Ritenstreit. Neben Verwaltungsreformen im Kirchenstaat, Förderung von Kunst und Wiss. steht seine Wirksamkeit im Bereich des Kirchenrechts.

B. XV., * Genua 21. Nov. 1851, † Rom 22. Jan. 1922, vorher Giacomo della Chiesa, Papst (seit 3. Sept. 1914). - 1907 Erzbischof von Bologna, 1914 Kardinal. Sein Pontifikat stand im Schatten des 1. Weltkriegs; erfolglose Note „an die Oberhäupter der kriegführenden Völker" (1. Aug. 1917); konzentrierte seine Aktivität auf Linderung der Not in Krieg und Folgezeit. Die bedeutsamsten innerkirchl. Entscheidungen waren die Einführung des neuen kirchl. Gesetzbuchs (Codex Iuris Canonici) und die programmat. Abkehr von der Europäisierung in der Mission.

Benedikt von Nursia, hl., * Nursia (= Norcia) um 480, † Montecassino 547 (?), Begründer des abendländ. Mönchtums. - Nach seiner Studienzeit in Rom schloß sich B. in Affile (Enfide) einer Mönchsgemeinde an; später lebte er im Aniotal (bei Subiaco) als Eremit und Klostergründer. 529 gilt als Gründungsjahr seines Klosters ↑Montecassino, das zur Keimzelle der späteren ↑Benediktiner wurde. Hier ist B. wohl auch begraben. - Fest: 11. Juli. - Darstellungen des Heiligen sind seit dem 8. Jh. erhalten. Sein Attribut ist das Buch (Benediktinerregel), später auch der Abtsstab.
📖 *Tschudy, F.: Der hl. B. u. das benediktin. Mönchtum.* St. Ottilien 1979.

Benediktbeuern, Gemeinde 12 km sw. von Bad Tölz, Bay., 2600 E. Philosoph.-theolog. Hochschule. - Eines der ältesten großen Benediktinerklöster nördl. der Alpen: um 740 gegr., 955 zerstört, 1031 wieder gegr., 1803 Glashütte, seit 1931 Studienhaus der Salesianer. - Klosterkirche (1681–86) mit Fresken von H. G. Asam; in der Bibliothek fand die Liedersammlung „Carmina Burana". - Abb. S. 143.

Benediktenkraut [lat./dt.] (Cnicus benedictus), distelartiger Korbblütler im Mittelmeergebiet und Orient, in Deutschland stellenweise verwildert; bis 50 cm hohe, krautige Pflanze mit buchtigen bis fiederspaltigen, gezähnten, stachelig berandeten Blättern und einzelnen dicken, zunächst gelben, später orangeroten Blütenköpfchen, die von dornig zugespitzten Hüllblättern umgeben sind.

Benediktiner (lat. Ordo Sancti Benedicti; Abk. OSB), alle Mönche der kath. Kirche, die nach der Regel ↑Benedikts von Nursia leben, der sog. ↑Benediktregel. Diese Regel verpflichtet zu Eigentumsverzicht und Keuschheit, Gehorsam und Ortsbeständigkeit. Den B.orden bilden jene Klöster, die seit 1893 unter dem Abtprimas in Rom zusammengefaßt sind. Die bedeutendsten dt. Klöster der B. sind Beuron, Ettal und Maria Laach. Die B. zählten im MA zu den hervorragendsten theolog. und kulturellen Lehrern des Abendlandes. In neuester Zeit wirkte der Orden v. a. in den Bereichen der Liturgie, Ökumene, Bibelwiss. Theologiegeschichte und in der Missionsarbeit in Afrika und O-Asien.

Benediktiner (frz. D. O. M. [Abk. für: Deo Optimo Maximo „dem besten, größten Gott"] Bénédictine), urspr. von frz. Benediktinern im Kloster Fécamp (Normandie) verfertigter Kräuterlikör.

Benediktinerinnen, Ordensfrauen, die nach der ↑ Benediktregel leben. Seit dem 7. Jh. schlossen sich Frauen in Klöstern auf der Grundlage dieser Regel zu gemeinsamem Leben zusammen (ältestes dt. Kloster: Nonnberg in Salzburg, um 700 gegr.).

Benediktregel (Benediktinerregel), die von ↑ Benedikt von Nursia in Montecassino nach 530 verfaßte Mönchsregel. In 73 Kapiteln ordnet sie das Klosterleben. Heute leben nach ihr u. a. die Benediktiner, Zisterzienser, Vallombrosaner, Olivetaner.

Benefiz [lat.] (Benefizvorstellung), Theater- oder Musikvorstellung, deren Einnahmen einem Künstler oder einem wohltätigen Zweck zugute kommen; im Fußballsport *Benefizspiele.*

Benefizium [lat.], im *röm. Recht* Bez. für einen gesetzl. ausnahmsweise gewährten Vorteil oder erlassenen Nachteil, worauf kein Rechtsanspruch bestand.

◆ im *ma. weltl. Recht* eine Form der Landleihe, aus der sich seit dem 10. Jh. das ↑ Lehnswesen entwickelte.

◆ (Pfründe) im *kath. Kirchenrecht* bis 1983 ein Rechtsinstitut, das aus Kirchenamt und nutzungsfähiger Vermögensmasse bestand; die Benefizialgüter wurden in Diözesanfonds überführt, aus denen bei Bedarf Kleriker besoldet werden.

Benefizvorstellung, svw. ↑ Benefiz.

Benelux, Kurzw. für die am 1. Jan. 1948 in Kraft getretene Zoll-, seit 1960 auch Wirtschaftsunion zw. **Bel**gique (Belgien), **Neder**land (Niederlande) und **Lux**embourg (Luxemburg). Ausgangspunkt der engen wirtsch. Verbindung ist ein 1944 von den Exilregierungen der drei Staaten unterzeichnetes Zollabkommen, 1948 durch Inkrafttreten der B.-Zollkonvention verwirklicht, die die gegenseitigen Zollgrenzen beseitigen sollte und einen gemeinsamen Zolltarif für die Einfuhren aus Drittländern festsetzte. Die Wirtschaftsunion wurde am 3. 2. 1958 durch den Staatsvertrag über die Gründung der „Union Économique Benelux" (**Benelux-Vertrag**) vollzogen. Der 1960 von den drei Staaten ratifizierte Vertrag wurde für die Dauer von 50 Jahren abgeschlossen und sieht neben der nahezu vollständigen Liberalisierung des Waren-, Kapital- und Arbeitsverkehrs eine Harmonisierung der Außenhandels- und Landwirtschaftspolitik und eine Koordinierung der Währungs-, Struktur- und Konjunkturpolitik vor.

Die wichtigsten *Organe* sind: von Regierungsmitgliedern der drei Staaten zusammengesetzter Ministerausschuß, das leitende Organ der Union; ein konsultativer Parlamentar. Rat, dessen Mgl. die einzelnen Landesparlamente aus ihrer Mitte wählen; ein Wirtschafts- und Sozialrat; ein Sozialgerichtshof (seit 1964) und ein Generalsekretariat mit Sitz in Brüssel.

📖 *Weil, G. L.: The B. nations. The politics of small country democracies.* London 1970.

Beneš [tschech. ˈbɛnɛʃ], Eduard, * Kožlány (Böhmen) 28. Mai 1884, † Sezimovo Ustí (Böhmen) 3. Sept. 1948, tschechoslowak. Politiker. - Wirkte als enger Mitarbeiter T. G. Masaryks nachhaltig und erfolgreich für die Errichtung einer über die „histor. Länder" hinausgreifenden ČSR, deren Entwicklung er als Außenmin. (1918–35), Min.präs. (1921/22) und Staatspräs. (1935–38) maßgebl. mitbestimmte. Nach dem Münchner Abkommen am 5. Okt. 1938 Rücktritt und Exil, ab 1940 Präs. der tschechoslowak. Exilregierung in London. Unter seiner erneuten Staatspräsidentschaft ab 1945 gleitende kommunist. Machtübernahme in der ČSR; trat nach dem Prager Staatsstreich 1948 zurück.

B., Karel Josef, * Prag 21. Febr. 1896, tschech. Schriftsteller. - Psycholog. Romane, u. a. „Das rote Siegel" (1940).

David Ben Gurion (1969)   Carl Benz   Gottfried Benn

Benetzung

Benetzung, das mehr oder weniger starke Haften einer Flüssigkeit an der Oberfläche eines festen Körpers, v. a. an den Wänden eines Gefäßes. Man bezeichnet eine Flüssigkeit als *benetzend,* wenn sie in einem Gefäß an den Wänden höher steht als in der Mitte (z. B. Wasser), als *nichtbenetzend,* wenn sie an den Wänden niedriger steht (z. B. Quecksilber). Ursache für B. sind die zw. den Molekülen der Flüssigkeit und denen der Wand wirksamen molekularen Anziehungskräfte. B.erscheinungen sind wesentl. für die Wirkungsweise von Waschmitteln.

Benevent, italien. Stadt in Kampanien, 64 000 E. Hauptstadt der Prov. B.; Erzbischofssitz (seit 969); Technikum; Museum, Gemäldegalerie, Staatsarchiv; Nahrungs- und Genußmittelind. - Urspr. **Maluentum,** nach 275 v. Chr. als **Beneventum** 268 Kolonie latin. Rechts. 89 röm. Munizipium. Nach den Ostgotenkriegen etwa 570 Mittelpunkt des langobard. Hzgt. B.; 1051–1860 päpstl. (1806–15 Ft. Talleyrands). - Röm. Trajansbogen (114), Theater (2. Jh.), Thermen und eine Brücke. Dom (um 1200), Kirche Santa Sofia (geweiht 760) mit Kreuzgang aus dem 12. Jh. Die „Rocca dei Rettori" ist ein 1321 errichtetes Kastell.

B., ehem. Hzgt. bzw. Ft. Das im späten 6. Jh. errichtete, große Teile Unteritaliens umfassende Hzgt. B. zerfiel im 9. Jh. in die Fürstentümer B., Salerno und Capua. 1051 vertrieb B. den Fürsten und unterstellte sich dem Papst. Die Päpste konnten nur die Stadt B. als Exklave in normann. Gebiet halten.

B. (italien. Benevento), Prov. in Italien.

Benfey, Theodor ['bɛnfaɪ], * Nörten bei Göttingen 28. Jan. 1809, † Göttingen 26. Juni 1881, dt. Indologe, Sprach- und Märchenforscher. - Prof. in Göttingen; verfaßte eine „Vollständige Grammatik der Sanskritsprache" (1852); schuf in der Einleitung zur Übersetzung seiner Ausgabe des „Pantschatantra" (1859) das Grundwerk der vergleichenden Märchenforschung.

Bengalen, Landschaft in Bangladesch und Indien (West Bengal), v. a. im Bereich des Ganges-Brahmaputra-Deltas. B. ist äußerst dicht besiedelt; das Klima ist monsungeprägt. Da der Monsun und das Hochwasser zur selben Zeit (März) einsetzen, sind verheerende Überflutungen die Folge. Jährlich 2–3 Ernten.

Geschichte: B. (altind. *Wanga* oder *Gauda*) bildete wohl einen Teil des Reiches Aschokas (3. Jh. v. Chr.); etwa 350 n. Chr. dem Guptareich angegliedert; etwa 750–1250 blühte in B. der Buddhismus, der mit der muslim. Eroberung (1202?; seit dem 13. Jh. *Bangala*) unterging, 1576–1740 Teil des Mogulreiches; 1757/64 machten sich die Briten zu Herren des Landes; ab 1765 unter der Verwaltung der brit. Ostind. Kompanie; Abtrennung Assams 1874; 1905 Teilung in Bihar und Orissa mit West-B. und Assam mit Ost-B., 1912 Neugliederung in B., Bihar mit Orissa und Assam; 1947 erneut geteilt: West-B. fiel der Ind. Union zu (West Bengal), das vorwiegend muslim. Ost-B. Pakistan. - ↑ auch Bangladesch.

Bengalen, Golf von, Teil des Ind. Ozeans, zw. Indien im W, Birma und den Andamanen im O.

Bengali, Sprache des ind. Bundesstaates West Bengal und Bangladeschs; etwa 90 Mill. (1961) sprechen Bengali, davon 29 Mill. in West Bengal. Mit der ↑ assamesischen Sprache und dem ↑ Orija bildet das B. die östl. Gruppe der neuindor. Sprachen. Das B. zerfällt in mehrere Dialekte; seine Schrift bildete sich aus der nordöstl. Variante der Gupta Brahmi seit dem 12. Jh. (↑ indische Schriften).

Die *Literatur* des B. zählt zu den umfangreichsten neuind. Literaturen. Am Anfang steht die buddhist. Liedersammlung „Tscharjagiti". Auch in der Folgezeit wurden religiöse Dichtungen, z. T. mit erot. Bezügen verfaßt. Die neubengal. Prosa entwickelte sich unter engl. Herrschaft. Der bekannteste Autor der neueren Zeit ist Rabindranath Tagore. Nach der Teilung Indiens entstand in Pakistan eine islam.-bengal. Literatur.

Bengalische Bracke, svw. ↑ Dalmatiner.

Bengalischer Tiger, svw. ↑ Königstiger.

bengalisches Feuer, Buntfeuer, erzeugt durch Gemische aus leicht brennbaren Stoffen (Kohle-, Schwefel- oder Magnesiumpulver), Oxidationsmitteln (Peroxide oder Kaliumnitrat) und flammenfärbenden Zusätzen (↑ Feuerwerk).

Bengasi (arab. Banghasi), Hafenstadt in Libyen, an der Großen Syrte, 308 000 E. Prov.hauptstadt; Univ. (gegr. 1955), Lehrerseminar; Museum; zoolog. und botan. Garten; Brauerei, Getreidemühle, Gerberei, Weberei, Teppichherstellung, Hafen, internat. ✈. - Griech. Gründung (**Hesperides**). In hellenist. Zeit zum ptolemäischen Ägypten (**Berenike** gen.). Seit 96 n. Chr. direkt unter röm. Herrschaft, im 3. Jh. Prov.hauptstadt der Cyrenaika. Im 7. Jh. arab.; 1540 osman., 1911 von den Italienern besetzt.

Ben-Gavriël, Mosche Ya'akov [hebr. 'bɛn gavri'ɛl], eigtl. Eugen Hoeflich, * Wien 15. Sept. 1891, † Jerusalem 17. Sept. 1965, israel. Schriftsteller östr. Herkunft. - Schloß sich in Palästina der jüd. Freiheitsbewegung an; stellt erzählfreudig, z. T. iron., das Leben in Israel aus den verschiedensten Perspektiven dar; verfaßte außer kom.-iron. Schilderungen u. a. den Roman „Das Haus in der Karpfengasse" (1958), der von den Erlebnissen der Prager Juden im Dritten Reich berichtet.

Bengel, Johann Albrecht, * Winnenden 24. Juni 1687, † Stuttgart 2. Nov. 1752, dt. ev. Theologe. - Lehrte 1708–13 am Tübinger Stift. 1749 Konsistorialrat in Stuttgart. Bed.

Vertreter des schwäb. Pietismus. Erstellte den ersten krit. Text des griech. N. T. (1734). Sein Hauptwerk, „Gnomon Novi Testamenti" (1742), ist ein Wort-für-Wort-Kommentar zum N. T. mit einer bibl. Theologie, deren Zentralbegriff „Reich Gottes" ist.

Bengkulu (Bangkahulu), indones. Stadt im sö. Sumatra, Hafen am Ind. Ozean, 29 000 E. Zentrum eines Agrar- und Bergbaugebietes. - 1644–70 niederl. Handelsstationen, 1685 brit., 1824 niederländisch.

Bengsch, Alfred, * Berlin 10. Sept. 1921, † Berlin (Ost) 13. Dez. 1979, dt. kath. Theologe, Kardinal (seit 1967). - 1961 Bischof von Berlin; erhielt 1962 den persönl. Titel „Erzbischof"; Vors. der Berliner Bischofskonferenz (für die DDR) seit 1976.

Bengtson, Hermann, * Ratzeburg 2. Juli 1909, dt. Althistoriker. - 1942 Prof. in Jena, 1952 in Würzburg, 1963 in Tübingen, 1966 in München. Hauptarbeitsgebiet: Geschichte des Hellenismus; Verfasser u. a. von „Einführung in die alte Geschichte" (1949, ^{6}1969), „Griech. Geschichte" (1950, ^{4}1969). - † 2. Nov. 1989.

Benguela, Distriktshauptstadt an der Küste Angolas, an der B.bahn, 41 000 E. Handelszentrum, Fischereihafen; Fischverarbeitungsbetriebe, Werften, Asbestzementfabrik, Tabakaufbereitung; ♀. - 1617 gegr.

Benguelabahn, transkontinentale Eisenbahnlinie, die vom Atlantikhafen Lobito quer durch Z-Angola zum Bergbaugebiet von Shaba (Zaïre) führt, unterhalb der Kupfergürtel von Sambia überquert, dann durch Simbabwe zum Hafen Beira am Pazifik (Moçambique) führt; in Bulawayo Anschluß an das Eisenbahnnetz Südafrikas.

Benguelastrom, sehr fischreiche, kalte Meeresströmung im S-Atlantik, vor der Küste Afrikas vom Kap der Guten Hoffnung bis etwa zur Kongomündung.

Ben Gurion, David, früher: Gruen [hebr. grin], * Płońsk (Polen) 16. Okt. 1886, † Tel Aviv-Jaffa 1. Dez. 1973, israel. Politiker. - Wanderte 1906 nach Palästina aus; Mitbegr. der jüd. Gewerkschaft Histadrut, 1921–33 deren Generalsekretär; 1930 Mitbegr. der Mapai; organisierte als Vors. der Jewish Agency und der zionist. Exekutive in Palästina 1935–48 die illegale Einwanderung jüd. Flüchtlinge, v. a. aus Deutschland; proklamierte 1948 den selbständigen Staat Israel; hatte als Min.präs. und Verteidigungsmin. 1948–53 und 1955–63 entscheidenden Anteil am Sieg über die arab. Nachbarstaaten und an der Stabilisierung des Staates Israel; gründete 1965 die Rafi-Partei; zog sich 1970 aus der Politik zurück. - Abb. S. 145.

Benhima, Mohammed (arab. Ibn Hima, Muhammad), * Safi 25. Juni 1924, marokkan. Politiker. - Seit 1956 mehrfach Min. (u. a. 1972/73 Innenmin.); 1967–69 Min.präs.

Beni, Dep. in N-Bolivien, an der brasilian. Grenze, 213 564 km², 204 000 E (1980), Hauptstadt Trinidad; ausgedehnte Schwemmlandebenen zw. Río Beni und Río Guaporé; nur an der SW-Grenze bis über 2 000 m ü. d. M. Trop. Klima, Überschwemmungen von Dez.–Mai. Auf Lehm- und Tonböden Grasland, auf lockeren Böden der erhöhten Lagen Wälder. Rinder-, daneben Pferdehaltung; Sammelwirtschaft (Kakao, Paranüsse, Kautschuk, Chinarinde). - In vorspan. Zeit dicht besiedelt; Ende 17. Jh. - 1767 wirtsch. Blüte durch die Jesuitenmissionen, erneut 1880 als Folge der Kautschukgewinnung.

Beni, Río, linker Quellfluß des Río Madeira, N-Bolivien, entspringt (mehrere Quellflüsse) in der Cordillera Real, vereinigt sich 100 km nö. von Riberalta mit dem Río Mamoré zum Río Madeira, rd. 1 000 km lang.

Benidorm, span. Seebad am Mittelmeer (Costa Blanca), 23 000 E; bed. Fremdenverkehrszentrum.

benigner Tumor [lat.] ↑ Geschwulst.

Benignität [lat.], Güte, Milde, Gutherzigkeit.

♦ in der *Medizin* svw. Gutartigkeit (von Krankheiten, v. a. von Tumoren, gesagt); Ggs.: *Malignität*.

Beni Hasan ↑ Bani Hasan.

Benin, Fluß in S-Nigeria, entsteht 50 km südl. von Benin City durch den Zusammenfluß von Ethiope und Jamieson, mündet nach 100 km langem Lauf in den Golf von Guinea, ab Sapele schiffbar; steht mit dem Nigerdelta in Verbindung.

Benin

(amtl. Vollform: République Populaire du Bénin) [bis 30. Nov. 1975: Dahomey], VR in W-Afrika, zw. 6° 30′ und 12° 30′ n. Br. sowie 0° 45′ und 4° ö. L. **Staatsgebiet**: B. grenzt im S an den Atlantik, im W an Togo, im NW an Obervolta, im NO an Niger und im O an Nigeria. **Fläche**: 112 622 km². **Bevölkerung**: 3,83 Mill. E (1984), 34 E/km². **Hauptstadt**: Porto-Novo; Sitz der meisten Regierungsbehörden: Cotonou. **Verwaltungsgliederung**: 6 Prov. **Amtssprache**: Französisch; Handelssprache im N ist Hausa. **Nationalfeiertag**: 1. Aug. (Unabhängigkeitstag). **Währung**: CFA-Franc = 100 Centimes (c). **Internat. Mitgliedschaften**: UN, OAU, OCAM, Conseil de l'Entente, UMOA; mit GATT und EWG assoziiert. **Zeitzone**: MEZ.

Landesnatur: B. reicht von der Küste des Golfes von Guinea 650 km bis an den Niger. Hinter der Lagunenküste erstreckt sich die 75 km (im W) bis 110 km (im O) breite Zone der „terre de barre" mit tertiären Ablagerungen in 20 m (im S) bis 245 m ü. d. M. (im NO). Daran schließt ein kristallines Plateau in etwa 400 m ü. d. M. an, von Inselbergen überragt

Benin

und im W von der Gebirgskette der Atakora (bis 640 m ü. d. M.) begrenzt. Im N hat B. Anteil am Pendjari- und am Nigerbecken.

Klima: B. liegt im Bereich des trop. Regenklimas mit zwei Regenzeiten im S (Mitte März–Mitte Juli und Mitte Sept.–Mitte Nov.) und einer nach N sich verkürzenden Regenzeit. Im Jan./Febr. weht der trockene Harmattan aus der Sahara; die Küste weist relativ hohe Luftfeuchtigkeit auf.

Vegetation: Der größte Teil trägt Feuchtsavanne, im S mit Ölpalmen, im N zunehmend mit Affenbrotbaum, krüppelhaften Bäumen und Sträuchern sowie Hartgräsern; sie geht im äußersten N in Trockensavanne mit Akazien über.

Tierwelt: Charakterist. sind Wasservögel in Süd- und Mittel-B., Antilope, Löwe, Panther, Tüpfelhyäne, Serval, Schakal u. a. im N. - Es bestehen Nationalparks mit einer Fläche von z. Z. etwa 800 000 ha.

Bevölkerung: Über 40 Stämme, v. a. Sudaniden, leben in B., u. a. die Adja-Fong-Gruppe (54 % der Gesamtbev.) im S. Überwiegend Anhänger traditioneller Religionen, 20 % Christen, 16 % Muslime. Schulpflicht besteht zw. 6 und 12 Jahren; die Analphabetenquote beträgt etwa 80 %. Univ. in Cotonou (gegr. 1970).

Wirtschaft: Für den Eigenbedarf werden u. a. Mais, Mohrenhirse, Maniok, Jamswurzeln, Bohnen im Wanderhackbau mit Brandrodung angebaut. Die Ölpalme, die im S wild wächst, wird hier auf 225 000 ha genutzt und deckt den Fettbedarf. Die in Plantagen gepflanzten Ölpalmen liefern dagegen wichtige Exportprodukte. Fleisch wird importiert, dagegen werden Fische in genügender Menge, v. a. in den Lagunen, gefangen; $1/3$ wird geräuchert exportiert. Die wichtigsten Nutzholzarten sind Iroko, Samba, Khaya; im S wird seit 1950 systemat. wiederaufgeforstet (Teak). Die wichtigsten Ind.betriebe sind Ölmühlen und Baumwollentkörnungsanlagen; wichtiger ist das traditionelle (Weber, Töpfer, Schmiede, Korbflechter) und auch das modernere Handwerk (Mechaniker, Elektriker).

Außenhandel: Exportiert werden v. a. Produkte der Ölpalme in die EG-Länder, in die USA, die UdSSR und nach Japan. Die wichtigsten Importe sind Baumwollgewebe, Fahrzeuge und Erdölderivate.

Verkehr: Die Eisenbahnlinien haben eine Gesamtlänge von 579 km, das Straßennetz ist 8 100 km lang, auf dem Niger Binnenschiffahrt. Der Außenhandel wird zum großen Teil über den Seehafen von Cotonou abgewickelt. 5 ✈, u. a. der internat. ✈ in Cotonou.

Geschichte: Im 16./17. Jh. entstanden in Arda (heute Allada), Savé und Ouidah portugies., niederl., engl. und frz. Handelsniederlassungen. Von den einheim. Kgr. wurde das von Abomey (später Dahome) im 19. Jh. bed. Nach der Besetzung durch frz. Truppen (1894) gehörte Dahomey ab 1904 als Kolonie zu Frz.-Westafrika; seit 1945 im frz. Parlament vertreten. 1946 als Überseeterritorium Mgl. der Frz. Union; 1957 beschränkte innere Autonomie; 1958 autonome Republik Dahomey innerhalb der Frz. Gemeinschaft; 1960 Proklamation der vollen Unabhängigkeit, Austritt aus der Frz. Gemeinschaft. Seitdem infolge des sozialen Gefälles und der alten Stammesgegensätze zw. S und N mehrere Militärputsche. Major M. Kérékou (* 1934), der die Macht 1972 an sich riß, hat sich seitdem im höchsten Staatsamt behauptet. 1974 erklärte er den Marxismus-Leninismus zur revolutionären Ideologie des Landes und gründete 1975 die Einheitspartei. Am 1. Dez. 1975 wurde der Staatsname geändert und die VR Benin proklamiert. Die ersten Parlamentswahlen seit der Machtübernahme Kérékous fanden im Nov. 1979 statt.

Politisches System: Das Grundgesetz für die VR B. wurde 1977 verkündet. B. hat ein Einparteiensystem mit starker Stellung des Präs. *Staatsoberhaupt* ist der Präs. der Rep. (z. Z. M. Kérékou), der von der Nat. Revolutionsversammlung gewählt wird und zugleich oberster Inhaber der *Exekutive* ist als Leiter der Reg., die die Bez. Exekutivrat führt. Die *Legislative* bildet die Nat. Revolutionsversammlung, deren 336 Mgl. („Volkskommissare") nach einem Vorschlag der Einheitspartei vom Volk gewählt werden. Einzige zugelassene *Partei* ist die marxist.-leninist. ausgerichtete Parti de la Révolution Populaire du Bénin. Ihre Führungsorgane sind das 27köpfige ZK und das von diesem gewählte Politbüro. Vors. des ZK und Parteiführer ist M. Kérékou. Die *Verwaltungs*gliederung umfaßt 6 Prov., an deren Spitze jeweils ein Präfekt und ein Generalsekretär sowie ein Prov.rat der Revolution stehen. Das *Rechtswesen* ist vom frz. Vorbild geprägt. Die *Streitkräfte* umfassen 3 300 Mann (Heer 3 000, Luftwaffe 100, Marine 200); paramilitär. Kräfte: rd. 1 100 Mann. ⊞ *Peukert, W.:* Der atlant. Sklavenhandel v. Dahomey (1740–1797). Wsb. 1978. - *Ronen, D.:* Dahomey. Between tradition and modernity. Ithaca (N. Y.) 1975.

Benin, ehem. Kgr. im heutigen S-Nigeria; wohl im 12. Jh. gegr.; 1485 kamen die ersten Portugiesen nach Benin. 1892 schloß der letzte selbständige Herrscher von B. einen Protektoratsvertrag mit Großbrit., nach dessen Bruch er 1897 von den Briten verbannt wurde; Staatsvolk waren die Edo. - Die Kunst von B. erlebte ihre Blüte um 1450.

Benin, Bucht von, Bucht des Golfes von Guinea zw. Kap Three Points und der Mündung des Niger.

Benin City, Hauptstadt des nigerian. Bundesstaates Bendel, nw. des Nigerdeltas, 136 000 E. Sitz eines kath. Bischofs und des Oba von Benin, westafrikan. Inst. für Ölpalmforschung; Museum (Beninbronzen); Gelbgußgießerei, Holzschnitzerei; ✈. - War die

Hauptstadt des Kgr. Benin; 1897 von brit. Strafexpedition z. T. zerstört.

Benjamin, aus der Bibel übernommener männl. Vorname hebr. Ursprungs, eigtl. „Sohn der rechten Hand" (d. h. Glückskind).

Benjamin, Hilde, geb. Lange, * Bernburg/Saale 5. Febr. 1902, dt. Juristin und Politikerin. - Seit 1927 Mgl. der KPD, 1928–33 Rechtsanwältin; 1949–67 Mgl. der Volkskammer (SED); Vizepräs. des Obersten Gerichtshofes der DDR 1949–53; 1953–67 Justizmin.; an der Neuordnung des Strafrechts in der DDR 1968 entscheidend beteiligt. - † 18. April 1989.

B., Walter, * Berlin 15. Juli 1892, † Port Bou (Spanien) 26. (27.?) Sept. 1940, dt. Literaturkritiker und Schriftsteller. - Seit 1933 in Paris; beging aus Furcht vor der Auslieferung an die Gestapo Selbstmord. B. war Marxist, er gibt in seinen Werken scharfsinnige Analysen der modernen Gesellschaft, seine Kritik trifft die geistige und sittl. Korruptheit des Bürgertums. - *Werke:* Ursprung des dt. Trauerspiels (1928), Einbahnstraße (Aphorismen, 1928), Das Kunstwerk im Zeitalter seiner techn. Reproduzierbarkeit (1936).

Benjamin, israelit. Stamm, der etwa zw. Jerusalem und Bethel wohnte. Personifiziert als jüngerer Bruder des Joseph (1. Mos. 35).

Ben Jonson † Jonson, Ben.

Benkendorf (Benckendorff), Alexandr Christoforowitsch Graf (seit 1832), * Reval 4. Juli 1781 oder 1783, † auf See vor Dagö 5. Okt. 1844, russ. General und Hofbeamter. - Polit. Ratgeber Nikolaus' I.; 1826–44 Organisator und Chef der nach dem Aufstand der Dekabristen neu geschaffenen Geheimpolizei.

Ben Lomond [engl. bɛn 'loumənd], Hochland in NO-Tasmanien, Australien, im Legge Peak bis 1 537 m ü. d. M.

Benn, Anthony [Neil] Wedgwood, * London 3. April 1925, brit. Politiker. - 1950–1960 und seit 1963 Unterhausabg. für die Labour Party (1971/72 deren Vors.); seit 1964 mehrfach Min.

B., Gottfried, * Mansfeld (Westprignitz) 2. Mai 1886, † Berlin 7. Juli 1956, dt. Dichter. - Facharzt für Haut- und Geschlechtskrankheiten. Begann als Expressionist, stellte in hämmernder Sprache die Welt des Ekels, des verwesenden menschl. Leibes, der für den Menschen mit seinen geistigen und moral. Ansprüchen steht, dar. Kalt sezierend und registrierend negiert er das Leben. Der Tragik des Nihilismus setzt er seinen absoluten Glauben an die formale Kraft der Kunst entgegen. Seine Essays sind Rechtfertigungsversuche seiner Existenz, die Novellen behandeln meist philosoph. Themen.
Werke: Morgue (Ged., 1912), Gehirne (Nov., 1916), Fleisch (Ged., 1917), Das moderne Ich (Essays, 1919), Nach dem Nihilismus (Essays, 1932), Stat. Gedichte (1948), Ausdruckswelt (Essays, 1949), Trunkene Flut (Ged., 1949), Der Ptolemäer (En., 1949), Drei alte Männer (Gespräche, 1949), Doppelleben (Autobiogr., 1950), Destillationen (Ged., 1953), Aprèslude (Ged., 1955). - Abb. S. 145.

Bennett [engl. 'bɛnɪt], Arnold, * Shelton bei Hanley 27. Mai 1867, † London 27. März 1931, engl. Schriftsteller. - Glänzend geschriebene Kolportageromane („Das Grandhotel Babylon", 1902) und realist. Romane („Konstanze und Sophie oder Die alten Damen", 1908; „Die Familie Clayhanger", 1910) über das enge Leben in der Kleinstadt; auch erfolgreicher Bühnenautor.

B., James Gordon, * Newmill (Schottland) 1. Sept. 1795, † New York 1. Juni 1872, amerikan. Publizist und Zeitungsverleger. - Kam 1819 in die USA; begr. 1853 mit dem „New York Herald" (urspr. „Morning Herald") die moderne amerikan. Massenpresse.

B., James Gordon, * New York 10. Mai 1841, † Beaulieu-sur-Mer bei Nizza 14. Mai 1918, amerikan. Zeitungsverleger. - Sohn von James Gordon B.; wurde bekannt durch die Finanzierung der Expedition von Sir H. M. Stanley (1871) und durch die Stiftung des **Gordon-Bennett-Preises** für Autorennen, Ballon- und Flugzeugwettbewerbe.

B., Sir William Sterndale, * Sheffield 13. April 1816, † London 1. Febr. 1875, engl. Komponist. - Einer der bedeutendsten Vertreter der engl. Romantik; komponierte Orchestermusik, 4 Klavierkonzerte, Kammer- und Klaviermusik, geistl. und weltl. Vokalwerke.

Bennettitales (Bennettiteen) [nach dem brit. Botaniker J. J. Bennett, * 1801, † 1876],

Benin. Elfenbeinmaske als Brustschmuck des Königs (15./16. Jh.)

ausgestorbene Ordnung der Nacktsamer in der oberen Trias und der Kreidezeit; älteste bekannte Pflanzen mit Zwitterblüten.

Ben Nevis, höchster Berg der Brit. Inseln, in den schott. Grampian Mountains, 1 343 m hoch.

B. N., Berg im S der Neuseeländ. Alpen, östl. des Lake Wakatipu, 2 332 m hoch.

Bennewitz, dt. Kartograph, ↑Apian.

Bennigsen, niedersächs. Adelsgeschlecht; erscheint urkundl. zum ersten Mal 1261; 1618 Teilung in die Linien Banteln-Gronau (gräfl.) und Bennigsen; bed.:

B., Levin August Gottlieb Graf von (seit 1813), russ. Bennigsen, Leonti Leontjewitsch, *Braunschweig 10. Febr. 1745, †Banteln (Landkr. Alfeld [Leine]) 3. Okt. 1826, russ. General. - 1801 an der Verschwörung gegen Paul I. beteiligt; siegte 1807 bei Preußisch Eylau über Napoleon I.; 1812 Generalstabschef Kutusows.

B., Rudolf von, *Lüneburg 10. Juli 1824, †Bennigsen (Landkr. Springe) 7. Aug. 1902, dt. Jurist und liberaler Politiker. - MdR und Mgl. des preuß. Abg.hauses ab 1867; Mitbegr. der Nationalliberalen Partei, bis 1883 und erneut 1887-98 deren Fraktionsvors. im Reichstag; erwirkte einen Kompromiß über die siebenjährige Festlegung der Friedensstärke des Heeres (Septennat, 1874) und setzte die Justizgesetzgebung (1876) durch; Zollschutzpolitik und Sozialistengesetzgebung 1878/79 führten zum Bruch mit Bismarck; 1888-98 Oberpräs. in Hannover.

Benning, Achim, *Magdeburg 20. Jan.

Bensheim. Innenhof der Burg Auerbach mit Nordwestturm

1935, dt. Schauspieler und Regisseur. - Seit 1959 am Wiener Burgtheater; seit 1975 Direktor des Burgtheaters.

Benno, Kurzform von ↑Bernhard.

Benno, hl., †um 1106, Bischof von Meißen. - Stammte aus sächs. Adelsgeschlecht, wurde im Investiturstreit zweimal abgesetzt. - Fest: 16. Juni.

Benoît de Sainte-More (B. de Sainte-Maure) [frz. bɔnwadsɛt'mɔːr], altfrz. Dichter des 12. Jh. aus Sainte-Maure-de-Touraine. - Verfaßte den ältesten ma. Trojaroman „Roman de Troie" (30 000 Achtsilber), der in ganz Europa verbreitet war.

Benommenheit, Zustand der Bewußtseinsminderung, leichter Grad der Bewußtseinstrübung.

Benrath, Henry, eigtl. Albert Heinrich Rausch, *Friedberg (Hessen) 5. Mai 1882, †Magreglio bei Como 11. Okt. 1949, dt. Schriftsteller. - War bes. erfolgreich mit seinen Geschichtsromanen; u. a. „Die Kaiserin Konstanze" (1935), „Die Kaiserin Galla Placidia" (1937); formstrenge Lyrik.

Benrath, Stadtteil von ↑Düsseldorf.

Benrather Linie, nach dem Ort Benrath (= Düsseldorf) ben. Grenzlinie der hochdt. Lautverschiebung, die sog. „maken/machen-Linie". - ↑auch deutsche Sprache.

Bensberg ↑Bergisch Gladbach.

Bense, Max, *Straßburg 7. Febr. 1910, dt. Philosoph. - 1946 Prof. in Jena, 1949 in Stuttgart; veröffentlichte Arbeiten zur Wissenschaftstheorie, Logik, Ästhetik, Semiotik. *Werke*: Philosophie als Forschung (1947), Literaturmetaphysik. Der Schriftsteller in der techn. Welt (1950), Aesthetica I–IV (1954–60), Theorie der Texte (1962), Aesthetica (1965), Semiotik (1967), Die Unwahrscheinlichkeit des Ästhetischen ... (1979), Das Auge Epikurs.. Indirektes über Malerei (1980), Das Universum der Zeichen (1983).

Ben Sekka, Kap (früher: Kap Angela), Kap an der Mittelmeerküste Tunesiens, 37°21' n. Br., nördlichster Punkt Afrikas.

Bensheim, hess. Stadt an der Bergstraße, 110 m ü. d. M., 33 300 E. Konfessionskundl. Inst. des Ev. Bundes; Metallverarbeitung u. a. Ind.; Fremdenverkehr. - 765 erwähnt, 956 Markt-, 1320 Stadtrechte. 1939 wurde **Auerbach** mit der gleichnamigen Burg (12. und 14. Jh.; erhalten u. a. Bergfried) eingemeindet. - Fachwerkhäuser; Pfarrkirche (1826–1830). Nahebei der Staatspark **Fürstenlager.**

Benthal [griech.], Bodenregion der Seen und Meere.

Bentham, Jeremy [engl. 'bɛntəm], *London 15. Febr. 1748, †ebd. 6. Juni 1832, engl. Sozialphilosoph und Jurist. - Seine vom Utilitarismus geprägten Theorien zur Rechtsphilosophie, Justiz- und Parlamentsreform sowie zur Volkswirtschaftslehre hatten bed. Einfluß auf Gesellschafts- und Wirtschaftswissenschaft. - *Hauptwerke*: A fragment on government (1776), An introduction to the principles of morals and legislation (1789).

Bentheim, Bad ↑ Bad Bentheim.

B., ehem. dt. Gft. im Gebiet der mittleren Vechte, im Grenzbereich der Diözesen Münster und Utrecht; fiel 1421 an das niederrhein. Geschlecht von Götterswick (Güterswyk), das seinen Territorialbesitz erhebl. vergrößern konnte (u. a. Steinfurt, Tecklenburg, Rheda, Limburg); durch Erbteilung im 17. Jh. zersplittert. Heute existieren noch zwei 1817 in den preuß. Fürstenstand erhobene Linien: die Fürsten von **Bentheim und Steinfurt** und die von **Bentheim-Tecklenburg,** die 1707 zugunsten Preußens auf die Gft. Tecklenburg verzichtet hatten. B. wurde 1815 zw. Preußen und Hannover aufgeteilt.

Benthos [griech. „Tiefe"], Gesamtheit der auf, in oder dicht über dem Bodengrund von Salz- oder Süßgewässern lebenden Organismen.

Bentlage, Margarete zur, * Hof Bentlage bei Menslage (Emsland) 24. März 1891, † Garmisch-Partenkirchen 16. Febr. 1954, dt. Schriftstellerin. - Schrieb humorvolle Romane und Erzählungen aus ihrer emsländ. Heimat, u. a. „Unter den Eichen" (En., 1933).

Bentley, Richard [engl. 'bεntlɪ], * Oulton bei Wakefield (Yorkshire) 27. Jan. 1662, † Cambridge 14. Juli 1742, engl. klass. Philologe. - Bed. durch seine hervorragende Text- und Sachkritik; erschloß das verlorengegangene griech. Buchstabenzeichen Digamma aus den homer. Texten.

Bentonit [nach dem Fundort Fort Benton, USA], Ton mit sehr starkem Quellungs- und Adsorptionsvermögen; entsteht durch Verwitterung saurer, vulkan. Tuffe. Verwendung für Spüllösungen bei Bohrungen u. a.

Bên Tre, Hauptstadt der Prov. B. T. im Mekongdelta, Vietnam, 69 000 E. Zentrum eines Agrargebiets; ⚓.

Bentz, Alfred, * Heidenheim an der Brenz 26. Juli 1897, † bei Stratford-upon-Avon 11. Juni 1964, dt. Geologe. - 1923 Landesgeologe in Berlin, seit 1934 auch Prof. an der TH Hannover, 1958–62 Präs. der Bundesanstalt für Bodenforschung (Hannover); internat. anerkannter Erdölspezialist.

Benua, Alexandr Nikolajewitsch (frz. Benois), * Petersburg 3. Mai 1870, † Paris 9. Febr. 1960, russ.-frz. Zeichner, Bühnenbildner und Kunstkritiker frz.-italien. Abkunft. - Entwarf zahlr. Bühnenbilder und Kostüme; Illustrationen (u. a. zu Puschkin) und Kunstbücher.

Benue, größter (linker) Nebenfluß des Niger, entspringt im nördl. Adamaua (Kamerun), mündet gegenüber von Lokoja (Nigeria), 1 300 km; fischreich; Schiffahrt nur bei Hochwasser mögl.

Benvenuti, Giacomo, * Toscolano Maderno (Prov. Brescia) 16. März 1885, † Barbarano bei Salò 20. Jan. 1943, italien. Musikforscher und Komponist. - Hg. älterer italien. Musik; komponierte u. a. die Oper „Juan José" (1928), ein Streichquartett, Klaviermusik.

Benya, Anton ['bɛnja], * Wien 8. Okt. 1912, östr. Gewerkschaftsführer und Politiker (SPÖ). - 1959–63 Vizepräs., seitdem Präs. des Östr. Gewerkschaftsbundes (ÖGB), seit 1956 Mgl. des Nationalrats, seit 1971 dessen Präsident.

Ben Yahuda, Elieser, eigtl. Perelman, Elieser Iitzchafe, * Lukschy (Litauen) 7. Jan. 1858, † Jerusalem 16. Dez. 1922, jüd. Sprachforscher. - Seit 1881 in Jerusalem Journalist und Lehrer. Bes. verdient um die Schaffung einer neuhebr. gesprochenen Sprache (Iwrith). B. Y. schuf zahlr. Wortneubildungen und neue Begriffe. Hauptwerk: hebr. Wörterbuch „Thesaurus totius hebraitatis".

Benz, Carl [Friedrich], * Karlsruhe 25. Nov. 1844, † Ladenburg 4. April 1929, dt. Ingenieur und Automobilpionier. - Gründete 1883 in Mannheim die Benz & Cie. Gasmotorenfabrik. Auf seinen 1885 konstruierten dreirädrigen Motorwagen erhielt er 1886 dt. und ausländ. Patente (unabhängig von B. hatte G. W. Daimler den Motorfahrzeug entwickelt). 1926 schlossen sich die Firma Benz & Cie. und die Daimler-Motoren-Gesellschaft zur Daimler-Benz AG zusammen. - Abb. S. 145.

B., Richard, * Reichenbach (Vogtl.) 12. Juni 1884, † Heidelberg 9. Nov. 1966, dt. Literatur-, Musik- und Kulturhistoriker. - Musik- und literaturgeschichtl. Forschungen stellten für B. eine Einheit dar. - *Werke:* Die dt. Romantik (1937), Die Zeit der dt. Klassik 1750–1800 (1953), Widerklang. Vom Geiste großer Dichtung und Musik (1964).

Benzal- [Kw.], Bez. der chem. Nomenklatur für die Atomgruppierung = CH – C$_6$H$_5$.

Benzaldehyd [Kw.] (Bittermandelöl), C$_6$H$_5$ – CHO, einfachster aromat. Aldehyd, nach bitteren Mandeln riechend. Ausgangsmaterial für Arzneimittel, Acridinfarbstoffe, Riechstoffe.

Benzanthron [Kw.], tetracycl., aus Anthrachinon gewinnbares aromat. Keton; B. ist Ausgangsstoff für Küpenfarbstoffe.

Benzidin [arab.] (4,4-Diaminodiphenyl), dient in der analyt. Chemie zum Nachweis verschiedener Schwermetalle (z. B. von Blei, Cer, Chrom, Kobalt); Ausgangsstoff für die Gewinnung der Benzidinfarbstoffe (z. B. Kongorot); krebserregend. Chem. Strukturformel:

H$_2$N–⌬–⌬–NH$_2$

Benziger Verlag ↑ Verlage (Übersicht).

Benzin [zu mittellat. benzoë „Benzoeharz", aus dem urspr. Benzin gewonnen wurde], ein Gemisch von Kohlenwasserstoffen mit einem Siedebereich von 40–220°C; besteht vornehml. aus Alkanen (Pentan bis Dékan), Cycloalkanen und Aromaten. B. ist eine farblose, brennbare Flüssigkeit, die leicht ver-

Benz-in

Bezeichnung	Siedegrenze °C	Aromatengehalt Vol.-%	Verwendung
Petroläther	40/80	0,5	Wundbenzin, Reinigung
Extraktionsbenzin	60/95	0,5–1	für vegetabilische Öle und Fette
Leuchtbenzin	30/80	1	Beleuchtungszwecke
Lösungsbenzin I	80/125	2–4	Gummi-, Lack-, Farbenindustrie
Waschbenzin	100/140	8	chemische Reinigung
Lösungsbenzin II	145/195	18	Lacke, Farben
Testbenzin	150/190	17	Schuhcreme, Bohnerwachs
Terpentinersatz	135/210	17/18	Lösungs- und Verdünnungsmittel (Lacke, Farben, Gummi, chem. Reinigung, Putz-, Pflegemittel)
Mineralterpentinöl	145/220	17	Farben, Lacke (längere Trockenzeiten)

Benzine dunstet und mit Luft explosive Dämpfe bildet (Verwendung als Kraftstoff). B. ist mit Wasser nicht mischbar, hingegen mit organ. Lösungsmitteln.
B. wird hergestellt: 1. Durch Destillation von Erdöl als „Straight-run-B."; dieses muß wegen niedriger Oktanzahl zur Verwendung als Vergaserkraftstoff erst durch ↑ Reformieren verbessert werden; 2. durch Kracken (Aufbrechen hochmolekularer Kohlenwasserstoffverbindungen) höherer Erdölfraktionen zu Krack-B.; 3. durch Destillation des bei der Braunkohlenverschwelung (↑ Kohleveredelung) anfallenden Schwel-B.; 4. durch Polymerisation; 5. durch Alkylierung; 6. durch Isomerisierung; 7. durch Benzinsynthese aus Synthesegas. *Verwendung:* Neben der Verwendung als Kraftstoff (↑ Vergaserkraftstoffe) werden aus B. durch Fraktionieren Spezial-B. mit engem Siedebereich gewonnen.

Benz-in [arab.] (Dehydrobenzol), Benzolring mit einer sehr additionsfähigen Dreifachkohlenstoffbindung.

Benzinabscheider ↑ Kläranlage.

Benzinbleigesetz, BG vom 5. 8. 1971 (mehrfach geändert), das den höchstzulässigen Gehalt an Bleiverbindungen und anderen anstelle von Blei zugesetzten Metallverbindungen in Benzin und Dieselöl regelt. Vom 1. 1. 1976 an darf die Bleimenge je Liter Ottokraftstoff 0,15 g nicht übersteigen.

Benzineinspritzung ↑ Einspritzmotor.

Benzoate [arab.], Salze oder Ester der ↑ Benzoesäure. *Natriumbenzoat,* C_6H_5–COONa, dient zur Konservierung von Lebensmitteln. *Methylbenzoat (Niobeöl)* und das *Äthylbenzoat* werden in der Parfümind. verwendet.

Benzoebaum [...tso-e; arab./dt.] (Styrax benzoin), wirtschaftl. wichtige Art der Gatt. Styraxbaum, in Hinterindien und im Malaiischen Archipel; Baum mit ellipt., immergrünen, ledrigen Blättern; liefert ein braunes festes Benzoeharz.

Benzoesäure [...tso-e; arab./dt.] (Benzolcarbonsäure), C_6H_5–COOH, die einfachste aromat. Carbonsäure; ihre Salze und Ester sind die ↑ Benzoate. B. und ihre Salze sowie die Ester der p-Hydroxybenzoesäure sind starke Gifte für niedere Lebewesen; sie dienen daher als Konservierungsmittel. Chem. Strukturformel:

Benzoesäure   **p-Hydroxybenzoesäure**

Benzol [arab.], einfachster, aromat. Kohlenwasserstoff, der Grundkörper der aromat. Verbindungen, chem. Bruttoformel C_6H_6. Die sechs C-Atome des B.moleküls sind in Form eines Sechsecks angeordnet (*B.ring*). In reinem Zustand ist B. eine farblose, charakterist. riechende Flüssigkeit. Der Erstarrungspunkt liegt bei 5,5 °C, der Siedepunkt bei 80,1 °C, Dichte (bei 20 °C) 0,8789 g/cm³. Mit Wasser ist B. kaum mischbar, gut lösl. ist es dagegen in Alkohol, Äther und vielen organ. Lösungsmitteln; es brennt mit stark rußender Flamme. Beim Einatmen von Benzoldämpfen treten schwere Vergiftungserscheinungen auf. B. wird durch Destillation aus Erdöl, Erdgas und Kokereigasen gewonnen. Verwendung findet B. v. a. als Kraftstoffzusatz (da die Oktanzahl über 100 liegt), als Extraktions- und Lösungsmittel, als Ausgangsstoff für die Synthese von Kunststoffen (Styrol), Farbstoffen (Anilinfarben) und Arzneimitteln (Phenolderivate).

Bei der zeichner. Darstellung des B. wird meist auf die Wiedergabe der H-Atome verzichtet, bei Substitutionsprodukten wird nur die Stellung der Substituenten angegeben. Einige gebräuchl. Darstellungen des B.:

Berberin

B. wurde 1825 von M. Faraday im Leuchtgas entdeckt, seine Struktur klärte A. Kekulé von Stradonitz 1865.

Benzolazo-, Bez. der chem. Nomenklatur für die Atomgruppierung $-N=N-C_6H_5$.

Benzolderivate, heute über 100 000 Stoffe, die sich vom Benzol herleiten lassen.

Benzoldicarbonsäuren, Sammelbez. für die drei stellungsisomeren Säuren ↑ Phthalsäure, Isophthalsäure und Terephthalsäure.

Benzolsulfonsäuren, Derivate des Benzols, bei denen eine oder mehrere Sulfonsäuregruppen, $-SO_3H$, direkt an ein C-Atom des aromat. Rings gebunden sind.

Benzolwaschanlage, Anlage zur Entfernung von Benzolkohlenwasserstoffen aus Kokereigasen (↑ Kohleveredelung, ↑ Gasreinigung) durch Absorption in Waschöl.

Benzophenon [arab./griech.] (Diphenylketon), $C_6H_5-CO-C_6H_5$, aromat. Keton; wird wegen seines angenehmen Geruchs in der Parfümind. verwendet.

Benzoyl- [Kw.], Bez. der chem. Nomenklatur für die Atomgruppierung $-CO-C_6H_5$.

Benzpyren [Benzo[a]pyren, 1,2-Benzpyren), pentacycl., aromat. Kohlenwasserstoff aus dem Steinkohlenteer; chem. Bruttoformel $C_{20}H_{12}$; B. wird als einer der stärksten krebserzeugenden Stoffe angesehen. Es entsteht auch bei der Verkohlung zellulose-, wachs- oder fetthaltiger Stoffe (Tabak, Zigarettenpapier, Fleisch u. a.) und ist in den Auspuffgasen von Verbrennungsmotoren enthalten.

Ben Zwi, Isaac, früher Schimschilewitsch, Isaak, * Poltawa 6. Dez. 1884, † Jerusalem 23. April 1963, israel. Politiker russ. Herkunft. - Ging 1907 als Lehrer nach Palästina; Mitbegr. der Gewerkschaft Histradut 1921 und der Arbeiterpartei Mapai 1930; organisierte als Präs. des Nationalrates der Juden Palästinas 1931-48 die jüd. Selbstverteidigung; ab 1953 Staatspräs.

Benzyl- [Kw.], Bez. der chem. Nomenklatur für die Atomgruppierung $-CH_2-C_6H_5$.

Benzylalkohol, $C_6H_5-CH_2OH$, der einfachste aromat. Alkohol; bildet eine farblose, ölige, angenehm riechende Flüssigkeit, die in der Natur als Bestandteil vieler äther. Blütenöle auftritt. B. findet Verwendung in der Parfümind. sowie als Lösungsmittel für Lacke und Farbstoffe.

Benzyliden- [Kw.] (früher Benzal-), Bez. der chem. Nomenklatur für die Atomgruppierung $=CH-C_6H_5$.

Beobachtung, aufmerksame Wahrnehmung, die mit der Zielvorstellung verbunden ist, ein bestimmtes Objekt oder einen bestimmten Vorgang bezügl. der interessierenden Momente möglichst genau zu erfassen, wenn erforderl. unter Inanspruchnahme techn. Hilfsmittel.

Beobachtungsbogen (Schülerbogen), Listen, die der Lehrer (bes. an Sonderschulen) fortlaufend über die Entwicklung des Schulkindes führt.

Beobachtungsstufe ↑ Orientierungsstufe.

Beograd ↑ Belgrad.

Beowulf, altengl. Stabreimepos; ältestes und einziges vollständig erhaltenes altgerman. Heldenlied, in der heute vorliegenden Textform wahrscheinl. im 10. Jh. nach Quellen entstanden, die aus dem 8. Jh. stammen und auf das 6. Jh. zurückgehen; episod. Darstellung der heldenhaften Kämpfe von B., einem [südschwed.] Gautenfürsten, gegen Ungeheuer an dän. Hof (Grendel und seine Mutter) und später im eigenen Land, wobei er den Tod findet.

Beppu, jap. Stadt an der NO-Küste von Kiuschu, 175 000 E. Heilbad mit über 2 000 Thermalquellen (bis 100 °C); Fischereihafen.

Beran, Josef, * Pilsen 29. Dez. 1888, † Rom 17. Mai 1969, tschech. kath. Theologe, Erzbischof von Prag und Primas von Böhmen (seit 1946), Kardinal (seit 1965). - 1911 Priester, seit 1942 in den KZ Theresienstadt und Dachau inhaftiert; 1951 aus seinem Amt und Bistum vertrieben und bis 1963 interniert; seit 1965 als Kurienkardinal in Rom.

Béranger, Pierre Jean de [frz. berã'ʒe], * Paris 19. Aug. 1780, † ebd. 16. Juli 1857, frz. Lyriker. - Populärer frz. Liederdichter, verherrlichte Napoleon I. und trug maßgebl. zur Bildung der Napoleonlegende bei.

Beratung, im gerichtl. Verfahren die abschließende Diskussion und Meinungsbildung des Richterkollegiums, mit der die Abstimmung endet.

Berber, europide Stämme in NW-Afrika, u. a. Kabylen, Guanchen, Tuareg; meist Bauern und Viehzüchter (oft in Transhumanz); leben in vaterrechtl. Großfamilien; älteste in NW-Afrika lebende Bev.schicht, waren z. T. Karthago tributpflichtig und gehörten zur röm. Prov. Africa. Durch die arab. Eroberung Nordafrikas wurden die B. im 7. Jh. islamisiert, im 11. Jh. in Sprache, Rasse und Kultur arabisiert.

Berber, in N-Afrika gezüchtete Pferderasse; anspruchslose ausdauernde Reitpferde (häufig Schimmel); Widerristhöhe nicht über 150 cm, Rücken kurz; kleine, sehr harte Hufe. ♦ von den Berbern in NW-Afrika geknüpfter, derber, hochfloriger Teppich aus naturfarbener Wolle, auch mit Rautenmustern.

Berbera, Hafenstadt am Golf von Aden, in NW-Somalia, 65 000 E. Fischerei; modern ausgebauter Hafen, ⚓.

Berberian, Cathy [engl. bɔ:'berɪən], * Attleboro (Mass.) 4. Juli 1928, † Rom 6. März 1983, amerikan. Sängerin (Sopran). - Wirkte als Interpretin zeitgenöss. Musik in zahlr. Uraufführungen mit, u. a. in Werken von Milhaud und Cage.

Berberin [mittellat.], gelbes Alkaloid aus der Berberitzenwurzel (Berberis vulgaris).

Berberis

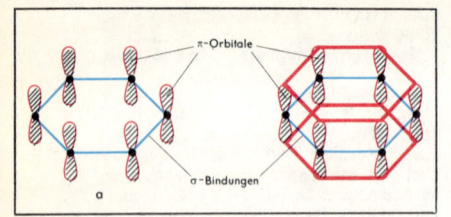

Benzol. Elektronenverteilung im Benzolring

Berberis [mittellat.], svw. ↑Sauerdorn.
Berberitze [mittellat.], (Heckenberberitze, Gemeiner Sauerdorn, Berberis vulgaris) bis 3 m hoher Strauch der Gatt. Sauerdorn in Europa und M-Asien; Blätter der Langtriebe zu Dornen umgewandelt, Blätter der Kurztriebe eiförmig, dornig; Blüten gelb, in Trauben an Kurztrieben; scharlachrote, säuerl., eßbare Beerenfrüchte; einer der Zwischenwirte für den ↑Getreiderost, daher in Getreideanbaugebieten weitgehend ausgerottet und nur selten als Zierstrauch gepflanzt.
◆ svw. ↑Sauerdorn.
Berbersprachen, Gruppe nahe verwandter Sprachen, die in N- und NW-Afrika sowie großen Teilen der Sahara von rund $5^1/_2$ Mill. Menschen gesprochen werden. Sie gehören der hamitosemit. Sprachfamilie an. Die einzelnen Sprachen zeigen starke dialektale Zersplitterung. Bekannte B.: Schilchisch und Rifisch in Marokko, Kabylisch und Chaouia in Algerien, Tuareg (Tamahak oder Tamaschek) in der Sahara. Das Tuareg wird mit einer eigenen Schrift (Tifinagh) geschrieben, die der altlibyschen Schrift nahesteht. Der Wortschatz der B. ist stark vom Arab. beeinflußt.
Berblinger, Albrecht Ludwig, gen. *Schneider von Ulm*, * Ulm 24. Juni 1770, † ebd. 28. Jan. 1829, dt. Flugpionier. - Konstruierte 1811 einen halbstarren Hängegleiter, in dem er bei der Vorführung am 31. Mai 1811 über der Donau abstürzte.
Berceo, Gonzalo de [span. berˈθeo], * Berceo (Prov. Logroño) um 1195, † ebd. nach 1264, span. Dichter. - Weltgeistlicher, ältester namentl. bekannter span. Dichter; verfaßte Marienlegenden.
Berceuse [frz. bɛrˈsø:z], Wiegenlied, auch Instrumentalstück.
Berchem, Nicolaes [Pietersz.], ≈ Haarlem 1. Okt. 1620, † Amsterdam 18. Febr. 1683, niederl. Maler und Radierer. - Schüler u. a. seines Vaters Pieter Claesz. Bedeutendster italienisierender niederl. Landschaftsmaler.
Berchet, Giovanni [italien. berˈʃɛ], Pseud. Crisostomo, * Mailand 23. Dez. 1783, † Turin 23. Dez. 1851, italien. Dichter ital. Abkunft. - Freund Manzonis; einer der bekanntesten Vertreter der italien. Romantik, v. a. Lyriker mit patriot. Themen („Romanze", 1822–24; „Fantasie", 1829).
Berching, Stadt in der Fränk. Alb, Bayern, 383 m ü. d. M., 7 500 E. Herstellung von Fernmeldeanlagen, Elektromotoren und Baugeräten. - 883 erwähnt, im 13. Jh. Markt, 1314 Stadt gen.; 1805/06 an Bayern. - Stadtmauer (15. Jh., mit Türmen), roman. Kirche Sankt Lorenz (im 17. Jh. umgestaltet), frühgot. Pfarrkirche (1756 ff. erweitert).
Berchtesgaden, Marktgemeinde nördl. des Watzmann, Bayern, 570 m ü. d. M., 8 200 E. Fachschule für Holzschnitzerei, Salzbergwerk. Heilklima. Kurort und Wintersportplatz. - Propstei B. 1120 gegr., seit 1142 päpstl. Eigenkloster, 1803 säkularisiert; 1809/10 an Bayern. - Ehem. Augustiner-Chorherrenstiftskirche (1283–1303), ehem. Stiftsgebäude (sog. Schloß; 13. Jh.).
Berchtesgadener Land, Landkr. in Bayern.
B. L., Landschaft in den westl. Kalkalpen, zw. Salzach und Saalach; umfaßt das von der im Königssee entspringenden Berchtesgadener Ache durchflossene, vom Untersberg im N, Hohem Göll im SO, dem Steinernen Meer im S, dem Watzmann im SW, von Reither Alpe und Lattengebirge im NW begrenzte **Berchtesgadener Becken**; bed. Fremdenverkehrs- und Erholungsgebiet.
Berchtold, Leopold Graf, * Wien 18. April 1863, † Schloß Peresznye bei Ödenburg 21. Nov. 1942, östr.-ungar. Diplomat und Politiker. - Aus mähr. Magnatenfamilie; Botschafter in Petersburg; 1912–15 Außenmin.; anfangs bemüht, den internat. Frieden durch Nichtintervention und Erhaltung des Status quo auf dem Balkan zu erhalten; löste mit dem Ultimatum an Serbien (23. Juli 1914) die zum 1. Weltkrieg führende Julikrise aus.
Berckheyde, Gerrit [Adriaensz.], ≈ Haarlem 6. Juni 1638, † ebd. 14. Juni 1698, niederl. Maler. - Malte v. a. kühle Stadtansichten aus Haarlem und Amsterdam.
Berdjajew, Nikolai Alexandrowitsch, * Obuchowo bei Kiew 19. März 1874, † Clamart bei Paris 23. März 1948, russ. Philosoph. - Studium an der Univ. Kiew und in Heidelberg (bei Windelband); als Student Marxist (deshalb 3 Jahre Verbannung), später Hinwendung zum Christentum. Nach der Revolution 1917 Prof. für Philosophie in Moskau. 1922 wegen seiner radikalen Kritik an Materialismus und Atheismus aus der UdSSR ausgewiesen. Seit 1924 in Paris. Anschließend an Nietzsche kommt B. zu einer dogmat. Verabsolutierung der „schöpfer." Persönlichkeit. - *Werke:* Die Philosophie des freien Geistes (1927), Das Christentum und der Klassenkampf (1931), Selbsterkenntnis. Versuch einer philosoph. Autobiographie (1949).
📖 *Köpcke-Duttler, A.: N. B.s Weg einer schöpfer. Bildung.* Ffm. 1982. - *Köpcke-Duttler, A.: N. B.* Ffm. 1981.

Beresina

Berdjansk, sowjet. Stadt an der N-Küste des Asowschen Meeres, Ukrain. SSR, 129 000 E. PH, Maschinenbau, Herstellung von Hafenausrüstungen; Hafen, Eisenbahnendpunkt. - Östl. der Stadt Weingärten, an der Küste Kureinrichtungen mit ganzjähriger Saison. - Gegr. 1827.

Beregnung, bodenschonende Bewässerungsform, bei der das Wasser (Klarwasser, Abwasser) hauptsächl. mit Drehstrahlregnern regenartig verteilt wird. Die B. dient v. a. der Wasserversorgung der Kulturpflanzen in regenarmen Zeiten oder Gebieten. Darüber hinaus kann die B. auch zur Frostschadenverhütung sowie zur Düngung benutzt werden.

Bereicherung, im Recht jeder Vermögenszuwachs. Ein rechtsgültiger Rechts- oder Vermögenserwerb kann, wenn er ohne rechtl. Grund auf Kosten eines anderen erlangt wurde, nach den Vorschriften des BGB über die *ungerechtfertigte B.* ausgeglichen werden (Herausgabe oder Wertersatz, §§ 812ff.).

Bereicherungsverbot, Grundsatz der Schadenversicherung; ersetzt wird vom Versicherer auch bei Überversicherung nur der entstandene Schaden; problemat. bei der Neuwertversicherung.

Bereitschaftspolizei, bes., in Sammelunterkünften untergebrachte (kasernierte) Polizeieinheiten der Länder mit folgenden Aufgaben: 1. Unterstützung des allg. Polizeivollzugsdienstes, wenn dessen Kräfte im Einzelfall nicht ausreichen; 2. Abwehr drohender Gefahren für den Bestand oder die freiheitl. demokrat. Grundordnung des Bundes oder eines Landes gemäß Art. 91 GG; 3. Ausbildung des Nachwuchses für den allg. Polizeivollzugsdienst.

Berelson, Bernard [Reuben] [engl. 'bɛrəlsn], * Spokane (Wash.) 2. Juni 1912, amerikan. Soziologe. - Entwickelte durch seine Beiträge zur empir. Sozialforschung v. a. die Inhaltsanalyse wesentl. weiter.

Berengar, Name von Königen von Italien:
B. I., † Verona 7. April 924, König (seit 888). - Enkel Kaiser Ludwigs des Frommen, 873 Markgraf von Friaul; 915 zum Kaiser gekrönt; unterlag Rudolf von Hochburgund und wurde ermordet.
B. II., † Bamberg 6. Aug. 966, König (seit 950). - Enkel B. I.; Markgraf von Ivrea; von Otto d. Gr. 952 zur Lehnsnahme gezwungen, 961 abgesetzt und 963 nach Deutschland verbannt.

Berengar von Tours, * zw. 1000 und 1010, † Priorat Sankt Cosmas (heute Saint-Côme) bei Tours 1088, scholast. Theologe. - 1030 Lehrer an der Schule von Tours, 1040 deren Leiter und Archidiakon von Angers. B. soll Kindertaufe und Ehe bekämpft haben. Entwickelte eine symbol. Eucharistielehre.

Berenike, Name hellenist. Königinnen:

Berchtesgaden mit dem Watzmann im Hintergrund

B., um 279 v. Chr., ptolemäische Königin. - Seit etwa 317 ∞ mit Ptolemaios I., dem sie Arsinoe II. und Ptolemaios II. gebar; nach ihrem Tod göttl. Verehrung.
B., † um 246 v. Chr., seleukid. Königin. - Tochter Ptolemaios' II. und Arsinoes I.; 253 ∞ mit dem Seleukiden Antiochos II.; nach einem von ihr angezettelten Aufstand ermordet.
B., † 221 v. Chr. (ermordet), ptolemäische Königin. - Seit 246 ∞ mit Ptolemaios III., für dessen glückl. Rückkehr aus dem 3. Syr. Krieg sie eine Locke ihres Haupthaares gelobte (nach der Legende in ein Sternbild verwandelt); schon zu Lebzeiten mit ihrem Gatten göttl. verehrt.

Berenike, * 28, † nach 79, jüd. Prinzessin. - Tochter des Herodes Agrippa I.; lebte nach mehreren Ehen mit ihrem Bruder Herodes Agrippa II. zusammen; wurde 67 Geliebte des späteren Kaisers Titus, der sie aus Gründen der Staatsräson nicht heiratete.

Berenike, Haupthaar der, ↑ Sternbilder (Übersicht).

Berens-Totenohl, Josefa, eigtl. J. Berens, * Grevenstein (Sauerland) 30. März 1891, † Meschede 6. Sept. 1969, dt. Schriftstellerin. - Ihre Romane (u. a. „Der Femhof", 1934) spiegeln die in der Überlieferung verwurzelte bäuerl. Welt ihrer westfäl. Heimat.

Berent, Wacław, * Warschau 28. Sept. 1873, † ebd. 22. Nov. 1940, poln. Schriftsteller. - Übte in ästhetisierenden Romanen Kritik an der gesellschaftl. Dekadenz der Jh.wende, u. a. „Edelfäule" (1903).

Beresina, rechter Nebenfluß des Dnjepr, entspringt 110 km nördl. von Minsk, mündet 45 km wnw. von Gomel, UdSSR, 613 km lang. - 1812 erlitt die Große Armee Napoleons

155

I. auf dem Rückzug aus Rußland beim Übergang über die B. schwere Verluste.

Berg, Alban, * Wien 9. Febr. 1885, † ebd. 24. Dez. 1935, östr. Komponist. - 1904–10 Schüler von Schönberg. Sein Hauptwerk ist die Oper „Wozzeck" (nach Georg Büchners Dramenfragment „Woyzeck"). Aus der 1921 abgeschlossenen Oper wurden 1924 „Drei Bruchstücke für Gesang und Orchester" in Frankfurt am Main uraufgeführt, die B. über Nacht berühmt machten. Die Uraufführung der gesamten Oper folgte 1925 in Berlin. Eine zweite Oper, „Lulu" (nach den Tragödien „Erdgeist" und „Die Büchse der Pandora" von Frank Wedekind), 1928 begonnen, blieb Fragment. B. komponierte außerdem Lieder, Kammermusik, Orchestermusik und ein Violinkonzert (1935). - Charakterist. für das Schaffen B. ist der Ggs. von Konstruktion und Expression; jedem seiner Werke liegt ein komplizierter architekton. Plan zugrunde, der das musikal. Geschehen trägt, zugleich jedoch von ihm überwuchert wird.

Alban Berg

B., Bengt [schwed. bærj], * Kalmar 9. Jan. 1885, † Bokenäs am Kalmarsund 31. Juli 1967, schwed. Ornithologe und Schriftsteller. - Bekannt durch seine Tierbücher, die er anschaul. interessant, unter Einbeziehung der Landschaft gestaltete.
Werke: Mein Freund der Regenpfeifer (1917), Die letzten Adler (1923), Die Liebesgeschichte einer Wildgans (1930), Tiger und Mensch (1934).

B., Claus, * Lübeck um 1475, † nach 1532, dt. Bildschnitzer. - Sein Allerheiligenaltar für die Franziskanerkirche in Odense (etwa 1517–22, heute in der Knudskirche) ist in der leidenschaftl. Bewegtheit und den ausdrucksstarken Gesichtern süddt. Werken der Spätgotik verwandt. Zugeschrieben werden C. B. u. a. eine Gruppe von Aposteln im Dom von Güstrow (nach 1532).

B., Fritz, * Altena 27. Aug. 1901, † Köln 3. Febr. 1979, dt. Fabrikant. - 1949–71 Präs. des „Bundesverbandes der Dt. Industrie" (BDI).

B., Max, * Stettin 17. April 1870, † Baden-Baden 24. Jan. 1947, dt. Architekt. - Seine Jahrhunderthalle in Breslau (1912/13) war eine der kühnsten Stahlbetonbauten seiner Zeit.

B., Paul [engl. bəːg], * New York 30. Juni 1926, amerikan. Biochemiker. - Prof. an der Stanford University; entwickelte die Technologie der Genchirurgie, die es ermöglicht, ein Stück DNS an ein anderes DNS-Molekül einzusetzen und in Zellen zu vermehren; erhielt 1980 (zus. mit W. Gilbert und F. Sanger) den Nobelpreis für Chemie.

Berg, histor. Territorium zw. Rhein, Ruhr und Sieg. Die Grafen (1101–1225) von B. gehörten zu den mächtigsten und reichsten Dynastengeschlechtern zw. Lippe und Sieg. 1160/61 Gründung einer Seitenlinie (B.-Altena), aus der die späteren Grafen von Mark stammten. B. kam über einen verwandten Zweig der Herzöge von Limburg 1348 an eine Nebenlinie der Herzöge von Jülich, die B. (seit 1380 Hzgt.) territorial endgültig abrundete (Residenz Düsseldorf). 1423 Vereinigung von Jülich und B.-Ravensberg, 1511 von Jülich-B.-Ravensberg mit dem Hzgt. Kleve-Mark (in Personalunion). Das kath. gebliebene B. kam mit Jülich nach dem Jülich-Kleveschen Erbfolgestreit 1614 (endgültig 1666) an Pfalz-Neuburg, wurde 1685 kurpfälz. und 1777 bayr.; 1806 napoleon. Großhzgt. unter Joachim Murat, 1809–15 prakt. Teil Frankr.; danach zu Preußen, 1946 zu Nordrhein-Westfalen.

Berg, über die Umgebung deutl. herausragende Geländeerhebung, isoliert oder Teil eines Gebirges, gegliedert in Fuß, Hang und Gipfel. Die Form hängt ab vom Gestein und der geolog. Vergangenheit des Berges.
Religionsgeschichtlich zählten B. von jeher zu den hl. Elementen und galten als Sitze von Geistern, Dämonen und Gottheiten. Die Religionsgeschichte kennt viele heilige B. und Gebirge, u. a. den Adam's Peak auf Ceylon, den Fudschijama, den Olymp der Griechen, den Sinai des A. T. Wo B. fehlten, wurde Ersatz geschaffen, so u. a. in den Stufenpyramiden Mesopotamiens und des hochkulturellen Altamerikas und in den Pyramiden Ägyptens.

Bergahorn (Acer pseudoplatanus), Ahorngewächs der Mittelgebirge und Alpen M-Europas; bis etwa 25 m hoher Baum mit fünflappigen, ungleich grob gezähnten Blättern, gelbgrünen Blüten in hängenden Rispen und geflügelten Früchten; oft als Allee- und Parkbaum angepflanzt.

Bergama, türk. Stadt, 80 km nördl. von İzmir, 60 m ü. d. M., 27 000 E. Archäolog. und ethnograph. Museum; Teppichherstellung, Baumwoll- und Lederind.; Thermalbad, Fremdenverkehr. - B. liegt an der Stelle von ↑ Pergamon. Rote Halle (2. Jh. n. Chr.), seldschuk. Minarett (16. Jh.).

Bergama ↑ Orientteppiche (Übersicht).

Bergamasca [italien.], im 16. Jh. Bez.

Bergbau

für ein Tanzlied in bergamask. Dialekt, vom 16. bis 18. Jh. für einen schnellen Tanz in geradem Takt.

Bergamasker Alpen, italien. Hochgebirgsgruppe zw. Comer See und Val Camonica, im vergletscherten Pizzo di Coca 3052 m hoch.

Bergamo, italien. Stadt 50 km nö. von Mailand, Lombardei, 366 m ü. d. M., 120 000 E. Hauptstadt der Prov. B.; Bischofssitz. In der Neustadt (Unterstadt) chem. Ind., Baustoffabriken, Kfz.- und Maschinenbau. Die Altstadt (Oberstadt) ist von Befestigungen (16. Jh.) umgeben. - In der Antike **Bergomum,** 452 von Attila geplündert, später Mittelpunkt eines langobard. Hzgt., in fränk. Zeit Sitz eines Grafen. Im 12. Jh. übernahm die Kommune die Stadtherrschaft; 1329 an Mailand, 1427–1797 zu Venedig, dann zum Kgr. Italien; seit 1815 östr., teilte die Schicksale des Kgr. Lombardo-Venetien. - Kirche Santa Maria Maggiore (1137–87, erneuert 1580–1650, Apsis und Turm 1400), Dom (1459–1650; 1680 und im 19. Jh. erneuert), Cappella Colleoni (1470–76, mit Deckenfresken von Tiepolo), Palazzo della Ragione (12. Jh.), Rocca (Festung, 14. Jh.).

Bergamotte [zu türk. beg armudy „Herrenbirne"], Birnensorte; hauptsächl. in Liebhabergärten.
♦ Rautengewächs mit süßl. riechenden Blüten und meist runden, glatten, blaßgelben birnenähnl. Zitrusfrüchten, deren Schalen das ↑Bergamottöl liefern.

Bergamottöl, aus den Fruchtschalen der Bergamotte gewonnenes gelbes, reichhaltiges Gemisch von Fruchtestern, Alkoholen u. a.; von angenehmem Geruch und bitterem Geschmack; u. a. für Kölnisch Wasser, Parfüms und Liköre verwendet.

Bergamt ↑Bergrecht.

Bergander, Rudolf, * Meißen 22. Mai 1909, † Dresden 10. April 1970, dt. Maler und Graphiker. - Schüler von O. Dix in Dresden, 1964 Direktor der dortigen Kunsthochschule; v. a. Porträts, auch Landschaften, Stilleben.

Berganza, Teresa [span. berˈɣanθa], * Madrid 16. März 1935, span. Sängerin (Mezzosopran). - V. a. Mozart- und Rossini-Interpretin.

Bergarnika, svw. Bergwohlverleih (↑Arnika).

Bergaufsicht ↑Bergrecht.

Bergbadachschan, Autonomes Gebiet, sowjet. autonomes Gebiet innerhalb der Tadschik. SSR, im Pamir, 63 700 km², 143 000 E (1984), Hauptstadt Chorog. Hochgebirgsland mit extrem kontinentalem Klima. Vorkommen von Gold, Eisenerz, Kochsalz; Seidenraupen- und Viehzucht. - Das A. G. B. besteht seit 1925.

Bergbahn, auf einen Berg führende Schienen- oder Seilbahn zur Beförderung von Personen und Gütern; die Schienenbahn ist meist als **Zahnradbahn** ausgeführt, da infolge der großen Steigung der Strecke die Reibungskraft der Triebräder nicht ausreicht. Die häufigste Art der B. ist die Seilbahn. Die erste B. Europas war die im Mai 1871 eröffnete Vitznau-Rigi-Bahn (Zahnradbahn) im Kanton Luzern.

Bergbaldrian (Valeriana montana), in den Kalkalpen, Karpaten, Pyrenäen und Gebirgen der Balkanhalbinsel vorkommende, 20–60 cm hohe Art der Gatt. Baldrian; Staude; Blütenstengel mit 6–16 gegenständigen, eiförmigen bis lanzettförmigen, leicht gezähnten, an der Basis behaarten Blättern; Grundblätter langgestielt; Blüten hellila bis weiß, in Trugdolden.

Bergbau, das Aufsuchen (Prospektion), Gewinnen und Fördern sowie die Aufbereitung von Bodenschätzen. Der Abbau erfolgt bei oberflächennaher Lagerstätte in bestimmten Gesteinen im Steinbruch mit Hilfe von Sprengarbeit und/oder durch Bagger bzw. im *Tagebau* (z. B. bei Braunkohle) durch Schaufelradbagger mit Tagesleistungen bis über 100 000 m³. Im *Tiefbau* (Abbau unter Tage, z. B. zur Gewinnung von Steinkohle) werden zunächst Schächte angelegt (Schachtabteufen), von denen im Bereich der eigtl. Lagerstätte in verschiedenen Niveaus sog. Strecken vorgetrieben werden. Je nach Lagerstättenverhältnis unterschiedl. Abbauverfahren, z. B. *Strebbau* im flachgelagerten Flözbergbau der Steinkohle (der bis über 300 m lange Abbauraum rückt beim Abbau quer zu seiner Längserstreckung vor), *Kammerabbau* im Kali-B. (scheibenweise von unten nach oben geführt, über 10 m hohe Großräume). Je nach Gebirgsbeschaffenheit stehen die Grubenbaue frei ohne bes. Abstützung oder müssen durch den *Grubenausbau* offengehalten bzw. gesichert werden. Die *Grubenbewetterung* sorgt für ausreichende Frischluftzufuhr, die *Wasserhaltung* für das Abpumpen des aus dem Gebirge zufließenden Wassers. - Der Abbau ist heute weitgehend mechanisiert: Schrämmaschinen und [Kohle]hobel lösen z. B. das Gestein, das auf Band- oder Kettenförderern zu den Förderwagen und mit diesen im Schacht zu Tage gelangt.

Computer überwachen und steuern häufig die Förderung. - In der BR Deutschland werden Stein- und Braunkohle, Erze, Salze, Basalt, Bauxit, Feld- und Flußspat, Gips, Graphit, Kalkstein, Kieselerde, Sand, Quarzit, Schiefer, Schwerspat, Ton, Kaolin u. a. abgebaut. Der B. besitzt hohe volkswirtschaftl. Bedeutung und ist Grundlage für die Grundstoffind., die Energiewirtschaft und die gesamte Ind. überhaupt.

Geschichte: Der B. reicht in seinen Anfängen bis in die Jungsteinzeit zurück und diente ursprüngl. insbes. der Gewinnung von Feuerstein in offenen Gruben und in unterird. Steinbrüchen. Zum Abbau wurden Werkzeuge aus

BERGBAU

Schematische Darstellung eines Steinkohlenbergwerks

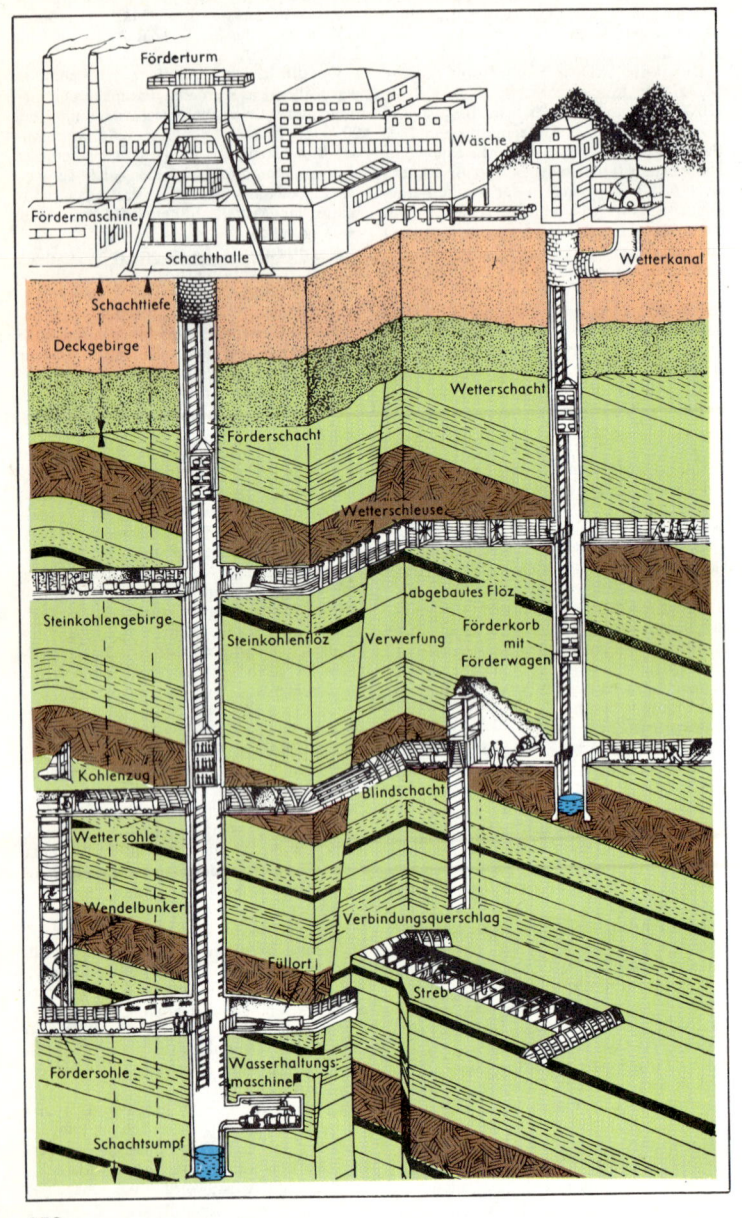

Hirschgeweihen oder Feuerstein benutzt; nachgewiesen sind auch erste Spuren des Feuersetzens zur Lockerung des Gesteins. - Seit der Stabilisierung der Großreiche der mittelmeer. Hochkulturen finden sich Kupferbergwerke auf der Halbinsel Sinai, in Palästina, Syrien, Ägypten und insbes. auf Zypern, das im 2. Jt. v. Chr. Zentrum der Kupfergewinnung wurde. In Ägypten wurde daneben Gold- und Türkis-B. betrieben. Von Zypern aus verbreiteten die Phöniker ihre B.technik über den Mittelmeerraum. Die Etrusker gewannen auf Elba und Sardinien Eisen, Kupfer, Zinn und Zink. Die Athener betrieben Silberbergwerke in Lawrion. Das nördl. Alpengebiet und Gallien waren reich an Eisenerzen; in Spanien wurden Gold, Zinn, Blei, Eisen, Kupfer, Quecksilber und insbes. Silber abgebaut, in Britannien Zinn und Blei. In Indien gab es Kupferbergwerke und Bleigruben. In China war die Gegend um die alte Yin-Hauptstadt Anyang (9. Jh. v. Chr.) reich an Zinn- und Kupfererzen. Im vorkolonialen Amerika wurde Kupfer in Michigan, Gold, Silber, Kupfer und Zinn in Mexiko, Bolivien, Peru und Ecuador abgebaut. Die ersten Berichte über den B. im ma. Mitteleuropa stammen u. a. aus Schemnitz (745) (ČSSR), Goslar (970), Freiberg (1170) und Sankt Joachimsthal (ČSSR). Hier wurden hauptsächl. Silber und Kupfer abgebaut, verhüttet und verarbeitet. Der B. wurde ursprüngl. von den Grundherren durch Fronarbeiter betrieben. Seit dem 13. Jh. wurde der B. vielfach auf der Rechtsgrundlage einer „Gewerkschaft" betrieben, deren Teilhaber (Gewerken) Miteigentümer des Bergwerks waren und persönl. hafteten, während die Bergleute als „Knappen" und „Steiger" im Lohnverhältnis arbeiteten. Zw. dem 10. und 13. Jh. entstanden der Erzabbau im Harz, der Kupferschieferabbau bei Mansfeld, der Zinn-B. am Südabhang des Erzgebirges, der Silber-B. in Freiberg und der Erz-B. in Freiburg im Breisgau. Im 15. und 16. Jh. schufen die dt. Bergleute die techn. Möglichkeiten für den Abbau in größeren Tiefen. Einen guten Überblick über diese Technik des B. und Hüttenwesens geben die Werke G. Agricolas („Bermannus", 1530, „De re metallica", 1556). Durch das Einströmen von Edelmetallen aus dem neu entdeckten Amerika verloren die mitteleurop. Erzgruben an Bed. Stattdessen setzte, von England ausgehend, im 17. Jh. der Steinkohlen-B. ein. In den folgenden Jahren trat eine stürm. Entwicklung der Mechanisierung des B. ein. Dampfmaschinen als Antrieb für Wasserpumpen und Förderanlagen, Sicherheitslampen (1815 von Davy und Stephenson konstruiert), Gesteinsbohrmaschinen. Die techn. Entwicklung im 20. Jh. ist bes. nach dem 2. Weltkrieg ist von den großen Industrienationen gekennzeichnet durch größere Sicherheitsvorkehrungen und eine zunehmende Automatisierung des Abbaus und der Förderung.

Soziales: Die Bergleute haben unter den Arbeitnehmern stets eine Sonderstellung eingenommen. Bereits im 13. Jh. schlossen sie sich zu Knappschaften zusammen, die bei Unfall und Krankheit ihren Mitgliedern soziale Fürsorge boten. Die heutige Knappschaftsversicherung hat hier ihren Ursprung. - Gesetzl., tarifvertragl. und betriebl. Regelungen sichern die Bergleute in bes. Maße. Bergleute erhalten für jede volle Schicht unter Tage steuer- und sozialversicherungsfreie Prämien (Gesetz vom 20. 12. 1956 i. d. F. vom 12. 5. 1969). Auch bei Stillegungen von Zechen, bedingt durch die Strukturkrise im Bergbau seit Ende der 1950er Jahre und Rationalisierungsmaßnahmen, erhalten die freiwerdenden Bergleute Beihilfen und Abfindungen.

Volkskunde: Vom Hintergrund der bergbaul. Arbeit ergeben sich zahlr. Bezüge zum sozialkulturellen Leben der Bergleute. Die *religiöse* Fundierung der *Bergmannskultur* ist v. a. in der Verehrung bes. Berufsheiliger erkennbar. Gruben wurden nach christl. Mysterien (Hl. Kreuz, Dreifaltigkeit, Hl. Blut u. a.) und Heiligen (vornehml. Barbara, Anna, Daniel) benannt. Bes. Pflege erfuhren das Volksschauspiel, der Gruppentanz; feste Einrichtungen waren „Bergmusiken" und „Bergsänger". Die *Berufssprache* des Bergmanns hat auch den Wortschatz der Gemeinsprache bereichert (↑ Berufssprachen). Ein großer Komplex der *Sagen*, die Berggeistsagen, verdankt sein Entstehen der Gefährdung und Angst der Bergleute. Die *Bergmannstracht* - als Standestracht im Erzgebirge v. a. durch die Aufzüge des 18. Jh. as der Arbeitsausrüstung entwickelt - zeigt häufig Uniformcharakter (mit Rangstufen). Wichtige Bestandteile der Bergmannstracht sind bis heute geblieben: Grubenkittel, Bergleder (zum Rutschen), Kniebügel, Schachthut; dazu Grubenlicht, Grubentasche und Bergbarte (Beil). Die urspr. Kapuze wurde schon früh durch die Schachtmütze ersetzt, an der „Schlägel" (Hammer) und „Eisen" (Meißel) als Abzeichen getragen werden.

⚏ *Untertage, Übertage. Bergarbeiterleben heute. Hg. v. U. Borsdorf u. U. Eskilden. Mchn. 1985. - Das kleine B.lex. Hg. v. W. Bischoff. Essen ²1979. - Fritzsche, C. H.: Lehrb. der B.kunde. 2 Bde. Bln. ¹⁰1961-62, Nachdr. 1983.*

Bergbaufreiheit, svw. ↑ Bergfreiheit.

Bergbaurecht, Teil des Bergrechts, der v. a. die Regelungen des Rechts auf Aneignung der Mineralien (**Aneignungsrecht**) umfaßt.

Bergbaustadt, funktionaler Stadttyp, Sonderform der ↑ Industriestadt.

Bergbehörde ↑ Bergrecht.

Bergedorfer Spektraldurchmusterung, eine an der Sternwarte Hamburg-Bergedorf durchgeführte spektroskop. Durchmusterung der vom niederl. Astronomen J. C. Kapteyn ausgesuchten Himmelsfelder, der sog. Selected areas.

Bergell

Bergell (italien. Val Bregaglia), durch die Maira zum Comer See entwässertes Tal, vom Malojapaß bis Chiavenna, Schweiz/Italien, etwa 25 km lang.

Bergelson, David, * Ochrimowo bei Sarny 12. Aug. 1884, † Moskau 12. Aug. 1952, jidd. Schriftsteller. - Floh 1921 nach Berlin, kehrte 1933 in die UdSSR zurück; unter Stalin ermordet. Schilderte das Leben der Juden in russ. Kleinstädten sowie die jüd. Intelligenz 1905-17. In dt. Übers.: „Am Bahnhof" (Novellen, 1909), „Das Ende vom Lied" (R., 1919).

Bergen ['--], Stadt im südl. Teil der Lüneburger Heide, Nds., 70 m ü. d. M., 12 100 E. Bauind., Sägewerke; Fremdenverkehr. - Sw. von B. liegt das ehem. KZ **Bergen-Belsen**.

B. [niederl. 'bɛrxə], niederl. Gemeinde, 5 km nw. von Alkmaar, 14 000 E. Besteht aus **Bergen-Binnen** (Künstlerzentrum und Sommerfrische) und aus **Bergen aan Zee** (Nordseebad); Fremdenverkehr.

B. [niederl. 'bɛrxə], belg. Stadt, † Mons.

B. [norweg. bærgən], norweg. Hafenstadt am Byfjord, 207 000 E. Sitz des Verw.-Geb. Hordaland und des Bischofs von Bjørgvin; Univ. (gegr. 1948), Theater; Werften, Fischkonserven- und andere Nahrungsmittelind. ♃. - Altnorweg. **Bjørgvin** (Bergweide), 1070 gegr.; seit dem 12. Jh. norweg. Krönungsstadt, bis etwa 1880 wichtigster Hafen und größte Stadt Norwegens. Hansekontor um 1343 eröffnet. Die **Union von Bergen** zw. Dänemark und Norwegen (1450) bestätigte die dän.-norweg. Personalunion von 1380 und bekräftigte die Eigenständigkeit Norwegens. Großbrände, u. a. 1702, 1902, 1916, 1944, 1958, beschädigten B. schwer. - Hanseviertel Tyskebryggen (heute Bryggen) mit alten, aus Holz erbauten Lagerhäusern, Marienkirche (12.-13. Jh.), Dom (1248; 1537 und 1870 erneuert), ehem. Festung Bergenhus (13. Jh.), Håkonshalle (1247).

Bergen-Enkheim, ehem. hess. Stadt, eingemeindet in Frankfurt am Main.

Bergengruen, Werner [...gry:n], * Riga 16. Sept. 1892, † Baden-Baden 4. Sept. 1964, dt. Schriftsteller. - Ausgewogene Erzählkunst, Geschlossenheit der inneren und äußeren Form (insbes. der Novelle), Fabulierfreude kennzeichnen sein Werk, das häufig histor. Stoffe mit religiöser Thematik in kath. Sicht behandelt.
Werke: Das große Alkahest (R., 1926, 1938 u. d. T. Der Starost), Die Feuerprobe (Nov., 1933), Der Großtyrann und das Gericht (R., 1935), Die Rose von Jericho (Ged., 1936), Der Tod von Reval (E., 1939), Der span. Rosenstock (Nov., 1941), Das Feuerzeichen (R., 1949), Der letzte Rittmeister, Die Rittmeisterin, Der dritte Kranz (R.-Trilogie, 1952, 1954 und 1962), Räuberwunder (Novellen, 1964).

Bergen op Zoom [niederl. 'bɛrxə ɔp 'so:m], niederl. Stadt an der Oosterschelde, 45 000 E. Die ehem. Handels- und Hafenstadt ist heute Ind.zentrum; Austern- und Hummernzucht. - Seit dem 13. Jh. Stadt, seit dem 14. Jh. Zollfreiheiten und Marktrechte; von Herzog Alba wegen der strateg. Lage befestigt, 1747 von frz. Truppen eingenommen.

Bergen/Rügen, Stadt auf der Insel Rügen, Bez. Rostock, DDR, 40 m ü. d. M., 14 000 E. Nahrungsmittel- und Bekleidungsind. - 1193 Gründung eines Zisterzienserklosters, bei dem im 13. Jh. der Flecken B. entstand; seit 1613 Stadt.

Berger, Erna, * Cossebaude bei Dresden 19. Okt. 1900, dt. Sängerin. - Bedeutendster dt. Koloratursopran ihrer Zeit; auch Liedinterpretin.

B., Hans, * Neuses a. d. Eichen bei Coburg 21. Mai 1873, † Jena 1. Juni 1941, dt. Neurologe und Psychiater. - Seit 1919 Prof. in Jena; entdeckte das Hirnstrombild († Elektroenzephalogramm).

B., Ludwig, eigtl. L. Bamberger, * Mainz 6. Jan. 1892, † Schlangenbad 18. Mai 1969, dt. Regisseur und Schriftsteller. - 1919-24 Regisseur bei M. Reinhardt; bes. verdient um Shakespeare-Dramen, die er später auch für das Fernsehen inszenierte; drehte die Filme: „Ein Walzertraum" (1926), „Pygmalion" (1936).

Bergerac, Cyrano de [frz. bɛrʒa'rak] † Cyrano de Bergerac.

Bergerac [frz. bɛrʒa'rak], frz. Stadt an der Dordogne, Dep. Dordogne, 27 000 E. Markt- und Handelszentrum mit Tabakverarbeitung und Konservenind. - Im 12. Jh. als **Brageracum** erstmals erwähnt; Handelsstadt an der Pilgerstraße nach Santiago de Compostela. 1577 Sicherheitsplatz der Hugenotten; 1621 geschleift.

Bergere [frz. bɛr'ʒɛːr], ein um 1735 in Frankr. aufgekommener Polsterstuhl mit geschlossenen Armlehnen.

Berger-Mischung, Gemisch aus Zinkstaub und Tetrachlorkohlenstoff, das beim Entzünden starken Rauch entwickelt (Verwendung in Rauchkerzen).

Bergflockenblume (Centaurea montana), Korbblütler der Gatt. Flockenblume; in den dt. und frz. Mittelgebirgen, Alpen, Karpaten und Pyrenäen; 30-50 cm hohe Staude mit längl. eiförmigen Blättern und einzelnen großen Blütenköpfchen; randständige Blüten kornblumenblau, Scheibenblüten rotviolett.

Bergföhre, svw. † Bergkiefer.

Bergfreiheit (Bergbaufreiheit), Freiheit des Schürfens und Mutens († Mutung). Durch das Bergrecht sind die wichtigsten Mineralien dem Verfügungsrecht des Grundstückseigentümers entzogen und unterliegen dem Bergrecht. Der Kreis dieser gesetzl. abschließend aufgezählten sog. bergfreien Bodenschätze ist im Bundesberggesetz vom 13. 8. 1980 geregelt. Alle nicht der B. unterliegenden Mineralien, die sog. **grundeigenen Bodenschätze,** stehen im Eigentum des Grundstückseigentümers.

Bergkristall

Bergfried [zu mittelhochdt. perfrit „hölzerner Belagerungsturm"], Hauptturm der ma. Burg, steht meist frei im Burghof. Er diente als Kern der Verteidigung und als letzter Zufluchtsort, war aber nicht zum Wohnen eingerichtet (im Ggs. zum frz. ↑Donjon). Im 15./16. Jh. wurde der B. niedriger und breiter und entwickelte sich allmählich zur Bastion.

Berggeister, im Volksglauben Bergdämonen, Verkörperung der dem Bergmann begegnenden Gefahren.

Bergh, Herman van den [niederl. bɛrx], * Amsterdam 30. Jan. 1897, † Rom 1. Aug. 1967, niederl. Schriftsteller und Journalist. - Als Lyriker und Essayist v. a. in seinem Frühwerk einer der bedeutendsten Vertreter des Expressionismus in den Niederlanden.

Berghähnlein, svw. ↑Narzissenblütige Anemone.

Berghänfling (Carduelis flavirostris), 13 cm langer Finkenvogel, v. a. in den Gebirgen Großbritanniens, W-Skandinaviens, Klein- und Z-Asiens; oberseits dunkelbraun mit schwarzer Längsstreifung und (beim ♂) rötl. Bürzel, unterseits weißl. mit gelblichbrauner Kehle; Zugvogel, Wintergast in der dt. Nord- und Ostseeküste.

Bergheim, Kreisstadt an der Erft, NRW, 85 m ü. d. M., 54 100 E; Verwaltungssitz des Erftkreises. Tonerdewerk, Braunkohlenbergbau. - Bau der Grafen von Jülich (nach 1233), neben dem Dorf (später **Bergheimerdorf**) Stadtgründung; 1317 als Stadt gen.; im 13./14. Jh. zeitweise Residenz einer Jülicher Nebenlinie; 1815 an Preußen. - Roman.-got. Pfarrkirche Sankt Remigius, Teile der Stadtbefestigung (14.–15. Jh.).

Berghoheit, Gesamtheit der bergrechtl. Hoheitsrechte des Staates, z. B. Ausübung der Bergpolizei (Bergaufsicht), Verleihung von Bergwerkseigentum.

Bergisches Land, Teil des rechtsrhein. Schiefergebirges mit den nach W anschließenden Rheinterrassen, reicht von der Ruhr im N bis zur Sieg im S, im Unnenberg 506 m ü. d. M. - Auf der Niederterrasse des Rheins entwickelte sich seit Ende des 19. Jh. eine verkehrsorientierte Großind. Wichtigste Städte sind Düsseldorf und Leverkusen. Es folgt die Mittelterrasse, das größte zusammenhängende Waldgebiet des B. L. Auf den höher liegenden, älteren Terrassen teilweise fruchtbare Lößböden, Anbau von Getreide und Futterpflanzen. Das östl. anschließende Gebirge hat v. a. im SO, dem Oberberg. Land, Mittelgebirgscharakter mit Wald und Grünland. Die vorindustriellen Gewerbezweige nutzten die Wasserkraft des dichten Gewässernetzes. Aus ihnen entwickelte sich im 19. Jh. eine vielseitige Ind. Ballungsräume sind Wuppertal, Solingen und Remscheid.

Bergisch Gladbach, Krst. am W-Abhang des Berg. Landes, NRW, 85–282 m ü. d. M. 101 000 E. Verwaltungssitz des Rhein.-Berg. Kr.; Theater; bed. Papierind. (seit 1582), Metall- und Textilverarbeitung, Apparate- und Meßinstrumentenbau. Im Ortsteil **Bensberg** Inst. für Blutgruppenforschung, Erdbebenwarte; Neues Schloß (1706–10). - 1271 erstmals als Gladbach genannt, 1856 Stadt (mit mehreren Gemeinden zus.).

Bergischer Dom ↑Altenberg.

Bergisel, 749 m hohe Erhebung im südl. Stadtgebiet von Innsbruck, Skisprungschanze. - Hier fanden im Tiroler Freiheitskampf 1809 fünf Schlachten statt; Andreas-Hofer-Denkmal (1893).

Bergius, Friedrich, * Goldschmieden (= Breslau) 11. Okt. 1884, † Buenos Aires 30. März 1949, dt. Chemiker. - Erfand 1911 das nach ihm ben. Verfahren zur direkten Kohlehydrierung, das erst 1926 nach entscheidenden Verbesserungen durch M. Pier techn. durchgeführt wurde. Er erhielt 1931 mit C. Bosch den Nobelpreis für Chemie.

Bergius-Pier-Verfahren, von F. ↑Bergius und M. ↑Pier entwickeltes Verfahren zur direkten Gewinnung flüssiger Kohlenwasserstoffe aus Kohle. - ↑Kohleveredelung, ↑Kohlehydrierung.

Bergjuden, Bez. für einen Teil der jüd. Bevölkerung Kaukasiens.

Bergkamen, Stadt im östl. Ruhrgebiet, NRW, 80 m ü. d. M., 48 100 E. Chem., metallverarbeitende und Textilind. - Entstand 1966 durch Zusammenschluß mehrerer Gemeinden.

Bergkarabach, Autonomes Gebiet, sowjet. autonomes Gebiet innerhalb der Aserbaidschan. SSR, 4 400 km², 170 000 E (1984), Hauptstadt Stepanakert.

Bergkiefer (Bergföhre, Pinus mugo, Pinus montana), meist strauchig wachsende Gebirgskiefer, von den Pyrenäen bis zum Balkan sowie in den dt. Mittelgebirgen vorkommend; mit schwärzl. Rinde, dicht stehenden Nadelpaaren und meist regelmäßige Quirle bildenden Zweigen; Zapfen festsitzend, im reifen Zustand glänzend.

Bergkrankheit (Bergkoller), svw. ↑Höhenkrankheit.

Bergkristall, reine glasklare Art von ↑Quarz (SiO_2).

Bergkristall

Berglaubsänger (Phylloscopus bonelli), etwa 10 cm langer Singvogel (Gatt. Laubsänger) in lichten Wäldern NW-Afrikas, S- und M-Europas; mit hellgraubrauner Oberseite und weißl. Unterseite, weißl. Augenstreif und einem gelben Fleck auf dem Bürzel.

Berglöwe, svw. ↑Puma.

Bergman [schwed. ‚bærjman], Bo Hjalmar, * Stockholm 6. Okt. 1869, † ebd. 17. Nov. 1967, schwed. Dichter. - Schrieb schwermütige, melod. Lyrik in schlichter Sprache und kunstvoller Form, trag. Novellen.

B., Hjalmar Fredrik Elgérus, * Örebro 19. Sept. 1883, † Berlin 1. Jan. 1931, schwed. Schriftsteller. - Erfindungsreichtum und gute Charakterisierung kennzeichnen sein Werk, in dem er, oft bizarr, v. a. die Unberechenbarkeit im menschl. Leben darstellt; u. a. „Markurell" (R., 1919), „Der Eindringling" (R., 1921), „Der Nobelpreis" (Kom., 1925).

B., Ingmar, * Uppsala 14. Juli 1918, schwed. Film- und Theaterregisseur und Drehbuchautor. - Seine Filme zeichnen sich aus durch eigenwillige Fragestellung, zuweilen schokkierende Offenheit der Darstellung und die unkonventionelle Anwendung der film. Ausdrucksmittel. 1963–66 war B. Leiter des Königl. Dramat. Theaters in Stockholm; er lebt seit 1976 in München. Wichtige Filme sind: „Abend der Gaukler" (1953), „Das Lächeln einer Sommernacht" (1955), „Das siebente Siegel" (1956), „Wilde Erdbeeren" (1957), „Jungfrauenquelle" (1959), „Wie in einem Spiegel" (1960), „Licht im Winter" (1961), „Das Schweigen" (1962), „Persona" (1966), „Schreie und Flüstern" (1973), „Szenen einer Ehe" (1974), „Die Zauberflöte" (1975), „Das Schlangenei" (1977), „Herbstsonate" (1978).

„Herbstsonate" (1978), „Golda Meir" (1981).

B., Torbern, * Katrineberg 20. März 1735, † Medevi (Östergötland) 8. Juli 1784, schwed. Chemiker und Mineraloge. - Entwickelte ein System der chem. Nomenklatur und entwarf eine Theorie über die Struktur der Kristalle. Sein Buch „Physical. Beschreibung der Erdkugel" (1769) war das erste grundlegende Werk über die physikal. Geographie.

Bergmann, Carl, * Göttingen 18. Mai 1814, † Genf 30. April 1865, dt. Anatom und Physiologe. - Seit 1843 Prof. in Göttingen, seit 1852 in Rostock; arbeitete hauptsächl. auf dem Gebiet der vergleichenden Anatomie und Physiologie.

B., Ernst von, * Riga 16. Dez. 1836, † Wiesbaden 25. März 1907, dt. Chirurg. - Vater von Gustav von B.; Prof. in Dorpat, Würzburg und seit 1882 in Berlin. Pionier u. a. auf den Gebieten der asept. Wundbehandlung und der Hirnchirurgie.

B., Gustav von, * Würzburg 24. Dez. 1878, † München 16. Sept. 1955, dt. Internist. - Sohn von Ernst von B.; Prof. in Marburg, Frankfurt, Berlin und München. Arbeitete v. a. über Stoffwechselkrankheiten und Funktionsstörungen des Herzens.

Bergmannsche Regel, von C. Bergmann 1847 aufgestellte biolog. Regel, nach der bei Vögeln und Säugetieren nahe verwandte Arten sowie die Populationen derselben Art von den warmen Zonen zu den Polen hin an Größe zunehmen. Große Tiere erleiden danach geringeren Wärmeverlust, da sie eine im Verhältnis zum Volumen des Körpers kleinere Oberfläche besitzen.

Bergmolch (Alpenmolch, Triturus alpestris), etwa 10 cm langer Molch in und an

Ingmar Bergman (1976)   Ingrid Bergman (1956)

B., Ingrid, * Stockholm 29. August 1915, † London 29. Aug. 1982, schwed. Filmschauspielerin. - 1951–57 ⚭ mit R. Rossellini. Spielte u. a. in den Filmen: „Intermezzo" (1936), „Dr. Jekyll und Mr. Hyde" (1941), „Casablanca" (1942), „Wem die Stunde schlägt" (1943), „Angst" (1954), „Lieben Sie Brahms?" (1960),

stehenden und fließenden Gewässern, v. a. des Hügellandes und der Gebirge M- und S-Europas; ♂ oberseits grau bis bläul., mit dunkler Marmorierung, ♀ oberseits dunkel marmoriert auf bräunl. Grund, Unterseite wie beim ♂; Fortpflanzung im Wasser (Paarung, Eiablage, Larvenentwicklung).

Bergmönch, Sonderform des Grubendämons im Oberharz, Erzgebirge und in Siebenbürgen. Erscheint als großer gebückter Mann, in Kutte und Kapuze, mit Grubenlicht.

Bergmüller, Johann Georg, * Türkheim 15. April 1688, † Augsburg 30. März 1762, dt. Maler. - Einer der führenden Augsburger Barockmaler. Fresken in der ehem. Stiftskirche in Dießen a. Ammersee (1736) und in der ehem. Prämonstratenserklosterkirche in Steingaden (1741–51); auch zahlr. Altäre.

Bergner, Elisabeth, eigtl. E. Ettel, * Drogobytsch (Galizien) 22. Aug. 1897, † London 12. Mai 1986, östr. Schauspielerin. - Feierte v. a. im Berlin der 1930er Jahre große Triumphe (am Dt. Theater), bes. als Hauptdarstellerin in Strindbergs „Königin Christine" und „Fräulein Julie", Shaws „Hl. Johanna" sowie G. Hauptmanns „Hanneles Himmelfahrt". Drehte auch Filme, u. a. „Fräulein Else" (1929), „Ariane" (1931). 1933 heiratete sie den Regisseur Paul Czinner. 1934–49 lebte und spielte sie in England und in den USA. Nach 1945 Gastspielreisen nach Deutschland.

Bergognone [italien. bɛrgoɲˈɲoːne] (Borgognone), eigtl. Ambrogio da Fossano, italien. Maler des 15./16. Jh. (nachweisbar 1481–1522). - Bed. Vertreter der lombard. Malerei vor Leonardo da Vinci. 1488–94 arbeitete er für die Certosa di Pavia (Altargemälde und Fresken). Sein Spätwerk ist das Apsisfresko in San Simpliciano in Mailand.

Bergpartei (frz. Montagnards), während der Frz. Revolution bez. die radikalste Gruppe in der Assemblée législative und im Konvent, wo ihre Mgl. auf den höher gelegenen Sitzreihen Platz nahmen; bildete eine geschlossene Front gegen die gemäßigten Girondisten; nach 1795 unterdrückt.

Bergpolizei (Bergaufsicht) ↑ Bergrecht.

Bergpredigt, die bei Matth. 5–7 überlieferte Predigt, die Jesus von einem Berg aus an seine Jünger richtete. Sie stellt eine Komposition des Matthäus aus verschiedenen Überlieferungsstücken dar. In ihr wird der von den Pharisäern praktizierten buchstäbl. Einhaltung des Gesetzes von Jesus eine Ethik gegenübergestellt, die einerseits das alttestamentl. Gesetz verschärft (nicht nur objektiv begangene, sondern bereits nur „im Herzen" begangene Verfehlungen werden verurteilt), andererseits einzelne Vorschriften dieses Gesetzes aufhebt. Wesentl. Bestandteile der B. sind die Seligpreisungen (5, 3–12), das Vaterunser (6, 9–13) und die „Goldene Regel" (7, 12). Mit anderen Akzenten bei Lukas (6, 20–49) als *Feldrede* überliefert.
📖 *Kantzenbach, F. W.: Die B. St. 1982.*

Bergrecht, Gesamtheit der für den Bergbau geltenden Sonderrechtssätze. Bereits im 12. Jh. entwickelte sich das **Bergregal.** Dieses gab seinem Inhaber das Verfügungsrecht über bergbaul. Mineralien. Für Italien wurde das Silber- und Salzregal von Kaiser Friedrich I. in der Ronkal. Konstitution von 1158 verkündet, die durch die Libri Feudorum in Deutschland als gemeines Recht übernommen wurde. Daneben entstand ein gewohnheitsrechtl. B. Die außerordentl. Rechtszersplitterung auf diesem Gebiet wurde erst durch das *Allgemeine Berggesetz* [für die preuß. Staaten] (ABG) von 1865 beseitigt, in neuerer Zeit auch im Saarland (1935), in Hamburg (1937) und Bremen (1941) eingeführt wurde. Die meisten dt. Staaten glichen ihr B. dem ABG an. Die Grundsätze dieser Gesetze sind: Trennung des Rechts zur Gewinnung der Bodenschätze vom Grundeigentum, Freiheit des Schürfens und Mutens für jedermann mit Anspruch auf Verleihung des Bergwerkseigentums, Beschränkung der Tätigkeit des Staates auf die Bergwerkshoheit, Regelung der Beziehungen zw. Bergbau und Grundeigentum unter Betonung des Vorranges des Bergbaues. Die Berggesetze regeln u. a. den Bergbaubetrieb, die Haftung bei Bergschäden, die Rechtsverhältnisse der Mitbeteiligten eines Bergwerks. Der Bergbau steht unter der Aufsicht der staatl. **Bergbehörden,** d. h. der Bergämter, der Oberbergämter und der Wirtschaftsmin. der Länder. Die **Bergaufsicht** (*Bergpolizei*) erstreckt sich insbes. auf die Sicherheit der Baue, des Lebens und der Gesundheit der Arbeiter, auf den Schutz aller Lagerstätten, soweit er im allgemeinwirtschaftl. Interesse liegt, auf den Schutz der Oberfläche im Interesse der persönl. Sicherheit und des öff. Verkehrs sowie auf den Schutz des Bergbaus vor gemeinschädl. Einwirkungen.

In *Österreich* gelten z. Z. die Berggesetze von 1954 und 1971. Das Bergwesen ist in Gesetzgebung und Vollziehung Bundessache; es wird in der Hauptsache von den Bergbehörden vollzogen. In 1. Instanz entscheidet die Berghauptmannschaft, in 2. Instanz das Bundesministerium für Handel, Gewerbe und Industrie als oberste Bergbehörde.

In der *Schweiz* ist das B. kantonales Recht.
📖 *Willecke, R./Turner, G.: Grundr. des B. Bln. u. a. ²1970.*

Bergreihen (Bergkreyen), im 16. und 17. Jh. Bez. für Lieder der Bergleute, bes. verbreitet im sächs. Erzgebirge. Die meisten B. sind ohne Melodien überliefert, doch finden sich auch mehrstimmige Sätze.

Bergrutsch ↑ Erdrutsch.

Bergschäden, Schäden an der Erdoberfläche (v. a. an Gebäuden) als mögl. Folge von durch Untertagebau verursachter Absenkung von Gebirgsschichten.

Bergsche Maas, Unterlauf der Maas.

Bergschlipf ↑ Erdrutsch.

Bergschrund, Gletscherspalte zw. dem in Bewegung befindl. Gletschereis und dem an der Rückwand eines Kars festgefrorenen Firn.

Bergschuhe, spezielle, zur Ausrüstung des Bergsteigers gehörende Schnürstiefel, frü-

Bergslagen

Bergsteigen. Zweierseilschaft

her mit benagelten, heute vorwiegend mit Profilsohlen versehen.

Bergslagen [schwed. ˌbærjslɑːgən], Bez. für das mittelschwed. Erzabbaugebiet.

Bergson, Henri, * Paris 18. Okt. 1859, † ebd. 4. Jan. 1941, frz. Philosoph poln.-engl. Herkunft. - 1900 Prof. am Collège de France, 1914 Mgl. der Académie française. Baut insbes. gegen den Positivismus in der Tradition der Mystik eine spiritualist. Lebensphilosophie auf. Die Grundbegriffe seiner Philosophie sind: der gegen den mechanist.-determinist. naturwissenschaftl. Zeitbegriff gerichtete Begriff der subjektiven, unwiederholbaren, kontinuierlichen Zeit, der „Dauer" (durée) und der antirevolutionist.-antidarwinist. Begriff des zweckgerichteten „Lebenstriebs" (élan vital). B. übte insbes. auf die nachnaturalist. Literatur Frankreichs (z. B. den Existentialismus) bed. Einfluß aus. Erhielt 1927 den Nobelpreis für Literatur.
Werke: Zeit und Freiheit (1889), Materie und Gedächtnis (1896), Schöpferische Entwicklung (1908), Durée et simultanéité (1922).

Bergsteigen, Bez. für jede Art sportl. oder tourist. Unternehmungen im Gebirge, vom Bergwandern bis zum Steigen in Fels und Eis. Urspr. Ziel des B. war zunächst der Gipfel, später der Weg dorthin (das Ziel ist nicht mehr der leichteste, sondern für die extremen Bergsteiger die schwierigste Anstiegsmöglichkeit auf einen Gipfel). Dabei werden Gliederungsteile des Wandaufbaus, Quergänge, Schluchten, Risse, Kamine, Felsschächte (zum Durchspreizen oder Durchstemmen nach Kaminfegerart) und Überhänge zu einer Aufstiegsroute verbunden. Das Klettern auf bestimmten schwierigen Routen wird z. T. durch Anbringung von [Draht]seilen und Metalleitern erleichtert. Das Seil benutzt der Bergsteiger zur Sicherung. Dazu seilt er sich an und verbindet sich durch das Seil mit einem oder mehreren Kameraden zu einer Seilschaft. Den Rhythmus des Vordringens einer Seilschaft bestimmt die Seillänge, die dem Seilersten zur Verfügung steht (meist 40 m), um den nächsten Standplatz anzuklettern, dort zuerst sich, dann den nachsteigenden Kameraden zu sichern. Urspr. seilte man sich nur beim Abstieg ab. Dabei gleitet der Bergsteiger am doppelt genommenen, in der Mitte um einen festen Punkt (z. B. Karabiner, Haken) gelegten Seil in geeignetem Abseilsitz hinab zum nächsten Standplatz. Beim Eisgehen werden Stufen ins Eis geschlagen. Auf diese Weise ist es leichter möglich, steile und schwere Flanken zu durchsteigen. Heute werden meist Steigeisen, Eishaken und Eisschrauben verwendet.

Geschichte: Das sportl. B. entstand in den Alpen (daher *Alpinismus*). Nach langen, von H. B. de Saussure geförderten Versuchen erreichten 1786 M. Paccard und J. Balmat den Gipfel des Montblanc. Dessen 2. Ersteigung am 3. Aug. 1787 durch Saussure gilt als „Geburtstag" des Alpinismus. 1789 wurde das Rheinwaldhorn bestiegen. Es folgten 1800 der Großglockner, 1804 der Ortler, 1811 die Jungfrau, 1820 die Zugspitze, 1832 der Dachstein, 1841 der Großvenediger, 1850 der Piz Bernina, 1865 das Matterhorn. Nach Gründung von ↑Alpenvereinen begann die planmäßige Erschließung der Alpen. - In den außeralpinen Hochgebirgen erfolgten die ersten überlieferten Unternehmungen v. a. aus wiss. Interesse (Anden: A. von Humboldt [1802], M. Wagner [1858]; Himalaja: Gebrüder Schlagintweit [1855–56]). Nach 1865 durchstreiften engl. Führertouristen Kaukasus, Anden und Himalaja; ihnen folgten andere europ. Alpinisten. Der Kampf um die höchsten Gipfel zwang zu straff organisierten und häufig wiederholten Großexpeditionen. 1950 wurde als erster Achttausender der Annapurna von einer frz. Expedition bestiegen; der Gipfel des Mount Everest wurde 1953 von E. Hillary und Tenzing Norgay bezwungen (1978 von R. Messner und P. Habeler ohne Sauerstoffgeräte; 1980 von R. Messner ohne Sauerstoffgerät im Alleingang). Aufsehen erregte seinerzeit der Alleingang des Tirolers H. Buhl 1953 auf den Nanga Parbat.

📖 *Paulke, W./Dumler, H.: Gefahren der Alpen. Mchn. ³1982. - Schubert, P.: Alpine Felstechnik. Mchn. ³1982. - Huber, H.: B. heute. Mchn. ⁵1981.*

Bergstraße, von Wiesloch bis Darmstadt reichende klimat. begünstigte, max. 1–2 km breite Landschaftseinheit zw. Odenwald und Rheinebene. Der Obstbau, überwiegend Baum- und Strauchobst sowie Beerenkulturen, hat v. a. im Bereich der nördl. B. den Rebanbau z. T. ersetzt.

B., Landkr. in Hessen.

Bergsträsser, Arnold, * Darmstadt 14. Juli 1896, † Freiburg im Breisgau 24. Febr. 1964, dt. Kulturhistoriker und Politikwissenschaftler. - 1928 Prof. in Heidelberg; emigrierte 1937 in die USA (bis 1950), dort Prof. am Claremont College (Kalifornien), seit 1954 Prof. in Freiburg i. Br.; 1955–59 Direktor des Forschungsinstituts der Dt. Gesellschaft für Auswärtige Politik, Bonn.

B., Ludwig, * Altkirch (Elsaß) 23. Febr. 1883, † Darmstadt 23. März 1960, dt. Historiker und Politiker. - 1924–28 MdR (DDP); 1930 Übertritt zur SPD; 1948/49 Mgl. des Parlamentar. Rates, 1949–53 MdB (SPD); 1945 Prof. in Frankfurt am Main, seit 1950 in Bonn; schrieb u. a. „Geschichte der polit. Parteien in Deutschland" (1921, [10]1965).

Bergström, Sune K., * Stockholm 10. Jan. 1916, schwed. Biochemiker. - Seit 1977 Vors. des Beratenden Komitees für medizin. Forschung bei der Weltgesundheitsorganisation (WHO) in Genf. Erhielt zus. mit B. J. Samuelsson und J. R. Vane 1982 den Nobelpreis für Physiologie oder Medizin.

Bergsturz, plötzl. Abriß von Gesteinsmassen, zuerst im freien Fall, dann auf tieferen Hangpartien lawinenartig. Im Auslauf der Sturzbahn entstehen Blockfelder; ein kleinerer B. wird als *Felssturz* bezeichnet.

Bergtataren ↑Balkaren.

Bergufer, das infolge der Rechtsablenkung der Flüsse auf der Nordhalbkugel der Erde (↑Coriolis-Kraft) entstandene hohe, steile rechte Ufer großer Tieflandströme, im Ggs. zum niedrigen linken Ufer. Auf der Südhalbkugel entsprechende Linksablenkung.

Bergung, allgemein: die Befreiung einer Person oder eine Sache aus einer Gefahr. Im *Schiffahrtsrecht* die Rettung eines Schiffes oder der an Bord befindl. Sachen aus Seenot, und zwar durch Besitzergreifung von Schiff und Sachen, nachdem die Besatzung die Gewalt über das Schiff verloren bzw. (in der Binnenschiffahrt) das Schiff verlassen hat. B. sowie erfolgreiche sonstige Rettungshandlungen (sog. Hilfeleistung) begründen einen Anspruch auf den Rettungslohn, dessen Höhe sich nach billigem Ermessen bestimmt.

Bergungsschiff, Spezialschiff 1. zum Heben (Hebeschiff) gesunkener Schiffe mit Hilfe bordeigener Kräne und/oder durch Auftriebsvergrößerung nach Leerpumpen (Lenzen) von Ballasttanks; 2. zum [Frei]schleppen (Bergungsschlepper) auf Grund aufgelaufener oder manövrierunfähiger Schiffe; große Schleppkraft erforderlich.

Bergwacht, 1920 in München als Deutsche B. gegr. Organisation, seit 1945 selbständige Sonderformation des Bayer. Roten Kreuzes. Außerhalb Bayerns gibt es B. des Dt. Roten Kreuzes in Baden-Württemberg und Hessen, in Südbaden im B. Schwarzwald e. V. Ähnl. Organisationen bestehen u. a. auch in der Schweiz und in Österreich.

Bergwerk, Bez. für alle über- und untertägigen Anlagen zur Gewinnung mineral. Rohstoffe (↑Bergbau).

Bergwerkseigentum, das ausschließl. Recht auf Aufsuchung und Gewinnung des in der Verleihungsurkunde benannten Minerals innerhalb des vom Oberbergamt verliehenen Bergwerksfeldes (privatrechtl. Aneignungsrecht).

Bergwind, talabwärtsgerichtete, kühle, nächtl. Luftströmung; entsteht beim Abfließen von Kaltluft, die sich durch nächtl. Ausstrahlung an Berghängen und auf Hochflächen ausgebildet hat.

Bergwohlverleih ↑Arnika.

Bergsteigen. Oben: Steigbügel (links), Stahlschafthammer und Eishammer; unten: Griff- und Schraubkarabiner, Rohreisspirale (Mitte) und Spiralzahnhaken

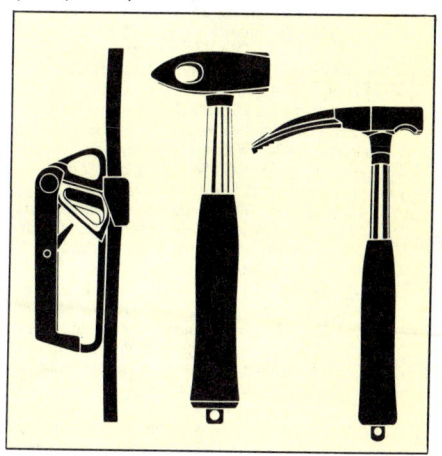

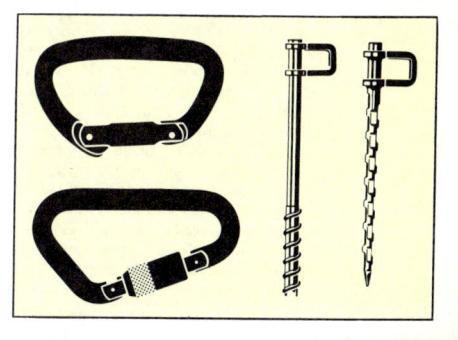

Bergzabern, Bad

Bergzabern, Bad ↑Bad Bergzabern.
Bergzweiblatt, svw. Kleines ↑Zweiblatt.
Beriberi [singhales.] (Kakke), klass. Vitamin-B_1-Mangel-Krankheit des Menschen, v. a. in ost- und südostasiat. Ländern, deren Bev. sich hauptsächl. von geschältem (oder poliertem) Reis ernährt. Es kommt u. a. zu krankhafter psych. Erregbarkeit und schneller Erschöpfung (sog. Neurasthenie), zur Entartung der peripheren Nerven (Polyneuritis) mit Atrophie und später auch Lähmung der Muskulatur, zur Empfindungslosigkeit der Haut und zur Schädigung des Herzmuskels mit Herzerweiterung und Herzinsuffizienz (**Beriberiherz**), schließl. zur Sekretions- und Muskelschwäche im Magen-Darm-Bereich.

Berichterstatter, 1. im Gerichtsverfahren derjenige Beisitzer eines Kollegialgerichts, der die Entscheidung gutachtl. vorzubereiten und nach der Beratung und Abstimmung schriftl. abzufassen hat; 2. in parlamentar. Ausschüssen diejenigen Mgl., die für den Ausschuß über dessen Beratung und Entschließung dem Plenum berichten.
◆ (Reporter) in der Publizistik Autor von Hörfunk-, Fernseh-, Film-, Bild- und Zeitungsberichten.

Berichtigung, im Recht 1. die Richtigstellung des Inhalts öff. Bücher, Register und Urkunden. 2. Die B. von falschen Aussagen vor Gericht. Bei Meineid, falscher Versicherung an Eides Statt oder falscher uneidl. Aussage kann das Gericht die Strafe nach seinem Ermessen mildern oder von Strafe absehen, wenn der Täter eine falsche Angabe rechtzeitig berichtigt (§§ 158, 163 Abs. 2 StGB). 3. Im Presserecht ↑Gegendarstellung.

Berichtsjahr, Zeitraum (Geschäftsjahr), über den z. B. nach dem Aktienrecht Vorstand, Aufsichtsrat und Abschlußprüfer zu berichten haben.

Berija, Lawrenti Pawlowitsch, * Mercheuli bei Suchumi 29. März 1899, † Moskau 23. Dez. 1953 (erschossen), sowjet. Politiker. - 1921–31 in leitenden Polizeifunktionen, 1931–36 Erster Parteisekretär in Transkaukasien und Georgien; seit 1934 Mgl. des ZK der KPdSU, 1938 Volkskommissar des NKWD (später MWD) und damit Chef des gesamten Polizei-, Nachrichten- und Sicherheitsdienstes, den er nach Beendigung der von ihm mitgetragenen „großen Säuberungen" Stalins reorganisierte und perfektionierte; Marschall der Sowjetunion (1945), stellv. Min.präs. und Mgl. des Politbüros (1946); nach Stalins Tod Ende Juni 1953 gestürzt.

Bering, Vitus Jonassen [dän. 'be:reŋ], * Horsens (Jütland) 1680, † auf der Beringinsel 19. Dez. 1741, dän. Seeoffizier in russ. Diensten. - Fand 1728 das bereits 1648 entdeckte NO-Kap Asiens wieder und stellte die Trennung Asiens von Amerika fest; entdeckte als Leiter der Großen Nord. Expedition 1741 die S-Küste Alaskas sowie die Aleuten.

Beringinsel, größte Insel der Kommandeurinseln, im Beringmeer, 85 km lang, etwa 40 km breit, bis 751 m ü. d. M.

Beringmeer, nördlichster Teil des Pazifik, zw. NO-Sibirien, Alaska und den Aleuten, durch die **Beringstraße** - an der schmalsten Stelle etwa 90 km breit - mit dem Nordpolarmeer verbunden. - Über eine hier im Pleistozän bestehende Landbrücke kamen die ersten Menschen nach Nordamerika. 1648 entdeckt, nach V. J. Bering benannt.

Beringstraße ↑Beringmeer, ↑Alaska.

Berio, Luciano, * Oneglia (= Imperia) 24. Okt. 1925, italien. Komponist. - 1955–59 Leiter des Studios für elektron. Musik des Senders Mailand; einer der führenden italien. Komponisten der Moderne mit seriellen und elektron. Kompositionen.

Bériot, Charles Auguste de [frz. be'rjo], * Löwen 20. Febr. 1802, † Brüssel 8. April 1870, belg. Violinist und Komponist. - Triumphale Konzertreisen. Schrieb u. a. 10 Violinkonzerte und eine Violinschule (1858).

Berka, Bad ↑Bad Berka.

Berke, Hubert, * Buer (= Gelsenkirchen) 22. Jan. 1908, † Köln 24. Nov. 1979, dt. Maler und Zeichner. - Seine Kunst hält Linie, Zeichen und Farben in der Schwebe; auch skurrile kinet. Objekte.

Berkefeld-Filter [nach dem dt. Erfinder W. Berkefeld, * 1836, † 1897], Hohlzylinder aus gebranntem Kieselgur zur Trinkwasserentkeimung im Labor- und Hausgebrauch.

Berkeley, George [engl. 'bɑːklɪ], * Kilkenny (Irland) 12. März 1685, † Oxford 14. Jan. 1753, ir. Theologe und Philosoph. - 1734 anglikan. Bischof von Cloyne (Südirland). 1752 Übersiedlung nach Oxford. Bereits die erste bed. Schrift, „An essay towards a new theory of vision" (1709), enthält die zentralen Teile einer Theorie der Wahrnehmung und des Wissens (Erkenntnis), mit der B. die Tradition der angelsächs. Rationalismuskritik fortsetzt. Seine Arbeiten betreffen ferner Grundlagenfragen der Chemie („Siris" 1744) und der Mathematik („The analyst", 1734).

Berkeley [engl. 'bɑːklɪ], Stadt in W-Kalifornien, USA, im nö. Vorortbereich von San Francisco, 109 000 E. Hauptsitz der University of California (gegr. 1868), mehrere Colleges und Inst.; metallverarbeitende, chem., pharmazeut. und Nahrungsmittelind.; ⚓. - Entstand um 1870.

Berkelium [nach der kaliforn. Stadt Berkeley], chem. Symbol Bk, radioaktives, nur künstl. darstellbares metall. Element aus der Gruppe der ↑Transurane; Ordnungszahl 97. Das beständigste Bk-Isotop (Bk 247) hat eine Halbwertszeit von 1 380 Jahren.

Berkhan, Karl Wilhelm, * Hamburg 8. April 1915, dt. Politiker (SPD). - 1957–75 MdB; seit 1971 parlamentar. Staatssekretär im Bundesministerium der Verteidigung; seit 1975 Wehrbeauftragter des Dt. Bundestags.

Berkshire [engl. 'bɑːkʃɪə], südostengl. Gft.

Berlage, Hendrik Petrus [niederl. 'bɛrla:xə], * Amsterdam 21. Febr. 1856, † Den Haag 12. Aug. 1934, niederl. Architekt. - Einer der großen Erneuerer des Baustils um 1900. Die Börse in Amsterdam (1897–1903), ein unverputzter Backsteinbau gehört zu den ersten Bauten der modernen Architektur.

Berleburg, Bad ↑ Bad Berleburg.

Berlengainseln, Inselgruppe vor der portugies. W-Küste.

Berlepsch, Hans Hermann Freiherr von, * Dresden 30. März 1843, † Schloß Seebach bei Bad Langensalza 2. Juni 1926, preuß. Politiker. - 1890–96 als preuß. Min. für Handel und Gewerbe Initiator der Politik des neuen Kurses; stand hinter der Handels- und Sozialpolitik Caprivis; Mitbegr. der „Internat. Vereinigung für gesetzl. Arbeiterschutz".

Berlepsch ↑ Äpfel (Übersicht).

Berlichingen, Götz (Gottfried) von, * Jagsthausen 1480, † Burg Hornberg (= Neckarzimmern) 23. Juli 1562, Reichsritter. - Verlor im Landshuter Erbfolgekrieg 1504 die rechte Hand, die durch eine kunstvoll gefertigte eiserne ersetzt wurde; beteiligte sich einige Jahre an zahlr. Fehden; 1512, erneut 1518 geächtet; 1525 im Bauernkrieg durch den Odenwälder Haufen zur Übernahme der Hauptmannschaft gezwungen; verließ seine Schar vor der Entscheidungsschlacht. Trotz Freispruchs durch das Reichskammergericht jahrelang in seiner Bewegungsfreiheit eingeschränkt; sein Lebensbericht (hg. 1731) diente Goethe als Quelle für sein Drama „Götz von B. mit der eisernen Hand" (1773).

Berlin, Irving [engl. 'bəːlɪn], eigtl. Israel Baline, * Temun (Sibirien) 11. Mai 1888, amerikan. Komponist russ. Herkunft. - Erfolgreiche Musicals („Annie get your gun", 1946), Filmmusiken („White Christmas") u. a. - † 22. Sept. 1989.

Berlin, ehem. Hauptstadt des Dt. Reiches, liegt in einem eiszeitl. Urstromtal (30–40 m ü. d. M.) und der es umgebenden Grundmoränenlandschaft. B. wird von der Havel, der

Berlin (West). Flagge und Wappen

Berlin (Ost). Alexanderplatz mit der Kongreßhalle

Berlin (West). Breitscheidplatz; im Vordergrund die Kaiser-Wilhelm-Gedächtniskirche

Berlin

Spree, die in B.-Spandau mündet, sowie der Panke durchflossen; große Parks wie Tiergarten und Treptower Park sind ehem. Spreeauenwälder. Der Müggelsberg ist mit 115 m die höchste natürl. Erhebung, der künstl. Trümmerberg im Grunewald hat über 120 m. B. ist als Folge des 2. Weltkrieges geteilt: B. (West), 480 km², 1,855 Mill. E (1985), und B. (Ost), 403 km², 1,186 Mill. E (1985). Bei der Bildung von Groß-B. 1920 wurde die Stadt in 20 Bez. gegliedert; heute fallen von diesen Bez. 12 auf B. (West), 8 auf B. (Ost), heute 9. B. hatte 1943 seinen maximalen Bev.stand mit fast 4,5 Mill. E. Der Mauerbau 1961 hatte einschneidende Folgen für das Wachstum; der Zuzug nach B. (West) verminderte sich stark und die ungünstige Altersstruktur führte hier zu allmähl. Rückgang der Bev. Die Bev. von B. (Ost) hingegen nimmt seit 1961 zu.

Gliederung: Baul. und funktional läßt sich B. in drei Zonen gliedern: City, wilhelmin. Großstadtgürtel und Außenstadt. Die *City*, heute zum größten Teil der Bez. Mitte in B. (Ost), umfaßt das Gebiet der Stadtkerne Altberlin und Alt-Cölln sowie die bis zur Mitte des 19. Jh. erbauten Vorstädte, bis zum 2. Weltkrieg Standort der wichtigsten zentralen Einrichtungen. Als Folge der Teilung entstanden neue Zentren: in B. (West) um den Bahnhof Zoo und den Kurfürstendamm, in B. (Ost) um den Alexanderplatz. Charakterist. für den *wilhelmin. Großstadtgürtel* ist die enge Mischung von Wohn- und Gewerbefunktion (Hinterhof- bzw. Flügelhausbetriebe, Kleingewerbe; bes. typ. in Kreuzberg und Wedding). Einen deutl. Kontrast boten die westl. Stadtteile Tiergarten, Charlottenburg und Wilmersdorf als Wohngebiete der wohlhabenden Bürgertums. In der *Außenstadt* dominiert die lockere Bebauung. Die einzelnen Siedlungskerne lassen meist noch deutl. die alte Dorfanlage erkennen. Hier entstanden aber auch, v. a. seit den 20er Jahren, neue, geplante Wohnsiedlungen. Zu den Naherholungsgebieten zählen v. a. die ausgedehnten Kiefernwaldgebiete der Stadtforste Grunewald und Spandau in B. (West) und der Stadtforste Köpenick und Friedrichshagen in B. (Ost) sowie die Seen mit günstigen Wassersportmöglichkeiten: Wannsee, Tegeler See u. a. in B. (West), Großer Müggelsee, Langer See u. a. in B. (Ost). In der Außenstadt liegen die wichtigsten Ind.betriebe, die sich z. T. zu eigenen Stadtteilen entwickelten, wie z. B. Borsigwalde oder Siemensstadt.

Die Teilung bedingt eine Verdoppelung vieler Institutionen und Veranstaltungen:

B. (West): ev. Bischofssitz, Freie Univ. (gegr. 1948), TU (gegr. 1946), Staatl. Hochschule der Künste, PH, kirchl. Hochschule, Akad. für bildende Künste. Zahlr. Bundesbehörden, u. a. B.verwaltungsgericht, B.kartellamt, B.druckerei, Hahn-Meitner-Inst. für Kernforschung, mehrere Max-Planck-Inst., Sternwarte, Bibliotheken. Mehrere Theater, u. a. Dt. Oper B., Schiller-Theater, Schloßparktheater; Philharmonie, Filmförderungsanstalt. Zahlr. Museen und Galerien, u. a. Staatl. Museum der Stiftung Preuß. Kulturbesitz, neue Nationalgalerie, Museumsdorf in Zehlendorf. Kongreßhalle, Ausstellungsgelände am Funkturm. Botan. und Zoolog. Garten, Aquarium, Internat. Filmfestspiele, Berliner Festwochen, Berliner Jazztage; Sender Freies B., Rias Berlin.

B. (Ost): Ministerien; Humboldt-Univ. (gegr. 1809/10), Hochschulen für Musik, für bildende und angewandte Kunst, für Planökonomie, PH, Dt. pädagog. Zentralinst., Dt. Akad. der Wiss., Dt. Akad. der Landwirtschaftswiss., Dt. Bauakad., Staatl. Schauspielschule, Staatl. Ballettschule; Dt. Staatsbibliothek; Dt. Staatsoper, Kom. Oper, Dt. Theater, Berliner Ensemble und andere Theater. Palast der Republik; zahlr. Museen, u. a. auf der Museumsinsel das Pergamon-Museum; Tierpark Friedrichsfelde; Sternwarte Treptow. Berliner Festtage. Radio DDR.

Wirtschaft: Trotz der Demontage zahlr. Betriebe nach dem 2. Weltkrieg und der isolierten Lage ist B. (West) der größte Ind.standort der BR Deutschland, B. (Ost), wirtsch. integriert, derjenige der DDR. Für die Wirtsch. in B. (West) waren die 1949 einsetzenden vielfältigen westl. Garantien, Kredite und Subventionen Grundlage einer sehr regen Investitionstätigkeit. - Eine dominierende Stellung nimmt die Elektroind. ein: in B. (West) AEG-Telefunken, Siemens, Osram, DeTeWe, in B. (Ost) VEB Elektro-Apparate-Werke, VEB Berliner Glühlampenwerke, VEB Kabelwerke Oberspree.

Verkehr: B., einst größter Eisenbahnknotenpunkt Europas, ist immer noch ein wichtiger Verkehrsknoten für den Fern- und Nahverkehr. Durch einen Ring um das Stadtgebiet wird der Eisenbahnverkehr aus allen Richtungen aufgenommen und zu den drei Fernbahnhöfen in B. (Ost) geleitet; nur die Interzonenzüge aus der BR Deutschland fahren über den Bahnhof Zoo in B. (West). Die S-Bahn hat ein Streckennetz von über 800 km, die U-Bahn von über 100 km Länge. - Die ✈ Tegel in B. (West) sowie Schönefeld in B. (Ost) werden von internat. Fluggesellschaften angeflogen. - Große Teile des Güterverkehrs von und nach B. werden über Binnenwasserstraßen abgewickelt; von den 182 km Wasserwegen liegen 114 km in B. (West); Haupthäfen sind in B. (West) der Westhafen, in B. (Ost) der Osthafen an der Spree. - Ein großer Autobahnring umgibt rd. ³/₄ des Stadtgebiets.

Geschichte: Um die Burgen Köpenick und Spandau entstanden im 12. Jh. Siedlungen, gleichzeitig die Fernhandelssiedlung Kölln (1232 Stadtrecht). Zw. 1230 und 1240 gründeten die brandenburg. Markgrafen auf dem

Berlin

rechten Spreeufer die Stadt B.; etwa gleichzeitig entstanden auch die Dörfer Schöneberg, Lichtenberg und Wilmersdorf. B. und Kölln entwickelten sich infolge ihrer für den Fernhandel günstigen Lage schnell und bildeten nach der Stadt Brandenburg das polit. Zentrum der Mark. Nach dem Dreißigjährigen Krieg nahm die Entwicklung einen neuen Aufschwung, u. a. durch die Ansiedlung von Hugenotten und die Funktion als Hauptstadt des erhebl. vergrößerten Brandenburg-Preußen. 1709 wurden (Alt-)B., Kölln und weitere Orte zur Residenzstadt B. mit 56 600 E vereinigt. Die Bev. stieg bis 1800 auf 172 000 E. Die Gründung der Univ. (1809/10) setzte die Entwicklung zum bed. Kulturzentrum fort. Weitere Gewerbezweige wurden angesiedelt. B. wurde wichtigster Knotenpunkt des entstehenden norddt. Eisenbahnnetzes. Im März 1848 lösten die Straßenkämpfe in B. die Revolution in Preußen aus. 1860 wurden Wedding und Moabit eingemeindet (1861: 548 000 E). Nach 1871 Reichshauptstadt, wurde B. zunehmend von der Industrie geprägt (1880: 1 315 000 E). Der Bau großer Mietskasernen führte zu untragbaren Wohnverhältnissen; 1900 lebte etwa die Hälfte der E von B. in Hinterhofwohnungen. 1920 wurde B. mit den umliegenden Städten und Dörfern zur 4-Mill.-Stadt Groß-B. vereinigt. Im 2. Weltkrieg schwer zerstört, wurde B. 1945 in vier Besatzungssektoren eingeteilt und von den vier Siegermächten zunächst gemeinsam regiert. Im Nov. 1945 gestand die UdSSR den Westalliierten drei Luftkorridore nach Westdeutschland zu. Die Sowjetunion zog sich am 16. Juni 1948 aus der Alliierten Kommandantur für B. zurück. Die Durchführung der Währungsreform in den Westsektoren am 23. Juni 1948 hatte die sowjet. Blockade zur Folge, während der B. (West) durch die Luft versorgt wurde. Im Sept. 1948 war B. schließl. polit. gespalten. F. Ebert (SED) wurde Oberbürgermeister in B. (Ost), das 1949 Hauptstadt der DDR wurde. In Berlin (West) wurde im Dez. 1948 E. Reuter zum Oberbürgermeister gewählt. Nachdem das sowjet. Ultimatum von 1958 eine neue B.-Krise ausgelöst hatte, führte der Flüchtlingsstrom aus der DDR am 13. Aug. 1961 zum Bau der Berliner Mauer. Von 1955–1981 (1953–55 CDU-FDP-Koalition) stellte die SPD die Regierenden Bürgermeister: O. Suhr (1955–57), W. Brandt (1957–66), H. Albertz (1966/67), K. Schütz (1967–77), D. Stobbe (1977–81), H.-J. Vogel (Jan.–Juni 1981). Nach vorgezogenen Wahlen (Mai 1981), bei denen erstmals die „Alternative Liste" Sitze im Abg.haus errang, bildete die CDU einen Minderheitssenat unter R. von Weizsäcker (seit 1983 Koalition CDU/FDP). Nachfolger wurde 1984 E. Diepgen (1985 durch Wahlen bestätigt). Bei den Wahlen 1989 wurde der CDU-FDP-Senat durch eine Koalition aus SPD und Grünen unter W. Momper (SPD) abgelöst. Eine dramat. Ausmaße annehmende Fluchtbewegung im Sommer und Herbst 1989 sowie anhaltende Massenproteste v. a. in Leipzig und Berlin (Ost) führten am 9. Nov. 1989 zur Öffnung der Berliner Mauer und zu einem ungehinderten Zugang nach Westberlin.

Status und Verfassung von B. (West): Die Verfassung von 1950 weist B. (West) als Land der BR Deutschland aus, doch gilt diese Bestimmung gegenwärtig nicht. Auch das Viermächteabkommen von 1971 stellt fest, daß B. (West) „kein konstitutiver Teil" der BR Deutschland ist. Die Hoheitsgewalt über B. (West) wird von den drei Westalliierten ausgeübt. Die Vertreter von B. (West) im Bundestag (nicht von der Bev., sondern vom Abg.-Haus gewählt) und im Bundesrat haben kein volles Stimmrecht. Bundesgesetze bedürfen zu ihrer Gültigkeit in B. (West) der Zustimmung des Abg.-Hauses. Die Landesgesetzgebung wird vom Abg.-Haus ausgeübt, das die Mgl. der Landesregierung (Senat), mit dem Regierenden Bürgermeister an der Spitze, wählt.

B. (Ost) unterliegt nach Auffassung der Bundesregierung und der Westmächte ebenfalls den Bestimmungen des Viermächteabkommens; die DDR und die Ostblockstaaten widersprechen dieser Auffassung.

Bauten: B. besitzt mehrere Dorfkirchen aus dem 13. Jh. Das Jagdschloß Grunewald blieb im Kern als Renaissanceschloß (1542) erhalten, 1593 erweitert und um 1770 ausgebaut. Die Zitadelle Spandau wurde unter Einbeziehung älterer Teile (u. a. Juliusturm; 14. Jh.) 1560–94 in neuitalien. Stil erbaut. - Der preuß. Barock kam in B. unter A. Schlüter zu großer Blüte. Sein bedeutendster Bau war das B. Schloß (1950 abgebrochen). Er vollendete 1706 das Zeughaus (heute Museum für Dt. Geschichte). - Unter Friedrich d. Gr. entstanden zahlr. Rokokobauten: Königl. Hofoper (1740–42; heute Dt. Staatsoper). Schloß Charlottenburg (1695ff., Kuppel 1712) erhielt 1740–43 den O-Flügel; 1788–90 Anbau des Schloßtheaters und Vollendung des Belvedere, im Ehrenhof wurde das Reiterdenkmal des Großen Kurfürsten (1697 von A. Schlüter) aufgestellt; Hedwigs-Kathedrale (1747–73; beim Wiederaufbau 1963 stark umgestaltet). - 1780–85 wurden der „Dt. Dom" im S und der „Frz. Dom" im N des ehem. Gendarmenmarkts erbaut (im 2. Weltkrieg ausgebrannt). - Aus der Zeit des Klassizismus stammen u. a. das Brandenburger Tor, gekrönt durch die Quadriga der Friedensgöttin, die Neue Wache (1816–18; heute Mahnmal für die Opfer des Faschismus und Militarismus), das ehem. Schauspielhaus (1819–21). Unter K. F. Schinkel klassizist. umgestaltet wurden Schloß Kleinglienicke (1814) und Schloß Tegel (1821–23). - Im 19. Jh. entstanden zahlr. repräsentative öff. Bauten, u. a. das heuti-

Berlin

ge Rathaus in B. (Ost) (1861–70; in rotem Backstein mit Terrakotten), das Reichstagsgebäude (1884–94; 1933 und 1945 stark zerstört; wiederaufgebaut), Dom (1894–1905). - Zw. 1900 und 1915 entstanden das Warenhaus Wertheim, das Lette-Haus, die Montagehalle der AEG-Turbinenfabrik, das Hebbeltheater und die Volksbühne, in den 20er Jahren moderne Siedlungen, u. a. Onkel-Toms-Hütte und Siemensstadt. 1924–26 wurde der Funkturm erbaut. - Nach 1933 entstanden der Flughafen Tempelhof, das Olympiastadion, die Waldbühne sowie die Bauten der ehem. Reichskanzlei (zerstört). - Nach dem 2. Weltkrieg entstanden in B. (West) zur Interbau 1957 das Hansaviertel, die Unité d'habitation „Typ Berlin" (1957/58 von Le Corbusier) und die Kongreßhalle; Märkisches Viertel (seit 1964). - E. Eiermann baute neben die Turmruine der Kaiser-Wilhelm-Gedächtniskirche 1959–63 einen Kirchenraum auf achteckigem Grundriß, ein Foyer sowie einen sechseckigen neuen Kirchturm. - Als Gedenkstätte für die Hingerichteten in Plötzensee wurde 1961–63 die Kirche Maria Regina Martyrum erbaut; Neubauten sind u. a. die Philharmonie (1960–63) und die neue Nationalgalerie (1965–68), die neue Staatsbibliothek (1967–78), das Internat. Congress-Centrum (ICC; 1976–79), das Museum für Gestaltung (1976–79). - B. (Ost): 1949 entstand das Sowjet. Ehrenmal in Treptow. 1952–64 wurden die heutige Karl-Marx-Allee und Frankfurter Allee als repräsentative Straßenzüge erbaut. Der Alexanderplatz erhielt durch funktionalist. bestimmte Gebäude, wie das Haus des Lehrers, verbunden mit einer Kongreßhalle (1964), das Hotel Stadt Berlin (1969) sowie den in der Nähe errichteten Fernsehturm (1966–69) ein neues Gesicht. Am Marx-Engels-Platz stehen das Staatsratsgebäude (1962–64), das Außenministerium (1965–67) und an der Stelle des Schlosses der Palast der Republik (1974–76).

𝓠 *Bundesrepublik Deutschland u. B. Bd. 1: Hofmeister, B.: B. Eine geograph. Strukturanalyse der 12 westl. Bezirke.* Darmstadt 1975.

B., Bistum, auf Grund des preuß. Konkordats (1929) aus der seit 1821 bestehenden Apostol. Delegatur B. 1930 errichtet und der Kirchenprovinz Breslau, seit 1972 direkt dem Hl. Stuhl unterstellt. - ↑ auch katholische Kirche (Übersicht).

Berlinabkommen, Kurzbez. für das Viermächteabkommen über Berlin vom 3. Sept. 1971 zw. den USA, Großbrit., Frankr. und der UdSSR. Es bestätigt die Verantwortlichkeiten und Rechte der vier Mächte unter Wahrung ihrer unterschiedl. Rechtspositionen. Die UdSSR verpflichtet sich, den zivilen Transitverkehr zw. Berlin (West) und der BR Deutschland auf Straßen, Schienen und Wasserwegen zu erleichtern und nicht zu behindern. Aufrechterhalten und entwickelt werden

Berliner Porzellan. Vase, plastisch belegt (1751–57)

sollen die Bindungen zw. der BR Deutschland und den Westsektoren Berlins, die kein konstitutiver Teil der BR Deutschland sind und auch weiterhin nicht von ihr regiert werden. Die „Kommunikationen". zw. Berlin (West) und Berlin (Ost) sowie der DDR sollen verbessert werden. Berlin (West) soll durch die BR Deutschland im Ausland vertreten werden können. Zus. mit den konkretisierenden und ergänzenden Vereinbarungen zw. der BR Deutschland bzw. dem Berliner Senat und der DDR trat das B. am 3. Juni 1972 in Kraft.

Berlinale, Bez. für die alljährl. im Sommer in Berlin stattfindenden Filmfestspiele.

Berline, viersitziger Reisewagen des 17./18. Jh. (zuerst in Berlin) mit Vollfederung.

Berliner, Emil (Emile), * Hannover 20. Mai 1851, † Washington 3. Aug. 1929, dt.-amerikan. Elektroingenieur. - Erfand 1887 das Grammophon, das runde, mit einer Wachsschicht versehene Zinkplatten als Tonträger verwendete. - ↑ auch Berliner-Schrift.

Berliner Abendblätter, von H. v. Kleist 1810/11 hg. Berliner Lokalzeitung.

Berliner Abkommen ↑ innerdeutscher Handel.

Berliner Blau, Eisen (III)-hexacyanoferrat (II), einer der ältesten künstl. Farbstoffe, der sich aus gelbem oder rotem Blutlaugensalz herstellen läßt.

Berliner Blockade, die von der UdSSR

im Zuge der verschärften Ost-West-Spannung verhängte Sperrung der Land- und Wasserwege für den Personen- und Güterverkehr zw. West-Berlin und Westdeutschland vom 24. Juni 1948 bis 12. Mai 1949, während der die Versorgung West-Berlins durch die von den USA und Großbrit. errichtete Luftbrücke sichergestellt werden konnte.

Berliner Ensemble, Schauspieltheater in Berlin (Ost), gegr. 1949 von Bertolt Brecht und Helene Weigel, die auch die Leitung übernahm (bis Mai 1971); zunächst Gastspielrecht im Dt. Theater; seit März 1954 im eigenen Haus, dem ehem. Theater am Schiffbauerdamm. Von Mai 1971 bis März 1977 leitete Ruth Berghaus das B. E., seit April 1977 M. Wekwerth.

Berliner Kongreß, Zusammenkunft führender Staatsmänner der europ. Großmächte und des Osman. Reiches 1878 zur Ordnung der Verhältnisse auf dem Balkan. Als „ehrl. Makler" übernahm der dt. Reichskanzler Bismarck die Aufgabe, den Balkankonflikt zw. Großbrit., Rußland und Österreich-Ungarn zu schlichten. Die neue Balkanordnung führte jedoch zu neuen Spannungen: Verschärfung der russ.-östr. Rivalität und der nat. Frage auf dem Balkan.

Berliner Maler, att. Vasenmaler des rotfigurigen Stils, tätig etwa von 500–460; ben. nach einer von ihm bemalten Bauchamphora (um 490 v. Chr.), die sich in Berlin befindet.

Berliner Mauer, von der DDR-Regierung mit Zustimmung der Mgl. des Warschauer Paktes veranlaßte Sperrmaßnahmen, die seit dem 13. Aug. 1961 die Sektorengrenze zw. Berlin (Ost) und Berlin (West) bis auf wenige Übergänge hermet. abriegelten (bis 9. Nov. 1989); sollte v.a. den steigenden Flüchtlingsstrom aus Berlin (Ost) stoppen; beim Versuch, die B. M. von O nach W zu überwinden, wurden etwa 70 Menschen getötet.

Berliner Morgenpost, dt. Zeitung, ↑Zeitungen (Übersicht).

Berliner Pfannkuchen (Berliner), mit Konfitüre gefülltes Hefegebäck.

Berliner Phänomen, plötzl. starke Erwärmung der Stratosphäre gegen Ende des Winters, die jedoch nicht regelmäßig auftritt (erstmals 1952 über Berlin beobachtet). Die Ursachen sind noch nicht restlos geklärt.

Berliner Philharmoniker (B. Philharmon. Orchester), 1882 aus der 1867 gebildeten Kapelle des Liegnitzer Stadtmusikers Benjamin Bilse (* 1816, † 1902) hervorgegangenes Orchester, internat. Spitzenorchester. Leiter: H. von Bülow, A. Nikisch, W. Furtwängler, S. Celibidache, H. von Karajan, C. Abbado.

Berliner Porzellan, Porzellan der Berliner Porzellanmanufaktur; eine 1751 gegr., 1761 neugegr. Manufaktur (berühmt das „radierte Dessin"), 1763 von Friedrich d. Gr. übernommen (Königl. Preuß. Manufaktur; KPM erschien jedoch erst seit 1837 in der Marke). Durch Tafelgeschirr mit Blumendekor (z. B. das Grüne Tafelservice Friedrichs d. Gr., 1767) führend für Deutschland. Auch im Klassizismus und Jugendstil vorzügl. Services. 1945–55 war die Manufaktur in Selb, seitdem wieder in Berlin (West).

Berliner-Schrift [nach E. Berliner] (Seitenschrift), bei der Schallplattenherstellung ein Tonaufzeichnungsverfahren, bei dem - im Ggs. zur ↑Edison-Schrift - eine horizontale Auslenkung der Graviernadel erfolgt. Eine Kombination beider „Schriften" ist die Stereoschrift.

Berliner Schule, (Norddt. Schule) Bez. für die v.a. am Hof Friedrichs II. wirkende Komponistengruppe (u. a. C. P. E. Bach, J. J. Quantz).

◆ von M. Wertheimer im Anschluß an seine Untersuchungen zur Wahrnehmung stroboskop. Scheinbewegungen (1912) gegr. Richtung der ↑Gestaltpsychologie.

Berliner Singakademie, 1791 gegr. älteste Berliner Chorvereinigung, die 1800–32 von C. F. Zelter geleitet wurde. Zelters Nachfolger waren: C. F. Rungenhagen, A. E. Grell, M. Blumner, G. Schumann, M. Lange.

Berliner Tageblatt und Handels-Zeitung, liberale Tageszeitung; erschien 1872–1939 im Verlag R. Mosse.

Berliner Testament, ein [früher in Berlin häufiges] gemeinschaftl. Testament von Eheleuten, die sich gegenseitig zu Erben einsetzen und bestimmen, daß nach dem Tode des überlebenden Ehepartners der Nachlaß beider an einen oder mehrere Dritte (meist die Kinder) fallen soll.

Berliner Vertrag, Geheimvertrag zw. König Friedrich Wilhelm I. von Preußen und Kaiser Karl VI. von 1728; hatte die Pragmat. Sanktion und die preuß. Ansprüche auf das Hzgt. Berg zum Gegenstand.

◆ dt.-sowjet. Abkommen von 1926, in dem sich die Partner auf der Grundlage des Rapallovertrages zu strikter Neutralität im Angriff eines Vertragspartners durch Dritte und zur Nichtbeteiligung an wirtsch. Boykottmaßnahmen verpflichteten; 1931 um 3 Jahre verlängert.

Berliner Weiße, obergäriges Weizen- und Gerstenmalzbier.

Berliner Zeitung, dt. Zeitung, ↑Zeitungen (Übersicht).

Berliner Zimmer, Bez. für ein in älteren Berliner Mietshäusern übl. sehr langes, wenig beleuchtetes Zimmer, das Durchgangsraum zum Wohnungsteil im Seitenflügel ist.

Berlinförderungsgesetz, Kurzbez. für das Gesetz zur Förderung der Berliner Wirtschaft i. d. F. vom 18. 2. 1976 (1964–70: **Berlinhilfegesetz**). Das B. sieht steuerl. Maßnahmen zugunsten der Wirtschaft Berlins (West) vor, u. a. erhöhte Absetzung für Abnutzung, Kürzung der Mehrwertsteuer, Investitionszulage, Ermäßigung der Körperschafts- und Einkom-

Berlinfrage

mensteuer, Steuervergünstigungen und Zulagen für Arbeitnehmer, die aus der BR Deutschland nach Berlin (West) ziehen.

Berlinfrage, als Teil der ↑deutschen Frage seit dem 2. Weltkrieg ein Hauptkrisenpunkt der europ. Politik. Auf Grund des Berliner Viermächtestatus vom 5. Juni 1945 wurde Berlin seit Juli 1945 von amerikan., brit., frz. und sowjet. Truppen besetzt und, in vier Sektoren aufgeteilt, gemeinsam verwaltet. 1948 beendeten die Auseinandersetzungen zw. den Westalliierten und der UdSSR fakt. die Viermächteverwaltung der Stadt. Die UdSSR stellte im Juni ihre Mitarbeit in der Alliierten Hohen Kommandantur Berlin ein und verhängte die ↑Berliner Blockade. Seit Sept. 1948 war auch die dt. Selbstverwaltung der Stadt gespalten. Die Berlinkonferenzen der folgenden Jahre brachten keine Lösung. 1958 verlangte die UdSSR ultimativ die Umwandlung von Berlin (West) in eine entmilitarisierte freie Stadt und kündigte die Vereinbarungen über Berlin. Dieses Vorgehen wurde von den Westalliierten zurückgewiesen. Die verschärften Spannungen eskalierten am 13. Aug. 1961 mit dem Bau der Berliner Mauer. Die polit. Vorstöße der UdSSR und der DDR zielten seit 1963 verstärkt auf die Isolierung Berlins (West) von der BR Deutschland. Seit März 1970 fanden Verhandlungen der vier Mächte statt, die am 3. Sept. 1971 mit dem ↑Berlinabkommen abgeschlossen wurden.

📖 *Zivier, E.: Der Rechtsstatus des Landes Berlin.* Bln. ³1977. - *Herzfeld, H.: Berlin in der Weltpolitik 1945–1970.* Bln. u. New York 1973.

Berlinghieri, Berlinghiero, † Lucca um 1242, italien. Maler. - Aus Mailand stammend, seit 1228 in Lucca nachweisbar. Schuf das gemalte Kruzifix für Santa Maria degli Angeli in Lucca (um 1220; heute Lucca, Pinacoteca Nazionale).

Berlingske Tidende [dän. 'bɛrlеŋsǝ 'tiːðǝnǝ], dän. Zeitung, ↑Zeitungen (Übersicht).

Berlinguer, Enrico, * Sassari 25. Mai 1922, † Padua 11. Juni 1984, italien. Politiker. - Seit 1959 im Parteivorstand der italien. KPI (PCI); 1962–66 Leiter des Parteisekretariats; 1969 stellv. Generalsekretär, seit 1972 Generalsekretär der Partei; verstärkte durch seinen eurokommunist. Kurs und seine Strategie des „histor. Kompromisses" mit den Christdemokraten deutl. den polit. Einfluß der KPI; seit 1979 Mgl. des Europ. Parlaments.

Berlinhilfegesetz ↑Berlinförderungsgesetz.

Berlinklausel (Berliner Klausel), Gesetzes- bzw. völkerrechtl. Vertragsklausel, die Geltung des Bundesrechts der BR Deutschland [und der völkerrechtl. Verträge der BR Deutschland] in Berlin (West) betreffend. Auf Grund des Genehmigungsvorbehaltes der Besatzungsmächte gelten die vom Bundestag beschlossenen Gesetze in Berlin (West) nicht unmittelbar, können jedoch, wenn der B.gesetzgeber dies will und dem Gesetz die B. beifügt, im Gesetzgebungswege vom Berliner Abg.haus in Geltung gesetzt werden.

Berlioz, Hector [frz. bɛr'ljoːz], * La Côte-Saint-André (Isère) 11. Dez. 1803, † Paris 8. März 1869, frz. Komponist. - Trotz großer Erfolge im Ausland blieb ihm in Frankr. die Anerkennung weitgehend versagt. B., stark geprägt von Beethovens Sinfonik, ist der große Vertreter der Programmusik, der er mit einer als Ausdrucksmittel bis dahin unerhörten Ausnutzung der instrumentalen Klangfarben im Orchester neue Wege wies.

Werke: Programmsinfonien: Symphonie fantastique (1830), Harold in Italien (1834), Romeo und Julia (1839); Opern: Benvenuto Cellini (1838, dazu 2. Ouvertüre 1844), Beatrice und Benedikt (1862), Die Trojaner; Requiem (1837); Tedeum (1855); Fausts Verdammnis (dramat. Legende, 1846); Die Kindheit Christi (bibl. Trilogie, 1854).

Berlitzschulen, private Unterrichtsanstalten, in denen ausschließl. ausländ. Lehrkräfte in ihrer Muttersprache Sprachunterricht erteilen. Dabei werden Dinge, Bilder, Gesten u. a. zu Hilfe genommen. Die erste B. wurde 1878 durch M. D. Berlitz (* 1852, † 1921) in Providence (R. I., USA) gegründet.

Berlocke [frz.], Ziergehänge, im 18. und 19. Jh. an der Uhrkette getragen.

Berme [niederl.], waagrechter oder schwach geneigter Absatz in einer Böschung.

Bermejo, Bartolomé [span. bɛr'mɛxo] (Vermejo), aus Córdoba stammender span. Maler der 2. Hälfte des 15. Jh. - Geschult an fläm. Malerei, u. a. an van Eyck; gelangte zu einem sehr expressiven Stil. U. a. „Pietà des Archidiakons Luis Desplá" (1490; Barcelona, Kathedrale).

Bermejo, Rio [span. 'rrio βɛr'mɛxo], rechter Nebenfluß des Paraguay, entspringt in der bolivian. Vorpuna, mündet 70 km ssw. von Formosa, Argentinien, 1 500 km lang.

Bermudadreieck, Teil des Atlantiks, etwa zw. den Bermudainseln, Hispaniola und Florida, in dem sich auf bisher nicht befriedigend erklärte Weise Schiffs- und Flugzeugunglücke häufen.

Bermudainseln, brit. Kronkolonie, Inselgruppe im westl. Nordatlantik, 53 km², 54 700 E (1980), Hauptstadt Hamilton. Die einer submarinen vulkan. Schwelle aufsitzenden B. bestehen aus etwa 360 Inseln, umgeben von Korallenriffen. Die 7 größten Inseln sind durch Brücken miteinander verbunden. Das vom Golfstrom beeinflußte Klima ist subtrop.-maritim. - Knapp ²/₃ der Bev. sind Schwarze und Mischlinge. Wichtigster Wirtschaftszweig ist der ganzjährige Fremdenverkehr. ✈ auf Saint David's Island.

Geschichte: Nach der Überlieferung Anfang des 16. Jh. entdeckt; Besiedlung und Übergang in engl. Besitz 1609–12; gingen 1684 an die engl. Krone über; im 18. Jh. zum brit. Flottenstützpunkt ausgebaut, 1797–1957 mit brit. Garnison. 1941 verpachtete die brit. Regierung ein Areal im NW der B. an die USA auf 99 Jahre zur Anlage von Marine- und Luftwaffenstützpunkten.

Verfassung: Die Verfassung von 1968 brachte der Kronkolonie B. die Selbstverwaltung. An der Spitze der *Exekutive* steht der von der brit. Krone ernannte Gouverneur; er ist für Außenpolitik, Verteidigung und innere Sicherheit zuständig und ernennt den Premiermin. Die *Legislative* besteht außer ihm aus den 11 ernannten Mgl. des gesetzgebenden Rats und den 40 gewählten Mgl. des Abg.hauses. Es gibt zwei *Parteien:* die United Bermuda Party und die Progressive Labour Party. Auf den B. gilt engl. *Recht.* Die *Landesverteidigung* ist Sache Großbritanniens.

📖 *Zuill, W. E.: The story of Bermuda and her people. London 1973.*

Bern, Hauptstadt der Schweiz und des Kt. B., an der Aare, 540 m ü. d. M., 141 000 E. Sitz der schweizer. Reg. und zahlr. B.behörden. Univ. (gegr. 1834), Konservatorium; Sitz des Weltpostvereins und wiss. und kultureller Gesellschaften; Museen, u. a. Schweizer. Alpines Museum, Naturhistor. Museum, Kunstmuseum, Schweizer. Landesbibliothek; botan. Garten. Wichtigste Ind.zweige sind Maschinenbau, Textil-, chem.-pharmazeut. und Nahrungsmittelind. - 1191 von Herzog Berthold V. von Zähringen gegr.; 1218 Reichsstadt. Während des Interregnums Anschluß an Savoyen. Im Laupenkrieg (1339) Unterstützung durch die Waldstätte, mit denen es 1353 ein ewiges Bündnis schloß. Im 14. Jh. brachte B. die meisten umliegenden Städte und Gebiete in seinen Besitz. Annäherung an die Eidgenossenschaft nach 1415; führte 1476/77 die Eidgenossen in den Kriegen gegen Burgund. Die Reformation wurde z. T. mit Gewalt eingeführt. 1536 besetzte B. die savoyische Waadt; neben Zürich Vormacht der Eidgenossenschaft. Aufstände gegen die patriz. Reg. und der Landschaft gegen die Stadt (1653, 1723, 1749). 1798 frz. besetzt, Oberland, Aargau und Waadt wurden selbständige Kt. Seit 1848 B.hauptstadt. - Regelmäßige Anlage der Altstadt auf einem von der Aare umflossenen Sporn, an dessen Spitze Burg Nydegg (12./13. Jh.) liegt. Auf sie zu läuft ein breiter Straßenzug (ehem. Straßenmarkt). Spätgot. Münster Sankt Vinzenz (15.–16. Jh.), barocke Heiliggeistkirche (1729 geweiht), spätgot. Nydeggkirche (1468–98), Rathaus (1406–16; restauriert), Bundeshaus (1894–1902 in florentin. Renaissancestil), Stadttheater (1901–03), zahlr. Bauten des 18. Jh., u. a. Hauptwache (1766–68), Beatrice-von-Wattenwyl-Haus (1706–09); Zeitglockentorturm mit einer Uhr von C. Brunner (1526–30).

📖 *Weber, Berchtold: Histor.-topograph. Lex. der Stadt B. Bern 1976.*

B., zweitgrößter Kt. der Schweiz, 6 049 km², 921 000 E (1985), Hauptstadt Bern; umfaßt von S nach N, Teile der Berner Alpen, des Schweizer. Mittellandes und des schweizer. Jura. Die zu 80 % prot. Bev. ist größtenteils dt.sprachig, nur im Jura überwiegt die frz. Sprache. Im Mittelland werden v. a. Weizen und Zuckerrüben angebaut, in den Alpen wie auch im Jura dominiert Grünlandwirtschaft und Viehhaltung. Die Klimagunst am Rande des Jura erlaubt den Anbau von Gemüse, Tabak, Obst und Wein. - Führend ist die im Jura beheimatete Uhrenind.; Maschinen-, Apparate- und Fahrzeugbau sowie metallverarbeitende Ind. sind v. a. in den Ballungsräumen Bern und Biel (BE) angesiedelt. Die Nahrungsmittelind. umfaßt v. a. Großmolkereien und Käsereien.

Geschichte: Entstand aus ehem. Untertanengebiet der Stadt Bern. Das 1798 zum selbständigen Kanton erhobene Oberland wurde B. 1803 wieder eingegliedert. Als Kompensation für die abgetrennten Kantone Aargau und Waadt erhielt B. 1815 einen großen Teil des säkularisierten Bistums Basel (Jura). Nach langen Auseinandersetzungen, einer Volksabstimmung im Jura (1974) sowie in der gesamten Schweiz (1978) wurde 1978 der neugebildete Kt. Jura vom Kt. B. abgetrennt.

Verfassung: Nach der Staatsverfassung vom 26. April 1893 liegt die Exekutive beim vom

Berlinghiero Berlinghieri,
Kruzifix (um 1220). Lucca,
Pinacoteca Nazionale

Volk auf 4 Jahre gewählten Regierungsrat (9 Mgl.). Die Legislative bilden der vom Volk auf 4 Jahre gewählte Große Rat (200 Mgl.) und das Volk selbst (obligator. Referendum).

Bernadette [frz. bɛrna'dɛt] hl., ↑Soubirous, Bernadette.

Bernadotte [frz. bɛrna'dɔt, schwed. ˌbæːrnadɔt], aus Béarn (SW-Frankr.) stammendes frz. Geschlecht, dem Jean-Baptiste B., der spätere schwed. König Karl XIV. Johann entstammt.

B., Folke, Graf von Wisborg, *Stockholm 2. Jan. 1895, † Jerusalem 17. Sept. 1948, schwed. Philanthrop. - Neffe König Gustavs V. Adolf von Schweden. 1943 Vizepräs., 1946 Präs. des schwed. Roten Kreuzes; 1948 in Palästina von jüd. Extremisten ermordet, als er im Auftrag der UN zw. Arabern und Israelis zu vermitteln suchte.

Bernanos, Georges, *Paris 20. Febr. 1888, † Neuilly-sur-Seine 5. Juli 1948, frz. Dichter. - Künder einer geistigen Erneuerung auf kath. Grundlage. Stellt den Kampf mit dem Bösen als Ringen zw. Gott und Satan im Menschen dar. Höhepunkt seines Schaffens: „Tagebuch eines Landpfarrers" (1936) und „Die begnadete Angst" (Dr., 1949). *Weitere Werke:* Die Sonne Satans (R., 1926), Die großen Friedhöfe unter dem Mond (Schr., 1938), Die tote Gemeinde (R., 1943).

Bernard, männl. Vorname, ↑Bernhard.

Bernard [frz. bɛr'naːr], Claude, *Saint-Julien (Rhône) 12. Juli 1813, † Paris 10. Febr. 1878, frz. Physiologe. - Prof. am Collège de France (1855); Mgl. der Académie française. B. erkannte u. a. die Funktion der Bauchspeicheldrüse und der Leber bei Verdauungsvorgängen.

B., Émile, *Lille 28. April 1868, † Paris 16. April 1941, frz. Maler, Zeichner, Graphiker und Kunstkritiker. - B. beansprucht gegenüber Gauguin, Erfinder des „Cloisonnismus" (die Umrandung der farbigen Flächen durch dunkle Konturen) zu sein. Trat als rühriger Publizist für die Art nouveau, van Gogh, Cézanne ein.

Bernardin de Saint-Pierre, Jacques Henri [frz. bɛrnardɛ̃dsɛ̃'pjɛːr], *Le Havre 19. Jan. 1737, † Éragny bei Paris 21. Jan. 1814, frz. Schriftsteller. - Mit seiner Naturauffassung gilt er als Vorläufer F. R. de Chateaubriands und A. de Lamartines. Unter dem Einfluß J.-J. Rousseaus entstanden die „Betrachtungen über die Natur" (4 Bde., 1784–1788), in denen die Erzählung „Paul und Virginie" (1788) enthalten ist, die B. de S.-P. literar. Ruhm begründete.

Bernardino de Sahagún [span. bɛrnar'ðino ðe saa'ɣun], eigtl. B. Ribeira, *Sahagún (Prov. León) vermutl. 1499 oder 1500, † Tlatelolco (= Mexiko) 23. Okt. 1590, span. Franziskaner und Ethnologe. - Seit 1529 Missionar in Mexiko. Seine von jungen Azteken diktierte „Historia general de las cosas de Nueva España" (12 Bde.) ist das bedeutendste Quellenwerk für die Kultur der Azteken vor der span. Eroberung.

Bernardone, Giovanni ↑Franz von Assisi.

Bernart de Ventadour [frz. bɛrnardəvãta'duːr], auch B. von Ventadorn, *Schloß Ventadour (Corrèze) zw. 1125/30, † um 1195, provenzal. Troubadour. - Nach 1152 am Hof der Eleonore von Aquitanien, der zahlr. Minnelieder (rd. 40 erhalten) widmete.

Bernatzik, Hugo Adolf ['bɛrnatsɪk, -'- -], *Wien 26. März 1897, † ebd. 9. März 1953, östr. Ethnologe. - Bed. Feldforscher; Hg. der „Großen Völkerkunde" (3 Bde., 1939) und des „Afrika-Handbuchs" (2 Bde., 1947).

Bernau, Landkr. im Bez. Frankfurt, DDR.

Bernau b. Berlin, Stadt im Ballungsraum Berlin, Bez. Frankfurt, DDR, 60 m ü. d. M., 19 100 E. Verwaltungssitz des Landkr. Bernau; Gewerkschaftshochschule; Textilind. - Wohl Anfang 13. Jh. gegr., frühestens 1232 Stadtrecht.

Bernauer (Pernauer, Perner, Berner), Agnes, † Straubing 12. Okt. 1435, Augsburger Badertochter. - Wohl 1432 heiml. ∞ mit Herzog Albrecht III. von Bayern-München, von dessen Vater Ernst 1435 gefangengesetzt und als Hexe in der Donau ertränkt. - Tragödie F. Hebbels „Agnes B." (1855), C. Orffs Musikdrama „Die Bernauerin" (1947).

Bernburg, Landkr. im Bez. Halle, DDR.

Bernburg/Saale, Krst. in der südl. Magdeburger Börde, Bez. Halle, DDR, 55 m ü. d. M., 40 900 E. Inst. für Agrarökonomie und Pflanzenzüchtung; Theater; Kalibergbau, Sodafabrik, Serumwerk. - Aus drei Siedlungskernen zusammengewachsen: Talsiedlung (Stadtrecht 1278), Bergstadt (bei einer askan. Burg entstanden, Stadtrecht zw. 1442/57) und Neustadt. 1251–1468 und 1603–1863 Residenz des anhalt. Fürstenhauses.

Bernd (Bernt), männl. Vorname, Kurzform von ↑Bernhard.

Berneck i. Fichtelgebirge, Bad ↑Bad Berneck i. Fichtelgebirge.

Berner Alpen (Berner Oberland), Teil der Westalpen, v. a. im Kt. Bern gelegen, zw. dem Rhonetal im W und S, dem Reußtal im O und dem Schweizer Mittelland im N. Der nördl. Teil erreicht Höhen zw. 1 900 und 2 400 m ü. d. M.; der S-Teil begleitet das alpine Längstal der Rhone und setzt sich aus mehreren Bergmassiven und -ketten zus., die alle stark vergletschert sind, u. a. Jungfrau (4 158 m). Bed. Fremdenverkehr, Almwirtschaft.

Berner Klause ↑Veroneser Klause.

Berner Konvention, svw. ↑Berner Übereinkunft.

Berner Laufhund, schweizer. Laufhund mit großen, schwarzen Platten und einzelnen Tupfen auf weißem Fellgrund, roten Feuerflecken über den Augen, an Schnauze und Backen; fährtensicherer Jagdhund.

Berner Oberland, svw. ↑Berner Alpen.

Berner Sennenhund, in der Schweiz gezüchtete Rasse mittelgroßer, bis 70 cm schulterhoher, kräftiger, langhaariger Haushunde mit glänzend schwarzem Fell und braunroten bzw. weißen Abzeichen und Hängeohren. Urspr. Hütehund, heute v. a. Schutz- und Begleithund (Blindenhund).

Berner Übereinkunft, (B. Konvention) in Bern 1874 abgeschlossener internat. Vertrag, durch den der Allg. Postverein, der Vorgänger des Weltpostvereins, gegr. wurde.
◆ 1886 geschlossener völkerrechtl. Vertrag zum Schutz des Urheberrechtes an Werken der Literatur, Musik und der bildenden Kunst. Die B. Ü. wurde in der Folge durch Zusatzverträge abgeändert bzw. neueren Verhältnissen angepaßt (Paris 1896, Berlin 1908, Bern 1914, Rom 1928, Brüssel 1948, Stockholm 1967, Paris 1971). Ihr gehören fast alle europ. Staaten an (die USA und die UdSSR traten nicht bei).
◆ am 25. 2. 1961 in Bern abgeschlossenes internat. Übereinkommen über den Eisenbahn-, Personen-, Fracht- und Gepäckverkehr, dem die meisten europ. Staaten beitraten; in Kraft seit 1. 1. 1965.

Berneuchener Bewegung, Erneuerungsbewegung, die aus der ev. Jugendbewegung 1923 hervorging und nach ihrem Treffpunkt, dem Gut Berneuchen in der Neumark, ben. wurde; pflegt das Gemeinschaftsleben, die Feier der Messe, das Stundengebet und veranstaltet Freizeiten zur Rückgewinnung von der Kirche entfremdeten Christen.

Bernhard, alter dt. männl. Vorname, eigtl. etwa „hart, kräftig, ausdauernd wie ein Bär". Frz. und engl. Form: Bernard, italien. Form: Bernardo.

Bernhard, Name von Herrschern:
Niederlande:
B., *Jena 29. Juni 1911, Prinz der Niederlande (seit 1937), Prinz von Lippe-Biesterfeld. - Seit 1937 ∞ mit Juliana, Kronprinzessin der Niederlande; nach deren Thronbesteigung bemüht um die Förderung der kulturellen, sozialen und wirtsch. Interessen der Niederlande; seit 1970 Generalinspekteur der niederl. Streitkräfte; trat 1976 in Zusammenhang mit einem Bestechungsvorwurf von allen öffentl. Ämtern zurück.
Sachsen:
B., Graf von Aschersleben (Anhalt), *um 1140, †Bernburg/Saale 9. Febr. 1212, Herzog (seit 1180). - Sohn Albrechts des Bären, erbte 1170 den askan. Stammbesitz zw. Harz und Elbe; wurde nach dem Sturz Heinrichs des Löwen (1180) mit dem Hzgt. Sachsen belehnt.
Sachsen-Weimar:
B., *Weimar 16. Aug. 1604, †Neuenburg (Baden) 18. Juli 1639, Herzog und Feldherr. - Kämpfte seit 1631 auf der Seite Gustav Adolfs; übernahm nach dessen Tod in der Schlacht von Lützen das Kommando; erhielt 1633 den Oberbefehl in Süddeutschland und wurde mit dem Hzgt. Franken belehnt; eroberte Regensburg, wurde jedoch bei Nördlingen vernichtend geschlagen und verlor sein Hzgt.; trat 1635 in frz. Dienste und erhielt die Landgrafschaft Elsaß sowie die Landvogtei Hagenau; erfolgreiche Feldzüge in Lothringen und Burgund; eroberte 1638 Breisach.

Bernhard von Clairvaux [frz. klɛrˈvo], hl., * Schloß Fontaine bei Dijon um 1090, † Clairvaux (Aube) 20. Aug. 1153, Zisterzienserabt, Mystiker. - Stammte aus burgund. Adel, trat 1112 in das Reformkloster Cîteaux ein, begr. 1115 mit 12 anderen Mönchen Clairvaux, von dem zu seinen Lebzeiten weitere 68 Filialgründungen ausgingen. Der Orden der ↑Zisterzienser wurde von ihm wesentl. mitgeprägt. Seine Mystik wurde bestimmend für das ganze MA, sein Einfluß auf Predigt und geistl. Leben reicht bis weit in die Neuzeit. Von seinen Werken sind fast 900 Handschriften erhalten: Predigten, Abhandlungen; Hauptwerk: „De consideratione" (1149–52). - Sein Beiname „Doctor mellifluus" („honigfließender Lehrer"), im 15. Jh. aufgekommen, ließ ihn zum Patron der Imker und Wachszieher werden. Dargestellt u. a. mit einem Bienenkorb, mit Kreuz oder Passionswerkzeugen, mit einem gefesselten Teufel. 1174 heiliggesprochen, 1830 zum Kirchenlehrer erhoben; Fest: 20. August.
⚌ *Bredero, A. H.: B. v. C. im Widerstreit der Historie.* Wsb. 1966.

Bernhard, Christoph, *Danzig 1627, †Dresden 14. Nov. 1692, dt. Komponist. - Seit 1681 Kapellmeister der Hofkapelle in Dresden; einer der bedeutendsten Vertreter norddt.-prot. Musiktradition.
B., Thomas, *Kloster bei Heerlen (Niederlande) 10. Febr. 1931, österr. Schriftsteller. - Düster-melanchol. Lyrik („In hora mortis", 1958) sowie tief pessimist. Prosa in endlos verketteten Satzfolgen (u. a. „Frost", R., 1963; „Die Ursache", R., 1975; „Der Keller", R., 1976; „Der Atem", R., 1978; „Die Kälte", R., 1981; „Ein Kind", R., 1982; „Auslöschung", R., 1986); auch Dramen. - †12. Febr. 1989.

Bernhardin von Siena (italien. Bernardino da Siena), hl., *Massa Marittima (Prov. Grosseto) 8. Sept. 1380, †L'Aquila 20. Mai 1444, italien. Franziskaner (seit 1402). - Wurde als Volksprediger bekannt; 1450 heiliggesprochen; Fest: 20. Mai.

Bernhardiner, nach ↑Bernhard von Clairvaux geprägter Name der ↑Zisterzienser.

Bernhardiner, bereits 1665 auf dem Großen Sankt Bernhard gezüchtete Rasse kräftiger, bis 80 cm schulterhoher Haushunde mit großem Kopf, kurzer Schnauze, überhängenden Lefzen, Hängeohren, kräftigen Gliedmaßen und breiten Pfoten; charakterist. Weißfärbung mit roten, gelben oder braunen Plat-

Bernhardinerinnen

ten; Schutz- und Wachhund, auch Lawinensuchhund.

Bernhardinerinnen, der weibl. Zweig der ↑Zisterzienser oder Reformgruppen dieses Ordens.

Bernhardt, Sarah [frz. bɛrˈnaːr], eigtl. Henriette Rosine Bernard, *Paris 22. Okt. 1844, †ebd. 26. März 1923, frz. Schauspielerin. - Debütierte 1862 an der Comédie Française; gab seit 1880 zahlr. Auslandsgastspiele, auch in Amerika; übernahm 1899 das Théâtre des Nations, das ihren Namen trägt.

Berni, Francesco, *Lamporecchio (Prov. Pistoia) 1497 oder 1498, †Florenz 26. Mai 1535, italien. Dichter. - Berühmt v. a. wegen seiner parodist. Sonette und sog. Capitoli mit polit.-satir. Nebensinn („poesia bernesca").

Berninagruppe, Gebirgsstock der Rät. Alpen, Schweiz, im **Piz Bernina** 4 049 m hoch.

Berninapaß ↑Alpenpässe (Übersicht).

Bernini, Gian Lorenzo, *Neapel 7. Dez. 1598, †Rom 28. Nov. 1680, italien. Baumeister und Bildhauer. - Einer der hervorragendsten Meister des italien. Hochbarock. Kam um 1605 nach Rom, spätestens seit 1623 im päpstl. Dienst. 1665 folgte er einer Einladung Ludwigs XIV. nach Paris, um Pläne für den Weiterbau des Louvre zu fertigen, die aber abgelehnt wurden. B. ging von der großzügigen Klarheit der Renaissancebaukunst aus, seine Bauten sind aber durch Bewegung und perspektiv. Wirkungen geprägt. Schöpfer der Kolonnaden des Petersplatzes in Rom (1656–1667). Bed. Kirchenbauten, u. a. Sant'Andrea al Quirinale in Rom (1658 ff.), und der Umbau des Palazzo Odescalchi (Chigi) in Rom (1664–1667). Mit der dreigeteilten Fassade und der Kolossalordnung von Pilastern auf einer hohen Basis im Mittelteil schuf B. einen einflußreichen Typus. Das bildhauer. Werk umfaßt Porträts, Festdekorationen, Brunnen (Tritonbrunnen auf der Piazza Barberini, 1632–37; Vierströmebrunnen auf der Piazza Navona, 1648–51), mytholog. Figuren („Apoll und Daphne", in der Villa Borghese, 1622/23), Heilige („Verzückung der hl. Therese" in Santa Maria della Vittoria, 1646–52), Grabmäler (v. a. Grabmal Urbans VIII. in Sankt Peter, 1628–47) sowie den Baldacchino (1624–33) und die Cathedra Petri (1656–66) in Sankt Peter. Auch bed. Zeichnungen. - Abb. S. 57.
 Kauffmann, H.: Giovanni L. B. Bln. 1970.

Bernis, François Joachim de Pierre de, *Saint-Marcel-d'Ardèche 22. Mai 1715, †Rom 2. Nov. 1794, frz. Kardinal (1758), Politiker und Schriftsteller. - 1757/58 Min. des Auswärtigen; 1769 Gesandter in Rom, wo er die Wahl Klemens' XIV. und die Aufhebung des Jesuitenordens (1773) betrieb; Memoiren und Briefe.

Bernkastel-Kues [ˈkuːs], Stadt an der Mosel, Rhld.-Pf., 110 m ü. d. M., 6 800 E. Weinbauschule, Weinbau, Fremdenverkehr. - 1291 Stadtrechte; wirtsch. Blüte v. a. im 15. und 16. Jh. 1794 frz. besetzt, 1801–15 zu Frankr. - *Kues,* 1030 erstmals urkundl. erwähnt, seit 1905 mit Bernkastel zusammengeschlossen. - Ruine der Burg Bernkastel; Pfarrkirche Sankt Michael (14. Jh.), Rathaus (1608); Sankt-Nikolaus-Hospital (1447 gestiftet von Nikolaus von Kues).

Bernkastel-Wittlich, Landkr. in Rheinland-Pfalz.

Bernoulli [bɛrˈnʊli], schweizer. Gelehrtenfamilie niederl. Herkunft. Als Protestanten verfolgt, wanderte die Familie um 1570 aus Antwerpen aus und kam über Frankfurt nach Basel, dort seit 1622 eingebürgert; bed.:
B., Daniel, *Groningen 8. Febr. 1700, †Basel 17. März 1782, Mathematiker, Physiker und Mediziner. - Sohn von Johann B.; Prof. in Petersburg und Basel; wurde mit seinem Hauptwerk „Hydrodynamica sive de viribus et motibus fluidorum commentarii" (1738) zum Begründer der Hydrodynamik.
B., Jakob, *Basel 6. Jan. 1655, †ebd. 16. Aug. 1705, Mathematiker. - Prof. in Basel (seit 1687). Trug zus. mit seinem Bruder Johann B. entscheidend zur Verbreitung und Erweiterung der Infinitesimalrechnung bei. Verfaßte Abhandlungen über die Reihenlehre und Anwendung der Infinitesimalrechnung auf zahlr. geometr. Einzelprobleme. Seine bedeutendste mathemat. Leistung war der Aufbau einer umfassenden Wahrscheinlichkeitslehre.
B., Johann, *Basel 6. Aug. 1667, †ebd. 1. Jan. 1748, Mathematiker. - Bruder von Jakob B.; Prof. in Groningen, seit 1705 in Basel. Abhandlungen zur Theorie der Differentialgleichungen und über Extremalprobleme der Geometrie; stellte 1696 das Problem der Brachystochrone und führte es auf eine schon gelöste Aufgabe der Optik zurück; wandte sich seit 1710 vorwiegend der Anwendung der Mathematik auf die Mechanik zu, faßte das Prinzip der virtuellen Geschwindigkeiten in analyt. Form und benutzte das Prinzip des Energiesatzes.

Bernoullische Gleichung [bɛrˈnʊli; nach D. Bernoulli], grundlegende Gleichung der Strömungslehre; in zwei verschiedenen Querschnitten (1 und 2) einer stationären, reibungsfreien, inkompressiblen Strömung gilt zw. dem stat. Druck p_1 und der Geschwindigkeit v_1 in der Höhe h_1 und den entsprechenden Werten in der Höhe h_2 die Beziehung

$$p_1 + \varrho\, gh_1 + \tfrac{1}{2}\varrho v_1^2 = p_2 + \varrho\, gh_2 + \tfrac{1}{2}\varrho v_2^2 = C.$$

ϱ ist die als unveränderl. vorausgesetzte Dichte des strömenden Mediums, g die Fallbeschleunigung, C die *Bernoullische Konstante*.

Bernstein, Basil [engl. ˈbɔːnstaɪn], *London 1. Nov. 1924, brit. Soziologe und Sprachwissenschaftler. - Prof. in London. Wurde v. a. bekannt durch seine Arbeiten zu den sprachl., schichtenspezif. Codes. - *Werke:* A public language (1959), Social structure, language and learning (1961), Social class,

linguistic codes and grammatical elements (1962), Elaborated and restricted codes, their social origins and some consequences (1964).
B., Eduard, * Berlin 6. Jan. 1850, † ebd. 18. Dez. 1932, dt. Politiker. - Schloß sich 1872 der Sozialdemokrat. Arbeiterpartei an; seit 1881 Leiter des Parteiorgans „Sozialdemokrat"; 1887-1901 in London; lieferte mit seinem Buch „Die Voraussetzung des Sozialismus und die Aufgaben der Sozialdemokratie" (1899) die theoret. Grundlage seiner Kritik am Marxismus und stellt seine Thesen in den Mittelpunkt der theoret. Auseinandersetzungen um den Revisionismus: Reform der kapitalist. Verhältnisse als das naheliegende Ziel der Sozialdemokratie. 1902-06, 1912-18 und 1920-28 MdR. 1917 Mgl. der USPD, trat 1920 wieder in die SPD ein und bestimmte wesentl. deren Görlitzer Programm.
B., Leonard [engl. ˈbɔːnstaɪn], * Lawrence (Mass.) 25. Aug. 1918, amerikan. Komponist und Dirigent. - 1959-69 Chefdirigent des New York Philharmonic Orchestra; auch Pianist und erfolgreicher Operndirigent; komponierte u. a. Sinfonien, Kammermusik, Ballette und Musicals („Westside story", 1957) sowie Bühnen- und Filmmusiken.

Bernstein [eigtl. „Brennstein" (zu mittelniederdt. bernen „brennen")], unterschiedl. gefärbtes (hellgelb bis orangerot, bräunl. oder gelblichweiß), undurchsichtiges bis klares, fettglänzendes, fossiles Harz; der chem. Struktur nach ein brennbarer Polyester aus †Abietinsäure und Diabietinol neben Harzsäuren und Bernsteinsäure. Die bedeutendste B.lagerstätte der Welt befindet sich in Ostpreußen, wo der B. in der †blauen Erde auftritt. Die Gewinnung erfolgt im Tagebau, v. a. bei Palmnicken. B. enthält oft Einschlüsse tertiärer Tiere (v. a. Insekten) und Pflanzenteile. Die ältesten Belege von B., der v. a. ein beliebter Rohstoff für die Anfertigung von Schmuck war, stammen aus der Jungsteinzeit. Seit Beginn der Bronzezeit tritt B. auch in anderen Gebieten Europas auf. Durch die Kartierung der B.funde wurden hypothet. Handelswege erschlossen (**Bernsteinstraßen**), auf denen der B. nach S gelangt sein soll.
📖 *Rudat, K.: B., ein Schatz an unseren Küsten. Entstehung, Gewinnung, Verarbeitung. Husum 1985. - Juul, T.: Naturprodukt B. Würzburg 1982.*

Bernsteinküste, W- und N-Küste des Samlandes zw. dem Pillauer Seetief und der Rantauer Spitze, bed. Vorkommen von Bernstein.

Bernsteinsäure (Butandisäure), aliphat. Dicarbonsäure der chem. Zusammensetzung $HOOC-CH_2-CH_2-COOH$. In der Natur tritt B. in unreifen Früchten, in Algen, Pilzen und im Bernstein auf. Ihre Salze und Ester sind die † Succinate.

Bernsteinschnecken (Succinea), Gatt. der Landlungenschnecken mit 6 einheim. Ar-

ten; meist an feuchten Stellen, bes. Gewässerrändern, oft an Sumpf- und Wasserpflanzen; Gehäuse etwa 7-25 mm lang, zugespitzteiförmig, sehr dünnschalig, durchscheinend.

Bernstorff, dt.-dän. Adelsgeschlecht, seit Anfang des 14. Jh. auf dem Besitz in Mecklenburg nachweisbar; bed.:
B., Albrecht Graf von, * Dreilützow (Landkr. Hagenow) 22. März 1809, † London 26. März 1873, preuß. Diplomat. - 1861 preuß. Außenmin.; trat als Botschafter in London (1862-73) für einen Ausgleich der preuß.-engl. Spannungen ein.
B., Albrecht Graf von, * Berlin 6. März 1890, † ebd. 25. April 1945, dt. Diplomat. - Enkel von Albrecht Graf von B. († 1873); machte sich als Mgl. der dt. Botschaft in London 1922-33 um die Entwicklung der dt.-engl. Beziehungen verdient; aktiver Widerstandskämpfer, zweimal inhaftiert, von der Gestapo ermordet.
B., Andreas Peter Graf von, * Hannover 28. Aug. 1735, † Kopenhagen 21. Juni 1797, dän. Staatsmann. - Neffe von Johann Hartwig Ernst Graf von B.; Gegner Struensees; 1773-80 und seit 1784 dän. Staats- und Außenmin.; konnte mit der Bereinigung der Gottorffrage 1773 den dän. Gesamtstaat herstellen; machte sich verdient um die Bauernbefreiung (1788), bereitete die Aufhebung der Leibeigenschaft in Schleswig-Holstein vor.
B., Johann Hartwig Ernst Graf von, * Hannover 13. Mai 1712, † Hamburg 18. Febr. 1772, dän. Staatsmann. - Seit 1751 Außenmin.; wahrte die Neutralität im Siebenjährigen Krieg, bahnte 1767 den Ausgleich mit Rußland in der Gottorffrage an; 1770 von Struensee verdrängt, nach dessen Sturz zurückberufen, starb er vor Wiederaufnahme seiner Tätigkeit; förderte Kunst, Wissenschaft und Bildungswesen.
B., Johann Heinrich Graf von, * London 14. Nov. 1862, † Genf 6. Okt. 1939, dt. Diplomat. - Warnte als Botschafter in Washington (1908-17) die dt. Regierung vor Wiederaufnahme des unbeschränkten U-Boot-Kriegs und bemühte sich, die USA vom Kriegseintritt abzuhalten; setzte sich für den Eintritt Deutschlands in den Völkerbund ein.

Bernt, männl. Vorname, Kurzform von † Bernhard.

Bernus, Alexander Freiherr von, * Lindau (Bodensee) 6. Febr. 1880, † Schloß Donaumünster bei Donauwörth 6. März 1965, dt. Dichter. - Neuromant. symbolist. Lyrik; auch Dramatiker, Erzähler sowie v. a. Nachdichter engl. und lat. Lyrik.

Bernward, alter dt. männl. Vorname, von althochdt. bero „Bär" und althochdt. wart „Hüter, Schützer".

Bernward, hl., * um 960, † Hildesheim 20. Nov. 1022, Bischof von Hildesheim (seit 993). - Seit 987 in der Kanzlei Ottos II. und als Erzieher Ottos III. tätig, bis er 993 zum

bernwardinische Kunst

Bischof von Hildesheim berufen und als Reichsbischof ein treuer Helfer Ottos III. und Heinrichs II. wurde; Förderer kirchl. Reformen und der Kunst.

bernwardinische Kunst, von Bischof Bernward angeregte Kunstwerke in Hildesheim, Höhepunkte der otton. Kunst. Es sind v. a. die **Bernwardstür** (1015; ursprüngl. für Sankt Michael, seit etwa 1030 im Dom; bed. Reliefdarstellung auf den jeweils in einem Stück gegossenen Flügeln), und die 3,79 m hohe bronzene **Bernwardssäule** (nach 1015; vielleicht erst 1033) mit spiralig hochziehenden Reliefs nur Darstellungen aus dem Leben Christi für Sankt Michael (seit 1895 im Dom); außerdem Leuchter, Kruzifixe.

Beroe [...ro-e; griech.], Gatt. der Rippenquallen mit wenigen, bis etwa 20 cm großen Arten in allen Meeren; Körper nahezu fingerhutförmig, seitl. zusammengedrückt, ohne Fangarme; besitzen Leuchtvermögen. In der Nordsee und westl. Ostsee kommt v. a. die Art **Beroe cucumis** vor.

Beroia ↑ Weria.

Berolina, weibl. Personifikation Berlins; die B. von E. Hundrieser (1895) auf dem Alexanderplatz wurde Ende des 2. Weltkrieges eingeschmolzen.

Beromünster, Gemeinde im schweizer. Kt. Luzern, 20 km nnw. von Luzern, 646 m ü. d. M., 1 E. Standort des Landessenders B. - Das Kloster B. wurde 980 gegr., im 13. Jh. in ein weltl. Chorherrenstift umgewandelt. - Barockisierte Stiftskirche (11.–12. Jh.).

Berossos (Berosos, lat. Berossus, Berosus), * etwa 345, † bald nach 270, Priester des Marduk in Babylon und Geschichtsschreiber. - Verfaßte in griech. Sprache auf Grund einheim. akkad. Urkunden eine babylon. Geschichte, von der nur kurze Bruchstücke als Zitate in griech. Autoren erhalten sind.

Berruguete, Alonso González de [span. bɛrru'yete], * Paredes de Nava (Prov. Palencia) um 1490, † Toledo Sept. 1561, span. Bildhauer. - Beeinflußt vom italien. Manierismus; u. a. Retabel von San Benito in Valladolid (1526–32; heute in Valladolid, Museo Nacional de Escultura Policromada), Grabmal des Kardinals Tavera in San Juan Bautista de Afuera in Toledo (1554).

Berry, Charles Ferdinand Herzog von [frz. bɛr'i], * Versailles 24. Jan. 1778, † Paris 14. Febr. 1820, frz. Prinz. - Sohn des Grafen von Artois, des späteren frz. Königs Karl X.; ∞ mit Karoline von Bourbon-Sizilien; als bourbon. Thronerbe ermordet.

B., Charles „Chuck" Edward [engl. 'bɛri], * St. Louis 18. Okt. 1931, amerikan. Rockmusiker (Gesang und Gitarre). - Wirkte mit seinen Rock'n'Roll-Hits seit 1955 anregend auf brit. Rockmusikgruppen (Beatles, Animals u. a.); 1969 erfolgreiches Comeback.

B., Jean Herzog von [frz. bɛ'ri], * Vincennes 30. Nov. 1340, † Paris 15. Juni 1416, frz.

Kunstmäzen und Bibliophile. - 3. Sohn König Johanns II., des Guten, von Frankreich. Mitregent für Karl VI. Förderte Kunst und Wissenschaften, u. a. die Brüder von ↑ Limburg.

B., Walter ['bɛri], * Wien 8. April 1929, östr. Sänger. - Seit 1950 an der Wiener Staatsoper, seit 1953 auch bei den Salzburger Festspielen; erweiterte sein Fach vom Baßbuffo zum Heldenbariton.

Berry [frz. bɛ'ri], histor. Gebiet in Frankr., erstreckt sich im südl. Pariser Becken von der Loire im O bis zur Mündung der Gartempe in die Creuse im W; Zentrum ist die ehem. Hauptstadt Bourges. - Das Gebiet der kelt. Bituriger kam 52 v. Chr. unter röm. Herrschaft; unterstand vom 6.–10. Jh. den Grafen von Bourges; 1200 ganz frz.; diente häufig als Apanage; 1616 Gouvernement.

Bersaglieri [bɛrsal'jɛːri; italien.], italien. Elitetruppe, als Scharfschützen eingesetzt.

Berserker [zu altnord. berserkr „Bärenfell"], in der altnord. Sage ein fellvermummter Krieger, der sich durch diese Verkleidung die Kräfte des Tieres anzueignen glaubte, ein ekstat. Kämpfer im Dienst des Gottes Odin. Davon abgeleitet ist der heutige Sprachgebrauch, der mit B. einen blindwütig rasenden Menschen meint.

Berson, [Joseph] Arthur [Stanislaus], * Neusandez (= Nowy Sącz) 6. Aug. 1859, † Berlin 3. Dez. 1942, dt. Meteorologe und Aeronaut. - Führte zahlr. Ballonfahrten durch (1901 bis zu einer Höhe von 10 800 m), durch die er das Vorhandensein der Stratosphäre nachwies.

Berta (Bertha), alter dt. weibl. Vorname (zu althochdt. beraht „glänzend").

Bertalanffy, Ludwig von, * Atzgersdorf bei Wien 19. Sept. 1901, † Buffalo (N. Y.) 12. Juni 1972, östr. Biologe. - Seit 1949 Prof. in Ottawa, später in Los Angeles; Arbeiten zur Biophysik offener Systeme und zur theoret. Biologie.

Berté, Heinrich [ungar. 'bɛrtɛ:], * Galgócz 8. Mai 1857, † Perchtoldsdorf (Niederösterreich) 23. Aug. 1924, ungar. Komponist. - Schrieb eine Oper, Ballette und Operetten, u. a. „Das Dreimäderlhaus" (1916) nach Melodien von F. Schubert.

Bertelsmann AG, größter dt. Konzern auf dem Buch- und Schallplattenmarkt; *Gliederung:* 1. Buch- und Fachzeitschriftenverlage: Zur *Verlagsgruppe Bertelsmann GmbH* (1968 von Reinhard Mohn [*1921] neu organisiert; 1978 Gründung der Firma Bertelsmann International für den Lizenzverkauf) gehören u. a. C. Bertelsmann Verlag (Belletristik, Sachbuch, Kunst; Sitz München), Bertelsmann Jugendbuchverlag, Lexikon-Inst. Bertelsmann, Ratgeber-, Fachverlag, Reise- und Verkehrsverlag/Kartograph. Institut Bertelsmann (alle Gütersloh), Bertelsmann Schul- und Universitätsverlag (beide Düsseldorf). 2. Ariola-Eurodisc und Ariola

Eurodisc-Amalthea Musikproduktion GmbH; Ufa-Fernsehproduktion; seit 1984 Teilhaber am privaten dt. Fernsehprogramm in RTL Plus. 3. Buch- und Schallplattengemeinschaften, vereinigt in der *Bertelsmann Reinhard Mohn OHG:* v. a. *Bertelsmann Lesering,* gegr. 1950, größte europ. Buchgemeinschaft, *Bertelsmann Schallplattenring,* gegr. 1956. 4. Produktion: graph. Großbetrieb in Gütersloh *(Mohndruck),* angeschlossen sind Betriebe in Bergamo, Barcelona, Wien; Sonopress Schallplattenfabrik, Gütersloh.

Berteroa, svw. ↑ Graukresse.

Bertha, weibl. Vorname, ↑ Berta.

Bertha (Bertrada), † Choisy-au-Bac (Oise) 12. Juli (?) 783, Königin im Fränk. Reich. - Gemahlin Pippins d. J., versuchte vergebl. im Streit zw. ihren Söhnen Karl d. Gr. und Karlmann zu vermitteln.

Bertha, * um 780, † nach 829, Tochter Karls d. Gr. - Geliebte Angilberts und Mutter des Chronisten Nithard. Die Sage von „Eginhard und Emma" bezieht sich wohl auf sie.

Berthelot, Pierre Eugène Marcelin [frz. bɛrtə'lo], * Paris 25. Okt. 1827, † ebd. 18. März 1907, frz. Chemiker. - Gehört zu den bedeutendsten Chemikern des 19. Jh. Durch seine zahlr. Synthesen organ. Verbindungen aus einfachen Bausteinen wurde er zu einem der Begründer der synthet. organ. Chemie.

Berthier, Alexandre [frz. bɛr'tje], * Versailles 20. Nov. 1753, † Bamberg 1. Juni 1815, Fürst von Neuchâtel und Herzog von Valangin (seit 1806), frz. Marschall. - Wurde 1795 Generalstabschef der frz. Armee in Italien; 1799-1807 Kriegsmin., 1804 Marschall; in den Napoleon. Feldzügen Generalstabschef, seit 1807 Vizekonnetabel des Reiches; ging 1814 zu den Bourbonen über.

Berthold (Bertold, Bertolt), alter dt. männl. Vorname, eigtl. etwa „der glänzend Herrschende".

Berthold, Name von Herrschern:
Mainz:
B. von Henneberg, * 1441/42, † 21. Dez. 1504, Erzbischof und Kurfürst (seit 1484). - Setzte als Kurerzkanzler auf dem Reichstag zu Worms 1495 gegen Maximilian I. Hauptziele der ständ. Reichsreform durch; scheiterte beim Ausbau dieser teilweise vom Königtum unabhängigen Reichsordnung durch die Institutionalisierung eines ständ. Reichsregiments (1500-1502).
Zähringen:
B. II., * um 1050, † 12. April 1111, Markgraf, Herzog von Kärnten, Schwaben und Zähringen. - Wurde 1092 von der kaiserfeindl. Partei zum [Gegen]herzog von Schwaben gewählt, mußte aber 1097 zugunsten des Staufers Friedrich I. auf das Hzgt. verzichten, unter Beibehaltung des Herzogstitels mit Zürich als Reichslehen.

Berthold der Schwarze (Bertholdus Niger), Mönch (vermutl. Zisterzienser oder Franziskaner) der 2. Hälfte des 14. Jh. in Freiburg im Breisgau (?). - Angebl. Erfinder des Schießpulvers und der Feuerwaffen; soll wegen seiner Erfindung um 1388 zum Tode verurteilt worden sein.

Berthold von Regensburg, * Regensburg zw. 1210 und 1220, † ebd. 13. oder 14. Dez. 1272, dt. Franziskaner. - Theologiestudium in Magdeburg, Wander- und Bußprediger (in dt. Sprache, seine Predigten von seinen Schülern v. a. lat. aufgezeichnet) in Deutschland, der Schweiz, in Österreich und Ungarn; einer der Schöpfer der dt. Prosa.

Bertholet, Alfred, * Basel 9. Nov. 1868, † Münsterlingen 24. Aug. 1951, schweizer. prot. Theologe und Religionswissenschaftler. - 1899 Prof. in Basel, 1913 in Tübingen, 1914 in Göttingen, 1928 in Berlin.
Werke: Kulturgeschichte Israels (1919), Wörterbuch der Religionen (1952).

Berthollet, Claude Louis Graf von (seit 1804) [frz. bɛrtɔ'lɛ], * Talloires bei Annecy 9. Dez. 1748, † Arcueil bei Paris 6. Nov. 1822, frz. Chemiker. - Verwendete Lavoisiers antiphlogist. System bei der Schaffung einer neuen chem. Nomenklatur. B. führte Chlor als Bleichmittel in die Textilind. ein.

Bertholletia [...'le:tsia; nach C. L. Graf von Berthollet], svw. ↑ Paranußbaum.

Berthoud, Ferdinand [frz. bɛr'tu], * Plancemont bei Couvet, Kanton Neuenburg) 19. März 1727, † Groslay (Val-d'Oise) 20. Juni 1807, schweizer. Uhrmacher. - Baute Schiffschronometer zur geograph. Längenbestimmung auf See.

Bertillon, Alphonse [frz. bɛrti'jõ], * Paris 22. April 1853, † ebd. 13. Febr. 1914, frz. Anthropologe und Kriminalist. - Schuf ein anthropometr. System zur Identifikation von Personen, das vor Einführung der ↑ Daktyloskopie weltweit verbreitet war.

Berto, Giuseppe, * Mogliano Veneto (Prov. Treviso) 27. Dez. 1914, † Rom 2. Nov. 1978, italien. Schriftsteller. - Sein Roman „Meines Vaters langer Schatten" (1964) gilt als eines der großen ep. Werke der italien. Literatur der Gegenwart.

Bertola de' Giorgi, Aurelio [italien. ...'dʒordʒi], * Rimini 4. Aug. 1753, † ebd. 30. Juni 1798, italien. Schriftsteller. - Machte durch einführende Schriften und Übersetzungen (u. a. die „Idyllen" Geßners) die dt. Dichtung in Italien bekannt.

Bertoldo di Giovanni [italien. ...dʒo'vanni], * Florenz um 1420, † Poggio a Caiano 28. Dez. 1491, italien. Bildhauer und Medailleur. - Schüler Donatellos; schuf Kleinplastik. Sein Hauptwerk ist das Bronzerelief einer Reiterschlacht (Florenz, Bargello), das Michelangelo zu seinem „Kentaurenkampf" anregte.

Bertolucci, Bernardo [italien. berto'luttʃi], * Parma 16. März 1941, italien. Filmregisseur. - Begann als Assistent P. P. Pasolinis. Seine Filme „Il conformista" (in der BR

Deutschland auch u. d. T. „Der große Irrtum", 1969) und „Die Strategie der Spinne" (1970) fanden große Beachtung. Sein Film „Der letzte Tango in Paris" (1972) verhalf ihm zu Weltruhm. 1975 drehte er „1900".

Berton [frz. bɛr'tõ], Henri Montan, * Paris 17. Sept. 1767, † ebd. 22. April 1844, frz. Komponist. - Sohn von Pierre Montan B.; komponierte u. a. 48 Opern.

B., Pierre Montan, * Maubert-Fontaine (Ardennes) 7. Jan. 1727, † Paris 14. Mai 1780, frz. Dirigent und Komponist. - Vater von Henri Montan B.; machte sich als Direktor der Pariser Oper (seit 1759) um die Aufführung der Werke Glucks verdient.

Bertrada, fränk. Königin, ↑ Bertha.

Bertram, Meister, ↑ Meister Bertram.

Bertram, Adolf Johannes, * Hildesheim 14. März 1859, † Schloß Johannesberg (Nordmähr. Gebiet) 6. Juli 1945, dt. kath. Theologe, Kardinal (seit 1916). - 1906 Bischof von Hildesheim, 1914 Fürstbischof von Breslau, 1930 Erzbischof von Breslau und Metropolit der ostdt. Kirchenprovinz. Führend im Kampf gegen den Nationalsozialismus.

Bertram (Anacyclus), Korbblütlergatt. im Mittelmeergebiet mit 15 Arten. Bekanntere Arten: **Anacyclus radiatus,** bis 30 cm hohe, einjährige Sommer- und Schnittblume mit oberseits gelben, unterseits roten bis bräunl. Zungenblüten, in Gärten und Anlagen kultiviert. - **Deutscher Bertram** (Bertramswurz, Anacyclus officinarum), aus dem westl. Mittelmeergebiet, mit 1 cm breiten Köpfchen und weißen, unterseits oft roten Zungenblüten.

Bertran de Born (Bertrand de B.) [frz. bɛrtrãd'bɔrn], Vicomte de Hautefort, * um 1140, † Kloster Dalon (?) vor 1215, provenzal. Troubadour. - Neben weniger bed. Minneliedern sind 27 Sirventes (aus den Jahren 1181–1195) erhalten, in denen er v. a. in die Auseinandersetzung zw. König Heinrich von England und dessen Söhnen eingriff.

Bertrand [frz. bɛr'trã], Aloysius, eigtl. Louis Jacques Napoléon B., * Ceva bei Savona 20. April 1807, † Paris 29. April 1841, frz. Dichter. - Schuf in seinem „Junker Voland. Phantasien in der Art von Rembrandt und Callot" 1842 das Prosagedicht. Wirkung auf Baudelaire, Mallarmé u. a.

B., Louis, * Spincourt (Meuse) 20. März 1866, † Antibes 6. Dez. 1941, frz. Schriftsteller. - . Schrieb realist.-anschaul. Romane aus dem Mittelmeerraum (v. a. Algerien), krit. Schriften, Biographien; übersetzte das Werke Flauberts.

Bertrich, Bad ↑ Bad Bertrich.

Bertuch, Friedrich Justin, * Weimar 30. Sept. 1747, † ebd. 3. April 1822, dt. Schriftsteller. - Übersetzte Cervantes' „Don Quijote" (1775–77) und gab das „Magazin der span. und portugies. Literatur" (1780–82) heraus. 1785 Mitbegründer der Allg. Literaturzeitung" und seit 1786 Mitherausgeber des natur- und kulturgeschichtl. orientierten „Journals des Luxus und der Moden".

Beruf [zu mittelhochdt. beruof „Leumund", seit Luther in der heutigen Bed., zunächst als „Berufung", dann auch für „Stand" und „Amt"], die hauptsächl. Tätigkeit (Erwerbstätigkeit) des einzelnen, die auf dem Zusammenwirken von Kenntnissen, Erfahrungen und Fertigkeiten beruht und durch die er sich in die Volkswirtschaft eingliedert. Der B. dient meist als Existenzgrundlage. Für die v. a. der „asket. Protestantismus" (Kalvinismus, Pietismus), der die sittl. Leistung der Arbeit stark betonte und den B. zum Gebot der Pflichterfüllung steigerte. Diese Haltung hat sich als **Berufsethos,** als innere, enge Verbundenheit des Menschen mit seinem B., teilweise bis heute erhalten. Starke Antriebe zu Verweltlichung der B.auffassung gingen vom dt. Idealismus aus, der im B. das Postulat der Persönlichkeitsentfaltung entdeckte. Heute wird der B. in den Industrienationen auch und v. a. verstanden als Ergebnis einer volkswirtsch. und gesellschaftl. notwendigen Arbeitsteilung und fachl. Spezialisierung und zugleich als Mittel zum Erwerb des Lebensunterhaltes („Job"). Anderseits ist der B. in den industriellen Leistungs- und Lerngesellschaften zum sozialen Statussymbol geworden. Die unterschiedl. Qualifikationsebenen der B. lassen sich aus der Art der Ausbildung ableiten, näml. Einarbeitung, Lehrausbildung (Ausbildungsberufe), Ausbildung an Berufsfachschulen oder entsprechenden, z. T. betriebl. Einrichtungen, Studium an Fachschule, Fachhochschule oder Hochschule. Die schnellen Entwicklungen in den Produktions- und Leistungsbereichen der industriellen Gesellschaften verlangen vom Berufstätigen dauernde Umstellung auf neue Aufgaben und dauernde Anpassung an neue Verfahren, eine Mobilität also, die vom einmal in einer bestimmten Weise und in einem bestimmten festen Rahmen erlernten B. wegführt in einen größeren Bereich auf derselben Qualifikationsebene (horizontale Mobilität), die aber auch auf der Basis zusätzl. berufl. Bildung im Bereiche höherer Qualifikationsstufen (vertikale Mobilität) erfolgen kann. Die Entlohnung für die als unterschiedl. qualifiziert eingeschätzte Arbeit ist vielfach Anlaß sozialer Spannungen.

📖 Lenhardt, G.: Berufl. Weiterbildung u. Arbeitsteilung in der Industrieproduktion. Ffm. 1974. - Daheim, H.: Der B. in der modernen Gesellschaft. Köln u. Bln. ²1970.

berufen (beschreien, bereden), jemandem Schadenzauber durch Worte, Gebärden oder durch den „bösen Blick" zufügen. - ↑ auch abklopfen, ↑ unberufen.

Berufkraut (Berufskraut, Feinstrahl, Erigeron), weltweit verbreitete Gatt. der Korbblütler mit über 200 (in Deutschland 7 einheim.) Arten, hauptsächl. in gemäßigten oder gebirgigen Gegenden. - Vorwiegend Gebirgs-

Berufsfachschulen

pflanzen, z. B. das **Alpenberufkraut** (Erigeron alpinus), eine 5–20 cm hohe Staude mit bis zu zehn 2–3 cm breiten Blütenköpfchen mit violetten bis purpurroten Zungenblüten.
berufliche Bildung, zusammenfassende Bez. für Maßnahmen der Berufsausbildung, berufl. Fortbildung und Umschulung.
Berufsausbildung: der Erwerb der für das Ausbildungsziel und für die darauf folgende Erwerbstätigkeit benötigten Kenntnisse und Fertigkeiten. Traditionell wird die Berufsausbildung in Ggs. zur allg. Bildung gesehen, es wird heute aber vielfach darauf hingewiesen, daß auch auf diesem Weg das Lernen gelernt wird und der „zweite Bildungsweg" ist gleichberechtigt neben das Durchlaufen des allgemeinbildenden Schulwesens gestellt worden. Berufsausbildung i. e. S. meint die betriebl., überbetriebl. und außerbetriebl. Ausbildung (berufl. Schulen) in den Berufen, die nach dem Berufsbildungsgesetz als Ausbildungsberufe staatlich anerkannt sind oder als Ausbildungsberufe nach diesem Gesetz gelten, sowie solchen Ausbildungen, die an weiterführenden Ausbildungsstätten, wie Fachschulen, Fachoberschulen, Fachhochschulen zu einem anerkannten Abschluß führen. Der Ausbildung i. w. S. ist auch die kurzfristige Anlernung oder die unmittelbare Einarbeitung am Arbeitsplatz zuzurechnen, auch die Praktika während oder nach einem Studium.
Berufl. Fortbildung: baut auf einer Berufsausbildung oder auf berufl. Erfahrung auf; sie dient der Erweiterung berufl. Kenntnisse und Fertigkeiten oder der Anpassung an techn. Entwicklungen in den Berufen.
Berufl. Umschulung: Zweitausbildung, die absolviert wird, um einen anderen Beruf ergreifen zu können. Gründe hierfür sind z. B. Arbeitslosigkeit in überlaufenen Berufen oder Aussterben eines Berufes (↑ Ausbildungsförderung).
berufliches Schulwesen, zusammenfassende Bez. für öff. und private *berufsbildende (berufl.) Schulen,* die eine berufsbezogene Bildung vermitteln. Es umfaßt v. a. ↑ Berufsschulen und ↑ Berufsfachschulen sowie ↑ Fachschulen und ↑ Fachoberschulen, aber auch Einrichtungen wie ↑ Berufsgrundschulen, ↑ Berufsaufbauschulen. Es gibt Reformvorschläge, ein berufl. Sekundarschulwesen an die Hauptschule anzuschließen (im Rahmen von Gesamtschulen).
berufliche Umschulung ↑ berufliche Bildung.
berufliche Weiterbildung, svw. berufl. Fortbildung, ↑ berufliche Bildung.
Berufsakademie, berufl. Studienanstalt; vermittelt v. a. eine wissenschaftsbezogene und zugleich praxisorientierte berufl. Bildung. Voraussetzung zur Aufnahme sind Abitur und ein betriebl. Ausbildungsplatz kooperierender Firmen. Die Ausbildung erfolgt abwechselnd jeweils 8–10 Wochen in der Akademie und in den Betrieben.
Berufsaufbauschulen, Einrichtungen des ↑ zweiten Bildungsweges, die von Hauptschulabsolventen neben oder nach ihrer Berufsausbildung oder Berufstätigkeit besucht werden können und eine über das Ziel der Berufs[pflicht]schule hinausgehende allg. und fachtheoret. Bildung vermitteln. Die einzelnen Lehrgänge schließen ab mit einer Prüfung zum Nachweis der ↑ Fachschulreife. Schulorganisator. sind die B. als Aufbauzüge allg.-gewerbl., gewerbl.-techn., hauswirtsch., sozialpfleger., landw. und kaufmänn. Richtung den Berufsschulen oder Berufsfachschulen des gleichen Schulträgers angegliedert.
Berufsausbildung ↑ berufliche Bildung.
Berufsausbildungsbeihilfe ↑ Ausbildungsförderung.
Berufsbeamte ↑ Beamte.
Berufsberatung, Beratung von Jugendlichen und Erwachsenen durch die Arbeitsämter in allen Fragen der Berufswahl und des berufl. Fortkommens, berufl. Fortbildung und Umschulung. Informiert wird über Anforderungen und Aussichten der verschiedenen Berufe, über Wege und Förderung der berufl. Bildung sowie über berufl. bedeutsame Entwicklungen. Die Berufsaufklärung wird ergänzt durch individuelle Beratung; Klärung der individuellen Berufsneigung und -befähigung sowie der sozialen und wirtschaftl. Voraussetzungen (ggf. ↑ Ausbildungsförderung).
Berufsbild, Beschreibung eines Berufes mit Darstellung des Ausbildungsganges, der Prüfungsanforderungen und Aufbaumöglichkeiten. Die Berufsbeschreibung findet ihren Niederschlag in der **Ausbildungsordnung,** die als Rechtsverordnung erlassen wird. Die einzelnen B. werden z. T. zu Berufsfeldern zusammengefaßt.
berufsbildende höhere Schule, östr. Entsprechung der ↑ Fachoberschulen.
berufsbildende mittlere Schulen, östr. Entsprechung der ↑ Berufsfachschulen.
berufsbildende Pflichtschule, östr. Entsprechung der ↑ Berufsschule.
berufsbildende Schulen ↑ berufliches Schulwesen.
Berufsbildungsgesetz, BG vom 14. 8. 1969 (mehrfach geändert); basiert auf dem Prinzip der sog. dualen Ausbildung (teils im Betrieb, teils in berufsbildenden Schulen). Es enthält in seinen Hauptteilen Bestimmungen über Begründung, Inhalt, Beendigung des Berufsbildungsverhältnisses. Neben diese arbeitsrechtl. Regelungen treten ordnungsrechtl. Vorschriften über die Berechtigung zum Einstellen und Ausbilden, die Anerkennung von Ausbildungsberufen, die Ausbildungsordnungen, das Prüfungswesen u. a.
Berufsfachschulen, berufsvorbereitende Schulen v. a. gewerbl. (Gewerbeschulen), hauswirtschaftl., pfleger., landw. und

181

Berufsfeuerwehr

kaufmänn. (Handelsschulen) Richtung. Sie bauen in der Regel auf dem Hauptschulabschluß auf, meist zweijährig; der Abschluß berechtigt zum Besuch der Fachoberschule. Ihr Besuch hat eine Verkürzung (1 Jahr) des späteren Ausbildungsverhältnisses zur Folge und entbindet von der Teilnahme am Unterricht der Berufsschule. Lehrgänge bis zu einem Jahr sind **Berufsfachlehrgänge.**

Berufsfeuerwehr ↑ Feuerwehr.

Berufsfreiheit, aus dem Prinzip der Gewerbefreiheit entwickeltes Grundrecht. Art. 12 Abs. 1 GG gewährleistet jedem Deutschen das Recht, jede Tätigkeit, für die er sich geeignet glaubt, als Beruf zu ergreifen sowie Arbeitsplatz und Ausbildungsstätte frei zu wählen. Unter „Beruf" ist grundsätzl. jede *sinnvolle, erlaubte Tätigkeit* zu verstehen. Die B. unterliegt der Regelungsbefugnis des Gesetzgebers. Dieser ist hierbei an das Verhältnismäßigkeitsprinzip gebunden. Bei der Berufswahl findet eine Bedürfnisprüfung nur in Ausnahmefällen statt.

In *Österreich* und in der *Schweiz* gilt das Prinzip der Freiheit der Berufswahl; bei der Ausübung eines Berufes sind die einschlägigen gesetzl. Bestimmungen zu beachten.

Berufsgeheimnis, nur einem beschränkten Personenkreis bekannte Tatsache (Geheimnis), die jemandem in seiner berufl. Eigenschaft bekannt geworden oder anvertraut worden ist. Offenbart z. B. ein Arzt, Apotheker oder Angehöriger eines anderen Heilberufs oder z. B. ein Rechtsanwalt, Wirtschaftsprüfer, Sozialarbeiter unbefugt ein B., so wird er nach § 203 StGB mit Geldstrafe oder Freiheitsstrafe bis zu einem Jahr bestraft. Dieselben Strafandrohungen gelten für Gehilfen der genannten Geheimnisträger. Bezüglich eines B. besteht i. d. R. ein Zeugnisverweigerungsrecht. Die Offenbarung von B. kann jedoch gesetzl., z. B. auf Grund einer Anzeigepflicht, geboten sein. Die Verletzung des B. wird nur auf Antrag verfolgt.

Im *östr.* und *schweizer. Recht* gilt im wesentl. eine dem dt. Recht entsprechende Regelung.

Berufsgenossenschaften, Träger der gesetzl. Unfallversicherung, die die Aufgabe haben, Arbeitsunfälle zu verhüten bzw. bei Eintritt eines Arbeitsunfalles den Verletzten, dessen Angehörige oder Hinterbliebene zu unterstützen durch Wiederherstellung der Erwerbsfähigkeit (Rehabilitation), durch Arbeits- und Berufsförderung und durch Erleichterung der Verletzungsfolgen oder durch Rentengewährung. Die B. sind auf Grund der unterschiedl. Risiken nach Gewerbezweigen, teilweise auch regional aufgegliedert. Mgl. der B. sind alle Unternehmer unmittelbar kraft Gesetzes. Diese sind auch allein beitragspflichtig. Die B. sind Körperschaften des öff. Rechts mit dem Recht der Selbstverwaltung. Ihre Organe sind die Vertreterversammlung und der Vorstand, sie sind parität. mit Versicherten und Arbeitgebern besetzt.

Berufsgerichtsbarkeit (Ehrengerichtsbarkeit), Sondergerichtsbarkeit für die Angehörigen bestimmter Berufe. Ihren Ursprung hat die B. in der Standesgerichtsbarkeit des MA, als insbes. die Gerichte der kaufmänn. Gilden und der handwerkl. Zünfte große Bedeutung erlangten, sowie in der Disziplinargerichtsbarkeit für Beamte und Soldaten. Die B. ist heute im wesentl. auf Rechts- und Patentanwälte, Wirtschaftsprüfer, Steuerberater und -bevollmächtigte, Ärzte, Apotheker und - in einigen Bundesländern - Architekten beschränkt. Aufgabe der B. ist es, Verstöße gegen die Berufspflichten zu ahnden. Als Strafen (Maßnahmen) sind u. a. vorgesehen: Verwarnung (Warnung), Verweis und Geldbuße, darüber hinaus aber auch Ausschluß aus dem Beruf oder der Kammer, Feststellung der Berufsunwürdigkeit, Aberkennung des aktiven und passiven Wahlrechts zur Kammer.

Berufsgrundschulen, Bez. meist einjähriger wahlfreier Vollzeitschulen, die in mehreren B.ländern entweder als 10. Klasse der Hauptschule angegliedert oder als Berufsgrundschuljahr, Berufsvorklasse, Berufsgrundjahr dem berufl. Schulen vorgegliedert oder aber auch in betriebl. bzw. überbetriebl. Ausbildungssysteme eingegliedert sind.

Berufskolleg, in Bad.-Württ. eingeführter dreijähriger Schultyp, der die Ausbildung (Praktikantenlehrtätigkeit im 2., 4. und 5. Semester) und schul. Ausbildung miteinander verbindet. Voraussetzung ist die mittlere Reife. Nach dem 5. Semester Abschluß in einem Ausbildungsberuf des Handwerks oder der Ind., nach dem 6. als „Assistent" einer Fachrichtung.

Berufskrankheiten (früher: Gewerbekrankheiten), im Recht der gesetzl. Unfallversicherung einem Arbeitsunfall gleichgestellte Erkrankungen (§ 551 RVO). Schädigungen, die bei Angehörigen bestimmter Berufsgruppen durch die Arbeitsweise, das Arbeitsverfahren oder den zu bearbeitenden Rohstoff entstehen und sich nach einem längeren Zeitraum als Krankheit manifestieren. Diese typ. B. sind in einer RechtsVO der Bundesregierung zusammengestellt (z. Z. 7. Berufskrankheiten-VO [BKVO] vom 20. 6. 1968 [mit Änderungen]) und fallen wie Arbeitsunfälle unter die Meldepflicht.

In *Österreich* und in der *Schweiz* gilt eine ähnl. Regelung.

Berufskunde, Gesamtheit der Untersuchungen über Eigenart und Leistungsvoraussetzungen der Berufe und ihrer histor., sozialen und kulturellen Bedeutung sowie über die Berufsgliederung (Klassifizierung der Berufe), Berufsstatistik und allgemeine Fragen der Berufswahl und der Berufseignung.

Berufspädagogik, Sondergebiet der Pädagogik, das die Theorie und die Praxis der Vorbereitung auf eine berufl. Tätigkeit

Berufsverbot

in der modernen Arbeits- und Wirtschaftswelt zum Inhalt hat; entwickelte sich v. a. in den 60er Jahren des 20. Jh. mit dem Ausbau des berufl. Schulwesens, der die differenzierte Ausbildung von Lehrern erforderte. Die B. umfaßt auch die Erschließung der modernen Berufssysteme mit den ihnen zugehörigen Funktionen und Qualifikationen in ihrem Zusammenhang mit Wirtschaft und Gesellschaft überhaupt (↑ auch Berufskunde).

Berufsrichter, ↑ Richter.

Berufsschule, Pflichtschule für alle Absolventen allgemeinbildender Schulen, in der Mehrheit Absolventen der Hauptschule, die in ein Ausbildungs- oder Arbeitsverhältnis eintreten oder arbeitslos sind und der ↑ Berufsschulpflicht unterstehen. Sie übernimmt die unterrichtl. Förderung ihrer Schüler an 1–2 Tagen in der Woche. Dabei setzt sie allgemeinbildende Bemühungen fort und übernimmt die Kurse der berufl. Ausbildung von Auszubildenden (als begleitender Unterricht zur betriebl. Ausbildung). Gelegentl. ist auch ↑ Blockunterricht eingeführt. Die Schulaufsicht liegt bei den Kultusministern der Länder. Entsprechend den verschiedenen Berufszweigen unterscheidet man gewerbl., kaufmänn., hauswirtschaftl. und landwirtschaftl. B. bzw. Abteilungen, Klassen. Eine Differenzierung nach Berufsgruppen besteht v. a. in den Großstädten. Neue Entwicklungen der Berufsfelder und Grundtätigkeiten erfordern zunehmend Neugruppierungen und neue Lehrpläne. Die B. geht in ihrem Ursprung zurück auf die im letzten Drittel des 19. Jh. aus der religiösen Sonntagsschule entstandenen ↑ Fortbildungsschule.

Berufsschullehrer, Lehrkräfte an berufl. Schulen; heute ist Hochschulstudium Voraussetzung (Studienratslaufbahn).

Berufsschulpflicht, auf die Vollzeitschulpflicht folgende dreijährige Schulpflicht (bis zum 18. Lebensjahr). Der Besuch weiterführender Schulen oder berufsvorbereitender Schulen oder Klassen (z. B. einer Berufsfachschule) befreit während dieser Zeit von der Berufsschulpflicht.

Berufssoldat, Soldat, der sich freiwillig verpflichtet hat, auf Lebenszeit Wehrdienst zu leisten. Voraussetzungen nach dem dt. Soldatengesetz i. d. F. vom 19. 8. 1975: dt. Staatsangehörigkeit, das jederzeitige Eintreten für die freiheitl. demokrat. Grundordnung und die zur Erfüllung der Aufgaben als Soldat erforderl. charakterl., geistige und körperl. Eignung. Außerdem muß der B. mindestens Unteroffizier im Range eines Feldwebels oder Offizier sein (§ 39). Die Laufbahnen sind in der Soldatenlaufbahn-VO i. d. F. vom 27. 1. 1977 geregelt.

Berufssonderschulen, spezielle Einrichtungen für ehem. Sonderschüler zur Ableistung ihrer Berufsschulpflicht. Ihr Ausbau ist vom sonderpädagog. Standpunkt aus sehr wichtig, da diese Schüler in Berufsschulen oft scheitern, obwohl sie sich in den Betrieben bewähren.

Berufssoziologie, Gesamtheit der Untersuchungen, deren Gegenstand mit der allg. Fragestellung der Soziologie nach dem Ablauf sozialen Handelns und dessen Ursachen und Wirkungen der Beruf und der Mensch im Beruf ist; nur schwer abgrenzbare Disziplin, da einige ihrer Forschungsgegenstände auch von anderen Teildisziplinen der Soziologie untersucht werden.

Berufssportler (Professional, Kurzwort Profi), Sportler, der die von ihm gewählte Sportart aus Erwerbsgründen betreibt; der Begriff ist wie der des ↑ Amateurs umstritten und von diesem nicht in allen Fällen scharf abzugrenzen.

Berufssprachen, ↑ Sondersprachen mancher (bes. handwerkl.) Berufsstände, hauptsächl. für den speziellen Tätigkeitsbereich, z. B. Seemannssprache. B. setzen sich vorwiegend durch einen eigenständigen Wortschatz von der Gemeinsprache ab, deren Wortschatz sie immer wieder nachhaltig befruchten, bes. durch Wörter der Bergmannssprache (z. B. Ausbeute, Stichprobe, Schicht, Gewerkschaft, Zeche). Die moderne Technik bringt z. T. neue B. hervor, die v. a. durch fremdsprachl. (bes. engl.-amerikan.) Ausdrücke gekennzeichnet sind, z. B. die Sprache der Piloten oder der der Programmierer.

berufsständische Ordnung ↑ Ständestaat.

Berufsstatistik, Teil der amtl. Statistik; dient insbes. der Berufszählung sowie der Beobachtung von Trends. Zur Gliederung der Berufe wurde eine **Berufssystematik** geschaffen. Die Klassifizierung erfolgt nach den charakterist. Eigenarten und Verwandtschaftsgraden der Berufe.

Berufsunfähigkeit, durch Krankheit, Gebrechen bzw. körperl. oder geistige Schwäche verursachte Minderung der Erwerbsfähigkeit eines in der gesetzl. Rentenversicherung der Arbeiter und Angestellten Versicherten auf weniger als die Hälfte der Erwerbsfähigkeit eines gesunden Versicherten mit ähnl. Ausbildung und gleichwertigen Kenntnissen und Fähigkeiten. Bei Erfüllung der Wartezeit wird **Berufsunfähigkeitsrente** gewährt. - ↑ auch Erwerbsunfähigkeit.

Berufsverbände, vorwiegend auf freiwilliger Basis gebildete fachl. und/oder regional organisierte Vereinigungen mit dem Ziel, gemeinsame berufl., wirtsch. und auch kulturelle Interessen der Mgl. zu wahren und nach außen hin zu vertreten.

Berufsverbot, teilweise oder vollständige Untersagung der Berufsausübung für einen bestimmten Zeitraum oder für immer durch Strafurteil (bei Begehung einer rechtswidrigen Tat unter Mißbrauch des Berufs oder Gewerbes [§ 70 StGB]) oder Verwaltungsakt (z. B.

Berufung

bei [berufl.] Unzuverlässigkeit eines Gewerbetreibenden). - Im allg. Sprachgebrauch auch Bez. für die Auswirkungen des sog. ↑ Extremistenbeschlusses.

Berufung, im Sprachgebrauch der Bibel der Ruf Gottes, der unerwartet an einen Menschen, z. B. Abraham, die Propheten, ergeht. Im allg. religiösen Sprachgebrauch die göttl. Bestimmung zu einem bestimmten Beruf.

♦ Verfahren, mittels dessen Lehrstühle für Hochschullehrer (Prof.) an wiss. Hochschulen besetzt werden, wobei i. d. R. die Fakultät (Fachbereich) dem zuständigen Min. eine Liste mit drei Namen vorlegt. Der daraufhin berufene Wissenschaftler nimmt den Ruf an oder lehnt ab.

♦ im *Recht* ein gegen die meisten erstinstanzl. Urteile gegebenes Rechtsmittel. Die Einlegung der B. hemmt die Rechtskraft des Urteils und läßt das Gericht der nächsthöheren Instanz (**Berufungsgericht**) zuständig werden. Das B.gericht ist Tatsacheninstanz; es hat das Urteil in vollem Umfang zu überprüfen, also auch hinsichtl. des Sachverhaltes, von dem das Gericht erster Instanz ausgegangen ist. Die **Berufungsfrist** beträgt im Zivilprozeß, Verwaltungsprozeß und Sozialgerichtsverfahren 1 Monat ab Zustellung des Urteils, im Arbeitsgerichtsverfahren 2 Wochen ab Zustellung, im Strafprozeß 1 Woche ab Verkündung des Urteils.

Nach *östr. Recht* und im *schweizer. Recht* (**Appellation**) entspricht die Regelung der B. im wesentl. jener des dt. Rechtes.

Berufungsfrist ↑Berufung.

Berufungsgericht ↑Berufung.

Beruhigung, in der *Medizin* die Dämpfung von Erregungszuständen verschiedenster Ausprägung; ↑auch Beruhigungsmittel.

♦ in der *Psychologie* das natürl. Abklingen von Erlebnissen.

Beruhigungsmittel (Sedativa), uneinheitl. Gruppe von Arzneimitteln, die auf die Erregbarkeit des Zentralnervensystems dämpfend wirken. Man unterscheidet 3 Hauptgruppen: ↑Schlafmittel, ↑Tranquilizer und ↑Neuroleptika.

Berührung, in der Mathematik das Zusammenfallen der Tangenten zweier Kurven in einem ihnen gemeinsamen B.punkt. In diesem Punkt müssen außer den Funktionswerten auch die 1. Ableitungen der beiden zu Grunde liegenden Funktionen gleich sein. Analog definiert man die B. von Kurven mit Flächen und von Flächen mit Flächen.

Berührungselektrizität, svw. ↑Kontaktelektrizität.

Berührungsspannungsschutz, Sicherheitsmaßnahmen zum Schutz bei Benutzung elektr. Anlagen oder Geräte. Im Schadensfall (Kurzschluß, fehlerhafte Isolation) treten elektr. Berührungsspannungen an leitenden Teilen (z. B. Gehäuse) auf. Bei Berührung fließt ein Strom durch den menschl. Körper entsprechend dem Körperwiderstand (im Mittel 3 300 Ω), der bis 20 mA (bei einer Spannungsdifferenz von 66 Volt) zulässig ist. Höhere Ströme können zum Tode führen (ab 100 mA).

Wichtigste Schutzmaßnahmen sind: 1. *Schutzisolierung*, meist ein geschlossenes Kunststoffgehäuse (Symbol ▢), v. a. bei Haushaltsgeräten und Elektrowerkzeugen. 2. *Schutzerdung*; leitfähige Geräteteile (z. B. Gehäuse eines Bügeleisens oder Elektroherdes) werden über einen (grün-gelb ummantelten) Schutzleiter (Schukosteckerer, Schukosteckdose) niederohmig an einen Erder (z. B. Wasserleitung) angeschlossen. Bei einem Kurzschluß trennt die entsprechende Sicherung das Gerät vom Netz.

Bérulle, Pierre de [frz. be'ryl], * Schloß Sérilly (Champagne) 4. Febr. 1575, † Paris 2. Okt. 1629, frz. Theologe, Kardinal (seit 1627). - 1599 Priester, gründete 1611 das frz. Oratorium (↑Oratorianer).

Berwald, Franz [schwed. 'bæːrwald], * Stockholm 23. Juli 1796, † ebd. 3. April 1868, schwed. Komponist. - Komponierte u. a. Opern, Operetten, Orchesterwerke, Klavier- und Kammermusik (3 Streichquartette) sowie Vokalmusikwerke.

Berwickshire [engl. 'bɛrɪkʃɪə], ehem. schott. Grafschaft.

Beryll [griech.], in reinem Zustand glasklares, farbloses, oft gelbl. Mineral; chem. Zusammensetzung $Be_3Al_2(SiO_3)_6$. Dichte 2,6–2,8 g/cm³; Mohshärte 7,5–8,0. Wichtigster Berylliumrohstoff. Zur B.gruppe gehören u. a. Aquamarin (blau), Smaragd (grün), Morganit (rosa), Heliodor (hellgelbgrün) oder Gold-B. (leuchtend gelb). Seit dem Altertum als Schmuckstein verwendet.

Beryllide [griech.], intermetall. Verbindungen des Berylliums mit hochschmelzenden Metallen der Nebengruppen des Periodensystems der chem. Elemente, die als Hochtemperaturwerkstoffe dienen.

Beryllium [griech.], chem. Symbol Be, metall. Element (Leichtmetall) aus der II. Hauptgruppe des Periodensystems der chem. Elemente; Ordnungszahl 4, relative Atommasse 9,01218, Dichte 1,85 g/cm³, Schmelzpunkt 1 278 °C, Siedepunkt 2 970 °C. B. weist die größte spezif. Wärme aller Metalle auf. Entsprechend seiner Stellung im Periodensystem tritt es in seinen Verbindungen zweiwertig auf. In der Natur kommt es in rund 30 verschiedenen Mineralen (u. a. im Beryll, Beryllonit, Chrysoberyll, Phenakit) vor. B. wird durch Schmelzflußelektrolyse aus Beryll gewonnen. Chem. ist B. an sich leicht oxidierbar, jedoch überzieht es sich sofort mit einer passivierenden Oxidschicht; in wäßrigen Alkalien löst es sich unter Bildung von Beryllaten. B. und seine Verbindungen sind giftig. - B. hat Bed. als Legierungspartner (↑Berylliumlegierungen) und als Moderatorsubstanz

Berzelius

in Kernreaktoren. Die Reindarstellung gelang erst 1898 P. Lebeau durch Elektrolyse einer B.salzlösung.

Berylliumlegierungen, Metallgemische mit einem Berylliumgehalt von nicht mehr als 8%. Der Zusatz von Beryllium steigert die Härte, Temperatur- und Korrosionsbeständigkeit von Kupfer, Nickel, Aluminium, Kobalt u. Eisen außerordentl. Aus Be-Cu-Legierungen (2 bis 8% Be) werden sehr widerstandsfähige Uhrfedern und funkenfreie Werkzeuge hergestellt, Be-Ni-Legierungen dienen zur Fertigung sehr korrosionsbeständiger, harter chirurg. Instrumente (Einstichnadeln).

Berylliumoxid, BeO, Sauerstoffverbindung des Berylliums mit sehr hohem Schmelzpunkt (2530°C). Dient wegen seiner therm. und chem. Beständigkeit als Auskleidung für Öfen. Da es die Eigenschaft besitzt, schnelle Neutronen abzubremsen, ohne sie zu absorbieren, auch im Reaktorbau eingesetzt.

Berytos (Berytus) ↑Beirut.

Berzelius, Jöns Jacob Freiherr von (seit 1835, geadelt 1818) [bɛrˈseːlios; schwed. bærˈseːlios], * Väversunda Sörgård bei Linköping 20. Aug. 1779, † Stockholm 7. Aug. 1848, schwed. Chemiker. - Seit 1807 Prof. in Stockholm, Mgl. der Schwed. Akademie. Er bewies durch ausgedehnte analyt. Arbeiten, daß die Molekularmasse gleich der Summe der Atommassen ist. B. entdeckte drei Elemente: Cer (1803), Selen (1817) und Thorium (1828). Große Verdienste um die moderne Chemie erwarb sich B. durch die Einführung einer neuen Nomenklatur (1811) und der heute noch gebräuchl. chem. Symbole für die Elemente sowie durch sein berühmtes „Lehr-

Besatzungszonen in Deutschland und Österreich nach dem Zweiten Weltkrieg

buch der Chemie" (6 Bde., 1808–30).

Bes, altägypt. Dämon, meist in Gestalt eines Zwerges mit krummen Beinen, Schwanz, Löwenmähne, fratzenhaftem Greisengesicht und Federkrone dargestellt; guter Hausgeist.

Besamung, das Eindringen einer männl. Samenzelle in eine Eizelle bei Mensch und Tier; führt normalerweise durch Kernverschmelzung zur ↑Befruchtung, ist mit dieser jedoch nicht gleichzusetzen. Grundsätzl. lassen sich zwei verschiedene Typen der B. unterscheiden, die äußere und die innere B. Die **äußere Besamung** ist nur im Wasser mögl. Dabei werden von den Elterntieren Eier und Spermien (meist hormonal gesteuert) gleichzeitig nach außen abgegeben (z. B. bei Hohltieren, Stachelhäutern, Muscheln, bei den meisten Fischen, Fröschen und Kröten). - Bei der **inneren Besamung** verbleiben die Eier im Muttertier und werden dort befruchtet, bei manchen Würmern, bei Schnecken, Insekten, lebendgebärenden Fischen (z. B. Guppy, Schwertträger, Platy), bei den meisten Schwanzlurchen und bei allen Reptilien, Vögeln und Säugetieren. In den meisten Fällen gelangen die Spermien aktiv über den weibl. Geschlechtstrakt zu den Eiern. Die innere B. erfordert spezielle Einrichtungen und Verhaltensweisen, damit die männl. Keimzellen in das Innere des weibl. Körpers eingebracht werden können (↑auch Kopulation). Nur aktive Spermien können die mechan. Barrieren zw. Gebärmutterhals und Uterus am Eingang zum Eileiter überwinden. Dadurch findet auf dem Transportweg eine fortlaufende Dezimierung der Spermien und eine qualitative Auslese der Spermien statt.

Die **künstl. Besamung** (Insemination, künstl. Samenübertragung), fälschl. oft auch künstl. Befruchtung genannt, ist eine in der Haustier- und Fischzucht weitverbreitete Methode. Sie ist nach dem Tierzuchtgesetz vom 20. 4. 1976 von einer behördl. Erlaubnis abhängig. Sie ermöglicht u. a. eine bes. ertragreiche Ausnutzung wertvoller männl. Zuchtexemplare. Bei Rindern wird der Samen in B.stationen mit Hilfe einer künstl. Scheide gewonnen und tiefgefroren. Er ist so längere Zeit haltbar. Bei der künstl. B. wird einer Kuh zum Ovulationszeitpunkt mit einer Spritze etwas von diesem Samen in die Gebärmutter eingebracht. Auch beim Menschen ist künstl. B. durch Einspritzen von Spermien in die Gebärmutter zur Zeit des Konzeptionsoptimums möglich.

📖 *Künstl. B. u. Eitransplantation bei Tier u. Mensch.* Hg. v. S. K. Paufler u.a. Hannover 1974. 2 Bde.

Besan [niederl.], das längsschiffs stehende Segel (Schratsegel) des hintersten Mastes eines mehrmastigen Segelschiffes (**Besanmast** oder **Kreuzmast**).

Besançon [frz. bəzɑ̃ˈsõ], frz. Stadt in Spornlage am Doubs, 250 m ü. d. M., 113 000 E. Verwaltungssitz des Dep. Doubs, Hauptstadt der Region Franche-Comté; Erzbischofssitz; Univ. (seit 1691, gegr. 1422 in Dole); Uhrenfachschule; Observatorium; Bibliotheken; botan. Garten; internat. Musikfestspiele. Militärzentrum mit Fallschirmspringerschule. Zentrum der frz. Uhrenind., daneben Herstellung von Haushaltswaren, Präzisionsinstrumenten u. a. Zu B. gehört **La Mouillère**, ein Heilbad mit Thermal- und Salinenbädern. - Vorröm. **Vesontio**, Hauptstadt der kelt. Sequaner, 58 v. Chr. Hauptquartier Cäsars. Unter Kaiser Mark Aurel **Colonia Victrix Sequanorum**; 297 Hauptstadt der Prov. Maxima Sequanorum; 443 zum Reich der Burgunder, 533 fränk. Unter den Merowingern und Karolingern war der Erzbischof Stadtherr. Seit 1033/34 zum Hl. Röm. Reich, 1282 freie Reichsstadt (dt. **Bisanz**); 1665 erstmals, 1678/79 endgültig frz.; von Vauban befestigt; Hauptstadt der Prov. Franche-Comté. - Galloröm. Porte Noire (2. Jh.), Amphitheater; roman.-got. Kathedrale (11.–13. Jh.); Renaissancegebäude, u. a. Palais Granvelle (1534–40), Rathaus (16. Jh.), Justizpalast (1585), Maison Maréchal (1516).

Besant, Annie [engl. bɛznt], geb. Wood, * London 1. Okt. 1847, † Adyar (Madras) 20. Sept. 1933, engl. Theosophin. - Urspr. marxist. orientiert; lebte seit 1893 als Theosophin in Indien, 1907 Präs. der Theosoph. Gesellschaft. Nach polit. Tätigkeit 1917 Präs. des „Indian National Congress".

B., Sir Walter [engl. bɪˈzænt], * Portsea (= Portsmouth) 14. Aug. 1836, † London 9. Juni 1901, engl. Schriftsteller. - Schrieb v. a. soziale Romane aus den Londoner Elendsvierteln.

besät ↑Wappenkunde.

Besatz, Borten, Spitzen, Bänder, Rüschen oder Pelz als an- oder aufgesetzter Rand an Kleidungsstücken.

♦ wm. Bez. für den Gesamtbestand an Niederwild oder an Individuen einer Niederwildart in einem Revier.

♦ in der *Fischereibiologie:* durch künstl. Einsetzen von ↑Setzlingen variier- und auffrischbarer Fischbestand eines stehenden oder fließenden Süßgewässers.

Besatzfisch ↑Setzling.

Besatzung, 1. Truppe zur Verteidigung einer Festung oder einer befestigten Anlage. 2. Bemannung von gepanzerten und bewaffneten Fahrzeugen, Kriegsschiffen und Flugzeugen. 3. Truppe, die ein Gebiet besetzt hält.

Besatzungsrecht, die nach dem 2. Weltkrieg von den Besatzungsmächten für das Gebiet Deutschlands erlassenen Rechtsvorschriften, die von den alliierten Gesetzgebungsorganen (Oberster Befehlshaber der alliierten Streitkräfte, Zonenbefehlshaber, Alliierter Kontrollrat, Alliierte Hohe Kommission und anderen Organen auf Sondergebieten) selbst erlassen worden sind *(unmittelbares B.)* oder die auf Veranlassung oder Anweisung der Besatzungsmächte von dt. Stellen ergangen sind *(mittelbares oder verdecktes B.)*. Bei Beendigung des Besatzungregimes (5. Mai 1955) durch den Deutschlandvertrag ist das B., soweit es amtl. veröffentlicht worden ist, bestehengeblieben. Die dt. Gesetzgebungsorgane sind durch den Überleitungsvertrag vom 26. 5. 1952 jedoch - mit Einschränkungen (v. a. Besatzungsvorbehalte) - ermächtigt worden, es abzuändern und aufzuheben.

Besatzungsstatut, von den drei westl. Besatzungsmächten USA, Großbrit. und Frankr. einseitig erlassene Grundregelung des Verhältnisses ihrer Hoheitsgewalt zu jener der BR Deutschland; auf der Konferenz von Washington 1949 ausgearbeitet; trat 1949 in Kraft. Durch das B. wurde Bund und Ländern die volle gesetzgebende, vollziehende und rechtsprechende Gewalt übertragen. Die Besatzungsmächte behielten sich jedoch die Zuständigkeit hinsichtl. einiger Sachgebiete (v. a. Entwaffnung und Entmilitarisierung, Kontrolle über die Ruhr, Reparationen, Dekartellisierung, auswärtige Angelegenheiten) und das Recht vor, die Ausübung der vollen Gewalt ganz oder teilweise wieder zu übernehmen, wenn sie dies als unerläßl. für die Sicherheit, die Aufrechterhaltung der demokrat. Ordnung oder die Erfüllung ihrer internat. Verpflichtungen erachten sollten. Seit 1951 weiterer Abbau der Vorbehaltsrechte der Besatzungsmächte (sog. *Revidiertes B.*); am 5. Mai 1955 mit Inkrafttreten der Pariser Verträge aufgehoben, in die die Bestimmungen des Deutschlandvertrages eingingen.

Besatzungsvorbehalte, aus der Besetzung Deutschlands herrührende Rechte, die die drei westl. Besatzungsmächte bei Beendigung des Besatzungsregimes durch den Deutschlandvertrag beibehalten haben. Noch wirksame B.: 1. Rechte in bezug auf Berlin und auf Deutschland als Ganzes einschließl. der Wiedervereinigung Deutschlands und einer friedensvertragl. Regelung; 2. Rechte auf Stationierung von Truppen.

Besatzungszonen, im Völkerrecht Gebiete, in denen die Ausübung der früheren Gebietshoheit durch eine neue Gebietshoheit eingeschränkt oder ausgeschlossen ist. B. wurden u. a. in Deutschland nach dem Waffenstillstandsvertrag vom 11. Nov. 1918 sowie nach dem 2. Weltkrieg auf dem Territorium des Dt. Reiches und Österreichs gebildet. - Karte S.185.

Besäumschere, Werkzeug(maschine) zum kontinuierl., von Spannungen und schädl. Verformungen freien Beschneiden von Blechtafeln.

Beschädigtenrente, in der BR Deutschland die neben den Witwenrenten wichtigste Leistung im Rahmen der Kriegsopferversorgung.

Beschaffung, Bereitstellung von Gütern durch Ankauf, Miete, Leihe oder Schenkung.

Beschäftigungstheorie

Die **Beschaffungskosten** sind neben dem Einkaufspreis Bestandteil der Einstandskosten von Waren.

Beschäftigung, Tätigkeit, Erwerbstätigkeit; in der Wirtschaftstheorie; Einsatz von Produktionsfaktoren, i. e. S. von menschl. Arbeitskraft.

Beschäftigungsgrad (Ausnutzungsgrad), Verhältnis der tatsächl. zur mögl. Auslastung einer Anlage, einer Abteilung oder eines Betriebs *(betriebswirtschaftl. B.)* bzw. der Produktionsfaktoren einer Volkswirtschaft *(volkswirtschaftl. B.)*.

Beschäftigungspflicht, aus dem Arbeitsverhältnis resultierende Pflicht des Arbeitgebers, den Arbeitnehmer im Rahmen des Arbeitsvertrages zu beschäftigen.

Beschäftigungspolitik, Teil der staatl. Wirtschaftspolitik; umfaßt alle geld- und fiskalpolit. Maßnahmen zur Erreichung und/oder Sicherung der Vollbeschäftigung.

Beschäftigungstheorie, Teilgebiet der Volkswirtschaftslehre, in dem die Faktoren und Zusammenhänge, die den Beschäftigungsgrad in einer Volkswirtschaft bestimmen, systemat. erforscht und dargestellt werden. Da mit der Beschäftigung gleichzeitig Einkommen entsteht, spricht man im Zusammenhang mit der B. auch von einer Einkommenstheorie. Die moderne B. wurde von J. M. Keynes 1936 in seinem Buch „The general theory of employment, interest and money" begr. Eine große, andauernde Arbeitslosigkeit wurde in der klass. Nationalökonomie nicht für mögl. gehalten. Ihre Vertreter kannten nur Beschäftigungsschwankungen: vorübergehende Arbeitslosigkeit, die durch den Marktmechanismus ausgeglichen werde. Der Wettbewerb zw. den Arbeitsuchenden werde den Lohnsatz so weit senken, daß die Unternehmer alle einstellen werden, die den geringen Lohn dazu bereit sind. Die Weltwirtschaftskrise machte deutl., daß dieser Lohnmechanismus nicht funktioniert. Lohnsenkungen ließen sich in der Praxis nicht durchsetzen, erscheinen aber auch in der Theorie nicht als geeignetes Mittel gegen Arbeitslosigkeit. Niedrige Löhne verringern ja nicht nur die Kosten, sondern auch die Einkommen und folgl. die Nachfrage und den Erlös. Entscheidend für die Höhe der Beschäftigung sind nicht die Arbeitsmarkt-, sondern gesamtwirtsch. Bedingungen, nicht einzelne Preise (einschließl. Lohn) oder Kosten, sondern die gesamte effektive Nachfrage nach Gütern und Dienstleistungen. Im Modell von Keynes werden der Kapitalbestand, das Arbeitskräftepotential, die Produktionstechnik und die Preise als konstant angenommen. In dieser kurzfristigen Betrachtungsweise bestimmt die effektive Nachfrage allein die Höhe der Produktionsfunktion, auch·die Höhe der Beschäftigung und des Volkseinkommens. In mittel- und langfristigen Modellen wird insbes. von einer variablen Kapitalausstattung ausgegangen, mithin der Kapazitätseffekt von Investitionen mitberücksichtigt. In neueren Ansätzen werden auch die Zunahme des Arbeitskräftepotentials und der techn. Fortschritt analysiert. In jüngster Zeit wurde unter dem Einfluß des amerikan. Nationalökonomen M. Friedman eine B. entwickelt, in der die Geldmenge als entscheidender Bestimmungsfaktor für die Höhe der Beschäftigung angesehen wird.

Beschäftigungstherapie, Heilbehandlung durch sinnvoll gelenkte Beschäftigung und Arbeit zur Ablenkung und Beruhigung und zur Wiederherstellung (Rehabilitation) seel. und körperl. Funktionen.

beschälen ↑decken.

Beschälseuche (Dourine), anzeigepflichtige Geschlechtskrankheit der Pferde. Erreger ist das Geißeltierchen Trypanosoma equiperdum, das durch den Geschlechtsakt übertragen wird.

Beschauung ↑Kontemplation.

Beschauzeichen, gepunzter Stempel auf Goldschmiedearbeiten (Prüfzeichen für Qualität und Feingehalt); i. d. R. Stadt- und Meisterzeichen. Gelegentl. in der Spätantike, allg. seit dem 14. Jh.

Bescheid, im dt. Recht ein das Verwaltungsverfahren abschließender Verwaltungsakt.

Beschichten, das Aufbringen einer festhaftenden Schicht aus einem geeigneten Material zur Verbesserung der Oberflächeneigenschaften des Grundwerkstoffs, z. B. das Aufkleben von Kunststoff- oder Metallfolien auf Sperrholz-, Holzfaser- oder Holzspanplatten zur Erzielung dichter, fester, gegen mechan. und chem. Beanspruchung widerstandsfähiger Oberflächen.

Beschickung, Einbringung von Erzen, Brennstoff und Zuschlägen in einen metallurg. Ofen (z. B. Hochofen); auch Bez. für die Ofenfüllung (Charge) selbst.

Beschimpfung (Verunglimpfung), eine durch Form oder Inhalt bes. verletzende Äußerung der Mißachtung. Strafbar ist die öff. B. des Bundespräsidenten, der BR Deutschland, ihrer Symbole, ihrer verfassungsmäßigen Ordnung oder eines ihrer Länder (§§ 90, 90a, 90b StGB), der Kirchen und Religionsgemeinschaften, ihrer Einrichtungen und Gebräuche sowie des Inhaltes des religiösen oder weltanschaul. Bekenntnisses anderer (§ 166 StGB) und die Verunglimpfung des Andenkens Verstorbener (§ 189 StGB).
Im *östr.* Recht entspricht die Ehrenbeleidigung, im *schweizer.* die Beleidigung der B.

Beschir ↑Orientteppiche (Übersicht).

Beschlächt, hölzerne Einfassung zum Schutz des Ufers oder von Brückenpfeilern in Flüssen oder Seen.

Beschlag, (Baubeschlag) Verbindungsglied aus Metall oder Kunststoff, das zum Zusammen- oder Festhalten einzelner, häufig bewegl. Teile dient. **Konstruktionsbeschläge** verbinden zerlegbare Möbelteile, **Bewegungsbeschläge** werden Türen, Fenster, Klappen u. a. drehbar befestigt, **Verschlußbeschläge** dienen zum Verschließen von Möbeln (insbes. Truhen, Sattler- und Täschnerwaren (Koffer, Taschen). **Zierbeschläge** (v. a. an Türen und Truhen) sind kunstvoll gearbeitete Lang- und Winkelbänder, Schloßschilder, Knöpfe, Querbänder oder Ornamente.

◆ Schicht aus kondensierter Luftfeuchtigkeit an Gegenständen (z. B. Fenstern, Brillengläsern), deren Temperatur unter der Umgebungstemperatur liegt.

Beschlagnahme, Wegnahme und amtl. Verwahrung oder sonstige Sicherung von Gegenständen, Grundstücken, Räumen oder Vermögenswerten. - 1. *Strafprozeß*: Besteht der erhebl. Verdacht einer strafbaren Handlung, so können die für den Beschuldigten bestimmten Postsendungen (§ 99 StPO) sowie Gegenstände, die als Beweismittel von Bed. sein können oder der Einziehung unterliegen, beschlagnahmt werden (z. B. Falschgeld, Tatwaffen). Die Anordnung der B. steht nur dem Richter, bei Gefahr im Verzug auch der Staatsanwaltschaft oder ihren Hilfsbeamten zu. 2. *Zivilprozeß*: ↑Pfändung, ↑Zwangsversteigerung. 3. *Abgabenordnung* (AO): Die B. ist durch die Finanz- oder Hauptzollämter zur Sicherung von Zoll- oder Verbrauchsteuerschulden zulässig.

Beschleuniger ↑Entwickler.

◆ svw. ↑Teilchenbeschleuniger.

Beschleunigerpumpe, am Vergaser von Ottomotoren befindl. Kraftstoffpumpe, die beim plötzl. Gasgeben für einen störungsfreien Übergang von Leerlauf oder Teillast zu Vollast sorgt, indem sie zusätzl. Kraftstoff in die Mischkammer des Vergasers einspritzt.

beschleunigtes Verfahren, bes. rascher Verlauf des *Strafverfahrens*. Der Staatsanwalt kann ohne Zwischenverfahren und ohne Einreichung einer Anklageschrift gemäß §§ 212ff. StPO schriftl. oder in der mündl. Verhandlung vor dem Amts- oder Schöffengericht mündl. die Aburteilung im b. V. beantragen, falls der Sachverhalt einfach ist und keine höhere Strafe als Freiheitsstrafe von einem Jahr und keine Maßregeln der Sicherung und Besserung verhängt werden.

Beschleunigung, Formelzeichen a, Quotient aus der Geschwindigkeitsänderung Δv eines bewegten Körpers und der dazu erforderl. Zeit Δt: $a = \Delta v/\Delta t$.
Ist dieser Quotient zeitl. konstant, erfolgt also in gleichen Zeitabschnitten Δt stets die (nach Betrag und Richtung) gleiche Geschwindigkeitsänderung Δv, dann liegt eine *gleichförmig beschleunigte* Bewegung vor. Andernfalls spricht man von einer *ungleichförmig beschleunigten* Bewegung. Die *Augenblicksbeschleunigung* einer solchen Bewegung erhält

beschützende Werkstätten

man beim Übergang zu unendl. kleinen Zeitabschnitten als Differentialquotient der Geschwindigkeit nach der Zeit, oder (da die Geschwindigkeit die Ableitung des Weges s nach der Zeit t ist) die zweite Ableitung des Weges nach der Zeit: $a = dv/dt = d^2s/dt^2$. Die B. ist ein Vektor, da zu ihrer Beschreibung außer der Angabe ihres Betrages auch die Angabe ihrer Richtung erforderl. ist. Eine B. liegt also immer dann vor, wenn sich die Geschwindigkeit nach Betrag und/oder Richtung ändert. Erfolgt die B. in Richtung der momentanen Geschwindigkeit (d. h. in Richtung der jeweiligen Bahntangente), so spricht man von **Bahnbeschleunigung (Tangentialbeschleunigung)**, erfolgt sie senkrecht dazu, so bezeichnet man sie als **Normalbeschleunigung**. *SI-Einheit* der B. ist das Meter durch Sekundenquadrat (m/s²). 1 m/s² ist gleich der Beschleunigung eines sich geradlinig bewegenden Körpers, dessen Geschwindigkeit sich während der Zeit 1 s gleichmäßig um 1 m/s ändert. Als bes. Einheit wird in der Luftfahrt- und Raumfahrttechnik die ↑Fallbeschleunigung $g = 9{,}81$ m/s² verwendet. Man spricht dann von B. von $3g$, $5g$, $10g$ usw., meint also die entsprechenden Vielfachen der Fallbeschleunigung. Für die bemannte Weltraumfahrt dürfen die auftretenden B. nicht größer als $6g$ bis $10g$ sein. - In *medizin*. Sicht führen hohe B.kräfte zum Versacken des Blutes in den unteren Körperpartien, was zu einer Verminderung des Herzzeitvolumens und zu Blutdruckabfall und Sauerstoffverarmung führt. Auf Grund der Blut- und Sauerstoffarmut des Gehirns tritt der sog. **Beschleunigungskollaps** (ein Kreislaufkollaps mit Bewußtlosigkeit) ein. Diesen Gefahren soll bei Piloten und Raumfahrern der ↑Anti-g-Anzug entgegenwirken.

Personenzug (elektrisch)	0,25 m/s²
Kraftfahrzeug (75 PS)	3,00 m/s²
Rennwagen	8,00 m/s²
frei fallender Körper	9,81 m/s²
Geschoß (im Lauf)	500 000,00 m/s²

Beschleunigung. Beispiele für Beschleunigungswerte

Beschleunigungsmesser, Geräte, mit denen eine auf sie wirkende Beschleunigung gemessen werden kann; Meßorgan ist meist eine schwingungsfähig aufgehängte Masse, die über eine Feder mit dem Gehäuse verbunden ist. Die durch Beschleunigungskräfte sich ergebende Relativbewegung der Masse gegenüber dem Gehäuse wird zur Messung benutzt.

Beschluß, gerichtl. Entscheidung, die nicht der strengen Form eines Urteils bedarf, jedoch formal strenger als eine Verfügung ist. Insbes. bedarf ein B. nicht stets einer Begründung. B. ergehen i. d. R. ohne mündl. Verhandlung im B.verfahren (z. B. im Arbeitsgerichtsverfahren). Sie sind grundsätzl. mit dem Rechtsmittel der [einfachen oder sofortigen] Beschwerde anfechtbar; sie können i. d. R. nachträgl. frei abgeändert werden.

Beschlußfähigkeit, an die Anwesenheit einer bestimmten Zahl seiner Mgl. geknüpfte Fähigkeit eines Kollegialorgans, rechtswirksame Beschlüsse zu fassen. Der Dt. Bundestag z. B. ist gemäß § 49 seiner Geschäftsordnung beschlußfähig, wenn mehr als die Hälfte seiner Mgl. im Sitzungssaal anwesend ist. Gerichtl. Spruchkörper (Kammern, Senate) sind beschlußfähig bei der Anwesenheit der gesetzl. bestimmten Richter.

Beschneidung, rituelle Operation, die zur ↑Initiation gehört und meist an Knaben bei eintretender Reife vorgenommen wird: *Zirkumzision* (Wegschneiden der Vorhaut), *Inzision* (Einschneiden) und *Subinzision* (Aufschneiden der Harnröhre). Bei einigen Naturvölkern werden die Mädchen durch Entfernung der Klitoris oder der kleinen Schamlippen beschnitten. Verbreitung: Afrika, Vorderasien, Indonesien, Australien, Ozeanien, vereinzelt in Amerika. - Für das *Judentum* ist die Zirkumzision des Knaben das Zeichen des Bundes zw. dem Volk Israel und seinem Gott (vgl. 1. Mos. 17, 9–14; 3. Mos. 12,3). Auch der zum Judentum Übertretende muß sich der B. unterziehen. - Dem Islam gilt die Beschneidung ebenfalls als Pflicht.

📖 *Soetendorp, J.:* Symbolik der jüd. Religion. Dt. Übers. Gütersloh 1963. - *Gennep, A. van:* The Rites of Passage. London 1960.

beschränkt, in der *Mathematik:* gesagt von einer Punktmenge M eines metr. Raumes, wenn sich eine Zahl S so angeben läßt, daß die Abstände aller Punkte P aus M von einem festen Punkt P_0 kleiner als S sind. Eine Menge M reeller Zahlen heißt *nach oben b.*, wenn es eine reelle Zahl S_o gibt, so daß alle Zahlen der Menge M kleiner sind als S_o; sie heißt *nach unten b.*, wenn es eine reelle Zahl S_u gibt, so daß alle Zahlen der Menge M größer sind als S_u.

beschränkte Haftung ↑Haftungsbeschränkung.

beschreibende Psychologie (deskriptive Psychologie), auf W. Dilthey zurückgehende psycholog. Richtung, deren Methode die vom nacherlebenden Individuum in Verstehen der phänomenolog. durchgeführte Beschreibung psych. Sachverhalte ist.

Beschuldigter, der eines Straftat Verdächtige oder Erhebung der öff. Klage, die ihn zum Angeschuldigten macht.

beschützende Werkstätten (Werkstätten für Behinderte), Einrichtungen, in denen Arbeitsmöglichkeiten für Personen geschaffen sind, die wegen ihrer (geistigen oder körperl.) Behinderung unter den übl. Bedingungen des allg. Arbeitsmarkts keine Arbeit finden können.

Beschwer

Beschwer, Zulässigkeitsvoraussetzung für die Einlegung von Rechtsmitteln. Eine B. liegt grundsätzl. nur dann vor, wenn das Urteil von dem Antrag des Rechtsmittelführers ungünstig abweicht (sog. **formelle Beschwer**). In Ausnahmefällen genügt es, daß die ergangene Entscheidung ihrem Inhalt nach für den Rechtsmittelführer irgendwie nachteilig ist und für ihn die Möglichkeit besteht, im höheren Rechtszug eine abweichende Entscheidung zu seinen Gunsten zu erlangen (sog. **materielle Beschwer**).

Beschwerde, 1. die formlose Eingabe an eine übergeordnete Stelle, mit der die Änderung der Maßnahme einer untergeordneten Stelle erstrebt wird (z. B. Dienstaufsichtsbeschwerde). 2. das gesetzl. geregelte förml. Rechtsmittel gegen Gerichtsentscheidungen (Beschlüsse, Verfügungen, Anordnungen) und einzelne Behördenakte. Gegen *Gerichtsentscheidungen* ist die B. zulässig beim Vorliegen einer Beschwer; in Kostensachen muß auch der Wert die B.*summe* von 100,- DM übersteigen. Die B. gilt teils eine Beschwerdefrist (**sofortige Beschwerde**); Notfrist: im Zivilprozeß 2 Wochen, im Strafprozeß 1 Woche), teils ist sie nicht fristgebunden (**einfache Beschwerde**). Grundsätzl. hat sie keine aufschiebende Wirkung. Sie wird i. d. R. bei Gericht eingereicht, dessen Entscheidung angefochten wird († auch Verfassungsbeschwerde, † Wehrbeschwerderecht).

Im *östr.* und *schweizer. Recht* gilt Entsprechendes (**Rekurs**).

Beschwerde- und Petitionsrecht † Petitionsrecht.

beschwerte Hebung, Durchbrechung alternierender mittelhochdt. Verse durch einsilbig gefüllte Takte, die dadurch ihr Gewicht erhalten („dér was Hártmàn genánt").

beschwerte Papiere, Papiersorten mit zugesetzten Füllstoffen; Vorteil: große Grundweiße, geschlossene Poren.

Beschwerungsmittel, Füllstoffe zur Erhöhung des spezif. Gewichtes von Kunststoffen, z. B. Schwerspat.

Beschwichtigungsgebärde, Verhalten von Tieren, das den Aggressionstrieb von Artgenossen neutralisiert und eine Umstimmung bewirkt. - † auch Demutsgebärde.

Beschwörung, im mag. Denken Herbeirufen einer stärkeren Macht (Geister, Hexen, Teufel u. a.) mit mag. Worten (*B.formeln*) und Handlungen, um sie sich untertan zu machen.

Beseitigungsklage, Klage des Eigentümers gegen den, der sein Eigentum in anderer Weise als durch Entziehung oder Vorenthaltung des Besitzes beeinträchtigt, auf Beseitigung der Beeinträchtigung.

Beseler, Georg, * Rödemis (= Husum) 2. Nov. 1809, † Bad Harzburg 28. Aug. 1888, dt. Jurist und Politiker. - Prof. in Basel, Rostock, Greifswald und Berlin; Mgl. der Frankfurter Nationalversammlung 1848/49 als einer der Führer der Erbkaiserpartei und des Verfassungsausschusses; 1874 MdR; seit 1875 im preuß. Herrenhaus, dessen Vizepräs. 1882-1887; berühmt durch seine Arbeiten zur Genossenschaftstheorie.

B., Hans von (seit 1904), * Greifswald 27. April 1850, † Neubabelsberg (= Potsdam) 20. Dez. 1921, preuß. General. - Sohn von Georg B.; Generalgouverneur in Warschau 1915-1918; proklamierte 1919 im Namen des Kaisers das Kgr. Polen.

B., Horst, * Berlin 29. Mai 1925, dt. Jugendbuchautor. - Setzt sich als engagierter Kommunist differenziert mit der dt. Vergangenheit und Gegenwart auseinander; u. a. „Käuzchenkuhle" (1965), „Die Linde vor Priebes Haus" (1970), „Jemand kommt" (1972).

B., Wilhelm, * Schloß Marienhausen bei Ver 3. März 1806, † Bonn 2. Sept. 1884, schleswig-holstein. Politiker. - Bruder von Georg B.; 1848 Mgl. der provisor. Regierung in Schl.-H., 1848/49 Abg. der Frankfurter Nationalversammlung, dann mit F. Graf von Reventlow bis 1851 Statthalter von Schleswig und Holstein.

Besen, zum Kehren und Reinigen verwendetes Gerät. Als Material für die Bestückung des aus Holz oder Kunststoff bestehenden B.körpers dienen heute Pflanzenfasern, Tierhaare oder Kunstborsten. - Der B. spielte v. a. im *Hexenglauben* eine nicht unbed. Rolle. So stellte man sich die Hexen auf einem B. reitend vor. In manchen Landschaften war es übl., im Frühjahr alte B. zu verbrennen oder mit brennenden B. lärmend über die Felder zu laufen, um Schaden abzuwehren.

Besenginster (Sarothamnus scoparius), Schmetterlingsblütler in M-Europa; bis 2 m hoher Strauch mit großen, gelben, einzeln oder zu zweien stehenden Blüten; in trockenen Wäldern, auf Heiden und Sandboden, kalkmeidend; Zweige früher zu Besen und grobem Flechtwerk verarbeitet.

Besenheide, svw. † Heidekraut.

Besenrauke (Sophienkraut, Descurainia sophia, Sisymbrium sophia), Kreuzblütler in Eurasien und N-Afrika; einjähriges, bis 70 cm hohes Kraut mit kleinen gelben Blüten und aufrechten, 10-20 mm langen, sichelförmigen Schotenfrüchten; an trockenen Wegrändern, auch auf Schutt wachsend.

Besessenheit, eine in fast allen Kulturen anzutreffende Erscheinung eingeschränkter oder gestörter psych. Funktionen eines Menschen, die im religiösen Verständnis als Ergriffenwerden durch dämon. Mächte, die sein Reden und Handeln teilweise oder völlig bestimmen, interpretiert wird († Exorzismus).

Besetzung, im Völkerrecht die vorläufige Ausübung der tatsächl. Gewalt über ein fremdes Staatsgebiet unter Ausschluß der bisherigen Gebietsherrschaft. Dabei wird die vorhandene Staatsgewalt nicht aufgehoben, sondern lediglich für die Dauer der B. suspen-

Besoldung

diert. Die **krieger. Besetzung** feindl. Gebietes erfolgt durch einen Gewaltakt bei bestehendem Kriegszustand. Die **friedl. Besetzung** vollzieht sich entweder durch einen Vertrag mit dem zu besetzenden Staat (z. B. Besetzung des Rheinlandes auf Grund des Versailler Vertrages von 1919) oder durch einen Gewaltakt außerhalb eines Kriegszustandes (z. B. Ruhr-B. 1923–25).

Besetzungszahl, die Zahl gleichartiger Teilchen eines mikrophysikal. Systems, die sich in einem bestimmten, durch einen Satz von Quantenzahlen gekennzeichneten Zustand befinden; i. e. S. die Zahl der Elektronen bzw. Nukleonen, mit denen die einzelnen Schalen in der Atomhülle bzw. im Atomkern besetzt sind.

Besigheim, Stadt auf einem Sporn zw. Neckar und Enz, Bad.-Württ., 170–202 m ü. d. M., 8 700 E. Weinbau, Textilfabriken, Herstellung von Elektrowerkzeugen u. a. - 1153 als **Curtis** genannt, im 13. Jh. Stadt. - Reste der ma. Befestigung, Fachwerkhäuser (u. a. Rathaus, 1459), spätgot. Stadtkirche (1383–1448).

Bésigue [be'zi:k; frz.], Kartenspiel, das in der Originalform von 2 Personen mit 2 Spielen (64 Blatt) auf 1 000 Punkte gespielt wird.

Besinnungslosigkeit, svw. ↑ Bewußtlosigkeit.

Besitz, die vom Recht anerkannte tatsächl. Herrschaft einer natürl. oder jurist. Person über eine Sache. Für den Begriff sind kennzeichnend: 1. die Tatsächlichkeit der Sachherrschaft, „das äußere Haben", für das es auf die Rechtsbeziehungen zur Sache nicht ankommt. Im Gegensatz dazu stellt das Eigentum die von der tatsächl. Sachherrschaft unabhängige rechtl. Zuordnung der Sache zur Person dar; 2. ein rechtl.-soziales Moment, da die Sachherrschaft als B. angesehen (anerkannt) werden muß. Wegen der an die tatsächl. Sachherrschaft anknüpfenden Rechtswirkungen steht der B. einem subjektiven Recht gleich. Er ist übertragbar und vererbl., stellt ein sonstiges Recht im Sinne des Schadenersatzrechts (§ 823 Abs. 1 BGB) dar und kann Gegenstand eines Bereicherungsanspruchs (§ 812 BGB), einer Rechtsgemeinschaft (§ 741 BGB) sowie eines Vermächtnisses (§ 2169 BGB) sein.
Arten des Besitzes: 1. *Allein-* und *Mit-B.;* 2. *Voll-* und *Teil-B.* (an abgrenzbaren Sachteilen, z. B. an einer Mietwohnung); 3. *Eigen-* und *Fremd-B.,* je nachdem, ob der Besitzer die Sache als ihm oder einem anderen gehörend besitzt (§ 872 BGB); 4. *unmittelbarer* und *mittelbarer B.* Der mittelbare B. kann ein- oder mehrstufig (gestaffelt) sein, z. B. in der Beziehung: Vermieter (zweistufiger mittelbarer Besitzer) - Mieter (erststufiger mittelbarer Besitzer) - Untermieter (unmittelbarer Besitzer); 5. *fehlerfreier* und *fehlerhafter* (durch verbotene Eigenmacht erlangter) *B.;* 6. *rechtmäßiger* und *unrechtmäßiger B.;* 7. *B.* des *gutgläubigen* und des *bösgläubigen Besitzers* (unrechtmäßiger B. eines Besitzers, der hinsichtl. des Rechts zum B. nicht in gutem Glauben ist); 8. *nichtdelikt.* und *delikt. B.* (der auf verbotener Eigenmacht oder strafbarer Handlung beruht).
Nach *östr. Recht* ist B. die Innehabung einer Sache mit dem Willen, sie als die seine zu behalten. Inhaber ist, wer die Sache in seiner Macht und Gewahrsam hat (§ 309 ABGB). Die Regelung des B. in der *Schweiz* stimmt im wesentl. mit dem dt. Recht überein.

Besitzdiener, derjenige, der auf Grund eines sozialen Abhängigkeitsverhältnisses die tatsächl. Gewalt über eine Sache für einen anderen ausübt, z. B. Hausangestellte, Ladenverkäufer.

Besitzeinkommen, das aus dem Besitz von Kapital oder Boden fließende Einkommen (Zins, Dividende, Rente).

Besitzmittlungsverhältnis, das zw. dem unmittelbaren Besitzer und dem mittelbaren Besitzer (Oberbesitzer) bestehende Rechtsverhältnis (z. B. Mietverhältnis).

Besitzschutzanspruch, im Zivilrecht 1. der Anspruch des früheren [unmittelbaren] Besitzers einer [bewegl.] Sache gegenüber dem derzeitigen unmittelbaren Besitzer, welcher ihm gegenüber fehlerhaft besitzt, auf Wiedereinräumung des Besitzes; 2. als **Besitzstörungsanspruch** der Anspruch des Besitzers gegenüber demjenigen, welcher ihn durch verbotene Eigenmacht im Besitz stört, auf Beseitigung der Störung bzw. auf Unterlassung künftiger Störungen.

Besitzsteuern, zusammenfassende Bez. für Steuern, die an wirtsch. Positionen anknüpfen: Personensteuern (Einkommensteuer, Körperschaftsteuer, Ergänzungsabgabe, Vermögensteuer, Erbschaftsteuer) und Realsteuern (Gewerbesteuer, Grundsteuer). - Ggs.: Verkehrsteuern.

Beskiden, zusammenfassende Bez. für die nördl. Ketten der Karpaten, in Polen, der ČSSR, der UdSSR und Rumänien, etwa 600 km lang und bis 50 km breit; in der Babia Góra 1 725 m hoch. Bis 1 200 m Laub-, bis 1 500 m Nadelwald, darüber Mattenregion mit Almwirtschaft.

Besoldung [↑ Sold], die Dienstbezüge der Beamten, Richter und Soldaten (Berufssoldaten und Soldaten auf Zeit). **Dienstbezüge** sind Grundgehalt, Orts- und Kinderzuschläge sowie Amts-, Stellen- und Ausgleichszulagen, bei Hochschullehrern auch Zuschüsse zum Grundgehalt. Die Höhe dieser Bezüge kann nur durch förml. Gesetz festgesetzt und verändert werden. Im wesentl. geregelt durch die Besoldungsgesetze des Bundes (Bundesbesoldungsgesetz - BBesG - i. d. F. vom 23. 5. 1975; mit B.ordnungen) und der Länder. Zur Überwindung der Rechtszersplitterung ist dem Bund 1971 die konkurrierende Gesetzgebung

Besoldungsordnung

für die B. und Versorgung der Beamten und Richter übertragen worden, die im Dienste eines anderen Dienstherren stehen (v. a. Landes- und Kommunalbeamte sowie Landesrichter).

Besoldungsordnung, Anlage zu den Besoldungsgesetzen des Bundes und der Länder, in der die Grundgehaltssätze und die Dienstalters- und Stellenzulagen festgelegt sowie die Amtsbez. angeführt werden. Jede der B. A, B und R ist in **Besoldungsgruppen** unterteilt, in denen die Inhaber gleichwertiger Ämter zusammengefaßt sind.

Besomimbüchse [hebr./dt.] ↑ Habdala.

Besonnenheit, Bez. einer Haltung, die ein Handeln und Verhalten ermöglicht, die sich durch Selbstbeherrschung und distanziertes, maßvolles, vernunftgeleitetes Abwägen aller das Handeln bestimmenden Faktoren auszeichnet.

Besprechen, das meist leise Sprechen von Segens-, Gebets-, Spruchformeln mag. Charakters, um Krankheiten zu heilen. Berichtete Heilerfolge solcher Praktiken werden von der Medizin der Beeinflussung durch Suggestion zugeschrieben.

Besprengung, svw. ↑ Aspersion.

Besprisornyje [russ. „Aufsichtslose"], eltern- und obdachlose Kinder und Jugendliche in der Sowjetunion, die, entwurzelt durch Revolution, Bürgerkrieg und Hungersnot, in den 20er Jahren in Horden durch das Land vagabundierten, die Bev. terrorisierten und die öff. Ordnung so schwer gefährdeten, daß Miliz und Militär gegen sie eingesetzt werden mußten; nach dem 2. Weltkrieg erneut ein innersowjet. Problem.

Beß, engl. weibl. Vorname, Kurzform von Elizabeth (↑ Elisabeth).

Bessarabien, Gebiet in der UdSSR, zw. Dnjestr, Donau, Pruth und Schwarzem Meer. - Seit dem 3. Jh. v. Chr. Siedlungsgebiet ostgerman. Bastarner; im 3. Jh. n. Chr. von den Westgoten erobert, denen Hunnen und Bulgaren (5. Jh.), Awaren (6. Jh.), Ungarn (9. Jh.), Petschenegen (11. Jh.) folgten; seit dem 10. Jh. zum altruss. Ft. Kiew; seit 1240 selbständig; im 14. Jh. vom walach. Fürstenhaus der Basarab erobert, nach ihnen B. genannt. Ende des 15. Jh. von den Osmanen erobert; wurde zu einem russ.-türk. Streitobjekt; 1812 Rußland zugesprochen; 1856 zum Ft. Moldau, 1878 von Rußland zurückgewonnen; 1918 von Rumänien annektiert, 1940 von der UdSSR besetzt; 1941 von dt. und rumän. Truppen zurückerobert; kam 1944/47 endgültig wieder in den Besitz der UdSSR.

Bessarion, Taufname Basileios (wahrscheinlicher als Johannes), * Trapezunt 2. Jan. 1403 (?), † Ravenna 18. Nov. 1472, byzantin. Theologe, Humanist, Kardinal (seit 1439), lat. Patriarch von Konstantinopel (seit 1463). - 1437 Erzbischof von Nizäa. Auf dem Basler Konzil trat er als Vertreter der griech. Bischöfe für die Union der orthodoxen mit der kath. Kirche ein. 1450-55 päpstl. Legat in Bologna. Versuchte, den Platonismus für die christl. Theologie fruchtbar zu machen.

Bessel, Friedrich Wilhelm, * Minden 22. Juli 1784, † Königsberg (Pr) 17. März 1846, dt. Astronom und Mathematiker. - Prof. in Königsberg; schuf die exakten Grundlagen für die Positionsastronomie des 19. Jh. und schloß aus der beobachteten Störung der Eigenbewegungen von Fixsternen auf die Existenz von Doppelsternen.

Besseler, Heinrich, * Dortmund 2. April 1900, † Leipzig 25. Juli 1969, dt. Musikforscher. - 1928 Prof. in Heidelberg, 1948 in Jena und 1956-65 in Leipzig. Arbeiten zur Musik des MA, der Renaissance, zur Bachforschung und Musikästhetik.

Bessemer, Sir (seit 1879) Henry [engl. 'bɛsəmə], * Charlton bei Hitchin (Hertfordshire) 19. Jan. 1813, † London 15. März 1898, engl. Ingenieur. - Erfand u. a. das Bessemer-Verfahren (1855) zur Herstellung von Flußstahl.

Bessemer-Birne [engl. 'bɛsəmə; nach Sir H. Bessemer] ↑ Konverter.

Bessos, † Ekbatana 329 v. Chr., pers. Satrap Baktriens und der Sogdiana. - Zettelte 330 eine Verschwörung gegen den von Alexander d. Gr. geschlagenen König Darius III. an, die zu dessen Ermordung führte; an Alexander ausgeliefert und hingerichtet.

Best, Charles Herbert, * West Pembroke (Maine) 27. Febr. 1899, † Toronto 31. März 1978, kanad. Physiologe amerikan. Herkunft. - Entdeckte 1921 zus. mit Sir F. G. Banting das Insulin.

B., Werner, * Darmstadt 10. Juli 1903, dt. Politiker (NSDAP). - 1942-45 Reichskommissar in Dänemark, dort 1948 zum Tode verurteilt, dann zu Gefängnis begnadigt, 1951 entlassen. - † 23. Juni 1989.

Bestallung, svw. ↑ Approbation.

Bestand, in der *Forstwirtschaft* Bez. für einen Waldbezirk, der auf Grund seiner bes. Zusammensetzung (Art, Alter, Wuchs der Bäume) einer spezif. forstwirtschaftl. Pflege bedarf. Weiter unterteilt in Horst, Gruppe und Trupp.

◆ in der *Landw.* Bez. für alle zu einem Betrieb gehörenden Individuen der jeweiligen Haustierart (z. B. Rinder-, Hühnerbestand).

◆ in der *Pflanzen-* und *Tiergeographie* Bez. für das in einem bestimmten Bereich mehr oder weniger zahlr. Auftreten einer Art.

Bestandsaufnahme, svw. ↑ Inventur.

Bestandskonten, aktive und passive Konten, auf denen im Ggs. zu den Erfolgskonten (↑ Erfolgsrechnung) Zu- und Abgänge mit dem gleichen Wertansatz eingetragen werden.

Bestandteil, im Recht der Teil einer Sache, der mit den übrigen Teilen eine einheitl. Sache bildet. Erforderl. ist ein (wenn auch nur loser) körperl. Zusammenhang sowie ein gemeinsamer wirtsch. Zweck, so daß die verschiedenen Teile im Rechtsverkehr als zusammengehörende Einheit angesehen werden (z. B. Schublade im Schrank). Als B. gelten auch die mit dem Eigentum am Grundstück verbundenen *Rechte*, sowie gemeinschaftl. im Grundbuch eingetragene *Flächen*.

Bestätigung, im Recht die Willenserklärung, durch die jemand ein nichtiges oder anfechtbares Geschäft als gültig anerkennt.

Bestattung, die verschiedenen Formen der Erd- und Luftbestattung sowie der Leichenverbrennung sind zumindest teilweise religiös bedingt. Dabei verfolgen die mit der B. verbundenen Riten (**Funeralriten**) ein doppeltes Ziel: Handlungen zum Wohl des *Verstorbenen* sollen diesem die Jenseitsreise oder den Aufenthalt im Totenreich erleichtern. Hierzu gehören die Mitgabe von Bekleidung und Proviant, von Totentexten, Schiffsmodellen zur Überfahrt über den Jenseitsfluß sowie von Dienerfiguren (z. B. in der ägypt. Religion die Uschebtis). Gelegentl. findet sich die Vorstellung, daß eine Verbrennung den Weg ins Jenseits erleichtere. Die Balsamierung beruht im Unterschied dazu auf der Annahme, daß nur den äußerl. unversehrten Körper ein Fortleben mögl. sei. Neben Riten für den Verstorbenen stehen solche, die den *Hinterbliebenen* dienen sollen. Unheilabwehrende Handlungen werden aus Angst vor dem Toten vollzogen und sollen sein Verbleiben im Haus oder seine Rückkehr (als **Wiedergänger**) verhindern. Diesen stehen Riten gegenüber, die den Verstorbenen weiterhin mit den Lebenden verbinden. Hierzu zählen Hausbestattung, Ahnenkult, Heroen-, Heiligen- und Reliquienverehrung.

Das staatl. B.wesen (**Leichenwesen**) ist in der BR Deutschland, in Österreich und in der Schweiz durch die Länder bzw. Kt. geregelt, in der DDR einheitl. für das Staatsgebiet. Übereinstimmend sind eine Anzeigepflicht für Todesfälle (gegenüber dem Standesbeamten oder dem Gesundheitsamt), eine Leichenschau zur Feststellung der Todesursache sowie eine Einsargung vorgesehen. Die B. ist gesetzl. vorgeschrieben, entweder als **Erdbestattung** (Beerdigung, Begräbnis, Beisetzung des Leichnams) oder als **Feuerbestattung** (Beisetzung der Aschenreste, meist in einer Urne, nach der Einäscherung der Leiche in einem Krematorium). Leichen oder Aschen werden herkömml. in für die Dauer der sog. Ruhefrist (7-30 Jahre) gemieteten Gräbern beigesetzt, normalerweise auf einem Friedhof, Aschen zunehmend auch im Meer; die (rechtl. umstrittene) Beisetzung auf Privatgrund bzw. private Aufbewahrung von Urnen sind Ausnahmen.

📖 *Strätz, H.-W.: Zivilrechtl. Aspekte der Rechtsstellung des Toten unter bes. Berücks. der Transplantationen. Paderborn 1971. - Preuss, K. T.: Tod u. Unsterblichkeit im Glauben der Naturvölker. Tüb. 1930.*

Bestiarium

Bestäubung, svw. ↑ Blütenbestäubung.

Bestechung, das unter Strafe gestellte Anbieten eines Vorteils als Gegenleistung für eine die Dienstpflichten verletzende Dienstleistung bei Amtsträgern (Beamten, Richtern, Soldaten; sog. **aktive Bestechung**); mit Freiheitsstrafe bis zu fünf Jahren bedroht (§ 334 StGB). Ein Amtsträger, der als Gegenleistung für eine pflichtwidrige Diensthandlung einen Vorteil fordert, verspricht oder sich gewähren läßt oder annimmt, wird mit Freiheitsstrafe bis zu fünf Jahren (bei Richtern: bis zu zehn Jahren) bestraft (sog. **passive Bestechung** [**Bestechlichkeit**]; § 332 StGB). - Im *östr.* und *schweizer.* Recht gilt Entsprechendes.

Besteck, zusammengehörendes Eßgerät (Messer, Gabeln, Löffel).
◆ in der *Medizin:* für einen bestimmten Zweck (z. B. Operation) zusammengestellte ärztl. Instrumente.
◆ der *durch navigator*. Bestimmung der geograph. Länge und Breite festgelegte Ort eines Schiffes auf hoher See (↑ auch Navigation).

Bestellvertrag, Vertrag auf Herstellung eines geistigen Werkes nach einem Plan, in dem der Besteller dem Verfasser den Inhalt des Werkes sowie die Art und Weise der Behandlung genau vorschreibt. Der B. ist seiner Natur nach ein Werkvertrag mit dem Inhalt eines Geschäftsbesorgungsvertrages (also kein Verlagsvertrag).

Bestelmeyer, German, * Nürnberg 8. Juni 1874, † Tegernsee 30. Juni 1942, dt. Architekt. - U. a. Prof. an der TH München. Erweiterungsbauten der Univ. München (1906-10), des German. Nationalmuseums in Nürnberg (1916-26), der TH München (1922 ff.) und des Dt. Museums ebd. (1927-36).

bestens, unlimitierte Verkaufsorder für Wertpapiere: Verkauf zum besten (höchsten) Kurs.

Besthaupt (Kurmede, Sterbhaupt, Mortuarium), ma. Abgabe der Erben eines Hörigen an den Herrn, meist das beste Stück Vieh, bei Frauen deren bestes Kleid (Gewandfall); nahm später den Charakter einer Erbschaftsteuer an, die Naturalleistung wurde in eine Geldleistung umgewandelt.

Bestialität [zu lat. *bestia* „(wildes) Tier"], rohes („tier.") Verhalten, z. B. im Sexualbereich das unkontrollierte Ausleben von Affekten und Trieben.

Bestiarium [zu lat. *bestia* „(wildes) Tier"], ma. allegor. Tierbücher, in denen oft legendäre phantast. Vorstellungen von Tieren heilsgeschichtl. und moral. gedeutet werden. Sie gehen auf den ↑ „Physiologus" zurück (der auch Steine und Pflanzen einbezieht). V. a. in Frankr. und England verbreitet, z. B. Bestiarien (Bestiaires) von Philippe de Thaon (1. Hälfte des 12. Jh.), Guillaume le Clerc (um 1220), Gervaise de Fontenay (Mitte des 13. Jh.). Die Handschriften wurden z. T. prächtig illuminiert.

Bestimmtheitsaxiom

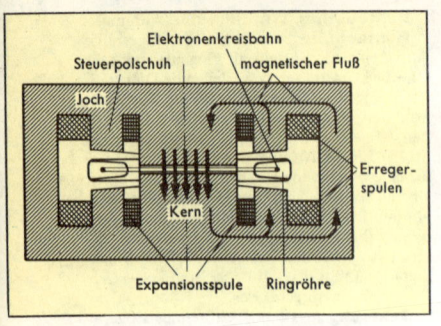

Betatron. Querschnitt (links) und Draufsicht (rechts)

Bestimmtheitsaxiom, Bez. für dasjenige unter den Axiomen der Mengenlehre, das ausdrückt, daß eine Menge durch ihre Elemente vollständig bestimmt sein soll:

$$\bigwedge_x (x \in M \leftrightarrow x \in N) \rightarrow M = N.$$

Bestimmungsschlüssel (Bestimmungstabelle), zur Ermittlung des Namens oder der systemat. Stellung eines der Wiss. bereits bekannten und beschriebenen Tieres oder einer Pflanze dienenden Tabelle, die Angaben über kennzeichnende, von verwandten Formen abweichende, meist verhältnismäßig leicht feststellbare Merkmale enthält.

Bestimmungswort, in einer Zusammensetzung (Kompositum) ein das Grundwort bestimmendes, oft anstelle eines Attributs gebrauchtes Wort, z. B. *Edel*mann, *himmel*blau.

Bestockung, in der Botanik Bildung von Seitensprossen und Wurzeln an oberird. Knoten des Hauptsprosses, bes. bei Gräsern.

Bestrahlung, in der *Medizin* ↑ Strahlentherapie, Kurzwellentherapie (↑ Elektrotherapie), ↑ Rotlicht, ↑ Höhensonne.
◆ in der *Lebensmitteltechnik* Behandlung von Lebensmitteln mit ionisierenden Strahlen zur Keimhemmung, Insektenbekämpfung, Pasteurisierung oder Sterilisation.

Bestrahlungsschäden ↑ Strahlenschäden.

bestreut ↑ Wappenkunde.

Bestseller [engl.; zu best „am besten" und sell „verkaufen"], Bez. für ein Buch, das während einer Saison überdurchschnittl. Verkaufserfolge erzielt; **Longseller** erzielen über einen längeren Zeitraum Verkaufserfolge.

Bestuschew-Rjumin, Alexei Petrowitsch Graf, * Moskau 2. Juni 1693, † Petersburg 21. April 1766, russ. Großkanzler. - Seit 1742 Vize- und seit 1744 Großkanzler; 1758 entlassen und verbannt; Rückkehr 1762; führte Rußland im Bündnis mit Österreich in den von ihm bewußt mitausgelösten Siebenjährigen Krieg gegen Preußen.

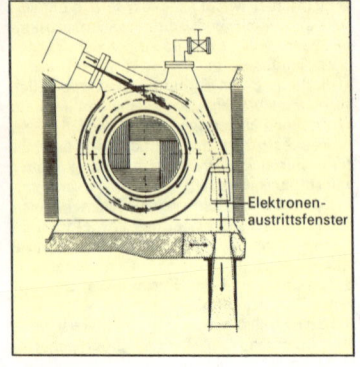

Beta, zweiter Buchstabe des griech. Alphabets: B, β.

Betablocker (β-Blocker) ↑ Sympathikolytika.

Beta-Cephei-Sterne [...e-i; griech./dt.] (Beta-Canis-Maioris-Sterne), eine Gruppe veränderl. Sterne mit regelmäßigem Pulsationslichtwechsel.

Betain [lat.] (Trimethylammoniumacetat), das Trimethylderivat des Glycins; häufig in vielen Pflanzenteilen, tritt in großen Mengen in der Schlempe der Rübenzuckerfabrikation auf. Nach dem B. werden allgemein die sog. *inneren Salze* als *Betaine* (mit anion. und kation. Gruppen im Molekül) bezeichnet. Chem. Strukturformel des eigentlichen B.:

$$\begin{matrix} CH_3 \\ CH_3 \\ CH_3 \end{matrix} \!\!> N^+ - CH_2 - COO^-$$

Beta-Lyrae-Sterne (β-Lyrae-Sterne) [griech./dt.], enge Doppelsternsysteme; einem Bedeckungslichtwechsel ist noch ein Rotationslichtwechsel zweier ellipsoidischer Komponenten überlagert.

Betancourt, Rómulo [span. betaŋ'kur], * Guatire bei Caracas 22. Febr. 1908, † New York 28. Sept. 1981, venezolan. Politiker. - Mitbegr. der linksorientierten Acción Democrática 1940; nach Staatsstreich 1945-48 an der Macht, 1959-64 Präsident.

Betancur Cuartas, Belisario [span. betaŋ'kur 'kuartas], * Amagá (Dep. Antioquia) 4. Febr. 1923, kolumbian. Politiker (Konservative Partei). - Rechtswissenschaftler; 1962-63 Arbeitsmin.; 1982-86 Staatspräsident.

Betaspektrometer, Geräte zur Messung der Energie- oder Impulsverteilung von Betastrahlen; ihre Arbeitsweise beruht zumeist auf der Tatsache, daß sich in einem homogenen Magnetfeld bewegende geladene Teilchen Kreisbahnen beschreiben, deren Radius dem Teilchenimpuls direkt und der Magnetfeldstärke umgekehrt proportional ist.

Betastrahlen (β-Strahlen), ionisierende Teilchenstrahlen, die bei der Kernumwand-

Beteiligter

lung (↑Betazerfall) bestimmter natürl. oder künstl. radioaktiver Isotope, den sog. *Betastrahlern*, entstehen. B. bestehen aus *Betateilchen*, schnelle Elektronen (e⁻) oder Positronen (e⁺) mit Energien bis mehrere Millionen Elektronenvolt (MeV). Reichweite in Luft je nach Energie mehrere Meter, in fester Materie nur wenige Millimeter. Abschirmung der B. durch Stoffe hoher Ordnungszahl oder großer Dichte (Blei, Eisen).

Betateilchen (β-Teilchen) ↑ Betastrahlen.

Betatron [Kw. aus **Beta**strahlen und Elek**tron**] (Elektronenschleuder, Rheotron, Strahlentransformator), Gerät zur Beschleunigung von Elektronen (Betateilchen) auf hohe Energie, das nach dem Prinzip des Transformators arbeitet. Die Elektronen laufen dabei auf kreisförmigen Bahnen um, die den Windungen der Sekundärspule eines Transformators entsprechen. Bei jedem Umlauf erhöht sich ihre Energie (und damit ihre Geschwindigkeit) um einen bestimmten Betrag. Die Beschleunigung der B. ist nicht bis zu beliebig hohen Energien hin durchführbar, da eine auf einer Kreisbahn bewegte Ladung elektromagnet. Strahlung aussendet und dabei Energie verliert. Die dadurch bedingte Grenzenergie, an der Strahlungsverlust und Energiegewinn pro Umlauf gleich werden, liegt bei etwa 500 Mill. Elektronenvolt. Zur Beschleunigung von Elektronen auf noch höhere Energien wird das B.prinzip mit dem des Zyklotrons im ↑Synchrotron vereinigt. - Erstmals 1935 in Berlin gebaut.

Betäubung, in der Medizin Bez. für: 1. die teilweise Ausschaltung des Bewußtseins durch mechan. Einwirkung (Stoß, Schlag oder Fall) auf das Gehirn, durch Substanzen, die auf das Großhirn lähmend wirken (z. B. Opium, Narkotika) oder auch durch heftige psych. Erregung; 2. die zu medizin. Zwecken künstl. herbeigeführte Aufhebung der Schmerzempfindung (↑Anästhesie).

Betäubungsmittel, chem. Substanzen, die wegen ihrer schmerzlindernden Wirkung in der Medizin. angewandt werden (z. B. bei chirurg. Eingriffen). B. sind jedoch sehr häufig suchterregend; sie sind deshalb meist rezeptpflichtig und unterliegen dem Betäubungsmittelgesetz, weil sie als Rauschgifte zweckentfremdet werden können. Bekannte B. dieser Gattung sind Kokain, Morphin, Opium, Pervitin Ⓡ.

Betäubungsmittelgesetz, Kurzbez. für das BG über den Verkehr mit Betäubungsmitteln (Neufassung vom 28. 7. 1981 des **Opiumgesetzes** von 1929); dieser unterliegt der Aufsicht des Bundesgesundheitsamtes (BGA). Einfuhr, Ausfuhr, Anbau, Herstellung, Verarbeitung, Handel, Erwerb und Abgabe sind (außer bei Apotheken) nur mit Erlaubnis des BGA zulässig; ein absolutes Verbot hierfür besteht bei Haschisch. Betäubungsmittel dürfen nur bei Vorlage eines Bezugsscheines des BGA oder eines Rezeptes abgegeben werden; abgegebene Mengen und Empfänger sind im sog. **Lagerbuch** nachzuweisen. Die Strafbestimmungen sehen bei Verstößen gegen das B. - dazu gehört auch der Besitz von Betäubungsmitteln - Freiheitstrafen bis zu vier Jahren, in bes. schweren Fällen von einem bis zu 15 Jahren vor.

Betazerfall (β-Zerfall, Betaübergang), radioaktiver Zerfall, bei dem ein Atomkern seine Kernladungszahl (Ordnungszahl) um eine Einheit ändert, während die Massenzahl A konstant bleibt. Man unterscheidet (je nachdem, was für ein Nukleon im Kern am Zerfall beteiligt ist) 1. den negativen B. $n \to p + e^- + \bar{v}$, bei dem sich ein Neutron (n) in ein Proton (p) umwandelt und ein Elektron e^- (*Elektronenstrahler;* z. B. ^{40}K, ^{87}Rb, ^{228}Ra) und ein Antineutrino ($\bar{v}$) emittiert werden, 2. den positiven B. $p \to n + e^+ + v$, bei dem sich ein Proton in ein Neutron umwandelt und ein Positron e^+ (*Positronenstrahler;* z. B. ^{15}O, ^{22}Na) und ein Neutrino (v) emittiert werden. I. w. S. zählt dazu 3. der Elektroneneneinfang $p + e^- \to n + v$, bei dem ein Hüllenelektron vom Kern eingefangen wird, wobei sich ein Proton unter Emission eines Neutrinos in ein Neutron umwandelt. Die aus dem Kern emittierten Betateilchen und Neutrinos entstehen erst während des Zerfalls, sie sind nicht schon vorher im Kern vorhanden. Die Energieverteilung der emittierten Betateilchen, das **Betaspektrum,** ist kontinuierl. und besitzt eine für das betreffende radioaktive Isotop charakterist. obere Grenze, aus deren Vorhandensein W. Pauli 1931 wegen der Gültigkeit des Energieerhaltungssatzes die Existenz des Neutrinos folgerte.

Betazismus [griech.], Sprachfehler, bei dem die Laute [b] und [v] nicht unterschieden werden, oder andere Laute als [b] ausgesprochen werden.

Beteigeuze (Betelgeuse) [arab.], der östl. Schulterstern im Sternbild Orion; 300- bis 400facher Sonnendurchmesser, Entfernung 83 pc (270 Lichtjahre); gehört zu den hellsten Fixsternen.

Beteiligter, im formellen Sinn derjenige, der in einem gerichtl. Verfahren von sich aus auftritt oder hinzugezogen wird, eine bestimmte Funktion wahrnimmt und mit prozessualen Rechten (Recht auf Gehör, Befugnis zur Stellung von Anträgen und zur Einlegung von Rechtsmitteln usw.) ausgestattet ist. Im Zivilprozeß sind B.: Kläger, Beklagter sowie Drittbeteiligte bei Nebenintervention und Streitverkündung. Im Verfahren der freiwilligen Gerichtsbarkeit, im verwaltungs-, finanz- und sozialgerichtl. Verfahren sowie im Verwaltungsverfahren vor Behörden gilt ein weiterer (materieller) Begriff des Beteiligten: B. ist, wer am materiellen Rechtsverhältnis teilhat. Nimmt der Beteiligte nicht von sich aus am Verfahren teil, kann oder muß er hinzugezogen werden (↑Beiladung).

Beteiligung

Beteiligung, Eigentum an Anteilen von Personen- oder Kapitalgesellschaften, die in der Absicht einer kapitalmäßigen Bindung erworben worden sind und gehalten werden.
◆ im *Strafrecht* zusammenfassender Begriff für Mittäterschaft, Beihilfe und Anstiftung.

Beteiligungsgesellschaft ↑ Holdinggesellschaft.

Betelbissen [Malajalam/dt.], Anregungs- und Genußmittel der Eingeborenen in S-Asien und O-Afrika, besteht aus einer gerösteten Betelnußscheibe, die mit Gambir und meist auch Tabak in ein mit Kalk bestrichenes Blatt des Betelpfeffers (Chavica betle) eingewickelt, dann intensiv gekaut wird.

Betelgeuse ↑ Beteigeuze.

Betelnuß [Malajalam/dt.] (Arekasamen, Arekanuß), Samen der Betelnußpalme; neben Fetten, Zucker und rotem Farbstoff v. a. Alkaloide und Gerbstoffe enthaltend.

Betelnußpalme (Areca catechu), von den Sundainseln stammende Palmenart; in S-Asien, O-Afrika, S-China und auf Taiwan angepflanzt; bis 15 m hoher Baum mit einem Schopf gefiederter Blätter, verzweigten Fruchtständen und bis eiergroßen Früchten, deren dicke, faserige Fruchtwand einen rotbraunen Samen (**Betelnuß**) mit zerklüftetem Nährgewebe umschließt.

Betelpfeffer [Malajalam/dt.] ↑ Betelbissen.

Beteuerungsformel ↑ Eid.

Beth [hebr. „Haus, Ort"], der zweite Buchstabe des hebr. Alphabets; als hebr. „Haus" Bestandteil so geograph. Namen.

Bethanien, bibl. Ort am Osthang des Ölbergs, Heimat des Lazarus, von Maria und Martha (Joh. 11, 1).

Beth Din [hebr. „Gerichtshof"], im Judentum Rechtsprechungsorgan. Im Staat Israel fallen in die Kompetenz des B. D. Personenstandsangelegenheiten.

Bethe, Hans Albrecht ['be:tə, engl. 'beɪtɪ], * Straßburg 2. Juli 1906, amerikan. Physiker dt. Herkunft. - Maßgebl. an der Entwicklung der Atombombe (später auch der Wasserstoffbombe) beteiligt. Bed. Arbeiten zur Festkörperphysik, über die Bremsung von Elektronen durch Materie, insbes. zur Kernphysik; 1967 Nobelpreis für Physik.

Bethel [hebr., „das Haus Gottes"], bibl. Ort, rd. 18 km nördl. von Jerusalem, vermutl. alte Kultstätte des kanaanit. Gottes El; heute **Baitin.**

Bethel, Krankenanstalten in Bielefeld, ↑ Bodelschwinghsche Anstalten.

Bethesda [engl. bəˈθɛzdə], Stadt im westl. Maryland, USA, im Vorortbereich von Washington, 63 000 E. Medizin. Forschungszentrum (9 Institute).

Bethesda (Bethsaida), Doppelteichanlage nördl. des Tempels von Jerusalem, umgeben von fünf Säulenhallen (Joh. 5, 2–9).

Bethe-Weizsäcker-Formel [nach H.

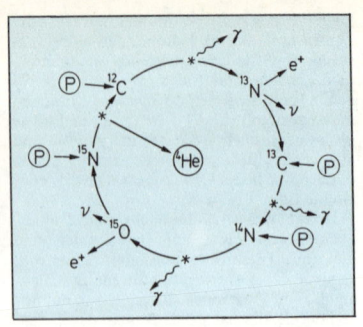

Bethe-Weizsäcker-Zyklus. p Proton, γ Gammaquant, e⁺ Positron, ν Neutrino

A. Bethe und C. F. Freiherr von Weizsäcker], halbempir. Interpolationsformel für die Bindungsenergie sämtl. Nukleonen eines Atomkerns.

Bethe-Weizsäcker-Zyklus [nach H. A. Bethe und C. F. Freiherr von Weizsäcker] (B-W-Zyklus, CN-Zyklus), ein Zyklus von Kernumwandlungsprozessen, den man für eine der wesentl. Energiequellen im Innern der Sonne und der anderen Sterne der Hauptreihe des Hertzsprung-Russell-Diagramms hält. Oberhalb von Sterntemperaturen von 10 Mill. Grad bilden vier Protonen (p) unter katalyt. Beteiligung eines Kohlenstoffkerns (^{12}C) unter Abgabe von zwei Positronen (e⁺) einen Heliumkern (^{4}He). Je Zyklus wird eine Energie von rund $4 \cdot 10^{-12}$ J frei, je Gramm gebildeten Heliums rd. $6,2 \cdot 10^8$ kJ (ca. 170 000 kWh).

Bethlehem, Stadt im z. Z. von Israel besetzten W-Jordanien, südl. von Jerusalem, mit **Bait Dschala** und **Bait Sahur** städt. Agglomeration von 25 000 E. - Heimatort des Geschlechts Davids; als Geburtsort Jesu Pilgerziel von Christen und Muslimen; 1099 zum Kgr. Jerusalem, 1187 an Sultan Saladin, 1229 noch einmal in christl. Besitz, 1244 wieder aijubid., später mameluck., osman. und brit. 1948 zu Jordanien. 1967 von den Israelis besetzt. - Geburtskirche (326–335, erneuert 540), eine fünfschiffige basilikale Anlage mit angefügtem Oktogon.

B. [engl. 'bɛθlɪhɛm], Stadt in Pennsylvania, USA, am O-Abfall der Appalachen, 70 400 E. Hauptsitz der Brüdergemeine in den USA; Univ. (gegr. 1865), Moravian College. - Gegr. 1741 von Indianermissionaren der Brüdergemeine.

bethlehemitischer Kindermord, nach Matth. 2, 13–18 von Herodes d. Gr. angeordnete Tötung aller bis zu 2 Jahren alten Knaben in Bethlehem und Umgebung, mit dem Ziel, den „neugeborenen König" (Jesus) zu beseitigen; außerbibl. nur spät bezeugt.

Bethlehem Steel Corporation [engl.

ˈbɛθlıhɛm ˈstiːl kɔːpəˈreıʃən], zweitgrößter amerikan. Konzern der Eisen- und Stahlind. sowie des Schiffbaus, gegr. 1904 in Bethlehem (Pa.); seit 1909 Sitz in Wilmington (Del.).

Bethlen, Gábor † Bethlen von Iktár, Gabriel.

Bethlen von Bethlen, István (Stephan) Graf, * Gernyeszeg 8. Okt. 1874, † bei Moskau 1947, ungar. Politiker. - Wichtiger Berater des Reichsverwesers Horthy; Min.präs. 1921–31; bemühte sich v. a. um Wiederherstellung der inneren Ordnung und die wirtsch. Konsolidierung Ungarns; konnte sich nach der Besetzung Ungarns durch dt. Truppen 1944 einer geplanten Verhaftung entziehen; nach dem sowjet. Einmarsch verhaftet und verschleppt.

Bethlen von Iktár, Gabriel (ungar. B. Gábor), * Illye (= Ilia, Rumänien) 1580, † Weißenburg 15. Nov. 1629, Fürst von Siebenbürgen (seit 1613). - Mit osman. Unterstützung zum Fürsten gewählt; kämpfte seit 1619 mit dem Ziel territorialer Erweiterung des selbständigen Siebenbürgen gegen den Kaiser und die habsburg. Rekatholisierung Ungarns; ließ sich 1620 zum König von Ungarn wählen; 1621 zum Verzicht gezwungen (bei Verleihung der Reichsfürstenwürde).

Bethmann, Johann Philipp, ≈ Nassau im Nov. 1715, † Frankfurt am Main 28. Nov. 1793, dt. Bankier. - Besaß zus. mit seinem Bruder *Simon Moritz B.* (* 1721, † 1782) das angesehenste dt. Bankhaus seiner Zeit (Bankhaus Gebrüder B.). Haupttätigkeit wurde die Vermittlung von Darlehen an Fürsten.

Bethmann Hollweg, Moritz August von (seit 1840), * Frankfurt am Main 8. April 1795, † Schloß Rheineck bei Andernach 14. Juli 1877, dt. Jurist und Politiker. - Großvater von Theobald von B. H.; Prof. in Berlin (1823) und Bonn (1829), Schüler Savignys; Begr. und Präs. (1848–72) der Dt. Ev. Kirchentage; 1858–62 preuß. Kultusmin.

B. H., Theobald von, * Hohenfinow bei Eberswalde 29. Nov. 1856, † ebd. 2. Jan. 1921, dt. Politiker. - Seit 1899 Oberpräs. der Prov. Brandenburg, seit 1905 preuß. Innenmin., seit 1907 Staatssekretär des Reichsamtes des Innern; 1909 Reichskanzler und preuß. Min.präs., stützte sich im Reichstag auf wechselnde Mehrheiten. Es gelang ihm jedoch nicht, die strukturbedingten innenpolit. Gegensätze durch eine „Politik der Diagonale" zu mildern. In der Außenpolitik duldete er die Kanonenbootpolitik, die 1911 die 2. Marokkokrise auslöste. Die angestrebte Aussöhnung und das Flottenabkommen (1912) mit Großbrit. scheiterten v. a. am Widerstand von Tirpitz. Der Anteil von B. H. an den Entscheidungen in der †Julikrise 1914 ist erhebl. Aus Furcht vor Rußland und einer weiteren Schwächung des östr.-ungar. Verbündeten drängte auch er Wien zu einer raschen militär. Aktion gegen Serbien. Doch seine Hoffnung, durch Lokalisierung des Konflikts einen europ. Krieg zu vermeiden, zerschlug sich. Nach Ausbruch des 1. Weltkriegs trug B. H. den Annexionsforderungen der Alldt. und anderer zunächst Rechnung, zielte aber schon ab Nov. 1914 auf einen Verständigungsfrieden. V. a. seit Übernahme der Obersten Heeresleitung (OHL) durch Hindenburg und Ludendorff (1916) entglitt ihm zunehmend die polit. Führung. Die Zurückweisung seines Friedensangebots durch die Alliierten und der ultimative Druck der OHL insbes. führten schließl. im Juli 1917 zu seinem Rücktritt.

⟨ *Hildebrand, K.:* B. H.: Der Kanzler ohne Eigenschaften? Düss. ²1970.

Beti, Mongo, * M'Balmayo bei Jaunde 30. Juni 1932, kamerun. Schriftsteller. - Lebt seit 1951 in Frankr. Kritisiert in seinen tief pessimist. Romanen Kolonialismus und christl. Missionierung wie die neokolonialist. nat. Reg.; u. a. „Der Weg nach Kala" (1957), „Tam-Tam für den König" (1958), „Perpétue und die Gewöhnung ans Unglück" (1974).

Betische Kordillere (Andalus. Gebirgsland), 600 km langes, bis 150 km breites Gebirgsland im SO der Iber. Halbinsel. Besteht aus zwei annähernd parallelen, kranzförmigen Ketten: dem südl. Bet. Innengürtel mit der Sierra Nevada (3478 m ü. d. M.) und dem nördl. Bet. Außengürtel (La Sagra 2381 m ü. d. M.); dazwischen liegt die Bet. Binnenbekkenflucht.

Beton [beˈtõː; frz.; zu lat. *bitumen* „Erdharz"], Gemenge aus grobkörnigen Zuschlagstoffen, hydraul. Bindemitteln (meist Zement, aber auch Kalk, Gips und Asphalt) und Wasser, das nach seiner Vermischung verformbar ist, nach einer gewissen Zeit abbindet und durch chem. Reaktionen zu dem Bindemittel, Wasser und den Zuschlagstoffen erhärtet. Nach Materialzusammensetzung (Dichte) unterscheidet man **Schwerstbeton** (4000 kg/m³), **Schwerbeton** (2300 kg/m³) und **Leichtbeton** (200–1900 kg/m³); bei letzterem werden Gase als Treibmittel zur Erzielung eines großen Porenanteils benutzt.

Die Eigenschaften des Zement-B. hängen von der Art und von der Güteklasse des Zements ab und von der Beschaffenheit und der Kornzusammensetzung der *Zuschlagstoffe* (z. B. Kies, Sand, Bims, Kork), vom Mengenverhältnis Zement zu Zuschlagstoff und Wasser sowie von Verdichtung und Nachbehandlung. Die Mindestmengen Zement je m³ B. sind durch amtl. Vorschriften festgelegt. - Im Bauwesen wird unter Anwendung verschiedenster Betonierverfahren auf der Baustelle oder in Fertigbetonanlagen hergestellter B. verwendet: Stampfbeton wird erdfeucht eingestampft, Gußbeton über Rinnen geführt, Spritzbeton mit Druckluft durch Düsen gespritzt; B.rohre und B.masten werden im Schleuderbetonverfahren hergestellt. Zur Erhöhung der geringen Zugfestigkeit können Stahleinlagen in den B. eingelegt, um die sie

Betonbau

die Zugkräfte aufnehmen. Die Kombination Stahl und B. als **Stahlbeton** ist mögl., weil beide Werkstoffe etwa die gleiche therm. Ausdehnung besitzen. Im Bauwesen werden heute Fertigteile aus B. benutzt, z. B. Voll- und Hohlblocksteine, B.dachsteine, B.rohre, Schacht- und Brunnenringe, B.pflastersteine, Gehwegplatten und Bordsteine für den Straßenbau, Tröge, Grubenstempel für den Grubenaubau im Bergbau, Spannbetonschwellen für den Eisenbahnbau. B.dichtungsmittel machen B. wasserundurchlässig. **Terrazzo** ist ein B., dessen Oberflächenschicht aus farbigem Naturstein und Zement besteht. Nach dem Erhärten wird die Oberfläche geschliffen und poliert.

Geschichte: B. wurde bereits im Altertum aus vulkan. Pozzuolanerde, Kalk, Bruchsteinen und Wasser hergestellt, z. B. ruht die Kuppel des Pantheons in Rom auf einer kreisrunden B.mauer. Leonardo da Vinci beschrieb Ende des 15. Jh. ein Verfahren zur Herstellung von B.blöcken für eine Hafenmauer. Mit der Verbreitung des Portlandzements seit der Mitte des 19. Jh. und der Einführung des Stahl- und des Spannbetons fand der B. vielfältige Verwendung.

📖 *B.-Hdb.* Hg. v. Dt. B.-Verein e. V. Wsb. ^{2}1984. - Baumann, E.: *B.bau u. B.technologie.* Sursee 1982. - Basalla, A.: *Bauprakt. B.technologie.* Wsb. ^{4}1980. - *Prakt. B.technik. Ein Ratgeber für Architekten u. Ingenieure.* Düss. 1977.

Betonbau [be'tõ:], Sammelbez. für das Gebiet der Bautechnik, in dem unbewehrter Beton verwendet wird; Ggs.: Stahlbetonbau.

Betonglas [be'tõ:], runde oder viereckige, gepreßte Glaskörper, die im Stahlbetonbau als lichtdurchlässiges Material für Dächer und Kellerdecken verwendet werden.

Betonie (Betonica) [lat.], Gatt. der Lippenblütler mit etwa 10 Arten in Eurasien und Afrika; Stauden mit in dichten Scheinähren angeordneten Blüten. - In M-Europa (in den Alpen) wächst die **Gelbe Betonie** (Fuchsschwanzziest, Betonica alopecuros, Stachys alopecuros) mit gelblichweißen Blüten sowie die **Heilbetonie** (Heilziest, Echter Ziest, Betonica officinalis, Stachys officinalis) mit roten Blüten, in lichten Wäldern, auf Wiesen und Flachmooren.

Betonmischmaschine [be'tõ:], Baumaschine zur Herstellung von Betongemischen. Man unterscheidet zw. **Freifallmischer** mit waagerechter Mischtrommel, an deren Wänden Schaufeln angebracht sind, und **Zwangsmischer**, in deren zylindr. Gehäuse eine mit Rührarmen versehene Welle rotiert.

Betonpumpe [be'tõ:], zur Förderung des zubereiteten Betons vom Mischer zur Verarbeitungsstelle über Druckrohre dienende Hochdruckpumpe (Kolben- oder Kreiselpumpe).

Betonrüttler [be'tõ:] ↑ Rüttler.

Betonstahl [be'tõ:], im Bauwesen als Bewehrungsstahl verwendeter Spezialstahl mit bestimmten Festigkeitseigenschaften.

Betonung ↑ Akzent.

Betonversiegelung [be'tõ:], das Auftragen von Belägen aus elast., widerstandsfähigen Kunstharz- oder Kautschuklacken auf Betonböden zum Schutz der Betonoberfläche gegen Chemikalien und Wasser.

betr., Abk. für: betrifft, betreffs, betreffend.

Betrag, svw. ↑ Absolutbetrag.

Betreibung, in der *Schweiz* Verfahren zur zwangsweisen Vollstreckung von Geldforderungen, geregelt im BG über Schuld-B. und Konkurs. Arten der B.: 1. B. auf Pfändung gegen nicht im Handelsregister eingetragene Schuldner; 2. B. auf Konkurs gegen im Handelsregister eingetragene Schuldner; 3. B. auf Pfandverwertung für pfandgesicherte Forderungen; 4. Wechsel-B. für Wechselforderungen gegen im Handelsregister eingetragene Schuldner.

Betrieb, organisierte Wirtschaftseinheit, in der durch den Einsatz von Produktionsfaktoren für den Markt Güter produziert oder Dienstleistungen bereitgestellt werden.

Als Produktions-B. decken sie vorwiegend den Bedarf Dritter. Dies geschieht durch planvoll kombinierten Einsatz der Produktionsfaktoren Arbeit, Betriebsmittel oder Anlagekapital sowie Werkstoffe oder Umlaufkapital an ausgewählten Standorten. Die Bedarfsdeckung Dritter ist nicht Selbstzweck, sondern Ergebnis von arbeitsteiligem Wirtschaften. Dabei wird die Wirtschaftlichkeitsprinzip beachtet: Ein gesetzter Zweck ist mit möglichst geringen Mitteln zu erreichen (Sparprinzip), bzw. mit vorgegebenen Mitteln ist ein Zweck bestmögl. zu erfüllen (Optimierungsprinzip).

In einer zentral geleiteten (Plan-)Wirtschaft erfolgt die Leistungserstellung der B. nach zentralen Volkswirtschaftsplänen. Der B. ist nur ausführendes, organisator. weithin unselbständiges, fremdbestimmtes Organ zentraler Wirtschaftsbehörden. Sie lenken das betriebl. Geschehen u. a. durch Vorgabe von Produktionssolls, Zuteilung von Produktionsfaktoren und marktunabhängige Festpreise. Dies setzt entweder voraus, daß die Produktionsmittel vergesellschaftet sind oder die private Verfügungsgewalt über sie stark eingeschränkt ist.

Bei Privateigentum an Produktionsmitteln und marktwirtschaftl. Koordination von Wirtschaftsplänen werden betriebl. Entscheidungen autonom gefällt und an der Situation auf den Absatz- und Beschaffungsmärkten orientiert. Bedürfnisse werden entsprechend der kaufkräftigen Nachfrage befriedigt, solange und soweit hierdurch die erwerbswirtschaftl. Ziele der Produktionsmitteleigentümer erfüllbar erscheinen. Ihren Interessen entsprechend steht die Erwirtschaftung eines Gewinns im Vordergrund. Derart durch das

marktwirtschaftl.-kapitalist. System mitgeprägte B. werden allg. als (erwerbswirtschaftl.) *Unternehmen* bezeichnet. Das Unternehmen führt Gewinne an seine Eigenkapitalgeber ab. Letztere sind zwar zugleich Träger des Kapitalrisikos (Verluste), jedoch nicht zwingend auch verantwortl. für die Unternehmensführung, da abhängig Beschäftigten die Führungsaufgabe übertragen werden kann (Angestellten-Unternehmer).
Privates Wirtschaften wird in der Marktwirtschaft durch staatl. Wirtschaften mit öff. Produktionsmitteleigentum ergänzt. Rechtsform derartiger öff. B. der Marktwirtschaft sind entweder die privatrechtl. Formen der Unternehmen oder bes. Institutionen des öff. Rechts (Körperschaft, Anstalt, Stiftung). An die Stelle des Erwerbsprinzips tritt dabei häufig die Gemeinwohlorientierung. - Abb. S. 200.

📖 *Hagen, P. v. dem: B.wirtschaftslehre kurz u. bündig. Würzburg ³1985. - Heinen, E.: Einf. in die B.wirtschaftslehre. Wsb. ⁹1985. - Wöhe, G.: Einf. in die allg. B.wirtschaftslehre. Mchn. ¹⁵1984.*

betriebliche Alters- und Hinterbliebenenversorgung, unwiderrufl. oder widerrufl. Zusage des Arbeitgebers, dem Arbeitnehmer nach Erfüllung einer Wartezeit und bei Vorliegen bestimmter Voraussetzungen (z. B. Erreichen der Altersgrenze) eine Geldleistung (meist in Form einer Rente) zu gewähren. Die Leistung kann aus einer Lebensversicherung, einer Unterstützungs- oder Pensionskasse erfolgen. Das Gesetz zur Verbesserung der betriebl. Altersversorgung vom 5. 12. 1974 regelt u. a. die Erhaltung der Anwartschaft bei Ausscheiden aus einem Betrieb und den Schutz vor Zahlungsunfähigkeit durch den Pensionssicherungsverein.

betriebliche Mitbestimmung ↑Mitbestimmung.

betriebliche Planung, Analyse wirtsch. Tatbestände und Entwicklungstendenzen, deren Ergebnisse Sollgrößen für jeweils nachgelagerte Plan- und Ausführungsentscheidungen sind. - Abb. S. 201.

betriebliches Rechnungswesen, zusammenfassende Bez. für Finanzbuchhaltung, Bilanzbuchhaltung, Kostenrechnung, betriebl. Statistik, Vergleichs- und Planungsrechnung. Das b. R. hat die Aufgabe, alle zahlenmäßig darstellbaren, auf den Betrieb bezogenen wirtsch. Zustände und Vorgänge zu erfassen und auszuwerten.

Betriebsabrechnung ↑Kostenrechnung.

Betriebsabrechnungsbogen, Abk. BAB, Hilfsmittel der ↑Kostenrechnung.

Betriebsarzt, nach dem BG über Betriebsärzte, Sicherheitsingenieure und andere Fachkräfte für Arbeitssicherheit vom 12. 12. 1973 vom Arbeitgeber unter bestimmten Voraussetzungen zu bestellender, fest eingestellter oder frei praktizierender Arzt, der den Arbeitgeber beim Arbeitsschutz und bei der Unfallverhütung in allen Fragen des Gesundheitsschutzes beraten, durch Untersuchung der Arbeitnehmer, Überprüfung der Arbeitsstätten und -bedingungen u. a. unterstützen soll.

Betriebsausgaben, durch den Betrieb veranlaßte Aufwendungen, die bei der Gewinnermittlung als Kosten anzusetzen sind.

Betriebsausschuß, Ausschuß des Betriebsrats, der die laufenden Geschäfte führt. Der B. ist von Betriebsräten mit neun oder mehr Mgl. zu bilden.

Betriebsberater, svw. ↑Unternehmensberater.

Betriebsbuchhaltung (kalkulator. Buchhaltung) ↑Buchhaltung.

Betriebseinnahmen, zusammenfassende Bez. für alle Güter, die in Geld oder Geldeswert bestehen und dem Steuerpflichtigen im Rahmen seines Betriebes zufließen.

Betriebserfindungen ↑Arbeitnehmererfindungen.

Betriebsergebnis, der durch Gegenüberstellung der betriebl. Aufwendungen und Erträge statist. oder buchhalter. ermittelte positive oder negative Erfolg.

Betriebserlaubnis, Erlaubnis zur Inbetriebnahme eines Kraftfahrzeuges (Zulassung). Für serienmäßig zu fertigende oder gefertigte Fahrzeuge kann die B. dem Hersteller allg. erteilt werden (sog. Allg. B.). - In *Österreich* entspricht die **Typengenehmigung.**

Betriebsfeld, im Bergbau Bez. für ein im Abbau stehendes Gebiet mit einem eigenen Förderschacht.

Betriebsfläche, die gesamte Grundfläche eines landw. Betriebes, einschließl. Hof, Garten und Wegen.

Betriebsgefahr, Schadensgefahr, die durch den Betrieb techn. Einrichtungen oder durch die Benutzung von Sachen auf öff. Straßen und sonstigen Verkehrswegen entstehen kann. Der Haftungsgrund ist in Sondergesetzen geregelt. Eine B. besteht bei Straßen- und Eisenbahn, Elektrizitäts- und Gasanlagen, bei Luftfahrzeugen und Kraftfahrzeugen.

Betriebsgefährdung ↑Transportgefährdung.

Betriebsgeheimnis ↑Geschäftsgeheimnis.

Betriebsgewerkschaftsleitungen, Abk. BGL, in der DDR Organe des Freien Dt. Gewerkschaftsbunds (FDGB) in den Betrieben, die die Stelle der Betriebsräte einnehmen. Sie sind Partner der Betriebsleitungen beim Abschluß des Betriebskollektivvertrages und an Beschlüsse und Weisungen des FDGB gebunden.

Betriebskampfgruppen ↑Kampfgruppen.

Betriebskapital, svw. ↑Umlaufvermögen.

Betriebsklima, Summe aller sozialen,

Betriebskollektivvertrag

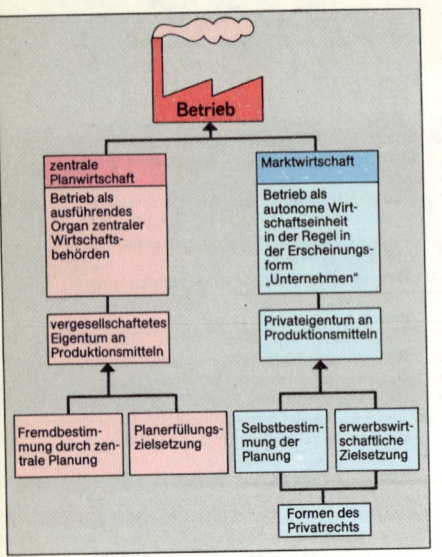

Betrieb. Vom Wirtschaftssystem abhängige Bestimmungsgrößen für einen Betrieb

psycholog., institutionellen, organisator. und weiterer Einflußgrößen, die zus. das System der Arbeitsbedingungen ausmachen, innerhalb derer sich die Aufgabenerfüllung und bes. das Zusammenwirken der Mitarbeiter in einem Betrieb vollziehen. Von Bed. sind v. a. die zwischenmenschl. Beziehungen, der angewandte Führungsstil, die Form der Partnerschaft zw. Arbeitgeber und Arbeitnehmer, die soziale Betreuung und Förderung der Mitarbeiter, die Entlohnungs- und Informationspolitik der Betriebsleitung, die Raum- und Arbeitsplatzgestaltung.

Betriebskollektivvertrag, in den volkseigenen Betrieben der DDR eine alljährl. abzuschließende „Vereinbarung zw. dem Betriebsleiter und der Betriebsgewerkschaftsleitung zur allseitigen Erfüllung der Betriebspläne". Der B. umfaßt Verpflichtungen zur Steigerung der Arbeitsproduktivität, zur Senkung der Selbstkosten, zur Festigung der Arbeitsdisziplin u. a.

Betriebskosten, in der *Kostenrechnung* kleiner Betriebe: die Fertigungs-, Material- und Teile der Verwaltungskosten. Zu den B. der *Kfz-Haltung* gehören die Kosten für: Wartungs- und Schmierdienste, Benzin, Wagenpflege, Ersatzteile und Reparaturen, Steuer und Versicherung; gelegentl. werden auch die Wertminderung und der Zinsverlust zu den B. gerechnet. In der *Wohnungswirtschaft*: laufende Bewirtschaftungskosten für ein Grundstück, Gebäude oder eine Wirtschaftseinheit, insbes. Grundsteuer, Kosten der Wasserversorgung und Heizung, Fahrstuhl, Müllabfuhr u. a.

Betriebskrankenkassen, Krankenkassen, die ein Arbeitgeber für jeden Betrieb, in dem er regelmäßig mindestens 450 Versicherungspflichtige, für jeden landw. Betrieb oder jeden Binnenschiffahrtsbetrieb, in dem er regelmäßig mindestens 150 Versicherungspflichtige beschäftigt, mit Zustimmung der Versicherungspflichtigen und der zuständigen Behörden errichten kann. In die B. gehören alle im Betrieb beschäftigten Versicherungspflichtigen. Die satzungsmäßigen Leistungen der B. müssen denen der maßgebenden Krankenkassen mindestens gleichwertig sein.

Betriebsobmann, Bez. für den aus nur 1 Person bestehenden Betriebsrat in Kleinbetrieben (5–20 wahlberechtigte Arbeitnehmer).

Betriebsorganisation, planvolle Verknüpfung von Einrichtungen, Funktionen und Abläufen in einem Betrieb zum Erreichen der Unternehmensziele durch generelle oder spezielle (fallweise) Regelungen. Zum organisator. *Aufbau* des Betriebs gehören: die Zuordnung der betriebl. Funktionen zu den Abteilungen und Arbeitsplätzen (einschließl. Arbeitsplatzbeschreibungen) und die Abgrenzung der Zuständigkeiten zw. den und innerhalb der Abteilungen (funktionale Kompe-

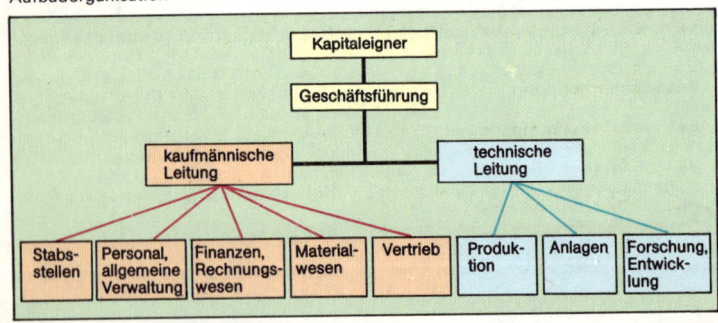

Betriebsorganisation. Beispiel einer funktionsorientierten Aufbauorganisation

Betriebsverfassung

tenzabgrenzung); die Regelung von Leitungsbefugnissen, Delegations-, Mitsprache-, Mitbestimmungs- und Vorschlagsrechten sowie Informationsansprüchen (hierarch. Gliederung). Zur Organisation der betriebl. *Abläufe* zählen insbes. die Abstimmung und Synchronisation menschl. Bedürfnisse und techn. Erfordernisse in Richtung auf eine optimale Kombination aller eingesetzten Produktionsfaktoren und die Installation eines Informationssystems, das den Anweisungs- und Nachrichtenstrom sowie Berichtswesen und Rechenschaftslegung regelt.

Betriebspsychologie, Teilgebiet der angewandten Psychologie, das sich mit den psych. Problemen des im Betrieb arbeitenden Menschen beschäftigt. Der Betriebspsychologe befaßt sich u. a. mit Auslese und Plazierung von Arbeitskräften, Anpassung von Arbeitsmitteln und -bedingungen an die Arbeitenden, Arbeitsmotivation, psycholog. Beratung einzelner Betriebsangehöriger sowie Schulung von Führungskräften.

Betriebsrat ↑Betriebsverfassung.

Betriebssabotage, mit Freiheitsstrafe bis zu 5 Jahren oder Geldstrafe bedrohte Verhinderung oder Störung des Betriebs einer Eisenbahn, der Post oder öff. Verkehrsunternehmen, der öff. oder lebenswichtigen Versorgungsanlagen (Wasser, Licht, Schlachthöfe usw.) oder einer der öff. Ordnung oder Sicherheit dienenden Anlage (Notrufanlage) dadurch, daß eine dem Betrieb dienende Sache zerstört, beschädigt, beseitigt, verändert oder unbrauchbar gemacht oder die für den Betrieb bestimmte elektr. Energie entzogen wird (§§ 316b, 317 StGB).

Betriebsschutz, 1. Teil des Arbeitsschutzes. Nach §§ 120a ff. Gewerbeordnung ist der Arbeitgeber verpflichtet, Arbeitsräume, Maschinen und Geräte so zu unterhalten, daß Leben und Gesundheit der Arbeitnehmer so weit wie mögl. vor Gefahren geschützt sind. Die ArbeitsstättenVO vom 20. 3. 1975 enthält Regelungen über Belüftung, Beheizung, Beleuchtung von Arbeitsplätzen, Schutz gegen Dämpfe und Lärm, Nichtraucherschutz; 2. der Schutz von Betriebsanlagen gegen Eindringen von Unbefugten, die Abwehr von Werkspionage, Sabotage u. a. durch den sog. **Werkschutz.**

Betriebssoziologie, Spezialgebiet der Soziologie, befaßt sich mit den Auswirkungen des Arbeitsprozesses auf das soziale Verhalten der Betriebsmitglieder, den innerbetriebl. Sozialbeziehungen, der spezif. Sozial- und Organisationsstruktur eines Betriebes, den sozialen Wechselwirkungen zw. Betrieb und Umwelt.

Betriebsstillegung, auf Dauer beabsichtigte Einstellung des ganzen Betriebes od. wesentl. seiner Teile; bei einer B. muß der Betriebsrat nach § 102 BetriebsverfassungsG beteiligt werden.

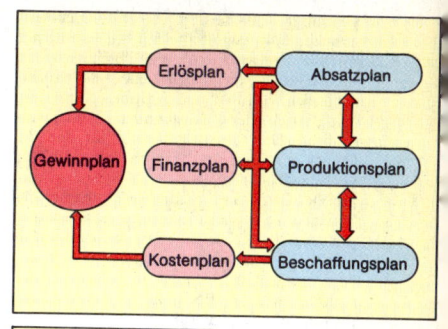

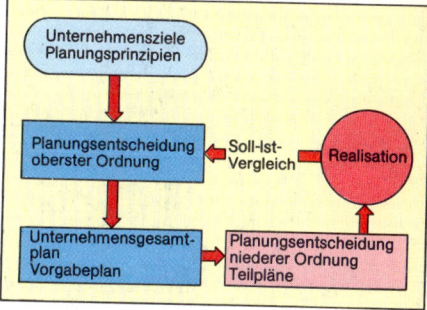

Betriebliche Planung. Planungsbereiche (oben) und Planungsprozeß

Betriebsstoffe, Fertigungsmaterialien, die nicht in ein Produkt eingehen, sondern bei der Produktion verbraucht werden.

Betriebsunfall ↑Arbeitsunfall.

Betriebsvereinbarungen, im BetriebsverfassungsG vorgesehene, durch Arbeitgeber und Betriebsrat gemeinsam beschlossene Vereinbarungen als Ergänzung zu einzelvertragl. Regelungen und zum Kollektivvertrag, die für die Arbeitnehmer eines Betriebes unmittelbare Geltung haben. Sie sind schriftl. niederzulegen, von beiden Seiten zu unterzeichnen und durch den Arbeitgeber durch Auslegen an geeigneter Stelle im Betrieb bekanntzumachen. Durch B. können Normen für Arbeitsverhältnisse (z. B. Beginn und Ende der Arbeitszeit), für betriebl. Fragen und für betriebsverfassungsrechtl. Fragen gesetzt werden. Auf Zeit abgeschlossene B. enden mit Zeitablauf, andere durch Kündigung.

Betriebsverfassung, Gesamtheit der Normen, die das Verhältnis zw. Arbeitgeber und Arbeitnehmer im Betrieb regeln. Die B. wird heute im wesentl. durch das **Betriebsverfassungsgesetz** vom 15. 1. 1972 (BetrVG) bestimmt, das das gleichlautende Gesetz vom 11. 10. 1952 ablöste. Das BetrVG gilt für Betriebe mit i. d. R. mindestens 5 ständigen wahlberechtigten Arbeitnehmern, von denen

Betriebsverfassung

3 wählbar sein müssen. Arbeitnehmer sind Arbeiter und Angestellte mit Ausnahme der leitenden Angestellten. Wahlberechtigt sind Arbeitnehmer, die das 18. Lebensjahr vollendet haben. Wählbar sind Wahlberechtigte, die dem Betrieb oder Unternehmen 6 Monate angehören. Das Gesetz gilt nicht für den öff. Dienst und nur mit Einschränkungen für ↑Tendenzbetriebe.

Ziel des BetrVG ist es, die Arbeitnehmer des Betriebes an betriebsbezogenen Entscheidungen des Arbeitgebers zu beteiligen. Als Einzelpersonen haben die Arbeitnehmer jedoch nur Anhörungs-, Erörterungs- und Beschwerderechte sowie das Recht auf Einsicht in die Personalakten; auch die verfaßte Gesamtheit der Arbeitnehmer, die **Betriebsversammlung**, die regelmäßig in jedem Kalendervierteljahr vom Betriebsrat einzuberufen ist, nimmt nur den Tätigkeitsbericht des Betriebsrates entgegen, unterbreitet ihm Anträge und nimmt Stellung zu seinen Beschlüssen. Die Arbeitnehmer werden hauptsächl. durch den **Betriebsrat** beteiligt. Er besteht bei kleineren Betrieben nur aus dem Betriebsobmann, sonst aus einer im BetrVG festgelegten ungeraden Anzahl von Mgl. Die Arbeiter und Angestellten wählen ihn in geheimer, freier Wahl für 3 Jahre; wenn er mehrgliedrig ist, wählen sie ihre Vertreter i.d.R. getrennt *(Gruppenwahl)*. Die Vertretung der Minderheitsgruppe ist bes. geregelt. Neben dem Betriebsrat sind unter bestimmten Voraussetzungen zu bestellen: ein **Gesamtbetriebsrat**, ein **Konzernbetriebsrat**, eine **Jugend- und Auszubildendenvertretung** und ein **Wirtschaftsausschuß**.

Der Betriebsrat ist weisungsfreier betriebl. Funktionsträger. Seine Mgl. sind unter Lohnfortzahlung wie früher im Amt angemessen von der Arbeit freizustellen. Der Betriebsrat genießt einen bes. Schutz gegen Störungen bzw. Benachteiligungen und einen bes. Kündigungsschutz. Er hat zum Wohle der Arbeitnehmer und des Betriebs mit dem Arbeitgeber vertrauensvoll zusammenzuarbeiten, ist also partnerschaftl. Interessenvertreter. Daraus ergeben sich diese Grundsätze: Die Kosten für die Geschäftsführung (und die dazu erforderl. Schulung) des Betriebsrats dürfen nicht durch Umlagen gedeckt werden; sie sind vom Arbeitgeber zu tragen. Arbeitskampfmaßnahmen zw. Arbeitgeber und Betriebsrat sowie parteipolit. Betätigung im Betrieb sind verboten.

Die dem Betriebsrat zugewiesenen Beteiligungsrechte beziehen sich auf soziale Angelegenheiten, auf die Sicherheit am Arbeitsplatz, auf Personalplanung, auf personelle Einzelmaßnahmen wie Einstellung und Kündigung und - bei Betriebsänderungen - auf den Interessenausgleich und den Sozialplan zugunsten der betroffenen Arbeitnehmer. Es sind teils nur Informations-, Anhörungs-, Widerspruchsrechte, teils aber auch „echte" Mitbestimmungsrechte, insbes. bei den sozialen Angelegenheiten, bei denen es überwiegend um Fragen der Ordnung des Betriebes geht, aber z. B. auch um die Einführung von Kurzarbeit. Können sich Arbeitgeber und Betriebsrat über solche Angelegenheiten nicht einigen, entscheidet die ↑Einigungsstelle.

Rechtl. Gestaltungsmittel des Zusammenwirkens zw. Arbeitgeber und Betriebsrat sind die Betriebsvereinbarung und die formlose Regelungsabrede. Das BetrVG gewährt den im Betrieb vertretenen Gewerkschaften zur Durchsetzung der Betriebsverfassung zahlr. Aufgaben und Rechte, zu deren Ausführung ihre Beauftragten den Betrieb nach Information des Arbeitgebers betreten dürfen. Außerdem regelt es durch die §§ 76 und 77a des BetrVG 1952 die Beteiligung der Arbeitnehmer im Aufsichtsrat. Danach müssen die Aufsichtsräte der im Gesetz näher bezeichneten Kapitalgesellschaften (z. B. Aktiengesellschaften) zu einem Drittel aus Vertretern der Arbeitnehmer bestehen. Diese Vorschriften kommen nicht zur Anwendung, wenn weitergehende Gesetze über die Mitbestimmung im Unternehmen eingreifen.

Geschichte: Eine erste gesetzl. Regelung von Mitwirkungsrechten der Arbeitnehmer erfolgte in der Novelle vom 1. 6. 1891 zur Gewerbeordnung (sog. Arbeiterschutzgesetz). Die VO über Tarifverträge, Arbeiter- und Angestelltenausschüsse und Schlichtung von Arbeitsstreitigkeiten vom 23. 12. 1918 sah die Bildung von Ausschüssen, getrennt nach Arbeitern und Angestellten, in allen Betrieben vor, die mindestens 20 Arbeiter oder Angestellte beschäftigten. Einen ersten Abschluß der Entwicklung brachte das BetriebsräteG vom 4. 2. 1920, das den Arbeitnehmern auf sozialem und personellem Gebiet, insbes. durch Mitbestimmung beim Erlaß der Arbeitsordnung, Mitwirkungsrechte einräumte. 1933–45 war die Entfaltung des Mitwirkungsrechtes der Arbeitnehmer unterbrochen. Nach dem 2. Weltkrieg kam es verschiedentl. zu landesrechtl. Regelungen, bis das BetrVG vom 11. 10. 1952 durch einheitl. Normierung die vorhandene Rechtszersplitterung beendete. Durch die Neufassung des BetrVG vom 15. 1. 1972 wurde das B.recht in wesentl. Punkten neu gestaltet. So wurde die Stellung der Gewerkschaften im Betrieb umfassender geregelt (§ 2), die Institutionen der Betriebsvertretung wurden erweitert und ausgebaut (Konzernbetriebsräte, Jugendvertretung), die Mitwirkung des Betriebsrates bei sozialen und personellen Angelegenheiten, bei der Gestaltung von Arbeitsplatz, Arbeitsablauf und Arbeitsumgebung wurde neu aufgenommen und dem einzelnen Arbeitnehmer in denjenigen betriebl. Angelegenheiten, die seine Person betreffen, ein Mitwirkungsrecht eingeräumt.

In der *DDR* entspricht dem Betriebsrat die

↑Betriebsgewerkschaftsleitung. In *Österreich* bildet das Arbeitsverfassungsgesetz vom 14. 12. 1973 die Grundlage der B.; der Betriebsrat hat ähnl. Rechte und Aufgaben wie im dt. Recht; er ist der Betriebsversammlung verantwortl., die ihn mit Zweidrittelmehrheit abwählen kann. Die *Schweiz* kennt kein umfassendes B.recht. Die (nicht obligator.) Arbeiterkommissionen (Fabrikkommissionen) haben i. d. R. nur ein Mitspracherecht in einzelnen innerbetriebl. Angelegenheiten (z. B. Gestaltung des Arbeitsverhältnisses).

📖 *Fitting, K. u. a.: B.gesetz mit Wahlordnung. Handkommentar. Mchn. ¹⁴1984. - Betriebsrätegesetz. Hg. v. der Stadt Osnabrück u. a. Nürnberg 1980. - Das Betriebsrätegesetz u. das Jugendvertrauensrätegesetz. Hg. v. V. Pigler. Wien ⁵1972 (mit Nachtrag 1973). - Neumann-Duesberg, H.: B.recht. Bln. 1960.*

Betriebsvermögen, alle Teile einer wirtsch. Einheit, die dem Betrieb eines Gewerbes als Hauptzweck dient, soweit die Wirtschaftsgüter dem Betriebsinhaber gehören.

Betriebsversammlung ↑Betriebsverfassung.

Betriebswirt, Beruf mit Hochschul- (Diplomkaufmann, Diplomökonom) oder Fachhochschulstudium (graduierter B.) oder mit Fachschulausbildung (z. B. staatl. geprüfter, prakt., techn. B., B. VWA [= Verwaltungs- und Wirtschaftsakademie], B. DAA [= Dt. Angestellten-Akademie]).

Betriebswirtschaftslehre, Disziplin der Wirtschaftswiss., in der der Aufbau von und die Vorgänge in Betrieben beschrieben und erklärt und Gestaltungsmöglichkeiten untersucht werden. Diese theoret. B. ist Grundlage für die angewandte (prakt.) B., die Theorie der Betriebspolitik.
Gliederung: In der *allg. B.* werden, von allen Besonderheiten der Branchen und der Rechtsformen abstrahierend, betriebl. Funktionen und Abläufe beschrieben. Die *speziellen B.* sind Betriebslehren für einzelne Branchen (Ind., Handel, Banken, Versicherungen, Verkehr u. a.). Die *betriebswirtschaftl. Verfahrenstechnik* umfaßt die Beschreibung von Methoden der Wirtschaftspraxis, insbes. Buchhaltung und Bilanztheorie, Kostenrechnung und Kalkulation, Finanzmathematik, Wirtschaftsrechnen und Statistik.

Betrug, im Strafrecht nach § 263 StGB Schädigung des Vermögens eines andern dadurch, daß durch Vorspiegelung falscher oder durch Entstellung oder Unterdrückung wahrer Tatsachen ein Irrtum erregt oder unterhalten wird, um sich oder einem Dritten einen rechtswidrigen Vermögensvorteil zu verschaffen. Der B. wird mit Freiheitsstrafe bis zu fünf Jahren oder mit Geldstrafe, in bes. schweren Fällen mit Freiheitsstrafen von einem Jahr bis zu zehn Jahren bestraft. Außerdem kann das Gericht Führungsaufsicht anordnen. - Im *östr.* und *schweizer. Recht* gilt Entsprechendes.

Betschuana ↑Tswana.

Betschuanaland ↑Botswana. **B.,** Landschaft im S-Teil der Kalahari, von Kuruman und Molopo durchzogen; extensive Viehzucht; Abbau von Mangan- und Eisenerzen und Diamanten. - 1885 brit. Kronkolonie, 1895 zur Kapkolonie.

Bet Shean [hebr. 'bɛt ʃɛ'an], israel. Stadt im Jordangraben, 98 m ü. d. M., 13 000 E. Wirtsch. und kulturelles Zentrum eines bis 240 m u. d. M. liegenden Gebietes, das seit 1936 landw. erschlossen wurde; Wohnsiedlung landw. Arbeiter, Textilind. - Seit dem 4. Jt. v. Chr. nachweisbar. In hellenist. Zeit **Scythopolis**; seit 64/63 unter röm. Hoheit; im 4.-6. Jh. Bischofssitz; 634 oder 636 von den Arabern erobert; 1099 zum Kgr. Jerusalem, 1187 an Sultan Saladin, 1217 wieder an die Kreuzfahrer, 1260 an die Mamelukken; seit 1516 osman., 1920 zum brit. Mandatsgebiet Palästina, 1948 zu Israel. - Die Siedlungsspuren: ägypt. Festungen 14.-12. Jh., Fundamente von spätbronzezeitl. sowie eisenzeitl. Tempeln. Röm. sind Amphitheater, Thermen und Brücke; aus byzantin. Zeit Mosaiken (6. Jh.).

Betsiboka [Malagassi], Fluß im NW Madagaskars, entspringt nördl. von Antananarivo, mündet bei Majuna mit einem großen Delta (Reisbau); rd. 520 km lang.

Betsileo [Malagassi], gebirgige Land-

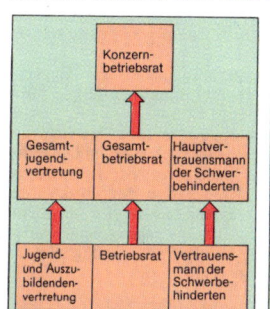

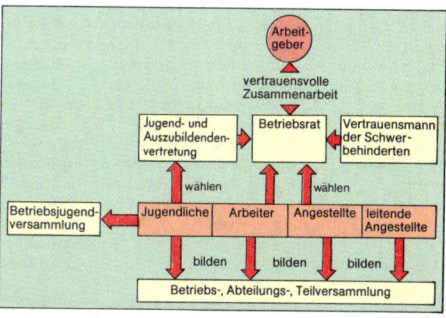

Betriebsverfassung eines Betriebs (rechts) und eines Unternehmens mit mehreren Betrieben bzw. eines Konzerns

schaft im S des Hochlands von Madagaskar, 1 200–1 500 m ü. d. M.; Reisbau.

Betsy [engl. 'bɛtsɪ], engl. weibl. Vorname, Kurz- und Koseform von Elizabeth.

Bett [zu althochdt. betti, eigtl. „Schlafgrube", „Boden, auf dem man ausruht"], schon in den alten Hochkulturen wie Ägypten und Babylonien war das auf ein Gestell mit Füßen gehobene B. bekannt, es bot Schutz gegen Feuchtigkeit und Ungeziefer. Die Auflage ruhte auf Geflechten oder Gurten. Die Griechen und Römer pflegten auf der „Kline" liegend auch festl. Mahlzeiten einzunehmen. Im MA benutzte man einen Holzkasten, der auf vier niedrigen Pfosten stand, als B.statt. Man schlief halbsitzend und benutzte ein B. zu mehreren. Im 13. Jh. kam das Himmel-B. auf. Die Vorhänge wurden im 15. Jh. durch oft reich verzierte Holzkonstruktionen ersetzt. Die Pfosten des B. wurden wesentl. erhöht, das Gestell wurde verschalt. In höf. Kreisen wurde das B. zum Prunkmöbel, seit dem 18. Jh. mit vorkragendem Baldachin (es stand nun mit der Längsseite an der Wand). Seit dem 17. Jh. verbreitete sich auch der span. ↑Alkoven. Auf dem Lande wurde v. a. das Himmel-B. tradiert; im Bereich des Niedersachsenhauses blieb das Wandbett, die fest in das Haus eingebaute und durch Türen oder Vorhänge zu schließende „Butze" oder „Durk" vorherrschend. Im 19. Jh. kam das aus eisernen Röhren bestehende B. mit Sprungfedermatratze auf.

⬚ *Tewes, E.:* Das B. Mchn. 1968. - *Wright, L.:* Warm and snug. The history of the bed. London 1962.

◆ (Bach-, Fluß-, Strombett) von fließendem Wasser geschaffene Eintiefung, zu beiden Seiten von Ufern begrenzt.

◆ (Felgenbett) ↑Felge.

Bettag (eidgenöss. Dank-, Buß- und Bettag), in der Schweiz ein staatl., religiös-patriot. Festtag, 1832 eingeführt und auf den 3. Sonntag im Sept. festgelegt.

Betteln, Erwerb des ganzen oder teilweisen Lebensunterhaltes aus Gaben fremder Mildtätigkeit. In der ma. Feudalgesellschaft ist das B. gesellschaftl. integriertes Element. Der Arme hat ein religiös motiviertes Recht auf Hilfe, der Reiche eine Pflicht zur Hilfeleistung. In der Kirche des MA entstanden Ordensgemeinschaften, die in ihrer Verfassung das B. zur Teilhilfsquelle ihres Lebensunterhaltes bestimmten (Bettelorden). Auch das außerchristl. Mönchstum kennt B. als Mittel der Askese und zur Bestreitung des Lebensunterhalts (z. B. im Buddhismus).

Bettelorden (Mendikanten), aus der ma. Armutsbewegung entstandene neue Ordenstypen mit Besitzlosigkeit des Klosters und des Ordens, seelsorger. Tätigkeit und genossenschaftl. Verfassungsformen. Sie erwerben ihren Lebensunterhalt aus ihrer Arbeit und Almosen. Urspr. ↑Franziskaner und ↑Dominikaner. Später wurden ihnen weitere Ordensgemeinschaften zugerechnet (u. a. Karmeliten, Augustiner).

Bettelordenskirchen, Kirchen der ↑Bettelorden, meist einfache, betont schlichte, weiträumige Basiliken oder Saalkirchen ohne Querschiff und ohne Turm. Ausschlaggebend für die Architektur der B. ist ihre Bed. als Predigtkirchen.

Betti, Ugo, * Camerino (Prov. Macerata) 4. Febr. 1892, † Rom 9. Juni 1953, italien. Schriftsteller. - Sein Thema ist die Verstrikkung in Schuld und religiöse Läuterung. Die Dramen haben einen prozeßartigen Aufbau: Untersuchung, Anklage, Sühne. Seine Gedichte stehen dem Bänkelsang nahe.

Werke: Korruption im Justizpalast (Dr., 1944), Die Flüchtende (Dr., 1953).

Bettina (Bettine), weibl. Vorname; Weiterbildung einer Kurzform von Elisabeth, wahrscheinl. aus dem Italien. übernommen.

Bettleroper ↑Ballad-opera.

Bettnässen (Enuresis nocturna), unwillkürl. reflektor. Blasenentleerung während des Schlafs bei Kindern über 2 Jahren. Das B. kann funktionelle oder urolog. Gründe haben, es kann aber auch bei einer Allgemeinerkrankung (z. B. Tuberkulose) vorkommen. - Das *funktionelle* B. stellt eine Verhaltensstörung dar, die im allg. auf eine falsche Erziehung, auf mangelndes Anpassungsvermögen, seel. Unausgeglichenheit oder eine neurot. Erkrankung des Kindes zurückzuführen ist. Nicht selten spielt aber auch ein Fehlverhalten der Mutter oder der Pflegeperson eine entscheidende Rolle. Erkrankungen der Harnwege, die zum B. führen, sind v. a. Einengung der Harnröhre oder Entzündungen der Harnwege.

Bettung (Kiessandbett, Sandbett), im Straßenbau eine Kiessand- oder Sandschicht unmittelbar unter dem Pflaster.

Bettwanzen ↑Plattwanzen.

Betulaceae [lat.], svw. ↑Birkengewächse.

Betuwe [niederl. 'be:ty:wə], niederl. Landschaft, eine seit dem 8. Jh. eingedeichte Niederung zw. Lek und Waal; Zentren sind Arnheim und Nimwegen.

Beuel, rechtsrhein. Stadtteil von Bonn; seit 1587 angelegte Schanze (später Fort) zum Schutz Bonns.

Beugehaft ↑Ordnungsmittel, ↑Zwangsmittel.

Beugel, östr. hörnchenförmiges Gebäck.

Beugemittel ↑Ordnungsmittel, ↑Zwangsmittel.

Beugemuskeln (Flexoren), Muskeln, die an zwei über ein Gelenk bewegl. miteinander verbundenen Skelettteilen derart ansetzen, daß sich bei Kontraktion des Muskels die entfernten Skelettenden einander annähern, wodurch es zu einer Beugebewegung des Gelenks kommt. Die B. wirken antagonist. zu den ↑Streckmuskeln.

Beugung, in der Grammatik svw. ↑Flexion.
◆ (Diffraktion) Abweichung der Licht- und allg. jeder Wellenausbreitung vom geometr.-opt. Strahlengang; ein Teil der Wellenenergie gelangt dadurch in den Schattenbereich. Trifft eine ebene Welle auf ein Hindernis, so erfährt sie an dessen Rändern eine Richtungsänderung. Das Hindernis wirft keinen scharfen Schatten. Gemäß dem ↑Huygensschen Prinzip kann jeder Punkt einer Welle als Ausgangspunkt einer sich in der Ebene kreisförmig, im Raum kugelförmig ausbreitenden Elementarwelle aufgefaßt werden. Im allg. überlagern sich diese Elementarwellen so, daß ihre Resultierende mit der sich einfach ausbreitenden urspr. Welle ident. ist. Am Rande des Hindernisses finden jedoch die Elementarwellen einseitig keine Partnerwellen, mit denen sie sich überlagern können. Sie breiten sich deshalb in den Raum hinter dem Hindernis aus. Bes. übersichtl. sind die Beugungserscheinungen, die auftreten, wenn ein paralleles Strahlenbündel *einfarbigen (monochromat.)* Lichts senkrecht auf einen engen Spalt trifft. Es zeigt sich dann auf einem Schirm hinter dem Spalt eine Beugungsfigur, die aus hellen *(Beugungsmaxima)* und dunklen Streifen *(Beugungsminima)* mit nach außen abnehmender Intensität besteht. Durch die Beugungserscheinungen an den Rändern von Blenden und Linsen wird das Auflösungsvermögen opt. Geräte begrenzt.

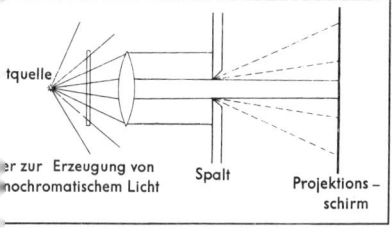

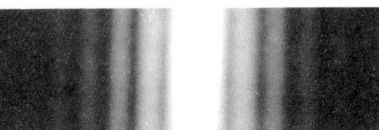

Beugung. Versuchsanordnung zur Beugung von monochromatischem Licht an einem Spalt (oben) und Bild der Beugungsfigur auf dem Projektionsschirm (unten)

Beugungsgitter (optisches Gitter), zur Erzeugung von Spektren (Beugungsspektren) benutzte Vorrichtung, die zumeist aus zahlr. eng benachbarten, schmalen, parallelen Spalten besteht.

Beukelsz., Jan [niederländ. 'bø:kəls], Führer der Täufer in Münster (Westf.), ↑Johann von Leiden.

Beule, Vorwölbung der Haut durch Flüssigkeitsansammlung (Blut, Eiter, Gewebsflüssigkeit) in oder unter dem Hautgewebe.

Beulenpest ↑Pest.

Beumelburg, Werner, * Traben-Trarbach 19. Febr. 1899, † Würzburg 9. März 1963, dt. Schriftsteller. - Erfolgreiche Kriegsbücher über den 1. Weltkrieg und die dt. Geschichte mit nationalist. Tendenz: „Sperrfeuer um Deutschland" (R., 1929), „Die Gruppe Bosemüller" (R., 1930), „Reich und Rom" (R., 1937).

Beuron, Gemeinde an der oberen Donau, Bad.-Württ., 1200 E. Luftkurort. - Augustiner-Chorherren-Stift um 1077 gegr., 1803 säkularisiert. Die Erzabtei B. (seit 1884) wurde zu einem Zentrum der monast. und liturg. Erneuerung und dem Mutterkloster der **Beuroner Kongregation** des Benediktinerordens. Internat. bekannte Einrichtungen: Palimpsest-Institut und das Vetus-Latina-Institut (Herausgabe der altlat. Bibel); Bibliothek.

Beuroner Kunst, auf D. Lenz, der seit 1868 für das Kloster Beuron künstler. tätig war, zurückgehende Kunstschule, die die christl. Kunst durch Zurückgreifen auf die frühchristl. Kunst neu beleben wollte.

Beuschel, in Österreich und Teilen S-Deutschlands Bez. für Innereien (Herz, Lunge, Leber, Milz), v.a. von Kalb und Lamm.

Beust, Friedrich Ferdinand Graf von (seit 1868), * Dresden 13. Jan. 1809, † Schloß Altenberg bei Greifenstein (Niederösterreich) 24. Okt. 1886, sächs. bzw. östr.-ungar. Politiker. - Seit 1849 sächs. Außen- und Kultusmin., seit 1852 Außen- und Innenmin. (seit 1858 auch Min.präs.); schwenkte nach 1850 als Vertreter der Triaspolitik in eine antipreuß.-pröostr. Richtung um; seit 1866 östr. Außenmin., 1867 auch Min.präs. (Reichskanzler); hatte maßgebl. Anteil an der Ausarbeitung des östr.-ungar. Ausgleichs und der Dezemberverfassung; arbeitete als östr.-ungar. Außenmin. (1867–71) vergebl. am Zustandekommen einer antipreuß. Koalition; 1871–78 Botschafter in London, 1878–82 in Paris. Schrieb Erinnerungen.

Beutelbär, svw. ↑Koala.

Beuteldachse (Bandikuts, Peramelidae), Fam. der Beuteltiere mit etwa 20 ratten- bis dachsgroßen Arten (z. B. ↑Schweinsfuß, ↑Ohrenbeuteldachse) v.a. in Australien, auf Tasmanien, Neuguinea und einigen umliegenden Inseln; Fell braun bis rötl. oder grau gefärbt, oft mit hellerer oder dunklerer Zeichnung; Körperlänge (ohne Schwanz) 17–50 cm, Schwanzlänge 7–26 cm; Schnauze lang und spitz, Beutelöffnung hinten unten; Vorderextremitäten kurz, mittlere Finger verlängert, mit kräftigen Nägeln (Grabwerkzeuge); Hinterextremitäten verlängert.

Beutelfrösche

Beutelfrösche (Gastrotheca, Nototrema), Gatt. brutpflegender, bis 10 cm großer Laubfrösche im nordwestl. S-Amerika. Die ♀♀ haben auf dem Rücken eine Tasche aus 2 Hautfalten, in die bei Begattung die Eier des ♀ gelangen. Nach einigen Wochen werden voll entwickelte Jungfrösche oder Kaulquappen abgesetzt.

Beutelmarder (Dasyurinae), Unterfam. der Raubbeutler mit etwa 7 (17 bis 75 cm körperlangen, äußerl. meist wiesel- oder marderähnl.) Arten in Australien, auf Tasmanien und Neuguinea; Färbung hellbraun bis schwarz, oft mit weißer Fleckung, Schwanz meist lang; bekannte Arten ↑Tüpfelbeutelmarder, ↑Beutelteufel.

Beutelmaulwürfe, svw. ↑Beutelmulle.

Beutelmäuse (Phascogalinae), Unterfam. maus- bis rattengroßer Raubbeutler mit rund 40 Arten in Australien, auf Tasmanien und Neuguinea; Körperlänge 5–30 cm, Schwanz meist etwa körperlang; Schnauze spitz zulaufend, kegelförmig; Beutel gut entwickelt oder fehlend. Zu den B. gehören u. a. Beutelspringmäuse, ↑Pinselschwanzbeutler.

Beutelmeisen (Remizidae), Fam. 8–11 cm großer Singvögel mit etwa 10 Arten im südl. N-Amerika und in großen Teilen Eurasiens und Afrikas. Die B. haben kurze Flügel und einen kurzen Schwanz. Die vereinzelt auch in Deutschland vorkommende, doch bes. in S- und O-Europa und in den gemäßigten Regionen Asiens verbreitete **Beutelmeise** (Remiz pendulinus) bevorzugt Sumpfgebiete und Uferdickichte als Lebensraum.

Beutelmulle (Beutelmaulwürfe, Notoryctidae), Fam. maulwurfsähnl. Beuteltiere in Australien; Fell dicht und seidig glänzend, gelblichweiß bis goldrot; Körper walzenförmig, Schwanz stummelartig und unbehaart; Gliedmaßen sehr kurz; Nasenrücken mit schildförmiger Hornplatte, Augen rückgebildet, unter der Haut verborgen, Ohröffnungen klein, verschließbar, ohne Ohrmuscheln. Bekannt sind zwei Arten: **Großer Beutelmull** (Notoryctes typhlops), 15–18 cm körperlang, im südl. M-Australien, und **Kleiner Beutelmull** (Notoryctes caurinus), etwa 9 cm körperlang, in NW-Australien.

Beutelratten (Didelphidae), Fam. maus- bis hauskatzengroßer Beuteltiere mit etwa 65 Arten, hauptsächl. in S- und M-Amerika; Schwanz meist körperlang oder länger; Beutel gut entwickelt oder fehlend; bes. bekannt ↑Opossums, ↑Zwergbeutelratten, ↑Schwimmbeutler.

Beutelspitzmäuse (Spitzmausbeutelratten, Monodelphis), Gatt. der Beutelratten mit etwa 11 (7–16 cm körperlangen) Arten in S- und M-Amerika; Färbung unterschiedl.; Schwanz etwa halb so lang wie der Körper, kaum behaart; Schnauze lang und spitz, Augen sehr klein, Beutel fehlend.

Beutelteufel (Buschteufel, Sarcophilus harrisi), nur noch auf Tasmanien vorkommender Raubbeutler; Körperlänge etwa 50–70 cm, Schwanzlänge 15 bis 25 cm; kräftig und gedrungen, mit zieml. kurzen Beinen und auffallend großen Kiefern; Fell schwarzbraun bis schwarz, mit je einem gelbl.-weißen Fleck an der Kehle, den Schultern und der Schwanzwurzel; Schnauze rosafarben; steht unter Naturschutz.

Beuteltiere (Marsupialia, Metatheria), Unterklasse der Säugetiere mit 250 mausgroßen, bis etwa 160 cm körperlangen Arten, v. a. in Australien, auf Tasmanien, Neuguinea und den umliegenden Inseln. Charakterist. für die B. ist, daß die (mit ganz wenigen Ausnahmen) ohne echte Plazenta in der Gebärmutter sich entwickelnden Keimlinge noch als solche und erst etwa 0,5–3 cm groß geboren werden und dann aktiv die Zitzen in einem bes. Brutbeutel der Mutter aufsuchen. Bis zum Ende der Säugezeit bleiben die Jungen fest mit der mütterl. Zitze verbunden. Heranwachsende Jungtiere suchen bei Gefahr häufig noch den Beutel der Mutter auf oder werden von dieser auf dem Rücken mitgetragen. - 8 Fam.: ↑Beutelratten, ↑Raubbeutler, ↑Beutelmulle, ↑Beuteldachse, ↑Opossummäuse, ↑Kletterbeutler, ↑Wombats, ↑Känguruhs.

Beutelwolf (Thylacinus cynocephalus), mit 100–110 cm Körperlänge größter fleischfressender Raubbeutler; Schwanz etwa 50 cm lang, steif nach unten abstehend; Fell kurz, braungrau bis gelblichbraun, mit schwarzbraunen Querbinden. Der B. steht unter Naturschutz.

Beuterecht, im Land- und Seekrieg das Recht zur Aneignung feindl. Eigentums (als *Beute*) im feindl. Gebiet oder im Operationsgebiet einer Armee oder auf hoher See. Im Landkrieg unterliegt das gesamte bewegl. staatl. Eigentum des feindl. Staates dem B.; Ausnahmen: Gegenstände des Gottesdienstes, Kulturgüter und Vermögen, das wiss. Zwecken dient. Das B. ist in der Haager Landkriegsordnung von 1907 geregelt. Im Seekrieg darf daneben auch das Vermögen der feindl. Staatsangehörigen ergriffen werden.

Beuthen O. S. (poln. Bytom), Stadt in Oberschlesien, Polen', 280 m ü. d. M., 238 000 E. Bergbautechnikum; Oper; eines der größten Ind.zentren Oberschlesiens und W-Polens. Siedlung auf Grund von Blei- und Silbererzbergbau bei der Burg B. (11. Jh.); 1177 an das oberschles. Hzgt., 1241 von den Tataren zerstört; 1254 mit dt. Recht neu gegr. Seit 1281 Sitz eines piast. Ft., 1355 böhm., 1526 an Brandenburg, gehörte von 1617–1742 zu Österreich, dann zu Preußen. - Spätgot. Pfarrkirche, Heiliggeist-Kirche (1721), Sankt Hyazinth (15. Jh.); Markt und Zentrum nach 1945 wiederaufgebaut.

Beutler, Ernst, * Reichenbach (Vogtl.) 12. April 1885, † Frankfurt am Main 8. Nov. 1960, dt. Literarhistoriker. - Goetheforscher; Hg.

Bevölkerungsbewegung

der Artemis-Gedenkausgabe von Goethes Werken (1948–54).

Beuys, Joseph [bɔʏs], * Krefeld 12. Mai 1921, † Düsseldorf 23. Jan. 1986, dt. Objektkünstler, Aktionist und Zeichner. - Seine Objekte (etwa aus geschmeidigen Massen wie Fett, Honig, Filz) haben oft außerästhet. Anmutungsqualität (Ekel). Sie wie auch seine Aktionen dienten seiner Absicht, die Rationalität unserer Gesellschaft bzw. des einzelnen (manifestiert im Vorverständnis von Kunst oder in Verhaltensnormen) aufzubrechen.

BeV, in den USA übl. Abk. für: billion electron volts, svw. Gigaelektronenvolt (GeV); 1 BeV ≡ 1 GeV ≡ 10^9 eV.

Bevan, Aneurin [engl. 'bɛvən], * Tredegar 15. Nov. 1897, † Chesham 6. Juli 1960, brit. Politiker. - Urspr. Bergmann; aktiv in der Gewerkschaftsbewegung; seit 1929 Unterhausabg. für die Labour Party (radikaler Flügel), setzte als Gesundheitsmin. 1945–51 die allg. staatl. Gesundheitsfürsorge durch; 1951 Arbeitsmin., seit 1957 (mit gemäßigter Haltung) außenpolit. Experte der Labouropposition.

Bevensen ↑ Bad Bevensen.

Beveridge, William Henry, Baron (seit 1946) [engl. 'bɛvərɪdʒ], * Rangpur (Bangladesch) 5. März 1879, † Oxford 16. März 1963, brit. Nationalökonom und Politiker. - 1919–37 Leiter der London School of Economics and Political Science; 1941/42 Vors. des interministeriellen Ausschusses für Sozialversicherung, der den Beveridge-Plan erarbeitete; 1944–46 liberales Unterhausmgl.

Beveridge-Plan [engl. 'bɛvərɪdʒ], 1942 von W. H. Beveridge veröffentlichter Bericht, der die Schaffung eines umfassenden Versicherungs- und Fürsorgesystems und eines nat. Gesundheitsdienstes sowie die Beseitigung der Ursachen der Arbeitslosigkeit durch eine Politik der Vollbeschäftigung vorsah; Grundlage für die brit. Sozialreformen nach dem 2. Weltkrieg.

Beverly Hills [engl. 'bɛvəlɪ 'hɪlz], Stadt innerhalb des Stadtgebietes von Los Angeles, Kalifornien, 33 000 E.

Bevern, Flecken im Wesertal, Nds., 68 m ü. d. M., 4 700 E. - 1667–1773 Residenz der Linie Braunschweig-B. - Schloß (1603–12) im Stil der Weserrenaissance.

Bevertalsperre ↑ Stauseen (Übersicht).

Beverwijk [niederl. beːvərˈwɛik], niederl. Stadt, bildet mit Velsen eine Agglomeration, erstreckt sich bis zur Nordseeküste mit dem Seebad **Wijk aan Zee,** 19 km², 35 000 E. Stahl-Waggon-, Papierfabriken, chem., Konservenind., Herstellung von Fischmehl. Marktzentrum des umliegenden Intensivkulturgebiets mit großen Auktionen; Hafen am Nordseekanal. - Im 11. Jh. **Sint-Aagtekerke,** später auch **Wije** gen.; 1298 Stadtrechte.

Bevin, Ernest, * Winsford (Somerset) 9. März 1881, † London 14. April 1951, brit.

Joseph Beuys, Evervess II 1 (1968). Flaschen, Filz, Holzkasten

Gewerkschaftsführer und Politiker. - Nach Zusammenfassung von 32 Gewerkschaftsorganisationen zur Transportarbeitergewerkschaft 1921 als deren Generalsekretär (bis 1946) mächtigster Gewerkschaftsführer von Großbrit.; Min. für Arbeit und nat. Dienst 1940–45, als Außenmin. 1945–51 maßgebl. am Zustandekommen der Brüsseler Verträge 1948 und der NATO beteiligt.

Bevölkerung, Gesamtheit von Personen, die zu einem bestimmten Zeitpunkt durch ihren Wohnsitz, ihre Arbeitsstätte oder ihre Staatsbürgerschaft einem bestimmten Gebiet zuzuordnen sind (räuml. Abgrenzung) oder die zu einer Gruppe gehören, die durch andere Kriterien (z. B. Sprache, Erwerbstätigkeit, ethn. Zugehörigkeit) definiert ist.

Bevölkerungsbewegung, Veränderung des Bestands einer Bev. durch Geburten und Sterbefälle *(natürl. B.)* oder durch Wanderungen und Umzüge *(räuml. B.).* Zur Analyse der natürl. B. werden Unterlagen aus der Fruchtbarkeits-, der Sterblichkeits-, der Wachstums- und der Ehestatistik ausgewertet. Wichtige Kennzahlen sind: 1. Anzahl der Geburten in einer Periode, bezogen auf die Gesamtbev., die Anzahl der Frauen in gebärfähigem Alter, die Anzahl der Eheschließungen und -scheidungen (jeweils in derselben Periode); 2. spezif. Sterbeziffern; 3. Daten über das natürl. Wachstum (Geburtenüber-

207

Bevölkerungsdichte

schuß bzw. -defizit) und den Zuwachs (natürl. Wachstum und Wanderungsgewinne bzw. -verluste). Die Analyse der B. ist eine der Grundlagen nationaler Bevölkerungspolitik.

Bevölkerungsdichte, die Anzahl von Menschen, die im Durchschnitt auf einer bestimmten Bodenfläche leben (in der Regel bezogen auf 1 km^2).

Bevölkerungsexplosion, Bez. für die rapide Zunahme der Erdbev. allg., bes. aber der Bev. der Dritten Welt in den letzten Jahrzehnten; hervorgerufen v. a. durch die mit der Industrialisierung verbundene Verbesserung der wirtsch. und sozialen Verhältnisse, durch Herabsetzung der Säuglingssterblichkeit, durch die Weiterentwicklung der medizin. Wissenschaft, Verbesserung der hygien. Verhältnisse und Einführung eines öff. Gesundheitswesens (Steigerung der durchschnittl. Lebenserwartung).

Bevölkerungsgliederung, Unterteilung des Bev.bestands nach Alter und Geschlecht, nach Familienstand, Wohnsitz, Beruf, Konfession, Haushaltsgröße oder anderen Merkmalen. B. dienen der Information über eingetretene und zu erwartende Bev.-bewegungen, über Frauen- der Männerüberschüsse und über die Besetzung einzelner Alters- oder sonstiger Gruppen; sie können mithin ein wichtiges Hilfsmittel bei der Planung bevölkerungs- und sozialpolit. Maßnahmen sein.

Bevölkerungsexplosion. Zunahme der Weltbevölkerung nach UN-Untersuchungen bis zum Jahr 2000

Bevölkerungspolitik, zusammenfassende Bez. für die Grundsätze der Beeinflussung und für konkrete Maßnahmen zur Lenkung der Bev.bewegung. B. wird als Wohlfahrtspolitik unerläßl., wenn eine übermäßige Zunahme Gesundheit und Existenzbasis der Bev. zu gefährden droht. Das ist seit 20 Jahren in weiten Teilen der Welt der Fall, wo schnelle Erfolge hygien., medizin. und wirtsch. Maßnahmen die Sterblichkeit drast. senkten. In den Industriestaaten richtet sich B. gegenwärtig vorrangig auf die Entlastung der Mütter von biolog. oder der Familien von wirtsch. Überbeanspruchung, auf die Emanzipation junger Eltern von unzeitgemäßen Tabus und Fehlinformationen, auf die Vermehrung der Lebens- und Bildungschancen der Kinder und auf einen regionalen Ausgleich der Wirtschaftsbedingungen. Ziel der B. in den Entwicklungsländern ist z. T. die Eindämmung des Bev.wachstums durch Geburtenkontrolle, z. T. die Steigerung der Geburtenrate aus machtpolit. Erwägungen (expansive B.).

Bevölkerungsprojektion, Vorausschätzung des Bestandes und der Gliederung einer Bev. entsprechend der zuletzt beobachteten Tendenz der Bev.bewegung sowie mit Hilfe von Annahmen über die vermutbaren Veränderungen. Mit der B. wird die Gewinnung von Daten bezweckt, auf deren Grundlage alternative Maßnahmen (z. B. im Wohnungsbau) geplant werden können.

Bevölkerungsstatistik, Zweig der angewandten Statistik, der sowohl die Theorie (Bestimmung der Erhebungsmerkmale und Kenngrößen) als auch die empir. Arbeit (das

Trends und Prognosen der Weltbevölkerung 1975–2000*

Region	Bevölkerung in Mill.					
	1975	1980	1985	1990	1995	2000
Europa[1]	474	483	492	501	510	520
UdSSR	254	267	280	292	302	312
Afrika	406	469	545	630	726	828
Nordamerika	236	246	258	270	281	289
Süd- u. Mittelamerika	323	369	421	478	541	608
Ostasien	1 064	1 136	1 204	1 275	1 340	1 406
Südasien	1 255	1 400	1 606	1 803	2 005	2 205
Australien u. Ozeanien	21	23	24	26	28	30
Erde insgesamt	4 033	4 415	4 830	5 275	5 733	6 198
Industrieländer	1 093	1 131	1 169	1 206	1 240	1 272
Entwicklungsländer	2 940	3 284	3 661	4 069	4 493	4 926

[1] ohne UdSSR, * mittlere Variante.

Quelle: United Nations, Dept. of International Economic and Social Affairs. World population trends and prospects by country, 1950–2000. New York 1979.

bewegliche Funkdienste

Erheben, Aufbereiten, Darstellen und Auswerten von demograph. Informationen) umfaßt. Zähleinheit ist die Person. Erhebungsmerkmale sind u. a. die Staatsbürgerschaft oder der Wohnsitz (Volkszählung, Ermittlung des Bestands der Wohnbev.), die Berufsausübung oder die Erwerbstätigkeit, die Haushaltszugehörigkeit. Die Zählung wird als Total- oder als Teilerhebung (Zensus oder Mikrozensus) durchgeführt (Volkszählungen im 10-Jahres-Rhythmus). In der Fortschreibung wird der Bestand am Beginn einer Periode um die Abgänge vermindert und um die Zugänge vermehrt (Voraussetzung: Führung von Registern).

Bevölkerungswachstum, absolute oder relative Veränderung des Bestands einer Bev. infolge der natürl. und/oder der räuml. Bev.bewegung. Das natürl. B. (absolut) wird definiert als Differenz zw. der Anzahl der Geborenen und der Anzahl der Sterbefälle in einer Periode; das Gesamt-B. schließt zusätzl. Wanderungsgewinne bzw. -verluste ein.
Um 1650 gab es etwa 500 Mill. Menschen auf der Erde, die Wachstumsrate betrug 0,3 % jährl.; dies entsprach einer Verdoppelungszeit von rund 250 Jahren. 1970 betrug die Weltbev. etwa 3,6 Mrd., 1984 etwa 4,76 Mrd. Menschen bei einer Wachstumsrate von 1,8 % und einer Verdoppelungszeit von 33 Jahren. Das stärkste B. wird in Afrika verzeichnet (2–3 %), das schwächste in Europa (unter 1 %). Seit etwa dem Ausgang des MA unterliegt die Bev.entwicklung derjenigen Völker, die sich in der Einflußsphäre des zivilisator.-techn. Fortschritts befinden, einem gesetzmäßigen Mechanismus: Nach einer Periode relativ stabilen Gleichgewichtes bzw. nur geringer Geburtenüberschüsse, in der hohen Geburtenraten entsprechend hohe Sterberaten gegenüberstehen, sinken infolge der Verbesserung der medizin. und hygien. Verhältnisse zunächst die Sterberaten, wodurch hohe Geburtenüberschüsse entstehen. Im weiteren Verlauf passen sich jedoch die Geburtenraten den - weiterhin abnehmenden - Sterberaten an.
Auf relativ hohen Zivilisationsstufen spielt sich i. d. R. wiederum ein Gleichgewicht ein, bei dem die Bev.zahl über lange Zeit stagniert oder sogar zurückgeht. Bestimmende Faktoren hierfür sind der ökonom. und soziale Wandel, die Urbanisation, die Veränderung der Lebensgewohnheiten, die z. B. höhere Aufwendungen für einen angemessenen Lebensstandard der einzelnen erfordern, andererseits die soziale Sicherung der Großfamilie und des Sippenverbandes durch gesellschaftl. Einrichtungen (Sozialversicherung, Altersversorgung) ersetzen und somit der Kleinfamilie begünstigen. Erst in jüngster Zeit treten zusätzl. Familienplanung und Geburtenkontrolle in Erscheinung.
Während die westl. Ind.nationen diesen „Bev.zyklus" nahezu vollständig durchlaufen haben und im wesentl. stabilisierte, wenn nicht zurückgehende Bev.zahlen aufweisen, befinden sich die Länder der Dritten Welt überwiegend in der Anstiegsphase dieses Prozesses. Bev.veränderungen vollziehen sich in der Dritten Welt vielfach in anderen Größenordnungen als bei den Ind.nationen. Da die technolog. Entwicklung mit dem B. nicht Schritt halten kann, ist Hunger unvermeidl. Nach Schätzungen der UN sterben in den Entwicklungsländern jährl. 4 Mill. Menschen an Hunger.
📖 *Bolte, K. M./Kappe, D.: Struktur u. Entwicklung der Bev. Leverkusen* ^{4}*1979.* - *Baade, F.: Der Wettlauf zum Jahre 2000. Mchn.* ^{3}*1969.* - *Das Wachstum der Weltbev. Hg. v. der Hochschule St. Gallen f. Wirtschafts- u. Sozialwiss. Tüb.; Zürich 1965.*

Bevölkerungswissenschaft, Beschreibung und Erklärung von Bev.gliederungen und -bewegungen und Erarbeitung von Bev.projektionen. Die empir. B. (meistens **Demographie** gen.) hat die natürl. Bev.- und die räuml. Wanderungsbewegungen, die Analyse ihrer Ursachen sowie Art und Umfang ihrer Wirkungen auf die Struktur und das Volumen wirkl. Bev. zum Gegenstand.

Bevollmächtigter ↑ Vollmacht.
Bewährung ↑ Strafaussetzung.
Bewährungshelfer, vom Gericht bestellte, haupt- oder nebenamtl. tätige Person, die einen Verurteilten, dem Strafaussetzung zur Bewährung gewährt wurde, beraten und betreuen und seine Lebensführung überwachen soll, bes. im Hinblick auf die Erfüllung gerichtl. Auflagen (§ 56 d StGB, § 24 Jugendgerichtsg). In der Sache untersteht der B. den Weisungen des Gerichts, seine Rechtsstellung usw. ist durch Landesgesetze geregelt.

Bewässerung (künstl. B.), Maßnahmen, durch die dem Boden Wasser zugeführt wird, um Kulturpflanzen über die natürl. Niederschläge hinaus mit Wasser zu versorgen. B. ist v. a. in trockenen Gebieten der Subtropen wichtig und ermöglicht dort vielfach erst den Pflanzenbau. In den gemäßigten Zonen dient sie hauptsächl. der Sicherung und Steigerung der Erträge. B. wird außerdem genutzt u. a. zur Düngung und Entsalzung des Bodens, zur Verhütung von Winderosion und Frostschäden.

bewegliche Funkdienste, Bez. für Funkverbindungen zw. mit Funkgeräten ausgerüsteten Fahrzeugen oder Personen mit tragbaren Funkgeräten und stationären oder bewegl. Zentralen; Hauptgruppen: See-, Land- und Flugfunkdienste. Die b. F. sind öff. oder nichtöff.; sie dienen v. a. als Erweiterung oder als Ersatz von Fernsprechanlagen. Von größter Bedeutung ist der **Seefunkdienst** mit stationären Küstenfunkstellen, die von Schiffen (Seefunkstellen) über alle Wellenbereiche in Verbindung treten. Wichtige **Land-**

bewegliche Sache

funkdienste: öff. bewegl. Landfunkdienst der Dt. Bundespost († Fernsprechen), Binnenwasserstraßen-, Zugfunk (alle öff.), Polizei-, Feuerwehr-, Taxifunk u. a. (nichtöff.). **Flugfunkdienste** zum Nachrichtenaustausch mit Bodenstellen (Flugsicherung, Wettermeldungen) arbeiten v. a. im UKW-Bereich zw. 118 und 132 MHz, daneben auch im Kurz- und Langwellenbereich.

bewegliche Sache † Sache.

Beweglichkeit, der Quotient aus dem Betrag der Geschwindigkeit, die ein Teilchen oder Körper in einem Medium mit innerer Reibung annimmt, und dem Betrag der Kraft (z. B. Schwerkraft), die diese Geschwindigkeit bewirkt.

Bewegung, Ortsveränderung eines Körpers in bezug auf einen anderen Körper oder auf ein durch andere Körper festgelegtes Bezugssystem. Bei der **ebenen Bewegung** liegt die Bahn des bewegten Körpers in einer Ebene; ist dies nicht der Fall, so spricht man von einer **räuml. Bewegung.** Bei der **gleichförmigen Bewegung** werden in gleichen Zeitabschnitten gleiche Strecken zurückgelegt, d. h., die Geschwindigkeit des Körpers ist konstant. Im Ggs. dazu tritt bei einer **ungleichförmigen Bewegung** eine Beschleunigung auf. Die B. ist *geradlinig,* wenn der Geschwindigkeitsvektor ständig seine Richtung beibehält, andernfalls *krummlinig.* Bewegen sich die einzelnen Punkte des Körpers so auf parallelen Geraden, daß in gleichen Zeitabschnitten gleiche Strecken zurückgelegt werden, so handelt es sich um eine **fortschreitende Bewegung** (Translation). Behält ein einzelner Punkt oder eine Gerade des Körpers seine feste Lage im Raum bei, während die anderen Punkte konzentr. Kreise um diesen Punkt oder die Gerade beschreiben, so spricht man von einer **Drehbewegung** (Rotation). Jede B. eines Körpers, z. B. das Abrollen eines Rades oder die B. eines Planeten, kann aus Translations- und Rotationsbewegungen zusammengesetzt werden. Eine **period. Bewegung** liegt vor, wenn der Körper nach einem bestimmten Zeitabschnitt immer wieder in seine Ausgangslage zurückkehrt und der gleiche B.vorgang sich anschließend wiederholt (z. B. bei der Schwingung eines Pendels). - Von einer B. eines Körpers - wie auch von der Ruhe - kann man nur sprechen, wenn man seinen Zustand relativ zu einem Bezugssystem betrachtet; strenggenommen ist also jede B. eine **Relativbewegung,** eine **Absolutbewegung** gibt es nicht. Im tägl. Leben dient als Bezugssystem gewöhnlich die Erde.

📖 Kaulbach, F.: *Der philosoph. Begriff der B. Studien zu Aristoteles, Leibniz u. Kant.* Köln 1965. - Vogtherr, K.: *Das Problem der B. in naturphilosoph. u. physikal. Sicht.* Meisenheim 1956.

◆ in der *Biologie:* passive oder aktive Orts- bzw. Lageveränderung eines Organismus oder von Teilen eines Organismus. Unter **passiver Bewegung** versteht man alle Ortsveränderungen von Organismen, die ohne Eigenleistung unter Ausnutzung von Umweltenergie erfolgen, z. B. Samenverbreitung durch Wind, Wasser oder Tiere, Schwebe- und Segelflug von Vögeln. Die **aktive Bewegung** bezieht sich auf die Lage- oder Ortsveränderung eines Organismus oder seiner Teile, wobei der Organismus die benötigte Energie selbst aufbringen muß. Man unterscheidet im einzelnen zw. intrazellulären B., B. einzelner Zellen und Organ-B. **Intrazelluläre Bewegungen** sind B., die innerhalb einer Zelle stattfinden. Dazu gehören z. B. Chromosomen-B. bei der Zellteilung und Plasma-B. **Bewegung einzelner Zellen (Zellbewegungen):** Durch Verflüssigung von festen Plasmabezirken einer Zelle und anschließendes Wiedererstarren kommt es zur Verschiebung dünnflüssiger Plasmazonen. Diese **amöboide Bewegung** findet sich bei Amöben, Schleimpilzen, bei undifferenzierten, embryonalen Zellen und den sog. Wanderzellen (Amöbozyten) der Wirbeltiere, zu denen auch die weißen Blutkörperchen zählen. **Organbewegungen** kommen bei Pflanzen und Tieren vor. Die meisten Pflanzen sind nicht zur freien Orts-B. fähig. Um so wichtiger sind die gerichteten (Orientierungs-B.) und ungerichteten B. pflanzl. Organe. Dazu gehören u. a. die Wachstums-B. (z. B. der Keimblätter, Sproßachsen und Wurzeln). Wird die Richtung der Orientierungs-B. eindeutig durch einen steuernden Außenfaktor wie Licht, Schwerkraft, chem. Einwirkung bestimmt, spricht man von † Tropismus. Ist die B. hingegen von der Einwirkungsrichtung des Außenfaktors unabhängig und wird sie lediglich durch die Struktur des reagierenden Organs (z. B. Gelenkbildungen) bedingt, spricht man von † Nastie. - Organ-B. bei Tieren beruhen auf Muskel-B. Man unterscheidet dabei die raschen, kontraktilen, fast immer nervös gesteuerten B. der quergestreiften Muskeln von denen der oft spontan tätigen glatten Muskeln. Die Steuerung der Skelettmuskel-B. bei höheren Tieren erfordert eine nervale Koordination. Daran sind Muskelreflexe, Haut- und Sehnenreflexe, zentrale Automatismen und die Tätigkeit höchster, übergeordneter Zentren beteiligt. Sinnesorgane überwachen den Kurs, zentralnervöse Mechanismen sorgen für die Verarbeitung der eingehenden Informationen, auf Grund deren die entsprechenden Befehle an die Muskulaturen gegeben werden.

📖 *Hdb. der Pflanzenphysiologie.* Hg. v. W. Ruhland u. a. Bd. 17: Physiologie der B.en. Bln. u. a. 1959-62. - Bünning, E.: *Entwicklungs- u. B.physiologie der Pflanze.* Bln. u. a. ³1953.

◆ (kongruente Abbildung) in der *Mathematik* eine eineindeutige Abb. des Raumes auf sich, bei der alle Längen erhalten bleiben; Original- und Bildfigur sind kongruent, z. B. Paral-

lelverschiebung (Translation), Drehung um einen Punkt bzw. eine Gerade *(eigentl. B.)*, Spiegelung an einer Geraden bzw. Ebene *(uneigentl. B.)*.
◆ polit. und/oder histor. bed. gemeinsames geistiges oder weltanschaul. Bestreben einer Gruppe und Bez. für diese Gruppe selbst.
Bewegung der Streitkräfte (portugies. Movimento das Forças Armadas, Abk. MFA), schon unter Caetano entstandene lokkere Verbindung junger portugies. Offiziere, die zum Träger des Staatsstreichs von 1974 wurde; rückte mit Inkrafttreten der portugies. Verfassung von 1976 in den Hintergrund.
Bewegung für Papst und Kirche, 1968 als Bewegung gegen eine vermeintl. zu starke Progressivität der kath. Kirche nach dem 2. Vatikan. Konzil gegr. Vereinigung kath. Laien und Priester.
Bewegungsenergie, svw. ↑kinetische Energie.
Bewegungsgleichung, eine Gleichung, die die Abhängigkeit der Beschleunigung bzw. zeitl. Änderung des Impulses eines Körpers oder Massenpunktes von den auf ihn wirkenden Kräften darstellt und seine durch diese Kräfte verursachte Bewegung zu ermitteln gestattet. Die B. sind Differentialgleichungen, deren Lösungen den zeitl. Bewegungsverlauf des Körpers oder Massenpunktes beschreiben. B., die die Bewegung und das Verhalten mikrophysikal. Systeme beschreiben, werden durch die ↑Quantentheorie, B. für Flüssigkeiten, Gase und Plasmen durch die Hydrodynamik bzw. die Gasdynamik gegeben.
Bewegungsgröße, svw. ↑Impuls.
Bewegungskrankheit (Kinetose), bei bestimmten Arten des Reisens, z. B. im Personenkraftwagen (**Autokrankheit**), Schiff (**Seekrankheit**), Flugzeug (**Luftkrankheit**) oder Eisenbahn (**Eisenbahnkrankheit**), auftretender Krankheitszustand infolge länger dauernder starker Reizung der Gleichgewichtsorgane und von Zentren im Stammhirn; mit Blässe, Schwindelgefühl, Brechreiz, u. U. auch mit Kreislaufstörungen einhergehend.
Bewegungskrieg, Bez. für eine Kriegsführung, die die Entscheidung durch Operationen schnell bewegl. Verbände sucht; bes. Form: der Blitzkrieg; Ggs.: der Stellungskrieg.
Bewegungslosigkeit, svw. ↑Akinese.
Bewegungssternhaufen, ein infolge seiner großen Nähe offen wirkender Sternhaufen, dessen Einzelsterne nur durch eine gemeinsame gleichgerichtete Bewegung als zu dem Sternhaufen gehörig erkennbar sind.
Bewegungsstudien, zu den Arbeitsstudien gehörende Verfahren der Arbeitswissenschaft. Mit Hilfe von photograph. Aufzeichnungen typ. Arbeitsvorgänge werden Bewegungsabläufe in Elementarbewegungen mit konstanter Dauer, unabhängig von dem Ab-

lauf, in dem sie auftreten, zerlegt.
Bewegungssturm, unter Einwirkung überstarker Reize plötzl. auftretende triebhaft-ungesteuerte Bewegungen (z. B. bei Panik Angriffs- oder Fluchtbewegungen).
Bewegungstäuschung ↑Stroboskop.
Bewegungszentrum (Beschleunigungszentrum), der Punkt, auf den bei einer Zentralbewegung der Beschleunigungsvektor ständig gerichtet ist.
Bewehrung, (Armierung) Stahleinlagen in Beton und in Mauerwerk zur Aufnahme der Zugspannungen.

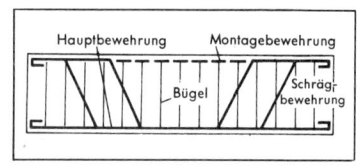

◆ in der *Elektrotechnik* die zusätzl. Ummantelung von Erd- und Seekabeln mit Stahlbändern oder Stahldrähten, um höhere Festigkeit gegen mechan. Beanspruchung zu erzielen.
◆ ↑Wappenkunde.
Beweinung Christi, bildl. Darstellung der um den Leichnam Christi klagenden Maria, Johannes, Nikodemus und Joseph von Arimathia, Maria Magdalena, oft mehr Maria Jacobi und Maria Salome, auch Engel. Die frühesten Darstellungen finden sich in der byzantin. Kunst des 11. Jh. (Elfenbeinreliefs). Für die Ikonographie der B. Ch. wichtig wurde die Darstellung Giottos in der Arenakapelle in Padua (1305/06).
Beweis, eine Begründung für aufgestellte Behauptungen. Ein B. ist geführt, wenn die Dialogstrategie des Behauptenden im Verfahren der B.führung, in dem Beweis- und Widerlegungsgründe, Argumente und Gegenargumente vorgetragen werden, erfolgreich ist. - Man unterscheidet die *deduktiven* (vom Allgemeinen zum Besonderen führenden) B., bei denen eine Aussage durch log. Folgerung aus bereits anerkannten Aussagen (den Prämissen) bewiesen werden, von den *induktiven* (vom Besonderen zum Allgemeinen führenden) B., bei denen eine generelle Aussage über einen im allg. unendl. Bereich von Gegenständen aus der Gültigkeit aller zugehörigen Einzelaussagen erschlossen wird. - In axiomat. Systemen (z. B. der Geometrie) sind als B.verfahren nur deduktive B. vorgesehen: jeder Satz wird durch log. Folgerung aus den ↑Axiomen bewiesen. Ihre Geltung ist hypothet. (dazu genügt es, daß das Axiomensystem im ganzen widerspruchsfrei ist) oder muß durch andere Verfahren gesichert werden (z. B. in den axiomatisierten empir. Wissenschaften oft durch bloße Berufung auf sinnl. Evidenz). Unter den deduktiven B. spielen die indirekten Beweise eine wichtige Rolle.

Beweisantrag

📖 *Schütte, K.: Proof theory. Engl. Übers. Bln. u. a. 1977.*

◆ im *Recht:* 1. Kurzbez. für Beweismittel, Beweisaufnahme, B.erfolg (= Nachweis, erbrachter B.); 2. im Sinne von **Beweisführung** die Tätigkeit, die den Richter von dem Vorliegen oder Nichtvorliegen eines Sachverhalts überzeugen soll. Zu erbringen ist i. d. R. ein voller B. (mit einem so hohen Wahrscheinlichkeitsgrad, daß für vernünftige Zweifel kein Raum mehr bleibt). Im Bereich der Verhandlungsmaxime (Zivilprozeß) sind nur bestrittene Behauptungen beweisbedürftig. Über sie kann grundsätzl. nicht von Amts wegen B. erhoben werden, sondern nur auf Grund ordnungsgemäßen Beweisantritts durch die beweisbelastete Partei. Demgegenüber kann der Gegner den Gegen-B. (für die Unwahrheit der von der anderen Seite aufgestellten Behauptungen) führen. Im Bereich der Untersuchungsmaxime (Strafprozeß) sind ohne Rücksicht auf das Parteivorbringen alle [für die Anwendung eines Rechtssatzes bedeutsamen] Umstände beweisbedürftig, die nach der Überzeugung des Richters noch nicht bewiesen sind. Der B. wird von Amts wegen erhoben, ohne daß ein B. angetreten zu sein braucht. Dem Beweisantrag einer Partei muß jedoch grundsätzl. nachgegangen werden. Geführt werden kann ein unmittelbarer B. oder ein mittelbarer oder **Indizienbeweis**. Das **Beweisergebnis**, d. h. das, was der Richter in der B.aufnahme wahrgenommen hat, unterliegt der richterl. Beweiswürdigung.

Im *östr.* und *schweizer. Recht* gilt im wesentl. Entsprechendes.

📖 *Musielak, H. J./Stadler, M.: Grundfragen des B.rechts. Mchn. 1984.*

Beweisantrag, im Strafprozeß das in der Hauptverhandlung ausdrückl. geltend gemachte Verlangen eines Prozeßbeteiligten, über eine bestimmte Behauptung (**Beweistatsache**) durch ein bestimmtes Beweismittel Beweis zu erheben. Die gesetzeswidrige Ablehnung begründet die Revision, wenn das Urteil hierauf beruht.

Beweisaufnahme, der gerichtl. Verfahrensabschnitt, in dem der Richter Beweis erhebt. Die B. findet grundsätzl. vor dem mit der Hauptsache befaßten Gericht statt (Grundsatz der Unmittelbarkeit). Die Parteien, die von jedem Termin zur B. benachrichtigt werden müssen, sind berechtigt, an ihr teilzunehmen und an Zeugen und Sachverständige Fragen zu stellen.

Beweisergebnis ↑ Beweis.
Beweisführung ↑ Beweis.
Beweislast, 1. svw. **Beweispflicht**; im Prozeß, soweit die Verhandlungsmaxime gilt, die jeder Prozeßpartei obliegende Verpflichtung, ihrem Klagebegehren günstige Tatsachen notfalls auch zu beweisen; 2. i. e. S. der Nachteil, den eine Prozeßpartei dadurch erleidet, daß *unklar* bleibt, ob eine Tatsache, für die sie beispflichtig ist, wahr ist oder nicht.

Beweismittel, alles, was dem Richter Wahrnehmungen über den Beweisgegenstand ermöglichen oder vermitteln soll. *Gesetzl. B.* sind der Augenschein, die Urkunde, der Zeuge, der Sachverständige, die Partei- bzw. Beteiligtenvernehmung (außer im Strafprozeß), die amtl. Auskunft. *Nichtgesetzl. B.* sind z. B. eidesstattl. Versicherungen, Auskünfte von Privatpersonen.

Beweispflicht, svw. ↑ Beweislast.

Beweissicherung, die vorsorgl. Beweisaufnahme vor Beginn eines mögl. Gerichtsverfahrens, in dem eine Beweiserhebung noch nicht angeordnet ist. In Betracht kommen alle Gerichtsverfahren außer dem Strafprozeß. Die B. ist zulässig zur Einnahme des richterl. Augenscheins sowie zur Vernehmung von Zeugen oder Sachverständigen.

Beweiswürdigung, die im Gerichtsverfahren anzustellende Prüfung, ob die Beweisführung gelungen ist. Darüber entscheidet der Richter nach freier richterl. Überzeugung.

Bewerbung, mündl. oder schriftl. Werbung in eigener Sache, bei der der Werbende seine eigene Arbeitskraft zur Erlangung eines Arbeitsvertrages anbietet.

Bewertung, geldmäßige Bezifferung von Vermögensgegenständen, Schulden, ganzen wirtschaftl. Einheiten sowie von Güterverzehr zur Leistungserstellung. Das Vorsichtsprinzip bildet den Ausgangspunkt der *handelsrechtl. B.vorschriften,* denen der Vollkaufmann unterliegt. Es dient v. a. den Interessen der Kreditgeber, die vor einem zu optimist. Vermögensausweis geschützt werden sollen, und steht in einem Spannungsverhältnis zum Prinzip der Bilanzwahrheit. Aus dem Vorsichtsprinzip leiten sich zwei Bewertungsprinzipien ab: 1. das **Imparitätsprinzip:** Gewinne dürfen erst angesetzt werden, wenn sie durch Umsatz realisiert sind, Verluste müssen schon dann berücksichtigt werden, wenn sie verursacht sind; 2. das **Niederstwertprinzip:** Aktiva dürfen höchstens mit den Anschaffungskosten bewertet werden, die bei abnutzbarem Anlagevermögen um die Abschreibungen zu vermindern sind. Selbsterstellte Vermögensgegenstände, bes. noch nicht abgesetzte Halb- und Fertigfabrikate, sind statt mit Anschaffungs- mit Herstellkosten anzusetzen; diese werden von der Kalkulation ermittelt, dürfen jedoch keine Vertriebs- und keine kalkulator. Kosten enthalten. Dem Niederstwertprinzip auf der Aktivseite der Bilanz entspricht auf der Passivseite das **Höchstwertprinzip.**

Zielsetzung der *steuerrechtl. B.vorschriften,* die für alle Unternehmen gelten, ist eine möglichst richtige B. und damit eine möglichst richtige Vermögens- und Gewinnermittlung im Interesse der Gleichmäßigkeit der Besteuerung. Die B.vorschriften für die Steuerbilanz, die für Zwecke der Ertragsteuern aufzustellen ist, lehnen sich zwar weitgehend an handelsrechtl. B.vorschriften an, bestimmen aber den sog. Teilwert als B.grenze für Gegenstände des Aktivvermögens, sofern dieser nicht höher als die Anschaffungs- oder Herstellkosten ist.

Teilwert ist derjenige Wert, den ein (fiktiver) Erwerber des Unternehmens, der den Betrieb weiterführen will, im Rahmen des Gesamtkaufpreises für das zu bewertende Wirtschaftsgut bezahlen würde. Dieser Wert ist so jedoch kaum zu ermitteln und wird in der Praxis meist mit dem Marktpreis oder gemeinen Wert am Bilanzstichtag gleichgesetzt. Für die Steuerbilanz gilt das gemilderte Niederstwertprinzip: Ein niedrigerer Teilwert darf, muß aber nicht angesetzt werden. Aus dem Prinzip der Maßgeblichkeit der Handelsbilanz für die Steuerbilanz folgt aber, daß Unternehmer, die eine Handelsbilanz aufstellen, also jedenfalls Vollkaufleute, dieses steuerl. Wahlrecht nicht ausüben können, sofern das strenge Niederstwertprinzip für die Handelsbilanz eingreift. Gesetzl. Grundlage ist das B.gesetz i. d. F. vom 26. 9. 1974.

📖 *Viel, J., u.a.: Die B. v. Unternehmungen u. Unternehmungsanteilen.* Stg. ^{5}1975. - *Pausenberger, E.: Wert u. B.* Stg. 1962.

Bewetterung ↑Grubenbewetterung.

Bewick, Thomas [engl. ˈbjuːɪk], * Cherryburn (Northumberland) 12. Aug. 1753, † Gateshead (Durham) 8. Nov. 1828, engl. Holzschneider. - Erneuerer der Buchillustration; verwendete als einer der ersten den Holzstich; illustrierte u. a. „Aesop's fables" (1818).

Bewirtschaftung (Rationierung), Zuteilung von Konsum-, Investitionsgütern und Rohstoffen durch den Staat an private Wirtschaftssubjekte und Unternehmen mit dem Ziele der Einschränkung des Verbrauchs (z. B. in Kriegszeiten).

Bewölkung, Bedeckung des Himmels mit Wolken. Der Grad der B. wird in Achteln des Gesamthimmels angegeben.

Bewurzelung, svw. ↑Radikation.

Bewußtlosigkeit (Besinnungslosigkeit), völlige Ausschaltung des Bewußtseins, schwerster Grad der ↑Bewußtseinsstörung. Die B. kann Sekunden bis Min. (↑Synkope) oder auch Stunden bis Tage (↑Koma) anhalten. B. ist keine eigenständige Erkrankung, sondern eine Folge von Erkrankungen oder Verletzungen.

Bewußtsein, in der *Psychologie* das „Ganze des augenblickl. Seelenlebens" (K. Jaspers), die bes. Art des Erlebens, in der der Mensch seel. Vorgänge als gegenwärtig und in ihrer Zugehörigkeit zum Ich erfährt. Die diesen Vorgängen eignende Möglichkeit des B. oder Bewußtwerdens ist graduell verschieden und abhängig von der jeweiligen Deutlichkeit des gegenwärtigen Objektes (*B.inhalt*) und der Intensität der Zuwendung zu diesen Objekten.

◆ *philosoph.* die Gewißheit des „Ich selbst" in den Akten des Denkens und Wahrnehmens; seit Descartes das „Wissen des Wissens" (Meinens, Vorstellens), das „Wissen" um die eigenen „inneren" (geistigen) Zustände. - Für Kant ist die „reflexive Kenntnis" der Vorstellungen „empir. B." Das „transzendentale B.", das „Ich denke", das „alle meine Vorstellungen" (und damit das empir. B.) „begleiten können muß", ist nach Kant der oberste einheitsstiftende Bezugspunkt des Denkens, der Erfahrung.

◆ (gesellschaftl. B.) Begriff des Marxismus für die Gesamtheit der gesellschaftl. vermittelten Ansichten, Gedanken, Ideologien; jeweils abhängig von der konkreten histor. Situation.

Bewußtseinslage, in der *Psychologie* der jeweilige Zustand des Bewußtseins oder die Gesamtheit aller in einem bestimmten Augenblick gegenwärtigen Inhalte und Bedingungen des Bewußtseins; in der *Psychiatrie* Bez. für das jeweils herrschende Niveau der Bewußtseinsklarheit.

Bewußtseinsstörung, Einengung oder Ausschaltung des Bewußtseins, die als Teilerscheinung zahlr. Erkrankungen (allg. Stoffwechselstörungen und Vergiftungen; Durchblutungsstörungen, Tumoren und epilepsieartige Erregung des Gehirns) in unterschiedl. Stärke auftreten kann. Im *Strafrecht* ↑Schuldunfähigkeit.

Bewußtseinsstrom, Bez. für die Erscheinung des unaufhörl. Wechsels der Bewußtseinsinhalte im Erleben; für den Selbstbeobachter entsteht der Eindruck eines zwanghaften, passiven Geschehens.

Bex [frz. bɛ], schweizer. Gemeinde im Kt. Waadt, 20 km südl. von Montreux, 424 m ü. d. M., 4 800 E. Metall-, chem. Industrie. Der Kur- und Badebetrieb (Kochsalzquellen) wurde eingestellt.

Bey [baɪ; türk. bɛj] ↑Bei.

Beyce Sultan [türk. ˈbɛjdʒɛ sulˈtɑn], Ruinenhügel in W-Anatolien, etwa 5 km sw. von Çivril an einem Zufluß des Menderes nehri. Siedlungsschichten vom 5.–1. Jt.; Kultbauten aus dem 3. Jt. v. Chr. enthielten Hörneraltäre, die ebenso der Grundriß einer vorhethit. Palastanlage um 1800 v. Chr. an kret. Funde erinnern.

Beyer, [Johann Christian] Wilhelm, * Gotha 27. Dez. 1725, † Schönbrunn (= Wien) 23. März 1806, dt. Bildhauer und Porzellanmodelleur. - Arbeitete für die Ludwigsburger Porzellanmanufaktur; 1773–81 zahlr. Marmorstatuen in klassizist. Stil für den Park von Schönbrunn.

Beyle, Marie Henri [frz. bɛl] ↑Stendhal.

Beyme, Karl Friedrich von (seit 1816), * Königsberg (Neumark) 10. Juli 1765, † Steglitz (= Berlin) 10. Dez. 1838, preuß. Politiker. - 1798 zum Geheimen Kabinettsrat ernannt; Anhänger liberaler Reformen, führte die Bauernbefreiung auf den Domänen fort; 1806/07 (08) Min. des Auswärtigen; Justizmin.

213

1808–10. 1817–19 Min. für Gesetzesrevisionen.

Beyşehir gölü [türk. 'bɛiʃɛ,hir], See im sw. Inneranatolien, 1 116 m ü. d. M., 45 km lang, bis 25 km breit.

bez. (bz.), Abk. für: **bezahlt**, Zusatz hinter dem Kurs auf Börsenzetteln; besagt: es wurden alle unlimitierten, zum notierten Kurs oder höher limitierten Kaufaufträge und alle unlimitierten, zum notierten Kurs oder niedriger limitierten Verkaufsaufträge ausgeführt.

Beza, Theodor, eigtl. Théodore de Bèze, * Vézelay 24. Juni 1519, † Genf 13. Okt. 1605, schweizer. ref. Theologe frz. Herkunft. - Helfer und Nachfolger (1564) Calvins bei der Reformation in Genf und in W-Europa. Kirchenpolit. trat B. in den Auseinandersetzungen der schweizer. Reformierten mit den dt. Lutheranern, v. a. aber durch Hilfsaktionen für die verfolgten Protestanten in Frankreich in Erscheinung.

bez. B. (bz. B.), Abk. für: **bezahlt und Brief**, Zusatz hinter dem Kurs auf Börsenzetteln; besagt: zum notierten Kurs bestand weiteres Angebot.

Bèze, Théodore de [frz. bɛ:z] ↑ Beza, Theodor.

Bezeichnendes (frz. signifiant) ↑ Signifikant.

Bezeichnetes (frz. signifié) ↑ Signifikat.

bez. G., Abk. für: **bezahlt und Geld**. Zusatz hinter dem Kurs auf Börsenzetteln; besagt: zum notierten Kurs bestand weitere Nachfrage.

Beziehungssatz, Nebensatz, der eine Beziehung (z. B. eine kausale oder finale) ausdrückt; im allg. nicht von den Umstandssätzen (↑ Adverbialsatz) unterschieden.

Beziehungwahn, spezielle Form der Wahnvorstellung, in der meist belanglose Umweltvorgänge ohne Anlaß als auf die eigene Person bezogen erlebt werden, und zwar häufig in dem Gefühl, beeinträchtigt zu sein.

Beziehungswort, Wort, das eine Beziehung von Wörtern (Präposition) oder von Sätzen (Konjunktion) zueinander herstellt.

Beziehungszahlen, Quotienten, durch die in den beschreibenden Statistik Merkmalsausprägungen zweier verschiedener statist. Gesamtheiten zueinander in Beziehung gesetzt werden. Beispiel: Bev. [Anzahl Personen]: Fläche [km²] = Bev.dichte.

Béziers [frz. be'zje], frz. Stadt am Orb und Canal du Midi, 60 km sw. von Montpellier, Dep. Hérault, 76 600 E. Museen, u. a. Stein-, Kunst- und Weinmuseum; Theater. Traktorenbau, Herstellung von Düngemitteln. - Von Iberern als **Beterris** gegr., 120 v. Chr. röm. Kolonie; 450 zum westgot., 736 zum fränk. Reich. - 1790 Bischofssitz. - Ehem. Kathedrale Saint-Nazaire (12.–15. Jh.; Wehrkirche), Basilika Saint-Aphrodise (11.–15. Jh.); Alte Brücke (13. Jh.), Rathaus (18. Jh.).

Bezirk [letztl. zu lat. circus „Kreis"], in der *DDR* im Zuge der Zentralisation unter Auflösung der ehem. Länder (Brandenburg, Mecklenburg, Sachsen, Sachsen-Anhalt, Thüringen) im Jahre 1952 geschaffene Verwaltungseinheit. Die 14 B. sind keine eigenständigen Gebietskörperschaften, ihre Organe sind „örtl. Organe der Staatsmacht". Nach *öster. Recht* der Sprengel einer Bezirkshauptmannschaft. In der *Schweiz* innerhalb eines Kantons das dem Zuständigkeitsbereich einer unteren oder mittleren Verwaltungs- oder Gerichtsbehörde unterstellte Gebiet.

Bezirksgericht, in der *DDR* das oberste Rechtsprechungsorgan im jeweiligen Bezirk. Neben der Rechtsprechung in Straf-, Zivil-, Familien- und Arbeitsrechtssachen obliegt ihm die Anleitung der Tätigkeit der Kreisgerichte des Bezirks.

Im *östr. Recht* erstinstanzl. Gericht in Zivil- und Strafsachen. Das B. entscheidet durch den Einzelrichter, in einzelnen Angelegenheiten durch den Rechtspfleger. Gegen die Entscheidungen des B. ist im allg. die Berufung bzw. der Rekurs an den Gerichtshof (Kreisgericht bzw. Landesgericht) möglich.

Auch in den meisten Kt. der *Schweiz* sind B. die erstinstanzl. Gerichte in Zivil- und Strafsachen. Ihnen entsprechen in den übrigen Kt. die Amtsgerichte. Rechtsmittelinstanzen gegen bezirks- bzw. amtsgerichtl. Entscheidungen sind die kantonalen Obergerichte.

Bezirkshauptmannschaft, in Österreich Verwaltungsbehörde erster Instanz in den Ländern, geleitet vom Bezirkshauptmann. Die B. ist Landesbehörde und besorgt die allg. staatl. Verwaltung. In Städten mit eigenem Statut nimmt der Magistrat die Aufgaben der B. wahr.

Bezirksvorsteher, Leiter von Ortsbezirken; in Berlin (West) gibt es Bezirksbürgermeister, in Hamburg Bezirksamtleiter.

Bezoarstein [pers./dt.] (Magenstein), aus verschluckten und verfilzten Haaren oder Pflanzenfasern bestehende steinartige Konkretion, die sich im Magen verschiedener Säugetiere, hpts. von Pflanzenfressern, bildet.

Bezoarziege [pers./dt.] (Capra aegagrus), etwa 120–160 cm körperlange und 70–100 cm schulterhohe Wildziegenart (Stammform der Hausziege) mit mehreren Unterarten; früher in den Gebirgen Vorderasiens und auf den griech. Inseln weit verbreitet, heute im Bestand bedroht; Hörner beim ♂ 80–130 cm lang, meist mit 6–12 scharfkantigen Höckern; Hörner des ♀ 20–30 cm lang, dünn, wenig gekrümmt; ♀ ohne, ♂ mit dichtem, langem Kinnbart; Fell rötlich- bis braungrau, Schulterstreifen, Aalstrich, unterer Flankenrand und Vorderseiten der Beine schwärzl.

Bezogener, bei einem Wechsel oder Scheck derjenige, der die Wechsel- oder Schecksumme zahlen soll.

Bezruč, Petr [tschech. 'bɛzrutʃ], eigtl.

Vladimír Vašek, * Troppau 15. Sept. 1867, † Olomouc 17. Febr. 1958, tschech. Dichter. - Stellt in seiner Lyrik soziale und nat. Probleme der Arbeiter und Bauern im poln.-dt. Grenzgebiet seiner Heimat dar.

Bezugsaktien, neue („junge") Aktien, die bei einer bedingten Kapitalerhöhung ausgegeben werden. Anlässe für die Ausgabe von B.: 1. Umtausch von Wandelschuldverschreibungen; 2. Vorbereitung des Zusammenschlusses mehrerer Unternehmen; 3. Gewährung von Bezugsrechten für Belegschaftsaktien gegen Einlage von Geldforderungen aus einer der Arbeitnehmern eingeräumten Gewinnbeteiligung.

Bezugselektrode (Vergleichs- oder Normalelektrode), in der *Elektrochemie* eine Elektrode mit reproduzierbarer, genau definierter, konstanter Galvani-Spannung zur Messung der †Normalpotentiale von Stoffen in bezug auf diese B. Als *Standard-B.* dient die Normalwasserstoffelektrode († Wasserstoffelektrode).

Bezugsgröße, physikal. Größe, auf die eine gleichartige Meßgröße bezogen wird, z. B. der Bezugsschalldruck.

Bezugsgruppe, in der Sozialpsychologie bzw. Soziologie jede Gruppe, mit deren Normen, Einstellungen und Verhaltensweisen sich der einzelne identifiziert und die sein eigenes Verhalten maßgebl. beeinflussen.

Bezugsperson, Person, an der ein Individuum infolge persönl. (enger) Beziehung sein Denken und Verhalten orientiert; von der frühkindl. Phase an für die Entwicklung bedeutend.

Bezugsrecht (Aktien-B.), gesetzl. begründeter Anspruch der Aktionäre einer AG oder einer KG auf Aktien, bei einer Kapitalerhöhung einen ihrem Anteil an dem bisherigen Grundkapital entsprechenden Teil der neuen Aktien zugeteilt zu bekommen. Bei börsenfähigen Aktien findet innerhalb der Ausübungsfrist ein Börsenhandel in Bezugsrechten statt.

Bezugssystem, der Messung der mathemat. Beschreibung eines physikal. Sachverhalts zugrundegelegtes Koordinatensystem, z. B. zur Beschreibung der räuml. Lage [eines Systems] von Teilchen oder Körpern, die durch Ortsmessungen (mit Hilfe starrer Maßstäbe) in ihm bestimmt werden kann (**räuml. Bezugssystem**). Zu einem dreidim. Bezugssystem, in dem auch Bewegungsvorgänge gemessen oder beschrieben werden können, gehört ferner eine der Zeitfixierung dienende, mit dem Koordinatensystem fest verbundene Uhr. Beim Übergang von einem B. zu einem anderen müssen die Meßergebnisse transformiert werden, und zwar mit derjenigen Transformation, die das eine Koordinatensystem in das andere überführt. Gleichförmig bewegte B., in denen die Bewegung von sich selbst überlassener Körper oder Massenpunkte gemäß dem Galileischen Trägheitsgesetz erfolgt, bezeichnet man gewöhnlich als **Inertialsysteme.**

Bezugstemperatur, diejenige Umgebungstemperatur, bei der Kennwerte elektron. Bauelemente gemessen werden.

BfA, Abk. für: **Bundesversicherungsanstalt für Angestellte.**

BFBS [engl. 'bi:ɛfbi:'ɛs], Abk. für: †**British Forces Broadcasting Service.**

BfG, Abk. für: **Bank für Gemeinwirtschaft** († Banken, Übersicht).

BFH, Abk. für: **Bundesfinanzhof.**

BFK, Abk. für: **borfaserverstärkte Kunststoffe** († Verbundwerkstoffe).

bfn, Abk. für: **brutto für netto.**

BGB, Abk. für: **Bürgerliches Gesetzbuch.**

BGBl, Abk. für: **Bundesgesetzblatt.**

BGH, Abk. für: **Bundesgerichtshof.**

Bhadgaon, nepales. Stadt im Becken von Katmandu, 1350 m ü. d. M., 115 000 E. Töpferei und Weberei. - Gegründet 865 n. Chr. gegr.; bis im 16. Jh. bedeutendste Stadt Nepals.

Bhagalpur, ind. Stadt im Bundesstaat Bihar, am rechten Ufer des Ganges, 49 m ü. d. M., 221 000 E. Verwaltungssitz eines Distrikts; Univ., Seidenforschungsinstitut.

Bhagawadgita [Sanskrit „Gesang des Erhabenen"], ind. religiös-philosoph. Lehrgedicht in 18 Gesängen, das in das 6. Buch des †„Mahabharata" eingefügt ist. Es wird von dem Gott Krischna, in der Gestalt des Wagenlenkers König Ardschunas, vorgetragen. Anlaß ist die Weigerung Ardschunas, sich in der Schlacht des Verwandtenmordes schuldig zu machen. Krischna belehrt ihn, daß jeder nach der Pflicht seiner Kaste zu handeln habe, daß Ardschuna daher als Krieger kämpfen müsse. - In der B. sind verschiedene philosoph. Anschauungen zusammenge-

Bharhut. Relief vom sogenannten Zaun von Bharhut, eine Baumgöttin darstellend (3. Jh. v. Chr.). Kalkutta, Indian Museum

stellt, sie gilt im Hinduismus als hl. Text. Die Zeit ihrer Entstehung ist ungewiß, älteste Schichten vielleicht aus dem 3. Jh. v. Chr.

Bhagawan [Sanskrit und Pali „der Erhabene"], Titel des Buddha, Beiname Wischnus.

Bhagawata [Sanskrit „Verehrer des Erhabenen"], Anhänger einer Richtung des ↑Wischnuismus.

Bhagirathi, Quellfluß des Ganges, einer der heiligsten Flüsse Indiens, entspringt im Himalaja; 120 km lang.

Bhagwan-Bewegung, religiöse Bewegung um den ind. Guru Rajneesh Chandra Mohan (* 1931, † 19. Jan. 1990), der sich seit 1969 von seinen Anhängern als „Bhagwan" verehren läßt.

Bhakti [Sanskrit „Hingabe, Liebe"], die Liebe zu einem persönl. Gott; wird bes. von wischnuit. Sekten des Hinduismus als Weg zur Erlösung über den durch Erkenntnis gestellt.

Bharawi, * um 550, † um 600, ind. Dichter. - Einer der großen Epiker der klass. ind. Literatur; schrieb das Kunstepos „Kiratarjuniya. Der Kampf mit dem Kiraten".

Bharhut, Dorf im nördl. Madhya Pradesh, Indien, 9 km südl. von Satna; Fundort eines reliefgeschmückten buddhist. Stupas aus dem 3. Jh. v. Chr. - Abb. S. 215.

Bhartrihari, ind. Dichter des 7. Jh. - Lyriker der klass. Zeit der ind. Literatur; Verf. von drei Spruchsammlungen über Liebe, Lebensklugheit und Weltentsagung.

Bhasa, ind. Dramatiker des 2. (?) Jh. - Ihm werden nur noch einige der ihm ursprüngl. zugeschriebenen 13 Dramen zugeordnet; z. T. sind die überlieferten Dramen vielleicht verkürzte Fassungen seiner Werke.

Bhaskara Atscharja (Bhaskara der Gelehrte), * 1114, † nach 1178, ind. Mathematiker und Astronom. - Sein um 1150 entstandenes Werk „Stirnjuwel der Lehrmeinungen" bildet den Höhepunkt und Abschluß der ind. Mathematik und Astronomie.

Bhave, Vinoba, * Gagoda (Maharashtra) 11. Sept. 1895, † Paunar Ashram 15. Nov. 1982, ind. Sozialreformer. – Schüler Gandhis; versuchte in Wanderpredigten Großgrundbesitzer zur Landübertragung an besitzlose Bauern zu bewegen. In der Bhudan-(Landschenkungs-) Bewegung wurden seit 1951 rd. 2,5 Mill. ha übereignet.

Bhavnagar ['baʊnaˌgaːr], ind. Hafenstadt im Bundesstaat Gujarat am Golf von Cambay, 307 000 E. Univ.; Handelszentrum; Metallverarbeitung, Baumwollspinnereien. Hafen sowie offene Reede; ⚓. - Gegr. 1723.

Bhawabhuti, ind. Dramatiker des 7. oder 8. Jh. - Brahmane; seine drei lyr. Dramen bilden den Höhepunkt der Sanskritdramatik.

Bhawatschakra [Sanskrit „Rad des Werdens"], radförmiges Symbol für den Geburtenkreislauf (↑Samsara) im Buddhismus.

BHE, Abk. für: ↑Block der Heimatvertriebenen und Entrechteten.

Bhikkhu [Pali „Bettler"], Bez. der Mgl. des buddhist. Mönchsordens. Buddhist. Nonnen heißen *Bhikkhuni*.

Bhil, Volk im W des ind. Bundesstaates Madhya Pradesh am Unterlauf der Narmada; spricht einen Gudscharatidialekt.

Bhilai ↑Durg.

Bhopal, Hauptstadt des ind. Bundesstates Madhya Pradesh, auf dem Malwa Plateau an zwei Seen, 625 m ü. d. M., 672 000 E. Univ.; Bau von Elektrogeräten, Textil- und Nahrungsmittelind., Kunsthandwerk. - Moscheen, Palast des Nabob. 40 km südl. Grotten mit Felsbildern.

B-Horizont ↑Bodenkunde.

BHT-Koks, Kurzbez. für: Braunkohlenhochtemperaturkoks.

Bhubaneswar, Hauptstadt des ind. Bundesstaates Orissa, im Mahanadidelta, 219 000 E. Univ. (gegr. 1943), Univ. für Landw. und Technik (gegr. 1962); Agrarzentrum. - Erstmals im 5. Jh. v. Chr. genannt, Residenz verschiedener Dynastien. - Neben dem alten B. (mit berühmten Tempeln) entstand seit 1948 die moderne Verwaltungsstadt.

Bhumibol Adulyadej ↑Rama IX.

Bhutan

(amtl.: Druk-Yul), konstitutionelle Monarchie in Asien, zw. 26° 50′ und 28° 20′ n. Br. sowie 88° 50′ und 92° 05′ ö. L. **Staatsgebiet:** Erstreckt sich an der S-Abdachung des östl. Himalaja, im N von China (Tibet), im O, W und S von Indien begrenzt. **Fläche:** 47 000 km². **Bevölkerung:** 1,3 Mill. E (1985), 27,4 E/km². **Hauptstadt:** Thimbu. **Verwaltungsgliederung:** 15 Distrikte. **Amtssprache:** Dzongkha, Englisch als Handels- und Unterrichtssprache. **Staatsreligion:** Mahajana-Buddhismus. **Währung:** Ngultrum (NU) = 100 Chetrum. **Internat. Mitgliedschaften:** UN, Colombo-Plan. **Zeitzone:** Ind. Zeit, d. i. MEZ + 4½ Std.

Landesnatur: B. besitzt ausgesprochenen Gebirgscharakter. Im Bereich des Hohen Himalaja erheben sich vergletscherte Gipfel bis 7 553 m ü. d. M. Der südl. anschließende Vorderhimalaja (2 000–5 000 m ü. d. M.) wird von breiten, N–S-verlaufenden Tälern (1500–2 800 m ü. d. M.) durchzogen. Über die Siwalikketten (bis 1 500 m) und eine Fußhügelzone (bis 600 m) fällt das Land zur Duarzone ab, einem Ausläufer des Ganges-Brahmaputra-Tieflandes, an dem B. entlang der ind. Grenze Anteil hat.

Klima: Charakterist. ist eine Höhenstufung vom subtrop. Monsunklima der Duarzone über das kühlgemäßigte Klima Zentral-B. bis zum extremen Hochgebirgsklima im N. Der Sommermonsun (Juni–Okt.) bringt rd. 80 %

der Jahresniederschläge.
Vegetation: Sie reicht von Monsunwäldern über immergrüne Berg-, Höhen- und Nebenwälder, subalpine Birkenwälder bis zur alpinen Stufe.
Bevölkerung: 70 % der Bev. sind Bhotia (tibet. Herkunft), die im N und Z siedeln; 25 % gehören nepales. Volksgruppen an, im S leben auch ind. Einwanderer. Es überwiegen Buddhisten, daneben Hindus. Wenig Analphabeten, da die Klöster seit jeher Zentren der Pflege und Erhaltung des tibet. Schrifttums waren.
Wirtschaft: Landw. und Kleinind. werden gegenwärtig entwickelt. Indien leistet dabei Hilfe. Angebaut werden u. a. Reis, Hirse, Gerste, Mais, Weizen, Kardamom, Äpfel, Orangen u. a.). Neben Holzverarbeitung und Weberei sowie Handwerk (Maskenschnitzerei, Silberschmiedekunst, Teeschalenproduktion, Möbelschreinerei) besitzt B. eine Zündholzfabrik, Papierherstellung und eine Käserei. Ein Wasserkraftwerk liefert auch Strom nach Indien.
Außenhandel: Der gesamte Außenhandel wird über Indien, das zugleich wichtigster Handelspartner ist, abgewickelt. Zur Ausfuhr kommen überwiegend Agrarprodukte und Holz; zweitgrößter Devisenbringer sind Briefmarken.
Verkehr: Bis 1961 gelangte man nur auf steilen Pfaden ins Landesinnere. Seither hat Indien ein Straßennetz von über 1 700 km Gesamtlänge ausgebaut (strateg. Gesichtspunkte). ✈ bei Paro.
Geschichte: Besiedlung und buddhist. Mission seit dem 7. Jh., im 8. Jh. Ft., im 16./17. Jh. Begründung der Staatsreligion und der theokrat. Herrschaft; nach krieger. Auseinandersetzungen mit Brit.-Indien im 19. Jh. zur Anerkennung der brit.-ind. Vormacht gezwungen; in jüngster Zeit verstärkte Bemühungen um volle Unabhängigkeit (seit 1971 Mgl. der UN).
Politisches System: Seit 1968 ist B. eine konstitutionelle Monarchie mit autonomer innerer Verwaltung; die auswärtigen Angelegenheiten werden - gemäß Vertrag von 1949 - durch die Schutzmacht Indien wahrgenommen. *Staatsoberhaupt* ist der König (seit 1972: Jigme Tinghye Wangchuk); die *Legislative* liegt bei der Nationalversammlung, die das Recht hat, den König mit Zweidrittelmehrheit abzusetzen und der die *Exekutive* (Min.rat und Königl. Rat) verantwortl. ist. Es gibt keine polit. Parteien. Die Streitkräfte sind rd. 5 000 Mann stark.
Bhutto, Zulfikar Ali-Khan, * Larkana (West-Pakistan) 5. Jan. 1928, † Rawalpindi 4. April 1979 (hingerichtet), pakistan. Politiker. - 1963-66 Außenmin., gründete die linksgerichtete oppositionelle „Volkspartei"; befürwortete die militär. Intervention der westpakistan. Zentralregierung, durch die der Separationsversuch Ost-Pakistans 1971 niedergeschlagen werden sollte; 1971-73 Staatspräs., 1973-77 Min.präs.; nach Militärputsch verhaftet und 1978 wegen Anstiftung zum Mord an einem polit. Gegner zum Tode verurteilt; 1979 hingerichtet.
Bh., Benazir, * Karatschi 21. Juni 1953, pakistan. Politikerin. Tochter von Zulfikar Ali-Khan Bh.; übernahm 1979 die Führung der „Volkspartei"; mehrere Jahre in Haft, im Exil oder unter Hausarrest; bei allg. Wahlen 1988 zur Min.präs. gewählt.
Bi, chem. Symbol für ↑ Wismut.
bi..., Bi... [lat.], Bestimmungswort in Zusammensetzungen mit der Bedeutung „zwei..., doppel[t]...".
◆ Präfix der chem. Nomenklatur; kennzeichnend 1. für Verbindungen, die aus 2 gleichen Resten bestehen, z. B. Biphenyl; 2. in der anorgan. Chemie für saure Salze, heute durch **hydrogen-** ersetzt, z. B. Natriumhydrogencarbonat statt Natriumbicarbonat.
Biafra, Name des O-Teils (76 000 km^2) Nigerias, unter dem dieses Gebiet sich am 30. Mai 1967 für unabhängig erklärte; Hauptstadt Enugu; nach krieger. Auseinandersetzungen mußte B. 1970 vor den Truppen der nigerian. Bundesregierung kapitulieren; seitdem wieder voll integriert.
Biała Podlaska [poln. 'bjaŭa pɔd'laska], poln. Stadt, 140 m ü. d. M., 44 000 E. Hauptstadt des Verw.-Geb. B. P.; Konsumgüterind. - Marktort, seit 1568 im Besitz der Familie Radziwiłł. - Pfarrkirche (1572 und 1596).
Białas, Günter, * Bielschowitz (Landkr. Zabrze) 19. Juli 1907, dt. Komponist. - Einer der profilierten Vertreter der zeitgenöss. dt. Musik; u. a. Opern „Hero und Leander" (1966), für Orchester „Sinfonia piccola" (1960), Konzerte für Klavier, Harfe, Flöte, Klarinette, Cello u. a. Instrumente, 3 Streichquartette, Lieder, Chorwerke.
Bialik, Chajim Nachman, * Rady (Wolynien) 9. Jan. 1873, † Wien 4. Juli 1934, hebr. Dichter. - Seit 1923 in Palästina; bemühte sich bes. um die Erneuerung der hebr. Sprache; verbindet in seinen Werken das Gedankengut jüd. Mystik, rationalen Talmudismus' und der Aufklärung.
Białogard [poln. bja'wɔgart] ↑ Belgard (Persante).
Białystok [poln. bja'wistɔk], poln. Stadt, 180 m nö. von Warschau, 240 000 E. Hauptstadt des Verw.-Geb. B.; Medizin. Akad. (gegr. 1950); Textilind.; Bahnknotenpunkt an der Strecke Warschau-Wilna. - Wohl im 14. Jh. gegr., 1665 im Besitz, später Residenz der Magnatenfamilie Branicki, 1749 Magdeburger Stadtrecht, 1802 preuß., 1807 russ. - Barockes Rathaus (1745), barocker Branicki-Palast (17. und 18. Jh.), Kirchen (20. Jh.).
Biarritz, frz. See- und Soleheilbad am Golf von Biskaya, 26 600 E. Forschungszentrum für Meeressäugetiere; ganzjähriger Fremdenverkehr; Flugzeugind. - Im 12. Jh.

Bias

Fischerort mit bed. Walfang; Aufstieg zum mondänen Seebad dank Kaiserin Eugénie.

Bias, griech. Staatsmann in Priene (Kleinasien) um die Mitte des 6. Jh. v. Chr. - Einer der sog. Sieben Weisen; berühmt als Richter und Schiedsrichter.

Biathlon [lat./griech.], Skilanglauf über 10, 20 und 4 × 7,5 km (Herren), über 5, 10 und 3 × 5 km (Damen) mit Schießübungen von je 5 Schuß (Kleinkaliber 5,6 mm) auf unterschiedl. große Scheiben in 50 m Entfernung.

Biban Al Muluk [arab. „Tore (d. h. Gräber) der Könige"], Doppeltal westl. von Theben in Oberägypten mit den Gräbern der Pharaonen des Neuen Reiches; berühmte Gräber von Tutanchamun, Sethos I., Amenophis II.

Bibbiena, il, eigtl. Bernardo Dovizi, * Bibbiena (Arezzo) 4. Aug. 1470, † Rom 9. Nov. 1520, italien. Staatsmann, Kardinal (seit 1513) und Dichter. - Im diplomat. Dienst Leos X.; verfaßte u. a. die Verwechslungskomödie „Calandria" (1513).

Bibel [zu mittellat. biblia „Bücher", von griech. biblíon „Schriftrolle, Buch"], die beiden großen Schriftsammlungen des Alten Testaments (A. T.) und des Neuen Testaments (N. T.). Das Wort *Testament* (lat. testamentum) bedeutet soviel wie „Bund, Bundesbestimmung". Das A. T. ist die Urkunde des Bundes, den Gott mit dem Volke Israel schloß, das N. T. diejenige des Bundes Gottes mit allen Menschen. Die B. ist für alle christl. Kirchen und Gemeinschaften Urkunde der Offenbarung Gottes und Grundvoraussetzung allen Glaubens, Lehrens, Handelns. Für

BÜCHER DER BIBEL

Altes Testament (A. T.)

Vulgata	Lutherbibel	Loccumer Richtlinien*	Abkürzungen
Genesis	1. Buch Mose	Genesis	*1. Mos.*
Exodus	2. Buch Mose	Exodus	*2. Mos.*
Leviticus	3. Buch Mose	Levitikus	*3. Mos.*
Numeri	4. Buch Mose	Numeri	*4. Mos.*
Deuteronomium	5. Buch Mose	Deuteronomium	*5. Mos.*
Josua	Buch Josua	Josua	*Jos.*
Richter	Buch der Richter	Buch der Richter	*Richter*
Ruth	Buch Ruth	Buch Rut	*Ruth*
1 Samuel (1 Könige)	1. Buch Samuel	1. Buch Samuel	*1. Sam.*
2 Samuel (2 Könige)	2. Buch Samuel	2. Buch Samuel	*2. Sam.*
1 Könige (3 Könige)	1. Buch von den Königen	1. Buch der Könige	*1. Kön.*
2 Könige (4 Könige)	2. Buch von den Königen	2. Buch der Könige	*2. Kön.*
1 Chronik (1 Paralipomenon)	1. Buch der Chronik	1. Buch der Chronik	*1. Chron.*
2 Chronik (2 Paralipomenon)	2. Buch der Chronik	2. Buch der Chronik	*2. Chron.*
Esdras (1 Esdras)	Buch Esra	Buch Esra	*Esra*
Nehemias (2 Esdras)	Buch Nehemia	Buch Nehemia	*Neh.*
Tobias (Tobit)	*Buch Tobias*	*Buch Tobias*	*Tob.*
Judith	*Buch Judith*	*Buch Judit*	*Judith*
Esther	*Buch Esther*	*Buch Ester*	*Esther*
1 Makkabäer	*1. Buch der Makkabäer*	*1. Buch der Makkabäer*	*1. Makk.*
2 Makkabäer	*2. Buch der Makkabäer*	*2. Buch der Makkabäer*	*2. Makk.*
Psalmen	Psalter	Psalmen	*Ps.*
Job (Hiob)	Buch Hiob	Buch Ijob (Job, Hiob)	*Hiob*
Sprüche	Sprüche Salomos	Buch der Sprichwörter (Sprüche Salomos)	*Sprüche*
Prediger (Ecclesiastes)	Prediger Salomo	Kohelet (Prediger Salomo)	*Pred.*
Hoheslied	Hohelied Salomos	Hohelied (Hohelied Salomos)	*Hoheslied*
Buch der Weisheit	*Weisheit Salomos*	*Buch der Weisheit (Weisheit Salomos)*	*Weisheit*
Jesus Sirach (Ecclesiasticus)	*Buch Jesus Sirach*	*Buch Jesus Sirach*	*Jes. Sir.*
Isaias	Jesaja	Buch Jesaja	*Jes.*
Jeremias	Jeremia	Buch Jeremia	*Jer.*
Klagelieder	Klagelieder Jeremias	Klagelieder des Jeremia	*Klagel.*
Baruch	*Buch Baruch*	*Buch Baruch*	*Baruch*
Ezechiel	Hesekiel	Buch Ezechiel (Hesekiel)	*Ezech.*
Daniel	Daniel	Buch Daniel	*Daniel*
Osee (Hosea)	Hosea	Buch Hosea	*Hos.*
Joel	Joel	Buch Joel	*Joel*
Amos	Amos	Buch Amos	*Amos*
Abdias	Obadja	Buch Obadja	*Obadja*
Jonas	Jona	Buch Jona	*Jona*
Michäas	Micha	Buch Micha	*Micha*
Nahum	Nahum	Buch Nahum	*Nahum*
Habakuk	Habakuk	Buch Habakuk	*Habak.*
Sophonias	Zephanja	Buch Zefanja	*Zeph.*
Aggäus	Haggai	Buch Haggai	*Hagg.*
Zacharias	Sacharja	Buch Sacharja	*Sach.*
Malachias	Maleachi	Buch Maleachi	*Mal.*

BÜCHER DER BIBEL (Forts.)

Neues Testament (N.T.)

Vulgata	Lutherbibel	Loccumer Richtlinien*	Abkürzungen
Matthäus-Evangelium	Evangelium des Matthäus	Evangelium nach Matt(h)äus	*Matth.*
Markus-Evangelium	Evangelium des Markus	Evangelium nach Markus	*Mark.*
Lukas-Evangelium	Evangelium des Lukas	Evangelium nach Lukas	*Luk.*
Johannes-Evangelium	Evangelium des Johannes	Evangelium nach Johannes	*Joh.*
Apostelgeschichte	Apostelgeschichte des Lukas	Apostelgeschichte	*Apg.*
Römerbrief	Brief des Paulus an die Römer	Brief an die Römer	*Röm.*
1. und 2. Korintherbrief	1. und 2. Brief des Paulus an die Korinther	1. und 2. Brief an die Korinther	*1./2. Kor.*
Galaterbrief	Brief des Paulus an die Galater	Brief an die Galater	*Gal.*
Epheserbrief	Brief des Paulus an die Epheser	Brief an die Epheser	*Eph.*
Philipperbrief	Brief des Paulus an die Philipper	Brief an die Philipper	*Phil.*
Kolosserbrief	Brief des Paulus an die Kolosser	Brief an die Kolosser	*Kol.*
1. und 2. Thessalonicherbrief	1. und 2. Brief des Paulus an die Thessalonicher	1. und 2. Brief an die Thessalonicher	*1./2. Thess.*
1. und 2. Timotheusbrief	1. und 2. Brief des Paulus an Timotheus	1. und 2. Brief an Timotheus	*1./2. Tim.*
Titusbrief	Brief des Paulus an Titus	Brief an Titus	*Titus*
Philemonbrief	Brief des Paulus an Philemon	Brief an Philemon	*Philem.*
Hebräerbrief	Brief des Paulus an die Hebräer	Brief an die Hebräer	*Hebr.*
Jakobusbrief	Brief des Jakobus	Brief des Jakobus	*Jak.*
1. und 2. Petrusbrief	1. und 2. Brief des Petrus	1. und 2. Brief des Petrus	*1./2. Petr.*
1., 2., 3. Johannesbrief	1., 2., 3. Brief des Johannes	1., 2., 3. Brief des Johannes	*1./2./3. Joh.*
Judasbrief	Brief des Judas	Brief des Judas	*Jud.*
Geheime Offenbarung (Apokalypse)	Offenbarung des Johannes	Offenbarung des Johannes	*Apk.*

* entsprechend dem „Ökumenischen Verzeichnis der biblischen Eigennamen nach den Loccumer Richtlinien" (Stuttg. 1971)
(*Kursiv* gesetzt sind die apokryphen bzw. deuterokanonischen Bücher)

das Judentum gilt nur das A. T. als Offenbarungsquelle. Dabei gebrauchte das Judentum entweder die Bezeichnung „B." in einer allein auf das A. T. bezogenen Verwendung, oder es faßt die drei Schriftenkomplexe, in die das A. T. aufgegliedert ist, zusammen und spricht dann von „Gesetz, Propheten und Schriften". **Altes Testament:** Die Kanonisierung des A. T. war wahrscheinl. gegen Ende des 1. Jh. n. Chr. abgeschlossen. Das A. T. ist fast ausschließl. in hebr. Sprache niedergeschrieben; nur wenige Abschnitte in den Büchern Esra (4, 8–6, 18; 7, 11–28) und Daniel (2, 4–7, 28) sind aramäisch. Im Judentum nehmen die fünf ersten Schriften des A. T. eine vorrangige Stellung ein. Sie bilden die **Thora** („Gesetz") und werden in der hebr. Bibel nach ihren Anfangswörtern benannt; so heißt z. B. das 1. Buch Mose *Bereschith* („am Anfang"). Die christl. Kirche spricht von den „Fünf Büchern Mose", die Theologie nennt sie **Pentateuch** (griech. „Fünfrollenbuch"). Der Kirchenlehrer Tertullian führte die folgenden lat. Namen für die Bücher ein: *Genesis* („Anfang"), *Exodus* („Auszug"), *Leviticus* („levit. Gesetze"), *Numeri* („Volkszählungen") und *Deuteronomium* („Gesetzeswiederholung"). Diese Bücher sind nicht von Moses selbst verfaßt (5. Mos. 34 berichtet von dessen Tod), ihr Titel bezieht sich auf ihn als die Hauptgestalt.

Der Inhalt des Pentateuch beginnt mit der Schöpfungsgeschichte, der Erschaffung der Welt und der Menschen durch Gott. Die Urgeschichte, die Geschichte des Anfangs der gesamten Menschheit, berichtet über Sündenfall und Paradiesvertreibung, Sintflut und Turmbau zu Babel. Mit der Zerstreuung der Völker und der Verwirrung der Sprachen geht die Genesis über zur Geschichte der Patriarchen, der „Väter" des jüd. Volkes. Das Buch Exodus wird beherrscht von den Berichten über die Gestalt des Moses als des Befreiers der Israeliten aus ägypt. Knechtschaft und zugleich des Gesetzgebers vom Berge Sinai. Neben weiteren geschichtl. Berichten enthalten die Bücher des Pentateuch gesetzl. und rituelle Vorschriften.

Die Bücher *Josua*, *Richter* und *Samuel* werden in der jüd. Überlieferung als nur ein Buch angesehen. Zus. mit den **Büchern der Könige** bezeichnet man sie im Judentum als „frühe Propheten". In den christl. Sprachgebrauch ist diese umfassende Benennung jenes Schriftenkomplexes nicht eingegangen. Allerdings ist die inhaltl. Verwandtschaft dieser Bücher nicht zu bestreiten. Sie sind histor. Schriften, die die göttl. gelenkte Geschichte des israelit.-jüd. Volkes von der Landnahme unter Josua über die Zeiten des Königtums, v. a. des Großreichs des Königs David, bis zur Trennung und zum Untergang des Nord- und Südreichs zum Inhalt haben.

Bibelerklärung

In den *Prophetenbüchern* haben die Verkündigung und das Wirken der Propheten des A. T. ihren Niederschlag gefunden. Die Botschaft der Propheten geißelt die Sünden des Volkes und tröstet in Zeiten der Not, indem sie hinweist auf den zukünftigen Retter, den Messias. Die literar. Gestalt der prophet. Verkündigung gliedert sich nach den Persönlichkeiten der Propheten und unterscheidet die drei großen Prophetenbücher Jesaja, Jeremia und Ezechiel von den zwölf sog. Kleinen Propheten.

Als „*Schriften*" schlechthin wird eine letzte Gruppe der Bücher des A. T. mit unterschiedl. Inhalt bezeichnet. Zu ihnen zählen die *Psalmen*, das Buch *Hiob* und die Apokalypse des *Daniel*. Die Entstehungsgeschichte der nachexil. Gemeinde bildet den Inhalt der Bücher *Esra* und *Nehemia*. Eine Untereinheit innerhalb der „Schriften" bilden die „Rollen" (hebr. Megilloth). Es handelt sich um die fünf Bücher *Ruth, Hoheslied, Prediger, Klagelieder* und *Esther*.

Neues Testament: Die religiöse Wertung des N. T. beruht auf der Tatsache, daß in ihm die Berichte über das Leben und Wirken, die Worte und Taten, der Tod und die Auferstehung Jesu sowie die Geschichte und die christl. Verkündigung der Urgemeinde, insbes. des Apostels Paulus, enthalten sind. - Die Sprache, in der der Urtext des N. T. durchweg niedergeschrieben ist, ist die gemeingriech. Sprache der hellenist. Zeit; sie wird die „allg. Sprache" (**Koine**) genannt. In diesem griech. Text finden sich Aramaismen, Ausdrucksformen, die typisch sind für das Aramäische, das z. Z. Jesu in Palästina gesprochen wurde. - Das N. T. umfaßt die *vier Evangelien* nach Matthäus, Markus, Lukas und Johannes, die *Apostelgeschichte*, die *Briefe* des Paulus an die Römer, Korinther (2), Galater, Epheser, Philipper, Kolosser, Thessalonicher (2), an Timotheus (2), an Titus, an Philemon und an die Hebräer; die Kath. Briefe des Petrus (2), Johannes (3), des Jakobus und des Judas; die Offenbarung des Johannes (Apokalypse). - Die Bücher des N. T. sind in einer für hl. Schriften außerordentl. kurzen Zeit nach dem Wirken Jesu entstanden. Der vermutl. älteste Paulusbrief, der 1. Thessalonicherbrief, wurde 50 n. Chr. verfaßt, das Markusevangelium um 70 n. Chr., die übrigen Evangelien etwas später. Bereits um 120 n. Chr. waren alle Schriften des N. T. abgeschlossen. Ein feststehender Kanon bestand mit Sicherheit gegen Ende des 2. Jh. († auch Bücher der Bibel [Übersicht]).

Übersetzungen: In etwa 1750 Sprachen liegen Übersetzungen der B. vor. Die bedeutendste Übersetzung allein des A. T. ist die **Septuaginta** (Abk. LXX; lat. „siebzig"). Ihr Name beruht auf der Arbeit der Übersetzung (zunächst nur der 5 Bücher Mose) in 72 Tagen vollendet haben sollen. In der syr. Kirche setzte sich als Übersetzung die **Peschitta** (syr. „die Einfache") durch. Wahrscheinl. ist sie das Werk des Bischofs Rabbula von Edessa (5. Jh.). Für das Lat. sind zwei wichtige Übersetzungen zu unterscheiden: Nordafrika, wo das Lat. zuerst zur Kirchensprache wurde, ist wahrscheinl. die Heimat der **Vetus Latina** oder **Itala**. Der kirchl. rezipierte, 1546 auf dem Konzil von Trient für die kath. Kirche als maßgebend erklärte Text wurde die **Vulgata**, die Übersetzung des Hieronymus. Von der got. Bibelübersetzung des Bischofs Ulfilas sind nur Teilstücke erhalten. Die dt. Übersetzung Luthers war von entscheidender Bed. für die Reformation und zugleich von fortwirkendem sprachl. Einfluß. Die erste Gesamtausgabe erschien 1534; die letzte von Luther selbst betreute Ausgabe ist diejenige von 1545. *Neuere Übersetzungen:* Neben der *Zürcher B.* (letzte Bearbeitung 1907–31; erste Ausgabe des N. T. 1524; Vollbibel 1529) sind moderne Übersetzungen immer mehr verbreitet; z. B. Menge (N. T. seit 1923, A. T. seit 1926), Zink (seit 1965), Wilckens (1970). Am weitesten in der Anpassung an moderne Sprache geht die „Bibel in heutigem Deutsch" *(Die gute Nachricht)*. 1980 erschien die kath.-ev. Gemeinschaftsübersetzung „Die Bibel". Der dt.-sprachige Katholizismus besitzt bisher noch keine Bibelübersetzung, die sich eindeutig durchgesetzt hätte. Hier sind die *Grünewald-B.* (Rießler-Storr; seit 1924–26), die *Keppler-B.* (seit 1915), die Ausgabe des N. T. von Rösch (seit 1921), Tillmann (seit 1927), Karrer (seit 1950) bes. zu nennen. Im engl. Sprachgebiet ist die *Authorized Version* von 1611 noch immer im offiziellen Gebrauch, im frz. die *Version Synodale* von 1744. Von bes. Bedeutung ist die *Bible de Jérusalem* (seit 1956) mit umfangreichen Anmerkungen.

📖 *Kümmel, W. G.: Einl. in das N.T. Begr. v. P. Feine. Hdbg. ²¹1983. - Aland, K.: Der Text des N. T. Stg. 1982. - Sellin, E./Fohrer, G.: Einl. in das A. T. Hdbg. ¹²1979. - Eißfeldt, O.: Einl. in das A. T. Unter Einschluß der Apokryphen u. Pseudepigraphen. Tüb. ⁴1976. Das N. T. als kanon. Dokumentation u. krit. Analyse zur gegenwärtigen Diskussion. Hg. v. E. Käsemann. Gött. 1970. - Aland, K.: Studien zur Überlieferung des N. T. u. seines Textes. Eine Einf. in die neutestamentl. Textkritik. Dt. Übers. Bln. 1967. - Paret, O.: Die Überlieferung der B. Stg. ⁴1966.*

Bibelerklärung † Exegese.

Bibelgesellschaften, urspr. prot. Vereinigungen zur Verbreitung der Bibel. Die älteste aller B. ist die 1710 in Halle gegr. **von Cansteinsche Bibelanstalt** (1938 mit der Preuß. Haupt-B. zusammengelegt, 1951 mit Sitz in Witten neugegr.). Weltweite Bed. erhielt die 1804 gegr. **British and Foreign Bible Society** (Abk.: BFBS) (bis 1982 Übersetzungen von Vollbibeln oder Teilen in über 1750 verschiedenen Sprachen). Neben ihr entfaltete

Bibernelle

die 1816 gegr. **American Bible Society** (Abk. ABS) eine zunehmende internat. Aktivität. 1946 wurde der **Weltbund der Bibelgesellschaften** (United Bible Societies, Sitz Stuttgart) gegr., dem sich nach und nach alle nat. B. anschlossen. Die *dt.* B. sind in ihrer Mehrzahl im Anfang des 19. Jh. entstanden (1812: „Württemberg. Bibelanstalt"; 1814: „Preuß. Haupt-B."; 1814: „Sächs. Haupt-B."; 1814: „Berg. B." usw.). Heute gibt es in der BR Deutschland 26 B. (seit 1981 in der **Deutschen Bibelgesellschaft** zusammengeschlossen), in der DDR 15 B. (seit 1953 zum Bibelwerk: **Arbeitsgemeinschaft der evangelischen Bibelgesellschaften in der DDR** zusammengeschlossen). - Die kath. Kirche hat die Arbeit der B. von Anfang an mit Mißtrauen begleitet; diese Haltung hat sich seit dem 2. Vatikan. Konzil gewandelt (1968 Vereinbarung über Zusamenarbeit von kath. Kirche und B.; ↑ Katholisches Bibelwerk).

Bibelkonkordanz, alphabet. geordnetes Verzeichnis aller in der Bibel vorkommenden Wörter (Verbalkonkordanz) oder früher auch von Sachen und Begriffen (Realkonkordanz).

Bibelkritik ↑ Exegese.

Bibelwissenschaft ↑ Exegese, ↑ Theologie.

Biber (von Bibern), Heinrich Ignaz Franz, * Wartenberg (= Stráž pod Ralskem) 12. Aug. 1644, † Salzburg 3. Mai 1704, östr. Komponist und Violinvirtuose. - Komponierte Violinsonaten, Kammer- und Kirchensonaten, Partiten, Opern (nur eine erhalten).

Biber (Castor fiber), einzige Art der Nagetierfamilie Castoridae; früher in ganz Europa und in den gemäßigten Breiten Asiens sowie im größten Teil N-Amerikas verbreitet, heute überall auf kleine Rückzugsgebiete beschränkt; Körperlänge bis 1 m; Schwanz bis über 30 cm lang, stark abgeflacht, etwa 12–15 cm breit, unbehaart; Hinterfüße mit Schwimmhäuten, Vorderfüße klein, als Greiforgane entwickelt; Fell mittelbraun bis schwärzlich-mahagonirot, mit dichter, gekräuselter Unterwolle und kräftigen Grannenhaaren, liefert begehrten Pelz; Augen und Ohren sehr klein, Orientierung an Land überwiegend durch den Geruchssinn (Wegmarkierung durch ↑ Bibergeil).

Der B. ist ein reiner Pflanzenfresser. Er fällt mit seinen starken Nagezähnen Weichhölzer, v. a. Pappeln und Weiden, indem er die Stämme keilförmig an gegenüberliegenden Seiten annagt. Die gefällten Bäume zerlegt er und verwendet sie zum Bau seiner Wohnburgen, für Dammbauten, teilweise auch als Nahrung. Im Sommer frißt er überwiegend grüne Sprosse, im Winter Rinde. Die aus Holz, Schlamm, Steinen und Schilf errichteten umfangreichen Dammsysteme halten den Wasserspiegel in der Umgebung der auf ähnl. Weise gebauten Wohnburgen konstant, damit die Zugänge der Wohnburgen immer unter Wasser münden.

Biberach, Landkr. in Bad.-Württ.

Biberach an der Riß, Stadt an der Riß, Bad.-Württ., 530 m ü. d. M., 27 800 E. Verwaltungssitz des Landkr. Biberach; Staatl. Ingenieurschule für Bauwesen, Meisterschule für das Bauhandwerk; Baumaschinenwerk, Herstellung zahnärztl. Geräte sowie elektr. und elektron. Bauelemente, Pharma- u. a. Ind. 5 km sö. das Kneippkurbad **Jordanbad.** - Als Marktsiedlung um 1170 gegr.; wohl um 1218 Stadtrechte; 1396/98 volle Reichsunmittelbarkeit. Mgl. des Schwäb. und des Schmalkald. Bunds. Seit dem 18. Jh. reges Theaterleben (1761 erste Shakespeare-Aufführung in dt. Sprache), 1802 bad., 1806 württemberg. - Altes Rathaus (1482), Neues Rathaus (1503), Ulmertor (1410 und 1606), Weißer Turm (1476–84). Pfarrkirche Sankt Martin, Basilika (14. und 15. Jh., im Innern barockisiert).

Bibergeil (Castoreum), Duftdrüsensekret aus den zw. After und Geschlechtsteilen gelegenen Drüsensäcken des ♂ und ♀ Bibers. B. ist dunkelbraun, wachsartig fest und besteht aus äther. Ölen und Harzen und hat einen widerl. Geruch.

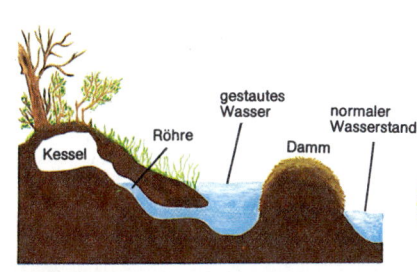

Bibernelle [mittellat.], (Pimpernell, Pimpinella) Gatt. der Doldenblütler mit etwa 150 Arten in Eurasien, Afrika und S-Amerika; Kräuter oder Stauden mit meist einfach gefiederten Blättern und Dolden aus Zwitterblü-

Biber und Schema seines Uferbaus (links)

Bibernellrose

ten; in M-Europa nur 2 ausdauernde, weiß bis dunkelrosa blühende Arten: die bis 60 cm hohe **Kleine Bibernelle** (Pimpinella saxifraga) mit rundem, feingerilltem, nach oben hin mit sehr kleinen Blättchen besetztem Stengel; auf Trockenrasen, Hügeln, in trockenen Wäldern, an Wegen; ferner die bis 1 m hohe **Große Bibernelle** (Pimpinella major) mit kantig gefurchtem, meist hohlem Stengel und großen oberen Blättern, auf Wiesen, in Gebüsch. Beide Arten sind gute Futterpflanzen; junge Blätter liefern Gemüse oder Salat. Als Gewürzpflanze angebaute Art ↑ Anis.
♦ ↑ Wiesenknopf.

Bibernellrose, svw. ↑ Dünenrose.

Biberratte (Sumpfbiber, Nutria, Myocastor coypus), etwa 45–60 cm körperlanges, braunes Nagetier in den Flüssen und Seen des südl. S-Amerika; Fell mit dichter Unterwolle und langen Grannenhaaren; Schwanz 30 bis 45 cm lang, drehrund, kaum behaart; Hinterfüße mit Schwimmhäuten. – Die B. baut meist kurze, unverzweigte Erdbaue in Uferböschungen; wird als Pelztier in Farmen gezüchtet.

Biberschwanz ↑ Dachziegel.

Bibiani, Bergbauort in Ghana, 80 km wsw. von Kumasi, 13 000 E. Ein Zentrum der Goldgewinnung des Landes.

Bibiena, Galli da, italien. Baumeister- und Malerfamilie des 17. und 18. Jh. Dekorateure und Theaterarchitekten von europ. Bedeutung:

B., G. da, Alessandro, * Parma 1687, † vor 1769. - Sohn von Ferdinando G. da B.; errichtete die Jesuitenkirche (1733–60), das 1795 abgebrannte Opernhaus und den rechten Schloßflügel in Mannheim.

B., G. da, Antonio, * Parma 16. Jan. 1700, † Mailand 1774. - Sohn von Ferdinando G. da B.; schuf u. a. in Siena (1751–53) und Bologna (1756–63) Theaterbauten.

B., G. da, Carlo, * Wien 1728, † Florenz 1787. - Sohn von Giuseppe G. da B., an dessen Innenausstattung des Theaters in Bayreuth (1748) er mitarbeitete.

B., G. da, Ferdinando, * Bologna 18. Aug. 1657, † ebd. 3. Jan. 1743. - Vater von Alessandro, Giuseppe und Antonio G. da B. U. a. in Parma, Turin, Barcelona und Wien tätig. 1731 erbaute er das Hoftheater in Mantua. Er schuf bed. Entwürfe für Theater- und Festdekorationen (u. a. „Varie opere di prospettiva...", 1703–08).

B., G. da, Giuseppe, * Parma 5. Jan. 1696, † Berlin 1756. - Sohn von Ferdinando G. da B.; schuf Fest- und Theaterdekorationen u. a. für Wien, Prag, Dresden, München und Berlin („Architetture e prospettive", 1740).

Biblia pauperum [lat. „Armenbibel"], ma. Bez. einer Form der ausgewählten Darbietung neutestamentl. Stoffe unter Hinweis auf hierfür typ. Motive aus dem A. T.; beides geschieht durch lat. Texte und v. a. durch Bilder. Verbreitet ab 1300, mit lat. Text zunächst, zweisprachige (lat.-dt.) oder dt. Handschriften etwa seit der Mitte des 14. Jh.

Bibliographie [griech.], Bücherverzeichnis und Hilfswiss., die der Erfassung von Publikationen bzw. der Entwicklung der bibliograph. Methoden dient. Eine B. verzeichnet Bücher, Schriften, Veröffentlichungen einer bestimmten Kategorie (z. B. Fach-B., Bio-B. [Personal-B.], B. eines Themenkreises (im Anhang eines Buches) usw.) und beschreibt diese (insbes. nach Titel, Verf., Erscheinungsdatum und -ort, Band und Seitenzahl). Die allgemeinsten B. sind die National-B., die das gesamte im Buchhandel erschienene nat. Schrifttum erfassen („Dt. Bücherverzeichnis", Leipzig 1911 ff., „Dt. B.", Frankfurt am Main 1945 ff.), und die gedruckten Kataloge der National-Bibliotheken (zuerst 1881 ff. vom British Museum, London; in Deutschland: „Berliner Titeldrucke", 1915 ff., „Gesamtkatalog der preuß. Bibliotheken", 1931–45). Nichtöff. Publikationen sind in Spezial-B. verzeichnet („Jahresverzeichnis der dt. Hochschulschriften", 1887 ff.), die nicht selbständig erschienene Literatur in Zeitschriften-B. (F. Dietrich, „Internat. B. der Zeitschriftenliteratur", 1896 ff.).
⊞ *Koppitz, H. J.:* Grundzüge der B. Mchn. 1977.

Bibliographisches Institut, 1826 von Joseph ↑ Meyer in Gotha gegr. als Buchverlag mit graph. Betrieb, 1828 nach Hildburghausen, 1874 nach Leipzig verlegt. Unter dem Sohn des Gründers, Herrmann Julius Meyer (seit 1856) sowie den Enkeln Hans und Arndt Meyer (seit 1884) wurde das Unternehmen ausgebaut und 1915 in eine AG umgewandelt. 1945 wurde der Betrieb in Leipzig enteignet und in einen volkseigenen Betrieb umgewandelt (VEB Bibliographisches Institut). Der Sitz der AG wurde 1953 nach Mannheim verlegt. 1984 wurde das B. I. mit F. A. Brockhaus zur Firma **Bibliographisches Institut & F. A. Brockhaus AG** vereinigt; gemeinsamer Firmensitz ist seit 1985 Mannheim. - Bekannt wurde der Verlag v. a. durch Meyers Lexika („Das große Conversations-Lexikon für die gebildeten Stände", 46 Bde. und 6 Suppl.-Bde., 1840–55, bis 1942 acht weitere Auflagen), „Meyers Klassiker-Ausgaben", „Meyers Reiseführer", Atlanten, Brehms „Tierleben" und die Duden-Rechtschreibung. Das heutige Verlagsprogramm umfaßt neben Nachschlagewerken zur dt. Sprache (↑ Duden) v. a. Nachschlagewerke allg. Art („Meyers Enzyklopäd. Lexikon", 25 Bde., 1971–79, „Meyers Großes Universallexikon", 15 Bde., 1981–86, „Meyers Neues Lexikon", 8 Bde., 1978–81, „Meyers Enzyklopädie der Erde", 8 Bde., 1982–85, „Meyers Kleine Lexika", „Schlag nach", Reihe „Schüler-Duden" u. a.), Sachbücher („Meyers Handbücher", Reihe „Wie funktioniert das?")

und Kinderbücher sowie Atlanten („Meyers Großkartenedition", 1981, „Meyers Großer Weltatlas", ⁴1985, „Meyers Neuer Handatlas", ³1985, u. a.). - Im *B.I.-Wissenschaftsverlag* erscheinen v. a. mathemat. und naturwiss. Fachbücher (u. a. „B.I.-Hochschultaschenbücher", Reihe „Informatik").

Biblioklast [griech.], jemand, der aus Sammelleidenschaft Bücher zerstört, indem er bestimmte Seiten herausreißt.

Bibliolatrie [griech.], übertriebene Verehrung hl. Bücher; Buchstabengläubigkeit.

Bibliomanie [griech.], krankhafte Bücherliebe.

Bibliomantie [griech.], Wahrsagerei aus zufällig aufgeschlagenen Buchstellen (bes. der Bibel).

Bibliophilie [griech.], Liebhaberei für schöne und kostbare Bücher.

Bibliothek [zu griech. bibliothḗkē, eigtl. „Büchergestell"], die Geschichte der B. beginnt im 3. Jt. v. Chr. in Mesopotamien, wo eine Büchersammlung in der Hethiterhauptstadt Boğazkale nachgewiesen ist. In der griech. Antike ist eine öff. B. in Athen erwähnt, und auch das alte Rom kannte neben privaten Sammlungen öff. B. Die Zentren des B.wesens in der Epoche des Hellenismus waren Alexandria und Pergamon. Die frühma. Bibliothekare in den Klöstern und Kirchen des Abendlandes sahen ihre vornehmste Aufgabe neben dem Sammeln und Bewahren antiker und christl. Texte im Herstellen (Schreiben und Ausmalen) der Codices. Im spätma. Europa entstanden Vorformen der Univ.-B., die seit Anfang des 15. Jh. allmähl. ihre heutige Gestalt annahmen. Erste öff. B. gibt es im Okzident seit dem Zeitalter des Humanismus und der Renaissance. Gleichwohl sind die Fürsten-B., die als Grundstock vieler National- und Staats-B. fortdauernde Bedeutung behalten sollten, typ. für das abendländ. B.wesen des 16. und 17. Jh. Seit dem 18. Jh. und endgültig im 19. Jh. mit dem Aufschwung der Naturwiss. gewannen die Univ.-B. den Vorrang. Zunächst in England, später auch in den USA und Deutschland, wurden Volksbüchereien gegr., die in unseren Tagen (in der BR Deutschland als Öff. Büchereien) von der Breitenwirkung her die wiss. B. überflügelt haben. Zusammengenommen bilden die Öff. Büchereien mit den Staats-, Landes- und Stadt-B., den Univ. und Hochschul-B., den meisten Fach- und Spezial-B. sowie den Parlaments- und Behörden-B. die Gruppe der von der öff. Hand unterhaltenen Büchersammlungen. Daneben gibt es die Gruppe der Privat-B., zu der die Sammlungen von Vereinen, Parteien und Gewerkschaften sowie die Industrie- und Betriebs-B. gehören. Die *baul. Gestalt:* Erst im 19. Jh. wurde das Prinzip Buch und Leser in einem Raum, welches MA und Barock beherrscht hatte, zugunsten der Trennung in die Elemente Buch (Magazin)–Leser–Bibliotheksverwaltung aufgegeben und diesen gesonderte Bereiche im B.gebäude zugewiesen. In Fachlesesälen sind oft viele Bücher frei zugänglich. Der B.betrieb ist neuerdings durch Einführung der elektron. Datenverarbeitung gekennzeichnet, mit deren Hilfe Erwerbung, Katalogisierung und Ausleihe der Literatur gesteuert werden. - ↑ auch Übersicht S. 224.

📖 *Buzás, L.: Dt. B.gesch. der neuesten Zeit (1900–1945).* Wsb. 1978. - *Buzás, L.: Dt. B.geschichte der Neuzeit (1500–1800).* Wsb. 1976. - *Buzás, L.: Dt. B.geschichte des MA.* Wsb. 1975. - *Hobson, A.: Große B. der Alten u. der Neuen Welt.* Mchn. 1971.

Bibliothekar [griech.], die Ausbildung ist getrennt nach wiss. und öff. Bibliotheken. Laufbahnen: Höherer Dienst (Hochschulstudium beliebiger Fachrichtung mit zweijähriger Zusatzausbildung), gehobener Dienst (Diplom-B. mit dreijähriger verwaltungsinterner bzw. Fachhochschulausbildung), mittlerer Dienst (Bibliotheksassistent mit zweijähriger verwaltungsinterner Ausbildung).

Bibliothek für Zeitgeschichte, seit 1948 Name der 1915 gegr. Weltkriegsbücherei; Sitz: Stuttgart (Württemberg). Landesbibliothek); bedeutendste Spezialbibliothek Deutschlands für alle Fragen der polit. und militär. Geschichte des 20. Jh.

Bibliotheksprogramm (engl. library routine), bei Rechenanlagen Programm zur Lösung einer häufig auftretenden [Teil]-aufgabe, das in einen größeren Programmablauf eingefügt werden kann.

Bibliothèque Nationale [frz. bibliotɛknasjɔ'nal] ↑ Bibliotheken (Übersicht).

Biblis, Gemeinde im Hess. Ried, 90 m ü. d. M., 8 100 E. Kernkraftwerk mit zwei Kraftwerksblöcken (1 147 MW, 1 238 MW).

biblischer Unterricht (Bibelunterricht) ↑ Religionsunterricht.

Biblizismus [griech.], im Ggs. zur histor.-krit. Bibelforschung der Umgang mit der Bibel, der ein rein wörtl. Verständnis der Bibel vertritt, wobei die geschichtl. Tatsache, daß jeder Text für die Zeitgenossen seiner Entstehung verfaßt wurde, bei der Bibel (als Offenbarungswort) keine Geltung habe.

Bibracte, befestigter, auf 4 Hügeln gelegener Hauptort der Äduer auf dem Mont Beuvray (822 m), 20 km westl. von Autun; hier schlug Cäsar 58 v. Chr. die Helvetier; gegen Ende 1. Jh. v. Chr. Umsiedlung der Bev. ins neugegr. Augustodunum.

Bichat, Xavier [frz. bi'ʃa], * Thoirette (Jura) 11. Nov. 1771, † Paris 22. Juli 1802, frz. Mediziner. - War in seiner naturwiss. auf das Experiment gegr. Betrachtungsweise einer der Wegbereiter der modernen Medizin.

Bichon [bi'ʃõ:; frz.], Rasse kleiner, langund (meist) weißhaariger, bis 32 cm schulterhoher Haushunde mit kurzer, stumpfer Schnauze, Hängeohren und Ringelrute; nach

BEDEUTENDE DEUTSCHE UND AUSLÄNDISCHE BIBLIOTHEKEN

(Sowjet. B. nach eigener Zählung, d.h. jedes Zeitschriftenheft für sich (daher die hohen Bestandsangaben).

Stadt	Bibliothek	Bände	Handschriften
Ann Arbor	UB der Univ. Michigan	5 000 000	
Athen	NB	2 000 000	4 000
Basel	UB	2 500 000	50 000
Berkeley	UB der Univ. von Calif.	16 000 000	
Berlin (West)	SB	3 561 000	63 000
Berlin (West)	UB der Freien Univ.	2 000 000	
Berlin (West)	Amerika-Gedenk-B/ Berliner Zentral-B	610 000	
Berlin (Ost)	SB (Dt. SB)	6 900 000	89 000
Berlin (Ost)	UB	2 100 000	
Bern	Schweizer. LB	1 100 000	110 000
Brüssel	Königl. B	3 000 000	300 000
Budapest	NB Széchényi	2 290 000	630 000
Bukarest	B der Akad. der Wiss.	7 760 000	
Cambridge	UB	3 549 000	16 000
Cambridge (Mass.)	UB der Harvard Univ.	10 261 000	
Dresden	LB	1 200 000	
Dublin	B des Trinity College	2 500 000	10 000
Edinburgh	NB von Schottland	5 000 000	50 000
Florenz	Biblioteca Medicea Laurenziana	62 000	11 000
Florenz	NB	4 200 000	25 000
Frankfurt am Main	Dt. B.	3 400 000	
Frankfurt am Main	St. B. u. UB	1 900 000	15 000
Genf	Öff. u. UB	1 400 000	11 000
Göttingen	SB u. UB	3 043 000	12 200
Hamburg	SB u. UB	1 800 000	
Jerusalem	NB u. UB	2 200 000	10 700
Kairo	NB	2 500 000	
Kiel	B des Inst. für Weltwirtschaft	1 300 000	
Kioto	UB	3 530 000	
Köln	UB u. StB	1 500 000	
Kopenhagen	Königl. B	2 700 000	60 000
Krakau	Jagellon. B	2 500 000	20 700
Leiden	UB	2 000 000	19 000
Leipzig	Dt. Bücherei	6 890 000	
Leipzig	UB	3 050 000	8 800
Leningrad	Saltykov-Ščedrin-B	21 500 000	
London	B des British Museum	8 750 000	110 000
Lüttich	UB	1 650 000	6 400
Madrid	Stb	3 000 000	27 000
Mailand	Biblioteca Nazionale	850 000	1 800
Mailand	Biblioteca Ambrosiana	900 000	36 000
Moskau	Lenin-B.	28 750 000	345 000
München	SB (Bayer. SB)	5 200 000	60 150
Neapel	NB	1 700 000	30 000
New Haven	UB der Yale Univ.	8 045 000	
New York	B der Columbia Univ.	4 500 000	
Oxford	Bodleiana	4 780 000	65 000
Paris	NB	11 000 000	500 000
Paris	UB (Sorbonne)	3 200 000	
Paris	B Sainte-Geneviève	1 600 000	4 000
Paris	B Mazarine	400 000	6 000
Prag	SB u. UB	5 000 000	
Princeton	UB	3 000 000	
Rom	NB	3 200 000	6 500
Rom (Vatikanstadt)	Biblioteca Apostolica Vaticana	1 100 000	72 000
Stanford	UB	4 360 000	
Stockholm	Königl. B	2 000 000	65 000

Biedenkopf

Stadt	Bibliothek	Bände	Handschriften
Straßburg	UB	3 200 000	6 000
Stuttgart	LB	1 400 000	11 500
Tokio	UB	4 180 000	
Uppsala	UB	4 000 000	33 000
Venedig	B Marciana	806 000	25 000
Warschau	Narodna Biblioteka	4 130 000	12 500
Washington D.C.	Library of Congress	20 107 000	
Wien	NB	2 490 000	99 000
Wolfenbüttel	Herzog-August-B	570 000	12 000
Zürich	Zentral-B	2 050 000	22 000

Abkürzungen: B = Bibliothek; HB = Hochschulbibliothek; LB = Landesbibliothek; NB = Nationalbibliothek; SB = Staats- oder staatl. Bibliothek; StB = Stadtbibliothek; UB = Universitätsbibliothek

der Behaarung unterscheidet man 4 Unterrassen: ↑Bologneser, ↑Havaneser, ↑Malteser, ↑Teneriffe.

bichrom [lat./griech.], zweifarbig.

Bichromate, nicht nomenklaturgerechte Bez. für die Salze der Dichromsäure (↑Dichromate).

Bichsel, Peter, * Luzern 24. März 1935, schweizer. Schriftsteller. - Schreibt Erzählungen aus dem kleinbürgerl. Alltagsmilieu („Eigentl. möchte Frau Blum den Milchmann kennenlernen", 1964) und Romane („Die Jahreszeiten", 1967); auch „Kindergeschichten" (1969); erhielt 1970 den Dt. Jugendbuchpreis. - *Weitere Werke*: Geschichten zur falschen Zeit (1979), Schulmeistereien (Reden, Essays, 1985), Der Busant (En., 1985).

Bicinium [lat. „Zwiegesang"], zweistimmige, meist kürzere kontrapunkt. gearbeitete Komposition, v. a. in der Vokalmusik (Lieder, Motetten) des 16. und 17. Jahrhunderts.

Bickbeere [niederdt.], svw. ↑Heidelbeere.

bicyclische Verbindungen, chem. Verbindungen, deren Molekülstruktur durch das Vorhandensein zweier [kondensierten] Ringe gekennzeichnet ist, z. B. Naphthalin.

Bida [arab. „Neuerung"], im Islam abwertende Bez. für Gebräuche oder Glaubensvorstellungen, die durch die tradierten Verhaltensnormen (↑Sunna) sanktioniert werden.

Bidault, Georges [frz. bi'do], * Moulins (Allier) 5. Okt. 1899, †Cambo-les-Bains bei Bayonne 27. Jan. 1983, frz. Politiker. - Leitete als Präs. des „Conseil National de la Résistance" (seit 1943) den Pariser Aufstand vom Aug. 1944; 1944 Mitbegr., 1949–52 Vors. des Mouvement Républicain Populaire (MRP); Außenmin. (1944–46, Jan. 1947/48, 1953/54), 1946 und 1949/50 Min.präs.; schied als entschiedener Gegner der Algerienpolitik de Gaulles 1959 aus dem MRP aus; 1959 Präs. des „Rassemblement pour l'Algérie française", 1962 Vors. des wiederbelebten „Conseil National de la Résistance" und Mgl. des Exekutivkomitees der Organisation de l'Armée Secrète (OAS). 1963–68 im Exil in Brasilien bzw. Belgien.

Bider, Oskar, * Langenbruck (Basel-Land) 12. Juli 1891, † Dübendorf (Zürich) 7. Juli 1919 (bei Flugzeugabsturz verunglückt), schweizer. Flieger. - Überflog 1913 als erster Pilot die Pyrenäen und die Alpen.

Bidermann, Jakob, * Ehingen (Donau) 1578, † Rom 20. Aug. 1639, dt. Barockdichter. - Bedeutendster Vertreter des nlat. barocken Jesuitendramas mit Stoffen aus Legende, Geschichte und der Bibel; sein Hauptwerk ist „Cenodoxus" (UA 1602, dt. 1635).

Bidet [bi'de:; frz.], [Sitz]waschbecken für [Unterleibs]spülungen und -waschungen.

Bidonville [frz. bidõ'vil „Kanisterstadt"], urspr. Bez. für aus Blechkanistern gebauten Elendsviertel in der Randzone nordafrikan. Großstädte; später übertragen auf alle Typen der Notquartiere am Rand großer Städte und Agglomerationen.

Bidschar (Bidjar) ↑Orientteppiche (Übersicht).

Biduum [lat.], Zeitraum von zwei Tagen.

Bié, früherer Name der angolan. Distriktshauptstadt ↑Kuito.

Bié, Hochland von, Bergland in Angola, Teil der Lundaschwelle, im Moco 2 619 m ü. d. M.; gemäßigtes Klima.

Biedenkopf, Kurt Hans, * Ludwigshafen am Rhein 28. Jan. 1930, dt. Jurist und Politiker. - 1964–70 Prof. in Bochum, 1971–73 Geschäftsführer der Henkel GmbH; 1968–70 Vors. der Mitbestimmungskommission der Bundesregierung; 1973–77 Generalsekretär der CDU, 1976–80 und seit 1987 MdB; ab 1977 Vors. des CDU-Landesverbandes Westfalen-Lippe; 1980–87 in NRW MdL, 1986–87 Vors. des neuen CDU-Landesverbandes NRW.

Biedenkopf, Stadt und Luftkurort am Oberlauf der Lahn, Hessen, 270 m ü. d. M., 14 500 E. Eisenverarbeitende Ind., Kunststoff- und Textilind.; Fremdenverkehr. - Im Schutz der nach 1180 angelegten Burg entstand B. als Bauernsiedlung. - Ev. Pfarrkirche (13. Jh.;

1885–91 erneuert); zahlreiche Fachwerkbauten; Reste der mittelalterlichen Stadtbefestigung.

Biedermeier, neben Vormärz und Restauration Begriff für die Kultur der Epoche 1815–48 im dt.sprachigen Bereich, die zw. Romantik und Realismus angesiedelt ist. Das Wort B. entstammt der Kritik des Realismus an Haltung und Literatur der Restaurationszeit (Die „Fliegenden Blätter" brachten in satir. Absicht 1855–57 Gedichte eines angebl. schwäb. Schullehrers „Gottlieb Biedermaier"). Nach der dt. Jahrhundertausstellung 1906 in Berlin setzte sich B. als Stilbez. für Mode sowie Möbel von bestimmten schlichten, zweckentsprechenden Formen durch, bald übertragen auf die Malerei. Als literar. Epochenbez. ist B. bis jetzt nicht allg. üblich. Diese Zeit umfaßt sich widerstreitende Erscheinungen wie Spätromantik, die ↑Nazarener, das ↑Junge Deutschland, die spezif. B.dichtung und B.malerei, die Junghegelianer. Im ganzen ist sie durch eine Gesamtstimmung von Weltschmerz, der sich in der für die Zeit sprichwörtl. „Tränenseligkeit" äußert, charakterisiert. Die Folge der polit. Restauration war ein Rückzug in den privaten Bereich. Die Häuslichkeit, die Geselligkeit in Familie und Freundeskreis wird zur seel.-geistigen Grundlage der B.kultur. Das B. kehrte zu dem sachl.-nüchternen Empirismus der Aufklärung des 18. Jh. zurück. Eine Art Materialbesessenheit zeigt sich in der Erforschung von Natur und Geschichte, beide werden so entdämonisiert. Diese zeitgeschichtl. Gefühlslage findet sich bei Malern wie G. F. Kersting, F. G. Waldmüller, F. Krüger, L. Richter, M. von Schwind, C. Spitzweg und Schriftstellern, z. T. im Gesamtwerk, z. T. in einer bestimmten Periode oder Gattung (F. Grillparzer mit „König Ottokars Glück und Ende", 1825; N. Lenau, E. Mörike, Hoffmann von Fallersleben, Stifter, die histor. Romane W. Hauffs, L. Schückings, W. Alexis' und v. a. die Romane J. Gotthelfs und z. T. C. Sealsfields). Die B.malerei bevorzugt die intime Thematik, in der Landschaftsmalerei den Ausschnitt, in der Genremalerei enge Stuben oder Gäßchen; die Porträts zeigen liebevolle Beobachtung des Menschen. Die B.dichtung gestaltet das sittl. Ziel der Zeit, die genügsame Selbstbescheidung, die Zähmung der Leidenschaften, die stille Unterordnung unter das Schicksal, die Haltung der Mitte und des Maßes, das kleine Glück, die Liebe zu den Dingen, zur Geschichte und Natur. Die Geringachtung des Formalen ermöglicht eine Flut dilettant. Belletristik, die in einer Unzahl von Almanachen, Taschen- und Stammbüchern, Haus-, Familien- und Intelligenzblättern gedruckt wurde („Trivial-B."). Die wichtigste Leistung der B.dichtung ist das Volkslustspiel und die Salon- oder Konversationskomödie, die sich in Österreich entwickelten, das überhaupt neben Schwaben die ausgeprägteste literar. B.landschaft ist (A. Bäuerle, G. A. Gleich, K. Meisl, dann v. a. Raimund und Nestroy, für das Salonstück E. von Bauernfeld).

📖 *Bernhard, M.: B. Düss. 1983. - Himmelheber, G.: B.möbel. Düss. 1978. - Sengle, F.: B.zeit. Dt. Lit. im Spannungsfeld zw. Restauration u. Revolution ... Stg. 1971–80. 3 Bde.*

Biegebeanspruchung ↑Biegung.

Biegebruch ↑Bruch.

Biegefeder, elast. federndes Maschinenelement, dessen Querschnitt bei Belastung vorwiegend auf Biegung beansprucht wird. Hierzu gehört die *Blattfeder*, die als geschichtete Blattfeder z. B. bei Autos verwendet wird. Ebenfalls auf Biegung wird die *Schrauben-B.* beansprucht. Zu den B. gehört auch die z. B. als *Uhrfeder* oder als *Rückstellfeder* bei Zeigerinstrumenten verwendete *Spiralfeder.*

Biegeholz, svw. ↑Formholz.

Biegemaschine, Werkzeugmaschine zur spanlosen Formgebung räuml. Werkstücke aus ebenen oder stabförmigen Ausgangsmaterialien (Bleche, Bänder, Stäbe, Rohre usw.). Bei der *Rund-B.* wird das Blech durch drei oder vier Biegewalzen *(Dreiwalzen-, Vierwalzen-B.)* geführt. Auf *Rohr-B.* erfolgt das Biegen aller Arten von Rohren, Rundstangen, Voll- und Hohlprofilen. Auf einer *Holz-B.* wird das vorher durch Dämpfen verformbar gemachte Holz auf zwei Stahlwinkeln aufgespannt und durch Schwenken um eine Biegeform gebogen.

Biegeschwingung, an einem Maschinenteil durch eingeprägte Kräfte auftretende, zumeist störende Schwingung, die dessen Querschnitt zusätzl. auf Biegung beansprucht. Bei drehenden Wellen werden B. z. B. durch Unwuchten verursacht.

Biegespannung, durch Biegemomente hervorgerufene Spannungen im Innern eines auf Biegung beanspruchten Körpers.

Biegesteifigkeit (Biegungssteifigkeit), Maß für den Widerstand eines auf Biegung beanspruchten Stabes gegenüber einer Formänderung.

Biegung, Beanspruchung von Stäben *(Stab-B.),* Balken *(Balken-B.)* oder Platten *(Platten-B.),* durch die die Krümmung der Stabachse oder die Wölbung der Plattenfläche elast. oder bleibend verändert wird. Auf B. beanspruchte Bauteile erfahren auf der einen Seite eine Verkürzung durch die dort auftretenden Druckspannungen, auf der anderen Seite eine Verlängerung durch die dort auftretenden Zugspannungen. Dazwischen gibt es eine Nullachse (Nullinie, neutrale Faser), in der weder Verkürzungen noch Verlängerungen eintreten. Diese *neutrale Faser* geht durch den Schwerpunkt der beanspruchten Fläche. Die Verlängerungen bzw. Verkürzungen nehmen von hier aus proportional zu ihrem Abstand von der Nullinie zu. Entsprechend nehmen auch die Spannungen zu, so daß sie in den Randfasern des Bauteils ihre Größtwerte erreichen.

Biel (Byhel, Byel), Gabriel, * Speyer um 1410, † Einsiedel bei Tübingen 1495, dt. Theologe. - Sein „Collectorium" (1501) faßt den Sentenzenkommentar Ockhams zusammen, ergänzt ihn und ist das klass. Werk des theolog. Nominalismus. Bed. Einfluß auf die Reformation und das Konzil von Trient.

Bielawa [poln. bjɛˈlava] † Langenbielau.

Biegefedern. Schraubenfeder (oben links), Spiralfeder (rechts) und zweistufige Blattfeder (H Hauptfeder, die links an einem festen und rechts an einem pendelnden Bügel gelagert ist; Z Zusatzfeder, die als Gleitfeder ausgebildet ist)

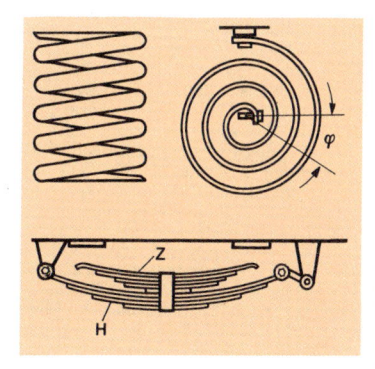

Biedermeier. Georg Friedrich Kersting, Paar am Fenster (Ausschnitt; 1817). Privatbesitz

Biel (BE) (frz. Bienne), Hauptort des Bez. Biel am Fuße des schweizer. Jura, Kt. Bern, am N-Ende des Bieler Sees, 435 m ü. d. M., 60 000 E. (etwa $^1/_3$ frz.sprachig). Lehrerseminar, Uhrmacher- und Holzfachschule, Musikschule; Theater; Uhren-, Maschinen- und Papierind., Drahtwerke, elektron. Ind., Seifenfabrikation. - Seit 999 im Besitz des Bischofs von Basel. Stadtgründung vor 1252; 1798 frz. besetzt, 1815 zum Kt. Bern. - In der Oberstadt spätgot. Stadtkirche (15. Jh.), Rathaus (1530–34; 1676 restauriert), spätgot. Zeughaus (1589–91; heute Stadttheater), zahlr. Zunfthäuser, Laubengänge und Brunnen; moderne Stadtviertel am See.

Bielefeld, Stadt beidseitig des Teutoburger Waldes, NRW, 73–320 m ü. d. M., 300 000 E. Univ. (gegr. 1967), kirchl. Hochschule Bethel, Fachhochschulen, Meisterschule für das gestaltende Handwerk, Werkkunstschule, Lehrerseminare; Kunsthalle; Tierpark, botan. Garten; Theater, Orchester; Ev. Landeskirchenamt Westfalen. Aus dem häusl. Leinengewerbe entwickelte sich seit dem 19. Jh. die Textil- und Bekleidungsind., die Maschinenind. nach sich zog; Nahrungsmittel-, Tabak-, Fahrzeugind. - 1015 genannt, als planmäßig angelegte Stadt neu gegr., um 1214 Stadt, im 13. Jh. befestigt, mit Markt, Zoll und Münze gegründet; 1380 Mgl. der Hanse; im 16. Jh. Blüte durch Leinenherstellung und -handel. Brackwede wurde 1973 eingemeindet; zum Ortsteil Gadderbaum gehören die Bodelschwinghschen Anstalten. - Marienkirche in der Neustadt (nach 1293ff.), got. Nikolaikirche in der Altstadt im 2. Weltkrieg ausgebrannt, 1955 der modernen Halle umgewandelt; Burg Sparrenberg (1240–50).

Bieler, Manfred, * Zerbst 3. Juli 1934, dt. Schriftsteller. - Lebt seit 1968 in der BR Deutschland. Verfasser von Parodien („Der Schuß auf die Kanzel oder ...", 1958), satir.-kom. Hörspielen, Erzählungen, Romanen (u. a. „Maria Morzeck oder Das Kaninchen bin ich", 1969; „Der Mädchenkrieg", 1975).

Bielerhöhe † Alpenpässe (Übersicht).

Bieler See, See am SO-Fuß des schweizer. Jura, Kt. Bern und Kt. Neuenburg, 429 m ü. d. M., 15 km lang und bis 4 km breit; seit 1879 wird die Aare durch den B. S. geleitet; Zufluß aus dem Jura ist die Schüß.

Bieliden [biˈliːdn, bie...; nach dem dt. Astronom W. von Biela, * 1782, † 1856] (Andromediden), ein Meteorstrom, der vermutl. auf den Bielaschen Kometen zurückgeht; Sternschnuppenfälle zw. dem 18. und 26. Nov.

Biella, italien. Stadt am Alpensüdrand auf einem Sporn über dem Cervo, Region Piemont, 424 m ü. d. M., 53 400 E. Bischofssitz; ein Zentrum der italien. Wollind.; internat. Woll- und Baumwollhandel. - In der Altstadt

Bielski

(Unterstadt) der Dom (15. und 18./19. Jh.) mit vorroman. Baptisterium (9./10. Jh.). In der Neustadt (Oberstadt) Paläste und Häuser aus dem 15. und 16. Jh.; nahe B. die Wallfahrtsstätte Santuario d'Oropa.

Bielski, Marcin [poln. 'bjɛlski], *Biała bei Sieradz 1495, † ebd. 18. März 1575, poln. Humanist und Geschichtsschreiber. - Verfaßte u. a. die als histor. Quelle bed. erste Weltchronik in poln. Sprache.

Bielsko-Biała [poln. 'bjɛlskɔ'bjaųa], poln. Stadt am N-Fuß der Beskiden, 340 m ü. d. M., 172 000 E. Hauptstadt des Verw.-Geb. B.-B.; ein Zentrum der poln. Textilind. - Anfang 13. Jh. erhielt Bielsko Stadtrechte; Ansiedlung von Deutschen; im 16. Jh. habsburg. Biała erhielt 1723 Stadtrechte; 1950 zu B.-B. vereinigt.

Bie Mountains [engl. 'biːmaʊntɪnz], etwa 30 km langer Höhenzug in Liberia, zw. den Bomi Hills und dem Mano, bis 700 m ü. d. M.; Eisenerzvorkommen.

Bienek, Horst, *Gleiwitz (Oberschlesien) 7. Mai 1930, dt. Schriftsteller. - Gestaltet in Prosa und Lyrik die Isoliertheit des modernen Menschen und setzt sich mit der Situation des der äußeren Freiheit Beraubten auseinander; u. a. „Traumbuch eines Gefangenen" (Ged. und Prosa, 1957), Romane („Die Zelle", 1968; „Die erste Polka", 1975; „Septemberlicht", 1977).

Bienen (Apoidea), mit rund 20 000, etwa 2–40 mm großen Arten weltweit verbreitete, zu den Stechimmen zählende Überfam. der Hautflügler. Zu den B. gehören u. a. Sand-B., Mauer-B., Hummeln, Honig-B., Pelz-B. Alle B. sind Blütenbesucher und haben Sammelapparate aus Haar- und Borstenkämmen (Ausnahme Schmarotzer-B.) zum Eintragen von Pollen und Nektar. Die Königinnen und alle Arbeiterinnen tragen am Hinterende einen aus einem Eilegestachel hervorgegangenen Giftstachel. Die Geschlechter sowie die Arbeiterinnen unterscheiden sich in Größe und anderen äußeren Merkmalen. Die ♂♂ sind häufig an ihren deutl. verlängerten Antennen zu erkennen.

Die weitaus meisten B.arten sind einzellebend; man bezeichnet sie als **solitäre Bienen** oder **Einsiedlerbienen.** Bei diesen Arten ist jedes Nest das Werk eines einzigen ♀, Arbeiterinnen werden nicht ausgebildet. Brutpflege fehlt, lediglich die für das gesamte Wachstum der Larve notwendige Futtermenge wird in jede Brutzelle eingetragen. Die höchstentwickelten **staatenbildenden (sozialen) Bienen** sind die Hummeln und die Honig-B. Sie treiben meist eine intensive Brutpflege, indem sie ihre Larven fortlaufend füttern. Rund ein Viertel aller B. sind Brutschmarotzer (Sozialparasiten), sie werden auch als **Kuckucksbienen** bezeichnet. Ihre Pollensammelapparate sind rückgebildet, sie bauen weder Nester noch sammeln sie Nahrung für ihre Brut. Sie legen ihre Eier vielmehr in fertig mit Nahrung versorgte Zellen von Wirtsbienennestern.

Die Nester der B. sind unterschiedl. gestaltet. Bei solitären B. sind sie im allg. einfacher als bei den staatenbildenden Arten. Für Honigbienen sind reine Wachswaben charakterist., die meist in Höhlungen (z. B. hohlen Bäumen) angelegt werden. Die Waben der Honig-B. können auch frei angelegt werden. Die in Europa vorkommende Honigbiene und die Ind. Honigbiene legen Nester aus mehreren Waben in natürl. oder künstl. Hohlräumen an (beide Arten werden in der Imkerei wirtsch. genutzt). Ein Teil der Zellen enthält die Brut, ein anderer die Nahrungsvorräte.

Orientierung und Verständigung (Bienensprache): Die höchstentwickelten B.arten können anhand der Polarisation des Himmelslichts den Sonnenstand für ihre Orientierung feststellen, wozu bereits ein kleines sichtbares Stück Himmel ausreicht. Selbst bei vollkommen bedecktem Himmel ist dies mögl., da dann immer noch polarisierte Strahlung durch die Wolken dringen kann. Den beim sog. Schwänzeltanz angezeigten Winkel (Zielort–Sonne) verändert die Biene synchron mit der „Sonnenbewegung", ohne daß in der Zwischenzeit eine neuerl. Feststellung des Sonnenstandes notwendig wird. Dies zeigt z. B. die beim Schwärmen als Quartiersucherbiene bezeichnete Arbeiterin im dunklen Stock: sie tanzt längere Zeit und paßt dabei den getanzten Winkel ständig dem sich verändernden Sonnenstand an. Erklärt wird dieses Verhalten durch das Vorhandensein einer sog. inneren Uhr. Die Benachrichtigung über Futterquellen geschieht im Stock auf unterschiedl. Weise. Entweder durch einen deutl. wahrnehmbaren, stoßweise hervorgebrachten hohen Summton oder durch lebhaftes Umherlaufen. Weit komplizierter und exakter ist die Nachrichtenübermittlung bei den † Honigbienen. - Abb. S. 230.

📖 *Sauer, F.: B., Wespen und Verwandte.* Karlsfeld 1985. - *Frisch, K. v.: Aus dem Leben der B.* Bln. u. a. ⁹1977.

Bienenameisen (Ameisenwespen, Spinnenameisen, Mutillidae), weltweit (bes. in den Tropen) verbreitete Fam. der Hautflügler mit über 2 000, bis 2 cm großen Arten (davon 8 einheim.); Chitinpanzer außergewöhnl. dick und hart, mit pelziger Behaarung, meist bunt gezeichnet; ♂♂ meist geflügelt, ♀♀ fast stets ohne Flügel, mit sehr langem Giftstachel. Die B. leben als Brutparasiten meist in den Nestern anderer Hautflügler.

Bienenfresser (Spinte, Meropidae), Vogelfam. mit 24 außergewöhnl. bunten, etwa 17–35 cm langen Arten v. a. in Afrika; Flügel lang und spitz, Beine kurz, Schnabel zieml. lang, leicht abwärts gekrümmt, spitz. - In Europa nur der **Merops apiaster** (Spint, B. i. e. S.): etwa 28 cm lang, Oberseite rostbraun und gelbl., Kehle leuchtend gelb, Brust und Bauch

blaugrün, Flügelenden und Schwanz grünl.
Bienengift, sauer reagierendes Sekret aus der Giftblase der Honigbiene; Giftwirkung (ähnl. wie bei den Schlangengiften) v. a. durch die im Sekret enthaltenen Eiweiße. Gewöhnung des menschl. Organismus (z. B. bei Imkern) an B. ist bei wiederholter Giftwirkung möglich. - In der medizin. Therapie wird B. u. a. bei Muskelrheumatismus und Gelenkerkrankungen angewandt.
Bienenläuse (Braulidae), Fam. der Fliegen mit nur drei bekannten, winzigen, vollkommen flügellosen Arten; davon einheim. die 1–1,5 mm lange **Braune Bienenlaus** (Braula coeca): mit breitem, abgeflachtem Hinterleib und kurzem, breitem Kopf, lebt zu mehreren im Pelz von Honigbienen.
Bienensprache ↑Bienen, ↑Honigbienen.
Bienenstich ↑Insektenstiche.
◆ Hefekuchen mit einem Belag aus geraspelten Mandeln, Butter und Zucker; oft mit (Creme)füllung.
Bienenwachs ↑Honigbiene.
Bienenwolf, (Philanthus triangulum) einheim., 12–16 mm große Grabwespenart mit wespenähnl. schwarzgelber Zeichnung.
◆ svw. ↑Immenkäfer.
Bienenzucht, svw. ↑Imkerei.
Bienewitz, dt. Kartograph, ↑Apian.
bienn [lat.], zweijährig; von Pflanzen mit zweijähriger Lebensdauer, die erst im zweiten Jahr blühen und fruchten. - Ggs. ↑annuell.
biennal [biɛˈnaːl; lat.], veraltet für: zweijährig, zwei Jahre dauernd oder alle zwei Jahre wiederkehrend.
Biennale [biɛˈnaːlə; lat.-italien.], alle zwei Jahre stattfindende Ausstellung, z. B. B. in Venedig (moderne Kunst).

Bienne [frz. bjɛn], frz. Name von ↑Biel (BE).
Biennium [lat.], veraltet für: Zeitraum von zwei Jahren.
Bier, August, * Helsen (Kreis Waldeck) 24. Nov. 1861, † Sauen bei Beeskow (Mark) 12. März 1949, dt. Chirurg. - Prof. in Greifswald, Bonn, seit 1907 in Berlin; führte die **Bier-Stauung** (künstl. herbeigeführte Blutstauung bei Entzündungen) sowie die Lumbalanästhesie ein; befürwortete Homöopathie und Naturheilmethoden.
Bier, i. w. S. Bez. für alle Getränke, die durch alkohol. Gärung aus stärkehaltigen Rohstoffen entstehen und nicht durch anschließende Destillation hinsichtl. ihres Alkoholgehalts konzentriert werden; i. e. S. das aus Gerstenmalz (oder für bestimmte B.sorten auch aus Weizenmalz) gewonnene Getränk, dessen Herstellung in der BR Deutschland einem strengen Reinheitsgebot unterliegt.
Für die *Malzherstellung* wird der Feuchtigkeitsgehalt gereinigter, eiweißarmer, stärkehaltiger Braugerste auf etwa 45–50 % erhöht; anschließend erfolgt die Keimung, wobei in den Körnern Enzyme aktiviert oder gebildet werden, die beim Maischen die weiteren Abbauvorgänge der verschiedenen Stoffgruppen des Malzes steuern. Die Temperatur bei der folgenden Trocknung bestimmt den Charakter des Malzes. Für die Herstellung von hellen, hochvergorenen Export- oder Pilsener-B. werden die Malze bei 80–85 °C abgedarrt, Malze für die Herstellung von dunklen Münchner B. sind mehrere Stunden lang etwa 100 °C ausgesetzt. Bei diesem Vorgang bilden sich aus den vorliegenden Stärkeabbauprodukten, Aminosäuren, Peptiden und nieder-

DIE WICHTIGSTEN BIERSORTEN

Biersorten	Stammwürzegehalt in %	Alkoholgehalt in Gew.-%	Charakteristik, Farbe
Lagerbier	11–12	etwa 3,5	untergärig, hell und dunkel, v. a. in Bayern
Pilsner Bier	mehr als 11	etwa 3,5	untergärig, stark gehopft, sehr hell
Exportbier	mehr als 12	etwa 3,5–4,5	untergärig, regional unterschiedl. stark eingebraut; hell und dunkel
Märzenbier	mindestens 12,5	etwa 3,8–4,5	untergärig, mäßig gehopft; hell bis braungold
Bockbier	mehr als 16,0	5,5–6,0	Maibock, untergärig; hell bis goldbraun
Doppelbock	mehr als 18,0	5,5–6,5	Frühjahrsstarkbiere, untergärig; dunkel
Altbier	mindestens 12,5	3,8–4,2	obergärig, stark gehopft; dunkel
Kölsch	mehr als 11	3,5–4,0	obergärig, stark gehopft; hell
Berliner Weiße	7–8	etwa 3,0	obergärig, säuerlicher Geschmack; hell
Weizenbier	11–14	etwa 3,5	obergärig, Hefebodensatz in der Flasche; hell bis goldbraun
Weizenbock	mehr als 16	5,5–6,0	obergärig, Hefebodensatz in der Flasche; hell bis goldbraun
Export-Weizenbier	mehr als 12,5	3,5–4,5	obergärig, filtriert; hell
Malz- oder Nährbier	11–14	unter 0,1	unter- oder obergärig, z. T. nur aus Malz, z. T. unter Zuckerzusatz hergestellt; dunkel
Malztrunk	11–14	unter 0,5	ober- und untergärig; dunkel
Süß- und Karamelbier	2,0–5,5	1,5–1,8	obergärig, Herstellung unterliegt nicht dem Reinheitsgebot; dunkel
Diätpils	10,5–11,5	4,5–5,0	untergärig, hoch vergoren; sehr hell

Bierbaum

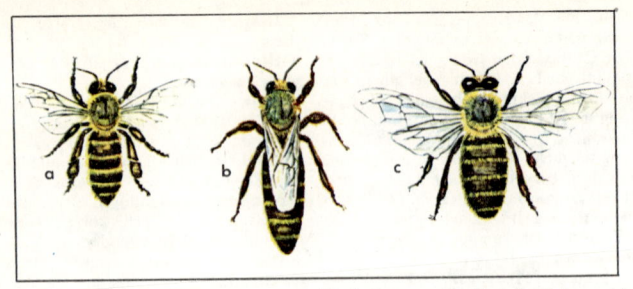

Bienen. Links: Arbeiterin (a),
Königin (b) und Drohne (c) der
Honigbiene

molekularen Eiweißfraktionen die Farbstoffe sowie Geschmacks- und Aromastoffe. Nach Beendigung des Darreprozesses werden dem fertigen Malz die eiweißreichen Wurzelkeime entfernt. Die Herstellung des B. erfolgt aus dem Malz mit Hilfe von Wasser, Hopfen (die weibl. Blüten der Hopfenpflanzen liefern Bitterstoffe, die dem Bier u. a. Schaumvermögen und Haltbarkeit verleihen, sowie Gerb- und Aromastoffe) und Hefe in zwei Abschnitten: im ersten Abschnitt wird durch den Maischvorgang eine zuckerhaltige Würze gewonnen, im zweiten Abschnitt erfolgt die Vergärung dieser Würze durch die Hefe. Der Gärprozeß liefert den Alkohol und die Kohlensäure. Die Gärung beginnt nach dem Zusetzen von B.hefe, die bei kontinentalen Lager-B. untergärigen Charakter besitzt und sich nach der Vergärung des Extrakts auf dem Boden der Gärgefäße absetzt. Weizen-B. sowie Kölsch- und Alt-B. (auch die engl. B. wie Ale und Stout) werden mit obergäriger Hefe vergoren, die dann an die Oberfläche der vergorenen Jung-B. steigt und dort abgehoben wird. Der vorletzte Abschnitt des Gärprozesses ist die

Bienen. Bedeutungen des Schwänzeltanzes der Honigbiene an der vertikalen Wabenwand (unten): 1 Futterplatz liegt in Richtung der Sonne, 2 Futterplatz liegt entgegengesetzt zur Richtung der Sonne, 3 Futterplatz liegt 60° links von der Richtung zur Sonne

Nachgärung und Reifung des B. in geschlossenen Behältern. Danach wird das B. filtriert (Ausnahme: bayr. obergäriges Hefeweizen-B.) und auf Fässer und Flaschen abgefüllt.
Die sog. Lager-B. haben einen Alkoholgehalt von etwa 3,5–4,5 Gew.-%. Der Bitterstoffgehalt ist bei den verschiedenen B.typen unterschiedl. hoch, ebenso der Anteil an noch vergärbaren Zuckern. Dunkle B. vom Münchner Typ sind schwach vergoren und wenig bitter, während Pilsner B. hochvergoren und kräftig bitter ist. Der **Stammwürzegehalt** ist die in Prozent angegebene Menge an lösl. Substanzen (v. a. Maltose und Dextrine) in der Würze des B. vor Eintritt der Gärung; er liegt zw. 2 und 18%. Nach dem Dt. B.steuergesetz sollen Einfach-B. 2,0–5,5%, Schank-B. 7,0–8,0%, Voll-B. 11,0–14,0% und Stark-B. über 16% Stammwürze haben (Alkoholgehalt: etwa $1/3$ des Stammwürzegehalts).
Fast alle Völker der Erde haben seit frühester Zeit nicht nur aus zuckerhaltigen, sondern auch aus stärkehaltigen Stoffen durch Gärung alkohol. Getränke bereitet. In Mesopotamien war B. ein Volksgetränk und wurde in zahlr. Sorten gebraut. - Um 1300 traten neben die Kloster- und Hausbrauereien, bes. im norddt. Raum die sog. Handelsbrauereien. Im 19. Jh. entwickelte sich die B.brauerei mit zunehmender Kenntnis der chem. und biochem. Vorgänge aus einem handwerksmäßigen Gewerbe zu einer bed. Industrie.

📖 Petersen, H.: Brauereianlagen. Nürnberg 1985. - Jackson, M.: Das große Buch vom B. Dt. Übers. Bern ²1983. - Narziß, L.: Abriß der B.brauerei. Stg. ⁴1980. - Schuster, K., u. a.: Die B.brauerei. Stg. ⁶1976 ff. 3 Bde.

Bierbaum, Otto Julius, *Grünberg i.

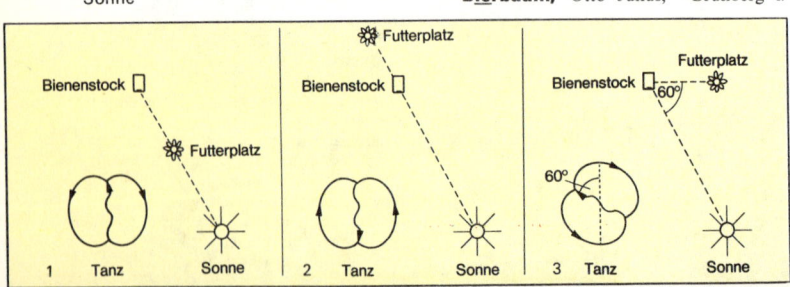

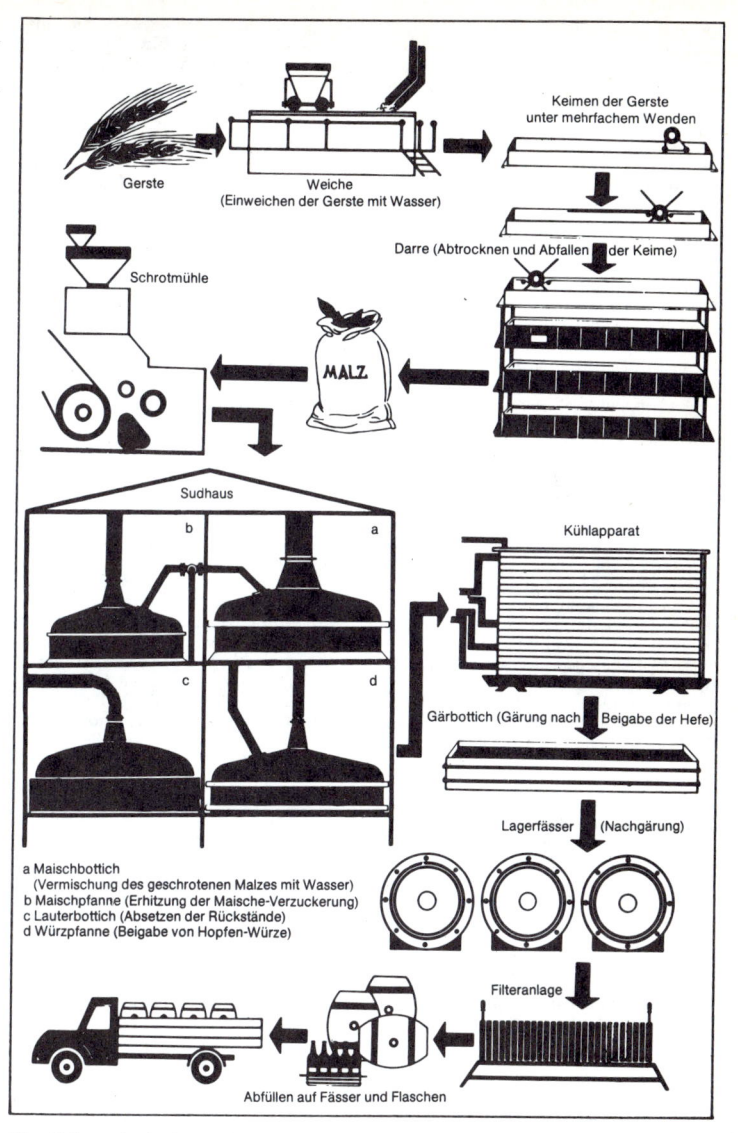

Bier. Schematische Darstellung
der Bierherstellung

Schlesien 28. Juni 1865, † Dresden 1. Febr. 1910, dt. Schriftsteller. - Benutzte als Lyriker Formen des Minnesangs, der Anakreontik, des Rokokos, Biedermeiers und des Volkslieds; schrieb Chansons, heitere Erzählungen, satir. Zeitromane, Reiseberichte, Künstlerbiographien; u. a. „Irrgarten der Liebe" (Ged., 1901), „Stilpe" (R., 1897), „Prinz Kuckuck" (R., 1907/08).

Bierce, Ambrose Gwinnett [engl. bɪəs], * Meigs County (Ohio) 24. Juni 1842, † in Mexiko 1914 (verschollen), amerikan. Schriftsteller. - Grimmiger, „schwarzer" Humor, zyn. Witz, Menschen- und Lebensverachtung sowie Darstellung von Grenzsituationen bestimmen seine Erzählungen, u. a. „Erzählungen von Soldaten und Zivilisten" (1891); dt. Auswahlbände: „Aus dem Wörterbuch des Teufels" (1964), „Das Spukhaus" (1969).

Biergole [bi-ɛr...; lat./griech.], svw. ↑ Diergole.

Biermann, Ludwig, * Hamm (Westf.) 13. März 1907, † München 12. Jan. 1986, dt. Astrophysiker. - Arbeiten über physikal. Vorgänge in Sternatmosphären, Höhenstrahlung und Einfluß der Sonnenstrahlung auf Kometenschweife.

B., Wolf, eigtl. Karl-Wolf B., * Hamburg 15. Nov. 1936, dt. Lyriker und Liedersänger. - Siedelte 1953 in die DDR über, wurde 1976 während einer Konzertreise in die BR Deutschland ausgebürgert. Schreibt und komponiert zeit- und gesellschaftskrit. Lieder, Balladen, die er selbst vorträgt. U. a. „Die Drahtharfe" (1965), „Mit Marx- und Engelszungen" (1968), „Deutschland. Ein Wintermärchen" (1972), „Affenfels und Barrikade" (1982).

Biersteuer, Verbrauchsteuer auf Bier und bierähnl. Getränke. Die Steuerpflicht entsteht bei Entfernen des Biers aus der Brauerei bzw. beim Abfüllen zum Verbrauch in der Brauerei oder beim Import (B.gesetz und DVO in der Fassung vom 14. 3. 1952, mit mehreren Änderungen). Das B.aufkommen betrug 1979 1,25 Mrd. DM. Die B. ist als Aufwandsteuer seit Jh. als **Biergeld, Bierpfennig, Bierzise, Umgeld** usw. bekannt.

Bierut, Bolesław [poln. 'bjɛrut], * Rury Jesnickie bei Lublin 18. April 1892, † Moskau 12. März 1956, poln. Politiker. - Drucker, seit 1918 Mgl. der poln. KP; 1933 in Polen zu 7 Jahren Gefängnis verurteilt; wurde Anfang 1944 Vors. des Nationalrates; Staatspräs. 1947–52, Min.präs. 1952–54; Vors. seit 1948 und 1. Sekretär seit 1954 der Poln. Vereinigten Arbeiterpartei.

Bierverleger, Biergroßhändler, der im Auftrag einer Brauerei Bier verkauft.

Biese [niederdt.], kleines Fältchen, meist mehrere dicht nebeneinander genähte B. als Verzierung, z. B. an einer Bluse.
◆ schmaler farbiger Stoffstreifen (aus der Naht kommend; Paspel) an Uniformen.

Biestmilch, svw. ↑ Kolostrum.

Bietigheim-Bissingen, Stadt am N-Rand des Großraumes Stuttgart, Bad.-Württ., 220 m ü. d. M., 35 100 E. Dt. Linoleum-Werke, Fabrik für Autozubehör, Druckereimaschinen, Kammgarnspinnerei u. a. - Bietigheim 789 erstmals urkundl. genannt, 1364 Stadtrechte. Zum 1. Jan. 1975 mit Bissingen vereinigt. - Spätgot. Pfarrkirche (um 1400), spätgot. Friedhofskirche (gegen 1390), Rathaus (1507).

bifid [lat.], zweispaltig; gegabelt.

Bifokalgläser ↑ Brille.

Biforium [lat. „zweiflügelig"], durch eine mittlere Säule gegliedertes Fenster der Gotik.

bifunktionelle Verbindungen, sehr reaktionsfähige Verbindungen der organ. Chemie, die in ihrem Molekül zwei funktionelle Gruppen besitzen, z. B. die Dicarbonsäuren, Aminosäuren, Hydroxysäuren.

Bifurkation [lat.] ↑ Fluß.

Biga [lat.], von zwei Pferden gezogener, zweirädriger röm. Wagen; bei Festzügen und in Rennen verwendet.

Bigamie [lat./griech.], im christl. und in anderen Kulturkreisen verbotene Doppelehe. Im Recht der BR Deutschland ist B. jede [erneute] Eheschließung, die zu Lebzeiten des rechtmäßigen Ehepartners bzw. vor Nichtigerklärung oder Auflösung der früheren Ehe erfolgt. Zivilrechtl. Folgen: Nichtigkeit der späteren Ehe; strafrechtl. Folgen: Freiheitsstrafe bis zu 3 Jahren oder Geldstrafe (§ 171 StGB). - Entsprechendes gilt im *österr.* und *schweizer. Recht.*

Big Band ['bɪgbænd; engl. „große Band"], Jazz- oder Tanzorchester, in dem im Ggs. zur Combo einzelne Instrumente mehrfach, z. T. chor. besetzt sind und sich in Gruppen gegenüberstehen. Die große Besetzung läßt keine freie Improvisation zu, sondern bedingt das ↑ Arrangement. Die Hauptzeit der B. B. (zw. 1935 und 1945) fiel etwa mit der Epoche des ↑ Swing zusammen.

Big Ben [engl. 'bɪg 'bɛn; nach dem brit. Politiker Sir Benjamin („Ben") Hall, * 1802, † 1867], Name der Stundenglocke des Londoner Parlamentsgebäudes sowie des Glockenturms selbst; vollendet 1858.

BIGFON, Abk. für: breitbandiges integriertes Glasfaser-Fernmeldeortsnetz, Bez. für ein Kabel-Pilotprojekt der Dt. Bundespost, mit dem über eine einzige Anschlußleitung mehrere Fernmeldedienste (z. B. Fernsprech-, Daten-, Telexverkehr) betrieben werden können. Darüberhinaus sollen mit B. auch Fernseh- und Stereo-Rundfunkprogramme sowie Bildfernsehen übertragen werden.

Biggestausee ↑ Stauseen (Übersicht).

Biggs, Edward Power, eigtl. Power-B., * Westcliff-on-Sea 29. März 1906, † Boston 10. März 1977, amerikan. Organist engl. Herkunft. - Trat v. a. als Konzertorganist auf, oft mit Werken zeitgenöss. Komponisten, die für ihn schrieben.

Bignonie (Bignonia) [nach dem frz. Bibliothekar J. P. Bignon, * 1662, † 1743], Gatt. der **Bignoniengewächse** mit der einzigen Art Bignonia capreolata (**Kreuzrebe**) im südöstl. N-Amerika; Kletterpflanze mit zwei- bis dreizählig gefiederten, in einer Ranke mit drei krallenartigen Haken endenden Blättern und glockenförmigen, tieforangeroten Blüten in Trugdolden; in S-Europa Gartenpflanze.

Bigorre [frz. bi'gɔːr], histor. Gebiet in SW-Frankr., umfaßt einen Teil der Zentralpyrenäen und der Ebene von Tarbes. Zentren sind Bagnères-de-Bigorre, Lourdes und Tarbes. - In Höhlen Funde aus der Steinzeit; bewohnt von den iber. Bigerrionen, deren Gebiet 56 v. Chr. röm., um 460 westgot., 507 fränk. wurde. Anfang 7. Jh. Einwanderung von Basken. Im 9. Jh. Gft. des Hzgt. Gascogne, 1052 zu Aquitanien, 1293 frz.; 1360 engl., spätestens 1407 zurückerobert. 1425/29 an die Grafen von Foix, durch König Heinrich IV. endgültig zu Frankr.

bigott [frz.], engherzig; scheinheilig, frömmelnd; blindgläubig; **Bigotterie**, strenge, kleinl. Frömmigkeit, Scheinheiligkeit.

Biguanide [lat./indian.] (Biguanidverbindungen), aus zwei Guanidmolekülen unter Abspaltung von NH_3 kondensierte Verbindungen; greifen wahrscheinl. in den Kohlenhydratstoffwechsel ein, werden zur oralen Behandlung bestimmter Formen von Zuckerkrankheiten (Altersdiabetes) verwendet; wegen beträchtl. Nebenwirkungen nur noch beschränkt eingesetzt.

Bihar, Bundesstaat in N-Indien, 173 877 km², 69,92 Mill. E (1981), Hauptstadt Patna. Erstreckt sich vom Fuß des Himalaja über die weite Gangesebene bis in die Höhen des Chota Nagpur. Die Höhe der Monsunniederschläge nimmt von W nach O zu, v. a. in der Gangesebene gute Bedingungen für die Landw. Hauptanbaufrucht ist Reis, gefolgt von Hülsenfrüchten, Mais, Zuckerrohr, Weizen und Jute. Kanalbewässerung herrscht vor. B. ist reich an Bodenschätzen (Kohle, Glimmer, Eisenerz, Kupfererz, Bauxit, Chrom- und Manganerz). Ind.betriebe gibt es in Jamshedpur und im Damodartal.

Geschichte: B. umfaßt die 3 unter den Namen Wideha, Anga und Magadha aus der altind. Literatur bekannten Gebiete. Hier wirkten die Gründer des Buddhismus und des Dschainismus. Die Reiche der Maurja (etwa 320–180 v. Chr.) und der Gupta (etwa 320–500 n. Chr.) nahmen von B. aus ihren Anfang. Nach dem Zusammenbruch ihres Großreiches hielten sich die Gupta noch bis etwa 750 in Magadha. Danach wurde B. mit Bengalen vereinigt. Beide bildeten unter muslim. Herrschaft eine Prov., die auch in Brit. Indien zunächst weiterbestand. 1905 mit Orissa vereinigt, 1936 wieder getrennt.

Bihargebirge [ungar. 'bihɔr] ↑ Westsiebenbürgisches Gebirge.

Bihari, Oberbegriff für drei im wesentl. in Bihar gesprochene Dialekte des Neuindoarischen: Maithili, Bhodschpuri und Magahi.

Bihlmeyer, Karl, * Aulendorf 7. Juli 1874, † Tübingen 27. März 1942, dt. kath. Kirchenhistoriker. - Als Nachfolger von F. X. von Funk bearbeitete er dessen Textausgaben und „Kirchengeschichte" neu.

Bijapur, ind. Stadt im Bundesstaat Karnataka, 380 km sö. von Bombay, 147 000 E. College; Handelszentrum für Baumwolle, Getreide und Vieh; Baumwollentkörnung, Ölmühlen. - 1489 gegr., Hauptstadt des Ft. B.; 1686 zum Mogulreich; im 18. Jh. unter der Herrschaft der Marathen. - Zahlr. islam. Bauwerke des 16. und 17. Jh., u. a. Gol-Gumbaz-Mausoleum (1626–56), Stadtmauer mit Monumentaltoren und halbrunden Türmen.

Bijedić, Džemal [serbokroat. bi,jɛditɛ], * Mostar 17. April 1917, † bei Sarajewo 18. Jan. 1977 (Flugzeugabsturz), jugoslaw. Politiker. - Seit 1939 Mgl. der KP (später Bund der Kommunisten [BdK]) Jugoslawiens. Mgl. des ZK des BdK von Bosnien und Herzegowina und des ZK des BdK Jugoslawiens; Min.präs. von Jugoslawien seit 1971.

Bijektion [lat.] (bijektive Abbildung) ↑ Abbildung (Mathematik).

Bijou [bi'ʒuː; frz.], Schmuckstück, Kleinod.

Bijouterie [biʒutə'riː; frz.], [billiger, mod.] Schmuck.

Bijunktion, Verknüpfung (Junktion) zweier Aussagen A und B durch den Junktor ⇔ zu einer neuen Aussage A⇔B („A genau dann, wenn B"), dem **Bijugat.**

Bika, Al, Senke zw. Libanon und Antilibanon, die vom Nahr Al Asi nach N und Al Litani nach S entwässert wird, 800–1 200 m ü. d. M., 10–15 km breit. Der mittlere und südl. Teil sind das wichtigste Landw.gebiet des Landes.

Bikaner [bɪkə'nɪə], ind. Stadt im B.staat Rajasthan, 390 km wnw. von Delhi, 249 000 E. Colleges; Handelszentrum für Wolle, Häute, Getreide, Vieh. - 1488 gegr.

Bikini, Atoll in der Ralikgruppe der Marshallinseln; 36 Inselchen von ca. 6 km² umfassen eine Lagune von 594 km². Die Bev. wurde 1946–69 wegen der Atombombenversuche der USA auf den B. evakuiert. Erneute Umsiedlung 1978 wegen radioaktiver Spuren.

Bikini [nach dem Atoll Bikini], zweiteiliger Damenbadeanzug.

bikonkav, beiderseits hohl, nach innen gewölbt, z. B. b. ↑ Linsen.

bikonvex, beiderseits erhaben, nach außen gewölbt, z. B. b. ↑ Linsen.

bilabial (beidlippig), mit beiden Lippen gesprochen: [p], [b], [m].

Bilac, Olavo Braz Martins dos Guimarães [brasilian. bi'lak, bi'laki], * Rio de Janeiro 16. Dez. 1865, † ebd. 28. Dez. 1918, brasilian. Dichter. - Wichtigster Vertreter der brasilian. parnass. Schule; schrieb Lyrik (v. a. Liebesgedichte), Erzählungen und Essays.

Bilák, Vasil [slowak. 'bila:k], * Krajná Bystra (Slowakei) 11. Aug. 1917, tschechoslowak. Politiker. - Seit 1946 Mgl. der slowak. KP; 1960–63 Min. ohne Ressort; 1968 1. Sekretär der slowak. KP; im Aug. 1968 zunächst von seinen Ämtern entfernt; 1968–88 für internat. Partei- und Wirtschaftsbeziehungen zuständiger Sekretär des ZK der KPČ.

Bilanz [italien.; zu lat. bilanx „zwei Waagschalen habend"], summar., gegliederte Gegenüberstellung aller am B.stichtag in einem

Bilanzanalyse

Unternehmen eingesetzten Werte nach ihrer Herkunft (Passiva) und ihrer Verwendung (Aktiva). Die Posten auf der Aktivseite geben Auskunft über das Vermögen, unterteilt nach Anlage- und Umlaufvermögen, die auf der Passivseite über das Kapital, unterteilt nach Eigen- und Fremdkapital. Da beide Seiten alle Werte eines Unternehmens umfassen, ist die B.gleichung Vermögen = Kapital stets erfüllt. Zus. mit der Gewinn-und-Verlust-Rechnung (Erfolgs-B.) bildet die B. den Gesamtabschluß des Rechnungswesens eines Unternehmens für ein Geschäftsjahr.

Arten: Der Charakter der B. wird von dem Zweck bestimmt, zu dem sie erstellt wird. Die period. erstellten heißen ordentl. B.: Handels-B., Steuer-B., die auf Grund innerbetriebl. Erfordernisse erstellten kurzfristigen Erfolgs-B. Außerordentl. B. werden bei bestimmten Anlässen, wie Gründung, Umwandlung, Fusion, Sanierung, Liquidation von Unternehmen, erstellt. Von geringerer Bed. sind die Unterscheidungen nach den Adressaten (interne und externe B.) oder der Bilanzierungsperiode (Jahres- oder Zwischen-B.).

Theorien: Nach der stat. B.theorie (H. Nicklisch) hat die B. eine Gegenüberstellung der aktiven und der passiven Vermögensgegenstände zu liefern. Aktiva sind danach die der Leistungserstellung dienenden Wirtschaftsgüter, Passiva sind die hierfür verwendeten Finanzierungsmittel; die Differenz zw. Aktiva und Passiva am Jahresende ist der B.erfolg (B.gewinn oder -verlust). Eine solche B. dient primär der Rechenschaftslegung gegenüber den Kapitalgebern. Sie ist durch §§ 151 ff. AktienG vorgeschrieben. Die *dynam. B.theorie* (E. Schmalenbach) sieht in der Erfolgsermittlung den Hauptzweck des Jahresabschlusses. Demgemäß genießt die Erfolgsrechnung Priorität vor der B. Diese weist als Aktiva die liquiden Mittel (Bargeld und sofort verfügbare Guthaben) sowie alle aktiven Vermögensgegenstände aus, die am B.stichtag noch nicht im Leistungsprozeß verwertet oder abgesetzt sind; demgegenüber sind Passiva das Kapital und alle von dem Unternehmen noch nicht eingelösten Verpflichtungen sowie der abgelaufenen Periode zuzurechnender, aber unterlassener Aufwand (dynam. Rückstellungen). Danach ist die B. eine Zusammenstellung der schwebenden Vorgänge, die bei ihrer endgültigen Realisierung dann ihren Niederschlag in der Erfolgsrechnung finden, also eine Art rechner. Kräftespeicher. Die Aussagekraft der stat. und der dynam. B. will die *organ. B.theorie* miteinander kombinieren. Nach der *totalen B.theorie* (W. la Coutre) sind für den Jahresabschluß eine Kapitalbestands-B. und verschiedene Kapitalbewegungs-B. aufzustellen, die neben der Erfolgsermittlung und der Rechenschaftslegung der allg. Betriebserkenntnis, der Betriebsführung und der Betriebskontrolle zu dienen haben. Entsprechend der Tendenz zur betriebl. Planung wollen neuere Theorien die Vergangenheitsbezogenheit der B. überwinden und die B. als Planungsinstrument einsetzen. Mit ihr soll der „ökonom. Gewinn" als Vermehrung des Erfolgskapitals ermittelt werden; dieses errechnet sich aus den mit den vorhandenen Wirtschaftsgütern in der Zukunft noch erzielbaren, auf den B.stichtag abgezinsten Einzahlungsüberschüssen.

In den verschiedenen B.theorien wurden auch einige - allerdings problemat. - **Bilanzregeln** entwickelt: So soll das Eigenkapital ebenso hoch wie das Fremdkapital sein, das langfristig gebundene Aktivvermögen soll durch langfristiges Kapital finanziert sein („goldene B.regel"), die kurzfristigen Verbindlichkeiten sollen nicht größer sein als sofort verfügbare oder liquidierbare Aktiva.

📖 *Heinen, E.: Handelsbilanzen. Wsb. ^{11}1985. - Wöhe, G.: Bilanzierung u. B.politik. Mchn. ^{6}1984. - Kosiol, E.: Buchhaltung u. B. Bln. ^{2}1967.*

Bilanzanalyse, innerhalb (interne B.) oder außerhalb eines Unternehmens (externe B.) durchgeführte Untersuchung und Interpretation einer Bilanz zum Zweck der Abschlußprüfung, der Erfolgskontrolle, der Kreditwürdigkeitsprüfung oder generell der Datensammlung für eine Bilanzkritik.

Bilanzänderung ↑ Bilanzberichtigung.

Bilanzberichtigung, Abänderung einer beim Finanzamt eingereichten Vermögensübersicht (Bilanz) durch den Steuerpflichtigen. Entspricht die Bilanz nicht den Grundsätzen ordnungsmäßiger Buchführung, spricht man von B.; wird ein zulässiger Wertansatz durch einen anderen ersetzt, spricht man von **Bilanzänderung**.

Bilanzbuchhalter, Buchhalter mit bes. Aufgaben: Zusammenstellung und Bewertung von Beständen bzw. Salden der Konten zur Bilanz und zur Gewinn-und-Verlust-Rechnung nach Handels- und nach Steuerrecht.

Bilanz der laufenden Posten ↑ Leistungsbilanz.

Bilanzgewinn ↑ Gewinn.

Bilanzierungsgrundsätze, unter den Grundsätzen ordnungsmäßiger Bilanzierung versteht man v.a. die Grundsätze der Bilanzklarheit, der Bilanzwahrheit und der Bilanzkontinuität, die eng mit den Grundsätzen ordnungsmäßiger Buchführung zusammenhängen. 1. **Bilanzklarheit:** Der Jahresabschluß ist klar und übersichtl. aufzustellen und muß im Rahmen der Bewertungsvorschriften einen möglichst sicheren Einblick in die Vermögens- und Ertragslage der Gesellschaft geben. 2. **Bilanzwahrheit:** Der Begriff ist umstritten; Wahrheit wird in diesem Zusammenhang meistens verstanden als Übereinstimmung von Inhalt und Benennung, als richtige Bewertung und korrekte Errechnung der einzelnen Bilanzpositionen. 3. **Bilanzkontinuität:** Sie bedeutet gleichbleibende Bewertung, sowohl die angewendeten Bewertungsgrundsätze als auch die Wertansätze, also die Bewertung bestimmter Vermögensgegenstände betreffend, und sie beinhaltet die **Bilanzidentität** (auch: **Bilanzkongruenz**), das ist die formale und materielle Übereinstimmung der Schlußbilanz eines Geschäftsjahrs mit der Anfangsbilanz.

Bilanzprüfer, svw. ↑Wirtschaftsprüfer.
Bilanzregeln ↑Bilanz.
Bilanzstichtag, letzter Tag des Geschäftsjahres, zu dem der Jahresabschluß aufzustellen ist.
Bilanzsumme, Summe der Aktiva (= Summe der Passiva) einer Bilanz.
Bilanztheorien ↑Bilanz.
Bilanzwahrheit ↑Bilanzierungsgrundsätze.

bilateral, zweiseitig, von zwei Seiten ausgehend, zwei Seiten betreffend (bei Verträgen).
bilaterales Monopol, Marktkonstallation mit nur einem Anbieter und nur einem Nachfrager.

Bilbao, span. Ind.stadt am Nervión, 12 km oberhalb seiner Mündung in den Golf von Biskaya, 433 000 E. Verwaltungssitz der Prov. Vizcaya; Bischofssitz; Univ. (gegr. 1967); Bank- und Börsenzentrum, mit seinen Satellitenstädten größter Ind.ballungsraum des Landes, Zentrum der Roheisen- und Stahlproduktion sowie der Metallverarbeitung. Der Binnenhafen liegt am kanalisierten, für Seeschiffe befahrbaren Nervión; ⚓ - 1300 gegr., der Hafen vermittelte im 14. und 15. Jh. den Verkehr mit N- und W-Europa, später mit Amerika. Im 17. Jh. mehrmals zerstört; widerstand 1835, 1836 und 1874 karlist. Angriffen; 1936–39 hart umkämpft (Zentrum des bask.-republikan. Widerstands). - Kathedrale (14./15. Jh.) mit got. Kreuzgang, Klosterkirche de la Encarnación (1554–60).

Bilche (Schlafmäuse, Gliridae, Muscardinidae), Fam. der Nagetiere mit rund 30 Arten in Eurasien und Afrika; Körperlänge etwa 6–20 cm, Schwanzlänge rd. 7–15 cm; Fell weich und dicht, vorwiegend braun bis grau, oft mit schwarzer Augenmaske; Ohren wenig behaart. In gemäßigten Gebieten halten die B. einen bis über 7 Monate dauernden Winterschlaf. In Deutschland kommen 4 Arten vor: ↑Baumschläfer, ↑Gartenschläfer, ↑Siebenschläfer und ↑Haselmaus.

Bild, auf einer Fläche mit künstler. Mitteln Dargestelltes (Gemälde, Zeichnung); Photographie, gedruckt Wiedergegebenes; auf dem Fernsehschirm Erscheinendes; Abbild, Spiegelbild.
◆ unscharfe Sammelbez. der *Stilanalyse* für die verschiedensten Formen bildl. Ausdrucksweise, z. B. Vergleich, Metapher. Die Bildlichkeit ist ein wesentl. Kennzeichen poet. Sprache, aber auch der Alltagssprache ist sie voll von meist verblaßten B., z. B. „be-sitzen".
◆ dramaturg. Bez. für Akt oder Szene.
◆ in der *Religionsgeschichte* Darstellungen, die vom roh behauenen Stein oder geschnitten Holzpfahl bis zu kunstvollen bzw. symbol. Repräsentationen von Göttern oder Heiligen reichen. Dabei kann z. B. eine Wesenseinheit zw. dem B. und der in ihm verehrten Gottheit angenommen werden. Das B. genießt dann kult. Pflege. Ihm wird eine bes. Weihe zuteil, oft durch Salbung. Die Darbringung von Opfern und Weihrauch vor dem B. ist übl. Auch werden ihm Speisen gereicht. Vielfach erhält es eine bes. Bekleidung. Bei Prozessionen wird das B. in feierl. Umzug mitgeführt. - Die Wertung des B. ist in den einzelnen Religionen sehr unterschiedl. Am bilderfreudigsten unter den lebenden Religionen sind Hinduismus und Buddhismus. Im Judentum setzte sich der Protest der Propheten gegen das B. durch. Er betraf sowohl Darstellungen des eigenen Gottes als auch solche der Götter in der Umwelt der israelit. Religion. Die B.feindlichkeit, die der Islam im religiösen Bereich vertrat, bewirkte, daß sich die künstler. Tätigkeit der Muslime auf das Ornament und auf die kunstvolle Gestaltung der arab. Schrift fixierte. - Im Christentum sind die Anfänge der **Bilderverehrung** unklar. Die vorkonstantin. Zeit der Kirche kannte symbol. (Kreuzanker, Fisch, Brotkorb, Guter Hirt) und szen. (z. B. Abendmahl) Darstellungen der Heilsgeschichte, bes. auf Grabstätten (Katakombenmalerei). Seit dem 4. Jh. nahmen die Kirchenväter Stellung zur Bilderfrage. Den Kerngedanken der Verehrung von B. hatte bereits Basilius d. Gr. im 4. Jh. ausgesprochen: Die Ehre, die dem Bild erwiesen wird, geht über auf das Urbild, d. h. auf Christus, Maria, die Heiligen. Die Verehrung gilt also im eigtl. Sinn dem Dargestellten. Wichtig für das Verständnis der B. ist die theoret. Unterscheidung zw. Anbetung, die Gott allein erwiesen werden darf, und der „Verehrung" oder „Ehrenbezeigung", die dem B. entgegengebracht wird. Stärkster Ausdruck der Verfolgung der B. und ihrer Anhänger (Ikonoklasmus) war der **Bilderstreit** des 8. und 9. Jh. 730 erschien das Edikt Kaiser Leons III. gegen die B. Der Sohn und Nachfolger Leons III., Konstantin V. Kopronymos, ließ die B. zerstören, verfolgte die B.freunde (Ikonodulen) mit Folter und Hinrichtung. Der B.streit wurde erneut durch die Kaiser Leon V., Michael II. und Theophilos, wenn auch nicht mehr in gleicher Schärfe geführt. - In der kath. Theologie kommt den B. kein kult. Eigenwert zu. Nach Luthers Kritik an der überkommenen B.verehrung zogen radikalere Reformatoren (Karlstadt, Münzer) prakt. Konsequenzen zur Beseitigung der B.; erstmals kam es in Wittenberg in Abwesenheit Luthers unter Führung Karlstadts zu einem **Bildersturm** (Jan. 1522). In Zürich (Zwingli)

Bildaufnahmeröhre

wurden 1523 B. und Messe abgeschafft. Im Bereich der kalvin. Reformation fielen die B. ebenfalls. Das Luthertum hat später B. wieder zugelassen, soweit kein Mißbrauch damit verbunden war.

📖 *Wichelhaus, M./Stock, A.: Bildtheologie und Bilddidaktik.* Düss. 1981. - *Reisinger, P.: Idealismus als Bildtheorie.* Stg. 1979. - *Lanczkowski, H.: Die Entstehung des Christus- u. Buddhabildes.* In: Kairos 7 (1965). 296. - *Schöne, W., u. a.: Das Gottesbild im Abendland.* Witten u. Bln. ²1959.

♦ ↑Abbildung.

Bildaufnahmeröhre ↑Elektronenstrahlwandlerröhre.

Bildbühne (Filmbühne, Negativbühne), 1. Einrichtung an Kameras, die das Aufnahmematerial plan hält. Sie besteht aus dem *Bildfenster*, das das Bildfeld freigibt, den *Filmgleitrippen*, auf denen der Film beim Transport mit der Perforation oder den unbelichteten Rändern gleitet, und einer an der Kamerarückwand angebrachten federnden *Andruckplatte*, die den Film gegen die Filmgleitrippen drückt; 2. Halterung für das Diapositiv oder das Filmbild im Strahlengang des Projektors.

Bilddevise ↑Wappenkunde.

bildende Kunst, zusammenfassende Bez. für Baukunst, Plastik, Malerei, Graphik und Kunstgewerbe (bzw. Kunsthandwerk).

Bilderbibel, Bilderfolgen ohne oder ohne vollständigen Bibeltext, oft nur mit knappen Bilderläuterungen. Seit der Erfindung des Buchdruckes weite Verbreitung von Holzschnitt-B., bes. graph. Folgen (auch Kupferstiche) aus Passion und Apokalypse: Dürer, Schongauer, L. Cranach d. Ä. und H. Holbein d. J. Im 19. sind v. a. die Bibelillustrationen von J. Schnorr von Carolsfeld (1852-62) und von G. Doré (Tours 1866) von Bed.; auch das 20. Jh. kennt illustrierte Bibelausgaben.

Bilderbogen, volkstüml., einseitig bedruckte Blätter, die ein Bild oder eine Bilderfolge mit kurzen Textkommentaren (meist in Reimpaaren) enthalten. Sie wurden zunächst von ↑Briefmalern beschriftet und koloriert, der Druck mit bewegl. Lettern erlaubte bald längere Textbeigaben (Mitte des 15. Jh.). Neben religiös-moral. Motiven wurden belehrende (Ständepyramiden, Altersstufen) und v. a. satir.-witzige Themen („Altweibermühle", „verkehrte Welt", Kuriositäten") beliebt. Im Zeitalter der Reformation wurde der B. auch als Informations- und Kampfmittel eingesetzt (↑Flugblatt). Bed. Künstler beteiligten sich an der Herstellung der B. (z. B. Dürers; S. Brant, H. Sachs, T. Murner, Hutten, Luther, Melanchthon schrieben für B. oder ließen Teile größerer Werke als B. erscheinen (z. B. Brant, „Das Narrenschiff"). Die im 17. Jh. neben den traditionellen gröberen Holzschnitt-B. aufkommenden B. mit anspruchsvolleren Kupferstichfolgen und Texten (z. B. von Moscherosch) sprachen vorwiegend ein städt. Publikum an. Führender Vertreter der Kupferstich-B. war P. Fürst in Nürnberg. Berühmt wurden die ↑Neuruppiner Bilderbogen, auch die mehrsprachigen B. von Pellerin in Épinal (seit 1796) und die B. von J. W. Wentzel („Weißenburger B.", seit 1831). Die pädagog.-didakt. Ausrichtung der ↑Münchner Bilderbogen ist kennzeichnend für die Entwicklung der B. im frühen 20. Jh. Elemente des B. leben weiter in Comic strips und Photoromanen.

Bilderbuch, illustriertes Kinderbuch (für etwa 2–8jährige). Entsprechend den jeweiligen Altersstufen bietet es einfache Gegenstände (und Tiere) aus der Erfahrungs- und Phantasiewelt des Kindes (ohne Text), Bildgeschichten oder Illustrationen zu längeren Texten (zum Vorlesen). Die Geschichte des B. beginnt mit den illustrierten ABC- und Elementarbüchern (Fibeln) des späten MA (u. a. „Orbis sensualium pictus" von J. A. Comenius, 1658) und illustrierten Fabelausgaben des 16./17. Jh. Die B. der Aufklärung waren pädagog. sehr engagiert (z. B. J. S. Stoy, „Bilder-Academie für die Jugend", 1780–84; F. J. Bertuch, „B. für Kinder", 1790-1822; die Elementarbücher J. B. Basedows, 1770-74, und C. G. Salzmanns, 1785–95, beide mit Kupferstichen von D. Chodowiecki; J. K. A. Musäus, „Moral. Kinderklapper", 1787). Im 19. Jh. (bes. im Biedermeier) entstanden v. a. Bearbeitungen für Erwachsene gedachten Märchen und Sagen (illustriert u. a. von L. Richter, O. Speckter). Die noch immer beliebten Bildergeschichten H. Hoffmanns („Struwwelpeter", 1845), W. Buschs („Max und Moritz", 1865) oder F. Poccis sind heute pädagog. umstritten. Seit der Jh.wende ist das B. um Kindgemäßheit bemüht. Stilist. z. T. vom Jugendstil geprägt sind die phantasieanregenden Tier- und Blumenmärchen von E. Kreidolf (1898 ff.), E. Beskow („Hänschen im Blaubeerenwald", 1901), S. von Olfers („Etwas von den Wurzelkindern", 1906). Die Kinderreime Paula und R. Dehmels, illustriert von K. Hofer („Fitzepuze", 1901; „Rumpumpel", 1903) wirkten bis in die 1930er Jahre (z. B. C. Morgenstern/J. L. Gampp, „Klein Irmchen", 1921; E. Kästner/W. Trier, „Das verhexte Telephon", 1931). In derselben künstler. (expressionist.) Tradition stehen die B. von T. Seidmann-Freud („Das Wunderhaus", 1927). Unauffällig staatspolit. Erziehung versuchen die „Babar"-Bilderbücher von J. de Brunhoff (1931–38; fortgesetzt seit 1946 von L. de Brunhoff). Nach dem 2. Weltkrieg kamen - im internat. Rahmen - zahlr. in Bild und Text psycholog. wohlfundierte und phantasievolle B. auf den Markt, z. T. auch mit neuen Anliegen gesellschaftspolit. oder sozialer Art. Diese Entwicklung ging v. a. von amerikan., tschechoslowak. und poln. B.künstlern aus; gen. seien: A. Carigiet, E. Carle, R. Duvoisin, L. Fromm, Janosch, A. Lamorisse, H. Lemke, L. Lionni, Ali Mit-

Bildhauerkunst

gutsch, J. Müller, C. Piatti, W. Schlote, M. Sendak, T. Ungerer, F. K. Waechter, B. Wildsmith, R. Zimnik, die z. T. auch Texte verfassen. Ideen und Texte zu B. stammen auch von J. Krüss (Bilder von E. J. Rubin), P. Bichsel, R. Kunze, P. Härtling, G. Herburger, E. Borchers u. a.
📖 *Das B. Gesch. u. Entwicklung des B. in Deutschland v. den Anfängen bis zur Gegenwart.* Hg. v. K. Doderer u. Helmut Müller. Weinheim ²1975. - Hürlimann, B.: *Die Welt im B.* Zürich u. Freib. 1965.

Bilderrätsel, spezif. Art von graph. dargestellten Rätseln, die mit dem Gleichklang bestimmter Wörter und Silben (bei verschiedener Bed. und häufig auch Schreibung) spielen. Die Gegenstände werden abgebildet und so zusammengestellt, daß sich aus der ganzen oder teilweisen Lautfolge ihrer Benennungen ein neuer, mit den Bildern in keinem log. Zusammenhang stehender Begriff ergibt.

Bilderschrift (Piktographie), graph. Darstellung von Sachverhalten durch Bilder oder Symbole, im Ggs. zur Wort- (Begriffs-), Silben- und Buchstabenschrift: 1. B. (uneigentl. B.), die nicht an eine bestimmte Sprache gebunden sind, sondern Vorstellungen opt. wiedergeben, wobei die Bilder zwar vom „Empfänger" gedeutet, aber nicht im eigtl. Sinne gelesen werden. Erste Ansätze zu einer solchen B. (aus der Steinzeit) wurden in der Höhle La Pasiega im Berg El Castillo in N-Spanien entdeckt. Die Sumerer entwickelten am Ende des 4. Jt. v. Chr. eine B. für ihren Warenaustausch: dargestellt sind jeweils die konkreten Gegenstände oder Symbole mit Mengenangaben (Buchungstontafeln aus Uruk, um 3000 v. Chr.). Solche Arten von B. wurden auch bei nordamerikan. Indianern, bei den Eskimo, bei verschiedenen Völkern N-Asiens und Afrikas verwendet. Eine Art primitiver **Satzschrift** findet sich auch bei den Ewe in Togo, die durch mehrere konkrete Bildzeichen die wesentl. Teile eines Satzes andeuten. - 2. B. (eigtl. B.), die nicht nur an Vorstellungen, sondern an bestimmte Wörter und damit an eine bes. Sprache gebunden sind. Die erste Stufe dieser Art B., die **Wortbildschrift**, kann jedoch noch unabhängig von einer bestimmten Lautform sein, wie z. B. die chin. Schrift. Die Phonetisierung der Schrift, die Fixierung einer bestimmten Lautform, beginnt mit der gesonderten Kennzeichnung von Wortteilen, zunächst Silben, dann einzelnen Lauten. Die älteste voll phonetisierte Schrift sind die ägypt. ↑Hieroglyphen (seit dem Ende des 4. Jt.). Auch die ↑Keilschrift geht auf Bildzeichen zurück.

Bildersturm ↑Bild [Religionsgeschichte].

Bilderverehrung ↑Bild [Religionsgeschichte].

Bildfehler, svw. ↑Abbildungsfehler.

Bildfeld, Fläche innerhalb der bildseitigen Begrenzung des Strahlenraums von opt. Instruments, bei Mikroskopen durch die Größe der Feldblende bestimmt; auch die durch den Ausschnitt der Bildbühne begrenzte Bildfläche bei Kameras.

Bildfeldwölbung (Bildwölbung), ein monochromat. ↑Abbildungsfehler von Objektiven, der sich daran zeigt, daß das Bildfeld zum Objektiv hin konkav gewölbt ist.

Bildfernsprecher, svw. ↑Bildtelefon.

Bildfrequenz (Bildfolgefrequenz, Bildwechselfrequenz), in der Film- und Fernsehtechnik die Anzahl der je Sekunde wiedergegebenen Bilder, beim Film i. d. R. 24, beim Fernsehen 25 (bzw. 50 Halbbilder).

Bildgedicht↑Figurengedicht, ↑Gemäldegedicht.

Bildhauerkunst (Bildnerei, Plastik, Skulptur), 1. Gesamtheit der dreidimensionalen Werke aus weichem Material wie Ton, Wachs, Gips (auch gegossene Bildwerke), Gold und Silber, in unserem Jh. auch Stahl, Eisen, Kunststoffe (i. e. S. „Plastik") oder hartem Material wie Stein, Holz (i. e. S. „Skulptur"). 2. das künstler. Vermögen, plast. Werke zu schaffen. Nach der Form des fertigen Werkes unterscheidet man zw. Vollplastik und Relief. Schon aus prähistor. Kulturen (Jungpaläolithikum) sind Zeugnisse einer B. er-

Bilderschrift. Sumerische Bildzeichen: 1 Wasser, 2 Feld, 3 Brunnen, 4 Hügel, 5 Kopf, 6 Hand, 7 Mund, 8 Auge, 9 Ochse, 10 Geheimnis, 11 schreiben, 12 essen, 13 Gottheit, 14 Monat, 15 Stadt, 16 Vogel, 17 Gemüse, 18 Negation, 19 Verdoppelung (Multiplikation), 20 Addition

Bildhauerzeichnung

halten, z.B. Kleinplastiken aus der Vogelherdhöhle. In den Hochkulturen des Altertums, etwa im 3.Jt. v.Chr., entstand die Statue, noch eingebunden in die Architektur, starr in ihrer Haltung. Die Schaffung der Freifigur war eine bed. Leistung der Griechen, vollendet in der klass. Haltung des Kontrapostes. Durch das Christentum wurde die Vollplastik fast völlig verdrängt. In karoling. und otton. Zeit entstanden Buchdeckel aus Elfenbein, dominierend war die Goldschmiedekunst mit Reliquienbehältern und Altarantependien. Daneben entstanden reliefgezierte Kirchentüren (u.a. Sankt Michael in Hildesheim, 1015). In der Romanik trat die Bauplastik in den Vordergrund (Kapitele, Portale). Eine grundlegende Erneuerung der B. ging von Chartres aus. Die got. Skulptur begann sich von der Architektur loszulösen. Neben Mariendarstellungen (Pieta, Schöne Madonnen) nahmen in der Gotik Grabmäler und Flügelaltäre einen breiten Raum ein (V. Stoß, T. Riemenschneider). Die B. der Renaissance griff wieder auf die Antike zurück (Freifigur, Reiterdenkmal). Im Barock wurde die B. mit Architektur und Malerei zum Gesamtkunstwerk vereint. Daneben entwickelte sich das selbständige, repräsentative Denkmal, das bes. im 19.Jh. Verbreitung fand. Die B. des 20.Jh. entfernt sich von repräsentativen Vorstellungen und schließl. von der Darstellung des Menschen überhaupt (Objektkunst).

📖 Trier, E.: *Bildhauertheorien im 20.Jh.* Bln. ³1984. - Baur, K.: *Der Bildhauer in seiner Zeit.* Mchn. 1975.

Bildhauerzeichnung, zeichner. Entwurf eines Bildwerks (Vollplastik oder Relief) von Bildhauern, aber auch von Malern (Dürers Entwurf eines Grabmals für die Werkstatt der Vischer). Die B., vom späten 13.Jh. an bezeugt, ist vielfach Grundlage eines Vertrags mit dem Auftraggeber.

Bildkontrollempfänger, svw. ↑Monitor.

Bildleiter ↑Glasfaseroptik.

Bildleitkabel, svw. Lichtleitkabel (↑Glasfaseroptik).

Bildmenge ↑Abbildung (Mathematik).

Bildmessung, svw. ↑Photogrammetrie.

Bildnis, Darstellung eines Menschen mit den Mitteln der Plastik, Malerei, Zeichnung usw.; die Bez. wird bes. bei typologisierten Wiedergaben benutzt, ist individuelle Ähnlichkeit angestrebt, spricht man meist von *Porträt*. Bei den Ägyptern (spätestens seit der 3. Dynastie), bei den vorderasiat. Völkern (Sumerern, Babyloniern, Hethitern), v.a. bei den Assyrern (seit dem 3.Jt. v.Chr.) und bei den Persern (um 500 v.Chr.) spielte das B. eine hervorragende Rolle. Oft wurde bei ihnen, aber auch z.B. im MA, die Identität des Dargestellten durch Beischriften, durch seine Amtszeichen u.ä. sichergestellt. Die Geschichte des europ. B. beginnt mit den Ganzfiguren der Griechen. Sie sind zunächst Ideal-B.: des Strategen, des Siegers in den Olymp. Spielen, des Dichters, des Redners u.ä.; das B. des Sokrates entstand aus den Satyr- und Silenmasken. Mit der Themistokles-Herme in Ostia kam die Porträtähnlichkeit in der griech. Kunst auf. Die Römer übernahmen die griech. Sitte der Aufstellung von Ehrenstatuen; ihre schöpfer. Erfindung ist aber die B.büste: Im Atrium der röm. Privathäuser waren die Ahnen-B. aufgestellt. In der Spätantike verlor das B. immer mehr an Porträtähnlichkeit. Das Herrscher-B. setzte erst mit B. Kaiser Lothars I. um 850 wieder ein, zunächst jedoch ohne B.ähnlichkeit. Die Parlerschen Büsten auf dem Triforium des Prager Domchores (1374-85) stehen am Beginn des eigtl. B. in der dt. Kunst. Im 15.Jh. brachte in den Niederlanden Jan van Eyck in seinen zahlr. Brust-B. (nach ihm der Meister von Flémalle und Rogier van der Weyden), in der Plastik Nicolaus Gerhaert von Leiden (Büsten vom Portal der Straßburger Kanzlei, 1463/64) die Abwendung von der Profildarstellung und eine realist.-porträthafte Auffassung. In Italien entfaltete sich die realist. Porträtbüste der Frührenaissance in Florenz. Hauptwerke schufen Donatello, Desiderio da Settiqnano, Mino da Fiesole, A. del Verrocchio. Pisanello entwickelte die B.medaille. Die Malerei folgte. In der Hochrenaissance (Leonardo da Vinci, Raffael, Sebastiano del Piombo, Lorenzo Lotto, Tizian und Tintoretto) trat die Darstellung der ihrer Würde bewußten Persönlichkeit in den Vordergrund. Michelangelo schuf reine Idealfiguren. Im Deutschland des 16.Jh. porträtierten A. Dürer, L. Cranach d.Ä. und H. Holbein d.J. Vertreter von Adel und Bürgertum. Hans Baldung, Wolf Huber, die Kleinmeister standen hinter ihnen nur wenig zurück. Das „verkleidete" B. trat damals zuerst auf (M. Grünewald: Kardinal Albrecht als hl. Erasmus). Das 17.Jh. liebte das repräsentative Ganzfiguren-B., es ist aber auch ein Höhepunkt für das psycholog. B. Malern wie den Flamen Rubens und van Dyck, den Holländern Frans Hals und Rembrandt, dem Spanier Velázquez ist unter den Bildhauern nur Bernini mit seinen Büsten zur Seite zu stellen. Auch das 18.Jh. hat glänzende Porträtisten, die aber v.a. Stand, Beruf und gesellschaftl. Umwelt des Dargestellten festhielten (Gainsborough, Boucher; der Bildhauer Houdon). Das 19.Jh. begann mit der dämon. B.kunst des Spaniers Goya. Unter den frz. Klassizisten sind J.L. David und Ingres große B.maler. Um die Mitte des Jh. bewahrte Courbet, der Schöpfer des „Réalisme", gleichwohl viel vom romant. B. Fast alle großen impressionist. Maler sind bed. B.maler; ihre Porträts bedeuten zugleich, von einzelnen Künstlern (in Deutschland z.B. L. Corinth, Kokoschka, Beckmann) abgesehen, den Schwanengesang der Gattung.

📖 *Keller, H.:* Das Nachleben des antiken B. v. der Karolingerzeit bis zur Gegenwart. Freib. 1970. - *Buschor, E.:* Das Porträt. B.wege u. B.stufen in 5 Jt. Mchn. 1960.

Bildnisschutz, der Schutz des Persönlichkeitsrechts am eigenen Bild. Ohne Einwilligung einer Person (während der ersten 10 Jahre nach ihrem Tod: des Ehegatten, der Kinder oder ersatzweise der Eltern) ist es grundsätzl. verboten, ihr Bild zu verbreiten oder öff. zur Schau zu stellen (§ 22 KunsturheberG vom 9. 1. 1907). Ausnahmen gelten nur, wenn das Bild 1. eine Person der Zeitgeschichte darstellt, 2. Beiwerk ist, 3. eine Versammlung von Menschen wiedergibt, 4. Zwecken der Kunst, 5. (wie beim Steckbrief) Zwecken der Rechtsprechung oder der öff. Sicherheit dient.

Bildplatte, svw. ↑ Videoplatte.

Bildrauschen, grauer Hintergrund beim Fernsehbild („Schneegestöber"); durch zu geringe, in der Höhe des Störpegels liegende Eingangs- bzw. Antennenspannung verursacht.

Bildröhre, Bez. für die in Fernsehgeräten enthaltene ↑ Elektronenstrahlröhre.

Bildrohrkamera, Spezialkamera zur Aufnahme schnell verlaufender Vorgänge, z. B. bei Kernfusionsexperimenten (↑ auch Hochgeschwindigkeitsphotographie).

Bildsamkeit, Bildungsfähigkeit; die menschl. Möglichkeit und Bereitschaft, sich den formenden Einflüssen von außen zu öffnen; Grundvoraussetzung für jedes Lernen. ♦ die Fähigkeit von Werkstoffen, sich ohne Rißbildung verformen zu lassen.

Bildsatire, aus dem niederl. Genrebild entwickelte gesellschaftskrit. Darstellung (u. a. W. Hogarth, H. Daumier).

Bildschirm, Bez. für den Leuchtschirm in Fernsehempfängern bzw. allg. in Braunschen Röhren. ♦ Auffangfläche für die von einem Projektionsapparat projizierten Bilder.

Bildschirmgerät (Datensichtgerät), Ein- und Ausgabegerät der Datenverarbeitung zur visuellen Informationsdarstellung in graph. und alphamer. Form; besteht aus einer Kathodenstrahlröhre oder einer Farbbildröhre, auf deren Schirm die Informationen angezeigt werden, einem Pufferspeicher zur Einstellung der Bilder und einer Tastatur sowie gegebenenfalls einem **Lichtstift** *(Lichtgriffel)* zur Dateneingabe. Die Steuerung des elektrodynam. Ablenksystems und der Intensität des Elektronenstrahls, der die Leuchtschicht des Bildschirms zur Lichtemission anregt, erfolgt durch den Pufferspeicher, dessen Daten von Computer stammen bzw. über Tastatur oder Lichtstift eingegeben werden. Die in diesem Stift angebrachte Photozelle gibt Impulse an das B., wenn der Elektronenstrahl das trifft. Dadurch werden die Koordinaten des auf dem Bildschirm zurückgelegten Wegs des Lichtstifts in den Pufferspeicher eingegeben, so daß sein Weg unmittelbar angezeigt und gespeichert werden kann.

Bildschirmspiele (Fernseh-, Tele-, TV-, Videospiele), Spiele, die mit Hilfe eines an einen Fernsehempfänger anschließbaren Zusatzgerätes auf dem Bildschirm (der als Spielfeld oder Spielbrett dient) gespielt werden können; die Spieler steuern ihre „Züge" von Hand über eine Tastatur, einen Drehregler oder einen als *Joystick* bezeichneten kleinen Steuerknüppel; auch Bez. für die Zusatzgeräte und die hierfür verwendeten Kassetten.

Bildschirmtext, Abk. Btx (BTX), im Rahmen des Fernmeldedienstes der Dt. Bundespost arbeitendes Informationssystem, bei dem zentral (in der Btx-Leitzentrale) und in sog. externen Rechnern gespeicherte Informationsanbietern unterschiedlichster Art (Versandhäuser, Transportunternehmen, Behörden, Datenbanken usw.) über das Telefon abgerufen und über eine Anschlußbox (Modem) eines mit einem Decoder ausgerüsteten Fernsehempfängers dargestellt werden können. Das System ermöglicht auch einen Dialogverkehr (Bestellungen, Buchungen, Mitteilungen) über die Fernbedienung des Fernsehgeräts oder eine spezielle Eingabetastatur. Die auf dem Bildschirm dargestellten Seiten können mit entsprechenden Zusatzgeräten auch ausgedruckt oder auf Datenträger gespeichert werden. - Abb. S. 240.

Bildschirmzeitung (Teletext, Videotext; engl. Ceefax), Informationssystem auf der Grundlage des Fernsehens. Die Information (z. B. Nachrichten in Textform) wird nur während der Sendezeiten vom Fernsehsender in der sog. Austastlücke gesendet. Der gesendete Text umfaßt insgesamt 100 Seiten à 24 Zeilen und wird alle 25 Sek. wiederholt. Ein Zusatzgerät *(Teletext-Decoder)* im Fernsehempfänger speichert jeweils nur 1 Seite und wandelt sie in ein stehendes Bild um. Der Vorgang wiederholt sich, wenn eine andere Seite gewünscht wird. Im ungünstigsten Fall ist die Wartezeit (Zugriffszeit) 25 Sek.; bei noch größerem Textangebot (z. B. 200 Seiten) verlängert (verdoppelt) sie sich.

Bildschreiber, Gerät zur elektr. Übermittlung von Buchstaben, das auf der Senderseite wie ein Drucktelegraph arbeitet (jedem Buchstaben bzw. Zeichen ist eine Taste zugeordnet, die mit Hilfe einer rotierenden Nockenscheibe die zu einer Kennzeichnung dienende Folge kürzerer oder längerer Stromimpulse auslöst) und auf der Empfängerseite entsprechend den eintreffenden Stromimpulsen das Zeichenbild jedes übertragenen Buchstabens auf einem gerasterten Papierstreifen aus einzelnen schwarzen Bildelementen nach festgelegtem Schema zusammensetzt, z. B. in sieben Längsstreifen beim Hell-Schreiber.

Bildsehen

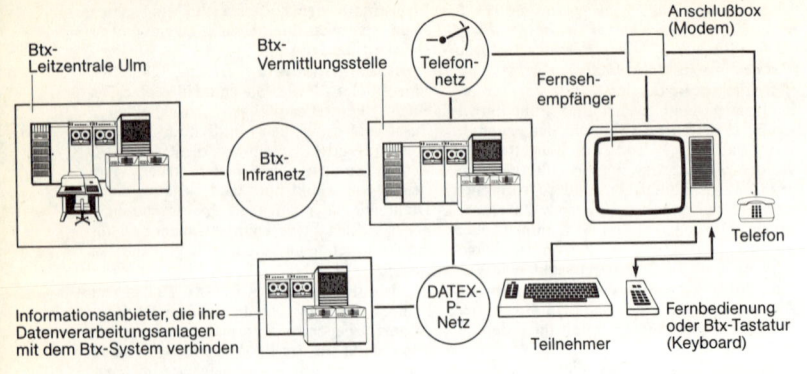

Diagramm: Btx-Leitzentrale Ulm, Btx-Vermittlungsstelle, Btx-Infranetz, Telefonnetz, Anschlußbox (Modem), Fernsehempfänger, Telefon, Informationsanbieter, die ihre Datenverarbeitungsanlagen mit dem Btx-System verbinden, DATEX-P-Netz, Teilnehmer, Fernbedienung oder Btx-Tastatur (Keyboard)

Bildschirmtext

Bildsehen, das Sehvermögen des höherentwickelten Auges.

Bildsignal (Videosignal), elektr. Impuls, in den beim punkt- oder zeilenweisen Abtasten eines Bildes die mittlere Leuchtdichte eines Bildflächenelements durch einen elektroopt. Wandler (z. B. eine Photozelle bei Lichtabtastung, eine Fernsehaufnahmeröhre bei elektron. Abtastung) umgewandelt wird; liefert bei der Wiedergabe einen Bildpunkt.

Bildspeicherröhre, in der Fernsehtechnik eine moderne Bildaufnahmeröhre, bei der das opt. Bild an einer Photokathode in ein Emissionsbild von Photoelektronen umgesetzt wird und dieses elektronenopt. auf eine Speicherplatte aus einem Isolator (Glas, Glimmer) abgebildet und für eine bestimmte Zeit in Form eines sog. Ladungsbildes gespeichert wird. Die entsprechend dem opt. Bild in unterschiedl. Zahl von den einzelnen Stellen der Photokathode emittierten Photoelektronen laden durch Auslösen von Sekundärelektronen die Speicherplatte gegenüber einer in sehr geringem Abstand dahinter befindl. Metallplatte an den verschiedenen Stellen unterschiedl. auf; dadurch entsteht ein dem opt. Bild entsprechendes positives **Ladungsbild.** Dieses wird dann zeilenweise von einem scharf gebündelten Elektronenstrahl abgetastet.

Bildstock (Betsäule), häufig an Wegen errichtetes Stein- oder Holzmal mit gemalten, reliefierten oder (seit dem 17. Jh.) auch plast. religiösen Darstellungen; häufig mit Inschriften. Im 14. Jh. entstanden, in der Barockzeit größte Blüte. Das **Marterl** nimmt auf einen Unglücksfall Bezug.

Bildtelefon, Fernsprecheinrichtung mit elektron. Kamera und Bildschirm zur gegenseitigen Übertragung der [Bewegt]bilder beider Gesprächspartner; techn. sehr aufwendig, da vorhandene Fernsprechleitungen nicht zur Bildübertragung geeignet sind.

Bildtelegraf, Gerät auf elektron.-opt. Grundlage zur Übertragung von Halbtonbildern *(Bildtelegramm)* über Draht oder Funk. Die auf eine rotierende Trommel aufgespannte Bildvorlage wird durch einen Lichtstrahl auf einer Schraubenlinie punktweise abgetastet; Helligkeitsschwankungen werden in Photozellen in Spannungsschwankungen umgesetzt. Im Empfänger werden diese wieder in Helligkeitsschwankungen umgewandelt und auf einer mit einer lichtempfindl. Folie bespannten, synchron und phasengleich umlaufenden Trommel aufgezeichnet.

Bildteppich, mit bild. Darstellung geschmückter Wandteppich, der im allg. gewirkt ist. Zu den B. zählen auch gestickte (z. B. der † Bayeux-Teppich), mit Applikationen versehene oder (seit dem 19. Jh.) gewebte Exemplare. Zu den ältesten erhaltenen B. des MA gehören die B. im Dom von Halberstadt (12. Jh.). Die Blüte des B. beginnt im 14./15. Jh., z. B. die Serie der „Apokalypse von Angers" (1375–80) oder der „Dame mit dem Einhorn" (um 1513; Paris, Musée Cluny). Im 16. und 17. Jh. sind bes. die flandr. Werkstätten führend (Raffaels B. für den Vatikan wurden 1516–19 in Brüssel gewirkt). Vom späten 17. Jh. an bis ins 18. Jh. belieferte die königl. Manufaktur in Paris alle europ. Höfe (ihre B. heißen Gobelins). Die Wiederbelebung der B.kunst in der Gegenwart setzte in Frankr. ein (J. Lurçat).

Bildumwandler, Betrachtungsgerät für photograph. Negative, in dem diese als Positive erscheinen; arbeitet meist mit einer Fernsehbildröhre mit bildumkehrender Verstärkerschaltung.

Bildung, sowohl der Prozeß, in dem der Mensch seine geistig-seel. Gestalt gewinnt, als auch diese Gestalt selbst („innere B."); auch Wissen (v. a. Allgemeinwissen auf traditionell geisteswiss. Gebiet), heute auch „berufl. B." mit der Auffassung, daß auch berufl. Kenntnisse (z. B. techn.-naturwiss. Art) einen gleichberechtigten Weg (neben dem all-

Bildungsplanung

gemeinbildenden B.weg) zur B. darstellen. Nach Platon findet der Mensch seine wahre eigene Ordnung durch die Erkenntnis der wahren Ordnung, d. h. der Harmonie der Welt. In diesem Sinn ist B. nach Platon „universal". Die Lehre, daß das wahre Wesen des Menschen („humanitas") sich in der Harmonie seiner „Person" manifestiert, hat durch Vermittlung von Ciceros Werk „Über die Pflichten" die spätere Tradition, v. a. die Renaissance (Castiglione: „Il libro del cortegiano") und die Goethezeit (Schiller: „Über die ästhet. Erziehung des Menschen") beeinflußt; B. wird nun als „Humanismus" verstanden. Goethe selbst hat freilich mit Schärfe ausgesprochen, daß das aristokrat. Ideal einer allseitig und harmonisch entfalteten Persönlichkeit der bürgerl. Gesellschaft nicht entspricht. Diese verlange berufl. Spezialisierung. - Ein zweiter Ausgangspunkt für die B.tradition war die bibl. Aussage 1. Mos. 1, 27: „Und Gott schuf den Menschen ihm zum Bilde ...". In diesem Sinne hat Paulus die platon. Lehre von der Übereinstimmung von Mensch und Welt als „Angleichung des Menschen an Gott" umgedeutet (2. Kor. 3, 17 und 18). Die Mystiker (Meister Eckhart, Seuse, J. Arndt, J. Böhme) beschreiben die Wiedergeburt des Menschen als „Ein-Bildung" in das Bild Christi. Im 18. Jh. erhielt diese platonisierende Tradition neue Kraft durch die starken Impulse des Platonismus von Shaftesbury. Herder hat alle diese Traditionen aufgenommen, mit seinem Begriff der „Humanität" und dem der „Geschichte der Menschheit" in Verbindung gebracht und so das geistige Medium für das „B.zeitalter" des dt. Idealismus geschaffen. - Der dritte Faktor der B.tradition ist die ↑ Paideia der Sophisten, ein Erziehungsprogramm, das den Kanon der „freien Künste", also jener Wissenschaften und Fertigkeiten, durch die sich ein Mann der polit. Freiheit als würdig erweist, umfaßt. Sie sind „frei" im Unterschied zu den Spezialkenntnissen der Handwerker („Banausen"). Der röm. Gelehrte M. T. Varro hat diese freien, aber inzwischen entpolitisierten Künste in das System der ↑ Artes liberales gebracht (wirksam im ganzen MA und darüber hinaus), in deren Mittelpunkt die Rhetorik steht (während bei Platon die Mathematik diese Rolle innehatte). Die aufsteigende Naturwiss. und Technik fand in diesem System keinen angemessenen Platz. Es entsteht der Bruch zw. B. (Allgemeinbildung) und Ausbildung (Berufsausbildung) bzw. Geisteswiss. und Naturwiss. und Technik. - Durch die Realität der bürgerl. Klassengesellschaft wird B. ein Privileg der höheren Schichten, wird zur Qualifikation und zum Vehikel des sozialen Aufstiegs. Die B.theorie der dt. Pädagogik des 19. und 20. Jh. war einer krit. Analyse der neu entstehenden sozialen Probleme, des geistigen Bedarfs und der polit. Strukturen der Ind.gesellschaft nicht gewachsen. Der tradierte B.begriff steht einer notwendigen Neuorientierung eher im Wege.

Klafki, W.: Neue Studien zur B.theorie u. Didaktik. Weinheim 1985. - Buck, G.: Hermeneutik und B. Mchn. 1981. - Schäfer, K.-H/ Schaller, K.: Krit. Erziehungswiss. u. kommunikative Didaktik. Hdbg. ³1976.

Bildungsforschung, interdisziplinärer Forschungszweig, der die verschiedenen Formen der Bildung untersucht, ihre Organisation und Planung, ihre Voraussetzungen und Folgen, ihre Veränderungen.

Bildungsgefälle, an der Schulbildung gemessene Unterschiede im Bildungsstand der verschiedenen Bev.schichten. Die Gründe des B. liegen in traditionellen Vorstellungen, was für eine bestimmte Gruppe an [Schul]bildung nötig sei, neben anderen Faktoren (z. B. Umgebung, sozialer Status selbst).

Bildungsgewebe (Embryonalgewebe, Teilungsgewebe), Gewebe, aus denen durch fortgesetzte Zellteilung neue Gewebe entstehen. Man unterscheidet tier. (↑ Blastem) von pflanzl. (↑ Meristem) B.

Bildungsinvestitionen, Bez. für Aufwendungen, mit denen die für den Produktionsprozeß notwendigen Kenntnisse und Fähigkeiten erworben, verbessert und erneuert werden, v. a. die Ausgaben für Schul-, Hochschul- und Berufsausbildung und der Aufwand für die Erforschung und Entwicklung neuer Produktionsverfahren.

Bildungskommission ↑ Deutscher Bildungsrat.

Bildungsnotstand, Schlagwort ab Mitte der 1960er Jahre zur Signalisierung einer Krise im Bildungswesen der BR Deutschland. Es schien die Ausbildung für Wirtschaft und Schulwesen nicht mehr gewährleistet. Seither hat eine rege Tätigkeit, zunehmend auch unter dem Gesichtspunkt der Chancengleichheit im Bildungswesen von seiten des Bundes und der Länder eingesetzt. Im Vordergrund der Bemühungen standen zunächst die Erhöhung der Abiturientenzahlen, dazu kamen der Auf- und Ausbau weiterer Bildungsmöglichkeiten (↑ zweiter Bildungsweg), eine wirkungsvollere Studienförderung, die Schaffung neuer Studienplätze. In den 1970er Jahren hat sich die Situation vollständig geändert durch Zusammentreffen starker Jahrgänge, der Auswirkung der Bildungspolitik (viele Abiturienten), einer dafür nicht zureichenden Anzahl von Studienplätzen und einer wirtschaftl. Rezession.

Bildungsökonomie, zu den Aufgaben der B. zählen die Berechnung der Kosten und der „Rentabilität" einzelner Bildungsinvestitionen, der Kosten von (alternativen) Planungen sowie die Abschätzung der Folgen, wenn Investitionen unterbleiben.

Bildungsplanung, der detaillierte und begr. Entwurf gegenwärtiger und zukünftiger

Bildungspolitik

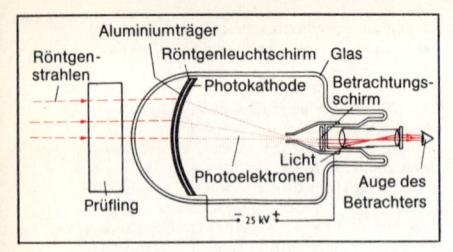

Bildwandler. Schema eines Röntgenbildwandlers

Bildungsaufgaben. Die B. hat die Aufgabe, die quantitative Entwicklung sowie die innere (↑Curriculum) und äußere Struktur (Schulsystem) des Bildungswesens den sich ständig verändernden Verhältnissen und Bedürfnissen der Gesellschaft kontinuierlich und vorausschauend anzupassen. In der BR Deutschland hat insbes. der ↑Deutsche Bildungsrat neue Zielvorstellungen formuliert.

Bildungspolitik, als Teil der staatl. Kultur-, Gesellschafts- und Wirtschaftspolitik die Erhaltung und Weiterentwicklung des nat. Bildungswesens, v. a. durch Gesetzgebung und Verwaltung und durch Bereitstellung der notwendigen finanziellen Mittel.

Bildungsrat ↑Deutscher Bildungsrat.

Bildungsroman, Bez. für einen in der Weimarer Klassik entstandenen, spezif. dt. Romantypus, in dem die innere Entwicklung (Bildung) eines Menschen gestaltet wird. Als B. gelten u. a. „Wilhelm Meister" (Goethe), „Flegeljahre" (Jean Paul), „Heinrich von Ofterdingen" (Novalis), „Hyperion" (Hölderlin), „Maler Nolten" (Mörike), „Der grüne Heinrich" (Keller), „Das Glasperlenspiel" (Hesse).

Bildungsurlaub, neben dem Erholungsurlaub gewährter, der Weiterbildung der Arbeitnehmer dienender Urlaub; die Weiterbildung umfaßt die polit. Bildung, die berufl. und die allg. Weiterbildung. Der B. ist bundeseinheitl. bisher nur für Betriebsratsmitglieder geregelt. Daneben besteht (1977) in den Ländern Berlin, Bremen, Hamburg, Hessen und Niedersachsen ein Anspruch auf bezahlten B. für alle Arbeitnehmer.

Bildungsunfähigkeit, schulrechtl. Terminus für Kinder äußerst geringer Bildungsfähigkeit, die auch mit den vorhandenen Sonderschuleinrichtungen nicht mehr gefördert werden können. B. befreit von der Schulpflicht.

Bildungsvereine ↑Arbeitervereine.

Bildwandler, Vorrichtung zur Verwandlung lichtschwacher in lichtstarke Bilder (z. B. bei der astronom. Beobachtung weit entfernter Objekte) oder unsichtbarer, d. h. mit infrarotem oder ultraviolettem Licht entworfener Bilder in sichtbare (z. B. in Nachtsichtgeräten).

Bildwechselfrequenz, svw. ↑Bildfrequenz.

Bildwechselzahl, Kehrwert der ↑Bildfrequenz.

Bildweite, bei einer opt. Abbildung der Abstand eines Bildpunktes von der bildseitigen Hauptebene des abbildenden opt. Systems.

Bildwinkel (Bildfeldwinkel), der Winkel, unter dem ein Objekt vom Mittelpunkt der Eintrittspupille eines opt. Systems aus erscheint.

Bild Zeitung, dt. Zeitung, ↑Zeitungen (Übersicht).

Bildzerleger, (Bildabtaster) in der Bildtelegraphie ein Gerät, das ein opt. Bild in eine Folge elektr. Impulse umwandelt.
◆ (elektron. B.) zur Fernsehwiedergabe von Diapositiven und Filmen verwendete Vorrichtung: Der auf dem Leuchtschirm einer Braunschen Röhre erzeugte Leuchtfleck dient als wandernde Punktlichtquelle hoher Lichtintensität und wird auf dem Diapositiv bzw. Film abgebildet, so daß sein Bild alle Punkte desselben zeilenweise nacheinander beleuchtet; in einer dahinter angebrachten photoelektr. empfindl. Rasterschicht wird entsprechend der jeweils durchgelassenen Lichtmenge eine Folge elektr. Impulse hervorgerufen, die dann bei der fernsehtechn. Übertragung einer Trägerwelle aufmoduliert werden.

Bileam (Balaam) [hebr.], Seher z. Z. der Landnahme Israels (um 1200 v. Chr., 4. Mos. 22–24).

Bilge [ˈbɪlʒə; engl.], Sammelstelle für Ölreste, Leckwasser und Schwitzwasser im Schiff.

Bilharz, Theodor, * Sigmaringen 23. März 1825, † Kairo 9. Mai 1862, dt. Anatom und Pathologe. - Beschrieb 1851 die nach ihm ben. ↑Bilharziose.

Bildzerleger (schematisch)

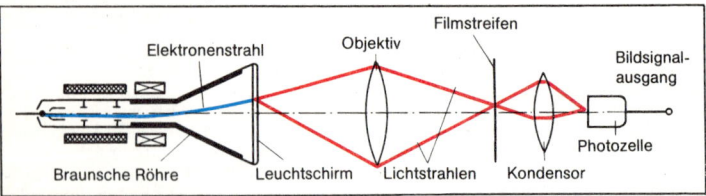

billige Flaggen

Bilharzia [nach T. Bilharz], frühere Bez. der Saugwurmgattung Schistosoma († Pärchenegel).
Bilharziose [nach T. Bilharz] (Schistosomiasis), Sammelbez. für eine Gruppe in trop. Ländern häufig auftretender Wurmkrankheiten des Menschen, die durch Infektion mit Saugwürmern der Gattung Pärchenegel (früher Bilharzia gen.) hervorgerufen werden. Die B. ist nach Malaria die häufigste Tropenkrankheit. Drei Pärchenegelarten können den Menschen befallen: Das *Schistosoma haematobium*, hauptsächl. in Ägypten, im Vorderen Orient und in Portugal verbreitet, verursacht Erkrankungen der Blase und Genitalien (**Blasen-** und **Genitalbilharziose**). *Schistosoma mansoni*, v. a. in Afrika, S-Arabien, S-Amerika und auf den Antillen vorkommend, ruft mit Blutungen einhergehende Darmentzündungen (**Darmbilharziose**) hervor. *Schistosoma japonicum*, v. a. in O-Asien und Japan auftretend, verursacht entzündl. Prozesse und bindegewebige Veränderungen der Leber, verbunden mit Milzvergrößerung, Blutarmut, Flüssigkeitsansammlungen in der Bauchhöhle und entzündl. Venenerkrankungen im Bereich der Speiseröhre; durch die Eiablage kommt es zur Blasenentzündung und auch zu chron. Durchfällen (**Darm-Leberbilharziose**).
Bilimbi, svw. † Blimbing.
Bilinguismus (Bilinguität) [lat.], Zweisprachigkeit.
Bilirubin [zu lat. bilis „Galle" und ruber „rot"], rötlichbrauner † Gallenfarbstoff, der beim oxidativen Abbau des Hämoglobins entsteht.
Bilirubinurie [lat./griech.], Auftreten von Bilirubin im Harn, der eine braune Farbe annimmt und mit gelbem Schaum bedeckt ist; tritt auf, wenn der Bilirubingehalt im Blutplasma den Schwellenwert von 2 mg/100 ml übersteigt. Symptom versch. Leberkrankungen.
Bilis [lat.], svw. † Galle.
Biliverdin [lat.] † Gallenfarbstoffe.
Bill, engl. männl. Vorname, Anredeform für William.
Bill, Max, * Winterthur 22. Dez. 1908, schweizer. Maler, Bildhauer, Architekt, Graphiker und Designer, Kunsttheoretiker und Publizist. - 1927-29 Studium am Bauhaus in Dessau, auch beeinflußt von der Stijl-Gruppe. Propagiert eine umfassende künstler. Formung unserer Umwelt. Entwickelte u. a. Schleifenplastiken aus dem † Möbiusschen Band (1935 ff.), baute 1936 und 1951 die Schweizer Pavillons der Triennalen von Mailand, 1953-55 die Ulmer Hochschule für Gestaltung, deren Rektor er 1951-56 war.
Bill [mittellat.-engl.], in der angloamerikan. Rechtssprache Bez. für Urkunden, schriftl. Erklärungen und Rechtsakte verschiedenster Art.

Billard [ˈbɪljart; frz.], rechteckiger Tisch (internat. Maße der Spielfläche: 284,5 cm lang, 142,25 cm breit) mit ebener Schieferplatte, die mit einem grünen Tuch bespannt ist, begrenzt durch ebenfalls mit grünem Tuch überzogene, 36-37 mm hohe Banden aus Gummi. Gespielt wird mit massiven Bällen, die mit dem Spielstock (**Queue**) gestoßen werden, der zw. 460 und 600 g schwer ist und an der Spitze mit einem Lederplättchen versehen ist. Das B.spiel erlebte im 17. und 18. Jh. an den europ. Fürstenhöfen seine erste Blüte. Heute gibt es drei Hauptspielarten: **Snooker Pool** (Taschen-B.): Beide Spieler benutzen denselben weißen Spielball, mit dem sie 15 Bälle in ein bestimmtes Loch treiben. **Kegelspiel**: Die an bestimmten Punkten des Tisches aufgestellten Kegel sind mit (möglichst!) beiden angespielten Bällen, nicht jedoch mit dem eigenen Ball umzuwerfen. **Karambolagebillard**: Dabei gilt es, mit zwei weißen und einem roten Ball möglichst viele Karambolagen zu erzielen, die dann zustande kommen, wenn der eigene (weiße) Ball den weißen Ball des Gegners und den roten Ball getroffen hat (Reihenfolge beliebig). Bei der **Kaderpartie** ist das Spielfeld in bestimmte Felder eingeteilt (6 bzw. 9 Felder).
Billerbeck, Stadt im Zentrum der Baumberge, NRW, 9500 E. Kleinind.; Fremdenverkehr. - 1318 Stadt; gehörte bis 1803 dem Bistum Münster, 1813 preuß. - Johanniskirche im westfäl. Übergangsstil von der Spätromanik zur Gotik, Ludgerusdom (19. Jh.).
Billet [frz. biˈjɛ; zu lat. bulla († Bulla)], Brief, Dokument, z. B. Billet doux, kleiner Liebesbrief oder zärtl. Geständnis auf einem Zettel.
Billetdoux, François [frz. bijɛˈdu], * Paris 7. Sept. 1927, frz. Schriftsteller. - Seine Romane und Dramen sind teilweise von Ionesco und Beckett beeinflußt; u. a. „Tschin-Tschin" (Dr., 1959), „Durch die Wolken" (Dr., 1964), „La nostalgie, Camarade" (Dr., 1974).
Billeteur [biljɛˈtøːr; frz.], öStr. für: Platzanweiser im Theater oder Kino; schweizer. für: Schaffner.
Billetsche Halblinsen [frz. biˈjɛ; nach dem frz. Physiker F. Billet, * 1808, † 1882], Anordnung aus den beiden D-förmigen Hälften einer Sammellinse mit verstellbarem Abstand zur Erzeugung von Interferenzen.
Billett [bɪˈljɛt; frz.; zu lat. bulla († Bulla)], veraltet für: Brief, Zettel, kurzes Schreiben; öStr. für: kleines Briefchen, Glückwunschkarte in einem Umschlag.
◆ veraltet (außer schweizer.) für: Eintrittskarte, Fahrkarte.
Billiarde [frz.], tausend Billionen, 10^{15}.
billige Flaggen, im Seeverkehr die Flaggen der Staaten Panama, Honduras und Liberia, unter denen Schiffe zahlr. ausländ. Reedereien wegen finanzieller Vorteile fahren (niedrigere Steuern und Gebühren, geringere So-

billiges Geld

zialverpflichtungen und weniger strenge Sicherheitsbestimmungen).

billiges Geld (amerikan. easy money), Bez. für billige Kredite. Unter einer Politik des b. G. versteht man verschiedene Maßnahmen der Notenbank zur Senkung des Zinsniveaus mit dem Ziel, die Konjunktur zu beleben.

billiges Recht, svw. ↑Billigkeit.

Billigkeit (billiges Recht), in Ergänzung zum strengen (begriffl.-formalen) Recht rechtl. Bewertungsmaßstab nach den bes. Umständen des Einzelfalles.

billigst, unlimitierte Kauforder für Wertpapiere: Kauf zum niedrigsten Kurs.

Billigung von Straftaten, nach § 140 StGB wird mit Freiheitsstrafe bis zu 5 Jahren oder mit Geldstrafe bestraft, wer eine der in § 138 Abs. 1 StGB gen. rechtswidrigen Handlungen belohnt oder öff. billigt, nachdem sie begangen worden sind oder ihre Begehung verursacht worden ist (z. B. Hoch- und Landesverrat, Mord).

Billing, Hermann, * Karlsruhe 7. Febr. 1867, † ebd. 2. März 1946, dt. Architekt. - B. knüpfte an die südd. Barocktradition an und wurde vom Jugendstil beeinflußt. Er schuf Bauten mit stark gegliederten Fassaden, u. a. Kunsthalle in Mannheim (1907) und Baden-Baden (1909), Kollegienhaus der Univ. Freiburg im Breisgau, Rathaus in Kiel (1911). Auch Bahnhöfe, Brücken.

Billinger, Richard, * Sankt Marienkirchen (Oberösterreich) 20. Juli 1890, † Linz 7. Juni 1965, östr. Schriftsteller. - Schrieb v. a. Gedichte und Dramen mit Zügen des Volkstheaters. - *Werke:* Das Perchtenspiel (Dr., 1928), Rauhnacht (Dr., 1931), Sichel am Himmel (Ged., 1931), Der Gigant (Dr., 1937), Paracelsus (Festspiel, 1943).

Billion [frz.], eine Mill. Millionen (1 000 Milliarden), 10^{12}; in der UdSSR und in den USA svw. 1 000 Mill. (= 1 Mrd., 10^9).

Billiton ↑ Belitung.

Bill of Rights [engl. bɪləvˈraɪts], engl. Staatsgrundgesetz, im Febr. 1689 von Wilhelm III. von Oranien und Maria II. angenommen und von einem ordentl. Parlament im Okt. 1689 bestätigt. Die 13 Artikel untersagten u. a. die Thronfolge kath. oder kath. verheirateter Könige, verboten Steuererhebungen, Erlaß und Aufhebung von Gesetzen durch die Krone und den Unterhalt eines stehenden Heeres im Frieden ohne Zustimmung des Parlaments, beseitigten geistl. Gerichtshöfe, forderten regelmäßige Geschworenengerichte, gaben das Petitionsrecht frei und sicherten die parlamentar. Rede-, Debattier- und Verfahrensfreiheit. - Im *amerikan.* Verfassungsrecht bezeichnet B. of R. die 1791 in Kraft getretenen 10 ersten Zusatzartikel zur Verfassung der USA von 1787. Wichtigste Bestimmungen sind u. a. Freiheit der Religionsausübung, Rede-, Presse- und Versammlungsfreiheit, Recht auf Sicherheit der Person und des Besitzes.

Billon [bɪˈljõ; frz.] (engl. Bullion), in Frankr. im 13. Jh. (in Großbrit. bis heute) Bez. für ungeprägtes Gold oder Silber, für Edelmetallbarren; seit dem 15. Jh. in verschiedenen Ländern Bez. für mit Kupfer-, Zinn- und Zinkzusatz gestrecktes Edelmetall und für Münzen mit wenig Silbergehalt.

Billroth, Theodor, * Bergen auf Rügen 26. April 1829, † Abbazia (= Opatija) 6. Febr. 1894, östr. Chirurg dt. Herkunft. - Prof. in Zürich und Wien; hervorragender Operateur (u. a. zwei Methoden der Magenresektion); erfand einen wasserdichten Verbandsstoff (B.-Batist). B. war führend auf dem Gebiet der Kriegschirurgie tätig.

Bilsenkraut (Schwarzes B., Hyoscyamus niger), giftiges Nachtschattengewächs in Europa, N-Afrika und Indien; wächst auf Schutt und stickstoffreichen Standorten; bis 80 cm hohes, 1–2jähriges, drüsig behaartes und unangenehm riechendes Kraut mit buchtig gezähnten Blättern, glockenförmigen, gelben, violettgeaderten Blüten und Kapselfrüchten; Blätter enthalten Atropin, die Samen Hyoscyamin, Blätter und Samen außerdem Scopolamin. - ↑auch Giftpflanzen [Tabelle].

Biluxlampe (Bilux ®), Glühlampe für Kfz.scheinwerfer mit zwei Glühfäden, wobei der Glühfaden für das Fernlicht im Brennpunkt des Scheinwerferspiegels, der Glühfaden für das Abblendlicht einige Millimeter vor dem Brennpunkt sitzt und bei letzterem ein Abdeckschirm Lichtstrahlen nur in die obere Hälfte des Spiegels gelangen läßt.

Bimetallismus (Doppelwährung), Münzwährung, die auf zwei Metallen beruht (meistens Gold und Silber). Die Werte der Metalle müssen in einem festen Verhältnis zueinander stehen.

Bimetallstreifen, Streifen aus zwei miteinander verbundenen Metallen mit verschiedenen Wärmeausdehnungskoeffizienten. Der B. krümmt sich bei Temperaturänderung. Verwendung in Bimetallschaltern zur Temperaturregelung (z. B. Bügeleisen).

Bimetallthermometer (Deformationsthermometer), ein Thermometer, bei dem die Deformation eines meist spiralförmig gewickelten Bimetallstreifens im Maß für die herrschende Temperatur ist.

bimolekulare Reaktion, chem. Reaktion, für deren Ablauf das Zusammentreffen von zwei Teilchen (Atomen, Molekülen, Radikalen) notwendig ist.

Bims [Rotwelsch], Brot, Geld.

Bims [zu lat. pumex „Schaumstein"], svw. ↑Bimsstein.

Bimsbaustoffe, bes. für den Leichtbau geeignete Stoffe, die aus Bimssteinen und hydraul. Bindemitteln hergestellt werden, gute Putzhaftung zeigen und feuerbeständig sind. An Stelle von Naturbims kann auch sog. **Hüt-**

Bindegewebsmassage

tenbims, eine geblähte Hüttenschlacke, verwendet werden. Zu den B. zählt u. a. **Bimsbeton,** ein Leichtbeton aus Zement und Bimskies. **Bimstuff** ist ein Tuff aus Trachyt; er wird ohne Aufbereitung bes. zu sog. Schwemmsteinen verarbeitet und findet als Füllmaterial für Gasflaschen Verwendung. Aus Bimskies wird **Bimssand** hergestellt. **Bimsmehl** wird als porenfüllendes Mittel bei Schleif- und Polierprozessen und als Reinigungsmittel (Sandseife) in der Ind. verwendet.

Bimsstein, glasig erstarrtes vulkan. Gestein; sehr porös (schwimmfähig).

binär [lat.], aus zwei Einheiten (Stoffen, Ziffern, Zahlen) bestehend, zweigliedrig, zweistellig; fähig, zwei verschiedene Werte, Stellungen, Phasen oder Zustände anzunehmen.

Binärcode, aus einem Zeichenvorrat von nur zwei Zeichen aufgebauter ↑Code; diese **Binärzeichen** werden meist durch O und L oder durch 0 und 1 symbolisiert (↑Datenverarbeitung, ↑auch Dualsystem).

Binär-Dezimal-Code (Abk. BCD), ein ↑Code, bei dem jede Dezimalziffer durch n Binärzeichen verschlüsselt wird ($n \geq 4$).

Binärsystem, svw. ↑Dualsystem.

Binärwaffen, chem. Waffen, die binäre Kampfstoffe enthalten (↑ABC-Waffen).

binaural [lat.], svw. zweiohrig bzw. zweikanalig. Binaurales Hören ermöglicht es, die Richtung zu bestimmen, aus der eine Schallinformation kommt. Sinngemäß wird auch die zweikanalige elektroakust. Schallübertragung b. genannt (Ggs.: monaural). - ↑auch Stereophonie.

Binbirkilise, Ruinenfeld etwa 80 km sö. von Konya, Türkei. Wahrscheinl. das antike **Barata** in Lykaonien. Seinen Ruhm verdankt B. der großen Anzahl frühchristl. Kirchenruinen von z. T. baugeschichtl. großer Wichtigkeit; Basiliken mit Tonnengewölben, Emporen und z. T. Zweiturmfassaden, kreuzförmige Bauten, Kreuzkuppelkirchen.

Binchois, Gilles [frz. bɛ̃'ʃwa], * Mons (Hennegau) um 1400, † Soignies (Hennegau) 20. Sept. 1460, niederl. Komponist. - War seit 1430 Kaplan in der Hofkapelle Herzog Philipps des Guten von Burgund; komponierte Meßsätze, Motetten und Chansons.

Binde, langer, schmaler, gewebter (mit Webkante) oder geschnittener (ohne Webkante) Stoffstreifen aus verschiedenen Materialien, wie z. B. Mull, Gaze, Trikot, Gummi, u. U. mit Gipsmehl bestreut **(Gipsbinde)** oder mit Zinkleim bestrichen. Die B. dient zum Anlegen von Verbänden, insbes. bei Abdeckung von Wunden oder bei Ruhigstellung und Stützung verletzter Gliedmaßen. **Elast. Binden,** meist aus Textil- und Gummifäden gewellt verwebt, dienen einerseits der Kompression, z. B. bei Krampfadern zum Zusammendrücken der Venen, anderseits zur Verhinderung von Stauungserscheinungen.

Bindegewebe, aus dem ↑Mesenchym entstandenes Stütz- und Füllgewebe, das die Gewebe, Organe und Organsysteme untereinander und mit dem Körper verbindet. Das B. besteht aus Zellen, die ein schwammartiges Gewebe bilden, dessen Lücken eine salz- und eiweißreiche Flüssigkeit enthalten. Die Bindegewebszellen (z. B. Fibrozyten) können sich noch teilen und bilden sog. Wanderzellen, die geformte Fremdstoffe aufnehmen und speichern bzw. vernichten können. - Das B. baut u. a. Milz, Knochenmark und Lymphknoten auf, bildet die Umhüllung von Muskeln und speichert Fett (Unterhautfettgewebe) in seinen Zellen oder Wasser in der Interzellularsubstanz. Es verschließt ferner Wunden und bildet Antikörper. Durch Einlagerung von Knorpelsubstanz und anorgan. Salzen entstehen ↑Knorpel und ↑Knochen sowie das Dentin der Zähne. Durch Einlagerung von elast. Kollagenfasern werden die zugfesten Sehnen und Bänder aufgebaut.

Bindegewebsknochen, svw. ↑Deckknochen.

Bindegewebsmassage (Reflexzonenmassage), Massage mit den Fingerkuppen, bei der von der Beobachtung ausgegangen wird, daß verschiedene Krankheiten innerer Organe, v. a. Herzdruck, Herzbeklemmung, spast. Bauchschmerzen, Kopfschmerzen, Gefäßerkrankungen und Bronchialasthma, in bestimmten, den jeweiligen Organen zugeordneten Hautbezirken (Head-Zonen) eine Quellung oder Spannung des Unterhautfettgewebes hervorrufen. Leichte B. im Bereich der Head-Zonen soll über die von diesen ausgehenden Reflexleitungen eine stärkere Durch-

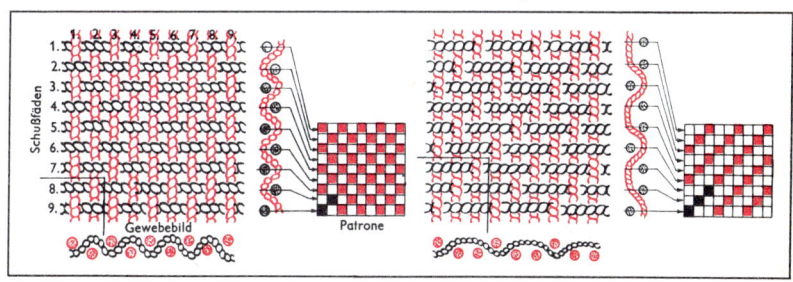

Bindungslehre. Flechtbild und Patrone der Leinwandbindung (links) und der Köperbindung

Bindehaut

blutung und Entspannung der den Zonen zugeordneten inneren Organe bewirken.

Bindehaut (Konjunktiva), bei Wirbeltieren (einschließl. Mensch) Augenschleimhaut, die die Lidinnenfläche und den vorderen Teil der Lederhaut überzieht und sich innen an die Hornhaut anschließt (↑ Auge).

Bindehautentzündung (Konjunktivitis), Erkrankung der Bindehaut des Auges, verursacht durch Infektion, Allergien, Einwirken von Staub und kleiner Fremdkörper, chem. Schädigung; verbunden mit Brennen und Tränen des Auges, oft Lidrandentzündung, Lichtscheu. Die akute B. wird meist nur örtl. mit Augentropfen und Salben behandelt, bei bakterieller Infektion unter Zusatz von Antibiotika und Sulfonamiden, bei allerg. bedingter B. unter Zusatz von Kortikosteroiden. Die chron. B. geht mit geringerer Rötung und Absonderung (hier v. a. von zähem Schleim) einher. Charakterist. sind das langwierige Brennen mit Sandkorngefühl und die papilläre Wucherung der Bindehaut; die Bindehaut erhält das Aussehen von geschorenem Samt.

Bindemittel, chem., mineral. oder organ. Stoffe zur Bindung der Verkittung, z. B. im Bauwesen Mörtel, Teer und Bitumen, in der Malerei Leim und Öl. B. für Mörtel und Beton sind pulverisierte mineral. Stoffe wie Zement, Kalk oder Gips, die, mit Wasser angerührt, steinartig erstarren. Man unterteilt in **nichthydraul. Bindemittel (Luftbinder),** die nur an der Luft erhärten (z. D. Weißkalk, Anhydrit-, Gips- und Aschenbinder), **hydraul. Bindemittel,** die an Luft und unter Wasser erhärten (hydraul. Kalk, Zement).

Binder, Haupttragwerk der Dachkonstruktion.

◆ nichtpigmentierter Anstrichstoff auf Grundlage einer Bindemitteldispersion; mit Wasser verdünnbar; hinterläßt einen wasserunlösl. Anstrich.

◆ im Straßenbau Zwischenschicht zw. Baugrund und Straßendecke, z. B. Asphaltbinder.

Binderfarbe, aus Binder und Pigmenten hergestellter Anstrichstoff.

Bindersparren, Dachsparren, die mit dem waagrechten **Binderbalken** (Bundbalken) ein unverschiebl. Dreieck bilden, das - i. d. R. durch Stiele, Pfetten usw. versteift - den Dachbinder ergibt.

Binderstein (Binder, Strecker), Mauerstein, der im Mauersteinverband im Ggs. zum Läufer[stein] senkrecht zur Mauerflucht liegt.

Binderverband, nur aus Bindersteinen bestehender Mauersteinverband, bei dem sich die Steine in den übereinanderliegenden Schichten jeweils um eine halbe Steinbreite überdecken.

Bindewort ↑ Konjunktion.

Bindigkeit, innerer Zusammenhalt feinkörniger Bodenarten.

◆ in der *theoret. Chemie* die Anzahl der von einem Atom in einem Molekül betätigten Elektronenpaarbindungen. Die B. eines Atoms läßt sich in der Valenzstrichformel an den zw. zwei Atomen befindl. Strichen ablesen; nur an einem Atom gehörende Striche bezeichnen freie Elektronenpaare.

Binding, Karl Ludwig Lorenz, * Frankfurt am Main 4. Juni 1841, † Freiburg im Breisgau 7. April 1920, dt. Straf- und Staatsrechtslehrer. - Vater von Rudolf G. B.; Prof. in Basel, Freiburg, Straßburg und Leipzig (1873–1913). Führender Vertreter des wiss. Rechtspositivismus. Haupt der sog. klass. Strafrechtsschule, schuf zugleich die rechtsdogmat. Grundlagen der Euthanasie. Grundlegend sein Hauptwerk „Die Normen und ihre Übertretung. Eine Untersuchung über die rechtmäßige Handlung und die Arten des Delikts" (4 Bde., 1872–1920).

B., Rudolf G[eorg], * Basel 13. Aug. 1867, † Starnberg 4. Aug. 1938, dt. Schriftsteller. - Sohn von Karl B.; Neuklassizist in der Nachfolge C. F. Meyers, bewußte Sprachgestaltung, mitunter Neigung zu Sentimentalität. *Werke:* Keuschheitslegende (E., 1919), Reitvorschrift für eine Geliebte (1926), Moselfahrt aus Liebeskummer (Nov., 1932).

Bindung, der durch B.kräfte unterschiedl. Art bewirkte Zusammenhalt von Atomen in Molekülen bzw. in festen und flüssigen Stoffen (↑ chemische Bindung, ↑ Kristall, ↑ Quantenchemie, ↑ Valenztheorie).

◆ der durch die Kernkräfte bewirkte Zusammenhalt der Nukleonen im Atomkern (↑ Kernbindung).

◆ in der *Psychologie* der stetige emotionale Kontakt eines Menschen zum Mitmenschen, das innere Verhaftetsein eines Individuums an Ordnungen, Symbole, Werte bzw. an deren Träger.

◆ in der *Graphologie* eine diagnost. aufschlußreiche Grundform der Handschrift, wie z. B. Arkaden-, Doppel-, Faden-, Girlanden-B.

◆ ↑ Bindungslehre.

◆ ↑ Ski.

◆ im *Fechtsport* Bez. für das Abdrängen der gegner. mit der eigenen Klinge.

Bindungsenergie ↑ Energie.

Bindungslehre, Lehre von den *Bindungen,* d. h. von den Arten der Verkreuzung oder Verschlingung von Fäden bzw. Garnen bei der Herstellung textiler Gewebe. Die Bindung bestimmt die Struktur (oft auch das Muster) und die Haltbarkeit eines Stoffes. Zur Herstellung eines Gewebes sind mindestens zwei sich rechtwinklig verkreuzende Fadensysteme erforderl., damit es Zusammenhalt bekommt. Die im Webstuhl parallel und in einer Ebene liegenden Längsfäden nennt man **Kettfäden,** die sie rechtwinklig kreuzenden Querfäden **Schußfäden,** ihre Kreuzungsstellen **Bindungspunkte.** Damit ein Gewebe mit der gewünschten Bindung abgewebt werden kann, muß der Webstuhl zuvor entsprechend eingerichtet werden. Dazu wird eine Zeichnung der Bindung, die Patrone, benötigt; aus ihr ist die Art der Fadenverkreuzung ersichtlich. Jedes Bindungsmuster hat nach einer bestimmten Anzahl von Kett- und Schußfäden eine Stelle, von der an es sich wiederholt. Diese Mindestanzahl von Kreuzungen ist der **Bindungsrapport.** Die Kreuzungsmöglichkeiten sind sehr groß, lassen sich jedoch auf drei Grundsysteme (**Grundbindungen**) zurückführen: 1. die Leinwand-, Tuch- oder Taftbindung, 2. die Köperbindung, 3. die Atlasbindung. Aus den Grundbindungen können eine sehr große Anzahl von abgeleiteten Bindungen - z. B. durch Zusetzen oder Wegnahme von Bindungspunkten, Unterbrechung oder Verschiebung der Bindegrate - sowie Gewebe mit mehreren Kett- und Schußsystemen entwickelt werden. - Abb. S. 245.

Bin-el-Ouidane [frz. binɛlwi'dan], größter Stausee Marokkos, faßt 1,5 Mrd. m³ Wasser.

Binet, Alfred [frz. bi'nɛ], * Nizza 11. Juli 1857, † Paris 18. Nov. 1911, frz. Psychologe. - Bekannt v. a. durch die gemeinsam mit dem frz. Psychologen T. Simon (* 1873, † 1961) aufgestellte Testreihe zur Ermittlung des Intelligenzstandes bei Kindern (**Binet-Simon-Test**). Ab 1908 erarbeitete er noch heute verwendete Standardtestserien von je 5 Intelligenzaufgaben (**Staffeltest**) für jedes Lebensalter zw. 3 und 15 Jahren und errechnete ein sog. individuelles Intelligenzalter, das er mit dem Lebensalter in Beziehung setzte und daraus den Intelligenzvorsprung bzw. -rückstand bestimmte.

Binge, svw. ↑Pinge.

Bingel, Horst, * Korbach 6. Okt. 1933, dt. Schriftsteller. - Verfasser iron. und witziger Gedichte sowie von skurrilen Geschichten, u. a. „Kleiner Napoleon" (Ged., 1956), „Herr Sylvester wohnt unter dem Dach" (En., 1967).

Bingelkraut (Mercurialis), Gatt. der Wolfsmilchgewächse mit 8 Arten im Mittelmeerraum und in Eurasien; Kräuter oder Stauden ohne Milchsaft, mit gegenständigen Blättern und eingeschlechtigen Blüten, in M-Europa 3 Arten, häufig das **Einjährige Bingelkraut** (Mercurialis annua) mit bis 60 cm hohem, vierkantigem, reich verzweigtem Stengel und lanzettförmig-eiförmigen Blättern; Blüten meist zweihäusig (♂ in lockeren Scheinähren, ♀ in den Blattachseln).

Bingen, Hildegard von ↑Hildegard von Bingen.

Bingen am Rhein, Stadt an der Mündung der Nahe in den Rhein, Rheinl.-Pf., 22 300 E. Bed. Weinhandel und -verarbeitung, Wohnwagen-, Apparatebau u. a.; Hafen. - Schon in kelt. Zeit besiedelt, um 11 v. Chr. röm. Kastell **Bingium** mit Zivilsiedlung. 983 an den Erzbischof von Mainz, im 15. Jh. dem Domkapitel überlassen. 1797 unter frz. Verwaltung, 1816 an Hessen-Darmstadt. - Pfarrkirche (nach 1405); Nahebrücke, sog. Drususbrücke (10./11. Jh.; mit unterird. Kapelle). Auf einer Rheininsel steht der **Mäuseturm** (Zollturm, 1208–20; heute Signalwarte).

Binger Loch, Stromenge und Untiefe am Beginn des oberen Mittelrheintales bei Bingen; für die Schiffahrt gibt es seit 1974 ein 2,1 m tiefes und 120 m breites Fahrwasser.

Bingerwald, Teil des ↑Hunsrücks.

Bingium ↑Bingen.

Bingo [engl., nach dem Ausruf des Gewinners], engl. Glücksspiel, eine Art Lotto.

Binh Dinh (An Nho'n), vietnames. Stadt 430 km nö. von Than Phô Hô Chi Minh; Textil-, Nahrungsmittelind.; Hafen ist Qui Nho'n. - Im N der Stadt lag **Vijaya,** seit 1000 Hauptstadt der hinduist. Reiches Champa.

Binnendeich, zusätzl. Damm im Polder zur Begrenzung der Schäden bei etwaigem Wasserdurchbruch.

Binnenfischerei ↑Fischerei.

Binnengewässer (Eigengewässer), die völkerrechtl. der Gebietshoheit eines Staates unterstehenden Gewässer: innerhalb der Staatsgrenzen liegende Wasserläufe, Binnenseen, Seehäfen, Reeden, Baien, Buchten, Flußmündungen, Förden, Haffe, Wattenmeere.

Binnenhafen ↑Hafen.

Binnenhandel, Handel im Inland mit Erzeugnissen aus der inländ. Produktion, mit importierten Gütern (außer der unmittelbaren Einfuhr) und mit Gütern, die für den Export bestimmt sind (außer der unmittelbaren Ausfuhr).

Binnenland, der meerferne Teil eines Festlandes.
◆ das durch Deiche gegen Überschwemmung geschützte Land im Ggs. zum **Butenland** (Außenland), das zw. Deich und Meer liegt.

Binnenmeer (Binnensee), 1. rings von Land umgebene Süß- oder Salzwasserfläche von bed. Umfang; 2. mit dem offenen Ozean nur durch eine schmale Meeresstraße in Verbindung stehender Meeresteil.

Binnenreim ↑Reim.

Binnenschiff, Schiff für den Güterverkehr auf den Binnenwasserstraßen. B. werden in Schleppverbänden, als Selbstfahrer und in Schubverbänden eingesetzt. Die Konstruktion der B. berücksichtigt der (geringen) Wassertiefen, Brückenhöhen, Krümmungsradien der Flußläufe und Schleusenabmessungen. Vorwiegend werden Massengüter wie Kohle, Kies, Sand, Erz und Getreide gefahren, aber auch Stückgüter, Stahl und Langeisen. Ausschließl. für Erholungs- und Vergnügungsreisen werden in der Binnenschiffahrt Fahrgastschiffe eingesetzt.

Binnenschiffahrt, gewerbsmäßige Beförderung von Gütern und Personen auf Binnenwasserstraßen (Flüsse, Seen, Kanäle), ohne Küstenschiffahrt, aber einschließl. See-

Binnenschiffahrtsrecht

verkehr der Binnenhäfen. Die B. hat v. a. Bedeutung als kostengünstiges, wenn auch langsames und witterungsabhängiges Transportmittel für Massengüter. In der BR Deutschland hatte das Netz der schiffbaren Wasserstraßen 1984 eine Gesamtlänge von 4429 km (benutzte Länge der Flüsse und Kanäle: 4354 km). Die von der B. beförderte Gütermenge belief sich auf 236 Mill. t. In der *DDR* betrug die Länge der benutzten Binnenwasserstraßen 1983 2319 km, die beförderte Gütermenge 17 Mill t. In *Österreich* gibt es 859 km schiffbare Flüsse und Kanäle, von wirtschaftl. Bed. ist v. a. die Donau. Die *schweizer. B.* konzentriert sich v. a. auf die Personenbeförderung auf den Seen und auf die Rheinschiffahrt.

Binnenschiffahrtsrecht, das Recht der gewerbsmäßigen Beförderung von Personen und Gütern auf den zu den Binnengewässern zählenden Binnenwasserstraßen (Ggs. ↑Seeschiffahrtsrecht). In der BR Deutschland besitzt der Bund das Recht der konkurrierenden Gesetzgebung und nimmt die über den Bereich eines Landes hinausgehenden Verwaltungsaufgaben für die Binnenschiffahrt, bes. die Schiffahrtspolizei, wahr (Art. 189 Abs. 2 Satz 2 GG; Gesetz über die Aufgaben des Bundes auf dem Gebiet der Binnenschiffahrt vom 15. 2. 1956). Internat. Regelungen gelten für die Binnenschiffahrt auf Rhein, Mosel und Donau. Verkehrspolizeil. Regelungen für die Binnenschiffahrt auf den anderen Binnenwasserstraßen der BR Deutschland enthält die Binnenschiffahrtstraßenordnung vom 3. 3. 1971.

Binnensee, svw. ↑Binnenmeer.

Binnenseeschwalbe, svw. ↑Trauerseeschwalbe.

Binnenwanderung, Wechsel des Wohnsitzes von Personen oder Haushaltungen innerhalb eines Staates.

Binnenwasserstraßen, natürl. oder künstl. Gewässer (v. a. Flüsse und Kanäle) im Binnenland, auf denen nach Anlage und Ausbau ein Verkehr nennenswerten Umfangs mit Wasserfahrzeugen stattfindet oder stattfinden kann. In der BR Deutschland gibt es Bundes- und Landeswasserstraßen.

Binnenwirtschaft, in einer offenen Wirtschaft derjenige Bereich ökonom. Aktivität, der ohne grenzüberschreitende Waren-, Leistungs- und Geldströme auskommt.

Binnenzölle, die im Innern eines Landes erhobenen Zölle (z. B. in Deutschland im 19. Jh.); bis 1. 7. 1968 auch Bez. für Abgaben bei Einfuhren aus der EWG angehörenden Ländern.

Binnig, Gerd, *Frankfurt am Main 20. Juli 1947, dt. Physiker. - Entwickelte mit H. Rohrer am IBM-Forschungslaboratorium in Rüschlikon das Raster-Tunnel-Mikroskop (Sichtbarmachung atomarer Oberflächenstrukturen); erhielt 1986 (zus. mit E. Ruska und H. Rohrer) den Nobelpreis für Physik.

Binokel [lat.], dem frz. ↑Bésigue verwandtes schweizer. Kartenspiel, das von 3 Spielern mit 48 Karten gespielt wird.

binokular [lat.], beidäugig, für beide Augen bestimmt; **binokulare Instrumente** sind opt. Geräte, die für die Benutzung mit beiden Augen eingerichtet sind, z. B. b. Fernrohre (Feldstecher), b. Lupen u. a. Die **binobjektiv-binokularen Instrumente** (b. Instrumente im engeren Sinne), die zwei Objektive und zwei Okulare besitzen, vermitteln einen gegenüber monokularem (einäugigem) Sehen verbesserten räuml. Eindruck des Objekts.

binokulares Sehen, beidäugiges Sehvermögen mit der Fähigkeit, den Seheindruck zum räuml. zu verschmelzen. Die Entfernung beider Augen voneinander (der sog. Augenabstand) bedingt, daß aus großer Entfernung parallel einfallende Strahlen auf einander völlig entsprechende Netzhautstellen treffen, während die aus der Nähe einfallenden konvergenten Strahlen auf seitl. etwas verschobene (disparate) Netzhautstellen fallen. Diese Querdisparation (d. h. der Bildunterschied) wird im Gehirn in Tiefenwahrnehmung umgesetzt.

Binom [lat./griech.], zweigliedriger mathemat. Ausdruck der Form $a + b$ oder $a - b$.

Binomialkoeffizienten [lat./griech./lat.] ↑binomischer Lehrsatz.

binomische Formeln, Formeln über die Multiplikation bzw. das Potenzieren von Binomen:

$(a+b)(a-b) = a^2 - b^2$,
$(a \pm b)^2 = a^2 \pm 2ab + b^2$,
$(a \pm b)^3 = a^3 \pm 3a^2b + 3ab^2 \pm b^3$,
$(a \pm b)^4 = a^4 \pm 4a^3b + 6a^2b^2 \pm 4ab^3 + b^4$

usw.; die allg. Regel für die Potenzbildung von Binomen enthält der ↑binomische Lehrsatz.

binomischer Lehrsatz, Regel zur Entwicklung einer beliebigen Potenz eines Binoms in eine Reihe (binomische Reihe, Binomialreihe); für $n = 0, 1, 2, ...$ gilt:

$$(a+b)^n = \sum_{k=0}^{n} \binom{n}{k} a^{n-k} b^k = \binom{n}{0} a^n + \binom{n}{1} a^{n-1} b + \binom{n}{2} a^{n-2} b^2 + \cdots + \binom{n}{n-1} ab^{n-1} + \binom{n}{n} b^n.$$

Die auftretenden Koeffizienten

$$\binom{n}{k} = \frac{n!}{(n-k)! \, k!}$$

bezeichnet man als **Binomialkoeffizienten** (n über k).

Binse, (Juncus) Gatt. der Binsengewächse mit etwa 220 Arten, bes. in gemäßigten und kalten Breiten sowie in trop. Gebirgen, in M-Europa mehr als 30 Arten, v. a. am Meer, an Binnenseen u. a. feuchten Standorten; Kräuter oder Stauden, Blätter grasartig oder röhrig, Blüten in köpfchenförmigen Blütenständen, unscheinbar, braun oder grünl.

Biokybernetik

bekannte einheim. Art ist die ↑ Flatterbinse.
◆ svw. ↑ Simse.

Binsengewächse (Juncaceae), Fam. der Einkeimblättrigen mit 8 Gatt. und etwa 300 Arten v. a. in gemäßigten und kalten Gebieten; einheim. Gatt. sind ↑ Binse und ↑ Hainsimse.

Binsenwahrheit (Binsenweisheit), Selbstverständliches, unbestrittene Behauptung, Gemeinplatz; vermutl. nach dem lat.

Binswanger, Ludwig, * Kreuzlingen 13. April 1881, † ebd. 5. Febr. 1966, schweizer. Psychiater. - Begr. die ↑ Daseinsanalyse.

Bintan, die größte Insel des Riauarchipels, Indonesien, durch die Straße von Singapur von der Halbinsel Malakka getrennt, 50 km lang, 1075 km^2, Abbau von Bauxit.

Binturong [indones.] (Bärenmarder, Marderbär, Arctictis binturong), etwa 60–95 cm körperlange Schleichkatze in SO-Asien mit 55–90 cm langem, buschigem Greifschwanz; Fell sehr lang und borstig, glänzend schwarz, teilweise grau- und braunmeliert.

bio..., Bio... [griech.], Bestimmungswort in Zusammensetzungen mit der Bedeutung „leben .., Leben ...".

Bío-Bío, Río [span. 'rrio 'βio'βio], Zufluß zum Pazifik in Chile, entspringt in 2 Seen in den Anden, mündet in den Golf von Arauco; rd. 390 km lang.

Biochemie, Wissenschaftszweig, der sich mit der Chemie der lebenden Organismen befaßt. Ein Teilgebiet, die *statische B.*, beschäftigt sich mit der Feststellung der Zusammensetzung der Substanzen, die in den lebenden Organismen vorkommen, einschließl. der Aufklärung ihrer Struktur und Wirkungsweise (↑ auch Naturstoffchemie). Ein zweites Teilgebiet, die *dynamische B.*, beschäftigt sich mit Änderungen der Zusammensetzung und mit den Reaktionsabläufen in der Zelle; sie versucht das Geschehen innerhalb der Zellen und in den Geweben und Organen als Folge chem. Reaktionen zu verstehen und somit biolog. Sachverhalte auf Eigenschaften der Moleküle und deren Umsetzungen zurückzuführen (u. a. Stoffwechsel, Glykolyse).
📖 Stryer, L.: B. Dt. Übers. Wsb. ^{3}1985. - Kindl, H./Wöber, G.: B. der Pflanzen. Bln. u. a. 1975.

Biogas (Faulgas), bei der bakteriellen Zersetzung organ. Stoffe in Faulschlamm, Stalldung usw. durch Methangärung sich entwickelndes Gas, das zw. 60 und 90 % Methan enthält (Rest v. a. Kohlendioxid, daneben Wasserstoff, Stickstoff, Schwefelwasserstoff). B. wird bes. in der Landwirtschaft in speziellen Anlagen gewonnen und als Heizgas verwendet (Heizwert zw. 20 000 und 33 000 kJ/m^3).

biogen, durch Tätigkeit von Lebewesen entstanden, durch [abgestorbene] Lebewesen gebildet (z. B. Erdöl und Kohle).

biogene Amine, Bez. für eine Stoffklasse von Aminen, die in der Zelle aus Aminosäuren entstehen. Viele von ihnen haben starke pharmakolog. Wirkung, andere sind wichtige Bausteine für Hormone und Koenzyme.

Biogenese, die Entstehung der Lebewesen; umfaßt sowohl die Entwicklung von Individuen (Ontogenese) als auch die stammesgeschichtl. Entwicklung (Phylogenese).

biogenetisches Grundgesetz, von dem dt. Zoologen E. Haeckel (1866) zum Gesetz erhobene, heute nur mehr als eingeschränkt gültig angesehene Theorie, die besagt, daß die Individualentwicklung eines Lebewesens eine verkürzte Rekapitulation der Stammesgeschichte darstellt.

Biographie, die Darstellung der Lebensgeschichte einer Person, v. a. in ihrer geistigseel. Entwicklung und gesellschaftl. Gebundenheit, in ihren Handlungen, ihrer Wirkung auf ihre Umwelt. Genaue Wiedergabe der Fakten, Objektivität in der Wertung sowie Verzicht auf romanhafte Ausschmückung gelten erst seit der Neuzeit als wesentl. Merkmale dieser sowohl von der Geschichts- als auch von der Literaturwissenschaft beanspruchten Gattung.
Die B. als Gattung läßt sich schon im 4. Jh. v. Chr. nachweisen. Die röm. B. entwickelte sich aus der griechischen. Während des MA dominiert die stark legendar. und exemplar. ausgerichtete Heiligenvita. Die neuzeitl., stark das Individuelle akzentuierende B. wird in der Renaissance begründet. Unter einer von England ausgehenden heroisierenden biograph. Literatur entsteht v. a. in Deutschland die auf Quellenstudium basierende, „histor.-krit.", heute in der objektivierten Form einer Biographie geforderte Biographie. Später erhalten Lebensbeschreibungen von einzelnen Autoren psychologisierende Züge.

biographischer Roman, Lebensbeschreibung einer histor. Persönlichkeit in romanhafter Form unter freier Verwertung histor.-biograph. Daten.

Biokatalysatoren, Wirkstoffe, die die Stoffwechselvorgänge der lebenden Zelle steuern (z. B. Enzyme, Hormone, Vitamine); der Begriff ist heute meist auf die Enzyme beschränkt.

Bioklimatologie (Bioklimatik), Teilgebiet der Meteorologie; untersucht die Einflüsse klimat. Verhältnisse und spezieller meteorolog. Gegebenheiten (**Biometeorologie**) auf den lebenden Organismus.

Bioko (bis 1979 Fernando Póo), Insel im Golf von Biafra, gehört zur Vulkankette der Kamerunlinie, 2017 km^2, bis 2850 m ü. d. M. Teil der Republik Äquatorialguinea mit der Landeshauptstadt Malabo. Trop. Regenwald, in höheren Lagen Savanne; Kakaoplantagen. Kaffee- und Bananenanbau, Ölpalmkulturen; Milchwirtschaft, holzverarbeitende Industrie, Ölmühlen, Kakao- und Kaffeeaufbereitung.

Biokybernetik, Teilgebiet der Kybernetik, das durch Analyse der Steuerungs- und

Biolithe

Regelungsprozesse in biolog. Systemen und durch Aufstellen von Modellen und Systemtheorien eine Klärung des Ablaufs biolog. Vorgänge zu geben versucht.

Biolithe [griech.], Sedimente, die vorwiegend aus tier. oder pflanzl. Resten entstanden sind. Brennbare B. **(Kaustobiolithe)** sind v. a. Kohlengesteine; nichtbrennbare B. **(Akaustobiolithe)** sind v. a. Kieselschiefer, Kalkgesteine.

Biologie, Wissenschaft, die die Erscheinungsformen lebender Systeme (Mensch: Anthropologie; Tier: Zoologie; Pflanze: Botanik), ihre Beziehungen zueinander und zu ihrer Umwelt sowie die Vorgänge, die sich in ihnen abspielen, beschreibt und untersucht. Unter dem Begriff *allgemeine B.* faßt man die folgenden Teildisziplinen zusammen: Biophysik, Biochemie, Molekularbiologie, Physiologie, Genetik (Vererbungslehre), Anatomie, Histologie (Gewebelehre), Zytologie (Zellenlehre), Morphologie (Formenlehre), Taxonomie (Systematik), Paläontologie, Phylogenie (Stammesentwicklung), Ontogenie (Individualentwicklung), Ökologie und Verhaltensforschung. Wichtiger Forschungsgegenstand der allg. B. ist das Leben der Zellen; denn die wichtigsten Lebensvorgänge (wie z. B. Stoffwechsel und Fortpflanzung) stellen hierarch. geordnete molekulare Prozesse dar, deren geordneter Ablauf an die Strukturen der Zelle gebunden ist. - Im Ggs. zur allg. B. befaßt sich die *spezielle B.* mit bestimmten systemat. Gruppen von Organismen, z. B. mit den Insekten (Entomologie), den Fischen (Ichthyologie), den Vögeln (Ornithologie), den Säugetieren (Mammologie), den Pilzen (Mykologie). - Die *angewandte B.* beschäftigt sich mit Problemen der Land- und Forstwirtschaft, der Schädlingsbekämpfung, des Natur- und Umweltschutzes, der Landschaftsgestaltung, des Gesundheitswesens, der Lebensmittelüberwachung und der Abwasserreinigung.

Geschichte: Die wiss. Erforschung von Lebewesen begann in der griech. Antike, wobei die Naturbeobachtung meist in ein kosmolog. System einbezogen wurde. Aristoteles beschrieb Körperbau, Entwicklung und Lebensweise einzelner Tiere und versuchte eine systemat. Gliederung des Tierreichs. Theophrast gilt als Begründer der Botanik. Die Erfindung des Mikroskops lenkte im 17. Jh. das Augenmerk der Biologen auf die Mikrobiologie und die Pflanzenanatomie. Das Experiment wurde in die Biologie eingeführt, physikal. Meßinstrumente fanden in biolog. Experimenten Anwendung. Im 18. Jh. wurden die mikroskop. Forschungen bes. in der Entwicklungsphysiologie fortgesetzt. Um die Mitte des 19. Jh. vollzog sich die Wende zur modernen Biologie. Anatomie und Morphologie wurden stärker gegen die Physiologie abgegrenzt, die experimentelle Physiologie wurde durch physikal. und chem. Erkenntnisse und Methoden gefördert. Etwa seit 1915 gelangen die Kultur und Züchtung lebender Gewebe außerhalb des Organismus. Ein Wandel in den Grundlagen der B. bahnte sich durch die Einbeziehung der Virusforschung und der Biochemie in der Genetik seit den 1930er Jahren an.

📖 *Trends der modernen B. in der BR Deutschland.* Hg. v. U. Winkler. Stg. 1986. - Sengbusch, P. v.: *Einf. in die Allg. B.* Bln. u.a. ³1985. - B. *Ein Lehrb.* Hg. v. G. Czihak u. a. Bln. u.a. ³1984. - Portmann, A.: *Probleme des Lebens. Eine Einf. in die B.* Basel u. Mchn. ⁴1967.

biologisch, naturbedingt; auf die Biologie bezogen.

biologische Abwasserreinigung ↑Abwasser.

Biologische Anstalt Helgoland ↑biologische Stationen.

biologische Medizin (Biomedizin), medizin. Richtung, die v. a. natürl. Heilmittel (Luft, Wasser, Sonne, Diät u. a.) zur Anwendung bringt und auf die Selbstordnungs- und Selbstheilungskräfte des Körpers vertraut.

biologische Schädlingsbekämpfung ↑Schädlingsbekämpfung.

biologische Stationen, Institute zur biolog. Erforschung von Pflanzen und Tieren in ihrer natürl. Umwelt, in neuerer Zeit auch zur chemisch-physikal., geolog. und meteorolog. Untersuchung ihrer Lebensräume. Die *Biolog. Anstalt Helgoland* ist ein Institut der Bundesforschungsanstalt für Fischerei (mit der Aufgabe, Grundlagenforschung auf dem Gebiet der Meeresbiologie zu betreiben). Ferner besteht die **Forschungsanstalt für Meeresgeologie und Meeresbiologie „Senckenberg"** in Wilhelmshaven, wo außerdem ein Landesinst. für Meeresbiologie geplant ist. Süßwasserstationen bestehen u. a. in Plön, in Krefeld-Hülsberg, in Falkau (Schwarzwald) und in Langenargen am Bodensee.

biologische Uhr, svw. ↑physiologische Uhr.

biologische Waffen ↑ABC-Waffen.

Biologismus [griech.], philosoph. Richtung, vertreten u. a. von Nietzsche, Kolbenheyer und E. Krieck, die philosoph. Fragestellungen ausschließl. unter biolog. Gesichtspunkten erörtert und aus der biophys. Verfaßtheit des Menschen (Erbanlagen, Umweltbedingungen) sowie seinen biolog. Bedürfnissen und Gesetzmäßigkeiten die Normen menschl. Erkennens und Handelns ableitet. Die Theorien Kolbenheyers und Kriecks dienten als „wissenschaftl." Absicherung der nationalsozialist. Rassenideologie.

Biolumineszenz ↑Chemilumineszenz.

Biom [zu griech. bíos „Leben"], Organismengemeinschaft eines größeren, einer bestimmten Klimazone entsprechenden geograph. Lebensraums, in dem sich in einigermaßen ausgewogenes biolog. Gleichgewicht

Biowissenschaften

eingestellt hat. Ein B. wird nach der vorherrschenden Vegetation benannt (z. B. Nadelwaldstufe, trop. Regenwald, Tundra).

Biomasse, die Gesamtheit aller lebenden, toten und zersetzten Organismen und der von ihnen stammenden Substanz (hpts. innerhalb eines bestimmten Lebensraums).

Biomathematik, Teilgebiet der Mathematik, in dem neben der mathemat. Statistik mathemat. Vorstellungen und Formalismen wie z. B. Gruppentheorie, Graphen- und Automatentheorie, Informationstheorie zur Behandlung biolog., psycholog. u. a. Probleme herangezogen werden.

Biomedizin, svw. ↑biologische Medizin.

Biometrie [griech.] (Biometrik, Biostatistik), die Übertragung mathemat. Methoden (bes. der Methoden der mathemat. Statistik) zur zahlenmäßigen Erfassung, Planung und Auswertung von Experimenten auf Objekte der Biologie, Medizin und Landwirtschaft.

Bionik [Kw. aus ↑bio... und engl. electronics], Bereich der Technik, der die Funktionsweise der Organe von Lebewesen hinsichtl. ihrer Eignung als techn. Modelle untersucht (z. B. Temperaturunterscheidungsorgan der Klapperschlange als Vorbild für das Wärmespürgerät von Raketen).

Biophagen, Bez. für Organismen, die sich von lebenden Organismen ernähren.

Biophylaxe [griech.], Schutz und Erhaltung der natürl. Lebensbedingungen für Mensch, Tier und Pflanze.

Biophysik, selbständige wiss. Disziplin, in der Prinzipien und Methoden der Physik auf biolog. Erscheinungen angewandt werden. Eine wichtige physikal. Methode ist die Röntgenstrukturanalyse. Bei den für das Verständnis biolog. Vorgänge sehr wichtigen Proteinen konnten in einigen Fällen die Struktur ihrer Moleküle bestimmt werden. Die Einwirkung elektromagnet. ↑Strahlung auf biolog. Objekte untersucht die Strahlenbiologie.

Biopsie [griech.], Methode zur histolog. Untersuchung von Gewebe, das dem lebenden Organismus durch ↑Punktion oder ↑Exzision entnommen wurde.

Biorhythmus (Biorhythmik), die Erscheinung, daß bei Organismen manche Lebensvorgänge in einem bestimmten tages- oder jahreszeitl. Rhythmus ablaufen; man unterscheidet den *exogenen B.,* der von äußeren (u. a. klimat. Faktoren bestimmt wird (z. B. Winterschlaf bei Tieren), und den *endogenen B.,* der von inneren (z. B. hormonalen) Mechanismen gesteuert wird (z. B. Eisprung, Schlaf-Wach-Rhythmus).

Bios [griech.], die belebte Welt des Kosmos.

Biosen [lat.], einfache Kohlenhydrate (Monosaccharide) mit zwei Sauerstoffatomen im Molekül (z. B. Glykolaldehyd, $C_2H_4O_2$).

Biosensor, Gerät zur Messung physikal. und chem. Lebensvorgänge, wie z. B. Atmung, bioelektr. Potentiale (EKG, EEG), Blutdruck, Herzfrequenz, Körpertemperatur.

Biosoziologie, Disziplin der empir. Sozialforschung, die sich mit den Wechselbeziehungen zw. biolog. und gesellschaftl. Faktoren befaßt.

Biosphäre, Gesamtheit des von Lebewesen besiedelten Teils der Erde; umfaßt eine dünne Oberflächenschicht, die Binnengewässer und das Meer.

Biostatistik, svw. ↑Biometrie.

Biostratigraphie, relative Altersbestimmung von Gesteinen mittels Fossilien.

Biosynthese, Aufbau chem. Verbindungen in den Zellen des lebenden Organismus im Rahmen der physiolog. Prozesse.

Biot, Jean-Baptiste [frz. bjo], * Paris 21. April 1774, † ebd. 3. Febr. 1862, frz. Physiker. - Prof. in Paris; Mitarbeit an der frz. Meridianvermessung; Arbeiten über Doppelbrechung, Polarisation und Elektromagnetismus; Begründer der opt. Saccharimetrie.

Biotechnologie, Wiss. von den Methoden und Verfahren, die zur techn. Nutzbarmachung biolog. Prozesse und bei der Umwandlung von Naturprodukten angewendet werden. Die B. erarbeitet in erster Linie die Grundlagen für die Verwendung von lebenden Organismen, v. a. Mikroorganismen, in techn. Prozessen (z. B. bei der biolog. Abwasserreinigung, bei Gärungsprozessen, bei der Herstellung von Enzymen, Antibiotika u. a.).
📖 *Gottschalk, G., u. a.:* B. Köln 1986.

Biotelemetrie, Funkübermittlung von biolog. und medizin. Meßwerten.

Biotin [griech.], das in Leber und Hefe auftretende Vitamin H; von Bedeutung für Wachstumsvorgänge.

biotisch [griech.], auf lebende Organismen bzw. Lebensvorgänge bezogen; *b. Faktoren* sind gewisse Phänomene des Aufeinanderwirkens der Organismen, z. B. Symbiose, Parasitismus, auch die Einflußnahme des Menschen auf seine Umwelt.

Biotit [nach J.-B. Biot], $K(Mg, Fe, Mn)_3$ $[(OH, F)_2AlSi_3O_{10}]$, dunkler ↑Glimmer; Dichte 2,7–3,0 g/cm^3; Mohshärte 2–3.

Biotop [griech.], svw. ↑Lebensraum.

Biot-Savartsches Gesetz [frz. bjo, sa-'va:r], von den frz. Physikern J.-B. Biot und F. Savart im Jahre 1820 aufgestelltes grundlegendes Gesetz der Elektrodynamik, das den Zusammenhang zw. einem stationären elektr. Strom und dem von ihm aufgebauten Magnetfeld beschreibt.

Bioturbation [griech./lat.], Zerstörung des urspr. Sedimentgefüges durch grabende Meerestiere (z. B. im Watt).

Biotypus, Gruppe von in der Erbanlage gleichen Exemplaren einer Population, die durch Selbstbefruchtung oder Parthenogenese entstanden sind.

Biowissenschaften, zusammenfassen-

251

de Bez. für alle zur ↑Biologie gehörenden Fachgebiete.

Bioy Casares, Adolfo [span. 'bjoj ka'sares], * Buenos Aires 15. Sept. 1914, argentin. Schriftsteller. - Neben Jorge Luis Borges einer der wichtigsten Vertreter der phantast. argentin. Literatur. Utop.-philosoph. Roman „Morels Erfindung" (1940).

Biozönose ↑Lebensgemeinschaft.

Bipeden [lat.], svw. ↑Zweifüßer.

Bipedie (Bipedität) [lat.], svw. Zweifüßigkeit.

Biprisma, gleichschenkliges Prisma mit einem brechenden Winkel von nahezu 180° zur Erzeugung von Interferenzen.

biquadratische Gleichung, Gleichung vierten Grades, d. h. eine Gleichung vom Typ $ax^4 + bx^3 + cx^2 + dx + e = 0$; b. G. sind stets durch Wurzelausdrücke (Radikale) lösbar.

Biratnagar, nepales. Stadt im fruchtbaren Terai, 76 m ü. d. M., 70 000 E. Wichtigster Ind.standort des Landes; Baumwoll-, Jute-, Zuckerind.; Fischzucht.

Bircher-Benner, Maximilian, * Aarau 22. Aug. 1867, † Zürich 24. Jan. 1939, schweizer. Arzt. - Gründete 1897 eine Privatklinik am Zürichberg, in der er mit seiner Ernährungstherapie (B.-B.-Diät; rein vegetar. Ernährungsweise) gute Heilerfolge hatte.

Bircher-Müsli (Bircher-Benner-Müsli) [nach M. Bircher-Benner], Diätspeise aus rohen Haferflocken u. a. Getreiden (Hirse, Gerste), geriebenem Apfel, Rosinen, gemahlenen Nüssen oder Mandeln und Zitronensaft; eingeweicht in Milch.

Birck (Birk), Sixt[us], latinisiert Xystus Betulius oder Betulejus, * Augsburg 24. Febr. 1501, † ebd. 19. Juni 1554, dt. Dramatiker. - Begründete das deutschsprachige Schuldrama, übersetzte seine Dramen später ins Lateinische (u. a. „Susanna", dt. 1532, lat. 1537).

Bird [engl. bə:d], Robert Montgomery, * New Castle (Del.) 5. Febr. 1806, † Philadelphia 23. Jan. 1854, amerikan. Schriftsteller. - Begann mit Dramen. Der Grenzerroman „Nick of the woods, or The Jibbenainosay" (1837) gilt als sein bestes Werk.

B., William ↑Byrd, William.

Bireme (Biremis) [lat.], antikes Seefahrzeug mit zwei zu beiden Seiten übereinander angeordneten Ruderreihen.

Birendra, Bir Bikram Schah, * Katmandu 28. Dez. 1945, König von Nepal. - Nach dem Tode seines Vaters, König Mahendra Bir Bikram Schah (Jan. 1972) König von Nepal (Krönung Febr. 1975).

Birett [mittellat.], aus dem ↑Barett entwickelte Kopfbedeckung der kath. Geistlichen; viekantig mit drei oder vier bogenförmigen Aufsätzen; mit oder ohne Quaste.

Birgel, Willy, eigtl. Wilhelm Maria B., * Köln 19. Sept. 1891, † Dübendorf bei Zürich 29. Dez. 1973, dt. Schauspieler. - 1924–34 am Mannheimer Nationaltheater; zahlr. Filmrollen, u. a. „..... reitet für Deutschland" (1941).

Birger Jarl [schwed. 'birjər 'jɑːrl], † 1266, schwed. Regent. - Aus dem Geschlecht der sog. Folkunger; 1250–66 Vormund seines bereits zum König gewählten Sohnes Waldemar; erweiterte und sicherte durch einen Kreuzzug nach Finnland die schwed. Herrschaft im O, strebte mit Dänemark und Norwegen friedl. Beziehungen an; Handelsverträge mit der Hanse sicherten den steigenden schwed. Wohlstand; gilt als Gründer Stockholms.

Birgit, aus dem Schwed. übernommener weibl. Vorname, Kurzform von Birgitta.

Birgitta, aus dem Schwed. übernommener weibl. Vorname, aus der älteren Form Brighitta entwickelt, mit Brigitte identisch.

Birgitta (B. von Schweden), hl., * Hof Finstad bei Uppsala um 1303, † Rom 23. Juli 1373, schwed. Mystikerin. - Seit 1349 in Rom; gründete den Birgittenorden; 1391 Heiligsprechung. Berühmt v. a. durch ihre Visionen („Revelationes").

Birgittenorden (Erlöserorden; lat. Ordo Sanctissimi Salvatoris; Abk. OSSalv), von Birgitta von Schweden 1346 (?) in Vadstena gegr. Doppelorden (Doppelkloster für Männer und Frauen, Leitung bei der Äbtissin).

Birk, Sixtus ↑Birck, Sixtus.

Birka, ma. Handelsort der Wikinger auf der Insel Björkö im Mälarsee (Schweden); durch Ausgrabungen (seit 1816) genau untersucht; Anfang des 9. Jh. gegr.; bedeutendster Handelsplatz der Wikinger; nach einer Katastrophe um 970 aufgegeben.

Birke (Betula), Gatt. der Birkengewächse mit etwa 40 Arten auf der nördl. Halbkugel; Bäume oder Sträucher mit wechselständigen, rundl. bis rautenförmigen, gezähnten Blättern; Blüten einhäusig; Blütenstände kätzchenförmig; Früchte (Nußfrüchtchen) ein- bis zweisamig, geflügelt, werden bei der Reife durch Zerfall der Kätzchen frei. - Viele Arten sind in Mooren und Tundren verbreitet; in M-Europa heim. Arten sind v. a. ↑Hängebirke, ↑Moorbirke, ↑Strauchbirke, ↑Zwergbirke. Ausländ. Nutz- und Ziergehölze sind u. a. ↑Papierbirke und ↑Zuckerbirke.

Birkenfeld, Krst. sw. von Idar-Oberstein, Rhld.-Pf., 396 m ü. d. M., 5 500 E. Versehrtenfachschule für Bautechnik und Maschinentechnik. Bei **Ellweiler** von 1958 bis Ende 1967 Abbau von Uranerzen. - 981 erstmals urkundl. erwähnt. Nach frz. Besetzung bis 1814 unter frz. Verwaltung; danach oldenburg. Ft. B.; 1937 preuß., 1946 an Rheinland-Pfalz.

B., Landkr. in Rheinland-Pfalz.

Birkengewächse (Betulaceae), Fam. der zweikeimblättrigen Pflanzen mit den beiden Gatt. Birke und Erle.

Birkenhead [engl. 'bə:kənhɛd], engl. Hafenstadt an der Mündung des Mersey, in der

Metropolitan County Merseyside, 124 000 E. Gezeitenforschungsinst.; große Hafenanlagen; Werften, Schwermaschinenbau, Elektro-, Kraftfahrzeug- u. a. Industrie Mit Liverpool durch Tunnels und Fähren verbunden.

Birkenholz ↑ Hölzer (Tabelle).

Birken-Kiefern-Zeit ↑ Holozän (Übersicht).

Birkenknospenöl, aus Birkenblattknospen gewonnenes, gelbl., würzig riechendes Öl; wird mit Birkensaft zu Haarwässern verarbeitet.

Birkenmaus (Waldbirkenmaus, Sicista betulina), 5–7 cm körperlange Hüpfmaus, v. a. in feuchten, unterholzreichen Gebieten Asiens und O-Europas; rötl.-graubraun, mit scharf abgesetztem, schwarzem, auf dem Kopf beginnendem Aalstrich; Schwanz bis über 10 cm lang; hält einen bis 8 Monate dauernden Winterschlaf.

Birkenpilz, svw. ↑ Birkenröhrling.

Birkenreizker, svw. ↑ Giftreizker.

Birkenrindenöl, angenehm riechende, farblose oder gelbl. Flüssigkeit, die durch Destillation der Rinde kanad. Birkenarten gewonnen wird. Verwendung zur Parfümherstellung.

Birkenröhrling (Graukappe, Birkenpilz, Leccinum scabrum), etwa 15 cm hoher Röhrenpilz mit grau- bis schwarzbraunem Hut, weißl. Porenfeld und weißl., grau bis hellbraun beschupptem Stiel; jung ein wohlschmeckender Speisepilz.

Birkensaft, durch Anschneiden junger Birkenstämme gewonnener Kambiumsaft, der in Skandinavien und N-Rußland in reiner Form als Naturheilmittel oder vergoren (**Birkenmet**) getrunken wird.

Birkenspanner (Biston betularia), Spannerart; Flügel (Spannweite etwa 4,5 cm) weiß mit schwärzl. Flecken, Tupfen und Linien.

Birkenspinner (Scheckflügel, Endromididae), Schmetterlingsfam. mit der einzigen einheim. Art Endromis versicolora, etwa 5,5–7 cm spannend; rostbraun (♂; ♀ überwiegend blaßbraun) mit dunkelbrauner, gelbl. und weißer Zeichnung; Raupe v. a. an Birken.

Birkhoff, George David [engl. ˈbəːkɔf], * Overisel (Mich.) 21. März 1884, † Cambridge (Mass.) 12. Nov. 1944, amerikan. Mathematiker. - Prof. an der Univ. Princeton und an der Harvard University; Untersuchungen zur Theorie der Differenzen- und Differentialgleichungen, zur theoret. und statist. Mechanik und zur allg. Relativitätstheorie.

Birkhuhn (Lyrurus tetrix), etwa 40 (♀) bis 53 (♂) cm großes Rauhfußhuhn in Europa sowie in gemäßigten Gebieten Asiens; ♂ glänzend-blauschwarz, mit leierförmigem Schwanz; ♀ hell- und dunkelbraun gesprenkelt bis gebändert; beide Geschlechter mit weißer Flügelbinde und leuchtend roten „Rosen" über den Augen.

Birma

Birkkarspitze, höchster Gipfel des Karwendelgebirges in Tirol, Österreich, 2 756 m hoch.

Birma

(amtl. Vollform: Pyidaungsu Socialist Thammada Myanma Nainggnandaw; Sozialist. Republik der Union von B.; engl. The Socialist Republic of the Union of Burma), Republik in SO-Asien, zw. 10° und 28° 34' n. Br. sowie 92° und 101° ö. L. **Staatsgebiet:** Umfaßt den westlichsten Teil Hinderindiens, der im NO bzw. O von China, Laos und Thailand, im W von Indien, Bangladesch und dem Golf von Bengalen begrenzt wird; erstreckt sich mit einem schmalen Gebietsstreifen auf der Halbinsel Malakka bis zum Isthmus von Kra und schließt noch den der Küste vorgelagerten Merguiarchipel ein. **Fläche:** 676 552 km². **Bevölkerung:** 35,3 Mill. E (1983), 52 E/km². **Hauptstadt:** Rangun. **Verwaltungsgliederung:** 7 „States" und 7 „Divisions". **Amtssprache:** Birmanisch (Gebrauch des Englischen ist gestattet). **Nationalfeiertag:** 4. Jan. (Unabhängigkeitstag). **Währung:** Kyat (K) = 100 Pyas (P). **Internat. Mitgliedschaften:** UN, Colombo-Plan, GATT. **Zeitzone:** MEZ + 5½ Std.

Landesnatur: B. wird durch zwei N-S-ziehende Gebirgssysteme gegliedert. Der westl. Gebirgswall (bis 3 826 m ü. d. M.) schließt das Land gegen Indien ab. Den östl. Landesteil nimmt das Schanhochland ein (durchschnittl. 1 000 m ü. d. M., in einzelnen Gebirgszügen bis um 2 600 m). Beide Gebirgszüge begrenzen die etwa 160 km breite Grabenzone, die vom Irawadi und seinen Nebenflüssen durchflossen wird. Mit einer Längserstreckung von rd. 1 100 km bildet das Irawadibecken, das durch Erhebungen (bis 1 518 m) eine Zweiteilung erfährt, den zentralen Raum des Landes. Im S hat der Irawadi ein ständig wachsendes Delta aufgebaut. Im äußersten N liegen in den Ausläufern der tibet. Randgebirge die höchsten Erhebungen von B. (bis 5 885 m ü. d. M.). Der Fortsatz auf Malakka wird im wesentl. von der Tenasserim Range (bis über 2 000 m) gebildet. Hier ist der Küste der Merguiarchipel vorgelagert.

Klima: B. hat trop. Monsunklima. Während der sommerl. Regenzeit von Mitte Mai–Mitte Okt. erhalten die im Luv gelegenen westl. Randgebirge bes. hohe Niederschläge. Im Herbst und im Winter ist es relativ kühl und trocken.

Vegetation: In den niederschlagsreichen Gebieten ist trop. Regenwald verbreitet, an den Küsten z. T. Mangroven. Im Lee der Gebirge findet sich feuchter Monsunwald mit Teakholzbeständen sowie Bambuswald. Die Bergwälder werden häufig von immergrünen Eichen gebildet, in trockeneren Lagen des

Birma

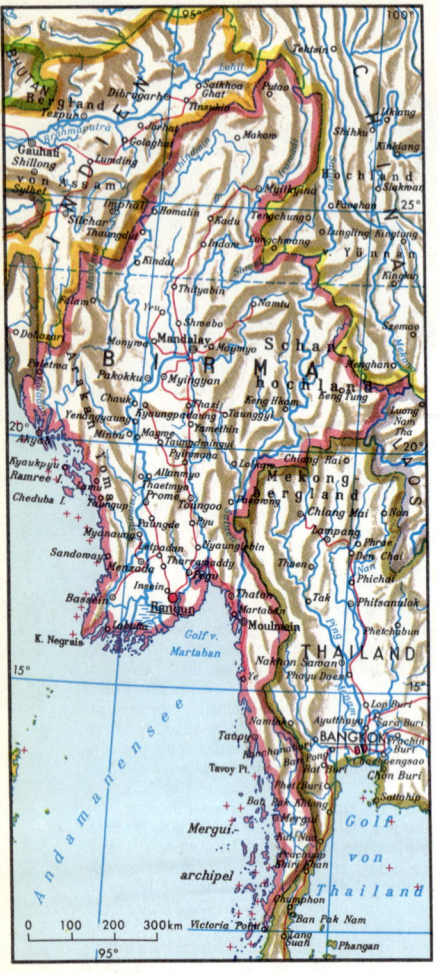

Birma. Übersichtskarte

Schanhochlandes tritt Kiefernwald hinzu. Die trockenen Binnenbecken werden von Savannen eingenommen.

Bevölkerung: Die größte Gruppe der Bev. sind die Birmanen (75 %); die Vielzahl ethn. Minderheiten verursacht anhaltende innenpolit. Spannungen. Der Buddhismus überwiegt (86 %). Über 30 % der Bev. sind Analphabeten. Schulpflicht besteht vom 6.–10. Lebensjahr. B. hat 17 Hochschulen, u. a. die Univ. in Rangun (gegr. 1920).

Wirtschaft: B., ein traditionelles Agrarland, ist in hohem Grade von der z. T. genossenschaftl. organisierten Landw. und deren Hauptprodukt Reis abhängig. Der Anbau von Jute, Baumwolle und Erdnüssen wird gefördert (Lehrfarmen, Versuchsfelder). Wichtig ist der Holzeinschlag (v. a. Teakholz). Fischzucht und Hochseefischerei verzeichnen starke Zuwachsraten. - B. ist reich an Bodenschätzen, v. a. an Erzen und Edelsteinen, daneben Erdöl- und Erdgasvorkommen. - Die überwiegend im Raum Rangun konzentrierte Ind. ist größtenteils verstaatlicht, wie auch Banken, Groß- und Einzelhandel. Die Nahrungsmittelind. führt vor der Textil- und Baustoffindustrie.

Außenhandel: Die Ausfuhr von Reis steht an erster Stelle, gefolgt von Holz, Futtermitteln, Gemüse, Jute und Edelsteinen. Die wichtigsten Handelspartner sind Sri Lanka, Japan und Singapur, von den EG-Ländern sind es Großbrit. und die BR Deutschland.

Verkehr: Die staatl. Eisenbahn hat ein Streckennetz von 3 136 km. Das Straßennetz ist 23 067 km lang. B. besitzt rd. 5 500 km leistungsfähige Binnenwasserstraßen (Irawadi, Chindwin, Saluen), darunter 97 km Kanäle. Die Küstenschiffahrt hat insbes. Bed. für die über Land schlecht erreichbaren Küstenregionen. Der Außenhandel wird v. a. über den Hafen von Rangun abgewickelt sowie über die Häfen Akyab, Bassein und Moulmein. Die staatl. Fluggesellschaft Burma Airways Corporation verbindet 25 Städte des Inlands, im Auslandsverkehr fliegt sie nach Kalkutta, Bangkok, Katmandu, Dacca und Singapur; internat. ✈ in Rangun.

Geschichte: Anfang des 8. Jh. treten die Birmanen in die Geschichte. Sie waren von W- und S-China aus, den Flußtälern folgend, in den N des Landes gelangt und hatten hier Fuß gefaßt. Durch die Eroberung des mächtigen Mon-Reiches von Thaton (Sudhammavatī) dehnte das erste birman. Reich unter König Anŏratha (1044–77?) seinen Machtbereich bis nach S-B. aus. Der Einfall der mongol. Yüan-Dyn. setzte der Pagan-Dyn. (1044–1287) ein Ende. Nach einer Periode wechselvoller Kämpfe zw. Birmanen, Schan und Mon um die Vorherrschaft einigte Alaungpaya, der Gründer der letzten birman. Konbaung-Dyn. (1752–1885), das Reich. Im frühen 19. Jh. wurde B. das Ziel brit. Expansionspolitik. Nach drei brit.-birman. Kriegen schließl. 1886 Brit.-Indien einverleibt. In B. entwickelte sich die nat. antibrit. Bewegung verhältnismäßig spät. Schließl. wurde auch B. die bereits im ind. Kaiserreich eingeführte „Dyarchie" (Montagu-Chelmsford-Reformen) zugestanden. Nach dem Saya-San-Aufstand 1930 billigte Großbrit. 1935 B. die Selbstverwaltung unter einer eigenen Regierung mit frei gewähltem Parlament zu. Im 2. Weltkrieg besetzte Japan das Land. In der Enttäuschung über die „Befreiungspolitik" der Japaner, mit denen man zuerst kollaborierte, unterstützte B. Großbrit. Am 4. Jan. 1948 erlangte B. die staatl. Unabhängigkeit. Das Land (Union of Burma) lehnte den Status eines Dominions ab. Obwohl Premiermin. U Nu über die parlamentar. Mehrheit verfügte, führten kommunist. Unruhen und Aufstände ethn. Minderheiten 1948–52 zu einer prekären innenpolit. Situation. 1958 trat U Nu zurück und übertrug die Staatsgewalt General Ne Win, übernahm aber nach einem überwältigenden Wahlsieg 1960 erneut die Reg. Auf Grund innerer Unruhen und Wirtschaftskrisen stürzte im März 1962 General Ne Win die Reg.; er wurde neuer Präs. (bis 1981), die Verfassung von 1947 wurde außer Kraft gesetzt. Der „birman. Weg zum Sozialismus" brachte das Land durch den Abbruch der Außenhandelsbeziehungen - die VR China ausgenommen - in die Isolierung. 1974 erhielt B. eine neue sozialist. Verfassung. 1988 trat Ne Win als Vors. der Einheitspartei zurück. In der Folge kam es zu Unruhen umd mehrfachem Wechsel im Präsidentenamt. Im Sept. 1988 übernahm das Militär vorerst die Macht.

Politisches System: Nach der neuen Verfassung von 1974 ist B. eine sozialist. Republik. *Staatsoberhaupt* ist als Präs. der Vors. des 28 Mgl. (vorwiegend Militärs) umfassenden Staatsrates (San Yu), der vom Nat. Volkskongreß auf Vorschlag der Einheitspartei gewählt wird und bei dem die *Exekutive* liegt. Gegenüber dem Staatsrat hat der Ministerrat eine untergeordnete Stellung.
Der Nat. Volkskongreß - als Einkammerparlament Organ der *Legislative* (464 Abg.) - wird nach der Einheitsliste alle 4 Jahre gewählt. - Einzig zugelassene *Partei* (seit 1971) ist die 1962 gegr. Burma Socialist Programme Party (BSPP). Eine nach Peking hin orientierte Kommunist. Partei arbeitet illegal. An die Stelle der bisher ernannten Räte der Unionsstaaten und der weiteren *Verwaltungseinheiten* sind auf verschiedenen Ebenen gewählte Volksräte (mit Exekutivkomitees) getreten, die für wirtsch. und soziale Angelegenheiten und die Verwaltung auf lokaler Ebene verantwortl. sind. Das *Gerichtssystem* wurde 1974 neu strukturiert. Oberster Gerichtshof ist der aus Mgl. der Volksversammlung gebildete Rat der Volksgerichtshöfe. Darunter gibt es auf den verschiedenen Verwaltungsebenen Gerichtshöfe, deren Mgl. den lokalen Volksräten angehören. Die Stärke der *Streikräfte* beträgt rd. 186 000 Mann.

📖 *Fleischmann, K.: Die neue Verfassung der Union v. B. Hamb. 1976. - Luce, G. H.: Old Burma - early Pagán. New York 1969–70. 3 Bde. - Harvey, G. E.: History of Burma. London 1967.*

Birmakatze, wahrscheinl. in Frankr. zw. 1920/30 gezüchtete Hauskatzenrasse, vermutl. aus einer Kreuzung zw. Siam- und Perserkatze hervorgegangen; Fell elfenbeinfarbig mit halblangen, seidig glänzenden Haaren, meist zieml. große, dunkle Ohren und helle Pfoten.

Birmanen, staatstragendes Volk in Birma, etwa 22 Mill. B.; sprechen eine tibeto-birman. Sprache; überwiegend Buddhisten.

birmanische Sprache, der tibeto-birman. Sprachfam. zugehörige, aus einsilbigen unveränderl. Grundwörtern bestehende Tonsprache.

Birmastraße, von den Chinesen 1937–39 zw. Kunming und dem birman. Eisenbahnendpunkt Lashio erbaute, 1 100 km lange strateg. Gebirgsstraße.

Birmingham [engl. 'bɔːmɪŋəm], Stadt in M-England, 76–229 m ü. d. M., 920 000 E. Verwaltungssitz der Metropolitan County West Midlands, anglikan. Bischofs- und kath. Erzbischofssitz; zwei Univ. (gegr. 1900 bzw. 1966), Musikhochschule, zwei Hochschulen für bildende Künste; botan. Garten. - Eine der bedeutendsten Ind.städte der Erde: Automobilind., Herstellung von Elektrolokomotiven, Eisenbahnwagen, Traktoren, sowie chem., feinmechan., Modeschmuck- u. a. Ind., Zentrum des Druckerei- und Verlagswesens, zwei Münzpressen. ⚒. - Angelsächs. Siedlungskern, etwas weiter sw. lag der heute unbedeutende, erste Markt- und Gewerbeflecken. Die Industrialisierung begann mit Boulton und Watt's Dampfmaschinenfabrik, der ersten der Erde (1775); bis heute charakterist. Nebeneinander von Groß- und zahlr. Mittel- sowie Kleinbetrieben. Rapider Bev.anstieg durch Zuzug und Eingemeindungen. - Kath. Kathedrale Saint Chad (19. Jh.), Pfarrkirche Saint Martin (1873) an der Stelle einer normann. Kapelle (13. Jh.); klassizist. Rathaus (1834), Justizpalast (1887–91).

B., Stadt im nördl. Z-Alabama, USA, 284 000 E. Sitz eines anglikan. und eines kath. Bischofs; Univ. (gegr. 1841), Colleges, Zentrum der eisen- und stahlverarbeitenden Ind. im S der USA; durch Wasserwege mit dem Golf von Mexiko verbunden. - Besiedlung seit etwa 1813; 1871 Gründung der Stadt.

Birnau, Wallfahrtskirche (Zisterzienserkirche Sankt Maria) am Bodensee; Vorläuferbau bei Überlingen gelegen. 1222 erstmals erwähnt; 1241–1803 (säkularisiert) im Besitz der Zisterzienserabtei Salem, die 1746 ff. auf ihrem Grundbesitz von P. Thumb einen Neubau errichten ließ. Vollendung der Ausstattung (J. A. Feuchtmayer u. a.) gegen 1757; bedeutendste Barockkirche am Bodensee; seit 1919 erneut Wallfahrtskirche.

Birnbaum, (Pyrus, Pirus) Gatt. der Rosengewächse mit etwa 25 Arten in Eurasien und N-Afrika; meist sommergrüne Bäume mit schwarz- bis hellgrauer, in würfelförmige Stücke zerfallender Borke; Blätter wechselständig, gesägt oder ganzrandig; Blüten weiß, zu mehreren an Kurztrieben sitzend, vor den Blättern oder gleichzeitig mit ihnen erscheinend; Frucht (↑ Birne): Sammelfrucht. In M-

Birnen

Name	Frucht (Form, Farbe)	Fruchtfleisch	Geschmack	Verwendung
Alexander Lucas	groß, stumpfkegelförmig, zum Kelch hin dickbauchig	weiß, saftig	süß und leicht gewürzt	Tafelbirne
Bosc's Flaschenbirne	mittelgroß bis groß, flaschen- bis keulenförmig, kelchbauchig, rauhe, trockene Schale, hellgrün bis goldgelb, umbrafarbene Berostung	gelblich, saftig, schmelzend	süß, fein gewürzt	Tafelbirne
Champagnerbratbirne (Deutsche Bratbirne)	klein, mittel- bis kelchbauchig, gelblichgrün, fein bräunlich punktiert	weiß, grobkörnig, saftig		Mostbirne
Clapps Liebling	mittelgroß bis groß, dickbauchig, nach dem Stiel zu länglich ausgezogen, hellgrün bis goldgelb, fein rot punktiert, sonnenseits zinnoberrot verwaschen	gelblichweiß, saftig	angenehm aromatisch	Tafelbirne
Diels Butterbirne	groß bis sehr groß, breitbauchig, hellgrün bis ockergelb, rostrot punktiert bis rotfleckig	gelblichweiß, saftig, halbschmelzend	süß und würzig	Tafelbirne
Frühe aus Trévoux	mittelgroß, länglich bis länglichrund, grünlichgelb, später gelb, sonnenseits rotstreifig und getupft	weiß, schmelzend, saftig	wohlschmeckend, fein säuerlich gewürzt	Tafel- und Einmachbirne
Gellerts Butterbirne (Hardys Butterbirne)	mittelgroß bis groß, länglich-bauchig, rauhe, grünlich bis ockergelbe Schale, bisweilen zimtfarbig berostet	gelblichweiß, sehr saftig	süßsäuerlich, stark aromatisch	Tafelbirne
Gräfin von Paris	groß, lang, gelblichgrün bis strohgelb, mit starker Berostung	schmutzigweiß, schmelzend	süß, schwach aromatisch	Tafelbirne
Grüne Jagdbirne	kaum mittelgroß, rundlich, graugrün, braun gepunktet mit rötlichem Schimmer	rötlichweiß, saftig	sehr herb	Mostbirne
Gute Luise (Gute Luise von Avranches)	mittelgroß, lang, hellgrün bis hellockerfarben, sonnenwärts rote, bräunlich punktierte Schale	gelblichweiß, saftig	fein würzig, süß	Tafelbirne
Köstliche von Charneu (Bürgermeisterbirne)	mittelgroß, unregelmäßig geformt, grüngelb bis zitronengelb, sonnenseits bräunlichrot verwaschen, wachsartig bereift	gelblichweiß, saftig	süß, feinwürzig	Tafelbirne
Madame Verté	mittelgroß, breit kegelförmig, Schale hart, hellgelb bis orangefarben, berostet	gelblichweiß, schmelzend	süß, mit feinsäuerlichem Aroma	Tafel- und Wirtschaftsbirne
Pastorenbirne (Grüne Langbirne)	groß, lang, kelchbauchig, grüngelb, sonnenseits hellbräunlichrot, gepunktet	schmutzigweiß, halbschmelzend	süßsäuerlich, schwachwürzig	Tafel- und Wirtschaftsbirne
Präsident Drouard	meist groß, kelchbauchig, grünlichgelb	gelblichweiß, sehr saftig, schmelzend	süß, leicht gewürzt	Tafelbirne

Birsfelden

Name	Frucht (Form, Farbe)	Fruchtfleisch	Geschmack	Verwendung
Schinkenbirne (Hardenponts Winterbutterbirne, Amalia von Brabant)	mittelgroß bis groß, stark bauchig und beulig, derbe, hellgelbe Schale	weiß bis gelblich, sehr saftig	erfrischend	Tafelbirne
Vereins-Dechantsbirne	mittelgroß bis groß, kelchbauchig, zum Kelch hin gerippt, grün bis gelb, sonnenseits blaßrotbraun, punktiert	weißgelb, schmelzend, sehr saftig	angenehm würzig	Tafelbirne
Williams Christbirne	mittelgroß bis groß, mit deutlichen Erhebungen, kelchwärts schmal gerippt, gelbgrün bis hellgelb, mit zahlreichen zimtfarbenen Punkten	gelblichweiß, schmelzend, sehr saftig	feines, eigenartiges Aroma	Tafel- und Einmachbirne
Winter-Dechantsbirne	mittelgroß bis groß, rundlich, auch leicht beulig, dicke, schmutziggrüne bis gelbliche, sonnenwärts rötliche Schale, stark berostet	gelblichweiß, schmelzend, saftig	würzig	Tafel- und Wirtschaftsbirne

Europa kommen neben dem als Obstbaum in vielen Sorten kultivierten ↑ Gemeinen Birnbaum drei Wildarten vor, darunter der ↑ Wilde Birnbaum. In O-Asien sind weitere Arten als Obstbäume in Kultur, u. a. der in M- und W-China beheimatete Sand-B. (Pyrus pyrifolia). Einige Arten werden auch als Ziergehölze gepflanzt, u. a. die ↑ Schneebirne.
◆ svw. ↑ Gemeiner Birnbaum.

Birne [zu lat. pirum „Birne"], längl., gegen den Stiel zu sich verschmälernde, grüne, gelbe oder braune Sammelfrucht der Birnbaumarten; das Fruchtfleisch geht aus dem krugförmig sich entwickelnden Blütenboden hervor; jedes der 4–5 Fruchtblätter wird zu einem pergamenthäutigen Balg als Teil des Kerngehäuses mit 2 braunen Samen (Kernen). - Tafel S. 260.
◆ verdicktes Zwischenteil zw. Mundstück und Röhre der Klarinette.

Birnengallmücke (Contarinia pyrivora), etwa 3 mm große, dunkelbraune Gallmücke; legt ihre Eier in Birnenblütenknospen ab. Die sich entwickelnden Larven bewirken ein rascheres Wachstum der jungen Früchte und deren vorzeitiges Abfallen.

Birnengitterrost (Birnenrost, Gitterrost, Gymnosporangium sabinae), mikroskop. kleiner, schädl. Rostpilz; lebt in Blättern des Birnbaumes und erzeugt verdickte rötl. Flecken auf der Blattoberseite.

Birnmoos (Bryum), mit etwa 800 Arten artenreichste, weltweit verbreitete Gatt. der Laubmoose mit birnenförmigen, nickenden Sporenkapseln; am bekanntesten das Rasen bildende **Silberbirnmoos** (Bryum argenteum) mit silberglänzenden Blättchen.

Birobidschan, Hauptstadt des Autonomen Gebietes der Juden innerhalb der sowjet. Region Chabarowsk, RSFSR, an der Bira, 65 000 E. Technikum für die Mechanisierung in der Landw.; Textil-, Bekleidungs-, Möbelind.; Bahnknotenpunkt. - 1928 gegr.

Biron, urspr. Bühren, kurländ. Geschlecht westfäl. Herkunft, 1638 in den poln. Adel aufgenommen, stellte 1737–95 die Herzöge von Kurland. Deren Nachkommen lebten auf ihren im 18. Jh. in Schlesien erworbenen Besitzungen, der Herrschaft Wartenberg (1734) und dem Hzgt. Sagan (1786), als Prinzen *B. von Curland*. Bed.:

B., Ernst Johann Reichsgraf von (seit 1730), * Kalnciems (Kurland) 23. Nov. 1690, † Jelgava 29. Dez. 1772, russ. Politiker. - Sekretär und Günstling von Anna Iwanowna, Herzoginwitwe von Kurland und seit 1730 russ. Kaiserin; seit 1737 Herzog von Kurland und Semgallen; beeinflußte nachhaltig die russ. Innen- und Außenpolitik; von Anna unmittelbar vor ihrem Tod (Okt. 1740) zum Regenten für ihren unmündigen Neffen Iwan VI. ernannt; im Nov. 1740 gestürzt und verbannt; 1762–69 erneut Herzog von Kurland.

Biron [frz. bi'rõ], frz. Adelsgeschlecht, leitet seinen Namen von der Herrschaft B. her (heute Dep. Dordogne), die im 12. Jh. an die Fam. Gontaut gelangte; im 15. Jh. wurde auch der Name B. übernommen. Bed.:

B., Armand Louis de Gontaut, Herzog von, * Paris 13. April 1747, † ebd. 31. Dez. 1793, General. - 1792/93 Kommandant der Armeen am Rhein, in Italien und in der Vendée; wegen Verrates angeklagt und guillotiniert.

Birrus (Byrrus) [lat.], im alten Rom ein Kapuzenmantel.

Birsfelden, Stadt im schweizer. Halbkanton Basel-Landschaft, an der Mündung der **Birs** (einem 73 km langen Fluß im schweizer. Jura) in den Rhein, 259 m ü. d. M., 12 500 E. Eng mit Basel verflochten, chem.

Ind., Textilherstellung, Nahrungsmittelind.; Hafen und Kraftwerk am Rhein. - 1274 als **Klein-Rheinfelden** erwähnt; 1460 an die Stadt Basel; heißt B. seit etwa 1500.

Biruni, Al, Abul Raihan Muhammad Ibn Ahmad, * Chiwa 4. Sept. 973, † Ghazni (Afghanistan) um 1050, arab. Gelehrter chwaresmischer Herkunft. - Lebte in Persien und Indien, seit 1017 zwangsweise am Hof von Ghazni. B. schrieb in arab. Sprache Werke über Astronomie, Mathematik, Physik, Mineralogie, Pharmazie sowie Geographie und Geschichte. Bestimmte als erster das spezif. Gewicht mit Hilfe des Pyknometers.

bis [lat. „zweimal"], in der Notenschrift verwendet, verlangt die Wiederholung eines oder mehrerer Takte; in einer Aufführung als Zuruf die Aufforderung zur Wiederholung.

bis- [lat.], Präfix der chem. Nomenklatur zur Kennzeichnung des zweifachen Auftretens solcher Molekülteile, in deren Namen bereits Zahlwörter vorkommen, z. B. 4,4'-Bis-[dimethylamino]-benzophenon.

Bisam [hebr.-mittellat.], Handelsbez. für Bisamrattenfelle, die durch dichte, feine Grundwolle und doppelt so lange, glänzende Deckhaare gekennzeichnet sind. Die Felle werden meist gefärbt, wodurch man sehr gute Imitationen anderer Pelze erhält. Durch Schwarzfärbung und Kurzscheren erhält man den sog. **Sealbisam.**

Bisamdistel, svw. ↑Silberscharte.

Bisamkörner (Ambrette-, Moschuskörner), die stark nach Moschus duftenden Samen des **Bisameibisch,** eines bis 2 m hohen, einjährigen Malvengewächses in Indien. Das äther. Öl der Samen wird in der Parfümerie verwendet.

Bisamkraut, svw. ↑Moschuskraut.

Bisamkrautgewächse, svw. ↑Moschuskrautgewächse.

Bisamratte (Ondatra zibethica), etwa 30–40 cm körperlange Wühlmausart in N-Amerika, heute auch in Europa und Asien weit verbreitet; Schwanz etwa 20–27 cm lang, seitl. abgeplattet; Zehen seitl. mit Schwimmborsten besetzt; Fell dicht und weich, oberseits kastanien- bis dunkelbraun, unterseits hell braungrau; errichtet im flachen Wasser große, kegelförmige Wohnhügel aus Pflanzenteilen oder gräbt Erdhöhlen in Uferwände.

Bisamrüßler (Bisamspitzmäuse, Desmaninae), Unterfam. der Maulwürfe mit 2 Arten auf der nördl. Pyrenäenhalbinsel und in der sw. UdSSR; Körperlänge rd. 11–22 cm, Schwanz etwa körperlang, seitl. abgeplattet, wenig behaart; Füße mit seitl. Borstensäumen und vorn kleinen, hinten gutentwickelten Schwimmhäuten; Schnauze rüsselförmig verlängert; große Moschusdrüse nahe der Schwanzwurzel; leben an und in Gewässern.

Biscaya, Golf von, ↑Biskaya, Golf von.

Bischof [zu griech. epískopos, eigtl. „Aufseher"], leitender Geistlicher der christl. Gemeinden. In der **kath.** *Kirche* in der ihm anvertrauten Diözese apostol., d. h. in der ↑apostolischen Sukzession stehender Träger der kirchl. Leitungsfunktionen, durch B.weihe ausgestattet mit der Vollmacht des Lehr-, Priester- und Hirtenamtes. Der B. erteilt Firmung und Priesterweihe, weiht (konsekriert) Altäre sowie Kirchen und überwacht das Vermögen seines Bistums. Er wird i. d. R. vom Papst frei ernannt, Kandidatenvorschläge werden von B., einem Domkapitel oder von B.konferenzen erarbeitet. Alle B. bilden das **Bischofskollegium,** das nach kath. Verständnis an die Stelle des Apostelkollegiums getreten ist und im Papst (als Nachfolger des Petrus) sein Haupt hat. Im teilkirchl. Bereich treten die B. zu gemeinsamer Ausübung des bischöfl. Dienstes in **Bischofskonferenzen** (seit dem 19. Jh.) zusammen. Ihre Beschlüsse sind nach Bestätigung (Approbation) durch den Papst für die Bistümer des Konferenzbereichs rechtl. verbindlich. Seit 1965 gibt es außerdem die dem Papst direkt verantwortl. **Bischofssynode,** die den gesamten Episkopat für kath. Kirche repräsentiert und den Papst berät und der vom Papst Entscheidungsbefugnisse übertragen werden können. - In den *ev. Kirchen* blieb die Beurteilung des traditionellen B.amtes unterschiedl.: Einige Landeskirchen kennen das B.amt, verschiedene haben einen anderen Titel für ihren leitenden Amtsträger. Allg. ist die Auffassung von der apostol. Sukzession in den ev. Kirchen von der der kath. Kirche verschieden. Der B. wird i. d. R. von der Synode auf Lebenszeit gewählt, kann aber u. U. wieder abberufen werden. - Auch die *Ostkirchen* kennen die apostol. Sukzession im B.amt, gegenüber der Gemeinde ist hier der B. „Bild" (Typos) Gottes und Vertreter Christi, v. a. bei der gottesdienstl. Feier. Er wird i. d. R. von einer bes. Wahlversammlung (B., Vertreter von Klerus und Laien) gewählt. Der Anteil der Laien ist dabei in den einzelnen Kirchen unterschiedl. groß. - Zur Geschichte ↑ Hierarchie, ↑ Kirche, ↑ geistliche Fürsten.

🕮 *Sanders, W.: B.amt.* Mchn. 1983. - *Das B.amt u. die Weltkirche.* Hg. v. Y. Congar. Dt. Übers. Stg. 1964. - *Campenhausen, H. v.: Kirchl. Amt u. geistl. Vollmacht in den ersten drei Jh.* Tüb. ²1963.

Bischof [griech.-engl.], kaltes Mischgetränk aus Rotwein mit Zucker und der Schale von grünen Pomeranzen.

Bischof, Werner, * Zürich 26. April 1916, † Peru 16. Mai 1954, schweizer. Photograph. - Photographierte mit einem scharfen Blick für Wirklichkeit v. a. soziale Not.

Bischoff, Friedrich, bis 1933 Fritz Walter B., * Neumarkt (Schlesien) 26. Jan. 1896, † Großweiher (Baden) 21. Mai 1976, dt. Schriftsteller. - Rundfunkintendant in Breslau, 1933 amtsenthoben; 1945–65 Intendant des Südwestfunks; maßgebl. Wegbereiter des Hörspiels; von der schles. Mystik geprägtes lyr.

und erzähler. Werk, u. a. „Schles. Psalter" (Ged., 1936), „Der Wassermann" (R., 1937).

Bischoffwerder, Johann (Hans) Rudolf von, *Ostramondra bei Kölleda 13. Nov. 1741,† Marquardt bei Potsdam 31. Okt. 1803, preuß. General und Politiker. - Hatte entscheidenden Einfluß auf König Friedrich Wilhelm II.; wurde 1789 dessen Generaladjutant; seit 1791 eigtl. Leiter der preuß. Außenpolitik; blieb mit seinem Eintreten für eine Annäherung an Österreich erfolglos; 1797 entlassen.

Bischofshofen, östr. Marktgemeinde 45 km südl. von Salzburg, 551 m ü. d. M., 9 500 E. Flachglasherstellung, metallverarbeitende Ind.; Wintersport. Bahnknotenpunkt. - Schon in der Bronzezeit besiedelt (Kupferbergbau).

Bischofshut, außerliturg. Kopfbedeckung des kath. Bischofs, ein schwarzer Hut mit breiter Krempe und grüner Kordel.

Bischofskollegium ↑ Bischof.

Bischofskonferenzen ↑ Bischof.

Bischofsmütze, gärtner. Bez. für 2 nah verwandte Kakteenarten; beliebte, leicht zu ziehende Zierpflanzen: **Astrophytum capricorne** aus dem nördl. Mexiko, bis 25 cm hoch, zylindr., mit mehreren schmalen, vorspringenden Längsrippen, unregelmäßig gebogenen Dornen und trichterförmigen, zitronengelben Blüten mit tiefrotem Schlund; **Astrophytum myriostigma** aus M-Amerika, 5–8 Rippen, dornlos, aber dicht mit weißen Wollflöckchen bedeckt; Blüten hellgelb.

Bischofsmütze ↑ Mitra.

Bischofsstab (lat. Baculus pastoralis; Krummstab), langer Stab (Schaft) mit oben meist spiralförmiger Krümmung (Krümme), Zeichen der bischöfl. Würde. Wie der *Bischofsring* zuerst im 7. Jh. in Spanien bezeugt und anfangs nur außerhalb des Gottesdienstes benutzt (Jurisdiktionszeichen).

Bischofssynode ↑ Bischof.

Bischofsthron ↑ Cathedra.

Bischofswerda, Krst. in der Oberlausitz, Bez. Dresden, DDR, 290 m ü. d. M., 13 600 E. Glas-, Eisen-, keram. und Textilind. - Erstmals 1227, 1361 als Stadt erwähnt; 1813 von frz. Truppen niedergebrannt. **B.,** Landkr. im Bez. Dresden, DDR.

Bise [frz. bi:z], trockenkalter Nord- bis Nordostwind im Vorland der schweizer. und frz. Alpen bei winterl. Hochdrucklagen.

Biserta, tunes. Hafenstadt und Seebad am Mittelmeer und am Zufahrtskanal zum *See von Biserta,* einer etwa 110 km^2 großen Lagune, 63 000 E. Verwaltungssitz des Gouv. B.; Erdölraffinerie, Zement-, Reifenfabrik; Trockendocks; Fischereihafen; Eisenbahnendpunkt. - Im 11. Jh. v. Chr. phönik. Kolonie **Hippo Diarrhytus** (erster Kanalbau); 310 v. Chr. unter der Herrschaft des Tyrannen von Syrakus, dann röm., im 7. Jh. arab., 1535–72 span.; 1620–42 Erneuerung des Forts (Piratenstützpunkt); 1881–1963 frz. - Altstadt mit Kasba, Großer Moschee (17. Jh.), span. Fort und andalus. Viertel.

Bisexualität (Doppelgeschlechtlichkeit, Zweigeschlechtlichkeit), in der Anthropologie das Nebeneinander homo- und heterosexueller Triebe und Neigungen eines Menschen.

Bishop-Ring [engl. 'bɪʃəp; nach dem amerikan. Missionar S. E. Bishop, † 1909], atmosphär. Leuchterscheinung; breiter, rotbrauner Ring im Abstand von 20° bis 30° um die Sonne, der ein bläulichweiß leuchtendes Gebiet um die Sonne einschließt; bes. nach größeren Vulkanausbrüchen sichtbar.

Bisk, sowjet. Stadt im nördl. Vorland des Altai, an der Bija, RSFSR, 224 000 E. Chemiekombinat, Nahrungsmittelind. Endpunkt der Bahnlinie von Nowoaltaisk. - Gegr. 1707; seit 1782 Stadt.

Biskaya, Golf von, 194 000 km^2 großer Golf des Atlant. Ozeans zw. der W-Küste Frankr. und der N-Küste Spaniens; der Teil vor der span. Küste wird **Kantabrisches Meer** gen.; wegen seiner Stürme berüchtigt.

Biskayawal ↑ Glattwale.

Biskra, alger. Oasenstadt am S-Fuß des Aurès, 124 m ü. d. M., 91 000 E. Hauptstadt des Verw.-Geb. B., Dattelpalmenhaine, Anbau von Oliven u. a.; Erholungsort mit trockenem, kühlem Winterwetter; Eisenbahn nach Constantine und Tuggurt sowie zur Nachbaroase Tolga; ⌖. - An der Stelle des röm. **Vescera** gegr. 1844 als frz. Militärstützpunkt.

Biskuit [bɪsˈkviːt; frz.; zu lat. bis coctum „zweimal Gebackenes"], Feingebäck aus einem schaumigen Teig von Eiern, Zucker und einem Stärkemehl.

Biskuitporzellan ↑ Porzellan.

Biskupin, poln. Gemeinde 33 km nördl. von Gniezno (Gnesen), mit ehem. Inselsiedlung der Lausitzer Kultur, um 6.–5. Jh. durch eine 6 m hohe Holz-Erde-Mauer befestigt und durch eine Flügeltoranlage und einen Bohlenweg über den See zugängl.; im Innern gingen von einer Ringstraße 11 parallele Querstraßen ab mit Reihen rechteckiger Holzhäuser mit einem Herd- und Wohnraum.

Bismarck (Biskmark), altmärk. Adelsgeschlecht ab 1270; zählte ab 1345 zum sog. schloßgesessenen Adel; 1562 Tausch des altmärk. Sitzes gegen die ostelb. Besitzungen Schönhausen, Fischbeck und Crevese; wenig später Trennung in die beiden Hauptlinien *B.-Crevese* und *B.-Schönhausen,* von der sich im 17. Jh. ein westfäl. Ast löste; 1817 entstand durch Heirat der gräfl. Zweig *B.-Bohlen* der Schönhauser Hauptlinie. Bed. Vertreter der Linie B.-Schönhausen:

B., Herbert Fürst von (seit 1898), *Berlin 28. Dez. 1849, † Friedrichsruh 18. Sept. 1904, dt. Diplomat. - Sohn von Otto Fürst von B.-Schönhausen; 1874–81 im auswärtigen Dienst, vorwiegend als Privatsekretär seines Vaters; Botschaftsrat 1882–84; 1885 Unter-

Bismarck

Bosc's Flaschenbirne   Clapps Liebling   Frühe aus Trévoux

Gellerts Butterbirne   Grüne Jagdbirne   Gute Luise

Madame Verté   Vereins-Dechantsbirne   Williams Christbirne

staatssekretär, 1886 Staatssekretär im Auswärtigen Amt; 1888–90 preuß. Staatsmin.

B., Klaus von, * Jarchlin (Pommern) 6. März 1912, dt. Rundfunkintendant. – Großneffe von Otto Fürst von B.-Schönhausen; 1960–76 Intendant des Westdt. Rundfunks Köln; seit 1977 Präs. des Goethe-Instituts.

B., Otto von B.-Schönhausen (seit 1865 Graf, 1871 Fürst, 1890 Herzog von Lauenburg), * Schönhausen (Altmark) 1. April 1815, † Friedrichsruh 30. Juli 1898, preuß.-dt. Staatsmann. – Studierte in Göttingen und Berlin Jura. Dem Referendardienst (1836–39) folgten Jahre als Landwirt, in denen er ein wildes Kavaliersleben führte, sich aber auch intensiv mit Literatur, Geschichte und Philosophie beschäftigte. Sein Leben erhielt eine Wendung, als er im pietist. Freundeskreis seiner künftigen Frau Johanna von Puttkamer (∞ 1847) die Religiosität fand, die ihn später sein Handeln als Ausdruck göttl. Willens begreifen ließ. 1845 Abg. im sächs. Provinziallandtag, 1847 stellv. Mgl. des Vereinigten Landtags. Die Verteidigung der Vormachtstellung des landbesitzenden preuß. Adels wurde B. Leitprinzip. Aus dem Erlebnis der Revolution von 1848 und der Gegenrevolution wurden die Furcht vor dem Umsturz wie die Alternative des Staatsstreichs Konstanten seines Denkens. Mitbegr. der Kreuzzeitung und der konservativen Partei, Mgl. der 2. preuß. Kammer (seit 1849) und des Erfurter Parlaments (1850/51). 1851–59 Vertreter Preußens am Bundestag in Frankfurt am Main, 1859–62 Gesandter in Rußland, seit dem Frühjahr 1862 in Frankr. Als der preuß. Verfassungskonflikt und die preuß.-östr. Auseinandersetzung um die polit.

und wirtsch. Vorherrschaft in Mitteleuropa sich zuspitzten, wurde B. zum preuß. Min.-präs. berufen (23. Sept. 1862, Außenmin. 8. Okt. 1862). Seine Lösung bestand darin, die innere und äußere Krise zusammenzuführen und dem Machtanspruch der Liberalen durch Lösung der dt. Frage „von oben" zu begegnen. Der Erfolg der Dt. Einigungskriege 1864, 1866, 1870/71 und ihre Ergebnisse (1866 Auflösung des Dt. Bundes, 1867 Gründung des Norddt. Bundes und 1871 Gründung des Dt. Reiches) beruhten auf der Verbindung festumrissener Kriegsziele nach außen und kalkulierter Integrationswirkung nach innen. 1871–90 war B. Reichskanzler, preuß. Min.-präs. (außer 1872/73), Leiter der auswärtigen Politik und seit 1880 preuß. Min. für Handel und Gewerbe. B. Innenpolitik versuchte, die bestehende Sozialordnung mit staatl. Autorität zu schützen, äußerstenfalls durch das Mittel des Staatsstreichs. Dabei blieb der Gegensatz von industrieller Gesellschaft und vorindustrieller Staatsordnung unausgetragen. B. förderte entscheidend den Zerfall des Liberalismus, um der Unterwerfung der monarch. Exekutive unter parlamentar. Mehrheiten vorzubeugen. Der Stärkung des preuß.-konservativen Charakters des Reiches sollte die Bekämpfung des polit. Katholizismus im Kulturkampf (seit 1872) und der Sozialdemokratie durch das Sozialistengesetz (1878) dienen, sowie das Interessenbündnis von ostelb. Junkertum und Schwerindustrie in der Schutzzollpolitik (1879). Als epochemachend gilt bis heute die Einführung der Sozialversicherung, die freilich ihre werbende Wirkung auf die

Otto von Bismarck

Arbeiterschaft im Kampf gegen die Sozialdemokratie verfehlte. Nach 1871 war B. Außenpolitik zurückhaltend und auf Ausgleich bedacht (bes. bedeutsame seine Rolle auf dem Berliner Kongreß 1878). Aus der Furcht vor einem Deutschlands Existenz gefährdenden Zweifrontenkrieg war ihr Ziel die Sicherung des Friedens durch die Isolierung Frankr., Annäherung an Österreich-Ungarn und gute Beziehungen zu Rußland. Dem entsprach sein Bündnissystem: Dreikaiserbund 1873 und 1881, Zweibund 1879, Dreibund 1882, Mittelmeerabkommen und Rückversicherungsvertrag 1887. Polit. Gegensätze zur militär. Führung und zur Umgebung des Kaisers führten im März 1890 zu B. Entlassung durch Wilhelm II. In der Bewertung B. nach 1945 stehen neben Reichsgründung und Friedenspolitik auch die Alternativen, die durch den Sieg des Machtstaates über Liberalismus und Demokratie verschüttet wurden. Ergebnisse seiner Politik waren auch Obrigkeitsstaat und Untertanengeist, Militarismus und die polit. Isolierung der Arbeiterschaft. -
📖 *Engelberg, E.: B. Bln. 1985. - Verchau, E.: O. v. B. Mchn. u. Zürich 1981. - Gall, L.: B. Der weiße Revolutionär. Bln. 1980. - Hillgruber, A.: O. v. B. Gött. 1978. - Wehler, H. U.: B. u. der Imperialismus. Mchn. 1976.*

Bismarck [engl. ˈbɪzmɑːk], Hauptstadt des Bundesstaates North Dakota, USA, am Missouri, 500 m ü. d. M., 44 500 E. Kath. Bischofssitz; Histor. Museum; Flußhafen und Handelszentrum; Erdölgewinnung, Braunkohlenabbau. - Entstand 1873; seit 1889 Hauptstadt. - State Capitol (1932).

Bismarckarchipel, von Melanesiern bewohnte Inselgruppe nö. von ↑Papua-Neuguinea; z. T. vulkan., z. T. Korallinseln.

Bismarckgebirge (Bismarck Range), eine der großen Gebirgsketten, die Neuguinea durchziehen, bis fast 4 700 m ansteigend.

Bismarckheringe [von einem Fischindustriellen nach Otto Fürst von Bismarck-Schönhausen benannt], in Essig mit Zwiebeln, Senfkörnern u. a. marinierte Heringe.

Bismillah [arab. „im Namen Gottes"], Formel, mit der jede Koransure beginnt.

Bismutum, svw. ↑ Wismut.

Bison [german.-lat.], Gatt. massiger, bis 3,5 m körperlanger und bis 2 m schulterhoher Wildrinder mit 2 Arten: europ. ↑ Wisent und der nordamerikan. **Bison** (Bison bison), bis etwa 3 m körperlang und bis 1,9 m schulterhoch, ♀♀ deutl. kleiner; dichtes Fell, gelbl.-rotbraun bis dunkelbraun, am Vorderkörper schwarzbraun, Haare dort stark verlängert, zw. den Hörnern dicke Kappe bildend, die weit über die Stirn herabhängen kann. ♂ und ♀ mit kurzen, seitl. stehenden Hörnern; ernährt sich bes. von Gräsern.

Bispel, kleinere mittelhochdt. ep. Reimpaardichtung, bei der sich an einen auf eine Skizze reduzierten Erzählteil eine umfangreichere Auslegung anschließt. Weit verbreitet in der Literatur des späten MA.

Biß ↑ Gebiß.

Bissagosinseln, Inselgruppe vor der Küste von Guinea-Bissau, etwa 1 500 km², größte Insel **Ilha de Orango**; dicht besiedelt; feuchtheißes, ungesundes Klima. - 1462 von Portugiesen entdeckt.

Bissau, Hauptstadt von Guinea-Bissau, am Ästuar des Geba, 109 000 E. Inst. für Westafrika, Landesmuseum mit Bibliothek; wichtigster Hafen des Landes; ⚓. - 1687 gegr., seit 1942 Hauptstadt.

Bissier, Julius Heinrich (Jules) [frz. bi'sje], * Freiburg im Breisgau 3. Dez. 1893, † Ascona 18. Juni 1965, dt. Maler. - Tuschzeichnungen, seit 1947 Monotypien, seit 1956 „Miniaturen" auf Leinwandstücken; sie sind auf farbig lasiertem Grund in Eiöltempera mit schwebenden Gebilden bemalt.

Bissière, Roger [frz. bi'sjɛːr], * Villeréal (Lot-et-Garonne) 22. Sept. 1888, † Boissiérettes (Lot) 2. Dez. 1964, frz. Maler. - Abstrakte Bilder, vorwiegend in Grün, Braun und Goldocker; sie sind durch ein feines Raster aus dunklen Strichen gegliedert.

Bißwunden, stichartige oder stumpfe, u. U. mit Quetschungen verbundene Verletzungen durch den Biß von Tier oder Mensch. Bes. Bisse von Tieren können durch die Übertragung von Krankheitserregern zu Entzündungen (in M-Europa auch Tollwutinfektion) führen.

bistabil, zwei stabile Zustände aufweisend.

Bister [frz.], aus Holzruß hergestellte bräunl. Wasserfarbe, zum Lavieren von Zeichnungen; zuerst im 14. Jh. in Italien.

Bistrița [rumän. 'bistritsa] (dt. Bistritz), rumän. Stadt in Siebenbürgen, 360 m ü. d. M., 64 000 E. Hauptstadt des Verw.-Geb. B.-Năsăud; Nahrungs- und Genußmittelind., Holzverarbeitung. - Im 12. Jh. von dt. Kolonisten angelegt; 1353 privilegierte Freistadt mit Marktrecht.

Bistritz ↑ Bistrița (Stadt).

B. (rumän. Bistrița), rechter Nebenfluß des Sereth, Rumänien, entspringt als **Goldene Bistritz** im Rodnaer Gebirge, mündet 10 km südl. von Bacău, 290 km lang.

Bistro [frz.], in Frankr. kleine Schenke oder Kneipe.

Bistum ↑ Diözese, ↑ Stift.

Bisulfate, veraltete Bez. für ↑ Hydrogensulfate.

Bisulfite, veraltete Bez. für ↑ Hydrogensulfite [oder Hydrogensulfate-(IV)].

Bisutūn, Felsmassiv in Iran, ↑ Behistan.

Bit (bit) [Kw. aus engl.: **bi**nary digi**t** „binäre Ziffer"], in der *Datenverarbeitung* und *Nachrichtentechnik* verwendete Einheit für die Anzahl von Zweierschritten (Binärentscheidungen), auch für die Zweierschritte selbst oder die einzelnen „Stellen" eines Binärcodeworts. Häufig verwendete Vielfache sind das *Kilobit* (kbit), 1 kbit = 2^{10} B. = 1 024 B., und das *Megabit* (Mbit), 1 Mbit = 2^{10} kbit = 1 024 kbit.

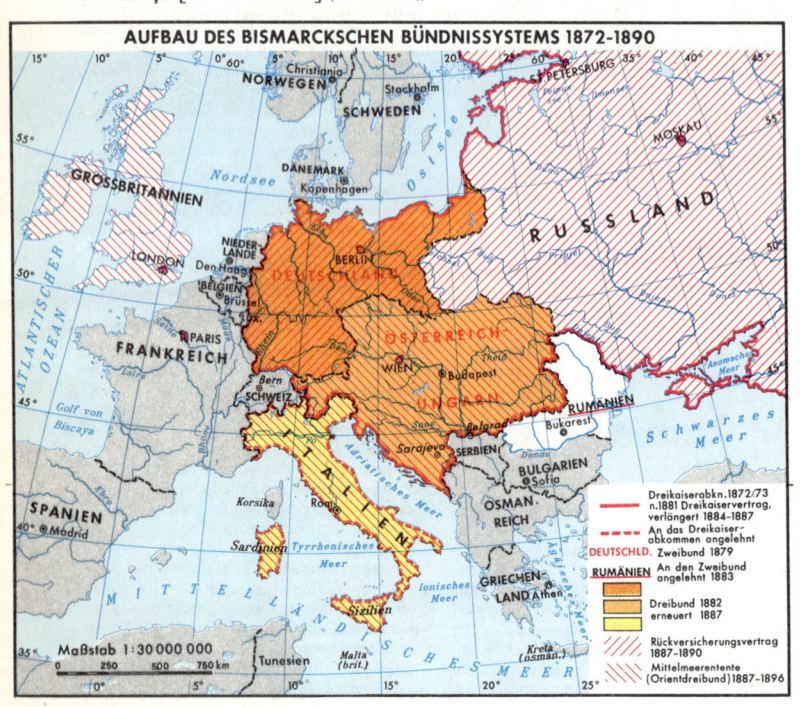

AUFBAU DES BISMARCKSCHEN BÜNDNISSYSTEMS 1872-1890

Legend:
- Dreikaiserabkn. 1872/73 n. 1881 Dreikaiservertrag, verlängert 1884-1887
- An das Dreikaiserabkommen angelehnt
- DEUTSCHLD. Zweibund 1879
- RUMÄNIEN An den Zweibund angelehnt 1883
- Dreibund 1882 erneuert 1887
- Rückversicherungsvertrag 1887-1890
- Mittelmeerentente (Orientdreibund) 1887-1896

Maßstab 1:30 000 000

Bitterfelder Weg

Bitburg, Krst. in der Eifel, Rhld.-Pf., 339 m ü. d. M., 10 300 E. Verwaltungssitz des Landkr. B.-Prüm; Garnison; Textilind., Maschinenbau, Brauerei. - Röm. Mansio (Straßenstation) an der Stelle einer kelt. Straßensiedlung, im 3. Jh. zum Kastell ausgebaut. Hauptort des Bitgaues in merowing. Zeit; 1262 Stadtrecht. - Reste des röm. Kastells.

Bitburger Land, dt. Anteil am ↑Gutland.

Bitburg-Prüm, Landkr. in Rhld.-Pf.

Bitche [frz. bitʃ] ↑Bitsch.

Biterolf und Dietleib, bald nach 1250 wohl in der Steiermark entstandenes mhd. Heldenepos, in dem sich die Gestalten der Nibelungen- und des Dietrichkreises im Kampf messen.

Bithynien (lat. Bithynia), im Altertum Landschaft in NW-Kleinasien (etwa ident. mit dem heutigen türk. Verw.-Geb. Kocaeli); benannt nach dem thrak. Stamm der Bithynier; kam um 550 v. Chr. zu Lydien, 546 an Persien; Ende 5. Jh. v. Chr. erster größerer polit. Zusammenschluß; Erweiterung des bithyn. Gebietes und zunehmende Hellenisierung; 75 durch den Kg. testamentar. an Rom übertragen, 74 als Prov. konstituiert und 64/63 mit Teilen von Pontus zu einer Prov. vereinigt, ab 395 n. Chr. oström., 1074-97 seldschuk., dann wieder byzantin., nach 1204 Zentrum des Kaiserreiches Nizäa; seit 1298 Teil des Osman. Reiches.

Bitlis, türk. Stadt 20 km sw. des Vansees, 1 500 m ü. d. M., 27 000 E. Hauptstadt des Verw.-Geb. B.; Garnison, Tabakindustrie.

Bitola, jugoslaw. Stadt 90 km südl. von Skopje, 618 m ü. d. M., 81 000 E. Theater, Museum; Möbelfabrik, Seidenweberei, Lederfabrik u. a. - Das antike **Herakleia Lynkestis** wird 1014 erstmals B. genannt. 1395 von Türken erobert, im 17. Jh. (als **Monastir**) sunnit. Theologenschule; 1913 an Serbien. - Oriental. geprägtes Stadtbild mit Moscheen und Basaren.

Bitonalität, Bez. für die gleichzeitige Verwendung zweier Tonarten, häufigste Form der ↑Polytonalität.

Bitonto, Stadt im Hinterland von Bari, Region Apulien, 49 700 E. Bischofssitz; Speiseölfabrikation, Wein-, Obst- und Gemüsehandel. - Altgriech. Kolonie, in röm. Zeit Munizipium (**Butuntum**); im MA meist freie Stadt. 1734 siegten in der Schlacht bei B. die Spanier über die Österreicher. - Kathedrale (1175-1200), eine der schönsten Kirchen Apuliens.

Bitsch (amtl. Bitche), Ort in Lothringen, Dep. Moselle, Frankr., 5 600 E. Porzellanherstellung, Kristallglasfabrik. - Im 12. Jh. erstmals genannte Burg B. war Zentrum einer Gft., die Stadt entstand nach dem Dreißigjährigen Krieg; 1679 zur Festung ausgebaut.

Bitsios, Dimitrios, * 1915, † Athen 9. Jan. 1984, griech. Diplomat und Politiker. - Ständiger Vertreter Griechenlands bei den UN 1961-65 und 1967-72; Chef des Kabinetts des Königs 1966/67; 1974-77 Außenminister.

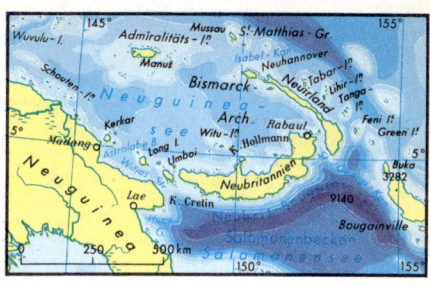

Bismarckarchipel

Bittage, Tage, an denen Bittprozessionen stattfinden. I. e. S. der Montag, Dienstag und Mittwoch vor Christi Himmelfahrt.

Bittel, Kurt, * Heidenheim an der Brenz 5. Juli 1907, dt. Prähistoriker und Archäologe. - 1938-45 und 1953-60 Direktor des Dt. Archäol. Institutes in Istanbul, 1946 Prof. für Vor- und Frühgeschichte in Tübingen, seit 1960 Präs. des Dt. Archäol. Institutes in Berlin; schrieb grundlegende Arbeiten zum prähistor. und frühantiken Kleinasien.

Bitterdistel, ↑Benediktenkraut.

bittere Mandel (Bittermandel), Samen der Bittermandel, einer Varietät des Mandelbaums; enthält 30-50 % fettes Öl, 25-35 % Eiweißstoffe und bis 4 % Amygdalin. B. M. sind durch die bei fermentativem Abbau des ↑Amygdalins entstehende Blausäure giftig. Der Genuß größerer Mengen (bei Erwachsenen 50-60, bei Kindern 5-12) wirkt tödlich.

Bittererde ↑Magnesiumoxid.

Bitterfäule, v. a. an lagerndem Obst durch Pilze der Gatt. Gloeosporium und Fusarium hervorgerufene Fäulniserscheinung; das noch gesunde Fruchtfleisch hat einen bitteren Geschmack.

Bitterfeld, Krst. im N der Leipziger Tieflandsbucht, Bez. Halle, DDR, 21 300 E. Braunkohlentagebau; elektrochem. Kombinat, Rohrleitungsbau, Baustoffkombinat, Maschinenbau, Farbenwerk. - 1153 Ansiedlung von Flamen in der Nähe einer wend. Siedlung; 1224 erstmals erwähnt, 1290 an das Hzgt. Sachsen, spätestens 1382 Stadt.

B., Landkr. im Bez. Halle, DDR.

Bitterfelder Weg, Programm zur Entwicklung der „sozialist. Nationalkultur" in der DDR. Auf der 1. Bitterfelder Konferenz (24. April 1959) sollten die Kulturschaffenden durch direkte Beteiligung am „sozialist. Aufbau" („Dichter in die Produktion") mit Werken des „sozialist. Realismus" den Werktätigen aktiven Zugang und die Beteiligung in allen Kunstbereichen ermöglichen. - Auf der 2. Bitterfelder Konferenz (24./25. April 1964) wurde das Gewicht darauf gelegt, daß die

Kulturschaffenden zur Bildung des sozialist. Bewußtseins und der sozialist. Persönlichkeit beitragen sollen.

Bitterkresse (Bitteres Schaumkraut, Cardamine amara), ausdauernder Kreuzblütler in Europa und Asien, in Bächen und an sumpfigen Orten; mit fiederteiligen Blättern und weißen Blüten.

Bitterling, (Bitterfisch, Blecke, Rhodeus sericeus) Karpfenfisch mit 2 Unterarten: im Amurbecken und in N-China der **Chines. Bitterling** (Rhodeus sericeus sericeus); in langsam fließenden oder stehenden Gewässern M-, O- und SO-Europas sowie in Teilen Kleinasiens der **Europ. Bitterling** (Rhodeus sericeus amarus), bis knapp 10 cm lang, hochrückig, Rücken graugrün bis schwärzl., Seiten heller, Bauch weiß; bis zur Schwanzwurzel blaugrüner Längsstrich; Aquarienfisch.

◆ (Blackstonia, Chlora) Gatt. der Enziangewächse mit nur wenigen Arten im Mittelmeergebiet und in M-Europa. Zwei Arten kommen bis ins Rheingebiet an moorigen, lehmigen oder kiesigen Stellen vor: **Sommerbitterling** (Blackstonia perfoliata) und **Später Bitterling** (Blackstonia serotina), 15–40 cm hoch, mit goldgelben Blüten.

Bittermandel, svw. ↑ bittere Mandel.

Bittermandelöl, in den Kernen vieler Früchte (Aprikosen, bittere Mandeln, Pflaumen u. a.) enthaltenes äther. Öl, das bei der Spaltung des ↑Amygdalins entsteht. Vor der Verwendung des natürl. B. in der Lebensmittel- und Parfümind. muß die Blausäure (bis 3 %) wegen ihrer starken Giftigkeit entfernt werden.

Bittermittel, (Amarum), bitter schmeckender Extrakt aus äther. Öle und Bitterstoffe enthaltenden Pflanzen (Wermut, Enzian) zur Appetitanregung.

Bitterorange, svw. ↑ Pomeranze.

Bitterpilz, svw. ↑ Gallenröhrling.

Bitterroot Range [engl. ˈbɪtərʊːt ˈreɪndʒ], Teil der Rocky Mountains, USA, im Trapper Peak 3 101 m hoch, im südl. Teil auch **Beaverhead Range** genannt.

Bittersalz (Epsomit, Reichardtit), bitter schmeckendes Mineral, $MgSO_4 \cdot 7H_2O$ (Magnesiumsulfat, Magnesiumvitriol). B. ist ein kräftig abführendes, in vielen Mineralwässern († Bitterwässer) auftretendes Salz.

Bittersee, Großer ↑Großer Bittersee.

Bittersee, Kleiner ↑Kleiner Bittersee.

Bitterstoffe, aus Pflanzen isolierbare chem. Verbindungen, die sich durch bitteren Geschmack auszeichnen, z. B. das Lupulon und das Humulon des Hopfens, das Absinthin des Wermuts und das Santonin des Wurmkrauts (Beifußgewächs). Die B. wirken v. a. regulierend auf die Drüsen der Verdauungsorgane.

Bittersüß (Bittersüßer Nachtschatten, Solanum dulcamara), Nachtschattengewächs in den gemäßigten Zonen Eurasiens sowie in N-Afrika, in M-Europa in feuchten Gebüschen und Auwäldern; Halbstrauch, Blüten in Doldentrauben und roten, giftigen Beeren von anfangs bitterem, später süßl. Geschmack († auch Tabelle Giftpflanzen).

Bittersüßer Nachtschatten, svw. ↑ Bittersüß.

Bitterwässer, magnesiumsulfathaltige Wässer, die zur Trinkkur geeignet sind, v. a. bei Erkrankungen von Magen, Darm, Leber und Galle.

Bittgebet ↑Gebet.

Bittner, Julius, * Wien 9. April 1874, † ebd. 10. Jan. 1939, östr. Komponist. - Komponierte volkstüml. Opern nach eigenen Texten, u. a. „Der Musikant" (1910), „Das höllisch Gold" (1916), daneben auch Orchester- und Kammermusik, Klavierwerke und Lieder.

Bittschrift, im Recht svw. ↑ Petition.

Bitumen [lat. „Erdharz, Bergteer"], natürl. vorkommendes, braungelbes bis schwarzes Gemisch hochmolekularer Kohlenwasserstoffe (Naturasphalt), das auch bei der Vakuumdestillation aromaten- und naphthenreicher Erdöle anfällt. B. dient als Bindemittel beim Bau von Straßendecken († Asphalt), als Abdichtungsmittel, wäßrige B.emulsionen als Kleb- und Bindemittel, der säureunempfindl. B.mörtel zur Kabelisolierung.

Biturigen (Bituriger), kelt. Stamm in Aquitanien, mit den Teilstämmen der Bituriges Cubi, Hauptort Avaricum (= Bourges), und der Bituriges Vivisci, Hauptort Burdigala (= Bordeaux).

Bitzler ↑Federweißer.

Biuret [Kw.], das Amid der Allophansäure $H_2N-CO-NH-CO-NH_2$; entsteht durch Ammoniakabspaltung aus Harnstoff. Mit Kupferionen reagiert B. in alkal. Lösungen unter Bildung einer intensiv violetten Komplexverbindung; diese als *Biuretreaktion* bezeichnete Komplexbildung ist charakterist. für alle Eiweißstoffe, Peptone und Peptide mit mindestens zwei $CO-NH$-Gruppen im Molekül.

Bivalvia [lat.], svw. ↑Muscheln.

Biwa [jap.], jap. Lauteninstrument (Baßlaute) chin. Herkunft (Pipa), mit birnenförmigem Korpus.

Biwak [frz.; zu niederdt. biwake „Beiwache"], Lager im Freien (auch in Zelten oder Hütten), bes. von Soldaten oder Bergsteigern.

Biwaksack, Kunststoffhülle für zwei bis vier Personen als Kälteschutz beim Biwakieren.

Biwasee, größter See Japans, auf Hondo, 86 m ü. d. M., 674 km², bis 96 m tief; fischreich, regelmäßiger Schiffsverkehr. - Auf der Insel Tschikubu buddhist. Tempel (etwa 750 gegr.).

BIZ, Abk. für: Bank für Internat. Zahlungsausgleich.

bizarr [italien.-frz.], seltsam, absonderlich geformt; schrullig; **Bizarrerie,** Absonderlichkeit, wunderl. Idee.

Bizeps [lat.], Kurzbez. für: *Musculus biceps brachii*, zweiköpfiger Oberarmmuskel, der vom Schulterblatt zum Unterarm zieht und den Arm im Ellbogengelenk beugt.

Bizet, Georges [frz. bi'zɛ], eigtl. Alexandre César Léopold B., * Paris 25. Okt. 1838, † Bougival (Hauts-de-Seine) 3. Juni 1875, frz. Komponist. - Seine frühen Opern „Die Perlenfischer" (1863) und „Das schöne Mädchen von Perth" (1867) zeigen Einflüsse von Gounod, Meyerbeer und Verdi; der Durchbruch erfolgte mit der Suite „L'Arlésienne" (1872); die Oper „Carmen" (1875) brachte nach anfängl. Mißerfolg Weltruhm. B. komponierte neben weiteren dramat. Werken auch Orchestermusik (u. a. Sinfonie C-Dur), Kirchenmusik, Klavierstücke und Lieder.

Bizone, Bez. für den 1947 erfolgten Zusammenschluß der amerikan. und brit. Besatzungszone zu einem einheitl. Wirtschaftsgebiet; der Wirtschaftsrat der B. stellte als eine Art Wirtschaftsparlament eine Vorform der westdt. Regierung dar; am 8. April 1949 durch Anschluß der frz. Besatzungszone zur Trizone erweitert.

Bjerknes, Vilhelm [norweg. ˌbjærkneːs], * Kristiania 14. März 1862, † Oslo 10. April 1951, norweg. Geophysiker. - Stellte eine Theorie über die Entwicklung eines Tiefdruckgebiets († Polarfronttheorie) auf und entwickelte neue Arbeitsmethoden für die Meteorologie und die Ozeanographie.

Björkö, finn. Insel im Bottn. Meerbusen; hier unterzeichneten - ohne vorherige diplomat. Absprache - am 25. Juli 1905 Kaiser Wilhelm II. und Zar Nikolaus II. ein dt.-russ. Defensivbündnis.

Björn, im 20. Jh. aus dem Norweg. bzw. Schwed. übernommener männl. Vorname, eigtl. „Bär".

Bjørnson, Bjørnstjerne [norweg. 'bjøːrnsɔn], * Kvikne (Østerdal) 8. Dez. 1832, † Paris 26. April 1910, norweg. Dichter und Politiker. - Theaterleiter in Bergen und Oslo; engagierte sich polit., trat für die Unabhängigkeit Norwegens und für eine norweg. Demokratie ein, bemühte sich um die Norwegisierung des Theaters und die Volkshochschulbewegung; Hg. verschiedener Zeitschriften. Seine dichter. Anfänge zeigen ihn im Bann der Romantik. Beeinflußt von G. Brandes und den frz. Realisten, fand er zum Realismus und wurde zum Erneuerer der norweg. Literatur. Nobelpreis 1903. - *Werke:* Synnøve Solbakken (E., 1857), Arne (E., 1858), Sigurd Slembe (Dr., 1862), Arnljot Gelline (Epos, 1875), Über die Kraft (Dr., 1883), Flaggen über Stadt und Land (R., 1884), Auf Gottes Wegen (R., 1889), Paul Lange (Dr., 1899).

Björnsson, Sveinn [island. 'bjœsɔn], * Kopenhagen 27. Febr. 1881, † Bessastaðir bei Reykjavik 25. Jan. 1952, island. Politiker. - Während der dt. Besetzung Dänemarks 1941–1943 island. Reichsvorsteher; 1944–52 erster Präs. des selbständigen Freistaats Island.

Bk, chem. Symbol für † Berkelium.

BKA, Abk. für: Bundeskriminalamt.

B. L., Abk:
◆ für Benevole Lector [lat. „geneigter Leser"].
◆ für Bachelor of Law [engl. „Bakkalaureus der Rechte"].

Blacher, Boris, * Newchwang (Prov. Liaoning, China) 19. Jan. 1903, † Berlin 30. Jan. 1975, dt. Komponist. - U. a. Direktor der Staatl. Hochschule für Musik in Berlin. Melod. Erfindungsgabe und deutl. betonte rhythm. Durchformung kennzeichnen seine Kompositionen; sein Werk umfaßt Orchestermusik (u. a. „Concertante Musik", 1937; Konzerte für Klavier, Violine und Bratsche), Klavier- und Kammermusik (4 Streichquartette, 1957), Opern („Abstrakte Oper Nr. 1", 1953), Ballette („Hamlet", 1949; „Tristan und Isolde", 1965; „Yvonne, Prinzessin von Burgund", 1972), Oratorien und Lieder.

Black, Joseph [engl. blæk], * Bordeaux 16. April 1728, † Edingburgh 10. (nicht 26.) Nov. 1799, schott. Chemiker. - Prof. in Glasgow und Edinburgh; wurde dank genauer quantitativer Untersuchungen neben Lavoisier einer der Schöpfer der exakten pneumat. Chemie; zur physikal. Chemie leistete er einen wichtigen Beitrag durch seine Entdeckung der latenten Wärme (1762).

Black Belt [engl. 'blæk 'bɛlt], Zone dunkler Böden in den USA, die sich in einer Breite von 15–50 km von O-Alabama aus bis nach NO-Mississippi erstreckt.

B. B., Bez. für die Negerviertel nordamerikan. Großstädte.

Black-Bottom [engl. 'blæk 'bɔtəm], amerikan. Modetanz vom Ende der 1920er Jahre in synkopiertem $^4/_4$-Takt, gehört musikal. zur Gattung des Ragtime.

Black Box ['blæk 'bɔks; engl. „schwarzer Kasten"], Teil eines komplexen kybernet. Systems mit unbekanntem innerem Aufbau, von dem man nur seine am Ausgang ablesbare Reaktion auf bekannte Eingangssignale kennt. Aus den Beziehungen zw. Eingangs- und Ausgangssignalen läßt sich u. U. (meist durch Vergleich mit Systemen bekannten Aufbaus) der Struktur und Funktion der B. B. erschließen.

Blackburn [engl. 'blækbəːn], Stadt in NW-England, 30 km nw. von Manchester, bildet mit **Darwen** eine Agglomeration von 88 000 E. Anglikan. Bischofssitz; Maschinenbau, chem., Gummi-, Gießerei- und Papierind. - Seit 1851 Stadt.

Blackett, Patrick Maynard Stuart Baron B. of Chelsea (seit 1969) [engl. 'blækɪt], * London 18. Nov. 1897, † ebd. 13. Juli 1974, engl. Physiker. - Prof. in Manchester und London; Arbeiten auf dem Gebiet der Kernphysik, der Höhenstrahlung sowie des Erdmagnetismus. Beobachtete erstmals die Bildung von Elektron-Positron-Paaren aus Gammaquanten. Nobelpreis für Physik 1948.

Blackfoot

Blackfoot [engl. 'blækfʊt] (Schwarzfuß-[indianer]), Konföderation von drei Algonkinstämmen in den nördl. Great Plains: Blackfoot, **Blood** und **Piegan**.

Black Hills ['blæk 'hɪlz], Bergland im sw. South Dakota und in NO-Wyoming, USA, im Harney Peak 2 207 m ü. d. M.; Vorkommen von Gold, verschiedenen Erzen, Glimmer, Kohle und Erdöl.

Black Muslims ['blæk 'mʊslɪmz; engl. „schwarze Muslime"], straff organisierte religiöse Bewegung von Schwarzen in den USA, die sich offiziell „*Lost-Found Nation of Islam in North America*" („Verlorene und wiedergefundene Nation des Islams in Nordamerika") nennt, im Jahre 1932 von Elijah Muhammad begr. Die religiöse Sonderstellung der Gründers und das Ziel der Regierung der Erde durch die Schwarzen sondert die B. M. vom übrigen Islam. Bekannteste Anhänger sind der 1965 ermordete Malcolm X und der Boxer Cassius Clay, der sich seit seinem Beitritt zu den B. M. Muhammad Ali nennt. Schätzungen über die Zahl der B. M. schwanken zw. 100 000 und 200 000.

Blackout ['blɛkaʊt; eigtl. „Verdunkelung"], plötzl. Abdunkeln der Szene bei Bildschluß im Theater.

◆ kleiner Sketch, der eine unvermittelte Schlußpointe setzt und/oder mit plötzl. Verdunkeln endet.

◆ in der *Medizin:* Verdunkelung bzw. Schwarzwerden des Gesichtsfeldes infolge Blut- und Sauerstoffmangels der Netzhaut und bei Kreislaufstörungen, v. a. bei Herzstillstand; dazu umgangssprachl. plötzl. auftretender kurzer Verlust des Bewußtseins.

◆ Aussetzen des Empfangs von Radiowellen (Kurzwellen) infolge des Mögel-Dellinger-Effektes. Auch Bez. für den Ausfall jegl. Funkverbindung zw. einem Raumflugkörper und den Bodenstationen bei seinem Eintritt in die Erdatmosphäre (infolge Ionisation der umgebenden Luft) bzw. bei seinem Verschwinden hinter dem Mond.

◆ totaler Stromausfall.

Black Panther Party [engl. 'blæk 'pænθə 'pɑːtɪ], afroamerikan. Organisation, 1966 in Oakland (Calif.) gegr.; ben. nach ihrem Symbol, einem springenden Panther; ihre Anhänger befürworten die bewaffnete „Selbstverteidigung" und versuchen, Strategien des Befreiungskampfes mit revolutionären marxist. Zielsetzungen zu verbinden; bekannteste Führer: S. Carmichael, B. Seale, H. Newton, D. Hilliard und E. Cleaver.
📖 Spichal, D.: *Die B. P. P.* Osnabrück 1974.

Blackpool [engl. 'blækpuːl], Seebad 45 km nördl. von Liverpool, Großbrit., 148 000 E. Internat. Geschenkartikelmesse; Leichtmaschinenbau, Flugzeug-, Textilind.

Black Power ['blæk 'paʊə; engl.], seit 1966 die Parole („Macht für die Schwarzen") jenes Teils der afroamerikan. Bewegung, der von der Zubilligung der vollen Bürgerrechte († Bürgerrechtsbewegung) keine Verbesserung der sozialen Lage der schwarzen Amerikaner erwartet und die Schaffung eines unabhängigen Staates der Schwarzen auf dem Territorium der USA anstrebt, sich zur „schwarzen Schönheit" („black is beautiful") und zu einer eigenständigen Kultur bekennt und die „Befreiung der schwarzen Rasse" durch einen bewaffneten Aufstand durchsetzen will; die Black Muslims und die Black Panther Party zählen zu dieser Bewegung.

Blackstone, Sir William [engl. 'blækstən], * London 10. Juli 1723, † ebd. 14. Febr. 1780, engl. Jurist. - 1753-63 Prof. in Oxford; berühmt durch seine „Commentaries on the Laws of England" (1765-69), die das damals geltende engl. Recht allgemein verständl. darstellten und die Rechtsentwicklung in Großbrit. und v. a. in den USA in ungewöhnl. Maße beeinflußten.

Blaffert [german.-mittellat., eigtl. „der Bleichfarbene"], (Blafferdt, Blappart, Plappart, Plappert) breite Münze in Form eines Brakteaten, 1329-1542 in Norddeutschland geprägt.

◆ in Süddeutschland geprägte Münze; frz. Groschen und Halbgroschen, dann jeder Halbgroschen, v. a. in der Schweiz (Plappart 1425-1564 größte Bundesmünze).

Blaga, Lucian, * Lancrăm (Siebenbürgen) 9. Mai 1895, † Klausenburg 6. Mai 1961, ru-

William Blake, Das Alter (1827). Manchester, Whitworth Art Gallery

män. Dichter. - Zum Mystischen neigender Lyriker, vom dt. Expressionismus beeinflußt (freie Verse). Neben Gedichtbänden Dramen, kulturphilosoph. Essays, Übersetzungen.

Blagonrąwow, Anatoli Arkadjewitsch, * Ankowo bei Moskau 1. Juni 1894, † Moskau 4. Febr. 1975, sowjet. Ingenieur und Generalleutnant der Artillerie. - Konstruierte die Stalinorgel und war an dem Entwurf russ. Raumfahrzeuge beteiligt.

Blagoweschtschensk, Hauptstadt des sowjet. Gebietes Amur, RSFSR, O-Sibirien, 192 000 E. Landw. und medizin. Hochschule, PH; Schiffbau; Endpunkt einer Stichbahn, die von der Transsib abzweigt, ⚓. - 1858 gegr.

Blähsucht (Meteorismus), v. a. bei Wiederkäuern und Pferden bei übermäßiges Fressen rasch gärenden Futters (junger Klee, Luzerne) verursachte Ansammlung von Gasen im Pansen bzw. Darm; führt zu Koliken.

Blähungen (Flatulenz), Dehnung des Magen-Darm-Traktes durch übermäßige Gasfüllung (Stickstoff, Kohlendioxid, Schwefelwasserstoff oder Methan). Die Gase entstehen im Dickdarm (**Darmgase**) durch Verschlucken größerer Luftmengen oder durch abnorm starke Gärungs- und Fäulnisprozesse nach Genuß hefehaltiger Getränke bzw. blähender Nahrungsmittel.

Blaich, Hans Erich, dt. Schriftsteller, † Owlglaß, Dr.

Blaine, James Gillespie [engl. blɛɪn], * West Brownsville (Pa.) 31. Jan. 1830, † Washington 27. Jan. 1893, amerikan. Politiker. - Mitbegr. der Republikan. Partei; Mgl. des Repräsentantenhauses, 1869-75 dessen Vors. (Speaker); trat für das Wahlrecht der farbigen Bev. ein; Außenmin. 1881, 1889-92.

Blair [engl. blɛə], Eric Arthur † Orwell, George.

B., Hugh, * Edinburgh 7. April 1718, † ebd. 27. Dez. 1800, schott. Geistlicher und Schriftsteller. - Einflußreicher Prediger; seine „Vorlesungen über Rhetorik und schöne Wissenschaften" (4 Bde., dt. 1785-89) beeinflußten die engl. Romantiker.

B., Robert, * Edinburgh 17. April 1699, † Athelstaneford (East Lothian) 4. Febr. 1746, schott. Geistlicher und Dichter. - Steht mit seiner religiös-schwermütigen Blankversdichtung „The grave" (1743) im Rahmen der Friedhofspoesie.

Blaj [rumän. blaʒ] (dt. Blasendorf), siebenbürg. Stadt, Rumänien, 30 km nö. von Alba Julia, 21 000 E. Erzbischofssitz. Mittelpunkt eines Agrargebietes, Holzbearbeitungskombinat. - Erstmals 1271 als **Villa Herbordi** erwähnt. Auf dem Freiheitsfeld bei B. forderten 1848 über 40 000 siebenbürg. Rumänen die Aufhebung der Leibeigenschaft sowie Gleichberechtigung und Vertretung im Landtag.

Blake [engl. blɛɪk], Eugene Carson, * Saint Louis 7. Nov. 1906, † Stamford (Conn.) 31. Juli 1985, amerikan. presbyterian. Theologe. - 1966-72 Generalsekretär des Ökumen. Rates der Kirchen.

B., Robert, * Bridgwater (Somerset) im Aug. 1599, † auf See vor Plymouth 7. Aug. 1657, engl. Admiral. - Anhänger Cromwells, der ihm 1649 den Oberbefehl über die Flotte übertrug; Mitbegr. der engl. Seeherrschaft.

B., William, * London 28. Nov. 1757, † ebd. 12. Aug. 1827, engl. Dichter und Maler. - Ausbildung als Kupferstecher. Seit 1795 schuf B. große Farbdrucke sowie Gemälde zu Themen aus der Bibel (Buch „Hiob"), nach Shakespeare und Milton, zu Youngs „Nachtgedanken", zu Dantes „Göttl. Komödie" sowie zu eigenen literar. Werken in einem phantast. Stil und flächiger Auffassung. B. gilt als Vorläufer der Präraffaeliten sowie des Jugendstils. Als Dichter entwickelte er für seine irrationale mytholog. und kosmogon. Dichtung eine verrätselnde Symbolik. - *Literar. Werke:* Lieder der Unschuld (Ged., 1789), Lieder der Erfahrung (Ged., 1794), The book of Urizen (Epos, 1794), Milton (Epos, 1808).

Blakey, Art [engl. 'blɛɪkɪ], * Pittsburgh 11. Okt. 1919, amerikan. Jazzmusiker. - Explosivrhythm. Schlagzeuger des Hard-Bop mit starkem Interesse für afrokuban. und die bes. vielfältige ind. Rhythmik; Annäherung an den Free Jazz.

Blamage [blaˈmaːʒə; zu frz. blâmer „tadeln" (von griech.-lat. blasphemare „lästern")], Beschämung, Bloßstellung, Schande; **blamieren,** bloßstellen, beschämen.

Blanc, [Jean Joseph] Louis [frz. blã], * Madrid 28. Okt. 1811, † Cannes 6. Dez. 1882, frz. Sozialist. - Setzte als Präs. des Amtes für Arbeit 1848 die Einrichtung einer Arbeiterkommission durch und forderte zur Lösung der sozialen Frage vom Staat die Errichtung „sozialer Werkstätten" in Form von Arbeiterproduktionsgenossenschaften; mußte 1848 aus Paris fliehen; lebte 1854-70 in Großbrit.

Blanc [blã:; frz. „Weißer"], gering silberhaltige frz. Groschenmünze, 1352 eingeführt; auch anderweitig geprägt.

Blanca, Bahia [span. baˈia ˈβlaŋka], eine 70 km tief ins Land reichende Bucht des Atlantiks in Argentinien.

Blanca, Cordillera [span. kɔrðiˈjera ˈβlaŋka], der östl. Teil der Westkordillere im westl. Z-Peru, im Huascarán 6 768 m hoch, stark vergletschert.

Blanc fixe [frz. blãˈfiks] † Bariumsulfat.

Blanchard, Jean-Pierre (auch François gen.) [frz. blãˈʃaːr], * Les Andelys (Eure) 4. Juli 1750, † Paris (nicht Haye) 7. März 1809, frz. Ballonfahrer. - Überquerte 1785 zus. mit dem Amerikaner J. Jeffries als erster den Kanal mit einem Ballon.

Blanche [frz. blãːʃ], im 20. Jh. aus dem Frz. übernommener weibl. Vorname, eigtl. „die Weiße".

Blanche de Castille [frz. blãʃdakasˈstij], Königin von Frankr., † Blanka.

Blancheflor ↑ Floire et Blancheflor.

Blanchieren [blã'ʃiːrən; frz.], kurzzeitiges Erhitzen von Lebensmitteln zur Zerstörung von Enzymen, zum Abtöten von Mikroorganismen und zur Beseitigung unerwünschter, bitterer Geschmackstoffe.
◆ Glätten der Fleischseite von gegerbtem Leder.

Blanchot, Maurice [frz. blã'ʃo], * Quain (Saône-et-Loire) 19. Juli 1907, frz. Schriftsteller. - B. stellt in seinem pessimist. Werk alle überkommenen Formen des Lebens als fragwürdig hin. Theoretiker des „Antiromans", u. a. „Die Frist" (R., 1948); auch Essayist: „L'espace litteraire" (Essay, 1955), „Le pas au-dela" (Prosa, 1973).

Blanco Fombona, Rufino, * Caracas 17. Juni 1874, † Buenos Aires 16. Okt. 1944, venezolan. Schriftsteller. - Als Lyriker wichtigster Vertreter des venezolan. Modernismo, als Romancier behandelt er mit naturalist. Techniken die gesellschaftl. und polit. Zustände in Venezuela; auch Essayist und Historiker.

Blank, Theodor, * Elz (Hessen) 19. Sept. 1905, † Bonn 14. Mai 1972, dt. Politiker. - MdB (CDU) seit 1949; Beauftragter der Bundesregierung für Fragen der alliierten Besatzungstruppen (Dienststelle B.) seit 1950 und Sicherheitsbeauftragter der BR Deutschland seit 1951. 1955/56 erster Verteidigungsmin. der BR Deutschland, 1957–65 Bundesmin. für Arbeit und Sozialordnung.

Blanka, aus dem Span. stammender weibl. Vorname, eigtl. „die Weiße".

Blanka (Blanche de Castille), hl., * Palencia 1188, † Kloster Maubuisson (= Paris) 26. oder 27. Nov. 1252, Königin von Frankr. - Tochter Alfons VIII. von Kastilien, seit 1200 ∞ mit König Ludwig VIII. von Frankr.; beendete während der Regentschaft für ihren unmündigen Sohn Ludwig IX. (1226–34) die Albigenserkriege und schlug die Aufstände der Barone nieder.

Blänke, seemänn. Bez. für den ersten Tagesschimmer.

Blankenberge [niederl. 'blaŋkənberxə], belg. Nordseebad 15 km nw. von Brügge, 15 200 E. kleiner Fischereihafen.

Blankenburg, Bad ↑ Bad Blankenburg.

Blankenburger Allianz ↑ Evangelische Allianz.

Blankenburg/Harz, Stadt im Harz, Bez. Magdeburg, DDR, 212 m ü. d. M., 19 000 E. Metallind. auf Grund des ehem. Eisenerzabbaus in der Umgebung. - Entstand um 1200 im Schutz der Burg (12. Jh.?) auf dem Blankenstein; Stadtrecht um 1350. - Pfarrkirche (um 1350); barockes Schloß (1705–18), Kleines Schloß (1725; 1777 umgestaltet); Rathaus im Renaissancestil.

Blankenstein ↑ Hattingen.

Blankett [frz.], 1. Bez. für das einem anderen mit einer Blankounterschrift übergebene Schriftstück, das dieser absprachegemäß vervollständigen soll. 2. Wertpapiervordruck, zu dessen Rechtsgültigkeit noch wichtige Eintragungen fehlen.

Blankettstrafgesetz, Strafvorschrift für ein bestimmtes Verhalten, das tatbestandsmäßig in einer anderen Vorschrift genau umschrieben ist (z. B. § 315a StGB).

blanke Waffen, im Ggs. zu den Feuerwaffen die Hieb- und Stichwaffen wie Säbel, Seitengewehr, Dolch und Lanze.

Blankleder, Leder für Koffer, Riemen u. a.; meist pflanzl. gegerbtes Rindsleder.

blanko [zu italien. bianco „weiß" (d. h. unbeschrieben)], *Papier:* svw. unbedruckt, unliniert (nicht notwendigerweise: weiß); *Wertpapiere:* svw. nicht vollständig ausgefüllt, d. h. mindestens ein wesentl. Bestandteil fehlt.

Blankoakzept, ein noch nicht vollständig ausgefülltes Akzept. Der Akzeptant erklärt die Annahme, obwohl Wechselsumme oder Verfalltag noch nicht eingetragen sind.

Blankokredit (Personalkredit), nicht dingl. gesicherter Kredit.

Blankoscheck, unterschriebener Scheck, bei dem der Betrag nachträgl. eingesetzt wird.

Blankounterschrift, Unterschrift vor Fertigstellung des dazugehörenden Textes.

Blankovollmacht, svw. Generalvollmacht.

Blankozession, Abtretung einer Forderung oder eines Rechts durch eine Urkunde, in der der Name des neuen Gläubigers offengeblieben ist.

Blankstahl, gewalzter oder geschmiedeter Stabstahl.

Blankvers [zu engl. blank verse „reiner, reimloser Vers"], reimloser Jambus i. d. R. mit fünf ↑ Hebungen (Füßen). Als Dramenvers findet sich der B. zuerst in der engl. Literatur, wo er u. a. von C. Marlowe und Shakespeare zum Vers des elisabethan. Dramas gemacht wurde. Im 17. Jh. fand er Eingang in das engl. Epos (Milton, „Das verlorene Paradies", 1667). Erste dt. Nachbildungen des B. finden sich im 17. Jh., aber erst seit dem 18. Jh. (J. E. Schlegel, Lessing, Wieland, Klopstock) verdrängte er den ↑ Alexandriner aus dem dt. Drama. Er wurde v. a. der Vers des klass. dt. Dramas (Schiller, Goethe).

Blankzeichen, svw. ↑ Füllzeichen.

Blanqui, Louis Auguste [frz. blã'ki], * Puget-Théniers (Alpes-Maritimes) 7. Febr. 1805, † Paris 1. Jan. 1881, frz. Sozialist und Revolutionär. - Nahm als einer der Führer der republikan. Opposition aktiv an allen Aufständen gegen die Julimonarchie teil; organisierte 1848 Arbeiterdemonstrationen. 1865–71 im Exil; 1871 als Mgl. der Pariser Kommune verhaftet, 1879 begnadigt; verfaßte Schriften zur polit. Ökonomie sowie Abhandlungen über die Technik der Verschwörung und des bewaffneten Aufstandes, die die spätere kommunist. Bewegung wesentl. beeinflußten;

seine Anhänger nannten sich **Blanquisten.**
Blanton, Jimmy [engl. 'blæntən], * Saint Louis (Mo.) 1921, † in Kalifornien 30. Juli 1942, amerikan. Jazzmusiker. - Als Bassist 1939–41 Mgl. des Orchesters Duke Ellingtons; Vorbild für die bedeutendsten nachfolgenden Jazzbassisten.
Blantyre [engl. blæn'taɪə], größte Stadt Malawis, im S des Landes, 1 100 m ü. d. M., 219 000 E. Sitz eines kath. Erzbischofs, anglikan. Bischofs, einer presbyterian. Synode. Polytechnikum, Inst. für öff. Verwaltung, Lehrerseminar; Nationalmuseum, Bibliotheken, Handels- und Verkehrszentrum des Landes; internat. ✈. - B., 1876 als Missionsstation gegr. und nach Livingstones schott. Geburtsort ben., 1895 Stadtrecht, wurde 1956 mit **Limbe,** gegr. 1909, vereinigt.
Blanvalet Verlag † Verlage (Übersicht).
Blappart, svw. † Blaffert.
Blarer (Blaurer), Ambrosius, * Konstanz 4. April 1492, † Winterthur 6. Dez. 1564, süddt. Reformator. - Freund Melanchthons; seit 1525 Prediger in Konstanz; wirkte an der Einführung der Reformation in Süddeutschland mit.
Bläschenausschlag (Bläschenflechte), in der Medizin eine akute Virusinfektion der Haut († Herpes).
Blaschke, Wilhelm Johann Eugen, * Graz 13. Sept. 1885, † Hamburg 17. März 1962, östr. Mathematiker. - Prof. u. a. in Hamburg; zahlr. Arbeiten v. a. auf den Gebieten der affinen Differentialgeometrie, der Integralgeometrie und der Kinematik; begr. die topolog. Differentialgeometrie („Geometrie der Gewebe").
Blasco Ibáñez, Vicente [span. 'blasko i'βaɲɛθ], * Valencia 29. Jan. 1867, † Menton (Frankr.) 28. Jan. 1928, span. Schriftsteller. - Wurde als Republikaner mehrfach verhaftet, floh nach Frankr. und Italien; bedeutendster Vertreter des span. Naturalismus. Nach Romanen und Erzählungen aus seiner Heimat behandelte er sozialist. und antiklerikale Themen, später schrieb er histor. Romane. - *Werke:* Die Scholle (R., 1901), Die Bodega (R., 1905), Die apokalypt. Reiter (R., 1916).
Blase, (Vesica) in der *Anatomie* sackförmiges, mit Schleimhaut ausgekleidetes Hohlorgan zur Aufnahme von Körperflüssigkeiten (z. B. Gallen-B., Harn-B.) oder von Gasen (z. B. die Schwimm-B. bei Fischen).
◆ (Bulla, Hautblase) in der *Pathologie* die blasenförmige Ablösung der obersten Schicht von Haut und Schleimhaut, unter der sich Luft oder Flüssigkeit (z. B. Wasser-B., Eiter-B., Blut-B.) ansammeln kann. Haut-B. können durch Druck, Quetschung, Reibung, Verbrennung, Wundlaufen entstehen, auch als selbständige Hautkrankheit (z. B. Bläschenausschlag) oder als Nebenerscheinung einer Krankheit (z. B. Wundrose).
◆ ältere Bez. für einen Behälter, der zur Durchführung einer Destillation dient.
Blasebalg, Gerät zur Erzeugung eines Luftstroms, im einfachsten Fall ein [Leder]-balg, der zw. zwei durch ein Gelenk verbundenen [Holz]platten befestigt ist. Beim Auseinanderziehen der Platten wird Luft durch ein sich nach innen öffnendes Ventil in den Balg gesaugt, beim Zusammendrücken durch einen Austrittsstutzen aus ihm hinausgeblasen; dient u. a. zur Windverzeugung in Musikinstrumenten (Orgel, Harmonium, Akkordeon); früher auch zum Anfachen des Schmiedefeuers und zur Grubenbewetterung.

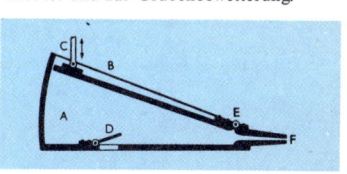

Blasebalg. A Spitzbalg, B Schwingplatte, C Schwingstange, D Klappenventil, E Scharnier, F Düse

Blasenauge † Auge.
Blasenausschlag (Blasensucht, Pemphigus), Gruppe schwerer Haut- bzw. Schleimhauterkrankungen, bei denen von der Stachelzellschicht ausgehende, mit gelbl.-seröser Flüssigkeit gefüllte Blasen auftreten. Die Ursache des P. ist noch nicht geklärt.
Blasenbinse, svw. † Blumenbinse.
Blasendorf † Blaj.
Blasenentzündung † Harnblasenkrankheiten.
Blasenfarn (Cystopteris), fast weltweit verbreitete Gatt. der Tüpfelfarngewächse mit 5 Arten, v. a. in Bergwäldern; zierl., niedrige Farne mit feingefiederten Blättern, Sporangienhäufchen an der Blattunterseite von einem blasenförmigen Häutchen umgeben. In M-Europa wächst auf feuchten Stellen, Felsen und Mauern der **Zerbrechliche Blasenfarn** (Cystopteris fragilis) mit kurz gestielten Fiederblättern.
Blasenfüße (Fransenflügler, Thysanoptera), weltweit verbreitete Ordnung 1–2 mm langer, unscheinbarer brauner oder schwarzer (auch gelber) Insekten mit etwa 2 000 Arten, davon ca. 300 einheim.; Körper fast immer langgestreckt, Flügel meist vorhanden; Beine kurz und kräftig, mit endständiger Haftblase zw. den beiden Krallen des letzten Fußgliedes. Viele Arten werden an Kulturpflanzen schädl.
Blasenkäfer, svw. † Ölkäfer.
Blasenkammer (Glaser-Kammer), Gerät zum Nachweis und zur Sichtbarmachung der Bahnspuren energiereicher ionisierender Teilchen. Sie besteht im wesentl. aus einem mit einer leicht siedenden Flüssigkeit (z. B. flüssigem Wasserstoff) gefüllten Gefäß zw. den Polen eines Magneten; die unter einem Druck

Blasenkatarrh

von einigen Atmosphären stehende Flüssigkeit wird bis zu einer Temperatur erhitzt, die oberhalb des Siedepunktes unter Normalbedingungen liegt. Eine plötzl. Druckerniedrigung führt zu einer kurzzeitigen Überhitzung (Siedeverzug). In diesem Augenblick in die B. eintretende ionisierende Teilchen erzeugen durch örtl. Aufhebung des Siedeverzugs Dampfbläschen, die die Bahn des Teilchens sichtbar machen. Photograph. Aufnahmen der Teilchenbahnen ermöglichen die Berechnung von Impuls und Ladung der Teilchen.

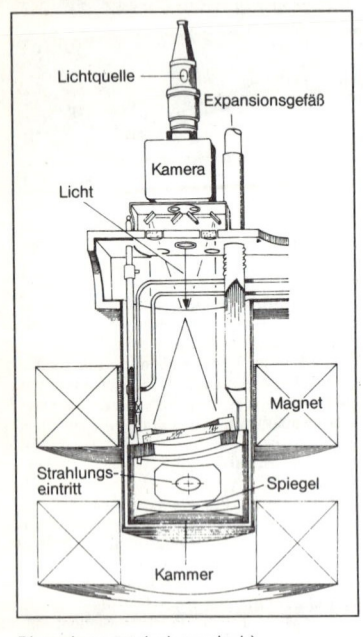

Blasenkammer (schematisch)

Blasenkatarrh, svw. Blasenentzündung († Harnblasenkrankheiten).

Blasenkrampf † Harnblasenkrankheiten.

Blasenkrankheiten, svw. † Harnblasenkrankheiten.

Blasenkrebs † Harnblasenkrankheiten.

Blasenläuse (Pemphigidae), weltweit verbreitete Fam. der Blattläuse, die meist Generations- und Wirtswechsel zeigen und häufig an Laubbäumen und Kräutern blasenförmige Gallen erzeugen, in denen die nächste Generation heranwächst. Schädlinge an Kulturpflanzen (z. B. † Blutlaus).

Blasenmole, krankhafte Wucherung des Mutterkuchens; meist in den ersten Monaten der Schwangerschaft auftretende Störung mit Bildung haselnußgroßer Blasen unter Auflösung des Embryos; Symptome: Blutungen mit Abgang heller Bläschen.

Blasenspiegel (Zystoskop), katheterähnl. Instrument mit Linsen- und Spiegelsystem und einer kleinen Lichtquelle, das durch die Harnröhre zur Erkennung von Schleimhautveränderungen der Harnblase sowie zu elektrochirurg. Maßnahmen (Steinzertrümmerung) eingeführt wird.

Blasensprung, selbsttätiges Einreißen der Eihäute der Fruchtblase, kenntl. am Abgang des Fruchtwassers während der Geburt.

Blasensteine † Harnblasenkrankheiten.

Blasenstrauch (Colutea), Gatt. der Schmetterlingsblütler mit etwa 20 Arten, von S-Europa bis zum Himalaja; sommergrüne Sträucher mit unpaarig gefiederten Blättern und gelben bis rotbraunen Blüten in wenigblütigen Trauben; Frucht eine mehrere cm lange, häutige, bauchig aufgeblasene Hülse; auch Zierpflanze.

Blasentang (Fucus vesiculosus), bis 1 m lange Braunalge an den Küsten des Atlant. Ozeans (einschließl. Nord- und Ostsee) und des westl. Mittelmeers; Thallus bandförmig, stark verzweigt, beiderseits der Mittelrippen paarig angeordnete (den Tang im Wasser aufrecht haltende) Schwimmblasen. - Bereits im Altertum zu Heilzwecken verwendet.

Blasentuberkulose † Harnblasenkrankheiten.

Blasenwurm (Kleiner Hundebandwurm, Echinococcus granulosus), 4–6 mm langer Bandwurm im Dünndarm von Raubtieren, Haushunden und Hauskatzen; besteht nur aus dem Kopf und 3–4 Gliedern, deren letztes die von Eischalen umhüllten Larven enthält. Zwischenwirte sind außer dem Menschen viele pflanzenfressende Säugetiere (bes. Huftiere). Die im Darm des Zwischenwirtes schlüpfenden Larven durchbohren dessen Darmwand und gelangen mit dem Blutstrom meist in die Leber. Im Zwischenwirt, in dem die faust- bis kindskopfgroßen Finnenblasen (Echinokokkenblasen) gebildet werden, kommt es nie zur vollen Entwicklung des B. Der B. ist einer der gefährlichsten Bandwürmer des Menschen, weil sich an den Echinokokkenblasen bis zu mehreren Mill. Tochterblasen bilden können, die sich abschnüren, um später an einer anderen Körperstelle zur großen Finnenblase heranzuwachsen.

blasiert [frz.], übersättigt, hochnäsig, hochmütig.

Blasinstrumente, Gruppe von Musikinstrumenten, die zur primären Tonerzeugung einen Luftstrom benutzen; dieser Luftstrom regt eine von einem Rohr umschlossene Luftsäule zu Eigenschwingungen an (Ausnahmen: † Akkordeon, † Mundharmonika und † Harmonium). Einteilung: A) Trompeteninstrumente: Hörner, Trompeten, Posaunen; B) Flöteninstrumente: Längsflöten (Blockflöte), Querflöten, Querpfeifen; C) Rohrblattinstrumente: Oboen und Fagotte mit Doppelrohrblattzungen, Klarinetten und Saxophone mit einfacher Rohrblattzunge.

Je nach Tonlage spricht man von Sopran-, Alt-, Tenor-, Bariton-, Baß- oder Kontrabaßinstrumenten. Im Sinne von B) und C) zählt auch die ↑Orgel zu den Blasinstrumenten. - Die Tonhöhe der B. hängt ab von Länge und Schwingungsform der zu Longitudinalschwingungen angeregten Luftsäule. Die ventil- und klappenlosen Signal- und Jagdhörner bringen nur die sog. Naturtöne hervor. Die Ventilinstrumente (z. B. Waldhorn, Trompete, Kornett) ermöglichen Tonänderungen durch Ein- und Ausschalten von Zusatzrohrbögen mittels der [Umschalt]ventile, die die Länge der schwingenden Luftsäule ändern; durch Ausnutzung der Naturtöne und geeignete Kombination der Ventile wird der gesamte chromat. Tonbereich erschlossen. Bei der Posaune ist eine stufenlose Änderung der Tonhöhe durch teleskopartiges Verschieben des U-Rohrbogens mögl. Von wesentl. Einfluß auf die Klangfarbe ist die Rohrform (kon. oder zylindr.) der Instrumente; daneben üben auch Material (**Blechblasinstrumente, Holzblasinstrumente**) und Wandstärke sowie Bohrung und Form der Mundstücke eine klangformende Wirkung aus.

Die Tonhöhenänderung der Flöten erfolgt ebenfalls durch Längenänderung der schwingenden Luftsäule, indem seitl. Bohrungen im Flötenrohr gedeckt oder freigegeben werden, bei den Blockflöten (Längsflöten) als Grifflöcher (z. T. als Doppellöcher zum Greifen der Halbtöne) ausgeführt. Die primäre Tonerzeugung der Blockflöten erfolgt an der Öffnung des Labiums durch Anblasen durch die Kernspalte. Die Querflöten besitzen eine seitl. am Flötenrohr angebaute Mechanik aus Griffhebeln, Wellen und Klappen. Die im Kopfteil befindl. Anblasöffnung wird quer zur Rohrachse angeblasen und ermöglicht eine individuelle Gestaltung des Klangs. Bei den Rohrblattinstrumenten wird der Ton erzeugt, indem die Luft durch einen Spalt zw. zwei Rohrblattzungen („Doppelrohrblatt") oder zw. einer Rohrblattzunge und ihrer Auflage hindurchströmt und dadurch das Blatt zum Schwingen bringt; die Änderung der Tonhöhe geschieht durch Klappen, deren Mechanismus dem der Querflöte im Prinzip ähnl. ist.

📖 *Baumgartner, J. F.: Von der Syrinx zum Saxophon. Ein Buch mit Bildern über Blasmusik. Solothurn; Stg. 1962.*

Blasius, aus dem Lat. übernommener männl. Vorname; Bed. und Herkunft dunkel.

Blasius, hl., † 316 (?), Märtyrer, Bischof von Sebaste (Armenien). - Nach der Legende soll er im Gefängnis ein Kind, das wegen einer verschluckten Fischgräte zu ersticken drohte, gerettet haben. Im Spät-MA wurde er den 14 ↑Nothelfern zugezählt. Angerufen bei Halskrankheiten, gegen die an seinem Festtag, dem 3. Febr., mit zwei überkreuzten Kerzen der **Blasiussegen** gespendet wird.

Blaskowitz, Johannes Albrecht, * Paterswalde (Ostpreußen) 10. Juli 1883, † Nürnberg 5. Febr. 1948 (Selbstmord), dt. Generaloberst. - Seit Okt. 1939 Oberbefehlshaber Ost; protestierte gegen die SS-Greuel in Polen, im Mai 1940 abgesetzt; zuletzt Oberbefehlshaber in den Niederlanden; 1948 in Nürnberg angeklagt.

Blason [bla'zõ:; frz.], Wappenschild (↑ auch Heraldik).

◆ in der frz. Literatur des 15./16. Jh. Preis- oder Scheltgedicht, das in detaillierter Beschreibung von Menschen oder Gegenständen handelt.

Blasonieren [frz.], fachgerechte Beschreibung eines Wappens (vom Träger aus gesehen) nach den Regeln der herald. Kunstsprache.

Blasphemie [griech.], Lästerung Gottes (urspr. auch des Menschen).

Blasrohr, v. a. in Indonesien und S-Amerika verwendete Jagdwaffe aus Holz oder Bambus, aus der durch Blasen Kugeln oder [vergiftete] Pfeile verschossen werden.

Blaß, Ernst, * Berlin 17. Okt. 1890, † ebd. 23. Jan. 1939, dt. Lyriker. - Seine formstrenge, intellektualist. Lyrik steht dem Expressionismus nahe.

Bläßgans (Bleßgans, Anser albifrons), etwa 65-76 cm große Feldgänseart im nördlichen N Asiens und N-Amerikas sowie im SW Grönlands; dunkel graubraun mit meist hellerer Unterseite, am Bauch unregelmäßig schwarze Querflecken; Stirn und Schnabelgrund weiß, Schnabel blaßrötl. oder gelborange, Beine orangefarben; im Winter auch an der Nordseeküste.

Bläßhuhn (Bleßhuhn, Bläßralle, Bleßralle, Belchen, Fulica atra), kräftige, knapp 40 cm große Rallenart in Europa und Asien, N-Afrika und Australien; matt grauschwarz, Kopf schwarzglänzend mit weißer Stirnplatte (Blesse) und weißem Schnabel; Beine grünl., Zehen mit breiten Schwimmlappen; lebt v. a. auf größeren, offenen Gewässern.

Blastem [griech.], tier. Bildungsgewebe (noch undifferenzierter Zellen), aus denen sich schrittweise die Körpergrundgestalt entwickelt.

Blastese [griech.], Sprossung einzelner Minerale bei Umkristallisation.

Blastoderm [griech.], einschichtiges Epithel der Blastulawand. Aus dem B. gehen die Keimblätter hervor.

Blastokoline [griech.], Stoffe (z. B. Kumarine, Salicylsäure, Senföle), die die Keimung der Samen höherer Pflanzen hemmen. B. finden sich im Fruchtfleisch (z. B. bei Tomate, Kürbis) oder in der Samenschale (bei Kern- und Steinobstarten). Sie werden in den Boden ausgewaschen, bei bestimmten Außenbedingungen (Frost, Licht) inaktiviert,

Blastom

ihre Wirkung wird durch Ausbildung von Wuchsstoffen aufgehoben, so daß die Keimung einsetzt.

Blastom [griech.] ↑Geschwulst.

Blastomykose [griech.], durch Blastomyzeten verursachte Erkrankungen, zunächst meist im Bereich der Haut und Schleimhäute (mit Absiedlungen in Lymphknoten, Lunge, Eingeweiden, Gelenken und im Zentralnervensystem), gelegentl. auch als primäre Erkrankung innerer Organe.

Blastomyzeten [griech.], ältere, in der Medizin noch gebräuchl. Bez. für sprossende Pilze (v. a. der Gatt. Blastomyces, Cryptococcus), die als Erreger von Blastomykosen auftreten.

Blastula [zu griech. blastós „Keim, Trieb"], frühes Entwicklungsstadium des Embryos; im Verlauf der Furchungsteilungen aus der Eizelle entstehender, meist hohler Zellkörper. Aus der B. geht die ↑Gastrula hervor.

Blasverfahren ↑Stahlerzeugung.

Blatt, zweiseitig-symmetr. seitl. Anhangsorgan der Sproßachse bei Sproßpflanzen. *B.bau:* Die Blätter einiger primitiver Farnpflanzen sind schuppenförmig, ein- bis wenigschichtig, nervenlos oder mit zarten Leitgewebesträngen versehen. Am Aufbau der Blätter der höher entwickelten Farnpflanzen und der Samenpflanzen sind parenchymat., leitende und meist auch mechan. Gewebe beteiligt. Die Leitgewebe sind als Stränge (↑Leitbündel), die als **Blattnerven** (**Blattadern**) bezeichnet werden, in das parenchymat. Grundgewebe eingebettet und bilden die B.nervatur. Fast stets ist ein Mittelnerv vorhanden, der meist das kräftigste Leitbündel darstellt, meist tritt zusätzl. noch mindestens ein Paar randl. Leitbündel aus der Sproßachse in das B. ein. Die das B. versorgenden Leitbündel zweigen vom Leitbündelsystem des Sprosses ab. An der B.basis geht das B.gewebe kontinuierl. in das Sproßgewebe über. Zuweilen ist die B.basis als von oben nach unten verlaufende, kissenförmige (**Blattpolster**) oder wulst- bis rippenförmige Anschwellung an der Sproßachse ausgebildet, so daß Teile des B. gleichzeitig Teile der Sproßrinde darstellen. Sind die Ränder dieser B.partie spreitenartig ausgewachsen, dann kommt es zu einer Flügelung der Sproßachse. Bei den Samenpflanzen lassen sich von der Sproßbasis bis zur -spitze insgesamt folgende Blattarten nach Bau und Funktion unterscheiden: ↑Keimblatt, ↑Niederblätter, ↑Laubblatt, ↑Hochblätter, ↑Kelchblatt, ↑Blumenblätter, ↑Staubblatt, ↑Fruchtblatt.

📖 Schüepp, O.: Konstruktionen zur Theorie der B.stellung. Zürich 1959.

◆ wm. Bez. für die Schultergegend des Wildes.

◆ ↑Webeblatt.

◆ (Mz. Blatte) Holzverbindung in Längs-, Quer- und Schrägrichtung in den verschie-

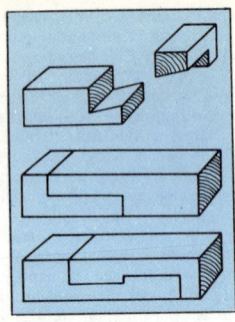

Blatt. Ecküberblattung, gerades Blatt und gerades Hakenblatt (von oben)

densten Formen; z. B. schräge Ecküberblattung, gerades B., gerades Hakenblatt.

◆ *seemänn.:* 1. der ins Wasser eintauchende flache Teil des ↑Riemens, 2. die Fläche des Steuerruders eines Schiffes.

Blattaluminium, durch Hämmern hergestellte Aluminiumfolie bis 0,0004 mm Stärke *(unechtes Blattsilber);* dient als Füllung für Blitzlampen in der Photographie.

Blattbräune, durch Schlauchpilze verursachte, hauptsächl. an Süßkirsche, Quitte, Gartenbohne, Rüben, Kartoffeln vorkommende Blattkrankheit. Die befallenen Blätter zeigen braune Flecke, rollen sich gelegentl. ein und vertrocknen am Zweig.

Blattdornen ↑Laubblatt.

Blattella [lat.], Gatt. der ↑Schaben, in M-Europa nur die ↑Hausschabe.

Blätterkohl ↑Gemüsekohl.

Blättermagen (Psaltermagen, Psalterium), zw. Netzmagen und Labmagen liegender Abschnitt des Wiederkäuermagens mit ausgeprägten, blattartig nebeneinanderliegenden Schleimhautlängsfalten. Im B. wird der bereits wiedergekäute Nahrungsbrei zerrieben und der größte Teil seiner Flüssigkeit ausgepreßt, bevor er in den Labmagen gelangt.

Blattern, volkstüml. Bez. für: ↑Pocken.

Blätterpilze, svw. ↑Lamellenpilze.

Blätterteig, blätterartig geschichtetes Backwerk (der Teig wird mehrmals mit mehrstündigen Pausen ausgerollt, mit Butter bestrichen und zusammengefaltet).

Blattfeder, elast. Maschinenelement zum Abfangen von Stößen; als geschichtete B. häufig bei Schienen- und Kraftfahrzeugen.

Blattfingergeckos (Blattfinger, Phyllodactylus), Gatt. kleiner Geckos mit haftplatten, verbreiterten Finger- und Zehenenden; v. a. in den Tropen und Subtropen der Alten und Neuen Welt; einzige Art in Europa ist der bis 7 cm lange **Europäische Blattfingergecko** (Phyllodactylus europaeus).

Blattsteigerfrösche

Blattflöhe (Springläuse, Blattsauger, Psyllina), Unterordnung der Gleichflügler mit der einzigen, weit verbreiteten Fam. **Psyllidae:** rd. 1 000, etwa 2–4 mm große, unscheinbar bräunl. oder grünl. gefärbte Arten; zikadenähnl., jedoch mit langen Fühlern; ♀♀ stets mit Legebohrer; Flügel meist durchsichtig; zahlr. Arten schädl. an Kulturpflanzen; einheim. u. a. ↑Apfelblattsauger.

Blattfußkrebse (Blattfüßer, Phyllopoda, Branchiopoda), Unterklasse fast ausschließl. im Süßwasser lebender Krebstiere mit rd. 1 000, etwa 0,2 mm bis 10 cm langen Arten; Körper von einem napfförmigen Rückenschild (z. B. bei Wasserflöhen) bedeckt; Vorderrumpfabschnitt mit Extremitäten (meist quergestellte, biegsame Blattbeine). - Zu den B. gehören u. a. die ↑Muschelschaler und ↑Wasserflöhe.

Blattgold, zu feinen Folien ausgehämmertes Gold, 0,00014 bis 0,00010 mm Schichtdicke. B. dient zum Vergolden von Buchschnitten und Kunstgegenständen. Als **unechtes Blattgold** bezeichnet man fein ausgehämmerten ↑Tombak.

Blattgrün, svw. ↑Chlorophyll.

Blatthornkäfer (Lamellicornia), Familiengruppe der Käfer mit über 22 000, etwa 1 mm bis 15 cm großen Arten, davon rd. 700 in Europa, 150 in Deutschland; Fühler abgewinkelt, an der Spitze fast stets mit nach einer Seite gerichteten, blattartigen, lamellenförmigen Anhängen. 3 Fam.: ↑Zuckerkäfer, ↑Skarabäiden, ↑Hirschkäfer.

Blatthühnchen (Jacanidae), Vogelfam. mit 7, knapp 15 bis über 50 cm langen Arten, v. a. in den Tropen; sehr hochbeinig mit stark verlängerten Zehen und Krallen; amerikan. Art ↑Jassana.

Blattkäfer (Chrysomelidae), weltweit verbreitete Käferfam. mit etwa 34 500, meist kleinen Arten, davon etwa 1 300 in Europa, etwa 480 in Deutschland; überwiegend rundl. bis eiförmig, meist bunt oder metall. glänzend; einige Arten sind schädl. an Kulturpflanzen, z. B. ↑Kartoffelkäfer.

Blattkaktus (Epiphyllum, Phyllocactus), Kakteengatt. mit etwa 20 Arten in M- und S-Amerika; epiphyt. Sträucher mit langen, blattartigen, zweikantig geflügelten Sprossen und großen, oft wohlriechenden, trichterförmigen Blüten mit sehr langer Röhre; kultiviert wird z. B. der **Kerbenblattkaktus** (Epiphyllum crenatum, Phyllocactus crenatus) mit bis 22 cm langen, innen weißen oder cremefarbenen, außen grünl. Blüten.

Blattkiemer (Eulamellibranchiata), Ordnung im Meer oder auch im Süßwasser lebender Muscheln; Schalenlänge etwa 1 mm bis 1,5 mm, Kiemen mit zahlr. blättchenförmigen Lamellen *(Blattkiemen);* Mantel oft zu Ein- und Ausströmröhren (Siphonen) ausgezogen; Schloßzähne sind meist nur in geringer Zahl vorhanden.

Blattkohl ↑Gemüsekohl.

Blattläuse (Aphidina), weltweit verbreitete Unterordnung der Pflanzenläuse mit etwa 3 000, selten über 3 mm großen Arten, davon etwa 830 in M-Europa; Körper weichhäutig, meist mit dünnen, langen Schreitbeinen; ♀♀ häufig ungeflügelt, ♂♂ fast stets mit großen, häutigen Flügeln. B. haben einen komplizierten Generationswechsel, häufig verbunden mit Wirtswechsel. Aus dem hartschaligen, befruchteten Winterei entsteht die „Stammutter", die parthenogenet. ♀♀ hervorbringt. Letztere erzeugen wiederum parthenogenet. ♀♀. Oft folgen mehrere derartige Generationen aufeinander, deren letzte ♂♂ und befruchtungsbedürftige ♀♀ hervorbringt, die ihrerseits befruchtete Wintereier ablegen. - Die B. sind Pflanzensauger. Viele sind schädl. an Nutzpflanzen. Fam.: ↑Röhrenläuse, ↑Blasenläuse, ↑Rindenläuse, ↑Zwergläuse, ↑Maskenläuse, ↑Zierläuse, ↑Borstenläuse.

Blattnasen (Phyllostomidae), Fam. der Kleinfledermäuse mit etwa 140 Arten vom südl. N-Amerika bis N-Argentinien und auf den Westind. Inseln; Körperlänge etwa 4 bis 14 cm, Flügelspannweite 20–70 cm. Die B. haben meist häutige, oft skurril gestaltete Nasenaufsätze.

Blattpflanzen, allg. Bez. für Zierpflanzen (z. B. Gummibaum, Palmen, Philodendron) mit großen, dekorativen Blättern.

Blattranken ↑Laubblatt.

Blattrippe ↑Laubblatt.

Blattschneiderameisen, Bez. für mehrere Gatt. etwa 2–15 mm großer Ameisen mit etwa 100 Arten in den Tropen und Subtropen Amerikas. Die B. leben in Erdnestern, in die sie zerschnittene Blätter (auch von Kulturpflanzen) eintragen.

Blattschneiderbienen (Tapezierbienen, Megachile), mit über 1 000 Arten weltweit verbreitete Gatt. 10–38 mm großer Bienen, von denen 22 Arten in M-Europa vorkommen; bilden für die Brut fingerhutförmige Zellen, die aus ovalen, herausgeschnittenen Blattstückchen zusammengefügt werden.

Blattschreiber ↑Fernschreiber.

Blattschwanzgeckos (Phyllurus), Gatt. bis etwa 25 cm langer Geckos in S-Asien und Australien; Baumbewohner mit langen, dünnen Kletterzehen; Schwanz blattartig verbreitert.

Blattspitzen, blattförmige, vorwiegend beidseitig retuschierte Steingeräte unterschiedl. Funktion (Speerspitze, Messer); ältestes Auftreten im Mittelpaläolithikum, im Jungpaläolithikum Ostmitteleuropas und W-Europas, in Afrika in verschiedenen Gruppen des Middle Stone Age und Atérien; zu den B. zählen in N-Amerika Clovis- und Folsomspitzen.

Blattsteigerfrösche (Phyllobates), Gatt. der Färberfrösche in M- und S-Amerika; etwa 20 Arten; wenige cm lang, oft leuch-

Blattstiel

tend bunt, Finger und Zehen mit Haftscheiben. Die Haut der B. enthält organ. Gifte, die von den Indianern zur Herstellung von Pfeilgift benutzt werden.

Blattstiel ↑ Laubblatt.

Blattütenmotten (Miniermotten, Lithocolletidae), Fam. kleiner Schmetterlinge mit sehr schmalen, lange Fransen tragenden Flügeln; einheim. über 50 Arten aus der Gatt. *Lithocolletis*, mit metall. glänzenden Flecken auf den meist silberweißen Vorderflügeln.

Blattvögel, (Irenidae) Fam. der Sperlingsvögel mit etwa 14, rd. 15–50 cm langen Arten in S- und SO-Asien; ♂♂ bunter gefärbt; wegen ihrer Farbenpracht und ihrer Stimme z. T. beliebte Käfigvögel, z. B. ↑ Elfenblauvogel.

◆ (Chloropsis) Gatt. der Fam. Irenidae mit etwa 8, 17–20 cm langen Arten in den Regenwäldern des südl. und sö. Asiens; schlank, mit zieml. langem, leicht nach unten gebogenem Schnabel; Gefieder überwiegend leuchtend grasgrün, Kopf der ♂♂ oft leuchtend bunt; z. B. ↑ Goldstirnblattvogel.

Blattwanzen (Lygus), Gatt. der Blindwanzen mit 8 einheim., rd. 5–6 mm langen, länglichovalen Arten; schädl. an landw. Kulturen.

Blattwespen (Tenthredinidae), fast weltweit verbreitete Fam. der Pflanzenwespen mit rd. 4 000 Arten 3–15 mm großen, oft auffallend bunten Arten, davon etwa 850 in Europa. Schädlinge sind z. B. ↑ Sägewespen.

Blau, Sebastian ↑ Eberle, Josef.

Blau ↑ Blautopf.

Blau, Bez. für jede vom Gesichtssinn vermittelte Farbempfindung, die durch Licht einer Wellenlänge zw. 440 und 495 nm (**blaues Licht**) oder durch additive Farbmischung von Grün und Violett bzw. durch subtraktive Mischung von Blaugrün (Cyan) und Purpur (Magenta) hervorgerufen wird. Licht der Wellenlänge 470 nm ergibt ein B., das weder rötl. noch grünl. ist und als eine der vier Urfarben angesehen wird.

Blaualgen (Spaltalgen, Cyanophyta), einzellige, fadenförmige Organismen, die zus. mit den Bakterien als Prokaryonten gegenüber Pflanzen und Tieren als selbständige systemat. Einheit aufgefaßt werden. B. kommen als Einzeller, Zellkolonien, unverzweigte oder verzweigte Fäden in allen Lebensräumen (Ausnahme: Luftraum) vor. Sie sind v. a. im Süßwasser verbreitet; sie besiedeln extreme Standorte und sind Erstbesiedler auf Rohböden und nacktem Gestein. - Die Fortpflanzung erfolgt nur durch Zellteilung. Der Zellkern fehlt, Sitz der genet. Information ist das Zentroplasma mit DNS-haltigen Strukturen (Kernäquivalent). Das für die Photosynthese wichtige Chlorophyll kommt zus. mit blauem (Phykozyan) oder rotem Farbstoff (Phykoerythrin) im Zytoplasma vor. Einige B. bilden mit Pilzen Symbiosen (Flechten).

Blaubart (frz. Barbe-Bleue), Märchen von C. Perrault in der Sammlung „Contes de ma mère l'oye" (1697). Ritter B. bringt seine Frauen um, sobald sie das Verbot übertreten, ein bestimmtes Zimmer (das Mordzimmer) zu betreten. Seine letzte Frau wird von ihren Brüdern gerettet.

Blaubeere, svw. ↑ Heidelbeere.

Blaubeuren, Stadt am S-Rand der Schwäb. Alb, Bad.-Württ., 516 m ü. d. M., 11 600 E. Ev.-theolog. Seminar, Goethe-Inst.; Museen; Zementproduktion, Textil-, Elektro- und Pharmaind. - Entstand im Anschluß an ein 1085 gegr. Benediktinerkloster, 1122 Markt-, 1267 Stadtrechte. - Ehem. Klosterkirche (1491–99) mit spätgot. Wandelaltar (1493), Chorgestühl (1493), Kreuzgang (1466) und zweischiffiger Kapitelsaal (1481). - ↑ auch Blautopf.

Blaublätterstruktur, Wechsel von nahezu luftfreien bläul. mit an Luftbläschen reicheren weißen Gletschereisschichten.

Blaubuch ↑ Farbbücher.

blaue Blume, Symbol der romant. Poesie in Novalis' fragmentar. Roman „Heinrich von Ofterdingen" (1802). Die Suche nach der b. B. steht in der Romantik für die Sehnsucht nach Aufhebung aller Erfahrungsgrenzen.

Blaue Division (División Azul), span. Freiwilligenverband in Gesamtstärke von wahrscheinl. 47 000 Mann, der 1941–43 auf dt. Seite am Krieg gegen die UdSSR teilnahm.

blaue Erde, im Oligozän entstandener, glaukonithaltiger Sand, der sich durch seinen Gehalt an Bernstein auszeichnet.

Blaue Grotte ↑ Capri.

Blaueisenerz, svw. ↑ Vivianit.

Blaue Lupine, svw. Schmalblättrige Lupine (↑ Lupine).

Blauen, Berg im südl. Schwarzwald, sö. von Badenweiler, Bad.-Württ., 1 165 m hoch.

Blauer Eisenhut (Echter Sturmhut, *Aconitum napellus*), Hahnenfußgewächs; Sammelart mit etwa 10 Kleinarten in den Gebirgen M-Europas (v. a. der Alpen), eine 1,5 m hohe Staude mit fünf- bis siebenteiligen, handförmigen Blättern und blauvioletten, helmförmigen, bis 2 cm großen Blüten in dichten, vielblütigen Trauben; auf Lägerfluren und in Wäldern (bis zu einer Höhe von 3 000 m) vorkommend; Wurzelknollen und Blätter durch ↑ Aconitin sehr giftig.

blauer Montag ↑ Montag.

Blauer Nil, Fluß in NO-Afrika, entspringt als Abbai in Äthiopien, bildet bei Khartum zus. mit dem Weißen Nil den Nil; sehr unterschiedl. Wasserführung. Seine große Bed. erhielt der B. N. durch Staudämme zur Bewässerung der wichtigsten Anbaugebiete der Republik Sudan.

Blauer Peter, Bez. für die Signalflagge P (weißes Rechteck auf blauem Grund); wird von Schiffen gesetzt, die innerhalb von 24 Stunden aus dem Hafen auslaufen.

Blauer Reiter (Der B. R.), Künstlergemeinschaft, erhielt ihren Namen nach der von W. Kandinsky und F. Marc 1911 in München gegr. Redaktion „Der B. R.", die Ausstellungen veranstaltete und 1912 den Almanach „Der B. R." herausgab. Dieser brachte neben Äußerungen zur Kunst und Arbeiten der Gruppe Volks- und Kinderkunst, Ethnographisches, naive Malerei (Rousseau), Bilder der Brücke-Maler, von Delaunay, Matisse, Picasso, auch musiktheoret. Abhandlungen sowie Musikbeilagen (von Schönberg, A. Berg, A. v. Webern usw.). Mgl. wurden A. Macke, G. Münter, A. Kubin und P. Klee. R. Delaunay nahm an den Münchner Ausstellungen teil, an der Berliner Ausstellung, die H. Walden 1913 im „Sturm" organisierte, beteiligten sich auch A. von Jawlensky und M. von Werefkin. Der gemeinsame Nenner dieser Künstler war die Wendung gegen das akadem. wirklichkeitsnachahmende Bild und hemmende (impressionist.) Traditionen.

Blaues Band, (B. B. des Ozeans) Auszeichnung für die schnellste Überquerung des Atlantiks zw. Bishop's Rock auf den brit. Scilly-Inseln und dem Ambrose-Leuchtfeuer von New York durch ein Passagierschiff.
◆ Auszeichnung (seit 1869) für den Sieger im Dt. Galoppderby (Pferderennsport).

blaues Blut (Blaublütigkeit), svw. altadliges Blut; der Ausdruck geht ins 19. Jh. zurück, aus span. „sangre azul" übertragen (der span. Adel westgot. Herkunft fiel in der Umgebung dunkelhäutiger Menschen durch die unter der hellen Haut an Schläfen und Handrücken bläul. schimmernden Venen auf).

Blaues Kreuz, Name und Abzeichen einer Vereinigung zur Rettung von Alkoholikern; gegr. 1877 in Genf. 1980 zählte das **Blaue Kreuz in Deutschland e. V.** (Sitz: Wuppertal-Barmen) etwa 8 000 Mgl. und Freunde, die als Einzelpersonen oder in Vereinen und Gruppen an über 300 Orten Alkoholiker betreuen.

Blaufelchen (Große Schwebrenke, Coregonus wartmanni), schlanke, seitl. etwas zusammengedrückte, bis 10 kg schwere, bis 70 cm lange Renkenart in sauerstoffreichen Seen der Alpen, der Voralpen, von N-Deutschland und N-Europa; Rücken blau- bis dunkelgrün, Seiten und Bauch weißlich-silbern; Kopf kegelförmig, spitz; schmackhafter Speisefisch.

Blaufeuer (Blaulicht, Lotsenfeuer), hellblaues Licht bei Herbeirufen eines Lotsen bei Nacht; Brenndauer $1/2$ bis 1 min.

Blaufichte † Stechfichte.

Blaufuchs, Farbvariante des † Polarfuchses; Sommerfell braungrau, das im Pelzhandel begehrte langhaarige Winterfell blaugrau.

Blaugel, Kieselsäuregel mit Feuchtigkeitsindikator (meist Kobaltsalze, die sich bei zunehmendem Feuchtigkeitsgehalt von Blau nach Rosa verfärben); Verwendung als mildes Trockenmittel.

Blauer Reiter. Wassily Kandinsky, Titelholzschnitt zum Almanach „Der Blaue Reiter" (1912)

Blauhai (Prionace glauca), meist 2,5–4 m lange, sehr schlanke, spitzschnäuzige Art der † Menschenhaie, v. a. in den Meeren trop. und subtrop. Breiten (im Sommer und Herbst im Mittelmeer häufig, seltener in der Nordsee, gelegentl. in der westl. Ostsee); Oberseite und Flossen dunkelblau bis blaugrau, Seiten heller, Bauch weiß; Schwanz lang und abgeflacht, Brustflossen sehr lang, sichelförmig; Zähne groß, einspitzig, mit stark gesägten Rändern.

Blauheide (Moosheide, Phyllodoce), Gatt. der Heidekrautgewächse mit etwa 7 Arten in den arkt. und alpinen Gebieten der nördl. Halbkugel; niedrige, immergrüne Zwergsträucher mit glockenförmigen weißen, gelbl., rosa oder purpurroten Blüten in Blütenständen.

Blauholz, sehr hartes, rotes, später dunkelviolettes Holz des Kampescheholzbaums (Haematoxylon campechianum). Verwendung für Geigenbögen und zur Gewinnung von † Hämatoxylin.
◆ schwarzer Naturfarbstoff zur Färbung von Leder und Haarfellen, speziell für Persianer.

Blaukehlchen (Luscinia svecica), etwa 14 cm große Drosselart, v. a. in Uferdickichten und sumpfigen Wiesen, in Europa sowie im gemäßigten und nördl. Asien; Oberseite dunkel graubraun, Bauch weißl., ♂ zur Brutzeit mit leuchtend blauer Kehle, die unten

Blaukissen

von einem schwarzen und rostroten Band eingefaßt ist.

Blaukissen, svw. ↑Aubrietie.

Blaukochen, svw. ↑Blausieden.

Blaukraut (Blaukohl, Rotkohl, Rotkraut, Brasica oleracea var. capitata f. rubra), Kulturform des Gemüsekohls mit Kopfbildung; Blätter blaurot gefärbt.

Blaulicht, in der *Medizin* Lichtquelle mit vorgesetztem Blaufilter (Wellenlängenbereich 440–490 nm), deren Licht durch Absorption der Rotstrahlen von geringer Wärmewirkung ist („kaltes Licht"); u. a. zur örtl. Behandlung von Neuralgien, Nervenentzündungen und Juckreiz (**Blaulichtbestrahlung**).
♦ von einer bes. Kennleuchte (Rundumleuchte) ausgesendetes *blaues Blinklicht*. B. ist nach § 52 StVZO nur an bestimmten bevorrechtigten Kraftfahrzeugen der Polizei und Feuerwehr, des Techn. Hilfswerks sowie an Unfallhilfs- und Krankenwagen zugelassen.
♦ svw. ↑Blaufeuer.

Bläulinge (Lycaenidae), weltweit verbreitete Fam. kleiner bis mittelgroßer Tagfalter mit über 4000 Arten, v. a. in den Tropen (76 Arten in Europa); Flügel der ♂♂ oft mit lebhaft blauem oder rotem Metallglanz; Flügel der ♀♀ überwiegend braun bis grau, seltener auch blau gefärbt; Flügelunterseite meist mit dunklen, hell gerandeten Punkten oder kleinen Augenflecken, häufig mit bunter Randzeichnung. In M-Europa u. a. ↑Silberfleckbläuling, ↑Dukatenfalter, ↑Zipfelfalter.

Blaumeise (Parus caeruleus), kleine, gedrungene, etwa 11 cm große Meisenart in Europa, W-Asien und NW-Afrika; Rücken olivgrün, Unterseite gelb; Scheitelplatte, Flügel und Schwanz glänzend kobaltblau, Wangen weiß mit schwarzer Begrenzung und schwarzem Augenstreif; ♂ etwas matter gefärbt als ♀.

Blaunase, svw. ↑Schnäpel.
♦ svw. ↑Zährte.

Blaupause, Lichtpause von transparenten Originalen; Herstellung beruht auf der Lichtempfindlichkeit organ. Eisen(III)-verbindungen, wobei die belichteten Teile mit Hexacyanoferrat („rotes Blutlaugensalz") Berliner Blau bilden (Zyanotypie).

Blauracke (Coracias garrulus), etwa 30 cm große Rackenart in Europa, in W-Asien und NW-Afrika; hell türkisblau mit leuchtend zimtbraunem Rücken, Flügelenden und Schwanz metall. dunkelblau.

Blausäure [nach dem Berliner Blau, aus dem sie 1782 zuerst hergestellt wurde] (Cyanwasserstoffsäure, Ameisensäurenitril), sehr schwache, wenig stabile Säure der Formel HCN; ihre Salze sind die ↑Cyanide. Die B. kommt in der Natur in bitteren Mandeln und Obstkernen vor. Neben der Verwendung als Schädlingsbekämpfungsmittel gewinnt die B. zunehmende techn. Bedeutung als Zwischenprodukt der Synthese von Chemiefasern (Acrylfasern). Die B. zählt zu den stärksten und am schnellsten wirkenden Giften (blokkiert die zelluläre Sauerstoffversorgung).

Blauschimmel (Peronospora tabacina), Algenpilz, der v. a. an Tabakpflanzen erhebl. Schaden anrichten kann.

Blauschwingel ↑Schafschwingel.

Blausieden (Blaukochen), Garen von Süßwasserfischen in Essigwasser.

Blauspat, svw. ↑Lazulith.

Blaustern, svw. ↑Szilla.

Blaustich, bei Farbphotos Farbtonverschiebung zum blauen Spektralbereich hin; beruht auf zu hoher Farbtemperatur der Beleuchtung oder fehlerhafter Kopierfilterung.

Blaustrumpf, Frau, die zugunsten der geistigen Arbeit die als typ. weibl. geltenden Eigenschaften zurückgedrängt hat. „Bluestocking" war Spottname für die Teilnehmerin des schöngeistigen Zirkels der Lady Montague Mitte des 17. Jh., in dem der Botaniker B. Stillingfleet statt mit den übl. schwarzseidenen in blauen Wollstrümpfen erschien. Der dt. Ausdruck wurde um 1830 durch die Schriftsteller des Jungen Deutschlands populär.

Blausucht (Zyanose), blaurote Verfärbung von Haut und Schleimhäuten infolge verminderter Sauerstoffsättigung des Blutes; bei Herzinsuffizienz und schweren Lungenkrankheiten.

Blautanne, svw. Blaufichte († Stechfichte).

Blautopf, Karstquelle der Blau, eines linken Nebenflusses der Donau, in Blaubeuren; die durchschnittl. Schüttung beträgt 2 200 l/s. Der Quelltopf setzt sich als B.höhle fort.

Blauwal (Balaenoptera musculus), in allen Weltmeeren vorkommender, meist bis 30 m langer, bis über 130 t schwerer Furchenwal; Körperoberseite stahlblau bis blaugrau mit kleinen hellen Flecken, Unterseite etwas heller; Rückenfinne sehr klein, Brustflossen lang und spitz; etwa 360 tiefschwarze Barten. - Der B. ernährt sich fast ausschließl. von ↑Krill, von dem sein Magen etwa 2 000 l aufnehmen kann. Die Lebensdauer des B. beträgt vermutl. 20–30 Jahre. Der B. ist durch starke Bejagung selten geworden.

Blauwangenbartvogel (Megalaima asiatica), etwa 22 cm großer Bartvogel in den Wäldern S-Asiens; leuchtendgrün mit je einem kleinen seitl. roten Kehlfleck, Kopf himmelblau, Scheitelplatte rot mit schwarzem Querband; in Volieren leicht zu halten.

Blåvands Huk [dän. blɔvans'hug, 'hog], Kap an der W-Küste Jütlands, westlichster Punkt Dänemarks; Leuchtturm, Küstenfunk- und Wetterstation.

Blavatsky, Helena Petrovna, geb. Hahn von Rottenstern, *Jekatarinoslaw (= Dnepropetrowsk) 12. Aug. 1831, † London 8. Mai 1891, russ. Theosophin. - Gründete zusammen mit H. S. Olcott am 17. Nov. 1875 in New York die ↑Theosophische Gesellschaft.

Bled

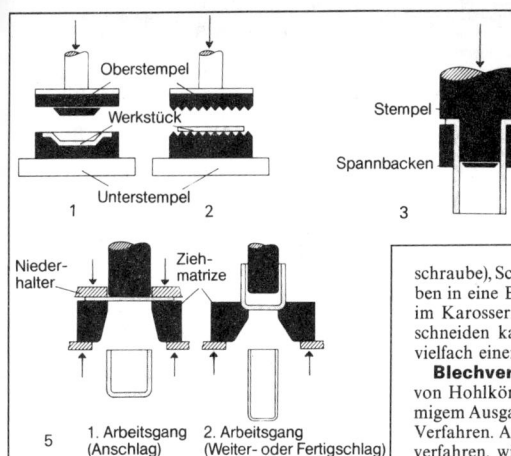

Blechverarbeitung. 1 Formstanzen, 2 Flachstanzen, 3 Bördeln, 4 Sicken, 5 Tiefziehen runder Teile

Blazer ['ble:zər; engl.; zu blaze „leuchten" (nach der Farbe)], urspr. blaue Klubabzeichen sowie daraus entwickeltes einfarbiges sportl. Damen- oder Herrenjackett.

Blech, Leo, * Aachen 22. (nicht 21.) April 1871, † Berlin 25. Aug. 1958, dt. Dirigent und Komponist. - Wirkte 1905–37 in Berlin, 1941–49 in Stockholm, 1949–53 wieder in Berlin. Als Komponist steht B. in der Nachfolge seines Lehrers E. Humperdinck, u. a. Opern („Aschenbrödel", 1905).

Blechblasinstrumente, im Ggs. zu den Holzblasinstrumenten die aus Metall gefertigten Trompeten- und Horninstrumente.

Bleche [zu althochdt. bleh, eigtl. „Glänzendes"], aus metall. Werkstoffen durch Walzen hergestelltes Halbzeug in Form von Tafeln, Platten, Bändern oder Streifen; nach ihrer Stärke werden die B. unterteilt in Fein-B. (bis 3 mm), Mittel-B. (3 bis 5 mm) und Grob-B. (über 5 mm); weitere Unterscheidung erfolgt nach Material, Herstellungsart, Behandlung und Verwendungszweck, z. B. Stahl-, Schwarz-, Tiefzieh-, Karosserie-, Bekleidungs-Bleche.

Blechen, Karl, * Cottbus 29. Juli 1798, † Berlin 23. Juli 1840, dt. Maler. - Seine Bilder und v. a. die Ölskizzen mit ihrer lichterfüllten Atmosphäre ließen B. zu einem Vorläufer des Impressionismus werden. U. a. „Park von Terni mit badenden Mädchen" (um 1830, mehrere Fassungen).

Blechlehre, Gerät zur Dickenmessung von Blechen.

Blechnum [griech.], svw. ↑Rippenfarn.

Blechschraube (Gewindeschneidschraube), Schraube, die sich beim Einschrauben in eine Bohrung z. B. von Metallblechen im Karosseriebau das Muttergewinde selbst schneiden kann. Die Köpfe der B. besitzen vielfach einen Kreuzschlitz.

Blechverarbeitung, die Herstellung von Hohlkörpern und Profilen aus blechförmigem Ausgangsmaterial nach verschiedenen Verfahren. Am Beginn steht meist ein Trennverfahren, wie z. B. *Schneiden, Schlitzen, Lochen, Stechen* und *Durchbrechen*. Durch *Biegen* oder *Abkanten* auf Abkantpressen lassen sich Winkel und Profile verschiedenster Art herstellen. Das *Rollen* mit einer Rollstanze wird zur Formung von Ösen, Scharnieren und Wülsten an Hohlkörpern eingesetzt. *Formstanzen (Formschlagen, Biegestanzen)* wird zur Formung von Hohlkörpern herangezogen, wobei häufig mit vorgeformten Teilen gearbeitet wird. Dem Richten von Blechteilen dient das *Flachstanzen* zw. ebenen Arbeitsflächen. Diese sind entweder glatt oder aber für dünne Bleche geriffelt, wodurch das Blech eine waffelartige Oberfläche und zusätzl. Versteifung bekommt. *Falzen* dient vorwiegend der Verbindung von Blechteilen. Falze entstehen durch Umbiegen der Kanten und Ineinanderschieben der beiden Teile. *Bördeln* ist das Hochstellen eines Randes und *Sicken* das Formen von rinnenartigen Vertiefungen; dadurch zusätzl. Versteifung. Unter *Kelchen* versteht man das Formen eines kelchförmigen Randes mit Kelchwinkeln bis zu 60° an Rohren und Hohlkörpern. Durch *Tiefziehen* werden Hohlkörper aller Art, wie Töpfe, Dosen, Behälter, Karosserieteile u. a. hergestellt. Beim *Ausbauchen* wird der Werkstoff mit Spreizdornen, Sand oder Gummikissen oder mittels Explosionsdruck in eine Form gedrückt. *Drücken (Abstreckdrücken, Außenformdrücken, Planieren)* stellt ein Verfahren dar, bei dem sich Blechteile durch Anpressen des Bleches mit einem Drückstab oder einer Drückrolle an eine umlaufende Form zu runden Hohlkörpern pressen lassen (auch zum Glätten gezogener Teile).

📖 *Tönshoff, H. K./Bernhardt, U.: Gestaltung dünnwandiger Blechbauteile. Bremerhaven 1982.*

Blecke, svw. ↑Bitterling.

Bled (dt. Veldes), Ort in den Jul. Alpen,

Blei

501 m ü. d. M., 4 800 E. Bedeutendster jugoslaw. Alpenluftkurort mit Thermalquelle; Wallfahrtskirche auf einer Insel im **Bleder See**. - Die Burg wird 1004 erstmals genannt.

Blei, Franz, * Wien 18. Jan. 1871, † Westbury (N. Y.) 10. Juli 1942, östr. Schriftsteller. - Bed. v. a. als Anreger, Förderer, Kritiker, Hg. und Übersetzer (Gide, Claudel); schrieb die Satire „Das große Bestiarium der modernen Literatur" (1920, erweitert 1924).

Blei [zu althochdt. blīo, urspr. „das (bläulich) Glänzende"], chem. Symbol Pb; metall. Element aus der IV. Hauptgruppe des Periodensystems der chem. Elemente; Ordnungszahl 82, mittlere Atommasse 207,19, Dichte 11,35 g/cm^3, Schmelzpunkt bei 327,5 °C, Siedepunkt 1 750 °C, weiches, blaugraues Schwermetall. B. ist an der Luft leicht oxidierbar, die entstehende Oxidhaut verhindert eine weitere Oxidation; beständig gegenüber Säuren, mit denen es schwerlösl. Salze bildet (z. B. Schwefelsäure). In Verbindungen ist B. zwei- oder vierwertig. In der Natur kommt es meist als B.glanz (↑ Bleisulfid) vor.

Die mächtigsten *Bleivorkommen* finden sich in Birma, weitere in N-Amerika, Mexiko und Brasilien. B. und seine Verbindungen sind stark giftig; aus diesem Grund ist auch die Verwendung von Geschirr aus stark bleihaltigen Legierungen im Haushalt verboten. B. wird aus Bleiglanz im Röstreduktionsverfahren gewonnen; Bleiglanz wird dabei in Bleioxid übergeführt und dieses mit Koks zu Blei reduziert. Das erhaltene unreine *Werkblei* enthält noch Verunreinigungen wie Kupfer, Antimon, Arsen und Zinn, die durch verschiedene Raffinationsverfahren entfernt werden, ferner Silber, das meist nach dem *Parkes-Prozeß* durch Zugabe von Zink herausgelöst wird; dieses bildet eine auf der B.schmelze schwimmende Silber-Blei-Zink-Legierung, die zunächst zieml. rein, als sog. **Reichschaum** (wird im Treibprozeß auf Silber verarbeitet), dann zus. mit anhängender B.schmelze, als sog. **Armschaum,** abgeschöpft wird. Das nach der Entsilberung zurückbleibende sog. **Armblei** enthält noch etwas Zink und gelegentl. Wismut, die durch zusätzl. Maßnahmen entfernt werden müssen. B. wird in großen Mengen verwendet für Kabelmäntel (biegsam, korrosionsfest), Wasserrohre, Akkumulatoren, als Strahlenschutz gegen Röntgen- und Gammastrahlen, als Gefäßmaterial für aggressive Flüssigkeiten in der chem. Ind. (z. B. Schwefel-

Schema der Bleigewinnung

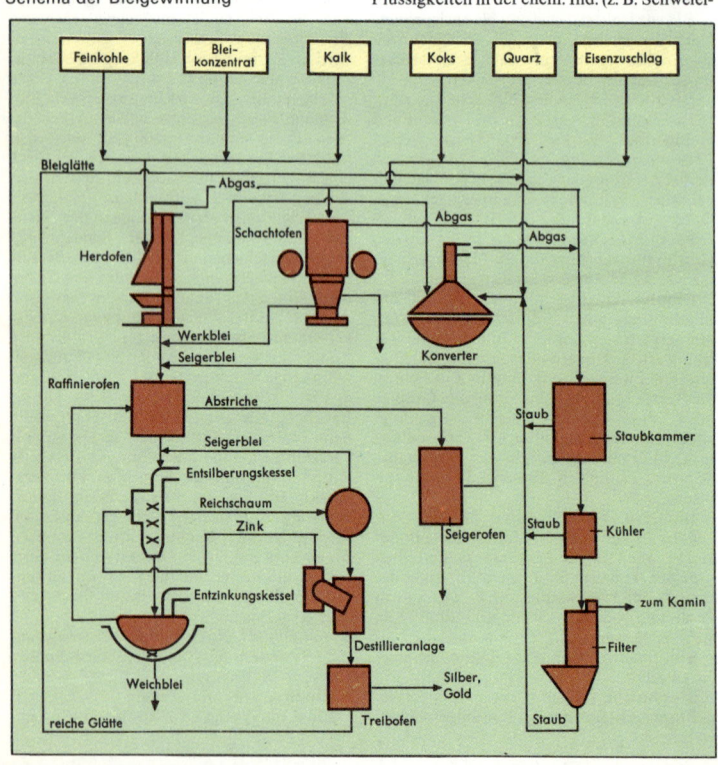

säure) sowie für Schrotkugeln. Häufige Verwendung finden die Bleilegierungen mit härtenden Zusätzen wie Arsen, Antimon und Kupfer. Zu den techn. wichtigsten B.verbindungen zählen die in der Anstrichtechnik verwendeten ↑ Bleipigmente, die als ↑ Antiklopfmittel eingesetzten Alkylderivate des B. (↑ Bleitetraäthyl) sowie die Bleioxide, die u. a. in der Glasind. den Schmelzen bestimmter Gläser zugesetzt werden (↑ Bleiglas). Die B.produktion der Welt betrug 1984 (Bergwerksproduktion, bezogen auf den B.inhalt) 3,4 Mill. t. Hauptzeugerländer (1984) sind: Sowjetunion (570 000 t; geschätzt), Australien (440 300 t), USA (333 200 t), Kanada (307 400 t), Peru (198 400 t), Mexiko (183 300 t), China (165 000 t; geschätzt). Die B.erzeugung der BR Deutschland belief sich 1984 auf 27 000 t.

📖 *B. Weinheim* [8] *1969–76. 3 Tle. (Gmel. System-Nr. 47).* - Hofmann, W.: *B. u. B.legierungen. Bln. u. a.* [2] *1962.*

Bleiacetate, Bleisalze der Essigsäure. Das techn. wichtige Blei(II)-acetat wird wegen seines metall.-süßl. Geschmacks auch als **Bleizucker** bezeichnet. Mit Blei(II)-acetat getränktes Filterpapier (**Bleipapier**) wird als Reagenz in der analyt. Chemie verwendet.

Bleiakkumulator ↑ elektrochemische Elemente.

Bleialter ↑ Bleimethode.

Bleiäquivalent, svw. ↑ Bleigleichwert.

Bleiazid, $Pb(N_3)_2$, Bleisalz der Stickstoffwasserstoffsäure, Initialsprengstoff (Einleitung der Detonation einer Sprengladung).

Bleiberg ob Villach ↑ Bad Bleiberg.

Bleibtreu, Karl, * Berlin 13. Jan. 1859, † Locarno 30. Jan. 1928, dt. Schriftsteller. - Seine Kampfschrift „Revolution der Literatur" (1886), die zum Programm des Frühnaturalismus wurde, fordert von der Dichtung die Behandlung von Problemen der Zeit und bes. von sozialen Fragen. Seine zahlr. Erzählungen, Novellen, Romane und Dramen sind ohne bes. literar. Wert.

Bleibtreu-Paulsen, Hedwig, * Linz 23. Dez. 1868, † Wien 24. Jan. 1958, öster. Schauspielerin. - Seit 1893 am Wiener Burgtheater (letzte Rolle mit 88 Jahren); auch Filmrollen (u. a. „Der dritte Mann").

Bleicarbonat (Blei(II)-carbonat), $PbCO_3$, das Bleisalz der Kohlensäure. Im Gemisch mit Bleihydroxid (Bleihydroxidcarbonat) ist es unter der Bez. **Bleiweiß** eines der wichtigsten Bleipigmente. In der Natur tritt B. in Form des Minerals Zerussit auf.

Bleichen, Aufhellen der Farbe, entweder physikal. durch Adsorption (z. B. Reinigung von Speiseölen mit Aktivkohle) oder chem. durch Zerstörung der Farbstoffe mit oxidierenden oder reduzierenden Chemikalien, z. B. Wasserstoffperoxid (Haare, Baumwolle), Schwefeldioxid (Papier, Stroh), elementarem Chlor oder Hypochloriten. Große Bed. besitzt Natriumperborat ($NaBO_2 \cdot H_2O_2 \cdot 3H_2O$) als Bestandteil vieler Wasch- und Bleichmittel.

Bleicherden, (Podsole) ↑ Bodenkunde.

◆ Tonerdehydrosilicate unterschiedl. Benennung (*Floridaerde* oder *Floridin* in Florida, *Fullererde* in England, *Bentonit* in Wyoming, *Walkerde* in Deutschland und Österreich); ursprüngl. zum Entfetten von Häuten, Bleichen von Textilien, heute zum Entfärben von Pflanzen- und Mineralölen. Die B. bestehen aus Gemischen von Montmorillonit, Attapulgit, Sepiolith und Kaolinit.

Bleicherode, Stadt im Landkr. Nordhausen, Bezirk Erfurt, DDR, am NO-Rand des Eichsfeldes, 9 000 E; Kalisalzbergbau, Bromfabrik, Textil- und Holzindustrie. - Stadtrecht in der 1. Hälfte des 14. Jh.

Bleichgold, für Anstriche verwendete Kupfer-Zink-Legierung.

Bleichromat, svw. ↑ Chromgelb.

Bleichsoda, früher verwendetes Einweich- und Waschmittel aus einer Lösung von Soda in Wasserglas mit Zusätzen waschaktiver Substanzen; wirksam durch Wasserenthärtung.

Bleichsucht (Chlorose), nur noch selten auftretende Form der Eisenmangelanämie (↑ Anämie) bei Mädchen im Entwicklungsalter und bei jungen Frauen.

Bleifarben, anorgan., meist giftige Bleiverbindungen von hoher Deckkraft (↑ Bleipigmente).

bleifreies Benzin ↑ Vergaserkraftstoffe.

Bleigießen, europ. Orakelbrauch, meist am Silvesterabend; geschmolzenes Blei wird in Wasser gegossen; durch Deutung der entstehenden Formen wird eine Zukunftsvorhersage versucht.

Bleiglanz ↑ Bleisulfid.

Bleiglas, Glas mit hohem Gehalt (bis 80 Gewichtsprozent) an Bleioxid PbO, Dichte bis 6 g/cm^3; Verwendung als durchsichtiges Abschirmmaterial gegen Gammastrahlen.

Bleiglätte (Blei(II)-oxid), PbO; entsteht durch Oxidation von geschmolzenem Blei, rotgelbes Pulver; B. wird zur Herstellung von Bleiweiß, stark lichtbrechenden Gläsern, Glasuren und Porzellanfarben verwendet. Gemische aus B., Glaspulver und Glycerin (*Bleiglätte-Glycerin-Kitte*) dienen als rasch erhärtende, chem. und therm. beständige Kitte zum Abdichten von Rohren und Fugen.

Bleigleichwert (Bleiäquivalent), Abk. PbGW, Maß für den Grad der Schwächung von ionisierenden Strahlen (v. a. Röntgenstrahlen) durch eine absorbierende Schicht; gibt die Dicke einer Bleischicht an mit der gleichen (äquivalenten) Schutzwirkung wie die vorliegende Abschirmschicht.

Bleigummi, zur Abschirmung ionisierender Strahlung verwendetes Material; flexibler Kunststoff mit eingelagerten Bleiverbindungen; B. wird u. a. verarbeitet zu Schürzen und Handschuhen.

Bleiguß

◆ (Plumbogummite) Sammelbez. für eine Gruppe gelartiger aluminium- und bleihaltiger Phosphatminerale mit stark wechselndem Bleigehalt.

Bleiguß, eine schon im Altertum verwendete Gußtechnik für Kleinplastiken, Gefäße, Reliefplatten, seit dem MA auch für Siegel, Schaumünzen, Kästchen, Särge; für Großplastiken v. a. im späten 17. und im 18. Jh.

◆ in der Stereotypie Nachformung einer Hochdruckform durch Ausgießen der Mater mit Bleilegierung (Druckereitechnik).

Bleihornerz, svw. ↑ Phosgenit.

Bleihydroxid (Blei(II)-hydroxid), $Pb(OH)_2$, weiße, pulvrige Hydroxidverbindung des zweiwertigen Bleis; entsteht beim Zusatz von Alkalilaugen zu gelösten Bleisalzen und dient als Beizmittel für Baumwolle.

Bleikammern (italien. piombi), unter dem Bleidach des Dogenpalastes in Venedig gelegenes, berüchtigtes Untersuchungsgefängnis (seit 1591) der venezian. Inquisition, 1797 zerstört.

Bleikammerverfahren ↑ Schwefelsäure.

Bleikrankheit ↑ Bleivergiftung.

Bleikristall (Bleikristallglas), aus Kalium- und Bleioxid (10–33 %) als Hauptbestandteilen bestehendes Glas mit hohem Brechungsindex; wird neben der Verarbeitung zu opt. Linsen (↑ Flintglas) wegen seines starken Glanzes und der leichten Schleifbarkeit v. a. für die Herstellung von Trinkgläsern u. a. verwendet.

Bleilegierungen, Legierungen des Bleis mit anderen Metallen, deren Zusatz größere Härte und mechan. Festigkeit verleiht. Zu den wichtigsten B. gehören die Hartbleis (0,6 bis 13 % Antimon), die Bahnmetalle (zinnfreie Lagermetalle auf Bleibasis), die *Bleilagermetalle* (2 bis 6 % Antimon, bis 18 % Zinn, Zusätze an Kupfer, Cadmium, Nickel), die Letternmetalle für das graph. Gewerbe (5 bis 6 % Zinn, 28 bis 29 % Antimon) und die niedrigschmelzenden Lote sowie die Bleibronzen.

Bleilochtalsperre ↑ Stauseen (Übersicht).

Bleimantelleitung, Kabel mit Bleihüllung zur Installation in Feuchträumen.

Bleimethode, Methode zur Altersbestimmung (sog. *Bleialter*) von Gesteinen durch Vergleich des Gehaltes an Uran und Uranblei (^{206}Pb) oder Thorium und Thorblei (^{208}Pb), die durch natürl. radioaktiven Zerfall jeweils auseinander hervorgehen. Anwendungsbereich: 10^7–10^9 Jahre.

Bleinitrat (Blei(II)-nitrat), $Pb(NO_3)_2$, das Bleisalz der Salpetersäure; findet Verwendung als Oxidationsmittel in der Farbstoffindustrie und Färberei, in der Pyrotechnik, in der Zündholzind. und als Initialzündstoff.

Bleioxide, Verbindungen des Bleis mit Sauerstoff; *Blei(II)-oxid (Bleioxid, Bleimonoxid, Bleiglätte)*, PbO, tritt in einer roten und einer gelben Modifikation auf; mit starken Basen bildet es die *Plumbate (II)*, allg. Formel $Me_2^I[Pb(OH)_3]$; das schwarzbraune *Blei (IV)-oxid (Bleidioxid)*, PbO_2, ist ein gutes Oxidationsmittel; Verwendung in der Pyrotechnik und in der Zündholzind. Eine wichtige Rolle spielt es auch im Bleiakkumulator (↑ elektrochemische Elemente). Das Mischoxid der zwei- und vierwertigen Oxidationsstufe des Bleis, das *Blei (II, IV)-oxid*, chem. Zusammensetzung Pb_3O_4, wird allg. als Mennige bezeichnet.

Bleipapier ↑ Bleiacetate.

Bleipigmente, Verbindungen des Bleis, die wegen ihrer Farbigkeit und Deckkraft als Pigmente Verwendung finden, z. B. das sehr witterungsbeständige Bleiweiß $(Pb(OH)_2 \cdot 2 PbCO_3)$, und Bleigelb (↑ Chromgelb).

Bleiregion, svw. ↑ Brachsenregion.

Bleisatz, Drucksatz, dessen Einzelteile (Drucktypen, Gußzeilen, Blindmaterial) aus einer Bleilegierung bestehen.

Bleistege, beim Setzen verwendetes Blindmaterial zum Ausfüllen größerer nichtdruckender Flächen.

Bleistift, Schreibgerät mit einer in Holz eingebetteten Graphitmine. Rohstoffe für die Herstellung der **Mine** sind möglichst reiner Graphit (C-Gehalt über 99 %) und hochplast. Ton. Ton und Graphit werden zu einem dünnen Brei angerührt, dessen Mischungsverhältnis sich nach der gewünschten Härte der Mine richtet: sehr weiche Minen enthalten bis zu 90 % Graphit, sehr harte höchstens 20 %. Der Graphit-Ton-Brei wird in die Minenpresse gegeben, die er als endloser Minenfaden verläßt. Nach dem Zerschneiden und Trocknen werden die Minen unter Luftabschluß bei 1 000–1 200 °C gebrannt. Zur Verbesserung der Schreibeigenschaften werden die Minen anschließend in Bäder aus erhitzten Ölen, Fetten und Wachsen getaucht. - Für den **Holzkörper** werden hauptsächl. Zedern-, Erlen-, Linden-, Espen-, Pappel-, Ahorn- und Föhrenholz verwendet.

Bleisulfat, $PbSO_4$, schwerlösl., weißes Bleisalz der Schwefelsäure; Verwendung als Zusatz zu Farbstoffen (Füllmittel). In der Natur tritt B. in Form des Minerals Anglesit auf.

Bleisulfid (Blei(II)-sulfid), PbS, schwarzes Bleisalz der Schwefelwasserstoffsäure; die Bildung von B., verursacht durch den Schwefelwasserstoffgehalt der Luft, ist verantwortl. für das Nachdunkeln der weißen Bleipigmente. In der analyt. Chemie dient die Ausfällung von B. zum Nachweis des Bleis. Das natürl. vorkommende B., **Bleiglanz** (Galenit), ist das wichtigste Bleimineral; kann bis zu 1 % Silber enthalten.

Bleisulfidzelle, infrarotempfindl. ↑ Photowiderstand mit einer photoleitenden Bleisulfidschicht.

Bleitetraäthyl, Abk. BTÄ, giftige, ölige, farblose Flüssigkeit, $Pb(C_2H_5)_4$, die als Anti-

Blendung

klopfmittel Vergaserkraftstoffen für Ottomotoren zugesetzt wird. Die Zugabe von 0,1 ml B. je Liter Kraftstoff führt zu einer Erhöhung der Oktanzahl um 5 bis 10 Einheiten. Ähnl. wirkt das therm. beständigere *Bleitetramethyl*, das v. a. aromatenreichen Benzinen zugesetzt wird.

Bleivergiftung (Saturnismus), anzeige- und entschädigungspflichtige Berufskrankheit, verursacht durch chron. Einatmen von Bleistaub, Bleirauch und Bleidampf. Akute B. tritt nach Einatmen und Hautresorption von Bleitetraäthyl und anderen organ. Bleiverbindungen auf (**Bleikrankheit**, Bleitetraäthylvergiftung), im Krankheitsverlauf kenntl. an heftigen Magen-Darm-Störungen. Zu den Krankheitszeichen einer B. gehören: anfangs uncharakterist. Allgemeinbeschwerden wie Appetitlosigkeit, Schwäche und Müdigkeit, später krampfartige Magenbeschwerden, in schweren Fällen Gelenkschmerzen, bei schwerster B. Muskellähmungen, bes. der Streckmuskeln. Characterist. sind ferner der schwärzl.-graue Saum am Zahnfleisch, fahlgraue Gesichtsfarbe, Blutarmut und tox. Veränderungen des Blutbildes.

Bleiverglasung, Fensterverglasung, bei der kleinere, oft farbige Glasscheiben in H-förmig profilierte, an den Stoßstellen verlötete Bleistege eingesetzt und zu einer Glasfläche zusammengefügt werden.

Bleiwurzgewächse (Grasnelkengewächse, Strandnelkengewächse, Plumbaginaceae), weltweit verbreitete Fam. der Zweikeimblättrigen mit 15 Gatt. und über 500 Arten; hauptsächl. Salz- oder Trockenpflanzen mit Nadelblättern; Sträucher oder Halbsträucher, seltener Kräuter; Blätter ungeteilt, wechselständig, oft wie die Stengel mit Wasser, Salze oder Schleime ausscheidenden Drüsen; Blüten in Blütenständen; Nuß- oder Kapselfrüchte; Zierpflanzen in den Gatt. **Bleiwurz,** ↑ Grasnelke, ↑ Widerstoß.

Bleizucker ↑ Bleiacetate.

Blekinge, schwed. Verw.-Geb. und histor. Prov. an der Hanöbucht der Ostsee, Hauptstadt Karlskrona; Moränenlandschaft mit Wäldern und Ackerland, stark gegliederte Küste mit zahlr. Schären. Bev. und Ind. konzentrieren sich im Küstenbereich. - Das dän. B. wurde 1329 an die Grafen von Holstein verpfändet, die es an Schweden verkauften. 1360–1658 wieder dän., danach schwedisch.

Blendarkade ↑ Blende.

Blendbogen ↑ Blende.

Blende, in der *Baukunst* der glatten Wand (gelegentl. auch Nischen) vorgesetztes Schmuck- und Gliederungsmotiv, z. B. **Blendbogen** (Bogenschluß) und (als Reihe solcher Bögen) **Blendarkade** (roman. und got. Baukunst), **Blendfenster** an Außenbau- und Innenraumwänden, **Blendmaßwerk** über got. Fenstern oder Portalen, **Blendtriforium** (d. h. ein Triforium ohne Laufgang) an der Hochschiffwand got. Kirchen. Auch ganze Fassaden werden vorgeblendet (**Blendfassade**).

◆ bei *opt.* Geräten (Linsen, Photoapparaten, Mikroskopen, Fernrohren usw.) Vorrichtung zur Begrenzung des Querschnitts von Strahlenbündeln. Da die Bildqualität wesentl. vom Durchmesser der an der Bilderzeugung beteiligten Strahlenbündel abhängt, haben B. einen entscheidenden Einfluß auf die Abbildungseigenschaften eines opt. Systems. Als B. dienen die Fassungen von Linsen bzw. Spiegeln selbst, oder gesonderte Lochscheiben, die an beliebigen Stellen des opt. Systems in den Strahlengang gebracht werden können. Eine **Irisblende** ist eine B., bei der sich der Durchmesser der B.öffnung stetig verändern läßt. Irisblenden werden insbes. bei Photoapparaten verwendet. Mit ihnen kann sowohl der Schärfentiefebereich als auch der Lichteinfall eingestellt werden.

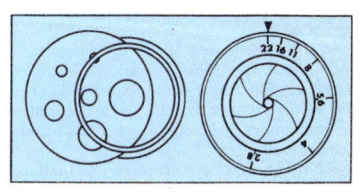

Blende. Die auf verschiedene Öffnungen einstellbare Revolverblende (links) und die stufenlos regulierbare Irisblende

◆ gerade oder [meist] schräg geschnittener Stoffstreifen, der als Verzierung an Kleidern oder Tischwäsche aufgenäht ist.

Blenden [nach der Zinkblende (frühere Bez. „Blende")], Metall-Schwefel-Verbindungen, die zus. mit den Kiesen, Glanzen und Fahlen die Gruppe der Sulfidminerale bilden. Von allen vier Gruppen zeigen die B. die geringsten Metalleigenschaften; es handelt sich meist um teils völlig durchsichtige, teils kräftig gefärbte Minerale einfacher chem. Zusammensetzung mit vollkommener Spaltbarkeit, fettigem Glanz und oft bunten Strichfarben.

Blendenautomatik ↑ photographische Apparate.

Blendfassade ↑ Blende.

Blendfenster ↑ Blende.

Blendmaßwerk ↑ Blende.

Blendrahmen (Blindrahmen), bei Türen, Fenstern und Einbauschränken fest mit der Mauer verbundener Rahmen aus Holz, Metall oder Kunststoff, an den die Flügel angeschlagen werden.

Blendtriforium ↑ Blende.

Blendung, Störung des Sehvermögens durch allzu hohe Leuchtdichten (*positiver B.effekt*). B. tritt ein, wenn die kurzfristig an-

Blendverband

sprechenden Schutzmechanismen des Auges (reflektor. Verkleinerung der Lidspalte, Verengerung der Pupille) bei plötzl. erhöhtem oder unphysiolog. starkem Lichteinfall nicht mehr genügen, worauf es zu einer Störung der lokalen Lichtanpassung in der Netzhaut kommt. B. entsteht auch dann, wenn auf einer umschriebenen Netzhautstelle allzu große Leuchtdichteunterschiede liegen (*Relativ-B.* durch Autoscheinwerfer). Die B.empfindlichkeit ist außerdem bei Pigmentarmut, bei abnorm weiter Pupille und bei bestimmten Augenerkrankungen gesteigert.

♦ Zerstörung des Sehvermögens in verbrecher. Absicht oder als Strafe, wie sie nach antikem und ma. Recht für Meineid, Diebstahl, Falschmünzerei u. a. geübt wurde.

Blendverband (Blenderverband, Zierverband), Mauersteinverband, bei dem die Flächenwirkung des Mauerwerks durch verschiedenartige Anordnung der Steinfolge erhöht wird.

Blenheim Palace [engl. 'blɛnɪm 'pælɪs], von J. Vanbrugh für den Herzog von Marlborough erbautes nach seinem Sieg bei Blenheim († Höchstädt a. d. Donau) benanntes monumentales engl. Schloß in der Grafschaft Oxford (1705–22).

Blennorrhö (Blennorrhagie, Ophthalmo-B.) [griech.], allg. Bez. für schleimige oder eitrige Schleimabsonderung; im speziellen Sinn svw. Augen-B. († Augentripper).

Blériot, Louis [frz. ble'rjo], * Cambrai 1. Juli 1872, † Paris 1. Aug. 1936, frz. Flugpionier. - Überquerte als erster mit einem von einem 25-PS-Motor angetriebenen Eindecker am 25. Juli 1909 den Kanal zw. Calais und Dover.

Bles, Herri met de, * Bouvignes (= Dinant) um 1510, † Antwerpen oder Ferrara nach 1555, niederl. Maler. - Vielleicht ist B. ident. mit Herri Patenir, Neffe von J. Patenir, der 1535 Meister der Antwerpener Gilde wurde; phantasievolle und realist. Landschaften, u. a. neuartige Themen wie „Die Kupfermine" (Florenz, Uffizien).

Blesse, weißes Abzeichen an der Vorderseite des Kopfes verschiedener Tiere; beim Pferd: weißer Streifen auf dem Nasenrücken.

blessieren [frz.], veraltet für: verwunden, verletzen; **Blessur,** Verwundung.

Blessing, Karl, * Enzweihingen bei Vaihingen an der Enz 5. Febr. 1900, † Rasteau (Vaucluse) 25. April 1971, dt. Bankfachmann. - 1920–39 im dt. und internat. Bankwesen tätig, 1958–69 Präs. der Dt. Bundesbank.

Bleßralle, svw. † Bläßhuhn.

Bleu [blø:; frz.], [leicht ins Grünl. spielendes] Blau; blasses Blau.

Bleuler, Eugen, * Zollikon bei Zürich 30. April 1857, † ebd. 15. Juli 1939, schweizer. Psychiater. - 1898–1927 Prof. in Zürich und Leiter der dortigen kantonalen Heilanstalt Burghölzli; Forschungen zur Schizophrenie.

Bleyle, Wilhelm, * Feldkirch (Vorarlberg) 7. April 1850, † Stuttgart 16. Febr. 1915, dt. Fabrikant. - Gründer der Firma W. Bleyle, Stuttgart, die erstmals Strickwaren in großindustrieller Fertigung herstellte.

Bliaud (Bliaut) [frz. bli'o], Oberbekleidung, die aus der Tunika hervorgegangen ist (Frankr. 10.–13. Jh.).

Blick, schweizer. Zeitung, † Zeitungen (Übersicht).

Blicke (Güster, Blicca bjoerkna), etwa 20–30 cm langer Karpfenfisch in Europa, seitl. stark zusammengedrückt, Rücken graugrün bis schwärzl., Seiten heller, silberglänzend, Bauch weiß bis rötlichweiß.

Blickfeld, der Teil des Raumes, der bei unbewegtem Kopf, aber bewegten Augen noch scharf wahrgenommen werden kann.

Blida, alger. Stadt sw. von Algier, 270 m ü. d. M., 161 000 E. Hauptstadt des Verw.-Geb. B., landw. Handelszentrum; Bau von Elektrogeräten.

Blies, rechter Nebenfluß der Saar, entspringt nw. von Sankt Wendel, mündet bei Saargemünd; 96 km lang; die untere B. bildet die dt.-frz. Grenze.

Bliesgau, hügelige Muschelkalkhochfläche im südl. Saarland, durchschnittl. 300–400 m ü. d. M., von der Blies in einem bis 200 m tief eingeschnittenen Tal durchflossen.

Blieskastel, Stadt an der Blies, Saarland, 201–401 m ü. d. M., 22 300 E. Herstellung von Haushaltsgeräten; Kneippkurort. - Der 6,60 m hohe **Gollenstein** bei B. ist der größte Menhir Deutschlands. - 1343 erstmals als Stadt erwähnt; 1802 an Frankr.; 1815 preuß. - Vom Schloß (um 1640) blieb nur die Orangerie erhalten; Rathaus (1775).

Bligh, William [engl. blaɪ], * Tyntan (Cornwall) 9. Sept. 1754, † London 7. Dez. 1817, brit. Seefahrer. - Kapitän der „Bounty", deren Besatzung auf der Rückfahrt von Tahiti 1789 meuterte und ihn in der Südsee in einem Boot aussetzte; entdeckte die Neuen Hebriden.

Blimbing (Bilimbi) [malai.], hellgelbe, bis 8 cm lange, gurkenähnl. Beerenfrucht des † Gurkenbaums; für Säfte, Marmelade, Kompott oder kandierte Früchte verwendet.

blind, in der *Medizin* † Blindheit.

♦ übertragen (in der Bedeutung: nicht mit dem eigentl. Wesen übereinstimmend) u. a. in den Wendungen: *b. Passagier, b. Alarm.*

Blindanflug (Instrumentenanflug), Reihenfolge genau festgelegter Flugmanöver unter Instrumentenflugbedingungen (IFR) vom Beginn des B. bis zur Blindlandung oder bis zum Übergang auf Landung unter Sichtflugbedingungen (VFR). Der B. erfolgt entweder nach dem † GCA-Verfahren oder dem † VOR-Verfahren oder mit Hilfe des Instrumentenlandesystems (ILS).

Blindband, verbindl. Musterband, der den opt. Eindruck des fertigen Buches vermittelt; aus den endgültigen Materialien (Papier, Pappe) und Einband hergestellt, die Bogen meist unbedruckt.

Blinddarm (Zäkum, Zökum, Typhlon), blind endende, meist unpaare Aussackung des Enddarms am Dickdarmanfang vieler Wirbeltiere. Der B. ist u. a. Vermehrungsort der für die Verdauung unentbehrl. Darmbakterien und somit auch wichtiger Vitaminlieferant. Bei Fleischfressern ist er im allg. kurz, bei (zelluloseverdauenden) Pflanzenfressern meist relativ lang ausgebildet (beim Hausrind z. B. bis 70 cm lang). Eine bes. Rolle spielt der B. bei den Hasenartigen und den Nagetieren mit einem Volumenanteil von etwa 30 % bis über 40 % am gesamten Magen-Darm-Trakt. Sein Inhalt wird bei diesen Tieren in einer Schleimhülle gesondert vom übrigen Darmkot ausgeschieden und unmittelbar vom After mit dem Mund wieder aufgenommen, um im Magen dem Speisebrei beigemengt zu werden. - Der 6–8 cm lange B. des Menschen, meist ganz vom Bauchfell überzogen, liegt rechts im Unterbauch direkt unterhalb der Einmündungsstelle des Dünndarms in den Dickdarm. An ihm hängt blindsackartig der bleistiftdicke, etwa 8 cm lange **Wurmfortsatz** (Processus vermiformis, Appendix vermiformis, Kurzbez. Appendix), in der Umgangssprache auch B. gen., ein rudimentäres, an lymphat. Gewebe reiches, relativ häufig entzündetes Organ († Blinddarmentzündung).

Blinddarmentzündung, irrige, aber in der Umgangssprache allg. gebräuchl. Bez. für eine Entzündung des Wurmfortsatzes des Blinddarms (**Appendizitis,** Wurmfortsatzentzündung). Zu Beginn der akuten B. treten zunächst nur unbestimmte Bauchschmerzen, meist in der Magengegend auf; später wandert der Schmerz in den rechten Unterbauch. Die Körpertemperatur ist anfangs meist wenig erhöht. Als alarmierendes Zeichen ist später häufig auftretendes Erbrechen zu werten. Zu den wichtigsten Symptomen zählen die † Abwehrspannung und die Auslösbarkeit des **Loslaßschmerzes,** der nach Eindrücken und unvermitteltem Loslassen der linken Unterbauchgegend im rechten Unterbauch wahrgenommen wird. Um bei der akuten B. einen Durchbruch (Folge: Vereiterung der Bauchhöhle) zu vermeiden, ist operative Entfernung des Wurmfortsatzes (Blinddarmoperation) erforderl. Bei der chron. B. führen wiederholte Entzündungen zu Fieber und schmerzhaften Verwachsungen des Wurmfortsatzes mit seiner Umgebung. Auch in diesem Fall wird der Wurmfortsatz meist operativ entfernt.

Blinde Fliege † Regenbremse.

Blindekuh, Spiel, bei dem eine Person mit verbundenen Augen einen Mitspieler zu haschen oder abzuschlagen versucht, der dann B. wird.

Blindenabzeichen, weißer Stock und

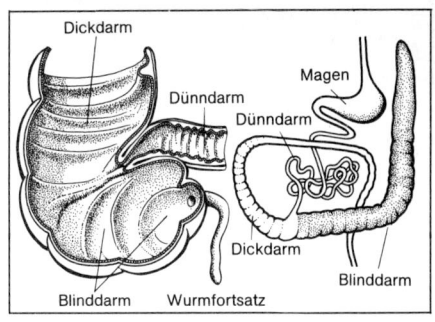

Blinddarm des Menschen (links) und eines Hasenartigen

gelbe Armbinde mit drei schwarzen Punkten, zum Schutz im Straßenverkehr; v. a. für Blinde, Sehbehinderte, Schwerhörige.

Blindenbibliotheken, Blindenschriftbüchereien. Als erste wurde 1894 durch private Initiative die heutige Dt. Zentralbücherei für Blinde in Leipzig gegr.; es folgten die Gründungen der Centralbibliothek für Blinde in Hamburg 1904 und der Blindenhochschulbücherei der Dt. Blindenstudienanstalt in Marburg a. d. Lahn 1916. Heute sind z. T. **Blindenhörbüchereien** angeschlossen (Tonbänder, Kassetten).

Blindenfürsorge, i. w. S. Sammelbegriff für die Blinden gewährten Fürsorgeleistungen der öff. Hand. Kriegsblinde können als Kriegsbeschädigte nach dem BundesversorgungsG neben den Regelleistungen Pflege- und Schwerstbeschädigtenzulage erhalten. Zivilblinde können bei Bedürftigkeit Leistungen († Blindenhilfe) nach dem BundessozialhilfeG beanspruchen. Einige Länder der BR Deutschland gewähren eine von der Bedürftigkeit unabhängige Blindenversorgung in Gestalt des **Blindenpflegegeldes** unter Anrechnung anderer Leistungen. Weitere Vergünstigungen im Arbeitsleben gewährt allen Blinden das SchwerbeschädigtenG. - 2. i. e. S. die Leistungen der Kriegsopferfürsorge für Kriegsblinde nach §§ 25ff. BundesversorgungsG.

Blindenhilfe, zusätzl. Barleistung gemäß § 67 BundessozialhilfeG (BSHG); darüber hinaus können bedürftige Blinde grundsätzl. die allg. Barleistungen nach den übl. Regelsätzen sowie den Erwerbstätigen und Mehrbedarfszuschlag beanspruchen; auch Eingliederungshilfe nach § 39 BSHG kommt in Betracht.

Blindenhilfsmittel, das wichtigste B. ist die **Blindenschrift.** Sie wurde von L. Braille 1825 entwickelt: Die Grundlage der Buchstabenbezeichnung bilden 6 Punkte ("Zelle"), mit ihnen sind 63 Kombinationen mögl. Die für die einzelnen Buchstaben re-

Blindenpflegegeld

Blindenhilfsmittel.
Alphabet der Blindenschrift

levanten Punkte sind jeweils erhaben. Die Punktschrift wird auch für die **Blindennotenschrift** sowie für eine **Kurzschrift** verwendet. Die Blindennotenschrift ist nicht sofort abspielbar, sondern die Noten müssen Takt für Takt erlernt werden. Das einfachste Schreibmittel für Blinde ist eine **Schreibtafel**, die aus einer Platte mit Löchern, den Punkten der Blindenschrift entsprechend, und einem Gitter, das den Blindenschriftzellen angepaßt ist, besteht. Nachdem dickeres Papier dazwischengelegt ist, werden Platte und Gitter zusammengeklappt. Dann können die Buchstaben- und Satzzeichenpunkte mit einem Griffel in das Papier gedrückt werden. Die **Blindenschriftmaschine** hat nicht für jedes Zeichen, sondern für jeden der 6 Punkte eine Taste. Besteht ein Zeichen aus mehreren Punkten, so müssen die entsprechenden Tasten gleichzeitig betätigt werden. Die Punktschrift wird mit der Blindenschrift-Bogenmaschine auf ein Blatt und mit der Blindenschrift-Stenographiermaschine auf einen Streifen geprägt. Beim Brailleord, einem elektron. Schreib- und Lesegerät, wird die Schrift in Form codierter Impulse auf Tonband gespeichert. **Weitere Hilfsmittel:** Tonbandgerät bzw. Kassettenrecorder, Stock und Blindenführhund sowie techn. Orientierungshilfen, die auf dem

Blindschleiche

Prinzip der Reflexion oder der Auswertung der unterschiedl. Lichtintensität beruhen und die so erfaßten Strukturen der Umwelt dem Blinden hörbar oder fühlbar machen. Uhren, Meßgeräte, Landkarten, Spiele usw. werden so hergestellt, daß sie für Blinde abtastbar sind. Mannigfaltige kleinere und größere Hilfsmittel, z. B. ein Fernschreiber-Zusatzgerät, sind für den Arbeitseinsatz Blinder entwickelt worden. Für Sehbehinderte werden Texte in Großdruck hergestellt, und gibt es Geräte, die die Größe der vorliegenden Schrift und die Intensität des Kontrastes nach Belieben verändern und dem Sehvermögen des Behinderten anpassen können. B. werden von der Dt. Blindenstudienanstalt in Marburg a. d. Lahn und dem Verein zur Förderung der Blindenbildung in Hannover hergestellt. 1970 wurde eine Forschungs- und Entwicklungs-Gesellschaft für orthopäd. und techn. B. gegründet.

Blindenpflegegeld ↑Blindenfürsorge.
Blindenschrift ↑Blindenhilfsmittel.
Blindenschulen, Schulen für Sehbehinderte und Blinde (etwa 0,5 % der Schulpflichtigen). Sie vermitteln den Hauptschullehrstoff, einige wenige die mittlere Reife oder das Abitur (Marburg a. d. Lahn, Zürich).
Blindenselbsthilfeorganisationen, als Spitzenverbände der freien Wohlfahrtspflege in der BR Deutschland arbeiten der **Dt. Blindenverband** (seit 1949) und der **Bund der Kriegsblinden Deutschlands** (seit 1948) eng zusammen und unterhalten zahlreiche eigene Einrichtungen. In der DDR konstituierte sich 1957 der Allg. Dt. Blinden-Verband, der jetzt die Bez. **Dt. Blinden- und Sehschwachen-Verband** führt. - Von Deutschland ausgehend, hat der Gedanke der Blindenselbsthilfe eine weltweite Verbreitung gefunden; 1951 wurde der **Weltrat für Blindenwohlfahrt** mit Sitz in Paris gegr., 1964 in New York die **Internat. Föderation der Blinden,** in der heute B. aus über 25 Ländern zusammenarbeiten.

blinder Fleck ↑Auge.
blinder Passagier, jemand, der die Beförderung durch ein Verkehrsmittel in der Absicht erschleicht, das Entgelt nicht zu entrichten; mit Freiheitsstrafe bis zu einem Jahr oder Geldstrafe bedroht (§ 265a StGB).
Blindfische (Trugkärpflinge, Amblyopsoidei), Unterordnung der Barschlachse mit der einzigen Fam. Amblyopsidae im sö. N-Amerika; wenige, etwa 5-15 cm lange Arten; Körper langgestreckt, spindelförmig, Bauchflossen sehr klein oder [meist] völlig fehlend; in Höhlen lebende Arten haben rückgebildete Augen; z. T. Aquarienfische.
Blindflansch, deckelartiger ↑Flansch, der ein Rohr abschließt.
Blindflug, svw. ↑Instrumentenflug.
Blindgänger, Geschoß, dessen Sprengladung wegen Versagens des Zünders nicht explodiert ist.

Blinklichtanlage

Blindheit, das völlige Fehlen oder eine starke Verminderung der Sehfähigkeit. Die Begriffsbestimmungen sind sehr unterschiedl. Nach der von der Weltgesundheitsorganisation verwendeten und in vielen Ländern v. a. des angloamerikan. Bereichs gebräuchl. Definition gilt als blind, wer ein Sehvermögen hat, das geringer als $1/10$ ist. In der BR Deutschland besteht ein bes. enger B.begriff. Die Anhaltspunkte für die ärztl. Gutachtertätigkeit im Versorgungswesen von 1965 besagen in Ziffer 129: „Blind sind Beschädigte, die das Augenlicht vollständig verloren haben. Als blind sind auch die Beschädigten anzusehen, deren Sehschärfe so gering ist, daß sie sich in einer ihnen nicht vertrauten Umgebung ohne fremde Hilfe nicht zurechtfinden können. Dies wird im allg. der Fall sein, wenn bei freiem Blickfeld auf dem besseren Auge nur eine Sehschärfe von etwa $1/50$ besteht".

Blindholz ↑ Tischlerplatte.

Blindlandung, svw. ↑ Allwetterlandung.

Blindleistung, bei Wechselströmen auftretende Erscheinung: Bei einer Phasenverschiebung von $\varphi = 90°$ zw. Strom- und Spannungsverlauf ist die elektr. Leistung gleich Null. Der Leistungsfaktor $\cos \varphi$ in der Formel für die Berechnung der Wechselstromleistung $N = U \cdot J \cdot \cos \varphi$ wird für φ (Phasenwinkel) $= 90°$ Null und damit auch das ganze Produkt.

Blindmäuse (Spalacidae), Nagetierfam. mit der einzigen, nur 3 Arten umfassenden Gatt. **Spalax** in SO-Europa, S-Rußland, Kleinasien und im östl. N-Afrika; Körper auffallend plump walzenförmig, etwa 18–30 cm lang, Kopf und Hals kaum vom Körper abgesetzt; auffallend kräftige, vorstehende Schneidezähne; Augen funktionslos, unter der Haut liegend; Ohrmuscheln fehlen; Fell kurz, samtartig, dunkelgrau bis graubraun; meist unterird. in meist weit verzweigten Gangsystemen lebend.

Blindmulle (Mullmäuse, Myospalacini), Gattungsgruppe etwa 15–27 cm körperlanger Wühler (Überfam. Mäuseartige) mit der einzigen, aus 5 Arten bestehenden Gatt. **Myospalax** in den gemäßigten Zonen Asiens; Gestalt maulwurfähnl.; Kopf keilförmig; Fell ziemi. langhaarig, meist hellgrau bis gelbbraun.

Blindmunition, svw. ↑ Anschießmunition.

Blindprägung, farblose Hochprägung von Schriftzeilen oder Zeichen durch Reliefprägeformen.

Blindpräparat, svw. ↑ Placebo.

Blindschlangen (Typhlopidae), Schlangenfam. mit etwa 200, 10 bis etwa 75 cm langen Arten im trop. Amerika, in Afrika und in SO-Asien; Körper durchgehend von gleicher Dicke, Kopf abgestumpft, Schwanz sehr kurz mit nach unten gekrümmtem Schuppendorn; Augen rückgebildet; meist unterird. lebend; Färbung meist bräunl. bis gelblich.

Blindschleiche (Anguis fragilis), etwa 40–50 cm lange Schleichenart in Europa, im westl. N-Afrika und in Vorderasien; Kopf eidechsenartig; Schwanz von etwa doppelter Körperlänge, wird leicht abgestoßen und regeneriert danach als kurzer, kegelförmiger Stumpf; Körperoberseite bleigrau, graubraun oder kupfer- bis bronzefarben glänzend, meist mit feiner schwarzer Mittellinie; ♀ meist heller als ♂, Unterseite schwarz bis blaugrau. - Ernährt sich v. a. von Nacktschnecken und Würmern.

Blindschreiben, Maschinenschreiben nach dem Zehnfingersystem, wobei der Schreiber nicht auf die Tasten sieht.

Blindspiel, beim Schachspiel das Spielen ohne Ansicht des Brettes allein aus dem Gedächtnis.

Blindstrom ↑ Wechselstrom.

Blindversuch, Bez. für eine in der pharmakolog. Forschung angewandte Versuchsmethode, bei der die Versuchspersonen über die Art bzw. über die (vermutete) Wirkungsweise des verabreichten Präparates nicht informiert sind. Ist auch der Versuchsleiter ohne diese Information, spricht man von **Doppelblindversuch.** Mit dem B. sollen mögl. Suggestionseffekte ausgeschaltet werden.

Blindwanzen (Weichwanzen, Schmalwanzen, Miridae), mit etwa 6 000 Arten formenreichste, weltweit verbreitete Fam. der Landwanzen; über 300, etwa 2–12 mm große Arten; meist blaß gefärbt; überwiegend Pflanzensauger. - Bekannt ist die Gatt. ↑ Blattwanzen.

Blindwiderstand ↑ Wechselstrom.

Blindwühlen (Schleichenlurche, Gymnophiona), Ordnung der Lurche mit etwa 165 Arten, in den Tropen und Subtropen Amerikas, Afrikas, Asiens; etwa 6,5 bis 150 cm lang, wurmförmig, mit Querringelung; Schwanz sehr kurz oder fehlend, Augen meist rückgebildet, unter der Haut oder den Schädelknochen liegend; Trommelfell und Mittelohr fehlen; zw. Nasenloch und Auge je eine Furche mit vorstreckbarem Tentakel; überwiegend grabende Landbewohner.

Blini [russ.], Hefepfannkuchen aus Buchweizenmehl.

Blinke, svw. ↑ Ukelei (ein Fisch).

Blinker, in der *Angelfischerei* blinkender Metallköder.

◆ Richtungsanzeiger an Kraftfahrzeugen.

Blinkgeber (Blinkrelais), elektr. Schaltvorrichtung zum period. Ein- und Ausschalten eines Stromkreises für Blinkleuchten und Warnblinkanlagen.

Blinkleuchte ↑ Kraftfahrzeugbeleuchtung.

Blinklichtanlage, Lichtsignalanlage, die *gelbes Blinklicht* aussendet und damit die Aufmerksamkeit v. a. auf ein vorfahrtregelndes Verkehrszeichen, einen Fußgängerüberweg oder eine Baustelle lenkt.

Bliss

♦ Warnanlage vor einem unbeschrankten Bahnübergang; wird bei Annäherung eines Zuges durch einen Schienenkontakt eingeschaltet und gibt rotes Blinklicht (60 Blinkzeichen pro Minute).

Bliss, Sir (seit 1950) Arthur, * London 2. Aug. 1891, † London 27. März 1975, engl. Komponist und Dirigent amerikan. Herkunft. - Sinfonien („A colour symphony", 1922), Filmmusik, Ballette, Kammermusik zunächst in antiromant. Haltung, später in der spätromant. Tradition E. Elgars; schrieb Erinnerungen.

Blisterkupfer [engl./dt.], Legierung aus 99 % Cu, 0,5 % Sn, 0,5 % Zn.

Blitz, Funkenentladung, wie sie in der Natur zw. verschieden aufgeladenen Wolken oder zw. Wolken und Erde auftritt. Spannung einige 10^8 Volt, Stromstärke $\sim 10^5$ Ampere, Dauer $\sim 10^{-5}$ s, Energie ~ 40 kWh; B.gestalt: Linien-, Kugel-, Perlschnurblitz.

Blitzableiter ↑ Blitzschutz.

Blitzautomatik, mechan. Koppelung von Entfernungseinstellung und Blende eines photograph. Objektivs: Bei Biitzlichtaufnahmen wird mit der Entfernung zugleich die der Leitzahl entsprechende Blende eingestellt.
♦ (Computerblitz) ↑ Elektronenblitzgerät.

Blitzgerät ↑ Blitzlicht, ↑ Elektronenblitzgerät.

Blitzkrieg, zu Beginn des 2. Weltkriegs entstandene Bez. für die innerhalb kurzer Zeit entschiedenen Feldzüge (Polenfeldzug, Frankreichfeldzug); dann allg. für jeden rasch entschiedenen Krieg.

Blitzlampe ↑ Blitzlicht.

Blitzlicht, kurzzeitige künstl. Beleuchtung für photograph. Aufnahmen; früher die stoßartige Verbrennung von *B.pulver* (Gemisch von Magnesium oder Cereisen mit Kaliumchlorat), heute meist als 20–60 ms dauernde Verbrennung von Zirkon oder Magnesium in einer Sauerstoffatmosphäre im Innern eines Glaskolbens (*Kolbenblitz*) oder als Gasentladung von 0,02–1 ms Dauer (↑ Elektronenblitzgerät). Kolbenblitzlampen hoher Leistung haben Edison-Sockel; sie werden in Blitzgeräten mit Reflektor verwendet und über einen batteriegespeisten Kondensator elektr. vom Blitzkontakt des Kameraverschlusses gezündet. Blitzlampen für den Amateurgebrauch haben Glassockel mit Kontaktstiften; vielfach sind mehrere Blitzlampen in ein streifen- oder würfelförmiges Aggregat zusammengefaßt (*Flashbar, Blitzwürfel*), das Blitzaufnahmen in rascher Folge ermöglicht. Diese Aggregate werden auf die Kamera aufgesteckt und meist mechanisch-chemisch (über einen Stößel) oder piezoelektr. gezündet. - Die Farbtemperatur von ungefärbten Kolbenblitzen liegt bei 3400–3800 K und macht die Verwendung von Kunstlichtfarbfilmen erforderlich. Für Tageslichtfilme gibt es Lampen mit blaugefärbtem Glaskolben. Über die prakt. Lichtausbeute einer B.quelle gibt ihre ↑ Leitzahl Auskunft.

Blitzlichtsynchronisation, Vorrichtung in Photoapparaten, die die Übereinstimmung zw. Verschlußöffnungszeit und Lichtstrom der Blitzlichtlampen und Elektronenblitze herstellt.

Blitzröhren (Blitzsinter, Fulgurite), im Sand durch Blitzeinschlag entstandene, bis zu mehreren Metern lange Röhren, deren Wände versintert sind.

Blitzschlag ↑ Blitzschutz.

Blitzschutz, Sammelbez. für alle Maßnahmen, die dazu dienen, die beim Einschlagen eines Blitzes auftretenden Ströme hoher Stromstärken möglichst gefahrlos abzuleiten. B.anlagen, meist als **Blitzableiter** bezeichnet, haben die Aufgabe, Bauwerke, deren Bewohner und Inventar gegen die Gefahren von Blitzschlägen zu schützen. Eine B.anlage besteht im wesentl. aus folgenden Teilen: der Auffangvorrichtung, den Ableitungen und der Erdungsanlage. Die **Blitzauffangvorrichtung** wird durch Metallstangen, Dachleitungen und ähnl. Vorrichtungen gebildet. Wichtig sind gute Erdung und starke Spitzenwirkung, damit hohe Feldstärken entstehen und die Luft ionisiert wird. Als **Ableitung** bezeichnet man den Teil der Schutzanlage, der die Auffangvorrichtung mit der Erdungsanlage ver-

Blitzschutz. Beispiel einer
Blitzschutzanlage:
1 Auffangvorrichtung,
2 Hauptableitungen mit je einer
Trennstelle, 3 Dachrinne,
4 Regenfallrohr, 5 Rinnenklemme,
(Verbindung zwischen Dachrinne
und Schutzanlage), 6 Regenrohrschelle
(Verbindung zwischen Regenfallrohr
und Schutzanlage; Abstand mindestens
0,3 m von der Trennstelle), 7 Trennstelle,
8 Erdungssammelleitung (Ringerder),
9 Anschluß der Haupt- und Nebenableitungen an die Erdungssammelleitung

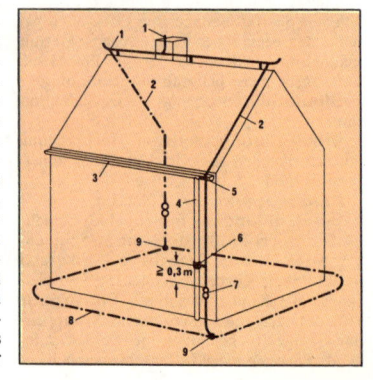

bindet. Ableitungen müssen einen bestimmten Querschnitt haben. Als Material sind Stahl, Aluminium und Kupfer zulässig. Diese Leitungen müssen oberird. gelegt werden. Eine B.anlage hat nur dann die gewünschte Schutzwirkung, wenn ihre **Erdungsanlage** richtig bemessen und angeordnet ist. Der Erdungswiderstand soll möglichst niedrig sein und für lange Zeit erhalten bleiben. Als Erder kommen Metallbänder aus verzinktem Bandstahl (sog. *Banderder*, meist ringförmig angelegt als *Ringerder*) in Frage; sie müssen mindestens 0,5 m tief im Boden verlegt werden. Menschen werden vom **Blitzschlag** selten direkt getroffen. Bei den meisten Unfällen handelt es sich um einen elektr. Schlag infolge des sog. Spannungstrichters, der durch das Fließen des Blitzstromes im Erdboden entsteht. Je nach der Schrittweite überbrückt der Mensch in der Nähe der Einschlagstelle eine mehr oder weniger große Spannung, die **Schrittspannung**, die einen für ihn gefährl. Strom durch seinen Körper treibt. Die Todesrate der vom Blitzschlag getroffenen Personen beträgt 40 %. Todesursachen sind Atemlähmung, Herzfrequenzstörung oder schwerste Verbrennungen. Bei Überlebenden stellen sich häufig neurolog. Ausfälle ein, meist in Form von Lähmungen, Linsentrübungen, evtl. mit völliger Erblindung (**Blitzstar**), und baumartig verästelte, braunrote Hautverfärbungen (**Blitzfiguren**).

Baatz, H.: Mechanismus der Gewitter u. Blitze. Grundll. des B. von Bauten. Bln. ²1985. - Hasse, P./Wiesinger, J.: Hdb. f. B. u. Erdung. Mchn. ²1982.

Blitzsehen, subjektive Lichtempfindung (in Form von Blitzen, Funken) bei mechan. Reizung des Auges oder bei bestimmten Erkrankungen des Sehapparats, z. B. beginnender Netzhautablösung.

Blitzsinter ↑ Blitzröhren.
Blitzwürfel ↑ Blitzlicht.

Blixen, Tania [dän. 'blegsən], eigtl. Baronin Karen Christence B.-Finecke, * Rungsted 17. April 1885, † Rungstedlund 7. Sept. 1962, dän. Schriftstellerin. - Schrieb hintergründige Romane und Erzählungen, die sich durch kultivierten Stil und ausgeprägtes Gefühl für Stimmung und Musikalität auszeichnen, u. a. „Afrika, dunkel lockende Welt" (1937), „Schicksalsanekdoten" (1955), „Schatten wandern übers Gras" (Erinnerungen, 1960).

Blizzard [engl. 'blızəd], durch arkt. Kaltlufteinbrüche bewirkter winterl. Schneesturm in N-Amerika.

Bljucher, Wassili Konstantinowitsch (Blücher), eigtl. W. Gurow, * Barschtschinka (Gouv. Jaroslawl) 1. Dez. 1890, † 9. Nov. 1938, sowjet. General. - Bürgerkriegsheld und Führer des erfolgreichen bolschewist. Kampfes 1921/22 gegen Japan in Sibirien. 1924–27 unter dem Namen Galen militär. Berater der chin. Kuomintang-Regierung; 1929–38 Befehlshaber der sowjet. „Fernöstl. Streitkräfte"; 1935 Marschall der Sowjetunion; 1938 wahrscheinl. im Zusammenhang mit dem Prozeß gegen Tuchatschewski von Stalin liquidiert; 1956 postum rehabilitiert.

Bloch, Ernest [engl. blɔk], * Genf 24. Juli 1880, † Portland (Oreg.) 15. Juli 1959, amerikan. Komponist schweizer. Herkunft. - Zunächst beeinflußt von Strauss, Debussy und Mahler, vertritt in seinen späteren Werken einen nationaljüd. Stil („Trois poèmes Juifs" für Orchester 1913; Sinfonie „Israel", 1912–16; „Schelomo. A Hebrew rhapsody", 1915/16).

B., Ernst, * Ludwigshafen am Rhein 8. Juli 1885, † Tübingen 4. Aug. 1977, dt. Philosoph. - 1933 Emigration; 1948 Rückkehr nach Deutschland. Prof. in Leipzig; 1955 Nationalpreis der DDR. Wegen zunehmender polit. Divergenzen (Beschränkung seiner Publikations- und Lehrtätigkeit, 1957 Zwangsemeritierung) 1961 Übersiedlung in die BR Deutschland, Gastprof. in Tübingen; 1967 Friedenspreis des Dt. Buchhandels.
Im Mittelpunkt seines Werkes steht die *Hoffnung,* die B., beeinflußt von jüd.-christl. Eschatologie, in allen anderen kulturellen Phänomenen herauszuarbeiten versucht. Hoffnung als das Gewahrwerden von Möglichkeiten für eine umfassende Humanisierung des Lebens auch in Verhältnissen, die diese verhindern (der „Vorschein" des „Noch nicht"), ist nach B. grundlegende Antriebskraft des Marxismus. So versteht sich B. als Marxist, der die Vorstellungen insbes. des jungen Marx mit den naturrechtl. Postulaten der Aufklärung verbinden will.

Ernst Bloch

Werke: Vom Geist der Utopie (1918, 2. Fassung 1923), Thomas Münzer als Theologe der Revolution (1922), Spuren (1930, erweiterte Neuausgabe 1959), Subjekt–Objekt (1951), Das Prinzip Hoffnung (3 Bde., 1954–59), Naturrecht und menschl. Würde (1961), Tübinger Einleitung in die Philosophie (2 Bde., 1963/64, erweiterte Neuausgabe 1970), Atheismus im Christentum (1968).

Bloch

📖 *Gekle, H.: Wunsch u. Wirklichkeit. Ffm. 1985. - Schmidt, Burghart: E. B. Stg. 1985. - Schelsky, H.: Die Hoffnung Blochs. Kritik der marxist. Existenzphilosophie eines Jugendbewegten. Stg. 1979. - Christen, A. F.: E. Blochs Metaphysik der Materie. Bonn 1978.*

B., Felix, *Zürich 23. Okt. 1905, †ebd. 10. Sept. 1983, schweizer.-amerikan. Physiker. - Prof. an der Stanford University (Calif.); Arbeiten u. a. zur Quantentheorie des Festkörpers, zum Ferromagnetismus sowie zur Quantenelektrodynamik; entwickelte ein Verfahren zur genauen Messung der magnet. Momente von Atomkernen. 1952 Nobelpreis für Physik (mit E. M. Purcell).

B., Konrad [Emil] [engl. blɔk], * Neisse 21. Jan. 1912, amerikan. Biochemiker dt. Herkunft. - Emigrierte 1936 in die USA; Prof. in Chicago und Cambridge; klärte den Mechanismus und die Regulierung des Cholesterin- und Fettsäurestoffwechsels und erhielt hierfür gemeinsam mit F. Lynen 1964 den Nobelpreis für Physiologie oder Medizin.

Block, allg. kompakter, kantiger Brocken aus hartem Material.
◆ Einrichtung zur Sicherung des Eisenbahnverkehrs auf Bahnhöfen und Strecken.
◆ in sich geschlossene, ein Viereck bildende Gruppe von [Wohn]häusern.
◆ Gußstück aus Stahl, das in einer Kokille mit quadrat. Querschnitt erstarrt ist; Vormaterial für Walzwerke (Halbzeug).
◆ an der kurzen Formatseite geleimte oder geheftete Papierlage.
◆ in der *Philatelie* Erinnerungsblatt mit einem oder mehreren Postwertzeichen.
◆ in der *Medizin* svw. † Herzblock.
◆ (frz. bloc) Bez. für die enge Zusammenarbeit polit. Parteien zur Unterstützung der Reg. (z. B. Bülow-B. der Konservativen, Nat.liberalen und Freisinnigen 1907–09), als Wahlbündnis zur Übernahme der Reg.verantwortung (z. B. der mit Ausnahme der Royalisten die gesamte Rechte umfassende und bis zu den Sozialisten reichende *Bloc national* 1919–1924 in Frankr.) oder zur Organisation der Opposition. - In der Endphase des dt. Kaiserreichs bedeutete **Blockpolitik** z. T. die Verwirklichung von Vorformen des Parlamentarismus († Kartell). - Seit 1945 spielt das **Blocksystem** in den Volksdemokratien der Ostblocks als Zusammenfassung aller zugelassenen und im Parlament vertretenen Parteien eine zentrale Rolle für die Durchsetzung der antifaschist.-demokrat. Ordnung und im Übergang zum Sozialismus nach sowjet.-marxist. Modell; verlor in der DDR seit 1949/50 an Bed. gegenüber der Politik der Nat. Front.

Blockade [frz.; zu bloc „Klotz"], *im Völkerrecht* die militär. Absperrung von Häfen oder Küstenstrichen durch eine feindl. Seemacht. Voraussetzung für die Rechtsgültigkeit einer B. ist ihre Effektivität (an Ort und Stelle patrouillierende Kriegsschiffe); es genügt nicht die bloße Erklärung der B. oder Verhängung der B. durch das Verlegen von Seeminen. Die B. muß den Behörden des blockierten Staates und den neutralen Staaten bekanntgegeben werden. Der **Blockadebruch** (Umgehung oder Durchbrechung des **Blockadegürtels**) berechtigt zur Aufbringung und Einziehung des betreffenden Schiffes.
◆ in der *Medizin* svw. † Ganglienblockade.

Blockbau, in Europa seit der Eisenzeit nachweisbare Form des Holzbaus; das **Blockhaus** besteht aus waagerecht aufeinandergeschichteten langen Rundhölzern oder Balken, deren Enden in unterschiedl. Weise verschränkt (verblattet, verkämmt) werden.

Blockbild † Blockdiagramm.

Blockbuch, aus einzelnen Holztafeldrucken zusammengefügtes Buch (um 1420–um 1530). Ein B. bestand entweder aus einseitig bedruckten Blättern, deren leere Seiten zusammengefaltet wurden, oder später aus (mittels der neu erfundenen Presse) beidseitig bedruckten Seiten. Den Hauptteil nehmen meist (grobe) Holzschnitte (oft handkoloriert) ein, der Text ist handschriftl. eingefügt, dann auch auf den Block geschnitten und mitgedruckt, später (oft ganzseitig) mit beweg. Lettern gedruckt. Erhalten sind rd. 100 Ausgaben spätma. Gebrauchs- und Erbauungsliteratur: u. a. Armenbibeln († Biblia pauperum), Ausgaben der Apokalypse oder der Ars moriendi, Planetenbücher. B. wurden durch den Buchdruck mit beweg. Lettern schließl. verdrängt.

Block der Heimatvertriebenen und Entrechteten, Abk. BHE, 1950 in Schl.-H. von W. Kraft als Interessenvertretung der Vertriebenen und Kriegsgeschädigten gegr. Partei, die sich 1951 auch auf Bundesebene konstituierte und in Bundesländern mit einem hohen Anteil an Flüchtlingen eine größere Mgl.zahl und einen hohen Stimmenanteil in den Landtagswahlen gewann; nahm 1952 den Namen Gesamtdt. Block (GB) an; zeitweilige Reg.beteiligung in Bund und Ländern. Trotz Fusion mit der Dt. Partei 1961 zur Gesamtdt. Partei (GDP/BHE) gelang es nicht, nach Abnahme des urspr. Wählerreservoirs neue Wählerschichten zu erschließen.

Blockdiagramm, (Blockschema) graph. Darstellung des Ablaufs der Verarbeitung von Daten und der hierfür nötigen Operationen in einem Datenverarbeitungssystem.
◆ (Blockbild) schemat. Zeichnung eines Ausschnitts der Erdkruste, in der sowohl die Oberfläche als auch der innere Bau dargestellt wird.

Blockeis, Wassereis in Form von Blöcken; entsteht durch Gefrieren von Wasser in größeren Eiszellen, bei langsamem Gefrieren als **Klareis,** bei schnellem Gefrieren als **Trübeis.** B. wird zur Kühlung von Eisschränken und Containern, zerkleinertes B. zur Kühlung von Fisch verwendet.

Blöcker, Günter, * Hamburg 13. Mai 1913, dt. Literaturkritiker. - Schreibt v. a. Kritiken und Essays zur modernen Literatur; veröffentlichte u. a. „Krit. Lesebuch" (1962), „Literatur als Teilhabe" (1966).

Blockflöte, einstimmiges Blasinstrument (Sopran-, Alt-, Tenor- und Baßlage); der Name rührt von dem Pflock her, der in dem schnabelförmigen Mundstück die Kernspalte bildet. - Die B. ist in Europa seit dem 11. Jh. nachweisbar, ihre größte Bed. hatte sie im 16./17. Jh.

Blockflur ↑ Flurformen.

blockfreie Staaten, Staaten, die sich im Ost-West-Konflikt als neutral bezeichnen und weder den östl. noch den westl. Bündnissystemen angehören; traten 1961 erstmals zu einer Konferenz zusammen (25 b. St.); gewannen bes. in den UN in der Folgezeit polit. Gewicht und konnten eigene Initiativen entwickeln, wenngleich bislang kein dauerhaftes geschlossenes Handeln erreichen.

Blockguß ↑ Gießverfahren.

Blockhaus ↑ Blockbau.

Blockheftung, seitl. Heftung, bei der der Buchblock nahe am Rücken mit Drahtklammern durchstochen wird (Buchbinderei).

Block<u>ie</u>ren [frz.], Stillstand der Drehbewegung der Räder beim Abbremsen, während sich das Fahrzeug noch weiterbewegt.

Block<u>ie</u>rverhinderer ↑ Bremsschlupfregler.

Blockmeer (Felsenmeer), durch Verwitterung entstandene Anhäufung von Blöcken grobklüftiger Gesteine; finden sich entweder am Ort der Bildung oder als zungenförmige **Blockströme,** die sich hangabwärts bewegt haben. - ↑ auch Solifluktion.

Blockpartei, Partei, die mit anderen Parteien einen (polit.) Block bildet.

Blocksberg, Name des ↑ Brocken und anderer Berge in Deutschland, die v. a. in der Walpurgisnacht als Versammlungsorte von Hexen und Unholden gelten.

Blockschaltbild, funktionelle Darstellung eines techn. Systems, bei der jeder techn. Teilbereich bzw. Anlagenteil durch einen rechteckigen „Block" dargestellt wird. Die Blöcke werden entsprechend der Gesamtfunktion miteinander verbunden.

Blockschokolade, meist bittere, ohne Milch hergestellte Schokolade in dicken Tafeln, v. a. zur Verwendung in der Küche.

Blockschrift, lat. Druckschrift (Antiqua) mit gleichmäßig stark gezogenen, blockförmig erscheinenden Buchstaben (↑ Egyptienne und ↑ Groteskschriften).

Blockunterricht, in Berufsschulen der auf einige Wochen zusammengezogene Unterricht (statt kontinuierl. begleitenden Unterrichts zweimal in der Woche).
♦ fächerübergreifender Unterricht, bei dem für mehrere Tage oder auch Wochen mehrere Unterrichtsfächer zur Behandlung eines bestimmten Themenbereiches zusammengefaßt werden.

Blockverband ↑ Mauersteinverband.

Blockwalzwerk, Walzwerkanlage zum Auswalzen von Rohblöcken zu Halbzeug.

Blödauge (Wurmschlange, Typhlops vermicularis), einzige Art der Blindschlangen in SO-Europa und Vorderasien; etwa 30 cm lang, knapp 1 cm dick, wurmförmig, Kopf nicht vom Rumpf abgesetzt; Mundöffnung sehr klein, Augen winzig; Körperoberfläche glänzend gelblichbraun; Unterseite heller, Schuppen der Oberseite mit kleinem, braunem Punkt.

Bloemaert, Abraham Cornelisz. [niederl. 'blu:ma:rt], * Gorinchem 25. Dez. 1564, † Utrecht 27. Jan. 1651, niederl. Maler. - Seit 1592 in Utrecht. Nach manierist. und klassizist. Phase begann B. um 1620 im Stil der Caravaggisten zu malen und wurde damit richtungweisend für die Utrechter Malerschule des 17. Jh. - Abb. S. 290.

Bloembergen, Nicolaas ['blu:mbərgən], * Dordrecht 11. März 1920, amerikan. Physiker niederl. Herkunft. - Seit 1951 Prof. an der Harvard University in Cambridge (Mass.). Schuf die theoret. Grundlagen der Laserspektroskopie, wofür er 1981 zus. mit A. L. Schawlow und K. M. Siegbahn den Nobelpreis für Physik erhielt.

Bloemfontein [engl. blu:mfɔn'tɛɪn], Hauptstadt der südafrikan. Prov. Oranjefreistaat, 1 392 m ü. d. M., 231 000 E. Anglikan. Bischofs- und kath. Erzbischofssitz; Sitz des obersten südafrikan. Gerichts; Univ. (gegr. 1855, seit 1949 Univ.), Lehrerseminar; astron. Observatorium; Maschinenbau-, Möbel-, Glaswaren- und Nahrungsmittelind. - 1846 als Fort gegr., seit 1910 Gerichtshauptstadt des Landes.

Blohm + Voss AG, bed. dt. Schiffswerft, 1877 in Hamburg von H. Blohm und E. Voss gegr. 1966 Übernahme der Werft H. C. Stülcken Sohn. Haupttätigkeiten: Schiffbau, Schiffsreparaturen, Motoren-, Turbinen-, Kessel- und Maschinenbau. 64,7 % der Aktien hält die August Thyssen-Hütte AG.

Blois [frz. blwa], frz. Stadt an der Loire, 47 200 E. Verwaltungssitz des Dep. Loir-et-Cher; Bischofssitz; Handelszentrum, u. a. Nahrungs- und Genußmittelind., Herstellung von Flugzeug- und Autoteilen, von Radios, Teppichen. - Im 6. Jh. erstmals erwähnt, im 10. Jh. Zentrum der Gft. B., wohl 1196 Stadtrecht. 1397 an Hzg. Ludwig von Orléans verkauft, seit 1498 zur frz. Krondomäne; bis 1589 ständige Residenz der frz. Könige. - Eines der schönsten Schlösser des Loiretals Schloß B. (13.-17. Jh.); Kathedrale Saint-Louis (Krypta 10. und 11. Jh.), roman.-got. Kirche Saint-Nicolas (1138-86), Basilika Notre-Dame de la Trinité (20. Jh.).

Blok, Alexandr Alexandrowitsch, * Petersburg 28. Nov. 1880, † ebd. 7. Aug. 1921,

Blomberg

Abraham Cornelisz. Bloemaert, Hirtin mit Traubenschale (1628). Karlsruhe, Staatliche Kunsthalle

russ. Dichter. - Bed. symbolist. Lyriker; sprachl. Musikalität verbindet sich mit der Erschließung neuer formaler Möglichkeiten. Seit etwa 1905 neigte er zu Sarkasmus und iron. Distanzierung. Berühmt sein Beitrag zur Revolutionsdichtung, das ep. Poem „Die Zwölf" (1918, dt. 1921 und 1958). Bed. lyr. Versdramen, u. a. „Die Schaubude" (1905), „Die Unbekannte" (1906), „Rose und Kreuz" (1912); Gedichte, u. a. „Die Verse von der schönsten Dame" (1904), „Die Skythen" (1918); auch Übersetzer (u. a. Byron, Heine).

Blomberg (Blumberger, Plumberger), Barbara, * Regensburg um 1528, † Ambrosero (Spanien) 18. Dez. 1597, Bürgertochter. - Geliebte Kaiser Karls V. und Mutter von Don Juan d'Austria. Ihr Leben wurde seit dem 18. Jh. mehrfach literar. bearbeitet, zuletzt von C. Zuckmayer (Schauspiel, 1949).

B., Werner von, * Stargard i. Pom. 2. Sept. 1878, † Nürnberg 14. März 1946, dt. Generalfeldmarschall (seit 1936). - Ließ als Reichswehrmin. (seit 1933) nach dem Tode Hindenburgs die Reichswehr auf Hitler vereidigen; seit 1935 Reichskriegsmin. und Oberbefehlshaber der Wehrmacht; 1938 wegen einer nicht standesgemäßen Heirat verabschiedet.

Blomdahl, Karl-Birger [schwed. ˌblumdɑːl], * Växjö 19. Okt. 1916, † Stockholm 14. Juni 1968, schwed. Komponist. - Seine Werke sind der freien Tonalität, der Zwölftontechnik und der elektron. Musik verpflichtet; u. a. Oper „Aniara" (1959); auch Ballette, Instrumentalkonzerte, Sinfonien.

blond [frz.], Haarfarbe, umfassende Bez. der hellen Skala von Haartönungen (neben braun, schwarz und rot). Die b. Haarfarbe kommt nur bei europiden Rassen vor.

Blondeel, Lancelot, * Poperinge 1498, † Brügge 4. März 1561, fläm. Maler und Baumeister. - Entwarf u. a. den Prachtkamin im Schöffensaal des Justizpalastes in Brügge (1528-33).

Blondel de Nesle [frz. blõdɛldəˈnɛl], altfrz. Dichter der 2. Hälfte des 12. Jh. aus Nesle (Somme). - Rund 25 Liebeslieder sind von ihm erhalten.

Blondel [frz. blõˈdɛl], André Eugène, * Chaumont 28. Aug. 1863, † Paris 15. Nov. 1938, frz. Physiker. - Konstruierte den ersten Oszillographen; grundlegende Arbeiten zur Photometrie.

B., François, * Ribemont-sur-Ancre (Somme) 1618, † Paris 21. Jan. 1686, frz. Baumeister und Architekturtheoretiker. - Schuf die Porte Saint-Denis in Paris (1671-73). Begr. mit seinen „Cours d'architecture" (1675) den Klassizismus als Kunstprogramm.

B., Maurice, * Dijon 2. Nov. 1861, † Aix-en-Provence 4. Juni 1949, frz. Philosoph. - Entwickelte eine Philosophie der Aktion, mit der der Ggs. von Freiheit und Notwendigkeit überwunden wird und menschl. Aktivität und das Sein als eine dynam.-dialekt. Einheit aufgefaßt werden, wobei in diesem Denkmodell für die (mögl.) Offenbarung Gottes Raum bleibt. - *Werke:* Die Aktion (1893), Das Denken (1934), La philosophie et l'esprit chrétien (1944-46), Philosoph. Ansprüche des Christentums (1950).

Blondiermittel, Stoffe zum Bleichen der Kopfhaare; wirksamer Bestandteil ist i. d. R. Wasserstoffperoxid, durch das die dunklen Pigmente des Kopfhaares (Melanin) oxidativ zerstört werden.

Blondy (Nicolas B.) [frz. blõˈdi], * 1675(?), † 13. Aug. 1739, frz. Tänzer und Choreograph. - Seit 1691 Mgl. der Pariser Oper; galt als größter Tänzer seiner Zeit.

Blonski, Pawel Petrowitsch, * Kiew 26. Mai 1884, † Moskau 15. Febr. 1941, sowjet. Pädagoge und Psychologe. - Begründete nach der russ. Revolution Produktionsschulen, die sich selbst tragen sollten († Arbeitsschule). Schrieb „Die Arbeitsschule" (1918).

Blood [engl. blʌd] † Blackfoot.

Blood, Sweat & Tears [engl. ˈblʌd ˈswet ənd ˈtiəz „Blut, Schweiß und Tränen", nach einem Churchill-Zitat], 1968 von Al Kooper gegr. amerikan. Rockmusikgruppe, die Elemente aus Jazz, Blues und klass. Musik mit einbezieht.

Bloomfield, Leonard [engl. ˈbluːmfiːld], * Chicago 1. April 1887, † New Haven 18. April 1949, amerikan. Sprachwissenschaftler. - Prof. u. a. in Chicago und seit 1940 an der Yale University. Begr. der behaviorist. Sprachforschung („Language", 1933).

Bloomsbury group [engl. 'bluːmzbərɪ 'gruːp], nach dem Londoner Stadtteil Bloomsbury benannter Freundeskreis von engl. Verlegern (Leonard Woolf), Kritikern und Schriftstellern (Virginia Woolf, Clive Bell, D. Macarthy, Roger Fry, D. Garnett, L. Strachey, E. M. Forster), Malern (Duncan Grant), Wissenschaftlern (R. Trevelyan, J. M. Keynes) und Philosophen (G. M. Moore), der von 1907 bis etwa 1930 bestand.

Blöße, Nacktheit des Körpers oder eines Körperteils, bes. des Genitalbereichs; übertragen für: schwache Stelle, Schwäche.
◆ im *Fechtsport* Bez. für die gültige Trefffläche.

Blouson [bluˈzõː; frz.], über Rock oder Hose getragene, unterhalb der Taille zusammengezogene Bluse.

Bloy, Léon [frz. blwa], * Périgueux (Dordogne) 11. Juli 1846, † Bourg-la-Reine bei Paris 3. Nov. 1917, frz. Schriftsteller. - Wurde unter dem Eindruck der eigenen Armut zum haßerfüllten Angreifer und Ankläger von Klerus und sattem Bürgertum; glaubte, einen Auftrag gottes in der gottferhnen Welt zu erfüllen. Wegbereiter der modernen kath. Literatur (bed. Einfluß auf Bernanos, Mauriac, Claudel u. a.). - *Werke:* Der Verzweifelte (R., 1886), Das Heil und die Armut (1892), Die Armut und die Gier (1897).

B. L. S., Abk. für lat.: benevolo lectori salutem („dem geneigten Leser Heil").

Blücher, Franz, * Essen 24. März 1896, † Bad Godesberg (= Bonn) 26. März 1959, dt. Politiker. - 1945 Mitbegr., 1949-54 Bundesvors. der FDP; 1949-58 MdB (FDP); 1949-57 Vizekanzler und Bundesmin. für den Marshallplan bzw. Min. für wirtsch. Zusammenarbeit; wechselte 1956 zur Freien Volkspartei, später zur Dt. Partei; vertrat ab 1958 die BR Deutschland bei der Hohen Behörde der Montanunion.

B., Gebhard Leberecht Fürst B. von Wahlstatt (seit 1814), * Rostock 16. Dez. 1742, † Krieblowitz (nach B. umbenannt in Blüchersruh, Schlesien) 12. Sept. 1819, preuß. Generalfeldmarschall (1813). - Stand im Siebenjährigen Krieg zunächst in schwed., seit 1760 in preuß. Diensten; nahm 1770 seinen Abschied, kehrte 1787 in sein altes Regiment zurück; 1801 Generalleutnant, zeichnete sich in den Napoleonkriegen aus, errang in den Befreiungskriegen mit Gneisenau Siege als Oberbefehlshaber der schles. Armee, überschritt 1813/14 siegreich bei Kaub den Rhein; entschied mit Wellington den Feldzug 1815 in der Schlacht bei Belle-Alliance (Waterloo).

B., Wassili Konstantinowitsch, ↑Bljucher. Wassili Konstantinowitsch.

Blüchern, nach Feldmarschall Blücher als es gern gespielt haben soll, benanntes, mit 52 Blatt gespieltes Kartenglücksspiel.

Bludenz, Bez.-Hauptstadt im östr. Bundesland Vorarlberg, 550–681 m ü. d. M., 13 000 E. Textil-, Baustoff-, Metall- und Nahrungsmittelind.; Fremdenverkehr. - 1296 als Stadt erwähnt. - Spätgot. Pfarrkirche (16. und 17. Jh.), alte Spitalkirche (17. Jh.); Schloß Gayenhofen (Neubau um 1746).

Blue baby [engl. 'bluː'beɪbɪ], Bez. für Säuglinge, die unmittelbar nach der Geburt an intensiver ↑Blausucht leiden.

Bluebacks [engl. 'bluːbæks] ↑Greenbacks.

Blue chips [engl. 'bluː 'tʃɪps], erstklassige Wertpapiere (Spitzenwerte) in den USA.

Bluefields [engl. 'bluːfiːldz], Hauptstadt des Dep. Zelaya, Nicaragua, an der Moskitoküste, 28 000 E. Hafenstadt für den Export von Bananen, Kokosnüssen und Holz. Der Vorhafen **El Bluff** ist Fischereizentrum.

Blue ground [engl. 'bluː 'graʊnd] ↑Kimberlit.

Blue jeans ['bluːdʒiːns; engl.; zu blue „blau" und „Baumwolle" (vielleicht nach Genua, das ehem. wichtiger Baumwollausfuhrhafen war)], strapazierfähige, enge, blaue Hose aus Baumwollköper, kam um 1955 aus den USA nach Europa.

Blue Mountains [engl. 'bluː 'maʊntɪnz], Gebirge auf Jamaika, im Blue Mountain Peak 2 292 m hoch.
B. M., Bergland im nördl. Bereich des Columbia Plateau, USA, im Rock Creek Butte 2 776 m hoch; Eisenerzvorkommen.
B. M., Teil des südl. Ostaustral. Kordilleren, bis 1 200 m hoch.

Blue notes [engl. 'bluː 'noʊts] ↑Blues.

Blues [bluːs; amerikan.], urspr. weltl. Volkslied der Negersklaven in den Südstaaten der USA, entstand in der 2. Hälfte des 19. Jh.; zunächst nur gesungen („ländl. B."), mit schwermütig getragener Grundstimmung; maßgebl. an der Ausbildung des Jazz beteiligt. Als Standardform entwickelte sich zu Beginn des 20. Jh. die sog. **Bluesformel,** ein Akkord- und Taktschema, die in drei viertaktige Teile gegliedert ist. Die Melodik ist gekennzeichnet durch die **Bluestonalität,** in der die 3. und 7. Stufe (Terz und Septime) neutral intoniert werden (**Blue notes**).
◆ ein um 1920 aufgekommener Gesellschaftstanz im langsamen $^4/_4$-Takt.

Blue-screen-Verfahren ['bluː'skriːn; engl. „blauer Schirm, Hintergrund"] (Bluebox-Verfahren), mit zwei Kameras arbeitendes Trickverfahren in der Fernsehstudiotechnik zur künstl. Hintergrundgestaltung. Kamera I nimmt das Vordergrundbild (z. B. Nachrichtensprecher) vor intensiv blauem Schirm auf, Kamera II das im Verlauf der Sendung häufig wechselnde Hintergrundbild (z. B. Landkarte). Im „Trickmischer" werden die Bildsignale I und II Zeile für Zeile verarbeitet und zu *einem* Bild zusammengesetzt.

Solange Signal I „blau" ist, wird ausschließlich Signal II vom Mischer verarbeitet und umgekehrt.

Blues Project [engl. 'blu:s 'prɔʊdʒɛkt „Blues-Vorhaben"], amerikan. Rockmusikgruppe 1965–68 und seit 1971; umfaßte als erste in ihrer Musik das Spektrum von Folkmusik, Jazz, Blues, Soul und Rock'n'Roll.

Bluff [blʊf, blœf; engl.], gerissene Irreführung, Täuschung; **bluffen,** irreführen, durch dreistes Auftreten täuschen, verblüffen.

Blüher, Hans, * Freiburg in Schlesien 17. Febr. 1888, † Berlin 4. Febr. 1955, dt. philosoph. Schriftsteller. - Einflußreicher Theoretiker der Jugendbewegung. Glorifizierte unter Berufung auf Nietzsche den „held.", „überlegenen" Menschen in seinem angebl. revolutionären Kampf gegen den „bürgerl. Typus". *Werke:* Wandervogel. Geschichte einer Jugendbewegung (1912), Die dt. Wandervogelbewegung als erot. Phänomen (1912).

Blum, Ferdinand, * Frankfurt am Main 3. Okt. 1865, † Zürich 15. Nov. 1959, dt. Physiologe und Chemiker. - 1911–39 Dir. des Biolog. Instituts in Frankfurt am Main (später F.-B.-Inst. für experimentelle Biologie); arbeitete über die histolog. Anwendung des Formaldehyds, über Physiologie und Endokrinologie, bes. der Nebennieren, der Bauchspeicheldrüse und der Schilddrüse; entdeckte die blutzuckersteigernde Wirkung des Adrenalins.

B., Léon, * Paris 9. April 1872, † Jouy-en-Josas (Yvelines) 30. März 1950, frz. Politiker. - Gründete 1902 mit J. Jaurès die reformist. Parti socialiste français (ab 1905 SFIO), reorganisierte und reformierte die Partei als deren Sekretär seit 1916; formulierte 1918/19 ihr Nachkriegsprogramm; 1936/37 und 1938 Min.präs.: weitgehende soziale Reformen, Verbot der faschist. Wehrverbände. 1942 verhaftet, 1943–45 in mehreren dt. KZ interniert; 1946/47 erneut Min.-Präs.; setzte sich in seinen Schriften für Weltfrieden und Völkerverständigung ein.

B., Robert, * Köln 10. Nov. 1807, † Brigittenau (= Wien) 9. Nov. 1848, dt. Politiker. - Hg. des „Allg. Theaterlexikons" (1839–42); ab 1839 einer der führenden Vertreter der liberalen Opposition in Sachsen; 1848 Vizepräs. des Frankfurter Vorparlaments, in der Nationalversammlung Mgl. des Verfassungsausschusses, im Parlament Führer der radikalliberalen Fraktion; trat für das Prinzip der Volkssouveränität und für die Einführung der Republik mit legalen Mitteln ein, beteiligte sich in Wien am Widerstand gegen Windischgrätz; nach dem Sieg der reaktionären Kräfte standrechtl. erschossen.

Blüm, Norbert, * Rüsselsheim 21. Juli 1935, dt. Politiker (CDU). - Zunächst Werkzeugmacher, dann Studium; 1968–75 Hauptgeschäftsführer der CDU-Sozialausschüsse; seit 1969 Mgl. des Bundesvorstands der CDU; seit 1972 MdB; seit 1977 Vors. der CDU-Sozialausschüsse; seit Okt. 1982 Bundesmin. für Arbeit und Sozialordnung; seit 1987 CDU-Vors. in NRW.

Blumberg, Baruch Samuel [engl. 'blʌmbəːg], * New York 28. Juli 1925, amerikan. Mediziner. - Seit 1970 Prof. in Philadelphia; durch Anwendung des von ihm entwickelten Tests *(B.-Test)* können Träger der Serumhepatitis (Hepatitis B) identifiziert werden. 1976 erhielt B. (zus. mit D. C. Gajdusek) den Nobelpreis für Physiologie oder Medizin.

Blumberg, Stadt am SW-Rand der Schwäb. Alb, Bad.-Württ., 705 m ü. d. M., 9 900 E. 1935–42 Eisenerzabbau; Metall-, Textilind. - 1420 erstmals als Stadt erwähnt.

Blume, Friedrich, * Schlüchtern 5. Jan. 1893, † ebd. 22. Nov. 1975, dt. Musikforscher. - 1933–58 Prof. an der Univ. Kiel, Hg. der Enzyklopädie „Die Musik in Geschichte und Gegenwart".

Blume, volkstüml. Bez. für blühende Pflanzen, bes. für die einzelnen Blütenstengel mit Blüte oder Blütenstand (Schnittblumen).
♦ wm. Bez. für den Schwanz von Hase und Kaninchen.
♦ weißes Abzeichen auf der Stirn des Pferdes.
♦ svw. ↑ Bukett.
♦ Schaum des frisch eingeschenkten Bieres.
♦ Niederschlag, der bei Sublimation eines Stoffes entsteht, z. B. Schwefelblume.

Blumenau, brasilian. Stadt am Rio Itajaí-Açu, 86 000 E. Univ. (gegr. 1968); Zentrum eines überwiegend von dt. Auswanderern besiedelten Agrargebiets; Verarbeitung von Agrarprodukten; bed. Textilind., Stahlwerk, Glas- und Porzellanind., Harmonikafabrik.

Blumenbach, Johann Friedrich, * Gotha 11. Mai 1752, † Göttingen 22. Jan. 1840, dt. Naturforscher und Mediziner. - Prof. der Medizin in Göttingen. In der Tiersystematik grenzte B. die grundlegenden Kategorien (Spezies, Rassen, Spielarten, Bastarde, Blendlinge usw.) gegeneinander ab. Er gilt als einer der Begründer der Anthropologie.

Blumenbinse (Blasenbinse, Scheuchzeria), Gatt. der Blumenbinsengewächse mit der einzigen Art **Scheuchzeria palustris** (Sumpfblasenbinse) in Sumpfmooren der nördl. gemäßigten Zone; ausläuferbildende Pflanze mit binsenartigen Blättern, bis etwa 20 cm hohem Stengel und unscheinbaren grünen Blüten.

Blumenblätter (Blumenkronblätter, Petalen), die Blätter der Blumenkrone, oft auffallend gefärbt, meist zart und von kurzer Lebensdauer.

Blumenfeld ↑Tengen.

Blumenfliegen (Anthomyidae), weltweit verbreitete Fam. der Fliegen; rund 1 000 meist wenige mm lange, unscheinbare, vorwiegend grau oder braun gefärbte Arten; leben oft auf Blüten; Larven zahlr. Arten minieren in Pflanzenteilen und sind teilweise als Kulturpflanzenschädlinge gefürchtet, z. B. Brachflie-

Blumenthal

ge, Kohlfliege, Zwiebelfliege.

Blumenkohl (Brassica oleracea var. botrytis), Kulturform des Gemüsekohls, dessen junger Blütenstand samt Knospen und kräftiger Hauptachse gekocht gegessen wird.

Blumenkrone (Blütenkrone, Korolle), Gesamtheit der inneren, meist auffällig gefärbten Hüllblätter einer Blüte mit doppelter Blütenhülle. Die Blattorgane der B. (Blumenblätter) sind entweder frei oder mehr oder weniger zu einer Röhre verwachsen.

Blumenorden ↑ Pegnitzschäfer.

Blumenquallen (Anthomedusae), weltweit verbreitete Unterordnung der Nesseltiere mit vielen Arten, fast ausschließ. im Meer. Die meist festsitzende Polypengeneration bildet durch Knospung freischwimmende, meist hochglockige Medusen (Quallen).

Blumenrohr (Kanna, Canna), einzige Gatt. der Blumenrohrgewächse mit etwa 50 Arten an sumpfigen, sonnigen Standorten im trop. Amerika; bis etwa 2 m hohe Stauden mit meist knollig verdicktem Wurzelstock, langen fiedernervigen Blättern und in Blütenständen angeordneten Blüten. Die Wurzelstöcke einiger Arten (z. B. Canna edulis) werden wie Kartoffeln gegessen. - Einige Arten sind beliebte, nicht winterharte Zierpflanzen: v. a. die unter dem Namen **Canna generalis** zusammengefaßten Hybriden mehrerer Arten, von denen viele Sorten mit grünen, braunroten oder rötl. Blättern und Blüten in vielen Gelb- und Rottönen gezüchtet wurden.

Blumensprache, ein urspr. im Orient und im Fernen Osten heim. Brauch, durch Blumen oder Sträuße Gedanken und Empfindungen auszudrücken. Beispiele: Rose - Symbol für die Liebe (im christl. Bereich auch für das Blut Christi); Lilie - für Unschuld und Reinheit; Iris, Akelei, Maiglöckchen - für Tugend.

Blumenthal, Hermann, * Essen 31. Dez. 1905, ✕ in Rußland 17. Aug. 1942, dt. Bildhauer. - Schüler von E. Scharff in Berlin. Schuf Figürliches (bes. Jünglingsgestalten), Bildnis-

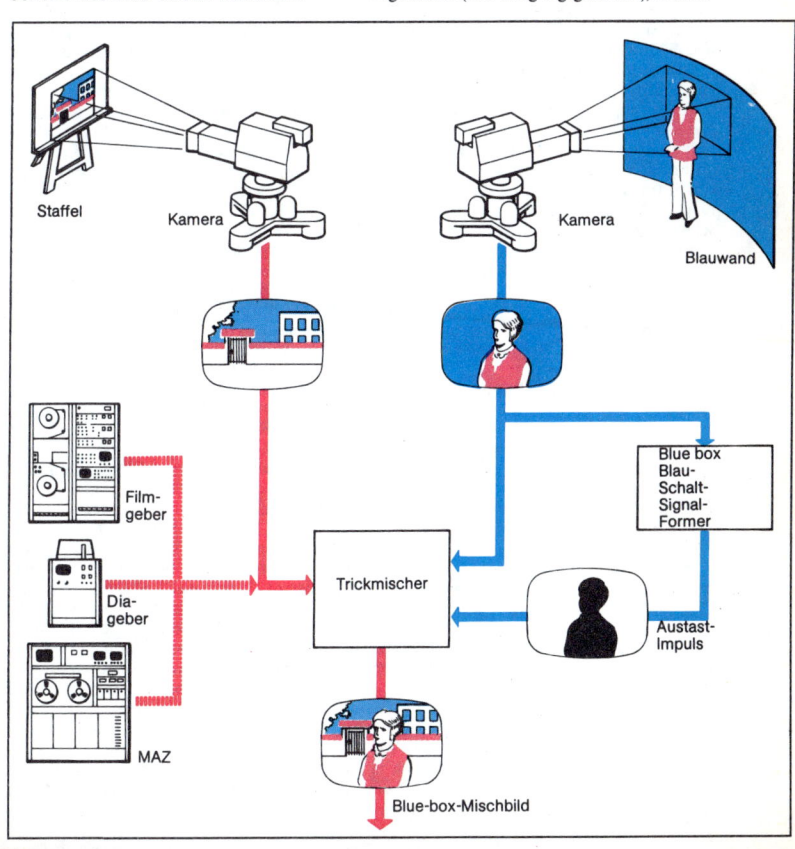

Schema des Blue-screen-Verfahrens

Blumenthal

büsten und Flachreliefs in Zink, Terrakotta und Bronze.
B., Oskar, *Berlin 13. März 1852, †ebd. 24. April 1917, dt. Schriftsteller. - Gründer und bis 1897 Leiter des Lessing-Theaters in Berlin; schrieb u. a. bühnenwirksame Lustspiele, am bekanntesten „Im weißen Rößl" (1898, zus mit G. Kadelburg).

Blumenthal, W[erner] Michael [engl. 'blu:mənθəl], *Berlin 3. Jan. 1926, amerikan. Manager und Politiker dt. Herkunft. - Floh mit seinen Eltern 1939 nach China, kam 1947 in die USA; amerikan. Staatsbürger seit 1952; Wirtschaftsmanager; 1963–67 Sonderbotschafter für Verhandlungen über Handelsfragen; leitete 1967–77 den Bendix-Konzern; 1977–79 Finanzmin. der USA.

Blumentiere (Blumenpolypen, Korallentiere, Anthozoa, Actinozoa), Klasse in allen Meeren (bes. den wärmeren) verbreiteter Nesseltiere mit rd. 6500, fast ausschließl. festsitzenden Arten, davon etwa 20 in Nord- und Ostsee; Durchmesser der Tentakelkrone eines Tieres wenige Millimeter bis etwa 1,5 m; oft bunt gefärbt. B. sind z. T. wichtige Riffbildner, fossile Formen waren wesentl. an Gebirgsbildungen beteiligt.

Blumenzwiebeln, Bez. für die Zwiebeln von Zierpflanzen. Die B. werden im Herbst (z. B. Tulpen, Hyazinthen, Schneeglöckchen, Narzissen) oder im Frühling (z. B. Gladiolen, Lilien) in die Erde gesetzt und wachsen dann im Frühjahr oder Sommer aus.

blümerant [zu frz. bleu mourant „blaßblau"], umgangssprachl. für: schwach, schwindlig, flau.

Blumhardt, Christoph, *Möttlingen bei Calw 1. Juni 1842, † Bad Boll 2. Aug. 1919, dt. ev. Theologe und Politiker. - Begründer des † religiösen Sozialismus (Einfluß auf Karl Barth). B. verlor seinen Pfarrertitel, als er in die SPD eintrat (1899); 1900–1906 Landtagsabgeordneter.
B., Johann Christoph, *Stuttgart 16. Juni 1805, † Bad Boll 25. Febr. 1880, dt. ev. Theologe. - Pfarrer in Möttlingen bei Calw (1838–1852). Dem württemberg. Pietismus verbunden, war B. mit seinem Sohn Christoph B. führend in einer seit 1852 von Bad Boll ausgehenden Erweckungsbewegung. B. beeinflußte den religiösen Sozialismus (L. Ragaz, H. Kutter) sowie die dialekt. Theologie (K. Barth).

Blümlisalp, Bergkette in den Berner Alpen, Schweiz, im B.horn 3664 m hoch.

Bluntschli, Alfred, *Zürich 29. Jan. 1842, †ebd. 27. Juli 1930, schweizer. Baumeister. - B. war Schüler G. Sempers, 1881 Prof. am Polytechnikum in Zürich. V. a. Villen und Wohnhäuser.
B., Johann Kaspar, *Zürich 7. März 1808, † Karlsruhe 21. Okt. 1881, schweizer.-dt. Staatsrechtslehrer und Politiker. - 1833 Prof. in Zürich, 1848–61 in München, danach in Heidelberg; führender Staatstheoretiker; als liberaler Politiker 1861–71 Mgl. der bad. Ersten Kammer und des dt. Zollparlaments; ab 1873 Abg. und zuletzt Präs. der bad. Zweiten Kammer; zahlr. wiss. Werke.

Bluse [frz.], lose sitzendes Kleidungsstück, das in oder über Rock oder Hose getragen wird. Die B. ist auch Teil der Uniform (Matrosen-B., Litewka, Feldbluse).

Blut, in Hohlraumsystemen bzw. im Herz-Kreislauf-System († Blutkreislauf) zirkulierende Körperflüssigkeit, die aus dem B.plasma und den B.zellen (als den geformten Elementen) besteht. Hauptaufgaben des B. sind: die Atemfunktion, d. h. der Sauerstofftransport von den Lungen zu den Geweben; die Entschlackungsfunktion, d. h. der Transport von Kohlensäure aus den Geweben zur Lunge und von Stoffwechselabbauprodukten zu den Nieren; die Ernährungsfunktion, d. h. der Transport von Nährstoffen aus Darm und Leber zu den Geweben hin; der Transport von Vitaminen und Hormonen; die B.gerinnung im Dienste der B.stillung; Abwehrfunktionen gegen Krankheitserreger und körperfremde Stoffe und schließl. die Ableitung überschüssiger Wärme aus dem Körperinneren an die Körperoberfläche. Das B. sorgt für ein gleichbleibendes inneres. Milieu mit möglichst konstantem Ionengleichgewicht und pH-Wert (zw. 7,35–7,4). Die wichtigsten Puffersubstanzen sind dabei die Plasmaeiweiße, die Plasmabicarbonate und das Hämoglobin. Eine wichtige Aufgabe erfüllt das B. als inneres Skelett bei wirbellosen Tieren. Durch seinen Flüssigkeitsdruck dient es dem Körper als Stütze und Antagonist zur Muskulatur. Die B.menge des Menschen beträgt etwa 7–8 % des Körpergewichtes (**Blutvolumen**). Ein Erwachsener von 70 kg hat 5–5,5 l Blut. Davon entfallen auf die B.zellen etwa 45 %, auf das B.plasma etwa 55 %. Das **Blutplasma** ist eine leicht gelbe. Flüssigkeit, die anorgan. Salze, Kohlenhydrate (v. a. Traubenzucker, den sog. Blutzucker), Fettstoffe, Vitamine, Schlackenstoffe und die Plasmaeiweiße enthält. Die Salze des B.plasmas sind in Ionen zerfallen. Von den Kationen überwiegt v. a. das Natrium; Kalium, Calcium und Magnesium sind in wesentl. geringeren Konzentrationen vorhanden. Von den Anionen überwiegt Chlorid; dann folgt Hydrogencarbonat und schließl. Phosphat und Sulfat. Zus. mit Traubenzucker und Harnstoff halten die dissoziierten Salze den osmot. Druck des B.plasmas von etwa 5300 Torr ($\approx$ 7 bar) aufrecht. Er entspricht dem einer 0,9 %igen (isoton.) Kochsalzlösung. Während Natrium und Chlorid im wesentl. für den osmot. Druck verantwortl. sind, spielt Calcium bei der Aufrechterhaltung der normalen Nerven- und Muskelerregbarkeit eine entscheidende Rolle. Kalium ist in den Zellen der verschiedenen Gewebe zwar höher konzentriert als außerhalb und im B.plasma, da jedoch die Erregbarkeit der Zellmembranen

Blutauge

u. a. durch die Höhe eben dieses Konzentrationsunterschiedes bestimmt wird, ist auch der Plasma-Kalium-Wert für die Aufrechterhaltung der Nerven- und Muskelfunktionen von Bed. Außer niedermolekularen Stoffen enthält das B.plasma auch noch etwa 7 % Proteine: Albumine, Globuline und das für die B.gerinnung wichtige Fibrinogen. Der durch die Plasmaeiweiße erzeugte osmot. Druck liegt mit etwa 25 Torr weit unter dem osmot. Druck der niedermolekularen Stoffe. Die **Blutzellen** (B.körperchen, **Hämozyten**) bestehen zu 99 % aus den roten B.körperchen. Den Rest bilden die weißen B.körperchen und die B.plättchen. Die **roten Blutkörperchen (Erythrozyten)** der Säuger (einschließl. Mensch) haben keinen Zellkern (im Ggs. zu den übrigen Wirbeltieren). Sie bestehen aus einem Gerüst (Stroma) und dem eingelagerten roten B.farbstoff († Hämoglobin). Ihre durchschnittl. Lebensdauer beträgt beim Menschen gewöhnl. 4 Monate; sie ist von der jeweiligen Stoffwechselintensität des Organismus abhängig. Die normale Erythrozytenzahl liegt bei 5 bis 5,5 Mill./mm^3. Die Erythrozyten gleichen einer flachen, auf beiden Seiten eingedellten Scheibe. Sie haben einen Durchmesser von rd. 8 µm und eine Dicke von maximal 2 µm. Diese Form gewährleistet kurze Diffusionswege und erleichtert so den Gasaustausch der Erythrozyten. - Die **weißen Blutkörperchen (Leukozyten)** stellen im Ggs. zu den Erythrozyten eine uneinheitl. Gruppe von kernhaltigen Zellen verschiedener Größe und Form dar. Die Normalzahl der weißen B.körperchen liegt zw. 5 000 und 10 000 je mm^3. Die größte Gruppe der Leukozyten mit etwa 70 % der Gesamtzahl stellen die **Granulozyten** mit gekörntem Zellplasma und vielgestaltigem Kern. Die **Lymphozyten** (etwa 25 %) sind kleiner und haben einen großen, runden Kern. Am größten sind die **Monozyten** (etwa 5 %) mit gelapptem Kern. Monozyten und einige Granulozyten können aus der Gefäßbahn auswandern und Bakterien durch Aufnahme in den Zelleib unschädl. zu machen (Phagozytose). Sie werden durch chem. Stoffe in das entzündete Gewebe gelockt und bilden dort, indem sie größtenteils absterben, den Eiter. Die Lymphozyten treten v. a. bei chron. Infekten vermehrt im B. auf. Sie sind durch die Abgabe von γ-Globulinen an der Infektabwehr und auch sonst an Immunvorgängen beteiligt (Abstoßungsreaktion nach Transplantationen). Die Granulozyten werden im Knochenmark, die längerlebigen Lymphozyten in den Lymphknoten und in der Milz gebildet. Die **Blutplättchen (Thrombozyten)** haben beim Menschen nur 1,2-4 µm groß. Sie haben eine Lebensdauer von etwa 2-10 Tagen (Abbau in der Milz). Ihre Normalzahl liegt zw. 250000 und 400000 je mm^3. Sie entstehen durch Abschnürung aus den Riesenzellen des Knochenmarks und spielen sowohl bei der B.gerinnung als auch bei der B.stillung eine wichtige Rolle.

Geschichte: Das B. wurde schon früh als eine für das physiolog. Geschehen bedeutsame Körperflüssigkeit angesehen. Die babylon. Ärzte unterschieden bereits helles (arterielles) „Tagblut" und dunkles (venöses) „Nachtblut". In Ägypten nahmen die Ärzte an, daß das Herz, der Sitz der Seele, wie eine Pumpe das B. im Körper verteile. - 1673/74 entdeckte A. van Leeuwenhoek die roten B.körperchen beim Menschen. 1771 entdeckte W. Hewson die Lymphozyten; 1842 beschrieb A. Donné die B.plättchen.

In den *Religionen* der Völker gilt das B. in bes. Weise als Träger des Lebens, der Seele, der Lebenskraft, die mit dem Tod aus dem Körper fließt. So vermeint man, durch Trinken des B. von Feinden oder auch Opfertieren, sich ihre bzw. höhere göttl. Kräfte anzueignen. Dem B. schreibt man auch übelabwendende (apotropäische), sühnende wie auch gemeinschaftsstiftende Wirkung zu, und zwar nicht nur unter Menschen, sondern auch gegenüber Gott. Im Christentum weiß man sich durch das B. Christi mit Gott versöhnt. Die †*Blutwunder* gingen in manche Ursprungslegenden von Wallfahrtsorten ein. Mit eigenem B. weihte man sich Gott oder Maria, verschrieb sich dem Teufel, mit B. führte man verschiedene abergläub. Praktiken aus.

📖 *Frick, P.:* B.- u. Knochenmarksmorphologie. B.gerinnung. Ein Leitfaden. Stg. ^{17}1984. - *Begemann, H./Rastetter, J.:* Atlas der klin. Hämatologie. Bln. u. a. ^{3}1978. - *Physiologie des Menschen.* Hg. v. O. H. Gauer u. a. Bd. 5: B. Mchn. ^{2}1977.

Blutacker, Grundstück bei Jerusalem, auf dem sich nach Matth. 27, 3-10 Judas Ischarioth erhängte.

Blutadern, svw. †Venen.

Blutalgen, Bez. für einige Arten der einzelligen Grünalgen aus den Gatt. Haematococcus und Chlamydomonas, deren Chlorophyll durch sekundär entstehende orangefarbene oder rote Farbstoffe verdeckt wird und die daher rot erscheinen.-† auch Blutschnee.

Blutalkoholbestimmung †Blutprobe.

Blutandrang, subjektiv empfundene Blutwallung in Kopfgefäßen bei Mehrdurchblutung infolge Gefäßerweiterung, z. B. bei verstärkter Organtätigkeit.

Blutarmut, svw. †Anämie.

Blutauffrischung, in der Tierzucht das meist einmalige Einkreuzen eines nicht verwandten ♂ Tiers derselben Rasse zur Verhinderung von Degenerationserscheinungen.

Blutauge (Comarum), Gatt. der Rosengewächse mit 2 Arten der nördl. gemäßigten Zone; in M-Europa auf Mooren und feuchten Ufern wächst das **Sumpfblut** (Sumpfauge, Comarum palustre), **eine bis 90 cm hohe Staude** mit gefiederten, oft rötl. überlaufenen Blättern und dunkelbraunroten Blüten in Blütenständen.

Blutaustausch, svw. ↑Austauschtransfusion.

Blutbank, allg. Bez. für Einrichtungen, die der Herstellung, Aufbewahrung und Abgabe von Blutkonserven dienen.

Blutbann ↑hohe Gerichtsbarkeit, ↑Bann.

Blutbild (Hämogramm), Ergebnisse verschiedener Untersuchungen des menschl. Blutes; dazu gehören die Hämoglobinbestimmung, die Zählung der roten und weißen Blutkörperchen, die Errechnung des Färbeindexes und die Ermittlung der prozentualen Anteile der verschiedenen weißen Blutkörperchen. Zum B. i. w. S. gehören auch die Zählung der Blutplättchen, die der jungen roten Blutkörperchen, die Bestimmung der Plasmaeiweißkörper und die Ermittlung der Blutkörperchensenkungsgeschwindigkeit.

Blutblume (Haemanthus), Gatt. der Amaryllisgewächse mit etwa 80 Arten im trop. und südl. Afrika; Zwiebelpflanzen, oft mit nur 2 ledrigen Blättern, reichblütiger, dichter Blütendolde auf einem meist flach zusammengedrückten Schaft, weißen, roten oder orangefarbenen Blüten.

Blutbrechen, svw. ↑Bluterbrechen.

Blutbuche (Fagus sylvatica f. atropurpurea), Kulturform der Rotbuche mit schwarzroten, später tief dunkelbraunen Blättern.

Blutdepot, svw. ↑Blutspeicher.

Blutdialyse ↑künstliche Niere.

Blutdorn, svw. ↑Rotdorn.

Blutdruck, durch die Pumpleistung des Herzens erzeugter, von den großen Arterien bis zu den herznahen Venen ständig abnehmender Druck im Gefäßsystem, der den Blutkreislauf in Gang bringt und aufrechterhält. - Beim Menschen (ähnl. auch bei Tieren mit geschlossenem Kreislauf) hängt die Höhe des B. einerseits von der Förderleistung (d. h. Schlagfrequenz und Schlagvolumen) des Herzens und andererseits von der peripheren Gefäßweite ab. Der kleine Kreislauf (Lungenkreislauf) wird vom rechten Herzen bei relativ geringem, der große Kreislauf (Körperkreislauf) vom linken Herzen bei rund 5mal höherem Druck durchströmt. Unter B. wird gemeinhin der störanfälligere und daher wesentl. häufiger krankhaft veränderte *arterielle B.* im großen Kreislauf verstanden. Die konstante Regelung des arteriellen B. erfolgt mit Hilfe von Blutdruckzentren im Zwischenhirn und verlängerten Rückenmark. Diese erhalten ihre Informationen über die ↑Pressorezeptoren, die sich in der Wand der großen Schlagadern, Aorta und Karotis befinden. Je nach der Höhe des von ihnen „gemessenen" B. werden die zentralen Impulse zu den Gefäßnerven und zum Herzen abgestimmt. Die Gefäßnerven steuern die Weite und damit den Strömungswiderstand der Blutgefäße, die Herznerven die Schlagfrequenz und Kontraktionskraft des Herzens. Die **Blutdruckmessung** gilt als wichtigste Maßnahme zur Beurteilung der Kreislauffunktion. Zur Messung des arteriellen B. wird eine zunächst leere Gummimanschette, die mit einem Manometer verbunden ist, um den Oberarm gelegt. Die Manschette wird so lange aufgepumpt, bis der Blutstrom in der Armschlagader völlig abgedrosselt und der Pulsschlag nicht mehr zu tasten ist. Wird der Manschettendruck wieder vermindert, kann man durch ein im Bereich der Ellenbeuge aufgesetztes Stethoskop das Geräusch des wieder in die Armarterie einfließenden Blutes hören. Der dabei abgelesene Manometerwert zeigt den Spitzendruck (**systolischer Blutdruck**; z. B. 120 mm Quecksilber) an. Verschwindet bei weiterer Reduzierung des Manschettendrucks das pulssynchrone Geräusch, so kann der Taldruck (**diastolischer** Blutdruck; z. B. 80 mm Quecksilber) abgelesen werden. Die Differenz zw. systol. und diatol. B. wird als **Blutdruckamplitude** bezeichnet. Der Mittelwert zw. dem systol. und diastol. B. gibt angenähert den mittleren arteriellen Durchströmungsdruck wieder.

Auf Grund des „Gesetz über Einheiten im Meßwesen" vom 2. Juli 1969 sollen die bisher in mm Quecksilber (Hg) angegebenen B.werte in der Einheit Pascal (Einheitenzeichen Pa) angegeben werden; Umrechnung: 1 mm Hg bzw. 1 Torr ≙ 133,322 Pa.

Unter **Bluthochdruck** (Hypertonie) versteht man die anhaltende Steigerung des mittleren arteriellen B. im Körperkreislauf mit Werten über 160 mm bzw. über 95 mm Quecksilber (Festlegung durch die Weltgesundheitsbehörde). Unterschieden werden zwei Formen: 1. der **essentielle Bluthochdruck** (rund 80 %), dessen Ursachen nicht sicher bekannt sind. Als Risikofaktoren gelten Ernährungsgewohnheiten (fett- und kochsalzreiche Nahrung), Nikotingenuß, Übergewicht, seel. Streß sowie erbl. Veranlagung. 2. der **symptomat. Bluthochdruck**, der ein Symptom einer bestimmten Grundkrankheit sein kann. Am häufigsten (etwa 14 %) ist der durch Nierenkrankheiten bedingte hohe Blutdruck.

Unter **niedrigem Blutdruck** (Hypotonie) versteht man das längerdauernde Vorhandensein von B.werten, die unter der altersbedingten Norm liegen (d. h. im allg. systol. unter 100–105 mm Hg, im höheren Lebensalter auch weniger). Der **essentielle niedrige Blutdruck** ist anlagebedingt und kommt v. a. bei Menschen mit schwacher Konstitution vor; der **symptomat. niedrige Blutdruck** ist eine Begleiterscheinung u. a. von Kollaps, Schock, Herzinsuffizienz, hochfiebrigen Erkrankungen. Symptomat. sind für beide Formen Schwächegefühl, verminderte Leistungsfähigkeit, Neigung zu kalten Händen und Füßen, Schwindel, Ohnmachtsanfälle (bes. beim längeren Stehen).

📖 *Lühr, K./Wunderer, H.:* Hypertonie und Hypotonie. *Stg. 1983.*

Blüte, Sproß begrenzten Wachstums, der mit Blättern (Blütenblättern) besetzt ist, die für die geschlechtl. Fortpflanzung zu Sporenblättern umgewandelt sind. B. sind ein charakterist. Erkennungsmerkmal der Samenpflanzen, kommen aber auch bei Bärlapp- und Schachtelhalmgewächsen vor. Die **Blütenachse** ist gestaucht; an ihr stehen schraubig oder wirtelig (quirlig) die Blütenglieder. In der Regel liegen fünf Wirtel vor, die sich aus zwei Kreisen von Blütenhüllblättern, zwei Kreisen von Staubblättern und einem Kreis von Fruchtblättern zusammensetzen. Bei den Zweikeimblättrigen findet man im allg. vier oder fünf Glieder, bei den Einkeimblättrigen drei Glieder in jedem Wirtel. Sind alle Blütenblätter der ↑Blütenhülle gleichgestaltet und gefärbt, liegt ein **Perigon** vor (z. B. bei der Tulpe). Bei unterschiedl. Ausbildung unterscheidet man den äußeren grünen **Kelch** und die oft lebhaft gefärbte **Krone.** Es gibt eingeschlechtige und zwittrige Blüten. - Hinsichtl. ihrer Symmetrie unterscheidet man: 1. *radiäre* Blüten mit mehreren Symmetrieebenen (z. B. Tulpe); 2. *bilaterale* Blüten mit zwei Symmetrieebenen (z. B. Tränendes Herz); 3. *dorsiventrale* Blüten mit einer Symmetrieebene (z. B. Lippenblütler); 4. *asymmetr.* Blüten ohne Symmetrieebene (z. B. Canna). - ↑auch Blütenstand.

◆ umgangssprachl. Bez. für Falschgeldschein.

Blutegel (Egel, Hirudinea), Ordnung der Ringelwürmer mit rd. 300, etwa 0,5–30 cm langen, überwiegend im Wasser lebenden Arten, davon 28 einheim.; Körper wurmförmig oder längl.-eiförmig; immer 33 Körpersegmente, je ein Saugnapf am Vorder- und Hinterende; Epidermis von einer sekundär geringelten Kutikula bedeckt, die jedes Segment in 3–14 Hautringe gliedert. - Die B. sind Zwitter. Die blutsaugenden Arten haben zahlr. seitl. Magenblindsäcke, in denen große Mengen Blut gespeichert werden können. Die bekannteste Art ist der **Medizinische Blutegel** (Dt. B., Hirudo medicinalis), ein bis 15 cm langer, meist dunkelbrauner bis olivgrüner B., v. a. in flachen, stehenden Gewässern Eurasiens. Um geschlechtsreif zu werden, muß er an Lurchen, Fischen und Säugetieren (einschließl. Mensch) saugen. Er kann bis zu 15 cm^3 Blut aufnehmen; die Wunde blutet (durch das ↑Hirudin) noch 6–10 Std. nach. Der Medizin. B. wurde und wird beim Menschen für den Aderlaß angesetzt.

Blütenbestäubung (Pollination), die Übertragung von Blütenstaub; erfolgt durch Selbstbestäubung oder Fremdbestäubung.

Blütenhülle (Perianth), Gesamtheit der Hüllblätter (Blütenblätter, Blütenhüllblätter) der Blüte von Samenpflanzen. Die *einfache* B. wird von einem einzigen Kreis meist gleich gestalteter Hüllblätter gebildet. Die *doppelte* B. besteht aus zwei oder mehr Kreisen von Hüllblättern, die entweder gleichgestaltet oder in einen meist grünen Kelch und eine meist andersfarbige Blumenkrone differenziert sein können. Zuweilen besitzt der Kelch noch einen Außenkelch aus den Nebenblättern der Kelchblätter (z. B. manche Rosengewächse) oder aus einem oder mehreren Kreisen von Hochblättern (z. B. Malvengewächse).

blütenlose Pflanzen, svw. ↑Kryptogamen.

Blütenöle, äther. Öle, die von vielen Blüten als Duftstoffe zur Anlockung von Bestäubern gebildet werden. Von wirtsch. Bed. sind z. B. die B. einer kultivierten Jasminart, des Echten Lavendels, der Pomeranze, der Damaszenerrose, des Gartenthymians und der Tuberose. Gewonnen werden B. durch einfaches Auspressen, Dampfdestillation, Extraktion mit organ. Lösungsmitteln oder mit festem Fett.

Blütenpflanzen, svw. ↑Samenpflanzen.

Blütenstand (Infloreszenz), mehrere bis viele Blüten tragender und meist deutl. abgesetzter Teil des Sproßsystems vieler Samenpflanzen. Die einzelnen Blüten stehen meist in den Achseln von Tragblättern. Die Seitenachsen eines B. können unverzweigt sein und je eine einzige Blüte tragen (einfacher B.) oder verzweigt sein und mehrblütige Teilblütenstände besitzen (zusammengesetzter B.). Ein B. heißt geschlossen, wenn seine Haupt- und Nebenachsen mit einer Blüte enden, offen hingegen, wenn der Sproßscheitel an diesen Stellen erhalten bleibt.

Einfacher Blütenstand: Die Grundform ist die **Traube** mit mehr oder weniger gleich langen Seitenachsen. Bei der **Doldentraube** nimmt die Länge der Seitenachsen von unten nach oben ab, so daß die Blüten annähernd in einer Ebene liegen. Die **Dolde** ist eine Traube mit gestauchter Hauptachse, bei der die Seitenachsen scheinbar von einem Punkt ausgehen. Bei der **Ähre** sitzen die Einzelblüten ungestielt an der Hauptachse. Ist diese Hauptachse fleischig verdickt, spricht man von einem **Kolben**; ein verholzter Kolben heißt **Zapfen. Kätzchen** sind hängende Ähren aus unscheinbaren Blüten, die als Ganzes abfallen. Beim **Köpfchen** ist die Hauptachse verdickt und gestaucht, beim **Körbchen** scheibenförmig abgeflacht.

Zusammengesetzte Blütenstände: Die Teilblütenstände können wie Trauben oder solche Formen, die von der Traube abgeleitet sind, ausgebildet sein. Die **Doppeltraube** hat traubig angeordnete Teilblütenstände; entsprechend sind die **Doppelähre,** die **Doppeldolde** und das **Doldenköpfchen** zusammengesetzt. Die **Rispe** zeigt eine von unten nach oben abnehmende Anzahl der Verzweigungen in den Teilblütenständen. Die **Doldenrispe** (Schirmrispe, Ebenstrauß) entspricht der Doldentraube. Bei der **Spirre** liegen die äußeren (unteren) Blüten höher als die inneren (oberen), so daß durch Übergipfelung der B. Trich-

Blütenstaub

terform erhält. Ein komplizierter B. tritt bei monochasialer Verzweigung auf. Zu diesem Typus zählen **Wickel** (abwechselnd nach rechts und links abgehende Verzweigung) **Schraubel** (Verzweigung nach immer der gleichen Seite), **Fächel** (abwechselnd nach vorn und hinten gerichtete Verzweigung) und **Sichel** (Verzweigungen alle zur gleichen Seite gerichtet). Eine Sonderform stellt die **Trugdolde (Scheindolde)** dar, bei der alle Seitenachsen mit Ausnahme des eigentl. Blütenteils gestaucht bleiben und so einer Dolde ähneln.
📖 *Troll, W.: Die Infloreszenzen. Typologie u. Stellung im Aufbau des Vegetationskörpers. Stg. 1964 ff. Auf 4 Bde. berechnet.*

Blütenstaub, svw. ↑Pollen.

Blütenstecher (Anthonomus), Gatt. kleiner Rüsselkäfer mit 17 einheim., etwa 2–5 mm großen Arten; längl.-oval, mit langem, leicht gebogenem Rüssel; Eiablage nach Entwicklung der Larven v. a. in Blütenknospen.

Blutentnahme, svw. ↑Blutprobe.

Bluter, der an Bluterkrankheit Leidende.

Bluterbrechen (Blutbrechen, Hämatemesis), Erbrechen blutvermischten Mageninhaltes, meist als Zeichen einer bedrohl. Erkrankung des Magens oder der Speiseröhre.

Bluterguß (Hämatom), Blutaustritt unter die Haut, ins Bindegewebe, in Muskeln oder Gelenke nach Eröffnung, meist Zerreißung von Blutgefäßen durch äußere Einwirkung oder infolge krankhafter Durchlässigkeit von Gefäßwänden.

Blütenstand. 1 geschlossene Traube, 2 offene Traube, 3 Doldentraube, 4 Dolde, 5 Ähre, 6 Kolben, 7 Köpfchen, 8 Körbchen, 9 Blütenkrug, 10 Rispe, 11 Doppeltraube, 12 Doldenrispe, 13 Doppeldolde, 14 Doppelähre, 15 Doppelköpfchen

Bluterkrankheit (Hämophilie), geschlechtsgebundene, rezessiv vererbbare Erkrankung, die sich als mangelnde Gerinnungsfähigkeit des Blutes äußert. Bluter sind immer männl. Geschlechts; die Vererbung erfolgt ausschließl. durch Frauen, die selbst gesund bleiben. Die B. kann auch sporad., d. h. ohne erkennbaren erbl. Familienzusammenhang auftreten. Charakterist. Anzeichen der B. sind flächenhafte Blutungen an Haut und Schleimhäuten und Blutungen in die Gelenke, die schon nach geringfügigen Traumen (auch Stoß oder Druck) auftreten können. Häufig kommen auch ohne erkennbare Ursachen Blutharne und nur schwer stillbare Magen- und Darmblutungen vor.

Blutersatz, ungenaue Bez. für ↑Plasmaersatz.

Blutfahne, (Blutbanner), rote Fahne, die bei der Vergabe eines mit der hohen Gerichtsbarkeit (Blutbann) verbundenen Reichslehens verwendet wurde.
◆ Hakenkreuzfahne, die auf dem Marsch zur Feldherrnhalle 1923 mit dem Blut ihres Trägers getränkt worden sein soll und mit der alle anderen Fahnen der NSDAP durch Berührung geweiht wurden.

Blutfaktoren, Bez. für die erbl. Agglutinationseigenschaften der Blutkörperchen.

Blutfarbstoffe, Bez. für die im Blut vorkommenden Atmungspigmente (z. B. Hämoglobin).

Blutfleckenkrankheit (Purpura), Auftreten von punktförmigen Blutergüssen (mit Fleckenbildung) in der Haut und in den Schleimhäuten. Ursache können Erkrankungen der Blutgefäße (bes. Kapillaren) und Störungen der Blutgerinnung (v. a. Verminderung der Blutplättchen) auf Grund tox., allerg. oder autoimmunolog.-rheumat. Prozesse sein. Die Blutflecken treten meist in großer Zahl bevorzugt an Druckstellen und an den Beinen auf.

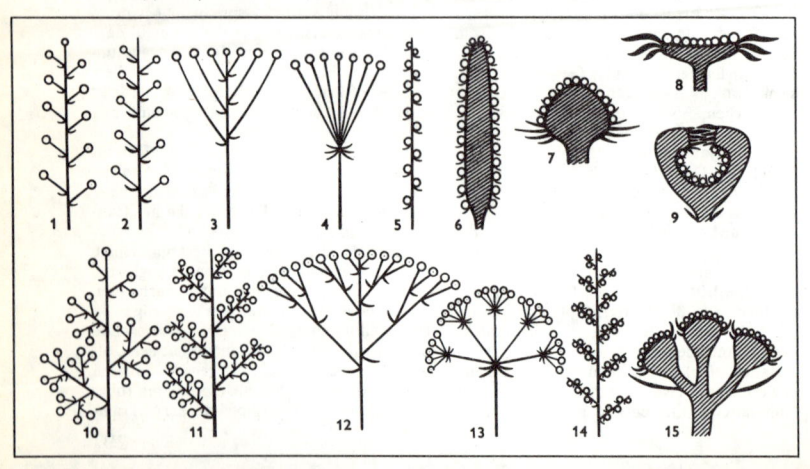

Blutgruppen

Blutgefäße, im menschl. und tier. Organismus die röhrenförmigen Gefäße (Adern), in denen das Blut vom Herzen zu den Geweben und zurück zum Herzen strömt, zus. das **Blutgefäßsystem** (Kreislaufsystem): Arterien, Venen und Kapillaren.

Blutgeld, 1. im MA und im Großbrit. des 18. Jh. Belohnung für die Entdeckung und Anzeige eines Verbrechers; 2. ↑Wergeld; 3. Abgabe an den Inhaber der hohen Gerichtsbarkeit.

Blutgerinnsel (Coagulum), die im Verlauf der Blutgerinnung aus Fibrin und Blutkörperchen entstehende und sich unter Auspressen des Serums langsam zusammenziehende Vorstufe des Blutkuchens.

Blutgerinnung, Erstarrung des Blutes, die kurze Zeit nach Austritt von Blut aus einem Blutgefäß *(extravasale B.)*, in seltenen Fällen u. U. auch schon in der Gefäßbahn erfolgt *(intravasale B.)*. Die B., neben der Transportfunktion die wichtigste Eigenschaft des Blutes, dient v. a. der Blutstillung nach der Eröffnung von Gefäßen. Aus dem ausgetretenen flüssigen Blut wird dabei zunächst der dunkelrote, gallertartige **Blutkuchen,** der aus einem anfängl. weitmaschigen Netz aus Fibrin besteht. Nach einiger Zeit zieht er sich durch Retraktion des Fibrinnetzes zusammen und preßt eine helle Flüssigkeit (**Blutserum**) ab. Die fibrinogenhaltige, zellfreie Flüssigkeit im Stadium vor der B. wird als **Blutplasma** bezeichnet. Der Anstoß für die extravasale B. erfolgt durch den Gewebssaft, der bei Gewebsverletzungen frei wird. Dieser reagiert mit bestimmten Plasmafaktoren und führt unter Beteiligung von Calciumionen zur Bildung von Gewebsthromboplastin. Die Gerinnungsfähigkeit des Blutes kann prakt. auf jeder Stufe künstl. gehemmt werden. So wird frisch entnommenes Blut durch Ausfällung des Blutcalciums ungerinnbar. Dieser Umstand wird durch die Zugabe von Oxal- oder Zitronensäure, z. B. zur Bestimmung der ↑Blutkörperchensenkungsgeschwindigkeit, nutzbar gemacht. - Zur *medikamentösen Gerinnungshemmung* dienen ↑Antikoagulantia. *Gerinnungsstörungen* können u. a. durch den Mangel eines oder mehrerer Gerinnungsfaktoren entstehen. - ↑ auch Bluterkrankheit.

Blutgerinnungszeit, Zeit, die nach einer Blutentnahme bis zur Gerinnung des Blutes verstreicht; Normalwert 5–8 Minuten.

Blutgerüst ↑Schafott.

Blutgeschwulst (Blutbeule), örtl. Schwellung der Haut nach einem ↑Bluterguß.

Blutgeschwür, volkstüml. Bez. für ↑Furunkel.

Blutgifte, Sammelbez. für blutschädigende Stoffe, deren Wirkung auf unterschiedl. Mechanismen beruht. **Blutfarbstoffgifte** (z. B. Kohlenmonoxid und Oxidationsmittel) hemmen durch Hämoglobinveränderung den für den Organismus lebensnotwendigen Sauerstofftransport; **Hämolysegifte** (z. B. Schlangengifte, Chinin, Saponine) lösen die Membran der roten Blutkörperchen auf und setzen dadurch Hämoglobin frei; **Blutgerinnungsgifte** (z. B. Calciumkomplexbildner wie Oxal- und Zitronensäure, Heparine und die Kumarine) hemmen die Blutgerinnung in verschiedenen Stufen der Gerinnungskette; **Blutbildungsgifte** (z. B. Benzol, Senfgas, Stickstoff-Lost und radioaktive Stoffe) hemmen die Bildung der roten Blutkörperchen.

Blutgruppen, erbbedingte, auf spezif. Antigene zurückzuführende Merkmale menschl. Gewebe, die beim Blut zu sog. B.systemen zusammengefaßt werden können und die, in zahlr. Kombinationen vorkommend, die unveränderl. Blutindividualität und außerdem die immunspezif. Struktur des Organismus bedingen. Die Bed. der B. liegt v. a. darin, daß die antigenhaltigen Erythrozyten beim Kontakt mit antikörperhaltigem Fremdserum aufgelöst und verklumpt werden und so zu Transfusionszwischenfällen führen können. Weiterhin kann die Untersuchung der Blutindividualität zur Feststellung der wahrscheinl. Abstammung herangezogen werden (Vaterschaftsnachweis).

Man unterscheidet heute über 10 verschiedene **Blutgruppensysteme** mit mehr als 100 antigenen B.merkmalen. Am längsten bekannt ist das 1901 von K. Landsteiner entdeckte klass. (auch bei Menschenaffen vorkommende) **AB0-System.** Es umfaßt die 4 Hauptgruppen: 0 und A (in Mitteleuropa jeweils 40 % der Bev.), B und AB (13 % bzw. 7 % der Bevölkerung). Die Gruppe 0 ist in der Urbevölkerung Amerikas bes. stark vertreten, die Gruppe B in Zentralasien, die Gruppe A u. a. bei den Australiern. Innerhalb des AB0-Systems unterscheidet man die beiden antigenen B.merkmale A und B, die in der Blutgruppe AB gemeinsam vorkommen bzw. beide fehlen können (Blutgruppe 0). Die

Blutgruppen. Schema der Blutgruppenbestimmung

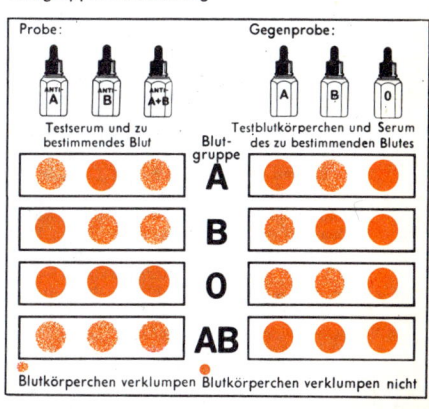

Blutharnen

Erythrozyten der Blutgruppe A enthalten das Antigen A, die Erythrozyten der Blutgruppe B das Antigen B, die Erythrozyten der Blutgruppe AB die Antigene A und B, die Erythrozyten der Blutgruppe 0 keines von beiden. In den Blutkörperchen der Blutgruppe 0 lassen sich bestimmte andere, gruppen- und artspezif. Antigene nachweisen. Die klass. Antigene A und B werden auch *Agglutinogene* genannt, da sie den Erythrozyten die Fähigkeit verleihen, durch spezif. Antikörper, die Agglutinine, verklumpt zu werden. Die Verteilung der Antigene und Antikörper auf die vier B. entspricht der *Landsteiner-Regel:* Enthalten die Erythrozyten ein Agglutinogen, so fehlt im Plasma das korrespondierende Agglutinin; fehlt ein bestimmtes Agglutinogen, so ist das korrespondierende Agglutinin vorhanden. So enthält das Plasma von Angehörigen der Blutgruppe 0 z. B. beide Agglutinine. Bringt man die verschiedenen Blutkörperchen (mit ihren antigenen Merkmalen) mit ihren korrespondierenden Antikörpern zusammen, so kommt es zur Agglutination. Die *B.bestimmung* ist eine unerläßliche Voraussetzung für die Bluttransfusion († auch Kreuzprobe). Es darf nur gruppengleiches Blut transfundiert werden. Die Antikörper des B.systems AB0 sind sog. präformierte Antikörper, die gewöhnl. auch ohne Sensibilisierung mit gruppengleichem Blut vorhanden sind. Sie treten erst 10 Tage nach der Geburt auf, ihre Zahl nimmt bis zum 10. Lebensjahr zu. In bestimmten Bakterienstämmen werden Antigene gebildet, die den menschl. Agglutinogenen ähnl. sind. Gelangen diese in den Organismus, so werden Antikörper gebildet, die später nicht nur mit den betreffenden Bakterien, sondern auch mit den Erythrozytenagglutinogenen reagieren können. Gegen Agglutinogene, die in den körpereigenen Blutkörperchen vorkommen, entstehen keine Antikörper.

Neben dem AB0-System ist v. a. das 1940 von Landsteiner und Wiener entdeckte **Rhesussystem (Rh-System)** von großer prakt. Bed. Im Ggs. zu den präformierten Antikörpern des AB0-Systems kommen die Antikörper gegen Rh-Antigene nur im Anschluß an eine Sensibilisierung durch gruppenungleiche Erythrozyten im Blutplasma vor. Diese Sensibilisierung erfolgt entweder durch die Transfusion oder Einspritzung von Rh-ungleichem Blut oder (häufiger) durch eine Schwangerschaft mit einer Rh-ungleichen Leibesfrucht. Bei erneutem Kontakt mit dem Rh-Antigen kann es dann auch hier zu Transfusionsschäden oder zur † Erythroblastose kommen. 85 % der Bev. haben das antigene Erythrozytenmerkmal Rh (**Rhesusfaktor**); sie sind Rh-positiv (Rh +). Bei 15 % fehlt das Rh-Antigen; sie sind Rh-negativ (Rh –). Rh-negative Menschen bilden leicht Antikörper gegen das Rh-Antigen; sie werden beim Kontakt mit Rh-positivem Blut sensibilisiert. Zur Bestimmung des Rh-Faktors müssen die Antikörper erst durch Übertragung menschl. Erythrozyten auf Versuchstiere gewonnen werden.
📖 *Jost, J. O./Knoche, H.:* Leitfaden der Hämatologie u. B.serologie. Stg. 1977.- *Prokop, O./Göhler, W.:* Die menschl. Blut- u. Serumgruppen. Stg. ⁴1976.

Blutharnen (Hämaturie), krankhafte Ausscheidung roter Blutkörperchen mit dem Urin, der dadurch rot gefärbt ist. Als Ursachen kommen u. a. Entzündungen und Verletzungen durch Harnsteine in Betracht.

Blut-Hirn-Schranke, Bez. für das System zweier Mechanismen, die im Dienst des Stoffaustauschs zw. Blut und Hirngewebe (eigtl. B.-H.-Sch.) bzw. zw. Blut und Zerebrospinalflüssigkeit (**Blut-Liquor-Schranke**) die Schutzfunktion einer Barriere ausüben, die verhindert, daß bestimmte chem. Stoffe, v. a. Gifte (Toxine) und Medikamente, auch bestimmte Mineralstoffe und Hormone, in die Nervenzellen von Gehirn und Rückenmark übertreten können.

Blüthner, Julius Ferdinand, * Falkenhain bei Merseburg/Saale 11. März 1824, † Leipzig 13. Okt. 1910, dt. Klavierbauer. - Gründete 1853 eine berühmte Klavierfabrik in Leipzig, die noch heute existiert.

Bluthochdruck, svw. hoher † Blutdruck.

Blutholz, svw. Blauholz.

Bluthund (Bloodhound), eine der ältesten europ. (engl.) Hunderassen; Schulterhöhe 65–70 cm; lange Rute, schmaler Kopf mit langen Hängeohren, Gesichtsfalten, Hängelefzen und Kehlwamme; Behaarung kurz, meist schwarz und lohbraun.

Bluthusten (Hämoptoe, Hämoptyse), Aushusten von blutigem Auswurf nach Zerreißung kleiner Blutgefäße im Rachenraum, in den Luftwegen und bes. in der Lunge.

Blutkonserve, steril abgefülltes, serolog. geprüftes und mit gerinnungshemmenden Flüssigkeiten vermischtes Blut zur Bluttransfusion. Zur besseren Haltbarmachung des Spenderblutes werden der B. „Nährstoffe" (z. B. Glucose) zugesetzt. **Vollblutkonserven,** die alle Blutbestandteile enthalten, sind bei 4 °C etwa drei Wochen, **Plasmakonserven,** die man nach Abtrennung der Blutkörperchen erhält, sind unter den gleichen Bedingungen etwa 12 Monate lang haltbar. **Frischblutkonserven** nennt man B., die von Dauerspendern gewonnen werden und nicht älter als sechs Stunden sind. Zur Herstellung von **Trockenkonserven,** die fast unbegrenzt haltbar sind, werden Blutplasma und Blutkörperchen getrennt und gefriergetrocknet; im Bedarfsfall können sie in 0,9 %iger (physiolog.) Kochsalzlösung aufgeschwemmt und dann infundiert werden.

Blutkörperchen, svw. Blutzellen († Blut).

Blutkörperchensenkungsgeschwindigkeit (Blutsenkung, Blutsenkungsgeschwindigkeit), Abk. BSG; die Geschwindigkeit, mit der die roten Blutkörperchen in stehenden, ungerinnbar gemachten Blut unter standardisierten Bedingungen auf Grund ihrer Schwere absinken. Blutkörperchen, die bei gesunden Personen eine erhebl. Schwebefähigkeit im Blut aufweisen, können bei Kranken eine beschleunigte oder, seltener, eine verminderte Senkungsneigung zeigen. Zur Feststellung der B. wird das mit Natriumcitratlösung ungerinnbar gemachte Blut (2 cm^3) in einem Röhrchen bis zu einer Höhe von 200 mm aufgezogen. Nach einer Stunde wird die Höhe der von den abgesunkenen Blutkörperchen befreiten Plasmasäule an der Grenze zw. den dunkelroten Erythrozyten und dem klaren Plasma abgelesen. Normale Einstundenwerte sind beim Mann 3–8 mm, bei der Frau 6–12 mm.

Blutkrankheiten (Hämatopathien), Sammelbez. für Erkrankungen des Blutes und der blutbildenden Organe. Die drei wichtigsten Gruppen der B. sind: 1. die verschiedenen Formen der Blutarmut (↑Anämie), 2. der ↑Leukämie und leukämieähnl. Erkrankungen; 3. die verschiedenen Blutungsübel, d. h. Erkrankungen mit erhöhter Blutungsneigung (↑hämorrhagische Diathese).

Blutkreislauf, der Umlauf des Blutes im tier. bzw. menschl. Körper, und zwar entweder in einem offenen System oder (bei allen höheren Tieren) in einem geschlossenen Blutgefäßsystem. Der B. als Transportsystem des Körpers hat die Aufgabe, die Sauerstoffversorgung, Ernährung und Entschlackung der Körperzellen zu gewährleisten.

Niedere Tiere oder Tiere mit stark reduziertem Körperaufbau (Einzeller, Hohltiere, niedere Würmer u. a.) benötigen keinen Blutkreislauf. Mit zunehmender Größe und Spezialisierung der Organe wird jedoch ein Röhrensystem mit eigenen Wandungen aufgebaut, in dem das Blut zirkuliert. Bei kleineren Tieren genügen noch die Körperbewegungen zum Umwälzen des Bluts. Die meisten Tiere haben jedoch spezielle Pumpmechanismen, z. B. bilden sich aus einzelnen Gefäßabschnitten hochdifferenzierte Herzen. In einem **geschlossenen Blutkreislauf** fließt das Blut überall in Gefäßen. Die vom Herz wegführenden Arterien verzweigen sich in immer kleinere Gefäße, bis sie sich in den Organen in Kapillaren verästeln. Diese sind netzartig miteinander verbunden. Nur hier findet der Sauerstoffaustausch mit dem umgebenden Gewebe statt. Aus den Kapillaren gehen wieder größere Gefäße hervor, die sich zu abführenden Venen zusammenschließen. Bei der Ausbildung eines **offenen Blutkreislaufs** sind nur in der Herznähe Gefäße vorhanden. Ein auf der Rückenseite gelegenes Herz pumpt das Blut in eine kurze Arterie; von dort ergießt es sich frei in die Körperhöhle und umspült die Organe. Für eine einsinnige Strömungsrichtung sorgen Bindegewebsmembranen.

Alle Wirbeltiere haben einen geschlossenen B.; Gefäße die zum Herzen hinführen, nennt man Venen, diejenigen, die vom Herzen wegführen, Arterien. Im Verlauf der Stammesentwicklung erfährt das B.system erhebl. Umbildungen, die hauptsächl. mit dem Übergang vom Wasser- zum Landleben zusammenhängen. Die Atmung über Kiemen wird auf Lungenatmung umgestellt; entsprechend muß der B. umgestellt werden. Hauptmerkmale sind die Entwicklung eines vom **Körperblutkreislauf** getrennten **Lungenblutkreislaufs**, und die Ausbildung eines zweikammerigen Herzens, wodurch es zu einer Trennung von sauerstoffreichem und -armem Blut kommt. Im Lungen-B. fließt venöses Blut vom Herzen zur Lunge und kehrt von dort mit Sauerstoff beladen zurück. Im Körper-B. wird das sauerstoffreiche Blut vom Herzen in den Körper gepumpt und gelangt sauerstoffarm wieder zum Herzen.

Die bei den Fischen ausgebildeten vier Kiemenbogenarterien, die die Kiemen durchfließen, werden bei der Weiterentwicklung teils zurückgebildet, teils umgewandelt. Bei den Amphibien versorgt die vorderste den Kopf, die beiden folgenden bilden paarige Aortenwurzeln, und die hinterste wird zur Lungenarterie. Bei den Reptilien, Vögeln und Säugetieren fällt die dritte Kiemenbogenarterie weg, die Kopfarterie verschmilzt an ihrer Basis mit der übriggebliebenen zweiten Kiemenbogenarterie zu einem gemeinsamen Aortenbogen, der bei den Reptilien noch paarig ist. Bei den Vögeln bildet sich später auch noch der linke Aortenbogen zurück, bei den Säugetieren der rechte. Auch im Venensystem treten Veränderungen auf. Die wichtigste ist wohl, daß die Nieren direkt von der Aorta versorgt werden. Jetzt gelangt auch das Blut der hinteren Rumpfbereiche durch die untere Hohlvene direkt zum Herzen.

Das Blutkreislaufsystem des Menschen: Der B. des Menschen entspricht weitgehend dem der Säugetiere. Kreislaufmotor ist das ↑Herz. Die Herzklappen, die als Ventile funktionieren, sorgen für eine gerichtete Strömung des Blutes. Vom Herzen gelangt das Blut in große, relativ dickwandige Arterien. Die beiden nicht miteinander in Verbindung stehenden Herzhälften verknüpfen zwei hintereinander liegende Kreisbahnen, den großen und den kleinen Kreislauf. Der *große B. (Körperkreislauf)* versorgt die Organe mit sauerstoffreichem (arteriellem) Blut und führt die Stoffwechselschlacken (v. a. Kohlendioxid) aus der Körperperipherie im verbrauchten (venösem) Blut zum Herzen zurück. Er geht von der linken Herzkammer aus, führt über die Hauptschlagader (Aorta), ihre Äste (die verschiedenen Körperarterien), über Kapillaren, kleinere Blutadern (Venen) und die großen Hohlvenen, schließt. mit den rechten

Blutkreislauf

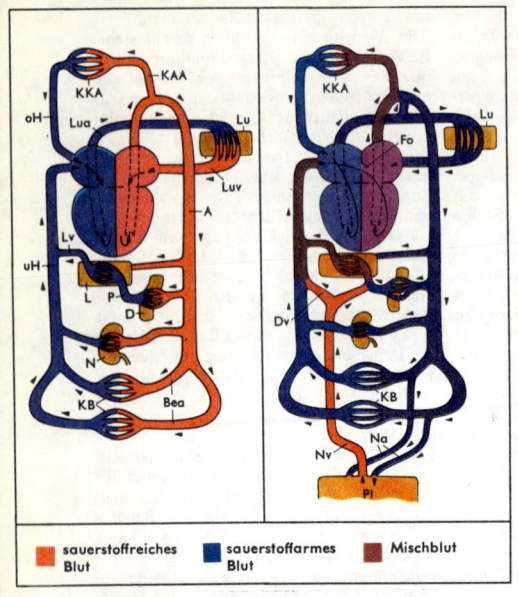

Blutkreisläufe eines erwachsenen Menschen (links) und eines menschlichen Embryos (rechts). A Aorta, Bea Beinarterien, D Darm, Dv Ductus venosus (Arantii), Fo Foramen ovale, KAA Kopf-Arm-Arterien, KB Kreislauf Beine, KKA Kapillarsystem Kopf-Arme, L Leber, Lu Lunge, Lua Lungenarterie, Luv Lungenvene, Lv Lebervene, Na Nabelarterien, Nv Nabelvene, oH obere Hohlvene, P Pfortader, Pl Plazenta, uH untere Hohlvene

Vorhof zur rechten Herzkammer zurück. – Der *kleine B. (Lungenkreislauf)* geht von der rechten Herzkammer aus und schließt über die linke Herzkammer wieder an den großen Kreislauf an. Der Lungenkreislauf dient v. a. dazu, das venöse Körperblut in der Lunge von Kohlendioxid zu befreien und wieder mit Sauerstoff zu beladen.

Die Funktion des menschl. Blutkreislaufs: Zur Aufrechterhaltung des B. ist ein bestimmtes Druckgefälle zw. dem Anfang und dem Ende der beiden Blutkreisbahnen erforderl., das im großen Kreislauf höher ist als im kleinen Kreislauf. Die wesentl. mehr Druckarbeit leistende linke Herzkammer ist daher muskelstärker als die rechte Herzkammer, ebenso haben die Aorta und ihre Verzweigungen dickere Wandungen als die Lungenarterien. Das Herz wirft bei körperl. Ruhe in jeder Minute etwa 4–5 l Blut aus. An der Einstellung eines möglichst gleichmäßigen Blutstroms (auch während der Herzpause), an der Regulierung des Blutdrucks und an der Blutverteilung zw. den Organen sind neben dem Herzen die großen und kleineren Arterien beteiligt. Bes. die Aorta und ihre Hauptäste sind auf Grund ihres elast. Aufbaus dazu befähigt, den systol. Druckstoß der linken Herzkammer aufzufangen und den Blutstrom kontinuierl. weiterzuleiten. In den mittleren und v. a. in den kleineren Arterien (Arteriolen) erfolgt diese Regulierung des Blutstroms mit Hilfe der in diesen Gefäßen bes. stark ausgeprägten glatten Muskulatur der mittleren Gefäßwand. Die Gefäßweite kann entsprechend der momentanen Belastung eines Organs (z. B. bei Muskelarbeit) örtl. durch Stoffwechselendprodukten vergrößert und die Durchblutung ruhender Organe kann nervös zur Aufrechterhaltung des erforderl. Durchströmungsblutdrucks gedrosselt werden. Die Summe aller örtl. Teilwiderstände ergibt für das Ganze des Körperkreislaufs den sog. gesamten arteriellen oder peripheren Gefäßwiderstand. Er ist zus. mit dem Fördervolumen des Herzens für die Höhe des arteriellen Blutdrucks verantwortlich.

Auch in den Blutkapillaren wird das Blut durch den vom Herzen erzeugten Druck befördert. Der Stoffaustausch, d. h. die Abgabe von Nährstoffen und die Aufnahme von Stoffwechselprodukten, wird durch die geringe Geschwindigkeit des Kapillarstroms und die durch große Verästelung erzielte Oberflächenvergrößerung der Gefäßbahn gefördert. Die Gesamtlänge der Kapillaren beträgt bei einem mittelgroßen Menschen etwa 100 000 km, ihre Oberfläche 6000–7000 m². Die Kapillaren münden in kleine Venen oder Venolen, diese in immer größere Venen und schließlich in den rechten Vorhof. Die Wandungen der kleinen und mittelgroßen Venen sind bes. elast. und außerdem (unter dem Einfluß sympath. Nerven) in bestimmtem Umfang kontraktil; sie können ihren Innendurchmesser schon bei geringen Druckschwankungen verändern, d. h. entweder viel Blut abgeben oder als Blutspeicher

dienen. Wichtigster Speicher des menschl. Kreislaufs ist das Lungenstrombett mit dem „zentralen Blutvolumen", das u. a. beim Sichaufrichten aus der Horizontallage zur Füllung der sich dehnenden Bein- und Beckenvenen mobilisiert werden kann. Durch Venenklappen wird aber ein Absacken des Blutes beim Stehen verhindert. Muskelkontraktionen helfen beim Rücktransport des Blutes zum Herzen, der gesteigerte Muskeltonus wirkt - durch Einengung der Venenkapazität - im gleichen Sinn: Jeder Schritt, jeder Händedruck preßt Venenblut dem Herzen zu. In ähnl. Weise wirkt die Pulsation der Arterien, die zu einer Kompression der benachbarten Venen führt, wobei das Blut der Venenklappenstellung gemäß nur nach dem Herzen zu ausweichen kann. In den großen Venen wird der Blutrückfluß zum Herzen durch den Sog unterstützt, der bei der Einatmung und bei der Herzkontraktion entsteht.
Die **Blutströmungsgeschwindigkeit** ist in der Aorta mit etwa 0,5 m/s am größten, im Bereich der Kapillaren liegt sie bei etwa 0,5 mm/s, im Bereich kleiner Venen bei etwa 0,5–1,0 cm/s, im Inneren der großen Hohlvenen bei 0,2–0,3 m/s. Die gesamte Blutmenge des Körpers benötigt für einen vollständigen Umlauf im Durchschnitt etwa 60 Sekunden.
📖 *Kreislaufphysiologie. Hg. v. R. Busse. Stg. 1982. - Physiologie des Menschen. Hg. v. O. H. Gauer u. a. Bd. 3. Mchn. u. a. 1972.*

Blutkuchen ↑Blutgerinnung.

Blutlaugensalze, ursprüngl. durch Glühen von getrocknetem Blut gewonnene Salze; *gelbes Blutlaugensalz*, Kaliumhexacyanoferrat(II), $K_4[Fe(CN)_6]$, dient u. a. zur Herstellung von Berliner Blau und als chem. Reagenz in der analyt. Chemie, *rotes Blutlaugensalz*, Kaliumhexacyanoferrat(III), $K_3[Fe(CN)_6]$, wird u. a. als Abschwächer in der Photographie verwendet (giftig!).

Blutlaus (Eriosoma lanigerum), knapp 2,5 mm große, in der Alten Welt weit verbreitete, rötlichbraune Blasenlaus; scheidet durch die Rückenröhren feine, wachsartige Fäden aus, die das Tier wie weiße Watteflocken umgeben; die B. saugt v. a. an Apfelbäumen.

Blutleere, krankhaft auftretende oder künstl. herbeigeführte Verminderung *(Ischämie)* oder Aufhebung der Blutzufuhr *(Anämie)* zu einem Organ oder Körperteil. - Die krankhafte B. kann funktionell bedingt sein (z. B. durch Gefäßkrämpfe) oder auf organ. Verengungen der Gefäßlichtung (↑Arteriosklerose) bzw. Verstopfungen der Blutgefäße durch Blutpfröpfe (↑Thrombose, ↑Embolie) beruhen; sie kann auch durch Druck von außen (z. B. bei Ergüssen, Geschwülsten) entstehen. - Die künstl. Blutleere wird v. a. bei Operationen und offenen Verletzungen an Armen oder Beinen herbeigeführt, z. B. durch Abdrücken oder Abbinden einer Hauptschlagader; sie darf wegen der Gefahr des Gewebstodes durch unzureichende Sauerstoff- und Nährstoffversorgung höchstens zwei Stunden lang bestehen bleiben.

Blutlinie, in der Tierzucht die über mehrere Generationen reichende Nachzucht eines wertvollen, meist ♂ Stammtiers.

Blut-Liquor-Schranke ↑Blut-Hirn-Schranke.

Blutorange (Citrus sinensis var. sanguinea), Kulturform der Orangenpflanze; Frucht mit rotem Fruchtfleisch und rötl. Schale.

Blutparasiten (Blutschmarotzer), im Blut von Menschen und Tieren lebende Parasiten, bes. Einzeller, Fadenwürmer und einige Saugwurmarten. Die B. leben frei in der Blutflüssigkeit oder in Blutzellen. Sie werden meist durch den Stich von Gliedertieren übertragen. Zahlr. B. sind Krankheitserreger (Malaria, Schlafkrankheit, Bilharziose, Elefantiasis).

Blutpaß, Ausweis über die Blutgruppe (einschließl. Rhesusfaktor) des Besitzers; der B. ermöglicht im Notfall eine rasche Bluttransfusion, wobei die Verträglichkeit des Transfusionsblutes bei bekannter Blutgruppe nur noch durch die ↑Kreuzprobe gesichert zu werden braucht.

Blutpfropf, volkstüml. Bez. für ↑Embolus und ↑Thrombus.

Blutplasma ↑Blut.

Blutplättchen ↑Blut.

Blutprobe (Blutentnahme), eine zu Untersuchungszwecken (Bestimmung von Blutbild, Blutzucker u. a.) oder als therapeut. Maßnahme entnommene Blutmenge. - Rechtl. gesehen besteht eine erzwingbare Verpflichtung zur Duldung von B. 1. zur Durchführung einer Blutgruppenuntersuchung; 2. nach §8, 1 a StPO beim Beschuldigten und bei Zeugen, wenn durch die Blutuntersuchung für das Strafverfahren bedeutsame Tatsachen festgestellt werden sollen. Über die B. wird nach den Richter, den Staatsanwalt oder dessen Hilfsbeamten angeordnet; sie darf nur von einem Arzt durchgeführt werden. Am häufigsten wird die B. als Alkohol-B. (Alkoholprobe) zur Ermittlung des ↑Alkoholgehalts bei Verdacht auf Trunkenheitsdelikte angewandt *(Blutalkoholbestimmung)*.

Blutrache, im german. Recht und in anderen frühen Stufen der Rechtsentwicklung Form der Selbstjustiz (Recht und Pflicht), durch die eine Verletzung der Sippenehre, v. a. die Tötung eines Angehörigen, geahndet werden sollte; richtete sich gegen die Sippe, der der Täter angehörte; konnte durch Geld (↑Wergeld) abgelöst werden; steht heute allg. im Ggs. zur herrschenden Rechtsordnung.

Blutregen, durch rötl. Staubbeimengungen (z. B. Wüstenstaub aus der Sahara) gefärbter Regen. Die rote Verfärbung von Regenpfützen beruht oft auf einer Massenentwicklung von Blutalgen.

Blutreinigung, die Reinigung des Blutes von schädl. Stoffen mit Hilfe mildwirkender,

Blutsauger

hauptsächl. abführender, schweiß- und harntreibender Mittel sowie durch Aderlaß.

Blutsauger, Insekten (z. B. Stechmükken, Läuse), die sich von Warmblüterblut ernähren.

◆ ↑Vampire.

Blutsbrüderschaft, bei den Germanen die Form einer verwandtschaftsähnl. Beziehung unter nicht miteinander verwandten Männern; unter feierl. Ritual abgeschlossen (meist Treuegelöbnis und Blutvermischung); die Beteiligten verpflichteten sich, einander wie leibl. Brüder zu behandeln; eine ähnl. Verbindung war die **Schwurbrüderschaft.**

Blutschande, (Inzest) svw. ↑Beischlaf zwischen Verwandten.

◆ („Rassenschande") in der nat.-soz. Zeit Bez. für den Geschlechtsverkehr zw. Personen verschiedener „Rassen".

Blutschmarotzer, svw. ↑Blutparasiten.

Blutschnee, rötl. verfärbter Schnee; im Gebirge und in den Polargebieten, meist durch eine Massenentwicklung von Blutalgen, Dinoflagellaten oder Urinsekten verursacht, auch durch das Niedergehen rötl. Staubmassen.

Blutschwamm, svw. ↑Hämangiom.

◆ svw. ↑Leberpilz.

◆ svw. ↑Zunderschwamm.

◆ volkstüml. Bez. für den ↑Hasenbofist.

Blutsegen, mag. Beschwörungsformel zur Stillung des Blutes oder zur Heilung von Wunden (**Wundsegen**). B. sind aus der jüd., altind., griech., lat. und mittelalterl. Überlieferung bekannt.

Blutsenkung, svw. ↑Blutkörperchensenkungsgeschwindigkeit.

Blutserum ↑Blutgerinnung.

Blutspeicher, (Blutdepot), Bez. für Organe mit Gefäßsystemen, in denen Blut gespeichert und bei Bedarf wieder freigegeben werden kann. In der Leber können bis zu 20% in der Haut bis zu 15% des gesamten Blutes enthalten sein. Bes. viel Blut (bis zu 30% der Gesamtblutmenge) kann in den gut dehnbaren Gefäßen der Lunge enthalten sein. Dieses Depotblut kann, da es dicht vor dem linken Herzen liegt, bei Bedarf rasch in den großen Kreislauf überführt werden. Die menschl. Milz spielt als B. keine Rolle.

Blutspender, Person, die sich bis zu 500 ml Blut für klin. (v. a. zur Bluttransfusion), für Forschungs- oder industrielle Zwecke (Gewinnung von Eiweißfraktionen oder Testseren) entnehmen läßt.

Blutspiegel, Bez. für die Konzentrationshöhe natürl. vorkommender oder künstl. zugeführter Stoffe im Blutserum, z. B. der Blutzuckerspiegel.

Blutstauung (venöse Hyperämie), vermehrte Blutfülle in einem Organ oder in begrenzten Gefäßabschnitten infolge verminderten Blutabflusses bei freiem Blutzufluß, z. B. bei chron. Herzversagen.

Blutstein ↑Hämatit.

Blutstillung (Hämostase, Stypsis), zur Stillung einer Blutung führende körpereigene Vorgänge oder therapeut. Maßnahmen. - ↑Erste Hilfe (Übersicht).

Bluttröpfchen, volkstüml. Bez. für verschiedene Pflanzenarten mit kleinen, roten Blüten (z. B. Ackergauchheil, rotblühende Adonisröschenarten, Blutauge).

◆ svw. ↑Widderchen.

Blutsturz, volkstüml. Bez. für starke Blutung aus Mund und Nase.

◆ starke, plötzl. auftretende Massenblutung aus der Lunge oder dem Bronchialbaum, aus der Speiseröhre oder aus dem Magen-Darm-Kanal, aus After oder Scheide.

Blutsverwandtschaft, die Abstammung zweier Personen von gemeinsamen Vorfahren. - Zum Recht ↑Verwandtschaft.

Bluttaufe, im christl. Altertum Bez. für das Martyrium von Nichtgetauften, das als Ersatz für die sakramentale Taufe angesehen wurde.

Bluttransfusion (Blutübertragung), Übertragung von Spenderblut auf einen Empfänger. Spender und Empfänger müssen, möglichst auch hinsichtl. des Rhesusfaktors, verträgl. Blutgruppen angehören. Bei der nur in Notfällen vorgenommenen **direkten Bluttransfusion** wird das Blut unmittelbar vom Spender auf den Empfänger übertragen. Bei der **indirekten Bluttransfusion** wird das Spenderblut zunächst als ↑Blutkonserve gelagert und erst im Bedarfsfall übertragen. Die Gefahren der B. liegen in der Unverträglichkeit verschiedener Blutgruppen und des Rhesusfaktors sowie der mögl. Übertragung von Krankheiten wie Gelbsucht, Syphilis oder Aids.

Blut-und-Boden-Dichtung, Sammelbez. für eine vom Nationalsozialismus geförderte Literaturrichtung, in der dessen kulturpolit. Idee einer artreinen Führungsrasse mehr oder weniger offen zutage tritt. Sie umfaßt v. a. Bauern-, Siedler- und Landnahmeromane. Vertreter: G. Schumann, H. Böhme, H. Anacker, H. Menzel u. a.

Blut und Eisen ↑Eisen und Blut.

Blutung (Hämorrhagie), Blutaustritt aus Blutgefäßen infolge krankhafter Veränderung der Gefäßwand oder auf Grund von Verletzung. Man unterscheidet arterielle, venöse und kapillare B. Aus den Arterien spritzt stoßweise hellrotes Blut; aus den Venen rinnt gleichmäßig dunkelrotes Blut; bei Kapillarblutungen sickert das Blut nur tropfenweise aus. Bei der **äußeren Blutung** tritt das Blut von der Blutungsquelle an die Körperoberfläche aus; bei der **inneren Blutung** dringt das Blut zw. Gewebsschichten oder in Körperhöhlen ein. Kleinere Blutungen werden innerhalb von 2–3 Minuten durch den körpereigenen Mechanismus der Blutstillung zum Stillstand gebracht, bei größeren Blutungen sind

äußerl. Hilfs- bzw. Rettungsmaßnahmen nötig.
Blutungsanämie ↑Anämie.
Blutungsübel, svw. ↑hämorrhagische Diathese.
Blutvergiftung, svw. ↑Sepsis.
Blutwäsche, Bez. für verschiedene, i. w. S. der Blutreinigung und Blutauffrischung dienende Verfahren, u. a. 1. der Austausch von eigenem (krankem) gegen fremdes (gesundes) Blut; 2. Blutreinigung mit Hilfe einer ↑künstlichen Niere.
Blutweide, svw. ↑Roter Hartriegel.
Blutwunder, außergewöhnl. Erscheinungen, die wie frisches Blut oder Blutungen an Hostien (Bluthostien) oder Christusbildern aussehen. Zahlr. Wallfahrten (z. B. Andechs, Walldürn, Bolsena) knüpfen B. an. B. sind z. T. erklärbar durch den Befall von Hostien mit dem als „Hostienpilz" bezeichneten Bakterium Serratia marcescens.
Blutwurz (Aufrechtes Fingerkraut, Potentilla erecta), Rosengewächs der Gatt. Fingerkraut in Eurasien; auf Wiesen, Heiden, in Wäldern und Mooren wachsende Staude mit etwa 10–40 cm hohem, abstehend behaartem Stengel, Blätter mit keilförmigen, grobgesägten Fiedern und einzelnen, gelben Blüten. Wurzelstock bis 3 cm dick, innen rot; wird als Mittel bei Darmstörungen und zur Pinselung der Mundhöhle verwendet.
Blutzucker, der Traubenzuckergehalt des Blutserums; die Höhe der Traubenzuckerkonzentration im Blut (**Blutzuckerspiegel**) beträgt normal 75–120 mg % (mg in 100 cm^3). Erhöhung der B.-menge (Hyperglykämie) nach Kohlenhydratmahlzeiten und bei Diabetes mellitus; Senkung der B.-menge (Hypoglykämie) bei Hunger und nach Insulininjektion. Steigt der B. über 180 mg % an, tritt Zucker in den Harn über (Harnzucker, Glukosurie).
Blyton, Enid [engl. 'blaɪtən], * Beckenham (Kent) 11. Aug. 1896, † London 28. Nov. 1968, engl. Schriftstellerin. - Schrieb etwa 400 Kinder- und Jugendbücher, die in zahlr. Sprachen (ins Dt. neben vielen anderen die Reihe „Fünf Freunde") übersetzt wurden.
b. m., Abk.:
♦ für: ↑brevi manu.
♦ für: ↑beatae memoriae.
B. M. V., Abk. für lat.: Beata Maria Virgo („selige Jungfrau Maria").
BMW, Abk. für: Bayerische Motoren Werke AG.
B'nai B'rith [hebr. „Söhne des Bundes"], jüd. Orden (Loge), gegr. 1843 in New York mit dem Ziel der Selbsterziehung und der Förderung humanitärer Ideen unter Juden; z. Z. etwa 350 000 Mgl. (davon rd. 300 000 in den USA).
B-Note, Bewertung der Kürübung im Eiskunstlauf, Rollkunstlauf und Eistanz; berücksichtigt werden u. a. Harmonie des Aufbaus,

Bob

Anpassung des Laufes an die Musik, Körperhaltung und Erfindungsgabe. - ↑auch A-Notes.
Bo [engl. bou], Prov.hauptstadt im südl. Sierra Leone, an der Bahnlinie Freetown-Pendembu, 64 000 E. Kath. und ev. Lehrerseminare; Handelszentrum eines Agrargebiets; Möbelfabrik; ✈.
Bö (Böe) [niederl.], Windstoß, plötzl. starke Zunahme der Windgeschwindigkeit.
Boa [lat.] ↑Boaschlangen.
Boabdil [boap'dil, span. boaβ'ðil] (arab. Abu Abd Allah Muhammad), genannt „el Chico" („der Junge"), eigtl. Abu Abd Allah Muhammad XII., ✕ Fes 1527 (?) letzter arab. König von Granada (1482/83 und 1487–92). - Aus der Dynastie der Nasriden; geriet 1483 vorübergehend in die Gefangenschaft der Kath. Könige; fand nach der Eroberung der letzten arab. Stützpunkte in Spanien 1492 Zuflucht in Marokko.
Board [engl. bɔːd], in der angloamerikan. Rechtssprache Vorstand oder Behörde; z. B.: B. of Directors (Vorstand einer Kapitalgesellschaft); B. of Health (Gesundheitsbehörde).
Boarding School [engl. 'bɔːdɪŋ 'skuːl], engl. Bez. für eine Internatsschule, in der Schüler verschiedenen Alters zu Hausgemeinschaften zusammengefaßt werden.
Boas, Franz, * Minden 9. Juli 1858, † New York 21. Dez. 1942, amerikan. Ethnologe und Anthropologe dt. Herkunft. - Prof. an der Columbia University. Arbeiten über Kulturen und Sprachen der nordamerikan. Indianer; entschiedener Gegner des Rassismus.
Boaschlangen (Boas, Boinae), Unterfam. etwa 0,5–8 m langer, ungiftiger Riesenschlangen mit etwa 40 Arten im trop. Amerika; den Pythonschlangen ähnl., unterscheiden sie sich von diesen durch den stets unbezahnten Zwischenkiefer, meist einreihig angeordnete Schwanzschilder und durch das Gebären lebender oder unmittelbar nach der Eiablage aus den dünnen Eihüllen schlüpfender Jungen. Bekannte Gatt. sind Sandboas und *Boa* mit der bekanntesten Art Königsschlange.
Bob, engl. männl. Vorname, Kurzform von ↑Robert.
Bob [engl.; zu bob „ruckartig bewegen"] (Bobsleigh), verkleideter Stahlsportschlitten

Zweierbob (Spurbreite 67 cm, Länge 270 cm)

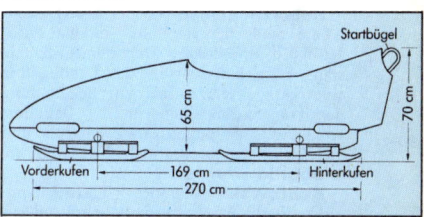

Bobak

für zwei oder vier Fahrer; mit Sägebremse und zwei Kufenpaaren, davon das vordere durch Seil- (überwiegend) oder Radsteuerung lenkbar; wird auf vereisten Bahnen gefahren. - Der erste B.rennschlitten wurde 1888 in Sankt Moritz konstruiert, wo auch 1903 die erste B.bahn eröffnet wurde. Wettrennen werden im Zweier- und im Vierer-B. ausgetragen. Die Mindestlänge der Bahn beträgt 1 200 m, das Durchschnittsgefälle muß mindestens 8 % (höchstens 15 %) betragen.

Bobak [poln.], svw. ↑Steppenmurmeltier.

Bobby [engl. 'bɔbɪ], engl. männl. Vorname, Kurz- und Koseform von ↑Robert.

Bobby [engl. 'bɔbɪ], volkstüml. Bez. für brit. Polizisten, ben. nach Sir Robert (Bobby) Peel, dem Reorganisator der brit. Polizei.

Bobek, Hans, * Klagenfurt 17. Mai 1903, östr. Geograph. - Prof. in Freiburg im Breisgau und Wien; einer der Begründer der modernen Stadtgeographie und der Sozialgeographie.

Bober, linker Nebenfluß der Oder, Polen▼, entspringt im Riesengebirge, mündet westl. von Crossen (Oder), 272 km lang.

Bober-Katzbach-Gebirge, Bergland in Schlesien, Polen▼, in der Melkgelte 724 m ü. d. M.

Bobigny [frz. bɔbi'ni], frz. Ind.stadt im nö. Vorortbereich von Paris, 42 700 E. Verwaltungssitz des Dep. Seine-Saint-Denis.

Bobine [frz.], (Pfeife) Garnspule in der [Baumwoll]spinnerei.
◆ endloser Papierstreifen zur Herstellung von Zigarettenhülsen.

Bobinet [frz.-engl.], Bez. für netz-, gitter- oder spitzenartige textile Flächengebilde, bei denen sich meist drei Fadensysteme umschlingen.

Böblingen, Krst. am Schönbuch, Bad.- Württ., 464 m ü. d. M., 40 500 E. Elektron., chem., metallverarbeitende Ind. - Um 1250 in planmäßiger Anlage gegr., um 1350 an die Grafen von Württ. verkauft.
B., Landkr. in Baden-Württemberg.

Böblinger, Matthäus, * Altbach bei Esslingen am Neckar um 1450, † Esslingen am Neckar 1505, dt. Baumeister. - 1480 Bauleiter des Ulmer Münsters. Als 1493 der bereits von Ulrich von Ensingen begonnene W-Turm Risse zeigte, wurde B. aus der Stadt verbannt. Erst im 19. Jh. wurde der Turm nach seinen Plänen fertiggestellt.

Bobo-Dioulasso [bobodjula'so], zweitgrößte Stadt der Republik Burkina Faso, 460 m ü. d. M., 149 000 E. Departementshauptstadt, Wirtschaftszentrum des Landes. Sitz eines kath. Bischofs; Inst. zur Bekämpfung der Tropenkrankheiten; an der Bahnlinie Abidjan-Ouagadougou, ✈. - Zwei große und viele kleine Moscheen, etwa 80 Koranschulen.

Bobriki ↑Nowomoskowsk.

Bobrowski, Johannes, * Tilsit 9. April 1917, † Berlin 2. Sept. 1965, dt. Schriftsteller. - Seine Gedichte (u. a. „Sarmatische Zeit", 1961; „Schattenland Ströme", 1962) spiegeln das Erlebnis der östl. Landschaft und die Probleme und Spannungen zw. den Nationalitäten; mit dem Roman „Levins Mühle" (1964) erlangte B. internat. Anerkennung. - *Weitere Werke:* Mäusefest u. a. Erzählungen (1965), Litauische Klaviere (R., 1966), Im Windgesträuch (Ged., hg. 1970).

Bobrujsk, sowjet. Stadt an der Beresina, Weißruss. SSR, 218 000 E. Straßenbau-, Landw.- u. a. Technika; Holzkombinat, Nahrungsmittelind., Maschinenbau, Schiffsreparatur; Anlegeplatz, Bahnknotenpunkt. - Urkundl. erstmals im 16. Jh. erwähnt.

Bobsleigh [engl. 'bɔbslɛɪ], svw. ↑Bob.

Bobtail [engl. 'bɔbtɛɪl] (Altengl. Schäferhund), langzottiger, mittelgroßer Schäferhund von gedrungenem Körperbau; Fell grau oder grau- bis blaumeliert.

Bocage, Manuel Maria Barbosa du [portugies. bu'kaʒɪ], * Setúbal 15. Sept. 1765, † Lissabon 21. Dez. 1805, portugies. Dichter. - Einer der bedeutendsten und populärsten neueren Dichter Portugals.

Bocage [frz. bɔ'ka:ʒ], Bez. für die Heckenlandschaft Frankreichs.

Boccaccio, Giovanni [bɔ'katʃo, italien. bok'kattʃo], * wahrscheinl. Florenz (oder Certaldo?) 1313, † Certaldo bei Florenz 21. Dez. 1375, italien. Dichter. - Studierte die Rechte, wandte sich jedoch humanist. Studien und der Dichtung zu; seit 1340 Notar und Richter in Florenz; in den späten Lebensjahren mit Petrarca befreundet. B. veranlaßte u. a. die erste vollständige Übersetzung Homers ins Lat. und schrieb selbst auch in lat. Sprache. Sein reiches literar. Werk wird gekrönt durch die zw. 1348 und 1353 entstandene, 1470 gedruckte Novellensammlung (100 Novellen) „Decamerone" (dt. 1472/73), mit der B. die italien. Novelle zur Kunstform erhob und auf Jahrhunderte festlegte.
Weitere Werke: Il Filostrato (Versepos, um 1338, gedruckt 1480), Teseida (ep. Dichtung, 1339/40, gedruckt 1475), Ninfale d'Ameto (E., um 1341, gedruckt 1478), L'amorosa visione (allegor. Ged., 1342/43, gedruckt 1521), Fiammetta (Vers-R., 1343, gedruckt 1472), Die Nymphe von Fiesole (um 1345, gedruckt 1477), Corbaccio (Satire, 1354/55, gedruckt 1487), De Casibus virorum illustrium (etwa 1355-60, gedruckt um 1475), Das Leben Dantes (um 1360, gedruckt 1477), De claris mulieribus (Biographien, etwa 1360-62, gedruckt 1439).

Boccalini, Traiano [italien. bokka'li:ni], * Loreto 1556, † Venedig 16. Nov. 1613, italien. Schriftsteller. - Verfasser der einflußreichen „Ragguagli di Parnaso" (1612/13), in denen er die literar. und polit. Verhältnisse seiner Zeit scharf kritisiert.

Boccherini, Luigi [italien. bokke'ri:ni], * Lucca 19. Febr. 1743, † Madrid 28. Mai

1805, italien. Violoncellist und Komponist. - Seine über 400 Werke umfassen neben einer Oper, Oratorien, Kirchen- und Orchestermusik (u. a. 20 Symphonien) und Solokonzerten (v. a. für Violoncello) bes. Kammermusik.

Boccia [ˈbɔtʃa; italien. „Kugel"], v. a. in Italien verbreitetes Kugelspiel, bei dem die Spieler versuchen, die B.kugeln (10–13 cm Durchmesser, aus Hartholz) möglichst nahe an die zuvor ins Spielfeld gebrachte Zielkugel (**Pallino**, 4 cm Durchmesser) zu werfen oder die Kugel des Gegners aus einer günstigen Position zu schlagen.

Boccioni, Umberto [italien. botˈtʃoːni], * Reggio di Calabria 19. Okt. 1882, † Sorte bei Verona 17. Aug. 1916, italien. Maler, Zeichner und Bildhauer. - Mitverfasser des „Manifestes der futurist. Malerei" (1910) und Verfasser der „Techn. Manifeste" der futurist. Malerei und Plastik (1910 und 1912), durch die er sich wie durch sein Buch „Pittura scultura futurista: dinamismo plastico" (1914) als Haupttheoretiker des Futurismus erwies. Nach Bekanntschaft mit dem Kubismus (Parisaufenthalt 1911) stellte er in futurist. Bildern (1912–14) in facettierter Weise die moderne Zeit in ihrem Tempo und ihrer Technik dar („Dynamismus eines Radfahrers", 1913).

Boch [bɔx], urspr. aus Luxemburg stammende saarländ. Industriellenfamilie; Gründer der heutigen Firmen Villeroy und B. in Mettlach und B. Frères in La Louvière. Bed. Vertreter:

B., Eugen Anton von (seit 1812), * Septfontaines (Luxemburg) 22. Mai 1809, † Mettlach 11. Nov. 1898, Industrieller. - Übernahm 1829 die 1809 gegr. Steingutfabrik der B. in Mettlach, die er 1836 mit der Steingutfabrik der Familie Villeroy vereinigte und gründete 1841 eine Manufaktur in La Louvière; errichtete in Mettlach das größte private Museum für Keramik.

Boche [frz. bɔʃ], bedeutete zunächst „übel beleumdetes Subjekt"; seit Ende des 19. Jh. umgangssprachl. und geringschätzig für den Deutschen gebraucht; möglicherweise eine Abk. von Alboche, dem Argotwort für „dt.", oder aus *tête de caboche* (harter Schädel).

Bocheński, Joseph Maria [poln. bɔˈxɛjski], * Czuszow 30. Aug. 1902, poln. Philosoph. - Dominikaner, seit 1945 Prof. in Freiburg (Schweiz); Veröffentlichungen zur (formalen) Logik und Wissenschaftstheorie und zur marxist. Philosophie. - *Werke:* Europ. Philosophie der Gegenwart (1947), Der sowjetruss. dialekt. Materialismus (1950), Formale Logik (1956), Die dogmat. Grundlagen der sowjet. Philosophie (1959), Grundriß der Logistik (1965; mit A. Menne), Logik der Religion (1965).

Bocher [zu hebr. bachur „junger Mann"], im Judentum 1. Schüler einer Talmudschule; 2. Junggeselle.

Bocholt, Stadt im Niederrhein. Tiefland, NRW, 25 m ü. d. M., 65 000 E. Theater; Baumwolltextil-, Maschinen- und Elektroind. - Fränk. Reihengräberfelder (6.–10. Jh.); 779 erwähnt; gehörte dem Bischof von Münster, 1222 Stadt; 1642–45 Ausbau zur Festung; ab 1815 preußisch.

Bochum, Stadt am Hellweg, NRW, 45–196 m ü. d. M., 382 000 E. Ruhr-Univ. (gegr. 1961), Inst. für Weltraumforschung, Inst. für Lungenfunktionsforschung, Silikose-Forschungsinst., Patholog. Inst. der Bergbauberufsgenossenschaft; Schauspielschule; Sternwarte, Planetarium; Bergbaumuseum. Umstrukturierung nach Stillegung der meisten Steinkohlenzechen: Eisen- und Stahlgewinnung, Maschinenbau, Automobil-, Kunststoff- und Elektroind. - Um 890 zuerst, 1298 als Marktsiedlung erwähnt; 1321 stadtähnl. Rechte; 1461 zu Kleve. Die Förderung der Steinkohle (bei B. um 1520 erwähnt) unterstützte der Staat (seit 1616 Brandenburg) 1738 durch die Einrichtung der Märk. Bergamtes in B. (bis 1861). Im 2. Weltkrieg starke Schäden. - Propsteikirche (15./16. Jh.). Modern sind Rathaus (1926–32), Bergbaumuseum (1936–54), Schauspielhaus (1951–53) und Kammerspiele (1965–66), Christuskirche (1957–59), Ruhr-Univ. (seit 1963). Im eingemeindeten **Wattenscheid** Propsteikirche (Turm 12. Jh.).

Bock, Fedor von, * Küstrin 3. Dez. 1880, ⚔ Lensahn (Schl.-H.) 5. Mai 1945, dt. Generalfeldmarschall. - Oberbefehlshaber verschiedener Heeresgruppen; nach dem gescheiterten Vorstoß auf Moskau im Dez. 1941 abgelöst; endgültig nach Protest gegen den gleichzeitigen Vormarsch in Richtung Stalingrad und Kaukasus 1942 abgesetzt.

B., Hieronymus, latinisiert H. Tragus, * vermutl. Heidesbach bei Zweibrücken 1498, † Hornbach 21. Febr. 1554, dt. Botaniker. - Erforsche die Flora S-Deutschlands. In seinem Kräuterbuch (1539 ohne Abb., 1546 mit Abb.) beschrieb er einheim. Pflanzen und machte Angaben über Fundort und Heilwirkung.

Bock, das ausgewachsene ♂ Tier bei Reh, Schaf, Ziege, Kaninchen u. a.

♦ standsfestes Gestell, z. B. als Unterbau kleinerer Arbeitsgerüste für Maurer- und Malerarbeiten.

♦ Turngerät, vorwiegend für Sprungübungen; Länge 0,60 m, Höhe 1,10–1,70 m.

Bockbier [von älterem bayr. Aimbock, Oambock, nach der für Hopfenbier berühmten Stadt Einbeck], Starkbier mit mehr als 16 % Stammwürzegehalt.

Bockbüchse † Büchse.

Böckchen (Zwergantilopen, Neotraginae), zu den Antilopen zählende Unterfam. der Paarhufer mit etwa 13 hasen- bis rehgroßen Arten in Buschsteppen und Halbwüsten Afrikas; ♂♂ mit kleinen, geraden oder leicht nach vorn gekrümmten Hörnern, ♀♀ meist

Böcke

Arnold Böcklin, Selbstbildnis mit fiedelndem Tod (1872). Berlin, Nationalgalerie

ungehörnt; Ohren relativ groß; u. a. ↑Klippspringer, ↑Moschusböckchen, ↑Zwergspringer.

Böcke (Caprini), Gattungsgruppe der Unterfam. Ziegenartige mit etwa 9 Arten in Europa, N-Afrika, Asien und N-Amerika; Hörner sehr kräftig entwickelt, vielfach stark gekrümmt und gewunden, bei ♀♀ schwächer oder fehlend; Haarkleid oft auffallend verlängert (an Bart, Mähne, Kamm, Manschette). - Zu den B. gehören die Gatt. ↑Ziegen, ↑Mähnenspringer, ↑Tahre und ↑Schafe.

Böckh, August, * Karlsruhe 24. Nov. 1785, † Berlin 3. Aug. 1867, dt. klass. Philologe. - Prof. in Heidelberg und Berlin. Begründer der griech. Altertumswissenschaft und der wiss. Epigraphik. Schrieb u. a. „Die Staatshaushaltung der Athener" (1817).

Bockkäfer (Cerambycidae), weltweit verbreitete Käferfam. mit über 25 000, etwa 4 mm bis 16 cm großen Arten (annähernd 600 in Europa, 182 einheim.); Körper meist schlank mit langen Beinen und langen Fühlern. Die B. sind z. T. gefährl. Holz- und Pflanzenschädlinge. Bekannte Vertreter: ↑Alpenbock, ↑Hausbock, ↑Heldbock, ↑Rothalsbock, ↑Sägebock.

Böckler, Hans, * Trautskirchen bei Neustadt a. d. Aisch 26. Febr. 1875, † Düsseldorf 16. Febr. 1951, dt. Gewerkschafter und Politiker. - 1928–1933 MdR (SPD); als führender Kopf der illegalen Gewerkschaftsbewegung in der NS-Zeit verfolgt und zeitweise verhaftet; organisierte nach 1945 den Wiederaufbau der Gewerkschaften und deren einheitl. Zusammenfassung im DGB; ab 1947 1. Vors. des DGB in der brit. Besatzungszone; ab 1949 in der BR Deutschland; trat erfolgreich für die Mitbestimmung in der Montanind. ein.

Bocklet, Bad ↑Bad Bocklet.

Böcklin, Arnold, * Basel 16. Okt. 1827, † San Domenico bei Florenz 16. Jan. 1901, schweizer. Maler. - Lebte 1850–57 in Rom („Deutschrömer"), dann u. a. in Basel (1866–1871), Florenz (1874–85), Zürich (1885–92), seit 1892 wieder in Florenz. Landschaften mit mytholog. Gestalten oder Personifikationen (von Ideen, Begriffen, Stimmungen) in kräftig leuchtendem Kolorit; u. a. „Triton und Nereide" (1873; München, Schack-Galerie), „Toteninsel" (1880; Basel, Öff. Kunstsammlung), „Odysseus und Kalypso" (1883; Basel, Öff. Kunstsammlung), „Spiel der Wellen" (1883; München, Staatsgemäldesammlungen), „Selbstbildnis im Atelier" (1893; Basel, Öff. Kunstsammlung).

Bocksbart (Tragopogon), Gatt. der Korbblütler mit etwa 45, Milchsaft führenden Arten in Eurasien und N-Afrika; mit schmalen, meist ganzrandigen Blättern; Blütenstand ausschließl. mit Zungenblüten. Von den 3 einheim. Arten wächst der etwa 30–70 cm hohe gelbblühende **Wiesenbocksbart** (Tragopogon pratensis) mit grasartigen Blättern auf Wiesen und an Rainen bis in 2000 m Höhe; weit verbreitet.

Bocksbeutel [nach der Ähnlichkeit mit dem Hodensack eines Bockes], bauchig-breite, grüne Weinflasche v. a. für Frankenweine.

Bocksdorn (Teufelszwirn, Lycium), Gatt. der Nachtschattengewächse mit etwa 110 Arten in den gemäßigten und subtrop. Gebieten der Alten und Neuen Welt. In SO-Europa heim. ist der **Gemeine Bocksdorn** (Lycium halimifolium), mit überhängenden, dornigen Zweigen, graugrünen Blättern und schmutzigvioletten, etwa 1,5 cm langen Blüten.

Bocksorchis, svw. ↑Riemenzunge.

Böckstein ↑Badgastein.

Bocskai, István (Stephan) [ungar. 'botʃkɔi], * Klausenburg 1557, † Kaschau (= Košice) 29. Dez. 1606, Fürst von Siebenbürgen (ab 1605). - Stellte sich 1604 an die Spitze einer Erhebung ungar. prot. Magnaten gegen die habsburg. Herrschaft; schloß 1606 den Wiener Frieden mit Kaiser Rudolf II., der ständ. und religiöse Freiheiten im habsburg. Ungarn brachte.

Bodani [serbokroat. 'bɔdza:ni] (Bodjani), Kloster in der Batschka, Jugoslawien, gegr. 1478; die heutige Klosterkirche wurde 1722 erbaut, 1737 durch H. Žefarović ausgemalt (Lösung von der byzantin. Tradition).

Bodden [niederdt.], flachgründige Meeresbucht der mecklenburg.-pommerschen Ostseeküste.

Bode, Johann Elert, * Hamburg 19. Jan.

1747, † Berlin 23. Nov. 1826, dt. Astronom. - Gab 1801 den ersten größeren Sternatlas heraus; vermutete zw. Mars und Jupiter einen noch unbekannten Planeten, was indirekt durch die Entdeckung von Planetoiden, z. B. Ceres (1801), bestätigt wurde.

B., Wilhelm von (seit 1914), * Calvörde bei Magdeburg 10. Dez. 1845, † Berlin 1. März 1929, dt. Kunsthistoriker. - 1905–20 Generaldirektor der Berliner Museen; gestaltete v. a. das Kaiser-Friedrich-Museum (1904; seit 1960 B.-Museum). B. verfaßte u. a. „Italien. Bildhauer der Renaissance" (1887), „Die Meister der holländ. und vläm. Malerschulen" (1906); Werkverzeichnis zu Rembrandt (1897–1905, 8 Bde.).

Bode, linker Nebenfluß der Saale, entspringt im Harz (Quellflüsse Kalte und Warme Bode); mündet bei Nienburg/Saale, 169 km lang, mehrfach gestaut.

Bodega [span.; zu griech. apothḗkē „Abstellraum"], Weinlager, Weinkeller; Weinschenke, in der ursprüngl. der Wein aus dem Faß gezapft wurde.

Bodel, Jean, * Arras um 1165, † ebd. 1210, altfrz. Dichter. - Schrieb u. a. ein Epos über den Sachsenkrieg Karls d. Gr., „Saisnes", das Mirakelspiel „Li jus de Saint Nicolas" (um 1200) und das Abschiedslied „Li congié" (um 1205), mit dem er sich als Leprakranker der Barmherzigkeit der Mitwelt empfiehlt.

Bodelschwingh, seit 1320 nachweisbares westfäl. Adelsgeschlecht. Bed. Vertreter: **B.,** Friedrich [Christian Carl] von, genannt „Vater B.", * Lengerich (Haus Marck) 6. März 1831, † Bethel (= Bielefeld) 2. April 1910, ev. Theologe. - 1872 Leiter der †Bodelschwinghschen Anstalten in Bethel. Seit 1882 gründete er Arbeiterkolonien, u. a. in Berlin, 1905 in Bethel eine theolog. Hochschule, 1906 die Bethel-Mission in Afrika.

B., Friedrich von, * Bethel (= Bielefeld) 14. Aug. 1877, † ebd. 4. Jan. 1946, ev. Theologe. - Sohn von Friedrich von B., 1910 dessen Nachfolger in der Leitung von Bethel; erreichte durch seinen Widerstand den Abbruch der nationalsozialist. Tötungen „lebensunwerten Lebens".

Bodelschwinghsche Anstalten, Kranken-Heil- und Fürsorgeanstalten in Bethel (= Bielefeld): **Anstalt Bethel** (gegr. 1867, v. a. für Anfallskranke und milieugeschädigte Jugendliche), **Westfäl. Diakonissenanstalt Sarepta** (gegr. 1869, Mutterhaus und Ausbildungsstätte für Diakonissen und freiberufl. Schwestern, Schule für sozialpflegger. Berufe) und **Westfäl. Diakonenanstalt Nazareth** (gegr. 1877, Ausbildung von Diakonen und Diakonissen, heilpädag. Institut). Die B. A. umfassen u. a. Pflegehäuser, Kliniken, Forschungseinrichtungen für Epilepsieforschung, Arbeiterkolonien, Erziehungs- und Altenheime und Schulen (kirchl. Hochschule).

Boden, im volkswirtschaftl. Sinn: Produktionsfaktor neben Arbeit und Kapital; B. gilt wie Arbeit als originärer Produktionsfaktor (Kapital als abgeleiteter). Der Faktor B. umfaßt die Erdoberfläche, die B.schätze als standortgebundene Rohstoffe, die naturgegebenen Energiequellen - wegen der Unbeweglichkeit - auch das Klima. Die spezif. Einkommensart, die durch den wirtsch. Einsatz des B. erzielt wird, heißt Grundrente oder B.rente (bzw. Pachtzins, wenn der Eigentümer den B. nicht selber nutzt). B. unterscheidet sich von anderen Produktionsfaktoren durch Unbeweglichkeit, grundsätzl. Unvermehrbarkeit (trotz Neulandgewinnung bzw. -erschließung durch Rodung, Entwässerung oder Eindeichung) und, in seiner Eigenschaft als Standort, durch die fehlende Abnutzung.

Böden † Bodenkunde.

BODENARTEN (stark vereinfacht)

	Bezeichnung	Korngrößen Durchmesser in mm	Körnige Bestandteile	Nutzung in M-Europa
Grobböden	Schutt	> 20	Gesteinsbruchstücke bzw. Gerölle	Ödland
Grobböden	Grus	20–2	kleine Steine bzw. Feinkies	Weideland
Feinböden	Sand	2–0,063	überwiegend Quarzkörner	Nadelwald, Roggen, Kartoffeln
Feinböden	Schluff	0,063–0,002	Quarzkörner Tonmineralien	Laubwald, Wiesen, Weizen
Feinböden	Ton	< 0,002	Tonmineralien	Buchenwald, Wiesen, Zuckerrüben, Hopfen

Bodenablauf

Bodenablauf, mit einem durchbrochenen Deckel und einem Geruchsverschluß versehene trichterförmige Einlaßstelle für Abwasser in den Abwasserkanal. - ↑auch Gully.

Bodenanzeiger (bodenanzeigende Pflanzen, Indikatorpflanzen), Pflanzenarten, aus deren Auftreten man auf eine bestimmte Bodenart schließen kann, da sie nur oder vorzugsweise auf bestimmten Böden vorkommen *(Bodenstetigkeit)*. Bekannte B. sind ↑Kalkpflanzen und ↑Salzpflanzen.

Bodenarten ↑Bodenkunde.

Bodenbiologie, Teilgebiet der ↑Bodenkunde; beschäftigt sich mit der Lebensweise und Tätigkeit der Bodenorganismen und ihrem Einfluß auf den Boden.

Bodendenkmal, im Sinne des gesetzl. Denkmalschutzes Kulturdenkmal aus vor- und frühgeschichtl. Zeit.

Bodendruck ↑hydrostatischer Druck.

Bodenentseuchung (Bodendesinfektion), Bekämpfung von pflanzl. und tier. Schädlingen im Boden; erfolgt durch Behandlung des Bodens mit Wasserdampf oder durch Zufuhr von Chemikalien (Formalin, Chlorpikrin, Schwefelkohlenstoff).

Bodenerosion (Soil erosion), durch Abholzen von Wäldern, Überweidung, Ackerbau auf Steppenböden u. a. verursachte Abtragung von Böden. Der durchschnittl. jährl. Bodenverlust beträgt in den Baumwoll-, Erdnuß- und Maismonokulturen Afrikas und der USA bis über 700 t/km², auf landw. genutzten Flächen Europas etwa 80 t/km². Gegenmaßnahmen: Anbau von Bodenschutzpflanzen, dem Gelände angepaßter Streifenanbau, hangparalleles Pflügen, Anlage von Hecken- und Baumreihen, von Hangterrassen u. a.

Bodenertrag, der aus einer Nutzfläche erzielte Ernteertrag. Nach dem zuerst von J. Turgot erkannten und formulierten *Gesetz vom abnehmenden B.* kann der Ertrag nur bis zu einer gewissen Grenze durch Mehraufwand gesteigert werden.

Bodenfilter, wasserdurchlässige Böden von Staubecken, die zur mechan. und biolog. Reinigung von Abwasser dienen. Die B. werden mit einer etwa 10 cm hohen Abwasserschicht geflutet. Der im Abwasser enthaltene Schlamm bleibt auf der B.oberfläche zurück, das Wasser versickert und trägt zur Erhöhung des Grundwasserspiegels bei. Je nach Schmutzanfall wird der Schlamm der obersten Bodenschicht mehr oder weniger häufig abgehoben, der B. wird vor der erneuten Beschickung aufgelockert und belüftet. B. eignen sich v. a. zur Aufnahme landwirtschaftl. und häusl. Abwässer.

Bodenfließen ↑Solifluktion.

Bodenfräse (Ackerfräse), Bodenbearbeitungsmaschine mit rotierenden Schlagmessern (kleine Handgeräte mit zwei hintereinander angeordneten Sternradsätzen).

Bodenfreiheit, der kleinste Abstand eines bis zum zulässigen Gesamtgewicht belasteten Kraftfahrzeuges von der Standebene.

Bodenfrost, Frost unmittelbar in Bodennähe. Temperaturen unter 0 °C lassen das in den obersten Bodenschichten enthaltene Porenwasser gefrieren, was zu einer Volumenvergrößerung bzw. zu Aufwölbungen und Frostaufbrüchen führt. Die Frosttiefe beträgt in M-Europa etwa 1 m.

Bodengare (Ackergare), Zustand des Bodens mit den günstigsten Voraussetzungen für den landw. Anbau: gute Krümelstruktur, gute Durchlüftung, hohes Wasserhaltevermögen, annähernd neutrale Bodenreaktion (pH-Wert um 7).

Bodenheizung, svw. Fußbodenheizung (↑Heizung).

Bodenhorizont ↑Bodenkunde.

Bodenklima, das Klima im Boden, abhängig von Bodenfeuchte, Bodenluft und anderen Faktoren; bestimmt weitgehend den Pflanzenwuchs.

Bodenkunde (Pedologie), naturwiss. Disziplin, untersucht Entstehung, Entwicklung und Eigenschaften der Böden, ihre räuml. Verbreitung, ihre Nutzung für Land- und Forstwirtschaft. Böden sind ein Produkt der Verwitterung, abhängig v. a. von Gesteinsart und Klima. Die **Bodenarten** werden durch die Korngröße unterschieden: Grobböden (über 2 mm Durchmesser) sind mager, trocken, leicht; Feinböden (unter 2 mm Durchmesser) sind bindig, fett, naß, schwer. Wichtige Bestandteile sind außerdem das Bodenwasser, neugebildete Minerale und Salze sowie die Bodenluft, die den bodenbewohnenden Tieren und den Pflanzenwurzeln das Atmen ermöglicht. Der Aufbau eines jeden Bodens in **Bodenhorizonte** läßt sich in einem **Bodenprofil** schematisch darstellen:

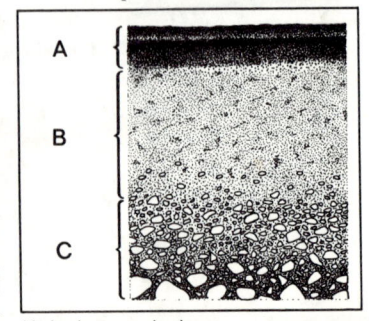

(A Auslaugungshorizont,
B Anreicherungshorizont,
C unentmischter Rohboden)

Flachgründig sind **Rendzinaböden** auf Kalk-, Dolomit- und Gipsgesteinen; hier ist der B-Horizont nicht ausgebildet. **Staunässeböden** entstehen durch Sickerwasser, das sich auf wasserundurchlässigen Schichten sammelt. Grundwasser verursacht **Gleiböden** (Oxidation im Schwankungsbereich des Grundwassers); steigt der Humusgehalt auf 15–30 %, so spricht man von **anmoorigen Böden,** bei über 30 % von Torf bzw. Moor. Durch Eingriffe des Menschen entstehen **Kulturböden:** die Ackernutzung verändert v. a. den Oberboden; durch Wasserstau entstehen z. B. die Reisböden; Sonderformen sind u. a. Weinberg- und Gartenböden.

In verschiedenen Klimaten werden aus ein und demselben Gestein unterschiedl. **Bodentypen** ausgebildet. In feuchtgemäßigtem Klima entsteht reichl. Humus, die Niederschläge bewirken eine Stoffwanderung von oben nach unten, lösl. Salze und färbende Eisenhydroxide werden aus dem A-Horizont ausgewaschen und im B-Horizont ausgefällt, so z. B. beim **Podsol** (Bleicherde; die Podsolierung kann bis zur Bildung von Ortstein gehen. Sehr fruchtbar, da reich an Wasser, Humus und Mineralsalzen sind die **Schwarzerden** (Tschernoseme), die sich bei kontinentalem Klima auf Löß bildeten. Die in M-Europa weit verbreiteten **Braunerden** entstanden nach der letzten Kaltzeit; durch Veränderung von Klima und falscher Waldwirtschaft können sie versauern. Bei Auswaschung von Ton aus dem A-Horizont und seiner Anreicherung im B-Horizont entstehen sog. **Sols lessivés.** Bei warmhumidem Klima erfolgt eine Rotfärbung durch Umsetzung brauner Eisenhydroxide in rote Eisenoxide (**Terra rossa** auf Kalkstein), bei den **Roterden** (Latosole) werden Aluminium- und Eisenoxide angereichert; in den wechselfeuchten Tropen entstehen **Laterite.** Im trockenen Klimabereich wird das Bodenwasser nach oben gesaugt, wo es verdunstet; dabei werden Salze im Boden angereichert bzw. Lösungen an der Oberfläche als Kruste ausgeschieden (**Solontschak** und **Solonez).**

📖 *Kuntze, H., u. a.: B. Stg. 1983. - Scheffer, F./ Schachtschabel, P.: Lehrb. der B. Stg. ^{11}1982.*

Bodenleitfähigkeit, die elektr. Leitfähigkeit des Erdbodens, gegeben als Kehrwert des spezif. † Bodenwiderstands.

Bodenmais, Marktgemeinde am S-Fuß des Großen Arber, Bayern, 689 m ü. d. M., 3 400 E. Luftkurort und Wintersportplatz; Holzverarbeitung, Glasind., Lederfabrik. - Entwickelte sich seit dem Spät-MA auf der Grundlage des Bergbaus (bis 1964).

Bodenmechanik (Erdbaumechanik, bautechn. Bodenkunde), die Wiss. von den physikal.-mechan. Eigenschaften des Erdbodens. Die *prakt. B.* befaßt sich mit Anwendungen in der Baupraxis sowie mit techn. Prüfverfahren zur Ermittlung bodenmechan. Kennziffern natürl. Bodenarten, insbes. bezügl. Tragfähigkeit, Standfestigkeit, Plastizität und Steifeziffer.

Bodenmüdigkeit, verminderte Bodenfruchtbarkeit, beruht auf Verarmung des Bodens an Spurenelementen, Verseuchung mit Krankheitserregern oder Anhäufung von schädl. pflanzl. Stoffwechselprodukten. Der B. kann man durch Bodenentseuchung, durch Anbauwechsel oder durch Zusatz von Spurenelementen entgegenwirken.

Bodennebel, ein nur in bodennächsten Luftschichten herrschender Nebel; entsteht in windstillen Nächten, wenn sich Boden und bodennahe Schichten infolge ungehinderter Ausstrahlung gegen den wolkenlosen Himmel unter den Taupunkt abkühlen.

Bodennutzungserhebung, vom Bundesmin. für Ernährung, Landwirtschaft und Forsten jährl. durchgeführte Repräsentativerhebung über die Nutzung der Bodenflächen in der BR Deutschland.

Bodenpolitik, Teil der Agrarpolitik; Aufgaben: Bodenordnung in bezug auf die Eigentumsverhältnisse am Boden sowie Erschließung, Erhaltung und Verbesserung des Bodens.

Bodenrecht, i. e. S. das Grundstücksrecht des BGB, i. w. S. sämtl. Vorschriften, die sich mit dem Grund und Boden befassen (Agrarverfassung, Siedlungsgesetzgebung, Raumordnung, Landesplanung, Enteignungsrecht, Bodenreform u. a.).

Bodenreform (Bodenbesitzreform), die Veränderung der Rechtsverhältnisse an landw. genutztem Boden bzw. am Bauland, und zwar entweder durch Überführung dieses Grund und Bodens in Gemeineigentum oder durch seine Umverteilung. Die Bestrebungen für eine B. tauchten bereits im 18. Jh. insbes. in England und Amerika auf (T. Spence, W. Ogilvie). Im 19. Jh. forderte u. a. K. Marx die Aufhebung des privaten Grundeigentums und die Überführung von Grund und Boden in Gemeineigentum († Agrarkommunismus). Die anderen Befürworter einer B. (H. George, J. S. Mill, in Deutschland v. a. Damaschke) hielten jedoch im wesentl. am Privateigentum fest, forderten aber u. a. andere Besitzverteilung, um monopolartige Machtstellungen und unangemessene Bereicherung durch Bodenspekulation oder Bodenwucher zu verhindern (Agrarsozialismus). Der 1888 gegr. „Dt. Bund für Bodenreform" bewirkte die Aufnahme des Erbbaurechts in das BGB. Nach dem 1. und 2. Weltkrieg wurde die B. im Sinne von Marx in den kommunist. beherrschten Ländern weitgehend verwirklicht. - Im Gebiet der BR Deutschland ergingen nach 1945 in den einzelnen Ländern B.gesetze, die im wesentl. der Beschaffung von Land zur Seßhaftmachung von heimatvertriebenen Bauern, aber auch dem polit. Ziel dienten, den Großgrundbesitz zu reduzieren.

Bodenschätze, natürl. Anreicherungen von Mineralen, Gesteinen, chem. Verbindungen, deren Gewinnung von volkswirtsch. Bed. ist, wie Erze, Kohlen, Salze, Bitumina, Erdöl,

Bodenschätzung

Erdgas, Steine, Erden, Schwefel; auch das Grund- und Quellwasser zählt zu den B.

Bodenschätzung, durch das Gesetz über die Schätzung des Kulturbodens (*B.gesetz*) vom 16. 10. 1934 angeordnete Bewertung der landw. nutzbaren Flächen des Reichsgebiets, die nach diesen Bestimmungen auch heute noch auf dem Gebiet der BR Deutschland durchgeführt wird. Über den Zweck einer gerechten Verteilung der Steuern (Ermittlung des Einheitswertes) hinaus bezweckt die B. eine planvolle Gestaltung der Bodennutzung und eine Verbesserung der Beleihungsunterlagen.

Bodenschutz, der Schutz des Erdbodens vor zunehmender Belastung durch Schadstoffe, zunehmendem Landverbrauch, Verlust heim. Tier- und Pflanzenarten u. a. Gefährdungen. In der BR Deutschland wurde im Febr. 1985 eine B.konzeption beschlossen, in der u. a. Lösungsansätze für konkrete Schutzmaßnahmen vorgeschlagen werden.

Bodensee, 538 km^2 großer Alpenvorlandsee am Ausgang des Alpenrheintales mit dt., schweizer. und östr. Anteil, maximal 252 m tief; gegliedert in **Obersee, Überlinger See** mit der Mainau und **Untersee** mit der Reichenau. Ober- und Untersee werden vom Rhein durchflossen, in dessen Deltabereich zw. Rorschach und Bregenz jährl. 40 000 m^3 Grobsedimente abgelagert werden. - Veränderungen im hydrobiolog. Zustand sind in den letzten Jahrzehnten durch vermehrte Zufuhr chem. verseuchter Wässer eingetreten; eine 1959 konstituierte internat. Gewässerschutzkommission der Anliegerstaaten bemüht sich um die Reinhaltung. Der B. ist ein wichtiges Trinkwasserreservoir (Fernversorgung bis Stuttgart), die Bed. als Verkehrsträger schwindet seit der Einstellung des Eisenbahn-Gütertrajekt-Verkehrs 1976. Wichtigster Wirtschaftsfaktor ist der Fremdenverkehr. Im Umland hat der Obstbau (v. a. Tafeläpfel) den Weinbau zurückgedrängt, bei Tettnang wird Hopfen, auf der Reichenau Gemüse angebaut. - Die Besiedlung reicht bis ins Neolithikum zurück; in der Antike hieß der B. *Brigantinus lacus* nach den Brigantiern. Bischofs-, Reichs- und Klosterstädte unterstreichen die Bed., die diese Kulturlandschaft im MA hatte. - Völkerrechtl. ungeklärt ist die Frage, ob der Obersee unter dem Kondominium der Uferstaaten steht oder unter ihnen real geteilt ist (mit Ausnahme einiger Buchten). - Karte S. 314.
📖 *Der B. Landschaft - Gesch. - Kultur.* Hg. v. H. Maurer. Sigmaringen 1982.

Bodenseekreis, Landkrs. in Baden-Württemberg.

Bodensee-Oberschwaben, Region in Baden-Württemberg.

Bodenspekulation, Erwerb eines Grundstücks zu dem Zweck, es zu verkaufen, wenn eine erwartete Wertsteigerung ohne bes. Aufwendung des Erwerbers eintritt, die er dann durch Veräußerung realisieren kann (Spekulationsgewinn).

Bodenstedt, Friedrich Martin von, * Peine 22. April 1819, † Wiesbaden 18. April 1892, dt. Schriftsteller. - Lehrer in Moskau und Tiflis, wo er sich Kenntnisse der tatar., pers., georg. und armen. Sprache erwarb; u. a. Prof. in München, Intendant in Meiningen; lebte ab 1878 in Wiesbaden. Verfasser der „oriental." Gedichte „Die Lieder des Mirza Schaffy" (1851), die man lange für Übertragungen hielt und die seinerzeit ungeheuren Erfolg hatten.

Bodenstein, Max [Ernst August], * Magdeburg 15. Juli 1871, † Berlin 3. Sept. 1942, dt. Physikochemiker. - Beschäftigte sich mit der experimentellen Erforschung der chem. Kinetik.

Bodentemperatur, die Temperatur der Atmosphäre in unmittelbarer Nähe der Bodenoberfläche (meist 2 m über ihr gemessen, im Ggs. zur **Temperatur am Erdboden,** die in 5 cm Höhe gemessen wird). Die B. liegt am Tage infolge Absorption der vom Boden reflektierten Sonnenstrahlen in den bodennahen Luftschichten über der allg. Lufttemperatur, in der Nacht unter dieser.

Bodenturnen, als Teil des olymp. Acht-(Frauen) bzw. Zwölfkampfes (Männer) die zu einem rhythm.-harmon. Ablauf verbundenen Körperübungen; werden auf einer im Wettkampf 12 × 12 m großen, mit einer Filzschicht überzogenen Fläche, über die ein Teppich gebreitet ist, ausgeführt: Schwungübungen (Rollen, Wälzer, Überschläge, Sprünge u. a.) und Kraftübungen (Kopf- und Handstand, Stand- und Stützwaage u. a.).

Bodentypen ↑ Bodenkunde.

Bodenwasser, dem Boden aus Niederschlägen zugeführtes Wasser, in dem die für die Pflanzen wichtigen Nährstoffe gelöst sind.

Bodenwelle, der Anteil einer elektromagnet. Welle, der sich längs der Erdoberfläche ausbreitet. Die B. vermag der Krümmung der Erdoberfläche zu folgen. Im UKW-Bereich ist eine B. wegen der starken Dämpfung kaum zu empfangen. Im Mittelwellenbereich ermöglicht die B. am Tage einen sicheren Empfang bis zu wenigen 100 km, in der Dämmerung und Nacht meist nur bis 70 km.

Bodenwerder, Stadt in Nds., beiderseits der Weser, 75 m ü. d. M., 6 000 E. Werften, Baustoffind.; Kurbetrieb (jodhaltige Solquelle). - 1287 vom Kloster Corvey an die Herren von Homberg verkauft, 1287 Stadt. - Stadtkirche Sankt Nicolai (1407-11); Rathaus (um 1605), ehem. Herrenhaus der Frhr. von Münchhausen, z. T. Museum, Fachwerkhäuser des 17. Jh.

Bodenwetterkarte ↑ Wetterkarte.

Bodenwiderstand, elektr. Widerstand des Erdbodens; der *spezif. B.* (Widerstand eines 1 m langen Bodenstücks mit dem

Querschnitt 1 m^2) schwankt je nach Bodenzusammensetzung und Feuchtigkeit zw. 100 und über 1 000 Ωm; sein Kehrwert ist die spez. *Bodenleitfähigkeit.*
Bodenwrange, Querverband des Schiffsbodens.
Bodenwucher, Schlagwort für das Verhalten von Grundeigentümern, die, begünstigt durch die natürl. Knappheit des Bodens (Unvermehrbarkeit) bei steigender Nachfrage, den Marktmechanismus zur Erzielung hoher Verkaufserlöse ausnutzen, ohne daß sie den Wertzuwachs der Grundstücke selbst hervorgebracht haben. Geschädigt werden 1. die Kommunen: Sie bewirken die Wertsteigerung weitgehend, ohne spezielle Gegenleistungen zu empfangen; 2. private Bauherren, insbes. Bausparer; 3. der soziale Wohnungsbau. Im Städtebauförderungsgesetz versuchte der Gesetzgeber den B. einzudämmen († Planungswertausgleich).

Bodh Gaya (Buddh G.), ind. Dorf in Bihar bei Gaya; Ort, an dem Buddha seine Erleuchtung unter einem Feigenbaum (**Bodhibaum**) sitzend erlangt hat. Einst zahlr. kultische Bauten.

Bodhisattwa [Sanskrit „Erleuchtungswesen"] (Pali Bodhisattva), im Mahajana-Buddhismus ein Wesen auf dem Weg zur Buddhaschaft. Ein B. versucht, vor seinem Eintritt ins † Nirwana, den er hinauszögert, durch Übertragung seiner Verdienste auf alle Wesen zu ihrer Erlösung aus dem Geburtenkreislauf beizutragen. Die bekanntesten B. sind † Awalokiteschwara, † Mandschuschri, † Samantabhadra.

Bodin, Jean [frz. bɔ'dɛ̃], * Angers 1529 oder 1530, † Laon 1596, frz. Staatstheoretiker und Philosoph. - 1561 Advokat am Pariser Parlament, entging 1572 nur knapp dem Massaker der Bartholomäusnacht; seit 1577 Kronanwalt in Laon; erlangte geschichtl. Bed. als Wortführer der Gruppe der „Politiker", die zur Überwindung der anarch. Konsequenzen der Hugenottenkriege den modernen, in der Herrschaftsgewalt entscheidend gestärkten Staat forderten; ordnete in seiner Staatstheorie („Les six livres de la République", 1576) im Begriff der † Souveränität ihrem Träger die absolute, unteilbare Staatsgewalt zu, die der Gerechtigkeit dienen soll und auf das Gemeinwohl auszurichten ist, und lieferte damit dem Absolutismus das theoret. Fundament; vertiefte die Forderung nach religiöser und polit. Toleranz.

Bodleiana (Bibliotheca Bodleiana, Bodleian Library) [nach Sir T. Bodley] † Bibliotheken (Übersicht).

Bodley, Sir Thomas [engl. 'bɔdlɪ], * Exeter 2. März 1545, † London 28. Jan. 1613, engl. Diplomat und Gelehrter. - Gründete 1598 die Universitätsbibliothek Oxford (Bodleiana, † Bibliotheken [Übersicht]) neu und eröffnete sie 1602.

Bodman-Ludwigshafen, Gemeinde am Überlinger See, Bad.-Württ., 3 200 E. - Reste von Pfahlbauten (Neolithikum und Bronzezeit), Münzstätte zur Merowingerzeit, unter den Karolingern Pfalz. Burgen der Herren von B., eine Grabdenkmäler in der Gruftkapelle (1601) der Pfarrkirche.

Bodmer, Johann Jakob, * Greifensee bei Zürich 19. Juli 1698, † Gut Schönenberg bei Zürich 2. Jan. 1783, schweizer. Literaturkritiker und Schriftsteller. - Studierte Theologie, Prof. für Geschichte und Politik am Zürcher Gymnasium. Verteidigte zus. mit Breitinger gegen Gottsched („Crit. Abhandlung von dem Wunderbaren in der Poesie", 1740) die schöpfer. Phantasie, die Einbildungskraft, das Wunderbare, die Nachahmung der Natur als wesentl. Elemente der Dichtung. Hg. ma. Literatur („Nibelungenlied", Auswahl der Maness. Handschrift); auch Übersetzer (Milton) und Historiker.

B., Walter, * Basel 12. Aug. 1903, † Basel 3. Juni 1973, schweizer. Maler und Plastiker. - Neben konsequent ungegenständl. Bildern schwerelos wirkende Drahtreliefs (-bilder).

Bodmerei [niederdt.], Darlehensvertrag, der den Kapitän seines Schiffs in Notfällen eingehen darf. Dabei werden Schiff, Fracht und/oder Ladung verpfändet.

Bodo, alter dt. männl. Vorname, wahrscheinl. von althochdt. boto „Bote".

Bodø [norweg. ˌbuːdøː], Stadt in N-Norwegen, 34 000 E. Hauptstadt des Verw.-Geb. Nordland; militär. Zentrum; Sitz eines kath. Bischofs; Reedereien; Fisch-, Holzverarbeitung; Endpunkt der Nordlandbahn; ⌖. - Seit 1816 Stadt. Im Mai 1940 Sitz der norweg. Reg.; durch einen dt. Bombenangriff völlig zerstört. - Domkirche von 1956.

Bodoni, ⸸ Giambattista, * Saluzzo (Piemont) 16. Febr. 1740, † Parma 29. Nov. 1813, italien. Buchdrucker. - Seit 1768 in Parma, wo er die herzogl. Druckerei leitete; seit 1791 besaß er eine eigene Druckerei. Seine Ausgaben (u. a. „Anacreonte", 1784 und „Iliade", 1808) waren hervorragend in Druck, Papier und Satz. B. schnitt selbst Lettern, klassizist. Typen (u. a. die *Bodoni*).

Bodrum † Halikarnassos.

Body-art [engl. 'bɔdɪ ˌɑːt], Aktionskunst, in der der menschl. Körper künstler. Objekt (z. B. Bemalung des Körpers) oder künstler. Mittel (z. B. Körperabdrücke) ist.

Bodybuilding [engl. 'bɔdɪˌbɪldɪŋ; zu body „Körper" und build „(auf)bauen"], Bestreben, durch gezieltes Muskeltraining mit den verschiedensten, bes. zu diesem Zweck konstruierten Geräten zur Vervollkommnung v. a. der männl. Körperformen zu gelangen, wobei weniger eine Leistungssteigerung, als vielmehr ein soll. Schönheitsideal erreicht werden soll.

Bodycheck [engl. 'bɔdɪˌtʃɛk; zu body „Körper" und check „aufhalten"], beim Eis-

Boehm

Boğazkale. Detail des Löwentors (14./13. Jh. v. Chr.)

hockeyspiel erlaubtes Rempeln (Stoß mit Schulter oder Hüfte) des Gegners, auch wenn dieser zu Fall kommt.

Boehm, Theobald [bø:m], * München 9. April 1794, † ebd. 25. Nov. 1881, dt. Flötist. - Konstruierte die **Boehmflöte,** eine Querflöte, bei der die verschließbaren Grifflöcher nach rein akust. Gesetzen angeordnet sind.

Boehmeria [bø...; nach dem dt. Botaniker G. R. Boehmer, *1723, †1803], Gatt. der Nesselgewächse mit etwa 60 Arten, v.a. in den Tropen; Kräuter, Sträucher oder Bäume mit meist großen Blättern und unscheinbaren Blüten in eingeschlechtigen Blütenständen; als *Ramie[pflanzen]* bekannte Kulturpflanzen: **Boehmeria nivea** (Weiße Nessel, Chin. Nessel), 2–2,5 m hoch, mit breit herzförmigen, etwa 15cm langen, unterseits weißfilzigen Blättern; **Boehmeria utilis,** bis 4 m hoch, mit stärker verholzenden Stengeln und unterseits grünen Blättern. Beide Arten sind in O- und SO-Asien heim. und werden in vielen Ländern kultiviert. Die Bastfaser der Rinde liefert den Textilrohstoff Chinabast (**Chinagras**), der zur verspinnbaren ↑Ramie weiterverarbeitet wird.

Boehmflöte ↑Boehm, Theobald.

Boehringer Ingelheim Zentrale GmbH, pharmazeut. Unternehmen mit den Tochtergesellschaften C. H. Boehringer Sohn KG und Boehringer Ingelheim International GmbH, gegr. 1885, Sitz Ingelheim am Rhein.

Boeing Company Inc. [engl. ˈbouɪŋ ˈkæmpəni ɪnˈkɔːpəreɪtɪd], amerikan. Unternehmen der Luft- und Raumfahrtind., gegr. 1916 von W. E. Boeing (*1881, †1956), Sitz Seattle (Wash.); stellte u.a. die Bomber B 17, B 29, B 52 (Stratofortress), die Zivilflugzeuge Boeing 707, 720, 727, 737, 747 (Jumbo-Jet), die Raketen „Minuteman" und „Saturn" her.

Boeren [Afrikaans ˈbuːrən] ↑Buren.

Boerhaave, Hermannus [niederl. ˈbuːrhaːvə], * Voorhout bei Leiden 31. Dez. 1668, † Leiden 23. Sept. 1738, niederl. Mediziner und Chemiker. - Prof. in Leiden; faßte die medizin. Anschauungen seiner Zeit in einer universellen Krankheitslehre zus., führte die Unterweisung am Krankenbett ein und vervollkommnete die klin. Diagnostik.

Boethius, Anicius Manlius Severinus [bo'e:tiʊs, ...tsiʊs], *Rom um 480, † Pavia 524, röm. Philosoph, Schriftsteller und Staatsmann. - Ratgeber am Hof des Ostgotenkönigs Theoderich, später wegen seines Eintretens für einen angeklagten Freund des Hochverrats beschuldigt, eingekerkert und hingerichtet. Im Kerker schrieb er sein berühmtes, während des ganzen MA weitverbreitetes „Trostbuch der Philosophie" („De consolatione philosophiae"), einen Dialog zw. dem auf die Hinrichtung wartenden B. und der personifizierten Philosophie. B. verfaßte auch theolog. Traktate, Werke über Arithmetik und Musik.

Bœuf [frz. bœf; zu lat. bos „Rind"], Ochse, Rindfleisch; **Bœuf braisé,** geschmortes, **Bœuf bouilli,** in der Suppe gekochtes Rindfleisch, **Bœuf stroganoff,** Rindfleisch (in 1 cm dicken Streifen) mit Zwiebeln und Champignons geschmort.

Boeynants, Paul vanden [niederl. 'bu:jnants], *Forest bei Brüssel 22. Mai 1919, belg. Politiker. - Seit 1949 Mgl. der Abg.kammer für die Parti Social Chrétien (PSC); 1958-61 Min. für den Mittelstand; 1961-66 und 1979-1981 Präs. der PSC; Premiermin. 1966-68; Verteidigungsmin. 1972-79, zeitweilig zugleich Min. für Brüsseler Angelegenheiten (seit 1977 auch stellv. Premiermin.); erneut 1978/79 Premierminister.

Boffrand, Germain [frz. bɔ'frɑ̃], *Nantes 7. Mai 1667, † Paris 18. März 1754, frz. Baumeister. - Schüler von F. Girardon und J. Hardouin-Mansart. B. baute Schlösser, Stadthäuser in Paris und in der Prov. (bes. in Lothringen) sowie Brücken. Bed. Innenraumausstattungen (v. a. Hôtel Soubise in Paris, 1735-40) des frz. Rokoko.

Bofist, Bez. für einige Bauchpilze aus den Gatt. Bovista, Stäubling (u. a. Riesen-, Birnen-, Flaschen-, Hasenbofist) und *Scleroderma* (Kartoffelbofist). Je nachdem, ob der Fruchtkörper in jungem Zustand hart und fest oder weich, schwammig und eßbar ist, werden *Hart-B.* von *Weich-B.* unterschieden. Zu letzteren zählt die Gatt. Bovista mit etwa 15 Arten auf Weiden und sandigen Stellen in Europa, einige in N-Amerika und Australien; u. a. † Eierbofist.

Bogart, Humphrey [engl. 'bʊʊgɑːt], eigtl. H. de Forest B., *New York 25. Dez. 1899, † Los Angeles-Hollywood 14. Jan. 1957, amerikan. Filmschauspieler. - Charakterdarsteller, v. a. in Abenteuer- und Kriminalfilmen; u. a. „Die Caine war ihr Schicksal" (1954), „Schmutziger Lorbeer" (1956).

Boğazkale [türk. bɔːˈazkɑˌlɛ] (bis 1937 Boğazköy), türk. Dorf 150 km östl. von Ankara mit den ausgedehnten Ruinen von **Hattusa,** der alten Hauptstadt der Hethiter; 1834 entdeckt, Ausgrabungen seit 1905. Besiedelt seit dem 3. Jt. v. Chr. Im 18. Jh. v. Chr. von den Hethitern erobert, ab 1570 v. Chr. Hauptstadt des Hethiterreiches. Die meisten Bauten im Stadtgebiet stammen aus dem 13. Jh. v. Chr.; Funde von zahlr. Tafeln in babylon. Keilschrift, zum größten Teil in hethit. Sprache; außerhalb der Stadt liegt im NW das Felsenheiligtum Yazılıkaya mit seinen Götterreliefs. Nach dem Zusammenbruch des Hethiterreichs bestand v. a. im 9.-4. Jh. in B. eine bed. Siedlung der Phryger; in röm. Zeit nur noch ein kleiner Ort.

Boğazköy [türk. bɔːˈaz,kœj] † Boğazkale.

Bogdan, aus dem Slaw. übernommener männl. Vorname, eigtl. „Gottesgeschenk".

Bogdan, mit 1 604 m ü. d. M. höchster Berg der Sredna gora, Bulgarien.

Bogdanovich, Peter [engl. bɔgˈdænəvɪtʃ], *New York 30. Juli 1939, amerikan. Filmregisseur. - Zunächst Filmtheoretiker; Zusammenarbeit mit R. Corman; danach der erste Spielfilm „Bewegl. Ziele" (1968); es folgen perfekt inszenierte Filme wie „Die letzte Vorstellung" (1971), „Is' was, Doc" (1972), „Paper Moon" (1973), „Daisy Miller" (1975).

Bogdanow, Alexandr Alexandrowitsch [russ. bagˈdanɐf], eigtl. A. A. Malinowski, *Tula 22. Aug. 1873, † Moskau 7. April 1928, russ. Philosoph, Soziologe und Mediziner. - 1903 Anhänger der Bolschewiki; versuchte gegen Plechanow und Lenin eine Modifizierung der marxist. Theorie: das Bewußtsein konstruiere und „organisiere" die Wirklichkeit; gesellschaftl. Sein und Bewußtsein seien ident. B. forderte v. a. Brechung des Wissensmonopols der herrschenden Klasse. - *Werke:* Die Wissenschaft und die Arbeiterklasse (dt. 1920), Allg. Organisationslehre: Tektologie (dt. 2 Bde., 1926-28).

Bogdo Ula (Bogda Shan), vergletscherte nördl. Randkette des östl. Tienschan (China), etwa 300 km lang, bis 5 445 m hoch.

Bogen, Stadt an der Donau, Bay., am SW-Abfall des Vorderen Bayer. Waldes, 332 m ü. d. M., 9 000 E. Wallfahrtsort. - Auf dem Bogenberg bronzezeitl. Besiedlung, urnenfeldzeitl. (?) Wallsystem, Erdbefestigung des 10. Jh. und Pfarrkirche (um 1100) bel.; 1952 Stadt.

Bogen, in der Baukunst ein gewölbtes Tragwerk. Der *Rund-B.* gelangte bei den Römern zu hoher künstler. und techn. Vollendung. Er ist auch charakterist. für die roman. Baukunst und wieder für die Renaissance. Der *Kleeblatt-B.* tritt v. a. in der Spätromanik auf, der *Flach-, Stich-* oder *Segment-B.* taucht ebenfalls im 12. Jh. auf, ist aber v. a. eine Form der Renaissance und des Barocks. Der *Spitz-B.* ist das charakterist. Merkmal der Gotik, in seiner überspitzten Form wird er als *Lanzett-B.* bezeichnet. In der Spätgotik wird der Spitz-B. mannigfach variiert, u. a. in Form

Bogenbrücke

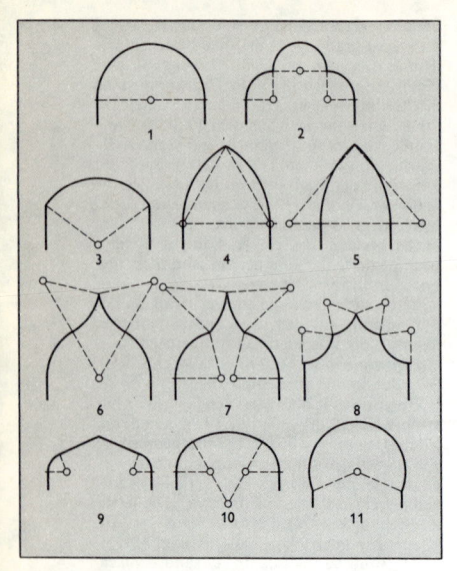

Bogen. 1 Rundbogen, 2 Kleeblattbogen,
3 Flach-, Stich- oder Segmentbogen,
4 Spitzbogen, 5 Lanzettbogen,
6 Kielbogen, 7 Eselsrücken,
8 Vorhangbogen, 9 Tudorbogen,
10 Korbbogen, 11 Hufeisenbogen

des *Kiel-B.*, der auch eine charakterist. Form der islam. Kunst ist, in Form des *Eselsrückens*, eines geknickten Kiel-B., des *Vorhang-B.* und *Tudor-B.* der engl. Spätgotik. Der *Korb-B.*, vereinzelt schon in der Spätgotik vertreten, ist v. a. eine beliebte Form des Barocks. Der *Hufeisen-B.* ist v. a. in der islam. Kunst vorherrschend. Eine B.reihe heißt Arkade.
♦ im *Leitungsbau* gekrümmtes Rohr (Knie).
♦ (Papierbogen) ungefalztes, i. d. R. rechtwinkelig geschnittenes *Papierblatt;* im Handel ein Blatt, das größer als 30 × 40 cm ist und dessen Größe (Format) meist nach DIN genormt ist (↑Papierformate). Der Druckbogen ist gefalzt.
♦ in der *Musik* 1. ein Stab aus elast. Hartholz, der mit einem an seinen Enden (Frosch und Spitze) befestigten bandförmigen Bezug (aus Pferdehaaren) versehen ist und zur Tonerzeugung bei Streichinstrumenten dient. Der B. hat sich aus einem urspr. selbständigen primitiven Instrument *(Musik-B.)* entwickelt, das zur Gattung der Zithern gehört. Die B.stange war urspr. konvex gekrümmt, heute ist sie gerade. Die Spannung des Bezugs wird seit der 2. Hälfte des 17. Jh. durch eine Stellschraube am Frosch fixiert. 2. Graph. Zeichen der Notation seit dem 16. Jh., das als Halte-B. Noten gleicher Tonhöhe zu einem Gesamtwert summiert, als Legato-B. in der Artikulation den durch kein Absetzen unterbrochenen, „gebundenen" (↑legato) Vortrag einer Tonfolge fordert.

♦ Teil eines Wertpapiers, der als selbständige Urkunde die Erträgnisscheine (Zins- oder Gewinnanteilscheine) und den Erneuerungsschein (Talon) enthält. Zus. mit dem Mantel, der das Anteils- oder Gläubigerrecht verbrieft, stellt der B. das Wertpapier dar.
♦ schon im *Neolithikum* (etwa 8./7. Jt. v. Chr.) vorwiegend als Jagd-, später als Kriegswaffe verwendetes Gerät zum Verschießen von Pfeilen (seltener auch Kugeln); heute auch als Sportwaffe gebräuchl.; der B. besteht aus dem aus flexiblem Material gefertigten B.stab (Bügel) und einer an seinen beiden Enden befestigten Sehne, die beim einfachen B. stets gespannt ist, beim zusammengesetzten B. jedoch nur bei Gebrauch. Geschwindigkeit des Pfeils zw. 100 und 300 km/h, Flugweite zw. 200 und 300 m (selten weiter). - Neben dem Pfeil-B. gibt es teilweise heute noch im südl. S-Amerika, in S- und M-Asien und in China den Kugel-B., mit dem Ton- und Steinkugeln verschossen werden (vornehml. zur Vogeljagd benutzt).

Bogenbrücke ↑Brücken.
Bogenentladung, elektr. Gasentladung hoher Strom- und Leuchtdichte. Eine B. bzw. ein Lichtbogen bildet sich z. B. aus, wenn man zwei Kohlestäbe, an die eine Spannung von mindestens 60 Volt gelegt wurde, unter Vorschaltung eines Widerstands zur Berührung bringt und sie dann wieder auseinanderzieht *(Abreißzündung)*. Der positive Kohlestab wird dabei bes. stark erhitzt; es bildet sich ein Krater aus *(Bogenkrater)*, der - neben dem Lichtbogen selbst - eine äußerst intensive Lichtquelle darstellt. (Prakt. Anwendung ↑Bogenlampe). Funken sind rasch erlöschende Bogenentladungen.
Bogenfries, Ornament der roman. Baukunst, eine Folge von meist reich profilierten Rundbogen, die häufig auf Konsolen gesetzt und meist als Blende unter dem Mauersims angebracht sind.
Bogengänge, Gleichgewichtsorgan im Innenohr der Wirbeltiere (↑Labyrinth).
Bogenhanf (Sansevieria), Gatt. der Agavengewächse mit etwa 50 Arten in den Tropen; Blätter fleischig, flach oder stielrund, grundständig, einen kurzen Wurzelstock entspringend; Blüten in rispigem Blütenstand; Frucht beerenartig. - Beliebte Zimmerpflanzen: **Sansevieria zylindrica,** aus An-

gola, mit 75–150 cm langen Blättern je Trieb, und die †Bajonettpflanze, deren Blattfasern, wie die einiger anderer Arten, den **Sansevieriahanf** liefern, der wichtiger Rohstoff für Seile und Taue ist.

Bogenharfe †Harfe.

Bogenlampe, in Scheinwerfern und Projektionsgeräten, in bes. Ausführungsformen (Finsen-Lampe) in der medizin. Therapie verwendete Lampe, bei der ein Lichtbogen zw. zwei Kohleelektroden (**Kohlenbogenlampe**) als Lichtquelle dient. Die Elektroden einer B. sind einem ständigen *Abbrand* unterworfen, der zu einer Abnahme des Elektrodenmaterials führt. Sie müssen daher durch einen bes. Regelmechanismus auf konstantem Abstand gehalten werden.

Bogenmaß, Maß für die Größe eines ebenen Winkels: die Länge des im Innern eines gegebenen Winkels gelegenen Bogens des um den Scheitelpunkt *S* geschlagenen Einheitskreises. Das B. eines beliebigen Winkels bezeichnet man mit arc α (Arkus α); es gilt
$$\mathrm{arc}\,\alpha = 2\pi\,\frac{\alpha^\circ}{360^\circ}.$$

Bogensignatur, die Prime auf der ersten und die Sekunde auf der dritten Seite eines Bogens in der linken unteren Ecke zur Kennzeichnung der Reihenfolge für den Buchbinder; z. B. beim 8. Bogen: 8 (Prime) und 8* (Sekunde).

Bogenspektrum, ein †Spektrum, dessen Linien (Bogenlinien) von der Lichtemission neutraler, d. h. nicht ionisierter Atome herrühren.

Bogoljubow, Jewfim Dmitrijewitsch, * im Gouv. Kiew 1889, † Triberg (Schwarzwald) 18. Juni 1952, russ. Schachspieler. - Internat. Großmeister; gewann zahlr. bed. Turniere.

Bogoljubowo [russ. bɐgaˈljubɐvɐ], sowjet. Dorf 10 km nö. von Wladimir, RSFSR, 3 900 E. - Der N-Turm der Kathedrale der Palastanlage des Fürsten Andrei von Wladimir († 1175), außerdem ein Treppenturm und Verbindungsgang des alten Palastes sind erhalten. Die Pokrow-Kirche bei B. (um 1165) ist eine bed. Kreuzkuppelkirche.

Bogomilen (Bogumilen) [slaw.], Anhänger einer Strömung des Neumanichäismus (†Manichäismus), die im 1. bulgar. Reich unter Zar Peter (⚭ 927–969) entstand und sich auf dem Balkan und in Kleinasien bis zum Ende des 14. Jh. hielt. Nach ihrem Ursprungsland wurden die B. auch **Bulgari** genannt. Sie wurden wegen ihrer Ablehnung der christl. Kirchenordnungen schließl. im 12. Jh. aus dem Byzantin. Reich vertrieben, sie erreichten ihre größte Verbreitung im 12./13. Jh. in Bulgarien und Bosnien.

Bogomilensteine (serbokroat. stećak), Grabsteine (Platten, Stelen, hausartige Blöcke) des 13.–16. Jh. in Bosnien, der Herzegowina und angrenzenden Gebieten. Ihr Zusammenhang mit der Sekte der Bogomilen wird von neuesten Forschungen bestritten.

Bogomolez, Alexandr Alexandrowitsch, * Kiew 24. Mai 1881, † ebd. 19. Juli 1946, sowjetruss. Arzt und Physiologe. - Prof. in Moskau; entwickelte das **Bogomolez-Serum,** ein aus der Milz und dem Knochenmark des Menschen hergestelltes antigenhaltiges Serum, das durch Steigerung körpereigener Abwehr krankheitsverhütend, darüber hinaus stärkend wirken soll.

Bogor (Buitenzorg), indones. Stadt in W-Java, 247 000 E. Sitz eines kath. Bischofs; landw. Hochschule (gegr. 1963), zwei private Univ. (beide gegr. 1958), tierärztl. Fakultät, mehrere Forschungsinst.; bed. botan. Garten (1818); Nahrungsmittel-, Textil-, Schuhind., Reifenfabrik. Zweiter Sitz der Reg., beliebter Wohnort. - 1745 als Sommersitz des Generalgouverneurs von Niederl.-Ostindien gegr.; 1877 wurden im botan. Garten aus Brasilien geschmuggelte Schößlinge von Parakautschukpflanzen gesetzt, Grundstock der südostasiat. Kautschukplantagen.

Bogotá [span. boɣoˈta], Hauptstadt von Kolumbien und des Dep. Cundinamarca, in einem Hochbecken der Ostkordillere, 2 640 m ü. d. M., 4,58 Mill. E. Erzbischofssitz; wichtigstes Kultur-, Handels- und Finanzzentrum des Landes; mehrere Univ., u. a. Nationaluniv. (gegr. 1573), päpstl. Univ. (gegr. 1622); PH, wiss. Akademien, Observatorium, Goethe-Inst., Nationalarchiv, Nationalbibliothek, Planetarium. Textil-, Metall-, chem., Pharma-, Nahrungsmittel- u. a. Ind.; Kfz.montage. Seit 1961 mit der Magdalenabahn verbunden; internat. ✈. - 1538 von Spaniern als **Villa de la Santa Fé** (später **Santa Fé de Bogotá,** seit 1819: B.) an der Stelle der Chibchasiedlung **Teusaquillo** im Schachbrettschema gegr.; 1549 Sitz einer Audiencia, seit 1564 Erzbischofsstadt. Die Gründung der Dominikaner- und der Jesuitenuniv. machte B. im 17. und 18. Jh. zum geistigen Zentrum Südamerikas. 1718 Hauptstadt des Vize-Kgr. Neugranada, 1819–31 von Großkolumbien, 1831–58 der Republik Neugranada, bis 1863 der Granadin. Konföderation, 1863–86 der Vereinigten Staaten von Großkolumbien. - Zahlr. Kirchen, u. a. La Concepción (spätes 16. Jh.), San Francisco (um 1569–1622); an der Plaza Bolívar: klassizist. Kathedrale (1807–23), Theater, Präs.palast und Kapitol; Hochhäuser (20 Jh.).

Bogotácharta [span. boɣoˈta], Gründungsakte der †Organization of American States (OAS) 1948.

Bogumil, aus dem Slaw. übernommener männl. Vorname, eigtl. „Gottlieb".

Boguslawski, Eduard von, * Köthen (Anhalt) 30. Dez. 1905, dt. Botaniker. - Prof. für Pflanzenbau und Pflanzenzüchtung in Gießen; züchtete zahlr. neue Sorten von Öl- und Futterpflanzen.

317

Bogusławski, Wojciech [poln. bɔgu-'sṵafski], * Glinno bei Posen 9. April 1757, † Warschau 23. Juli 1829, poln. Dramatiker. - Schöpfer des nat. poln. Theaters; seine zahlr., bühnenwirksamen Dramen waren als Beitrag zur Einigung des poln. Volkes bedeutsam; viele Bearbeitungen oder Übersetzungen westeurop. Vorlagen.

Boheme [boˈɛːm; frz.; zu mittellat. bohemus „Böhme, Zigeuner"], Bez. für Künstlerkreise, die sich bewußt außerhalb der bürgerl. Gesellschaft etablierten. Zum ersten Mal in diesem Sinne faßbar um 1830 in Paris (Quartier Latin, Montmartre). Das B.leben ist Thema von H. Murgers Roman „Scènes de la vie de Bohème" (1851) und Puccinis darauf fußender Oper „La Bohème" (1896).

Bohemia, nlat. Name für ↑ Böhmen.

Bohemien [bo-emiˈɛ̃ː; frz.], Angehöriger der ↑ Boheme; unbekümmerte, leichtlebige und unkonventionelle Künstlernatur.

Böhlau, Helene, * Weimar 22. Nov. 1859, † Augsburg 26. März 1940, dt. Schriftstellerin. - Schrieb Geschichten aus der Altweimarer Zeit mit meisterhaften Schilderungen der bürgerl. Gesellschaft der Goethezeit; später Eintreten für die Rechte der Frau.

Böhlau Verlag ↑ Verlage (Übersicht).

Bohlen, besäumte und unbesäumte Schnitthölzer von rechteckigem Querschnitt; Maße: 35–100 mm dick, doppelt so breit wie dick.

Bohlenweg (Bohlweg), ein aus Bohlen, Pfählen, Sträuchern und ähnl. Materialien in verschiedener Bauweise künstl. angelegter Weg auf weichem, bes. moorigem Untergrund; gewöhnl. wurden zwei Bohlenschichten kreuzweise übereinandergelegt und miteinander verkeilt; vom Neolithikum bis ins Hoch-MA in M- und W-Europa belegt, bes. zahlr. aus der Bronze- und Eisenzeit in NW-Deutschland.

Böhler, Lorenz, * Wolfurt (Vorarlberg) 15. Jan. 1885, † Wien 20. Jan. 1973, östr. Chirurg. - Prof. in Wien; Begründer der modernen Unfallchirurgie.

Böhl von Faber, Johann Nikolaus, * Hamburg 2. Dez. 1770, † Cádiz 9. Nov. 1836, dt. Gelehrter. - Vater der Schriftstellerin F. Caballero; lebte als Kaufmann in Spanien, wo er sich für die Verbreitung der Ideen der dt. Romantik einsetzte.

Bohlwerk (Bollwerk), leichte senkrechte Stützwand aus Bohlen und Pfählen oder aus Platten mit Nut und Feder zur Erdeinschnittund zur Uferbefestigung; auch aus Stahl oder Stahlbeton.

Bohm, Hark, * Hamburg 18. Mai 1939, dt. Filmemacher. - Vertreter des jungen Films. Internat. Anerkennung durch den (Kinder)-film „Tschetan, der Indianerjunge" (1972); ferner „Nordsee ist Mordsee" (1976), „Moritz lieber Moritz" (1978) und „Im Herzen des Hurrican" (1980).

Böhm, Dominikus, * Jettingen (Schwaben) 23. Okt. 1880, † Köln 6. Aug. 1955, dt. Kirchenarchitekt. - Vater von Gottfried B.; gilt als richtungsweisend für die moderne kath. Kirchenbaukunst; er arbeitete mit großen Flächen bei schwerem, geschlossenem Baukörper: Kirche in Neu-Ulm (1923–26), Sankt Engelbert in Köln-Riehl (1930–32), Sankt Maria Königin in Köln-Marienburg (1953–54).

B., Georg, * Hohenkirchen/Thür. 2. Sept. 1661, † Lüneburg 18. Mai 1733, dt. Komponist und Organist. - Meister des dt. Spätbarock (Klavier- und Orgelwerke, geistl. Vokalmusik); Einfluß auf J. S. Bach.

B., Gottfried, * Offenbach am Main 23. Jan. 1920, dt. Architekt und Bildhauer. - Sohn von Dominikus B.; Prof. an der TH Aachen. *Werke:* Rathaus in Bensberg (1967), Kinderdorf Bensberg-Refrath (1968), Wallfahrtskirche in Neviges (1968), Kirche Christi Auferstehung in Köln-Melaten (1969), Kirche Sankt Matthäus in Düsseldorf-Garath (1970), Wiederherstellung des Trierer Doms (1975).

B. (Beheme), Hans, gen. der Pfeifer von Niklashausen oder Pfeiferhänsle, † Würzburg 19. Juli 1476 (verbrannt), hirte und Dorfmusikant von Helmstadt (im Taubertal). - B. löste mit seinen Predigten (seit 1476) und seinem Programm (Gleichheit der Menschen, Abschaffung der Abgaben) die radikalste Volksbewegung vor der Reformation aus.

B., Karl, * Graz 28. Aug. 1894, † Salzburg 14. Aug. 1981, östr. Dirigent. - 1934–43 Direktor der Dresdner Staatsoper, 1943–45 und 1954–56 der Wiener Staatsoper; seitdem Gastdirigent; v. a. Interpret der Werke von Mozart, R. Strauss und Wagner.

Böhm-Bawerk, Eugen Ritter von (Böhm von Bawerk) [...vɛrk], * Brünn 12. Febr. 1851, † Kramsach (Tirol) 27. Aug. 1914, östr. Nationalökonom. - Lehrte in Innsbruck und Wien; zw. 1895 und 1904 mehrfach Finanzmin.; bekannt ist seine Agiotheorie des Zinses und die Konzeption der „Produktionsperiode". B. war ein bed. Vertreter der Grenznutzenschule.

Böhme, Ibrahim, * bei Leipzig 1944, dt. Politiker (SPD, DDR). - Historiker; arbeitete zeitweise als Dramaturg. 1967–76 Mgl. der SED; seit Okt. 1989 Geschäftsführer der SDP (seit Jan. 1990 SPD), März–April 1990 Vors. der SPD.

B., Jakob, * Alt-Seidenberg bei Görlitz 1575, † Görlitz 17. Nov. 1624, dt. Mystiker und Theosoph. - Seit 1599 Schuhmachermeister in Görlitz; Autodidakt; Studium der Bibel, myst. und naturwiss. Schriften. 1612 Veröffentlichung von „Aurora oder Morgenröte im Aufgang" (vollständiger Druck 1656). Trotz Schreibverbots veröffentlichte er seit 1619 noch 21 Schriften, darunter „Beschreibung der drei Prinzipien göttl. Wesens" (1619), „Mysterium magnum" (1623),

„Der Weg zu Christo" (1624). Er löst die Frage nach dem Bösen, indem er ein negatives Prinzip in Gott selbst verlegt. Als Denker ungeschult, kommt er zu visionärer Anschauung, die er in häufig rätselhafter Sprache vermittelt. Da B. erstmalig philosoph. Schriften in dt. Sprache veröffentlichte, wurde er „Philosophus Teutonicus" genannt.

Böhmen (tschech. Čechy), histor. Gebiet im W der ČSSR, zw. Böhmerwald, Erzgebirge, Sudeten und Böhm.-Mähr. Höhe.
Geschichte: Seit der La-Tène-Zeit keltisiert (Herleitung des Namens B. von dem kelt. Stamm der Bojer), wurde B. seit dem 2. Jh. v. Chr. von german., seit Ende 6. Jh. von westslaw. Stämmen besiedelt, von denen die Tschechen (um Prag) im 9./10. Jh. unter ihren Herzögen († Przemysliden) die Führung gewannen. Obwohl B. stets als Teil des Hl. Röm. Reiches galt und seine Herrscher später zu den Kurfürsten (Erzmundschenk) gezählt wurden, bewahrte B. seine Selbständigkeit (973 Gründung des Bistums Prag, 1344 Erzbistum; 1198/1203 Aufstieg Ottokars I. zur Königswürde). Um 1029 kam Mähren, 1322 das Egerland, unter den Luxemburgern (1310–1437) der größte Teil Schlesiens (1327/29–1742) an B. Karl I. machte B. zum Kernland des Reiches und faßte B., Mähren und Schlesien als Länder der böhm. Krone zusammen. Die Hussitenkriege (1419/20–1433/34) brachten jedoch ein Erstarken des tschech. Nationalbewußtseins (tschech.-nat. Führung unter Georg von Podiebrad und Kunstatt) und die Abdrängung der seit dem 11. Jh. eingewanderten, aber ethn. nicht mit den Tschechen verschmolzenen Deutschen mit sich. Nach kurzer jagellon. Herrschaft (Vereinigung von B. mit Polen 1471 und Ungarn 1490) fielen die böhm. Länder 1526 an die Habsburger. Die Zuspitzung des konfessionellen Gegensatzes in B. führte trotz des kaiserl. Majestätsbriefs (1609) für die Protestanten 1618 zum Böhm. Aufstand, nach dessen Niederschlagung (Prager Blutgericht) sich landesfürstl. Absolutismus und Gegenreformation in B. auf lange Sicht durchsetzten. Aufklärung und Romantik brachten eine Wiedergeburt des tschech. Nationalbewußtseins. Unter dem Einfluß F. Palackýs, der die Teilnahme der Tschechen an der Frankfurter Nationalversammlung ablehnte, trat die nat. Frage in den Vordergrund. Nach dem von A. Fürst Windischgrätz niedergeschlagenen Prager Pfingstaufstand der Radikalen (1848) wandte sich die tschech. Nationalbewegung zunächst einer gemäßigten Politik zu, doch wurden die Hoffnungen von der östr. Regierung Schwarzenberg enttäuscht. Der sich nun verschärfende dt.-tschech. Gegensatz wurde in der Folge zu einer existenzbedrohenden Belastung der Donaumonarchie. Ab 1867 beherrschte die Obstruktionspolitik bald der Tschechen, bald der Deutschen den östr. Reichsrat und den böhm. Landtag. Mehrere Ausgleichsversuche der östr. Regierungen (u. a. 1871 Projekt zur Gleichstellung von B. und Ungarn durch 18 Fundamentalartikel) scheiterten. 1913 wurden wegen Arbeitsunfähigkeit des böhm. Landtags Landesverfassung und Autonomie suspendiert, B. wurde von einer Landesverwaltungskommission und im 1. Weltkrieg mit Hilfe des Ausnahmezustands regiert. 1918/19 ging B. in der neugegründeten Tschechoslowakei auf.

📖 *Rokyta, H.: Die böhm. Länder. Hdb. der Denkmäler u. Gedenkstätten europ. Kulturbeziehungen in den böhm. Ländern. Salzburg 1970. - Hdb. der Gesch. der böhm. Länder. Hg. v. K. Bosl. Stg. 1966–74. 4 Bde.*

Böhmerwald, seit dem 10. Jh. (silva bohemica) belegte zusammenfassende Bez. für das etwa 250 km lange Grenzgebirge zw. der BR Deutschland, Österreich und der ČSSR, gegliedert in Oberpfälzer und Hinterer Bayer. Wald auf dt. bzw. Český les und Šumava auf tschechoslowak. Seite.

Böhmische Brüder (Böhmische und mährische Brüder), Anhänger einer vorreformator. Reformbewegung, in der zweiten Hälfte des 15. Jh. aus dem Kreis um den Laientheologen Peter von Cheltschitz (Petr Chelčický, *um 1380, † nach 1452) entstanden, 1467 unter dem Namen *Unitas Fratrum* („Brüderunität") zusammengeschlossen; sie pflegte brüderl. Gesinnung, Sanftmut und ein einfaches Leben unter Verwerfung von Kriegsdienst und Eid. Unter Führung von Lukas von Prag (*um 1460, † 1528) knüpften die B. B. trotz bestehender Differenzen Kontakte mit Luther. Nach 1528 wurde die Brüderunität zur selbständigen Kirche.

Böhmische Malerschule, infolge der kulturellen Förderung durch Karl IV. sich entfaltende Malerschule in Prag. Anfängl. sei sie von Italien (Tommaso da Modena) und Frankreich beeinflußt: „Liber viaticus" des Johann von Neumarkt (entw. 1355–60; Prag, Landesmuseum) ist der Buchmalerei, Hohenfurther Altar (um 1350; Prag, Nationalgalerie) in der Tafelmalerei und die frühe Wandmalerei der Burg Karlstein. Dann folgten einheim. Meister, insbes. der Meister Theoderich von Prag und Meister von Wittingau (Passionsaltar um 1380; Prag, Nationalgalerie) sowie die Maler der kostbaren Handschriften für König Wenzel (v. a. die Wenzelbibeln in Wien und Antwerpen), mit dessen Regierungszeit die B. M. endigt.

Böhmische Masse, seit ihrer Faltung im Algonkium versteifte Gesteinsscholle im östl. M-Europa, zw. Erzgebirge/Sudeten (diese einschließend) und etwa der Donau; durch Bruchtektonik in Teilschollen zerlegt, die z. T. als Gebirge herausgehoben wurden (u. a. Böhmerwald, Bayer. Wald).

Böhmisches Mittelgebirge, von der

Böhmisch-Mährische Höhe

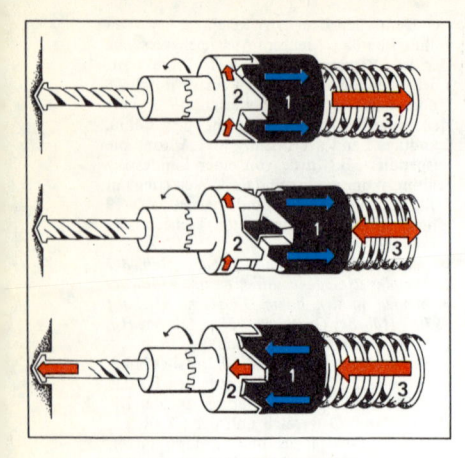

Bohren. Funktionsweise des Schlagwerks beim Schlagbohrer: Ein axial frei beweglicher Schlagkörper (1) wird durch fünf sich drehende Aufzugnocken (2) gegen eine Feder (3) gedrückt und durch die Federkraft auf die Bohrspindel geschlagen

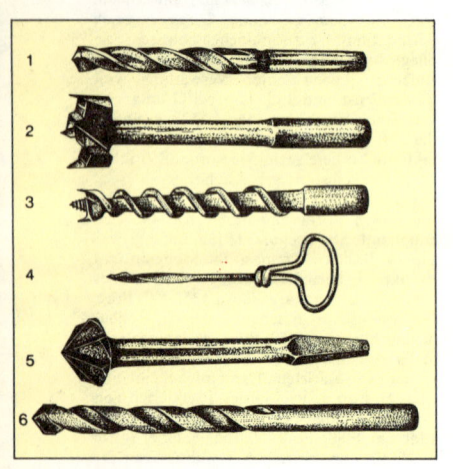

Bohren. Bohrerformen: 1 Spiralbohrer, 2 Forstnerbohrer, 3 Schlangenbohrer, 4 Nagelbohrer, 5 Versenker, 6 Steinbohrer

Elbe durchbrochenes Bergland südl. des Elbsandsteingebirges in der ČSSR, im Milleschauer 837 m ü.d.M.

Böhmisch-Mährische Höhe, flachwelliges Bergland in SO-Böhmen, ČSSR, etwa 150 km lang und bis zu 60 km breit, in den Iglauer Bergen (im SW) bis 837 m, in den Saaer Bergen (im NO) bis 836 m hoch. Wasserscheide zw. Elbe und der Donau.

Böhmit [nach dem dt. Physikochemiker J. Böhm, * 1895, † 1952], farbloses oder unterschiedl. gefärbtes, durchsichtiges bis durchscheinendes, sprödes Mineral, AlO(OH) bzw. $Al_2O_3 \cdot nH_2O$; Hauptbestandteil vieler Bauxite. Mohshärte 6,5 bis 7; Dichte 3,3 bis 3,5 g/cm^3.

Bohn, René, * Dornach (= Mülhausen, Haut-Rhin) 7. März 1862, † Mannheim 6. März 1922, dt. Chemiker. - Entdeckte 1901 die wichtige Farbstoffklasse der Indanthrene und Flavanthrene.

Bohne (Phaseolus), Gatt. der Schmetterlingsblütler mit etwa 200 Arten, v. a. in den Tropen und Subtropen (bes. Amerikas); meist windende Kräuter mit mehrsamigen, seitl. zusammengedrückten Hülsenfrüchten. - Einige B.narten sind wichtige Kulturpflanzen, z. B. ↑ Gartenbohne, ↑ Feuerbohne, ↑ Asukibohne, ↑ Mondbohne.

Bohne, Bez. für einen Samen (auch für die ganze Frucht) von Pflanzen der Gattung B., allg. auch für andere Samen ähnl. Form, z. B. Kaffee-, Kakaobohne.
◆ svw. ↑ Kunde.

Bohnen, Michael, * Köln 2. Mai 1887, † Berlin 26. April 1965, dt. Sänger (Baßbariton). - 1922-33 Mitglied der New Yorker Metropolitan Opera, 1935-45 des Dt. Opernhaus Berlin, 1945-47 Intendant der Berliner Städt. Oper, wo er noch 1951 auftrat.

Bohnenblattlaus (Schwarze B., Aphis fabae), etwa 2 mm große, graugrüne bis schwarze, geflügelt oder ungeflügelt auftretende Blattlaus (Fam. Röhrenläuse) in Europa, SW-Asien, Afrika und Amerika.

Bohnenkäfer, (Speisebohnenkäfer, Acanthoscelides obtectus) 2-5 mm großer, eiförmiger Samenkäfer; oberseits graubraun mit gelbrot behaartem Hinterleibsende; Larve entwickelt sich in Speisebohnen und in Freilandbohnen.
◆ (Wickensamenkäfer, Bruchus atomarius) 2-3,5 mm großer, rundl. Samenkäfer; grau mit weißlichgelbem Längsfleck; Larven schädl. durch Fraß in Hülsenfrüchten.
◆ (Pferdebohnenkäfer, Bruchus rufimanus) 3,5 bis 5 mm großer, grauer, meist gelbl. und weiß gefleckter Samenkäfer; schädl. hauptsächl. an Samen der Pferdebohne.

Bohnenkraut, (Sommer-B., Echtes B., Satureja hortensis) einjähriger, weiß bis lila blühender Lippenblütler; aus S-Europa und dem Orient stammende Gartenpflanze; Küchengewürz, v. a. für Bohnengemüse.
◆ (Winter-B., Satureja montana) stark verzweigter Halbstrauch mit rosafarbenen oder violetten Blüten; selten angebaute, bis 40 cm hohe, zwischen Aug. und Sept. blühende Gewürzpflanze aus dem Mittelmeergebiet; wie Sommer-B. verwendet.

Bohnerwachse (Bohnermasse), feste oder flüssige Gemische aus Wachsen und wachsartigen Stoffen zur Pflege von Stein-, Holz- und Kunststoffböden sowie Möbeln. B. reinigen beim Auftragen vom Schmutz und verhindern gleichzeitig das Eindringen von neuem Schmutz und von Feuchtigkeit. Der Glanz der B. entsteht durch Verreiben der mikrokristallinen Teilchen nach Verdunsten des Lösungsmittels zu einer glatten geschlossenen Fläche.

Bohnerz, Varietät des † Brauneisensteins; bohnenförmige konzentr.-schalige Struktur; Eisengehalt bis zu 40 %; entsteht durch Verwitterung eisenhaltiger Kalksteine.

Bohol, philippin. Insel sö. von Cebu, 3 864 km^2, bis etwa 870 m ü. d. M.; Hauptort Tagbilaran. Abbau von Gold und Erzen; Anbau von Kokospalmen, Reis und Mais.

Bohr, Aage [Niels], * Kopenhagen 19. Juni 1922, dän. Physiker. - Sohn von Niels B.; seit 1956 Prof. in Kopenhagen; erkannte 1950/51 unabhängig von J. Rainwater das Auftreten von Kollektivbewegungen († Kollektivanregung) der Nukleonen in den Atomkernen; in Zusammenarbeit mit B. Mottelson entwikkelte er eine mikroskop. Theorie der Kernstruktur bzw. der Kerndeformationen, mit der sich solche Kollektivbewegungen beschreiben ließen; erhielt 1975 zus. mit Mottelson und Rainwater den Nobelpreis für Physik.

B., Harald [August], * Kopenhagen 22. April 1887, † ebd. 22. Jan. 1951, dän. Mathematiker. - Prof. in Kopenhagen; Bruder von Niels B.; Arbeiten zur Funktionentheorie und Funktionalanalysis; begründete die Theorie der fastperiod. Funktionen.

B., Niels [Hendrik David], * Kopenhagen 7. Okt. 1885, † ebd. 18. Nov. 1962, dän. Physiker. - Prof. in Kopenhagen, 1943 Emigration in die USA, dort am Atombombenprojekt beteiligt, 1945 Rückkehr nach Kopenhagen; auf den Rutherfordschen Vorstellungen über den Atombau aufbauend, gelang ihm 1913 durch Einführung seiner Quantenbedingungen die Aufstellung des nach ihm benannten Atommodells. Die experimentelle Bestätigung seiner Vorstellungen trug wesentl. dazu bei, daß sich diese neue Theorie (heute als ältere Quantentheorie bezeichnet) rasch durchsetzte; auf der Basis seines von A. Sommerfeld erweiterten Atommodells konnte B. eine theoret. Erklärung des Periodensystems der chem. Elemente geben (1922), indem er für die Atome einen Schalenaufbau annahm. Nach der Aufstellung der Quantenmechanik gelang es B. 1926/27 in Zusammenarbeit mit Heisenberg, die Entwicklung der Quantentheorie vorläufig abzuschließen, wobei er zu der Überzeugung kam, daß zur vollständigen Beschreibung der atomaren Erscheinungen zwei verschiedene Bilder, das Teilchenbild und das Wellenbild, notwendig seien, die sich zwar gegenseitig ausschließen, aber trotzdem

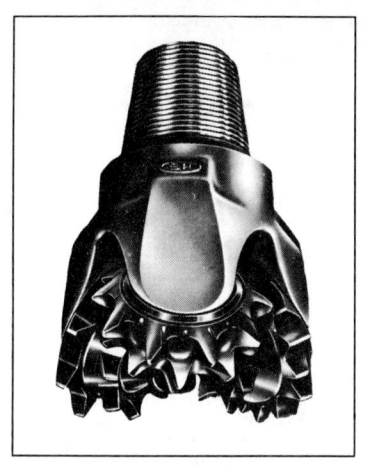

Bohren. Dreikegelrollenmeißel

ergänzen. B. führte den Begriff des Compoundkerns ein und entwickelte das sog. Tröpfchenmodell des Atomkerns sowie eine Theorie der von Otto Hahn und F. Straßmann entdeckten Kernspaltung. 1922 Nobelpreis für Physik.

📖 *N. B. 1885–1962.* Hg. v. K. v. Meyenn u. a. Braunschweig, Wsb. 1985.

Bohr-Effekt [nach dem dän. Physiologen C. Bohr, * 1855, † 1911], in der *Physiologie* Bez. für die Beeinflussung des Sauerstoffbindungsvermögens des Hämoglobins im Blut, wenn sich der pH-Wert des Blutes oder des umgebenden Gewebes ändert.

Bohren, Herstellen eines Loches (Bohrung, Bohrloch) von meist rundem Querschnitt in festem Material. Materialeigenschaften, z. B. Härte, Zähigkeit, Zerspanbarkeit u. a. bestimmen Bohrverfahren, Bohrgeschwindigkeit und Werkzeug.

Bohren in Holz: *Spiralbohrer* mit und ohne Zentrierspitze, *Forstnerbohrer* bzw. *Kunstbohrer* zum B. von Sacklöchern (mit ebener Grundfläche) insbes. für Topfscharniere; *Astlochbohrer* zum Ausbohren von Ästen oder Astlöchern, dazu passende Holzscheiben (Astzapfen) werden mit dem *Scheibenschneider* hergestellt; *Schlangenbohrer* zum Durchbohren von Balken o. ä.; *Schnecken-* bzw. *Nagelbohrer* zum Vorbohren für (kon.) Holzschrauben; *Versenker (Krauskopf)* für Senkkopfschrauben mit 90° Spitzenwinkel; *Langlochbohrer* zum B. und Ausfräsen schlitzförmiger Löcher.

Bohren in kurzspanenden Materialien (z. B. Messing, Bronze, Eisen, Stahl, harte Kunststoffe, Pertinax, Marmor, Schiefer): *Spiralbohrer mit kleinem Spanwinkel*. **Bohren in langspanenden Werkstoffen** (z. B. Aluminium,

321

Bohrfliegen

Kupfer, weiche Kunststoffe): *Spiralbohrer mit großem Spanwinkel.*
Bohren in Mauerwerk und Beton: *Steinbohrer* mit eingelöteter Hartmetallschneide aus Widia-Stahl *(Widia-Bohrer)*; häufigste Verwendung beim B. von Dübellöchern, *Hartmetall-Wendelbohrer* für Mauerdurchbrüche, hartmetallbestückte *Bohrkronen* (bis 50 mm Durchmesser für Mauerdurchbrüche) bzw. *Dosensenker* (über 50 mm Durchmesser für Schalter- und Verteilerdosen) mit Zentrierbohrer.
Bohren in Zähnen (Dentin): mit *Zahnbohrern (Dentalbohrern),* häufig mit Diamantsplittern besetzt. - ↑ auch Zahnturbine (Dentalturbine).
Bohren in Gestein (Steinbruch, Bergbau, Tunnelbau, Tiefbohrungen u. a.): *Schlagendes B.:* Ein elektr. oder pneumat. betriebener Bohrhammer schlägt auf den Bohrer mit keilförmiger Schneide; Zertrümmerung des Gesteins durch Kerbwirkung. *Drehendes B.:* allg. mit Bohrmeißeln, wobei das Gestein drehend zerspant wird. Bohrwerkzeuge: *Kegelrollenmeißel* mit gezahnten Hartmetallrollen, *Bohrkronen* (für harte Gesteine mit bes. splitterfesten Diamanten - Carbonados, $1/4$ bis $1/50$ Karat - besetzt; *Diamantbohrkronen*); *Vollbohrkronen* für Vollbohrungen, *Kernbohrkronen* zum Kernbohren (Fräsen eines ringförmigen Bohrloches). Tiefbohrungen (bis 9 600 m Tiefe) werden meist in *Rotary-Verfahren* niedergebracht (↑ Erdöl). Das *Gefrierloch-B.* ermöglicht das Abteufen von Schächten in sehr feuchten Bodenschichten, wobei die unmittelbare Umgebung des Bohrlochs bis zur Abdichten der Schachtwand auf unter 0 °C abgekühlt wird. *Thermisches B.* (z. B. im Betonfundament von Gebäuden) mittels Flamme (sog. *Sauerstofflanze*) von über 2000 °C: Vorteil: erschütterungsfreies Bohren.
Bohrwerkzeuge sind Schneidwerkzeuge zur Herstellung von Bohrungen (Sacklöcher und Durchgangsbohrungen). Im allg. dreht sich der Bohrer und dringt mit einer gewissen Geschwindigkeit (Vorschub) in das feststehende Werkstück ein. Die häufigste Form ist der *Spiralbohrer (Drallbohrer).* Spitzenbzw. Spanwinkel richten sich nach den zu bearbeitenden Materialien. Zum *Gewindebohrer* ↑ Gewinde.
Material (Qualität): *Werkzeugstahl* (WS), ergibt beim Schleifen helle, leuchtende Funken; *Hochleistungsschnellstahl* (HSS), schwach leuchtende, rötl. Funken, größere Bohrgeschwindigkeit, längere Standzeiten (Lebensdauer), geringer Verschleiß.
Bohrmaschinen für Haushalt und Heimwerker: a) *für Handbetrieb: Bohrwinde (Brustleier)* und mit Knarre (zum Umschalten für Rechts- und Linksgang) und Zweibacken-Spannfutter für [Bohr]werkzeuge mit Vierkantschaft. *Drillbohrer* (mit Seilgewindestange), der durch Auf- und Abbewegung eines Griffstücks angetrieben wird. *Handbohrmaschinen* in verschiedenen Ausführungen mit 1 oder 2 Übersetzungen.
b) *mit elektr. Antrieb (elektr. Handbohrmaschinen):* im Prinzip ein hochtouriger Elektromotor (bis 25 000 Umdrehungen pro Min.), dessen Drehmoment über ein Untersetzungsgetriebe (meist mit 2 mechan. Gängen) auf eine Bohrspindel bzw. ein Bohrfutter übertragen wird. Gewinde der Spindel: $3/8 \times 24$ bzw. $1/2 \times 20$ (Durchmesser in Zoll × Anzahl der Gewindegänge pro Zoll Gewindelänge). *Elektr. Schlagbohrmaschinen (Schlagbohrer)* mit abschaltbarem Schlagwerk, das der Spindel axiale Schläge (etwa 20 Schläge pro Umdrehung, Hubhöhe etwa 1 mm) erteilt; zum Bohren in Mauerwerk und Beton. Die elektron. Drehzahlregelung erfolgt stufenlos meist durch Phasenanschnittsteuerung.
Bohrmaschinen für Handwerk und Industrie: Neben elektr. oder druckluftbetriebenen *Handbohrmaschinen* für den Dauerbetrieb bes. *stationärer Bohrmaschinen (Tisch-, Ständer- und Säulenbohrmaschinen),* hochtourige *Feinbohrwerke* zum Erreichen einer hohen Oberflächengüte. Die *Elektronenstrahlbohrmaschine* arbeitet mit einem äußerst feinen, leicht steuerbaren Elektronenstrahl im Hochvakuum, der das Material des Werkstücks zum Verdampfen bringt. In der *Ultraschallbohrmaschine* wird mit Hilfe hochfrequenter mechan. Schwingungen eine Bohrung hergestellt. Bei den beiden letztgenannten Verfahren kann die Bohrung jede beliebige Form haben.
Durchführung einer Bohrung: Kleine Bohrungen (bis 10 mm Durchmesser) in einem Arbeitsgang, größere Bohrungen in mehreren Schritten: 1. *Vorbohren (Vollbohren* bzw. *B. ins Volle).* 2. *Aufbohren* bzw. *Ausbohren* (Durchmesser der Vorbohrung mindestens gleich der Kerndicke des zum Aufbohren verwendeten Bohrers). Kühlung des Bohrers (mit Wasser beim B. in Gestein, mit einer spezifisch schweren Flüssigkeit *[Schwertrübe, Spültrübe]* bei Tiefbohrungen oder mit Bohr- oder ↑ Schneidölen beim Bearbeiten von Metallen) verlängert die Standzeit des Bohrwerkzeugs; gleichzeitig erfolgt Abtransport des Bohrkleins.

📖 *Eriksen, E.: Untersuchung des Spanverhaltens von Bohrwerkzeugen ... Mchn. 1984. - Kahlau, H./Wongel, G.: Das Bohrerbuch. Dortmund 1977.*

Bohrfliegen, svw. ↑ Fruchtfliegen.

Bohrfutter, Haltevorrichtung für Bohrwerkzeuge (z. B. Spiralbohrer). Die häufigste Ausführung ist das *Dreibacken-B.,* bei dem der Bohrer von 3 Backen zentriert und gehalten wird; daneben auch Zwei- und Vierbacken-B.; elektr. Handbohrmaschinen oft mit *Schnellspann-B.* mit Rändelung zum Spannen von Hand, Schlagbohrmaschinen mit *Zahnkranz-B.,* das mit einem B.schlüssel gespannt wird.

Bohrgestänge, nahtlos gezogene Stahlrohre zum Abteufen von Bohrungen. Das B. trägt das Bohrwerkzeug, überträgt die Antriebsenergie und dient als Rohrleitung für die Spülung.
Bohrhammer ↑ Bohren.
Bohrinsel, künstl. Plattform für Bohrungen von der Wasseroberfläche aus (↑ Offshore-Bohrungen).
Bohrkäfer, (Bostrychidae) weltweit verbreitete Käferfam. mit rund 490, etwa 2 bis über 30 mm großen Arten, davon 29 in Europa, 4 einheim.; walzenförmiger Körper, kurzer Kopf, größtenteils mit Halsschild, meist schwarz oder braun; Larven leben v. a. in Balken, Fußböden, Möbel.
◆ (Buchenwerftkäfer, Hylecoetus dermestoides) 6–18 mm großer einheim. Werftkäfer; ♀♀ rötl. gelbbraun, ♂♂ schwärzl., kleiner als ♀♀; leben v. a. in gefälltem und gelagertem Laubholz; bohren ungegabelte Gänge, an deren Mündung sich Bohrmehl in charakterist. kraterähnl. Häufchen ansammelt.

Bohrkern, Gesteinssäule, die beim Bohren mit einer Bohrkrone im Inneren des Ringraumes der Krone entsteht und im Kernrohr aufgenommen wird.
Bohrklein, das beim Bohren anfallende lose oder zerspante Material.
Bohrkrone ↑ Bohren.
Bohrlochabsperrvorrichtung (Blowout preventer), Vorrichtung zum schnellen Verschließen (20 Sekunden) von Bohrlöchern bei Gas- und Ölausbrüchen. Die ferngesteuerte B. verschließt entweder den ringförmigen Raum zw. Bohrgestänge und Bohrlochwandung oder das gesamte Bohrloch, falls das Gestänge herausgezogen ist.
Bohrmaschinen ↑ Bohren.
Bohrmuscheln, zusammenfassende Bez. für (meeresbewohnende) Muscheln, die sich mechan. oder durch die Wirkung abgeschiedener Säure in das Substrat ihres Standortes (Ton, Kreide, Kalk-, Sandstein, Ziegel, Torf, Holz u. a., auch in die Ummantelung von Überseekabeln) einbohren; verursachen z. T. große Schäden, bes. an hölzernen Hafenbauten und an Schiffen.
◆ (Echte B., Pholadidae) Fam. mariner Muscheln mit gleichklappigen, am Vorder- und Hinterende klaffenden Schalen; Schalenoberfläche mit gezähnten Rippen; Bohrtätigkeit durch drehende Bewegungen, wobei die Schalenoberfläche als Raspel wirkt; bekannt ist die an der amerikan. und europ. Nordatlantikküste (einschl. Nordsee und westl. Ostsee) vorkommende, bis 8 cm lange, gelblichgraue **Rauhe Bohrmuschel** (Zirfaea crispata), die bes. in Kreidefelsen und Holz bohrt.
Bohröle ↑ Schneidöle.
Bohrsche Frequenzbedingung, von N. Bohr in seinem Atommodell formulierte Bedingung für die Frequenz[en] der von einem Atom emittierten bzw. absorbierten elektromagnet. Strahlung. Geht ein Elektron aus einem Quantenzustand (Energieniveau) der Energie E_n in einen der Energie E_m über, so wird die Energiedifferenz als Photon emittiert oder absorbiert, je nachdem, ob E_n größer oder kleiner als E_m ist.
Bohrscher Radius [nach N. Bohr], der Radius der innersten Elektronenbahn im Bohrschen Atommodell des Wasserstoffatoms: $a_H = \hbar^2/(me^2) = 0,529 \cdot 10^{-8}$ cm ($\hbar$ das Plancksche Wirkungsquantum, dividiert durch 2π, m Elektronenmasse, e Elementarladung); der B. R. wird in der Atomphysik als Längeneinheit verwendet.
Bohrsches Atommodell ↑ Atommodell.
Bohrschlamm, Mischung aus feinem Bohrklein und Spülflüssigkeit beim Bohren.
Bohrschwämme (Cliona), weltweit verbreitete Gatt. meeresbewohnender, auffallend (meist gelb) gefärbter Schwämme. Die B. „bohren" u. a. in Kalkstein, Korallen und in den Schalen von Weichtieren kleine Kammern. Bekannte Arten sind: *Cliona celata* (Bohrschwamm i. e. S.) in der Nordsee und *Cliona vastifica* in der Kieler Bucht.
Bohr-Sommerfeld-Atommodell ↑ Atommodell.
Bohrturm ↑ Erdöl.
Bohrung, Bez. für den Vorgang und das Ergebnis des Bohrens.
Bohrwurm, svw. ↑ Schiffsbohrwurm.
Bohuslän [schwed. ˌbuːhuːslɛːn], histor. Prov. in W-Schweden, zw. dem Götaälv im S und der norweg. Grenze im N, umfaßt einen unterschiedl. breiten Küstenstreifen am Skagerrak mit breitem Schärenhof. - Früh besiedelt (Felsbilder bei Tanum, Bautasteine bei Grebbestad, bronzezeitl. Grabhügel).
Boiankultur, nach einer dorfartigen Inselsiedlung im Boiansee (Rumänien) benn. neolith. mehrphasige Kulturgruppe (4./3. Jt.) in der Walachei, Siebenbürgen, an der Moldau und im nordbulgar. Gebiet; gekennzeichnet durch schnitt- und ritzverzierte sowie weiß bemalte Tonware und Steingeräte.
Boiardo, Matteo Maria, Graf von Scandiano, * Scandiano bei Reggio nell'Emilia um 1440, † Reggio nell'Emilia 19. Dez. 1494, italien. Dichter. - Stand im Dienst der Herzöge d'Este (ab 1469); schuf mit dem „Orlando innamorato" (1495, dt. 1819/20 u. d. T. „Rolands Abenteuer"), einem unvollendeten Epos mit Motiven aus dem Sagenkreis um Karl d. Gr.
Boie (Boje), Heinrich Christian [ˈbɔyə], * Meldorf 19. Juli 1744, † ebd. 3. März 1806, dt. Dichter. - Mgl. des „Göttinger Hains"; gründete mit F. W. Gotter den „Göttinger Musenalmanach", 1771–75 dessen Alleinhg.; 1776–88 Hg. der Zeitschrift „Dt. Museum" und 1789–91 von deren Forts. „Neues Dt. Museum"; bed. u. a. als literar. Anreger und Mittler; Übersetzer.

Boieldieu, François Adrien [frz. bɔjɛl'djø], * Rouen 16. Dez. 1775, † Jarcy (bei Paris) 8. Okt. 1834, frz. Komponist. - Von seinen zahlr. kom. Opern, denen ungezwungene Natürlichkeit und melod. Frische eigen sind, wurde „Die weiße Dame" (1825) sein größter, bis in unser Jh. lebendiger Erfolg.

Boileau-Despréaux, Nicolas [frz. bwalodepre'o], * Paris 1. Nov. 1636, † ebd. 13. März 1711, frz. Schriftsteller. - 1684 Mgl. der Académie française; befreundet mit Racine, Molière, La Fontaine u. a. B.-D. gilt als „Kunstpapst" seiner Zeit. Stellte in seinem Hauptwerk, „L'art poetique" (1674, „Die Dichtkunst") die für den frz. Klassizismus gültigen Regeln Klarheit, Maß, Folgerichtigkeit auf. Seine Poetik hat auf die Romantik bestimmend auf die Literatur gewirkt. Als Dichter ist B.-D. ein Meister der klass. Form. Er schrieb Satiren, Huldigungsgedichte und war als Übersetzer tätig.

Boiler [engl.; von boil „erhitzen" (zu lat. bulla „Wasserblase")], elektr. beheiztes Gerät zum Bereiten von Heißwasser.

Boise [engl. 'bɔɪsɪ], Hauptstadt des Bundesstaates Idaho, USA, 836 m ü. d. M., 102 000 E. Sitz eines anglikan. und eines kath. Bischofs; Handelszentrum eines Bergbau-, Obst- und Ackerbaugebietes; Holzwirtschaft; Gießereien, Herstellung von Zündhölzern und Nahrungsmitteln. - Hauptstadt seit 1865. - State Capitol (1905–20).

Boisserée, Sulpiz [frz. bwa'sre], * Köln 2. Aug. 1783, † Bonn 2. Mai 1854, dt. Kunstsammler. - Mit seinem Bruder Melchior B. (* 1786, † 1851) Wiederentdecker der ma. Kunst. 1827 erwarb König Ludwig I. von Bayern die Sammlung (v. a. altdt. und niederl. Bilder) für die Alte Pinakothek in München. B. setzte sich für die Vollendung des Kölner Doms ein. Bed. Tagebücher.

Boito, Arrigo, * Padua 24. Febr. 1842, † Mailand 10. Juni 1918, italien. Komponist und Dichter. - Schrieb Libretti für eigene Opern (u. a. „Mefistofele", 1868) und für anderer Komponisten (u. a. für Verdis „Othello", 1887, „Falstaff", 1893, sowie für A. Ponchiellis „La Gioconda", 1876); erstrebte in der Oper ein geschlossenes Kunstwerk aus Dichtung und Musik; vielseitiger Musikkritiker und bed. Übersetzer.

Boizenburg/Elbe, Stadt an der Einmündung der Boize in die untere Elbe, Bez. Schwerin, DDR, 12 100 E. Elbhafen mit Werft, Baustoffind. - Im 13. Jh. planmäßig angelegt von Kolonisten aus Westfalen und Niedersachsen; 1267 lüb. Stadtrecht; 1358 an das Hzgt. Mecklenburg.

Bojana, bulgar. Ort am N-Fuß der Witoscha, 6 km sw. von Sofia. - Bed. Fresken (1259) in der Kirche von Bojana.

Bojar [russ.], zuerst Name für den freien Gefolgsmann der fürstl. Druschina der Kiewer Zeit, seit dem 12. Jh. für die Angehörigen der gehobenen Schicht in der Gefolgschaft der Fürsten und Teilfürsten und damit für den nichtfürstl. Adel Altrußlands; zeitweise auch eine polit. einflußreiche Kraft; seit dem 15. Jh. von den Moskauer Großfürsten entmachtet, im 16. und 17. Jh. mit den Pomeschtschiki zu einem neuen Dienstadel verschmolzen.

◆ als **Bajorai** Bez. für den litau. Adel.
◆ Bez. für den protobulgar., nichtslaw. Adel bis etwa zum 10. Jh.
◆ in der Walachei und der Moldau zw. 14. Jh. und Mitte 17. Jh. Bez. für die grundbesitzende Oberschicht (**Boier** oder **Boer**); stellte den Dienstadel in Verwaltung und Heerwesen.

Boje, Heinrich Christian † Boie, H. C.

Boje [niederdt.], Schwimmkörper aus Stahlblech, Kunststoff, Holz oder Kork, der durch einen Betonklotz am Gewässergrund verankert ist. Dient als schwimmendes Seezeichen (z. T. Heul- oder Leucht-B.), als Ankerboje oder als Festmache-B. zum Festhalten von Schiffen.

Bojer, Johan, * Orkdal (Drontheim) 6. März 1872, † Oslo 3. Juli 1959, norweg. Schriftsteller. - Stellt in seinem Erzählwerk in einfacher Sprache das Leben des norweg. Volkes und die norweg. Landschaft dar. *Werke:* Der große Hunger (R., 1916), Die Lofotfischer (R., 1921).

Bojer (Boier; lat. Boii, Boi), einer der bedeutendsten Stämme der Kelten, der von Gallien um 400 v. Chr. teils mit anderen Stämmen nach Oberitalien einwanderte (193 v. Chr. von Rom besiegt), teils anscheinend über das Gebiet zw. Main und Donau in die Gegend des heutigen Böhmen eindrang, sie 60 v. Chr. aber mehrteils. wieder verließ.

Bokassa, Jean Bedel, * Bobangui 22. Febr. 1921, zentralafrikan. Politiker. - 1963 Chef des Generalstabs; 1966 nach Militärputsch Präs. und Reg.chef (zugleich Leiter zahlr. Ministerien) der Zentralafrikan. Republik; proklamierte 1976 das Zentralafrikan. Kaiserreich und ließ sich zum Kaiser Bokassa I. ausrufen; 1979 gestürzt, Flucht ins Ausland; 1980 und 1987 zum Tode, nach seiner Rückkehr 1988 zu lebenslanger Haft verurteilt.

Bokchoris [gräzisierte Namensform], ägypt. König der 24. Dynastie (720–715). - Berühmt als Gesetzgeber; von Schabaka von Napata besiegt und hingerichtet.

Bokmål [norweg. ˌbukmoːl] † norwegische Sprache.

Bol, Ferdinand, ≈ Dordrecht 24. Juni 1616, ⌑ Amsterdam 24. Juli 1680, niederl. Maler und Radierer. - Schüler Rembrandts; malte bibl. Themen, vorzügl. Porträts und Gruppenbildnisse.

Bola [span. „Kugel"], Wurf- und Fanggerät, das aus zwei oder mehreren an Wurfleinen befestigten Kugeln besteht, die so geschleudert werden, daß sie sich um die Beine des Viehs oder Wildes wickeln. Nur eine Kugel hat die

Bola perdida, die als Kriegswaffe Verwendung findet. Gebräuchl. in S-Amerika, ferner bei Tschuktschen und Eskimo (westl. Inuit) und auf den Südseeinseln (u. a. in Mikronesien).

Bolan Pass [engl. 'bʊʊlɑːn 'pɑːs], Paß in Belutschistan, einzige Verkehrsverbindung (Straße und Bahn) von Quetta in das Industiefland; 1 792 m ü. d. M.

Bolden, Charles („Buddy" oder „King") [engl. bʊʊldn], * New Orleans um 1868, † Jackson (La.) 4. Nov. 1931 (?), amerikan. Jazzmusiker. - Legendärer Kornettist des New-Orleans-Jazz; leitete die erste klass. Jazzband.

Boldrewood, Rolf [engl. 'bʊʊldəwʊd], eigtl. Thomas Alexander Browne, * London 6. Aug. 1826, † Melbourne 11. März 1915, austral. Erzähler. - Verfasser spannender, jedoch romantisierender Romane aus der Zeit des Goldrausches (u. a. „Die Reiter vom Teufelsgrund", R., 1888).

Bolero [span.], span. Tanz im $^3/_4$-Takt, einzeln oder paarweise getanzt, mit Kastagnetten begleitet; fand Eingang in die Kunstmusik u. a. bei Weber, Chopin, Ravel.
♦ buntbestickte, offene Jacke der span. Torreros, auch in die Damenmode eingegangen; gleichfalls Bez. für den dazu getragenen Hut.

Boleslaw, aus dem Slaw. übernommener männl. Vorname (zu russ. bolee „mehr" und slava „Ruhm, Lob, Ehre").

Boleslaw (tschech. Boleslav), Name von Herrschern:
Böhmen:
B. I., der Grausame, Herzog (929–967 oder 935–972). - Führer der Opposition gegen seinen Bruder Wenzel, den er ermordete, um das Hzgt. an sich zu bringen; mußte 950 die Oberhoheit Kaiser Ottos I. anerkennen; konnte nach 955 seinen Machtbereich bis nach Kleinpolen ausdehnen.
B. II., der Fromme, Herzog (972 [967 ?]–999). - Sohn von B. I. Erreichte die Gründung des Bistums Prag (973); konnte die Grenzen Böhmens weiter nach V verschieben, stärkte die Stellung der Przemysliden durch Ausrottung der konkurrierenden Slavnikiden (995).
Polen:
B. I. Chrobry („der Tapfere"), * 966, † 17. Juni 1025, Herzog (seit 992), König (seit 16. Juni 1025). - Aus dem Haus der Piasten; vollendete die staatl. Einigung Polens; führte gegen Kaiser Heinrich II. mehrere Kriege, behielt schließl. die Lausitz als Reichslehen.
B. II. Szczodry („der Freigebige") oder **Śmiały** („der Kühne"), * um 1040, † Ossiach 1083, Herzog (seit 1058), König (1076–79). - Geriet in Ggs. zu Kaiser Heinrich IV.; die durch eine Adelsopposition vorbereitete Empörung zwang B. zur Flucht nach Ungarn.
B. III. Krzywousty („Schiefmund"), * 1085, † 1138, Herzog (seit 1102). - Brachte 1102–22 Pommern in seine Abhängigkeit, veranlaßte dessen Christianisierung durch Bischof Otto von Bamberg; mußte 1135 für Pommern Kaiser Lothar III. den Lehnseid leisten.
Schlesien:
B. I., der Lange, † 18. Dez. 1201, Herzog von (Nieder-)Schlesien (seit 1163). - Stammvater der niederschles. Piasten; berief dt. Zisterzienser zur Kolonisation nach Leubus und dt. Adlige an seinen Hof.

Bolesławiec [poln. bɔlɛ'sŭavjɛts], ↑Bunzlau.

Boletus ↑Röhrlinge.

Boleyn, Anna [engl. 'bʊlɪn] ↑Anna (A. Boleyn), Königin von England.

Bolgary, sowjet. Dorf nahe der Wolga, 20 km wsw. von Kuibyschew, RSFSR. In der Nähe die Ruinen der Hauptstadt des ehem. Wolgabulgar. Reiches (10.–13. Jh.). Freigelegt wurden u. a. Bäder mit Heizanlagen. Aus der Zeit der tatar. Herrschaft (1236ff.) sind das sog. „kleine Minarett", der „Schwarze Palast" und das Mausoleum der Khane aus dem 14. Jh. erhalten.

Bolid [griech.-lat.], Feuerkugel; ein bes. heller Meteor.
♦ Rennwagen mit verkleideten Rädern.

Bolingbroke, Henry Saint John, Viscount (seit 1712) [engl. 'bɔlɪŋbrʊk], * Battersea (= London-Wandsworth) 10. Okt. 1678, † ebd. 12. Dez. 1751, brit. Politiker und Schriftsteller. - Seit 1701 als Tory im Unterhaus; 1710 Min. des Äußeren, an den Utrechter Friedensverhandlungen (1713) maßgebl. beteiligt; floh als Gegner des Hauses Hannover 1715 nach Frankr.; 1723 nach Großbrit. zurückgekehrt; beeinflußte als Schriftsteller das polit. Denken über das Parteiwesen und die Funktion parlamentar. Opposition.

Bolintineanu, Dimitrie [rumän. bolinti-nęanu], eigtl. Dimitrie Cosmad, * Bolintin-Vale bei Bukarest 1819, † Bukarest 20. Aug. 1872, rumän. Dichter. - Führte die Gattung der Ballade in die rumän. Literatur ein.

Bolívar, Simón [span. bo'liβar], * Caracas 24. Juli 1783, † San Pedro Alejandrino bei Santa Marta (Kolumbien) 17. Dez. 1830, Staatsmann, Anführer der lateinamerikan. Unabhängigkeitsbewegung. - Entstammte einer im 16. Jh. nach Amerika ausgewanderten bask. Hidalgofamilie; gehörte der Junta an, die sich im April 1810 gegen die span. Herrschaft erhob und die erste lokal gewählte Regierung in Span.-Amerika bildete; ein u. a. auf Betreiben von B. einberufener Kongreß beschloß am 5. Juli 1811 die Unabhängigkeit Venezuelas; am 14. Okt. 1813 zum Libertador (Befreier) proklamiert; nach wechselvollen und schließl. siegreichen Kämpfen gegen die Spanier 1819 zum Präs. Venezuelas gewählt; vereinigte Venezuela und Neugranada zur Republik Groß-Kolumbien; befreite 1822 das heutige Ecuador, 1824 Peru; organisierte die Reg. in Oberperu, das sich nach ihm Bolivien nannte; seit Aug. 1827 Präs. von Peru, das

Bolívar

er Groß-Kolumbien anschloß; trat nach vergebl. Versuchen, diese Union zu erhalten, 1830 endgültig zurück.

Bolívar [span. bo'liβar], Prov. in Z-Ecuador, in den Anden, 3216 km², 148000 E (1982); Hauptstadt Guaranda.

B., Dep. in N-Kolumbien, am Karib. Meer, 25978 km², 1,077 Mill. E (1983); Hauptstadt Cartagena; Tiefland am linken Ufer des Río Magdalena, nur im S von einem Ausläufer der Z-Kordilleren durchzogen. Anbau von Baumwolle, Reis und Tabak; Rinderhaltung; Erdölförderung.

B., größter Staat Venezuelas, zw. dem Orinoko und der Grenze gegen Brasilien und Guyana. 238000 km², 668000 E (1981); Hauptstadt Ciudad Bolívar; im Bereich des stark bewaldeten Berglandes von Guayana. Die Wirtschaft wird durch den Bergbau (v. a. Eisenerze, außerdem Gold, Diamanten, Manganerze, Bauxite) bestimmt.

Bolívar, Cerro [span. 'sɛrrɔ βo'liβar], Bergmassiv im N des Berglandes von Guayana, bis 802 m hoch, mit der bedeutendsten Eisenerzlagerstätte Venezuelas (über 60% Fe-Gehalt; Tagebau).

Bolívar, Pico [span. 'piko βo'liβar], höchster Berg Venezuelas, in der Cordillera de Mérida, 5007 m hoch; vergletschert.

Bolivien

(amtl. Vollform: República de Bolivia), Republik in Südamerika, zw. 10° 20′ und 23° s. Br. sowie 69° und 58° w. L. **Staatsgebiet:** B. grenzt im N und O an Brasilien, im SO an Paraguay, im S an Argentinien, im SW an Chile, im NW an Peru. **Fläche:** 1098581 km². **Bevölkerung:** 6,3 Mill. E (1984), 5,7 E/km². **Hauptstadt:** Sucre (Regierungssitz: La Paz). **Verwaltungsgliederung:** 9 Dep. **Amtssprache:** Spanisch. **Staatsreligion:** röm.-kath. **Nationalfeiertag:** 6. Aug. (Unabhängigkeitstag). **Währung:** Peso Boliviano (Sb) = 100 Centavos. **Internat. Mitgliedschaften:** UN, OAS, ALALC, SELA, Andengruppe, GATT. **Zeitzone:** Atlantikzeit, d. i. MEZ −5 Std.

Landesnatur: B. zählt zu den Andenstaaten, obwohl ²/₃ seines Gebiets Tiefland sind im Einzugsgebiet des Amazonas und Paraná. Kernraum ist das über 3500 m ü. d. M. gelegene Hochland, das im W und O durch die Westbzw. Ostkordillere mit der Cordillera Real (Illampu 6550 m, Illimani 6882 m) begrenzt wird. Im Hochland liegt das Altiplano im W mit dem Titicaca- und dem Poopósee und das Ostbolivian. Bergland im OSO mit klimat. begünstigten Tälern.

Klima: Das Klima ist trop.; die Temperatur ist jedoch weniger von der Breitenlage als von der Höhe abhängig. Die Niederschläge nehmen von O nach W und von N nach S stark ab.

Vegetation: Der waldlose Altiplano und die angrenzenden Regionen der Kordilleren bis zu 4800 m Höhe sind von Büschelgräsern, Zwergsträuchern und Polsterpflanzen bestanden. Auf der O-Seite gehen die trop. Berg- und Nebelwälder der Täler in den immerfeuchten trop. Regenwald des nördl. Tieflands über; nach S schließen sich Feucht-, Trocken- und Dornstrauchsavanne an.

Bevölkerung: Etwa 65% der Bev. sind Indianer, 30% Mestizen (Cholos), 5% Weiße. ⁴/₅ wohnen im Hochland, der Rest v. a. am östl. Andenabfall; das Tiefland ist kaum besiedelt, hier leben überwiegend Indianer (27 Stämme). Die Indianer des Hochlands (Quechua im S, Aymará im N) sind noch großenteils ihrer traditionellen Lebens- und Wirtschaftsweise verhaftet. 33% der über 10jährigen sind Analphabeten; der Schulpflicht (6–14 Jahre) wird nur ungenügend nachgekommen. B. verfügt über acht staatl. und eine private (kath.) Univ. und eine TU. Die älteste Univ. (in Sucre) wurde 1624 gegründet.

Wirtschaft: 1952 wurde eine Agrarreform eingeleitet, durch die Großgrundbesitz - außer im östl. Tiefland - enteignet wurde; bäuerl. Genossenschaften werden gefördert; Ansiedlung von Hochlandindianern um Santa Cruz, am Oberlauf des Río Beni und im Gran Chaco. Die wichtigsten landw. Gebiete liegen um den Titicacasee und in den Talbecken des Ostbolivian. Berglands. Angebaut werden Kartoffeln, Mais, Bohnen, in günstigen Lagen auch Obst, Kakao, Kaffee, Bananen u. a. Auf dem Hochland werden Schafe, Rinder, Schweine, Lamas und Alpakas gehalten, im Tiefland v. a. Rinder. - B. ist der zweitwichtigste Produzent von Zinnerzen, die zu 70% von einer staatl. Gesellschaft abgebaut werden, z. T. in extrem ungünstiger Höhenlage; daneben Vorkommen von Eisenerzen, Gold, Silber, Wolfram, Blei, Antimon u. a. Erdöl und Erdgas werden im Tiefland gefördert; 1969 wurden die ausländ. Erdölgesellschaften verstaatlicht. Eine Erdölpipeline führt nach Chile, eine Erdgaspipeline nach Argentinien. Außer Anlagen zur Verhüttung der Erze und fünf Erdölraffinerien umfaßt die Ind. v. a. Nahrungsmittel-, Textil-, Holz-, Kunststoff-, Papier- und chem. Ind. sowie Kraftfahrzeugmontage. - Der Fremdenverkehr ist noch schwach entwickelt.

Außenhandel: Ausgeführt werden überwiegend Erze sowie Erdöl und Erdgas, eingeführt Weizenmehl, Speisefette, Eisen- und Stahlerzeugnisse, Maschinen, Kfz., Pharmazeutika u. a. Die wichtigsten Handelspartner sind die USA, Argentinien, Japan, Großbrit. und die BR Deutschland.

Verkehr: Eine Verbindung zw. dem östl. und dem westl. Eisenbahnabschnitt (zus. 3760 km lang) ist zur Zeit in Bau. Die Städte des Hochlands und die Erzminen sind durch die Eisenbahn mit den chilen. Häfen Arica und

Bolivien

Antofagasta verbunden. Eine Fähre über den Titicacasee vermittelt den Anschluß an das peruan. Netz; von Santa Cruz aus Verbindung mit dem argentin. Eisenbahnnetz. Die Länge des Straßennetzes beträgt 39 824 km, davon knapp $1/3$ mit fester Decke. Wichtigste Fernstraße ist die Carretera Panamericana. Binnenschiffahrt ist auf dem Titicacasee und einigen Tieflandflüssen möglich. Durch Vertrag hat B. auch Zugang zum Paraguay, außerdem verfügt das Land über eine Freizone im argentin. Binnenhafen Rosario am Paraná. Die staatl. Lloyd Aéreo Boliviano fliegt die südamerikan. Staaten, Panama und die USA an und bedient, neben privaten Unternehmen, den Inlanddienst. Internat. ⚓ in La Paz und Santa Cruz.

Geschichte: Die indian. Geschichte B. ist weitgehend mit der Perus verbunden. Eine Ausnahme bildet das östl. Tiefland, das Beziehungen zum südbrasilian. und amazon. Bereich hat. Kultureller Mittelpunkt von B. war das südl. Titicacabecken, in dem zw. 200 v. und 600 n. Chr. das stadtähnl. Kulturzentrum Tiahuanaco entstand, Zentrum eines auch große Teile des übrigen bolivian. Hochlandes und der pazif. Küste umfassenden Reiches; nach 800 n. Chr. in kleine Stammesgruppen und Föderationen zersplittert. Um 1460 unterwarf der Inka Pachacutic den das Titicacabecken beherrschenden Aymarástamm der Lupaca. Nach Niederschlagung eines Aufstandes der Colla und Lupaca um 1475 war das ganze bolivian. Hochland bis zur span. Eroberung Teil des Inkareiches. 1533 zogen die ersten Spanier auch zum Titicacasee. Während des größten Teiles der Kolonialzeit war das heutige (damals Oberperu gen.) B. eng mit Peru verbunden. Bei den Unabhängigkeitskämpfen zu Beginn des 19. Jh. erlangte die Prov. Oberperu als Bollwerk der span. Herrschaft eine eigenständige Bed. 1809 und 1823 versuchten patriot. Armeen Oberperu zu erobern. Erst 1824 konnte A. J. de Sucre y de Alcalá in B. einmarschieren. Unter seiner Führung erklärte Oberperu am 6. Aug. 1825 seine Unabhängigkeit. Sucre gab dem Land den Namen Bolivien nach S. Bolívar, der auch für wenige Monate der erste Präs. des Landes war. Ihm folgte der als Vizepräs. fungierende Sucre, der schon 1828 gestürzt wurde. Sein Nachfolger wurde nach den folgenden Wirren A. de Santa Cruz, der 1836 nach Eroberung von Peru die bolivian.-peruan. Union verkündete. Durch eine militär. Intervention erzwangen Chile und Argentinien 1839 die Auflösung der Union und die Absetzung von Santa Cruz. Verbündet mit Peru verlor B. im Pazif. Krieg gegen Chile (1879–83) das umstrittene Gebiet Atacama. Nach dem Krieg 1902/03 gegen Brasilien mußte B. das Acre-Gebiet im NO abtreten. Der Chacokrieg gegen Paraguay (1932–35) führte zum Verlust des größten Teiles des Gran Chaco im Frieden von 1938 an Para-

Bolivien. Übersichtskarte

guay. Die finanziellen Belastungen führten zu einem Zusammenbruch der bolivian. Wirtschaft und zur Errichtung der Militärdiktatur. 1952 übernahm die Nat. Revolutionsbewegung (Movimiento Nacionalista Revolucionario) unter Paz Estenssoro mit Hilfe der Minenarbeiter die Macht. Der neue Präs. verfügte die Nationalisierung der Zinnminen und leitete eine Bodenreform ein. Im Verlauf schwerer wirtsch. Krisen übernahm 1964 die Armee unter General Barrientos die Macht. Mit amerikan. Hilfe gelang die Unterdrückung eines Partisanenkrieges der von E. „Che" Guevara geführten Guerillagruppe. Die folgende Staats- und Reg.krise führte zur direkten Übernahme der Macht durch die Armee. Unter der seit Sept. 1969 von General A. Ovando Candia geführten Junta wurde ein außen- und wirtschaftspolit. links orientiertes Programm (Verstaatlichung amerikan. Erdöl- und Bergbaufirmen, Aufnahme diplomat. Beziehungen zur UdSSR) zu realisieren versucht. Die v. a. auch innerhalb der Armee starke Opposition der Konservativen führte 1970/71 zu mehreren Putschen, in deren Verlauf zunächst der linksorientierte General J. J. Torres am 7. Okt. 1970 die Macht übernahm. Er wurde am 23. Aug. 1971 von einer Junta rechtsorientierter Offiziere unter Oberst H. Banzer Suárez gestürzt. Bei den am 9. Juli 1978 durchgeführten Wahlen erreichte J. Pereda Asbun als Präsidentschaftskandidat die Mehrheit. Nachdem jedoch das Wahlergebnis wegen des Verdachts der Manipulation annulliert worden war, riß Pereda Asbun die Macht durch einen Militärputsch an sich. Banzer Suárez trat zwar zurück, doch wurde Pereda Asbun schon im Nov. 1978 wieder gestürzt. General D. Padilla Arancibia hatte die Macht an sich gerissen, aber gleichzeitig versprochen, im Sommer 1979 allg. Wahlen abhalten zu lassen, aus denen das Movimiento Nacionalista Revolucionario (MNR) von V. Paz Estenssoro als Sieger hervorging, dicht gefolgt von der Uniόn Demόcrata Popular (UDP) von H. Siles Zuazo. Der knappe Wahlausgang machte eine Präsidentschaftswahl mit der verfassungsmäßig vorgeschriebenen Mehrheit unmögl.; als Kompromiß wurde schließl. der bisherige Parlamentspräs. W. Guevara Arze (* 1911) zum Interimspräs. mit 1jähriger Amtsdauer bestimmt. Im Okt. 1979 wurde er durch einen Putsch von Oberst A. Natusch Busch gestürzt, der sich selbst zum Präs. ernannte. Die Putschisten stießen auf eine geschlossene Ablehnung durch alle zivilen Politiker und die Gewerkschaften. Es kam zu einem Generalstreik und blutigen Zusammenstößen. Nach nur 14tägiger Reg.zeit trat Natusch Busch freiwillig zurück. Zur Präsidentin für eine Übergangsperiode mit der Hauptaufgabe, 1980 erneut Wahlen abhalten zu lassen, wurde Lidia Gueiler Tejada (* 1926) gewählt. Es gelang ihr, bis dahin verschiedene Konflikte mit dem Militär zu überstehen. Aus der Wahl vom Juni 1980 ging die UDP mit deutl. Vorsprung vor der MNR als Sieger hervor. Am 17. Juli putschte erneut das Militär; eine Junta ernannte den Oberbefehlshaber des Heeres, General L. García Meza Tejada (* 1930) zum Staatschef, worauf es wieder zu einem Generalstreik kam. Durch einen erneuten Putsch (Aug. 1981) kam General C. Torrelio Villa (* 1933) an die Macht, der bereits im Juli 1982 durch General Guido Vildoso Calderόn ersetzt wurde. Im Sept. 1982 sah man sich angesichts landesweiter Generalstreiks zur Rückkehr zu gewählten Organen gezwungen; das 1980 gewählte Parlament wählte Hernán Siles Zuazo im Okt. 1982 zum Präs. Putschversuche rebell. Militärs (1984 und 1985) blieben erfolglos, lähmten aber, wie mehrere Generalstreiks, die wirtschaftl. Entwicklung. Die Präsidentschaft V. Paz Estenssoros von 1985 bis 1989 war durch weiteren wirtschaftl. Niedergang infolge des Verfalls des Zinnpreises und durch soziale Unruhen gekennzeichnet. Seit Aug. 1989 ist J. Paz Zamora Präsident.

Politisches System: Nach der 1964 anstelle der Verfassung von 1961 wieder in Kraft gesetzten Verfassung von 1947, die aber nur noch auf dem Papier gilt, ist B. eine Republik mit Präsidialsystem. *Staatsoberhaupt* ist der vom Volk auf 4 Jahre gewählte Präs. (seit Aug. 1989 J. Paz Zamora), der zugleich als Reg.chef oberster Inhaber der *Exekutive* ist und die übrigen Mgl. des Kabinetts ernennt und entläßt. Erreicht einer der Bewerber um das Präs.amt die absolute Mehrheit der Stimmen nicht, entscheidet das Parlament. Der Präs. ist nicht unmittelbar wiederwählbar. Oberstes Organ der *Legislative* ist das Zweikammerparlament, bestehend aus Senat (27 vom Volk nach Dep. für 4 Jahre gewählte Mgl.) und Abg.haus (130 vom Volk für 4 Jahre gewählte Abg.). Von den *Parteien* bzw. Parteigruppierungen sind die 3 wichtigsten die Mitte-Rechts-Partei Movimiento Nacionalista Revolucionario (MNR), die linksgerichtete Uniόn Democrática Popular (UDP) und die rechtsgerichtete Alianza Democrática Nacionalista (ADN). Bedeutendster Verband der *Gewerkschaften* ist der Central Obrero Boliviano (COB). *Verwaltungs*mäßig ist B. in 9 Dep. gegliedert, denen vom Präs. ernannte Präfekten vorstehen. Die Dep. sind weiter unterteilt in Prov., diese in Kantone. Das *Rechtswesen* ist am frz. Vorbild orientiert. Neben dem Obersten Gerichtshof bestehen Distrikts- sowie Provinz- und Gemeindegerichte. Die *Streitkräfte* umfassen rd. 27 600 Mann.

📖 *Möller, G./Möller, E.: B. Pforzheim ³1981.*

Boll, Gemeinde am NW-Abfall der Schwäb. Alb, Bad.-Württ., 425 m ü. d. M., 3 900 E. - Im Ortsteil **Bad Boll** (Schwefelquellen) Ev. Akad. - 1321 von den Hzg. von Teck an Württemberg verkauft. J. C. Blumhardt errichtete hier ein pietist. Erweckungszentrum.

Böll, Heinrich, * Köln 21. Dez. 1917, † Kreuzau (Kr. Düren) 16. Juli 1985, dt. Schriftsteller. - Setzte sich in seinen ersten Werken mit dem Krieg und dessen Auswirkungen auseinander; harte Anklagen, die, teils satir., das Grauen des Krieges und seiner Folgen, Erlebnisse von Heimkehrern, von vereinsamten Frauen, vaterlosen Kindern, Jugend- und Eheprobleme darstellen. In späteren Werken polemisiert er gegen die Restauration in der Nachkriegszeit, gegen die Sattheit und Lauheit all derer, die vergessen können und wollen. Krit. durchleuchtet er polit. und gesellschaftl. Gegebenheiten. Der Katholik B. wendet seine Kritik auch auf den kath. Klerus und die breite Masse der oft indifferenten kath. Gläubigen an. Bemerkenswert ist die Prägnanz, ja fast Überschärfe der Darstellung, sein Vermögen, die Gestalten seiner Werke in unerhörter Unmittelbarkeit lebendig werden zu lassen. Verfasser zahlr. Hörspiele; auch Übersetzer. B. ist engagiert in gesellschaftspolit. Fragen und setzt sich für polit. verfolgte Schriftsteller ein. 1970-72 Präs. des P.E.N.-Zentrums der BR Deutschland und 1971-74 Präs. des internat. PEN-Clubs. Er erhielt 1967 den Georg-Büchner-Preis und 1972 den Nobelpreis für Literatur.

Werke: Der Zug war pünktlich (E., 1949), Wanderer kommst du nach Spa... (En., 1950), Wo warst du, Adam? (R., 1951), Und sagte kein einziges Wort (R., 1953), Haus ohne Hüter (R., 1954), Das Brot der frühen Jahre (E., 1955), Irisches Tagebuch (1957), Doktor Murkes gesammeltes Schweigen (Satiren, 1958),

Billard um halbzehn (R., 1959), Ansichten eines Clowns (R., 1963), Entfernung von der Truppe (E., 1964), Ende einer Dienstfahrt (E., 1966), Gruppenbild mit Dame (R., 1971), Die verlorene Ehre der Katharina Blum (E., 1974), Einmischung erwünscht. Schriften zur Zeit 1973–1976 (1977), Du fährst zu oft nach Heidelberg (En., 1979), Fürsorgl. Belagerung (R., 1979), Frauen vor Flußlandschaft (1985).

Bolland, Gerardus, * Groningen 9. Juni 1854, † Leiden 11. Febr. 1922, niederl. Philosoph. - Seit 1896 Prof. in Leiden, zunächst Anhänger E. von Hartmanns (Philosophie des Unbewußten), dann Begründer, Hauptvertreter und Propagator des niederl. Neuhegelianismus.

Bollandisten, Mgl. des Jesuitenordens, die in Gemeinschaftsarbeit das Werk des Kirchenhistorikers Jean Bolland (* 1596, † 1665) fortführen, Sitz in Brüssel. Sie arbeiten weiter an den „Acta Sanctorum" (Quellensammlung zum Leben aller kath. Heiligen).

Böller, urspr. Bez. für Schleudermaschinen (1343 zuerst erwähnt), später für Feuerwaffen, mit denen Stein- und Eisenkugeln verschossen wurden; seit dem 19. Jh. für Geschütze kleineren Kalibers (zum Salut-, Signal- und Festschießen).

Bölling, Klaus, * Potsdam 29. Aug. 1928, dt. Journalist. - 1947–74 journalist. bei Presse und Rundfunk tätig, u. a. 1973/74 Intendant von Radio Bremen. 1974–80 als Staatssekretär Chef des Presse- und Informationsamtes der Bundesregierung und wie auch April–Okt. 1982 Regierungssprecher; Febr. 1981–April 1982 Leiter der Ständigen Vertretung der BR Deutschland bei der DDR.

Bollnow, Otto Friedrich [...no], * Stettin 14. März 1903, dt. Philosoph und Pädagoge. - Seit 1939 Prof. in Gießen, seit 1946 in Mainz, seit 1953 in Tübingen. Veröffentlichte Arbeiten zur philosoph. Anthropologie, Ethik und zur Pädagogik. - *Werke:* Existenzphilosophie (1943), Französ. Existentialismus (1965), Sprache und Erziehung (1966).

Bologna, Giovanni da [italien. bo'lɔnja], fläm.-italien. Bildhauer, †Giovanni da Bologna.

Bologna [italien. bo'lɔnja], Hauptstadt der norditalien. Region Emilia-Romagna und der Prov. B., am S-Rand der Poebene, 55 m ü. d. M., 442 000 E. Erzbischofssitz; älteste europ. Univ. (gegr. 1119); Kunstakad., Pinacoteca Nazionale, Bibliotheken; Nahrungs- und Genußmittelind., Maschinenbau, opt., feinmechan. und chem. Werke, Gerbereien und Schuhfabriken; Buch- und Handelsmessen. - Früh besiedelt (Villanovakultur); von Etruskern bewohnt (**Felsina**); im 4. Jh. v. Chr. von gall. Bojern erobert (**Bononia**); 189 v. Chr. röm. Kolonie; 89 v. Chr. Munizipium. Nach dem Untergang des Ostgotenreichs zum byzantin. Exarchat Ravenna, 727/728 von den Langobarden zerstört, dann in fränk. Abhängigkeit. Mgl. des Lombardenbundes (seit 1167), im Spät-MA freier Stadtstaat. 1512 endgültig an den Kirchenstaat. Seit 1796 zur Zisalpin. Republik, später zum Kgr. Italien. 1815–1860 wieder beim Kirchenstaat, dann zu Italien. Im 2. Weltkrieg stark zerstört. - *Bed.* Kirchen, u. a. Basilica di Santo Stefano (mehrere Kirchen: 5., 11. und 12. Jh.); Basilika San Petronio (nach 1390). Paläste aus dem 13.–18. Jh.

Bologneser [bolɔn'jeːzər; nach der Stadt Bologna], knapp 30 cm schulterhohe Zuchtvarietät des †Bichons; zierl., weißer Hund.

Bolometer [griech.], Gerät zur Messung der Energie elektromagnet. Strahlen, v. a. von Infrarotstrahlen. Seine Wirkungsweise beruht auf der Absorption der Strahlung in einer dünnen geschwärzten Platinfolie, deren Widerstandsänderung infolge der durch die Strahlungsabsorption auftretenden Erwärmung gemessen wird.

Bölsche, Wilhelm, * Köln 2. Jan. 1861, † Schreiberhau 31. Aug. 1939, dt. Schriftsteller. - Popularisierte die naturwiss. Kenntnisse, deren Einbeziehung er von der Literatur forderte. Er verfaßte Biographien Darwins (1898) und Haeckels (1900), pries die „natürl. Liebe" in seinem bekanntesten Werk, „Das Liebesleben in der Natur" (1900–03).

Bolschewiki [russ. „Mehrheitler"], Selbstbez. von Lenin und seinen Anhängern auf Grund einer Mehrheit (von 2 Stimmen), die ihre Fraktion 1903 bei einer Abstimmung der Sozialdemokrat. Arbeiterpartei Rußlands erreichte. 1918–52 Beiname der Kommunist. Partei Rußlands bzw. der Sowjetunion: KPR (B), seit 1925 KPdSU (B).

Bolschewismus [russ.], im eigentlichen Sprachgebrauch bis zu Stalins Tod (1953) übl., seither seltener benutzter Sammelname für Theorie und Praxis des Sowjetkommunismus (einschließl. Marxismus-Leninismus, Stalinismus) und der von ihm beeinflußten kommunist. Parteien und sonstigen Organisationen des Weltkommunismus.

Bolschoi-Ballett, das dem *Bolschoi-Theater* in Moskau angeschlossene Ballettensemble, eines der besten der Welt; Gastspielreisen seit Mitte der 50er Jahre auch in W-Europa und den USA.

Bolsena, italien. Stadt am B.see, Region Latium, 4 000 E. Ob B. auf das röm. **Volsinii novi** oder vielleicht auf das etrusk. **Volsinii veteres** zurückgeht, ist umstritten. Ausgrabungen bei B. brachten bis jetzt Reste u. a. eines Amphitheaters, eines Tempels, einer mehrere km langen Mauer und von Katakomben zutage. B. kam im 8. Jh. von den Langobarden an den Kirchenstaat, war 1186–1251 und wieder seit 1294 bei Orvieto. 1451 fiel B. endgültig an den Kirchenstaat. - In der Kirche Santa Cristina (11. Jh., mit Renaissancefassade, 1492–94) soll zur Zeit Urbans IV. das *„Wunder von B."* stattgefunden

Bolsenasee

haben: Ein an der Lehre der Transsubstantiation zweifelnder böhm. Priester soll durch eine blutende konsekrierte Hostie überzeugt worden sein.

Bolsenasee, in der Antike **Lacus Volsiniensis,** größter See des Vulkanhügellandes in Latium, Italien, nnw. von Viterbo, 305 m ü. d. M., 115 km², 14 km Durchmesser.

Bolson [span.], intramontanes (= im Gebirge eingesenktes) abflußloses Becken in ariden und semiariden Gebieten Amerikas.

Bolt, Robert Oxton [engl. boʊlt], * Sale bei Manchester 15. Aug. 1924, engl. Dramatiker. - Seine Schauspiele, Hör- und Fernsehspiele bestechen durch ihre starke sprachl. Wirkung; Verfasser von Filmdrehbüchern. *Werke:* Blühende Träume (Schsp., 1958), Thomas Morus (Schsp., 1960), Vivat! Vivat Regina! (Dr., 1970).

Bolton [engl. 'boʊltən], engl. Ind.stadt in der Metropolitan County Greater Manchester, 147 000 E. Theater, Museum, Kunstgalerie. - 1251 Marktrecht, Stadt seit 1888; Baumwollverarbeitung 1641 erstmals belegt.

Boltraffio, Giovanni Antonio, * Mailand 1467, † ebd. 1516, italien. Maler. - Schüler Leonardos, später Einfluß A. Solarios. Altarbilder und hervorragende Porträts.

Boltzmann, Ludwig, * Wien 20. Febr. 1844, † Duino bei Triest 5. Sept. 1906 (Selbstmord), östr. Physiker. - U. a. Prof. in Wien; bestätigte 1872, also 15 Jahre vor der Entdeckung der elektromagnet. Wellen durch H. Hertz, die umstrittene Maxwellsche Elektrodynamik, indem er den von Maxwell geforderten Zusammenhang zw. opt. Brechungsindex und Dielektrizitätskonstante bei Schwefel experimentell nachwies; einer der Begründer der kinet. Gastheorie, die auf der Anwendung statist. Gesetze auf molekulare Vorgänge beruht; er begründete 1884 das von seinem Lehrer J. Stefan auf empir. Weg gefundene Gesetz über die Gesamtstrahlung des schwarzen Körpers († Stefan-Boltzmannsches Gesetz).

Boltzmann-Konstante [nach L. Boltzmann], Formelzeichen k, in den Gesetzen der Wärmelehre auftretende physikal. Konstante: $k = 1{,}3806 \cdot 10^{-23}$ J/K. Die B.-K. ist der Quotient aus der allg. Gaskonstante und der Avogadro-Konstante. $\frac{3}{2} k$ ist ein Maß für denjenigen Energiebetrag, der, einem einzelnen Gasmolekül zugeführt, dessen mittlere kinet. Energie und damit dessen Temperatur um 1 Grad Kelvin erhöht.

Bolz, Eugen, * Rottenburg am Neckar 15. Dez. 1881, † Berlin 23. Jan. 1945, dt. Jurist und Politiker. - MdL in Württemberg und MdR 1912-33 (Zentrum); 1919-23 Justiz-, 1923-33 Innenmin., 1924 zeitweise auch Finanzmin. und 1928-33 gleichzeitig Staatspräs. von Württemberg; nach dem 20. Juli 1944 verhaftet und hingerichtet.

B., Lothar, * Gleiwitz 3. Sept. 1903, † Berlin (Ost) 29. Dez. 1986, dt. Jurist und Politiker. - Seit 1929 Mgl. der KPD; 1939-46 in der UdSSR; Mitbegr. des Nat.komitees Freies Deutschland; 1948-72 Vors. der Nat.demokrat. Partei Deutschlands, im ersten Kabinett der DDR 1949-53 Aufbaumin., 1950-67 stellv. Min.präs. und 1953-65 Außenmin. der DDR.

Bolzano, Bernard, * Prag 5. Okt. 1781, † ebd. 18. Dez. 1848, Philosoph, Mathematiker und Religionswissenschaftler. - 1805 Priester; Professor in Prag; Führer der sog. „Böhm. Aufklärung" (vernunftorientiertes Verständnis des Katholizismus, soziale Reformen). 1819 seines Amtes enthoben. B. leistete bed. Beiträge zur Mathematik, insbes. nahm er in „Paradoxien des Unendl." (1851) wesentl. Begriffe und Aussagen der Mengenlehre Cantors vorweg. Seine Wissenschaftslehre kann als Vorläufer der modernen Logik gelten, v. a. hinsichtl. des Folgerungsbegriffs. Seine Auffassung von Religion ist moralphilosoph. begründet. In der sozialist. orientierten Utopie „Von dem besten Staate" (1837) spricht sich B. für weitgehende Gleichheit aus und kritisiert das Eigentum, das nicht als angemessenes Arbeitsentgelt gebildet wird.

Bolzano † Bozen.

Bolzanoscher Satz [nach B. Bolzano] (Nullstellensatz), mathem. Lehrsatz: In einem abgeschlossenem Intervall nimmt eine stetige Funktion, deren Werte an den beiden Intervallgrenzen verschiedene Vorzeichen haben, mindestens einmal den Wert Null an.

Bolzen, Geschoß der Armbrust, Holzstab mit aufgesetzter Eisenspitze.
♦ † Bolzenverbindung.

Bolzenabschneider, zangenartiges Werkzeug mit langem Hebelarm zum Durchtrennen von Baustählen oder Stahlmatten.

Bolzenschußapparat, zum Betäuben von Schlachttieren verwendete Vorrichtung, mit der ein Stahlbolzen gegen die Stirn des Schlachttieres geschossen und die Schädeldecke zertrümmert wird.

Bolzenschußgerät (Dübelsetzer), pistolenähnl. Gerät zum Einschießen von Stahlbolzen in Mauerwerk, Beton.

Bolzenverbindung, lösbare, vorwiegend gelenkige Verbindung zw. Bauteilen, bei denen das verbindende Element ein kurzer, dicker Metallstift, der Bolzen ist (z. B. zur Lagerung von Scheiben, Rollen, Hebeln).

Boma, Stadt in Zaïre, am rechten Ufer des Kongo, 81 000 E. Kath. Bischofssitz; wichtiger Exporthafen; Endpunkt einer Stichbahn von Tshela. - Im 16. Jh. von Portugiesen gegr., 1884-1927 Hauptstadt von Belg. Kongo.

Bombage [bɔm'baːʒə; griech.-frz.], Auswölben der Böden oder Deckel von Konservenbehältern durch Gasentwicklung des Inhalts. Vom Verzehren des Inhalts bombierter Dosen ist grundsätzl. abzuraten.

Bombarde [griech.-frz.], spätma. kurzes

Belagerungsgeschütz mit großem Kaliber.
◆ (Bomhart) Bez. für ein Zungenregister der Orgel, meist im Pedal (16 und 32 Fuß).

Bombardement [bombardə'mã:; griech.-frz.], 1. anhaltender Beschuß mit meist großkalibrigen Sprengkörpern; 2. massierter Abwurf von Fliegerbomben auf ein begrenztes Terrain, nach den Haager Luftkriegsregeln von 1932 ledigl. auf militär. Anlagen, Einrichtungen und Verbindungslinien, wie Eisenbahnen, Straßen usw., gestattet.

Bombardierkäfer [griech.-frz./dt.] (Brachyninae), weltweit verbreitete Unterfam. der Laufkäfer mit 3, etwa 4–13 mm großen einheim. Arten, in trockenem Gras- und Kulturland. Die B. besitzen im Hinterleibsende 2 Drüsenkammern, aus denen in einer kleinen heißen Gaswolke das aus Hydrochinon und Wasserstoffperoxid (unter Beteiligung von Enzymen wird eine chem. Reaktion hervorgerufen) entstehende Chinon ausgestoßen wird, um Angreifer abzuwehren. - Die bekannteste, in M- und S-Deutschland heim. Art ist **Brachynus crepitans**, 7–10 mm groß; Kopf, Halsschild und Beine ziegelrot, Flügeldecken blaugrün.

Bombardon [griech.-frz.], Baßtuba mit 3 oder 4 Ventilen, meist in Es († Tuba).

Bombast [engl., eigtl. „Baumwollgewebe (zum Auswattieren)", danach Bez. für: Aufgebauschtes], Wortschwall, [Rede]schwulst; **bombastisch**, hochtrabend, schwülstig.

Bombax [mittellat.], svw. † Seidenwollbaum.

Bombay ['bɔmbe], bedeutendste Hafen- und zweitgrößte Stadt Indiens, auf B. Island vor der W-Küste Vorderindiens, dehnt sich als Greater B. über weitere Inseln bis an den Fuß der Westghats aus, 8,23 Mill. E. Hauptstadt des Bundesstaates Maharashtra; Univ. (gegr. 1857), Frauenuniv., verschiedene Hochschulen; Museen, zoolog. Garten. - Die wirtsch. Entwicklung wurde mit dem Eisenbahnbau 1853 und dem damit verbundenen Baumwollhandel eingeleitet, 1854 wurde die 1. Baumwollspinnerei eingerichtet; bis heute bildet die Textilind. der führende Wirtschaftszweig, daneben Kunstfaserind., Maschinenbau, Automobil-, Nahrungsmittel-, pharmazeut., chem. u. Konsumgüterind., Druckereien; Filmstudios. Der 9,5 m tiefe Hafen erstreckt sich auf der O-Seite von B. Island über 8 km² Fläche mit Docks und Werften; internat. ⚒ in Santa Cruz. - 1348 dem islam. Reich von Gujarat einverleibt; 1534 von Portugiesen besetzt. 1661 kam B. als Heiratsgut der portugies. Prinzessin Katharina, Gemahlin Karls II., an England, 1668 der brit. Ostind. Kompanie unterstellt, 1708–73 deren Hauptniederlassung. - Die City breitet sich um den histor. portugies. Siedlungskern. Nördl. der City das „ind." B., dessen Viertel nach Religions- und Sprachzugehörigkeit der Bev. unterteilt sind. Anschließend auf dem Malabar Hill ein elegantes Wohngebiet mit dem Gouverneurspalast, dem Tempel des Walkeswar (um 1000 v. Chr.) und den Fünf Türmen des Schweigens. Die Ind. liegt im N von B. Island und z. T. in Randlagen. Zahlr. Bauten im viktorian. und engl.-neugot. Stil; zahlr. Hindutempel.

Bombe [frz., zu griech. bómbos „dumpfes Geräusch"], im urspr. Sinne eine mit einer Sprengladung, bei Brand-B. mit einem Brandsatz gefüllte und mit einem Zünder versehene eiserne Hohlkugel, die aus Geschützrohren verfeuert oder auch geworfen wurde. In der Waffentechnik Bez. für einen mit Sprengstoff gefüllten tonnenförmigen Hohlkörper; solche B. werden als **Fliegerbomben** von Kriegsflugzeugen in bes. Einrichtungen transportiert und auf Boden- und Seeziele abgeworfen oder als **Wasserbomben** von Schiffen zur Bekämpfung von getauchten Unterseebooten verwendet. Ihre Hauptwirkung beruht auf der bei der Detonation des (durch Aufschlag- oder Zeitzünder gezündeten) Sprengstoffs entstehenden Druckwelle.
◆ vulkan. Auswurfsprodukt: Lavafetzen, die in verschiedenen Formen erstarrt sind.

Bombenflugzeug (Bomber), schweres Angriffsflugzeug, das Bombenlasten über größere Entfernungen transportieren kann und durch Bombenabwurfeinrichtungen zur Bekämpfung und Zerstörung von Bodenzielen (entweder durch Punktziel- oder durch Flächenbombardement) geeignet ist.

Bombenrohr (Einschmelzrohr), starkwandiges Rohr aus Spezialglas, in dem chem. Reaktionen bei hohen Temperaturen durchgeführt werden können.

Bomber, ugs. für † Bombenflugzeug.

Bomberg, Daniel [niederl. 'bɔmbɛrx], * Antwerpen nach 1483, † ebd. 21. Dez. 1553, fläm. Buchdrucker. - Betrieb seit 1516 in Venedig eine Druckerei, in der rund 200 hebr. Bücher druckte, darunter die erste hebr. Bibel mit vollständigem Text (1518, 1521, 1544).

Bombois, Camille [frz. bɔ'bwa], * Venarey-les-Laumes (Côte-d'Or) 3. Febr. 1883, † Paris 11. Juni 1970, frz. Laienmaler. - Malte reizvolle dörfl. und kleinstädt. Szenen sowie Athleten und Artisten.

Bombykol [griech.-arab.], Sexuallockstoff des weibl. Seidenspinners; wird vom ♂ noch in äußerst geringer Konzentration wahrgenommen. Die Strukturaufklärung und Synthese von B. gelang A. Butenandt.

Bomhart [frz.], (Pommer) um 1400 aus der Schalmei hervorgegangene Fam. von Blasinstrumenten mit doppeltem Rohrblatt und kon. Bohrung, in Alt-, Tenor- und Baßlage; im 17. Jh. von Oboe und Fagott abgelöst.
◆ Bez. für ein Zungenregister der Orgel († Bombarde).

Bon [bõ; frz.], Gutschein, Kassenzettel einer Registrierkasse.

Bon, die Urreligion Tibets, durch mag. und

dämon. Züge gekennzeichnet. Himmel, Luftraum und Erde gelten als Aufenthaltsorte unzähliger Götter und Geister. In außerird. Bereiche versetzen sich die B.-Priester auf einem Seelenflug, den sie durch ekstat. Tänze oder Narkotika vorbereiten.

Bonaberi ↑Duala.

Bona Dea [lat. „gute Göttin"], röm. Segens- und Heilgöttin.

bona fide [lat.], in gutem Glauben (Rechtsgrundsatz).

Bonaire [niederl. bo:'nɛ:r], niederl. Insel der Kleinen Antillen, 281 km², bis 240 m ü. d. M., Hauptort Kralendijk. - 1499 von A. Vespucci entdeckt.

Bonampak [zu Maya bonam „gefärbt" und pak „Wand"], Ruinenstätte der Maya im mex. Staat Chiapas, nahe der Grenze gegen Guatemala, auf einer schmalen Anhöhe in einem Flußtal. Zentrum der Anlage ist ein von Terrassen eingeschlossener rechteckiger Platz am südl. Ende. Eine weit ausladende Treppe führt zu einem Gebäude, dessen 3 nicht miteinander verbundene Räume vollkommen ausgemalt sind (um 800 n. Chr.).

Bonanus von Pisa, italien. Bildhauer und Bronzegießer der 2. Hälfte des 12. Jh. - Außer der signierten Bronzetür am Dom von Monreale (1185) wird ihm die Bronzetür am Ostportal des südl. Querschiffs des Doms von Pisa (um 1150) zugeschrieben. Neben byzantin. sind deutl. Anregungen von antiken und einheim., roman. Werken zu erkennen.

Bonanza, Bergbauort in NO-Nicaragua, bedeutendste Goldmine des Landes; nur mit dem Flugzeug erreichbar.

Bonaparte [bona'parte, ...tə; frz. bɔnapart], urspr. Buonaparte, kors. Familie italien. Herkunft; kam 1529 von Sarzana nach Ajaccio; Napoléon B. und seine vier Brüder begr. die Dyn. Bonaparte; bed.:
B., Charles Louis Napoléon ↑Napoleon III., Kaiser der Franzosen.
B., Charles Marie (Carlo Buonaparte), * Ajaccio 29. März 1746, † Montpellier 24. Febr. 1785, kors. Jurist. - Vater Napoleons I.; 1773 königl. Rat.
B., Jérôme ↑Jérôme, König von Westfalen.
B., Joseph ↑Joseph, König von Spanien.
B., Letizia (Laeticia), geb. Ramolino, * Ajaccio 24. Aug. 1750, † Rom 2. Febr. 1836, Mutter Napoleons I. - Heiratete 1764 Charles Marie B.; erhielt 1804 den Titel Kaiserl. Hoheit verliehen; bekannt als „Madame Mère"; lebte seit 1815 in Rom.
B., Louis ↑Ludwig, König von Holland.
B., Lucien, Prinz, * Ajaccio 21. Mai 1775, † Viterbo 29. Juni 1840, Fürst von Canino und Musignano (seit 1807). - Bruder Napoleons I.; als Präs. des Rates der Fünfhundert führend am Staatsstreich des 18. Brumaire beteiligt; demokrat. gesinnt, widersetzte sich erfolglos den monarch. Ambitionen seines Bruders.
B., Maria Anna, gen. Elisa ↑Bacciocchi, Maria Anna.
B., Marie-Annonciade, gen. Karoline ↑Murat, Joachim.
B., Napoléon ↑Napoleon I., Kaiser der Franzosen.
B., Napoléon François ↑Reichstadt, Napoleon Herzog von.
B., Napoléon Joseph Charles (Jérôme), gen. Plon-Plon, Prinz, * Triest 9. Okt. 1822, † Rom 18. März 1891, frz. General und Politiker. - Sohn von Jérôme B.; nahm als Divisionsgeneral am Krimkrieg teil; in der 2. Republik Abg. der extremen Linken; später Senator und Min. für Algerien und die Kolonien.

Bonapartismus, nach Napoleon I. und v. a. nach Napoleon III. ben. autoritäre Herrschaftstechnik, als Negation von Ancien régime und bürgerl. Parlamentarismus in der Übergangsphase zur bürgerl.-industriewirtsch. Gesellschaft ausgebildet; Voraussetzung war ein ungefähres Machtgleichgewicht zw. agrar.-konservativen und städt.-liberalen Bev.gruppen, das zunehmend durch das Aufkommen einer beide Sozialgruppen bedrohenden Industriearbeiterschaft gefährdet wurde. Diese Situation förderte das Einverständnis mit einer von der Bürokratie getragenen und vom Heer gedeckten teilweisen Modernisierung von Staat, Gesellschaft und Wirtschaft; sie sicherte dem Bürgertum die Freisetzung der Wirtschaftskräfte wie den Ausbau des Rechtsstaats, enthielt ihm aber die eigtl. Macht im Staate vor, die in der Hand des bonapartist. Staatsmannes konzentriert blieb. Elemente des B. finden sich in den autoritären und faschist. Regimen des 20. Jh. wieder.

Bonapartisten, Anhänger und Verfechter der Verfassungs- und Regierungssysteme Napoleons I. und Napoleons III. bzw. der Thronansprüche der Familie Bonaparte; am Aufstieg Napoleons III. wesentl. beteiligt.

Bonar Law [engl. 'boʊnə 'lɔː], brit. Politiker, ↑Law, Andrew Bonar.

Bonaventura, aus lat. Bestandteilen gebildeter männl. Vorname, eigtl. „gute Zukunft".

Bonaventura, hl., vorher Johannes Fidanza, * Bagnorea (= Bagnoregio, Prov. Viterbo) um 1221 (1217/18 ?), † Lyon 15. Juli 1274, italien. Theologe, Philosoph und Mystiker. - Seit 1243 Franziskaner, seit 1257 Generalminister des Ordens. 1273 Kardinalbischof von Albano. - Neuplatoniker und Augustinist, setzte sich aber auch mit Aristoteles auseinander. B. Hauptwerk ist der „Sentenzenkommentar" (1248 begonnen). Nach B. steht der menschl. Intellekt mit den ewigen Wahrheiten in Berührung. Theolog. Hauptwerke: „Quaestiones disputatae", „De reductione artium ad theologiam" (seine Einleitung des MA in die Theologie), „Collationes in Hexaëmeron" (über die Schöpfung [1273]; nur in

Bonifacio

Nachschriften erhalten), „Itinerarium mentis in Deum" (1259). Dieses Werk schildert den Aufstieg der Seele zu Gott in sechs Stufen, die sechs Seelenkräften entsprechen. B. wirkte weit bis in die Neuzeit durch seine myst. Schriften, bes. auf Seuse, Gerson und Franz von Sales. - 1482 heiliggesprochen, 1588 als „Doctor seraphicus" zum Kirchenlehrer erklärt. - Fest 15. Juli.

B., Pseud. für den Verfasser des romant. Romans „Die Nachtwachen des B." (1804), möglicherweise F. G. Wetzel.

Bonbonniere [bõbɔni'ɛːrə; frz.], luxuriös ausgestattete Pralinenpackung.

Bonbons [bõˈbõːs; zu frz. bon „gut"], Zuckerwaren, die durch Einkochen von Zuckerlösung mit Stärkesirup (Glucose- bzw. Bonbonsirup) oder Invertzucker sowie geruch- und geschmackgebenden Zusätzen (z. B. Zitronen-, Wein- und Milchsäure, Essenzen, Frucht- oder Pflanzensäfte, Honig, Malzextrakt, Milchbestandteile) und gesetzl. zugelassenen Farbstoffen hergestellt werden. Stärkesirup verhindert das Auskristallisieren des Zuckers und mildert dessen süßen Geschmack. **Hartbonbons** *(Drops, Rocks)* sind B. mit niedrigem Wassergehalt (1–3 %) und glasartigem Gefüge mit hartem und splittrigem Bruch. **Weichbonbons** *(Toffees)* enthalten außerdem immer Fett und häufig gezuckerte Kondensmilch. Weitere mögl. Zusätze sind Gelatine, Emulgatoren, Sorbit, Fruchtbestandteile, äther. Öle, Essenzen, Eiweißschaum, Mandeln, Nüsse, Kakaopulver, Kaffee. Infolge des höheren Wassergehaltes (4–8 %) ist die Konsistenz der Weich-B. zähplastisch.

Bond, Edward, * London 18. Juli 1934, engl. Dramatiker. - Seine Werke zielen auf Änderung der vorhandenen Gesellschaftsstruktur ab, z. T. unter Anwendung von Schocktherapien; u. a. „Gerettet" (Dr., 1967), „Die Hochzeit des Papstes" (Dr., 1971), „Lear" (Dr., 1971), „Die See" (Dr., 1973), „Der Irre" (Dr., 1973); Drehbücher (u. a. zu dem Film „Blow up", 1965).

B., James ↑James Bond.

Bond [engl.], festverzinsl., auf den Inhaber lautendes Wertpapier in Großbrit. und in den USA.

Bondartschuk, Sergei Fjodorowitsch, * Belosjorka (Gebiet Odessa) 25. Sept. 1920, sowjet. Filmschauspieler und -regisseur. - Zahlr. Filmrollen, im Westen bes. bekannt durch die Titelrolle in „Othello" (1956); errang als Regisseur Welterfolg mit „Ein Menschenschicksal" (1959) und „Krieg und Frieden" (1965/66).

Bondone, italien. Maler und Baumeister, ↑Giotto.

Bondy, Curt [...di], * Hamburg 3. April 1894, † ebd. 17. Jan. 1972, dt. Psychologe und Sozialpädagoge. - Prof. in Göttingen; emigrierte 1939 in die USA; seit 1950 Prof. in Hamburg; Reformer auf dem Gebiet des Jugendstrafrechts und -strafvollzuges.

Bône [frz. boːn] ↑Annaba.

Bone, Golf von, Bucht der Floressee an der S-Küste von Celebes, Indonesien.

Bonellia [nach dem italien. Naturforscher F. A. Bonelli, * 1784, † 1830], Gatt. der Igelwürmer; ♀♀ mit eiförmigem, bis etwa 15 cm langem Körper und rüsselartigem, sehr langem (ausgestreckt bis 150 cm), vorn gegabeltem, Kopflappen; ♂♂ langgestrecktoval, 1–3 mm lang. Bekannteste Art ist **Bonellia viridis** im Mittelmeer, in der Nordsee, an den europ. Atlantikküsten sowie an den Küsten des Pazif. und Ind. Ozeans: lebhaft blaugrün; lebt versteckt in Spalten und Löchern am Meeresboden.

Bongo [amerikan.-span.], lateinamerikan. einfellige Trommel, die paarweise verwendet wird. Die fest aneinandermontierten B. werden meist zw. den Knien gehalten und mit den Fingern gespielt. Seit den 1930er Jahren im Jazzorchester beliebt.

Bongosiholz ↑Hölzer (Übersicht).

Bongs, Rolf, * Düsseldorf 5. Juni 1907, † ebd. 20. Nov. 1981, dt. Schriftsteller. - Vom Kriegserlebnis geprägter Lyriker, Erzähler und Dramatiker; zeitnahe und zeitkrit. Stoffe, u. a. „Das Londoner Manuskript" (R., 1969), „Oberwelt = Overworld" (Ged., 1977).

Bonheur [bɔˈnœːr; frz. bɔˈnœːr], Glück, Zufall.

Bonhoeffer, Dietrich, * Breslau 4. Febr. 1906, † KZ Flossenbürg 9. April 1945, dt. ev. Theologe. - Sohn von Karl B. Seit 1931 Studentenpfarrer und Privatdozent in Berlin; 1933 Auslandspfarrer in London, 1934 beratendes Mgl. des Ökumen. Rates und 1935 Leiter des (illegalen) Predigerseminars der Bekennenden Kirche in Finkenwalde. Rede- und Schreibverbot seit 1941; schloß sich der polit. Widerstandsbewegung um Canaris. Am 5. März 1943 verhaftet, in den letzten Kriegstagen gehängt. B. fortwirkende theolog. Bed. liegt in seinem entschlossenen Versuch einer nichtreligiösen Interpretation bibl. Begriffe und der Betonung der Diesseitigkeit des Christentums in einer „mündig" gewordenen Welt. - *Werke:* Nachfolge (1937, ⁹1967), Ethik (hg. 1949, ⁷1966), Widerstand und Ergebung (hg. 1951, ¹³1966).

B., Karl, * Neresheim 31. März 1868, †Berlin 4. Dez. 1948, dt. Psychiater. - Vater von Dietrich B.; Prof. u. a. in Heidelberg und Berlin; beschrieb eine Form der symptomat. Psychose infolge von Infektionen oder Vergiftungen. Der Verlust des normalen Muskeltonus bei Chorea (Veitstanz) wurde nach ihm benannt (**Bonhoeffer-Zeichen**).

Bonhomie [bɔnoˈmiː; frz.], Gutmütigkeit, Einfalt, Biederkeit; **Bonhomme**, gutmütiger, einfältiger Mensch.

Bonifacio [frz. bɔnifaˈsjo], Stadt an der S-Küste Korsikas, 2 700 E. Hafen; Fremden-

333

Bonifacio, Straße von

verkehr. - Altstadt mit engen Gassen, Zitadelle (15.–18. Jh.).

Bonifacio, Straße von [frz. bɔnifa'sjo], Meeresstraße zw. Korsika und Sardinien, etwa 15 km breit.

Bonifatius (Bonifaz), männl. Vorname lat. Ursprungs, eigtl. „der gutes Geschick Verheißende".

Bonifatius, hl., eigtl. Winfrid, * im Königreich Wessex 672/673 † bei Dokkum (Friesland) 5. Juni 754, bed. Vertreter der angelsächs. Mission (gen. „Apostel der Deutschen"). - 719 von Papst Gregor II. mit der Germanenmission beauftragt. Wirkte zunächst in Thüringen und Friesland, seit 721 auch in Hessen (Gründung der Klöster Amöneburg und Fritzlar). 722 in Rom zum Bischof geweiht, 723 Fortsetzung der Missionstätigkeit in Hessen (Fällung der Donareiche, vermutl. in Geismar bei Fritzlar). Seit 725 kam es auch in Thüringen mit Hilfe angelsächs. Missionare zu Klostergründungen. B. war bestrebt, die fränk. Kirche neu zu organisieren. 732 Ernennung zum Erzbischof in Rom. 737/738 gründete er in Bayern die Bistümer Passau, Regensburg und Freising (745 auch Eichstätt) und organisierte Salzburg neu. Unter Karlmann (seit 741) war auch die Gründung der Bistümer Würzburg, Büraburg und Erfurt möglich. Wohl 746 übernahm er das Bistum Mainz. Starb als Märtyrer in der Friesenmission. - Fest: 5. Juni.

📖 *Lortz, J.: B. u. die Grundlegung des Abendlandes.* Wsb. 1954. - *Schieffer, T.: Winfrid-B. u. die christl. Grundlegung Europas.* Freib. 1954 (Nachdr. 1980).

Bonifatius, Name von Päpsten:

B. VIII., * Anagni um 1235, † Rom 11. Okt. 1303, vorher Benedetto Caetani, Papst (seit 24. Dez. 1294). - In Neapel einstimmig vom Nachfolger Cölestins V. gewählt. Durch sofortige Übersiedlung nach Rom beendete er die Abhängigkeit von Neapel. Seine durchweg von Mißerfolgen begleitete Politik wurzelte in der Auffassung von der Überordnung des Papsttums über alle Institutionen der Welt. B. führte das erste „Hl. Jahr" (1300) ein.

B. IX., * Neapel um 1350, † Rom 1. Okt. 1404, vorher Pietro Tomacelli, Papst (seit 2. Nov. 1389). - Im Abendländ. Schisma gewählt als Nachfolger Urbans VI., gelang ihm die Durchsetzung und Sicherung seiner Herrschaft in Rom und im Kirchenstaat. Zu ihm hielten u. a. England und Deutschland. Alle Vorschläge Benedikts XIII. zur Beendigung der Spaltung lehnte er ab.

Bonifatius II., * um 1155, ⚔ Mosynopolis (Makedonien) 1207, Markgraf von Montferrat, König von Thessalonike. - Als Führer des 4. Kreuzzugs (1202–04) maßgebl. an der Eroberung Konstantinopels (1204) beteiligt; gründete in Makedonien und Thessalien das Kgr. Thessalonike (bis 1224); fiel im Kampf gegen die Bulgaren.

Bonifatiuspfennige, svw. † Trochiten.

Bonifatiuswerk der deutschen Katholiken (bis 1967: Bonifatiusverein für das kath. Deutschland), 1849 in Regensburg gegr. Vereinigung zur Förderung der Diasporaseelsorge in Deutschland; Sitz: Paderborn.

Bonifaz, männl. Vorname, † Bonifatius.

Bonifikation [lat.], Gewährung eines Preisnachlasses.

Bonin, hinterpommer. Adelsgeschlecht, urkundl. erstmals 1294 erwähnt, teilte sich seit dem 14. Jh. in mehrere Linien; zahlr. Mgl. der Familie waren in Verwaltung und Militärdienst in Preußen tätig.

Bonininseln [engl. 'boʊnɪn, 'boʊniːn], jap. Inselgruppe im westl. Pazifik, 900 km ssö. von Tokio, trop. Klima. - Seit 1593 bekannt, erst 1830 besiedelt, seit 1876 jap. Nach dem 2. Weltkrieg bis Mitte 1968 unter amerikan. Verwaltung.

bonis auspiciis [...tsi-ɪs; lat.], unter guten Vorzeichen.

bonis avibus [lat.], unter guten Vorzeichen (eigtl. unter guten Vögeln).

Bonität [lat.], Bez. für den makellosen Ruf einer Person oder eines Unternehmens im Hinblick auf die Zahlungsfähigkeit und Zahlungswilligkeit.

Bonitierung [lat.], nach verbindl. vereinbarten Bewertungsmaßstäben durchgeführte Güteurteilung von Böden, Pflanzen, Zuchttieren, Wolle (z. B. für An- und Verkäufe).

Bonito [span.] (Echter B., Katsuwonus pelamis) etwa 70 bis 100 cm lange Makrelenart in allen warmen und gemäßigten Meeren; Rücken metall. blau, über der Brustflosse großer längsovaler, grünl. Fleck, Seiten und Bauch weißl. mit 4–7 dunklen Längsstreifen; wirtsch. wichtiger Speisefisch; kommt als Thunfisch in den Handel.

◆ (Unechter B., *Auxis thazard*) bis etwa 60 cm lange Makrelenart in warmen und gemäßigten Meeren; Oberseite metall. blau bis blaugrün, Seiten und Bauch heller; Fleisch dunkel gefärbt; Speisefisch.

Bonmot [bõ'mo:; frz., eigtl. „gutes Wort"], treffende, geistreiche Bemerkung.

Bonn, Hauptstadt der BR Deutschland im S der Kölner Bucht, am Rhein, NRW, 50–165 m ü. d. M., 291 000 E. Sitz des Bundespräsidenten, des Bundestages, der Bundesregierung, der Bundesministerien, zahlr. Bundesbehörden, der diplomat. Vertretungen; zahlr. wiss. Forschungsinst., wiss. Gesellschaften, Sitz zahlr. Stiftungen, Organisationen und Verbände; Univ. (gegr. 1818), Max-Planck-Inst. für Radioastronomie, Verwaltungs- und Wirtschaftsakad., Landesvermessungsamt NRW; Sternwarte; Rhein. Landesmuseum, Museum Alexander Koenig, Beethovenhaus, zahlr. Kunstsammlungen; Theater, Orchester; Bibliotheken. Bis ins 20. Jh. wurde die industrielle Entwicklung durch Standortbestimmungen eingeschränkt. Ind.

u. a. in Beuel, B.-Oberkassel und B.-Duisdorf. Tagungs- und Kongreßstadt (Beethovenhalle), in B.-Bad Godesberg Kurbetrieb (Säuerling für Trink- und Badekuren).
Geschichte: Röm. Legionslager **Castra Bonnensia** bzw. **Bonna** um 50 n. Chr. bei einem Fähr- und Fischerdorf. Keimzelle der Siedlung war eine römerzeitl. Märtyrerkapelle (den hl. Cassius und Florentinus geweiht) außerhalb des Lagers (**Villa Basilica**). Das Legionslager wurde nach der fränk. Eroberung (um 400) befestigte Siedlung, verödete nach dem Normannensturm von 881. Im 12. Jh. im Besitz der Erzbischöfe von Köln. Die bürgerl. Marktsiedlung wurde 1244 bestätigt, 1286 Ratsverfassung. 1254 Teilnahme am Rhein. Städtebund. Ab 1525 Verwaltungszentrum und Residenz des Kölner Kurfürstentums, ab 1658 zur Festung ausgebaut, 1689 zerstört; im 18. Jh. Blüte als kurfürstl. Residenz. Seit 1949 (vorläufige) Hauptstadt.
Bauten: Spätroman. Münster (11. Jh. ff.), got. Minoritenkirche (1274–1317), Jesuitenkirche (nach 1688–1717); kurfürstl. Residenz (1697–1702; Vierflügelanlage; heute Univ.), Poppelsdorfer Schloß (1715–30), Rathaus (1737/38). Moderne Bauten sind u. a. das Bundeshaus (1930–33 als PH erbaut, 1949 erweitert), Beethovenhalle (1956–59), Stadttheater (1962–65), Abg.hochhaus (1972), Stadthaus (1977). B.-Bad Godesberg die Redoute (um 1790–um 1820; heute für Empfänge der B.regierung genutzt).
📖 *Höroldt, D.: B. - ehemals, gestern u. heute. Stg. 1983. - Höroldt, D./Ennen, E.: Kleine Gesch. der Stadt B. Bonn ³1976.*

Bonnard, Pierre [frz. bɔ'naːr], * Fontenay-aux - Roses 13. Okt. 1867, † Le Cannet (bei Cannes) 23. Jan. 1947, frz. Maler. - Sein Ruhm beruht v. a. auf seinen stillen Interieurs (Frühstückstische, [seine] Frau beim Bad u. a. Motive), daneben malte B. auch Straßenszenen, Stilleben und Landschaften. Seine kompliziert aufgebauten Bilder fangen seit etwa 1900 in heller Palette das Spiel von Farben, Luft und Licht ein und sind in warmen Farben gehalten. Die Malweise ist impressionist., aber die Räume sind komponiert, keine impressionist.-zufälligen Ausschnitte. B. illustrierte auch (u. a. Verlaine) und gewann beträchtl. Einfluß auf die Buchkunst. Auch Lithographien, Plakatentwürfe, Bühnenbilder.

Bonner Durchmusterung, Abk. BD; von F. W. A. Argelander an der Bonner Univ.-sternwarte erstellter Durchmusterungskatalog mit Kartenwerk, der genäherte Örter von 324 198 Sternen zw. dem Nordpol und $-2°$ Deklination enthält, darunter sämtl. Sterne bis zur 9. Größe und viele der 10. Größe. - Die von E. Schönfeld geschaffene Erweiterung bis $-23°$ Deklination enthält weitere 133 659 Sternpositionen; sie wird *Südl. B. D.* genannt. Gebräuchl. ist die Bez. von einzelnen Sternen durch die Angabe ihrer Katalognummer unter Voranstellung des Katalogkennzeichens.
Bonner Konvention ↑ Deutschlandvertrag.

Bonnet [frz. bɔ'nɛ], Charles, * Genf 13. März 1720, † Landgut Genthod bei Genf 20. Mai 1793, schweizer. Naturforscher und Philosoph. - Arbeitete über die parthenogenet. Fortpflanzung der Insekten, entdeckte den Generationswechsel bei Blattläusen; botan. Studien bes. zur Ernährung der Pflanzen.
B., Christian, * Paris 14. Juni 1921, frz. Politiker. - Jurist; ab 1956 Mgl. der Nat.versammlung (MRP, ab 1967 FNRI); 1971/72 Präs. des Rechnungshofes; 1974–77 Landwirtschafts-, 1977–81 Innenminister.

Bonneville, Lake [engl. 'lɛɪk 'bɒnɪvɪl] ↑ Great Salt Lake.

Bonniers Förlag AB ↑ Verlage (Übersicht).

Bonobo [afrikan.] (Zwergschimpanse, *Pan paniscus*), Menschenaffenart in den zentralafrik. Regenwaldgebieten südl. des Kongo; wesentl. kleiner, schlanker und zierlicher als der Schimpanse; braunschwarzes Haarkleid, bes. bei ♂♂ auffallend stark entwickelter Backenbart; Gesicht und Ohren stets dunkel, Lippen lebhaft fleischfarben.

Bonomi, Ivanoe, * Mantua 18. Okt. 1873,

Der heilige Bonifatius spendet die Taufe (oben) und erleidet das Martyrium (unten). Miniatur (9. Jh.). Bamberg, Staatliche Bibliothek

† Rom 20. April 1951, italien. Politiker. - Einer der Führer und Haupttheoretiker des reformist. Flügels der Sozialist. Partei Italiens. 1912 ausgeschlossen; Interventist; 1916/17 Min. für öff. Arbeiten, 1920/21 Kriegsmin.; 1921/22 Min.präs.; ab Ende 1942 Kontakt zu Kreisen des antifaschist. Widerstandes; nach Mussolinis Sturz 1943 Präs. des Nat. Befreiungskomitees, 1944/45 Min.präs. einer provisor. Regierung; ab 1948 Senatspräs.

Bononcini [italien. bonon'tʃi:ni] (Buononcini), italien. Musikerfamilie. Bed.:

B., Antonio Maria, * Modena 18. Juni 1677, † ebd. 8. Juli 1726, italien. Komponist. - Sohn von Giovanni Maria B.; komponierte etwa 20 Opern, 3 Oratorien, Kantaten, eine Messe, ein Stabat mater.

B., Giovanni Battista, * Modena 18. Juli 1670, † Wien 9. Juli 1747, italien. Komponist. - Sohn von Giovanni Maria B.; Kirchenkapellmeister in Bologna, Hofkomponist in Wien, kurze Zeit am Hof der Königin Sophie Charlotte in Berlin; ging 1720 als Opernkomponist nach London (mit Händel rivalisierend), später in Paris, Lissabon und Wien. Er komponierte etwa 30 Opern, Oratorien, ein Te Deum, Kantaten und Instrumentalmusik.

B., Giovanni Maria, ≈ Montecorone bei Modena 23. Sept. 1642, † Modena 19. Okt. 1678, italien. Komponist. - Vater von Antonio Maria und Giovanni Battista B., seit 1674 Domkapellmeister; komponierte Madrigale und Kantaten.

Bononia, antike Stadt, ↑Bologna.

Bonsai [jap.], Bez. für jap. Zwergbäume (Höhe rd. 15-80 cm); werden aus Samen, Stecklingen oder Pfropfreisern durch bes. Behandlung (Beschneiden der Zweige und Wurzeln) gezogen.

Bonsels, Waldemar, * Ahrensburg 21. Febr. 1880, † Holzhausen am Starnberger See 31. Juli 1952, dt. Schriftsteller. - Stellte in der Neuromantik nahestehenden Erzählungen und Romanen die Natur myth.-beseelt dar; bes. Erfolg hatten sein märchenhaft-kindertüml. Roman „Die Biene Maja und ihre Abenteuer" (1912) und das Buch „Indienfahrt" (1916).

Bonus [lat.-engl.], 1. *Sondervergütung*, insbes. bei Kapitalgesellschaften nach einem günstigen Geschäftsjahr anstelle oder zus. mit einer Dividendenerhöhung; 2. *Mengen-* oder *Treuerabatt* des Lieferanten an die Abnehmer; 3. *Schadensfreiheitsrabatt*, der bei der Kfz-Haftpflichtversicherung gewährt wird.

Bonvin, Roger [frz. bõ'vɛ̃], * Icogne (Kt. Wallis) 12. Sept. 1907, † Sitten 5. Juni 1982, schweizer. Politiker. - Seit 1955 Nationalrat (Konservative Volkspartei); 1962-73 Bundesrat (u. a. Departement Verkehr und Energiewirtsch.), 1967 und 1973 Bundespräs.

Bonvivant [bõvi:vã:; frz.], Lebemann (in Frankr. nicht gebräuchl.); im Theaterwesen Rollenfach (eleganter Gesellschaftsheld).

Bonze [frz.; zu jap. bōzu „Priester"], in der Aufklärungszeit Spottbez. für: Geistlicher, heute auch für den Vorgesetzten, v. a. jedoch verächtl. für: Funktionär, Parteigröße. ◆ buddhist. Mönch, Priester.

Boogie-Woogie ['bʊgi'vʊgi; amerikan.], urspr. im Jazz Art der Klavierbegleitung beim Blues, dann Bez. für den durch den Pianisten interpretierten Blues, mit rollenden, ständig wiederholten Baßfiguren. Zu dieser Musik entwickelten sich verschiedene moderne Gesellschaftstänze.

Book of Common Prayer [engl. 'bʊk əv 'kɔmən 'prɛə] ↑Common Prayer Book.

Boole, George [engl. bu:l], * Lincoln 2. Nov. 1815, † Ballintemple bei Cork (Irland) 8. Dez. 1864, engl. Mathematiker und Logiker. - Erkannte die Unabhängigkeit jedes mathemat. Formalismus von der speziellen inhaltl. Deutung sowie von der prakt. Anwendung und wandte diese Erkenntnis auf die im [mathemat.] Denken verwendeten log. Gesetze selbst an; entwickelte als erster einen brauchbaren Logikkalkül, indem er log. Begriffe und ihre Verknüpfungen durch mathemat. Symbole und Zeichen ausdrückte und die Gesetze der Algebra anwandte; begr. so die Algebra der Logik und damit die formale Logik überhaupt.

Boolescher Verband (Boolesche Algebra) [engl. bu:l; nach G. Boole], ein distributiver komplementärer ↑Verband; irgendwelche Objekte $a, b, c, \ldots$ bilden einen B. V., wenn sie außer den Bedingungen für einen Verband mit Einselement 1 und Nullelement 0 die beiden Distributivbedingungen

$$a \cap (b \cup c) = (a \cap b) \cup (a \cap c),$$
$$a \cup (b \cap c) = (a \cup b) \cap (a \cup c)$$

erfüllen und zu jedem von ihnen ein komplementäres Objekt $(a', b', c', \ldots)$ im Sinne der folgenden Bedingung vorhanden ist:

$$a \cap a' = 0 \text{ und } a \cup a' = 1.$$

Speziell gelten dann die Regeln:

$$0' = 1, \ 1' = 0, \ (a')' = a, \ a = b \rightleftarrows a' = b'.$$

Objektbereiche, die nach dieser Erklärung Boolesche Verbände sind (z. B. die Gesamtheit aller Teilmengen einer festen Menge und jeder Mengenkörper), kommen in der elementaren Mengenlehre, in der Junktorenlogik und in der Schaltalgebra vor, so daß nicht nur deren Behandlung einheitl. gestaltet werden kann, sondern auch Querverbindungen zw. diesen Disziplinen sichtbar werden.

Boom [engl. bu:m], Konjunkturaufschwung, Hochkonjunktur.

Boomslang [Afrikaans] (Dispholidus typus), bis über 1,5 m lange, grüne oder graubraune, unterseits gelbe, giftige Trugnatter in den Savannen M- und S-Afrikas.

Boone [engl. bu:n], Charles Eugene „Pat", * Jacksonville (Florida) 1. Juni 1934, amerikan. Popmusiker (Sänger). - Hatte seine größten Erfolge mit verwässerten Versionen schwarzer Rhythm-and-Blues-Songs; engagiertes Mgl. einer prot. Sekte.

B., Daniel, *bei Reading (Pa.) 2.(?) Nov. (?) 1734, † Saint Charles (Mo.) 26. (?) Sept. 1820, amerikan. Trapper und Pionier. - Mitbegr. verschiedener Siedlungen, u. a. Boonesboro, das seinen Namen trägt; Vorbild für J. F. Coopers „Lederstrumpf".

Boor, Helmut de, *Bonn 24. März 1891, † Berlin 4. Aug. 1976, dt. Germanist. - Seit 1949 Prof. an der FU Berlin; v. a. Arbeiten zur nord. Philologie und zur älteren dt. Sprache und Literatur („Geschichte der dt. Literatur von den Anfängen bis zur Gegenwart", 1949 ff.; mit R. Newald); Hg. (1940) und Übersetzer (1959) des „Nibelungenliedes".

Booster [engl. 'bu:stə „Förderer"], in der *Luft-* und *Raumfahrt* allg. svw. Hilfstriebwerk; bei Flugzeugen eine Startrakete, bei Raketen ein Zusatztriebwerk, aber auch Bez. für die Erststufe von mehrstufigen Trägerraketen.

Boosterdiode [engl. 'bu:stə], Schalterdiode in der Zeilenablenk-Endstufe von Fernsehempfängern.

Boot [niederdt.], ein offenes, teilweise oder ganz gedecktes, kleineres Wasserfahrzeug (Länge bis etwa 20 m), das durch Staken, Wriggen, Rudern oder Paddeln, durch Windkraft oder Motorkraft fortbewegt wird. B. werden aus Holz, Stahl, Leichtmetall sowie glasfaserverstärkten Kunststoffen hergestellt, Faltboote sowie aufblasbare Schlauchboote aus wasserdichtem Segeltuch oder Gummi. Je nach Verwendung gibt es verschiedene B.formen und -größen. Man unterscheidet bei den *Gebrauchs-B.* selbständig operierende B. wie Fischer-, Fähr-, Feuerlösch-, Seenotrettungsboote u. a. und von Schiffen mitgeführte B., z. B. Rettungs-, Bei-, flachgebaute Brandungsboote. Nach der Größe unterteilt man die B. in **Barkassen** (bis 80 Personen), **Pinassen** (bis 35 Personen) und **Kutter** (bis 20 Personen). Für Sport und Erholung dienen die sog. *Sport-B.;* Kanus, Ruder-B. (Einer, Zweier, Vierer und Achter), Segel-B. oder Motor-B.; häufig haben B. zusätzl. Hilfssegel bzw. einen Motor. - Die Bez. B. wird auch für kleinere Kriegsschiffe verwendet.

Bootaxtkultur, nach der typ. Streitaxtform (bootähnl.) ben. Kultur um 2000 v. Chr., zu der man heute den balt., finn. und schwed.-norweg. Zweig der Streitaxtkulturen zählt; Funde meist aus kleinen Gräberfeldern mit Hockerbestattungen.

Bootes [griech. „der Pflüger"] † Sternbilder (Übersicht).

Bootgrab, vor- und frühgeschichtl. Form der Beisetzung in einem Boot, vorwiegend aus N-Europa überliefert. Abgesehen von Bestattungen in Einbäumen aus dem späten Neolithikum und der Bronzezeit N- und M-Europas sind Bootgräber bes. in Skandinavien seit dem 6. Jh. n. Chr. nachgewiesen; meist reiche Beigaben.

Booth [engl. bu:θ], Edwin, *Belair (Md.) 13. Nov. 1833, † New York 7. Juni 1893, amerikan. Schauspieler. - Berühmt in Shakespeare-Rollen, u. a. Macbeth, Hamlet, Shylock, Jago; sein Bruder, *John Wilkes B.* (*1839, † 1865), war der Mörder Präs. Lincolns.

B., William, *Nottingham 10. April 1829, † London 20. Aug. 1912, Gründer und erster General der Heilsarmee. - 1852 Prediger der Methodistenkirche, die er 1861 verließ. Leiter der „Christian Mission", einer Ostlondoner Zeltmission, die er 1878 zur „Salvation Army" († Heilsarmee) umwandelte.

Boothia Peninsula [engl. 'bu:θɪə pɪ'nɪnsjʊlə], Halbinsel, nördlichster Teil des kanad. Festlandes. - 1829–33 erforscht.

Böotien [...tsiən], Landschaft und Verw.-Geb. in Griechenland, zw. dem Golf von Euböa und dem Golf von Korinth. Die Gebirgsmassive Chlomon im N, Parnaß im W, Helikon, Kithäron und Parnes im S umrahmen eine Beckenzone, in der u. a. Baumwolle, Tabak, Wein, Zitrusfrüchte, Getreide angebaut werden; in den Gebirgen Weidewirtschaft; Abbau von Marmor, Bauxit. Wichtigste Städte sind Lewadia und Theben.

Geschichte: Älteste Siedlungsspuren aus der Steinzeit; 1900 bis 1600 Kernland des Minyerreiches, in myken. Zeit saßen in Theben bed. Herrscherdynastien; in vorklass. Zeit für den Seeverkehr von Bed., später auf Athen ausgerichtet (v. a. als Nahrungsmittelproduzent); spielte nach Gründung des Böot. Bundes im 5. und 4. Jh. eine bed. polit. Rolle; im 13./14. Jh. Kernland des latein. Hzgt. Athen; gegen Ende des MA wanderten in die stark verödete Landschaft Albaner ein.

Böotischer Bund, 447 v. Chr. unter polit. Führung Thebens gebildeter Bundesstaat; stand im Peloponnes. Krieg auf seiten Spartas; nach antispartan. Politik 386 aufgelöst; durch Theben 379 erneuert, unter dessen Hegemonie dominierende Macht Griechenlands; unterlag 338 Makedonien bei Chaironeia; endete als polit. Institution 146 v. Chr. (Errichtung der röm. Prov. Macedonia) danach noch kult. Funktion.

Bootlegger ['bu:tlɛɡər; engl.-amerikan.; zu bootleg „Stiefelschaft" (in dem der verbotene Alkohol versteckt wurde)], in den USA Bez. für Alkoholschmuggler.

Boots [engl. bu:ts „Stiefel"], bis über die Knöchel reichende Wildlederstiefel.
◆ † Gummiglocken.

Bootsdavit † Davits.

Bootshaken, Rundholz mit Spitze und Haken aus Stahl zum Verholen von Booten.

Bootslacke, bes. wasserbeständige, gegen Salze und Chemikalien weitgehend unempfindl. Lacke zum Anstrich von Booten; meist Kunstharzlacke, Phenolharzlacke oder Holzöle.

Bootsmann, dem Wachoffizier zugeordneter Matrose, für das Schiffsinventar und

Bootsschleppe

die Ordnung an Bord verantwortlich.
♦ ↑Dienstgradbezeichnungen (Übersicht).

Bootsschleppe, schiefe Ebene neben Staustufen zum Transport von Booten per Hand oder Bootswagen.

Bootsschleuse, kleine Schleuse speziell für den Bootsverkehr.

Bopfingen, Stadt im Ostalbkreis, Bad.-Württ., im Tal der Eger, 468 m ü. d. M., 11 100 E. Textil-, Leder-, Seifenind. - Erhielt Stadtrecht durch die Staufer, Reichsstadt seit 1242; kam 1810 zu Württemberg. - Frühgot. Pfarrkirche, Rathaus von 1586. - Der die Stadt um 200 m überragende kegelförmige **Ipf** war bereits in der Jungsteinzeit besiedelt; bed. Befestigungsanlagen aus der Hallstattzeit.

Bophuthatswana, ehem. Heimatland der Tswana im NW der Kapprov., im W von Transvaal und im Zentrum des Oranjefreistaats, 40 430 km^2 in sechs Teilgebieten, 1,42 Mill. E (1984; de jure 2,6 Mill. E), Hauptstadt Mmabatho (im Aufbau) bei Mafikeng. Durch planmäßigen Ausbau wurde Babelegi wichtigster Ind.standort; außerdem u. a. Abbau von Platin, Asbest, Chrom-, Mangan-, Vanadinerzen und Flußspat. Diamantenvorkommen. - B. erhielt als zweites Bantuheimatland 1972 Selbstverwaltung, im Dez. 1977 die (formal) volle Unabhängigkeit; von keinem Staat, außer der Republik Südafrika, anerkannt.

Bopp, Franz, * Mainz 14. Sept. 1791, † Berlin 23. Okt. 1867, dt. Sprachwissenschaftler und Sanskritist. - Seit 1821 Prof. in Berlin. Begründer der vergleichenden Sprachwissenschaft. Er führte den method. exakten Beweis für die Verwandtschaft indogerman. Sprachen. Sein Hauptwerk „Vergleichende Grammatik des Sanskrit, Zend, Griech., Lat., Litthauischen, Goth. und Deutschen" (6 Bde., 1833–52) wurde für die Sprachwissenschaft des 19. Jh. maßgebend. - *Weitere Werke:* Ausführl. Lehrgebäude der Sanskrita-Sprache (1827), Die celt. Sprachen in ihrem Verhältnisse zum Sanskrit, Zend, Griech., Lat., German., Litthauischen und Slav. (1838), Vergleichendes Accentuationssystem nebst einer gedrängten Darstellung der grammat. Übereinstimmungen des Sanskrit und Griech. (1854).

Boppard, Stadt am linken Ufer des Mittelrheins, Rhld.-Pf., 70 m ü. d. M., 17 400 E. Kneippschule, Goethe-Inst.; Weinbau; metallverarbeitende Ind. Im Ortsteil **Bad Salzig** Sulfatquellen (Magen-Darm-, Lebererkrankungen u. a.). - Im 4. Jh. angelegtes röm. Kastell **Boudobriga**; seit fränk. Zeit administrativer und kirchl. Mittelpunkt eines Kronbezirks; seit dem 13. Jh. Reichsstadt (bis 1312); 1794–1815 unter frz. Verwaltung. - Pfarrkirche Sankt Severus (12./13. Jh.), got. ehem. Karmeliterkirche (1319–1430).

Boquerón [span. boke'rɔn], Dep. in Paraguay, von der Grenze gegen Bolivien und Argentinien bis zum Paraguay, 46 708 km^2, 14 700 E (1982); Hauptstadt Dr. Pedro P. Peña. Rinderzucht und Holzwirtschaft; außerdem Tanningewinnung. - 1944 gebildet.

Bor [pers.], chem. Symbol B.; chem. Element der III. Hauptgruppe des Periodensystems der chem. Elemente; Ordnungszahl 5, mittlere Atommasse 10,81; tritt in mehreren Modifikationen auf (*amorphes B.,* Dichte 1,73 g/cm^3 und *kristallines B.,* Dichte 2,34 g/cm^3, Mohshärte 9,3). B. zählt damit zu den härtesten Stoffen überhaupt; Schmelzpunkt 2 300 °C, Siedepunkt 2 550 °C. Das Element zählt zu den Halbmetallen, die Leitfähigkeit nimmt mit steigender Temperatur rasch zu, deshalb findet B. auch Verwendung als Halbleiter. In der Natur findet sich B. in Form zahlr. Minerale wie Kernit, Boracit, Borax, Pandermit, Colemanit und Turmalin. B. gewinnt man durch Elektrolyse einer Schmelze aus Kaliumchlorid (KCl), Kaliumfluoroborat (KBF$_4$) und B.trioxid (B$_2$O$_3$) bei Temperaturen zw. 650 und 1 000 °C. In seinen Verbindungen ist B. dreiwertig. Wegen seiner großen Affinität zu elektronegativen Elementen, insbes. Sauerstoff, findet B. Verwendung als Desoxidationsmittel bei der Gewinnung von bestimmten Legierungen oder auch von reinen Metallen; ein Zusatz von 0,003 % B. bewirkt bereits eine wesentl. Erhöhung der Härtbarkeit des Stahls; auch Verwendung als Neutronenabsorber in Reaktoren und zur Herstellung von Sonnenbatterien. Infolge ihrer Härte werden Borcarbid und Boride anstelle von Diamanten als Schleif-, Polier- und Glasschneidemittel verwendet. B. ist ein bed. Spurenelement in Böden, Pflanzen und Organismen. Andererseits sind B. und seine Verbindungen in höheren Dosen giftig, v. a. die B.wasserstoffverbindungen (Borane), die als Lungen- oder Nervengifte wirken. - Hauptproduzent von B. sind die USA.

📖 *Kliegel, W.:* B. *in Biologie, Medizin u. Pharmazie.* Bln. u. a. 1980. - *Graßberger, M.: Organ. B.verbindungen.* Weinheim 1971.

Bora, Katharina von, * Lippendorf bei Leipzig 29. Jan. 1499, † Torgau 20. Dez. 1552, Ehefrau Martin Luthers. - Floh 1523 aus dem Zisterzienserkloster im Nimbschen bei Grimma, heiratete Luther am 13. Juni 1525.

Bora [griech.-italien.], kalter, stürm. und trockener Fallwind an der dalmatin. Küste, auch an der Schwarzmeerküste auftretend.

Borane [pers.] (Borwasserstoffe, Borhydride), Verbindungen des Bors mit Wasserstoff. Das auf Grund der Dreiwertigkeit des Bors einfachste Boran, BH$_3$, ist nicht existenzfähig und dimerisiert zum **Diboran,** B$_2$H$_6$; die Verknüpfung erfolgt durch eine sog. ↑Dreizentrenbindung, bei der drei Atome (B − H − B) durch ein Elektronenpaar gebunden werden. Die B. neigen zu Additionsreaktionen; sie sind z. T. als hochenerget. Treibstoffe für Feststoffraketen verwendet.

Borås [schwed. bu'rɔːs], Großgemeinde

im westl. S-Schweden, 1 183 km², 100 000 E. In der Stadt B. Textilinst., Theater, volkskundl. Freilichtmuseum; Zentrum der schwed. Textilind., Garnison. - 1622 gegr. - Carolikirche (1661–89, in der S-Wand Reste einer Kirche des 12. Jh.); Stadthaus (1957, reiche künstler. Ausstattung).

Borate [pers.], die Salze der Borsäuren; bilden viele Mineralien. Rohstoffe für die chem. Ind. sind Borax (in Form von Tinkal), Pandermit, Colemanit, Boracit, Ulexit, Probertit u. a. Eine bes. Gruppe der B. sind die sog. *Per-B.*, z. B. Natriumperborat, $NaBO_2 \cdot H_2O_2 \cdot 3 H_2O$, das als Wasch- und Bleichmittel Verwendung findet.

◆ Ester der Borsäuren, v. a. der Orthoborsäure, allg. Formel $B(OR)_3$.

Borax [pers.] (Natriumtetraborat), das techn. wichtigste Borat, Natriumsalz der in freier Form nicht existierenden Tetraborsäure. Beim raschen Erhitzen entsteht zunächst unter Aufblähung eine klare, glasige Masse *(B.glas)*, die in Form der **Boraxperle** als Vorprobe auf metall. Bestandteile in der analyt. Chemie verwendet wird. - Verwendung findet B. als Zusatz zu Waschmitteln und Seifen *(Kaiser-B.)*, zur Glasur von Steingut, Porzellan, als Schmelzmittel für Emails, zur Herstellung temperaturbeständiger Gläser und als Entwicklerbestandteil in der Photographie. In der Medizin findet eine 10 %ige B.lösung Verwendung als Desinfektionsmittel.

Borazol, $B_3N_3H_6$, farbloses, brennbares, aromat. riechendes benzolähnl. Lösungsmittel.

Borcarbid, B_4C, sehr hartes, hitzebeständiges, chem. widerstandsfähiges Material; verwendet zur Herstellung von Schleifmaterial sowie als Neutronenabsorber in Kernreaktoren.

Borchardt, Ludwig, * Berlin 5. Okt. 1863, † Paris 12. Aug. 1938, dt. Ägyptologe. - Ausgrabungen in Abu Sir und Amarna. Gründer des dt. Inst. für ägypt. Altertumskunde in Kairo. - *Werke:* Quellen und Forschungen zur Zeitbestimmung der ägypt. Geschichte (3 Bde., 1917–38), Denkmäler des Alten Reiches im Museum von Kairo (2 Bde., 1937–64).

B., Rudolf, * Königsberg (Pr) 9. Juni 1877, † Trins bei Steinach (Tirol) 10. Jan. 1945, dt. Schriftsteller. - Befreundet mit R. A. Schröder und Hofmannsthal. Bewahrte und vermittelte in Nachdichtungen (bes. Dante) und Übersetzungen das Erbe der Antike und des MA, an das er auch mit seinem eigenen dichter. Werk themat. und formal anknüpfte.
Werke: Rede über Hofmannsthal (1905), Villa (Prosa, 1908), Der Durant (Epos, 1920), Die Päpstin Jutta (Dr., 1920), Über den Dichter und das Dichterische (Rede, 1924), Vermischte Gedichte (1924), Das hoffnungslose Geschlecht (En., 1929), Vereinigung durch den Feind hindurch (R., 1937).

Borchert, Wolfgang, * Hamburg 20. Mai 1921, † Basel 20. Nov. 1947, dt. Dichter. - Hatte ungewöhnl. Erfolg mit dem Heimkehrerdrama „Draußen vor der Tür" (1947, auch Hsp.), das, in expressionist. Stil geschrieben, Elend und Einsamkeit der Kriegsgeneration nach dem desillusionierenden Kriegsende gestaltet; auch Gedichte und Erzählungen.

Bord [niederdt.], Schiffsseite, Schiffsrand, auch die Oberkante des Schanzkleides; in der Seemannssprache das Schiff selbst; **an Bord**, auf dem Schiff (auch im Flugzeug) befindlich.

Borda, Jean Charles de, gen. le Chevalier de B., * Dax (Landes) 4. Mai 1733, † Paris 20. Febr. 1799, frz. Physiker und Geodät. - Mgl. der Académie des sciences; maßgebl. an der Entwicklung des dezimalen Maßsystems beteiligt (die Bez. „Meter" stammt von ihm). Er entwickelte naut. und geodät. Instrumente.

Bordaberry, Juan María [span. borðaˈβɛrri], * Montevideo 17. Juni 1928, uruguay. Politiker. - 1969–72 Min. für Viehzucht und Landw.; 1972–76 Staatspräs.

Bordcase [...keɪs; engl.], kleines kofferähnl. Gepäckstück, das man bei Flugreisen unter den Sitz legen kann.

Börde [niederdt.], Bez. für die auf Grund ihrer Lößbedeckung, relativen Trockenheit und Wärme naturbegünstigten Ebenen am Fuß der dt. Mittelgebirge.

Bordeaux [frz. bɔrˈdo], größte Stadt und wichtigster Hafen SW-Frankr., an der Garonne, 100 km vom offenen Meer entfernt, 208 000 E. Verwaltungssitz des Dep. Gironde und der Region Aquitanien; Erzbischofssitz (seit dem 4. Jh.); Univ. (gegr. 1441), Akad. der Wiss., „Literatur und Künste (gegr. 1713), Landw. Hochschule, Observatorium; Museen, u. a. Kunst-, Schiffahrtsmuseum; Theater; internat. Messe. Zum Hafenkomplex gehören mehrere an der Gironde gelegene Vorhäfen und der Erdölhafen Le Verdon-sur-Mer. Nahrungs-, Genußmittel-, Zement-, Elektro-, Flugzeugind., Schiffbau und -reparaturen; Erdölraffinerien, chem., petrochem. Industrie; bed. Weinhandel.
Geschichte: Als Burdigala im 3. Jh. v. Chr. gegr. Hauptstadt der kelt. Biturigen. Umschlagplatz für britann. Zinn; 56 v. Chr. röm., noch unter Cäsar Stadtrecht; 28 v. Chr. Hauptstadt der Prov. Aquitania (seit 297 n. Chr. von Aquitania II). Im 3. Jh. neu angelegt; im 4. Jh. geistiges und kulturelles Zentrum Galliens. Ab 418 westgot., nach 419 mehrmals Königsresidenz; seit 507 fränk., ab 628 zum merowing. Teil-Kgr. Aquitanien. Seit 911 Hauptstadt des Hzgt. Gascogne, mit diesem 1052 zu Aquitanien, 1152 zum Haus Plantagenet; seit 1154 wirtsch. und polit. Zentrum der frz. Besitzungen Englands. 1235 Stadtrecht, Ende des 13. Jh. Messeprivileg; 1355–76 Residenz von Eduard, dem Schwarzen Prinzen; wurde 1451 französisch.

Bauten: Überreste eines Amphitheaters aus dem 3. Jh.; got. Kathedrale Saint-André (12.–15. Jh.) mit isoliert stehendem Glockenturm (1440–66), Kirchen Saint-Seurin (um 1175 bis 14. Jh.; mit Krypta des 11. Jh.), Sainte-Croix (12./13. Jh.), Sainte-Eulalie (12.–16. Jh.), Basilika Saint-Michel (14.–16. Jh.); Stadttore (12.–15. Jh.); Repräsentativbauten des 18. Jh. (z. B. das Große Theater).

Bordeauxweine [bor'do:] ↑Bordelais.
Bordelais [frz. bɔrdə'lɛ], südwestfrz. Weinbaulandschaft, Herkunftsgebiet der Bordeauxweine; weitere Umgebung von Bordeaux mit dem Unterlauf von Garonne und Dordogne sowie der Gironde. Hier werden in 20 Regionen auf 80 000 ha Rebfläche etwa 4 Mill. hl Rot- und Weißwein pro Jahr geerntet. – Seit dem 3. Jh. v. Chr. Wohngebiet der kelt. Bituriger mit dem Hauptort Burdigala, der späteren Stadt Bordeaux, deren Geschichte es teilte; ging 1790 im Dep. Gironde auf.

Bordell [altfrz.-niederl., urspr. „Bretterhüttchen"], ein auf die Erzielung von Gewinn gerichtetes Unternehmen, bei dem der Unternehmer wirtsch. von ihm abhängigen Dirnen zur Ausübung der ↑Prostitution Räume zur Verfügung stellt; beim bordellartigen Betrieb darf keine wirtsch. Abhängigkeit bestehen, der Unternehmer darf nicht mehr tun, als nur Wohnung (mit den dazugehörigen Nebenleistungen) gewähren; das Betreiben eines B. ist (im Gegensatz zum bordellartigen Betrieb) als Förderung der Prostitution nach § 180a StGB mit Freiheits- oder Geldstrafe bedroht.

Borden, Sir Robert Laird [engl. bɔːdn], * Grand Pré (Nova Scotia) 26. Juni 1854, † Ottawa 10. Juni 1937, kanad. Politiker. – Seit 1901 Führer der Konservativen Partei; 1911–20 Premiermin.; unterzeichnete auf der Pariser Friedenskonferenz 1919 für Kanada den Friedensvertrag; gilt als einer der „Väter" des British Commonwealth of Nations.

Borders Region [engl. 'bɔːdəz 'riːdʒən], Region in S-Schottland.

Bordesholm, Gemeinde ssw. von Kiel, Schl.-H., 6 300 E. – Das 1127 gegr. Augustiner-Chorherrenstift Neumünster wurde vor 1327 auf die damalige Insel B. verlegt. 1566 wurde das Stift aufgehoben und eine Gelehrtenschule eingerichtet, die bis zur Gründung der Univ. Kiel 1665 bestand. – Got. ehem. Klosterkirche (14.–16. Jh.; bed. Altar von H. Brüggemann, 1514–21; heute im Dom von Schleswig).

Bordet, Jules [frz. bɔr'dɛ], * Soignies 13. Juni 1870, † Brüssel 6. April 1961, belg. Mediziner und Mikrobiologe. – Entdeckte die für die Serologie grundlegende Komplementbindungsreaktion und mit O. Gengou 1906 den Keuchhustenerreger; erhielt 1919 den Nobelpreis für Physiologie oder Medizin.

Bordetella [nach dem belg. Mediziner und Mikrobiologen J. Bordet], gramnegative Bakteriengatt.; bekannt ist der Erreger des Keuchhustens **Bordetella pertussis**.

Bordflugzeug, ein auf Schiffen mitgeführtes kleineres Flugzeug; heute vorwiegend Hubschrauber.

Bordighera [italien. bordi'gɛːra], italien. Seebad an der ligur. Küste, 12 km östl. der frz. Grenze, 12 000 E. Zollstation; Inst. für Ligur. Studien, Museum.

Bordun [italien.] (frz. bourdon), in der Musik Begleitton oder auch -stimme in tieferer (meist gleichbleibender) Lage.
♦ bei Musikinstrumenten in gleichbleibender Tonhöhe mitklingende Pfeifen oder Saiten.
♦ bei der Orgel gedackte 32-, 16- oder 8-Fuß-Register.

Bordüre [frz.], (farbiger) Geweberand, Einfassung, Besatz.

Bordwaffen, fest eingebaute Waffen, z. B. Kanonen in einem Panzer, Maschinenwaffen oder Raketen in einem Flugzeug, Geschütze, Raketen auf einem Kampfschiff.

Boreaden, Söhne des ↑Boreas.

boreal [griech.], dem nördl. Klima Europas, Asiens und Amerikas zugehörend (Pflanzen- und Tiergeographie).

Boreal [griech.] ↑Holozän (Übersicht).

borealer Nadelwald, an die Arktis nach S anschließender Nadelwaldgürtel des eurosibir. und nordamerikan. Kontinents.

Boreas, griech.-thrak. Gott des Nordwindes. Er entführt nach att. Sage Oreithyia, die Tochter des athen. Königs Erechtheus, in seine Heimat Thrakien, wo sie Mutter der **Boreaden** Kalais und Zetes wird.

Borée, Karl Friedrich [bo'reː], eigtl. K. Boeters, * Görlitz 29. Jan. 1886, † Darmstadt 28. Juli 1964, dt. Schriftsteller. – Schrieb Liebesromane, antimilitarist. Kriegsromane, Erzählungen, Essays. – Werke: Dor und der September (R., 1930), Frühling 45 (R., 1954), Spielereien und Spiegelungen (En., 1961).

Borel, Émile [Félix Édouard Justin] [frz. bɔ'rɛl], * Saint-Affrique (Aveyron) 7. Jan. 1871, † Paris 3. Febr. 1956, frz. Mathematiker, Politiker und Philosoph. – Prof. in Paris; Radikalsozialist (Abg. 1924–36), Marinemin. 1925; Direktor des von ihm mitbegr. Institut Henri Poincaré (ab 1928); begr. zus. mit R. Baire und H. Lebesgue die moderne Theorie der reellen Funktionen und veröffentlichte Arbeiten zur Analysis, Maßtheorie, Funktionentheorie, Mengenlehre, Wahrscheinlichkeitsrechnung und Spieltheorie.

Boretsch ↑Borretsch.
♦ svw. ↑Karausche (ein Fisch).

Boretschgewächse, svw. ↑Rauhblattgewächse.

borfaserverstärkte Kunststoffe ↑Verbundwerkstoffe.

Borg, Kim [schwed. bɔrj], * Helsinki 7. Aug. 1919, finn. Sänger (Baß). – Zunächst Konzerts-, seit 1951 auch Opernsänger.

Borgå [schwed. 'bɔrgoː] ↑Porvoo.

Borgen, Johan, * Kristiania 28. April 1902, † Hvaler (Østfold) 16. Okt. 1979, norweg. Schriftsteller und Literaturkritiker. - Seine Romane, Novellen, Dramen und Hörspiele gestalten das Motiv menschl. Einsamkeit und Verlassenheit, von deren Überwindung B. jedoch überzeugt ist, u. a. „Alles war anders geworden" (En., 1954).

Borgentreich, Stadt 35 km nw. von Kassel, NRW, 200 m ü. d. M., 8900 E. - 1280 erstmals, 1283 als Stadt erwähnt. - Pfarrkirche (1833–36) mit der größten erhaltenen Orgel mit Springladen (J. P. Möller; um 1735).

Borges, Jorge Luis [span. 'borxes], * Buenos Aires 24. Aug. 1899, † Genf 14. Juni 1986, argentin. Dichter. - Begann als Lyriker, übertrug den Ultraismo auf Argentinien. Später v. a. Essays und Erzählungen; behandelte das Mysterium menschl. Existenz, wobei er sich in breiter Skala die Religionen, Mythologien und Philosophien der Welt nutzbar macht. *Werke:* Das Eine und die Vielen (Essays, 1925), Der schwarze Spiegel (En., 1935), Sechs Aufgaben für Don Isidro Parodi (En., 1942), Fiktionen (En., 1944), Das Aleph (En., 1949), Lob des Schattens (Ged., 1969), David Brodies Bericht (En., 1970), Das Sandbuch (En., 1975).

Borgese, Giuseppe Antonio [italien. bor-'dʒe:se], * Polizzi Generosa bei Palermo 12. Nov. 1882, † Fiesole 4. Dez. 1952, italien. Schriftsteller. - Emigrierte 1931 in die USA (amer. Staatsbürger), nach dem Krieg wieder in Mailand; Schwiegersohn T. Manns. Bed. als Kritiker, Interpret (D'Annunzio, Goethe), schrieb selbst Lyrik und Romane („Rubè", 1921).

Borghese [italien. bor'ge:se], röm. Adelsfamilie, seit dem 13. Jh. in Siena nachzuweisen; ihr Aufstieg begann mit Camillo B., der 1605–21 als Paul V. Papst war; sein Neffe Kardinal Scipione B. (* 1576, † 1633) gründete die † Villa Borghese und die berühmte Sammlung (von der im 19. Jh. Teile verkauft werden mußten). Sein Bruder Marcantonio II. war Stammvater der noch bestehenden Linie.

Borgholm [schwed. ˌbɔrjholm], Großgemeinde in SO-Schweden, umfaßt den N-Teil der Insel Öland, 11 000 E. Die Stadt B. ist ein bed. Badeort; Hafen. - 1281 erstmals erwähnt, seit 1816 Stadt. - Ruine des Schlosses B. (1572–80; auf Fundamenten einer Burg des 12. Jh.); Königl. Sommerresidenz **Solliden.**

Borgia [italien. 'bɔrdʒa], aus Spanien stammendes Adelsgeschlecht (**Borja**), seit dem 13. Jh. in Játiva (Valencia) nachweisbar. Mit Alonso B. begann die polit. bed. Rolle der B. in Italien. Als Päpste haben Alonso B. (Kalixt III., 1455–58) und Rodrigo B. (Alexander VI., 1492–1503) durch Nepotismus Reichtum und Einfluß der B. stark vergrößert. 1748 starb das Geschlecht aus. Bed.:

B., Cesare, * Rom 1475, ✗ Viana (Kastilien) 12. März 1507, italien. Renaissancefürst. - Sohn von Papst Alexander VI.; 1492 Erzbischof von Valencia (Spanien), 1493 Kardinal; gab 1498 die geistl. Laufbahn auf, wurde zur Ausschaltung päpstl. Gegnerschaft in der Fortsetzung der frz. Eroberungspolitik in Italien 1498 von Ludwig XII. von Frankr. mit dem Hzgt. Valentinois belehnt; kehrte 1499 nach Italien zurück und eroberte Imola, 1500 Forlì; zielte mit weitgespannten Unternehmungen (besetzte 1501 Piombino, 1502 Urbino und Camerino, versuchte auch Bologna und Florenz zu erobern) auf die Bildung eines mittelitalien. Kgr.; Machiavelli nahm ihn als Vorbild für seinen „Principe"; 1503/04 (Tod des Vaters, Gegnerschaft Papst Julius II., 1503/04 und 1504–06 gefangengesetzt; frz.-span. Annäherung) scheiterten B. polit. Pläne; endete als Kondottiere im Dienste seines Schwagers, des Königs von Navarra.

B., Francisco de, hl., † Franz von Borgia.

B., Lucrezia, * Rom 18. April 1480, † Ferrara 24. Juni 1519, italien. Fürstin. - Tochter von Papst Alexander VI.; viermal verheiratet, zuletzt (seit 1501) mit Alfonso I. d'Este, Herzog von Ferrara; zog als geistvolle typ. Renaissancefürstin namhafte Dichter und Gelehrte an den Hof von Ferrara (u. a. Ariosto); ihr unrühml. Nachruf beruht auf zeitgenöss. Verleumdung.

Borgis [entstellt aus frz. bourgeois „bürgerlich"], Bez. für den Schriftgrad von 9 Punkt.

Borgruppe, Sammelbez. für die Elemente Bor, B, Aluminium, Al, Gallium, Ga, Indium, In, und Thallium, Tl, aus der III. Hauptgruppe des Periodensystems der chem. Elemente.

Borgward-Werke AG, ehem. dt. Konzern der Kfz.-Industrie in Bremen. Gegr. 1928 von Carl F. W. Borgward (* 1890, † 1963). Nach 1945 wurden die Goliath-Werke GmbH und die Lloyd-Motoren-Werke GmbH ausgegliedert und neugegr. Der Konzern ging 1961 in Konkurs; teilweise Übernahme durch die Impulsora Mexicana Automotriz S. A., Mexico City.

Borhalogenide, Verbindungen des Bors mit den Elementen der Halogengruppe, F, Cl, Br und J. **Bortrifluorid,** BF_3, ein farbloses, erstickend riechendes Gas; dient als Fluorierungsmittel in der analyt. Chemie und als Katalysator bei Alkylierungen und Polymerisationen. **Bortrichlorid,** BCl_3, ist Katalysator und Ausgangsstoff für die Gewinnung reinen Bors.

Boride [pers.], sehr harte und hochschmelzende Verbindungen des Bors mit Metallen. Die B. dienen zur Herstellung von Schleifmitteln, Schneidwerkzeugen, Raketentriebwerken u. a.

Boris ['bo:rɪs, russ. ba'ris, bulgar. bo'ris], aus dem Slaw. (Russ. und Bulgar.) übernommener männl. Vorname, wahrscheinl. mongol. Herkunft.

Boris, Name von Herrschern:
Bulgarien:
B. I., † 2. Mai 907, Fürst (852–889), bulgar. Nationalheiliger. - Begründer des 1. bulgar. Reiches und Schöpfer einer bulgar. Nationalkultur; trat 864 mit einem Teil seines Volkes zum Christentum über (christl. Name: Michael); unterstellte sein Land 870 dem Patriarchen von Konstantinopel; zog sich 889 in ein Kloster zurück.
B. III., * Sofia 30. Jan. 1894, † ebd. 28. Aug. 1943, König (seit 1918). - Behauptete sich als König nach der Abdankung seines Vaters Ferdinand I. 1918; führte seit 1934 ein autoritäres Regime ein, seit 1935 Königsdiktatur; um gute Beziehungen v. a. zu Jugoslawien und Deutschland bemüht, trat 1941 dem Dreimächtepakt bei. Sein plötzl. Tod ist ungeklärt.
Rußland:
B. [Fjodorowitsch] Godunow, Zar, †Godunow, Boris [Fjodorowitsch].

Borke [niederdt.], (Rhytidom) abgestorbener, verkorkter Teil der Rinde bei Holzgewächsen, der oft in Platten, Schuppen (Schuppen-B.) oder Streifen (Streifen-, Ringel-B.) abgeworfen wird. Die braune Färbung beruht auf der Einlagerung von fäulnishemmenden Phlobaphenen. - Die B. der Korkeiche wird wirtsch. genutzt.
◆ in der *Medizin* svw. Kruste († Schorf).

Borken, Krst. im sw. Münsterland, NRW, 45–50 m ü. d. M., 33 000 E. Grenzlandtechnikum, Textil-, Glas-, Metallind. - Das Dorf B. entstand an einer Furt der Bocholter Aa, zw. 1222/1226 Stadtrecht, 1249 Marktrecht; seit 1550 Niedergang; 1803–05 Hauptstadt des Ft. Salm; seit 1815 preuß. Moderner Wiederaufbau nach Zerstörungen im 2. Weltkrieg. - Propsteikirche (1433). Teile der Stadtmauer (15. Jh.) mit mehreren Rundtürmen.
B., Kreis in Nordrhein-Westfalen.

Borkenkäfer (Scolytidae), weltweit verbreitete Käferfam. mit etwa 4 600, meist wenige mm langen Arten, davon etwa 225 in Europa, 95 einheim.; Körper meist gedrungenwalzenförmig; Färbung meist braun bis schwarz; überwiegend in und unter der Rinde von Holzgewächsen bohrend. - Zahlr. B. sind Forstschädlinge. Zu den B. gehören u. a. †Buchdrucker, †Waldgärtner, †Riesenbastkäfer, †Kupferstecher, †Ulmensplintkäfer.

Borkenkäferwolf (Thanasimus formicarius), nützl., etwa 7–10 mm langer, einheim. Buntkäfer; Kopf schwarz, Brustschild braunrot, Flügeldecken an der Basis braunrot, im hinteren Teil schwarz mit 2 weißl. Querbinden; hauptsächl. an gefällten Fichten und Kiefern, wo sie sich von Borkenkäfern sowie deren Larven und Puppen ernähren.

Borkenkrepp (Rindenkrepp), Kreppgewebe mit baumrindenähnl. Oberfläche, hervorgerufen durch Verwendung von Kreppgarnen im Schuß oder durch Prägen.

Bór-Komorowski, Tadeusz, urspr. Graf Komorowski, * bei Terebowlja (Gebiet Tarnopol) 1. Juni 1895, † Grove Farm (Buckinghamshire, England) 24. Aug. 1966, poln. General und Politiker. - Unter dem Decknamen Bór (Wald), den er nach Kriegsende beibehielt, ab 1943 Befehlshaber der im Untergrund tätigen „Heimatarmee"; leitete 1944 den Warschauer Aufstand; lebte nach dt. Gefangenschaft seit 1945 in Großbrit. im Exil.

Borkou, Beckenlandschaft im N der Republik Tschad, mit großen Dattelpalmoasen; Weidegebiet von Nomaden; Salzgewinnung.

Borkum, größte und westlichste der Ostfries. Inseln, Nds., 30,7 km², besteht aus zwei Dünenkernen, dem West- und Ostland, die seit 1860 durch Marschland miteinander verbunden sind. Der Fremdenverkehr konzentriert sich auf die Stadt Borkum (staatl. anerkanntes Nordseeheilbad; 8 400 E); Fährverbindung von Emden. - Schon den Römern bekannt; erste urkundl. Erwähnung 1398; 1749 preuß., seit 1815 zu Hannover.

Borlaug, Norman E[rnest] [engl. ˈbɔːlɔːg], * Cresco (Iowa) 25. März 1914, amerikan. Agrarwissenschaftler. - Erwarb sich bes. Verdienste bei der Entwicklung von hochertragreichen Getreidesorten. Für seine Bemühungen um eine Lösung des Welternährungsproblems erhielt er den Friedensnobelpreis 1970.

Borman, Frank [engl. ˈbɔːmən], * Gary (Ind.) 14. März 1928, amerikan. Astronaut. - Unternahm als Kommandant von „Gemini-VII" (1965) einen Weltraumflug um die Erde und als Kommandant von „Apollo VIII" (1968) den ersten bemannten Flug um den Mond.

Bormann, Martin, * Halberstadt 17. Juni 1900, verschollen seit dem 1. Mai 1945 und amtsgerichtl. für tot erklärt, dt. Politiker. - Schloß sich 1928 der NSDAP an; seit 1930 in der obersten Parteiverwaltung tätig; seit 1941 Leiter der Parteikanzlei mit Min.rang und 1943 „Sekretär des Führers"; gewann seitdem großen Einfluß auf Hitler. 1946 vom Nürnberger Gerichtshof in Abwesenheit zum Tode verurteilt. Sein Tod konnte (bis heute) nicht eindeutig nachgewiesen werden.

Bormio (dt. Worms), italien. Stadt und Thermalkurort am Oberlauf der Adda, Region Lombardei, 1 225 m ü. d. M., 4 100 E. Radioaktive Therme; Wintersport. - Im MA Sitz einer Gft., gehörte 1512–1797 Graubünden, seit 1814 östr., seit 1859 italien.

Born, Max, * Breslau 11. Dez. 1882, † Göttingen 5. Jan. 1970, dt. Physiker. - Prof. in Berlin, Breslau, Frankfurt am Main, Göttingen; emigrierte 1933; 1936–53 Prof. in Edinburgh. Gilt als einer der bedeutendsten Wegbereiter der modernen theoret. Physik. Neben seinen Arbeiten zur Festkörperphysik sowie zur Relativitätstheorie und Optik widmete er sich der einwandfreien Formulierung der mikrophysikal. Gesetzmäßigkeiten und der

Entwicklung einer Theorie atomarer Vorgänge (Quantenmechanik); dies gelang ihm 1925 zus. mit seinen Schülern W. Heisenberg und P. Jordan auf der Grundlage der von Heisenberg entwickelten Vorstellungen in Form der sog. Matrizenmechanik. Für seine 1926 gegebene statist. Interpretation der Quantenmechanik, sowie für seine Gittertheorie der Kristalle erhielt er 1954 den Nobelpreis für Physik (zus. mit W. Bothe).

Borna, Krst. im S der Leipziger Tieflandbucht, Bez. Leipzig, DDR, 150 m ü. d. M., 23 200 E. Kreistheater; inmitten einer Anbauzone für Zwiebel- und Feldgemüsebau, Braunkohlentagebau; Brikettfabriken, Kraftwerke, Harmoniumherstellung. - Entstand wohl Anfang des 11.Jh. als **Burgweiler;** spätestens seit 1265 Stadtrecht. - Roman. Kunigundenkirche (vor 1200); Rathaus (1438); Wohnhäuser des 16.–18.Jh.; Reichstor (1753).

B., Landkr. im Bez. Leipzig, DDR.

Borna-Krankheit [nach der Stadt Borna, wo sie Ende des 19.Jh. zuerst auftrat], meist tödl. verlaufende Viruserkrankung des Gehirns und Rückenmarks bei Pferden und Schafen; in einigen Ländern der BR Deutschland meldepflichtig.

Bornan [Kw.], kampferartig riechender Grundkörper der bicyl. Terpene. Das wichtigste B.derivat ist der † Kampfer.

Börne, Ludwig, eigtl. Löb Baruch, * Frankfurt am Main 6. Mai 1786, † Paris 12. Febr. 1837, dt. Schriftsteller. - Ließ sich 1830 in Paris nieder. Schriftsteller des Jungen Deutschland, leidenschaftl. Einsatz für die Demokratie als Voraussetzung für soziale und geistige Freiheit. In den „Briefen aus Paris" (1832–34) folgert er aus den Ereignissen während und nach der Julirevolution die Notwendigkeit einer Revolution in Deutschland. Wegbereiter der krit. Prosa des Feuilletons; witzig, intelligent, bissig. Seine Werke sind weniger literar. denn als Zeitdokumente zu werten.

Borneo (indones. Kalimantan), größte der Großen Sundainseln, drittgrößte Insel der Erde, 746 951 km². 73 % sind indones. Staatsgebiet, der Rest gehört zu Malaysia und Brunei. - Stark reliefierte, von einem dichten Gewässernetz zerschnittene Gebirgsketten, der Kinabalu 4 101 m ü. d. M.; Hochflächen und Hügelländer nehmen das Innere ein. Es herrscht äquatoriales Regenklima mit gleichmäßigen hohen Temperaturen und Luftfeuchtigkeit. Der größte Teil der Insel ist mit Wäldern bedeckt; bes. im SO und W sind weite Teile von Alang-Alang-Grasfluren überzogen. An den Küsten Mangrovewälder, anschließend Moor- und Süßwassersumpfwälder. - Die Bev. besteht aus einer Vielzahl von Volks- u. Sprachgruppen unterschiedl. Gesellschafts- und Wirtschaftsentwicklung. In den Wäldern leben die Dajak, die zahlr. altmalaiische Volksgruppen umfassen, in den Küstenräumen leben jungmalaiische Volksgruppen; planmäßige Ansiedlung von Javanern vor dem 2. Weltkrieg. Die im 19. und 20.Jh. eingewanderten Chinesen sind wirtsch. sehr aktiv. Städte entstanden an den Unterläufen der Hauptflüsse. Einige Kautschukplantagen arbeiten für den Export, die Landw. dient überwiegend der Eigenbedarfsdeckung. Wachsende Bed. hat der Holzeinschlag, Fischerei wird an den Küsten und in Binnengewässern betrieben. Bed. Erdölvorkommen, rückläufiger Kohleabbau. - Die Ind. ist im wesentl. auf Sägewerke, Papier- und Möbelfabriken, Erdöl- und Kautschukaufbereitung beschränkt; daneben Nahrungsmittelind. und Kunsthandwerk. Trotz Förderung des Straßenbaus sind Fluß- und Küstenschiffahrt noch die wichtigsten Verkehrsträger.

Geschichte: Seit dem 1. Jt. n. Chr. ind. Kolonien an den Flußmündungen; im 14.Jh. an den Küsten Vasallenstaaten des Reiches von Madjapahit; im 15. und 16.Jh. von muslim. Malaien kolonisiert; Gründung von Sultanaten: Brunei, Banjarmasin und Kutei; 1518 kamen erstmals Portugiesen, 1598 Niederländer, die den ganzen S der Insel unterwarfen.

Borneol [Kw.], bicycl. Terpenalkohol, Hauptbestandteil des *Borneokampfers* und Nebenbestandteil vieler anderer äther. Öle und Balsame (Rosenöl, Lavendelöl, Baldrianöl u. a.). Verwendung u. a. zur Herstellung künstl. Fichtennadelöls. Durch Oxidation entsteht aus B. Kampfer.

Börner, Holger, * Kassel 7. Febr. 1931, dt. Politiker (SPD). 1957–76 MdB; 1961–64 Bundesvors. der Jungsozialisten, 1967–72 parlamentar. Staatssekretär im Bundesministerium für Verkehr; 1972–76 Bundesgeschäftsführer der SPD; 1976–87 hess. Ministerpräsident.

Bornholm, dän. Insel in der westl. Ostsee, 588 km². B. erreicht im Zentrum eine Höhe von 162 m. An der N-Küste wird die Brandung eine Klippenlandschaft erzeugt, im S kommen in Anlandungsgebiete Dünenketten vor. Im Innern liegt das Waldgebiet Almindingen. Bedeutendster Wirtschaftsfaktor ist der Fremdenverkehr. Fähr- und Flugverbindung mit Kopenhagen; im Sommer auch mit Rønne von Schonen und Lübeck. - Im MA **Burgundarholm,** im 11.Jh. christianisiert; 1525–76 an Lübeck verpfändet, 1645 und 1658–60 schwed. Nach dt. Besetzung im 2. Weltkrieg 1945/46 von sowjet. Truppen besetzt. - Ruine der Festung Hammershus; Rundkirchen (12. und 13.Jh.) dienten als Wehrkirchen gegen die Wenden.

📖 *Rying, B.: B. Dt. Übers. Neumünster 1981.*

borniert [frz.], geistig beschränkt, engstirnig, uneinsichtig.

Bornkamm, Günther, * Görlitz 8. Okt. 1905, dt. ev. Theologe. - 1946 Prof. in Göttingen, 1949 in Heidelberg. Bed. Werke zum N. T. und zum Urchristentum, u. a. „Jesus von Nazareth" (1956), „Paulus" (1969). - † 18. Febr. 1990.

B., Heinrich, * Wuitz (Kreis Zeitz) 26. Juni 1901, † Heidelberg 21. Jan. 1977, dt. ev. Theologe. - Bruder von Günther B.; 1927 Prof. in Gießen, 1935 in Leipzig, 1948 in Heidelberg; Arbeiten v. a. zur Kirchen- und Theologiegeschichte der Reformationszeit. - *Werke:* Luther im Spiegel der dt. Geistesgeschichte (1955), Das Jh. der Reformation (1961).

Bornu, ehem. sudan. Reich, ↑ Kanem-Bornu.

Borobudur, buddhist. Heiligtum in Z-Java, nnw. von Jogjakarta, Indonesien, errichtet um 800 n. Chr. Der über 40 m hohe pyramidale, auf einem quadrat. Sockel errichtete Bau, besteht aus 9 Terrassen und ist von einem Stupa gekrönt. Ein Innenraum fehlt. Die um die Terrassen laufenden galerieähnl. Umgänge sind mit etwa 1 300 steinernen Flachreliefs (vom Guptastil beeinflußt) und 432 Nischen mit Buddhastatuen verziert; auf den oberen 3 Stufen glockenförmige Stupas.

Borodin [russ. bɐrɛ'din], Alexandr Porfirjewitsch, * Petersburg 12. Nov. 1833, † ebd. 27. Febr. 1887, russ. Komponist. - Mgl. der „Gruppe der 5" um M. A. ↑ Balakirew. B. ist stärker als deren andere Mgl. der klass. Musik verpflichtet. Neben Einflüssen der russ. Folklore ist seine Musik durch oriental. Kolorit gekennzeichnet, z. B. „Eine Steppenskizze aus Mittelasien" für Orchester (1880) und die Oper „Fürst Igor" (seit 1869, von Rimski-Korsakow und Glasunow beendet; darin die „Polowezer Tänze").

Borobudur. Dschinafigur (8./9. Jh.) und Stupas der oberen Rundterrasse

Boron, Robert de ↑ Robert de Boron.
Boronatrocalcit [pers./ägypt. - arab./lat.], svw. ↑ Ulexit.
Borough [engl. 'bʌrə], städt. Siedlungszentren im England des MA und der Neuzeit, die mit bes. wirtsch. und verwaltungstechn. Privilegien ausgestattet waren; ermöglichten im 13. und 14. Jh. z. T. eine eigenständige, körperschaftl. organisierte Administration mit stark oligarch. Struktur; hatten seit Heinrich III. das Recht, Vertreter ins Parlament zu entsenden; 1832 Abschaffung der „rotten boroughs" (entvölkerter, bedeutungsloser, aber noch mit Wahlrecht ausgestatteter B.) im Zuge der Parlamentsreform, 1835 Vereinheitlichung des Wahlrechts und der Verwaltungsstruktur; seit 1888 Unterscheidung zw. grafschaftsangehörigen („municipal boroughs") und grafschaftsfreien („county boroughs"); meist Städte mit über 50 000 E (nach 1945: 100 000), die nun von der Administration der Grafschaften unabhängig wurden. - In den USA wird B. nur in New Jersey, Pennsylvania, Connecticut und Minnesota als Bez. für kleinere Städte gebraucht, in Groß-New-York für die Verwaltungseinheiten Manhattan, Brooklyn, Queens, Bronx und Richmond.

Borrelia (Borrelien) [nach dem frz. Bakteriologen A. Borrel, * 1867, † 1936], Spirochätengatt. mit etwa 5 Arten, darunter **Borrelia recurrentis,** Erreger des ↑ Rückfallfiebers.

Borretsch [mittellat.] (Gurkenkraut, Borago officinalis), einjähriges Rauhblattgewächs aus dem Mittelmeergebiet, in M-Europa verwildert; Blüten himmelblau, radförmig; oft als Gewürzpflanze angebaut.

Borretschgewächse, svw. ↑ Rauhblattgewächse.

Borries, Bodo von ['bɔriəs], * Herford 22. Mai 1905, † Köln 17. Juli 1956, dt. Physiker. - War maßgebl. an der Entwicklung des Elektronenmikroskops beteiligt.

Borris, Siegfried, * Berlin 4. Nov. 1906, dt. Komponist und Musikwissenschaftler. - Prof. in Berlin. Komponierte u. a. Sinfonien, Konzerte, Kammermusik, Chöre. In seinen Schriften befaßt er sich v. a. mit zeitgenöss. Musik. - † 23. Aug. 1987.

Borromäerinnen (Barmherzige Schwestern vom hl. Karl Borromäus), Schwesternkongregationen für christl. Karitasarbeit, 1652 gegr.; etwa 5 400 Mgl. in 418 Niederlassungen.

Borromäische Inseln, Inselgruppe im mittleren Lago Maggiore; auf den beiden größten Inseln Villen und Parks der Mailänder Adelsfamilie Borromeo (17./18. Jh.).

Borromäus, Karl (Carlo Borromeo), hl., * Arona (Novara) 2. Okt. 1538, † Mailand 3. Nov. 1584, italien. Theologe. - Seit 1563 Priester und Bischof, bemüht um die vom Konzil von Trient eingeleiteten Reformen. Gründete in Mailand ein Priesterseminar, mehrere Knabenseminare und Schulen, an die er u. a.

Jesuiten und Theatiner berief. - 1610 heiliggesprochen. - Fest: 4. November.
Borromäusverein (Verein vom hl. Karl Borromäus e. V.), 1844 gegr. kath. Bücherverein mit dem Ziel, gute Bücher zum Eigenbesitz zu vermitteln. Der B. zählt 1977 rd. 363 000 Mgl. und hat ein umfangreiches Bibliothekswesen aufgebaut.
Borromeo, Carlo ↑ Borromäus, Karl.
Borromini, Francesco, * Bissone am Luganer See (Tessin) 25. Sept. 1599, † Rom 2. August 1667 (Selbstmord), italien. Baumeister schweizer. Herkunft. - Schüler und Mitarbeiter von C. Maderno in Rom (seit 1620). B. erstes selbständiges Werk war die Kirche San Carlo alle Quattro Fontane (1638-41; die Fassade 1665-68), in der Raumverschmelzung über geschwungenem Grundriß ein schulemachendes Werk des Hochbarocks. Als Hauptwerk gilt die Kirche Sant'Ivo della Sapienza (Universitätskirche) über einem als sechsstrahliger Stern ausgebildeten Grundriß (1642-50).
Borsalbe ↑ Borsäure.
Borsäure (Orthoborsäure), $B(OH)_3$, eine schwache, dreibasige Säure, die in schuppigen, weißen Blättchen kristallisiert. Verwendung in der Porzellan-, Emaille- und Glasindustrie, als Flammschutzmittel für Textilien, zur Herstellung anderer Borverbindungen u. a.; früher auch als Desinfektionsmittel in Augenwässern (**Borwasser**) und Salben (**Borsalbe**) verwendet (in der BR Deutschland seit 1983 nicht mehr zugelassen).
Borschtsch [russ.], russ. Nationalgericht, eine Kohlsuppe mit Fleisch, roten Rüben, etwas ↑ Kwaß und saurer Sahne.
Börse [niederl.], Geldbeutel, Portemonnaie.
Börsen [niederl., wohl nach einer Brügger Kaufmannsfamilie von der Burse, vor deren Haus sich Kaufleute zu Geschäftszwecken trafen; der Familienname Burse wohl zu niederl. beurs „Geldbeutel" (von spätlat. bursa „Ledersack")], Märkte für Waren, Wertpapiere oder Devisen, an denen nach festen Gebräuchen und Vorschriften Preise ausgehandelt und Umsätze getätigt werden, ohne daß die entsprechenden Güter gleichzeitig und am Ort der B.versammlung übergeben und bezahlt werden. Auch die Gebäude, in denen die Versammlungen stattfinden, werden meistens B. genannt. - *Gegenstand* des B.handels sind vertretbare Sachen, also bewegl. Sachen, die im Verkehr nach Zahl, Maß oder Gewicht bestimmt zu werden pflegen. - Die *Einteilung* der B. erfolgt nach den gehandelten Sachen: Wertpapier-B. (B. im engeren Sinn; in ihr werden Aktien und Rentenpapiere gehandelt), Devisen-B., Waren-B.; uneigentl. B.: Dienstleistungs-B. (z. B. sog. Versicherungs-B.), Briefmarken-B. u. a.
Die *wirtsch. Bed.* der B. liegt in dem Ausgleich von Angebot und Nachfrage, die den Preis (Ausführung unlimitierter Orders) bestimmen. In der räuml. und zeitl. Zusammenfassung von Angebot und Nachfrage, in der Vereinheitlichung der Transaktionen und der Transparenz liegt die Besonderheit der Börsen. Die Mobilität des Kapitals wird erhöht; durch die Möglichkeit, jederzeit Wertpapiere erwerben und veräußern zu können, wird die Grundlage zu einer ständigen Bewertung der Kapitalgesellschaften geschaffen.
Grundlagen für das B.wesen sind das *Börsengesetz* von 1896 bzw. 1908 in den späteren Neufassungen und die *Börsenordnung*. Jede B. bedarf der Genehmigung durch die Landesregierung und untersteht der Aufsicht eines von dieser ernannten Kommissars. Für jede B. ist eine B.ordnung zu erlassen, die Bestimmungen über die einzelnen Organe, über die Zulassung und über die Kurse und Preisnotierung enthalten muß. B.organ ist der **Börsenvorstand,** der insbes. über die Zulassungen und den Ausschluß von B.mitgliedern, Festsetzung von B.usancen (-gewohnheiten) und die amtl. Aufstellung des Kurszettels, d. h. des Verzeichnisses der Preise von Wertpapieren und Waren an der jeweiligen B. entscheidet. Die Maklerkammer ist die Standesvertretung für Kursmakler an der Börse. Der amtl. Makler erhält seine Zulassung vom B.vorstand und vermittelt den An- und Verkauf von Wertpapieren und Waren. Freie Makler wirken nicht an der amtl. Kursfestsetzung mit. Sie dürfen unbeschränkt für eigene Rechnung verkaufen und kaufen. Der **Börsenkurs** ist grundsätzl. die Notierung für je 100 DM Nennbetrag in Prozenten (z. B. VW-Aktie im Nennwert von 100 DM mit Börsenkurs 112: eine Aktie kostet 112,-DM). Bei Aufträgen kann dem Makler eine Kursbegrenzung angegeben werden (Kurslimit). Nach der Gegenüberstellung von Kauf- und Verkaufsaufträgen der einzelnen Wertpapiere wird durch die Kursmakler ein Kurs festgesetzt, der eine möglichst große Anzahl von Aufträgen zur Erledigung kommen läßt. Soweit das B.geschäft erst zu einem späteren Zeitpunkt erfüllt werden soll, der Kaufpreis aber bereits vereinbart ist, handelt es sich um ein B.termingeschäft; der Normalfall sind Kassageschäfte. Die B.tendenz als Spiegel der Kursentwicklung ist häufig ein Gradmesser für die wirtsch. Entwicklung eines Landes. Eine Baisse mit Niedrigkursen und eine Hausse mit Höchstkursen spiegeln meist den Konjunkturverlauf wider.
In der *BR Deutschland* gibt es 8 Wertpapier-B.: Berlin, Bremen, Düsseldorf, Frankfurt am Main, Hamburg, Hannover, München und Stuttgart. Die Frankfurter B. wickelt rund 45 % des gesamten B.geschäfts in der BR Deutschland ab.
Der einzige B.platz in *Österreich* ist Wien. Das Bundesministerium für Finanzen entscheidet über die Zulassung von Wertpapie-

Börsenblatt ...

ren zum B.handel und zur Notierung im amtl. Kursblatt, und zwar nach Anhörung der „Wiener Börsekammer", der die Leitung der Börse obliegt.

Die 3 Haupt-B. in der *Schweiz* (Zürich, Basel, Genf) unterstehen einer mehr oder weniger weitgehenden Aufsicht des Staates. Als Neben-B. sind Bern, Lausanne, Neuenburg und St. Gallen von regionaler Bedeutung.

The Stock Exchange, London, ist der Anzahl der Mgl. und den Umsätzen nach die größte B. Europas. Jurist. ist sie ein Privatunternehmen. Mgl. können Einzelpersonen und Firmen mit unbeschränkter Haftung sein. Banken sind nicht am B.handel beteiligt.

Der bedeutendste B.platz der USA und der ganzen Welt ist die **New York Exchange,** nach dem Domizil auch als **Wall Street** bekannt. Wie in London handelt es sich bei ihr um eine privatrechtl. Maklerbörse.

Geschichte: Börsenartige Versammlungen sind schon für große Handelsplätze im Altertum überliefert. Im ausgehenden MA entwickelten sich börsenartige Märkte für Waren, Wechsel und Sorten; aber erst vom 15. Jh. an nahmen die B.gründungen, bes. in M- und W-Europa, rasch zu: Brügge 1409, Antwerpen 1460, Lyon 1462, Amsterdam 1530, Augsburg und Nürnberg 1540, London 1554, Wien 1753, New York 1792. Wichtige Einschnitte in der Geschichte des B.wesens bedeuteten der aufkommende Handel mit Aktien, Staatsanleihen und Pfandbriefen. Aufschwünge nahm das B.wesen im 17. Jh. mit dem aufkommenden Ostindienhandel, im 18. Jh. durch die Einrichtung von Waren-B. und im Laufe des 19. Jh. durch die wachsende Bed. des Effektenhandels. Anfang des 19. Jh. war Frankfurt am Main der führende dt. B.platz; nach der Reichsgründung übernahm Berlin diese Position. Durch die B.reform (1934) wurde die Anzahl der Effekten-B. von 21 auf 9 verringert, um leistungsfähige Märkte zu schaffen. Das damals abgeschaffte Regionalprinzip in der B.aufsicht wird nach dem 2. Weltkrieg in der BR Deutschland wieder eingeführt.

📖 *Anhold, H.: Das neue B.lex. Ffm. ²1984. - Erlenbach, E.: So funktioniert die Börse. Ffm. ³1980. - Lanz, K.: B.-ABC. Wörterb. des Wertpapiermarktes. Ffm. ⁴1982.*

Börsenblatt für den Deutschen Buchhandel, 1834 gegr. Verbandszeitschrift des Börsenvereins des Dt. Buchhandels. Seither erscheint es in ununterbrochener Reihenfolge, seit dem Ende des Zweiten Weltkrieges in einer Frankfurter (zweimal wöchentl.) und einer Leipziger (wöchentl.) Ausgabe.

Börsenumsatzsteuer ↑Kapitalverkehrsteuer.

Börsenverein des Deutschen Buchhandels e. V., 1825 wurde in Leipzig als Standesorganisation der dt. Verleger und Buchhändler der Börsenverein der Dt. Buchhändler gegr. (unter diesem Namen besteht er heute noch in Leipzig). Nach dem Zusammenbruch des Dt. Reiches wurde in Frankfurt am Main 1948 und 1955 unter Anschluß von 10 Landesverbänden und zahlr. Arbeitsgemeinschaften der B. d. D. B. e. V. als Gesamtberufsverband der westdt. Verleger, Buchhändler und Zwischenbuchhändler neu organisiert. Seit 1951 verleiht der Börsenverein jährl. in der Frankfurter Paulskirche den ein Jahr zuvor durch die Initiative einiger dt. Verleger geschaffenen ↑Friedenspreis des Deutschen Buchhandels. Der Börsenverein wird von einem neunköpfigen, ehrenamtl. tätigen Vorstand mit jeweils dreijähriger Amtszeit geleitet. Er hat als wirtsch. Tochterunternehmen die Buchhändlervereinigung GmbH, in der u. a. das „Börsenblatt für den Dt. Buchhandel" und die „Dt. Bibliographie" erscheinen.

Borsig, [Johann Friedrich] August, * Breslau 23. Juni 1804, † Berlin 6. Juli 1854, dt. Industrieller. - Gründete 1837 in Berlin eine Maschinenbaufirma, aus der sich die größte Lokomotivfabrik des europ. Kontinents entwickelte. Heutige Firma: B. GmbH, im Besitz der Dt. Babcock & Wilcox AG.

Borsten, die steifen, relativ dicken Haare vom Haus- und Wildschwein; diese *Natur-B.* werden neben pflanzl. Erzeugnissen (z. B. Kokosfasern) für Besen, Bürsten und Pinsel verwendet; sie werden aber durch die aus Polyamiden, Polyurethanen oder Polyvinylchlorid hergestellten *Kunst-B.* verdrängt.

Borstenegel (Acanthobdellae), Unterordnung der Blutegel mit der einzigen, auf Süßwasserfischen schmarotzenden 2–4 cm langen Art *Acanthobdella peledina* in den Flüssen N-Eurasiens.

Borstengras, (Aristida) Grasgattung mit über 300 Arten; Ährchen meist in Rispen; Granne der Deckspelzen dreifach fingerförmig geteilt; typ. Vertreter der Graslandschaften Afrikas und N-Amerikas.

◆ (Borstgras, Nardus) Süßgrasgatt. mit der einzigen Art **Steifes Borstgras** (Nardus stricta) auf wenigen Wiesen in Eurasien; in den Hochalpen oft bestandbildend; steife borstenähnl. Blätter und blaue bis violette Ährchen.

Borstenhirse (Fennich, Setaria), Gattn. der Süßgräser mit etwa 120 Arten, in M-Europa 4 Arten auf Brachland, Schuttplätzen und in Gärten; Ährchen in Rispen; angebaut wird die ↑Kolbenhirse.

Borstenigel, (Madagaskarigel, Tanreks, Tenreks, Tenrecidae) Fam. ausschließl. auf Madagaskar heim. Insektenfresser mit rund 30, etwa 4 bis knapp 40 cm körperlangen Arten; Schwanz 3–16 cm lang, auch fehlend; Fell borstig bis stachelig oder haarig; Schnauze oft rüsselartig verlängert.

◆ (Tenrecinae) Unterfam. der Tenrecidae mit 6, etwa 10 bis knapp 40 cm körperlangen Arten; Fell auf dem Rücken teilweise oder ganz aus Borsten und Stacheln bestehend; u. a. Großer Tanrek, Igeltanrek, Streifentanrek.

Borstenläuse (Chaitophoridae), Fam. der Blattläuse mit etwa 28 einheim. Arten v. a. auf Ahorn-, Weiden- und Pappelarten; Körper stark beborstet.

Borstenschwänze (Thysanura), Ordnung der Urinsekten mit rund 600, (davon 15 einheim.) meist 9–15 mm großen Arten; Körper langgestreckt, am Hinterende mit 3 langen, beborsteten Anhängen; u. a. ↑Silberfischchen, ↑Ofenfischchen, ↑Felsenspringer.

Borstentiere, svw. ↑Schweine.

Borstenwürmer (Chaetopoda), veraltete systemat. Einheit der Ringelwürmer; umfaßt die ↑Vielborster und die ↑Wenigborster.

Borstenzähner (Chaetodontidae), Fam. der Knochenfische mit über 200, meist etwa 10–20 cm langen Arten an den Meeresküsten, v. a. der trop. Gebiete; Färbung bunt und kontrastreich; beide Kiefer mit zahlr. borstenartigen Zähnen; z. T. beliebte Aquarienfische.

Borte, gewebtes oder besticktes Band, als Besatz z. B. an Kleidern, Polstermöbeln u. a.

Bortnjanski, Dmitri Stepanowitsch [russ. bart'njanskij], * Gluchow (Ukraine) 1751, † Petersburg 10. Okt. 1825, russ. Komponist. - Kaiserl. Kapellmeister in Petersburg; komponierte kirchl. Chor- und Orchesterwerke in italien. Stil mit z. T. alten russ. Melodien; vertonte u. a. G. Tersteegens „Ich bete an die Macht der Liebe".

Bortnyik, Sándor (Alexander), * Marosvásárhely 7. März 1893, ungar. Maler und Graphiker. - 1917 Gründung der Gruppe „MA" (Heute) mit Moholy-Nagy u. a. in Budapest. 1922–24 in Weimar. Seine Privatschule für angewandte Graphik („Műhely", 1928–38) gilt als „Budapester Bauhaus".

Borussia, lat. Name für Preußen; auch weibl. Personifikation Preußens.

Borwasser ↑Borsäure.

Boryl- [pers./griech.], Bez. der chem. Nomenklatur für die Atomgruppierung –BH$_2$.

Bos [lat.] ↑Rinder.

Bosanquet, Bernard [engl. boʊznkɪt], * Rock Hall (Northumberland) 14. Juni 1848, † London 8. Febr. 1923, engl. Philosoph. - 1903–08 Prof. in Saint Andrews (Schottland); Vertreter des Neuidealismus, stark beeinflußt von Hegel, daneben auch von R. H. Lotze. Seine Treitschke verwandte Staatsphilosophie und Gesellschaftstheorie wie auch seine Ethik baut er auf den Begriff vom Gemeinschaftswillen auf, der einen Ausgleich zw. Wunsch und Pflicht, Egoismus und Altruismus ermöglichen soll. - *Werke:* The philosophical theory of the state (1899), Some suggestions in ethics (1918).

Bosch, Carl, * Köln 27. August 1874, † Heidelberg 26. April 1940, dt. Chemiker. - Wurde 1935 Vors. des Aufsichts- und Verwaltungsrates der I. G. Farbenindustrie AG; entwickelte in den Jahren 1910–13 ein techn. Verfahren zur Ammoniakgewinnung auf Grund der von Fritz Haber entdeckten katalyt. Hochdrucksynthese. Erhielt 1931 mit F. Bergius den Nobelpreis für Chemie.

B., Gavino Juan [span. bɔs], * La Vega 30. Juni 1909, dominikan. Politiker und Schriftsteller. - 1937–61 im Exil; Febr.–Sept. 1963 (Militärputsch) gewählter Präs.; 1966–70 im Exil in Spanien und Frankr.; soziolog. und polit. Essays, Romane und Erzählungen.

B., Hieronymus [niederl. bɔs], eigtl. Jheronimus B. van Aken, genannt Jeroen, * Herzogenbusch um 1450, □ ebd. 9. Aug. 1516, niederl. Maler. - Die Künstlersignatur nennt wohl die Vaterstadt des Malers ('s-Hertogen*bosch*); dort Mgl. der Liebfrauenbruderschaft. In der weltverneinenden Tendenz der Werke und im Ausdruck der Angst gehört B. zum MA, in der Selbständigkeit der Auffassung aber, in der Lösung von jeder ikonograph. Bindung ist er durchaus der Neuzeit zugehörig. Alle Bilder sind hintergründig, überfüllt mit schwer erklärbaren Nebenszenen. Häufig sind die Gestalten Personifikationen von Lastern, Ausgeburten der Hölle in ihrer monströsen Häßlichkeit.

Werke: Narrenschiff (Paris, Louvre), Versuchungen des hl. Antonius (Triptychon in Lissabon, Museu Nacional de Arte Antiga), Der Landstreicher (Rotterdam, Museum

Hieronymus Bosch. Teufelsbote. Detail aus den Versuchungen des heiligen Antonius (um 1500). Lissabon, Museu Nacional de Arte Antiga

Boymans - van Beuningen), Der Heuwagen (Escorial bei Madrid), Der Garten der Lüste (Madrid, Prado), Kreuztragung (Gent, Musée des Beaux-Arts), Altar mit den Hl. Drei Königen (Madrid, Prado).

B., Robert, * Albeck bei Ulm 23. Sept. 1861, † Stuttgart 12. März 1942, dt. Industrieller. - Gründete 1886 die „R. B., Werkstätte für Feinmechanik und Elektrotechnik", aus der 1937 die „Robert Bosch GmbH" hervorging. Er entwickelte die Magnetzündung für Verbrennungskraftmaschinen und versah als erster Kfz. mit einheitl. elektr. Ausrüstung.

Bosch GmbH, Robert, dt. Konzern der Elektroind. (v. a. Kfz-Elektrik, Haushaltsgeräte, Radio- und Fernsehgeräte), Sitz Stuttgart, gegr. 1886 (seit 1916 AG, seit 1937 GmbH). Tochtergesellschaften: Blaupunkt-Werke GmbH, Hildesheim; R. B. Elektronik GmbH, Berlin und Stuttgart; R. B. Hausgeräte GmbH, Giengen; Junkers & Co GmbH, Wernau.

Böschung, Neigung des Geländes zw. verschieden hohen Ebenen; schräge Außenfläche (Böschungsfläche) mit überall gleicher Neigung (Böschungswinkel) einer Erdschüttung; Abhang. Gegen Erdrutsch werden B. durch Bepflanzung oder Steinabdeckung gesichert; hohe B. werden durch Stufen (Bermen) unterbrochen, um die Erosion durch herabströmendes Wasser zu mindern.

Bosco, Giovanni [italien. 'bɔsko], gen. Don B., hl., * Becchi bei Turin 16. Aug. 1815, † Turin 31. Jan. 1888, italien. Priester und Sozialpädagoge. - Errichtete 1846 in Turin-Valdocco ein Jugenddorf für etwa 700 verwahrloste Kinder und Jugendliche, das zum Modell für über 500 ähnl. Einrichtungen in Europa und Übersee wurde. 1857 gründete er in Turin die Kongregation der ↑Salesianer zur Ausbildung und Erziehung gefährdeter Jugendlicher; 1934 heiliggesprochen. - Fest: 31. Januar.

Boscoreale [italien. boskore'a:le], süditalien. Gemeinde am Fuß des Vesuvs, östl. von Neapel, 25 000 E. Fundort eines berühmten Schatzes (Schmuck, Goldmünzen, v. a. Silber- und Bronzegeschirr aus Augusteischer Zeit) und bed. Wandmalereien des 2. pompejan. Stils (um 40 v. Chr., heute u. a. in Neapel, Museo Nazionale und in New York, Metropolitan Museum). - Abb. S. 350.

Bose, Satyendra Nath, * 1. Jan. 1894, † Kalkutta 4. Febr. 1974, ind. Physiker. - Stellte 1924 gemeinsam mit Einstein eine Quantenstatistik auf (Bose-Einstein-Statistik), die von der klass. Boltzmann-Statistik abweicht.

B., Subhas Chandra, * Cuttack (Orissa) 23. Jan. 1897, † Taipeh (Formosa) 18. Aug. 1945 (Flugzeugunglück), ind. Politiker. - Radikaler Führer der ind. Unabhängigkeitsbewegung; 1938/39 Vors. der Kongreßpartei; ging 1941 nach Deutschland, 1943 nach Japan, wo er eine „Nationalarmee" aufstellte; erklärte als Chef einer ind. „Nationalregierung" in Singapur 1943 Großbrit. und den USA den Krieg.

Böse (das Böse) [zu althochdt. bôsi, „aufgeblasen, geschwollen"], 1. der dem Guten entgegengesetzte Seinsbereich (das *metaphys. B.*); 2. das den religiösen Wertsetzungen und Normen zuwiderlaufende Denken und Handeln (das *eth.* bzw. *moral. B.*). Das metaphys. B. schließt das eth. B. ein, während das eth. B. ohne die Annahme eines metaphys. B. denkbar ist. - Die bibl. Religionen Judentum und Christentum lehren, daß das B. durch Abfall des Urmenschen (und außermenschl. personaler Geistwesen) von Gott in die Welt kam. Die Neuplatoniker erkennen den Ursprung des B. in der Welt in der Vergänglichkeit und Unvollkommenheit des Ird. als eines Gegenbildes zum unvergängl. göttl. Sein. Origenes, Augustinus u. a. verbinden diese Vorstellung mit der christl. Lehre von der Schöpfung und beeinflussen so die christl. Theologie, v. a. die Scholastik. Für Leibniz ist das B. die notwendige Nichtgöttlichkeit der Welt. Kant rechnet mit dem „radikalen B." im Menschen. Für Hegel liegt das B. in der Entzweiung, es ist insofern notwendiges Durchgangsstadium des Weltprozesses. Nach Nietzsche dient der Kategorie des (moral.) B. wie des Guten (entworfen von den Ohnmächtigen und Schlechtweggekommenen) der Beherrschung anderer Menschen. Nach Jaspers wird durch die philosoph. Objektivierung des B. der Welt und der menschl. Existenz das B. verharmlost. - Von der Verhaltensforschung her erklärt K. Lorenz das B. als (reparable) Entartungserscheinung im Gefolge des Aggressionstriebs.

Bose-Einstein-Statistik [nach S. N. Bose und A. Einstein], Statistik für gleichartige, aber ununterscheidbare Teilchen mit ganzzahligem Spin (Bosonen) eines nur Wärme austauschenden Systems. Der Austausch der Orte und Impulse zweier Teilchen ergibt hier ein Ggs. zur Boltzmann-Statistik keinen neuen Mikrozustand; die quantenmechan. Wellenfunktion des Systems ist vollständig symmetr. in den Koordinaten aller Teilchen (im Ggs. zur Fermi-Dirac-Statistik, bei der sie antisymmetr. ist). Es können sich daher mehrere Bosonen im gleichen Quantenzustand befinden. Für ein ideales *Bose-Gas* (Gesamtheit wechselwirkungsfreier Bosonen) bestimmt die B.-E.-S. aus allen mögl. Mikrozuständen den wahrscheinlichsten Zustand, der im thermodynam. Gleichgewicht fast immer näherungsweise vorliegt.

böser Blick, eine bestimmten Menschen, Tieren und Dämonen zugeschriebene Befähigung, durch den Blick Schadenzauber zu bewirken. Die Grundlage dieser Vorstellung bildet die Ansicht, daß das Auge nicht nur Eindrücke empfängt, sondern auch unheilvolle „Strahlen" aussenden könne. Seine persönl. Ursache soll der b. B. in Mißgunst und Neid haben. Der b. B. wurde bes. Personen zugeschrieben, denen auf Grund ihrer sozialen Stellung diese Eigenschaften am ehesten zugetraut wurden und die allg. als zauberkundig galten (z. B. Hexen und Landfahrer).

Bosetzky, Horst, dt. Schriftsteller, veröffentlicht unter dem Pseudonym ↑ -ky.

böse Wetter, bergmänn. Bez. für giftige explosive Grubenluft.

Bosio, François Joseph Baron [frz. bo-'zjo], * Monaco 19. März 1769, † Paris 29. Juli 1845, frz. Bildhauer. - Schüler von Canova, Klassizist; u. a. Reliefs der Vendôme-Säule, Quadriga auf dem Arc de Triomphe, Büsten Napoleons und der kaiserl. Familie (Louvre).

Boskętt [italien.-frz.], beschnittene Busch- und Baumgruppen, die in Barockgärten den Kontrapunkt zur Architektur des Schlosses bilden, in einer „Architektur des Grünen" angeordnet, die wie das Schloß Treppen, Gänge, Kabinette und Säle aufweist.

Boskop ↑Äpfel (Übersicht).

Bošković, Ruđer Josip [serbokroat. 'bɔʃkɔvitɕ] (Boscovich, Ruggiero Giuseppe), * Dubrovnik 18. Mai 1711, † Mailand 13. Febr. 1787, kroat. Physiker, Mathematiker und Astronom. - Jesuit; Prof. in Rom, Pavia und Mailand; verfaßte Arbeiten über Kegelschnitte und zur sphär. Trigonometrie, beschäftigte sich ferner u. a. mit astronom., opt. und geodät. Problemen. Von großem Einfluß waren seine Vorstellungen von den Atomen, die er als ausdehnungslose, von einer Kraftatmosphäre umgebene mathemat. Punkte auffaßte.

Bosna ↑Bosnien.

B., rechter Nebenfluß der Save in Jugoslawien, entspringt aus zahlr. Karstquellen sw. von Sarajewo, mündet bei Bosanski Šamac, 308 km lang.

Bosniaken, Bez. für die südslaw. Muslime in Bosnien und der Herzegowina.

◆ Name für Lanzenreiter, meist poln. und bosn. Herkunft, im preuß. Heer im 18. Jh.

Bosnien (serbokroat. Bosna), Gebiet in Z-Jugoslawien, erstreckt sich von der Saveebene bis in die sw. der Linie Vrbas-Neretva liegende Hochkarstzone (1 700–2 000 m ü. d. M.).

Bosnien und Herzegowina [hɛrtsego-'viːna, hɛrtse'goːvina] (Sozialist. Republik B. u. H.), drittgrößter Gliedstaat Jugoslawiens, 51 129 km², 4,22 Mill. E (1983), Hauptstadt Sarajewo, wird von der Save im N bis zu den küstenparallelen Gebirgsketten an der Adria im W und S mit nur einem Zugang zum Meer. Gliedert sich in das nördlicher gelegene Bosnien, das zur Save und damit zur Donau entwässert, und in die Herzegowina, die dem Mittelmeer entwässert u. stärker verkarstet ist. Hier leben orth. Serben, röm.-kath. Kroaten und Muslime; Montenegriner, Slowenen, Albaner, Makedonen, Türken, Zigeuner u. a. bilden Minderheiten. - Hauptanbaufrüchte sind Mais, Weizen und Kartoffeln, Tabak, Hanf, Zuckerrüben; einige Mill. Pflaumenbäume, deren Ertrag zu Slibowitz gebrannt wird; Rinder- und Schafhaltung. Reich an Bodenschätzen (Eisen, Kohle, Salz, Bauxit) und an Wasserkraft.

Geschichte: Etwa im 5. Jh. v. Chr. drangen Kelten in das zuvor von Illyrern besiedelte Gebiet des heutigen B. und H. ein; ab 3. Jh. mehrere Staatengründungen; 9 n. Chr. endgültig von den Römern unterworfen, wurde der Prov. Dalmatia eingegliedert; kam 395 zum Weström. Reich, Ende 5. Jh. zum Ostgotenreich, um 530 zum Byzantin. Reich. Anfang des 7. Jh. siedelten sich Südslawen an. Bosnien war zw. Serbien, Kroatien, Byzanz und Zeta umstritten. Vom 12. Jh. an beanspruchte Ungarn die Oberhoheit über das Ft. Bosnien. Im 14. Jh. als Kgr. bed. umfaßte Serbien und das Land Hum, das ab Ende des 15. Jh. Herzegowina hieß. Ab 1463/82 unter osman. Herrschaft; Bosnien und H. blieben als Paschalik (ab 1580) vereint. Nach Aufständen (1834, 1852–56 und 1875) Intervention Rußlands; nach dem Österreich-Ungarn auf dem Berliner Kongreß 1878 zugestandenen Okkupation 1908 formlose Annexion des Landes durch Österreich, was zum verschärften Widerstand der Bev. führte. Mitglieder der Organisation „Junges Bosnien" war am Attentat von Sarajevo beteiligt. 1918 wurden B. und H. Teil des neugegr. Jugoslawien. Im 2. Weltkrieg ein Zentrum der Widerstandsbewegung.

Boso, Graf von Vienne, † 11. Jan. 887, König von Niederburgund. - 875 zum Herzog und Statthalter Italiens ernannt; ließ sich 879 zum König von Niederburgund (↑Arelat) krönen und verteidigte es erfolgreich gegen die Karolinger.

Bosporanisches Reich, antikes Reich an der N-Küste des Schwarzen Meeres zu beiden Seiten der Straße von Kertsch (sog. Kimmer. Bosporus); um 480 gegr.; nach Erweiterungen des Reichsgebietes bis Ende des 2. Jh. v. Chr. durch Eroberungen auf der Halbinsel Taman, durch den Krim und durch Unterwerfung umliegender mäot. Völkerschaften am Ostufer des Asowschen Meeres Mithridates VI. von Pontus angeboten in Personalunion mit dem Reich von Pontus vereinigt, entstanden 17 v. Chr. bis 3. Jh. n. Chr. röm. Klientelstaat; um 8. v. Chr. wieder unabhängig vom Pont. Reich; vom 3. Jh. an wirtsch. und polit. Niedergang.

Bosporus, türk. Meerenge (ehem. Flußtal); verbindet das Marmarameer mit dem Schwarzen Meer, trennt Europa von Asien, 31,7 km lang, an der engsten Stelle 660 m breit. Die Durchfahrt von Kriegsschiffen wurde im Dardanellenvertrag (1841) bzw. im Meerengenabkommen (1936) geregelt. Seit 1973 überspannt eine Straßenbrücke in Istanbul den Bosporus.

Bosporus, Kimmerischer ↑Kimmerischer Bosporus.

Bosquet

Boscoreale. Wandgemälde aus einer Villa, den makedonischen König Antigonos II. und seine Mutter Phila darstellend (um 40 v. Chr.). Neapel, Museo Nazionale

Bosquet, Alain [frz. bɔsˈkɛ], eigtl. Anatole Bisk, * Odessa 28. März 1919, frz. Schriftsteller russ. Herkunft. - Von Surrealismus und Existenzialismus beeinflußt; schrieb v. a. klass. stilisierte Gedichte und zahlr. Essays sowie u. a. den Roman „Die Sonne ist weiß wie die Zeit, wenn sie stillsteht" (1965); auch Literaturkritiker.

Boß [amerikan.; zu niederl. baas „Meister"], zunächst in den USA in der Umgangssprache Bez. für leitende Person, dann auch für Gewerkschafts- oder Parteiführer; heute auch umgangssprachl. im Deutschen.

Boss, Lewis, * Providence (R. I.) 26. Okt. 1846, † Albany (N. Y.) 5. Okt. 1912, amerikan. Astronom. - Erarbeitete den 1910 hg. „Preliminary General Catalogue" (PGC) der Örter von 6188 Sternen, den sein Sohn Benjamin B. (* 1880, † 1970) zum „General Catalogue" (GC) von 33 342 Sternen erweiterte. B. entdeckte 1908 den ersten Bewegungssternhaufen im Sternbild Taurus und entwickelte daraus die Methode der Sternstromparallaxe.

Bossa Nova [portugies., eigtl. „neue Welle"], aus Südamerika stammender Modetanz, seit 1960 in Europa.

Bosse [frz.], Rohform eines Bildwerks (Skulptur, Kapitell) oder Werksteins (↑ Buckelquader), im Verband ↑ Bossenwerk.

Boßeln [niederdt.], hauptsächl. an der fries. Westküste zu jeder Jahreszeit betriebenes Wurfspiel mit einer Holzkugel (Durchmesser 57–59 mm, Gewicht 495–505 g), die auf direktem Wege auf ein bestimmtes Ziel geworfen wird.

bosseln ↑ bossieren.

Bossenwerk (Rustika), ein Quadermauerwerk, bei dem die Quader an den Vorderseiten roh belassen und meist an den Rändern geglättet sind. Das B. kommt an röm. Bauten vor, im MA an den Wehrbauten der Stauferzeit, in der toskan. Frührenaissance, in der Hochrenaissance und im Barock.

Bossert, Helmuth Theodor, * Landau in der Pfalz 11. Sept. 1889, † Istanbul 5. Febr. 1961, dt. Archäologe. - Verfaßte u. a. mehrere Werke zur Kunst des Alten Orients („Altanatolien", 1942; „Altsyrien", 1951). Leistete wichtige Beiträge zur Entzifferung der hethit. Hieroglyphen dank einer von ihm in ↑ Karatepe ausgegrabenen phönik.-hieroglyphenhethit. Inschrift.

Bossi, italien. Stukkatorenfamilie, die im 18. Jh. in Deutschland tätig war, u. a.:
B., Giuseppe Antonio, * Porto Ceresio (Luganer See), † Würzburg 10. Febr. 1764. - 1719–29 in Ottobeuren tätig, seit 1734 in Würzburg, stuckierte die Schönbornkapelle des Doms, die Hofkirche, den Weißen und den Kaisersaal der Residenz. Führender Meister des rhein.-fränk. Barock.

Bossi, Marco Enrico, * Salò (Lombardei) 25. April 1861, † auf See bei der Rückkreise von Amerika nach Europa 20. Febr. 1925, italien. Organist und Komponist. - Leiter der Konservatorien von Venedig (1895–1902), Bologna (1902–11) und Rom (Santa Cecilia, 1916–23). Bedeutendste Werke: Orgel- und Chorkompositionen sowie Kammermusik.

bossieren (bosseln) [frz.], einen Werkstein (meist im Steinbruch mit dem Bossiereisen) roh bearbeiten; es entsteht die Bosse.
♦ in Wachs (Bossierwachs) freihändig modellieren.

Bossuet, Jacques Bénigne [frz. bɔˈsɥɛ], * Dijon 27. Sept. 1627, † Paris 12. April 1704, frz. Theologe und Historiker. - 1652 Priester in Metz. Widmete sich seit 1670 v. a. der Erziehung des Dauphins, für den er eine vom Standpunkt der christl. Heilsgeschichte bestimmte Darstellung von der Erschaffung der Welt bis zum Reich Karls d. Gr. schrieb („Discours sur l'histoire universelle ...", veröffentlicht 1681). 1681 Bischof von Meaux; 1697 Staatsrat. In seiner Schrift „Politique tirée des propres paroles de l'Écriture Sainte" (1709 veröffentlicht) lieferte er eine theoret. Begründung des Absolutismus und des Gottesgnadentums. Setzte sich in der „Histoire des variations des Églises protestantes" (1688) mit dem Protestantismus auseinander und betrieb die Aufhebung des Edikts von Nantes. 1682 verfaßte er die Deklaration des Klerus über die gallikan. Freiheiten († Gallikanismus).

Boston [engl. 'bɔstən], engl. Hafen- und Ind.stadt, am Witham, Gft. Lincoln, 26 000 E. - Im 7. Jh. gegr.; Wollstapelrecht (1369), 1545 Stadt- und Marktrecht. - Bauten aus dem 15. Jh.

B., Hauptstadt des Bundesstaates Massachusetts, USA, an der Boston Bay, 563 000 E. Kath. Erzbischofs- und anglikan. Bischofssitz; drei Univ. (gegr. 1839, 1898 und 1906); Colleges, Konservatorien, Akad. der Künste und Wiss. (gegr. 1780), Bibliotheken, Museen, Goethe-Inst.; Planetarium. - Einer der bedeutendsten Atlantikhäfen der USA, führender Handelsplatz für Wolle, Leder und Fisch. Zentrum des Schiffbaus und Verlagswesens, ⚒. - 1630 an der Stelle des heutigen Salem gegr., bald danach auf eine Halbinsel in der Boston Bay verlegt. Das Leben in B. wurde durch die Puritaner geprägt. Im 18. Jh. größte und wichtigste Stadt der Neuenglandprov.; übernahmen in B. aus wirtsch. und polit. Gründen die Kaufleute die Führung des Widerstands gegen die brit. Politik (u. a. Boston Tea Party 1773). Nach Erlangung der Unabhängigkeit Zentrum des Chinahandels, der amerikan. Seeschiffahrt und des Schiffbaus. Mit der Begründung der Zeitschrift „The Liberator" (1831) wurde B. ein Zentrum des Kampfes gegen die Sklaverei vor dem Sezessionskrieg.

Boston [nach der amerikan. Stadt Boston], Kartenspiel zw. 4 Personen mit 52 Whistkarten; durch die Weiterentwicklung des Whist zum Bridge verdrängt.

◆ (Valse Boston) amerikan. langsamer Walzer, um 1920 in Europa Modetanz. In der Kunstmusik wurde der B. u. a. von Hindemith („Suite 1922") aufgegriffen.

Boston Tea Party [engl. 'bɔstən 'tiː 'pɑːtɪ], Vernichtung einer Teeladung im Hafen von Boston (Mass.) durch als Indianer verkleidete Mgl. der Geheimorganisation „Sons of Liberty" 1773, mit der die „amerikan. Revolution" mit eingeleitet wurde.

Boswell, James, * Edinburgh 29. Okt. 1740, † London 19. Mai 1795, schott. Schriftsteller. - Das für sein Leben bestimmende Erlebnis war seine Freundschaft mit S. Johnson, dessen Leben er in der berühmtesten Biographie des engl. Sprachraumes, „Denkwürdigkeiten aus Johnson's Leben" (1791, 2 Bde.), darstellte. Tagebücher.

Boswellia [wohl nach J. Boswell], svw. † Weihrauchbaum.

Botalli-Gang [nach dem italien. Chirurgen L. Botallo, * 1530, † um 1571] (Ductus arteriosus [Botalli]), Gefäßverbindung zw. der Lungenarterie und der Aortenwurzel beim menschl. Fetus, wodurch die nicht funktionslose Lunge umgangen wird; schließt sich normalerweise in den ersten 3 Monaten nach der Geburt. Der offenbleibende B.-G. ist ein oft auftretender angeborener Herzfehler.

Botanik

Botanik [zu griech. botanikós „Kräuter betreffend"] (Pflanzenkunde, Phytologie), Teilgebiet der Biologie; urspr. hauptsächl. als Heilpflanzenkunde im Rahmen der Medizin betrieben, erst später setzte die Erforschung der Organisation und der Lebensfunktionen der Pflanzen ein. Die **allgemeine Botanik** bearbeitet die allen pflanzl. Organismen gemeinsamen Bau- und Funktionsprinzipien. Zu ihr zählen die pflanzl. *Morphologie*, die den äußeren (makroskop.) Bau der Pflanzen und ihrer Teile beschreibt; die *Pflanzenanatomie (Phytotomie)*, die auf mikroskop. Weg die Strukturen der Zellen (Zytologie), Gewebe (Histologie) und Organe der Pflanzen (Organographie) untersucht; die *Pflanzenphysiologie* (mit den Arbeitsgebieten Stoffwechsel-, Reiz- und Entwicklungsphysiologie), die sich mit der Untersuchung der Lebensvorgänge der Pflanzen, ihren physikal.-chem. Grundlagen und Zusammenhängen befaßt.

Die **spezielle Botanik** erforscht die unterschiedl. pflanzl. Formen und ihre räuml. und zeitl. Verteilung. Teilgebiete sind: *Pflanzensystematik (Taxonomie)*, *Pflanzengeographie (Geobotanik)*, *Pflanzenökologie* und *Pflanzensoziologie*. Mit der Untersuchung der Pflanzenwelt früherer erdgeschichtl. Epochen beschäftigt sich die *Paläobotanik*.

Die **angewandte Botanik** umfaßt die Lehre von den Heilpflanzen *(Pharmakognosie)*, die Pflanzenzüchtung und die Erforschung der Pflanzenkrankheiten *(Phytopathologie)*. Diese Gebiete stehen in engem Zusammenhang mit der Medizin, Forst-, Land- und Gartenbauwissenschaft.

📖 *Lehrb. der B. Begr. v. E. Strasburger u. a. Stg.* ³²1983. - *Nultsch, W.: Allg. B. Stg.* ⁷1982.

Fernando Botero, Rubens und seine Frau (1965). Privatbesitz

botanischer Garten, meist öff. zugängl. gärtner. Anlage (z. T. mit Gewächshäusern), in der einheim. und ausländ. Pflanzen gezogen werden. Das Hauptaufgabengebiet der b. G. liegt heute in der Belieferung der Univ. mit Anschauungs- und Untersuchungsmaterial: Der erste dt. b. G. wurde 1580 in Leipzig gegründet. - ↑ auch Übersicht zoologische und botanische Gärten.

botanisieren [griech.], Pflanzen zu Studienzwecken sammeln.

Bote, Überbringer einer Nachricht oder einer Sache; im *Recht* jemand, der, ohne selbst eine Willenserklärung abzugeben, die [schriftl. oder mündl.] Willenserklärung eines andern übermittelt; Ggs.: Vertreter.

Botenbericht, Kunstgriff der Dramentechnik. Durch einen ep. Bericht werden Ereignisse, die sich außerhalb der Szene abspielten, aber für die Handlung von Bed. sind, auf der Bühne vergegenwärtigt.

Botenlauben, Otto von ↑ Otto von Botenlauben.

Boten-RNS, svw. ↑ Messenger-RNS.

Botero, Fernando [span. bo'tero], * Medellín 19. April 1932, kolumbian. Maler. - Lebt v. a. in New York. Alle Dinge sind bei B. ballonartig aufgebläht; Menschen werden kindl.-hilflos dargestellt; der Farbauftrag ist dünn und lasierend.

Botha, Louis, * Greytown (Natal) 27. Sept. 1862, † Rusthof (Pretoria) 27. Aug. 1919, südafrikan. General und Politiker. - Seit 1900 Oberbefehlshaber der Transvaal-Streitkräfte im Burenkrieg; setzte sich nach 1902 erfolgreich für eine Aussöhnung mit Großbrit. ein; 1907 erster Premiermin. von Transvaal, 1910 erster Premiermin. der Union von Südafrika; besetzte 1915 Dt.-Südwestafrika.

B., Pieter Willem, * im Paul-Roux-Bezirk (Oranjefreistaat) 12. Jan. 1916, südafrikan. Politiker. - Seit 1948 Parlamentsabg. für die National Party; 1961–66 Min. für öffentl. Arbeiten und Angelegenheiten der Farbigen; 1966–89 Parteiführer der National Party in der Kapprov.; 1966–80 Verteidigungsmin.; seit 1978 zugleich Min. für Nat. Sicherheit sowie Premierminister; 1984–89 Staatspräsident.

Bothe, Walter, * Oranienburg 8. Jan. 1891, † Heidelberg 8. Febr. 1957, dt. Physiker. - Prof. in Gießen und Heidelberg; wies zus. mit W. Kolhörster 1929 den Partikelcharakter der Höhenstrahlung nach. Seine Untersuchung von Kernreaktionen (Kerngammastrahlung) führte u. a. zur Entdeckung der künstl. Kernanregung. Nobelpreis für Physik 1954 (zus. mit M. Born).

Bothwell, James Hepburn, Earl of [engl. 'bɔθwəl], * um 1536, † Dragsholm (Seeland) 14. April 1578, schott. Adliger. - Für die Ermordung Lord Darnleys, Maria Stuarts 2. Gemahl, verantwortl.; heiratete 1567 selbst die Königin; floh nach Marias Sturz nach Norwegen, starb in dän. Gewahrsam.

Botokuden, fast ausgestorbener Indianerstamm in SO-Brasilien, der Ohr- und Lippenpflöcke trägt.

Botoşani [rumän. boto'ʃanj], Hauptstadt des Verw.-Geb. B. in NO-Rumänien, 90 000 E. Staatstheater, Museum; Zentrum eines reichen Agrargebietes mit Nahrungsmittel- und Textilind. - Erstmals im 15. Jh. erwähnter Marktort, im 15. und 16. Jh. zeitweilig Sitz der Herrscher der Moldau. - Popăuți-Kirche (1492), Georgskirche (1552).

Botrange [frz. bɔ'trãːʒ], höchste Erhebung des Hohen Venn, Belgien, 694 m hoch.

Botryomykose [griech.] (Traubenpilzkrankheit), chron. Infektionskrankheit der Pferde in Form von pilzartig gestielten bis nußgroßen Granulationsgeschwulsten.

Botrytis [griech.], Gatt. der Schlauchpilze mit etwa 50 Arten, hauptsächl. an verletzten, faulenden Pflanzenteilen. Am bekanntesten ist **Botrytis cinerea,** verursacht Grauschimmel an verschiedenen Pflanzen sowie die Edelfäule der Trauben.

Botschaft, die von einem Botschafter im Ausland geleitete Behörde des Sendestaates. Die B. untersteht i. d. R. dem Außenministerium des Sendestaates. Zu den völkerrechtl. Aufgaben der B. gehören die Vermittlung des Verkehrs zw. den beiden Reg., die Berichterstattung über Vorgänge im Empfangsstaat und die Ausübung des Schutzrechtes über die dort lebenden Staatsangehörigen.

Botschafter, nach dem Wiener Reglement vom 19. März 1815, dem Aachener Protokoll vom 21. Nov. 1818 und dem Wiener Übereinkommen vom 18. April 1961 die erste Rangklasse der diplomat. Vertreter. Sie repräsentieren persönl. das Staatsoberhaupt und genießen daher Ehrenrechte.

Botswana

(amtl. Vollform: Republic of Botswana), Republik im südl. Afrika, zw. 18° und 27° s. Br. sowie 20° und 29° ö. L. **Staatsgebiet:** B. grenzt im N und W an Namibia, im S und SO an die Republik Südafrika, im NO an Simbabwe. Die Grenze zu Sambia ist nur punktuell im Sambesi. **Fläche:** 600 372 km². **Bevölkerung:** 941 000 E (1981), 1,6 E/km². **Hauptstadt:** Gaborone. **Verwaltungsgliederung:** 10 Distrikte. **Staatssprache:** Tswana; Amts- und Handelssprache z. T. noch Englisch. **Nationalfeiertag:** 30. Sept. **Währung:** 1 Pula (P) = 100 Thebe. **Internat. Mitgliedschaften:** UN, OAU, Commonwealth, dem GATT und der EWG assoziiert. **Zeitzone:** Osteurop. Zeit, d. i. MEZ + 1 Stunde; mit Sommerzeit (MEZ + 2 Stunden).

Landesnatur: B. ist größtenteils eine weite, nach innen einfallende Ebene in 900–1 100 m ü. d. M., im SW bestimmen die Sanddünen

der Kalahari die Landschaft, im N das Okawangobecken mit ausgedehnten Sümpfen (Binnendelta des Okawango), dem Ngamisee und der Makarikari-Salzpfanne. Nur am O-Rand treten Schichtkämme, Insel- und Tafelberge auf.
Klima: Wegen der Binnenlage weisen die Temperaturen große tages- und jahreszeitl. Schwankungen auf, im S treten häufig Fröste auf. Die geringen Niederschläge fallen in der sommerl. Regenzeit Nov.–April; sie nehmen von N nach SO ab, nur der SO-Rand erhält dank der morpholog. Gegebenheiten um 500 mm/Jahr; hier liegt daher (verbunden mit guten Böden) der eigtl. Lebensraum der Bev.
Vegetation: Im NO gibt es Mopanewälder, die nach SW in Trocken- und Dornstrauchsavannen und schließl. in Halbwüsten- und Wüstenvegetation (Gräser) übergehen.
Tierwelt: Die Okawangosümpfe sind eine der wenigen unberührten Wildgebiete Afrikas, hier leben Wasservögel, Krokodile, Flußpferde und andere Wasser- und Sumpftiere.
Bevölkerung: 80% gehören dem Bantuvolk der Tswana an, daneben andere ethn. Gruppen wie Herero, Buschmänner u. a., wenige Europäer, Asiaten und Mischlinge; überwiegend Anhänger traditioneller Religionen, 14% Christen. Die Analphabetenquote ist hoch. Ein Teil der männl. Bev. arbeitet in Südafrika v. a. in den Diamantenminen in Kimberley.
Wirtschaft: Wichtigster Zweig der fast nur auf Selbstversorgung ausgerichteten Landw. ist die Rinderzucht. Fischfang im Okawango und seinem Delta sowie im Chobe. Die Diamantenfelder bei Orapa sollen die reichsten der Erde sein. Z. Z. wird das Kupfer-Nickel-Vorkommen von Selebi-Pikwe erschlossen, in dem auch Kobalt und Schwefel gewonnen werden sollen.
Außenhandel: Die wichtigsten Partner sind Südafrika und Großbrit. Ausgeführt werden Vieh und tier. Produkte, Manganerze und Diamanten; eingeführt werden Getreide, Zucker, Erdölderivate, Eisen und Stahl, Maschinen, Fahrzeuge u. a.
Verkehr: Das Eisenbahnnetz hat eine Länge von 716 km, davon entfallen 634 km auf die Strecke Mafikeng (Südafrika) nach Bulawayo (Simbabwe), von dem Netz der simbabw. Eisenbahn gehört. Das Straßennetz ist 8600 km lang. Die Fluggesellschaft Air B. fliegt im Inland 8 ✈ an; internat. ✈ in Gaborone und Francistown.
Geschichte: B. verdankt seine Entstehung dem brit.-bur. Gegensatz. Das Land wurde in der ersten Hälfte des 19. Jh. v. a. von brit. Missionaren erforscht. Das Vordringen der Buren in das Oranje- und Transvaalgebiet gab den Missionsstationen zw. heutigem Südafrika und Simbabwe polit. Bed.: über sie konnte Großbrit. die W- und NW-Grenzen der Burenrepubliken kontrollieren. 1884 besetzte Großbrit. **Betschuanaland** (Bechuanaland); 1885 wurde der nördl. Teil offiziell brit. Protektorat, der südl. Teil bekam den Status einer Kronkolonie und wurde später der Kapkolonie angegliedert. Großbrit. praktizierte das System der indirekten Herrschaft. Als es 1960 begann, Betschuanaland für die Unabhängigkeit vorzubereiten, fiel dem 1948 wegen Heirat mit einer Engländerin aus dem Lande verbannten Häuptlingssohn Seretse Khama die Rolle eines polit. Führers zu. Am 30. Sept. 1966, dem Tag der Unabhängigkeit von B., wurde er Staatspräs. der Republik. Als einer der schwarzafrikan. „Frontstaaten" im Rhodesienkonflikt (bis 1979) befand sich B. wegen seiner starken wirtsch. Abhängigkeit von der Republik Südafrika in einer bes. exponierten Position. Nach dem Tod Seretse Khamas am 13. Juli 1980 wählte die Nat.versammlung am 18. Juli den bisherigen Vizepräs. und Finanzmin. Qu. K. J. Masire (*1925) zum neuen Präsidenten.
Politisches System: Nach der Verfassung von 1966 ist B. eine präsidiale Republik innerhalb des Commonwealth. *Staatsoberhaupt* und Träger der *Exekutive* als Reg.chef ist der von der Nat.versammlung im Zusammenhang mit den Wahlen zur Nat.versammlung alle 5 Jahre gewählte Präs., zugleich auch Oberbefehlshaber der Streitkräfte. Das Zweikammerparlament, das den Präs. wählt, und bei dem die *Legislative* liegt, besteht aus der Nat.versammlung und dem House of Chiefs (Beratungsgremium; 15 Mitglieder, darunter die Häuptlinge der 8 Hauptstämme). Die *Parteien* sind vorwiegend nach der Stammeszugehörigkeit ihrer Mitglieder zu unterscheiden. Neben der bei weitem stärksten Partei, Botswana Democratic Party (mit 29 von 32 wählbaren Sitzen) gibt es drei Oppositionsparteien. *Gewerkschaften* gibt es erst im Aufbau. Den Distrikten als *Verwaltungs*einheiten stehen Distrikträte vor, deren Mgl. gewählt werden sollen, von den Häuptlingen in den Stammesdistrikten aber ernannt werden. Im *Rechts*wesen bestehen traditionelles Recht und südafrikan. Recht nebeneinander. Die *Streitkräfte* sind rd. 3000 Mann stark; daneben gibt es rd. 1100 Mann paramilitär. Kräfte.
⌶ *Länderbericht B.* Hg. v. Statist. Bundesamt. Stg. u. Mainz 1985. - Sillery, A.: *B. A. short political history.* London 1974.

Böttcherei, Handwerksbetrieb zur Herstellung von hölzernen Gefäßen (Bottiche, Kübel, Fässer).

Böttger (Böttiger), Johann Friedrich, * Schleiz 4. Febr. 1682, † Dresden 13. März 1719, dt. Alchimist. - Zus. mit dem Mathematiker und Physiker Tschirnhaus, der bereits keram. Schmelzversuche durchgeführt hatte, gelang ihm 1707 die Herstellung von sog. rotem *B.steinzeug.* Nach Tschirnhaus' Tod gelang ihm die Herstellung des anfangs gelbl., erst um 1717 weißen Porzellans; leitete die Porzellanmanufaktur in Meißen.

Botticelli, Sandro [italien. botti'tʃɛlli], eigtl. Alessandro di Mariano Filipepi, *Florenz 1445, †ebd. 17. Mai 1510, italien. Maler. - Schüler von Fra Filippo Lippi, dessen Einfluß sowie der von A. del Pollaiuolo und A. del Verrocchio in den Frühwerken B. spürbar ist: das Diptychon „Rückkehr Judiths" und „Entdeckung des toten Holofernes", die „Anbetung der Hl. Drei Könige" (um 1475), die Allegorie des „Frühlings" (um 1478; alle Uffizien). Es folgten Fresken in der Sixtin. Kapelle, die „Geburt der Venus" (Uffizien). Trotz kräftiger Körperlichkeit sind diese Werke von der Linie bestimmt. Erst seine Spätwerke sind erfüllt von Unruhe und Erregung: „Pietà" (Alte Pinakothek, München), „Verleumdung" (Uffizien) und „Geburt Christi" (um 1500; London, National Gallery). Anzuschließen sind ihnen die Zeichnungen B. zu Dantes Divina Commedia (zw. 1482/1503; Kupferstichkabinett, Berlin). - Abb. S. 356.

Bötticher, Hans † Ringelnatz, Joachim.

Böttiger, Johann Friedrich † Böttger.

Bottle-Party [engl. 'bɒtl‚pɑ:tɪ „Flaschenparty"], Party, zu der die Gäste die Getränke mitbringen.

Bottlinger, Kurt Felix [Ernst], *Spandau 12. Sept. 1888, † Berlin 19. Febr. 1934, dt. Astronom. - Untersuchte als einer der ersten den physikal. Aufbau der Gestirne und der interstellaren Materie; erkannte 1923 im Siriusbegleiter (Sirius B) einen neuen Sterntyp (Weiße Zwerge).

Bottnischer Meerbusen, nördlichster Teil der Ostsee, zw. Schweden und Finnland, durch die Ålandsee und die Ålandinseln vom Hauptteil der Ostsee getrennt.

Bottrop, Stadt im Ruhrgebiet, NRW, 60 m ü.d.M., 112 500 E. Steinkohlenbergbau, Zentralkokerei; Baustoff- und Metallind.; Abbau von Formsand. - Um 1092 zuerst erwähnt, kirchl. Mittelpunkt mehrerer Bauernschaften. 1423 Marktrecht, im 15. Jh. unter kurköln. Herrschaft, 1815 preuß.; infolge des Kohlenbergbaus ab Mitte 19. Jh. starke Zuwanderung, auch von Polen; 1919 Stadt.

Botulismus [zu lat. botulus „Darm, Wurst"] (Allantiasis), anzeigepflichtige Lebensmittelvergiftung nach dem Genuß verdorbener Wurst-, Fisch-, Fleisch-, Gemüse- und Obstkonserven. Ausgelöst wird die Erkrankung durch das **Botulin,** einen Giftstoff, der v. a. auf die Nervenkerne des verlängerten Marks, möglicherweise auch auf die motor. Endplatten der Muskulatur lähmend einwirkt. Da durch Abkochen zwar die Giftstoffe, nicht aber die Sporen abgetötet werden, können die B.erreger auch in abgekochten Lebensmitteln schnell neu auskeimen und wiederum Giftstoffe bilden. - Symptome sind Kopf- und Gliederschmerzen, Erbrechen, später Lähmungen im Bereich der Augen, der Schlundmuskulatur (Schling- und Schluckbeschwerden, Sprechstörungen), der Harnblase und des Darms. In schweren Fällen kann Lähmung der Atemmuskulatur oder allg. Entkräftung zum Tode führen. Therapeut. Maßnahmen sind in erster Linie Magenspülungen und Verabreichung von B.serum. B. kommt auch bei Tieren (bes. bei Haustieren) vor. Die Giftstoffe werden über das Futter (hauptsächl. Tierkadaver) aufgenommen. Die Symptome sind ähnl. wie beim Menschen. Die akute Verlaufsform führt innerhalb weniger Tage zum Verenden der Tiere.

Bouaké [frz. bwa'ke], zweitgrößte Stadt der Republik Elfenbeinküste, Hauptstadt des Dep. B., 364 m ü. d. M., 230 000 E. Kath. Bischofssitz; Forschungsinst. für Baumwolle und trop. Textilfasern; Priesterseminar, Forstschule, Bibliothek, internat. Messe; Zigarettenfabrik, Baumwollentkörnung, Reismühle, Herstellung von Sisalsäcken, Seilerwaren und Möbeln, Weberei; an der Bahnlinie Abidjan–Ouagadougou (Burkina Faso), ✈.

Bouchardon, Edme [frz. buʃar'dõ], *Chaumont (Haute-Marne) 29. Mai 1698, † Paris 27. Juli 1762, frz. Bildhauer. - 1723–32 in Rom. In Paris entstanden u. a. die strengen (vorklassizist.) Figuren der Chorpfeiler von Saint-Sulpice (1734 ff.), die Brunnenanlage in der Rue de Grenelle (1739–46) und das Reiterdenkmal Ludwigs XV. (1763 aufgestellt, 1792 zerstört).

Boucher, François [frz. bu'ʃe], *Paris 29. Sept. 1703, † ebd. 30. Mai 1770, frz. Maler. - Schüler von F. Lemoyne und damit in der Nachfolge Rubens'. In Italien (1727–31) studierte B. v. a. die Werke Tiepolos. In Paris fand er die Protektion der Marquise de Pompadour. Seine galanten, delikat gemalten Bilder sind glänzende Zeugnisse des frz. Rokokos. Entwürfe für Tapisserien; zahlr. [Vor]zeichnungen.

Bouches-du-Rhône [frz. buʃdy'ro:n], Dep. in Frankreich.

Bouclé [bu'kle:; frz.], Kleider- und Mantelstoffe mit unregelmäßigen Schlingenzwirnen als Schußmaterial; noppenartige Oberfläche.
♦ (Boucléteppich) Haargarnteppiche mit unaufgeschnittenen Polschlingen.

Boudoir [budo'a:r; frz., eigtl. „Schmollwinkel"], im 18./19. Jh. elegantes, im Geschmack der Zeit eingerichtetes Zimmer einer Dame.

Bougainville, Louis-Antoine Comte de [frz. bugɛ̃'vil], *Paris 11. Nov. 1729, † ebd. 31. Aug. 1811, frz. Offizier und Seefahrer. - Leitete 1766–69 die 1. frz. Erdumseglung, auf der er in Melanesien mehrere Inseln entdeckte (Wiederauffindung der Salomoninseln).

Bougainville [engl. 'bu:gənvɪl], größte Insel der Salomoninseln, im westl. Pazifik, gehört zu Papua-Neuguinea, 10 049 km^2, Verw.-Sitz ist Arawa (12 600 E) an der Ostküste der Insel. Die ganze Insel wird von einem dicht bewaldeten, noch kaum erforschten Gebirge durchzogen (im Mount Balbi 2 743 m hoch). Bed. Kupferbergbau. Hafen und ✈ in **Kieta** (2 400 E). - 1768 von L.-A. Comte de Bougainville entdeckt.

Bougainvillea [bugɛ̃'vɪlea; nach L.-A. Comte de Bougainville], Gatt. der Wunderblumengewächse mit nur wenigen Arten im trop. und subtrop. S-Amerika; Sträucher oder kleine Bäume; Blüten rosa, gelbl. oder weiß. - Bekannte Arten: **Bougainvillea spectabilis**, ein kletternder Strauch mit hakigen Dornen und stark behaarten Blättern, häufig im Mittelmeergebiet als Mauerbekleidung und an Zäunen angepflanzt; **Bougainvillea glabra** mit glänzend-grünen, kaum behaarten Blättern, als Topfpflanze und in Gewächshäusern kultiviert.

Bougainvillegraben [engl. 'buːɡənvɪl], Meeresgraben in der Salomonsee, Pazifik; bis 9 140 m u. d. M.

Bougie [buːʒiː; frz. „Kerze", nach Bougie, dem früheren Namen der alger. Stadt Bejaïa], Dehnsonde zur Erweiterung enger Körperkanäle (v. a. der Harn- und Speiseröhre).

Bougram [buˈɡrãː; frz.; nach der Stadt Buchara] (Bougran, Buckram), Baumwolloder Zellwollgewebe (in Leinwandbindung).

Bouguer, Pierre [frz. buˈɡɛːr], * Le Croisic (Loire-Atlantique) 10. Febr. 1698, † Paris 15. Aug. 1758, frz. Mathematiker und Naturforscher. - Mgl. der Académie des sciences; Teilnahme an der großen frz. Meridianmessung (Gestaltsmessung der Erde); Mitbegründer der Photometrie. Konstruierte das Heliometer zur Messung kleiner Winkel am Himmel.

Bouguer-Lambertsches Gesetz [frz. buˈɡɛːr], von P. Bouguer experimentell gefundene, von J. H. Lambert theoret. begründete Gesetzmäßigkeit der Absorption: Die Absorption einer monochromat. Lichtstrahlung hängt exponentiell von der Dicke der durchstrahlten Schicht ab.

Bouillabaisse [bujaˈbɛːs; frz.], würzige provenzal. Fischsuppe; besteht aus Fischen, Muscheln, Krabben und weichen Kleinfischen sowie versch. Gewürzen.

Bouillon, Gottfried von ↑Gottfried IV. von Bouillon.

Bouillon [frz. buˈjõ], belg. Stadt an der Semois, in den südl. Ardennen, 230 m ü. d. M., 6 000 E. Fremdenverkehr; Metallind. - 1795-1814 frz., 1815 niederl., 1830 zu Belgien. - Über der Stadt in beherrschender Lage die Ruine der Burg.

B., ehem. Gft. in Hzgt. Niederlothringen, die 1096 Gottfried von B. dem Bischof von Lüttich verpfändete, um die Kosten für seinen (1.) Kreuzzug zu bestreiten; seit 1678 selbständiges Hzgt.

Bouillon [bʊlˈjõː; zu lat. bullire „aufwallen"], Kraft-, Fleischbrühe.

◆ bakteriolog. Nährsubstrat (↑Nährboden).

Bouilly, Jean Nicolas [frz. buˈji], * La Couldraye (Indre-et-Loire) 24. Jan. 1763, † Paris 14. April 1842, frz. Dichter. - Auf ihn geht das Libretto zu Beethovens „Fidelio" zurück.

Boulanger [frz. bulãˈʒe], Georges, * Rennes 29. April 1837, † Ixelles bei Brüssel 30. Sept. 1891 (Selbstmord), frz. General und Politiker. - 1886/87 Kriegsmin.; Wortführer der Revanchisten; führte eine Koalition der mit dem bestehenden Regime unzufriedenen Elemente herbei, wagte aber trotz immer wachsenden Anhangs nicht, 1889 den Elyséepalast zu stürmen; des Staatsstreichs angeklagt; floh nach Brüssel.

Boulder [engl. 'boʊldə], Stadt in N-Colorado, USA, 1 690 m ü. d. M., 81 000 E. Univ. (gegr. 1861); Erholungsort; Handelszentrum in einem Ackerbau- und Bergbaugebiet; Herstellung von Satelliten und elektron. Geräten.

Boule [buːl; frz. „Kugel"], dem Boccia ähnl. frz. Kugelspiel.

Boulevard [buləˈvaːr; frz.; zu niederdt. bolwerk „Bollwerk"], ursprüngl. Wall, Bollwerk; dann ein auf dem Wall einer Stadt oder an ihrer Stelle angelegter Spazierweg oder eine Prachtstraße (bes. in Frankr.).

Boulevardstück [buləˈvaːr], Bez. für publikumswirksames leichtes Unterhaltungsstück, das zuerst in den Privattheatern an den Pariser Boulevards gespielt wurde. - Das B. ist typ. Großstadttheater und hat sich in ähnl. Weise auch in anderen Ländern entwickelt.

Boulevardpresse [buləˈvaːr], sensationell aufgemachte, in hohen Auflagen erscheinende und daher billige Zeitungen, die überwiegend im Straßenverkauf abgesetzt werden.

Boulevardtheater [buləˈvaːr], Bez. für kleine Theater in Paris (gegr. um die Jahrhundertwende an den großen Boulevards); heute allg.: Theater mit leichtem Unterhaltungsrepertoire.

Boulez, Pierre [frz. buˈlɛːz], * Montbrison (Loire) 26. März 1925, frz. Komponist und Dirigent. - Schüler von O. Messiaen, A. Vaurabourg-Honegger und R. Leibowitz. 1971-77 Chefdirigent des New York Philharmonic Orchestra und bis 1975 des BBC Symphony Orchestra. Seit 1975 Direktor des „Institut de recherche et de coordination acoustique-musique" (Ircam; Paris), erhielt 1976 ebd. den Lehrstuhl für Musik am Collège de France, seit 1979 Präs. des Orchestre de Paris. - Zunächst von Messiaen beeinflußt (Sonatine für Flöte und Klavier, 1946), dann serielle und punktuelle Kompositionen („Polyphonie X", 1951); später flexible Gestaltung der seriellen Planung (z. B. „Le Marteau sans maître" für Alt und 6 Instrumente, 1953-57). Entscheidende Anregungen verdankt B. den Dichtungen von Mallarmé („Pli selon pli - Portrait de Mallarmé" für Singstimme und Orchester, 1957-62) und J.

Boulle

Joyce, dessen Idee des „work in progress" die 3. Klaviersonate (1957) und „Figures-Doubles-Prismes" (1963) verpflichtet sind. In neueren Werken („Éclats", 1966; „Multiples", 1970; „Cummings ist der Dichter", 1970) arbeitet er mit sog. Klangobjekten, d. h. im Ggs. zu Reihen mit Mikrostrukturen. Auch Musiktheoretiker (u. a. „Werkstatt-Texte", 1972).

Boulle [frz. bul], André Charles, * Paris 11. Nov. 1642, † ebd. 19. Febr. 1732, frz. Kunstschreiner. - Er fertigte bes. als Hoflieferant Ludwigs XIV. Prunkmöbel aus Ebenholz in bewegt kurviger Form, die er mit reichen Intarsienarbeiten in Schildpatt, Elfenbein, Perlmutter, farbigen Hölzern, Metalleinlagen und mit feuervergoldeten Bronzebeschlägen schmückte. Die B.technik wurde im ganzen 18. Jh. für bes. kostbare Möbel nachgeahmt.
B., Pierre, * Avignon 20. Febr. 1912, frz. Schriftsteller. - Schauplatz seines Erzählwerkes ist oft SO-Asien, wo B. 1936-47 als Ingenieur lebte. Am bekanntesten wurde der Roman „Die Brücke am Kwai" (1952, verfilmt 1957).

Boulogne, Bois de [frz. bwadbu'lɔɲ], Waldpark in Paris, ehem. königl. Jagdgebiet; Pferderennbahnen.

Boulogne-sur-Mer [frz. bulɔɲsyr'meːr], frz. Hafenstadt an der Mündung der Liane in den Kanal, 48 000 E. Museum; Bibliothek; größter Fischereihafen von Frankr., Fährverkehr nach England; Konservenind., Weißblech- und Dosenfabrikation, Herstellung von Fischereizubehör. - In der Unterstadt vorröm. Hafen **Gessoriacum** der kelt. Moriner, 43 v. Chr. Ausgangspunkt für die röm. Eroberung Britanniens; von den Römern gegr. Oberstadt **Bononia**; seit dem 5. Jh. fränk., von Karl d. Gr. befestigt. 1435-77 burgund., dann zur frz. Krone; Hauptstadt des Gouv. Boulonnais (bis 1790). - Basilika Notre-Dame (1866), Saint-Nicolas (15. und 18. Jh.), Beffroi (13. und 17. Jh.), Porte Gayolle (13. Jh.), Rathaus (18. Jh.), Justizpalast (18. Jh.).

Boumedienne, Houari [frz. bume'djɛn] (arab. Bumidjan, Huwari), eigtl. Mohammed Boukharouba, * Guelma 23. Aug. 1927, † Algier 27. Dez. 1978, alger. Offizier und Politiker. - Schloß sich 1954 der FLN an; seit 1960 Generalstabschef der Befreiungsarmee und Kommandeur der alger. Streitkräfte in Tunesien und Marokko; unterstützte anfangs Ben Bella; seit 1962 Verteidigungsmin., seit 1963 zugleich stellv. Min.präs.; stellte sich im Juni 1965 an die Spitze eines Revolutionsrates, der Ben Bella absetzte und B. als Staatschef einsetzte.

Bounce-light [engl. 'baʊnslaɪt], „Blitzen gegen die Zimmerdecke"; eine Beleuchtungstechnik bei Blitzlichtaufnahmen.

Bounty-Islands [engl. 'baʊntɪ'aɪləndz], neuseeländ. Inselgruppe im sw. Pazifik, etwa 650 km osö. von Dunedin, unbewohnt; von wiss. Wert zum Studium von Flora und Fauna in hohen südl. Breiten. - 1788 von W. Bligh, dem Kapitän der „Bounty", entdeckt.

Bouquinist [buki'nɪst; frz.; zu niederl. boeckin „kleines Buch"], Straßenbuchhändler (antiquar. Bücher v. a.), heute noch am Seineufer in Paris.

Bourbaki [frz. burba'ki], Charles Denis Sauter, * Pau 22. April 1816, † Bayonne 22. Sept. 1897, frz. General griech. Herkunft. - Übernahm 1870 den Befehl über die kaiserl. Garde; mit seinen Truppen in Metz eingeschlossen; verhandelte in Großbrit. mit der Kaiserin Eugénie über einen dt.-frz. Frieden; versuchte nach dem Scheitern dieser Mission 1871 vergebl. Belfort zu entsetzen.
B., Nicolas, Pseud. für eine Gruppe führen-

Sandro Botticelli, Die Geburt der
Venus (um 1478). Florenz, Uffizien

der, meist frz. Mathematiker des 20. Jh. - Herausgeber des Standardwerks „Éléments de mathématique", worin in streng log.-axiomat. Aufbau die gesamte Mathematik zur Darstellung kommen soll.

Bourbon [frz. burˈbõ] (Bourbonen), nach dem Herrschaftssitz B.-l'Archambault (heute Dep. Allier) benannte Seitenlinie der ↑ Kapetinger, begr. durch Graf Ludwig I. von Clermont (*1270, †1342), einen Enkel Ludwigs IX. von Frankr., der 1327 zum Herzog von B. erhoben wurde. Die auf seine Söhne zurückgehenden Hauptlinien (*ältere Linie*, erloschen 1521/27; *jüngere Linie B.-Vendôme*, erloschen 1883) teilten sich in zahlr. Nebenlinien. Die jüngere Linie gelangte mit Heinrich IV. auf den frz. Thron (1589-1792, 1814-30), 1830-48 mit Louis Philippe die 1660 von ihr abgespaltene Nebenlinie ↑Orléans. In Spanien begründete 1700 König Philipp V., ein Enkel Ludwigs XIV., die Linie *B.-Anjou* (1808-14, 1868-75 und 1931-75 des Throns entsetzt), die 1735-1860 in Neapel-Sizilien und 1748-1802 sowie 1847-59/60 in Parma-Piacenza Sekundogenituren innehatte.

Bourbon [engl. ˈbəːbən; nach dem gleichnamigen County in Kentucky, USA], aus Mais hergestellter amerikan. Whiskey.

Bourbonnais [frz. burbɔˈnɛ], histor. Gebiet in Frankr., am N-Rand des Zentralmassivs und im Übergangsbereich zum Pariser Becken, durchflossen von Allier und Cher; Zentrum ist die ehem. Hauptstadt Moulins. - Die Herrschaft Bourbon bestand vom 9. Jh. an; seit 1587 Gouv.; 1327 Hzgt. einer Nebenlinie der Valois; 1527/32 von der Krone eingezogen.

Bourdelle, Antoine [frz. burˈdɛl], *Montauban 30. Okt. 1861, † Le Vésinet (Yvelines) 1. Okt. 1929, frz. Bildhauer. - Rhythmisierte Bewegung charakterisiert sein von Pathos und monumentalem Anspruch erfülltes Werk; u. a. Beethoven-Büsten, „Herakles mit Bogen" (1909, Paris, Musée Bourdelle), Reliefs für das Théâtre des Champs-Elysées in Paris (1912).

Bourdichon, Jean [frz. burdiˈʃõ], *Tours um 1457, †ebd. 29. Juli 1521, frz. Maler. - Illuminierte, von J. Fouquet und fläm. Buchmalerei beeinflußt, u. a. das „Stundenbuch der Anne von Bretagne" (1500-07; Paris, Bibliothèque Nationale). Zuschreibung eines Marientriptychons (Neapel, Palazzo di Capodimonte) sowie einiger Werke, die bisher dem Meister von Moulins zugeschrieben waren.

Bourg-en-Bresse [frz. burkɑ̃ˈbrɛs], frz. Stadt, 55 km nö. von Lyon, 41 000 E. Verwaltungssitz des Dep. Ain; Museum; Markt- und Handelszentrum der Bresse; gehört zur Ind.-region von Lyon. - 1184 erstmals erwähnt; 1250 zu Savoyen, 1407 Stadtrecht; 1601 endgültig zu Frankreich.

Bourgeois, Léon Victor [frz. burˈʒwa], *Paris 29. Mai 1851, †Oger (Marne) 29. Sept. 1925, frz. Politiker. - 1890-1917 mehrfach Min., 1895/96 Min.präs., 1920-23 Senatspräs.; vertrat 1919 die frz. Forderung nach größeren Exekutiv- u. Sanktionsbefugnissen des Völkerbundes. Seit 1920 frz. Vertreter in Rat und Versammlung des Völkerbundes; erhielt 1920 den Friedensnobelpreis.

Bourgeois [burʒoˈa; frz.], Angehöriger der Bourgeoisie; in der marxist. Terminologie abwertendes Kampfwort.

Bourgeoisie [burʒoaˈziː; frz.], urspr. im Frz. gebraucht zur Bez. der sozialen Schicht zw. Adel und Bauernschaft, entsprechend etwa dem dt. „Bürgertum". Das Wort B. taucht nicht vor dem 13. Jh. auf. - In der *marxist. Terminologie* Bez. für die herrschende Grundklasse der kapitalist. Gesellschaft, die, im Ggs. zur ausgebeuteten Arbeiterklasse, im Besitz der Produktionsmittel ist.

Bourges, Yvon Auguste Marie [frz. burʒ], *Pau 29. Juni 1921, frz. gaullist. Politiker. - Seit 1962 wiederholt zum Abg. für die Nat.versammlung gewählt, zuletzt 1973; Staatssekretär in verschiedenen Funktionen 1965-72; Handelsmin. 1972/73; Verteidigungsmin. 1975-80.

Bourges [frz. burʒ], Stadt in Z-Frankr., auf einem Sporn am Zusammenfluß von Yèvre und Auron, 76 000 E. Erzbischofssitz (seit etwa 250); technolog. Universitätsinst.; Theater; Museen; Fremdenverkehr; Handels- und Ind.zentrum (u. a. Flugzeugind., Waffen-, Munitions- und Reifenfabrikation), ⌘. - **Avaricum** war einer der Hauptorte der Bituriger, von Cäsar 52 v. Chr. erobert, seit Diokletian Hauptstadt der Prov. Aquitania prima, 478 westgot., 507 fränk. Im 8. Jh. Hauptort der Gft. B., 1101 zur frz. Krondomäne. - Got. Kathedrale Saint-Étienne (12. und 13. Jh.) mit unvollendeten Türmen (14.-16. Jh.) und Krypta (12. Jh.), Hôtel Jacques-Cœur (15. Jh.).

Bourget, Paul [frz. burˈʒɛ], *Amiens 2. Sept. 1852, † Paris 25. Dez. 1935, frz. Schriftsteller. - Wandte sich gegen die Milieutheorie des Naturalismus und schrieb psycholog., von der kath. Tradition bestimmte Romane, Dramen, Essays, Reiseberichte und Lyrik.
Werke: Psycholog. Abhandlungen über zeitgenöss. Schriftsteller (1883-86), Eine Liebestragödie (R., 1886), Der Schüler (R., 1889), Ehescheidung (1904), Des Todes Sinn (R., 1915).

Bourgogne, Hôtel de [ɔtɛldəburˈgɔɲ] ↑Confrérie de la Passion.

Bourguiba, Habib [frz. burgiˈba] ↑ Burgiba, Habib.

Bournemouth [engl. ˈbɔːnməθ], Stadt und Seebad an der engl. Kanalküste, am Bourne, 145 000 E. Prähistor. Museum; Elektro-, Flugzeug- und Pharmaind.; ⌘.

Bourrée [burˈeː; frz.] (italien. Borea), alter frz. Volkstanz (im 2- oder 3zeitigen Takt), war in Oper und Ballett (Lully) sowie in der

357

Bourride

Dieric Bouts, Selbstbildnis.
Ausschnitt aus dem Abendmahlsaltar (1464–67). Löwen, Sint-Pieterskerk

Instrumentalmusik (Bach, Händel), meist im Alla-breve-Takt, beliebt.

Bourride [frz. bu'rid], südfrz. Fischgericht aus kleinen Seefischen.

Bourtanger Moor ['bu:r...], Moorlandschaft an der dt.-niederl. Grenze ($^1/_3$ gehört zur BR Deutschland).

Bourvil [frz. bur'vil], eigtl. André Raimbourg, * Pétrot-Vicquemare (Seine-Maritime) 27. Juli 1917, † Paris 23. Sept. 1970, frz. Filmschauspieler. - Bekannter Filmkomiker; u. a. in „Zwei Mann, ein Schwein und die Nacht von Paris" (1956), „Alles Gold der Welt" (1961), „Vier im roten Kreis" (1970).

Bousset, Wilhelm ['busɛt], * Lübeck 3. Sept. 1865, † Gießen 8. März 1920, dt. ev. Theologe. - Prof. in Göttingen und Gießen; Mitbegr. der † religionsgeschichtlichen Schule.

Boussingault, Jean-Baptiste [Joseph Dieudonné] [frz. busɛ̃'go], * Paris 2. Febr. 1802, † ebd. 11. Mai 1887, frz. Chemiker. - Prof. in Lyon und Paris; erkannte als erster die Bed. von Nitraten und Phosphaten für die Bodendüngung.

Bouteflika, Abdul Aziz [frz. butefli'ka] (arab. Bu Taflika, Abd Al Asis), * Melilla 1935 oder 1937, alger. Politiker. - 1960 Generalsekretär des Generalstabes der Nat. Befreiungsarmee; 1962/63 Min. für Jugend, Sport und Tourismus, 1963–79 Außenmin.; seit 1965 Mgl. des Revolutionsrates; 1979/80 Berater des Präsidenten.

Boutique [bu'ti:k; frz.; zu griech. apothḗkē „Abstellraum"], kleiner Laden, in dem (z. T. exklusive) mod. Neuheiten angeboten werden.

Bouton [bu'tõ:; frz.], Schmuckknopf für das Ohr, Brillantanhänger, Ansteckblume.

Bouts, Dieric (Dirk) [niederl. bɔyts], * Haarlem zw. 1410/20, † Löwen 6. Mai 1475, niederl. Maler. - Einer der führenden altniederl. Maler, steht in der Nachfolge der Brüder van Eyck und v. a. Rogier van der Weydens. Seine Gestalten sind schmal, fast asket. Typs; buntfarbig stimmungsvolle Landschaften als Bildhintergrund. - Sein Hauptwerk ist der Abendmahlsaltar in der Sint-Pieterskerk in Löwen (1464–67). Gesichert sind auch zwei „Gerechtigkeitstafeln" (Brüssel, Musées Royaux des Beaux-Arts), von denen eine bei B. Tod noch nicht vollendet war. Umstritten die Zuschreibung eines „Perle von Brabant" gen. Flügelaltars (um 1467/68; Alte Pinakothek, München).

Boveri [bo've:ri], Margret Antonie, * Würzburg 14. Aug. 1900, † Berlin 6. Juli 1975, dt. Publizistin. - Tochter von Theodor B.; Mitarbeiterin verschiedener Zeitungen und Zeitschriften; Reiseberichte, zahlr. Bücher über soziolog. und polit. Themen.

B., Theodor, * Bamberg 12. Okt. 1866, † Würzburg 15. Okt. 1915, dt. Zoologe. - Prof. in Würzburg; erkannte die Bed. der Zentrosomen für die Zellteilung und begr. die Chromosomentheorie der Vererbung. Bedeutsam wurde seine Theorie von der Entstehung maligner Tumoren auf der Basis atyp. Chromosomenverhältnisse.

Bovet, Daniel [frz. bɔ'vɛ], * Neuenburg (Schweiz) 23. März 1907, italien. Pharmakologe schweizer. Herkunft. - War an der Entdeckung der Sulfonamide beteiligt; erforschte die Mutterkornalkaloide und Antihistamine sowie das für die Anästhesie bed. Kurare. 1957 Nobelpreis für Physiologie oder Medizin.

Bowdenzug [engl. baʊdn; nach dem brit. Industriellen Sir H. Bowden, * 1880, † 1960], Drahtkabel zur Übertragung von Zugkräften (in einem metall. Schlauch wird ein Draht bewegt).

Bowen, Elizabeth [engl. 'boʊɪn], * Dublin 7. Juni 1899, † London 22. Febr. 1973, engl. Schriftstellerin. - Ihre gesellschaftskrit. Romane und Kurzgeschichten enthalten zunehmend sensible Analysen (scheiternder) zwischenmenschl. Beziehungen. Auch Essays. - *Werke:* The hotel (R., 1927), Der letzte September (R., 1929), Der Tod des Herzens (R., 1938), Die kleinen Mädchen (R., 1964), Seine einzige Tochter (R., 1968).

Boxen

Bowiemesser ['boːvi; nach dem amerikan. Abenteurer J. Bowie, *1796, †1836], dolchartiges Jagdmesser mit nur einer Schneide.

Bowle ['boːlə; engl. boʊl], kaltes alkohol. Getränk aus Wein, Sekt, aromat. Früchten oder Würzstoffen und wenig Zucker.
◆ Gefäß zum Bereiten und Auftragen einer Bowle.

Bowler [engl. 'boʊlə] ↑ Melone.

Bowling ['boːlɪŋ; engl. 'boʊlɪŋ; zu to bowl „rollen (lassen)"], amerikan. Variante des Kegelspiels, das mit 10 Kegeln gespielt wird, die in einem (vom Spieler aus gesehen) auf der Spitze stehenden gleichseitigen Dreieck in vier Reihen aufgestellt sind. Die Kugel (Durchmesser 21,8 cm, Gewicht zw. 4550 und 7257 g), mit 3 Löchern zum Halten versehen, wird auf waagerechter, aus poliertem Parkett bestehender Lauffläche (18,28–18,30 m) gerollt.
◆ ↑ Bowls.

Bowls [engl. boʊlz] (Bowling), sehr altes, in England beliebtes Kugelspiel auf Rasen.

Bow River [engl. baʊ 'rɪvə], Hauptquellfluß des ↑ South Saskatchewan River; 506 km lang.

Box [engl.; zu vulgärlat. buxis „(aus Buchsbaumholz hergestellte) Büchse"], svw. ↑ Boxkamera.
◆ abgeteilter Einstellplatz für Wagen in einer Großgarage; Bez. für einen an einer Rennstrecke gelegenen Werkstattraum zur Wartung und Reparatur von Rennwagen.
◆ Verschlag für Haustiere (v. a. Pferd, Schaf, Schwein, Rind; hauptsächl. Jungtiere) in Ställen.

Boxen [engl.], nach festen Regeln mit an durch Bandagen und gepolsterte Handschuhe geschützten Fäusten ausgetragener Zweikampf. Erlaubt sind nur Schläge mit geschlossenem Handschuh gegen die Vorderseite des Körpers vom Scheitel bis zur Gürtellinie. – Die wichtigsten Schläge sind: die Gerade (aus der Schulter mit gestrecktem Arm geschlagen), der Haken, der Stoppstoß (Kontern bei einem Abwehrstoß) und der Aufwärtshaken (wird hauptsächl. beim Kontern geschlagen). Die *Entscheidungen* können auf verschiedene Arten herbeigeführt werden: Sieg durch Niederschlag (K. o., wenn ein Boxer mindestens 10 Sek. kampfunfähig ist), durch Aufgabe des Kampfes, durch Abbruch des Kampfes (wegen Kampf-, Verteidigungsunfähigkeit oder sportl. Unterlegenheit), durch Punktwertung, durch Disqualifikation des Gegners, durch Unentschieden oder Abbruch ohne Entscheidung. Das unanfechtbare Kampfgericht besteht aus 1 Ringrichter und (bei den Amateuren) 3 (bei den dt. Meisterschaften, Europa-Meisterschaften und Olymp. Spielen 5) bzw. (bei den Berufsboxern) 2 Punktrichtern. Um eine größere Gleichwertigkeit der Kämpfe zu erzielen, werden die Kämpfer in Gewichtsklassen eingeteilt. Senioren- und Juniorenkämpfe der Amateurboxer gehen über 3 Runden zu je 3 Min. mit je 1 Min. Pause zw. den Runden. Kämpfe der Berufsboxer liegen zw. 5 und 15 Runden zu je 3 Min. Alle Wettkämpfe werden im **Ring** (Quadrat mit den Maßen 4,90 – 6.10 m, mit dreifacher Seilumspannung in 40, 80 und 130 cm Höhe über dem Ringboden) ausgetragen.

Die wichtigsten *Schutzbestimmungen* bei den Amateurboxern, die z. T. auch von Berufsboxern übernommen wurden, sind: Ein K. o. gegangener Boxer muß sofort vom Ringarzt untersucht werden, er darf 4 Wochen lang keinen Boxkampf austragen; wenn er innerhalb eines Zeitraumes von 3 Monaten zweimal durch K. o. besiegt wurde, darf er nach der zweiten Niederlage 3 Monate lang keinen Boxkampf austragen; wenn er dreimal hintereinander durch K. o. besiegt wurde, darf er nach der dritten Niederlage 12 Monate lang keinen Boxkampf austragen.

Dennoch sind *gesundheitl. Schäden* nicht auszuschließen. Die schwerste bleibende Folge des B. ist die traumat. Boxerenzephalopathie (Boxersyndrom, Dementia pugillistica), eine nach wenigen schweren bzw. häufig wiederholten mittelschweren Kopftreffern v. a. bei Berufsboxern beobachtete Hirnschädigung mit den Stadien leichter, deutl. bzw. schwerer seel. Veränderungen Der *Tod im Ring* kann durch eine Gehirnblutung oder (v. a. nach mißbräuchl. Doping) auch durch Herz- oder Kreislaufversagen bedingt sein.

Geschichte: Hinweise auf den Faustkampf gibt es in zahlr. Hochkulturen. Im antiken Griechenland bestand die Technik des Faustkampfes zunächst darin, den Schlägen ge-

Boxkamera The Kodak aus dem Jahre 1888 (erste Rollfilmkamera der Welt). Leverkusen, Agfa-Gevaert Foto-Historama

Boxer

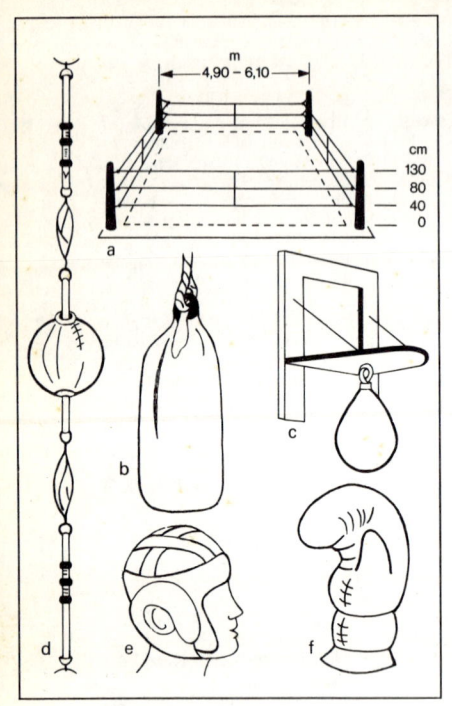

Boxen (a Ring, b Sandsack, c Plattformball, d Doppelendball, e Kopfschutz, f Boxhandschuh)

schickt auszuweichen. Mit dem Aufkommen der Berufsathleten nahm er jedoch brutale Formen an. Der Kampf wurde stets bis zur Entscheidung durch Niederschlag oder bis zur Aufgabe eines der Kämpfer ausgetragen. Ähnl. war der Boxkampf im alten Rom. Neubelebt wurde das B. im England des 17. Jh., wo feste Regeln entstanden; 1743 wurden die Boxhandschuhe eingeführt. Entscheidend war die Regelfestsetzung des Marquess of Queensberry (1890), die in ihren Grundzügen noch heute gültig ist. Im Prinzip werden Boxkämpfe nur von Männern und männl. Jugendlichen ausgetragen. Seit einigen Jahren werden jedoch vereinzelt auch Boxkämpfe zw. Frauen veranstaltet (z. B. Meisterschaften in den USA), die jedoch von den offiziellen Verbänden nicht legitimiert sind.

📖 *Sonnenberg, H.: B. - Fechten mit der Faust. Bln.* ^{13}*1984. - Wettkampfbestimmungen. Hg. v. Dt. Amateur-Box-Verband. Losebl. Stand 1. 1. 1972. Bln. 1967 ff.*

Boxer [engl.; an die Vorstellung von boxenden Fäusten anknüpfende Wiedergabe von chin. i-ho-ch'üan „Fäuste der Rechtlichkeit und Eintracht" (ein Mißverständnis der urspr. Bez. i-ho-t'uan „Gesellschaft für Rechtlichkeit und Eintracht")], Mgl. eines christen- und fremdenfeindl. Geheimbundes, der 1900 im N Chinas aus Protest gegen die zahlr. Konzessionen und Gebietsabtretungen an die europ. Mächte entstand. Mit der Belagerung des Pekinger Gesandtschaftsviertels und der Ermordung des dt. Gesandten K. Freiherr von Ketteler der den **Boxeraufstand** auslöste, der durch die militär. Intervention eines internat. Expeditionskorps niedergeschlagen wurde. 1901 mußte China im **Boxerprotokoll** die von den an der Expedition beteiligten Mächten Deutschland, Frankr., Großbrit., Japan und USA diktierten Bedingungen akzeptieren (u. a. Sühnegesandtschaft nach Berlin).

Boxer [engl.], zu den Doggen gehörende Rasse kräftiger, bis 63 cm schulterhoher Haushunde mit sehr kurzer, kräftig entwickelter Schnauze, stark herabhängenden Lefzen, hoch angesetzten, spitz kupierten Ohren sowie kurz- und glatthaarigem, gelbl.-, bis braunrotem, häufig auch gestromtem Fell; Schwanz kurz kupiert.

Boxeraufstand ↑Boxer.

Boxermotor, Verbrennungsmotor mit einer Zylinderanordnung, bei der zwei Zylinder oder Zylinderreihen auf gegenüberliegenden Seiten der Kurbelwelle in einer Ebene liegen; wegen seiner niedrigen Bauhöhe häufig als Unterflurmotor eingesetzt.

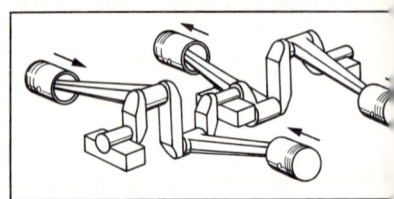

Boxermotor. Anordnung der durch Pleuelstangen mit der Kurbelwelle verbundenen Kolben

Boxerprotokoll ↑Boxer.

Boxheimer Dokument, ein aus Diskussionen hess. NSDAP-Funktionäre im Boxheimer Hof bei Bürstadt hervorgegangener Entwurf von Sofortmaßnahmen, die im Fall einer nat.-soz. Machtergreifung im Anschluß an einen kommunist. Putsch verwirklicht werden sollten; Hitler distanzierte sich vom B. D. nach dessen Bekanntwerden 1931; ein Hochverratsverfahren wurde schließl. 1932 vom Reichsgericht eingestellt.

Boxkalf [auch: ˈbɔkskaːf; engl.], feingenarbtes Kalbsoberleder; v. a. als Schuhoberleder und zur Herstellung von Handtaschen verwendet.

Boxkamera (Box), photograph. Kamera einfachster Bauart für Rollfilm. - Abb. S. 359.